U0711252

"材料人"的实践之路

——报告·足迹·品悟（上）

（2013—2017）

主 编 张舰月

北京理工大学出版社
BEIJING INSTITUTE OF TECHNOLOGY PRESS

版权专有　侵权必究

图书在版编目（CIP）数据

"材料人"的实践之路：报告·足迹·品悟.2013—2017/张舰月主编.—北京：北京理工大学出版社，2018.7

ISBN 978-7-5682-5898-2

Ⅰ.①材… Ⅱ.①张… Ⅲ.①大学生－社会实践－研究报告－中国－2013—2017 Ⅳ.①G642.45

中国版本图书馆 CIP 数据核字（2018）第 158717 号

出版发行 / 北京理工大学出版社有限责任公司		
社　　址 / 北京市海淀区中关村南大街 5 号		
邮　　编 / 100081		
电　　话 / （010）68914775（总编室）		
（010）82562903（教材售后服务热线）		
（010）68948351（其他图书服务热线）		
网　　址 / http：//www.bitpress.com.cn		
经　　销 / 全国各地新华书店		
印　　刷 / 北京九州迅驰传媒文化有限公司		
开　　本 / 787 毫米×1092 毫米　1/16		
印　　张 / 49.75	责任编辑 / 张慧峰
字　　数 / 1200 千字	文案编辑 / 张慧峰
版　　次 / 2018 年 7 月第 1 版　2018 年 7 月第 1 次印刷	责任校对 / 周瑞红
定　　价 / 199.00 元（上下册）	责任印制 / 李志强

图书出现印装质量问题，请拨打售后服务热线，本社负责调换

本书编委会成员

主　编　张舰月

副主编　刘　艳　滕　飞

编　委　李明哲　蔡怀建　付海东　朱贵楠

　　　　张博文　禹世杰　张婷婷　鲍伶香

　　　　石　慧　赵志坤　张博文　绳利丽

序　言

真知从哪里来？

实践出真知。

实践到哪里去？

到社会中去。

毛泽东同志在《实践论》中指出"辩证唯物论的认识论把实践提到第一的地位"，认为人的认识一点也不能离开实践，排斥一切否认实践重要性、使认识离开实践的错误理论。实践性是马克思主义的哲学辩证唯物论最显著的特点之一，特别强调理论对于实践的依赖关系，理论的基础是实践，又转过来为实践服务。判定认识或理论之是否真理，不是依主观上觉得如何而定，而是依客观上社会实践的结果如何而定。真理的标准只能是社会的实践。

习近平总书记指出："高校是党领导下的高校，是中国特色社会主义高校，而高等教育就是要坚定为人民服务，为中国共产党治国理政服务，为巩固和发展中国特色社会主义制度服务，为改革开放和社会主义现代化建设服务的方向。"大学终究是为党和国家培养人才，是为社会发展培养人才，是对知识的传授和发展，是对真理的探寻和求索。习近平总书记多次强调，青年要成长为国家栋梁之材，要读万卷书、行万里路，既多读有字之书，也多读无字之书，注重学习人生经验和社会知识，注重在实践中加强磨炼、增长本领。要重视和加强第二课堂建设，重视实践育人，坚持教育同生产劳动和社会实践相结合，广泛开展各类社会实践，让学生在亲身参与中认识国情、了解社会，受教育、长才干。

青年是国家的未来，承载着民族的希望。青年兴则国家兴，青年强则国家强。青年一代有理想、有本领、有担当，国家就有前途，民族就有希望。在大学里，青年当勤学奋进，学习精深的学术。而社会实践也是大学里的重要一课，是理论联系实际的具体形式，能够帮助大学生了解社会和国情，增长知识和才干，锻炼毅力和品格，是大学生提前适应社会的重要途径。

北京理工大学材料学院立足军工国防，为党和国家培养了大批人才，材料科学与工程学科是国家"双一流"建设学科。材料学院的"材子材女"们胸怀远大理想，加强理论学习的同时注重社会实践。2013—2017年，5年来材料学院学子发扬艰苦奋斗的精神，利用炎热的暑期开展社会实践，足迹遍布大江南北和城市农村，覆盖了红色之旅、军工国防、社会调查、校友走访、"一带一路"等多个主题，硕果累累，是材料学子心系国家、情系人民的具体体现。

2018年3月，习近平总书记在两会闭幕式上勉励所有青年人：要坚定理想信念，志存高远，脚踏实地，勇做时代的弄潮儿，在实现中国梦的生动实践中放飞青春梦想，在为人民利益的不懈奋斗中书写人生华章！新时代的北理工"材料人"正在奋力拼搏，谨记总书记的嘱托，坚定理想信念，努力做到胸怀壮志、明德精工、创新包容，时代担当，回报社会，服务国家，争做担当大任的新时代的有为青年！

编　者

目　录

上　册

下　　册

上　册

第一篇
胸怀壮志

　　井冈山、遵义、延安、西柏坡……棋布华夏，曾造就中国革命的燎原之势。重新走过这段洒满热血的道路，方知幸福生活来之不易。如今家国俱兴，时代奋进，不负革命先烈。而青少之年，风华正茂，如初升的太阳，是民族的希望，当知史以明志，酬志以躬行。胸中是山河社稷，眼中是百姓黎民，脚下是复兴道路，前方是强盛安宁！

　　胸怀壮志，砥砺前行。

第 一 章

不 忘 初 心

骄傲，我的祖国

实践·足迹

美国军舰在南海非法巡航，驶入中国南海，与中国军舰公然对峙；

日本无视大量史实，声称钓鱼岛为其"固有领土"，与中国长期对立；

菲律宾妄图占据南海岛礁，单方面提出南海仲裁案，无视中国主权。

面对一次次的挑衅，面对各种领土争端，很多人都在怀疑，中国的国防实力可以吗？中国是否真的如期待般强大？

一、军事，仿佛遥不可及

2016年6月，带着"走进军工，走近国防"的心愿，我们8个人兴致勃勃地组成了社会实践团队，并开始和军工企业联系。我国的军工企业很多，但是愿意接收一队大学生来进行实践学习的少之又少。北京理工大学是一所国防军工院校，几大军工专业也盛名已久。经过一番深思熟虑，我们决定试一试，并选择了中国北方车辆研究所——这一与学校有着千丝万缕联系的企业。非常幸运，对方愿意接收我们，机会就这样降临。

有了实践地，我们第一时间开始了各种准备工作。8个军事"小白"，首先就是恶补关于军事装备，尤其是特种车辆各种基本知识。10天，我们从网上查阅各种相关资料，在图书馆、食堂、宿舍三点一线之间奔波，都是研究生的我们还有研究任务，所以时常还要加上一点——实验室。每次查到相关度比较高的资料，大家共享，遇到有意思的新闻，我们也会讨论。

对我们大多数人来说，这是第一次系统地研究这些军事装备，其种类繁多，特点不一，在开始的学习中，很多名称我们甚至都看不懂，还有专业术语，一些组成部分的作用更是看得我们一头雾水，想过放弃，想着反正以后也没有用，干脆就去企业看看就好了，但每当出现这种情绪，我们都会提醒自己，只有我们真切地了解过这些，我们后面的学习才有作用，才可能参与讨论，至少不能给学校丢脸，所以我们坚持了下来，也确实收获了许多。

然而，就在我们热火朝天地准备着的时候，困难再一次降临，有4个人突然被导师派出到外地出差，时间长达1个多月之久，这意味着我们的实践团成员从8位锐减到4位，而且已入暑期，我们已经无法再重新招录队员，我们每个人的工作量增加。经过一番商议，我们决定直面挑战，4个人一起完成这次实践任务。

第一个阶段的任务已经完成，我们的实践迎来了第二阶段。

二、企业，我们充满期待

了解了关于特种车辆的基本知识，接下来就是对企业本身进行了解，包括它的基本概况，大概的研究方向，甚至企业文化等。

经过仔细地调研，我们知道中国北方车辆研究所（以下简称研究所）是中国兵器工业集团公司下属的综合性大型科研基地、特种车辆技术开发中心和试验检测中心。主要从事车辆整车及部件的研究、设计、试验与试制，利用现代设计方法开发新型车辆，进行总体、新型动力、传动、行动、操纵、电子电气、自动控制等技术的研究开发。

研究所的研发实力雄厚，科研设施齐全，下设覆盖44个专业的4个科研技术部和1个信息中心、2个试制部；拥有40余个现代化试验室，各类设备6 000余台（套），占地面积80公顷。现有职工1 700余人，其中专职技术人员1 100余人，高级工程师以上职称的技术人员400余人。具有车辆工程专业硕士学位授予权，建立了博士后科研工作站。

建所以来，研究所取得了一大批重要的科研成果，有12项科技成果获全国科学大会奖，近170项成果获得国家科技进步奖、国防科学技术奖和部级科技进步奖，先后研制出各种型号特种车辆20余种。经过40余年的艰苦建设和发展，研究所已经成为国防科技工业具有重要影响的科研单位，开发出各类民用产品（技术）逾百种。研究所秉承着"顾客第一，永攀高峰"的经营理念，坚持"诚实守信"的原则为广大客户提供服务。

我们要去学习的地方，就是这样一个的地方，它是高端的科研机构，也是为民服务的良心企业。对它的了解越多，就越让人激动。我们非常期待能够在那里看到中国特种车辆的真身，看到我们的各种国防装备，看看研究实验室，体验一下国防科研工作者的工作氛围；我们也期待着在这里看到中国国防事业的希望，增强我们的国防自信心。于是，我们这样期待着，出发了。

三、国防，这一刻触手可及

2016年7月中下旬，我们终于如我们所预计的那样，来到了这个充满神秘感的地方。

研究所位于丰台区槐树岭，一路奔波，一个大型的研究所掩映在高地的树丛中。正门很小，并不起眼，让人很难想象里面的占地面积其实是很大的。门口有保安站岗，我们试图靠近，想在门口合影，不幸被告知这里不允许拍照，而且一旦进入到研究所内，都不允许进行任何摄影、录制之类的活动。如此谨慎，让我们瞬间紧张了起来。

负责接待我们的是民品办的负责人，他对我们的到来表示了热烈的欢迎。来到这里，我们先在两位研究所的学姐的带领下，了解了研究所现在的工作重心以及一些成果。两位学姐一位来自清华大学，主要研究减震系统，另一位来自北京理工大学，都是相关领域的精英学子，对这些专业知识了解得更多，我们从她们那里也学习到了很多知识。

在一些内部宣传片中，我们看到研究所的特种车辆研发，包括军用和民用两方面。军用主要是各类坦克的研制，民用研发以装甲防暴车为主，还有一些传动系统、底盘部件系统、电子系统的研发，性能先进，应用广泛。

后来，我们有幸参观了专门接待特别来宾的展厅。整个展区分为 5 个展厅，陈列着不同方面的展品，包括以坦克为主的装甲车辆展厅、各种导弹的制导系统展厅、展示军队构成模型的展厅、民品展厅及研究所涉及其他领域的展厅。

这里，陈列着研究所当前研发的各类型坦克以及装甲车车型，它们虽然体型庞大，车体厚重，速度却比想象中要快得多，是坦克战斗队的前锋；这里，展示着各种导弹和制导系统，以及科研人员如何不断地提高精确性的过程，向我们诉说着创造力的进步；这里，摆放着坦克装甲车使用的各型号榴弹，显示出不凡实力；这里，模拟了整个坦克作战队伍的各战车以及后勤车辆，它们各司其职，默契配合；这里，还陈设着各种装备，防弹衣、防弹玻璃、宇航服、特种兵服，全面多样。

除了军用装备，研究所的研究还包括家用汽车研发、自行车研发、数码产品研发、原油开采在内的民用产品方向，为民用产品的研发做出了一定的贡献。

研究所占地面积很大，负责各个部分研发的实验室和我们平日里的实验室截然不同，和车间更为相似，大概有两三层楼之高，科研工作者在里面不辞辛苦地进行各项测试工作。7 月，正是北京最热的时候，即使穿着短裤短袖，依然浑身是汗，但是试验室的科研工作者们都穿着长裤长袖，忘我地工作。

研究所还有各种道路模拟测试，涉水道路、陡坡等，经过严格测试后，各种设备将应用到实际中，成为保家卫国的一把利剑。

看完了这些，我们突然就感觉到了安心和信心。我们所见到的只是北方车辆研究所的一小部分，而在中国百强军工企业中，这仅仅是冰山一角。我们的军事国防不仅仅含有特种车辆，不仅有陆军作战队，我们还有空军，有海军，我们还有先进的战斗机，有潜艇，虽然我们目前还需要从国外引进一些装备，但是我们可以相信，我们的科技会迅速发展，未来会有我们自主研制的航空母舰。我们虽然不是发达国家，但我们已经属于强国，我们不惧怕外来的威胁，我们虽然不主动挑起战争，但我们有能力应对战争。

四、历史，我们在进步

在研究所旁边的家属区中，有两个陈列长廊，这里，是装甲车的历史长廊。这里摆放着"二战"时期到现在的各种装甲车，还有一些榴弹炮、迫击炮、航空炸弹、高射机枪等。

这些车辆很多都已年代久远，历经风吹日晒，变得无比破旧，锈迹斑斑，但是岁月无法掩盖它们的风采，我们依然可以从它们身上看到它们曾经经受的考验，也能感受到整车研究是多么浩大的工程，那是我们的科研工作者们夜以继日工作的成果。我们依然可以想象，这些车辆曾经在战场上冲锋陷阵，保家卫国；我们甚至可以想象，有多少战士，曾经驾驶着这样的车辆，冲在军队的前面，近距离攻击，他们可能荣耀归来，但也可能就此结束了短暂的一生。

从长廊中，我们看到，早期的装甲车大多是由苏联、美国制造生产的，而后，我们国产的装甲车逐渐出现，这一令人欣喜的改变，证明我国的科研创造力、自主研发能力的日益提升。我们承认，在国防科技方面，我们与美国等国家确实存在着一定的差距，我们也无法保证，我国所研发的各种车辆、装备是最好的，但是我们确实是在不断地追求进步，并且取得了一定成果。

当今世界的战争，是创造力之战，是科技之战。我们的军队，需要的不仅仅是勇于献身的士兵们，我们更加需要先进的作战工具，需要有更加强大的作战坦克，我们需要有航母。我们需要的不仅仅是花费大量资金引入国外的先进装备，我们更需要创造我们自己的科研体系。

我们在学习的过程中发现，现在已经成型应用的产品中，还是需要引入国外的产品，如发动机等；而我们在学校做实验时，也会发现，国外生产的实验设备有时在性能上确实优于国产设备。所以，当前我们的科研重点，还是要重视创造力，做自己的产品，开发专利。

短短的实地考察就这样结束了，不过我们还在北京，研究所对我们来说，距离实在不算遥远，但是我们大多数人没有从事这个专业，也几乎不太可能再踏入这个地方。

我们遗憾，不能将我们所见到的一切展示给别人，一旦进入研究所，这里禁止以任何形式留影，实验室禁止外人参观，但这就是保密意识。这里有很多是国家机密，我们必须随时保持警惕，谨防被别有用心之人利用。

所以，我们在离开的时候，只能感叹着：

"太厉害了！"

"原来这种装甲车能走那种路啊！"

"对我们的国防好有信心啊！"

"那两个车的区别你看出来了没？车头涉水不一样的。"

是的，我们对我们的祖国充满了信心！

作为北京理工大学这的一员，我们从事动力电池的相关研发，我们相信国家会有用得到我们的时候，希望有机会，我们也能到我们的相关专业企业去，贡献自己的绵薄之力。

实践·品悟

增长了知识，树立了信心

2015 级硕士研究生，材料科学与工程专业 卞轶凡

在北方车辆研究所参观学习的日子，感觉过得飞快，每天花费的时间不多，但每一点都会让我们觉得难忘。

首先，是保密意识。初到研究所，我们依然和以往一样，带着新鲜感，打算留下一些

宝贵的照片，但是，才到门口，就被拦下了："这里不许拍照。"这一刻，我意识到，我们去的不是普通的工厂、企业，这里是科技研发中心，更是中国兵器的研发中心，技术、专利不外传，武器装备更是不能外泄。将来，我们也许也会在类似的企业工作，如果缺乏保密意识，我们可能连什么时候将公司机密泄露都不知道。

其次，是增长了见识。无论是前期的准备工作，还是实践学习，都给我们这些军工"小白"上了重要一课。以前觉得反正不是学这些专业的，这些武器设备都是为了打仗用的，跟我们关系不大，所以知之甚少。经过学习，至少我们能懂一些相关的知识，了解一些浅显的原理，看到了实际的车辆，增长了见识。

最后，是树立了自信心。如今，我们见识到了我们的科研能力，我们有理由相信，我们会从"中国制造"变成"中国创造"，我们本着和平共处的原则，不威胁别人，但也不惧怕别人的威胁。

艰辛知人生，实践长才干

2015 级硕士研究生，材料科学与工程专业　戴玉娟

北京理工大学是中华人民共和国工业和信息化部直属的一所以理工科为主干，工、理、管、文协调发展的全国重点大学，是一所有着军工背景的高等院校。作为北京理工大学的学生，我们有责任有义务了解关于军工方面的一些专业知识，增长知识，为了落实这一目标，我们选择了去北方车辆研究所完成社会实践。此次实践之行，材料学院给了我们学习实践的机会，和极大的支持和信任。我们作为国家的后继力量，只有懂得全面地发展自己，把理论与实际相结合，才能更好地投入到祖国的建设中去，才能对得起养育我们、教育我们的祖国。

中国北方车辆研究所隶属于中国兵器工业集团公司，是兵器工业综合性大型科研单位、特种车辆设计基地、兵器工业第一技术开发中心，装甲车辆试验检测中心、北方汽车质量监督检验鉴定试验所亦归其建制。我们首先了解了一些关于国防设备的基础知识，然后在工作人员的带领下，参观了一些重型装甲设备及军用特种车辆整车及部件，工作人员的解说让我们了解到了更多，对我们的国防力量也更有信心，我们还在工作人员的带领下参观了北方车辆研究所的整体环境，在长廊上我们参观了展出的各国坦克。

此次实践让我受益颇丰，理解了"纸上得来终觉浅，绝知此事要躬行"的真正含义；认识到只有到实践中去，思想碰撞出了新的火花，从中学到很多书本上学不到的东西，汲取丰富的营养，把个人的命运同社会、同国家的命运联系起来，才是青年成长成才的正确之路。

"艰辛知人生，实践长才干"。通过此次社会实践活动，使我逐步了解了社会，开阔了视野，增长了才干，并在社会实践活动中认清了自己的位置，发现了自己的不足，对自身价值能够进行客观评价。这在无形中使我对自己有一个正确的定位，增强了努力学习的信心和毅力。对于我们大学生来说，更应该提早走进社会、认识社会、适应社会。

通过此次活动，我们找到了理论和实践的最佳结合点。我们平常只重视理论学习，忽

视实践环节，往往在实际工作岗位上发挥得不很理想，通过实践，使理论知识得到了巩固和提高；通过实践，原来理论上模糊和印象不深的概念得到了巩固，原先理论上欠缺的方面在实践环节中得到补偿，加深了对基本原理的理解。短短几天的实践，冒着酷暑，我们仍然坚持，学习更多，了解更多，对我们祖国的国防事业也更加有信心。

他们，为我们撑起了一片安谧的天空

2015 级硕士研究生，材料科学与工程专业 李立敏

在北京理工大学这样的一所军工底蕴浓厚的学校读书，我也浸染了一份对于军工事业的好奇。这次的中国北方车辆研究所之行却给了我很大的震撼。

在研究所我们先观看了一部影片，我们了解了一些相关的知识。在影片中，我看到了一辆普通装甲防暴车是如何从设计者的图纸上一步一步地变成现实。为了一辆车，实验人员试验了上千次，体验了各种极限条件后，才设计制造了出来。这样的装甲防暴车已经运用在我们的生活中了，2008 年的奥运会中就有它的身影。一直以为很遥远的军工其实也以民用的方式在我们生活中存在。对于坦克这样真正的军工产品，我一直是怀着崇敬的心情的。正是这样的中坚力量在保护我祖国，在保障我们人民的幸福生活。参观了研究所的展厅后，我才体会到什么叫做战争。我从来没有真切地感受过战争是如此的残酷。以前我看到那些抗战的影片，觉得坦克、炮弹等造成的杀伤力实在是不足为道，但是今天我才知道在战场上每打出的一枚导弹后面都蕴含着无数人的辛勤，也是战士冒着自己的生命危险给予敌人重击。

和平是用鲜血换来的，它是十分珍贵的。但是现在那些企图分裂我们国家的不怀好意的人就是希望让我们这片宁静的土地上再次爆发战争，其用心是多么险恶。我们的国家强大了，我们的军事力量强大了，我们面对这样的邪恶势力时，我们有充足的底气说我们不希望挑起战争，但是我们同时不惧怕战争。"犯我中华者，虽远必诛"，这一句表明了我们的立场。战争从来不是儿戏，它的可怕之处不仅仅是对于人民的生命的摧残，更在于我们的家园被毁灭，我们的生活会变得动荡，我们会成为一群没有家园的人。了解的越多，我才真正理解了习近平总书记所说的 21 世纪时代的主题是"和平与发展"。没有和平，我们根本谈不上发展；没有发展，我们也得不到和平。在参观过去的坦克时候，我发现要进入坦克内部，对于战士的身材还是有一定的要求的。而且坦克内部空间狭窄，肯定不可能舒服。我真是从这冰山一角窥到了我们战士的辛苦。想想他们的战斗经历，可能吃过的苦，我真的觉得我们生活中很多所谓的挫折真是不值一提。看着有着年代感的坦克，我也似乎看到了一代一代军人以及军工科研工作者为我们所付出的努力。他们的职业有着天生的使命感，肩负着我们国家的安全，他们为我们撑起了一片安谧的天空。

一次难忘的军工之旅

2015 级硕士研究生 材料科学与工程专业 肖根华

2016 年 7 月 11 日当天，我们参观了北方车辆研究所，真是一次难忘之旅。在那里，

我开始认识到，古老的中国军事文化的博大精深，同时也为现代军事装备所震撼。我永远不会忘记这次参观给我带来快乐和钦佩、收获和感悟。

首先，我们观看了一部研究所简介影片。中国北方车辆研究所是中国兵器工业集团公司下属的综合性大型科研基地、特种车辆技术开发中心和试验检测中心，属于国有独资事业单位。主要从事特种车辆整车及部件的研究、设计、试验与试制，从事军用特种车辆整车及部件的研究、设计、试验与试制以及民用汽车、专用汽车的研究开发与测试，利用现代设计方法开发新型车辆，进行总体、新型动力、传动、行走、操纵、电子电气、自动控制等技术的研究、开发。下设覆盖 44 个专业的 4 个科研技术部、1 个信息中心、1 个试验测试部和 2 个试制部，拥有车辆传动国家重点实验室和包括大功率传动试验、整车道路模拟试验、整车电池兼容测试等在内的 40 余个现代化试验室，各类仪器设备 5 000 余台（套），总资产 20 多亿元。

在工作人员的带领下，我们参观了所里研究的先进武器装备。我们先后参观了坦克、装甲车、各式导弹、飞行装备等，展示室的工作人员给我们介绍了装备的性能及优缺点。我们被这种威严的场面所震撼。这里的每一件武器，都凝结着研究人员的血汗。强大的国防才能保卫我们的国家，先进的武器才能支撑起强大的国防。每一个展厅，都开阔了我们的视野，呈现着神奇的科技，展示着军事科技的奥秘。现代军事的发展和进步，正是从这里起步。因此，我们现在就应该采取行动，学习知识，竭尽全力掌握新技能。"军事科技与生活"展区主要展现技术和生命之间的关系。技术发展的一场深刻变革，影响人类的生活，而生活也催生了科学和技术的创新和发展。

中国北方车辆研究所为中国军事装备发展做出了不可磨灭的贡献，研究所的发展也正是中国车辆装备发展的见证。此次参观，让我们进一步了解了中国的军事装备，感悟到中国车辆人那与时俱进，勇于创新，能吃苦、能战斗、能攻关、能奉献的研究精神。车辆军事装备的发展证明了国家的强大离不开科技，科技是第一生产力。国家发展和历史进步的过程中，军事是保障，创新技术是关键。一个国家在各方面技术的发展决定着速度发展。中国北方车辆研究所是 5 000 年的中国科学和技术发展的一个缩影，一个灿烂的古代文化，令人惊叹的现代技术，有回忆，有前景的结论令人回味无穷，鼓舞人们向前迈进的决心。它代表了中国的文化，也代表了中国人的爱和追求科学和技术的信心。

"少年强则国强，青年智则国智。"作为 21 世纪的"新一代"，我们肩负着科技发展的任务，肩负着祖国和人民的期望，我们还有很长的路要走。为中国的发展，科技的进步，军事的强大，我们必须做出不懈的努力。

实践团成员：卞轶凡　戴玉娟　李立敏　肖根华

谨借阅兵之名，莫失赤子之心

🌿 实践·报告

70 年前，日本政府向中国无条件投降，宣告中国抗日战争的胜利；70 年过去了，中华民族通过艰苦的奋斗，创造了一个独立自主、富强民主的新中国。2015 年 9 月 3 日，中国举行盛大的抗日战争胜利纪念日暨世界反法西斯战争胜利 70 周年大阅兵，向世界展示一个更加强大且热爱和平的中国形象。作为炎黄子孙，我们生而为龙，一方面要树立强大的民族自信，另一方面要缅怀先烈，谨记历史，为中华民族屹立于世界民族之林做出自己的贡献。

一、宛平城弹坑仍在，卢沟桥悲壮犹存

如今的宛平城，早已没有了当年的战乱，一副祥和安定的景象，但是一走进这座城，便感受到了这座城的悲壮。宛平城最初的修建目的，就是作为北京的辅城，保卫北京。1937 年 7 月 7 日晚间，日本侵略军在卢沟桥附近进行挑衅演习，并鸣枪逞凶。当晚，日军向在此守卫的 29 军提出无理抗议，声言中国军队从宛平县城开枪，并声称有一日本兵失踪，要进宛平县城搜索，当时遭到 29 军守桥部队的断然拒绝，日军即用大炮和机枪向宛平县城轰击，双方展开了激战，日本侵略军遭受了重大伤亡。

忍无可忍，宛平城的中国守军以英勇无畏的姿态打响了中华民族抗战的枪声。之前的国民党政府一直奉行"不抵抗"政策，致使日军在短时间内占领中国大片领土，中国到了亡国的关头。宛平城的守军们，都是好样的！这一战，向日本侵略者宣告了中国人民必将抗争到底的决心和勇气。

大难兴邦，中华民族在生死存亡的重要时刻，终于认识到了：不想亡国，就必须打败日本侵略者，把他们彻底赶出中国。自此以后，中华民族的优秀儿女开始用鲜血和生命捍卫祖国的尊严，开始了载入史册的全面抗战。

宛平城现在已经成为旅游景点，城内有的不是美丽的风景，而是英雄先烈们的悲壮历史。行走在宛平城的街道上，仿佛仍然能看到 70 年前的那场恶战。中国军人用手中的枪发泄着对侵华日军的愤怒，他们纷纷给家里写下了遗书，交代后事，用必死的决心，和日军展开了殊死搏斗。国难当头，他们想起了家中的老母亲，想起了才刚会叫爸爸的儿女，想起了新婚不久的妻子，但是他们义无反顾地投入了战斗，因为这关乎国家民族的尊严！

宛平城墙上弹痕累累，我们抚摸着凹凸不平的城墙，心里充满了感慨。在这里，可以清晰地感受到战争的惨烈，子弹炮弹呼啸而过，生命转瞬即逝。但是如果不抵抗，日军就会拿起刺刀屠杀中国同胞，还会指着被杀害的中国人说："看，这就是奴隶！"士可杀而不可辱，为了整个国家和民族的尊严，即使付出生命的代价也在所不惜！

宛平城外不远，就是卢沟桥。每一个到这里的中国人，在卢沟桥上，都不会忘记历史。这里，承载了太多的悲壮。卢沟桥桥面坑坑洼洼，两边的石狮子破败不堪，但整座大桥已经被刻进了历史。中华民族永远不会忘记这座桥承载的厚重的历史。"卢沟桥事变"充分暴露了日本军国主义想要灭亡中国的狼子野心，也鼓励了全国人民统一起来共同抗日。这座桥见证了1937年北平的沦陷，也见证了1945年北京收复的场景；这座桥见证了中华民族从亡国的绝境奋发图强直到现在的伟大复兴；今后还将见证更多的中国奇迹。

卢沟桥上，一位老兵凭栏而立，望向远方的水面，仿佛在追思着什么。细问之后才得知，他现在已经80多岁了，当年就住在宛平城内。他的父亲就牺牲在这卢沟桥上。"卢沟桥事变"发生后，宛平城就被攻陷了，他的母亲带着他东躲西藏，才得以存活下来，等到他长大到能够参军的时候，他就参加了中国人民解放军，后来退役。他说这10几年来他隔三岔五就来卢沟桥，他总觉得他的父亲没有离去，一直在这桥上，甚至他能感觉到他的父亲当年英勇抗战的身姿。他说他觉得他的父亲有一些话想对他说。老兵的目光望向远方，像一个雕塑，像是在追忆过去的戎马生涯，又像是在和他的父亲交流着什么。

每一个去卢沟桥缅怀先烈的人都应该去摸一摸那石狮子，摸一摸那弹痕累累、残破不堪的城墙，静静地感受和体验中华民族在70年前抗战的决心和勇气。

二、辅仁师生忠贞爱国，孤立于敌占区仍顽强不屈

辅仁大学，是一所由罗马公教创办的天主教大学，直属梵蒂冈教廷教育部，前身为满洲贵族英敛之创立的辅仁社、教宗碧岳11世捐建的北京公教大学，旧址在北京师范大学内。1937年7月7日"卢沟桥事变"爆发，日军攻占北平，华北各大院校开始疏散，北京大学、清华大学、南开大学等校南迁云南另组西南联合大学。辅仁大学由于罗马教廷与国际关系因素，是年夏季仍在炮声隆隆中正常招生。校方同时联络平津其他国际性教育团体，达成了在日占区内共同遵守三项原则的决定：（1）行政独立；（2）学术自由；（3）不悬伪旗，以示不屈。

1942年，辅仁大学教授英千里与多名师生因秘密组织抗日活动被捕入狱。迄1943年秋，辅仁大学师生在日本威胁之下，仍继续依循中华民国国民政府之学制、校历与假期规定，同时积极扩充学系，招收沦陷区失学青年入学，由于辅仁大学是唯一不受日军控制之大学，故沦陷区青年莫不以考入辅仁大学为荣，因此，辅仁大学成为华北沦陷区的唯一高等学府。

北平沦陷期间，辅仁大学就像沧海里的一座孤岛，没有外界支援，还遭受着日军的时刻监视，但全体师生仍然奋发学习，忠心报国，秘密地组织抗日斗争，没有丝毫的屈服，和日伪政权斗智斗勇直到日军投降。抗战胜利后，国民政府还特意嘉奖辅仁大学师生，辅

仁大学的师生用智慧和勇气为自己也为学校赢得了全社会的尊重。

三、梅兰芳蓄须明志，宋庆龄献身革命

梅兰芳是一位有爱国气节的艺术家。1931 年，日本侵略者发动了"九一八"事变，侵占了东北，然后又向华北进犯，威胁北平和天津。梅兰芳痛恨敌人，为了不当亡国奴，他举家迁到了上海。1937 年 8 月 13 日，日军在发动"七七"事变后，又进攻上海，不久就占领了这座大城市。梅兰芳举家搬到香港，并决定不再露面。日军攻陷香港之后，他蓄起了胡须向外界宣示不再演出。日军强邀梅兰芳演出，他给自己打针以致高烧不退，日军只好作罢。梅兰芳不仅给后人留下了诸多的京剧艺术作品，更是给我们留下了宝贵的不屈的民族精神。

走进梅兰芳故居，只有一个想法：真是精致、完美。梅兰芳是一个追求完美的人，其京剧艺术作品也是如此，在品格上更是如此。面对日军的威逼利诱，他留蓄胡子，罢歌罢舞，不为日本人和汉奸卖国贼演出，他不为一时的荣华富贵去出卖自己的灵魂，给后人做出了很好的表率，是我们应该学习的榜样。

与梅兰芳故居不同，在宋庆龄故居内，有更深的一层庄重。宋庆龄是 20 世纪举世闻名的伟大女性，她青年时代追随孙中山，献身革命，在近 70 年的革命生涯中，坚强不屈，矢志不移，英勇奋斗，始终坚定地和中国人民站在一起，为中国人民的解放事业，为妇女儿童的卫生保健和文化教育福利事业，为祖国统一以及保卫世界和平、促进人类的进步事业而殚精竭虑，鞠躬尽瘁，做出了不可磨灭的贡献。

也许由于她的"特殊身份"，人们深深地敬重她。宋庆龄是中国的革命导师之一，她为中国的抗日战争的胜利做出了巨大贡献，我们每一个人都应该向她致敬。

四、70 年风雨兼程，复兴之路百难兴邦

国家博物馆内，展示着中华民族的历史。从史前文明，一直到近现代，其中的抗战阶段尤其为人瞩目。从 1931 年日军侵华，日本侵略者在中国犯下的滔天罪行罄竹难书，大规模使用生化武器、进行人体试验，日本军队的行径惨无人道、令人发指。有多少丈夫，再也见不到自己的妻子，又有多少的母子，从此阴阳两隔。愤怒，无尽的愤怒；尊严，为尊严而战，中华儿女不可欺，中华民族的尊严，决不允许任何人践踏。

中华民族团结起来了，国共两党达成共识，一致团结抗日，大大地消耗了日军的有生力量，加速了日军侵华军队的失败。

新中国成立之后，中华儿女艰苦奋斗，为新中国的发展奉献了自己的青春和热血，让中国迅速走出了战乱的阴影。中国经济的发展，为中国在国际上赢得了尊重和话语权，现在的中国，没有人会看不起。

2015 年 9 月 3 日，中国举办了盛大的阅兵式。依稀记得 1949 年中华人民共和国成立时的阅兵，甚至凑不齐阅兵的飞机，中国第一任总理周恩来叹了一口气："飞机不够，多

飞几遍。"这句话一直激励着中华儿女，这是整个民族的座右铭。如今阅兵，不知道有多少人想对总理说上一句："总理，这十里长安街，这盛世，如您所愿。"十里长安，当年给总理送行的人，现在会有更多的感触，这盛世，来之不易，更需好好守护。

实践·品悟

忆往昔，奋今朝

2013 级本科生，物联网工程专业　胡海洋

实践活动虽然早已结束，但是实践活动中印入脑海中的记忆不会忘却。中国经历过的那 14 年抗战。那是一个漫长的 14 年，那是一个悲壮的 14 年，那是一个留下无数记忆和痕迹的 14 年。

这几天，我们追随这些痕迹，慢慢品味那些令人深思的记忆。北平城外的弹孔，怒视苍天，昭示着日本侵略者的恶行；铜铸醒狮，仰天长啸，诉说着中华人民的不屈；卢沟桥上，百狮矗立，守卫抗战者的英灵。

实践匆匆而过，我们所领略的不足百一，在那漫长的 14 年里，踊跃出了无数可歌可泣的英雄人物。观历史，看今朝，爱国不一定要上场杀敌，要做好自己的工作，站好自己的岗，而且，时代进步，物质丰富，和平年代的我们更应激励自己不断努力。莫等国贫空悲戚，何不少年图强立。即使在和平年代，我们也要居安思危，这样才能长远发展，生于忧患死于安乐，历史上一个个王朝的衰落都是如此。

战争已经过去了，但我们的记忆却要时不时地显现，不然，就会迷失方向。当你迷路的时候，回头看一下，也许，你会走得更远。

保持一颗赤子之心

2013 级本科生，车辆工程专业　李钰辉

2015 年 9 月 3 日，我国举办盛大的阅兵式，这给了中华儿女一个机会去重新审视 70 年前的那场战争，去思考那场战争给我们的启示，这些宝贵的经验，能让我们在实现中国梦的道路上，走得更加稳健。

我们在北京及其附近走访了一些抗战的遗迹，从记载了日军侵华历史事件的国家博物馆，到北平沦陷后孤立于沦陷区坚持抗战的辅仁大学旧址；从蓄须以明志的梅艳芳纪念馆，到被称为 20 世纪最伟大女性之一的革命导师宋庆龄的故居；从北平的辅城宛平城，到伤痕累累、承载厚重历史的卢沟桥，我们切身体会到了当年战争的惨烈，更加知道了现在和平的来之不易。中华民族要想不被外族凌辱，必须自强，只有自己强大起来，才能在国际社会上保持自己的尊严，保护自己的国民能够安居乐业。

少年强则国强。北京理工大学是一所优秀的国防性大学，在北京理工大学，我们更应

该珍惜来之不易的机会，保持一颗赤子之心，努力学习知识，学习技能，为国家的强大做出贡献。

为实现中国梦而奋斗

2013 级本科生，热能与动力工程专业 孙猛

革命先辈浴血奋战、英勇牺牲，方为我们换来如今的盛世芳华。俗话说，时间会冲淡一切。如今又是风风雨雨 70 载，先辈们的英勇事迹仿佛离我们越来越近。任何有梦想的个体或者群体都需要内心的力量来激励。对我们中华民族来说，要实现中华民族的伟大复兴，实现中国梦就更是需要强烈的心理鞭策。我们作为中华民族的一分子，要自觉地为实现中国梦这个大目标而奋斗。个体的精神力量来自于民族大义和自身梦想，我们此次社会实践的目的就是强烈地激励自己。穿过卢沟桥，参观梅兰芳纪念馆，走访宋庆龄故居，这一个个贯穿着 20 世纪三四十年代主题的地方，给我们再一次心灵上的冲击。2015 年是世界反法西斯战争胜利 70 周年，天安门广场举行大型的阅兵活动，通过这些来揭开尘封的记忆，身处南校学习的我们也应紧跟时代脚步，用澎湃的热情迎接盛世，倍加努力。

奋斗的青春最美丽

2013 级本科生，电子封装技术专业 张永福

70 年前，在我们辽阔的中华大地上，卢沟桥的枪声，从此打破了这片静寂的土地。从"九一八事变"到"卢沟桥事变"，再到徐州会战、长沙会战、平型关大捷，一批批中华儿女从此投入了这保家卫国的抗战洪流之中，将他们最美好的青春奉献给了我们最伟大的事业——为民族抗战而奋斗，舍小家，为大家，抛头颅，洒热血，纵然舍弃生命，亦在所不惜，在最美的时光，他们做了最美的事情，奋斗的青春最美丽。

今天，满怀这份景仰与敬佩之情，我们实践团的几名成员再次踏上了卢沟桥，通过实地去看、去听，感悟当年抗战之艰苦。虽说有些地方已来过不止一次，然而，故地重游，时不同，景不同，人亦不同，又恰逢一位抗战老兵，心中顿然有了一种沧桑感。今天站在卢沟桥上，徜徉在宛平城内，少了往昔的冲锋陷阵，没有往昔的炮火连天，行人往来，悠然自得，街边建筑也装饰一新，然而，我们似乎仍能从中感觉到它们在向我们诉说着当年的苦难。看往昔 70 年，在岁月的长河中，70 年虽不算多，然而却见证了我们中华人民共和国从屈辱走向繁荣的铮铮岁月。今天的华夏，虽然时代变了，然而抗日将士的精神依在，我们不能也不应该忘记这份精神，在最美的时光，将自己的青春交给我们伟大的祖国，因为奋斗的青春最美丽。

实践团成员：胡海洋 李梅菱 李钰辉 孙猛 张永福

追忆抗战，缅怀先烈

实践·足迹

一、军博·军事·军魂

战争，是国之大事，生死之争，存亡之道，在 1937 年的中国更是如此。日军炮击宛平城，妄图侵占华北。国难当头，29 军官兵奋起抵抗誓与卢沟桥共存亡，力竭不敌，最终血染宛平城，英雄空余恨。正如《抗战宣言》所言，当时的中国已快要到人为刀俎、我为鱼肉的人世悲惨之境地，若是彷徨不定，妄想苟安，放弃尺寸土地和主权，便是中华民族的千古罪人。而战端一开，便是无分老幼，无论何人，皆有守土抗战之责任，皆应抱定牺牲一切之决心。全民抗战由此拉开帷幕，这场战争无关信仰，无关军衔，无关社会地位，只关乎四万万同胞要求抵御外侮的心。

如今，这场战争已经过去了 70 年。在这 70 年里，人们的口口相传，文献典籍的记载，课堂老师的教诲，以及影视作品中不同侧重的还原，使得我们对这场战争只有一个碎片化的认识，使得每个人看待抗日战争都有着一个自己特定的角度。在我看来，一场战争的胜利归根结底除了取决于人心向背外，还取决于军事力量的强大，军事战略战术和装备达到有效的平衡，制约敌人，从而取得战争的胜利。我们从遗存下来的文物文献中窥见历史。作为历史的见证者，没有浓墨重彩，也无须添油加醋，它们的存在就真真切切地为观者讲述着过去的故事。北京本身有着丰富的抗战历史文化资源，并且相当系统和完善。为了使我们对文物资料的观察更系统，更好地了解抗战时期的军事斗争历程，从而对这段历史有更深的认识和体会，激发我们作为当代大学生的历史责任感，我们选择了中国人民革命军事博物馆作为我们的实践目的地，通过网上军博查阅了大量资料，开始了为期一天的实地参观访问。

二、每一样兵器都有故事

2015 年 7 月 5 日上午 10 点，我们社会实践团 6 名成员连同我们的指导老师李赫亚老师前往中国人民革命军事博物馆开始我们的社会实践活动。我们去的当天天气比较闷热，温度达到 36℃，但当天参观军事博物馆的人还是很多。由于军事博物馆在进行加固改造工程，我们参观了设在外部的兵器棚，其中展示了很多抗战期间具有代表性的兵器，包括坦克大炮汽车，还有飞机等，这些兵器中有很多是缴获日军的，还有部分兵器在战争中功绩显著，受到嘉奖。

在中央兵器棚中有一辆坦克，它并不起眼，军绿色外壳，上面布满了大大小小的弹孔，整个表面看上去崎岖不平。这辆坦克是中国人民解放军在东北地区用被击毁的侵华日军坦克和缴获的部分零配件装配而成的，它曾参加过锦州、天津等战役，在作战中有力地配合了步兵的进攻。这或许是一场日本侵略者发起的"讨伐战"，人民解放军奋起抵抗，用炮火击退日军的进攻，并缴获对于他们来说还没有配备的坦克，战士们的心情是欣喜的，可又异常沉重。这一次虽然胜利了，可昨天还一起吃饭的兄弟却已经不在了；这一次虽然胜利了，可下一次日军不知什么时候还会发动进攻。可不管怎样，心中的信念不会变，把日军赶出中国夺取战争最后的胜利的决心不会变。看着这辆坦克，我们脑海中显现出了很多人的身影，他们身形刚毅，为夺到这辆坦克而欢呼，围在坦克的周围抚摸，装配零件修整坦克，在坦克的旁边冲锋，倒下，再冲锋……这辆坦克的具体缴获时间和缘由已不可考，在它被缴获、装配后，又经历一场场战役，身边的人来来去去，到如今它矗立在这里供人们参观，当年与它一起经历枪林弹雨的人们早已离开。抬眼望去，一架架飞机，一门门大炮，一辆辆坦克无声地集结在这里，它们的背后一定都有着令人动容的故事，只是物是人非，我们如今只能从弹痕和只言片语中自行体会。不语，方成其肃穆，成其深厚。

三、精神永流传

2015年7月5日下午2点，我们结束了对兵器棚的参观之后，开始进行我们社会实践的第二个环节——采访参观军博的路人。我们采取两人一组的形式，分别对小学生、中年人、老年人等三个年龄段的人进行采访，采访的问题由浅入深，因人而异。由于我们采访的老人对象因为语言的问题没能成功进行下去，作为补充，我们对一位参观军博的美国人进行采访，了解外国人对抗日战争的看法，以世界的眼光看抗战。

接受我们采访的中年人近60岁，言语间表达着自己对抗战独特的见解。他们那一代人在新中国建设初期出生，从父辈那里耳濡目染抗战的艰辛与胜利的喜悦，依旧保持着对革命的崇敬，保持着质朴又纯粹的心。社会不断演变发展，这一切的源头不能忘记，正如他所说，来军博增加军事知识，增强自己的历史文化知识，即使作为一名普通百姓，也应该关心国家大事，铭记历史，位卑岂敢忘忧国。

我们采访了一位带着两个1岁多的小孩子来参观军事博物馆的外国人，他对我们提出的抗战及相关问题的回答较为客观。在他看来，日本全面侵华战争乃至"二战"是一场十分暴力和冷血的战争，无数的民众和士兵被残忍地杀害了，这场战争对于全人类来说都是惨绝人寰的。我们谈及日本如今对于"二战"的态度暧昧遮掩，他表示认同。在他看来日本政府现在的态度不利于改善中日关系，目前仍面对许多冲突与问题亟待解决，但这些问题的存在是暂时的，随着中国的强大终会解决。除此以外，他认为国际事务总是错综复杂的，因此很难预测世界的发展。

采访结束后，我们在军博的留言簿上留下了我们的感想和殷殷期盼，我们翻看起观众的留言。有一位 62 岁的退休女工写道："看了历史的见证，真为我们的前辈感到自豪，但希望国家能多向下一代传播历史，不要忘记过去，努力学习，为国家多修造更加科学的武器，使国家强大，使全世界都认为中国是一个伟大的国家，使后代为自己是中国人感到光荣。"言辞质朴，但情谊殷切。这也是我们想说的和想做的，战争已经远去，但我们的民族精神应该一代代地传承下去，继往开来，指引我们前进的方向。

四、枪林弹雨造铁军　强我国防指北理

2015 年 7 月 5 日晚上 8 点，我们社会实践团六名成员在学校北食堂一层开展了社会实践的心得交流，成员们纷纷说了自己的实践心得。

徐单单同学表示自己在参观展出的兵器时，联想到抗日英雄为了国家、为了民族浴血奋战的场面，感慨如今的幸福生活来之不易。而如今的抗日剧神化当年的中国军队，贬低日军的军事素质以及作战能力，让年轻一代对抗日战争产生了错误的理解。她坦言，通过这次参观深知自己对抗日战争的了解还不够深入，缺乏对事实的了解和相关文献的研究。同时她也表示以后会在自己的生活中逐渐学习，铭记历史，不忘英雄，心怀感恩，珍惜眼前，更好地前行。

岑卓芪同学对我们采访小学生而他们一问三不知的情况印象十分深刻，感触很深。中国人民为维护民族独立和自由、捍卫祖国主权和尊严的历史是不容许我们这些生活在和平年代的后代所忘记的。历史是最好的教科书，也是最好的清醒剂。为了实现中华民族的伟大复兴，我们更应该铭记历史，居安思危。同时也要严格尊重历史，尊重事实，认清历史，坚持严谨的治学态度，不能感情意气用事，更不能想当然或先入为主。

李竹岩同学表示，她对支撑着中华民族奋勇向前的民族精神感到震撼和佩服。她说我们的民族精神穿越过黑暗却从未中断，历尽磨难但日渐日强。时间飞逝，大浪淘沙，我们今天拥有的幸福生活是革命先辈用鲜血换来的，学会珍惜，学会继承，是我们应该做到的。她说，自己要做的事情还有很多，脚下的路还很长，困难和挑战也在所难免，关键是要保持乐观主义和大无畏精神，为今天的社会主义建设做出自己的贡献。

黄文艺同学看到兵器棚里已经破旧的坦克和锈迹斑斑的炮管，感触很深。他说，今日和平是先辈用鲜血成就的，而保卫今日之和平却不仅仅需要鲜血。在科技取得巨大进步的今天，我们的国防再也不能依靠巨大的人员牺牲来巩固，我们的国防需要的是高精尖的武器装备，一流的科技人才。而作为一名北理工学子，面对这些尘封着历史的武器，不由得升起一股强烈的责任感。沿袭着北理工军工文化的传统，打造出我们中国的利剑和强盾，这应该是每个北理工学子肩负的重任，当年的枪林弹雨锻造出我们坚强的中国人民解放军，如今的国防需要我们北理工的科技支撑。黄文艺同学的发言获得了热烈的掌声，大家一致认为，以科技支撑国防，承担起历史的重任，是我们每个北理工人应该做的事情。

我们的心得交流会一直到晚上 10 点才结束，每个人都显得意犹未尽、慷慨激昂。社

会实践团团长杨芃同学全程进行了记录，并对同学们提出的问题进行了汇总整理。之后，我们对实践团指导老师李赫亚老师进行了深度访谈。

李赫亚老师对我们提出的问题做了详尽的回答，其专业的思考角度使我们思考问题有了全新的思路，受益匪浅。通过对她的访谈，我们也意识到我们对抗战对历史对如今的社会时事了解的还是太少，思考的还不够深入。李赫亚老师对我们的社会实践做出了中肯的评价，她说："做一件事就要有做一件事的收获，就像书不能白读一样是一个道理。"大家觉得她说得很对，这次社会实践我们的前期准备工作还不够充分，以后如果有类似的活动要多做一些功课，找几份以前做得好的社会实践活动报告看看，学习一下人家的方法和整个社会实践活动的计划和布局，再针对自己的题目去构思。谨记老师的教诲。

到此，我们的社会实践就告一段落了。忆往昔，烽烟起峥嵘岁月，如今恰同学少年，风华正茂。八年抗战岁月，多少热血男儿血洒疆场；今夕，看我北理工学子为国防筑坚固城墙！

实践·品悟

铭记历史 居安思危

2013级本科生，高分子材料与工程专业 岑卓芪

2015年是中国人民抗日战争暨世界反法西斯战争胜利70周年，全世界都展开了各种隆重的纪念活动。我们小组进行了"追忆抗战岁月、缅怀英魂，践行社会主义核心价值观"为主题的社会实践活动，对于学习和研究抗战历史，如何正确认识昨天、精准把握今天、努力开创明天有了更深入的认识与理解。

在本次社会实践中我们参观了军事博物馆，并采访了几位中外游客，听取了他们对于抗日战争的一些看法。通过对于几位不同年龄段群体的对比，我可以明显地感受到随着年龄的递减，人们对那段由鲜血和生命铸就的伟大历史所了解的越来越少。很多小学生一问三不知，甚至告诉我们他们老师从来未教过他们这些历史知识。

这段中国人民为维护民族独立和自由、捍卫祖国主权和尊严建立的历史是不容许我们这些生活在和平年代的后代所忘记的。同时我们也要严格尊重历史，尊重事实，认清历史，坚持严谨的治学态度，不能感情意气用事，更不能想当然或先入为主。

曾经看到过这样一则新闻——《九旬老兵称抗战剧多是乱编，日军枪法准单兵素质强》。不光是日本人，对于我们国民来说，同样也要正视这段抗日历史。一些媒体不应随意歪曲历史，传播错误历史，要体现对那些为国家、为民族、为和平付出宝贵生命的英雄们的尊重。历史是最好的教科书，也是最好的清醒剂。为了实现中华民族的伟大复兴，我们更应该铭记历史，居安思危！

铭记历史是为了更好地前行

2013 级本科生，高分子材料与工程专业　徐单单

没有了期末复习时的紧张与压力，经过周密而详细的计划以及李赫亚老师的指导，在团长的带领下，我们实践团怀着激动的心情前往军事博物馆参观，此次社会实践也是我们实践团纪念抗日战争及世界反法西斯战争胜利 70 周年的活动之一。虽然只有短短一天的时间，却让我受益匪浅。

上午准时在军事博物馆与老师汇合，虽然军事博物馆没有完全开放，但还是有好多人前来参观。馆外展览了很多兵器，像飞机、大炮、坦克等，都是岁月的积淀。看着这些兵器，眼前浮现出抗日英雄为了国家、为了民族浴血奋战的场面。转而想到现在很多的抗日剧试图通过神化当年的中国军队，贬低日军的军事素质以及作战能力，让年轻一代对抗日战争产生了错误的理解。如果抗战真的像抗日剧中这么容易，想必抗战用不了 14 年这么久吧，更不会牺牲那么多伟大的战士们。我们的幸福来之不易！

铭记历史是为了更好地前行，通过这次参观，我也深知自己对抗日战争的了解仅仅是之前的语文以及历史课本知识，我想我以后会在自己的生活中逐渐学习，不忘英雄，心怀感恩，珍惜眼前！

枪林弹雨造铁军，强我国防指北理

2013 级本科生，材料化学专业　黄文艺

枪林弹雨造铁军，强我国防指北理。14 年抗战岁月，多少热血男儿血洒疆场，今夕，看我北理学子为国防筑坚固城墙！

犹然记得《亮剑》里，一个团能缴获到几门迫击炮就当宝贝使，而日军飞机坦克运输车机械化部队源源不断；抗美援朝，即使几十万大军，也不能阻止敌军飞机贴头皮侦察。当我看到军事博物馆里缴获的各国坦克、大炮，凝视着粗壮的炮管，即使在 7 月的盛夏里也能感受到钢铁的冰冷。那个特殊的年代里，那群虽有着满腔热血却从未感受过现代军事武器的中国军人，第一次冒着呼啸的炮火冲锋，第一次看见那个铁皮坦克，会有着和我一样惊讶和惧怕的心情吗？他们当中定有很多人是第一次也是最后一次冲锋了。

今日和平是先辈用鲜血铸就的，而保卫今日之和平却不仅仅需要鲜血。面对训练有素装备精良的日军，国民党军队虽有着美国的补给却也不及，共产党军队更是以缴获为重要补给源。在巨大装备落差下，我们用无数的伤亡换取了最终胜利。此时，面对着这些已经破旧的坦克和锈迹斑斑的炮管，我不禁思考，在科技取得巨大进步的今天，我们是否有着和其他国家相同级别的武器装备呢？我们的国防再也不能依靠巨大的人员牺牲来巩固，我们的国防需要的是高精尖的武器装备，一流的科技人才。

具有远见的中国共产党在 1940 年创办了延安自然研究院（如今的北京理工大学），作为我党创办的第一所大学，北京理工大学在军工方面做出了卓越贡献。作为一名北理工学

子，面对这些尘封着历史的武器，不由得升起一股强烈的责任感。沿袭着北理工军工文化的传统，打造出我们中国的利剑和强盾，这应该是每个北理工学子应肩负的重任。

当年的枪林弹雨锻造出我们坚强的中国人民解放军，如今的国防需要我们北理工的科技支撑。和平，现在由我们一起来守护。

信念腾飞　奋勇向前

2013 级本科生，材料成型及控制工程专业　李竹岩

值中国人民抗日战争暨世界反法西斯战争胜利 70 周年与北京理工大学 75 周年校庆之际，为了积极响应北京理工大学暑假社会实践的号召，我们开展了寻找红色印记的社会实践。

由于军事博物馆正在装修，我们在室外的临时景点逐一进行了参观。

我印象最深刻的就是近代战争馆和全国解放战争馆。

走进近代战争馆，它记述着 1840 年至 1919 年中国人民反抗外国侵略和本国封建压迫的斗争史。同学们在这里看到的是：英军进犯厦门时使用的火炮，与法军在镇南关作战的兵器，沙俄侵略军的步枪、军刀、军号，圆明园的实景复原模型……而让人无法释怀的是那张近代战争赔款的列表，它这样写着：中英《南京条约》赔款 2 100 万银元，割让香港岛给英国；中日甲午战争签订《马关条约》，中国割让台湾岛及所有附属各岛屿、澎湖列岛和辽东半岛给日本，赔偿白银 2 亿两；八国联军攻陷北京签订《辛丑条约》，赔偿白银 4.5 亿两……这些条约让大家的心情由沉重转为了倍感羞辱。

怀着这样的心情在走进抗日战争馆和全国解放战争馆后转为了激进和奋发，因为这是一段中华民族奋起抗争、团结御辱、建立社会主义新中国的历史。抗日战争馆进口处是雕塑《大刀向鬼子们的头上砍去》，同仇敌忾、奋勇杀敌的气概迎面扑来；八路军简陋的装备和缴获的日军武器和国旗，显示了中国人民抗日必胜的决心；抗日战争胜利岗村宁次投降呈交的佩刀，是日军侵华失败的象征。在全国解放战争馆里展现着中国共产党领导解放军和全国人民浴血奋战，推翻国民党政权黑暗统治，建立社会主义新中国的光辉历史。

在回学校的路上，我思考着，一个始终萦绕在我脑海中的问题得到了解答——是一种什么样的精神支撑着我们中华民族奋勇向前？我想是信念，是精神，更是民族的灵魂。四大文明古国中，唯有中国始终屹立于世界东方，而其精髓就是贯穿始终的民族精神，它穿越过黑暗却从未中断，历尽磨难但日渐日强。时间飞逝，大浪淘沙，我们今天拥有的幸福生活是革命先辈用鲜血换来的，学会珍惜，学会继承，是我们应该做到的。离开军事博物馆，心情还是沉重的，自己要做的事情还有很多，脚下的路还很长，困难和挑战也在所难免，关键是要保持乐观主义和大无畏精神，为今天的社会主义建设做出自己的贡献，在没有硝烟的战场上保持自信，保持勇敢！

精神永流传

2013 级本科生，材料化学专业　杨芃

2015 年 7 月 5 日上午 10 点，我们社会实践团 6 名成员连同我们的指导老师李赫亚前往中国人民革命军事博物馆开始我们的社会实践活动。我们去的当天天气比较闷热，温度达到 36℃，但当天参观军事博物馆的人还是很多。由于军事博物馆还在进行加固改造工程，我们参观了设在外部的兵器棚，其中展示了很多抗战期间具有代表性的兵器，包括坦克、大炮、汽车还有飞机等，这些兵器中有很多是缴获日军的，还有部分兵器在战争中功绩显著，受到嘉奖。

随后，我们对前来参观军事博物馆的人们进行随机采访。接受我们采访的一位中年人近 60 岁，言语间表达着自己对抗战独特的见解。他们那一代人从父辈那里耳濡目染抗战的艰辛与胜利的喜悦，保持着对革命的尊敬，保持着质朴又纯粹的心。社会不断演变发展，这一切的源头不能忘记，正如他所说，来军博增加军事知识，增强自己的历史文化知识，即使作为一名普通百姓，也应该关心国家大事，铭记历史，位卑岂敢忘忧国。

采访结束后，我们翻看观众的留言。有一位 62 岁的退休女工写道："看了历史的见证，真为我们的前辈感到自豪，但希望国家能多向下一代传播历史，不要忘记过去，努力学习，为国家多修造更加科学的武器，使国家强大，使全世界都认为中国是一个伟大的国家，使后代为自己是中国人感到光荣。"言辞质朴，但情谊殷切。这也是我们想说的和想做的，战争已经远去，但我们的民族精神应该一代代也传承下去，继往开来，指引我们前进的方向。

实践团成员：尚国珺　岑卓芪　徐单单　黄文艺　李竹岩　杨芃

弘扬革命精神，重温红色记忆

实践·报告

80 年前，在卢沟桥爆发了"七七事变"。在这片土地上，残暴的日本侵略者炮击宛平城，在中国历史上留下了惨痛的回忆。时值"七七事变"80 周年，北京理工大学材料学院红色躬行团以发扬和传承红色文化为出发点，进行了对抗日战争红色历史文化的传承的问卷调查，调查了当代大学生在参观学习抗日战争红色革命纪念地学习情况和遇到的问题，并且结合问卷，对抗日战争纪念馆提出建议，希望在我们的努力下，抗日战争红色革命历史文化可以更好地继承和发扬。

一、绪　　论

（一）调研背景

"七七事变"是日本帝国主义全面侵华战争的开始，也是中华民族进行全面抗战的起点。自 1937 年"七七事变"，中国人民经过流血牺牲、艰苦抗战，终于在 1945 年 8 月 15 日以日本宣布无条件投降赢得了民族解放战争的伟大胜利。在北京留下了不少抗日战争红色遗迹及纪念地。

（二）调研目的

抗战精神是中华民族在抗日战争过程中乃至在处理战时、战后诸多问题时所形成和表现出来的伟大民族精神。抗战精神升华了以爱国主义为核心的伟大民族精神。在 5 000 多年的历史中，中华民族形成了以爱国主义为核心的团结统一、爱好和平、勤劳勇敢、自强不息的伟大民族精神。通过此次调研，了解我校学生在参观抗战遗迹，学习抗战精神中存在的问题和不足，并对抗日战争纪念馆管理方提出建议，让红色文化更好地传承和发展，也进一步促进大学生对抗战精神的理解。

（三）调研情况

调研时间：2017 年 7 月 13 日到 7 月 27 日，为期 13 天。
调研地点：北京理工大学材料学院。
调研范围：北京理工大学在校本科生。

（四）调研手段

调研的过程中，调研手段的选择是非常重要的。正确的调研手段可以让我们少走弯路，多种多样的调研手段可以让我们获得更加真实、准确的数据。

在研究设计阶段，我们初步确定了调研方法——访谈法，明确了访谈的目的、访谈对象等。我们希望通过访谈，得到相关信息，设计问卷。

我们访谈了北京理工大学材料学院理论学习组织求实学会的会长王潘杭。该学会在过去两年中，负责了北京理工大学材料学院良乡校区学生的党课组织考核工作，曾经多次组织入党积极分子去抗日战争纪念馆参观。我们针对此情况，向王潘杭提问了一些实际组织活动中的问题，直观地了解到了当前学习红色抗战精神中大学生存在的问题。

（五）问卷调查

调查问卷的设计、发放与回收是通过问卷调查收集资料必须经过的步骤。其中，调查问卷设计得合理与否、有效问卷的回收率都直接影响着所收集资料的准确性和有效性。

7月1—8日，发放电子问卷200份，收回有效问卷169份，其中主要针对我校在校本科生。

（六）问卷分析

调研问卷回收和整理之后，我们运用Excel进行数据统计和人工对问卷进行分类分析。将问卷分为四个部分：红色精神了解、红色精神态度、红色精神传承、建议意见，同时根据被调查者不同的政治面貌进行分析。

（七）调研问卷的发放情况

本次一共发放了问卷200份，回收问卷169份，回收率为84.5%；其中有效问卷150份，有效率75%。

二、数据分析

在回收到的问卷中，63.63%为共青团员，27.27%为中共党员或预备党员。在文化了解上，大多数的被调查者对红色历史文化的了解仅限于对会址的参观、观看相关电影电视剧和与他人进行交流方面，一半以上被调查者对红色历史文化比较感兴趣，觉得红色历史文化的建设很重要。在文化态度方面，被调查者认为在保持文化的纯粹性的基础上，要继承和发展抗日红色历史文化，铭记历史，不忘初心。在文化传播方面，一半以上的被调查者认为红色历史文化的传播的主要问题在于传播的相关途径太少了，较少接触到红色历史文化相关联的东西，要通过播放电影、电视剧，拍摄纪录片等大众喜闻乐见的形式来传播红色文化。

（一）不同政治面貌对于抗日红色文化了解的分析

政治面貌对于抗日红色文化的了解的影响如图1所示。图中三条曲线分别代表中共党员及预备党员、共青团员、群众及其他党派人士。横轴从左向右代表对文化了解的程度。可以看出，共青团员和党员比群众及其他民主党派人士更加了解抗日红色历史文化，而这也刚好和党员及团员接受了更多的相关教育和引导相符合。

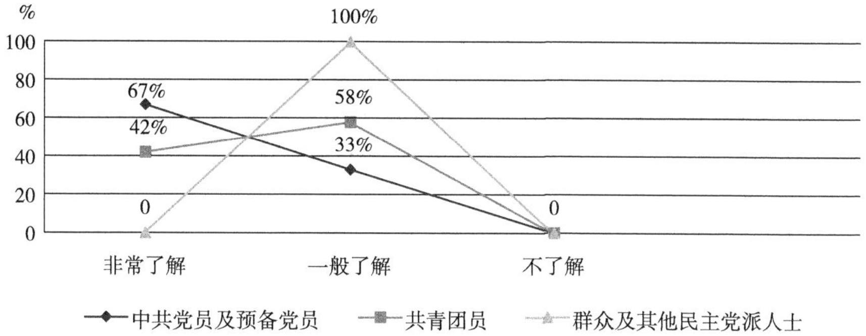

图1 政治面貌对于抗日红色文化的了解

（二）政治面貌对于抗日红色文化传承和认同的分析

调查问卷中，针对对于抗日红色文化的传承和认同的调查，我们一共提出了 5 个问题。

如图 2 所示，中共党员及预备党员、共青团员、群众及其他民主党派人士，在过去一年中去抗日革命纪念地的频率依次呈整体下降趋势，也符合共青团员和中共党员及预备党员参加团日活动以及参加其他红色教育活动的情况。

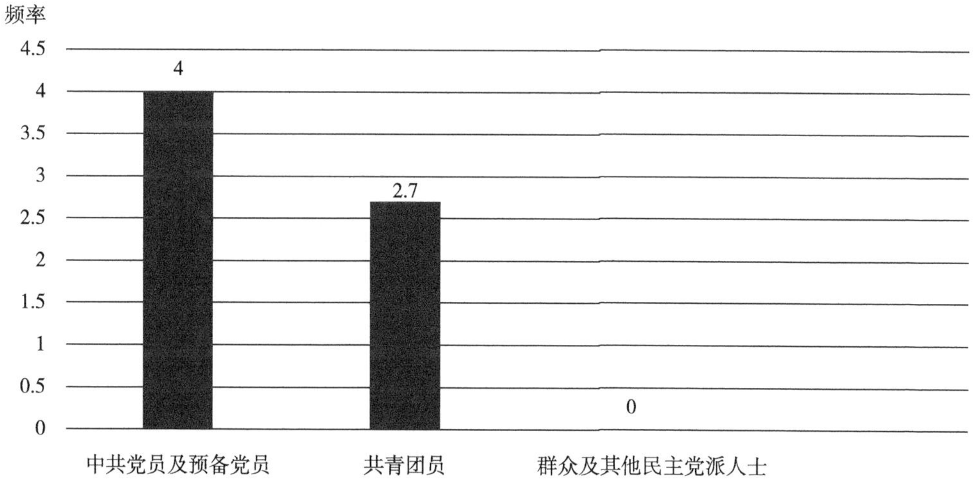

图2 平均参观频次

同时，在参观过革命纪念地后，被调查者随政治面貌不同有着不同的感受和收获。这说明参观革命纪念地，确实可以给参观者启发，是一种有效的红色教育形式。

此外，被调查者对于当今社会红色革命思想会不会一直淡化直至消失持不同观点。一部分人对此充满了忧患意识，认为现今社会，信息混杂，红色革命思想传承面临重重危机，宣传力度有待提高；另一部分人对于红色革命思想传承持乐观态度。

对于红色文化传承是否面临危机有争议，大多数的被调查者对继续加强抗日战争历史的宣传教育工作均表示支持态度，认为加强抗日红色历史文化的建设十分重要，呈一边倒趋势。政治面貌对于其态度的影响微乎其微。

同时，对于家庭教育，即是否会主动给家里的亲属（弟弟妹妹）讲述红色革命故事一项，也得到了积极的答案。所有的被调查者都会在不同程度上倾向给亲属讲述红色革命故事，传承红色文化（见图3）。同时，不同的政治面貌也会有不同的倾向。但是显而易见，大部分被调查者是愿意接受并传承红色革命历史文化的，只是需要调动积极性。

图3　对红色文化家庭教育的看法

（三）政治面貌对抗日红色文化了解和认同的分析

在调查过程中，中共党员和预备党员有30人，共青团员71人，群众及其他民主党派人士9人。

调查问卷中，针对对于抗日红色文化的传承和认同的调查，我们一共提出了2个问题。

政治面貌对于参观态度的影响如图4所示。可以看出，即使是对于中共党员及预备党员和共青团员，参观红色革命纪念地的主要原因，依然是有任务有目的参观。这说明对于

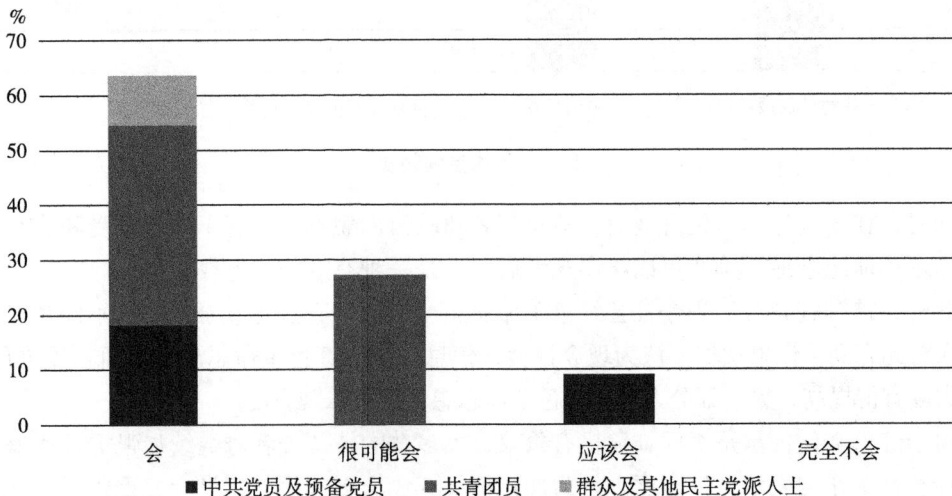

图4　政治面貌对参观态度的影响

参观红色革命纪念地，部分别调查者虽然有一定的认同感，但是认同感较少，不够积极主动（见图5）。

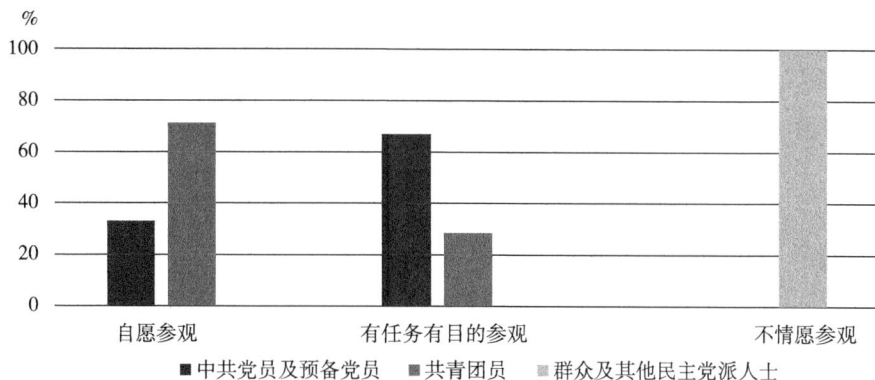

图5　政治面貌对参观的影响

此外，几乎所有的被调查者都认为红色革命精神是否与个人的生活息息相关，如图6所示。

图6　政治面貌与红色精神对生活影响看法

（四）关于值得推广的抗日战争革命教育形式的调查

在回收到的有效问卷中，调查了值得推广的抗日战争革命教育形式，依次如图7所示，为不同形式各自在被调查人群中所占比例。显而易见，"参观革命遗址，悼念革命先烈"被认为是最值得推广的，说明了实际参观可以给人最直观的感受；相较于报纸以及微信、微博等新兴媒体，网络和电视的宣传依然有明显的优势。此外"集体学习"和"走访抗战老兵"也是值得推广的教育形式。

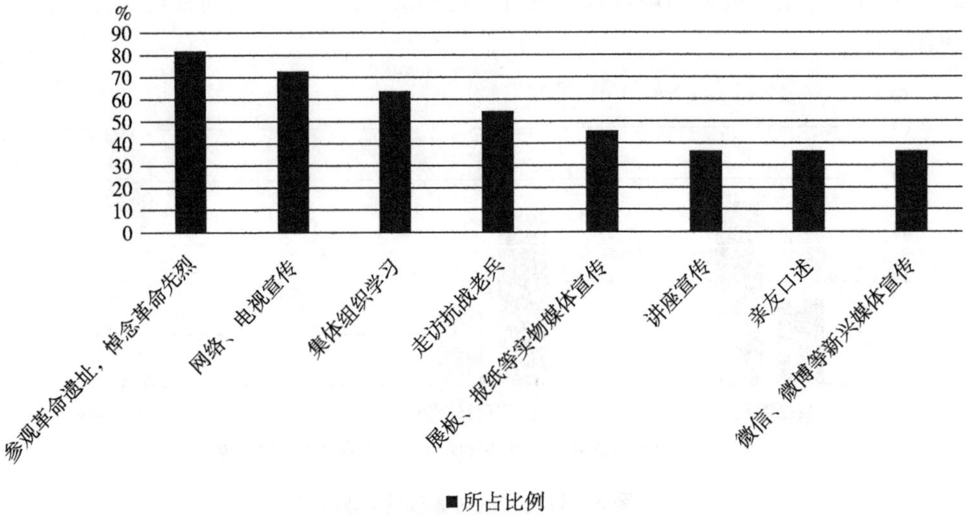

图7　不同教育形式所占比例

（五）参观过程中的不足与建议的调查

在调查中，我们针对部分同学参观革命遗迹积极性不高的情况，调查了其参观过程中认为存在的不足以及相对的建议。其中45.45%的被调查者认为参观过程中形式过于僵化，内容不够吸引人，主要表现为内容表现不够，无法引起参观者深层次共鸣。同时，18.18%的参观者认为，参观过程流于形式，没有实质性收获，白白浪费了精力和时间，没有取得应有的效果；而这则需要组织者加强组织工作。还有27.27%的参观者认为，参观过程中，缺少相关知识解说，囫囵吞枣看不懂。抗日战争具有丰富的历史内涵，其中表现出的抗战精神更是中华民族在抗日战争过程中乃至在处理战时、战后诸多问题时所形成和表现出来的伟大民族精神，远远不是简单文物简介就可以表现出来的。在参观过程中，由于参观者缺少相关知识，难以把握细节，引起共鸣，这需要纪念地管理方加强相关方面的管理。

同时，在调查中，被调查者也提出不少针对上述问题的建议。其中，最常见的可以归述为以下几条。

（1）相关博物馆应加强知识宣传，比如通过扫码关注公众号来传播有关展品的相关信息。

（2）将教育融入生活，而不是流于形式，使其与实际相结合。

（3）利用新媒体进行创新形式的宣传。

（六）对相关部门的建议

通过我们本次调研，发现了红色教育存在的诸多问题，通过小组讨论，走访相关部门，我们提出以下几点建议。

（1）多举办相关活动，与生活相关联，让老百姓在生活中体会到红色精神的重要性。

（2）要更加重视对青少年的红色教育，让他们从小就明白红色精神的内涵。

附录

弘扬革命精神·重温红色记忆调查问卷

1. 您的政治面貌？[单选题][必答题]

○ 中共党员或预备党员

○ 共青团员

○ 其他党派_____

2. 您了解中国的抗日战争革命历史吗？[单选题][必答题]

○ 不了解

○ 一般了解

○ 非常了解

3. 过去一年中您去过几次烈士陵园、革命遗址之类的革命纪念地？[单选题][必答题]

○ 去过 5 次以上

○ 去过 3~5 次

○ 去过 1~2 次

○ 从没去过

4. 您觉得去革命纪念地对您感受抗日战争红色革命精神的启发大吗？[单选题][必答题]

○ 启发很大

○ 有些启发

○ 基本没有

○ 完全没有

5. 您参观红色革命纪念地的主要原因？[单选题][必答题]

○ 自愿参观

○ 有任务有目的参观

○ 不情愿参观

6. 您觉得红色革命精神是否与您的生活息息相关？[单选题][必答题]

○ 有比较大关系

○ 关系不大

○ 完全没有关系

7. 您觉得当今社会红色革命思想会不会一直淡化直至消失？［单选题］［必答题］
○ 会
○ 很可能会
○ 应该会
○ 绝对不会

8. 您认为当今社会还有没有必要继续加强抗日战争历史的宣传教育工作？［单选题］［必答题］
○ 很有必要
○ 有些必要
○ 基本没有必要
○ 完全没有必要

9. 您会主动给家里的亲属（如弟弟妹妹）讲述红色革命故事吗？［单选题］［必答题］
○ 会
○ 很可能会
○ 应该会
○ 绝对不会

10. 您认为还有哪些形式的抗日战争革命教育值得推广？［多选题］［必答题］
○ 集体组织学习
○ 展板、报纸等实物媒体宣传
○ 网络、电视宣传
○ 参观革命遗址，悼念革命先烈
○ 走访抗战老兵
○ 讲座宣传
○ 亲友口述
○ 微信、微博等新兴媒体宣传

11. 在相关的参观活动中，您发现了什么不足之处？［单选题］［必答题］
○ 形式过于僵化，内容不够吸引人
○ 参观过程流于形式，没有实质性收获
○ 缺少相关知识解说，囫囵吞枣看不懂
○ 没有不足

12. 对于当下抗日战争相关教育的不足之处，您有什么建议？［填空题］

🍃 实践·足迹

在人民解放战争和人民革命中牺牲的人民英雄们永垂不朽！

为了反对内外敌人，争取民族独立和人民自由幸福，在历次斗争中牺牲的人民英雄们永垂不朽！

——弘扬革命精神，重温红色记忆

80 年前卢沟桥头的那一声枪响惊醒了那头沉睡千年的雄狮，也唤醒了中华儿女心中的那一腔热血，而今，那段历史已然成为过去，但那顽强不屈的革命精神却如一抹红色的记忆，深深烙印在每个中华人民的内心深处，挥之不去。

一、红色躬行团

在那个硝烟弥漫的时代，无数的革命先辈们用热血和生命捍卫着祖国的领土和主权，没有他们的战斗和牺牲，就没有我们今天的幸福生活。和平来之不易，正义来之不易！

怀着对历史的追忆和对先辈们的缅怀，北京理工大学材料学院本科生第二党支部的 5 名预备党员相聚在一起，组成实践小组，共同踏上了红色躬行之路，寻找那一抹红色的记忆。

磨刀不误砍柴工。出发之前，实践团经过仔细的讨论和斟酌，决定围绕"追忆往昔峥嵘岁月，感恩回馈服务社会"主题开展社会实践活动，在综合考虑历史影响、地理位置、教育意义等因素后最终确定了实践的内容和地点。

二、旭日之红

2017 年 6 月 30 日晚上 10 点半，夜色正浓，此时的北京依旧灯火通明，人来人往，我们党 96 周岁华诞到来之际，实践团相约来到天安门广场，怀着激动的心情等待次日升旗仪式的到来。

等待的时间里，每一分钟都觉得很漫长，只想立刻一睹五星红旗迎风飘扬的风采，但一想到在这个特殊的日子能够近距离观看天安门的升旗仪式，一切等待都值得。

随着时间的推移，东方的天空渐渐吐出丝丝缕缕的晨光，一晚上的等待之后终于迎来了黎明的曙光。广场上此时已经聚集起了很多人，实践团成员迅速打起精神，分站在各个不同位置，力求从多角度感受和记录下这激动人心的时刻。只见国旗护卫队队员迈着铿锵有力的步伐缓缓从天安门出来，英姿飒爽，威风凛凛！擎旗手手中的五星红旗更是耀眼夺目，当国旗展开的时候，激昂豪迈的国歌在空中回荡，五星红旗迎风飘扬，大家向国旗敬礼，异口同声地唱起了国歌。那一刻，实践团成员的心中一股国家自豪感和认同感油然而生。

五星红旗，你是我的骄傲！五星红旗，我为你自豪！

那是用革命热血铸就的旗帜！

那是用和平和正义捍卫的尊严！

那是从旭日上采下的虹，没有人不爱你的容颜！五星红旗，无论在哪，都能让人肃然起敬，引以为豪！

三、书中刻画的历史

经过一天的休整，实践团再度出发，继续红色躬行之路。

实践团来到国家图书馆，从书中发掘那些用文字和图片记录的红色记忆。

国家图书馆珍藏着大量的革命历史文献，不仅记叙着那段刻骨铭心的历史，更蕴含着那段英勇无畏的革命精神，具有重要的学习和教育价值。实践团成员首先在国家图书馆用电脑自主检索相关书目，随后前往书架寻找对应书籍，在书中品悟历史。

井冈山、延安、抗日、长征、徐州、革命、大别山、卢沟桥、台儿庄……当书中的这些字词映入眼帘的时候，内心深深被先辈们的革命乐观主义和民族浩然正气所感染，情至深处，往往闭眼沉思，拿出来和团队成员一起分享。而当南京大屠杀、731部队、慰安妇、殖民化、帝国主义、三光政策等字眼进入眼中的时候，再想起那万人坑里铺满的白骨，那一座座无言的悲壮古铜雕像，脑海里不禁浮现出敌人残忍杀戮、践踏中国的情景，每一帧画面都刺入心扉，令人义愤填膺。

中华民族素来温和、宽容和善良，但沉默不是懦弱，忍让不是麻木！中国儿女用以血还血的悲壮，浴血奋战，艰苦奋斗，建立起钢铁长城，在东方主战场牵制敌军主力，取得了抗日战争和世界反法西斯战争的绝对胜利。

但是，我们必须认识到，以史为鉴，警钟长鸣，岁月之所以静好，是因为有人为我们负重前行。

君可知，当今国际形势依旧复杂，右翼势力更是妄图分裂中国。历史的痕迹还在，历史的教训还在，不管其他国家如何美化历史，美化战争，我们都不应该丢弃这红色的记忆。书中亦是一个有血有肉的历史！向人民英雄致敬！

为什么战旗美如画，英雄的鲜血染红了她；

为什么大地春常在，英雄的生命开鲜花。

结束了对国家图书馆革命历史文献的学习后，实践团来到人民英雄纪念碑前，向在人民解放战争和人民革命斗争中牺牲的人民英雄们致敬。

每当站在人民英雄纪念碑前，那苍劲洒脱的"人民英雄永垂不朽"八个鎏金大字在内心总能升腾起一股豪迈的力量。

随后，实践团围绕人民英雄纪念碑进行了参观学习。虎门销烟、金田起义、武昌起义、五四运动、南昌起义、抗日游击战、胜利渡长江等汉白玉大浮雕，每一个浮雕后面都有一段可歌可泣的英雄礼赞，这些英雄有的是拿着大刀锄头、土枪土炮的农村儿女，有的是举行爱国游行示威的慷慨激昂的学生，有的是登上历史政治舞台的工人，有的是勇往直前、高举战旗的士兵……他们中的很多人都牺牲了，他们中的很多人都是普通人，甚至很多人的名字都未被后世铭记，但他们都有一个响亮的身份：人民英雄，他们的功勋彪炳史册！

有的人活着，他已经死了；有的人死了，他还活着。苟利国家生死以，岂因祸福避趋之。英雄身虽死，气魄贯长虹，人民英雄永垂不朽！永远活在世人心中，万古流芳！

四、国家记忆

在革命斗争的艰苦岁月里，不仅涌现出大量的人民英雄，还见证了一个大国的苏醒和复兴。

历史是国家和人民的记忆。

实践团的下一个任务即是寻找国家记忆，于是我们来到了国家博物馆，对中国近代史部分进行参观学习。

从1840的鸦片战争到1949年新中国成立的100多年历史里，留下的国家记忆是深刻而又沉重的。实践团重点关注中国近代史陈列部分，各种实物、文献、图片、雕塑、绘画、旧址复原等展品，有力地还原了中国在黑暗中摸索前进、迎来黎明时分的苦难辉煌历程。看着这些展品，我们不禁陷入了沉思：中华文化博大精深，源远流长，而因为敌人的入侵、践踏和蹂躏，人民生活在水生火热之中，大量珍贵的优秀文化文物也因此流失，而留下的就更显得弥足珍贵，这份国家记忆难道不值得今人铭记和传承吗？

我们应该庆幸，正是有无数的优秀中华儿女前赴后继保家卫国，英勇斗争，誓死捍卫国家和民族的记忆，才有我们灿烂悠久的历史文化，才有我们今天值得骄傲的中华民族5 000年的文明发展。

承担起历史和时代赋予我们的使命和责任，不仅仅是为国，也是为家。因为，这片土地上有我们的文化之根，有我们的精神支柱，有我们的国家记忆！今天，生于忧患，死于安乐，不需要多么大义凛然，只需要我们对历史心存敬畏之心，让历史的悲剧不再上演。通过此次参观学习，实践团对于革命精神和红色记忆，有了更加深刻的体会和思考，思想上受到了一次庄严的洗礼。

五、中国脊梁

"我们从古以来，就有埋头苦干的人，有拼命硬干的人，有为民请命的人，有舍身求法的人……虽是等于为帝王将相作家谱的所谓'正史'，也往往掩不住他们的光耀，这就是中国的脊梁。"

在那个黑暗的年代里，鲁迅先生发出嘹亮的呐喊，犹如一道曙光，撕裂天际。

弘扬革命精神，重温红色记忆，实践团踏上了寻找革命年代中国脊梁的红色躬行之路。在查阅相关资料后，实践团经过讨论，决定兵分两路，分别前往梅兰芳故居和宋庆龄故居进行参观调研。

在参观中我们了解到，梅兰芳先生不仅是中国戏曲的一代宗师，在京剧表演领域登峰造极，还是一名具有铮铮铁骨的艺术表演家。在抗日战争爆发之后，梅兰芳先生罢歌罢舞、息影舞台，并蓄须明志，侵华日军多次登门要求他重新登台，均遭拒绝，直到抗日战争胜利，才剃去留了八年的胡子，重登舞台。在他身上，我们感受到了一位艺术家的爱国情怀和忠贞不屈。

巾帼不让须眉，在革命斗争中，以宋庆龄女士为代表的一批爱国人士同样令人钦佩和爱戴。无论是辛亥革命还是抗日战争，宋庆龄女士都走在前线。西安事变后，她积极推动国共合作，在抗日民族统一战线的形成过程中发挥了重要作用。她的一生就是爱国主义、民主主义、国际主义和共产主义的典范，实践团成员在参观的过程中内心受到极大的激励和鼓舞。

在长期的武装斗争中，还有很多很多中国脊梁，他们用毕生精力去追随自己的信仰，用满腔热忱去爱护脚下的土地，坚忍不拔，无所畏惧。

江山代有才人出。每个时代都有每个时代的脊梁，作为大学生党员的我们，更应该坚定理想信念，奋发图强，为实现中华民族的伟大复兴贡献自己的知识与力量。

六、伟大胜利

宛平城内，中国人民抗日战争纪念馆静静伫立，前来参观的人络绎不绝。

借此次社会实践的机会，实践团聚焦在这片红色热土，追忆抗日战争的点点滴滴。

贪婪的帝国主义妄图消灭统治中国，但他们忘了，哪里有压迫，哪里就有反抗。在参观过程中，我们深深地感受到：抗日战争，是一场事关民族生死存亡的抵御侵略的战争，是一场抗击侵略的正义战争；而在战争面前，中国人民身上的民族大义和爱国情怀发挥得淋漓尽致，勤劳勇敢的中国人民一次次创造了世界奇迹。

1945 年 8 月 15 日日本投降，那一刻举国欢庆。

中国人民从此站起来了！这是中华民族命运的历史转折，这是值得世界铭记的伟大胜利。中华民族洗去百年屈辱，赢得了地位、自信和尊严，第一次以胜利者的姿态，在世界的东方昂首挺胸站了起来！

正义必胜，和平必胜，人民必胜！实践团成员纷纷表示，无论是第几次来参观抗日战争纪念馆，每次都有新的感觉和收获，历史证明和平来之不易。

与此同时，实践团还就当代大学生参观和学习中国人民抗日战争纪念馆等红色革命基地进行了问卷调查，希望通过我们的努力，让革命精神、红色记忆更好地继承和发扬。

七、志愿服务

7 月的北京热浪袭人，尤其是中午时分，太阳炙烤着大地。

当人们在室内吃着冰淇淋、吹着空调冷风的时候，有那么一群人，穿着已被汗水湿透的工作服，忙碌在城市的每一个大街小巷。他们很少和行人说话，我们也很少关注他们，但是正因为有了他们，我们的城市才变得干净整洁，舒适宜居。他们有一个低调的名字：清洁工。

"我们给清洁工人送瓶水吧！"这个提议迅速得到了大家的赞同。

实践团成员从商店买来冰凉的矿泉水，沿着大街骑行，遇到清洁工人就亲手递上一瓶，真挚地送上一句问候"您辛苦了！天气炎热，您喝口水吧！""谢谢啦！""谢谢你们！"或许是很少被人问候，他们的脸上除了惊喜之外更多的是感动。当他们向我们表达感谢的时候，我们的内心也充满着幸福，犹如一阵清风吹过。

买来的两箱水很快就分发完了，每次递水清洁工叔叔或阿姨都会微笑着用双手来接，这也是我们第一次这么近距离地去接触和认识他们。他们的衣服或许沾有污渍泥土，他们的手由于工作也变得粗糙，由于早出晚归、风吹日晒，他们的皮肤往往黝黑，但即使如此，他们依然尊敬自己的职业，用自己的努力和汗水为整个城市装扮打理，我们为他们点赞。

除了清洁工，还有许多许多的人在默默无闻地为这个社会、这个国家更加和谐、美好、富强而努力。作为大学生的我们，生活在和平的年代里，拥有着舒适便捷的生活环境，更应该好好珍惜，用自己的行动去服务国家、回报社会。

后　记

伟大的革命精神，光辉的红色记忆！是那段历史留给我们最珍贵的礼物，值得我们每一个人去学习、弘扬和传承。

新的时代，新的征程，遥想那一抹红色的记忆，耳边仍在回响：牢记历史，不忘过去，珍爱和平，开创未来！

实践·品悟

为中华民族的复兴贡献力量

2015 级本科生，材料科学与工程专业　眭明斌

弘扬革命精神，传播红色记忆。每一次社会实践带给人的感悟是不同的，通过这次社会调研活动让我对社会实践有了许多新的认识、新的收获和新的体会。

历史的经验和教训告诉我们：落后就要挨打，强国必须强军。实践团成员均为预备党员，通过这次实践活动，丰富了我们的实践经验，提高了我们的团队合作能力，我们通过这次实践更加了解了我们国家、我们党那段苦难辉煌的历史，这次实践活动意义深远，我们将享用一生。

作为 21 世纪的大学生，社会实践是引导我们走出校门、步入社会并投身社会的良好形式；我们要抓住培养锻炼才干的好机会，树立服务社会的思想与意识。

同时，我们要树立远大的理想，明确自己的目标，为实现中华民族的伟大复兴贡献一份自己的力量。

传承北理工红色基因

2015 级本科生，新能源材料与器件专业　阿依肯

红色基因，革命先烈之精魂也。为传承红色基因，走好新时期的长征路，来自北京理工大学材料学院第二党支部 5 名同学组成了"红色躬行团"社会实践团队，以全民族抗战爆发 80 周年——"追忆往昔峥嵘岁月，感恩回馈服务社会"为主题，采用参观抗战革命圣地、寻访抗战老兵、观看抗战主题电影、徒步行军、学唱抗战歌曲、诵读延安诗篇，在炎炎烈日下一路骑行为工作在街头巷尾的清洁工人送冰水，以自己的实际行动感恩社会，回馈社会等多种实践形式，实地感受不畏艰险、勇往直前的抗战精神，展现北京理工大学大学生的精神风貌。

宋庆龄说：青年是革命的柱石。青年是革命果实的保卫者，是使历史加速向更美好的世界前进的力量。通过这次红色实践，实践队员们不仅体会了抗战的不易，更明确了自己的崇高使命。我们将不断奋斗，弘扬抗战精神，共筑中国梦。80 年前的青年，克服艰难险阻，血火淬炼的抗战精神在历史的星空定格成永恒。今天的我们，把实现中国梦作为矢志不渝的奋斗目标，铭记历史、缅怀先烈、珍视和平、开创未来，我们不忘历史，我们砥砺前行！团队以此为契机，传承北理工红色基因，发扬红色精神，走好新时期的长征路，为实现中华民族伟大复兴的中国梦而不断奋斗，以青春之笔书写人生最华美的篇章！

铭记历史，开创未来

2015 级本科生，材料科学与工程专业　方海燕

很开心和大家一起顺利完成了这次抗战主题的暑假社会实践。本次暑期社会实践虽然结束了，但是同学们在本次活动中所学、所看、所感远远没有结束。革命先烈的先进事迹，都一直在勉励着同学们继续前行。当我们参观革命圣地时，心中思绪万千，感叹革命先烈的伟大，我们体会到抗战的艰巨，革命的艰苦。我们应该感恩现在安定和平的生活，红色遗址、革命老区、红色精神不断地鼓励我们前行，居安思危。

我们骑行为环卫工人送水，用自己的行动来回报这个社会，感恩如今的美好生活。今后，我们还要铭记历史、缅怀先烈、珍视和平、开创未来，为把我们祖国建设成为富强、民主、文明和谐的社会主义现代化强国，为维护世界和平、促进共同发展而努力奋斗！

牢记抗战精神

2015 级本科生，高分子材料与工程专业　冷宜霖

2017 年 7 月 1 日，我们前往中国人民抗日战争纪念馆等地进行系列社会实践。

1937 年 7 月 7 日，随着卢沟桥畔的第一声枪响，中华民族开始伟大的抗日救国战争，到 1945 年 8 月 15 日，日本帝国主义宣布无条件投降。在抗战中，中国军民伤亡 3 500 余万人，财产损失 6 000 亿美元。中国的抗战为世界反法西斯战争胜利付出了沉重代价，做

出了重大贡献。

走出纪念馆，我的心中充满着崇高与悲壮的情怀，但是却没有多少作为"胜利者"的喜悦。伤亡 3 500 余万人，财产损失 6 000 亿美元，这一个个鲜明的数字让我们不能有丝毫的轻松和愉快。在这场战争中，由于国家的孱弱，民族承载了更多的苦难，付出了更高的代价。

从来不会有人怀疑抗战史是一部胜利史，但只有在民族复兴的轨迹清晰地勾勒出回归大国的坐标时，我们才可能最终体验到"胜利"的完整含义。

今天，当我们走在民族复兴的道路上时，我们应当牢记团结奉献的抗战精神，把满腔爱国之情化为发愤学习和工作的强大动力，为中华民族的伟大复兴而奋斗。

历史不能忘记

2015 级本科生，材料科学与工程专业　岳晗

80 年前，在卢沟桥爆发了"七七事变"。在这片土地上，残暴的日本侵略者炮击宛平城，在中国历史上留下了惨痛的回忆。抗日战争是我国近代最沉痛的历史，也是中华民族最大的危机。在抗日战争中，无数民族英雄挺身而出，不顾个人得失，将自己的全部奉献给祖国，与日本侵略者展开了殊死的斗争。

80 年后，北京理工大学材料学院红色躬行团以发扬和传承红色文化为出发点，参观了抗日战争纪念馆等红色教育基地，进行了对抗日战争红色历史文化的传承的问卷调查，调查了当代大学生在参观抗日战争红色革命纪念时学习和实际遇到的问题。

历史不能忘记。我们作为新世纪的青年，作为北京理工大学的学子，更不能忘记历史，不能忘记过去的屈辱。今天，在民族复兴的道路上，我们更要牢记抗战精神，以满腔的热血为动力，为中华民族的复兴做出自己的贡献。

实践团成员： 阿依肯　岳晗　眭明斌　方海燕　冷宜林

延安精神光照千秋

🌿 实践·足迹

北京理工大学诞生于 1940 年抗战烽火中的延安。在条件极为艰苦的革命圣地延安，第一代北理工人披荆斩棘，筚路蓝缕，在黄土高原上耕耘并守护了一方知识的净土，创造了一章可歌可泣的诗篇。如今，在北京理工大学处处仍能见到延安时期的影子，校徽中的宝塔山和延河大桥以及 1940 的字样，表示北京理工大学源自 1940 年由中国共产党在延安创办的延安自然科学院，校歌的第一句便是"清清延河水"，以及我们一直引以为傲的"延安根，军工魂"……进入北京理工大学学习两年来，我们不禁对延安这个革命圣地产生无限向往。何为延安根？何为延安精神？为深入理解这两个问题，我和我的小伙伴一行 5 人在 2017 年 7 月 3 号至 6 号开展了革命圣地延安的朝圣之旅。下面我将向你讲述我们的故事。

一、红色之旅

当接到关于暑期社会实践的通知的时候，我们都在忙碌于期末考试的紧张备考中，时间紧，事务多，大家对于暑期社会实践都没有什么好点子，最后由许卫权同学想到去延安探寻考察延安精神，这个主意得到了大家的一致的认同。我们很快开始了准备工作，分配任务，安排日程，设计线路，预订往返车票，购买一些相关的物品等。在做好了充足的准备后，我们一行人在 7 月 3 日登上了西行的火车，开始了我们的延安之旅。

凌晨 5 点左右，我们抵达延安。一路的颠簸加上一夜未眠，我们都疲惫不堪。然而为了保证计划能够按部就班地实施，我们经过简单的休整就动身前往延安革命纪念馆。

延安革命纪念馆中华人民共和国成立后最早建立的革命纪念馆之一，馆内展出大量珍贵的革命文物，主要展现 1935 年 10 月至 1948 年 3 月近 13 年间，党中央在延安和陕甘宁边区领导中国革命的光辉历史，再现了毛泽东、刘少奇、周恩来、朱德等人当年在延安的光辉业绩。延安是中国革命圣地。党中央、毛泽东等老一辈无产阶级革命家在延安和陕北生活战斗了 13 个春秋，领导中国人民取得了抗日战争和解放战争的伟大胜利，形成了伟大的毛泽东思想，培育了光照千秋的延安精神。我们认真地参观了每一间展厅，在数量众多的展品面前，我们仿佛回到那个艰苦却极富激情的年代。

走出延安革命纪念馆，已近中午。吃过午饭后，按照计划，我们兵分两路：一路参观延安宝塔山、凤凰山、枣园、杨家坪，一路去了吴起镇，回到延安后参观清凉山。

一部分小组成员下午从延安出发，坐上了开往吴起的汽车。汽车在绵延不断的山中行驶着，时而穿越幽长的隧道，时而经过蜿蜒的山谷，两个小时后终于到达长征会师之地——吴起县的吴起镇。吴起县同延安一样，沿河流而建，当天晚上我们顺着河道步行游览了吴起县城。为了第二天的行程便早早休息了。第二天清晨起床后，我们便开始了一天忙碌的行程，首先参观了长征胜利会师的广场。广场依山而建，在半山腰处，广场的中心矗立着纪念碑，广场的后面是长征胜利纪念馆，记录了许多长征的故事。参观完纪念馆后，我们便顺势上山去了，山路蜿蜒，时有各种红军的雕塑，提醒人们不忘艰苦卓绝的历史，不忘今天生活的来之不易。随后我们又参观了毛泽东故居，故居在靠近山的位置，是一所院子，当年毛泽东等革命前辈曾在这里指挥战斗。屋子里摆放着一些复制品、手工艺品，向人们展示着当年的情景。

下午，回到延安后，我们又爬上了万众瞩目的清凉山。清凉山原本是佛山，被改用为红军的机关驻地，上面有中国第一家新华书店，山上有文人题写的诗词歌赋，也有革命前辈的警句。

另一部分小组成员则留在延安，继续延安之行。首先参观了宝塔山，它是历史名城延安的标志，是革命圣地的象征，是延安市的标志性建筑，北京理工大学校徽也有宝塔山的身影。参观完宝塔山，马不停蹄，我们立即前往枣园革命旧址。枣园原是一家地主的庄园，中共中央进驻延安后，为中央社会部驻地，遂改名为"延园"。1944 年至 1947 年 3 月，中共中央书记处由杨家岭迁驻此地，期间解放区军民开展了大生产运动，筹备了中国共产党"七大"，领导全国军民取得了抗日战争的最后胜利，领导全国人民为争取民主团结，和平建国，同国民党顽固派进行了针锋相对的斗争。枣园有毛泽东同志旧居、朱德同志旧居、周恩来同志旧居、刘少奇同志旧居、任弼时同志旧居等，都非常具有历史纪念意义。我们一路参观，一路拍照，我们为革命领导人的简朴的生活作风而感叹。最后一站是杨家岭革命旧址，1938 年 11 月至 1947 年 3 月，毛泽东等中央领导和中共中央机关在此居住。1942 年在此建成中央大礼堂，1945 年 4 月 23 日至 6 月 21 日在中央大礼堂隆重召开了党的第七次代表大会，值得我们北理工人骄傲的是，正是我们北理工的先辈们设计建造这座小巧但不失恢宏且载满历史感的建筑。

在结束在延安的参观后，我们返回北京，并对这次活动进行了交流与总结。

二、外国人眼中抗战时期的延安

从 1935 年 10 月 19 日，中共中央随中央红军长征到达陕北吴起镇，到 1948 年 3 月 23 日，毛泽东、周恩来、任弼时在陕北吴堡县东渡黄河，中共中央在延安战斗和生活了近 13 年时间。当年的延安是一种怎样的风貌呢？我们根据一些到访过延安的外国人士留下的史料可以大体了解当时的情况。

自 1936 年 7 月美国记者斯诺冲破国民党的新闻封锁采访了毛泽东等中共领导人以后，就不断有外国记者和其他外国人造访延安。他们的报道，他们的观感，逐渐使延安成了世界各国关注中国的一个亮点。著名美籍华人历史学家徐中约在他的权威力作《中国近代史》中写道：

"大多数外国记者都怀有对国民党反感和对中共倾心的感觉，只有一个天主教神甫比较明显地例外。虽然这些来访者中有些人抱有偏爱红色中国的先入为主的概念，但总体来说，他们代表着不同的政治信念。共产党人的活力、希望、诚实及对大众的关心，给他们留下了深刻的印象。毕恩来把国民党的'封建中国'与共产党的'民主中国'作了区分。美联社和《基督教科学箴言报》的斯坦恩把重庆称为'哀怨之城'和'一场噩梦'。从延安飞往重庆犹如'从中国的一个世界到了另一个世界'。《时代生活》的白修德描述延安人比中国其他任何地方的人都更'强壮健康'，而合众社和纽约先驱论坛的福尔曼则在1943年认为红军战士'大约是我所曾见过的营养最好的部队'"。

"用作比较的标准不是共产党中国与美国，而是重庆和延安。前者代表着'旧中国'——死气沉沉、颓废衰微、自私自利、逆来顺受、对普通百姓漠不关心、贫穷落后、不讲人道，任人唯亲，而后者则代表'新中国'——满怀希望、朝气蓬勃、效率卓著、斗志昂扬、纲纪严明、热情洋溢。斯诺称一颗红星正在中国上空冉冉升起，而白修德则认为国民政府正因其行为不当而失去天命，因其道德沦丧和滥施暴政而腐朽枯萎。虽然白修德'不信任共产党的用心，也不希望看到中国被淹没在红色浪潮中'，但他还是认为国民党'颓废衰微'而共产党则'生气勃勃'——'相形之下'后者'光芒四射'"。

除了这些以个人名义访问延安的外国记者，还有几次较大规模的团体访问，例如1944年7月22日到达延安的美国军事观察组。美军观察组除在延安活动外，还到晋绥和晋察冀根据地考察、访问。在此期间，他们发表了很多讲话，写了许多调查报告，比较客观地反映了陕甘宁边区和其他抗日根据地的政治、经济、军事等方面的情况及中共的方针、政策。特别是主要成员谢伟思，先后写了50多份报告。他在1944年7月28日第一次发回的调查报告中说："延安民众官兵打成一片，路无乞丐，家鲜赤贫，服装朴素，男女平等，妇女不穿高跟鞋，亦无口红，文化运动极为认真，整个地区如一校园，青春活泼，民主模范，自修、自觉、自评，与重庆另一世界。"美国使馆二等秘书戴维斯，在美军观察组的报告基础上，于1944年11月7日写出一份新的报告。该报告称："共产党的政府和军队，是中国近代史中第一次受到积极的广大人民支持的政府和军队，他们得到这种支持，是因为这个政府和军队真正是属于人民的。""中国的命运不决定于蒋介石，而决定于他们。"

三、延安精神，中国人民的宝贵财富

抗战时期的延安，党风正民风淳，长期以来一直是国内外史学界的共识。历史已经证明，抗战时期的延安不但造就了中国共产党历史上的"黄金时期"，更为后世留下了宝贵的精神财富——延安精神。何谓延安精神？我们结合史料与这几天在延安的所感所见，给出了我们对延安精神的理解：

延安精神，就是全心全意为人民服务的精神。我们党历来把为中国最广大人民谋利益作为自己的根本宗旨，在延安时期又响亮地提出了"为人民服务"的口号并在全党认真实践。例如被誉为"人民的骆驼"的任弼时，将国家与人民的利益放在第一位，即使在生病休养之时，也不忘到人民群众中考察调研。无数共产党员担负着沉重的担子，走着漫长的艰苦的道路，没有休息，没有享受，没有个人的任何计较，只因一句话——"为人民服务"。正是有这些人的存在，才换来陕北革命根据地的欣欣向荣。当年驻延安的美军观察组成员说："这里不存在铺张粉饰和礼节俗套，没有乞丐，也没有令人绝望的贫困现象，人们的衣着和生活都很俭朴，人民之间的关系是坦诚、直率和友好的。这里也没有贴身保镖、宪兵和重庆官僚阶层的哗众取宠的夸夸其谈。"中国共产党就是以对人民的无限忠诚赢得了人民的拥护和支持。为人民服务的宗旨永不过时。

延安精神，就是勤俭节约、艰苦奋斗的精神。我们看到了当时环境的艰苦，清凉山上一方小小的石窑洞，竟是中国最早的新华书店，革命的理念从这里传向全国各地；枣园低矮的窑洞竟是当时革命领导者的住居，在这里，领导全国的革命，走向胜利；艰苦奋斗的精神品质，体现了中国共产党人在面临困难时的革命乐观主义精神，在困顿之中亦不改其坚定的意志，在穷厄之中也要发扬自力更生的自强精神。艰苦奋斗的精神永不落伍。

延安精神，就是一种包容进取、自立自强的精神。许多外国友人都曾到达过延安，比如美国记者斯诺到达过延安，并写出了作品《西行漫记》。延安革命根据地的人民开发了著名的南泥湾，北京理工大学的前身自然科学院的师生们发明了马兰纸，中国的第一支股票也在延安革命根据地发行，令人惊叹。作为新时代的我们更应当积极进取，兼容并包，吐故纳新的做法永不淘汰。

以铜为镜，可以正衣冠；以史为镜，可以知兴替；以人为镜，可以明得失。延安给中华民族带来的不仅是一段珍贵的历史记忆，更为我们留下了一笔宝贵的精神财富——延安精神。在物质极大丰富的今天，延安精神依旧有重要的借鉴意义。我们不应忘记按照世界银行的标准，中国还有近2亿贫困人口，我们不应忘记我们在科技水平、工业水平、军事实力、文化输出、国民素质等方面和发达国家还有差距，这些是我们国家的现状，是我们前行面临的巨大挑战，更应该是我们砥砺奋进的动力源泉。在实现"两个一百年"目标的新长征路上，延安精神的旗帜依旧鲜艳，我们要怀揣梦想，砥砺前行！

实践·品悟

发扬延安精神

2015级本科生，电子封装技术专业　周钦豫

进入北京理工大学学习两年以来，学校一直在强调北理工的"延安根　军工魂"。何谓延安根？何谓延安精神？带着这些疑问，我和我的小伙伴们开始了前往革命圣地——延安的朝圣之旅。

我觉得延安精神，就是全心全意为人民服务的精神。我们党历来把为中国最广大人民谋利益作为自己的根本宗旨，在延安时期又响亮地提出了"为人民服务"的口号并在全党认真实践。当年驻延安的美军观察组成员说："这里不存在铺张粉饰和礼节俗套，没有乞

丐，也没有令人绝望的贫困现象，人们的衣着和生活都很俭朴，人民之间的关系是坦诚、直率和友好的。这里也没有贴身保镖、宪兵和重庆官僚阶层的哗众取宠的夸夸其谈。"

这种精神至今仍然不过时，作为一名共青团员应当发扬这种精神，为同学服务。

延安之旅，今生铭记

2015 级本科生，材料成型及控制工程专业　杨赟杰

"清清延河水，哺育你茁壮成长"，刚来到北京理工大学时，这雄壮的校歌便给我留下了深刻的印象，校歌里的延安以及延安精神更是让人神往。这次暑期社会实践，我和同学们有幸来到了革命圣地延安，得以亲身近距离感受先烈们的壮举。这次实践中，我们参观了延安革命纪念馆、宝塔山、吴起会师纪念馆、枣园等革命展馆及旧址，有许多地方给我极大的震撼。纪念馆前的毛主席叉腰而立，遥望远方，即使遭遇国民党围追堵截、经历两万里长征的磨难，毛主席依然精神抖擞，自信"欲与天公试比高"。一代伟人毛主席的神采真是令人神往！在清凉山上的第一家新华书店旧址及里面的书籍也让我看到了人类文明的传播中的火光，共产党人努力传播知识的光辉播撒在祖国大地。延安之旅，今生铭记！

实践团成员：许卫权　何雨潇　朱辉　杨赟杰　周钦豫

勿忘国耻乃立志，心中永留报国情

实践·足迹

2017 年是全民族抗战爆发 80 周年。1937 年 7 月 7 日，卢沟桥旁一声枪响，划破了宛平城的宁静，更唤醒了一个沉睡的民族。"七七事变"是日本全面侵华的开始，也是中华民族全面抗战的起点。铭记历史，珍爱和平，怀着这样的目的，我们社会实践团队前往卢沟桥及中国抗日战争纪念馆。

这次我们实践团队由 10 个人组成，这 10 个人都是我们 2016 级硕士 3 班的同学：杨天宇，杨书辉，赵露滋，赵娜娜，张梦露，尚妍欣，张咪，杨晓航，杨泽亮，刘北元。

实践地点就定在丰台区的卢沟桥和中国抗日战争纪念馆。

一、卢沟桥：中华民族全面抗战的起点

卢沟桥位于北京西南郊的永定河上，始建于金代大定二十九年（1189 年），成于明昌三年（1192 年），清康熙三十七年（1698 年）重修建，桥长 266.5 米，桥上两侧共有 1.4 米高的望柱 281 根，两柱之间由刻着花纹的栏板相连，每个望柱顶端都有一个大狮子，大狮子身上雕着许多姿态各异的小狮子。众所周知，卢沟桥是我们的伟大历史的精华，"卢沟晓月"被誉为燕京八景之一，由于雕刻艺术高超，卢沟桥上的狮子形态各异，几乎没有相同的一只。桥东端有碑亭，石碑正面为乾隆书"卢沟晓月"四字，背面为乾隆书卢沟桥诗。"卢沟晓月"四个大字雄浑有力，雕刻精美。可以说，卢沟桥是我国古代文化与艺术的见证，是我们伟大的劳动人民的智慧的见证，更是我国繁盛的见证。

我们约定在抗战雕塑园集合，之后我们一起步行到卢沟桥。穿过宛平城城楼，我们来到了一片视野开阔的地带。向远望去，依稀可以看到一座桥。首先映入我们眼帘的是桥前的一座石碑，上面用繁体字写着"卢沟桥"三个大字，我们也在此合了一张影。之后我们走到桥上。

我们一行人走上了那座沉静又雄壮的卢沟桥，桥两侧的石柱上有形态各异的石狮子，惟妙惟肖，不禁让人感叹中国古代劳动人民的伟大智慧。脚下崎岖不平的石板路，更让我们感受到炮火连天战争的苦难，日本帝国主义的罪恶行径，还有中国人民解放军的顽强斗争精神。

在桥面上可以看到一望无际的河水，沉默地流淌着。仿佛一个深沉而又内敛的老人，不愿透露心中的故事。石狮像都各自望向对面的方向，它们似乎也有什么想要表达的

话语。

日军当年炮轰宛平城，对城内的人们和对那些守城官兵造成的伤害到底用什么来弥补？当我们今天去回忆着一段历史的时候，往往怀着沉重的心情和悲痛的语调。"落后就要挨打"是必然规律。我们也必定要以史为鉴，努力提升自己的专业功底和各方面的能力，为伟大祖国的建设贡献自己的一份力量。当中国真正强大起来的时候，没有任何国家敢来挑衅中国。现实已经证明了这一点。但是，中国现在毕竟还处在发展中国家阶段，国家内部贫富差距太大，还存在着很多的问题。而这些问题的解决，毫无疑问是我们21世纪青年身上肩负的责任和使命。我们不能选择安逸，也不能坐以待毙。我们要积极起来，每天过得充实紧张，为了以后为国家和社会贡献自己的力量而打好基础，练好自己的基本功，为了中国在世界中的地位和中国的繁荣富强进一步努力奋斗。

二、抗日战争纪念馆：抗日战争历史的缩影

7月4日，我们来到了中国抗日战争纪念馆参观学习。抗日战争纪念馆丰富了我们对抗日战争历史的了解。一幅幅触目惊心的照片、文物，场景再现，强烈地激荡着我们的心灵，把我们又带回那个波澜壮阔的时代。东北抗联、太行山上、保卫华北、保卫黄河、地雷战、地道战、八女投江、狼牙山五壮士、台儿庄大捷，一幅幅图片，一段段文字，一个个雕塑，无一不是在向我们讲述着那些可歌可泣的故事。在抗日战争中，正义与邪恶、理智与狂热，均展现得淋漓尽致，留给后人永久的思索。战争灾难是一面镜子，也是一部历史教科书，需要后人反观和阅读。每个中华儿女都应该铭记历史、缅怀先烈，珍爱和平，发愤图强。

我们对展馆内的8个展馆依次进行参观。参观途中，像亲临了一次抗日战争一样。橱窗里那些展品让我们仿佛回到了那个硝烟弥漫的年代，与千千万万英勇的军民一同并肩作战，抵御日寇。所有展馆中令我们印象最深的是关于日军细菌战和奴役战的图片和部分实物，令人痛心疾首，惨不忍睹。日军用来对战俘行刑的刑具——一个内壁镶满钉子的铁笼子让我们的眼前仿佛出现了受刑者痛苦的脸，那种深入骨髓的剧痛。残暴的日军，人性何在？屈辱的历史，怎能忘怀！墙上还展出了细菌战中受迫害者的照片，一双被用来试验冻疮菌后红肿的双手让我们差点落下了眼泪。还有那些被奴役的工人，一个个骨瘦如柴，完全失去了人的模样，这是我的同胞吗？我们今天的生活是他们经历过怎么样的苦痛才得来的！

在纪念馆里，我们还可以看见许多抗日战争中留下的实物和还原的场景，走过几个展厅还可以看见海报上写着"伟大胜利——纪念中国人民抗日战争暨世界反法西斯战争胜利"大型主题展览。展览共分八部分：民族危机，救亡兴起；国共合作、共赴国难；抗战灯塔、中流砥柱；日军暴行、惨绝人寰；浴血疆场、民族壮歌；得道多助、国际支援；历史胜利、巨大贡献；以史为鉴、面向未来。

从1931年日本制造"九一八"事变发动侵华战争开始，中国的局部抗日战争便开始了。面对着严重的民族危机，中国人民发起了反抗。

展馆中记录了 1931 年 9 月至 1945 年 8 月中国人民抗日斗争的历史。日军暴行馆从轰炸、焚烧、抢掠、屠杀，制造"无人区"，残害妇孺，设立"慰安所"，虐杀大量劳工，制造细菌战、毒气战等各个方面，揭露了日军在中国土地上犯下的滔天罪行。人民战争馆通过介绍和展示抗战时期根据地军民创造灵活机动的武装斗争形式，再现了当时的历史。

在参观的过程中，我们首先感受了当面对外来侵略时，中华民族一致抵御外敌团结的精神。在中国共产党的领导下，涌现出一批又一批的英雄和爱国主义者。全国同胞在爱国主义旗帜下团结起来，汇成一股不可抵挡的抗日洪流。从淞沪会战、徐州会战等战役到平型关大捷、百团大战等战役，国共合作，共赴国难。在这关系民族存亡的时刻，整个中华民族空前的团结精神，形成了真正战胜日本侵略者的无坚不摧的力量源泉。展览中给我们留下深刻印象的是第四部分：日军暴行、惨绝人寰。在这里展出了侵华战争中，日军对待同胞的残忍刑具、用过的毒气罐子、细菌烧瓶和万人坑中的一些骸骨。日军对我们中国900 多座城市和广大乡村进行轰炸，大肆掠杀无辜平民，残酷虐杀俘虏，强制奴役劳工，实施细菌战和化学战。尽管这些罪行我们在很久以前就已经了解，但当今天走进这个展厅时，愤愤的心情难以平静。日军残暴地推行"三光"政策，摧残妇女儿童，把婴儿的心脏挖出，用残忍的方式杀死抗日战士，南京大屠杀中杀死同胞 30 万余人！这些日本侵略者犯下的滔天罪行数不胜数。

三、面对历史，大学生的反思

一张张触目惊心的图片，一段段难以忘怀的历史故事。让我们再一次陷入了深思，并再一次开始反思当前自己的学习和生活。有时候在学业和实验上得过且过，在科学研究方面睁一只眼闭一只眼，真的是我们现在应有的一种姿态吗？我们能够在北理工这么优秀的学校里进行学习，拥有这么好的计算机、图书馆、实验室等硬件设施，并且最关键的是，我们现在享受着和平时代所有的安全感和满足感。我们绝对不能再继续像以前那样，时间一分一秒都不能浪费，因为我们现在的生活都是先烈们用血与泪换来的。我们怎么去报答那些先烈们？唯有珍惜当下生活，唯有好好学习，努力增长自己的知识，提升自己的能力。让中华民族变得更加的强大，坚不可摧，才是对那些逝去先烈们最好的答复。

安逸的生活还表现在生活当中的其他方面，比如在饮食和消费上面：微信朋友圈上面，很多人各种吃喝玩乐秀来秀去，花钱大手大脚。而更加可怕的现象就是，现在人们攀比的心理日益高涨。人与人之间还在竞争看看到底谁有钱，谁花的钱多，谁穿的衣服更高档，谁开的车子更潮流，谁用的手机更时尚。作为新时代的青年，拥有正常的消费其实无可厚非。但是万事都有个度，如果在这方面花费太多的精力去攀比去竞争的话，可想而知，我们这个社会会朝着什么样的一个方向发展？

在参观完纪念馆之后，更深刻地让我们知道了我们现在的生活是多么来之不易。因此我们要更加珍惜我们现在的生活。我们到底要怎么去珍惜，难道是继续挥霍无度，在吃喝玩乐上面投入大量精力么？吃喝玩乐，是人们消遣娱乐的方式而已。吃，本是人的本能。不夸张地讲，人能吃饱已经足够。为了吃而耗费大量精力，非要去追求高端极致的享受，有必要吗？健康的生活才是最关键的，因此饮食应该尽量清淡。再者，我们更多的时间和精力应该放到真正有意义的事情上面，比如读书学习，比如科学研究，比如知识的积累和才艺的精进。我们应当充分地利用好现在的每一分每一秒，做最有意义的事情，这样也才能不愧对那些为我们今天幸福生活牺牲的烈士们。

这次暑期社会实践让我们每个人都对爱国主义和民族精神有了更加深刻的认识。愿世界和平，愿死者安息，愿历史不再重演！作为21世纪有理想的新青年，我们要努力奋进，用自己所学为国家为民族贡献力量。为了祖国更加美好的明天，我们，准备好了。

🌱 实践·品悟

重温历史　肩负重担

2016 级硕士研究生，3 班社会实践团

坐落于"七七事变"的爆发地——北京西南卢沟桥畔宛平城内的抗日战争纪念馆是全国唯一全面反映中国人民抗日战争历史的大型综合性专题纪念馆。抗日战争对于我们这些90 后来说，是一段未曾亲历的特殊历史。通过这次实践活动，我们认识到了日本军国主义带给我们中华民族的沉痛灾难，也使我们明白了落后就要挨打的残酷现实，只有国家富强、民族团结、社会稳定，才不会被欺辱，才能巍然屹立于世界民族之林！重温历史，摆在我们面前的，是一笔值得我们永远珍视的精神财富。作为一名当代大学生，我们应该清楚自己肩上的重担，努力充实自己，不断上进，为建设美好祖国贡献自己的一份力量！

牢记使命　奋发图强

2016 级硕士研究生，材料科学与工程专业　刘北元

站在卢沟桥上，我仿佛看到在战场上浴血奋战的战士们，他们为了祖国的未来而战斗；为了人民的自由而战斗。他们不怕敌人的尖刀，不怕敌人的长枪，每个人都争先恐后地向前冲，他们这种大无畏的精神值得我们去学习。回到现实中，桥上的石狮子犹在而斯人已逝，我们现在的生活这么美好，都是先辈们用鲜血换回来的。所以，我们完全没有理由抱怨现在的生活，我们要努力使自己长本事，这样的话，以后就会为自己创造更好的生活，我们的国家就会变得强大起来，就再没有什么人敢欺负我们国家了。

缅怀先烈　继承遗志

2016 级硕士研究生，材料科学与工程专业　尚妍欣

2017 年 7 月 3 日，我们参观了卢沟桥。宛平城外的卢沟桥，坐落在永定河上，曾因《马可·波罗游记》而闻名世界，是世界上最为壮观的桥梁之一。然而"卢沟桥事变"的发生，使它具有了沉重的历史意义。踏上卢沟桥，桥上的石狮子，仿佛在无声地向我们讲

述着那段可歌可泣的历史。"梁之字，用木跨水，今之桥也。"桥本是专指跨水行空的道路，它可以阻挡洪水猛兽，但阻挡不了敌人的铁骑；它可以扛住狂风暴雨，但抵抗不住敌人的枪林弹雨。桥上威风凛凛的公狮子和母狮子，亦未能阻拦侵入它们领地的敌人，因为它们被困住了，犹如闭关锁国的旧中国，自缚了手脚，只能发出无声的、不甘的咆哮，只能任人宰割。最终敌人跨过它们受伤的躯体，兵临宛平城下，中国由此进入了长期的、艰难的全面抗战时期。"卢沟桥事变"用血的历史告诉我们落后就要挨打，弱小只能被欺凌。因此，我们要贡献自己的力量，让中国这头雄狮重振雄风。

2017 年 7 月 4 日，我们参观了宛平城内的抗日战争纪念馆，这是全国唯一一座全面反映中国人民抗日战争历史的大型综合性专题纪念馆。进入展馆，仿佛走进了昔日的战火之中。从"卢沟桥事变"，到东北三省沦陷，到国共合作，到南京大屠杀，到抗战的各大战役，直到日本无条件投降，我们看到了全国上下一致抗战的团结，看到了我们从挨打到反攻胜利的激动。沉浸在历史中，最让我难以忘怀的是，我看到了许许多多年轻的面孔，他们为了国家的兴亡，用各自的方式加入到抗战中来，抛头颅、洒热血，许多人献出了自己年轻的生命，他们用自己的鲜血和生命诠释了"国家兴亡，匹夫有责"。作为 20 多岁甚至比他们还大的当代青年人，我们扪心自问，我们可以像他们一样为了国家而献出自己的一切吗？当然很多人会说："如果我也处在那样的年代，我也可以，甚至更好。"但是事实是这样吗？在我们每天为了社会上各种不公平、各种不良现象而抱怨时，我们是否会想到，这是处于和平年代，而这一切则是建立在无数的为之奋斗的年轻生命之上的。他们为了我们现在所处的和平年代，无私地献出了他们宝贵的、年轻的生命，而我们则要明白这种和平的来之不易，要肩负起守护这片和平天地的使命，我们要为下一代、下下一代提供更加祥和、公平的生存环境，为实现中华民族的伟大复兴而奋斗。我们更要记得战争是残酷的，但是要想结束战争付出的代价是无法估量的，因此，我们要反对战争，维护世界和平。

珍惜幸福生活，创造更加幸福的明天

2016 级硕士研究生，材料科学与工程专业 杨天宇

在暑假期间我们去了抗日战争纪念馆，在那里进行了暑期实践。在这次实践中我体会良多。

中国抗日战争从 1931 年开始，到 1945 年结束，经历了 14 年的战争破坏。在这期间，日本侵略者在中华大地上无恶不作，从 1931 年开始，日本侵略者在东北地区建立伪满洲国，大肆搜刮东北地区的资源，同时还用我们的同胞进行生化试验，在东北地区犯下滔天罪行；从 1937 年开始，以炮轰宛平城开始，日本对中华大地开始了全面的入侵，犯下的罪行不计其数，被日本侵略者残害的同袍不计其数。然而面临强敌的入侵，中华儿女没有屈服。从 1931 年开始，我们党在东北就组织军民开始抗日，期间诞生了无数英雄儿女，如杨靖宇、赵一曼等，对日本的侵略起到了很好的牵制作用；到 1937 年，我们党在全国范围内呼吁停止内战，一致对外，建立第二次国共合作。在全国人民的不屈斗争中，中华民族最终战胜了日本侵略者，为中华民族的独立扫除了巨大障碍。

2017 年 7 月 3 日，我们的实践团在我的带领下进行社会实践活动。这次活动时间两天，7 月 3 日参观卢沟桥及周边，7 月 4 日参观抗日战争纪念馆。

7 月 3 日，我们参观位于抗日战争纪念馆旁边的卢沟桥。1937 年 7 月 7 日，日本侵略者发动了卢沟桥事变，日本开始全面侵华，抗日战争爆发，中国人民经过长达八年的全面抗战终于战胜了日本侵略者。现在卢沟桥已经成为人们缅怀先烈的历史遗迹。走在每块基石上，我们深深地感到了今天的幸福生活来之不易。

7 月 4 日，我们参观了位于丰台区宛平城内的人民抗日战争纪念馆。馆内一幅幅照片、一件件文物和一处处复原遗址，重重地撞入了我们的内心，丰富的史料真实再现了中国人民同日本侵略者进行英勇斗争的光辉历程与艰苦卓绝的抗战之路，这些都使我受益匪浅。

在纪念馆里，我们可以看见许多抗日战争中留下的实物和还原的场景，走过几个展厅还可以看见海报上写着"伟大胜利——纪念中国人民抗日战争暨世界反法西斯战争胜利"大型主题展览。展览共分八部分：民族危机，救亡兴起；国共合作、共赴国难；抗战灯塔、中流砥柱；日军暴行、惨绝人寰；浴血疆场、民族壮歌；得道多助、国际支援；历史胜利、巨大贡献；以史为鉴、面向未来。

从 1931 年日本制造"九一八事变"发动侵华战争开始，中国的局部抗日战争便开始了。面对着严重的民族危机，中国人民发起了反抗。

展馆中记录了 1931 年 9 月至 1945 年 8 月中国人民抗日斗争的历史。日军暴行馆从轰炸、焚烧、抢掠、屠杀、制造"无人区"、残害妇孺、设立"慰安所"、虐杀大量劳工、制造细菌战、毒气战等各个方面，揭露了日军在中国土地上犯下的滔天罪行。人民战争馆展示了抗战时期根据地军民创造灵活机动的武装斗争形式，再现了当时的历史。

返程的路上，有些沉默，心情沉痛。当我们置身于被还原到近乎真实的场景中的时候，心疼得让人窒息。今天的我们，衣食无忧，可能感受不到属于那个年代的伤痛。可是经过今天的参观，一幕幕刻入脑海，令我永生难忘。日寇惨绝人寰的侵略不敢忘！先烈们曾抛洒过的热血不敢忘！中华民族的屈辱历史不敢忘！

我感激，感激今天的幸福的一切。我将毕生铭记今天内心所感受到的痛楚，时刻督促自己珍惜今天的幸福生活，并努力去创造一个更加幸福的明天！

居安思危　牢记历史

2016 级硕士研究生，材料科学与工程专业　杨晓航

2017 年的 7 月 3 日至 4 日，我们 10 位同学一起开展暑期社会实践活动，分别参观了卢沟桥和中国人民抗日战争纪念馆，缅怀了那段悲壮的历史，祭奠了那些无畏的战士，这一切都让我感触良多。

7 月 3 日我们去了卢沟桥。这是我第一次来到卢沟桥，以前对它的印象就是桥上那姿态各异的狮子，而实际到这里有了完全不同的感受。不同于文学作品中那种艺术的美感，体会更深的是战争的残酷和悲壮，我从来没有想象过一座桥的桥面会变得这般的扭曲与残破，虽然是经过翻修的，但仍残留着那个战火年代的气息。7 月 4 日我们参观了抗战纪念

馆，看到了当年的战士们平时生活的用具和抗击日本侵略者的武器，不禁感叹他们的意志力与在绝境中拼搏的能力。

居安思危，这应该是这两日社会实践最大的感触。我们要庆幸自己生活在一个和平的国家，更要牢记历史，记住每一天和平的日子都是先辈们的鲜血换来的。正值今年建军90周年，看到阅兵仪式上那强大充满震慑力的方队，由衷地为自己生在中国而感到自豪。

历史，警醒世人；历史，催人奋进

2016级硕士研究生，材料科学与工程专业 杨泽亮

在暑假期间，我和实践小组的同学们在2017年7月3日和7月4日一起参观了卢沟桥和中国抗日战争纪念馆。

我们首先参观了卢沟桥，这里给我留下了极其深刻的印象。因为在中学年代，无论是语文课本还是历史学习中，卢沟桥都作为全面抗日的开端，也是中国人民不再退缩、不再畏惧、迎难而上的开端。中国共产党团结全国人民为中华民族之存亡而进行了殊死抗争，奋勇拼搏。所以亲身于此，确实有热血澎湃之感。

1937年7月7日，日本侵略者发动了卢沟桥事变，日本开始全面侵华，抗日战争爆发，中国人民经过长达八年的全面抗战终于战胜了日本侵略者。现在卢沟桥已经成为我们缅怀先烈的历史遗迹。当看到桥两边那501个狮子，看到乾隆题字的"卢沟晓月"，我们不得不为中华民族的智慧而折服。走在每块基石上，我们深深地感到了今天幸福生活的来之不易。

第二天我们参观了抗日战争纪念馆。纪念馆内的各种资料、图片使我们对中华民族的伟大抗战有了更深刻的理解。

通过这次实践活动，感受了那一段艰苦卓绝的抗战岁月，切身体会了先烈们的无私奉献牺牲精神，深刻理解了今日我们的幸福生活来之不易，实在是获益匪浅。

参观了卢沟桥，我们被中国士兵这种不怕牺牲、与日寇决一死战的顽强精神所震撼。这场战争也证明了"落后就要挨打"。历史，警醒世人；历史，催人奋进。我们一定要吸取教训，不能忘记1937年7月7日。

我相信未来的中国将更加繁荣富强！

中华民族的历史不能忘却

2016级硕士研究生，材料科学与工程专业 张梦露

时间：7月4日。

地点：抗日战争纪念馆。

今天我们参观了抗日战争纪念馆，里面陈列了大量抗日战争的史料，无论是一张张充满血泪的照片，还是一件件锈迹斑斑的武器，即便是一双双的草鞋，都是历史珍贵的见证，是中华民族近代以来饱受屈辱、奋力抗争的见证。我印象最深的是关于日军细菌战的

图片和部分实物，惨不忍睹。看到了细菌战中受迫害者的照片，一双被用来试验冻疮后红肿的双手，我落下了眼泪。

历史向我们昭示：与时俱进，不断发展，这是中华民族从衰败到兴盛，由贫穷到富强的奋进动力。正是为了民族的崛起，正是为了人民的利益，在马克思主义理论指引下的中国共产党，带领亿万优秀中华儿女，经过浴血奋战，终于让社会主义中国屹立于世界东方。

今天的参观，一幕幕刻入脑海，令我今生难忘。先烈们曾抛洒过的热血不敢忘！中华民族的屈辱和奋斗历史不敢忘！

铭记历史，缅怀先烈，珍爱和平，发愤图强

2016 级硕士研究生，材料科学与工程专业　张咪

2017 年是全民族抗战爆发 80 周年。1937 年 7 月 7 日，卢沟桥旁一声枪响，划破了城的宁静，更唤醒了一个沉睡的民族。"七七事变"是日本全面侵华的开始，也是中华民族全面抗战的起点。铭记历史，珍爱和平，怀着这样的目的，我们社会实践团队前往了卢沟桥及中国抗日战争纪念馆。

7 月 3 日，我们一行人走上了那座沉静又雄壮的卢沟桥，桥两侧的石柱上形态各异的石狮子，不禁让人感叹中国古代劳动人民的伟大智慧。脚下崎岖不平的石板路，更让我们感受到炮火连天战争的苦难，日本帝国主义的罪恶行径，还有中国人民解放军顽强斗争的精神。

7 月 4 日，我们来到了中国抗日战争纪念馆参观学习。一幅幅触目惊心的照片，一件件文物，强烈地激荡着我们的心灵，把我们又带回到那个波澜壮阔的时代。在抗日战争中，正义与邪恶、理智与狂热，均展现得淋漓尽致，留给后人永久的思索。战争灾难是一面镜子，也是一部历史教科书，需要后人反观和阅读。每个中华儿女都应该铭记历史、缅怀先烈，珍爱和平，发愤图强。

这次暑期社会实践非常有意义，我们每个人都对爱国主义和民族精神有了更加深刻的认识。作为 21 世纪有理想的新青年，我们要努力奋进，用自己所学为国家为民族贡献力量。最后，愿世界和平，愿死者安息，愿历史不再重演。

愿历史不再重演

2016 级硕士研究生，材料科学与工程专业　赵露滋

2017 年 7 月 3 日是暑期社会实践的第一天，我们一行人来到了卢沟桥。卢沟桥所体现的不仅仅是它的艺术价值，它所承载的是那厚重的历史。1937 年 7 月 7 日，日本法西斯经过充分准备后，悍然发动了卢沟桥事变。"卢沟桥事变"拉开了中华民族八年抗日战争的序幕。一个以宽容、和善、仁义作为道德标准的民族，开始在一种痛苦中学会以血还血、捍卫生命和民族的尊严。中国人民团结一致，以抗击日本法西斯的辉煌战绩，一扫中国近百年尽遭侮辱、积弱不振的形象，第一次赢得了反对外来侵略的伟大胜利。

7 月 7 日是中国人的国殇日，这一天在中国近现代史上有太多的意义。在纪念"七七

事变"的时候，我们不能忘记千千万万为了民族独立与解放而战斗和牺牲的中国共产党的将士们；不能忘记抗战期间，坚持共产党抗日民族统一战线主张，为反抗日本侵略而牺牲的所有将士们，正是他们的奋起反抗，中华民族才能取得最终的胜利。

2017年7月4日，我们暑期社会实践团参观了抗日战争纪念馆，深入了解中华民族的抗战历史，学习革命前辈们舍生取义，不怕牺牲的无私无畏精神。抗日战争纪念馆展示了中华民族的抗战历程。展览馆内共分为八个部分，以历史图片和实物为主，辅以景观、油画、雕塑、幻影成像、影视片等展示手段，突出表现在中国共产党倡导建立的统一民族战线旗帜下，全国各族人民共同抵抗日本帝国主义侵略的历史，突出表现了中国共产党在抗日战争中的中流砥柱作用，突出表现了中华民族为世界反法西斯战争的胜利付出的巨大民族牺牲和做出的重要贡献，深刻揭露了日本侵略者在侵华战争中犯下的滔天罪行。

这次参观不仅让我们认识到了日本军国主义给我们中华民族带来的沉痛灾难，也正是这段历史使我们认清了日本侵华战争的本质，也使我们明白了只有国家富强、民族团结、社会稳定、国防强大才不会挨打、不会被欺辱，才能巍然屹立于世界民族之林。同时也深刻地领悟到了当今的幸福生活来之不易。作为青年大学生，作为一名共产党员，我们应该珍惜现在，不断学习提高，为社会的发展进步尽一份力。

天下兴亡，匹夫有责

2016级硕士研究生，材料科学与工程专业　赵娜娜

2017年暑假我参加了社会实践，虽然时间很短暂，但是通过这次实践，我学到了很多东西。7月3日，我们参观了卢沟桥，7月4日参观了抗日战争纪念馆。抗日战争纪念馆坐落在永定河卢沟桥以东的宛平城内，抗日战争的导火线——著名的"卢沟桥事变"就发生在这里，自此，漫长的八年全面抗战就开始了。从东北三省沦陷，到卢沟桥事变，再到南京大屠杀，直到日本无条件投降，中国人民最后取得了胜利。八年的全面战争，中国人民损失太多。抗日战争的胜利是我国反侵略战争的胜利，是我国近代史的一个重要的转折点，它让我们看到了中国人民的力量，给了中国人民很大的信心。

"天下兴亡，匹夫有责"，这句话深深地印刻在我的脑海中。从小到大，这句话听过无数遍了，可把这句话真正融入到人生理想中的又有多少人？作为一个现代大学生，我们努力是为了更好生活，现如今，我们生活在一个没有战火的和平的中国，但这并不代表中国不面临着各种威胁。

在如今经济飞速发展的时代，要使中国能够更快地缩小与西方发达国家的差距，实现中华民族的伟大复兴，我们这一代人肩负着重大责任。还有两年就要毕业了，在以后的人生道路选择上，我们需要仔细考虑，如何把自己的命运与国家的命运结合起来，如何在实现自身人生价值的同时推动祖国的繁荣与富强。

实践团成员：杨天宇　赵露滋　刘北元　尚妍欣　杨书辉等

重走北理路，回溯延安根

🌿 实践·足迹

　　此次社会实践分为前期准备、中期实践和后期总结。我们几个人组团的时候就商量过此次活动的地点——延安，去探访一下咱们的校史，从根本上了解咱们学校的由来。之后再次聚在一起商量，由于探访校史的内容太少，所以最终确定主题：赴延安，了解延安精神，探访北理校史。

　　我们的实践的安排是第一天走访延安具有代表延安精神的遗址，了解什么是延安精神，延安精神代表着什么。第二天，我们追溯校史，从最开始的地点一一走访，完全弄明白学校的迁移路线，并对各种北京理工大学的校史资料进行对比，加深了解。第三天，探寻一下延安自然科学院在延安抗战时期做出的贡献，全面地具体地了解革命时期的历史。下面具体介绍我团在实践过程中的行程。

　　在第一天的时候，我们背上书包，怀着激情，从延安站附近的宾馆出门，前往我们实践的第一站——延安陕甘宁边区旧址。该旧址是中共红军经历长征和"一二九事变"于1937年1月领导机关驻扎的地方，中国共产党从这里开始了在延安的全国革命，领导着红军一步步走向全国解放。我们于上午9点多的时候到达该地，大家一起进去参观，破旧的房屋，残存的窗纸，窑洞前又高又大的柳树，记载着在这里发生过的波澜壮阔的革命斗争史。站在窑洞的门口可以看到该旧址保留着当时开会的场景，墙上挂着毛泽东和朱德的照片，两排长椅子和桌上的白茶杯，各个重大的决策都是从这里一条条地发出去，指挥着全国的革命。参观完我们集体拍了张合照，前往下一个地点。

　　下午两点多的时候我们徒步赶往延安三山之一的宝塔山。宝塔山是延安革命圣地的重要标志和象征，是前往延安的必去之地，宝塔山上的宝塔是延安的最高的地方，毛泽东曾在艰难的抗战时期前往宝塔山缅怀历史人物，而如今的宝塔山代表着艰难岁月中延安人民和中共中央团结一致面对困难的不屈不挠精神。人们参观宝塔山，歌颂宝塔山，怀念宝塔山就是在怀念延安岁月，歌颂延安精神，缅怀党中央在延安的革命历史。这里也成为青少年，尤其是大学生们接受革命传统教育的好课堂，我们来到这里就是要熏陶伟大的革命精神，并学习延安精神。我们于3点的时候到达宝塔山景区。蜿蜒的上山路，我们几个人不惧辛苦努力地爬到山顶，终于见到了伟大的宝塔。上山的路途中看到许许多多青少年，像我们一样的大学生，还有一些老奶奶和老爷爷们，他们也与我们一样在努力地爬向山顶。我们就深思，为什么老奶奶老爷爷年龄这么大了，仍然要不畏劳累地走向那山顶？这也许就是延安精神在他们心中的地位，不惧艰难，努力地奋斗，走向那高塔。我们到达山顶看到了许多前来"朝圣"的人们，最引人注目的是一大群穿着八路军衣服的人们，他们集体来参观宝塔，集体来缅怀延安精神。在这里我们也遇到了当地的大学的社会实践团。我们登上宝塔，体会当时毛泽东登塔的感觉，在塔顶我们观望整个延安市，一切都在我们的脚下，大有一种"会当凌绝顶，一览众山小"的豪气。然后我们在塔下集体拍照以作纪念。

接着，我们又去了摘星楼。摘星楼的那个楼梯简直就是天梯，我们几人爬了40多分钟才上去，据说上面有周恩来的亲笔题书，同时有击鼓的照片。摘星楼是当时的红军观察周围群山的瞭望点和哨兵所。在这里可以看到三山之一的清凉山。参观完这些地方之后我们就下山回到住处，吃过晚饭，在晚上8点多的时候我们就今天的行程展开讨论和总结，因为我们今天的主题就是了解延安精神，所以我们重点讨论何为延安精神。我们总结延安精神就是坚定正确的政治方向，解放思想、实事求是的思想路线，全心全意为人民服务的根本宗旨，自力更生、艰苦奋斗的创业精神。延安精神就是在困难时期党和人民团结一致，艰苦奋斗，不屈不挠的奋斗精神，是党留给延安人民以及后代的最伟大的宝藏，值得我们学习和牢记于心。

第二天，我们整理思绪，又开始一天的实践，按照我们之前的安排，今天是探访延安自然科学院。在前期我们也查阅了一些资料，比如北京理工大学官网中的历史沿革中写到最开始在杜甫川的自然科学院迁至大砭沟，后并入延安大学驻桥儿沟。我们就按照这个路线，前往这些地点看学校的旧址。早上8点我们坐上公交车前往杜甫川，然而，到了之后我们才发现现在的杜甫川就是个小山沟，早已没有学校的旧址。接着我们前往大砭沟，结果和杜甫川一样没有学校的痕迹。我们询问当地的人得知在延安汽车公司院内有自然科学院的旧址，我们又赶快前往。在这里我们看到了自然科学院旧址，只有几间窑洞，一块石碑上面写着自然科学院旧址。

下午我们前往延安的第三站——中共中央西北局纪念馆。

这个纪念馆记录着抗战时期西北地区的革命历史，而当时西北是全国硕果仅存的一块革命根据地，是党中央、红军长征的落脚地和争取全国胜利的出发点，这里是西北地区党、政、军、群的最高领导机关。我们在纪念馆意外地看到了自然科学院的记录，当时随着红军和群众精神生活的改善和提高文化水平的需要，建立了陕北公学、中国女子大学、自然科学院、民族学院、新文化干部学校、抗日军政大学等七所学校，最后院校调整，除了抗大外，六所学校合并为延安大学。在这里我们终于明白了我们学校的迁移变化。这里有一张自然科学院的照片，由照片上可以看出自然科学院位于宝塔山山脚下面的平地。

第三天上午，我们去参观延安革命纪念馆。纪念馆记载着我党在延安抗战时期的光辉历程，承载着伟大的延安精神，馆中也记载着自然科学院的一些资料。我们看到了徐特立老院长的照片，徐老的面孔显示出饱满的精神。徐特立老院长为党的教育事业做出了巨大的贡献，培养一代又一代革命知识分子。馆中还展出了当年自然科学院的技术人员外出考察地形的图片。

下午，我们瞻仰了杨家岭革命旧址，这里是当时党中央领导人的住处，同时也有党的七大的会址——中央大礼堂。大礼堂的后面就是中央办公厅，这是毛泽东等人办公和住宿的地方。窑洞里由几根木头把屋顶支持住，只有一张床和一个书桌，可见当时的条件有多么艰难。参观完之后我们就回到了住处，总结今天的收获，做出推送，并完成新闻稿，结束了为期三天的延安社会实践。

延安之行收获颇丰，这次非常有意义的实践活动将在我们的成长路上留下浓墨重彩的一笔。

实践·品悟

重走北理路，追寻北理根

2016 级本科生，材料科学与工程专业　沈宗达

"重走北理路，追寻北理根"，在 2017 年 8 月 16 日至 23 日，我跟随以张留柱为团长的社会实践团在延安考察学习。延安之行意义深刻，也使我感悟良多。

我们先后参观了陕甘宁边区政府旧址、宝塔山、自然科学院旧址、中共中央西北局旧址、延安革命纪念馆等地，我感觉旅途充实而快乐。我看到了那个年代的建筑旧址，整修多次而被保留至今，的确令我感慨万千。

有几个地方是我印象比较深刻的。

一个是我们为了追寻北理根来到的延安自然科学院旧址。第一眼我就感觉简陋。作为北理工的前身，这里居然简单得只有几扇木门，几个破窑洞。当时可真是艰难啊，北理工前辈的那种毅力、耐力、决心，令人叹为观止。

在延安纪念馆参观，我记忆深刻的是一个当时抗战的军事地图，上面布满了红线，那便是日军的侵略范围，我深刻感受到当时抗战的艰辛。延安之行给我上了一堂生动的历史课和党课。

缅怀革命先辈，发扬延安精神

2016 级本科生，材料化学专业　王亚兰

远远望去，一座八角宝塔矗立在山顶，庄严肃穆，气势磅礴。走过蜿蜒曲折的山道，我们一行人来到了延安宝塔山。宝塔建于唐代，高 44 米，共 9 层，登上塔顶，延安全城风貌可尽收眼底。在塔旁边有一口明代铸造的铁钟，中共中央在延安时，曾用它来报时和报警。在山顶远望，层峦叠嶂，林木葱郁。巍巍宝塔山，滚滚延河水，来到这里，不禁让人想到了革命先辈的英雄事迹。山上游客如织，他们不仅歌颂宝塔，更是怀念延安岁月，歌颂延安精神。宝塔山是历史名城延安的标志，更是革命圣地的象征。

接下来我们又去了陕甘宁边区政府旧址，缅怀革命先辈的英勇业绩。后来我们来到了自然科学院遗址——北京理工大学的前身。在战火纷飞、条件艰苦的战争年代，正是有了李富春、徐特立等教育家的不懈努力，自然科学院担负起了为国家培养优秀科技人才的历史使命，成为了中国共产党建立的第一所理工科大学的前身。然后，我们又参观了中共中央西北局纪念馆，详细地了解了中国共产党在西北的革命历程。我们来到延安革命纪念馆，重温了延安革命的光辉历史。最后，我们参观了杨家岭革命旧址，寻访伟人旧址。在延安之旅中，我们回顾了革命前辈们英勇奋战的艰苦历史。我们要发扬延安精神，高举旗帜，团结奋进，坚持走中国特色社会主义道路，为实现中华民族伟大复兴的中国梦而努力奋斗。

延安实践感悟

2016 级本科生，材料化学专业　张猛

延安是我多年以来一直向往的地方，在那里，一代共产党人历经千难万险拯救中国人民于水深火热之中，将革命的星星之火传遍了祖国的每一个角落。3 天的时间，我们参观了延安革命纪念馆、杜公祠、杨家岭等。毛泽东、周恩来、朱德、任弼时，刘少奇等领导人的故居虽然经过翻修，但仍显露着当年环境的艰苦。革命前辈们就是在这里运筹帷幄、指挥若定，领导全国军民取得了抗日战争和解放战争的伟大胜利。艰苦奋斗、自力更生的精神将激励我们继续奋力前行。

我感触最深的就是参观杨家岭大礼堂旧址，礼堂里只有简陋的长板凳和一个讲台，中国共产党就在这简陋的大礼堂里召开具有战略意义的第七次全国代表大会，而我们党也就是在这样的环境下一步步走向胜利。我们当代的大学生们更应该努力学习延安精神，树立远大的目标，不怕吃苦，发扬延安精神，将来为祖国做贡献，为社会奉献出自己的一份力量。

实践团成员：崔彬彬　张留柱　陈铭韬　张猛　赵阳　王亚兰　沈宗达　邵伟宁

践行所来路，更念报国志

🌿 实践·足迹

我们中华民族曾经遭受了磨难，几乎快要毁灭，但幸运的是中国人民咬着牙挺了过来，并浴火重生，在世界的民族之林重新站立了起来，那一面高高飘扬的五星红旗便是我们的荣耀。

我们是爱好和平的民族，即使在"二战"中经历过那样的磨难，面对那段充满中国人鲜血的历史，依旧选择了原谅，从1972年田中角荣访华签署《中日联合声明》，到现在已经40年有余，我们怀着一颗宽容的心，接纳了日本人民，这是我们的大度与高尚，为这个世界的和平事业做出自己的贡献。

我们是坚韧的、奋发的人，那一切的一切都已远去，但从未曾消逝，那一段段充满血腥味的历史只是成了我们今日的奠基，在我们脚下，让我们走得更远。我们可以选择原谅一切，但历史就是历史，我们绝对不能忘记，忘掉了历史就等于失掉了根基。那一个个战争遗址，那一座座抗战纪念馆，那些曾经的受难者、遇难者、革命者，他们的呐喊让我们难以忘记，他们伸出手，用他们的身躯将我们向未来送去，让我们不敢忘记他们的伟大牺牲。

铭记历史，展望未来，四天，我们用脚步来丈量重庆这座充满红色历史的城市，用双眼去回顾那段过去的岁月，用心灵去感受那些年给我们带来的东西。看看那些年发生了什么？又改变了什么？思考给我们带来了什么？我们能给未来的国家做些什么？

一、我们准备好了

难忘的不仅是快乐的时光，还有那些痛苦磨难的光阴，比快乐更深地烙印进了我们的脑海中。

此次实践活动，是在孙成辉老师的带领下，我们自发组织的活动，所有的人员招募，前期筹备，运行计划，具体实施，活动总结，都是我们独立完成的。当我们提出去参观红色遗迹，领略军工风采的时候，这群来自北京理工大学的青年儿女显得异常憧憬，也许是因为军工学校的我们对军工事业天然的喜爱和立志军工的意愿，也许来自我们心中勃发的对国家对党的热爱，也许我们对那段在历史上留下浓墨重彩一笔的抗日战争充满好奇。初始招募时我们招募到了19人。为了使整个团体更好地运行和前期筹备工作尽快运行，团长吴崇腾同学连夜召集了几个同学，在网络上进行讨论，去重庆参观红色遗迹和军工企业有许多值得商量谋划的地方：重庆被誉为四大火炉之一，同学们的防暑避暑工作要做好；家不是重庆本地的同学，需要联系好住宿；由于军工企业的保密性，参观时间难以确定，需要解决突发性问题；如何充分展示每个同学的特长。一个个问题的提出，在深夜中反复地讨论斟酌。我们将团队分成了八个小组：联络组、拍摄组、后勤组、文稿组、答辩组、建议组、资料组、审核组，每个小组中也根据个人的特长进行了分工，做到了不重复分组的原则。

在其之后，整个团队开始运行。最先开始运作的是建议组、资料组和联络组。建议组成立了讨论群，每个晚上都会在群里讨论整个行动计划和团队运行，提出可能的问题和建议，争执是这个群再也寻常不过的情况。资料组开始广泛搜集我们参观地区的资料，经过数夜苦战，将资料整理成了几十页的文档。但资料的实用性与活动相关性不高，真实性有待解决，被全部推翻，重新整理，资料组的同学没有一句抱怨，又是数夜埋头苦干，交出新的答卷。联络组与军工企业不断联系以期确定时间，终于确定7月10日参观军工企业。在一切按部就班进行时，军工方面传来信息，时间改变，这导致了多位同学的时间冲突，有4位同学不得不遗憾退出此次实践。由于人员的减少，分组任务难以完成，于是多位同学毛遂自荐，身兼数职努力推动实践活动运行。期末考试的压力和繁重的实践前期准备工作交杂在一起，同学们咬着牙坚持着，终于在实践开始之前完成了所有任务。

二、投身革命即为家，血雨腥风应有涯

经历了长时间的奔波，前一天到达重庆的同学们顶着烈日向目的地进发，14个满怀期待的少男少女们踏着各自的步伐一同在7月9日到达了我们的第一个目的地——白公馆。

白公馆——一处使后人缅怀英烈并为之扼腕叹息的革命遗迹。抗日爱国将领黄显声，同济大学校长周均时，共产党员廖承志，爱国人士宋绮云、徐林侠夫妇及幼子"小萝卜头"等皆是被囚禁于此。我们很早就知道在重庆的歌乐山上有一个被烈士献血染红的地方——白公馆、渣滓洞，那是从小说《红岩》里知道的。在渣滓洞，看到了《红岩》小说中的原型江竹筠等烈士被关押的牢房。在白公馆看到了小说《红岩》中许云峰的原型徐建业、陈然、王朴等烈士的感人事迹。当我们第一次面对这掩埋烈士忠骨的巍巍青山，还有那些令人毛骨悚然的牢房时，我们的心灵仍不免再次被震撼。我们对歌乐山上这一处用献血染红的地方更是充满敬意。

我们走进白公馆，看着一张张令人难忘的照片，读着一个又一个催人泪下的英雄故事，我们的灵魂震撼了。青山依旧，历史永远不会忘记，江姐、许云峰等那些在铁窗岁月里依然威武不屈、乐观向上的革命志士，那些以"历经肝胆为中华""愿以我血献后土、换得神州永太平"恨饮枪弹倒在重庆解放前夕的英雄先烈。正是他们，在那段风雨如磐的斗争岁月里，用献血和生命为我们今天伟大的红岩精神铸就了震撼人心的内涵。在铁窗黑牢里，他们吃的是霉米饭，睡的是"一脚平宽"的潮湿牢房，经历了惨绝人寰的毒刑。在那种环境下，他们为什么临危不惧、视死如归？最根本的是因为他们有崇高的理想和坚定

的信念，这种理想就是为了争取民族的解放和人民的自由、幸福，为了振兴中华。

试想一下，在那潮湿腐臭的渣滓洞，烈士们在严重缺水的情况下咽着发馊味的残羹冷饭，拖着伤痕累累的身体，强忍着旧脓新疮袭来的阵阵裂痛，他们甚至不知道自己能不能看到革命胜利的那一天……然而，他们却相信，革命终会胜利，正是这种信念支撑着他们，让他们以常人无法想象的毅力顽强地与反动派抗争到底。我们看到了这场在特殊背景、特定的环境中，革命者进行斗争的艰巨性和复杂性；也看到了垂死挣扎的敌人的极端凶狠残暴与外强中干；更看到了革命者在黎明前的最后斗争中表现的浩然正气、坚定的信念和视死如归的精神。

"晨光闪闪，迎接黎明。林间，群鸟争鸣，天将破晓。东方的地平线上，渐渐透出一派红光，闪烁在碧绿的嘉陵江，湛蓝的天空，万里无云，绚丽的晚霞，放射出万道光芒。"这是解放战争胜利后的第一个黎明的描写。这一片生机勃勃的景象是无数革命先烈用献血换来的。正是无数共产主义战士的前仆后继，才有了我们今天的幸福生活。一部厚厚的《红岩》告诉我们，那段血与火的历史永远不该被遗忘。革命者们坚贞不屈、勇于牺牲的精神和崇高的爱国主义情怀，在新时代依然是激励我们奋进的精神力量。

伟大的英烈们长眠于青山翠柏之间，而红岩精神将会永垂不朽！

三、勿忘国耻乃立志，心中永留报国情

渣滓洞、白公馆那震撼人心的情景还未消散，实践团再一次迎着晨光出发，来到了著名的三峡博物馆。若是说前两日的参观带给我们的是精神上的洗礼，那不屈不挠的精神，那从无畏惧的勇气，绝不屈服的信仰，那么今日的参观便是将深入心灵的震撼与崇敬，让我们将那份曾经却不应该忘记的屈辱与痛苦烙印在我们的心上，将那份从曾经到现在川渝人所创造的荣耀与骄傲刻进了我们的骨子里，鞭策着、激励着我们奋勇向前，不忘记不辜负，为这个国家创造出更好的明天。

"兵马未动，粮草先行"，在参观的前夕，我们充分收集了资料，对参观地点进行了了解：1937年至1938年，上海、南京、武汉相继被侵华日军占领，"国民政府"沿长江节节败退至重庆。此后，重庆不仅成为"国民政府"的陪都及政治、军事、文化中心，而且成为日军实施"以炸迫降"战略最主要的空袭目标，受到了惨无人道的轰炸。重庆三峡博物馆收集了大量三峡库区的实物，真实再现了三峡原貌。作为参观重点的三楼，设有"重庆大轰炸半景画陈列馆"，通过现代科技手段及雕塑、油画作品等形式，再现了重庆大轰炸的历史事件。"抗战岁月"展以诸多翔实的资料，展示出重庆这座城市和重庆人民为抗日战争做出的贡献与牺牲。

上午9点，7月的重庆烈日当空，实践团全部成员集合在大轰炸惨案遗址处。因为工作人员的临时有事，实践团等待了半个多小时才成功进入。在此期间，我们便把注意力放在了遗址外的浮雕画上：这是一幅描述大轰炸下普通人民状态的雕塑画，有断臂喂乳的母亲，有到处挤压的人群，人们无一例外脸上全是惊恐，那是死亡的威胁所致。实践团成员的心情变得沉重了。等待了半个多小时终于进入展馆。展馆较小，但震撼力却不小，一步

一步迎面而来的是一幅幅惨烈的大轰炸的照片，上面记录着大轰炸后堆积成山的遇难者，亲友们阴阳两隔的场景，一股股悲痛萦绕心中不去，那是重庆民众曾经的遭遇，曾经的屈辱，望牢记这些，化悲痛为力量，鞭策我们永不懈怠，奋发图强。

重庆三峡博物馆内容丰富，从人类进化、生物变迁到文化内涵，但令我们印象最深刻的还是"巴蜀的怒吼"展览，它记录了川渝人民为革命做出的巨大贡献。不除尽倭寇誓不还家的川军，铁骨铮铮，热血挥洒；为革命事业奔波的有志青年，用他们的青春与知识为革命献上自己的力量，向世人展示了天下兴亡、匹夫有责的爱国情怀和不畏强暴、血战到底的英雄气概，百折不挠，坚韧不拔的必胜信念。"巴蜀的怒吼"记录了中国人民浴血奋战并最终获胜的历史，让我们知道今天的生活来之不易，也让我们记住我们胜利的荣耀，学习抗战精神，为实现中华民族伟大复兴的中国梦而奋斗。

四、国之利器，在于兴工

参观了众多的红色革命基地，每一个地方蕴含了无数感人的革命故事，每一个故事都催人泪下、热血沸腾，革命先辈们但都是为了一个目的——人民的富足，祖国的强盛，民族的崛起。继往开来，我们享受着革命先辈用鲜血奋斗来的和平安定的生活，但我们更应该继承发扬革命先辈们的优良传统，投身祖国富强的建设，以民族的复兴为己任。怀着这样的心情，我们参观了位于重庆北碚的长安福特汽车有限公司。

新中国成立之后，中国的工业百废待兴。当时毛主席说："我们能造什么？能造桌子椅子，能造茶碗茶壶……坦克，一辆拖拉机都不能造。"这是中国工业当时尴尬局面的真实写照。怀着当时革命胜利后的建设热情，先辈们从无到有，从少到多，为中国工业的发展添砖加瓦，但仍面临着世界先进水平领先我们几十年的严峻情况。改革开放之后，新的一代继承革命传统，并赋予新的内涵，随着改革的洪流，开拓创新，为中国工业注入了新的生命力，中国的工业水平逐渐和世界先进水平缩小差距。改革开放30多年，中国工业水平逐渐地成长、壮大，并且向四周扩散，在很多领域中国当今水平和世界先进水平持平，甚至反超。

虽然中国汽车的总体水平还达不到世界先进水平，但逐渐成长的中国汽车企业正逐渐得到了世界的认可，在世界汽车的部分领域开始有了话语权。长安福特汽车有限公司（以下简称长安福特）是由中国长安和美国福特汽车公司合办的一所公司，承担长安福特马自达所有与福特相关的业务，包括福特品牌的开发、制造、销售和服务。凭借福特汽车公司强大的技术和管理支持以及长安汽车公司的突出的人缘、地缘优势，长安福特仅仅用了14个月的时间完成了从土木建设到设备安装调试的所有工作，建设了一个全新的世界一流整车生产厂，打破了中国乃至世界汽车业的建厂纪录。中国政府对长安福特及其产品非常关注，期望很高。时任中共中央总书记、国家主席胡锦涛，李鹏委员长，钱其琛副总理，石广生部长等多位领导人先后亲自视察了公司，并给予了很高的评价。

长安福特的成功，展现了中国汽车水平的发展取得的不可忽视的进步。首先正是长安汽车公司的发展和潜力取得了福特汽车公司信服，也是中国汽车企业得到世界汽车先进企业的认可的体现。长安福特的一系列发展和成就，证实了中国汽车企业能够和世界先进企业逐渐同台竞技，甚至反超。

我们参观了长安福特的先进的汽车组装流水线，先进的设备，高效的管理，极高的工作效率，让我们好奇、震惊、激动。我们好奇，这是我们在校园里体验不到的一种感觉，一种切实、接近的感觉。我们震惊，这是中国汽车，中国工业取得的难以置信的成就。我们激动，在这里，我们见到这些先进的设备，这是几十年前的前辈们所不曾见到的，但是是他们所盼望的。他们奋斗的目标在一代代人的传承下正在逐渐地实现，中国工业正在崛起！在这里，我们还感受到了这里的工人们的热情，对工作的热爱，对未来充满期待。他们在工作中勤勤恳恳，一丝不苟，认真负责。汽车装配完后的复杂检测过程，每一道工序，每一个零件都经过一双双手的抚摸，一双双眼睛的注视。中华民族的伟大复兴，不仅仅是靠党和国家领导的呼吁就能实现，更多的是基层人民的实打实的奉献。这里的工人们以一种工匠精神对待工作，以乐观的心态对待生活。在这里我们感知到了长安福特成功原因，感受到了"中国制造2025"实现的希望。

对于我们来说，在这里我们不仅仅看到了中国工业的发展现状，还看到了为此付出心血的先辈们的结晶。而我们，作为下一代中华民族复兴的继任者，我们更应该牢牢记住先辈们前赴后继的付出，继承他们的优良传统，在祖国的发展道路上赋予新的内涵，做出我们应该做出的贡献。

五、回顾所来径，更念报国志

时间，就这么一点点地向着离别的日期靠拢，转眼间，四天的实践就这样落下了帷幕。不论每天在外采访的队员被烈阳晒伤，汗珠滴落早已浸湿全身的队服；更不论每晚写新闻稿，总结全天工作，做推送，剪辑采访视频。每天的采访、吃饭、总结，成了我们的日常行程。我们奔赴许多地点，只为实践能够顺利完成。我们努力着，在汗水中渐渐体悟出实践的真谛，青年的责任与担当。

怀着对革命精神的敬仰和对中国工业复兴的信念，我们举行了总结大会。在总结大会上，同学们畅所欲言，由浅及深地谈了自己对于红岩精神和"中国制造2025"的见解。

怀着敬仰，踏着先烈为我们打下的这片土地，这片红岩精神永传的土地，我们肩负着伟大使命，为这片曾经满目疮痍的土地注入更加鲜活的热血。北理情，军工魂。身为工科学生，身为青年，我们有这样的义务，为"中国制造2025"献出自己的力量。参观完革命遗迹，深入工厂调研，我们怀着理想，在实际生产中播种希冀，期待制造业能够真正雄起。

愿四天的实践，在我们的人生中留下不可磨灭的印记。

愿四天的时间，让理想在心中明晰。

愿8年后的2025，我们都成为中国制造的中流砥柱。

实践·品悟

继承革命先辈的传统　发扬革命先辈的精神

材料学院 2016 级本科生暑期重庆社会实践调研团

这是一次难忘的社会实践活动，这是我们上大学后的第一次社会实践活动，跟在学校里的活动完全不一样。这次暑期社会实践经历了四天，在这四天里我们做了很多，经历了很多，收获了也很多。

在这期间，上到团长，下到团员都在各自负责的分工范围内做了很多很多的事情。前期的准备是一个很复杂的过程，为了一个活动的顺利完成必须完成各项准备工作。建团、联系单位都是团长一个人完成，很感谢团长和其他人。作为一个团队，就应该有团队意识，尽量为团队付出，对于我们来说，做到这一点，就是要做好自己的本职工作，我们所有人都做到了这一点。当然，我们整个团队实践活动中依然存在缺陷，个别成员缺席。这些事情对于我们个人来说无关紧要，但是对于一个团队来说，这种事情是不能允许出现的。

在整个活动中，我们参观了许多的革命遗址，在这里我们对于革命的内涵有了更深刻认识。在白公馆，在渣滓洞，面对威胁、诱惑和死亡，革命先辈们显得那么从容，那么自信。他们的心里有一个信仰：为了人民的福祉，为了民族的未来。他们在面对死亡的选择是那么坚决。在重庆大轰炸遗址，在三峡博物馆，我们看到了抗战时期中华民族同胞付出的牺牲，让我们流泪。我们还看到了川渝儿女的前赴后继精神，多少川军将士留在了战场上。革命先辈们的鲜血浇灌了我们现在的和平生活。我们还参观了长安福特汽车公司，在这里我们看到了中国汽车工业的进步，我们在这个领域越来越自信。我们也在这里对自己的未来有了一些更清晰的认识。

我们应该对未来有一个更明确规划和认识。继承革命先辈的传统，发扬革命先辈的精神，投身于当今祖国的建设中去，为民族的复兴贡献力量。

不忘历史　牢记使命

2016 级本科生，高分子材料与工程专业　龚士博

筑梦青春，矢志军工。经过在重庆四天的实践和调研，我收获颇多，学习到很多课本以外的知识。

在重庆，我们缅怀了革命先烈，感受了革命文化气息，体会到了革命者不屈不挠的精神，这是我们当代大学生应该学习、应该时刻铭记于心的历史。我们通过走访调研，采访了各界人士，从中了解到了他们对革命历史的看法，对我们社会实践活动的看法。在他人看来，大学生进入社会进行实践调查十分有意义，是对大学生成长和学习非常有帮助的事

情。我们应该不忘历史，牢记使命，树立理想，坚定信念。

在重庆，我们还参观了三峡博物馆，印象最深的是"巴蜀的怒吼"展馆，它记录了当年川军对抗日战争，对革命做出的巨大贡献，这是先辈们用血与肉为我们后辈书写的教科书，这种血战到底的精神我们应该时刻铭记于心。我们还参观了长安福特汽车公司，在参观过程中我体会到工业的蓬勃发展和以后的就业方面的思考等。

在这次实践中，不仅重新体会了先辈们不屈不挠和艰苦奋斗的精神，还了解到我国军工企业的快速发展以及今后的就业情况等，对我们来说都是非常值得借鉴和学习的。

"屈辱"和"荣耀"

2016 级本科生，材料成型及控制工程专业　田旭

四天的实践活动远去，但在我心中留下的烙印却是永恒的。四天里我们参观了白公馆、渣滓洞、重庆大轰炸遗址、三峡博物馆、长安福特汽车公司，一路走着，看着，悟着，最后在心上烙印下两个词"屈辱"和"荣耀"。

那是一段不堪回首的岁月，日本帝国主义的铁蹄踏上了我们的国土，将屠刀挥向了我们的同胞，而国民党反动分子更是将他们的暗手伸向那些抗日志士，在外敌入侵内贼骄狂的情况下，我们的民族遭受了莫大的屈辱，而究其原因是什么，"弱国无外交""真理只在大炮的射程内"，对，是当时的我们太弱，所以他们才敢肆意妄为。当代青年应铭记这段屈辱，让这段屈辱成为动力，成为鞭子，驱动着、鞭策着我们努力向前，为实现中华民族伟大复兴而奋斗。

那是一段英勇卓绝的岁月，无数革命志士抛头颅洒热血，为了国家他们不怕牺牲，为了人民他们经历了无数的磨难，终于经过数代人的拼搏，我们胜利了，中华人民成功站了起来，那不可一世的日本帝国主义和那一手遮天的国民政府被打败，这便是我们的荣耀，我们征服了当时难以抗拒的高山，最终我们站在了胜利的宝座上。我们当牢记这份荣耀，心存傲气，去开创新的荣耀。

勇气·团队合作·坚持·友谊

2016 级本科生，新能源材料与器件专业　吴崇腾

从最初的听说，到切实的实行；从最初的一个人，到组建成为一个 14 人的大团；从最初的一无所知，到一步一步地做好培训课所有的内容。很多时候，我们心里都会有一个美好的愿景。但遗憾的是，很多人都不愿意跨出第一步。但这次暑假实践，却让我明白：很多时候，内心的真实冲动，内心最优秀的那个希望成功的人，只源于你敢不敢做。但幸好，自己可以跨出第一步——我要组团，我要带领团队完成大学里面的第一个暑假实践。这是组建团队给我带来的第一份力量——勇气。

组建完团队，就完成了这次暑假实践的第一步，接下来就是团队管理。从最初的一无所知，到一点一滴地了解团队成员的能力，然后采取自愿报名的方式分好了组，就开始了

为团队所做的一切准备工作。制作问卷，联系好长安福特汽车公司，制订好具体活动时间，制作微信公众号等，这一系列工作的完成，都是靠着大家的共同努力完成的。也许会出现一些问题，但最终都靠着大家的一起思考解决。这是组建团队给我带来的第二份力量——团队合作。

完成了一系列的工作，团队终于出发，开始了正式的实践活动。因为实践地是重庆，每天的天气依旧是火热，但团队的成员依旧每天准时到达，依旧用他们的行动，诠释着我们所坚持的暑假实践。熬过了每天的烈日炎炎，就是资料组的同伴们熬夜赶制微信推送。所有的所有，都像一阵风，凉爽了实践的夏日。所以这是组建团队给我的第三份力量——坚持。

结束了四天的实践，也都与团队的大家相遇相知。不论是前期辛苦的准备，还是中期实践进行时的坚持，到现在后期的整理，无不透露着团队给我的力量。但是到现在，大部分的工作都已完成，最让人珍惜的却是这段记忆。我想，这是组建团队给我的第三份力量——友谊。

勇气，团队合作，坚持，友谊，拥有你们，不论实践的结局如何，这次的实践让我受益终生。

行万里路，读万卷书

2016 级本科生，材料化学专业　吴语非

这次暑期实践中，我的感悟可以用两句名言来概括：一是"纸上得来终觉浅，绝知此事要躬行"，二是"行万里路，读万卷书"。

我们这次"逐梦青春，矢志军工"的实践活动，首先是在重庆的许多红色景点了解到革命先烈被迫害的惨状，了解到革命成果的来之不易，再延伸到军工企业。在参观过程中，我意识到了有的东西实际看来会比书中或是影视作品中震撼许多。许多红色景点即使翻修过，仍然能让人感受到先烈们的坚贞不屈、不屈不挠的精神，从无畏惧的勇气，绝不屈服的信仰。导游说"这是一个令人敬仰的地方"。而长安福特公司的参观也让我们了解到了军工企业的实力；进入参观的各项手续，特制的衣服，鞋子，也让我们感受到了做事的严谨态度。

纵观这次实践活动，我们不仅学到如何做规划、采访、报告，还领会了革命先烈的精神，深深地感觉到自己所学知识的肤浅和在实际运用中专业知识的匮乏。我想，这次实践可能是一个契机，对我们在今后的学习和职业方向选择都会产生深刻的影响。正如我们这次实践的名称，我感觉在这次实践中，我们整个团体都少了那些青春的张狂，多了些青春的踏实；少了那些青春的迷茫，多了些青春的奋斗。我认为，这是一次成功的实践。

风物长宜放眼量

2016 级本科生，新能源材料与器件专业　杨森

"吾尝终日不食，终夜不寝，以思，无益，不如学也。"这是论语中的一句话，说的是一个人整夜不食不寝去思考钻研一个问题，没有什么好处，不如亲自去学习研究。暑期实践，给予我们这样一个机会，利用暑期时间，在社会中体悟世间百态，在实践中让青春飞扬。

缅怀过去，立足当下，走向未来。身为北理工人，作为中国共产党创办的第一所理工科大学的大学生，我们有这样的胸怀。漫步于歌乐山，共产党人宁折不屈的精神鼓舞着我们树立远大的理想抱负，为理想不懈努力；作为理工科的学生，为了"中国制造2025"，我们应放眼远方，用坚定的目标努力。风物长宜放眼量，唯有远大抱负，才能走到远方。

走访企业，深入到生产前线，我们对工业制造有了更明确的认知。从组装到检测，每一步都是精确把控的。制造业需要我们来努力，需要我们充当中流砥柱。

经过这次为期四天的暑假社会实践，我收获了很多。在前期准备中我们一起查询实践地的一些情况，为实践作一些预想，也准备了一些突发情况的应对措施。实践终于在我们的充分准备下正式开始了。我们参观了红色景点和军工企业，开阔了我们的眼界。参观白公馆渣滓洞等革命遗迹，让我深刻了解了革命先辈的流血和牺牲，作为当下的我们应该牢记这一段历史，为中华之强盛作出努力。参观军工企瞩业长安福特公司让我了解到军工企业的先进性和军工魂，中国军工企业当自强。通过问卷调查工作我认识到自己在这方面的不足，自己不是很擅长和别人交流，我会在今后的学习生活中有意识地去锻炼自己这方面的能力。在实践过程中，我们一起协作完成一系列的事情更让我深切体会到团队合作的重要性，团结就是力量，每一个人都能都应该为团队做贡献。在今后的日子里，我们应该不忘历史，努力学习，为中华的强盛做出努力，做一个军工大学的优秀学生。

实践团成员：吴崇腾　李柳桦　丁进舟　熊子杉　田旭　董克前　赵文彬　龚士博　胡鹤蓝　吴语非　杨森

第二章

矢志军工

实践军工梦想，铸就大国重器

实践·足迹

什么是中国梦？实现中华民族的伟大复兴就是我们共同的中国梦。而为了这一梦想的实现，离不开强大的国防力量。所以，为祖国建设强大的国防力量便是每一个军工人所日思夜想的国防梦。这一梦想的实现需要每一个军工人团结一心，为服务国防安全而努力奋斗；需要百折不回、不怕困难的顽强品质；需要奋勇拼搏、勇于创新的军工精神。正是因为这些宝贵的品质，我们的前辈们才能在奋斗中让中国走出困境。

今天，我们这些怀着军工梦想的后辈们，怀着满腔的热血，借着这次社会实践的机会，去感受军工梦想，体会军工精神，让我们在前辈的影响下，共筑军工梦想！

一、梦想的起源

许多来到北京理工大学的同学，心中或多或少都怀揣着军工梦。甚至有的同学就是因为心中对于军工的向往而选择了这所学校。我们也不例外。在来到学校之后，听着辅导员们介绍学校对祖国军工做出的卓绝贡献，听着同学们之间流传着"国庆阅兵的装备，不是北京理工大学研制的，就是北京理工大学参与研制的"这样洋溢着自豪感的话语，看着南校区停放着的威武霸气的装甲车，心中对于建设国防的热情也更加旺盛，我们向往着能到真正的军工厂去感受那里的氛围，看看那些国防利器是怎样被制造出来的。

在通过宣讲得知这次社会实践后，我们便知道这就是我们等待的机会。于是我们便建立了这个实践团队。在建立团队之初，我们还在思考要如何招揽成员加入。但同学们的热情超出了我们的预料。在听说了我们实践的主题后，便有同学纷纷主动请求加入，不到两天，我们的实践团队便有了足够的成员。我们的实践团就这样成立了。

二、坎坷的开端

俗话说，万事开头难。在建立了团队后，我们便遇到了第一个难题。学校社会实践要求我们自己想办法联系实践企业，这对于缺乏社会经验的我们来说是个难题，而军工企业本身的保密性更是为这个问题雪上加霜。我们能够找到一个合适的实践企业吗？我们的实践活动会被迫取消吗？所有人心中都没有底。紧随着的期末考试及紧张的复习更是让我们压力倍增。在那一个月中，我们为如何联系到一个合适的实践企业绞尽了脑汁。我们发了数不清的邮件，打了一通又一通电话，但收效甚微。但电话中的一声声"抱歉，我们帮不了你们"甚至根本无人接听电话并没有让我们垂头丧气，而是越挫越勇。终于，在6月28日，我们在李超老师的帮助下成功联系到了江南造船厂——我国历史最悠久的军工造船企业。

第二个困难随之而来，在联系好江南造船厂后，我们能够准备的时间已经不多了。而确定的实践时间与我们一开始的计划相差甚远。我们许多团员的时间安排都发生了冲突。有的同学只能取消已经买好的车票或改签，有的同学甚至留在学校里，一直等到实践活动开始。有的同学因此无法参加实践活动，团员也由此缩减到了8人。

在实践活动地点与时间都得到了确定后，我们便开始了紧张的准备。安排行程、预订车票及住宿、收集江南造船厂的资料、准备前往造船厂后要问的问题……一项项准备工作有条不紊地进行着。

三、准备就绪，踏上旅程

7月10日，我们团员在学校集合后，便踏上了前往上海的旅途。等待我们的是长达20小时的漫长硬座。

7月11日，我们终于到达了上海。在华灯初上之时，我们按照预先查好的路程，乘坐一个多小时的地铁，再转乘大巴，穿过9千米长的上海长江隧道，一个多小时后到达了江南造船厂长兴造船基地所在的长兴岛。长兴岛是由长江泥沙在入海口沉积而成的沙洲，东西长20千米，南北宽14千米，呈带状，成陆面积为88平方千米。位于长江入海口南支，并将长江南支分为南北两港。长兴岛南岸深水岸线长近20千米，水深12米至16米，最深处达22米，宽度为1 000米左右。水情稳定，没有泥沙淤积，适合建造码头、港口机械、造船、修船和物流中转基地。可停靠30万吨级轮船，而且进出方便，为海洋装备产业发展奠定了坚实的基础。

我们在宾馆安顿下来，经过短暂的休整之后，当晚和带领我们前往江南造船厂的领队李超老师，以及与我们共同进行实践活动的由洋冠如带队的机械与车辆专业的3名同学，宇航学院两名同学，自动化学院的一名同学会合。两个实践团团长和李超老师共同商讨第二天的实践活动的参观事宜、安全事项，并确定第二天行动的具体时间。随后由团长召集全体团员对第二天的任务进行了周密的讨论，准备了第二天交流会的交流内容，传达了安全事项及其他注意事项。

四、参观江南造船厂

7月12日一大早，我们开始了本次实践活动的重头戏——参观江南造船厂长兴岛造船基地。

中船江南长兴造船基地地处长江口长兴岛南部，占地面积约580万平方米，岸线长度约为3 800米，主要建设内容包括四座大坞、17座舾装码头，规划民用船舶年造船能力

450万吨，是目前国内规模最大、设施最先进、生产品种最为广泛的现代化造船基地。150多年来，其所属的江南造船厂饱经历史沧桑，经久不衰，创造了无数个中国第一，不仅有中国第一炉钢、第一门钢炮、第一艘铁甲兵轮、第一台万吨水压机，更有中国第一艘潜艇、第一艘护卫舰，还有我国最现代化的导弹驱逐舰和为中国航天事业做出突出贡献的"远望"系列航天测控船。特别是改革开放30年来，更是焕发出新的生机和活力，率先跨出国门与世界接轨，成为打开国门、对外开放的先驱，始终在中国船舶出口中发挥主力军作用。"江南巴拿马"型散货船是中国第一个在国际船舶交易市场上挂牌交易的国际著名品牌产品。江南145多年的发展史，是中国民族工业不断发展壮大的缩影。

我们全体成员于8：30集合，于8：50准时来到了造船基地的大门。厂领导热情地接待了我们，带领我们穿过了大门，进入了基地安保严密的厂区。

进入厂区后，我们首先穿过了现代化的办公楼，来到了江南长兴大厦，参观位于大厦一楼的江南造船厂展览馆。展览馆的工作人员为大家进行了精彩的讲解。通过参观馆中丰富的藏品，这个为新中国国防做出过巨大贡献的船厂百年来的历史在我们眼前徐徐展开……

在洋务运动的大潮中，江南造船厂曾是国人自强先驱者"江南机器制造总局"。中国第一艘铁甲军舰"金瓯号"、第一支步枪、第一门钢炮及第一炉钢就在此诞生。

1905年"局坞分家"后，江南造船厂从江南制造局中分出，改名江南船坞，专营造船。以"仿照商坞办法，扫除官场旧习"的理念，让荒废了近30年的船坞焕发生机。生产业务大有起色，所造舰船"船式美观，工程坚实"。

侵略战争的烽火使江南造船厂饱受连年战乱的摧残，尤其是1949年5月22日国民党军队撤退前的大破坏，江南造船厂满目疮痍，破败不堪。

1949年5月28日，江南造船厂回到新中国的怀抱，开启了辉煌的新生。自强不息的江南造船人，冲破重重困难，以自身的实力与自信，以迎难而上的大无畏气概，迅速恢复生产，持续创造了一个又一个"中国第一"。

改革开放以来，江南造船厂进入了快速发展的新时期，在高质量地完成国家下达的专项军工任务的同时，率先跨出国门与世界接轨，始终在中国船舶出口中发挥主力军作用。20世纪90年代以来，随着改革不断深入，江南造船厂的综合竞争力大大增强，成为中国船舶工业的排头兵。

实践团的成员们都不禁为船厂的悠久历史和光辉历程所惊叹。

随后实践团的成员们与船厂方面人员一同来到了二楼的会议室。我们首先观看了江南造船厂诞生150周年纪录片，并听船厂领导讲解了江南船厂所拥有的企业文化与精神、发展现状及未来前进的方向，为我国军舰制造更进一步的宏伟目标，阐述了江南造船人"爱国奉献、求实创新、自强不息、打造一流"的江南精神。在接下来的提问环节，实践团的同学们纷纷提出了诸如现代军工企业需要怎么样的人才，如何安排我们的学习等我们所最为关心的问题。船厂领导一一解答了同学们的问题，同时也提出了对同学们的期待。这次面对面的交流让团员们对于江南造船厂有了更加深入的了解，以便于更好地规划未来的工作与学习。

在与船厂领导的交流会结束后，我们紧接着展开了与在江南造船厂工作的北京理工大学校友的交流会。师兄们详尽地向我们这些学弟学妹们介绍了来厂中工作的点点滴滴及生活中的方方面面，以最亲切的视角向我们展示了一个军工人的日常工作生活。同时学长们还以切身的经历向我们提出了诚挚的建议，告诉我们该如何好好利用大学这段时光，解答了在大学学习、职业规划以及企业求职方面的疑惑。校友们提供了宝贵的经验，为我们更好地规划未来发展，面对社会的挑战提供了帮助。

在交流会结束以后，实践团的成员们迎来了最为期待的厂区参观环节。由于江南造船厂是我国重点军工单位，有严格的保密要求，我们不能深入车间近距离参观，只能坐上由厂区提供的大巴来参观整个厂区，且不能拍摄照片。但这次参观依然让我们兴奋不已。在车上，船厂的工作人员为我们介绍了占地宽广的厂区，船台、船坞的分布及承建的船只，还介绍了一艘大型舰艇是如何在船厂中一步步建造出来的，并最终下水的，我们听得津津有味。看着船厂高大的厂房、粗壮的龙门吊、船台上硕大的船身、海中刚下水的崭新的舰船，我们不禁为之震撼。

参观完厂区后，我们实践团全体成员、李超老师、两位校友及厂区领导一起在厂区中合影，为这一天的行程画下了完美的句号。

五、参观上海海军博览馆

7月13日，我们来到了上海海军博物馆，力图对我国海军及军舰的历史有更加深刻的了解，并作为这次实践活动的补充。上海海军博物馆位于吴淞军港，馆藏海军、海洋历史资料图片3 000余幅，实物1 000余件，展出面积5 000平方米，被中宣部授予"全国爱国主义教育示范基地"称号。

到了馆内，我们首先参观了海军兵器馆。馆内展示了舰炮、鱼雷、水雷、反舰导弹、军舰指挥仪等武器和设备，令我们大开眼界。这些威风凛凛的武器和装备也稍稍弥补了我们前一天没能近距离参观军舰的遗憾。

随后对海军历史馆的参观更是让我们受益匪浅。历史馆中分为古代、近代、现代三个部分，详细地展现了我国海军在历史上各个时期的发展历程。展览馆中一个个精巧的模型让我们直观地了解到从古代到现代，海军作战用的舰艇从木质风帆到现在的钢铁巨兽经历了多少改变。这些改变见证了我国海军在近代的衰弱与现代的振兴。可以说，正是一代军工人的呕心沥血才有了如今我们现在强大的海军，才有了我们安定富饶的海疆。而现在，正是我们这些新一代接过老一辈的接力棒，为保卫我国国防安全做出贡献的时刻。

结　　语

7月14日，我们实践活动全部完成。坐在返回北京的硬座上，这些天从未感到的疲惫一下子来到了身上。心中回忆着这几天难忘的行程，我们相信通过这几天的实践活动，我们能坚定自己的理想，明确自己的方向，让自己的青春无悔，让军工梦想飞翔！

🍃 实践·品悟

参观体验，收获颇丰

2015 级本科生，新能源材料与器件专业　陈俊

本次暑期社会实践去江南造船厂体验观察，虽然只有短短几天，但毫无疑问，每个人都收获颇丰。

到达上海后，我们就顺利地住进了安排好的宾馆。第二天就开始了此次的参观和体验。首先我们全面了解了江南造船厂的发展历史和整体规模，这让我真正意识到，作为中国顶尖的造船企业，江南造船厂竟有着这样的辉煌实力，包括党中央对这所企业的重视。

随后，安排了一个小型的面谈会，邀请了两位企业领导来为我们详细讲解了江南造船厂的发展规划。我们又了解到企业基层职工的生活状态和精神面貌，他们在言语之间无不展现着身为江南造船厂一员的自豪。他们都有一股顽强拼搏、不怕困难的干劲。在采访中，他们不止一次地提到在所遇到的巨大困难阻力和企业面对困难时体现出的不怕失败的精神；我们也了解到党中央对江南造船厂的重视和厚望。

江南造船厂虽然已是国内顶尖的造船企业，但仍未懈怠，一直在寻求创新的道路，力求跟上时代的变化，把中国品牌做到世界去。这让我见识到这个企业在日新月异的今天所焕发出的创新精神和旺盛生命力。

秉持军工之魂

2015 级本科生，材料化学专业　何雪梅

军工百业，国之重器。江南造船厂在 150 多年间的变革中，从江南机器制造总局经过不断的发展，孕育出了今天的江南长兴，江南造船厂的成长俨然是一部中华军工事业的兴衰史。之前的"9·3阅兵"展示的都是我国陆地及空中的军事力量，而海军的各种舰艇并没有展示于世人面前，但我们确实有着强大的海上军事力量。此次的江南之行让我了解了更多强军的后备力量。随着一艘艘制造完备的舰艇下水远航，我们的军工事业也扬帆驶向远方。强国强军，复兴中华，我们决不停歇！我们北京理工大学从延安走来，从战火中走来，作为北理人的我们必将秉持我们一贯的军工之魂而不断努力，任何困难都不会成为我们停止前进的理由。如今我们自主的科技研发和创新仍旧与发达国家存在差距，这便是我们新一代年轻人，尤其是我们新一代大学生的重担。大学正是我们人生中的拔节阶段，我们必须在这个黄金阶段尽全力吸收更多的养分，如青竹一般向天空探去，只为那更高天空中璀璨的阳光。

感受军工精神，规划未来发展

2015 级本科生，材料科学与工程专业　李育文

我是一个军迷，一直以来都对军工十分感兴趣。但军工行业由于其特殊性对于我们大多数人来说都蒙着一层神秘的面纱。通过这次实践活动，我得以深入了解江南造船厂这个历史悠久，有着光荣传统，为我国国防事业做出巨大贡献的国防企业，感受军工精神，了解师兄在军工厂工作的实际感受与军工企业对于人才的选择。同时我也认识到我们平时的学习与实际工作的差别，我对未来的发展有了更清晰的认识，更好地规划我的未来。

在这次实践中我看到那些高大的船台与雄伟的舰船，更是激起了我的民族自豪感，我为我国一代代艰苦奋斗的军工人所感动。我要学习他们的奋斗精神，这一切让我受益匪浅。

这是我第一次以团长的身份去策划一次活动。通过这次活动，我觉得我的人际交往与策划能力得到了锻炼，也认识了一些新的朋友，我认为这是一次十分有益的活动。

努力奋进，贡献力量

2015 级本科生，材料科学与工程专业　刘哲

我非常高兴能够在暑假期间参与了前往上海江南造船厂参观的社会实践活动。尽管路途遥远，酷暑难当，我们依然不远千里抵达目的地，不仅仅是为了进行实践活动，还为了增长自己的见识和才干。在本次实践过程中，我认识了许多新的朋友，并且加深了我和同学之间的了解。同时我了解到了有关江南造船厂这个军工企业的历史发展，而且认识到了军工企业对于国家发展的重要性。军工企业对于国防建设承担着巨大的责任，而我作为一名北理工这所军工院校的学生，平时也对于军事方面很感兴趣，这次实践更是锻炼自己的一个好机会。一个国家的军工发展离不开工业、材料、能源等，而这些与我们的当代大学生息息相关，所以我更加明确了自己应该努力奋进，争取为国家军工的发展贡献自己的一份学习的力量。

为军工企业的发展做贡献

2015 级本科生，材料科学与工程专业　岳晗

在上海的社会实践中，我们参观了江南造船厂和海军博物馆。在参观的过程中，我们对中国海军的发展和现状，都有了一个较为深入的了解。众所周知，我国坚持和平发展的道路，所以，中国海军发展，一直以和平发展守卫祖国为己任；但是，由于国际形势的变化，中国海军现在面临着严峻的挑战，中国海军力量的提升显得十分紧迫。我国的海军制造工业有很大的提升空间，随着国家对于海军发展的重视，可以预见，在将来的一段时间内，我国的军工企业将会迎来飞快地发展。同时，我们作为北理工的学生，我们应该好好

学习，将来为建设祖国、为军工企业的发展做贡献。

实践团成员：李育文　陈俊　何雪梅　和炳昶　黄晓晴　乐威　刘哲　岳晗

塑军工才，筑强国梦

实践·报告

一、研究设计

（一）调查方法

北京理工大学社会实践小分队，前往甘肃省白银市银光化学工业集团（以下简称银光集团）进行调查研究，并对北京理工大学与银光集团合作的工程专业学位研究生联合培养项目进行了问卷调查。

这次调查，我们主要采用人物访谈与问卷调查相结合的方法。因为我们对该项目的了解很少，因此，我们先与几位参与过该项目的工作人员进行一对一交流，以此了解该项目的基本情况以及学员所关注的问题。然后，我们在人物访谈的基础上设计了问卷，进一步展开调查。

（二）调查样本

考虑到这个项目参与人数的问题，我们只做了100份问卷，但是问卷有效率却很高，达到了94%。为了更加全面地了解该项目，我们不仅针对参与过该项目的工作人员设计了问卷，还特别设计了一份针对未参与该项目科研人员的调查问卷，其中针对参与人员的问卷收回54份，未参与人员的问卷收回40份。其中，参与人员的样本情况如图1、图2、图3所示。

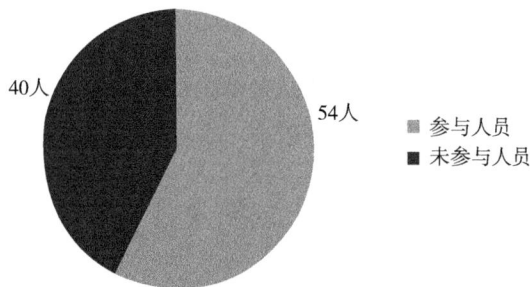

图1　参与人员与未参与人员分布情况

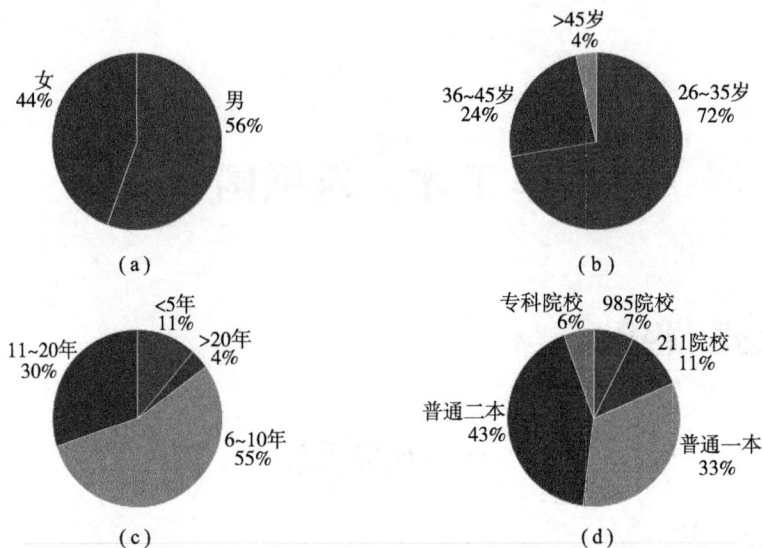

图2　参与人员样本情况统计

（a）男女比例；（b）年龄组成；（c）工作时间；（d）本科毕业院校

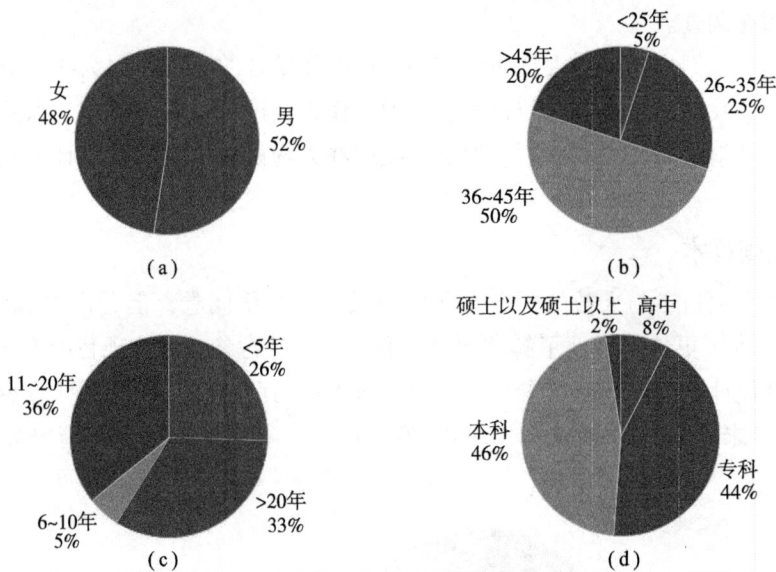

图3　未参与人员样本情况统计

（a）男女比例；（b）年龄组成；（c）工作时间；（d）学历

二、调查结果及分析

（一）参与人员

对于参加该项目的最初原因，有20%的人表示是为了升职加薪，22%的人表示是因为工作岗位对专业知识的需求，有58%的人表示是为了提升个人能力。说明大部分人不完全是因为工作才去参与该项目，而是为了提升个人能力和个人价值，这完全决定了他们对该项目的积极性。

对于上课内容，80%的人认为上课内容充实，11%的人认为上课内容枯燥，7%的人认为上课内容难以与实际工作相结合。同样，对于导师辅导的机会，有18%的人觉得与导师的接触机会太少，在学习中出现的问题不能得到导师的帮助。虽然大部分参与者表示满意，但是前后均有18%的人存在问题，这个比例虽然不是很大，但却是不容忽视的。当然，学习的东西跟实际工作的联系也是学员关注的问题。参与的人员中，18%的人认为所学知识跟实际工作联系非常紧密，54%认为比较紧密，有28%的人认为联系不太紧密，这也是需要我们做出改进的地方。

对于课程难度与考试难度，调查的数据的吻合度特别高，说明我们的课程难度与考试难度是相吻合的，较为合理。但是，有近30%的人认为课程和考试困难，所以也是需要做出一定调整的。

对于学员在学习过程中遇到的问题，我们也做了一定调查，主要有以下四类：（1）难以平衡工作和学习；（2）难以照顾家庭；（3）课程难度高；（4）精力有限。其中，第一类问题占75%，第二类问题占13%，第三类和第四类问题各占5%，其他问题占2%。对于时间与精力的问题，我们认为与上课时间有一定的联系，因此，我们特意询问了一下学员比较合适的上课时间。有50%的人表示，希望能够脱厂学习，完全把精力放在学习上。当然，这个方法不是很现实，毕竟边工作边学习是在职研究生的特色，不过合作双方也可以做出一定的调整，比如可以让员工学习一周工作一周，既可以让工作学习同时兼顾，又不会让其对工作和学习产生厌烦的情绪，此外学习学到的东西也可以很快在工作中得到检验。有26%的人希望工作日照常上班，而周末去上课，这样可以全身心地投入到学习。当然，这种授课方式需要协调好导师的工作，毕竟导师也是工作日上班，周末的授课无疑增加了导师的工作量，因此需要多名导师协调，轮班指教。有15%的人希望能够网上授课。在多媒体时代，这种授课方式也不失为一种好方式，但是，因为该企业是军工企业，涉及一定的保密问题，而且学习效果也有待试验验证。还有9%的人希望白天工作，晚上利用一定的时间进行授课（见图4）这个方式的可行性非常高，因为在我们调查走访的这些天，发现银光集团下午的工作时间很短，工人们下班后有足够的时间去学习提升自己。当

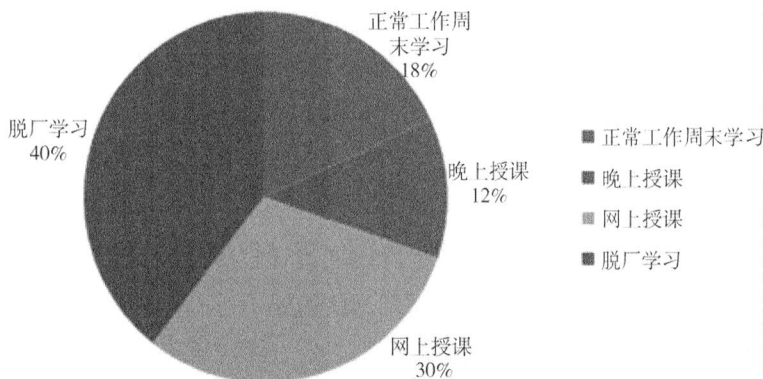

图4　学员希望的授课方式

然，这也得考虑大多数人的意见，因为大多数学员都已经有了自己的家庭，需要去协调工作、学习、家庭三者的关系。以上方式仅供参考，希望有一定的可行性。

对于该项目对自身的帮助有90%以上学员认为该项目让自己的创新实践能力得到了提高，并且在这个过程中，眼界变得更加开阔，只有一小部分人觉得经过学习后，能力上没有太大的提高。对于企业的帮助，同样，大多数人认为该项目有助于企业的人才队伍建设，很大程度上提高了该企业科研团队的创新能力，并且加强了该企业的科研氛围。

（二）非参与人员

对于非参与人员，我们先调查了他们对于该项目的了解程度。其中，只有10%的人非常了解，63%的人表示对该项目大概了解，27%的人只是听说过该项目，并不了解，说明这个项目的普及工作做得还是不错的。

当我们询问这些人为什么不参加这个项目，我们得到的答案大致分为以下几种：（1）个人能力有限；（2）缺乏精力；（3）时间安排紧张；（4）经济条件限制。其中，第一种原因我们认为是学历的原因，由前面的样本情况可以看出，未参与人员中有50%以上是专科甚至高中毕业；第二种原因可能是年龄问题，同样由样本情况可以看出，未参与人员中50%的人都处于36～45岁这个年龄段，20%的人年龄大于45岁，这个年龄段正是他们的生活刚刚趋于稳定的时期，因此他们内心深处并不希望深造打乱他们的生活节奏。第三种原因，也是年龄原因，大家把越来越多的精力和时间都投入到家庭上。而对于第四种原因，据我们了解，银光集团已经资助了员工一半的学费，作为科研所的一名员工，剩余一半学费还是能够承担得起的。

对于授课方式，我们假设让这些人参加这个项目，让他们投票。其中，有40%的人倾向于脱厂学习，30%的人倾向于网上授课，18%的人倾向于工作日工作周末学习，12%的人倾向于白天工作网上学习（见图4）。与参与人员的调查结果相对比可以看出，脱厂学习确实受大多数人的青睐。因此，合作双方确实有必要考虑一下让学员脱厂学习，全身心地投入到学习和工作。有30%的人表示如果参加该项目，希望专业知识能够得到很大提高，45%的人的人希望能够提高自身创新能力，并且开阔眼界，25%的人希望自身实践能力得到增强。

对于参加过该项目的人，大家认为这些人参加后有如下表现：（1）视野更加开阔；（2）创新能力更强，能够提出新的思路和想法；（3）实践能力相对之前有了很大的提高。

（三）比较

参与过该项目和未参与过该项目这两个群体通过样本比较可以发现一些问题。由图5可以看出未参与人员明显年龄结构偏大，而且这些人的学历以专科为主，这成为他们被挡在研究生门槛外的一重要原因，无论是工厂还是学校，都应该或多或少地给这些人一些机会，就算不授予学位，也应该让他们学习，给予提高自己的机会。

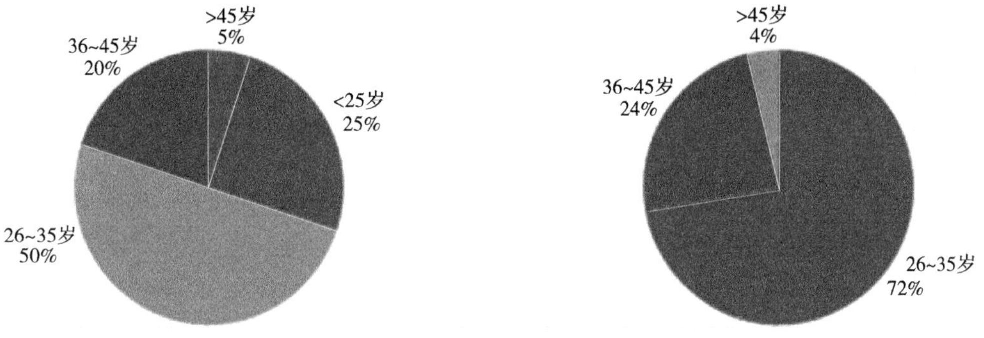

图5　参与和未参与人员的年龄结构

（a）未参与人员；（b）参与人员

三、建议及其可行性

第一是学员认为与导师交流机会少的问题。在我们调查走访的这几天里，我们了解到了我们学校跟银光集团除了合作在职研究生培养项目外，学校老师还可以去银光集团做实验，这些老师全是有很高专业素养的科研人才，完全有能力给予这些有疑惑的人辅导和帮助。当然，可以考虑量的多少，毕竟每次去的老师的科研量也很大。此外，在网络高度发达的时代，学生与老师完全可以通过网上交流互动，这种问题其实是最不应该出现的。

第二是课程难度以及课程与实际工作联系的问题。毕竟这些学员都已经参加工作，他们对所学到东西的实用性的要求高也是可以理解的，因此，我们在授课时可以有选择性地授课，既可以提高学员积极性又可以提高授课效率。考核方式也可以适当调整，对于动手能力比较强的学员，我们可以考虑用更具有实际意义的作品作为考核标准。

对于授课方式的建议与可行性，前面"调查结果及分析参与人员"部分已经叙述。

当然，我们也调查了一些参与人员的意见。首先他们对未参与的人员提出一些建议，鼓励他们积极参与该项目，树立积极的学习态度，拓宽自身眼界，提高自身科学素养，培养良好科研习惯，理论联系实际，达到学以致用的目的。此外，他们对该项目也提出了一些建议，主要分为以下几种：（1）希望校企积极沟通，使课程与实际相结合，合理安排教学课程，增强学员创新与实践能力；（2）部分学员希望加强与导师的沟通，可以采用通过电子邮件方式；（3）部分学员希望有课程的视频资料，并且设置一定的选修课程，学员自主学习，学完之后，再跟老师交流；（4）有学员希望导师对毕业论文指导得更加细致一点；（5）有部分学员希望能够脱厂学习；（6）一些学员希望设立奖学金（银光集团可以考虑）；（7）许多学员希望除了材料、化工专业，还可以开展更多专业方向的培养项目，如机械、自动化、环境、工程造价等。

附录1

关于北京理工大学与银光集团合作的工程专业学位 研究生联合培养项目的调查问卷 （参与项目人员版）

您好！我们是北京理工大学北理社会实践小分队的成员。这是一份关于北理工与银光集团合作的工程专业学位研究生联合培养项目的调查问卷。

为进一步增强产、学、研的有效结合，促进企业创新发展，提升企业在含能材料领域的科研水平，实现高校与企业的优势互补，自2008年银光集团开始与北京理工大学联合开办工程硕士学位班，目前已举办两届，培养工程学硕士50余位，并共同建立了全国示范性工程专业学位研究生联合培养基地——"应用型军工人才培养与创新实践基地"。

为调查北京理工大学与银光集团联合培养的人才在工作岗位上的表现以及是否能切实为企业发展、国家军工建设做出贡献，汇总各方面对于该项目发展的意见，以对该培养模式提出更为全面的探讨，特设计此调查问卷，十分感谢您的积极配合！

1. 您的性别

A. 男　　　　　　B. 女

2. 您的年龄

A. 小于25岁　　B. 26～35岁　　C. 36～45岁　　D. 45岁以上

3. 您的本科院校属于

A. 985高校　　　B. 211高校　　　C. 普通一本　　　D. 二本院校

E. 专科院校

4. 您的工作时间

A. 5年及以下　　B. 6～10年　　C. 11～20年　　D. 21年及以上

5. 您参加北理工与银光集团合作的工程专业学位研究生联合培养项目的原因

A. 有助于个人职业发展（升职加薪）

B. 个人兴趣

C. 有助于提升个人能力

D. 职业岗位需求

6. 您认为课程设置的难度如何

A. 非常困难　　　B. 困难　　　　C. 一般　　　　D. 简单

7. 您认为上课效果如何

A. 上课内容充实，有很大收获

B. 上课内容较为枯燥，不能很好吸收

C. 上课内容难以与实际工作相结合

D. 其他

8. 您认为北理工导师指导如何

A. 拥有足够导师指导的机会，在学习中遇到的问题可以充分得到导师帮助

B. 拥有较多导师指导的机会，在学习中遇到的问题可以基本得到导师帮助

C. 拥有导师指导的机会有限，在学习中遇到的问题不太能得到导师帮助

D. 基本没有导师指导的机会，在学习中遇到的问题不能及时充分得到导师帮助

9. 您认为学习内容与工作联系的紧密度

A. 十分紧密　　　　B. 比较紧密　　　　C. 不太紧密　　　　D. 没什么关联

10. 您是否存有挂科现象

A. 是　　　　　　　B. 否

11. 您认为考试难易程度如何

A. 非常困难　　　　B. 困难　　　　　　C. 一般　　　　　　D. 简单

12. 您认为在读研过程中遇到的主要困难有

A. 难以平衡工作和学习

B. 难以照顾家庭

C. 课程难度过大

D. 精力有限、没有休息时间

13. 您认为该项目对自身有何帮助（多选）

A. 视野开阔

B. 创新能力得到提高，在工作中能提出新想法新思路

C. 实践能力得到锻炼

4. 感觉没有什么帮助

14. 您认为该项目对企业有何帮助

A. 有助于营造企业的学习科研氛围

B. 有助于企业本身人才队伍建设

C. 有助于企业创新能力的提升

D. 其他

15. 结合学习工作经验，您认为该项目在课程设置应注重哪些方面（多选）

A. 开阔学生眼界，与相关高校企业多交流学习

B. 加强创新能力

C. 多动手，多实践

D. 专业知识学习

16. 您希望的授课方式

A. 工作日正常工作，周末上课

B. 网上授课

C. 正常工作，晚间授课

C. 脱厂学习

17. 您对有志于参加该项目的同事有何建议

18. 您对该项目的发展有何建议

附录2

关于北理工与银光集团合作的工程专业学位
研究生联合培养项目的调查问卷
（未参与项目人员版）

您好！我们是北京理工大学北理社会实践小分队的成员，这是一份关于北理工与银光集团合作的工程专业学位研究生联合培养项目的调查问卷。

为进一步增强产、学、研的有效结合，促进企业创新发展，提升企业在含能材料领域的科研水平，实现高校与企业的优势互补，自2008年银光集团开始与北京理工大学联合开办工程硕士学位班，目前已举办两届，培养工程学硕士50余位，并共同建立的全国示范性工程专业学位研究生联合培养基地——"应用型军工人才培养与创新实践基地"。

为调查北京理工大学与银光集团联合培养的人才在工作岗位的上的表现以及是否切实为企业发展、国家军工建设作出贡献，汇总各方面对于该项目发展的意见，以对该培养模式提出更为全面的探讨，所以特设计此调查问卷，十分感谢您的积极配合！

1. 您的性别

A. 男　　　　　　　　B. 女

2. 您的年龄

A. 小于25岁　　　B. 26～35岁　　　C. 36～45岁　　　D. 45岁以上

3. 您的受教育程度

A. 高中及以下　　B. 专科　　　　C. 本科　　　　D. 硕士研究生及以上

4. 您的工作时间

A. 5年及以下　　B. 6～10年　　C. 11～20年　　D. 21年及以上

5. 您是否了解北理工与银光集团合作的工程专业学位研究生联合培养项目

A. 没听说过，完全不了解（转至11题）

B. 听说过，不太了解

C. 大概了解

D. 非常清楚

6. 您身边是否有参加过该项目的同事

A. 有　　　　　　　　B. 没有

7. 您认为参加过该项目的同事在工作中表现如何？（多选）

A. 视野开阔，在工作中有很大帮助

B. 创新能力得到提高，在工作中能提出新想法新思路

C. 相比于普通研究生，实践能力更为突出

D. 感觉没有什么变化

8. 您认为该项目对企业有何帮助

A. 有助于营造企业的学习科研氛围

B. 有助于企业本身人才队伍建设

C. 有助于企业创新能力的提升

D. 其他

9. 您对该项目有什么看法（多选）

A. 对个人创新能力、实践能力有所提高

B. 对个人职业生涯发展有帮助

C. 对企业人才培养、产品研发创新有帮助

D. 流于形式，没有实质帮助

10. 如果有机会，您是否愿意参加该项目

A. 是　　　　　　　　　B. 否（转至 14 题）

11. 您愿意参加该项目是出于什么样的原因？（请按重要性排序，最重要的排在第一位）

A. 有助于个人职业发展（升职加薪）　　B. 个人兴趣

C. 有助于提升个人能力　　　　　　　　D. 职业岗位需求

12. 参加该项目，您希望最希望哪方面的能力得到提高

A. 加强专业知识　　　　　　　　　B. 开阔眼界，增强创新意识

C. 提高实践能力　　　　　　　　　D. 其他

13. 您理想的授课方式是什么？

A. 工作日正常工作，周末上课　　　B. 网上授课

C. 正常工作，晚间授课　　　　　　D. 脱厂学习

14. 您不愿意参加该项目的原因是

A. 缺乏时间　　　　　　　　　　　B. 缺乏精力

C. 经济原因　　　　　　　　　　　D. 个人能力有限（如学习基础较差）

实践·足迹

作为军工百团之一，北京理工大学社会实践小分队，由在校的陈煜老师和亲临指导的李丽洁老师作指导，召集了来自 4 个不同专业的 5 名自告奋勇、勤奋好学的实践团员，前往西部甘肃省白银市，去与北京理工大学有密切合作的甘肃银光化学工业集团有限公司进行调研，主要调查两单位联合培养的在职研究生的发展前景，目前取得的成果以及存在的问题。

一、做好准备

由于地区偏僻，路途遥远。团员们不得不早早地就考虑旅途方式的问题。西部毕竟不如东部地区发达，列车少，线路少，再加上高铁尚未修好，这些都增加了买票的压力。卧铺票早早售罄，而且最方便的列车也已售空。迫不得已，我们查询了所有可能的换乘方案，反复思考讨论后，终于敲定了先到银川、后到白银的行程。此行程好处是：其一，好买票；其二，在银川停留的时间不长；其三，有一个团员可以从离家更近的银川出发。

出发前，陈煜老师开了一场见面会，具体商讨了实践小组的实践目标，详细地提出了几点要求，提出了期望，并对团员们进行了鼓励。之后，团长制订了详细的计划，一切准备就绪，静待出发。

二、正式行动

7月9日上午，队员们按照计划，有条不紊地从北京理工大学（良乡校区）出发，乘地铁到北京站上车，次日早晨达到银川站。由于南方暴雨的影响，导致列车晚点，所幸的是没有误了下一趟车。下午到达白银市。由陈煜老师帮助下，我们见到了李丽洁老师、周浩明师兄。另外我们还见到了银光集团科研所的李所长、王主任，他们热情款待，先是请我们吃了一顿午饭，把我们安置在了大学生公寓，又给了我们若干用餐券，我们从公寓走不到五分钟就能吃上丰盛的饭菜。

团员们舟车劳顿，有一些团员们第一次乘坐20多小时的硬座，疲惫不堪。下午我们与李丽洁老师初步交流实践想法后，整顿休息，为次日的实践行动做准备。

7月11日。实践正式开展第一天，按照计划，我们联系到了王主任，她安排了专业人员来带领我们参观厂史。我们进入银光宾馆二楼的厂史厅，讲解员顺着一个个展示牌给我们进行了详细、耐心的讲解，因为大部分信息涉密，所以我们只能在厅门外面照了一张侧着的合影。讲解员重点介绍了805厂的成立、发展，效力军工的过程，以及曾经取得的辉煌成果，805厂的优秀的企业文化。讲解员带领我们阅读了由厂长亲笔撰写的"三字经"，我们感受到了银光集团像军队高效，又有像家庭般温馨的独特文化。他介绍了805厂周围的生活环境，因绿化范围大而形成独特的小气候让团员们记忆深刻。我们又参观了一些成品的模仿品，如甲苯二异氰酸酯（TDI）、二硝基甲苯（DNT）、聚氯乙烯（PVC）、甲苯二胺（TDA），奥克托今（HMX）、黑索今（RDX）、梯恩梯（TNT）、太安（PETN），有不少团员都是第一次见到，好奇地对着一个个装着药品的瓶子观察了很久。由于此事安排得迅速、高效，讲解员甚至都没有换下工作服就赶来给我们讲解厂史，我们对他的认真表示了感谢和赞叹，对银光集团辉煌的历史表示了赞美，对银光集团的未来充满着期待和希望。

经过两位指导老师的指导，我们临时对此次实践的行动计划进行了细微的调整，并制作出更详细的安排。我们决定做出调查问卷，下午团员们聚在一起，制定了问卷的大致方向，并初步设置了几个问题。

第二天还没醒，窗户外边的大喇叭就发出了声音，这是银光社区内的广播，每日早中晚固定时间都会广播，时而传出悠扬的音乐，时而报道国内外重要新闻，时而鼓励员工们辛勤工作。这个广播无形之中就把广大的员工们凝聚在一起，每天边散步边听广播似乎已经成为一种生活习惯，街道上尽是统一又整齐地穿着印有"中国兵器"蓝色制服的员工，随处可见银光集团营造的浓烈氛围。

早饭后集团科研所李所长派来专车把我们接到了他的办公楼前，我们这时已经知道，作为军工企业，银光集团的安保工作做得非常严，如果我们进入，必须要出示特别的通行证，而且厂内禁止随意拍照，这也是我们实践照片较少的原因。不过照片少并不影响我们的调研，李主任与我们仔细商量，决定为我们一对一安排几个硕士或博士毕业生来解决我们的问题，我们可以根据我们的需要来了解各个方面的情况。之后王主任带领我们登记了信息，一来办通行证更加便捷，二来也为几位学长学姐提供了方便。出厂后，团员们在路上边走边思考，交换了彼此的想法，并对未来几日的工作做出了期待。公寓没有浴池，有的团员们去附近的浴池洗澡，晚上去白银市内散步，除购买生活必需品之外，还用心去感受这个由军工企业发展起来的城市的特色。

第三天，王主任为每个团员分配了一位可咨询的师兄或师姐，这天的任务也与此有关，团员们询问了有关联合培养在职研究生的事项，这些师兄和师姐都不是参与这项计划的人员，于是我们恭敬地咨询了师兄师姐的求学经历及工作情况。他们的本科是在外校读的，研究生是在北京理工大学读的。我们了解到，这些师姐都成家了，大多找了本地的爱人，他们有稳定的收入，还有低廉的生活成本。

最让我们印象深刻的是来自南京理工大学的陈明磊师兄，他是河北唐山人，本科是新疆维吾尔自治区的石河子大学，可谓是经历丰富。陈师兄带领我们进入805厂，参观了他的工作环境，他给我们讲起厂里发生的一些趣事，还有一些安全事件，说起话来很健谈。他还和我们聊了他上学经历以及我们以后的发展，我们在一起时气氛轻松活泼，大家都很享受与他聊天的过程。

当天晚上，我们与一些师兄师姐们开了一场特别的座谈会，他们说了一些在职研究生培养目前存在的问题和缺陷，我们边吃边聊，对研究生的培养有了更加详细的了解。

第四天我们一起协调合作设计好了调查问卷，为了更全面地了解问题，我们设计了两种问卷，一种给正在参加或已经毕业的在职研究生项目的员工，一种给未参与项目的员工。我们把问卷上传到了网上与指导老师们交流探讨，得到了他们充分的肯定，也给了我们足够的信心。

经由李丽洁老师的联系，我们得到了王主任的支持，调查问卷派发到了员工们的手里。员工们秉着实事求是的态度，面对一个个设置的问题，以认真、仔细的态度填写答案。

第五天我们收回了问卷，面对取得的成果都暗暗欣喜，实践工作也即将完成。然而我们不敢有丝毫的懈怠。我们面对得到的数据，又细细地讨论了如何整理的问题，因所在环境条件限制，我们决定实践结束后再系统地整理数据，得出一个结果。

晚上，北京理工大学的老师们、师兄师姐们，还有银光科研所的工作人员，与我们团员一行人共同吃了顿特别的晚餐。这晚餐既是对我们调研工作的肯定，也是对我们开展问卷调查的感谢。这次晚餐不同寻常，让我们意识到，我们一行人度过了难忘的一周。团员们相互之间本来并不太熟，却因为此次的实践活动而朝夕相处，我们互帮互助、互相体谅，交流思想，共同努力，迅速地结下了深厚的友谊。这段时光注定难忘。

晚上，陈明磊师兄给我们带来了银兴集团对我们的实践情况的评价。对我们的工作进行了总结，激励了我们的信心，让我们觉得不虚此行。

三、收　　获

行程结束，团员们各奔东西。此时银光集团也打来电话询问我们是否安全到达，我们被他们的热心所感动。我们与银光集团本毫不相关，却着实地感受到了银光集团如家庭般温暖的氛围，即使远在千里之外，却不觉得这里陌生，这就是银光集团的魅力所在。我们还钦佩在军工厂默默奉献的员工们，他们兢兢业业，为了祖国的强大而工作，他们既是中国基层的一分子，也是中国脊梁的一分子。我们与北理工的老师和同学们道别，他们让我们感受到了学校的温暖，他们有的教课，有的做实验，不论他们做什么，一是对学校有帮助，二是间接帮助银光集团的发展。他们充分诠释了北理工"德以明理，学以精工"的校训，是我们学习的榜样。

行程结束，实践告一段落，但是收获的成果却会继续影响着我们。我们也期待我们做出的成果能够使北京理工大学在职研究生培养项目在开展过程中发现问题，进行积极而科学的调整，为合作的单位、为我国继续输送不可或缺的栋梁人才。

🌱 实践·品悟

调研拓宽了我的视野

2015 级本科生，材料化学专业　靳昇

在白银银光集团实践确实非常有益和难忘，在这短短的几天实践团员从原来的陌生到熟悉，彼此之间都有了一定的默契和相当的信任。在这次实践活动中我获得了很多对以银光集团为代表的西部国有军工企业的认识，同时在与岗位上的科研所工作人员的谈话中了解到了一些当今大学生就业的情况。

实践过程中银光集团对实践团的工作给予了足够的支持，使得实践团得以在一个良好的环境中进行工作。企业要发展，技术力量不可或缺。而本次实践所针对的在职研究生培养计划，正是从技术力量层面加强了企业的竞争力。

这次实践一方面使我了解到自己的不足，使我看到很多我要做的事；另一方面使我提

前了解到了很多原本要很多年后才能了解的东西，拓宽了我的视野。

调研，提高了综合能力

2015 级本科生，高分子材料与工程专业　王瑞奇

我们这次是怀着好奇心去银光集团的，但是，为了让我们有更多的收获，为了让我们以一个参与者的心态去对待这次社会实践，指导老师在出发前交给我们一项任务，即了解该企业与我校联合培养在职研究生项目的效果，让我们在出发时便感觉责任重大。

刚到甘肃白银时，我们对银光集团的情况一无所知。第一天，我们便由工作人员带领参观了银光厂史馆，了解企业的成长过程以及为祖国做的重大贡献，并且还增长了我们对于含能材料的了解，银光科研所陈明磊室长还带领我们参观了他们的工作环境。

在指导老师以及科研所王主任等人的帮助下，我们联系到了参与过该项目的科研人员，晚上我们进行了交流。他们坦诚相待，让我们对该项目有了一个初步的了解，为我们接下来的工作奠定了基础。然后我们设计了问卷，并在各方面的帮助下发放收取问卷。

在这次实践中，我们的综合能力得到了很大的提高，特别是在设计问卷的时候，我们要站在参与人员的角度，去想他们所关心的问题。在这个过程中，大家的思维方式得到了拓展，我们需要更多地去考虑实际问题。除此之外，在实践过程中，大家都发挥自己的特长，有的负责撰写通讯，有的负责处理电脑数据等，这让我明白了团队协作的重要性。

在这个过程中，指导老师给了我们很大的帮助，银光集团科研所、教培中心工作人员也给了我们很大帮助，在此，我代表实践团的全体人员，感谢指导老师，感谢银光集团工作人员对我们的倾情帮助，感谢学院给我们这次锻炼的机会。

令我终生难忘的调研

2015 级本科生，电子封装技术专业　谢广祯

2016 年夏天，我加入了北京理工大学社会实践小分队，去甘肃白银市银光化学工业集团有限公司进行暑期社会实践，收获了一份难忘的经历。

一穿上"青年服务国家"的团服，我就感到了身上的荣誉感和责任感，我是代表北理工的学生，我一定尽自己最大的努力来完成任务。

实践中，我们对 805 厂进行了深入的了解，仔细观察了员工们的工作情况，采访了数位北理工的师兄师姐们。在这些过程中，我感受到了军工企业所具有的严明又温馨的独特的企业文化，感受到了当地人敦实质朴、朴实无华的人格魅力，更感受到了为国家效力是何等的荣耀。

尽管条件有些艰苦，但银兴集团的员工们仍然在一线默默地奋斗着，做着微小却不渺小的工作。

这是一个值得迷恋的地方，我相信他们的精神能够感染我。这次调研，令我终生难忘。

平凡的工作也是一种伟大

2015 级本科生，新能源材料与器件专业　张宇清

2016 年 7 月中旬，我们在甘肃白银银光集团进行了为期 5 天的社会实践。在本次社会实践中，我们了解了该企业的发展历史、产品结构，与我校和该企业联合培养的研究生进行了深入的访谈。通过这次社会实践，军工企业对我来说不再是可望而不可即的传说，服务国家、服务社会也不只是简单的口号。

在社会实践中，我们了解到，化工企业，尤其是涉及军工的化工企业，在工作中面临着许多的风险，一些人甚至献出了宝贵的生命。与此同时，由于该企业的地理环境等因素影响，企业较难引进人才、留住人才。所以，当说出"矢志军工"这四个字的时候，可能真的不仅是简单地选择一种职业，是要有准备克服地理区位、工作环境等困难，还要有可能因为意外献出生命的准备。但银光集团的一些领导、学长们，他们并没有认为自己的选择多么伟大，更多的人更像是庞大机械中的一颗颗螺丝钉，平凡而质朴。

国家的发展涉及许多方面，但军工企业是祖国强大的保障。从前认为"报效祖国""服务国家""矢志军工"离我很遥远，现在明白了，所有的壮举都是一小步一小步地累积，所有的伟大都是一点点一点点平凡地汇聚。所以虽然只要有这样的志向，即使做着普通、平凡的工作，也都是一种伟大。

实践团成员：王瑞奇　靳昇　谢广祯　张宇清　吴昊

强国之路，砥砺前行

实践·足迹

一、闪闪军工魂

那是另一片青山碧水，

一半荷花一半湖，

铁轨延伸没入草丛，

无尽的苞米地与斑驳的管道相契合，

半掩的堡垒围绕着枪火炮弹的铸造处，

城外太子河低吟悠唱，

这儿有一代又一代的军工人，闪闪军工魂，

用最美青春和信仰铸就钢铁国防。

——实践领悟

我们一行7人，第一次北上入东北境内，从北京到沈阳、辽阳，铁路全程732公里。四天五夜，是我们实践的时间，也是我们了解一个企业，认识一种精神，深入一座城市的时间。在这个跨度里，从无知到顿悟，收获感恩，收获敬畏，收获情谊。我们听到了昔日晨钟暮鼓、沐风栉雨的故事，在那后方战场里有荣辱与共，有枪林弹雨，有固我坚守，还未来得及目睹TNT的产生，未触碰太子河水，未参拜千年白塔的砖瓦，我们就离开了，带着感激和期待。

二、前期准备

"青春挥洒军工魂"，我们这支队伍由新能源专业和高分子专业的学生组成，由材料学院的吴川教授担任指导老师，并经由吴川老师引荐到辽宁庆阳特种化工集团公司（以下简称庆阳化工）开展暑期社会实践。现在回想起来，整个前期准备的过程还是比较曲折的，几次以为会落空，几乎无法成功发团，所幸，最后顺利出发。

从指导老师下达学校"军工百团"的指令到最后确定人数、日期和行程，中间历经一个多月的时间。接到能去军工企业开展社会实践的机会时，大家都比较激动，新能源实践团队的队伍人数立马报满，但实践日期的确定比较困难，材料学院指定的实践时间是在8

月底、开学前，但后来与实践单位联系后更改为 7 月中旬，这样一来部分制订好暑期计划的同学因为时间冲突就无法继续参团。为避免影响发团，我们赶紧与实践单位再次协商最终敲定实践时间为 7 月 4 日到 8 日，但还是有一名队员因无法跟上日程而退团，因此，我们又招募队员，很快迎来了高分子专业的同学的加入。学院其他军工团的队伍大都因为时间和实践单位的原因无法发团只能解散，而我们成为最终代表材料学院的三支队伍之一。我们在实践方向和主题的选取上也纠结过，和队友们商量后，我们希望能利用校企双方科研合作的平台，就某一技术与实践开展合作交流或就某一专业具体合作案例展开分析，以学到更多专业知识，但后来考虑到庆阳化工作为军工企业的保密和严谨性，绝大部分项目涉及国防机密，我们便将实践方向定为以下四点：（1）参观走访军工类企业，学习军工类企业文化；（2）增强学生对军工制造业的认知，理解"军工魂"等军工文化；（3）了解毕业生在企业的生存现状和人才培养；（4）访问庆阳化工的北理工校友。我们的行程由实践单位安排并由单位的人事部助理陪同，就这样实践计划敲定了。

准备期间，我们实践团展开了两次见面会议。第一次，大家一起讨论商量实践主题，并做简单的计划。第二次我们确定了实践期间的工作分工，队员侯锐负责生活后勤，汪远莘担任摄影负责，女生们负责文稿处理，队员李宇斯负责管理平台。出发前夕，我们打印了整个实践的计划并制订了实践期间的访谈要点，查找实践期间的气候情况和庆阳化工的相关资料，并准备了部分应急药物。在团队的共同努力下，2017 年 7 月 3 日上午我们军工实践团终于顺利出发。

三、徜徉在庆阳化工的祥和小城里

经过 12 个小时的火车颠簸，7 月 3 日晚 10 点我们抵达了辽宁省辽阳市，在车站等候已久的接待人张雄兵大哥进站迎接我们。路上，太子河桥上泛着点点星光，两旁建筑林立，更多的是尚在开发中的新楼盘，车辆不绝却听不见大城市里烦躁的喇叭声，这时我们意识到自己来到了一座待开发的小城。这里的居民有自己安静祥和的生活，节奏不紧不慢。当晚 11 点，我们迈进庆阳化工员工生活区的大门，在这里我们将与员工共同度过五天的时光。

辽宁庆阳特种化工集团（三七五厂），始建于 1937 年，隶属中国兵器工业集团公司，是中国大型综合性化工企业，国家级含能材料及有机中间体产品研究和生产基地。这里，依山傍水，庆阳化工与整个城镇融为一体，自成一个小社会，也可以说整个城镇都是依靠企业而存在，镇上的居民不是企业的员工，就是曾经参加过企业工作员工的子孙，镇上很多别具一格的建筑也是当初企业留下的，据说抗战时期，因为军工企业背景，作为炮弹制造地，为方便生产，城镇基本由庆阳化工管理，医院是企业的医院，邮局是企业的。后来，权利逐渐转交政府，但庆阳化工在城镇的地位依旧重要，每每提及这一点庆阳化工的员工们总难以抑制内心的自豪感。这个曾经有着龙头地位的军工企业在一定程度上引起了我们的兴趣，它的起源在何处？在抗战期间，有着怎样的突出贡献？其军工魂又何以熠熠生辉？往后的发展方向是什么？这些问题都亟待我们去了解。

四、历史沉淀下的军工魂

本次社会实践，主要分保密安全教育及企业历史文化宣讲、校友见面访谈、参观生产基地、考察人文风四个部分。通过这四个部分，我们对庆阳化工企业的发展及军工精神有了进一步的了解。

在第一天的保密安全教育中，修师傅首先向我们着重介绍了庆阳化工在抗美援朝、援越战争中的地位，这使我们对企业的历史有了大致的了解，同时顿生崇敬之情。接着修师傅列出了数十条保密准则，讲解了进厂后的无线设备、活动范围等相关规定，生产地位置、具体单位、生产数据信息等严格的保密规定。签订了保密协议后，顿时间，我们身上对保护这座企业的使命感也油然而生。

为我们讲解企业文化历史的董部长，举止端庄优雅，看不出是军工企业的员工，但她表示，她是庆阳化工的员工子女，生在此地，长在此地，她对庆阳化工已经有了割舍不掉的情感，所以她在外地念完大学后放弃了外界的繁华生活毅然选择回来，希望继续发展军工事业。我们一行几个人对她也是顿生崇敬，相信不怕苦、不怕累的军工精神早已根植在她心里。董部长说希望更多年轻人能选择归于平静，投身于国防军事事业。

在讲到三七五厂的历史时，董部长语重心长地告诉我们，庆阳化工本是日军所建，1937年，日军全面侵华，在辽阳选址建厂为其提供军事装备，期间日军迫使辽阳当地居民为其施工并残害了众多百姓。1941年工厂被苏联军队占领，故现在企业里很多管道设施和生产建筑都是当初日军和苏联的产物。对庆阳人来说，这是一段屈辱的历史，地下有被残害的先烈的亡魂，但这段历史也成了日军侵华的铁证。沉重的历史积淀造就了今天的庆阳化工。庆阳化工的老员工郭忠远曾为庆阳化工写过一首歌《我们是光荣的军工》，以此来歌颂军工精神，其中有这么几句话生动地描绘了共和国军工企业在从抗战到今天作为国防后盾的默默付出："在共和国成长的历程中，我为你南征北战；在建设国防的征途上，我为你无私奉献；在共和国飘扬的旗帜上，我为你前仆后继；在保军转名的变革中，我为你激情飞扬。"老一辈的军工人，用他们的青春热血和钢铁脊梁铸就了如今的钢铁国防。

五、和平年代，军工企业何去何从

在战火连天的年代里，军工企业是战场的功臣，是胜利的保障，但在和平时期，军工企业该何去何从？如何找到适合自己的生存之路？

为我们讲解火炸药科技前沿知识的张工程师，是厂里的老员工。他说，庆阳化工现正处于从低谷向上的转折阶段，为找准自己的定位，适应新时期的发展，庆阳化工的生产现正分为两条大生产线：一条生产军用设备线，生产制备火药、炸药、推进剂等；一条生产民用设备线，生产压力容器、金属包装物、化工成套设备等。同时企业与国家多家重点高校开展科研合作，其中包括北京理工大学、南京理工大学、大连理工大学等高校，这样既保证了军用需求又能确保不与时代脱节。技术升级方面，庆阳化工现着手从改善设备开始，引进连续化生产线。参观这条生产线，我们被完全自主操作的流水生产线所震撼。人才管理方面，近几年为确保人才质量，尽量招收 211、985 高校学生，2017 年仅招收了 8 名应届生，都来自 211、985 高校，企业还会为这些员工提供后期深造的机会。在企业文化管理方面，庆阳化工不断提高自己的管理水平，实行人治、法治、文治、自治治理手段，并借鉴了海尔企业的管理策略。

但无论怎么发展，作为国防军工企业都不忘自己的企业文化：服务于国家国防安全，服务于国家经济发展，为国家、为企业负责。与厂里的员工接触时，每提及庆阳化工，他们总用"咱厂""咱家""咱企业"代替，语气亲昵，庆阳化工的企业文化精神如此深入人心，我们对庆阳化工这个老军工企业的未来发展充满希望。

六、回忆，东北第一座古城

辽阳是一座新兴的现代工业基地，但它也是东北地区最早的城市之一，是历史悠久的文化古城，已有 2 400 多年的历史。辽阳古称襄平，先后易名为昌平、辽东、辽州、东平、铁凤、天福、南京、东京等名称。其历史可追溯至春战国期间，"太子丹匿于衍水"（太子河）的事迹传唱不绝。明末清初以前，辽阳一直是东北地区的政治、经济、文化中心。辽阳博物馆中，现藏着各种历史遗留文物，件件凸显着辽阳的文化底蕴。辽阳市内的土长城，系元朝的产物，但大都在抗战期间遭受破坏，面目全非。我们来到仅存的天佑门，抚摸着千年前的砖瓦，听讲解大爷回忆数千年来这座城市的沧桑变化……

七、礼赞军工

短短几天的实践，我们对庆阳化工、对辽阳了解得还不够深入，我们都尚浮于表面，但知道庆阳化工的伟大，艰辛不易。历史的厚重感掩盖不住如今闪闪发光的军工魂，但相信随着时间的推移，领悟到的会更多。我们感激默默付出铸就钢铁国防的军工人，走近他们，融入他们，礼赞他们。

回望过去，峥嵘岁月，沧桑变化；

未来战场，强国之路，军工不朽；

铸中国梦，强军工魂。

在共和国成长的历程中，我为你南征北战；

在建设国防的征途上，我为你无私奉献；

在改革的春风里，迎接新的挑战；

在未来的战场上，我为你冲锋亮剑。

我用一腔热血，我用钢铁脊梁，我用凌云壮志，铸就钢铁国防。

献了青春无悔，献了终身无怨，献了子孙光荣。

我们是光荣的军工！

在共和国飘扬的旗帜上，我为你前仆后继；

在保军转名的变革中，我为你激情飞扬；

在那平静的港湾里，我守候你的慈祥；

在那钢铁的长城上，我为你放飞理想。

我用青春智慧，我用忠诚信仰，我用科技翅膀，谱写光荣梦想。

江河向我欢呼，人民为我自豪，祖国为我骄傲。

我们是光荣的军工！

实践·品悟

期待，震惊，怅然，思考……

2015 级本科生，新能源材料与器件专业　蔡丽

不到一周的暑期实践就要告一段落了。出发时候的期待和兴奋，在军工企业参观过程中的新奇、震惊、开心还有迷茫，回学校路上的怅然、疲累还有满足。短短几天内，我所学到的认识到的体验到的，已经不能用许多词语来形容。它不仅让我对我学过的、未曾学过的知识都有了进一步的了解，同时还了解了这些理论知识的实践应用，有了对自己未来的学习以及生活更深的思考与规划。这一路与其他人的交流相处，同样让我学到了更多人际交往的经验……

同时，不得不说，这一次的实践也的确存在不少的缺陷与不足。在整个实践过程中，我们这个团队本身的主动性不足，包括在行程的安排上没有体现团队的独特性，没有能主动体现北京理工大学的特色或元素。无论如何，优点亦或缺点，都会成为我们成长的推动力，并且被我们每个人铭记。

努力进取，报效祖国

2015 级本科生，新能源材料与器件专业　侯锐

首先，感谢材料学院和指导老师吴川，为我们提供了这么好的机会，让我们零距离接触到了与专业相关的企业。

去往庆阳化工之前，由于企业的特殊性，我只从百度百科和企业官网上了解到了很少关于企业的信息，庆阳化工在我眼中就像金字塔，只知其表，不知其里。

在企业的行程安排下，我们先后经历了保密培训、安全培训，参观沙盘，了解企业历史文化、火炸药前沿技术，校友交流会和企业生产线实地参观。我对这个神秘的企业有了更深的了解。

短短 6 天，收获颇丰。最美好的收获莫过于 7 名团员之间珍贵的友谊。我们一起经历了 20 个小时的火车旅途，每天一起吃饭洗碗，一起谈天说地，一起认真实践，在辽阳这座城市中形影不离。同时，围绕实践主题，我也收获了真知。我学习到了关于生产

和操作的基本知识，我看到一代接一代可爱可敬的军工人默默奉献着自己的青春和汗水，这也更坚定了努力进取报效祖国的信念。另外，热情的校友们也竭诚对我们进行了学业上的指导，给予了我们将来步入职场的有效建议，这对我们规划职业生涯有很大的帮助。

这是大学期间第一次暑期社会实践，我们在准备和实践过程中都出现了一些不足，我们将针对不足找方法，牢记此次实践的经验，把它们运用到以后的学习生活中。生命不息，学习不止！

终身学习，不断完善知识体系

2015 级本科生，新能源材料与器件专业　李宇斯

远离了城市的喧嚣。位于辽阳郊外的庆阳化工，严格的生产和品控在工厂里随处可见。当实践团队来到辽宁庆阳化工厂时，大家都收起随意，怀着敬意参观学习。

在工厂内可见工人们各司其职而又构成集体，在各自的岗位上我看到了军工行业生产的严谨与规范，在整个厂区内各个厂房均做好了保护措施，保证将生产事故的影响降到最低。

"矢志军工，培养红色工程师"，这句话我在北理工常听到，在与庆阳化工的北理工学长的交流中，我感受到了北理工将专注务实的校风和军工人的严谨克己精神融合在了一起。在对大学毕业走向的探讨中，学长们用过来人的角度建议我们树立终身学习的观念，大学并不是求知路上的终点，历代军工人也是在工作中不断完善知识体系的。我想，就算以后没有从事军工行业，学长等军工人的优秀品格也值得不断学习。而为祖国而奋斗的红色工程师精神，也是在任何工作都有普适性的，大学毕业后我也许仍是迷茫，但能学到庆阳化工精神，便是不虚此行了。

并肩前行，决不放弃

2015 级本科生，新能源材料与器件专业　汪远莘

连续四天的社会实践活动结束了。这次出行，收获颇丰，也和伙伴们建立了深厚的情谊。

在这四天里，我们一起了解了庆阳化工的企业文化，参观了充满活力的工厂，见证了国家实力在硬件上的不断增强。饭后之余漫步在夕阳余晖中的辽阳大街上，晚上一起惬意地坐在马路边上喝着啤酒吃着撸串儿聊天儿。

辽阳是个小城市，这里没有太多的高楼大厦，没有什么现代景致。庆阳化工身在辽阳，也和它一样，看上去平平凡凡，并没有什么特别之处。而在这几天的参观中，我们深刻领略了庆阳化工的化工实力以及不凡的企业人文素养；在老学长们的谆谆教诲下，也对自身未来的发展有了更深刻的认识。我记得学长说过，重要的不是随大流，而是你自身究竟想要什么。他们说住在这样一个小地方，每个月的工资并不高，但是活得很快

乐，为国家军工默默贡献自己的力量，踏踏实实，觉得非常幸福。是啊，许多人已经在企业工作了二三十年了，将青春燃烧在祖国的军工事业上，他们是名副其实的军工之魂！

我们还年轻，需要学习的东西还很多很多，理想虽各有不同，但同样伟大，未来的路上，希望我们并肩前行，决不放弃！

Make the change you want to be！！

传承军工精神

2015 级本科生，新能源材料与器件专业　许纯玲

"军工类院校"一直是北京理工大学的标签，北京理工大学在国防科技方面功勋卓著，其中，有一些是与重点国防军工企业合作的项目，而这些企业一直对外披着一层神秘的面纱。为了解军工特色，理解军工魂，今年暑期，在吴川院长的联系下我们有幸来到辽宁庆阳化工进行社会实践。这次行动对我来说收获匪浅，主要有以下几点心得：

（1）感激那些无私奉献青春的军工人，他们用热血撑起国防的一片天地，我们无论以后是否从事军工工作，都应该将不怕苦不怕难的军工精神传承下去。

（2）在前期准备阶段，在与联系人交流协商的时候知道沟通是门精深的艺术，如何委婉地让对方接受你的建议也是一门学问。

（3）实践期间，身为队长，在组织安排队员工作方面我没有充分发挥好作用，以后有待提高。

（4）在培训阶段，庆阳化工的企业文化令我印象深刻。企业"人治"的境界应作为每个企业的追求，无论是管理层还是基层都要有企业荣誉感。

（5）学长们的讲话让我们备受感动，年轻人要把握好自己的方向，不随波逐流。

（6）开展科研工作必须小心谨慎，保持警惕，开发时如此，生产时如此，在保密阶段也是这样。

（7）实践期间，我们跟着联系单位的脚步走，比较被动，没有做好更多活动的策划，希望在以后实践中能有所改进，更活跃一点。

（8）在未来的道路上，我将始终铭记此次实践活动，为祖国奉献自己的一份力量。

一道亮丽的风景线

2015 级本科生，新能源材料与器件专业　张施诗

"读万卷书，行万里路。"学习是读书与实践的结合，正所谓"纸上得来终觉浅，绝知此事要躬行"。为了能更深入地了解我们所学习的知识如何运用在实际中，我报名参与了材料学院军工百团实践项目，跟随小团队去庆阳化工进行为期一周的实践活动。

实践活动包括保密安全教育，校友访谈，参观工厂，考察当地人文风情。我们听到的，是校友们的谆谆教诲和工厂机器的轰鸣声；我们看到的，是青青草地和机器瓦房；我

们感受到的，是庆阳化工每一位员工的兢兢业业，炎炎夏日和艰苦的条件并没有阻挡住工厂的运行，汗流浃背的员工们也并未抱怨。也许刚刚大二的我们还不完全懂什么是社会、什么是工作，不过这次实践活动中学到了不少东西，有社会经验也有人文精神，更让我对军工企业多了几分崇敬之情。

这段日子在我的大学生活中必然是一道亮丽的风景线，也许以后还会有。在实践中，我们在成长，在磨砺，在跌跌撞撞，且歌且行……

实践团成员：许纯玲　袁晶晶　蔡丽　侯锐　李宇斯　汪远莘　张施诗

脚踏实地，献身国防

实践·报告

一、深入军工企业调研

北京理工大学长久以来就具有浓厚的军工特色，基于此，实践团联系了空间电子信息技术研究所（航天504所）与中国兵器工业集团北方电子研究院有限公司（武器206所），访问了相关人员，了解了毕业生在相关单位的发展状况、工作后存在的问题，企业的前辈们还给广大在校生提出建议，以便在校生发现自身问题，结合实际情况，不断提高自己，以适应社会需求。

（一）军工企业的特点

首先，作为大型国企，军工企业具有其自身固有的特点。就军工企业的优势而言，其研究的项目偏向于高精尖项目，并且拥有雄厚的资金支持和先进的设备供给。待遇方面，军工企业作为大型国企，员工的福利待遇相较于一般的私企或者外企会优厚很多，薪酬较为稳定，并且一般会逐年增长。工作环境方面，人员流动比较弱，很多时候从你进入企业到最终退休，身边接触的同事都是同样的一批人，很少更换。

其次，军工企业虽然工作量比较饱满，但是工作氛围较为轻松、单纯，对于刚刚离开学校的毕业生，相较于直接进入社会，迈入私企外企的职场来说，或许更容易接受一点。硬币总是两面的，有好也有坏。诸如这样过于稳定的工作环境与氛围，使得军工企业的工作人员与社会交流的机会变少，个人所掌握的社会资源也随之变少，一直生活工作在这样一个相对来说比较封闭的圈子里，可能会与社会脱节。

（二）专业对口问题

随着社会的发展，越来越多的毕业生都会在选择工作时面临"专业对口"的问题。在实践团前期的调查工作中发现，有将近八成的同学认为，自己未来就业的行业与自己所学的专业不一定要对口。那么究竟专业的对口率是否重要呢？首先我们需要了解到底什么是"对口"，是广义上的完全不相同的两个专业，还是狭义上的专业相同？或只是研究方向不甚相同？还是先来看看军工企业内部大致的分工状况吧。军工企业内基本可以分为"管理工作"和"技术工作"两种工作岗位。对于管理层面的工作而言，从事这方面工作的工作人员并不一定要求专业对口，也就是说，在管理岗位上的工作者，并不一定是学管理专业出身的，相反，他们大多数是先从事专业的技术工作，之后从技术岗位流动到管理岗位上去的；而对于技术层面的工作来说，或许很多工作者在实际工作中所承担的任务，和自己在研究生时期所研究的具体内容不尽相同，但是大的方向是一致的，很少有招收专业和工作南辕北辙的毕业生。也就是说，广义上的"专业不对口"，在军工企业内是非常罕见的。而狭义上讲的"专业不对口"，则在军工企业更为广泛一点，要说完完全全做到专业和工作的精准对接，其实也是不太容易的。军工企业归根结底还是属于比较传统的企业，在招收毕业生的时候，首先会考虑到学校以及专业的对口程度，比如北方电子研究院有限公司的刘老师表示，就北方电子研究院有限公司而言，一般招收毕业生，会优先考虑西安电子科技大学、西北工业大学等专业对口的学校；其次再考虑别的综合类院校。除去学校的对口因素之外，专业的对口程度也是非常重要的，加上军工企业本身人员流动较弱的特点，往往是缺少哪一方面的人手，才会去招收哪一方面的毕业生，这也在无形之中，对于专业的对口程度要求提升了一个台阶。并且，专业对口的毕业生进入工作之后，企业方面还会给他们提供许多更大更广的平台，去实现个人的进一步发展与深造，这样不可多得的机会，当然也是建立在专业对口、能够顺利完成工作的条件下的。也就是说，军工企业的对于专业对口的要求，远远超过了同学们对于自身的要求，和大家预想的结果相去甚远。

（三）学历问题

除此之外，在调研中还有一点发现，和大家预想的结果差别较大。在前期的调研中我们发现，同学们认为，企业在招收毕业生时，最为看重的是工作和实践经验以及个人的沟通表达能力，其次才是学校的知名度和专业知识能力。这样的看法，与我们的"茶余饭后"的"前人经验"，看似吻合。一篇又一篇的网络鸡汤不断地在向我们灌输"学校和成绩无所谓，能力才是最为重要的"这一模棱两可的说法。个人的能力固然重要，但是在企业招收毕业生的时候，到底是什么最重要呢？武器206所的刘老师告诉我们，其实在招聘过程中，企业用人最先看中的首先还是学校。985、211类院校就是和一般普通一本不同，专攻理工类的院校出来的学生，就会比其他类学生先受到青睐。这看似残酷，确实是铁一般的事实。试想，军工企业在用人时，是否会去逐个排查应聘者的沟通表达能力吗？不是说这种能力并不重要，只是说在应聘时，我们手中最为强劲有力的敲门砖，就是自己的学历，就是自己的出身，根正苗红的"理工男"就是要比能说会道的"文科男"来得实在。

（四）工作经验问题

再说工作和实践经验，这一点上现实与理想所存在的分歧，就更让我们目瞪口呆。传统的观念认为，丰厚的工作经验，是一笔无可估量的财富，能为我们带来不可多得的好处。这样的说法看似没有什么问题，在逻辑上也无漏洞可言，但是事实却似乎并非如此。军工企业的老师告诉我们，其实在大型国企，用人单位更倾向于招收没有工作背景的毕业生。他们就像是一张洁白无瑕的宣纸，是泼墨山水还是工笔人文，都是完全可行的；要是一张已经涂满了的画纸，要擦擦改改不说，最终是否能回到最初的模样也不一定。用人也是如此，一个刚刚从学校毕业、毫无工作经验的学生，可以从头开始学习，"合抱之木始于毫末，九层之台起于累土，千里之行始于足下"，日后的工作习惯、发展方向等，都是可以由企业本身书写的，都是可以塑造成符合企业文化的优秀员工。而传统观念上的有工作经验的"行家"却大相径庭，工作上许多习惯可能和新的工作单位并不能完全对接，在更改的过程中也会需要消耗大量的时间和精力，对比起从零开始，就不那么容易了，更何况"江山易改，本性难移"，最后的发展方向，是否符合企业一贯的文化需求，更是无从得知。所以看来，有丰厚的工作经验，在表面上看来是一种优势，但是在无形之中，为日后的工作提出了更加高的要求。军工企业招收毕业生，学校和专业才是选择的第一要义。

（五）待遇薪酬问题

对比其他企业，军工企业还有一大优势就是在待遇薪酬方面。作为大型的国有企业，军工企业在福利待遇方面，具有得天独厚的优势。根据上文的阐述，军工企业的岗位大致上可以分为管理工作岗位和技术工作岗位。一般来说，管理岗位工作者的薪酬略低于相同等级技术工作岗位工作者的薪酬。以武器206所为例，根据人力资源部刘老师的介绍，就目前情况而言，一个刚刚毕业的研究生，在转正之后，可以在206所拿到10万元左右的年薪，没有任何意外状况的话，这个数字一般而言是会随着时间的增长而逐年稳步提升的，在消费水平并不算高的西安来说，在工作的初期能够拿到这样的薪金，可以说是比较可观了，毕竟现在西安的房价也仅仅保持在1万多元的平均水平，相比其他二线城市来说，可以说是非常便宜了。除此之外，参加工作几年之后，年薪一般可以达到13万元，即便是对于刚刚毕业的本科生来说，一年也能够拿到6万元。

薪金对于毕业生而言，诱惑力无疑是十足的，但是除了丰厚的报酬之外，还有什么能够吸引毕业生呢？在前期的调查中我们发现，许多毕业生对于工作之后个人的发展状况的关注度是非常高的。军工企业专注于高精尖的科研技术，在项目上会和国内最前沿的科技工作者合作，还有相应的高级别、高水平的讲座、会谈等，方便企业员工接触前沿科技。除此之外，工作的本身也是一种学习，也是一种再创造，诸如此类的机会非常多。所以可以说，在军工企业就业，对于自身的提高和发展，是大有裨益的。在自我提升方面，军工企业的一大特点，就是"按部就班"。其实，作为传统型的国有企业，这一特点也能够为人理解。从入职到升级，再到之后的一步一步晋升，每一个步骤都是按照原有的设计规划轨迹，一步一个脚印，脚踏实地往前走的。一边来说，兵器类的军工企业这一方面的特点尤为突出，而航空航天类的就会有所不同，相对来说更为迅速，但是还是会按照规划一级一级走的。

有了这么多的好处，军工企业当然也有自己严苛的地方，尤其体现在招收人员方面。根据武器206所人力资源部的刘老师介绍，鉴于军工企业工作高精尖的特点，加之本科毕业生学习的内容过于宽泛，近年来，军工企业已经很少直接招收本科生作为企业员工了。在2013年之前，军工企业主要招收硕士生作为员工，同时招收部分博士生，而在2013年之后，招收的重点转移向博士生。也就是说，随着时间的推移，军工企业对于学历的要求只会越来越高。学历的不同决定着不同的起点。企业对于员工的任用，大抵上可以分为聘用制和合同制，聘用制的选择范围基本上已经在研究生及其以上学历之内了，而合同制更是严苛，一般会选择择优录取。作为技术工作的设计师而言，要想升任为设计师，对于研究生来说可能只需要积累一年的工作经验的工作经验，而同等情况下的本科生，或许需要两年或者更久。不同的学历决定了不同的工作岗位，不同的工作岗位又决定了不同的薪酬待遇。可见，无论是对于企业本身，还是毕业生群体而言，学历在就业方面的作用，仍然不可轻视。

二、军工企业需要什么样的人才

在访问过程中，空间电子信息技术研究所接受我们采访的两位老师，都是材料学科出身，他们为我们介绍了材料学科在军工企业的发展现状。材料专业相较于其他应用于军工的理工类专业有所不同，这是由于材料专业的广泛性。无论是武器类的研究所，还是电子类、航天类研究所，都会需要到材料的应用、监控等方面人员，但是在这类研究所，对于材料专业的知识并没有非常深入的要求，大体上说，对于专业知识的要求更加广泛、浅显；相反，在专门研发材料的研究所，对于专业知识的要求可能会更高。在非材料类研究所中，面对的问题主要是材料的应用，更多倾向于选择已经使用较为成熟的材料。这类研究所，材料人面临的问题，更看重对所需材料给出的建议，而并不着重于新材料的研发、创新等工作。这是材料专业与其他专业在军工方面有所不同的地方。

那么，结合军工企业这么多的特点，对于仍然在校，而又有意向进入军工企业就业的学生来说，有什么建议呢？首先需要提升自己的自律性。军工企业的工作氛围比较轻松，不会像一些私企外企等企业，领导对于员工的要求并没有很高，很多时候是靠自己的努力提升自己的能力。就个人而言，可能会稳步发展，也可能今年内进步甚微，这是对于自律性的一大挑战。除此以外，还要能够耐得住寂寞，这体现在两个方面。在同期横向的对比上，或许就职于军工企业，并不能在一开始就带给你多么丰厚的薪酬，可能在和同等级的其他企业的横向对比中，会发现自己的待遇并没有别人好，但是需要少安勿躁，耐住性子，稳步发展，在一步一步的晋升过程中，总会有意想不到的收获。

第二个体现，便是在个人纵向的发展上。在军工企业，付出与回报是具有滞后性的，或许当下的努力并不能改变一时工作的枯燥乏味，但是在日后稳步的发展过程中，所有的回报都会如约而至，而且，越是做得时间久，得到的回报也会越多，这些都是稳定的工作环境所带来的劣势为我们提出的具体挑战。仍然在校的学生，应该着重培养自己的意志力，锻炼自控能力，提升自己的自律性，学会放下躁动的欲望，抚平自己的内心，耐住寂寞，这是想要进入军工企业，我们所需要培养自己的首要的能力。

其实，无论在何处，我们想要能够立足，就必须要拥有自己的核心竞争力。优秀的同学，总有自己的想法，有自己对于每一件和自己息息相关事情的合理规划。他们不仅能够专注于眼前的每一件需要完成的工作，还能够着眼于未来，是出国，是考研，抑或是保证自己能够保研，这些都是在自己心里有过仔细的打算的。武器206所的刘老师以一位学长的身份建议大家，至少需要在大三之前想清楚，自己未来的发展大致上会是怎样的趋势，即便未来的不确定性很大，也应该对自己有一个准确的评估和定位。除此以外，能够保研的同学尽量选择保研，抛开别的不谈，即便是企业在录用毕业生的时候，也会考虑这个学生是保研还是自己考研。一般而言，能够在 985、211 院校保研的同学无论是成绩还是能力方面，都是较考研的同学具有一定优势的。航天 504 所的高老师建议，无论是在哪里工作，私企外企甚至是国企，出色的英语能力，会让你无论何时何地，都有出人头地的机会，良好的英语能力，在工作中的优势是不言而喻的。虽然多数进入军工企业的学生都是理工科出身，也恰恰是考虑到这一因素，出色的外语能力，能够让你在同类别的人才中脱颖而出，尤其是在这个几乎全是"理工男"的群体之中。

最后一点是专业知识，作为每一位科研工作者的饭碗，发展专业能力才是个人发展的硬道理。无论是就业还是成业，专业知识都是决定个人发展的最关键因素。抛开网络上各种各样的"表达交流才是关键"的言论，能够决定一个科技工作者最终工作效果的，还是专业水平，没有了过硬的专业知识，其他一切都是夸夸其谈，任凭再说的怎样天花乱坠，最终能够评价一位科技工作者水平高低的，还是要靠强大的专业知识。

🌿 实践·足迹

时代在发展，社会在进步，越来越多的学子投身于国防事业。就国家发展来说，促进国防发展的，是军工企业；就个人发展来说，军工企业究竟具有怎样的特点，能够吸引众多学子，又具有怎样的问题，让一些人"望而却步"呢？北京理工大学材料学院 2017 - 09 - 003 - 1 - 4 - B 实践团利用假期，走访了武器 206 所和航天 504 所，访问了相关的老师，对这个问题进行了深入的研究与分析。

首日：造访航天 504 所

2017 年 7 月 14 日，实践团来到了空间电子信息技术研究所（航天 504 所），在物资部副处长顾琳娜的带领下，见到了当天接受实践团采访的张老师。张老师与实践团成员谈到了军工企业的性质。军工企业现在基本属于大型国企，再加上本身军工的性质，就决定了军工企业具有项目高精尖、资金雄厚、设备先进的基本特点，其次，作为国家大型企业，军工企业的福利待遇也是相当可观，这些因素加在一起，就能引起毕业生群体浓厚的兴趣。

在结束了国企性质的访谈之后，同是材料专业的高老师也来到了会议室，加入了实践团的采访。接下来，我们探讨了目前就业的一个热点话题——专业匹配度问题。高老师表示，由于军工企业的高精尖特性，企业在招收毕业生时本身就会卡一道"专业对口"的标志线，需要什么人才，招收什么人才，所以能够进入相应工作单位的，基本上都是广泛意义上的"专业对口"，即大方向一致，但真正要做到研究方向一模一样，可能性很低。

鉴于两位老师都是学习材料专业出身，实践团也针对性地询问了一些关于材料专业在军工领域的应用问题。高老师首先讲到，材料专业相较于其他应用于军工的理工类专业有所不同，这是由于材料专业的广泛性。无论是武器类的研究所，还是电子类、航天类研究所，都会需要材料的应用、监控等方面人员，但是在这类研究所，对于材料专业的知识并没有非常深入的要求，大体上说，对于专业知识的要求更加广泛、浅显；相反，在专门研发材料的研究所，对于专业知识的要求可能会更高。张老师结合自己的工作告诉我们，在非材料类研究所中，面对的问题主要是材料的应用，更多倾向于选择已经使用较为成熟的材料，在这类研究所，材料人面临的问题，更注重对所需材料给出建议，而并不着重于新材料的研发、创新等工作。这是材料专业与其他专业在军工方面有所不同的地方。

最后，我们谈到了在招聘毕业生方面的相关问题。两位老师认为，在军工企业招聘时，首先考虑毕业生学校的情况，更多地选择专业对口的学校。例如电子类的研究所，更倾向于从电子科技大学等学校招收毕业生。除了学校专业类型的对口程度之外，学校水平、知名度也是一个关键因素。在学校的条件相同时，企业更倾向于选择专业水平较高的毕业生，毕竟做军工方面的科研，没有硬实力是不行的。

第二日：总结工作，更改计划

在第一天正式走访航天504所之前，实践团先设计了一份调查问卷，面对广大在校生，调查了他们的就业意向。之后根据相关的问题、数据，对504所老师进行了访谈。两者结合，能发现在校生对于就业，尤其是对军工企业的工作，有一定的了解，但并不深入。

在之前的调查中，在校生在选择工作时，最先考虑的还是发展机会。所谓发展机会，即是指单位所提供给毕业生的再学习、再发展、再深造机会。在我们的访问过程中，航天504研究所的张老师告诉我们，军工企业着眼于高精尖技术，这就意味着，会有更多的机会、更大的平台，提供给军工企业的相关工作人员，去让他们继续学习、发展，无论是从资源还是接触到的科技工作者，都会与其他企业有很大不同，会远远超出其他企业。张老师认为，其实工作的过程就是继续学习、发展的过程，在工作过程中，军工企业所提供给工作人员的雄厚的资金、先进的设备，都能够为我们自身的发展提供良好的基础。但是，发展空间大并不是军工企业唯一的优势。除此以外，军工企业作为大型国家企业，福利待遇也是相当优厚，这也毫无疑问地成为吸引毕业生的优势之一。

鉴于军工企业着眼于高精尖项目，在招收毕业生的过程中，基本上全部为理工类学生，如果说大家所理解的专业不对口，是指工作和学习是两个完全不同的领域，那么这在军工企业是几乎不存在的。但如果细化一点，大家所理解的专业不对口仅仅是指所学专业相同，但具体研究的问题不同，那么在军工企业还是可以接受的。要做到100%的专业和工作对口，基本上是不太可能的。

第三日：走访206所，采访人事部老师

2017年7月16日，实践团来到了位于陕西省西安市碑林区的中国兵器工业集团北方电子研究院有限公司（武器206所），在联系人的带领下，见到了接受我们采访的刘老师。

首先，我们谈到了军工企业的优势。刘老师介绍到，军工企业属于事业单位，在性质上属于大型国企，再加上本身高精度的科研工作，造就了军工企业稳定性强、人员流动性弱的特点。身边的同事可能从一开始进入研究所，到最后退休，都是同一批同事，这就是所谓的"人员流动性较弱"。除此以外，作为科研所，军工企业本身工作量比较饱满，工作氛围比较轻松，这也是军工企业作为国企的一大特点。

接下来，我们谈论了大家十分关心的薪资问题。刘老师说，一般情况下，技术工作的薪资会高于管理工作的薪资，本科毕业生第一年（就西安地区的军工企业平均水平而言）一般每年可以拿到 6 万元的薪酬，但本科毕业生直接就业于研究所的其实并不多，这个薪酬的出入也会比较大。就最近的形势，应届的硕士生，在转正后可以拿到 10 万元的年薪，考虑到西安的消费水平本身也低于其他国家一线城市，这个水平在西安范围内，可以说是中等偏上层次了。

就刚才的问题继续讨论，我们询问了刘老师三类毕业生（本科生、硕士生和博士生）在军工企业的就业状况。刘老师补充道，其实鉴于本科生的知识能力水平，除了清华大学、北京大学特别优秀的本科生，一般情况下军工企业不太招收本科生作为员工。2013 年之前，招聘的重点是硕士生，但是随着各大高校的扩招和社会形势的发展，2013 年之后，军工企业主要着眼于博士生，并且，随着时间的推移，就目前形势来看，未来军工企业招聘对于学历的要求肯定是越来越高，仅仅是本科出身的话，即便学校非常出名，但是在就业方面也是有一定困难的。

随后，我们询问了军工企业在招聘时注重毕业生的条件。刘老师说，军工企业其实还算是比较传统的企业，对学校的要求比较高，同时看重专业的对口情况，以及毕业生专业水平的高低。并且在就业之后，就如传统的事业单位一样，毕业生在军工企业的发展轨迹一般是比较固定的，即按规划一级一级上升，按部就班地提升工作岗位，而工作岗位则决定着最终的薪资水平。这也是之前谈到的军工企业稳定性的体现之一。

第四日：整理材料，总结采访

实践团在前期的调查中发现，北理工有超过 1/3 的在校生愿意选择军工企业就业。在实践团首日的访问过程中，航天 504 所的高老师已经为我们揭示了大型国企在福利、资金、设备等方面具有的优势，除此以外，工作氛围轻松也是国企的一大优势。军工企业的工作稳定性比较强，可能长时间内工作量都处于一个平稳水平；同时，军工企业的人员流动性很弱，基本上属于一个较为单纯的工作氛围，和学校中的封闭的环境较为想象，对于毕业生的适应可能更为容易。

除此以外，我们还从和武器 206 所人力资源部的刘老师的谈话中得知，基于大型国企的固有属性，军工企业也是优势劣势并存，并且十分明显。相比于私企或外企，军工企业在稳定性方面有着不可比拟的优势，无论是环境还是薪酬。可能一进入单位时拿到的薪金并不是很多，但这个数目一般情况下都是会随着时间，逐年稳步增长的。这也让很多人选择长时间在军工企业工作，很可能你的同事从入职到退休都是同一拨人。但正是这种工作的稳定性，为军工企业的工作带来了一些劣势。比如付出与回报的滞后性。在工作前一阶段可能会付出很大的努力，但收获的成果却不很理想，但随着时间的推移，随着职位的升高，会有越来越好的待遇，回报也随之而来。除此以外，由于人员的弱流动性，军工企业的工作者可能与社会工作者打交道的机会比较少，社会资源比较少，在这个相对来说较为封闭的圈子里，可能会与社会脱节，这也是军工企业的劣势之一。

其次，在前期的调查中，大部分在校生认为，企业在任用毕业生时，会优先选择沟通表达能力强、有工作和实践经验的。其实，就军工企业来说，这是不太符合实际情况的。作为一种较为传统的企业，军工企业在招聘时对毕业生毕业学校的要求比较高，会优先选择更为知名的大学毕业的学生；其次，对于应聘者，尤其是科研工作方面的应聘者，专业对口以及专业知识水平也都是举足轻重的因素。而相较之下，工作经验可能不会那么重要。无论是 206 所的刘老师，还是 504 所的两位老师，他们都告诉实践团，现今的企业，尤其是军工类企业，更倾向于招收没有工作过、刚刚毕业的学生，因为他们就像是一张白纸，未来可以由企业设计规划；而一张已经被涂改多次的纸张，还需要经过许久的擦拭，才能继续使用。招聘也是如此，企业更喜欢那些刚刚毕业的学生，这样企业可以根据自己的企业文化，去塑造一个更加适合自己文化、氛围的工作者，而已经有过工作经验的学生，可能需要一段时间，去纠正各种各样的行为。相比之下，刚刚毕业，没有工作经验的学生更占优势。这一点可能让许多同学大跌眼镜，但事实就是如此。

最后，如何鉴定一个优秀的毕业生呢？206 所的刘老师认为，一个优秀的毕业生需要具有自己的核心竞争力，有明确的目标，对自己的未来有明确的规划。其次，相比之下，尤其是在 985、211 高校中，一般认为，能够保研的同学，会比自己考研的同学优秀，企业在条件相同的情况下，大多数会优先录用保研的同学。

结束日：汇总资料，提出建议

作为在校生，想进入军工企业就业，首先需要考虑清楚，自己是否能够接受军工企业的这些特点所带来的种种结果。例如，在军工企业工作，人际交往的圈子可能会比较封闭，与自己日常交流的大多数是研究院（所）里固定的一批人，这就会有社会资源变少，甚至可能造成与社会脱节等问题。与此同时，在军工企业工作，初期的薪酬很可能没有同等水平的私企、外企可观，但是随着时间的增长，这个数字一般是会稳步增加的，自己能否耐住性子等待，也是每位倾向于军工企业就业的毕业生所需要考虑的。

作为仍然在学校学习的学生，尤其是本科在校生，如果有想要进入军工企业的愿望，就必须尽快明确自己的方向，确立一个明确的目标，了解自己的专业方向、学习方向，不能等到即将就业，再去跨专业学习新内容。除此以外，学校的对口程度也很重要。例如实践团访问的航天 504 所，更加倾向于在电子科技大学、西北工业大学等这类专业性较强、知名度较高的学校招收毕业生。所以，在读本科生在保研、考研时，需要特别关注学校的专业类型，特点较为明确的高校毕业生，或许更加容易受到军工企业的接受。

在普遍的观念中，影响就业的因素中，学校知名度和专业能力水平是很重要的，但工作经验和沟通能力更为关键。事实并非如此，甚至可能大大相反。作为高精尖的军工企业，在招收人才时，会更加着眼于其毕业的院校、学习的专业以及专业的知识能力水平。这些都是衡量一位毕业生是否优秀的重要指标。同时，企业在招收人才时，会更加倾向于没有工作经验的毕业生，因为这类没有经过"再培养"的人才，可以更好、更直接地适应企业文化，不需要太多的时间去纠正一些错误的工作习惯等。这一点与事前的问卷待查结果，可谓是大相径庭。除此以外，外语能力也是一个极为重要的因素。无论是在外企、私企还是诸如军工企业的国企，高超的外语能力会带给毕业生意想不到的财富。这也就要求广大在校生清楚地意识到现实问题，走出舒适区，着眼于提升自己的专业知识能力水平，不再自己骗自己——"表达能力比专业能力还重要"。我们需要不断地提升自己的核心竞争力，具有能让自己发光的点，尤其在专业知识方面，这样在面对专业问题的时候，才能从容不迫。另外，对于毕业生而言，不能优柔寡断，建议抓住"毕业生"的黄金时间，尽快就业。

最后，许多毕业生在选择工作时，都会很注意工作的发展机会。这一点本身并没有错，但是在军工企业就应该另当别论。军工企业着眼于高精尖的科学研究，有丰厚的项目资金、先进的实验设备，参加各种各样讲座、交流的机会也会比同等的其他企业多很多，接触到的人也会是各种学术界的佼佼者。也就是说，在军工企业就业，发展机会是非常可观的。但是与此同时，刚刚进入军工企业的毕业生，很有可能面临日复一日的相同的、枯燥乏味的工作，这也是军工企业稳定性所带来的劣势之一。作为在校生，就必须明确，自己能否忍受得了"寂寞"，能否耐住性子，一步一个脚印地按照规划成长、晋升，有没有十分强大的自我控制能力来限制自己的行动，这些都是非常关键的，能否在军工企业更好地发展、接受到更好的资源，也取决于此。

本次社会实践活动，实践团访问了位于陕西西安的两家军工企业，对于军工企业的性质、特点以及优势劣势，都有了更加完整的了解；在毕业生就业方面，也了解到了很多的信息，对于实践团团员本身而言，对于自己的未来的规划也有了长足的进步。经过这次实践，我们也发现了许多在校生对于就业的错误的观念与认知，发现了许多问题，对在校生提出了建议，以便他们更好地提升、完善自我，更快、更好地适应日后的工作。本次实践活动圆满结束，感谢学校、学院为我们提供的这次机会，能够让我们更好地认识、提升自我；同时也感谢航天504所、兵器206所的老师为我们提供详尽的讲解，能够让我们顺利完成这次实践活动。

实践·品悟

珍惜大学时光，努力学习，充实自己

2016级本科生，化学菁英班专业　曾妍

这次社会实践我们走访了两个军工企业，对企业的招人用人、毕业生的发展状况有了

一定的了解。在交谈中，我们受益匪浅。印象极深的有两点。第一，军工企业在招收新人时十分看重学校、学历以及专业对口。这打破了之前"看重工作经验，看重能力"的认知，让我意识到在校期间还是应以学业为重，认真学习专业知识，提高实验操作能力。第二，军工企业仍十分看重英语水平。事实上，英语是现代人的必备技能之一，拥有高水平的英语素养无疑更能得到用人单位的青睐。这就要求在校生仍应重视英语学习，特别是英语口语。总之，要珍惜大学时光，努力学习，充实自己，不断提高专业素养，培养过硬的专业技能，同时还要高自己的英语水平，为将来进入社会打下良好的基础。

明确发展方向，提早进行规划

2016 级本科生，高分子材料与工程专业　陈奕恒

这次实践活动我们走访了两个军工企业，访问了专业的老师，对于军工企业在招人、用人、薪酬等各方面有了全面的了解，认识到了军工企业在资金、设备、薪金、机遇等各方面所具有的优势，也意识到了其在未来发展上所存在的一些不足。在企业招收毕业生的选择上，也发现了许许多多与之前不一样的结论。认识到了毕业院校、专业对口、专业水平在未来应聘、工作之中的重要性。充分意识到自己需要对自己的未来进行规划，明确自己今后的发展方向，确定毕业之后的打算。与此同时，在校期间还要努力提升自己的综合能力，提高自己的自我控制力，不断学习，在深入钻研专业知识的同时提升自己的外语能力，提升综合素质，使自己具有自己的核心竞争力，这样才能够在今后的工作、生活中取得优势，抢占先机，获得良好的发展、长足的进步。

在实践中检验自己

2016 级本科生，能源与动力工程专业　李子逸

这次实践活动我们走访了两个军工企业并且访问了专业的老师，对于军工企业在招人、用人、薪酬方面有了很全面的了解。这次社会实践使我们走出校园，走出课堂，走向社会，走上了与实践相结合的道路，到社会的大课堂上去见识世面、增长才干、磨炼意志，在实践中检验自己。半个月的社会实践虽然比较辛苦。是庆幸？还是依恋？回想起来，才发觉，原来乏味中充满着希望，苦涩中流露出甘甜。

通过本次社会实践活动，一方面，我们锻炼了自己的能力，在实践中成长；另一方面，我们为社会做出了自己的贡献；但在实践过程中，我们也表现出了经验不足，处理问题不够成熟、书本知识与实际结合不够紧密等问题。我们回到学校后会更加要珍惜在校学习的时光，努力掌握更多的知识，并不断深入到实践中，检验自己的知识，锻炼自己的能力，为今后更好地服务于社会打下坚实的基础。

实践团成员： 曾妍　陈奕恒　侯钰斌　李子逸　叶斯哈提·波拉提

走进军工企业，成就国防理想

实践·足迹

2017 年 8 月 1 日，中国人民解放军建军 90 周年。今天，我们看到朱日和训练基地里三军将士的刚强与自信，一种雷霆万钧的磅礴气势扑面而来，装备精良的人民军队不怒自威。他们是保家卫国的长城，是伟大中华民族挺立于世界的脊梁。而在这一切的背后，默默为之奉献力量的，就是更值得我们敬仰的中国军工人。

军工企业作为一项与国家安全密切相关的战略性产业，是充分展示国家的核心竞争力的一个关键领域。军工企业是强大国防力量的保障，是国家安全的支柱，它们的生存发展状况对于维护国家的国防安全以及经济安全都有着重大而深刻的意义。

一、准备中……

回想起前期准备，组团、招募团队成员的那段时间，充满了艰辛，现在想来那也是一种对我们的考验，为我们之后实践的顺利进行埋下伏笔。

此次社会实践，充分参考了上一次夏敏老师带队的军工社会实践团，我们提前了一个月就和夏老师取得联系，然后开始招募团队成员。团队成员主要通过自由报名、学院内宣传招募而来，一开始团队成员有 15 人，后来由于实践地的安排还有学校活动时间安排冲突，有 6 名成员遗憾地离开了我们的实践团，最终人员、时间都已经确定，"铸就理想"社会实践团一行 9 人 7 月 10 日出发前往西安进行社会实践。

出发之前我们开了两次准备会。第一次准备会上我们邀请了上一次军工百团社会实践的团长——刘人天同学和大家进行了热烈的讨论，解答了很多问题。这次准备会我们还就实践期间的记录、宣传、采访等问题进行了讨论。实践地西安余下镇的自然环境以及风土人情也是我们关心的，讨论过后大家露出了灿烂的笑容，显然实践地的情况比大家预期的要好。最后一项讨论内容是实践主题的确定以及实践内容的安排。在这一点上，由于军工企业的特殊性，参观实践安排要到达之后才能由实践单位给出，所以我们重点讨论了实践的主题，但是大家的意见没有得到统一，继续思考。

在出发前一天，我们邀请到了带队老师——夏敏老师，夏老师进一步强调了实践过程中需要注意的安全及保密问题，也和大家就实践主题进行了进一步的讨论，实践的安排也初具模型，一切准备就绪，第二天我们踏上了开往西安的列车。

二、终南山脚下的别样风光

经过一夜的火车硬座颠簸，2017 年 7 月 11 日，我们抵达了陕西西安。古老而庄严的城墙让我们见识到古城的美丽。早已等候在火车站的西安北方惠安化学品工业有限公司（以下简称惠安公司）工作人员开车将我们送到实践地——户县终南山。在车上我们了解到，845 厂作为一个老牌军工单位，1930 年由苏联人选址并修建，当时的选址考虑了这个位置离城区不是特别远而且依山傍水的终南山。80 多年来，终南山脚下的这个军工企业为我们的祖国的国防事业贡献了巨大的力量。

845 厂拥有巨大的厂区，包含生产区和住宅区，户县近一半的人口都在 845 厂工作，是当地绝对的支柱产业。进入 845 厂，抬头可见参天大树，初步估计树龄都在 50 年以上。人力资源部的高老师跟我们解释，当年为了保密的要求，就在厂区内种植了很多的树木，在飞机上往下看的时候厂房就被隐蔽了。厂区内都是身着蓝色大褂的工作人员，他们看似普通，但是为了国防事业甘心数十年专心在这里搞研究，都是值得我们学习和敬佩的。穿着志愿者衣服的我们在厂区内格外显眼，不时会有人留步，瞥一眼我们衣服上"青年服务国家"的字样。经过初步的了解，我们感觉到了 845 厂工作人员身上都有着对科学和国家的奉献精神，这种精神吸引了我们。我们对未来几天的参观学习充满了期待。

三、军工人，军工魂

惠安公司隶属于中国兵器工业集团公司，秉承着"团结，精干，务实，高效"的工作作风，公司自 1954 年始建以来，不断发展高精尖军品技术，大力培养高新技术人才，为我国的火工品行业做出了突出的贡献。这家与中华人民共和国一起成长起来的企业，生来就有着一种独特的历史使命感，当年国家急需发展时人民前呼后拥的热情似乎就定格在这家企业的角角落落，我们走在企业里的小道上就能在不经意间感受到这里曾经的燃情岁月和光荣历史。

"在我们这里不是安全第一，而是质量安全第一。"——这是中心理化所的责任与使命，这里书写着自 1954 年以来的辉煌历史。年代久远的苏联风格的大楼经过现代装饰，依然那么优雅沉稳。那个年代风格的房间里运行着现代化的仪器，而现代化装修的房间里也有着老旧的仪器，给我们一种时间交错的感觉。理化所的工作人员告诉我们：这些老仪器他们已经用得很习惯了，用起来很方便顺手，他们用着传统的方法来制定各种测试样品的标准，而这些标准将用来衡量现代化仪器的工作。这并不意味着落后，而是传统工艺与现代化设备的完美结合，相互弥补这各自的不足，这才创造了这个企业的标准。

对于理化所的工作人员来说，这里只有好用与不好用，因为他们必须对每一份经手检测的火炸药等样品负责，他们要用各种手段来保证数据结果的准确性。因此，他们选择辛苦自己，用手工操作代替一些自动化仪器，因为在这些方面他们更相信自己的经验与双手，或许正是这种认真负责的精神才是这家高新技术企业的核心。并不是所有的工艺都是能用自动化代替的，他们看似与现代格格不入，却是独树一帜，这是时间带给他们的特质。

在终南山脚下的这片土地上，郁郁葱葱的树林里规律地排布着各种工房，这是生产火工危险品工厂的特点。出于安全考虑，各工房之间必须有足够的安全距离，再修上土围，种上树。四通八达的道路连接着各个生产车间，来来回回的车辆运送着各种原料和半成品。站在一个工房前，能看到的只是周围茂密的树林。工作人员说，这些树林里生活着很多野生动物，几十年的光阴，把这里与自然完美地融合在了一起，秀美的秦岭和清凉的渭水滋养着这里，生产的军工品也带着一股自然的气息，似乎也在诉说着，军人的武器是用来维护和平与安定的，不是用来掠夺和屠杀的。

毛主席说过：落后就要挨打。我们要想让别人与我们和平相处，就得自己手里握有"大棒"，才能震慑住心怀不轨的人。而作为生产这些"大棒"的军工企业就得与时俱进，不断改进和创新，永远走在别人的前头。惠安公司的工艺与装备研究所就是开发引进调试自动化生产线的单位，这些现代化的生产线将大大地提高企业的生产能力和产品的质量，这对于促进我国军工品的发展具有重要意义，是保持先进水平的重要一步。然而自动化的实现却并不容易，由于军工品属于国家的核心技术，具有严格的保密性，因此各国的发展都是相对独立的，运作模式也有可能完全不同，很少有借鉴可言。当然，有困难就有挑战，有挑战就有进步，这项现代化的改造任务也必将锻炼出一批新的高新技术人才，为我国国防企业注入新的活力。

企业的先进性也不仅体现在生产方式上，同时也在生产的产品技术上有所表现。可燃军械元器件是当今世界弹药行业的发展方向，在眼下这个智能化武器盛行的时代，它为传统弹药提供了一个亮点。作为世界上的大国，我国当然不会不发现这项技术所带来的好处，也当然不会落后于时代潮流。科研二所的李老师向我们介绍了世界上各主要国家包括我国在可燃军械元器件领域的发展状况。看到别人的长处，认识到自己的不足，这是每一个军工人所应有的品质，只有这样才能让我国军工企业不断地创新与进步，不再落后于他人。作为一名军工人，李老师并没有用太多华丽的语句，他向我们讲解时言语简单朴实，但我们却分明感受到一种执着与热情，那种不甘心、不放弃、努力做到领先的执着，那种对工作、对企业、对祖国的热情。"在我们这个行业，没有最好只有更好"，这是李老师对自己工作的信念，也是一份对企业、对国家的责任。

参观惠安公司每一个单位，都让我们感触至深，更加激起了我们想要走遍整个园区的渴望。炎炎烈日阻挡不了军工人工作的热情，也阻挡不了我们参观学习的脚步。

接下来的一天，我们来到了惠安公司最后一个研究所进行参观学习。该研究所是目前惠安公司里设施设备最先进的一个单位，这里的生产早已实现了半自动化和人机分离，目前正在向全自动化甚至智能化生产方向发展，这座1954年建立的研究所正在焕发出勃勃生机。在去生产车间里参观生产工艺之前，研究所的工作人员带领我们学习解读了《党政干部和涉密人员保密常识必知必读》和《中华人民共和国安全生产法》。守护国家秘密就是保卫国家安全，保护生产安全就是更好地为国家服务，这是每一位军工人的基本素养。

每一个生命都是可敬的，尤其是这些为国家默默服务的军工人的生命，所以安全必然也放在极其重要的位置。

"实践是检验真理的唯一标准"，先进的武器都需要经过实际的检验。然而如今硝烟不再，在这样和平安定的世界环境里，我们当然不能为了检验武器而挑起一场冲突，靶弹在这时就发挥了很大的作用。靶弹对真实打击对象的模拟相似程度直接影响了武器的实用性，是武器的"试金石"。在巡航导弹靶标研制中心，我们见到了某型号巡航导弹的模拟靶弹，虽然我们不能见到该靶弹的生产流程，但是在和带队工作人员的交谈中，我们了解了该靶弹的工作方式和模拟特征。他还向我们讲述了一些企业在国外进行军工合作的经历，让我们感受到国家在逐渐强盛。我们的祖国不再落后于人，这就是属于我们自己的自信。

时间也许故意放快了脚步，不知不觉地我们就到了一周实践的最后一天，大概是这里太吸引人了，以至于我们都快忽视了时间的存在。最后的一天早上，我们走遍了科研一所的所有工房，我们看到了工人们细致地打磨发动机外壳，贴上防护橡胶，平整、光滑的防护层向我们展示着工艺之美。我们看到了称量室细致精确的称量药品，看到了控制室屏幕上的推进剂混合合成，看到了发动机药柱的真空注塑和药柱整形，这一系列的工艺流程一次又一次地震撼我们的内心，向我们展示着大国工匠应有的风范，而这一切就发生在我们眼前。

我们不但应该铭记不断为国家军事科技忘我奉献的科学家，更应该铭记将这些先进技术变为实力的默默流汗的军工人。

四、北理人，军工魂

转眼间，已经是我们在惠安公司的最后一个下午了。而这个下午对我们来说尤为重要。因为我们将在惠安公司举行一次校友见面会。如果说我们这几天在惠安公司的参观和学习是铺垫，那这次校友见面会就是我们将之前几天所观察学习到的东西进行思考和总结之后，同学长学姐们进行交流，并将之转化为我们之后大学生活的指路牌。也不知道是在这过程中的哪一刻，致力于国防事业这颗种子就已经一点点地埋在了我们的心里。

校友们都是来自惠安公司各个部门优秀的骨干，他们有的是因为家在西安，所以选择回到家乡，叶落归根；有的是跟随伴侣，两个一起携手来到西安户县这个美丽安静的地方，成家立业；也有的像一颗蒲公英的种子，凭着自己的一腔热血和北理工的国防情怀，孤身一人来到这个陌生的地方，生根发芽。但他们又都是一样的，都是决定把自己的一生奉献给国防事业。

燕云飞副总的讲话带着我们重温了惠安公司60余年的发展历史，同时也让我们对目前惠安公司的编制，主要产品以及北理工毕业生在惠安公司的任职情况有了进一步的了解。在燕总看来，处在我们这个阶段的大学生利用企业的平台能够拓宽视野，从一个更大的格局上来规划自己之后的大学生活。

在会中我们了解到，虽然国防军工企业的保密要求十分严格，但并不像我们想象中的那样与私营企业有天壤之别，毕竟每一个企业都有其商业机密的存在。因此，学长学姐们的正常生活并没有受到很大程度的影响。在和校友们的交流中我们还了解到惠安公司的很多产品都是易燃易爆的，因此，所有生产加工设备都必须具备防爆特性。这样一来，实现生产自动化的难度就增大了许多。目前，惠安公司大部分生产线仍处于手工作业和半自动化作业阶段，而未来一段时间内，公司会按照规划进行生产线的自动化改造，从而让惠安公司转变为一座现代化工厂。

虽然目前惠安公司很多地方的环境不是那么优越，科研方面的工作也有难度，但是科研人员们的工作态度令人尊敬。一位学姐的一句话让我们触动颇深，她说："从事科研工作就是要静得下心来，耐得住寂寞。"的确，不管是从事科研工作还是其他工作，艰苦耐劳，不轻言放弃，一直都是当代大学生所必须具备的素质。

团队里有位队友问校友们，对于企业来说，特别是像这种国防军工企业，希望大学生具备什么样的素质？我们相信，这也一直是在读大学生及应届毕业生所非常关心的问题之一。校友们认为，踏实，是一个想要应聘的大学生最基本的素质。作为国企，希望应聘者能有颗安定的心，来到岗位上就能踏踏实实安安心心，不要随意离开，特别是对于像惠安公司这种涉密的企业。燕总也向我们强调过这一点，他认为我们现在的首要任务是脚踏实地，好好学习专业知识，为自己打下坚实的基础。同时，他还提出，我们应当珍惜自己在学校的时光，抓住学校中的资源和机遇充实自己。燕总的一句话令我们十分受用："一个人想要实现自我价值，首先要让自己变得有价值。"

作为北理工学子，我们首先要充实自己，这样才能有基础来实现自己的抱负。在学习理论知识的同时，我们也要关注行业相关信息，珍惜去相关企业实践学习的机会，了解更多实际生产中面对的前沿信息，紧跟世界范围内相关技术的发展趋势，从而对自己的人生做出更好的规划，最重要的是，要脚踏实地，付诸实践。

🌱 实践·品悟

先动手做些实际的事情

2015 级本科生，高分子材料与工程专业　邓汉林

在不到一周的时间中，我们参观了北方惠安化学工业有限公司的几条主要生产线和科研一所、二所以及中心理化所等单位，了解到了许多在学校学习过程中接触较少的生产流程、仪器设备以及工作方式。此外，我们还与在惠安公司工作的北理工校友进行了亲切友好的交流，对于惠安公司的整体情况以及国有军工企业就业方面与其他企业的不同之处有了更清楚的认识。

在整个实践的过程中，令我印象最深刻的部分就是与学长学姐以及杰出校友的座谈会。在听了燕云飞副总对于个人工作经历和公司整体情况的介绍之后，我们的成员向校友们提出了有关择业和就业的疑问，学长学姐们基于自身情况为我们解答了疑惑。通过与他

们的交流，我也了解到了一些在国有军工企业工作的特点；同时，机电学院的一位学长的一句话令我获益匪浅——"不要总是想的那么多，先动手做些实际的事情。"我想，这也是惠安公司的国防精神。

这次社会实践从北京到西安，算得上是千里之行了，对我而言也是一次十分难得的经历。我们此行目的是参观军工企业（惠安公司），了解军工企业以及我国国防的相关情况。在这四天内的参观学习中，我们参观了惠安公司的生产工序，和相关科研人员以及优秀北理工校友进行了交流，了解了火工品的相关知识，机械自动化对于化工类企业的重要性和学校与企业的不同之处，开阔了眼界，更认识到了学习对于我们发展的重要性——无论将来从事什么工作，自身的能力才是最要紧的；在实践活动中，和伙伴们分工合作共同努力完成实践任务，更锻炼了我们的团队合作能力，增进了我们团队成员之间的了解与友谊。"纸上得来终觉浅，绝知此事要躬行"，此次西安之行，算是对大学学习所收获的补充与印证吧。

两个收获

2015 级本科生，高分子材料与工程专业　蒋雨恒

本次的西安社会实践结束了，还记得自己一开始决定要去做这样一个军工百团的社会实践，然后联系老师、招募团队成员，最终自己做团长，成功组团然后进行社会实践。在这个过程中自己有了很大的收获。第一方面，在社会实践内容上，参观了惠安公司的中心理化所，聆听了很多老师为我们讲解专业知识，了解到了我们的专业知识在生产中的应用，明确了之后学习专业课程及做实验的目的；更重要的是在这几天里遇到了很多的学长学姐，看到他们现在工作、生活状态，开始想象未来的自己，未来自己要成为一个怎样的人，现在自己又该为这个目标做什么样的努力。第二方面，作为团长自己也有格外的收获，时常要顾及团队中所有人的利益，发挥每个人的优势，还要与老师、与工厂负责人联系，在这个过程中也增强了自己管理的能力。

实践一周，收获颇多

2015 级本科生，高分子材料与工程专业　李勤

在西安惠安公司近一周的参观学习，我大概地了解到炮弹的制作过程和一些制作工艺，也更加深刻地认识到实验室和实际工业生产的巨大差别，不仅体现在工作环境上，还体现在对精度和实际功效的要求上。

在参观惠安公司之前，我认为做炮弹并不难（壳体、药和弹头而已），但是参观完才发现并不是这么简单。每一个工艺都能看出理论知识在实际生产的应用，即使是高中知识也在产品的检测中发挥着作用。这让我很是惊奇，我原以为是各种高科技仪器在运行和检测，后来发现许多工艺是需要工人手动参与的，尤其是许多危险步骤，需要操作人员的耐心与细心。近年来企业逐渐走向自动化和智能化，给生产带来巨大保障和效率。

近一周的实践，收获了很多。一是学习了很多工业生产工艺和特殊设备的使用方法及作用，我意识到实际与理论的区别以及相互应用；二是体会到一线生产人员的艰辛以及他们为国家国防力量勇于献身的精神，让我赞叹；三是增进了实践团内部的凝聚力，同时也加强了团内团员的了解和交流。

丰富专业知识，磨炼意志

2016 级本科生，电子信息工程专业　彭婧

这次近距离的参观军工企业，让我对军工企业有了深刻的了解。首先大概了解了惠安公司的分工，以及各个所大概是做些什么的，在参观中有了近距离接触，便加深了印象。随后在各个所的技术人员的讲解下，学习了相关的工艺流程，进一步加深了对军工企业的认识。在这几天的参观学习中，认识到几点非常重要的地方。第一，安全的重要性：工艺生产需时刻保持谨慎；第二，细节决定成败：一些产品的加工，即便是微小的失误都有可能引起大的事故；第三，每个工作岗位都需要付出，这次参观的岗位中，一些岗位或具有一定的危险性，或是需要大量的时间投入，或是需要科研创新。我意识到，在今后的大学生活里，不仅要丰富自己的专业知识，还要磨炼自己的意志。

深刻的记忆留在脑海中

2015 级本科生，材料化学专业　王炬文

2017 年 7 月 10 日，我和实践团的成员们一同前往本次社会实践地——古都西安。西安"北濒渭河，南依秦岭，八水润长安"。一下火车便见到的古城墙更是给了我们一种时间上混沌的错觉，一座古城竟然和现代文明水乳交融。

此次实践地点在西安市户县余下镇的西安北方惠安化学工业有限公司。余下镇是陕西少有的经济工业重镇，也是户县唯一的经济工业重镇，是户县南部政治、经济、文化中心。这座小镇同样充满历史文化气息，工业、农业发展迅速，且自然条件优越，一岭叠翠，三水环绕，风景优美，素有"画乡小江南"之称。乘车来到户县余下镇，经过火车上一整夜的艰辛，我们已是疲惫不堪，但我们已经忍不住想去看一下这片令人向往的土地。这座小镇的生活气息浓烈，这也让我们在实践之余可以享受一下这里慢节奏的生活。

我们到达余下镇的下午就正式开始了我们实践的主要环节，到惠安公司去参观学习。在接下来的几天时间里，我们先后到了该公司的理化所、科研一所、科研二所等单位参观学习。这是我第一次去企业参观生产线，以前总是对企业的实际生产过程有过各种想象，虽然知道这与书本有很大的不同，但也只有这次才感受到了不同在哪里。除了生产工艺外，为了让我们更好地学习，公司工作人员还给我们介绍了一些公司的经营管理模式和公司未来发展方向等。这些都能让我更好地去认识一个企业，了解它的工作运行模式，让我们为自己以后就业选择时能有所帮助，提供一些指导。在实践活动的最后，我们和惠安公司的校友一起座谈，北理工校友燕云飞副总向我们介绍了公司的整体情况，然后又对我们

的学习生活提出了一些指导。随后，我们又向几位年轻的学长学姐请教了一些关于学习就业的问题。大家畅所欲言，我和同伴们都收获颇丰。最后一天，我们走进了秦岭，享受了山中的清凉，以此结束了我们的西安余下之行。

这次社会实践无论作为一次学习之旅还是旅行，在我看来都是成功的。我们借这次实践活动，深入地了解了该国防军工企业的经营生产现状、产品、生产工艺；认识了企业的体制本质，为我们以后的学习就业提供指导；此外，我认为还有一个很大的收获就是感受到了秦地不一样的风土人情，祖国广袤土地上不同的生活风俗，这种记忆将会是很深刻的。

实践团成员：蒋雨恒　郭涛　王炬文　彭婧　丛诗杰　向虹锦　李勤　邓汉林　杜丹

军工初体验

🍃 实践·足迹

"军工梦"助力"中国梦","军工记忆"传承优秀军工精神。从抗日战争开始,中华人民共和国成立,两弹一星、改革开放、2008奥运会,直到现在,军工梦承载着中国梦。实现中华民族伟大复兴的中国梦,无论是现在还是将来,军工梦是中国梦的先决条件,二者缺一不可。

第一站:军博——峥嵘岁月红色经典

初夏的季节还不算是很热,树梢外已能听到蝉儿在叫"知了知了"。窗内却已然是另一番热火朝天的景象了。"哒哒哒……哒哒哒……"笔记本的键盘敲个不停,我们社会实践团队正在进行初期的紧张筹备工作。经过了几次的讨论,大家都赞成暑期社会实践以军工精神为核心,通过亲身体验和走访北京军事博物馆国家博物馆的游客了解军工魂在人民群众心目中的位置和影响。

7月3日,我们清晨出发,乘坐地铁来到北京军事博物馆,在烈日的照耀下,军事博物馆显得高大宏伟。顶端的五角星代表在中国共产党的领导下,中国人民取得了胜利。

走进军事博物馆,陈列的枪支、衣物、书籍等,每一件物品都保存着一段难忘的历史;陈列的雕像、黑白照片、巨幅画作,每一件都带有浓浓的历史厚重感。观赏着这些展品,仿佛历史就发生在眼前。一幕幕场景令人感到紧张和激动。来参观的大多是青年学生,也有不少精神抖擞的老年人。我们礼貌地询问参观人员对军事思想的了解,对军事博物馆的评价,对国家军事发展的看法等。

到了中午,参观的人依旧很多。每一个展品前都会有人停留许久,仿佛被这段历史深深吸引。我们一边参观军事博物馆,一边向参观者发放和收回调查问卷。大概是因为对军事的喜爱,他们填写问卷时十分认真严肃。我们收集了大部分调查问卷。参观完博物馆,我们在博物馆内的一排雕像前拍摄了集体照。

接下来我们对这些调查问卷进行整理。相信我们团队会团结协作,将这次社会实践做成做好。相信越来越多的国人会理解中国在国防力量上的付出,国家的军事发展也会越来越强大;相信会有更多的人理解军人,会有更多的青年愿意投身于国防建设。

本次调研的主题是目前中国军事思想在群众中的影响。军工魂在人们心中的影响,通过军事博物馆里陈列的展品,以及人们观赏时的表情、议论,军工魂还是得到了人们的认可，在人民心中占有重要地位。军事博物馆的展品恢宏，展示出了战争的浩大气势，大无畏的英雄气概是其表现的重点。

在观赏的过程中，我们认真倾听其他参观者的议论评价。尽管大多数人在参观时保持低调内敛的态度，但我们还是采访到了几位参观者对军工魂的看法。在他们看来，军工魂就像一个民族的脊梁，保家卫国是豪情男儿的光荣，人民对军人的尊重、对军工事业的支持，就是一个国家之所以富强、不受欺辱的重要原因。军工魂，不仅存在于军工人心中，在普通的百姓心里也扎了根。

第二站：国家博物馆

2017 年 7 月 4 日，天气很好，太阳火辣辣的，这是我们小组社会实践的第二天。7 点左右，我们暑假社会实践小组的同学已陆续来到徐特立图书馆前集合。

经过一个小时的地铁之旅，我们来到了国家博物馆。国家博物馆是以历史与艺术并重，融收藏、展览、研究、考古、公共教育、文化交流为一体的综合性国家博物馆。国家博物馆展示着中华民族的优秀文明成果，是中国最高历史文化艺术殿堂，也是培育民族精神的重要基地。

我们进入国家博物馆的主展区，找到了"复兴之路"主题展区。"复兴之路"展区通过回顾 1840 年鸦片战争以来，中国各阶层人民在屈辱苦难中奋起抗争，为实现民族复兴进行的种种探索，特别是中国共产党领导全国人民争取民族独立、人民解放的光辉历程，揭示了中国如何选择社会主义，展示了中国改革开放，展现了屹立于世界的一个繁荣富强的中国。观看展览的游客神情肃穆，表现了对革命先烈以及战斗英雄的景仰。回首过去，展望未来，中华民族之崛起由先辈们开创，那么，中华民族的发扬与传承则由我们来承担。

经过短暂的几天实践活动，我们每个人受益匪浅，感受颇深，我们每个人被深深地震撼。一个国家实现伟大复兴必须有一代人或者几代人做出努力和牺牲。先辈们在国家最需要的时候勇敢地站出来，为中华民族的伟大复兴而奉献一切，这是我们每个当代大学生学习的精神。如今，我们更需要发扬和传承军工精神，激励我们奋发图强，为中华民族而读书。

🖋 实践·品悟

强国必须强军

2016 级本科生，机械工程专业　田海波

一次社会实践，一次生活体验，只有在实践过程中才能真正地体验到实践带给人的感受。通过这次暑期社会实践活动，我收获的不只新的体验，更多的是明白了许多道理，军队永远是每一个国家最坚强的后盾，强军在一定程度上说就是强国，强国必须强军。

在和平的年代，我们虽然无法感受战争带给人们的痛苦和灾难，但是在军事博物馆中，我们却真真切切地感受到战争的惨烈和悲壮。我们不能忘记"落后就要挨打"这一句话。军工精神必须要深入人心。我们要时时刻刻牢记，一个国家的强盛离不开一支强大的军队，强大的军队背后离不开军工企业的支撑。

"青年服务国家"是我们的宗旨，也是我们不变的追求，有国才有家，青年服务国家就要从我们身边做起，从生活中的点点滴滴开始做起，从每一次的社会实践做起。

发扬和传承军工精神

2015 级本科生，电子封装技术专业　马全

"德以明理，学以精工。"这句校训此时此刻不断在我的脑海中回荡。军工魂、延安魂已经深深扎根于我们每个北理工学子心中。

此次军工性质的社会调查类实践活动给我们提供了一次更深层次了解军工精神的机会。军工精神不是用几个字或者几篇文章能够阐述清楚的，它需要我们亲身去体验、去感悟，需要我们站在历史的角度去体会和理解。活动进行中每个人都很积极，了解到我国军工发展的历程。我们每个人惊叹的不仅仅是我国军工业发展的迅速和强大，更惊叹的是军工前辈们那种自强不息、奋发图强、不屈不挠、知难而上，为祖国奉献自己、勇于担当的军工精神。这一切需要我们在今后的学习和生活过程中慢慢体会和理解，激励自己不断进步。

军工精神是我们中华民族的魂，需要我们去发扬和传承，更是激励我们这一代人奋发图强的推进剂。

挑战逆境，磨炼自己

2016 级本科生，电子通信工程专业　施坚

中国共产党人和中国人民以不屈不挠的意志缔造了新中国，开辟了社会主义道路，从此，中国进入了人类历史的新纪元。

如今的中国正在崛起，正逐步跨进世界强国之林，正在完成一个光荣而伟大的历史使命——中华民族的复兴。

中国特色的社会主义是前无古人的最伟大创造。改革开放 40 年来，中国发生了翻天覆地的变化，从贫穷落后的农业国发展为现代工业化国，从解决温饱到奔入小康。如此种种，都源于改革开放的创造精神。正如歌德所言："民族的生命，正在于蓬勃的创造精神。"一个国家、一个民族如此，一个人更应有创造精神。我们每个人都渴望成功，如果我们把先辈们"不屈和顽强""善于挑战逆境"的品质作为我们的行动指南，来磨炼自己，并能将其应用在实际生活和学习中去，一定能够战胜所有的挫折和困难，创造惊人的成绩。

发扬军工魂精神

2016 级本科生，法学专业　陈菲

女生对军事话题一般不怎么感兴趣，但通过这次社会实践，我却发现了军事值得喜爱的一面，它不是高高在上的，其实每个平凡人都与军事有着这样或那样的联系。

在和平年代，军事力量依然在国家综合实力中发挥重要作用，国防实力依然是判断国家强弱的重要依据。通过这次社会实践，了解到军工魂不是一个空泛，而是切切实实地扎根于普通人民心中，并具有深厚的群众基础。

军工魂代表的爱国、一丝不苟、顽强执着等精神，需要我们去发扬。选择了"国防七子"之一的北京理工大学，就是选择了当一名有着"延安情、军工魂"的大学生，就是选择了为祖国的强大、繁荣昌盛而终生奋斗不止。

实践团成员：马全　安玉娇　陈菲　王瑞　田海波　陈嘉耀　施坚　李松鹤

传承军工精神，服务国防建设

实践·足迹

从延安到北京，北京理工大学一直是培育军工人才的摇篮。北京理工大学的发展进步，北理人的开拓进取，为我国的国防事业注入新鲜的活力。前辈们甘愿隐姓埋名，献身军工事业。未来，我们无论走到哪里，都要勿忘军工魂，都要为我们的母校感到自豪。作为北理工大家庭的一份子，我们要铭记北理工军工史，继承北理工"军工魂"。我们实践团队的每一位成员都十分热爱我们的学校，希望进一步了解我们的学校的历史，因此我们实践的主题就是"走进北理工，了解军工史、军工魂"；同时以史为鉴，为学校的建设献言献策。

一、前期准备

我们实践团队的成员都是 2016 级新生，对于社会实践十分陌生。准备前期，我们不知所措，究竟活动如何展开？要达到什么样的一个效果？我们社会实践有什么意义？为了确定实践的主题和开展形式，我们团队六人一起探讨，请教学长学姐。对我们帮助最大的是黄木华老师。我们和黄木华老师交流了很多，经过和老师一起讨论，我们决定以人物采访的形式了解学校的军工史。

了解北京理工大学的军工史的方式有很多，如果直接在网上搜集有关北京理工大学军工史的资料，其真实性没有保证，并且这些历史并不能鲜活地展现在眼前。人物访谈可以更加直观、更加鲜活地将历史展现在面前。我们学校年长的学者教授，亲身经历了北京理工大学的发展历程，并且一直在学校里工作，对北京理工大学的军工史十分了解。通过黄木华老师，我们确定采访对象为谭惠民教授和程受浩教授，他们都已经步入古稀之年，依然在科研岗位上做贡献，两位老教授亲历了北京理工大学的发展过程，承载着北京理工大学的军工魂。

采访的准备工作也是很繁重的，我们小组六人分成两个小组，分别搜集有关两位教授的资料，通过各种方式，了解两位教授一些人生经历和事迹。之后，根据我们实践主题和实践目标大概整理了六个问题，并把采访的提纲发给了两位教授，因为两位教授虽然亲历过北京理工大学的发展过程，但时间久远，需要提前准备一下。

采访前还有一些必要的物资要准备好，比如摄像机和三脚架。由于很多实践团都需要相机，而且单反相机比较贵重，不懂相机的我们很可能把相机搞坏，最后相机、三脚架还是借到了。之后我们对相机所拍的视频大小进行估计，发现内存卡空间不足，因此我们又准备了一个 32G 的内存卡。两位老教授都德高望重，我们也怀着一颗敬佩之心采访两位教授，我们想着采访时给教授准备一个精美的小礼物，于是买来了橡皮泥，想给程教授捏一个坦克，给谭教授捏一个分子结构，但我们尝试了很多次，感觉捏得太丑了，丝毫没有精致的感觉，最后决定给每个老师送一个盆栽。

采访的地点也经历一番波折，程教授的采访地点就定在办公室，但谭教授的采访地点不方便在办公室。采访前两天，我们团队六人进行实地踩点，最终在学校马路对面的一个茶馆预订了房间。

二、采访谭教授

7 月 3 日，社会实践第一天，我们有幸采访到谭惠民教授。谭教授一生致力于科学研究，见证了北理工的发展历程，曾获 1996 年度全国科技进步一等奖，为我国国防事业做出了巨大的贡献。

实践团队早早地从良乡赶到北理工中关村校区，原定采访时间是下午 3 点。社会实践团的联系人黄木华老师，也在谭教授的办公室外等待。黄老师仔细询问我们的采访安排，觉得我们的采访地点不太合适，便改在 5 号楼会议室。谭教授非常健谈，为我们生动讲述了北理工的军工史，北理工的红色记忆，以及谭老年轻时在北京工业学院的求学往事，每一段故事都深深地吸引着我们。谭教授为大家讲解了军工魂的内涵，告诉大家如何传承北理工的军工魂。

谭教授访谈摘录

问：老师，您认为北理工的"军工魂"是什么？

答：

（1）要有一种使命感、光荣感。国家需要，我就做，敢担当。使命感要明确，干的事对国家提高军事武器水平有关系就知足了，学什么就有了方向。我当时刚到学校，看到北京工业学院的标语"祖国欢迎你，未来的国防红色工程师"，感到非常兴奋。

（2）有强烈的责任心。军工国防设备需要保证高质量、高精度、高水平，因此，我们要有强烈的责任心。当年有位负责运输火箭的老师，就要求人车不分离，睡觉吃饭全在车上。

（3）要有奉献和牺牲精神。掌握规律就没问题，但不是所有人都知道规律，以前在航天六院实习的学生就有在太原兵工厂牺牲的。领导要求大家总结经验，这种事也不会影响其他人的情绪，其他同学也没有因此转专业，大家都能正确对待，做光荣的事总会有牺牲。

（4）要有不怕艰苦、坚忍不拔的意志。当时在车间工作供不上水，同学们轮流去黄河边接水喝。当时兵工厂都在大山里面，孩子没法上学。当时有这么一句话：献了青春献子孙。

（5）追求精益求精、高质量。军工产品要求精益求精，所有的工序产品受军代表监督。买的什么东西，怎么干活都有人监督。要求一岗三人，精益求精，三个人都有编号，产品有问题就要追责。

问：老师，您认为我们新一代北理工人该如何学习？如何传承"军工魂"？

答：老师教学有三则——传道、授业、解惑，学生则要诚心入门，得道。做人要得道，解决问题也要得道；另外就是立业，比如你学中医，就要能开救人的药。立业后就要超越，你得比老师聪明点，你是在他的基础上学的嘛。我理解老师学生要做好这几个事。

（1）在处理爱岗和敬业问题上，爱岗是首要的。爱岗是敬业的前提，你学什么就得爱什么，才能把事做好。

（2）解决奉献与索取的问题。索取是你奉献后自然就能获得的。不能一天天把索取挂在嘴边。

（3）求实创新。我所理解的求实，就是找到事情的真理，找到自然规律。我们做化学的就是找到化学反应的内在规律。求实还要真实无假，我们有的老师找到一个化学物质，就说它的性能是世界第一。还有一个特别有意思的事情，当时我们系的三个院士，在学校都不是学习最好的。想把研究搞得好，一方面要把事情搞清楚，另一方面还要学会找到问题，解决问题。一部分同学会考试不会学习，就是因为不会发现问题。没有带着问题学习是最糟糕的学习。任何人都有局限性，不要怕被权威打倒。

问：老师，对于许多当代大学生学习过程中浮躁的心态，请问您有什么建议吗？

答：我觉得是这样的，进一个专业，首先就应该把这个专业的基础知识学好，你发现问题，提出问题，所依靠的就是这个基础。第二呢，专业知识的实质和精髓也应该学到，学知识不应该以考试为目的，而应该想想如何成为这个行业中敢于承担责任的人，思考如何推动这个行业的发展。不仅仅是军工行业，其他行业也一样，这两点一定要做好，基础知识要学好，专业知识也要学好，以后要不断精确，不断消化，一直学到老。

对谭教授的专访结束了，但是谭教授的话语仿佛依旧回荡在耳畔。先辈们的辉煌事迹是那样富有传奇色彩，先辈们的精神一次又一次地鼓舞着我们。作为一名北理工人，我们感到无比的自豪；作为一名北理工人，我们应该把"军工魂"传承下去。

三、采访程教授

7月4日，社会实践第二天，我们将继续探寻"军工魂"三个字的内涵。程受浩教授长期从事近炸引信的教学科研工作，讲授过脉冲电路、模拟电子技术、近炸引信测试技术等本科生课程。先后获部级科技进步二等奖4项、三等奖3项，发表论文50余篇，为我国国防事业做出了巨大的贡献。今天，我们很荣幸能采访程教授。

我们见到了程教授。程教授给我们的第一印象是健朗，精神矍铄，乌黑的头发根本看不出这位老教授已是年逾古稀。程教授热情地接待了我们，询问我们的学习情况，我们开始了今天的采访。

程教授在北理工学习工作了52年，见证了北理工的发展变迁，对北理工的历史十分了解。访谈一开始，程老师便根据自身的经历，为我们讲述了北理工50年间的历史。

程教授从北京工业学院的八大系说起，讲述了北理工在国防事业中做出的贡献。谈到老校长魏思文，程教授十分敬佩，程教授讲道："当时的魏思文校长就希望将北理工建设成为中国的鲍曼大学（莫斯科国立鲍曼技术大学，苏联军工类院校的最高学府）。"

程教授还分享了在北京工业学院求学的逸事："当时人人学雷锋，脏衣服都不敢放在床上，要藏起来，否则就被别人拿去洗了。"从北理工的军工史，程教授讲到了他眼中的军工魂。程教授说，军工魂里面很重要的一点是艰苦奋斗，他曾经在 -32℃ 的环境中艰苦奋战，即使发高烧也坚持在科研的岗位上。程教授还告诉我们，军工科研工作者是默默无闻、隐姓埋名的，不能像其他专业一样大张旗鼓，很多东西都是保密的。更重要的是，从事军工科研工作要有一种牺牲精神。军工科研工作有一定的危险性，程教授自己就亲身经历过许多高危险的实验，身边也有同事为实验做出了牺牲。程教授说，不能因为危险就退缩，所有的事故，都是因为没有遵守工作规则和安全操作规程而发生的。

谈到军工魂的传承问题时，程教授非常惋惜地说："第一枚导弹，第一个天象仪，第一个发射架都是我们搞的，为什么不宣传宣传？"程教授还告诉我们，当时很多的第一，都没有被保存好，有的还被低价抛售。程教授建议北理工学习一下别的院校（如南京理工大学），建设大型的兵器展馆等，从而提升学生的自豪感。程教授说："自豪感这个东西，是信心，是为了激发你的热情。"程教授希望能在宣传军工魂方面加强力度，尤其是加强宣传北理工在军工方面的成绩。

程教授不仅是一位优秀的科研工作者，还是一名优秀的教育工作者。程教授性格耿直，治学严谨。他曾经旁听一位年轻教师的课，那位教师讲课内容有很多错误，他丝毫不留情面地批评那位老师误人子弟。程教授听课时只听自己擅长精通的课程，他认为只有这样，才能对老师们的教学提出有建设性的意见。程教授讲过十几年课，每次上课的讲义都留着，但每次讲课前都会重新备课。程教授说："一流大学，没有本科教学办不成。"他十分重视本科教学，也希望北理工能在本科课堂中多引入教授授课的形式，也希望一批年轻教师们能进一步提升自身的教学水平。同时，程教授希望上课纪律严明，他对一些课堂纪律涣散的现状提出了批评。

对程教授的专访就这样结束了。程教授给人的感觉就是他有着无限的热情，对军工的热情，对生活的热情，将自己投身于所热爱的事业当中。我们觉得这是一个北理工人的情怀。这种情怀影响着我们，感染着我们，作为一名北理工的学子，我们应该把这种精神传承下去。

四、访谈整理

我们有幸采访到了谭教授和程教授，在和两个教授交流的过程中，我们学到了很多东西，我们积累了很多访谈的材料。为了保证访谈成果，我们团队6人聚在一起，重温了两位教授的访谈记录，将两位教授对军工魂的理解，对军工魂的传承建议，对我们青年人的期望等进行整理。

五、北航学习之旅

经过整理总结，就像程教授的提议，我们可以像南京理工大学一样，建设一个兵器馆，宣传北理工的第一枚导弹、第一个天象仪、第一个发射架，从而进一步提升学生的自豪感。我们了解到，北京航空航天大学的主校区有航空航天博物馆，免费向全体师生和校外人员免费开放。

7月6号，我们来到北航航空航天博物馆。

航空航天博物馆一楼是航空展，二楼为航天展。一进展馆，映入眼帘的是各种型号的航空发动机。发动机旁是排列整齐的零部件。参观完发动机，我们一行人来到了模型区，区内有各式各样的飞机，从早期螺旋桨飞机到磅礴大气的现代飞机，军用战机、民航客机等，各有各的特点。

博物馆二楼主要展示我国航天技术，有各式各样的火箭和导弹模型。馆里的电子显示屏不断播放着卫星的发射过程。再往前走看到了我们熟悉的神舟系列飞船。参观人员纷纷在神舟飞船前合影留念。最后是北斗导航系统的模型。

北航的航空航天博物馆的设计非常契合学校的航空航天元素，整个博物馆也让军事爱好者们大饱眼福。我们北理工的军工成就也非常突出，但我们并没有将这些成果展示出来，这一点我们可以借鉴北航和南理工，建设我们自己的博物馆。

六、实践收获与成果

（1）我们通过对谭教授和程教授的访谈，了解北理工的军工史，发掘北理工的军工魂。在整理访谈记录时，我们对谭教授和程教授所描述的军工史进行了总结。同时，我们也对北理工的军工魂有了更深的理解。两位教授对"军工魂"的解读主要包括以下几点：①默默无闻。②奉献和献身精神。③艰苦奋斗。④光荣的使命感。⑤精益求精。

北理工的军工史和军工魂命题非常大，我们仅仅通过一个侧面来进一步了解我们学校的军工历史。

（2）通过四天的社会实践，我们增强了对学校的认同感和自豪感。北理工在军工宣传方面比较低调，大多数同学只是知道我们在军工方面做出很大贡献，但对于什么是军工魂，我们的军工史到底是怎样的，很多人并不了解。当我们对学校的军工文化进一步了解之后，更加认同我们的军工国防特色。

（3）在四天的社会实践中，我们一直在思考如何更好地传承军工魂。

现在是互联网时代，但是对于"军工魂"这一个命题，在互联网上的号召力并不强，北理工一直通过学校的官网和公众号宣传军工文化，但在同学中、社会上的影响并不大。通过对两位教授的访谈，借鉴南理工和北航的博物馆，我们建议学校建设北京理工大学军工博物馆，并向全校师生和校外人员免费开放。一方面可以更加直观地宣传北京理工大学的军工文化；另一方面，可以增强同学们的自豪感，增强同学们投身国防的使命感。同时，博物馆可以起到对外宣传的作用，提高学校的影响力，让更多的人了解北京理工大学的军工史、军工魂。同时，博物馆可以作为培养"军工魂"的载体，定期在博物馆举办有关讲座，举办宣传教育活动。

七、实践过程的不足

（1）我们社会实践以人物访谈为主，实践方式相对单一，对军工史和军工魂的研究不够全面，应当开展更多形式的实践活动。

（2）访谈过程中，由于没有经过专业的训练，对于整个访谈过程的掌控力不足，不能紧紧围绕实践主题采访。

（3）对于访谈记录的整理，没有达到非常好的效果。

（4）实践过程中，宣传力度不足，没有让更多的人了解到北理工的军工史、军工魂。

🌱 实践·品悟

感悟军工史，传承军工魂

2016 级本科生，电子封装技术专业　乔芃益

本次社会实践，我们走访了两位本校老教授，并参观了北京航空航天大学博物馆，深入了解了我校以及我国的军工发展史，感悟了一代代军工工作者所传承的军工魂。

两位老教授都已年过古稀，但在向我们讲述北理工傲人的军工历史时都滔滔不绝，从老一辈的教授们身上，我们感受到 20 世纪无数的军工人才为了国家的国防建设呕心沥血，不计名利得失，只求国家振兴的崇高精神。听了教授们讲述北理工的历史，我们的自豪感油然而生。

同时，两位老教授作为资历深厚的老教育家，对当前教育工作都有着深入的看法，我们既是学生也是晚辈，在聆听老教授们的教诲时，也在反思着自己。

在北航博物馆的参观中，我们欣喜地看到，我国航空航天事业蒸蒸日上。我们都说，北理工主陆战雷达等，北航主航空航天，因此，我们相信北理工和北航可以携手并肩，共同为我国军工建设助力。

学习老教授的奉献精神

2016 级本科生，电子封装技术专业　王忠岩

四天的社会实践，我们从正式准备到采访结束，大约有半个月的时间。团队 6 人都一起努力，实践过程的各种困难我们都一起面对，一起骑车去寻找采访地点，一起找单反相机。实践开始之前我们互相之间并不了解，通过社会实践，我们增进了友谊。

当然，实践过程中，印象最深刻的还是采访谭惠民教授和程受浩教授，他们都是受人

尊重的学者教授，为我国的国防事业做出了突出贡献。两位教授都已是古稀之年，但精神矍铄，晚年依旧为我国国防事业做贡献。

结束采访之后，我的内心久久不能平静，"祖国欢迎你，未来的红色工程师"，这是当年北京工业学院的标语，如今依旧令人心潮澎湃。搞军工，会默默无闻，会有一定的危险，但老一代北理工人能做到的事业，我们一定要做得更好。北理工的军工魂，要在一代代北理工人之中继承发扬。

最后，希望两位老教授身体健康，不断见证北理工的进步发展。

牢记老教授的殷切嘱托

2016 级本科生，材料化学专业　徐环宇

本次社会实践活动落下了帷幕，回想这四天的经历，无论是准备阶段，还是采访阶段，还是到最后的总结提交阶段，都让我有很多感悟与体会。

在准备阶段，为了写出我们的采访大纲以及日程安排，我们进行过很多次小组讨论。但是有讨论就意味着有分歧，大家往往会因为意见不统一而争论。从我的角度来看，意见的统一需要说服和协调，说服就是准确明了地说明自己的观点，而协调就是在大多数人都同意的情况下不固执己见，选择服从团体。在这两者中，我需要更加注意自己意见的准确表达，以及对问题的深刻思考。

在接下来的采访阶段，我有幸作为记录员记录了谭教授的访谈过程，我也学到了一些记录的技巧，包括在听的时候准确抓住要点，记的时候快速清晰。在谭教授的身上我看到了一种精益求精的精神以及强烈的责任意识，这也是谭教授一直要求我们的。谭教授说："不论做什么，都要专心，需要热爱我们从事的事业，只有热爱才能使我们不被挫折打到，才能在困难面前拥有勇往直前的信心和力量。"程教授给我最深的印象是他严谨、一丝不苟的态度。谭教授认为做学问，或者做军工，需要的是奉献甚至不怕牺牲的精神，以及甘于寂寞、默默付出的决心。

这些都是老教授的殷切嘱托，我也一定会将两位老教授的嘱托落实于我今后的学习生活当中。

刻苦钻研，努力向前，无私奉献

2016 级本科生，电子封装技术专业　尹丛帅

7 月初，我们的实践开始。

身为北京理工大学的学子，采访北理工老教授能让我们更加深刻地认识军工魂。我们有幸采访了谭惠民教授和程受浩教授。谭教授向我们解释了他理解的军工魂并向我们介绍了北京工业学院时期的历史，最后谭教授希望我们新时代的学子能铭记先辈们的辛苦付出，认真体会军工魂。程教授向我们详细介绍了他们当时搞科研的艰苦历程，并特别强调了奉献精神。

和两个教授交谈后，我们一行人获益匪浅，了解到了我们北京理工大学在 20 世纪为祖国做出的巨大贡献和老一辈科学家的艰苦付出。他们这种无私奉献、刻苦钻研的精神使我们极大震撼。我们会努力向前，传承北理工的军工魂，早日成为祖国的栋梁之材并做出自己的贡献。

实践团成员：王忠岩　付建　刘毛妞　乔芃益　徐环宇　尹丛帅

第二篇
明德精工

　　"德以明理，学以精工"，是铭刻在每个北理工学子心中的信念，既是我校先驱们崇德尚行、学术报国的真实写照，又是新时期北理工人共同努力的方向。明德精工，学有所用，将当代大学生的思考、实践写在祖国大地上！利用所学服务社会，利用所思建言献策，北理工材料学子们，正在行动！

第 三 章
躬 行 社 会

解析煤炭深加工工艺

实践·报告

前　言

"富煤、少油、缺气"是我国目前的能源格局，煤炭是我国重要的化工原料及能源。因此煤炭产业发展的好坏必然会影响其他部门以及经济与社会的发展。虽然我国的煤炭资源较丰富，但长时间发展的传统煤炭企业大多数依然采用粗放式经营：采煤少加工或不加工直接投入使用。这种方式不但严重浪费煤炭资源，其燃烧释放的气体对环境的污染也非常大。因此推广煤炭的深加工技术，加强煤炭资源的废物利用、循环利用，建设高效的煤炭循环经济是十分必要的。

山西是煤炭资源大省，煤炭产业是其支柱产业。晋城煤炭产业经过近年来的发展已经具备一定的规模效应，虽然煤炭资源丰富，但在开发利用方面存在一些问题，比如盲目开采、回采率低、资源浪费，对环境造成了严重的污染和破坏等。煤炭是一种不可再生资源，人类必须合理利用它，使它既能满足当代人的需求，同时又不损害后代人对煤炭资源的利用能力。这是煤炭资源的可持续发展问题，同时也是晋城经济的可持续发展问题。

煤炭作为一种能源产品，相对于其他商品而言，有一定的特殊性，无论是从国家的政策上看，还是综合考虑山西煤炭产业的发展现状，都有着一定的研究价值。为此，我们一行三人身赴晋煤集团，对煤炭开采的后续处理步骤进行调研，旨在调查深加工的方法流程及后续的煤炭的价值，并提出合理化的意见。

一、调研问题与内容

调研问题：煤矿规模，开采矿井分布及产量，煤炭加工厂区及加工流程方法。
地点：山西省晋煤集团成庄矿。
时间：2015 年 7 月 19—24 日。

二、调研过程及方法

调研方法：实地探访，人物访谈。
实地调研：调研小组以山西省晋城市晋煤集团为调研地点，深入煤矿厂区亲自调查记录煤炭的深加工流程（见表1）。

访谈：访谈晋煤集团成庄矿洗选长、洗选主任。

文献研究：主要参考并研究了煤炭深加工原理及方法文献。

表1 调研开展的过程及任务

时间	地点	任务
2015—07—19	晋煤成庄矿主任办公室	了解晋煤集团的煤炭产量及加工状况，并商讨后续几天探访地点
2015—07—20	晋煤成庄矿洗选厂洗选车间	实地探访，记录煤炭加工的流程、应用的设备等
2015—07—21	晋煤成庄矿动力配煤车间	
2015—07—22	晋煤成庄矿型煤车间	
2015—07—23	晋煤成庄矿煤矸石加工车间	
2015—07—24	晋煤成庄矿主任办公室	交流总结

三、煤的综合利用技术现状

我国是一个"富煤少油缺气"的国家。在世界已探明的化石能源储量中，中国的煤炭占世界总量的15%，石油占2.7%，天然气占0.9%。2002年煤炭在能源消费中的比重为66.3%，工业消费在煤炭消费结构中占绝对比重，达90.9%。工业消费中，电力用煤占48%，冶金占8.5%，建材占7.2%，石油加工占6.7%，化工占5.7%。2003年，全国原煤产量达到16.67亿吨，消费总量也超过了16亿吨。2003年全国发电装备装机容量达到38 450万千瓦，其中火电（燃煤发电）占到总容量的74.3%。专家预测，到2020年即使将煤炭在一次能源消费中的比例降至60%，其总量也将超过21亿吨。因此，《国家中长期科学和技术发展规划战略研究报告》中明确指出："我国资源特点决定了以煤为主的能源结构在相当长时间内不会改变。"虽然，根据2003年中国国土资源部公布的数据，煤炭和石油储量都有所下降，但从已有的资源量分析，煤炭具有中长期保证是无疑的。

煤和石油、天然气一样，本身并非污染源，只是由于煤的不合理利用和煤的利用技术的落后，才使得我国这样一个以煤为主要能源的国家环境污染严重。燃煤是煤炭利用的主要方式，洗煤是煤炭燃前最主要的洁净方式，它可以脱除50%～80%的灰分和30%～40%的硫分，但2003年规模以上煤炭生产企业洗精煤产量仅为1.63亿吨，不足煤炭总产量的1/10。中国工程院2001年先进能源技术咨询研究报告的数据表明，我国SO_2、CO_2排放量的85%，烟尘的70%和NO_2的60%均来自燃煤。2003年中国的SO_2排放量已高达2 120万吨，成为世界第一，远远超过了1 620万吨的环境自净能力；CO_2以9亿吨以上的碳排放量也跃居为世界第二；2 000万吨以上的NO_2排放量超过环境自净能力约120万吨。煤烟型的大气污染使全国监测的340座城市中，空气质量达二级标准以上者仅占41.5%。而劣三级城市就有91座，占26.7%。国外专家的研究结果表明，大气污染造成的经济损失占 GDP 的 3% ~7%。不仅大气,水环境污染也十分严重,全国七大水系中符合《地面水环境质量标准》一、二类的仅占 32.2%,目前,全国 78% 的城市河段不适宜作引用水源,50% 的城市地下水受到污染。

因此,煤炭一方面是能源的主要提供者,经济和社会离不开;一方面又是环境的主要污染源,不利于可持续发展,解决这一矛盾的根本途径是合理、洁净、高效地利用煤,大力研发和应用洁净煤技术。

四、山西晋城煤炭产业发展概况及存在的问题

山西晋城地处"沁水煤田"南端,全市含煤面积 5 350 平方公里,占晋城总面积的 56.4%,总储量 808 亿吨,其中已探明储量 271 亿吨,占中国无烟煤总量的 1/4 多,占省内的 1/2 多。年产原煤达 4 000 万吨。

随着国家煤炭产业发展战略的调整,山西晋城煤炭产业发展先后经历三个阶段:

第一阶段是煤炭资源勘探、开采阶段。在此阶段,煤炭产业主要注重煤炭资源勘探、开采,目的是寻找更多的煤炭资源储量和实现更多的煤炭产量。

第二阶段是煤炭资源生产建设规模扩张阶段。该阶段,煤炭企业将发展重心主要放在如何实现规模扩张、产量增加等层面上。同时也导致了资源浪费、环境污染和生态破坏。

第三阶段是煤炭资源深加工、就地转化及综合利用阶段。在该阶段,煤炭产业实现了快速发展,由单方面追求经济利益转向兼顾经济与生态效益两个方面,开始寻求煤炭资源深加工、转化及综合利用的新途径。

我国煤炭产业通过多年技术改造,技术水平有很大提高,建成了一批具有世界先进水平的大型煤炭企业,如晋煤集团。这些企业基本上实现了采煤综采化掘进综掘化、运输机械化、监测监控自动化、管理手段现代化,综采技术装备实现了国产化。目前,国有重点煤矿采煤机械化程度达到 82.7%,一批煤炭企业的生产和安全指标达到世界先进水平。但是与发达国家相比,我国煤炭行业整体技术水平较低,特别是中小型煤炭企业、小型矿井生产技术装备水平极低;乡镇煤矿生产工艺落后,浪费资源现象严重。

根据我们几天的深入调查,我们所了解的山西并不是每年有大量煤炭资源运往全国各地,为国家的发展做出大量贡献,而是环境污染日益严重,煤矿事故层出不穷,以及资源利用效率低,粗放式的发展。

五、煤炭的深加工——洁净煤技术重要组成部分

洁净煤技术(Clean Coal Technology, CCT)最早由美国学者于 1985 年提出,主要是为了解决美国和加拿大边境的酸雨问题。洁净煤技术是指在煤炭开发和利用过程中,旨在减少污染和提高效率的煤炭加工、燃烧、转化和污染控制等一系列新技术的总称,是使煤作为一种能源应达到最大限度潜能的利用而释放的污染控制在最低水平,实现煤的高效、洁净利用目的的技术。中国以煤为主的一次能源格局在很长一段时期内难以改变。如今的

主要问题是能源利用率低且环境污染严重，因此发展洁净煤技术是煤炭工业的必然选择。而煤炭加工是洁净煤技术的重要组成部分，通过煤炭洗选、动力配煤、型煤、水浆煤、气化、液化等加工技术，使煤炭高效、洁净地转化为电能、液体、气体燃料等，从而解决能源利用率低、环境污染等重要问题。

（一）洗选煤

选煤是洁净煤技术的源头和基础，是现阶段最为成熟、最为经济的手段，是利用煤和杂质（矸石）的物理、化学性质的差异，通过物理、化学或微生物分选方法使煤和杂质有效分离，并将煤加工成质量均匀、用途不同的煤炭产品。按选煤方法的不同，可分为物理选煤、物理化学选煤及微生物选煤等。

流程：破碎、筛分。

设备：破碎机、细碎机、筛分设备、洗矿机、洗砂机、制砂机、选矿机。

其优点如下：

（1）减少燃煤污染物排放。

①减少燃烧后灰分：50%～80%；

②降低全硫：30%～40%；

③降低无机硫：60%～80%；

④有效减少烟尘、SO_2 和 NO_X 的排放。

查阅资料可知，按全国原煤平均质量计算，每洗 1 亿吨动力煤一般可减排 60 万～70 万吨 SO_2，去除矸石 1 600 万吨。

（2）提高煤炭质量、利用效率，节约能源。

①炼焦煤的灰分每降低 1%，炼铁的焦炭耗量可降低 2.66%，炼铁高炉的利用系数可提高 3.99%。

②生产合成氨时使用洗选的无烟煤可节煤 20%；发电用煤灰分每降低 1%，发热量增加 200～360 焦/克，每度电的标准煤耗下降 2～5 克。

③工业锅炉和窑炉使用洗选煤，热效率可提高 3%～8%。

（3）产品结构优化，提高产品竞争力。

发展煤炭洗选有利于煤炭产品由单结构、低质量向多品种、高质量转变，实现产品的优质化，满足市场需求。

（4）节省运力。

由于中国的产煤区多远离用煤多的经济发达地区，煤炭的运量大、运距长，平均煤炭运距约为 600 公里，中国铁路运力十分紧张。煤炭经过洗选，可去除大量杂质，节省运力。

（二）动力配煤技术

动力配煤技术是以煤化学、煤的燃烧动力学和煤质测试等学科和技术为基础，将不同类别、不同质量的单种煤，通过筛选、破碎、按不同比例混合和配入添加剂等过程，提供可满足不同燃煤设备要求的煤炭产品的一种成本较低、易工业化实施的技术。

流程：原料收卸、品种分类堆放、品种分类化验、计算和优化配比、原料筛分破碎、混合参配。

设备：破碎机、混合机。

其优点如下：

（1）在满足燃煤设备对媒质要求的前提下，采用动力配煤技术可最大限度地利用低质煤，或充分利用当地现有煤炭资源。

（2）保证燃煤特性与用煤设备的设计参数相匹配，提高设备热效率，节约煤炭：可充分发挥每种煤的优点，相互取长补短，使配制的动力配煤在综合性能上达到最佳状态，使配煤质量满足不同型号的大、中、小型锅炉的需要。

（3）通过"均质化"来保证燃煤质量的稳定，保证用煤设备正常、高效运行。

（4）按不同地区对大气环境、水质的要求，将不同品质的煤相互配合，可以调节煤中硫分及氮、氯、砷、氟等有害元素含量，减少 SO_2、NO_X 及有害元素的排放，最大限度地满足环境保护要求。若在配煤中加入添加剂如脱硫剂、固硫剂等，使之在燃烧时进一步脱硫，一般状况下可减少 50% ~ 70% 的 SO_2 排放量，燃烧效率提高 5% ~ 10%。

通过动力配煤，可充分发挥单种煤的煤质优点，克服单种煤的煤质缺点，生产出与单种动力用煤的化学组成、物理性质和燃烧特性完全不同的"新煤种"，达到提高效率、节约煤炭资源和减少污染物排放的目的。

（三）型煤技术

型煤是把一种或数种煤粉与一定比例的黏结剂或固硫剂混合，在一定压力下加工形成的具有一定形状和一定物理化学性能的煤炭产品。

流程：选备煤料、配煤、粉碎、混捏、成型等。

设备：粉碎机、煤棒机、煤粉压球机等。

优点：型煤按用途可分为民用型煤和工业型煤。蜂窝煤是民用型煤的主要品种；工业型煤的主要形状有椭圆形、笼形、中凹形、枕形、马赛克形、圆柱形、砖形等。

工业型煤生产主要是气化型煤和动力型煤。工业层燃锅炉、工业窑炉燃用型煤与燃用原煤相比，前者能显著提高热效率，减少燃煤污染。

（四）水煤浆技术

水煤浆技术是一种以煤代油的煤炭利用新技术。其主要技术特点是将煤炭、水、部分添加剂加入磨机中，经磨碎后成为一种类似石油一样的可以流动的煤基流体燃料。

流程：原煤破碎、药剂制备、磨浆、储浆输送等。

设备：破碎机、磨机、储浆罐等。

优点：

水煤浆具有较好的流动性和稳定性，可以像石油产品一样储存、运输，并且具有不易燃、不污染的优良特性，可以代替重油和原油用于锅炉和各种窑炉燃烧。

（1）燃烧效率高。

①水煤浆黏度低于重油，易于调节，最低负荷可调至40%。

②替代重油在锅炉中燃烧时，燃烧效率可达96%～99%，锅炉效率在90%左右，达到燃油等同水平，燃烧调节方便，运行稳定可靠。

（2）环保性高。

①水煤浆本身的硫分和灰分低，燃用水煤浆后SO_2和NO_X的排放浓度较低，在水煤浆制备过程中可以加入脱硫剂，达到脱硫效果，脱硫率可达40%。

②无噪声污染；燃烧后的灰渣可以综合利用，参与制作水泥，没有二次污染。

（3）生产工艺简单方便。

①在制浆过程中应用湿式球磨机，磨浆温度低（50℃～60℃），安全可靠。

②精煤水煤浆含灰分低，锅炉受热面磨损低于燃煤，维修费用低；不需炉前备煤系统和备煤场，排灰灰场占地仅为燃煤的1/4。

（4）投资少。

①水煤浆替代染油可充分利用原有设备，生产流程简化，投资少。

②与改烧粉煤相比，改烧水煤浆的费用仅为改烧粉煤的1/3～1/2，改造时间仅为改烧粉煤的1/3，燃油锅炉改烧水煤浆后经济效益显著。

由于石油价格上涨，燃油费用成本升高，由于水煤浆性质像燃油，价格稳定，又有一定的环保作用，因此利用燃油作为动力源的企业可以改换水煤浆燃料。

六、意见和建议

（一）存在的问题

（1）目前我国原煤入洗比重低，就晋煤集团这样的国家大型煤炭企业而言，入洗率也不足60%，大部分被作为动力煤使用，没有采取保护性措施。

（2）虽然近些年中小煤矿得到整改或强制关闭，但由于长时间的无节制开采已造成较严重的路面塌陷、地下水位下降等。以晋城市白马寺山为例，山脚的公路旁可以看到明显的路面裂纹，而其附近就是晋城市古书院矿的开采矿区。

（3）煤炭深加工所需要的设备价格较高，一些煤炭企业为了降低成本而减少加工流程，少有或没有将加工废料、水等处理后就直接排放，导致严重的环境污染。

（4）煤炭开采过程中浪费大量煤层气（瓦斯）。晋煤成庄矿煤层气用作燃料为小区居民、公共浴室提供热水以及输送至各加气站作为汽车燃料。但由于煤层气开采技术欠缺，导致部分煤层气无法开采，最终只能通过坑洞燃烧来释放，污染环境。

（5）没有形成融技术检测、配套机械、生产控制、市场反馈为一体的专门体系，煤炭深加工过程中配合方案、工艺基础设计与工程设计由多个部门分割完成，影响整体技术水平的提高和工程优化设计；加工技术粗放，工艺简单，效率低。

（二）解决措施

（1）各企业应重视煤炭开采及加工过程中的污染状况，以长远发展为目标。注重优质煤的生产，可持续发展。

（2）政府部门应在煤矿企业积极宣传进行煤炭深加工，对购进深加工机器的企业经行适当补助以推广该措施。动力配煤方面，制订相应的扶持政策，尽管动力配煤技术是一项很有推广前景的洁净煤技术，有很好的经济、社会和环境效益，但当前还没有引起有关部门和广大供需方应有的重视。

（3）提升煤层气开采技术，充分利用煤炭附属资源。要形成集技术检测、配套机械、生产控制、市场反馈于一体的专门体系，煤炭深加工过程中配合方案、工艺基础设计与工程设计应统一规划，提高效率。

🍃 实践·足迹

青春终逝，唯有追忆。

只要勇敢一次，便有青春不腐。

于是年轻的我们一直行走在路上。

台湾作家林清玄说："我们的一生都行于流水之上，每一个字符，每一个念头，每一个擦肩而过的影子，刚刚划下，便无处可寻！"

我们不禁思考，如果生命是虚幻的、短暂的，那么一个人该如何度过一生呢？追求安逸的生活而平庸一世？还是接受生活的挑战，"扼住命运的咽喉"。

我们三个人选择了后者，我们选择了出发。没有华服，没有美食，没有冰淇凌，没有电影票……炎炎烈日，挥汗如雨，然而那一张张笑脸便是青春的力量。

我们一直在路上。

一、激烈讨论，调研主题终确定

难忘我们实践小组初具雏形的时候，当三个热血的青年聚在一起时，所产生的意见不一使得我们陷入了迷茫。

有人说，新婚姻法的实施对现代人的生活产生非常大的影响，我们借此机会去调查一下新婚姻法对大学生婚恋观的影响吧。有人说：那何不调查一下二胎政策。还有人要调查北京文物的保护情况……灵感乍现，争吵不断，我们谁都无法说服谁，最后，大家都气鼓鼓地坐在桌前，谁都没有了话。

这时，舍友回到了寝室，说到最近北京雾霾又比较严重，在微博、朋友圈中可以看到各种吐槽，比如借用清华大学校训写出了"厚德载雾，自强不吸"的北京雾霾；比如《沁园春·雾》："北京风光，千里朦胧，万里尘飘，望三环内外，浓雾莽莽，鸟巢上下，阴霾滔滔……"我们在哈哈大笑的同时，不禁为环境问题而担忧。队长说自己的家在山西晋城，虽然煤炭资源丰富，但在开发利用方面存在一些问题，比如盲目开采、回采率低、资源浪费、对环境造成了严重的污染和破坏等。煤炭深加工问题一直是一项需要解决的核心问题，何不对煤炭深加工的方法进行一下深入调研。醍醐灌顶，拍案叫绝，我们一致赞同将"晋煤深加工"作为本次暑期社会调研的主题。

煤炭是一种不可再生资源，人类必须合理利用它，使它既能满足当代人的需求，同时又不损害后代人对煤炭资源的利用能力。这是煤炭资源的可持续发展问题，同时也是经济和环境的可持续发展问题。

那么造成近年来雾霾日益严重的原因到底是什么？煤炭这种不可再生资源的利用是否合理？近年来煤炭的深加工状况如何？

二、挑灯夜战，调研日程初出炉

我们首先对进行社会实践的日期进行了商定，鉴于队员们归心似箭，我们将实践的第一天定于 7 月 20 日，以便于队员们先回家然后在山西晋城集合进行社会实践。

然后，我们通过队长的描述以及网上查询对山西晋城以及晋煤进行了了解。

山西晋城地处"沁水煤田"南端，全市含煤面积 5 350 平方公里，占晋城总面积的56.4%，总储量 808 亿吨，其中已探明储量 271 亿吨，占中国无烟煤的 1/4 多，占省内的1/2 多。年产原煤达 4 000 万吨。

还记得要制定日程的时候，我们三人拿着一张纸笔却无从下手，要制定一个具有调研意义的高效的日程是多么难啊，调研的目的、调研的主要方面、相关性分析等，面对日程制定，我们几个仿佛都变成了原始人。然而，抱着"初生牛犊不怕虎"的精神，面对困难和挑战，我们没有泄气，而选择了迎难而上。

我们联系了学长学姐，查询了调研设计等书刊资料。众人拾柴火焰高，经过了挑灯夜战，我们的调研日程以及所需要采用的调研方法终于初具雏形。

我们将在 7 月 20 日走出温室，暂别象牙塔中舒适的生活，带着青年人特有的蓬勃的朝气，走入社会，了解社会，深入社会。

心里是难以抑制的激动！

三、初来乍到，了解晋城

7 月 20 日，心中满是期待与不安，却又莫名地向往着这个陌生的地方、这次调研。我们相约在晋城火车站见面。安排好食宿，小聚之后，我们迫不及待地奔赴晋煤集团成庄矿，开始调研的第一天。

在公交车上，欣赏沿途的风景的时候，队长开始给我们普及"晋城知识"。之前听到晋城，我们的第一印象就是晋城是煤城铁都，晋城的祖辈们就是把一车车煤炭生铁源源不断地运下太行山，送出娘子关，走上了致富之路。据说娶儿嫁女都是用奔驰宝马做婚车的。对于很有钱的地方，我们倒是并不大喜欢，觉得太过牛气，没有内涵。在队长的"科普"之下，我们惊讶地发现，其实晋城并不是我们想象的"暴发户"的形象，实为物华天宝、人杰地灵，有很多传说故事和著名历史事件。

晋城的神话同样为这个城市插上浪漫的羽翼。有凤来栖、女娲补天、愚公移山、精卫填海等许多美丽的传说都源于晋城。晋城又称为凤城，传说中晋城这片土地是由私下凡间的金凤凰的骨骼血脉所化，带着那么些情，那么多意，带给这里的人民吉祥与富裕的希望。晋城原来这么浪漫！

晋城在长达数千年的发展中日精月进。仰历史文明之光，这里曾哺育和造就了一大批历史名人，如唐代著名佛经注疏家高僧慧远，宋代文学家刘羲叟，首创诸宫调的艺术家孔三传，明代经济学家王国光，诗书大家张慎言，数学家张敦仁，当代著名作家赵树理等，最值得说到的是清代文渊阁大学士、《康熙字典》总编纂陈廷敬。晋城原来这么有文气！

最让我们震撼的是，晋城的高平地区是历史上"长平之战"的古战场，曾经这里"伏尸百万，血流漂橹"，书写了历史上持续时间最长、最惨烈、最重要的战役；彰显着东周500年中白起、廉颇等慷慨悲歌的英雄之气，也付出了赵括"纸上谈兵"的惨重代价，记载着古赵都人不该遗忘的耻辱；同时预示了一个中央集权的大帝国的诞生。晋城还张扬着一股子英雄气。

皇城相府、王莽岭、炎帝陵、东岳庙、珏山……我们不禁被这些古色古香的名字所吸引，真想马上去浏览一番，感悟一下我们华夏民族的大好河山。

四、事与愿违，铭记困难

聊着聊着，一个小时过去了，不知不觉间我们就来到了晋煤集团成庄矿。

晋城煤业集团是中国重要的优质无烟煤生产基地、全国最大的煤化工企业集团和全国最大的煤层气抽采利用基地。有50个控股子公司、14个分公司。有9对生产矿井，5 000万吨/年的原煤生产能力。

有我们三个年轻人的蓬勃的朝气，有自信心，有完备的计划，有学校的介绍信，可谓"万事俱备，只欠东风"。在这里的调研一定会很顺利。但是，事与愿违，在这里我们却遇到了一些调查的瓶颈。事后回想起来，却觉得这是一次难得的经历。

进入矿区，映入我们眼帘的是"晋煤成庄矿"五个大字，本以为煤矿灰黑一片，到处落着灰尘、煤渣，可是这里马路宽敞、干净整洁、树木葱茏，与我们想象中的矿区截然不同。

满怀愉悦地四处游览，却忘记了"正事"，这时队长说了一句："接下来我们要去哪里呢？"我们顿时心里凉了一大截，这么大的矿区，该去哪里呢，该找谁呢？盲目地顶着烈日转了一圈，终于看到了一个厂房，理直气壮地走进大门，却被门卫大叔挡住，呵斥道："没看见门口写着'厂房重地，闲人免进'吗？你们几个小孩子在这里做什么？快点出去！""我们是来做社会实践的。""做什么的都不行，快点出去！"没办法，我们三个人只好灰溜溜地出去了。

怎么办？第一次进门就被赶出来了，我们都灰心丧气了。突然，一位队友笑了，"哈哈……"我们大家都笑了，是啊，这些困难又算得了什么，年轻的资本就是勇敢。我们几经周折，终于找到了洗选长，她很乐意带我们这群大学生来了解煤矿。

有时，相比于结果，过程才是最有趣的。我们都还怀有年少的羞涩，当面对陌生人的时候，有时候半天说不清自己的意图，有时还没有说话就先红了脸，支支吾吾半天难以启齿；也明白了人与人之间的信任最重要，我们学会了谦虚谨慎的态度、诚实恳切的待人之道。然而，我们的收获何止这些，在以后的人生道路上，每当想起这段经历，都会是刻骨铭心的体会。所以，今天的难事都是明天最好的回忆。

五、卷土重来，终于成功

第二天，我们已经忘记了昨天的不快，早早地联系了刘主任，刘主任答应到时候接待我们。冒着烈日，一行三人穿着整齐的印有"实践组"的队服，乘车近一个多小时，终于又来到了成庄矿。

这次，我们顺利地见到了刘主任，刘主任语重心长地对我们说："现在的大学生就是缺乏实践经验啊，我像你们这么大的时候，已经在工厂一年了。你们这一代生在红旗下，长在红旗下，是应该出来锻炼锻炼，体验一下社会生活，知识与实践相结合才能更好地提高啊！""年轻人，有机会就多出去走走，有机会一定要出去看看。"是啊，年轻的我们一直在路上。

会议室中，刘主任将煤矿的概况给我们进行了耐心的讲解，并回答了我们的各种问题。在讲了安全事项、联系了相关人员之后，她带领我们去参观厂房，参观各种煤炭处理装置，一边参观，一边给我们讲煤炭的各种深加工方法。我们在听讲解的时候，还不忘用笔记本忙碌地记着……

一切都是非常顺利的，上午下午分别参观了两个厂房。落日余晖，到了该回去的时间了，"欢迎你们明天再来啊！""嗯，谢谢刘阿姨，我们明天还会来的！"

六、放飞梦想，理想起航

无数次的争论，无数的更改，这是思想的碰撞，这是灵魂的进步，短短的半个月，三个人的小团队，了解了我们国家现今煤矿产业的发展现状，了解了煤炭深加工的方法，感受了煤炭工人的辛劳，感悟了我们从未接触过的煤炭产业。

我们坐在一起讨论国家，讨论煤矿，讨论技术，讨论梦想……促膝长谈，思想的碰撞；侃侃而谈，观点的交流。我们想每个人都收获了很多。我们凝聚成了一股力量，我们都为这支队伍感到骄傲，我们深深感受到了团队的作用、合作的力量。

最后几天，我们将所有收集来的数据进行了分析，将煤炭深加工的方法进行了整理与总结，完成了调研报告。

大学生活中，我们会遇到各种各样的疑问，只有通过亲自动手、亲身体验，我们才会对所提及的问题有更深入的了解，而假期实践恰恰为我们提供了这个绝好的平台。

本次暑期实践，对于我们来说的确是一次很好的社会体验，同时，也是一次挑战自我的机会。

前前后后，加在一起，用了六天的时间。通过团队协作以及亲友的帮助，我们终于成功完成了这次社会实践。

收获颇多，感悟颇深。社会实践不仅让我们学习到了知识，更使我们体会到了团队的无穷力量。希望以后还能有社会实践的机会，使我的大学假期生活更加充实，更加有意义，使我们的人生更加丰富多彩。

这将是我们梦想放飞的地方，我们有理由相信：今后无论遇到什么，都无法磨灭梦想的火花。理想起航、摇曳、远方……

七、晋城站——我们一直在路上

暑期社会实践结束了，我们都已经订好了回家的火车票。晋城站，拖着行李箱的身影，挥手作别的身影，泪眼蒙眬。短短的六天，共同经历了欢乐和幸福，我们之间已经形成了深厚的友谊。美国哲学家桑塔亚娜说过"当青春之作别的时候，它从我们心上把一些东西带走，并且永远也不会回头。"但是无论时光流逝，青春易老，我们之间的友谊亘古不变。

共同完成社会实践的日子或许将成为我们之间最珍贵的回忆，因为在这里我们收获的将不仅仅是知识，更是力量。

此次暑期社会实践，不仅让我们学到了更多的知识，而且此次社会实践活动将成为了我们人生的一次重要经历，我们知道了遇到挫折遇到困难要永不放弃；也知道了参加社会实践活动的重要性，作为社会实践，它是一笔经历和财富。一分付出，一分收获，有付出，就一定会有收获。社会实践让我们学到了在书本上学不到的东西，让我们开阔视野，深入生活。社会实践是一种动力，是体味人生的百味筒，是验证实力的试金石，它让我们懂得了各种经历只有亲身体验才能体会得到。"纸上得来终觉浅，绝知此事要躬行"，任何理论知识只有和实践相结合，才能真正发挥它的价值。今后，我们会一直在路上，我们会积极参加各种社会实践，期待我们更好的表现。

席慕蓉说"青春是一本太仓促的书"。这便是青春的力量、青春的勇敢、青春的无谓。我们不怕犯错，我们不怕失败。

行走在青春的路上，且行且坚定！

我们一直在路上！

实践·品悟

人生的一笔宝贵财富

2013 级本科生，材料科学与工程专业　郭雨竹

在这个火热的 7 月，我们暂别象牙塔中舒适的生活，带着青年人特有的蓬勃的朝气，

走入社会，了解社会，深入社会。这是我大学以来的第四次社会实践，却是我第一次离开家乡去外地进行社会调研。

身在学校，真正接触社会的机会很少，所以这次实践的主要目的是让自己面对更多的各种各样的人，增加自己的阅历和与人交往的能力，因为在以后的学习工作中，需要与形形色色的人打交道。我不擅长和陌生人交流，在当今这个注重人际交往和人脉关系的时代，这无疑会成为我成长路上的绊脚石。

为了能够对晋煤的深加工进行深入调查，我们受过冷眼，受过质疑，但我们却以乐观的态度一一克服。是的，微笑可以熔化一切坚冰。

作为一名在校大学生，能够体会我从未触及过的这样的社会生活，对我以后的人生道路来说绝对是一笔宝贵的财富。通过这次实践，我开阔了眼界，增长了知识，锻炼了能力，也让我对以后的生活和工作充满了信心。我会用饱满的热情去迎接即将到来的大学新学期生活和未来的挑战！

一次刻骨铭心的经历

2013 级本科生，材料科学与工程专业　肖洁

"千里之行，始于足下"。这短暂而又充实的实习，有时，相比于结果，过程才是最有趣的。我们都还怀有年少的羞涩，当面对陌生人的时候，有时候半天说不清自己的意图，有时还没有说话就先红了脸，支支吾吾半天难以启齿；也明白了人与人之间的信任最重要，我们学会了谦虚谨慎的态度、诚实恳切的待人之道。然而，我们的收获何止这些，在以后的人生道路上，每当想起这段经历，都会是刻骨铭心的体会。

实践开始后，我们来到了洗选长会议室。刘主任将煤矿的概况给我们进行了耐心的介绍，并回答了我们的各种问题。在讲了安全事项，联系了相关人员之后，她带领我们去参观厂房，参观各种煤炭处理装置，一边参观，一边给我们讲煤炭的各种深加工方法。我们在听讲解的时候，还不忘用笔记本忙碌地记着。

最后几天，我们将所有收集来的数据进行了分析，将煤炭深加工的方法进行了整理与总结，完成了调研报告。经过五天的实践，终于对煤矿的煤炭生产有了初步的了解，我们还需在后续工作中继续努力，让实践画上一个完美的句号。

大学生活中，我们会遇到各种各样的疑问，只有通过亲自动手、亲身体验，我们才会对所提及的问题有更深入的了解，而假期实践恰恰为我们提供了这个绝好的平台。

煤炭深加工的意义重大

2013 级本科生，材料科学与工程专业　郭家惠

在几天的社会实践里，我们实地考察了煤场，通过与洗选车间主任的谈话，我们更好地了解到山西晋城煤炭的现状，更深刻地明白了煤炭深加工的意义。

这位主任告诉我们，洗煤车间是洗煤厂的核心，是原煤洗选成商品煤的重要基地，特

别是对提高精煤回收率、保证商品煤总量起到关键的作用。因为我国现有的技术还是会导致大量的煤炭损耗，同时导致大量的空气污染，她希望通过煤炭深加工的清洁煤技术改善外界对于煤炭等同于污染这一观念。事实上，在我亲自走进煤场与主任交谈前，我也不是特别清楚煤炭的生产流程，不明白煤炭深加工的过程。但是到了最后，我清楚煤炭深加工的意义，可以让煤炭的利用率提高，让能源损失减少，让空气污染减少，让我们以后抬头看到的天空更蓝，每一次呼吸都是清新的，让社会更加和谐。

实践团成员：郭雨竹　肖洁　郭家惠

北京市西城区盲人生存现状

实践·报告

本文从十九大最新提出"全面建成小康社会"的具体目标满足"人民日益增长的美好生活需要"这一概念切入，着力探析人群中的盲人这一弱势群体的生存现状。本次暑期社会实践，我们深入到北京西城区的各个不同地方，通过问卷调查、访谈、听讲座等调研方式，对西城区盲人生活状况问题进行研究和分析，深入了解西城区盲人生存现状，也让其他人对盲人有更进一步的认识与了解，从而更好地便利与改善盲人的生活，也为北京市的社会福利事业建设出力。

一、关于西城区盲人生存现状的数据统计分析

（一）前言

随着我国经济的发展，人民的生活水平不断提高。然而一些地区忽视了盲人的生活状况。所以我们利用暑假，开展了以"关于北京市西城区盲人生存现状的调查"为主题的社会实践活动，对这一主题进行深入研究。我们采用问卷调查的方式，设计了针对盲人和非盲人的不同问卷，从盲人和非盲人的不同角度看待问题，以便更加深入地了解盲人的生活。

本次社会实践设计了 200 份针对非盲人的调查问卷和 100 份针对盲人的调查问卷，回收了针对非盲人的调查问卷 200 份，针对盲人的问卷 43 份，其中 3 份废卷。

（二）盲人生活现状调查分析

1. 关于北京市西城区盲人就业分析

（1）职业、文化程度（见图 1、图 2、表 1）。

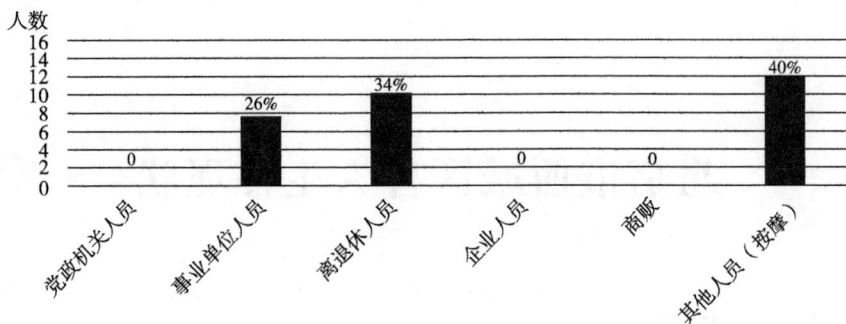

图1 盲人从事职业调查

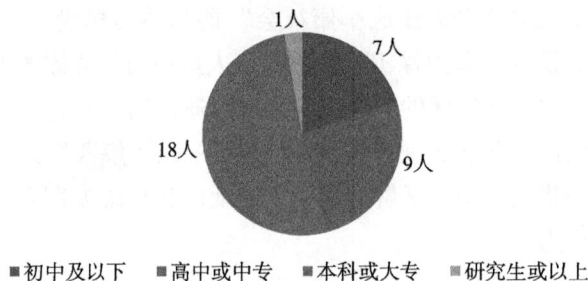

■初中及以下　■高中或中专　■本科或大专　■研究生或以上

图2 盲人文化程度占比

表1 盲人具体职业表

职业	人数
按摩师	10
工人	2
儿童舞台音乐剧编导	1
无业	8
培训师	1
盲文校对或编辑	5
艺术表演	1
高级编辑（退休）	1
图书校对（退休）	1
电气工作人员（退休）	1
其他退休人员	1
101毛发厂（退休）	1
工厂工人（退休）	2

　　图1显示调查的盲人事业单位人员为26%，离退休人员为34%，从事其他职业的有40%。图2是他们的文化程度比例分布，有约一半的人是本科及大专水平，有约1/4的人是高中或中专水平，有1/5的是初中及以下的水平，而研究生或以上的则相当少。表1是这次调查的盲人的具体职业的归纳。

可以看出，从事按摩一类的盲人占了很大的比例，而其他行业的则相当有限。这与他们的文化程度有着很大的关联。由于盲人学习并不容易，尽管现在科学技术发达了，有各种应用及方法让盲人接触到外界的许多的东西，但是也是非常有限的，他们的文化水平制约了他们的工作选择，而工作又制约了他们的收入，直接影响了自身的生活质量。在调查中也遇到一些盲人朋友仍然在自学，想要得到提升，改善自己的生活。

（2）从事现在职业时间、水平（见图3、图4）。

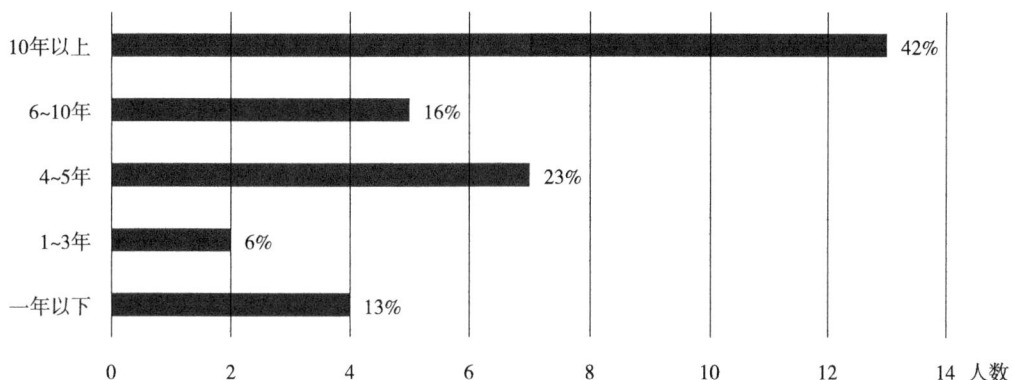

图3　从事现在职业时间（除无业人员）

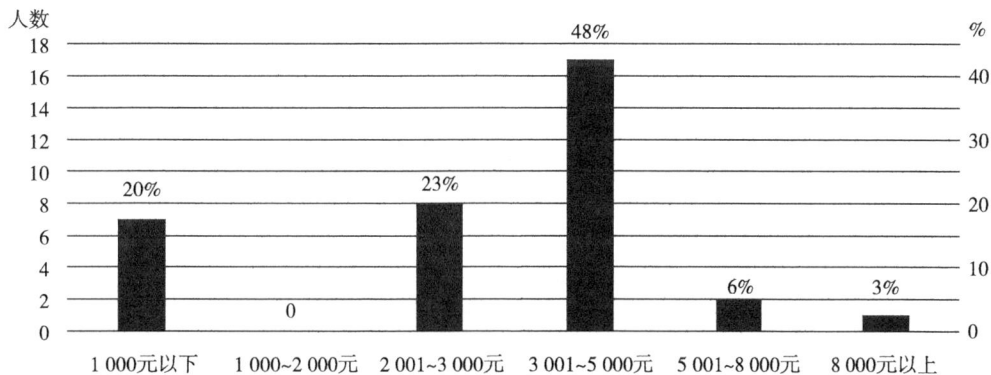

图4　收入水平统计

数据显示，调查的盲人在现职业上从事了10年以上的有42%，5至10年的有16%，3至5年的有23%，1至3年的有6%，1年以下的有13%。收入水平集中在中等水平（3 001至5 000元），高于此水平则很少，低于此水平也有相当的一部分。

总体来说，盲人在从事职业方面还是比较稳定的，或许是喜欢这个行业，或许是因为外界限制，不得不干这一行，他们中有一半多的人任职超过了5年。尽管有近20%的盲人工作不是很稳定，但是相信他们能学会提升自我，找到适合自己的定位。收入方面，近一半的人处于中等水平，工资较低的也不少，而高薪的则很少。

（3）职业评价、工作中遇到的困难、对未来职业的期望（见图5、图6、图7）。

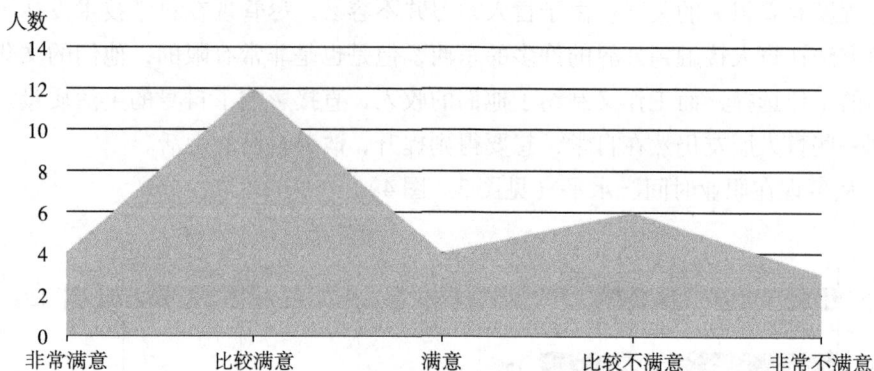

图5　对目前职业评价分析

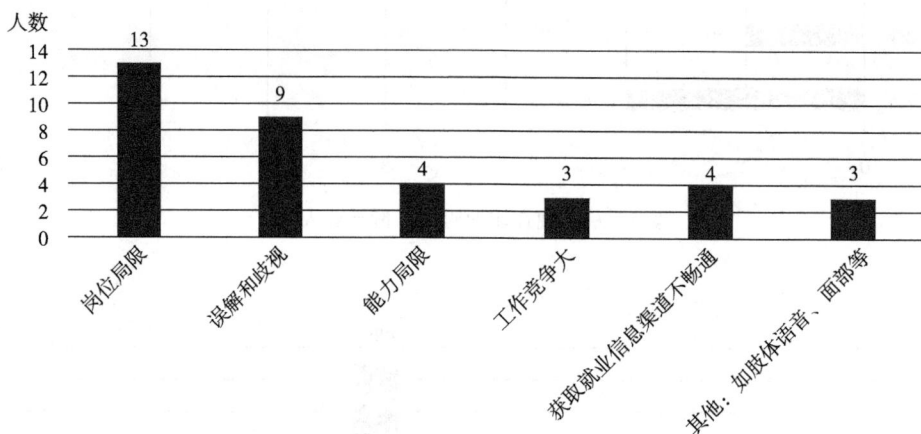

图6　工作中遇到困难分析

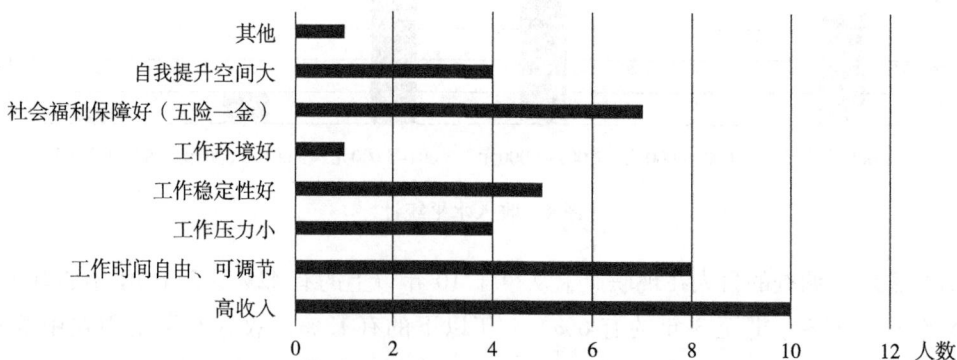

图7　对未来职业期望

图5中有两个峰值：比较满意和比较不满意。图6中，针对工作中遇到的问题，投票最多的是岗位局限、误解和歧视，另外四项都较均匀。图7中，对未来职业的期望，排名第一的是高收入，第二是工作时间自由、可调节，第三是社会福利好，第四是工作稳定性

好，其他的都较少。

对现在的职业，调查的结果是总体偏向于满意这一边，然而不满意这一边的比例却也不小。其实，盲人的就业渠道很窄，再加上他们学习又不易，能力有限，所以在找工作这方面存在一些问题。工作中遇到的困难，歧视误解和岗位局限都与视力残疾这个特性相关联。岗位局限不可避免，但是依托现代科技可以有更进一步的突破；而歧视误解，也许其中不乏盲人"自我感觉"是这样，但是彼此之间加深理解和交流都是很有必要的。其他的工作问题在普通人中也很常见，不再一一赘述。对于未来职业的期望，与普通人几乎无异，都是希望能有高收入，工作时间和社会福利等方面能有好的发展。所以为了这个目标，不少盲人也在努力自学。

（三）北京市西城区盲人家庭生活分析

1. 婚姻状况

据统计，调查的盲人中，女性占到了 54% 的比例。男性占 46% 的比例；年龄处于 20 岁以下的占 3%，处于 21 至 40 岁的占 51%，处于 41 至 60 岁的占 37%，60 岁以上的占 9%（见图 8）；已婚的有 43%（15 人），未婚的有 54%（19 人），离异的有 3%（1 人），其他的则为零（见图 9）。

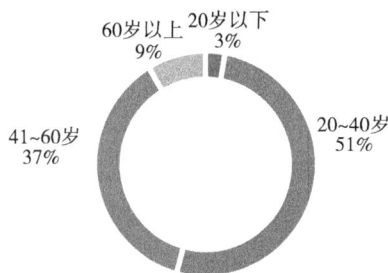

图 8　参与调查盲人年龄分布情况

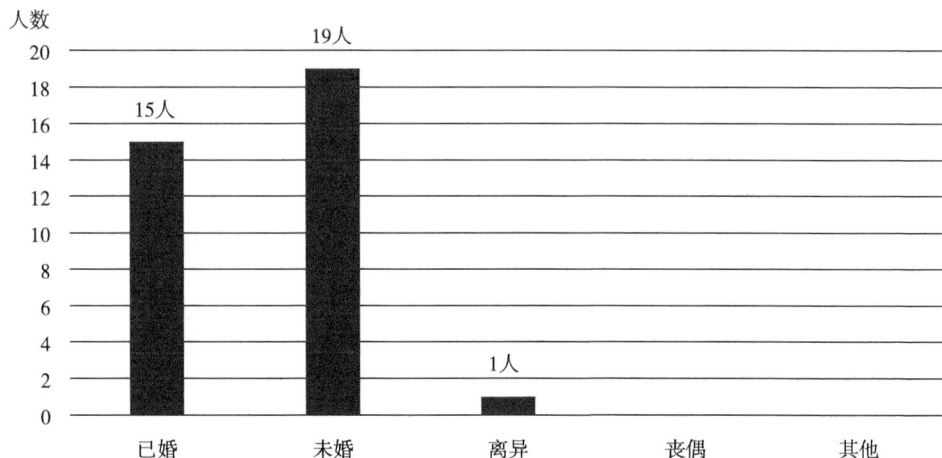

图 9　参与调查盲人婚姻状况

由此看出，西城区盲人男女比例基本相同，差异不大，而目前大多数都处于青壮年时期。已婚和未婚的比例都较大，尤其是未婚。盲人生活在一个相对比较保守的环境中，接触的人也是有限的，他们渴望像正常人一样被对待，渴望他人的尊重，而不是受到来自社会甚至是家人的歧视，或者像"天线宝宝"一样被捧在手心里小心翼翼地对待。可以看出，他们要找到合适的伴侣并非易事，而一旦确定了，彼此感情也还算稳固，离婚率很低。

盲人配偶情况的调查，他们中有65%的人的配偶也是盲人，其余35%则是非盲人（见图10）。这也印证了上面所说的他们找到合适的伴侣并不容易，而且接触面也很有限。

否
35%

是
65%

图10　参与抽查盲人配偶情况

2. 家庭情况

调查中，16人家庭成员中有配偶，9人有父母，4人有子女，7人则是独居或者有其他情况（见图11）。许多盲人都是跟父母或配偶居住，他们多数是需要有其他人照顾的。调查时，有位20多岁的男性盲友配合我们调查，途中他要回家，他母亲多次返回，要求

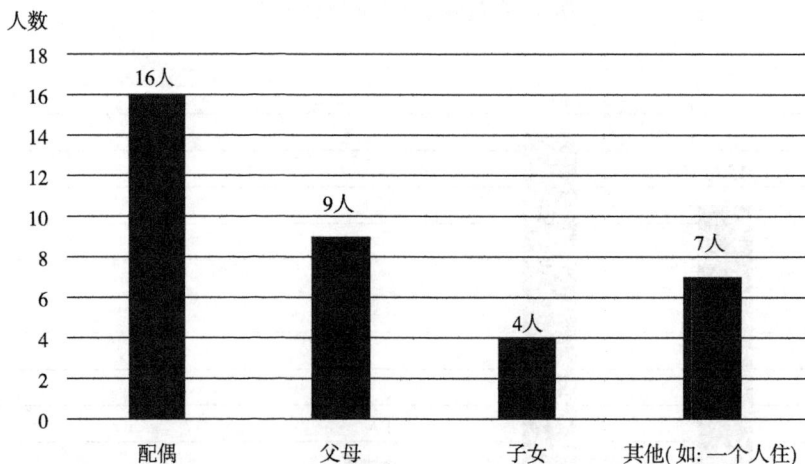

图11　参与调查盲人同住家庭成员情况

一直陪同等待，或者叮嘱其安全，放不下心。这显然对他们家人的影响是很大的，而且作为盲人自己也感到行动受限，认为被束缚、禁锢着。这与他们不易找到合适的伴侣（尤其是非盲人）也是有关联的。

调查显示，盲人的家庭收入一般的，达到了2/3，而比较贫穷和非常贫穷的有1/3（见图12），总体来说生活都不是很容易。盲人的生活起居工作可能会影响到家人，因为家人要照顾他们，时间精力上很受限制；再加上有些盲人的伴侣也是盲人，家庭收入肯定也会受影响。

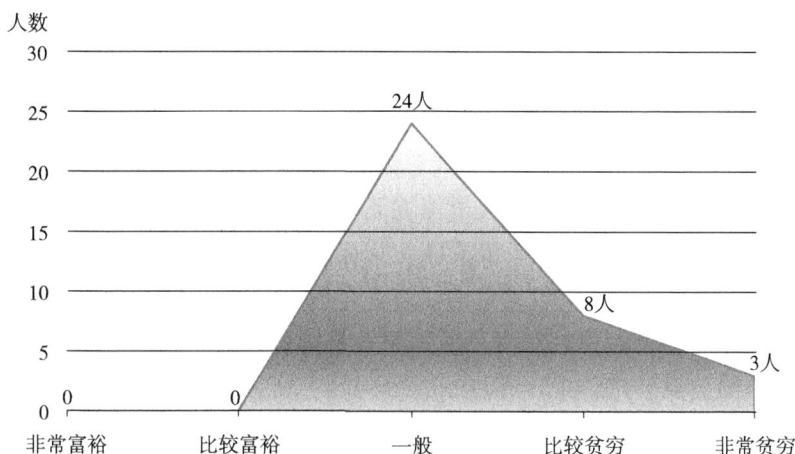

图12 参与抽查盲人家庭经济情况

3. 闲暇活动情况

当问到闲暇时间如何安排，投票较多的是读书、听音乐、听电视广播及有声读物（见图13）。这个结果跟盲人群体的特殊性很符合。即便是读书，他们也是读盲文或者"听书"。再则，这些投票较高的方式也适合一个人来做。他们不方便出行，而且因为处于黑暗和相对比较封闭的环境中，内心有相当的孤独感。他们也有去"听电影"的，而且非常享受，听得如痴如醉，这也是很好地慰藉了他们心灵的娱乐方式。他们通过读书和听广播也是为了提升自己，希望改变自己的生活。

图13 参与调查盲人闲暇时间活动情况

4. 生活中的问题

根据调查走访反应，盲人对于生活中遇到的问题呼声最高的就是出行不便，即使是在北京市西城区这样一个全国盲人设施较好、社会福利较高的地方，也不能避免占道的事情屡次发生。除此之外，对于他们来说坐地铁、公交车也很不方便，因为有时不知道车站的情况。举个例子，一个盲人站在公交站等车，他不知道车开过来的情况，很可能会受伤，而且等来的车不知是否是自己要乘坐的那路车，所以盲人生活中的这些点点滴滴，非盲人可能压根就想不到的小问题却增加了他们无尽的艰辛和委屈。

其次，盲人与健全人交流即便没有受到对方的歧视也经常会感觉有隔阂。

（四）北京市西城区盲人社会保障分析

中国是全世界盲人最多的国家之一，眼部疾病在中国也是一个主要的公共卫生问题。中国有盲人600万~700万名，占世界盲人总数的18%，另有双眼低视力患者1 200万人。北京市有达6.7万盲人。可以说，盲人群体在北京甚至是在中国，都是一个庞大的群体，他们需要国家和政府的重点关注和政策扶持。但通过对北京市西城区盲人的调研和走访得知，目前盲人群体现在处于一个边缘化的状态，全国部分地区缺少针对这一特殊的弱势群体制定的社会保障政策和福利制度。通过调查数据可以分析得出在目前北京市西城区在社会基础设施的建设和维护上，存在很大的问题。盲人群体的社会福利不能够很好地保障。

通过调查数据分析可知，绝大多数盲人认为西城区盲人社会基础设施建设并非十分完善（见图14）。经过调查，现今存在盲人用道不规整、占用盲道现象严重、路口没有设置提示音提醒、没有无障碍通道、车站无语音播报等问题，大大影响了盲人的出行及安全。通过对盲人的采访可知，他们非常渴望能够与社会有更多的交流与接触，但是仍存在种种困难牵绊住他们走向外界的步伐，他们迫切地希望政府能够完善社会基础设施设施，以方便他们的生活和出行。

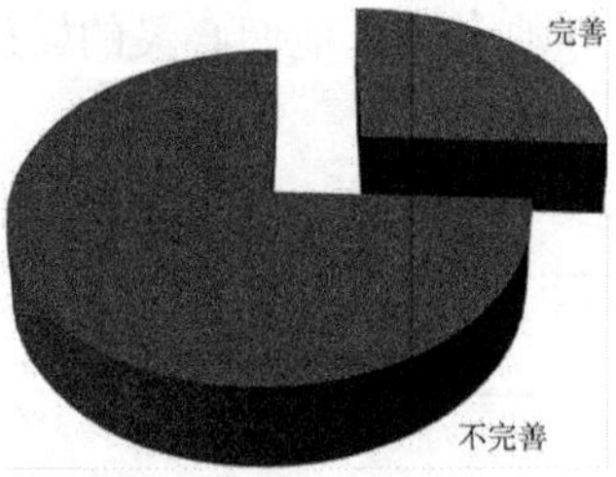

图14　西城区盲人的社会基础设施情况

通过分析可得，大部分盲人的生活经济水平只是一般，有很多盲人的经济状况比较贫穷，有将近一成的盲人生活非常困顿，只有一半左右的盲人得到了政府的补助，还有很多的盲人尽管经济困难，并没有得到政府的补助。换言之，国家或政府对盲人社会福利及保障制度并不是十分完善，没有惠及每一个需要帮助的盲人（见图15、图16）。

图 15　国家补贴情况

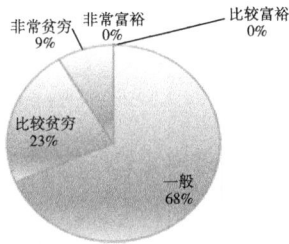

图 16　家庭经济情况

通过图 17 可以看出将近一半的盲人认为政府的补助不能够保障他们的生活，比较多的人认为政府的补助能够保障他们的生活。分析可得，政府的资助力度不够高，即使资助了，也不能真正解决盲人生活困难的问题。

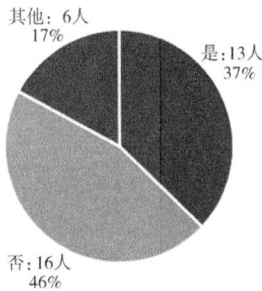

图 17　对国家或政府补助满意度

通过图 18 可以看出大多数盲人受到过社会爱心人士或群体的帮助，只有三成左右的盲人没有受到社会爱心人士或群体的帮助。希望能够有更多的人了解并且关爱这个群体。

通过图 19 可以看出大多数盲人受到社会爱心人士或群体来自生活或精神方面的帮助，并且大多数盲人希望能够得到更多的社会爱心人士或群体关于生活或精神方面的帮助。这反映了盲人希望得到社会更多的关注和来自人们更多的陪伴。我们应该在这方面做出更多的努力。

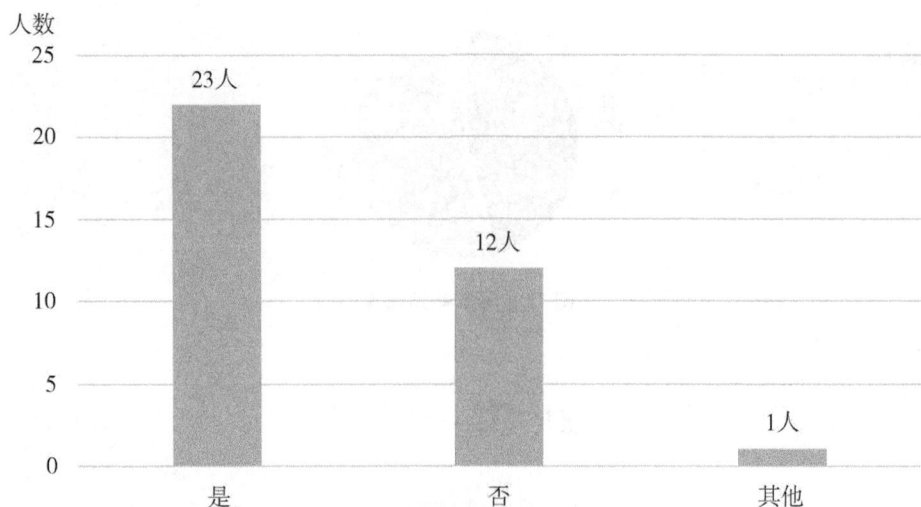

图18　收到社会爱心帮助统计

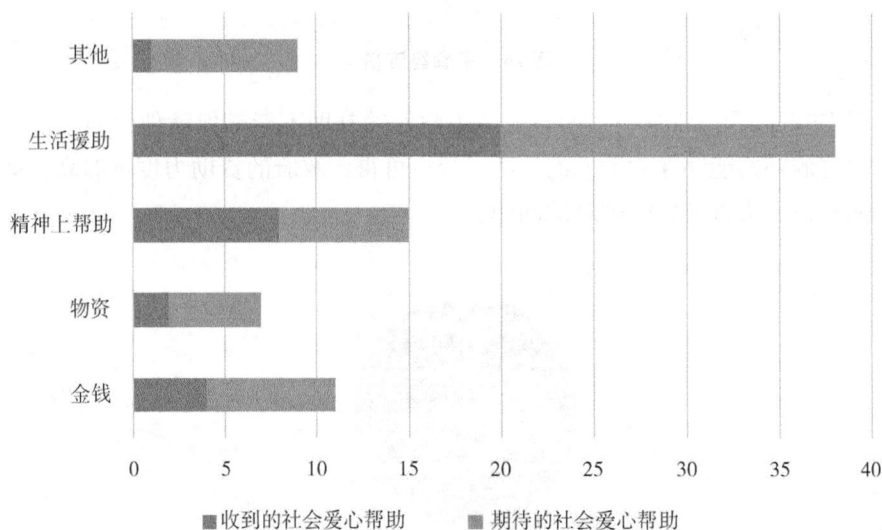

图19　收到社会爱心帮助及期待帮助

三、非盲人篇

（一）非盲人对盲人就业看法分析

（1）是否愿意雇用盲人。

数据显示，当被问及"如果你是老板，是否愿意雇用盲人"时，回答"是"的占了50.51%，回答"否"的占了49.40%（见图20），两者几乎一样多。而只有78%的人愿意接受盲人成为自己的同事并给予帮助，剩下的22%则不然。

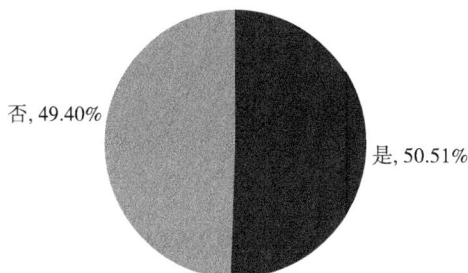

图20 是否愿意雇用盲人

雇用盲人，除了平时可能会有一些小耽误之类的麻烦外，还有就是人身安全的问题，而且得考虑工作性质和量等方面，再加上歧视等原因，许多单位不愿雇用盲人。而近4/5的调查者愿意接纳盲人成为自己的同事并帮助他们（见图21），这应该说来更多的是出于人道主义精神，与之前的"老板"的态度不太一样，前者更偏向于利益问题，所以也不难看出盲人就业难这个问题的一个因素。

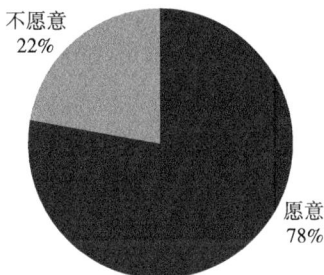

图21 愿意接受盲人同事并给予帮助情况

在回答认为盲人的就业优势有哪些中（可多选），投票最多的是"其他感官更敏锐"，其次是"注意力集中"，次之的是"记忆力好"（见图22）。

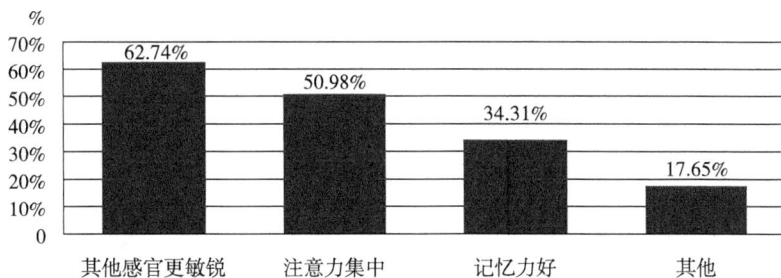

图22 盲人就业优势情况

（2）怎样为盲人提供就业机会。

对于"政府和社会可以怎样为盲人提供就业机会"，选项中，"号召更多爱心企业为盲人提供更多就业机会"勾选的比例达到了56.9%，"为盲人提供专门的就业培训班"勾选的比例达到了66.7%。问答的结果如下：

①在公共场所设立盲人无障碍设施，宣传相关知识；

②建立专门的盲人就业公司；

③加强盲人的教育接受更好的教育；

④设立职业保护；

⑤为盲人提供更多的公共文化服务。

且不说这些是否都能落实，但总的来说知识教育是不可缺少的一部分，然后才是就业机会的提供、渠道的宣传。

（二）非盲人对盲人家庭生活看法分析

（1）与盲人的接触

对于非盲人接触盲人的次数非常多有15%，比较多有25%，一般有18%，比较少有25%，非常少有17%，如图23（a）所示。大部分人不会在公共场合议论盲人，然而有一小部分会，如图23（b）所示。至于接触盲人的渠道，除了亲戚朋友一栏外，其他四栏都比较均匀。

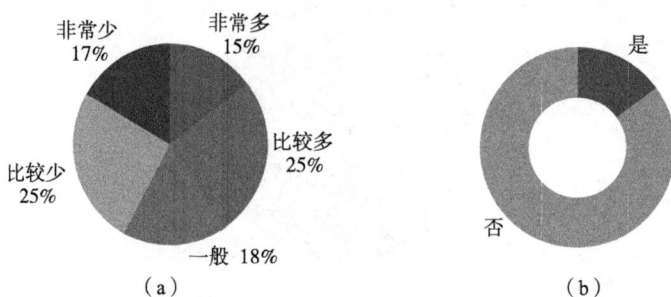

图23　接触盲人次数及评价情况

（a）接触盲人的次数；（b）在公共场合遇到盲人是否会议论

生活中的确不是很经常见到盲人，而他们作为弱势群体，也常常受到各方面的约束，难以走出自己的小圈子，像健全人一样活着，他们的心里其实很渴望被"正常"对待。

由数据得知，能接受盲人为自己服务的有70%，不能接受的有30%；而能接受盲人作为自己配偶的有24%，不能的有76%，这两组数据几乎是刚好相反的（见图24）。

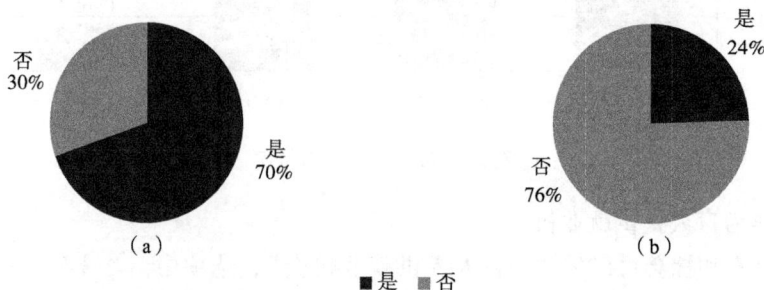

■是　■否

图24　对盲人的接受程度

（a）是否愿意盲人为自己服务；（b）是否愿意接受盲人作为自己的配偶

其实本部分盲人内容中已涉及过这个问题，许多人能接受盲人为自己服务，却不能接受成为自己的伴侣，就算当事人不是刻意地歧视盲人，但因为考虑到他们的不方便而不会以正常人来对待他们，这也增加了盲人寻找合适伴侣的难度。

据数据显示，大多数人（84人）愿意帮助盲人，少部分人（17人）不愿意（见图25），而具体的帮助内容如表2所示。

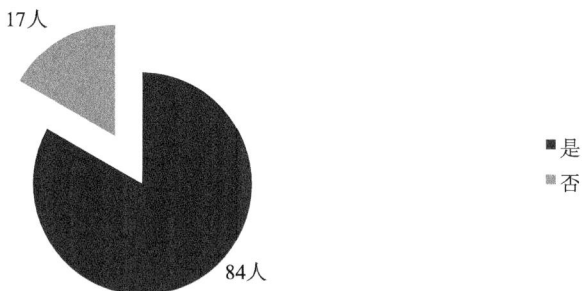

图 25　公共场合帮助盲人意愿

表 2　帮助盲人情况统计

提供的帮助	扶盲人过马路	照顾盲人生意	清理盲道	捐助盲人	精神上的开导	其他
投票数/人	76	62	41	35	36	9

（3）对盲人基础设施建设的看法。

多数人（72人）认为西城区盲设不完备，少数人（25人）认为完备（见图26），具体的问题及建议见表3。

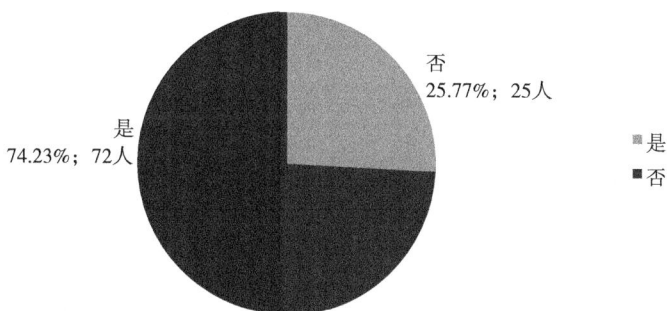

图 26　西城区盲人社会基础设施是否完善

表 3　盲道情况占用

序号	存在问题	序号	建议
1	盲人用道不规整	1	多建盲道
2	占用盲道现象严重	2	出行设备完善

续表

序号	存在问题	序号	建议
3	路口没有设置提示音或天桥	3	清理盲道
4	无障碍通道	4	盲道加强管理
5	车站无语音播报	5	维护盲道
6	公共交通内无语音播报	6	健全盲人设施

（4）志愿活动的效果。

在被问及现在的志愿活动是否真正帮助到盲人时，39%的人认为是，29%的人认为没有，还有32%的人不清楚（见图27）。三者的比例分布比较均匀。

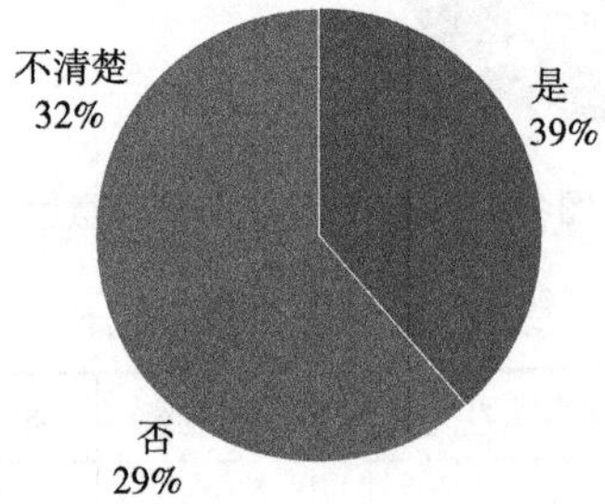

图27　志愿活动是否能真正帮助盲人

由此分析，只有39%的人肯定现今的志愿活动相当有作用，对盲人朋友有很大帮助，而约2/3的人不清楚或持否定态度，这说明，除了有些人对这一公益事业漠不关心外，其他人对这些志愿活动的内容不清楚甚至认为没有必要，所以志愿者要结合盲人朋友的实际情况，从盲人的角度出发来设计真正能帮到他们的活动。

二、调查结论及建议

（一）关于本次调查的一些结论

1. 就业

由以上分析给以看出，盲人在就业方面是非常局限的，他们大多数人是长期待在同一个岗位，或者是一年之内换几个工作，找不到适合自己的工作。文化程度不高的大多只能从事按摩师之类的工作，文化程度高一点的会从事盲文编辑、校对之类的工作，相信还有很多我们没有访谈过的盲人在家待业。在就业过程中，他们遇到了误解与歧视，因为眼睛看不见，所以能力受到了局限。另外，他们的就业环境也不是很理想，工资通常为2 000～5 000元，这在北京这样消费指数较高的城市生存还是非常不容易的。他们也是非常希望能有一个收入较高、时间可以调节、稳定性好一点的工作。但是大多人对自己的工作还是比较满意的，毕竟有一份像样的工作对他们来说已经很满足了。

从非盲人部分的调查问卷来看，有一半的人不愿意雇用盲人，这反映了盲人的职业选择确实很局限，在求职过程中会遇到很多问题。有约 1/3 的人不愿意雇用盲人，或者让盲人成为他们的同事，正如张骐良的《盲人就业的出路与对策》中说，几千年来的世俗偏见是制约盲人就业的重要原因。很多人觉得盲人不健全，就歧视他们，极大了制约了盲人的职业发展。

2. 家庭生活

由以上分析可以看出，婚姻问题是盲人生活最大的问题。采访中遇到了很多大龄未婚盲人青年，并且在已婚的盲人中，他们的配偶大多也是盲人，或是弱势群体，这极大地制约了盲人的日常生活。在家庭情况的调查中，大多数人认为生活一般，或者比较贫穷，少数人认为自己生活非常贫穷，这说明他们对自己的生活状态是比较不满意的。盲人平时的娱乐活动也只限于读盲文书、听音乐、听广播等，与外界交流接触的娱乐活动比较少，他们大多封闭自我，不太愿意和别人相处。

从非盲人的部分来看，绝大部分人是不愿意盲人成为他们的配偶的。同时发现，大部分人还是会尊重盲人，不会在公共场合议论盲人，也愿意在公共场合帮助盲人。公众的心是善良的，所以盲人应该多走出自我世界和公众接触。

3. 社会福利

由以上分析可以看出，接近一半的盲人是没有政府或国家的补助，即使有补助也是通过低保等手段获得。另外，我们发现北京市民与外来人口之间的补助差距较大。有一半的人反映对自己的补助不够满意，希望政府可以加大补助力度。在西城区，我们看到了比较好的盲人基础设施，尽管如此，有接近一半的盲人还是表示不满意现状，交通混乱、盲道被占等问题仍然是严重的。值得欣慰的是大部分盲人都受到过爱心人士或者爱心群体的帮助，无论是物质上的还是精神上的，对于他们来说都是十分珍贵的。不过，由于生活不便，盲人们更希望是生活上的帮助和陪伴，希望志愿者们能带他们去体验外面的世界。

而针对非盲人的调查问卷中，部分人认为盲人基础设施不够完善，盲道被侵占现象严重，也有部分人不是很了解这个问题，说明了大众或者政府并没有真正重视盲人基础设施的建设和维护。

（二）对于本次调查的意见和建议

1. 就业

盲人们应该利用听觉或者触觉发达的优势，掌握一门技术，可以做推拿师、调琴师之类的工作，或者到盲校读书获得更多知识，从事盲文编辑方面的工作。

政府应该组织盲人就业技术培训，拓宽盲人就业途径，优先考虑盲人的就业。另外，还可以制定盲人的就业政策，对盲人劳动能力进行综合评估，开拓适合盲人工作的范围。

2. 家庭生活

针对盲人找配偶困难的问题，可以举办专门的盲人相亲会，鼓励盲人走出自我，多与世界接触，扩大朋友圈子。

志愿者组织或者媒体可以举办一些针对盲人的娱乐活动，丰富盲人的日常生活，打开他们的内心世界。

3. 社会福利

政府应该加大盲人补助力度，努力改善盲人生活，同时照顾到外来的盲人，让他们在北京也能好好生活。

另外，盲人基础设施建设还不够完善，比如，盲道的建设应该合理有效，真正便利盲人出行；定期清理占用盲道的车辆，为盲人营造安全的交通环境，还有红绿灯设置提醒、公交车到站后及时报站等。最重要的是招募更多的志愿者为盲人服务，方便他们出行。

结 语

有人说，当上帝为你关上了一扇门，总会为你打开一扇窗。但，如果他在你的眼前拉上了帘，一切都终归黑暗，你又该如何呢？有这样一群人，他们在黑暗中踽踽独行，在人群中如履薄冰，在虚无中茫然失措。他们，就是视障人士。

虽然我们的社会实践不能在实际上帮助盲人，可是起码我们五个人，以及我们身边的人会知道有这么一群特殊的人，他们在孤单地活在自己的世界里面，不愿意向别人展示他们的内心世界。

但是我们站出来了，我们去做了，让一小部分人去了解、去认识盲人。可能我们所有人只能走一小步，可是我们一直走一直走，就可以走出一大步。

希望越来越多的人了解盲人，关注盲人，帮助盲人，希望政府能切实地帮助盲人，改善他们的生活。这是我们社会实践活动最大的意义。

参考文献

［1］张骥良．盲人就业的对策与出路［OL/DB］．中国知网．

［2］第二次全国残疾人抽样调查资料（上、下）［M］．北京：中国统计出版社，2008．

［3］王辅贤．残疾人社会工作［M］．北京：北京大学出版社，2008．

［4］郑功成．残疾人社会保障：现状及发展思路［J］．北京：中国人民大学学报，2008（7）．

［5］杨立雄，兰花．中国残疾人社会保障制度［M］．北京：人民出版社，2011．

附录一　调查问卷

北京理工大学关于北京市西城区盲人生存现状的调查问卷
（适用对象：盲人）

您好！

我们是北京理工大学关于北京市西城区盲人生存现状课题小组的成员。

本次抽样调查的目的是深入了解北京市西城区盲人生存现状，便利与改善盲人生活，为北京市的社会福利事业建设出力。

本调查问卷不记名，只用于统计分析，严格保密。您的回答将代表众多和您一样的北京市西城区市民，并将对北京市西城区盲人福利事业进一步建设起到推进作用。请您按照自己的实际情况和真实想法回答问题，答卷时只需对所选的选项打"√"。衷心感谢您对本次调查的大力支持！

一、基本信息

1. 您的性别：

□ 男 　　　　　□ 女

2. 您的年龄：

□ 20 岁以下 　　□ 20 ~ 40 岁 　　□ 41 ~ 60 岁 　　□ 60 岁以上

3. 您的职业：

□ 党政机关工作人员 □ 事业单位人员

□ 离退休人员 　　　□ 企业人员

□ 商贩 　　　　　　□ 其他（学生、军人、自由职业等）

4. 您的政治面貌：

□ 共产党员 　　　□ 民主党派 　　　□ 群众 　　　　□ 其他

5. 您的文化程度：

□ 初中及以下 　　　　　　□ 高中或中专

□ 本科或大专 　　　　　　□ 研究生或以上

6. 您的户籍身份：

□ 本地户口 　　　　　　　□ 外来户口

□ 境外户口 　　　　　　　□ 其他

二、调查内容

1. 您的职业：_____（详细）

2. 您从事本职业的时间：

□ 1 年以下 　　　　　　　□ 1 ~ 3 年

□ 4 ~ 5 年 　　　　　　　□ 6 ~ 10 年

□ 10 年以上

3. 您的收入水平：

□ 1 000 元以下 　　　　　□ 1 000 ~ 2 000 元

□ 2 001 ~ 3 000 元 　　　□ 3 001 ~ 5 000 元

□ 5 001 ~ 8 000 元 　　　□ 8 000 元以上

4. 您在求职或工作中遇到的困难（可多选）：

□ 岗位局限 　　　　　　　□ 误解和歧视

□ 能力局限 　　　　　　　□ 工作竞争大

□ 获取就业信息渠道不畅通

☐ 其他

5. 您对目前职业是否满意：

☐ 非常满意　　　　　　　　☐ 比较满意

☐ 满意　　　　　　　　　　☐ 比较不满意

☐ 非常不满意

6. 您对未来职业生涯有什么希望（可选1～2项）：

☐ 高收入　　　　　　　　　☐ 工作时间自由、可调节

☐ 工作压力小　　　　　　　☐ 工作稳定性好

☐ 工作环境好　　　　　　　☐ 社会福利保障好（五险一金）

☐ 自我提升空间大　　　　　☐ 其他

☐ 不清楚

7. 您的婚姻状况：

☐ 已婚　　　　　☐ 未婚　　　　　☐ 离异

☐ 丧偶　　　　　☐ 其他

8. 你的配偶是否是盲人：

☐ 是　　　　　　☐ 否

9. 目前与您同住的其他家庭成员（可多选）：

☐ 配偶　　　　　☐ 父母　　　　　☐ 子女　　　　　☐ 其他

10. 您的家庭经济状况：

☐ 非常富裕　　　　　　　　☐ 比较富裕

☐ 一般　　　　　　　　　　☐ 比较贫穷

☐ 非常贫穷

11. 您闲暇时间如何支配（可多选）：

☐ 读书　　　　☐ 运动　　　　☐ 上网　　　　☐ 音乐

☐ 棋牌　　　　☐ 旅游　　　　☐ 参加活动　　　☐ 电视广播及有声读物

☐ 学习　　　　☐ 其他

12. 您是否收到国家或政府的补助：

☐ 是　　　　　　　　　　　☐ 否

13. 您每年受补助的金额是：

☐ 200 元以下　　　　　　　☐ 200～500 元

☐ 501～800 元　　　　　　 ☐ 800 元以上

14. 您对国家或者政府的补助是否满意

☐ 是　　　　　　　　　　　☐ 否

15. 您认为西城区的盲人社会基础设施是否完备：

☐ 是　　　　　　　　　　　☐ 否

16. 如果您认为不完备，您提出的建议有：

17. 您是否收到社会爱心人士或群体的帮助：

☐ 是　　　　　　　　　　☐ 否

18. 社会人士或群体对您的帮助包括哪些方面：

☐ 金钱　　　　☐ 物资　　　　☐ 精神上帮助

☐ 生活援手　　☐ 其他

19. 您希望获得哪些方面的帮助：

☐ 金钱　　　　☐ 物资　　　　☐ 精神上帮助

☐ 生活援助　　☐ 其他

20. 您在生活中遇到的困难有：

_____

北京理工大学关于北京市西城区盲人生存现状的调查问卷
（适用对象：非盲人）

您好！

我们是北京理工大学关于北京市西城区盲人生存现状课题小组的成员。

本次抽样调查是为深入了解北京市西城区盲人生存现状，为便利与改善盲人生活，为北京市的社会福利事业建设出力。

本调查问卷不记名，只用于统计分析，严格保密。您的回答将代表众多和您一样的北京市西城区市民，并将对北京市西城区盲人福利事业进一步建设起到推进作用。请您按照自己的实际情况和真实想法回答问题，答卷时只需对所选的选项打"√"。衷心感谢您对本次调查的大力支持！

一、基本信息

1. 您的性别：

☐ 男　　　　　　　　　　☐ 女

2. 您的年龄：

☐ 20 岁以下　　　　　　☐ 20～40 岁

☐ 41～60 岁　　　　　　☐ 60 岁以上

3. 您的职业：

☐ 党政机关工作人员

☐ 事业单位人员　　　　　☐ 离退休人员

☐ 企业人员

☐ 商贩   ☐ 其他（学生、军人、自由职业等）

4. 您的政治面貌：

☐ 共产党员   ☐ 民主党派

☐ 群众   ☐ 其他

5. 您的文化程度：

☐ 初中及以下   ☐ 高中或中专

☐ 本科或大专   ☐ 研究生或以上

6. 您的户籍身份：

☐ 本地户口   ☐ 外来户口

☐ 境外户口   ☐ 其他

二、调查内容

1. 您平时接触盲人的次数：

☐ 非常多   ☐ 比较多   ☐ 一般

☐ 比较少   ☐ 非常少

2. 您接触盲人的渠道是：

☐ 志愿者组织   ☐ 媒体   ☐ 亲戚朋友

☐ 服务业（如盲人按摩）

☐ 其他（如街头卖艺等）

3. 如果您是雇佣单位负责人，您是否愿意雇用盲人：

☐ 是   ☐ 否

4. 您是否愿意接受盲人为您服务：

☐ 是   ☐ 否

5. 您是否愿意接受盲人作为您的同事，并在工作中给予他帮助：

☐ 是   ☐ 否

6. 您认为盲人在就业方面有哪些优势（可多选）：

☐ 其他感官更敏锐   ☐ 注意力集中   ☐ 记忆力好   ☐ 其他

7. 您认为政府或社会怎样为盲人提供更多的就业机会：

☐ 号召更多爱心企业为盲人提供更多就业机会

☐ 为盲人提供专门的就业培训班

☐ 您的建议（您的建议对我们很重要哦）：

_____

_____

8. 您是否愿意接受盲人作为您的配偶：

☐ 是   ☐ 否

9. 如果您在公共场所遇到盲人，您是否会议论他：

☐ 是   ☐ 否

10. 如果您在公共场所遇到盲人，你是否愿意提供帮助：

☐ 是　　　　　　　　　　　　☐ 否

11. 提供怎样的帮助（可多选）：

☐ 扶盲人过马路　　　　　　　☐ 照顾盲人的生意

☐ 清理盲道　　　　　　　　　☐ 捐助盲人

☐ 精神上的开导帮助　　　　　☐ 其他

12. 您认为西城区的盲人社会基础设施是否完备：

☐ 是　　　　　　　　　　　　☐ 否

13. 如果您认为盲人社会基础设施不完备，您提出的建议有：

_____

14. 您认为国家或政府对盲人社会保障是否完备：

☐ 是　　　　　☐ 否　　　　　☐ 不清楚

15. 您认为与盲人交流应该注意什么：

_____

16. 您认为现在的志愿者活动是否真正帮助到盲人：

☐ 是　　　　　☐ 否　　　　　☐ 不清楚

17. 请您对我们本次活动提出意见或建议：

_____

谢谢配合！

附录二

社会调查访谈举例

调查小组：

我们聊一下盲人现在的各方面。

王老师：

行，提问我回答。其实对我来讲也没什么好说的，就是日常生活。

调查小组：

想问一下您的职业是什么？

王老师：

我现在是一个公益机构的培训师，有对非盲人的，有对盲人的，有对企业的培训。

调查小组：

您在这个岗位中有遇到什么困难吗？比如说能力局限或者工作竞争方面或者信息渠道的。

王老师：

每个人都会有他的局限。对于我们，可能身体的确实对于我们是个局限。比如说跟大家互动，我看不到大家的表情。对我而言，对大家的互动不够，对全场的掌控就不够。还有就是信息障碍问题，我从网上查资料，很多网站我不能访问；还有视频，如果我要做一个课件，要从网上找一个视频，我就需要别人协助。我不知道这个视频是什么样，我不知道这个视频是不是能跟我的培训配合。

调查小组：

那您对目前的职业是否满意呢？

王老师：

我觉得这个职业能实现我的价值或者说实现部分自我价值。我觉得还不完全满意，我觉得我的收入还可以再高些，我的价值还可以更大些，我觉得我的能力不仅仅是做这个职业。我希望我能体验到更多的生活。其实我好几次转变。我先上中专，然后工作四年再上大学，大学毕业再工作，我经过很多种职业，我觉得不后悔，多体验一些东西还是有好处的。

调查小组：

我从您之前的讲话中觉得，您认为盲人和正常人其实没什么区别。

王老师：

有一个不同，就是一个看得见，一个看不见。

调查小组：

对，其实就是看不看得见的区别，就像普通人也有区别。所以您认为没有必要分盲人、非盲人是吗？

王老师：

对对对，就是更没有必要 "你们" "我们" 的区别，其实大家都是一样的。

调查小组：

我也感觉我们每个人都是一样的，只是有的缺陷明显，有的缺陷不明显。

王老师：

是，而且缺陷是可以弥补的。

调查小组：

和您一起的家庭成员有哪些呢？

王老师：

我是七八岁出来上盲校的，基本上都是自己生活。

调查小组：

那您闲暇时间怎么支配的？有什么爱好吗？

王老师：

爱好所有新鲜的事物。因为盲人不能有直观的印象。会看电视、看电影、看电视剧，喜欢看那种对白比较多的剧情比较丰富的，像那种美术大片我就看不了，就需要有人给我解释。喜欢逛街喜欢摸商品，喜欢听音乐喝茶。

调查小组：

大多数盲人的收入都不太高。您认为政府应该采取什么措施，或者盲人自身应该做些什么呢？

王老师：

都要做。其实从整个群体来讲收入都是偏低的。从国家和政府来讲，可以设置一些保护性行业。从政府来讲，也可以支持盲人去从事更多的职业，现在都局限住了。盲人可以通过电脑、通过高科技来完成很多的工作，只是大家都不知道，大家不认可。我大学毕业在网上填招聘信息，有一项是"你身体是否健康"，我认为我看不着但我身体是健康的，所以我填健康。他们跟我联系，我不会回避我看不着的事实，我会说我看不着。他会说，很遗憾。不是因为我的能力学业他不认可我，而是因为我看不见。人们有个惯性思维，看不见的人，他们的吃喝拉撒都需要人来照顾。

调查小组：

所以您的意思是现在雇佣单位大部分都是不愿意雇用盲人的。那你认为有什么举措呢？

王老师：

我觉得第一是我们需要大力宣传盲人的能力。首先从源头上讲，增加盲人与外界接触的渠道，让盲人都出来，他自信了，能够跟社会接触了，他才能多掌握一些技能，学更多的东西，然后大众才能够认可。从国家从企业来讲，应该多开发一些盲人岗位，先信任盲人，试试看，能做了，再开展让更多的盲人加入。英国有一个《反歧视法》，就是如果我具备能力，在同等的考核下我不比别人差，只是提供一个便利的问题，那么你不能淘汰我，不然就是歧视。

调查小组：

所以您的意思是可以更多地把盲人放在媒体上多宣传。

王老师：

对，多宣扬真实的情况，而不是媒体编导想象的情况。我不知道为什么，很多的编导、写文章的人都会按照自己的惯性思维来写东西拍东西。

调查小组：

他们可能觉得盲人是弱势群体……

王老师：

我觉得是弱势群体没有问题，但弱势群体不等于就是废物。

调查小组：

我觉得您说得特别好，你承认盲人是弱势群体，需要国家的帮助、扶持，但绝对不能是歧视。

王老师：

对，其实弱势群体更需要鼓舞。我讲一个故事吧。我大学毕业的时候参加一个节目，我第一天去的时候，登台之前，导演说："你应该戴一个墨镜。"我说："为什么啊，我这眼睛看不出来，不会很难看。"导演说："错，你戴上墨镜之后人家才会认为你是真盲，你不戴眼镜人家会认为你是假盲人。"我就跟他讲："我这是义眼，就是假的塑料的，从小生病就把眼睛摘除了，装这个就是为了美观。"导演说："哎呀，你是义眼太好了，你不用戴墨镜，你上台唱歌唱到一半，把你的义眼摘下来让大家看看。"我相信编导是好心，想让更多人了解，但不一定干得是好事。

调查小组：

就是说您希望媒体以一个正常的心态来对待盲人。

王老师：

正常的心态来展示他的生活，他的生活是怎样的就是怎样的。

调查小组：

我知道您是志愿活动培训师，您觉得现在志愿活动欠缺什么，或者你觉得志愿者是抱着一个公益的心态吗？

王老师：

我觉得没关系。我觉得志愿者在帮助别人的同时他也需要获取一点东西，要不然我觉得它不是一个良性的发展，或多或少志愿者可以获得一些什么，可以是金钱啊，可以是精神上的。我帮助别人，我自己其实是可以有收获的。

调查小组：

就您生活而言，你觉得针对盲人的基础设施是否完善？

王老师：

关于合理便利，有些观点是希望建一些盲人寄居的地方，就是盲人干什么都有些专门的设施，但我不赞成这些，没有必要区分开来。只需要一些，比如说盲道、ATM 机上的语音提示这些人性化的东西，就可以了。

调查小组：

您希望盲人能得到什么帮助呢？

王老师：

我希望发起一些帮助盲人的项目。我们是鼓励盲人出行的，但很多盲人出行不便。我希望能有一个实时的手机的 APP，我在哪里，我需要什么帮助，通知附近的志愿者，要阶段性的，我可能在某个路口需要帮助，过了这个路口又不需要志愿者跟着，就像嘀嘀打车那样。还有我希望有基金会或者发起重酬项目或者政府出面，给志愿者一些补助。比如说你们从房山来，路费至少要十几块钱是吧，能不能把这个钱给报销了。

附录三

社会实践——盲人讲座举例

盲道这么多，盲人这么少，原因是什么呢？大家觉得是盲人没有自信，确实有这个成分，有些人不愿意被别人说自己是盲人。其实我不认为盲人是一件很丢人的事情。有时候我出来，有些人就会说"啊呀，你看不着还出来瞎溜达什么"，"你看不着怎么没人陪你出来，你自己出来多危险啊"，大家总会有这样的想法。我是一个独立的个体，我身边不可能无时无刻都有人跟着。我觉得有自己的空间是很有必要的。大家见过路上有摆摊的、电线杆、停车的把盲道拦住，有盲道无厘头地拐弯的吗？

我还听过一个新闻，有一个地方有一条几百米长的盲道，是用油漆画出来的，难道盲人是用眼睛看盲道的吗？盲人走在这么一些盲道上，他没有安全感，没有安全感就不愿意出来，不愿出来大家就不了解盲道有什么用，就不了解盲人应该走出来，就形成了恶性循环。这个恶性循环需要我们打破，只有了解了盲人真正的生活，了解到盲人是需要出来的，大众要给盲人提供什么样的合理的协助。

刚才大家提到盲人获取信息有障碍，生活比较乏味。第三方开发了很多读品软件，也就是大家很多都是看到的，盲人是听到的。大家知道在 iphone 的通用辅助功能里面有一个"VoiceOver"这个功能吗？打开之后它会出声音，这是苹果自带的一个屏幕朗读程序，这跟大家平时操作不一样，大家平时要打开一个程序，点击一下就能打开。打开这个功能之后，你要双击，盲人看不到所以他要去摸，摸一下相当于选定，第二次才是点击。

前几年键盘机没落触摸屏刚开始起步的时候，我们就觉得盲用手机完了。可是没想到智能程序应运而生。其实安卓手机也有，但是很多厂商删掉了。大家看到的盲人用iphone，一定不是炫富，他们用微信、支付宝、滴滴打车等是可以的。盲人也用电脑，当然和大家用的程度不一样，比如说排版。盲人排版，我印象中调一些行距、字体，但是排版这个程序因情况而定，所以他会出现一些问题。也就是说，盲人在生活中是可以通过一些辅助程序来浏览网页的，生活没有大家想象的那么乏味。

大家可能有个习惯，会忽视看不到的这个问题。我冲你笑，我冲你挥手，但是盲人无动于衷。我有回去跟某领导吃饭，领导跟我握手，结果我不知道，我就站在那儿，我以为他还没到我身边来，结果他就很不好意思从我身边过去。吃饭的时候要敬酒，我尽量要把杯子放低，这时候他要来找我的杯子跟我碰杯，这时候他才知道之前他跟我握手的时候我是看不到的。所以我们要主动上去打招呼。

再说一个故事，我刚去我们单位工作的那段时间，我一下公交车，我需要在人行道上走一二百米然后拐到小区里，到现在也是这样，一星期能碰到三四次，我走着走着，刚要往小区里拐就有很多热心的人一把把我扭过来"你走错了"，我想那我就真的是走错了吧，我就继续往前走，结果发现我不知道走哪儿去了，我就问某某小区在哪儿，结果我刚要拐进小区，又有人说"你走错了"。

这里有一个问题，那些热心的爷爷奶奶叔叔阿姨他们问我要去哪儿了吗？他是主观地认为我离开盲道或者说是所谓的正道一拐弯就走上斜路了。另外，我在路上走走，突然有个很热心的粗犷的大哥问我："你家住哪儿啊？"我敢告诉他我家住哪儿吗？其实他想帮你，但是问的方式不对。还有的时候呢，我拿着盲杖在路上走，走着走着，就感觉盲杖被抬起来了，然后一股大力传来，我就被拉过去了。正确的搀扶盲人走路的方式是，你走在前面，盲人在你的左后侧，抓着你的手腕往前走。

实践·足迹

人们常说大学是象牙塔，像一个远离社会以外的梦幻境界，而此次历时两天的社会实践，便是我们这群不谙世事的大学生走出象牙塔的过程。

——引言

青春飞扬——材料学院阿依肯赴北京西城区社会实践团由材料学院 5 名 2015 级学生组成。社会实践选题是关于西城区盲人的生存状况的调查，选题目的是深入了解北京市西城区盲人生存现状，以改善盲人生活条件，为北京市的社会福利事业建设出力。实践形式是以调查问卷为主，问卷分为针对盲人和非盲人两部分，共设计了 200 份针对非盲人的调查问卷，100 份针对盲人的调查问卷。同时参观体验为辅，力求深入调查西城区盲人的生存状况。

一、前期准备

考虑到被调查者做调查问卷的配合情况，在前期准备中，团员们购买了相当多的礼品准备赠送给完成调查问卷的人们。当天制订好到达实践目的地的路线，合理分配好时间，在实践开始之前，团长阿依肯分配给每个人需要完成的任务，按照两天的实践时间，每个人每天的调查问卷是针对非盲人问卷 20 份，针对盲人问卷 10 份。

二、社会实践

由于实践地在西城区，距离较远，原本想着早点出发可以早一些开始实践，却没想到遇到了上班高峰，拥挤的地铁让团员们苦不堪言，地铁狭窄的车厢内挤满了密集的上班族，连呼吸都十分困难，加上不停地换乘地铁，团员们疲惫不堪，还没开始做实践，热情就减了一大半。

终于，体会了两个小时的挤地铁的经历后，实践团一行到达活动的目的地——中国盲文图书馆。

中国盲文图书馆于 2011 年 6 月 28 日在北京市西城区建成开馆，自新馆开馆以来，充分发挥"五个中心一个窗口"作用，努力打造融图书馆、文化馆、博物馆、社会终生教育为一体的一站式综合性公益文化资讯服务机构，加快推进覆盖全国城乡盲人的公共文化服务体系建设，努力为全国盲人提供公益性、便利性、综合性文化资讯服务。

由于是工作日，图书馆内的读者很少，大多是工作人员。到达图书馆，拍过集体照以后，我们就立刻拿出问卷，准备开始实践活动。

原本以为可以顺利向工作人员发出针对非盲人的问卷，但是，由于盲文图书馆的工作人员工作繁忙，他们婉拒了团员们做问卷调查的请求，并且图书馆内也未看到很多的盲人读者，大家穿梭于各个楼层之间，好不容易才找到了一位盲人。

配合我们参与调查问卷的盲人，是一位儿童舞台音乐剧导演，由于第一次与盲人面对面交流，我们小心翼翼地提问着，害怕自己不恰当的话语伤害到他。可是他非常乐观，并且积极配合提问。他用自身的经历解释了作为盲人的一些不便利，但是又透露着他对自身命运的淡然与感恩。在他身上，完全没有我们想象中对生活、对命运的抱怨，他努力地融入健全人的生活，这是非常难得的，也是我们做实践想要寻找的精神，这样的精神，不光支撑着他，也支撑了我们。

但是一次次被工作人员拒绝后的失望让团员们感到了气馁，甚至在内部还产生了争执。好在大家的目的一致，在团长阿依肯的鼓励下很快就恢复了斗志，我们一遍又一遍地解释了我们实践的目的，以及对参与问卷的人的信息绝对保密，终于获得了工作人员的理解，他们同意在午休时帮我们完成针对非盲人的调查问卷。

实践开始慢慢走向顺利。功夫不负有心人，团长阿依肯联系到了盲文图书馆的志愿活动负责人，他带团员们参加了盲人同志王志华针对志愿者助盲的培训。

在培训过程中，王志华先生用他幽默风趣的讲解方式，让大家懂得了如何正确引导盲人，并纠正了我们平时的错误观念，他还亲切地与团员们互动，给团员们介绍了他的导盲犬——芒果，并向大家讲解怎样利用导盲犬引导盲人的正常出行。

培训结束后，团员们与王志华先生进行了面对面的交流。在访谈中，我们发现，王志华先生虽然是一位盲人，但他积极向上，努力过自己想要的生活。

王志华，1981年出生于河北邯郸，自幼患眼疾失明。8岁即在山西太原市盲校就读，并学习针灸推拿。毕业后，因酷爱声乐，打工之余刻苦学习声乐，后考入长春大学特殊教育学院音乐表演系，学习美声唱法。大学期间和毕业后，多次参加国内朗诵大赛，多次获得大奖。2011年10月，他在第七届"殷之光杯"朗诵大赛中获得一等奖；2011年12月，在中央人民广播电台主办的第二届全国"夏青杯"朗诵大赛中荣获三等奖。他是盲人青年朗诵艺术家、歌唱家。他身残志坚，自强不息，热爱生活，不断在人生道路上拼搏向前，克服了常人难以想象的困难，是当代青年励志的典范。2012年，王志华参与了由著名导演娄烨拍摄的电影《推拿》，在片中饰演盲人推拿师张宗奇。华语影片《推拿》剧组一行在2014柏林电影节亮相。影片《推拿》是一部记录盲人推拿师生活、描绘盲人内心世界的电影，获得2014年第64届柏林电影节最佳艺术贡献奖和最佳摄影奖。

团员们从王志华同志身上了解到，其实盲人最需要的是普通人的理解和尊重，他们想要融入普通人的生活中，而不是被区别对待。团员们也理解了为什么生活中还有这次实践中遇到的盲人这么少，他们中的大多人因为出行不便，又或者受到旁人的误解和歧视，所以不愿意出门，封闭自我。

经过这次培训和交流，我们真正体会到了盲人生存的艰辛与不易，未来我们需要做的还有很多，路漫漫其修远兮，吾将上下而求索。

随着实践活动的进行，团员们也逐渐掌握了发送问卷的技巧，回收的问卷逐渐多了起来，团员们顾不上吃午饭，看着一份份填好的问卷，团员们感到欣慰。

中午过后，团员们没有休息，而是扩大了问卷发放范围，在盲文图书馆附近的便利店、银行等处继续分发问卷，虽然有时会被婉拒，甚至还被当成做推销的业务员，受到了白眼和驱赶，但团员们不放弃，一家一家地发着问卷。顶着午后的烈日，团员们顾不上擦去汗水，追着行人，恭敬地递上问卷，一遍一遍说明着我们的来意和目的。

发放问卷时，团员们真真正正体会到了生活的不易，体会到在烈日下还在工作着的人们的艰辛，体会到业务员一次次被拒绝的无奈，大家不再是象牙塔内的理想主义者，而是踏踏实实的实践家。

顺利完成非盲人调查问卷发放后，团员们又来到附近几家盲人按摩推拿店继续采访盲人。在访谈中我们发现，按摩店盲人的生活非常封闭，他们在按摩店里生活、工作，与外界的接触非常少，在性格上面可能会比较孤僻，不愿意与外人接触。此外，团员们发现，很多按摩师对自己的工作不是很满意，但是由于能力的限制，所以不得不继续在按摩店工作。

第二天团员们来到西城区心目影院，这里是为盲人讲解电影的地方。在这里团员们用心倾听王大伟老师讲解《叶塞尼亚》这部电影。王大伟老师生动地描述了场景及人物的外貌、神态、动作等，弥补了只能听到对话的盲人对电影的认知。在平时，我们享受着电影艺术给我们带来的视听盛宴，却没有想到盲人也能通过讲解员与电影对话的配合，听一场电影，这对我们来说也是全新的体验。讲电影的屋子不是很大，所有人都安安静静，只听到大伟老师和电影中的声音。看着盲人们认真地听着，跟随着情节，或笑或皱眉，内心深受触动，虽然他们眼睛看不见，但是他们没有放弃对生活的热爱。

更令人感动的是王大伟老师，他依靠自己的力量，甚至卖了车，用光了存款，甚至还向父母借钱住在北京市西城区鼓楼大街的一个四合院，20平方米的小屋里，一个液晶平板电视、一台DVD、一些座椅……却被盲人朋友们称作"天堂"。2005年，王伟力在此开设了一个专门给盲人讲电影的影院——"心目影院"。从2005年5月至今，心目影院每周六上午志愿者都会为盲人讲一场电影。团员们体验的那次电影已经是第608场了。

活动结束后，团员们采访了其中的一些盲人，完成了一些问卷，并送上准备的礼品，同时请王大伟老师评价我们的工作。大伟老师说，盲人缺少的是陪伴和帮助，他们缺少了眼睛，在生活中难免遇到很多不便，需要有人指引和陪伴，帮助他们。然而，有很多客观因素影响到了盲人出行，但是经过助盲培训的志愿者较少，而大众对盲人的了解不足，不能很好帮助他们。另外，通过陪伴盲人听电影，我们发现盲人希望有更多的文化食粮，希望能够有更丰富的盲文书籍和有声读物。

由于团长阿依肯有做盲人活动志愿者的经验，所以她邀请了她的盲人朋友彭博和我们一起吃午饭。对于团员们来说，这都是一次特别的经历，团员们细心解释了食物的名称，并帮助他。彭博同学也十分开心，可以和同龄人一起吃午饭。盲人学生们因为从小在盲校就读，所以与正常的同龄人接触很少，在日常生活中能与他们交流的同龄人也很少，大多数人只能封闭自我，这对于像他们这样的青少年的成长是非常不利的。

吃过午饭后，团员们在周围的胡同和街道发放针对非盲人的调查问卷，有了前一天的经验，团员们更加得心应手，尽管还是顶着烈日，非常辛苦地在胡同里追着行人，尽管还是有被拒绝的情况，但还是顺利地回收了 100 份问卷。

本次社会实践回收了针对非盲人的调查问卷 200 份，针对盲人的问卷 43 份，其中 3 份废卷。具体问卷结果在报告中呈现。

短短两天的社会实践，充满了艰辛与不易，同时还有些许遗憾，但团员们真正走出了大学校园的象牙塔，走进社会，充分锻炼自己，增长了能力，成了一个踏实肯干的实践者。同时，了解了盲人这么一群特殊的群体在社会生存的困难，虽然 5 个人的力量是微小的，不能真正从实际上帮助盲人的生活，但是，我们相信，通过这次的实践，我们可以让更多的人，至少是我们自身和我们身边的人了解认识盲人这特殊群体，这便是社会实践的目的吧！

实践 · 品悟

为盲人贡献一份力量

2015 级本科生，新能源材料与器件专业　阿依肯

这个假期，我参加了"青春飞扬"实践团，参与了调查北京市西城区盲人生存现状的实践。我们在炎热的天气下，经历了路途的奔波，终于能够在实践地点进行实践活动。尽管我们很热、很累，但我们在这个过程中学到了很多很多。

通过这次实践活动，我才真正对盲人生存现状有所了解。盲人是一个很特殊的弱势群体，很多盲人从来没有见过光明，但是他们却很乐观。在跟一些盲人交谈的过程中，他们的脸上一直挂着笑容，他们的言语中透露出他们对于单位和帮助过他们的人的感激。从这些盲人的身上，我体会到了他们面对苦难的从容和面对生活的积极向上，我受到很大的震撼。我开始更加关注生活中需要帮助的人，更加懂得如何去尊重他们。我发自内心的想法是要让盲人的生存现状为更多人所知，我想要为他们献出一份力量。

在这次实践中，我也收获了很多友谊。通过分工合作，我们彼此之间有了更多的了解，也留下了很多温暖的回忆。我相信，这些收获会使我受益匪浅。

用爱心托起盲人心中的光明

2015 级本科生，材料化学专业　陆钰

"青春飞扬"——材料学院阿依肯赴北京西城区社会实践团由材料学院 5 名大一学生组成。社会实践选题旨在走近盲人，通过了解他们内心的声音，向社会呼吁关爱社会弱势群体，形成一种爱盲、助盲的良好风尚。本次活动向市民发放盲道知识宣传单 200 份，访问盲人朋友近 30 名。

社会弱势群体是指创造财富、聚敛财富能力较弱，就业竞争能力、基本生活能力较差的人群。相对于普通人而言，弱势群体往往因竞争力不足、适应力不佳、缺乏某些生活能

力或环境因素，而遭受不同程度的压抑、剥削或不平等的对待，他们在社会地位、经济收入、权益保护、社会竞争力和社会保障等方面均处于弱势。因此，更需要全社会给予高度重视。社会实践团以盲人出行为切入点，以小见大，以提高公众对弱势群体生存现状的认知，呼吁社会的关注。

此次实践通过采访盲人，深入了解盲人的日常生活，记录其生存现状；通过实地调研，亲身感受盲人出行的艰辛，更加全面地了解盲人，提出相应缓解措施以及建议，用我们爱心托起盲人心中的光明。

虽然盲人生活有诸多的不便，但是我们在盲人师傅的脸上看到了乐观与坚强，体会到了他们生活的艰辛。让我们从现在开始关爱盲人，了解盲道知识，为他们出行便利出一份力，用我们爱心托起他们心中的光明。

盲人作为社会的弱势群体，应该受到社会的帮助和救助。在日常的生活中，盲人有我们无法想象的心酸和困难，作为普通大众的我们，应该在我们力所能及的范围内，帮助盲人，关爱盲人的生活，从小的方面出发，带给盲人便利，让盲人感受到生活的温暖。我们身为社会的一员，为我们生活的环境带来更多的温馨和美好，这是我们这次活动的意义。

伸出救援之手，温暖盲人群体，温暖全社会

2015 级本科生，高分子材料与工程专业　郑婷文

这次为期两天的社会实践，让我认识了很多，也成为我人生中一个宝贵的财富。

第一天抱着兴奋、想要大显身手好好干的心态踏上地铁，在人贴着人的地铁上挤了靠两个小时，再走了一段路终于到达目的地——西城区盲文图书馆。以前从不知道有这样的图书馆，通过同学才知道它的存在。

做调查问卷给我的感受就是"尴尬"。当你提出填问卷的请求被人立马拒绝甚至驱赶时，觉得尴尬，以及气馁，似乎一切都进行不下去了。但还是要硬着头皮上，为了将这个调查进行下去，为了我们当初的目的——真正地帮助盲人改善他们的生活。

同时我也发现一个问题，原本以为能调查到很多盲人，然而在盲人图书馆中，我们很难找到盲人，就连专门给他们提供的图书馆中都少有盲人的踪影。那么盲人去哪儿了呢？在我对一位盲人培训师的访谈以及一位盲人大爷的聊天中，他们一再强调，盲人都在家里不敢出门，外面不仅有不平等的眼光，还有着各种不便利，他们的盲道被车占了，公交站针对盲人的提示音没有被打开等，一系列问题让他们根本无法出门。我们很少看到身边有盲人，但我们不能忽视这些问题，我们需要反思。是我们，还是社会或政府造成的这样的后果。作为社会中的特殊群体，盲人所面临的压力是双重的——经济上的难以维系和精神上的无所依靠。在调查中，大多数盲人都表示了对于自己经济贫困的无奈。很大一部分盲人群体都从事着低端的工作，拿着微薄的薪水。而社会上很多对于他们来说不便利的机制加剧了盲人群体的痛苦。盲人们渴望有朝一日能够拥有便于自己出行的道路以及交通工具，放心地行走于世上；向往着社会摘下有色眼镜，温柔地去接纳自己。

我不得不提到我们第二天所去到的"红丹丹教育文化交流中心"，这里是红丹丹老师

建立的一个虽然没有盲文图书馆那般豪华却深得盲人们的心、专门提供给盲人的场所。这里有人给盲人讲电影，会组织盲人的马拉松比赛等。一位健谈的盲人大爷告诉我，这里会有很多活动，红丹丹老师、王大伟老师对他们很好，盲文图书馆活动太少了。我能在这里看到盲人像非盲人一样，他们"看"着电影，讲述人生动地讲述着画面。我真心地希望，能有更多的像红丹丹、王大伟老师这样的人真真切切地为盲人着想，类似红丹丹心目影院这样的地方提供给盲人。

我们需要政府制定相关的法律法规，增加向盲人的福利投入，帮助他们就业，帮助解决他们的生活难处，但这只是一部分。我们最需要的，是广大人民群众提升对于盲人群体的重视程度，解除对于残障人士的偏见，提高我们自身的素质，给予盲人应有的尊严，在生活中向不便的他们伸出救援之手，温暖他们，也温暖这个社会。

给盲人一些尊重，给盲人一些关爱

2015 级本科生，电子封装技术专业　朱诗雨

7月1日至7月3日，我跟随我们团队——"青春飞扬"阿依肯赴北京西城区盲人调查社会实践团队去北京西城区进行调查走访和问卷调查。这次对社会的接触是特殊的，也是收获颇多的。说特殊，因为在面对盲人这个特殊群体时，人们的态度变得更加谦和认真，尤其是那些与盲人有过接触和了解盲人的人。出于对社会的一些本能的理解和认知，我一直认为我们的调查不会很顺利，但结果却比我想得要好。的确有些人不愿配合我们，但多数年轻一点的人以及有一定文化程度的人都愿意帮助我们，盲人朋友们自然是更加乐意与我们分享他们的一些生活面。

感触最深的是，这群人其实活得蛮孤独的，尽管我们外界的人有过关注和帮助，但我们大多想的是他们身残志坚或者生活艰辛，他们需要的就是这样的东西吗？本就生活于黑暗之中，他们的生活变得格外"冷"，有时即使是他们的家人也不能考虑他们的感受。我听到的呼声是，即便自己再怎么渴望过正常生活都不太可能，但也希望别人能把自己当正常人一样对待，没有歧视也不是可怜，而是一种尊重，一种恰到好处的关怀。

希望通过我们的调查结果能对盲人的生活改善起到一定的作用吧，让更多的人去了解他们，从生活的点滴中真正帮到他们。

请搀扶盲人走出"黑暗"吧

2015 级本科生，高分子材料与工程专业　葛铭

处在光明世界的我们，永远无法想象失去光明对我们的生活会有怎样的影响。而作为盲人，生活在无边的黑暗中，感受不到一丝丝的光明。我们能做得很少很少，只是匆匆来到他们的世界，调查了一下他们的生活，甚至没有一句关怀的问候，便匆匆离去。很感谢他们信任我们，把我们当成可以倾诉的对象，告诉我们，他们生活的不易与艰辛。

盲道被侵占，交通秩序混乱，红绿灯没有换灯提示音，他们艰难地走过一条一条路，

他们渴望能有一个明眼人的一双手，搀扶着他们走出"黑暗"。

值得欣慰的是，我们实践的时间虽然很短，但是真正了解到了盲人的所需所求，也真正体会到了实践活动的艰辛与不易，被拒绝了很多次后才有人愿意给我们填调查问卷。在烈日下奔波，发送出一份又一份的问卷，虽然辛苦，但却值得。

实践团成员：阿依肯　陆钰　朱诗雨　郑婷文　葛铭

北京市盲道的使用与维护现状

实践·报告

前　言

　　盲道，顾名思义是盲人出行专属道路。作为城市道路建设重要配套设施，盲道旨在为视觉障碍者提供行路方便与安全。它不仅仅是一条窄窄的淡黄色凸凹、点状的道路，更是一个城市文明标志的体现，更让人感受到社会人文关怀所体现的平等与尊重。

　　现在随着我国城市的不断发展，作为盲人出行工具，盲道也在不断增加。但是在盲道不断发展的背后也隐藏着盲道建设不规范等诸多问题。

　　我们北京理工大学材料学院"蓝眼天使"团队 15 名队员，立足大学，心系社会，在社会实践的平台上，尽力庇护这份特殊的关爱。我们以"盲道的使用和维护现状"为主题，试图建立长期大面积的调研活动，我们着眼于良乡附近的大兴，房山，丰台 3 个地区，通过问卷调研，访谈、实际考察等形式，实事求是地完成本次社会实践。

　　本次社会实践，我们"蓝眼天使"团队分小组深入到 3 个区的不同乡镇街道，通过实地勘察，寻找走访盲人等形式，深入了解这些市区的盲道维护与使用现状。同时也宣传提醒人们关注盲道，关心社会中这群特殊的弱势群体，既关心了民生，又为早日实现中国梦贡献了自己的微薄力量。

一、调查范围

　　在城市规模迅速扩张的今天，盲道的建设与使用更加引人注目。但是，盲道建设不规范以及乱占盲道的新闻屡见报端，为了了解人们生活中的盲道实际维护与使用，我们北京理工大学"蓝眼天使"团队 15 名队员于 2017 年 7 月 2 日到 7 月 4 日在北京市房山区、大兴区、丰台区的 45 条街道，通过采访路人以及寻找盲人咨询来获得他们的观点意见。本次针对盲人的调查问卷共计 150 份，实际有效问卷 50 份。针对普通市民问卷共计 500 份，实际有效问卷 369 份。针对普通市民的问卷，发放对象基本为老中青三代，以保证回收数据的可靠性。

　　我们总共对 3 个区的 9 个乡镇 45 条街道进行了盲道实际情况记录。前往房山区调查的乡镇有良乡、周口店镇、河北镇。大兴区调查乡镇有黄村镇、魏善庄、庞各庄。丰台区调查乡镇有卢沟桥乡、南苑、王佐镇。然后我们发现虽然由于城市建设以及管理的一些原因，不同区不同街道的盲道实际使用情况有些不同，但是还是存在着许多共性问题，下面我们团队就将一些共同存在的问题罗列出来。

关于盲道使用与维护意识的调查见表1。

表1　盲道实际情况详细记录表

记录路段：　　区　　　乡（镇）　　　街道

盲道所用砖块类型、颜色、宽度是否统一	青色的大理石与黄色的混凝土砖块，宽度较为统一
盲道的起点、终点、变道处是否有提示	变道处缺少提示
盲道占用情况：车辆或其他障碍物	汽车，自行车占道问题较为严重。部分商家门前存在广告牌占道的问题
提示盲道铺设地区	一般为交叉路口处，公交站牌缺少提示盲道。在路口处的提示盲道使用不够规范，存在提示盲道与行进盲道混用的现象
盲道铺设地区	盲道铺设并未完全覆盖，有些乡镇存在盲道损坏或者无盲道的现象
其他设施是否占用盲道	有些地方出现窨井盖或者城市照明设施占用盲道的现象
是否能让盲人到达无障碍设施位置	不能
行进盲道距离是否符合要求	基本符合
转弯盲道长度	一般为三块砖
盲道修缮情况	盲道损坏情况较为严重，且修缮工作并未达到预期效果。

二、非盲人篇

首先我们就"你对盲道是否了解"这一问题就行了调查并得到了下面的统计结果（见图1）：

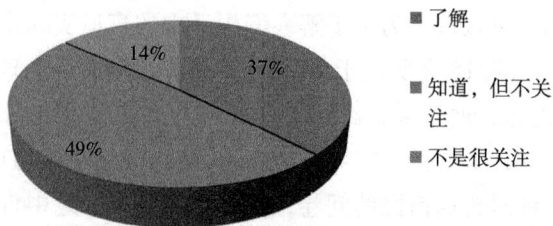

图1　了解盲道情况调查

在调查的300多人中，有49%的人选择了"知道，但不关注"，有37%的市民觉得自已了解。

从图 2 中，我们可以更直观地看出，经常关注盲道的人为 31%，而知道但不关心的人占 45%，还有 20% 的人偶尔关注盲道，有 4% 的人从未留意过街头巷尾的盲道（见图 2）。我们随机问了一些路人他们是否知道路边黄色的条形砖以及有凸起原点的砖各代表什么意思，然后仅有 37% 的市民知道一点关于盲道的知识。从中也说明市民们对于盲道的了解与认识还仅仅是停留在口头上，日常生活中，很少人去关注盲道。

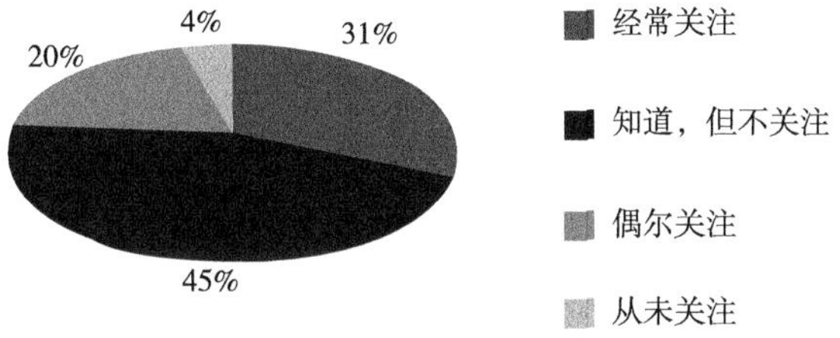

图 2　关注盲道情况

然后我们就"你见过盲人在盲道上行走吗?"展开调查。

有 58% 的市民表示自己完全没有见过盲人在盲道上行走，有 38% 的市民表示偶尔见过盲人在盲道上行走，而经常见到盲人在盲道上行走的只有 4%（见图 3）。从中也可以体现出盲道作为一种盲人出行的"VIP"通道，实际上并未起到"VIP"的作用。

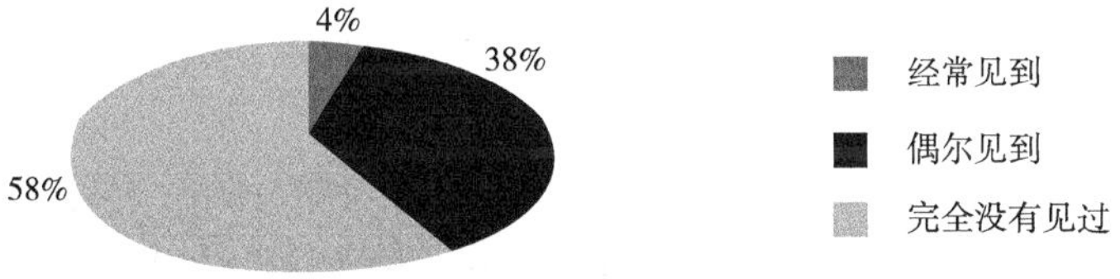

图 3　盲人使用盲道情况

我们都知道一个人如何对待一件事情完全取决于他对待这件事的态度，如果你把它放在心上，那么你自然就会去关注它，下面我们针对"你怎样看待盲道"的问题展开了调查并进行了统计，结果如图 4 所示。

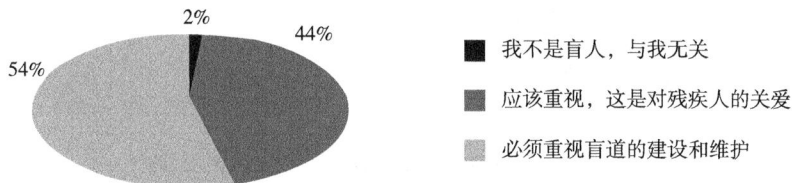

图 4　如何看待盲道情况

虽然对了解盲道的市民不是很多，但是人们对于盲道的态度还是令人欣慰的，除了极少数者（2%）认为"我不是盲人，与我无关之外"，98% 的市民认为重视盲道是非常重要的事情，其中 54% 的市民认为对于盲道的建设与维护能够体现一个城市的文明程度。从中可看出广大市民对盲道的态度还是积极向上的。

然后我们对于盲道的设计问题继续深入了解,希望能从普通市民那里得到更多关于盲道的信息。我们查阅资料得知,盲道是为方便盲人而修建的专供盲人导向行走的专用行道线,一般由两类砖铺就:一类是条形引导砖,引导盲人放心前行,称为行进盲道;一类是带有圆点的提示砖,提示盲人前面有障碍,该转弯了,称为提示盲道。那么市民对于现在盲道的设计持有怎样的态度呢?我们就"你觉得盲道的设计是否符合盲人的需要"为题进行了问卷调查,统计分析结果如图5所示。

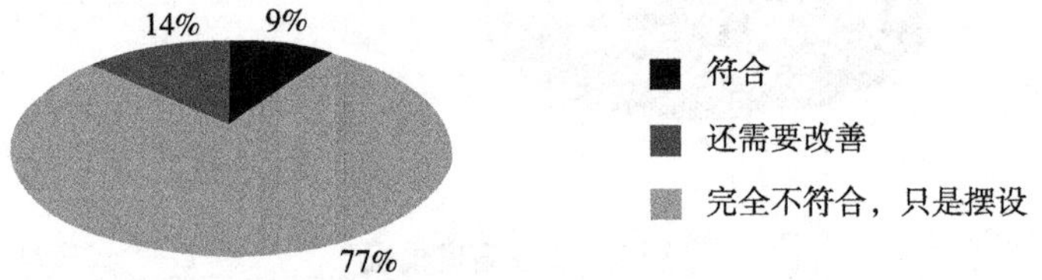

图5 盲道设计符合盲人的需要情况

图5显示77%的人认为盲道还需要改善,得到这个结果的我们感到有点意外,在我们查阅资料的过程中,我们自我感觉盲道的设计应该符合盲人认识的需要,但是仅仅9%的市民认为符合盲人的要求也说明一点问题,那就是虽然城市的每条道路上大多遍布着盲道,但是由于各种各样的问题,盲道并没有真正帮助到盲人,因此大多数的市民还是觉得盲道应该进一步改善。

我们就"你认为盲道在城市建设中是不可或缺的一部分吗"展开了调查,有72%的人觉得盲道应该是每条道路都应该有的一部分,26%的人认为盲道虽然在城市建设过程中需要(见图6),但不需要每条道路都有,也有2%的人认为盲道并不是城市建设中不可或缺的一部分。

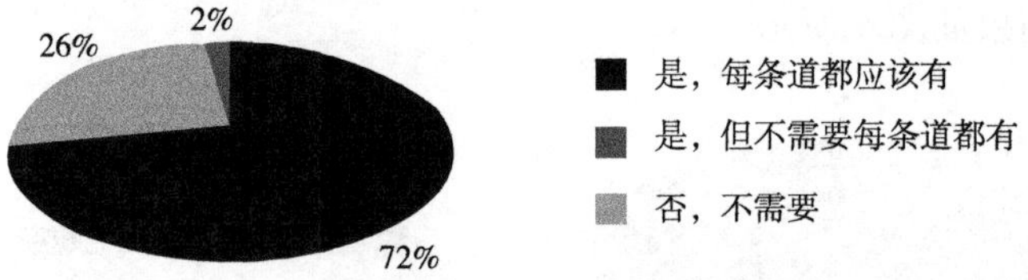

图6 盲道在城市建设中是否是不可或缺的情况调查

结合图3我们也能发现由于经常见到或者偶尔见到盲人在盲道上行走的市民很少,所以还是有些人觉得盲道并不需要每条道路都设立。

由于有76%的市民觉得盲道的设计还需改善的状况,于是关于盲道的改进工作,我们也进行了进一步的调查,并得到了图7所示的统计结果。

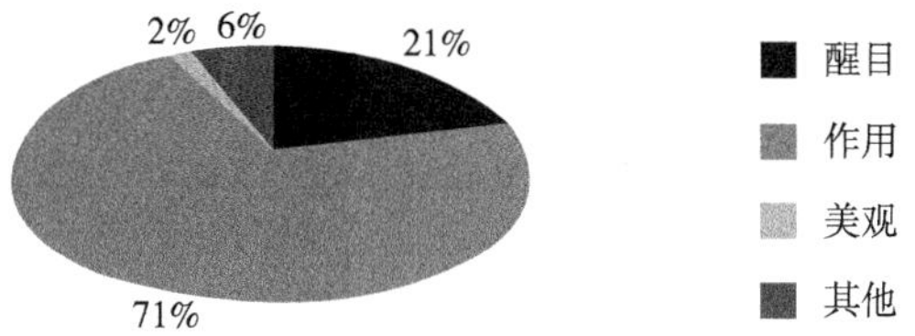

图7 盲道需要改进情况

71%的市民觉得盲道的作用性应该加强，真正能够方便盲人的出行才是盲道的真正意义。也有21%的市民认为盲道的"醒目"也是非常重要的，只有盲道足够醒目才能让有视障问题的人们找到出行的路。而且醒目的盲道也能提醒市民注意到脚下的盲道，也有6%的市民认为盲道还需要从其他方面改进，2%的市民认为盲道的美观作用也是非常重要的。

盲道作为城市里的一种无障碍设施，旨在为视觉障碍者提供行路方便和安全，讲求的是实用、安全和人性化，并不是美观程度和"艺术"水准。

谈到"你在生活中是否见到过盲道被占用的现象时"，88%的市民表示见到过盲道被占用的现象。

我们在调查中也能够发现，乱占盲道的现象随处可见，机动车、小摊位、各种垃圾杂物，把狭窄的盲道挤得严严实实。

有45%的市民对占用盲道的行为感到气愤；也有45%的市民持积极的态度，并且希望占用盲道现象得到改善，会向有关部门反映。调查的人群中有10%的市民觉得无所谓，抱着一种事不关己高高挂起的冷漠态度。

88%的市民觉得有必要在盲道旁边做一些文字标注来提示人们盲道的存在，8%的市民觉得没有必要设立标注来让人们意识到盲道的存在，也有4%的市民持无所谓的态度。

我们通过现代网络媒体等经常可以看到关心视障人士的公益广告，但是一旦踏上马路，往往将那些记忆抛之脑后，往往只考虑了自己的出行方便，却忽略了身边那些人的感受。在合适的地点、合适的场合设立提示语，不仅能起到警示提醒的作用，而且也更加体现这个城市的文明程度。

调查问卷的最后，我们就"针对如今盲道的使用以及现状，你觉得政府可以做出那些改进工作来提高盲道的使用价值"向市民们询问意见。人们提出的意见很广，但是大致分为四类：有45%的受访者认为政府应该加大宣传力度；有27%的受访者表示修建、改进盲道也是政府工作重要的一部分；23%的市民认为政府应该出台奖惩措施，加强对盲道的管理工作；5%的受访者表示可以通过其他措施来提高盲道的使用价值，例如使用护栏，设立专门清理盲道垃圾的人员，研发有声盲道等。

三、盲人篇

为了深入了解盲道对于盲人来说发挥着怎样的作用，我们团队队员四处找寻盲人的踪影, 但是并不顺利, 存在盲人的地方其实少之又少, 于是我们从盲人所从事的职业出发。我们知道盲人按摩店广泛存在于城市之中, 那么寻找盲人按摩店, 不也就间接找到盲人了吗? 于是我们四处找寻盲人按摩店, 最终我们得以采访到了一部分盲人, 并就其中的一些问题, 展开了询问。

由于采访到的盲人基本都来自盲人按摩店, 所以年龄大都集中为 20～40 岁, 也有将近 1/3 的受访者为 41～60 岁。由于调查对象工作的原因, 我们没法找到其他年龄段的盲人, 但我们相信他们的看法差别不大。

随后我们就 "你对盲道的了解程度" 展开了调查, 并进行了结果分析, 有七成的受访者表示很了解日常生活中的盲道, 但也有三成的盲人对于盲道并不了解或者了解得不够多。从其中我们也能看出, 对于盲道的宣传工作不仅要针对普通市民, 对于这些使用盲道的盲人来说, 让他们学会如何辨识、使用盲道也是关键性的问题。

从普通市民的调查结果来看, 有六成市民完全没有见过盲人在盲道上行走, 那么盲人是否使用过盲道呢? 抱着这样的疑问, 我们就 "请问您是否使用盲道" 进行了调查分析。

结果发现有七成的盲人表示自己使用过盲道, 说明盲道在一定程度上确实起到了一定的辅助作用, 不过也有三成的盲人表示没有使用过盲道。他们认为现在的盲道存在太多的不安全因素, 踩在盲道上并不会使他们产生安全感。

那么盲道对于那些身处 "黑暗" 之中的盲人来说, 到底对他们的日常生活有没有帮助呢? 我们通过调查得知有四成的盲人并不觉得盲道对他们有帮助, 将近三成的盲人认为盲道很有帮助, 另外三成的盲人则认为盲道的存在有一点帮助, 但帮助并不是非常大。

同样我们发现, 认为盲道使用不方便的人数超过平时觉得使用方便的人数。我们在调查过程中也发现, 盲道上存在的问题实在太多, 所谓的盲道如同摆设一般, 并没有发挥帮助盲人出行的作用。

我们也针对 "您是否遇到过乱占盲道的行为" 进行了调查, 受访者中没有遇到乱占盲道的人为零, 总遇到乱占盲道现象的群体占到了 85%, 剩下的一部分受访者表示遇到过, 但并不是很多。

最后我们询问了一个与盲道无关的问题: "请问你生活中遇到过类似被搀扶过马路这样的善举吗?" 有 43% 的受访者表示遇到过, 但很少; 有四成的受访者表示总能遇到好心人的善举; 有 15% 的受访者表示从没遇到这样的好心人与这样的善举。

当我们询问他们盲道存在的不合理之处时, 他们的回答基本大同小异, 盲道被肆意占用, 电线杆、井盖横行在盲道中间, 对于看不见光的他们来说无疑是极大威胁。

随后, 针对盲道存在的这样那样的问题是政府的原因还是市民的问题展开了调查, 我们从中发现认为是政府或者市民的问题的受访者各占一半。针对盲道的一些问题, 让他们提出意见, 其中最多的建议是清除盲道上的障碍物, 使盲道畅通无阻; 也有受访者认为在盲道的建设过程中, 可以加宽盲道, 在道路上施工、架设路灯或者电线杆时应该尽可能地避开盲道, 建造一条畅通无阻的盲道。

四、调查结论以及建议总结

我们经过讨论研究之后发现了许多问题，并就这些问题提出了我们自己的建议。

（一）盲道意识普及率低

在调查问卷的过程中，许多人缺乏盲道的知识，有人甚至不知道盲道的存在。

（二）盲道被乱占现象严重

盲道作为盲人出行的必要设施，现在被各种车辆、建筑物等侵占，失去了其原有的功能和作用，甚至成了盲人人身安全的一个重要威胁因素。

调查结果显示，盲道被侵占的原因是相对分散的，甚至从源头建设就出现了问题。盲道占用问题的解决并不是一朝一夕就可以解决的。

对于盲道被占用和破坏的原因当中，最常见的是停车占道和摆摊。作为城市当中秩序的维护者，城管部门和交警大队对此表示无可奈何。城管部门只能够对占用人行道的违法行为进行处罚，缺乏占用盲道的处罚规定和处罚依据。对于违法占道的小商贩也只能够进行批评教育和劝导，交警没有罚款的权力。同样作为交警部门而言，疏通盲道和保持盲道的顺畅通行并不在他们的责任范围之内，他们只有对机动车辆停放在盲道的行为进行处罚，可以通过贴罚单的形式，对这种违法行为进行有限制的控制，对占用盲道的其他非机动车辆和摆摊的小商贩无可奈何。

因此对占用盲道这种行为的处罚仍是行政管理的空白区域，这让盲道正常的使用和维护方面存在重大管理缺陷，也使得占用、破坏盲道的行为没有得到有效的控制，反而占用盲道问题变得更加严重。

（三）盲道初期设计与规划不合理

盲道在建设初期，就没有科学规划与设计，使得建成之后的盲道暴露了许多问题。集中体现在施工方与设计方的理念不一致，同时往往设计方向审批部门的设计图纸只是作为其预算和审批的依据。

在建设中，将盲道的设计与建设放在了末尾，没有认识到盲道对于盲人出行的重要性，缺乏人文关怀。一旦盲道与城市规划当中的建筑相冲突，作为被人忽略的盲道，只能够为此让步。

违章停车的现象表明了政府部门在道路规划初期时，并没有联系本区域的实际情况，划拨出充裕的停车区域。政府部门的市政建设工作不能仅是停留在图纸的规划上，应该实地考察本区域情况，兼顾实用性和美观性。

盲道的使用者是盲人，但是作为使用者来说，盲道建设的合理性对他们来说至关重要。但是由于条件的限制，使用者——盲人一直从未参与到检验盲道是否合格的过程当中；而健全人无法体会盲人身处"黑暗世界"中的感受和生活方式。

（四）盲道建后缺乏管理和维护

作为维护盲道的政府部门——路政管理部门，对为盲人服务的盲道并没有足够的重视。本应受到社会、政府关注和帮助的盲人，在与健全人竞争的社会中处于弱势地位的盲人，却无法得到应有的政府关注度和帮助。

1. 加强盲道的管理与维护工作

（1）在盲道修建中要符合国标，可让环卫工人对盲道进行定期的检查与维护并对突发状态及时上报。

（2）对于占用盲道行为给以严厉打击，可适当罚款。

（3）设置一些提示标语，提醒人们不要随便乱占用盲道。对于盲道破损等问题，盲道作为基础设施，政府应该让有关部门定期维护维修。设计盲道要的时候应该从多角度思考其合理性，方便盲人出行。

2. 加强盲道的宣传工作

（1）可以通过电视等媒体对盲道现状进行报道，引起人们对于盲道的关注，并号召市民在日常的生活中维护盲道的通畅。

（2）可以借助每年10月15日的国际盲人日对盲道进行广泛的宣传；通过举办体验"盲道行走"等有意义的活动，让健全人体验盲人的"黑暗世界"；在经常出现盲道占据的地段，悬挂宣传盲道的宣传画，普及盲道知识，维护盲人的基本权益，为盲人创造公平的社会环境，保障盲人的顺利出行。

3. 进行科学的规划与施工

（1）市政规划与建设部门应该充分认识到盲道的重要性，遇到盲道与市政建设相冲突，不可以将处于弱势地位的盲道作为首要改变的选择。

（2）盲道的建设过程当中总是出现多个施工单位，多个单位负责，权责不清晰，相互推诿。应该将盲道的规划和建设单位减少到最少，实行"责任人制"。

（3）盲道的规划与建设要听取盲人的建议和意见，让盲人成为判断盲道是否合格的主体。减少盲道的"面子工程"，注重实用性，重质量不重数量。

4. 由政府投资或者牵头开发有利于盲人出行的新型工具

（1）比如由英国慈善机构皇家伦敦盲人协会（RLSB）青年论坛和数字产品界面设计公司（USTO）联合开发的一款智能手机应用——Wayfindr，能够帮助盲人独立完成地铁的乘坐。

（2）开发有声APP辅助盲人出行。

（3）可设计一种在人踩上去时会发音的盲道砖，让盲人能识别盲道，同时绝不要在路口断开盲道，这是最重要的。

（4）政府可以设立专门的部门，类似残联的这类组织，这类组织可以经常招募一些志愿者，采用滴滴打车类似的运行方式，如果盲人在外需要帮助，可以直接向志愿者寻求帮助。

（5）开发有声读物软件。可以充分利用大学生资源来帮助做一些有声阅读来丰富盲人的生活。

三天的社会实践活动很快就结束了，对于大多数队员来说，这可能也是第一次深入社会，围绕人们日常生活中的问题进行调查。对于涉世未深的我们来说，也是一次难得的机会。通过这次调查，我们不仅看到了盲道存在的占道、损坏等各种各样的问题，更看到了市民在一定程度上对盲道认识不足的问题，他们往往忽略了自己小小的举动可能带给盲人的不便；同时在做调查时，他们不配合的态度也让我们有些失望。令我们感到欣慰的是，当我们与盲人沟通时，他们身上那种积极乐观、对生活充满希望的精神着实也感染了我们这些人。他们或先天失明，或后天不幸被夺去了光明，虽然命运之神并没有眷顾他们，但是他们却拥有着许多与正常人一样的心态与抱负，他们中不乏成为律师，成为钢琴律师，成为老板。由此可见盲人值得全社会的人尊敬，因为即使是生存在"黑暗"之中，他们也能绝处逢生。

同时我们也希望政府能够加强监管，更好地方便盲人的出行，当然，通过宣传工作使市民更好地认识与保护盲道也是非常重要的工作，如果社会上所有的人都能认识到盲道的价值，那么盲道一定会发挥最大的作用。

最后，由衷感谢在活动中承担指导工作的 2015 级辅导员蔡怀建老师和 2015 级的阿依肯学姐，同时也对我们采访的中国盲文图书馆表示由衷感谢。

附件一

盲道实际情况详细记录表

记录路段：　　区　　　乡（镇）　　　街道

盲道所用砖块类型、颜色、宽度是否统一	
盲道的起点、终点、变道处是否有提示	
盲道占用情况：车辆或其他障碍物	
提示盲道铺设地区	
盲道铺设地区	
其他设施是否占用盲道	
是否能让盲人到达无障碍设施位置	
行进盲道距离是否符合要求	
转弯盲道长度	
盲道修缮情况	

附件二

关于盲道使用和维护意识的调查

温馨提示：本次抽样调查是为深入了解北京市区盲道使用现状，为便利与改善盲人生活，为北京市的社会福利事业建设出力。请您按照自己的实际情况和真实想法回答问题，衷心感谢您对本次调查的大力支持！

（　　）1. 您对盲道是否了解？

A. 了解　　　　　　B. 知道，但不关注　C. 不是很关注

（　　）2. 您曾经留意过人行道上的盲道吗？

A. 经常　　　　　　B 有时

C. 偶尔　　　　　　D. 从未

（　　）3. 您见过盲人在盲道行走吗？

A. 经常见到　　　　B. 偶尔见到　　　　C. 完全没有见过

（　　）4. 您如何看待盲道？

A. 我不是盲人，与我无关。

B. 应该重视，这是对残疾人的关爱

C. 必须重视盲道的建设和维护，这能体现一个城市的文明程度

（　　）5. 您觉得盲道的设计是否符合盲人的需要？

A. 符合　　　　　　B. 还需要改善

C. 完全不符合，只是摆设

（　　）6. 您认为盲道在城市建设中是不可或缺的一部分吗？

A. 是，每条道路都应该有。

B. 是，但不需要每条道路都有

C. 不是

（　　）7. 您认为盲道从哪方面需要改进？

A. 醒目　　　　　　B. 作用

C. 美观　　　　　　D. 其他

（　　）8. 您在生活中是否见到过盲道被占用的现象？

A. 见到过　　　　　B. 没有见到过

（　　）9. 您对盲道被占用这一现象的态度。

A. 气愤，但事后便忘记

B. 无所谓

C. 希望得到改善，会向有关部门反应

（　　）10. 针对现如今盲道的现状：乱占盲道，您觉得有必要在盲道或者盲道旁边做一些适当的文字标注，让路人意识到这是盲道吗？

A. 有必要　　　　　B. 无所谓　　　　　C. 没有必要

11. 针对如今盲道的使用以及现状，你觉得政府可以做出哪些改进工作来提高盲道的使用价值？

_____

附件三

关于盲道使用和维护意识的调查

温馨提示：本次抽样调查是为深入了解北京市区盲道使用现状，为便利与改善盲人生活，为北京市的社会福利事业建设出力。请您按照自己的实际情况和真实想法回答问题，衷心感谢您对本次调查的大力支持！

（　　）1. 你的年龄是？

A. 20 岁以下　　　　　　　　　　B. 20 ~ 40

C. 41 ~ 60 岁　　　　　　　　　　D. 60 岁以上

（　　）2. 你对盲道了解吗？

A. 了解　　　　　　　　　　　　B. 不了解

C. 了解一点，不多

（　　）3. 你是否使用过盲道？

A. 是　　　　　　　　　　　　　B. 否

（　　）4. 盲道对你是否有帮助？

A. 是，很有帮助　　　　　　　　B. 否

C. 有一点，但帮助不是很大

（　　）5. 平时使用盲道是否方便？

A. 是　　　　　　　　　　　　　B. 否

（　　）6. 你是否遇到过乱占盲道的行为？

A. 遇到过，但较少　　　　　　　B. 从没有

C. 总遇到

（　　）7. 生活中你是否遇到过类似被搀扶过马路等好心人的善举？

A. 遇到过，但较少　　　　　　　B. 从没有

C. 总遇到

8. 你觉得盲道建设是否存在不合理的地方，不合理之处在哪里？

_____

9. 对于盲道的这些问题你觉得是政府的问题还是普通市民的自我行为问题？

_____

10. 对于盲道的建设与维护，你有哪些好的建议？

附件四

调查小组：您好胡老师，请问您从事的工作是什么？

胡老师：中国盲文图书馆志愿者服务项目部与文化教育部负责人。

调查小组：您对盲道了解吗？

胡老师：还算比较了解，因为与盲人接触比较多一些。

调查小组：您知道盲道的具体使用方法吗？

胡老师：盲道是盲人通过脚的触觉判断盲道是直着走的就是横条的，如果是点状的那就提示要拐弯了。

调查小组：您接触的盲人大都是因为先天的原因而致盲还是后天致盲？

胡老师：先天后天都有。

调查小组：您觉得他们的生活状态与心理状态有什么区别吗？

胡老师：后天的失明的心理方面挑战比较大，甚至有可能产生自杀倾向，非常痛苦。先天的因为从小就失明就会好一点，后天的要是因为经历的不同挺过去了也会好一些，比较乐观。

调查小组：你们对他们提供过什么帮助吗？

胡老师：我们这里就是为盲人提供服务的。

调查小组：您知道盲人出行平时通过何种方式吗？是通过盲道还是有人带着？

胡老师：有的得有亲朋好友陪着，有的就拿着盲杖自己出行，但是是不是使用了盲道是存在一点争议的。比如盲道被车辆占用，有一些其他的障碍物，盲人朋友不一定沿着盲道，他们更依赖盲杖，因为有盲人朋友反映盲道不是特别的安全吧。

调查小组：我们有点好奇，因为我们以为盲人就是应该走在盲道上，盲杖的唯一作用是探一下前方有没有障碍物，难道盲人不走盲道也能出行吗？

胡老师：盲杖就相当于盲人的眼睛，盲杖用得好的话可以走遍天下，不用依赖于盲道。盲人可以去学习相关的技能。所以一些盲人到哪都拿着盲杖，比如去外地。

调查小组：我们团队在前两天询问盲人朋友关于盲道的看法时有些人回应：沿着盲道走不如沿着马路边走，您是怎么看的？

胡老师：这就是因为盲道有不安全因素。我也有听到一些盲人朋友的例子，比如给车碰到了，或者是盲道被摆摊的占用了，沿着盲道走撞上了。

一位志愿者：还有井盖在盲道上，施工什么的，这样的事情太多了。

胡老师：对对对，不能完全依赖于盲道，因为有许多人不知道盲道是给盲人来用的，盲人为了自己的安全，只能是不能完全相信盲道，许多人停车时、做买卖时没有这个意识。

调查小组：您知道盲人平时是如何等公交车、坐地铁、过马路的？

胡老师：有一部分盲人是找亲朋好友或是志愿者陪着，有一些独立性蛮强的就自己拿着盲杖，虽然会有一些困难，他会克服，会有磕磕绊绊，但可以求助啊。

调查小组：社会上的好心人还是比较多，一些盲人朋友说在地铁里有遇到好心人帮忙。

胡老师：对，地铁里有工作人员，他们会提供相关服务。

调查小组：盲人在工作能力、工作岗位竞争、信息渠道方面有何局限性？

胡老师：有一些无障碍的工作。其实很多障碍都是我们观念中的，许多盲人朋友在心智能力上是很强的，甚至超出明眼的人。他们求职遇到的局限是由于固有的观念受到的影响，也与雇主的想法有关系的，觉得盲人看不见，很多事做不了，但其实不是这样。盲人就业的机会受限，这就是不公平的地方。其实他们很会工作，可以给他们配语音软件啊。老师如果懂一点特教，因材施教，盲人孩子的能力可以和明眼孩子一样的，但是学校的观念跟不上。辅助的工具，比如盲人用的助视器、大字本、盲文图书，如果这方面不好的话盲人孩子学习是比较困难的。

调查小组：大字本是什么？

胡老师：大字本分盲人用与低视力用两种，事实上许多视障朋友是能看见的，但是光感比较弱，彻底全盲的不多，有些人可以用残余视力做很多事。在信息渠道方面，接受新鲜事物快的年轻的视障朋友可以通过语音软件、微信与 QQ 上网，就没有问题。反而在无障碍方面，在购物在语音无法达到的地方可能要求助。他们也会在做网站时要求无障碍功能，提供语音提示、验证码。还有在银行，涉及钱的，填密码与账号，涉及机密的。这也是一个很大的服务市场，在信息无障碍方面可以帮助他们，但是社会上大家没有意识到。

调查小组：您知道这些视障朋友一般从事什么职业吗？

胡老师：按摩，针灸推拿，钢琴调律，算命，新中国成立之前是卖艺乞讨，现在按摩的多一些，但我知道其实有的女孩子也不愿意去做，敢于突破的有做律师的，做程序员、法官、美容顾问、做老板、法人，他们都是盲人的精英了。其实选择有很多，不甘于做按摩的人很多，毕竟这个不是适合所有人的。但社会上观念上大家都觉得盲人就去做按摩，包括老师也说按摩可以挣钱养家，但其中的酸甜苦辣只有他们自己知道，有的不喜欢，还有女孩子给人按摩涉及安全问题。他们在职业选择上遇到很多挑战，但现在至少他们有各种可能性。

胡老师：事实上我接触的盲人朋友他们接受的磨砺比较多，内心更强大。接受不了的也有抑郁的，自杀的，不在人世的，经过这个坎之后就有点凤凰涅槃的感觉，像小太阳，很正能量甚至会感恩自己的经历，明白自己要什么，不会浑浑噩噩度过一生。

调查小组：盲人在选择配偶上有什么倾向？

胡老师：许多是视力障碍的选视力障碍的，更能理解吧，但其他的情况也都有。这也是由于盲人朋友的朋友圈子的限制，盲人按摩师就只能接触盲人按摩师。

调查小组：您觉得政府和社会在哪些方面能更多地帮助盲人这个群体？

胡老师：方方面面吧。视障朋友自己也会有自己的组织，发出自己的声音。大众就是在盲道不要停车摆摊，这是盲人专用的嘛。媒体与政府要多宣传吧，让公众了解盲人这个群体。中国盲文图书馆除了服务盲人以外也是一个让盲人了解视障朋友的一个窗口。一些朋友对视障朋友有偏见，有反感，是因为没有什么机会去接触盲人，了解得少。视障朋友在盲校里或者就在家里不出来，与明眼人接触少就会有隔阂。现在倡导的教育制度就是让明眼人与视障人在一起学习，比如像澳洲的尼克胡哲，没有双腿的这种，在普通的学校接受教育，他就可以发展得很好，与他接触的学生也会从他的身上学到很多东西，这也是互利共赢的。

调查小组：比如毅力，坚持这些精神。

胡老师：比如你们同学中如果有视障的朋友，相处后就知道就是眼睛看不见嘛，一起玩耍什么的都是没有问题的。我接触的视障朋友比较多就会觉得没有什么大不了的，他们家务照做，煮饭做菜也都可以，心智上、能力上也不会像有的人误解觉得有很大差距。有的人就是觉得跟盲人说话眼睛不看他就不愿意说，这些都是不接触不了解的缘故。

胡老师：还有就是不仅仅是视障，其他的残障也一样，他们都是正常人，或者说这些残障也是每一个人都要经历的，总有一天我们的眼睛也会渐渐老化看不见的，或者是不注意脚崴了。残障这个状态是每个人在每个阶段都可能会经历的。我不太愿意用正常与不正常来谈视障朋友，他们都是正常人。

……

胡老师：其实，视力障碍并没有那么可怕，可怕的是我们没有这种承受的心理能力。把一些精英的例子拿出来，那他们不比我们少什么，就是眼睛看不见而已。可能心智更健全、"三观"更正。有些人眼睛看得见，但是心路是盲的，浑浑噩噩活在这个世上，没啥梦想，净做些坑蒙拐骗的事，这样的人更是残障。

调查小组：谢谢您对我们实践团队的大力支持。

🌿 实践·足迹

如果我能看得见，就能轻易地分清白天黑夜；就能准确地在人群中牵住你的手。

如果我能看得见，就能驾车带你到处遨游；就能惊喜地从背后给你一个拥抱。

如果我能看得见，生命也许完全不同……

——愿成为你黑夜中一束微不足道的光

这个暑假，我们北京理工大学的15名"小天使"怀着赠人玫瑰、手有余香的慈爱之心，前往北京市三个区的一些地方开展盲道的实际使用情况调查，希望从中能够发现一些实际存在的民生问题，希望能够引起政府与市民的关注，更加关注社会中的弱势群体，让他们感受到来自"黑暗世界"的一缕温暖阳光。可是，最后结果如何？还是一个未知数……

一、走出迷茫

今年 6 月，天气很热。得到材料学院青年志愿者协会招募暑期社会实践队员消息的时候，距离期末考试还有两周，应该有很多同学脑子里都在想着如何期末不挂科。其实当时的大家心里也都清楚，社会实践是一件特别有意义的事情。等到报名时间截止的时候，一共有 15 个人的姓名出现在人员名录中。本来想着精心迎接考试，可是之后一连串的事情接踵而至，新团队成员虽然已经有了，但是社会实践的具体项目与研究课题还没有定下来，怎样确定主攻方向，怎样规划出活动方向流程，眼看离项目申报截止的日期越来越近，但还是有很多事情一筹莫展。大家心里十分清楚，选题就如同树木的根，根系不好，树木如何也长不成参天大树。选题是社会实践全部流程各环节中最为重要的一部分，而且也是决定性的一部分。怎样体现选题的现实性、可行性、创新性，双收益的原则是什么？怎样选择一个具有实践价值的课题？一时间我们都没了思路。

好在有材料学院青协主席阿依肯学姐的指导。作为一名有着丰富工作经验的学姐，2016 年她也曾参加过社会实践，并且取得了有意义的调查结论。在她身上，我们仿佛看到了希望。她提出先把实践团团长选出来，然后再选出 3 名小队长，经过一番毛遂自荐之后，确定贾宏福为实践团长兼小队长，李伟琦、陈奕均为另外两队队长。然后团长与另外两位队长还有阿依肯学姐就研究课题展开了深入细致的讨论。这个时候，离项目申报的时间越来越近，期末考试如同一头猎豹也在一点点悄无声息地逼近。经过上网查阅资料和多次的讨论，我们决定把研究方向放在北京市人们日常生活中的盲道上。日常生活中随处可见的盲道其实可能并没有多少人在意它的存在，而作为一名涉世未深的大学生，走出校门，走到市民的日常生活中也是另一种极为有趣的体验。

研究方向算是确定下来了，但是调研的范围还没有规划出，范围太大，不利于调查的细致进行；范围太小，又会浪费许多人力物力。在一次又一次的讨论后，我们选择了学校附近的 3 个区进行调查，分别是房山区、大兴区、丰台区，每个区又随机选出 3 个乡镇作为重点走访调查的对象。之后进行了人员分配，明确了团队的分工，这样才能使每个人都有自己的工作内容，共同完成实践整体活动。首先划分为 3 个小组，分别前往不同的实践地点，每个小组 5 名队员，其中队长负责筹划实践团队的进程，另外挑选 1 名擅长摄影的同学负责摄影，记录实践过程，并且选出一些宣传人员来撰写每天的新闻稿以及每天的推送。

实践日期一点点临近，期末考试终于结束了，大家刚刚松了一口气，又都绷紧了神经。6 月 29 日，考完微积分的下午，我们组织了第一次团队成员见面会，队员们进行了自我介绍，我作为团长介绍了实践的大致内容以及人员安排。实践进行的前一天，团长和小队长李伟琦前往良乡镇上勘察走访，为第二天就要进行的实践活动"探明道路"。我们本计划采访盲人的时候给他们准备一些适合的礼物，为此我们还专门采访了一位一家盲人按摩店的盲人按摩师，说明情况之后，主人热情地迎接了我们。但当我们向他们询问是否有什么对他们生活有帮助的礼物时，女主人一口回绝了我们：我们什么都不缺。她眼神中透露着坚定以及积极的生活态度，我们在心里默默为他们这种弱势群体点了个赞。但是失明的男主人还是告诉我们，其实他们生活中看不见但是能够聆听这个世界的声音。对于他们而言，也许一个收音机就是他们最好的伙伴。但是考虑到即将采访的盲人人数可能比较多，而且收音机并不便宜，便打消了这个念头。

这天晚上回到学校后，我们在图书馆一楼大厅聚在一起商讨了即将实践的内容，以及需要注意的事项，把750份调查问卷发到了每个团员的手中。万事俱备，只欠东风。

7月2日早上8：00，队员们准时在图书馆门前集合，做出发前的准备并且合影留念。在朝阳的照耀下，实践团团员出发了，大家一面欢笑，一边向远处的车站走去……

二、骄阳似火

杨玉琴所在的组群的活动地点是大兴区。作为小组的宣传员，后来她在日记中这样写道：

炎炎烈日，滚滚热浪，阳光好似在树梢上跳跃，斑斑驳驳的树形铺垫在我们脚下的这条路上。此刻，我眼中的世界是金色的，而我不禁在想，在这个熙熙攘攘的街道上走过的每一个人的眼中对于这个世界都会有属于自己的那份不同的色彩，可若是对于那些只能感知光明却无法确切地看见这个世界光彩的人，他们心中又该作何感想？看着每一个或行色匆匆或悠闲漫步的路人，他们都可以看见自己前行的方向，可那些无法看见的盲人是否在盲道上也同样走得顺畅呢？带着这些疑惑，我们展开了我们的社会调查活动。

我们首先决定在不同的街道上仔细观察盲道的各种情况，并记录其建设是否合理、是否经常被占用、损坏后是否有及时维修等问题。

同时我们还会不定时地咨询盲人和路人关于盲道的各方面情况，并倾听他们的意见和建议。

在采访大多数盲人的时候我们都是在盲人按摩店中进行的。起初我们还非常担心害怕他们会拒绝参与我们的调查活动，但是实际情况却出乎我们的意料。我们采访的每一位盲人，都非常和蔼可亲，对于我们的问题也都尽力回答。他们有的人还非常热情地同我们交谈一些他们的生活趣事，乐观向上的光芒在他们的身上闪烁。我记得当一位盲人用温暖而平淡的声音告诉我："我们的眼睛虽然看不到，但这个世界就在我们的感受中。"是啊，既然能够感受到世界的存在，看不到也没有关系，他们照样可以正常地工作生活，在他们心中也有他们用感官塑造的缤纷世界。我们真的没有什么太大的不同，不同的只是面对生活的态度和方式罢了。

通过和他们的交谈我们了解了如今盲道存在的多种问题，也让我们认识到了盲人对盲道有所改善的迫切希望。看着这些自强不息的盲人以一种乐观自信的姿态为社会创造勃勃生机，我也为之动容，想要为他们尽力做些什么，期望能够更加方便他们的生活。我由衷地希望社会可以对盲人多些体贴与关爱，也希望我们实践活动能够对他们的生活有所帮助。我相信在我们每个人心中"青年服务国家"这句话不仅印在我们的衣服上，更深深地烙进了我们的心里。

罗威，是我们团队唯一的一名 2015 级学长，文青气质很重的一个男生，同时是我们房山组的摄影师，路上他用照片记录了实践活动的点点滴滴，后来回忆起实践第一天的实际情景他在笔记本里这样写道：

迎着清晨的阳光，实践团队经过短暂的集合，3 支分队便出发前往各自的实践地点。从学校坐公交车到镇上也就 10 分钟左右的路程。早在前一天晚上，实践团队就已确定好每个分队的调查目标，我们小组组员也都分好了个人的具体任务。在公交车上，我们每个人都满怀兴奋和期待，期待着会和小组一起完成房山之行的任务，同时我们也有一丝不安：毕竟大家都是第一次出来做社会实践，我们会遇到什么样的状况？路人对我们的态度是什么？我们能不能完成既定的任务呢？这一切都是未知。

经过几分钟的路程，我们在良乡镇下了车，期待已久的实践之行正式展开。根据路线，我们沿着北关西路向北前行，调查记录沿途盲道的情况并给路人发放调查问卷。人流匆匆，大城市的快节奏在它周围的一个小镇的早晨便展现出来。我们下车走了没几步，赫然看见一个广告牌立在盲道上，再往前走，一辆电动车躺在盲道上；继续走，一个店铺门前的停车位就将盲道'斩断'，几辆轿车拦着我们的去路……这些现象似乎在告诉我们，这里的人们没有注重盲道的价值。带着这个想法，我们开始询问路人并恳请他们协助完成调查问卷。也许是因为我们的询问的方式有问题，抑或是大家太忙，路上只有少数人接受了我们的询问。

经过短暂商议，我们把重点放在周围停下休息的人，主要是广场和公交车站的人。这时，我们才意识到，最主要的问题是一般人不会轻易接受陌生人的接触的，这是大家的自我保护意识。想到这，分队组员都有些沮丧，街边商铺喇叭用高音宣示街道的繁华，但似乎也在慢慢吞噬着我们完成任务的信心。就这样，收获与付出完全不成比的调查持续了 2 个小时，我们决定去下一个目的地——周口店，期待有不一样的收获。

公交车一站站驶过，车上的我们经过近 1 小时的车程到达周口店，但出乎意料的是，迎接我们的并不是繁华的街道和店铺，而是一大片待开发区和炎炎夏日，这使我们在车上恢复的一点斗志再度受到重创。就在我们准备放弃回良乡的时候，我们得知前面不远就是周口店小学，本着"不言弃"的精神，我们决定去"碰碰运气"，步行了一段，盲道出现在我们面前。虽说这边偏僻，但盲道却维护得很好，上面也不见有障碍物，不知这是不是一种无言的讽刺。10 多分钟后，我们来到了周口店小学，由于是周末，学校并没有什么人，请一位老师帮忙拍了照片后，我们便踏上回良乡的路。周口店是古人猿的聚集地之一，很多人来这都是探访猿人遗址，而我们却无心多留。

回来的公交车上，分队组员都已经累得闭目养神，而团长贾宏福仍在做调查，在车上询问起来，但收效也甚微。回到良乡时已经是下午 1 点，我们在快餐店歇脚吃午餐，总结上午的收获，同时商量下午的计划。经过上午的问卷和记录，我们总结人们虽然都明白盲道是非常有用的，但是由于基本很少看到有盲人使用，所以大家极少关注盲道。而就在我们讨论下午是回学校还是继续上午的低效率实践时，从其他分队那我们得知，上午我们碰到的问题他们那也同样存在，因此他们转而去专门场所采访盲人，也有很多收获，这给我们提供了新的思路：下午去盲人按摩店和北京残联。不过命运似乎不会垂青本来就倒霉的家伙，当我们由乘公交车到步行，又经步行到乘公交车，兜兜转转来到古槐盲人按摩会所时，只有"停业休息"的通知在等着我们，而北京残联那边，则因为周末休息，没人接待。至此，一天的房山实践调查落下帷幕——背着夕阳，分队回到了学校。

这次的房山之行有着太多意外：路人的态度、周口店的偏僻、盲人会所的停业休息、盲道的极低关注率。同时，我们也有不少收获：团队协作的意识，坚持不懈的精神，学会与陌生人交流，还有如何同社会接触。第一次社会实践对于我们来说是个良好的开始，从中学习成长，也是我们最开始的期待。

另一组队员在组长李伟琦的带领下前往离市中心稍微近点的丰台区，李伟琦后来回忆道：

作为更加接近市中心的丰台区，第一天我们首先到达了卢沟桥乡。说来也巧，刚下车没走几步，我们就遇到了停车占用盲道的现象。机智的我们马上拍照记下了这一幕。紧接着我们遇到了我们今天的"第一桶金"——一位微胖的中年男子。遗憾的是，我们并没有抓住这"第一桶金"，他完全忽视我们，从我们身边经过。第一天开始就遇到这种情况，我们难免会有一些小失落，以至于我们谁也不敢上前询问。不过不行动也不是办法，我们又瞄准了下一个目标，这是一位正在散步的老大爷。我们中的一位同学率先去询问老大爷。所幸的是，这位老大爷十分和蔼可亲，很愿意回答我们的问题，我们心中悬着的石头终于放了下来。本以为会处处碰壁，其实只是万事开头难，接下来的工作就好做多了。其他小组成员也不甘示弱，纷纷前去寻找自己的目标。前方不远处就有一个候车亭聚集着好多人，我们就从那里下手。在椅子上坐着几位等车的老奶奶，我们向其中一位说明来意后，她也很乐意接受我们的调查。不过老奶奶是在等车，我们可不能耽误人家坐车啊，所以我们还需要一个人帮奶奶注意一下公交车来没来。最后我们的调查结束，老奶奶的车也来了，可谓是两全其美。就这样我们拿下了今天的第二个目标。接下来都很顺利，上午我们收获颇丰。

下午我们出发去王佐镇，为了方便关于盲人的调查，我们特地选择在盲人按摩店比较多的新苑街落脚。在这我们走访了几家盲人按摩店，出乎我们意料的是：这些盲人按摩师都很配合。我本以为当我们提及一些问题触及他们的痛处时，他们会生气，其实不然，他们既然能做按摩师，就不会在乎别人的看法，能够一心做好自己的事。从对盲人的调查来看，盲道对他们所起的作用微乎其微。调查结束后，我们整理了一下问卷，总共将近 70份问卷。按照路线我们回到了学校与大家会合。

第一天的实践结束后，我们晚上聚在图书馆的一楼，总结了一天的成果以及经验，之后，我们决定将小组重新分为两组，一组前往未完成实地勘察任务的丰台区继续实地走访，另一组则前往之前联系过的位于北京市西城区的中国盲文图书馆，我们希望在那里能够遇到一些专业人士，并聆听他们独到的见解。

来到图书馆，我们遇到了中国盲文图书馆志愿者服务项目部与文化教育部负责人胡老师。胡老师对我们的"不期而遇"感到有些惊讶，但是说明来因时，她还是热情接待了我们，并进行了一场生动有趣的访谈。同时她也告诉我们，盲人其实和我们一样，他们也在各个行业发挥着自己的力量，比如有人成为律师，成为调音师等。人们常说上帝给他关上了一扇门，必定也给他打开了一扇窗，盲人的眼睛虽然看不见，但他们却拥有了敏锐的听觉。没有眼睛，他们一样能够像正常人一样生活下去。

前往丰台的我们与前一天一样，一边观察街道上盲道的使用情况，一边询问路人并发放调查问卷，印象最深的是遇到一位大妈，给我们讲述她的一位盲人邻居的故事，让我们更加感受到了盲人日常生活中的辛酸与不易。同时我们也在盲人按摩店遇到了一些盲人按摩师，他们给出的答案使我们了解到了更多关于盲道的使用情况。

第二天社会实践完成后，队员们拖着疲惫不堪的身躯参加了晚上的总结。此时预定的实地走访区域已经完成，每名队员 50 份的调查问卷也已发放完毕。于是决定第三天实践活动结束并进行对调查问卷的整理与总结工作。

两耳不闻窗外事，一心只读圣贤书。古人常常挂在嘴边来提醒自己不能读死书，也要关心国家大事。现代大学生其实缺少的就是走出校园，走向社会的机会，对于大多数的大学生来说，进入大学似乎就是进入了理想王国。通过社会实践，我们不仅能够深入接触基层群众，体会国情民情，感受社会现状，还能全面了解中国的现状与发展，激发自身服务社会的责任感。

"我望向你的脸，却只能看见一片虚无，是不是上帝在我眼前遮住了帘，忘了掀开……"在我国，每年会出现新盲人大约 45 万名，低视力患者 135 万名，即每分钟就会出现一个盲人，3 个低视力患者。

盲道，本来是为社会上的这些弱势群体设计的，如今由于这样那样的原因并没有多少盲人愿意继续使用这样的城市设施，怎样让盲人愿意踏上这条路？怎样使普通市民自觉维护好盲道？政府该怎样面对残缺，破坏的盲道？我们望了望天上的蓝天白云，脚下的路，思绪仿佛困在了一间黑漆漆的屋子里边，看见一道光，却无论如何也找不到出口。

实践 · 品悟

第一次社会实践

2016 级本科生，材料科学与工程专业　李伟琦

7 月的风懒懒的，伴着火辣辣的太阳。刚从公交车上下来，便感觉到这个季节的恶意，不由地为自己的暑期社会实践捏了一把汗。这是我学生时代以来的第一次社会实践。以前总是两耳不闻窗外事，一心只读圣贤书，如今终于有了将知识付诸实践的机会了，心中还是有一丝得意。作为实践团小队长的我压力很大，也许是由于实践之前的准备工作做得不足，实践过程中状况频出，令人始料未及，调查时，市民们的不配合，寻找盲人时的困难，再加上炎热的天气，可以说是困难重重。不过还好，队员们凭借着积极向上的心态

顺利完成了这次的实践任务。在实践活动之前，自己并没有真正观察过盲道，也很少注意过盲道上存在的问题。通过这次实践活动，自己不仅亲自去发现了其中的问题，更重要的是，接触到了社会上形形色色的普通市民，他们来自不同岗位，处于不同阶层，也看到了他们的不同观点看法。

接触社会，关注社会

2016 级本科生，国际经济与贸易专业　杨玉琴

北京，7 月初，正是最热的时节。作为即将步入社会的大学生，我和志同道合的 14 名同学参加了一次较为有意义的社会实践。短短数天的实践活动让我见到了这个社会最真实的一面，它给我们带来了意想不到的效果，社会实践活动给生活在都市象牙塔中的大学生们提供了广泛接触社会、了解社会的机会。

"读万卷书，不如行万里路。" 顶着毒太阳，我们几个队员走在盲道上，仔细观察，记录下每一条盲道的情况，也随机采访路人，或者到盲人聚集区去了解情况。在这个过程中，我们首先要学会了忍耐，不仅要忍耐酷热的天气，还要忍耐路人对我们的误解（以为我们是发广告的）；其次，这是一次锻炼个人语言交流能力的极好机会，我们要明白如何与人文明相处；还有我们要担负起了自己的责任，不推脱，能够合理规划，及时完成自己的任务。

总之，作为 21 世纪的大学生，我们要时时关注社会，提升自己的社会活动能力，树立服务社会的思想与意识，为祖国的发展贡献自己的一份力量。

对盲人多些体贴和关爱

2016 级本科生，国际经济与贸易专业　于文锦

7 月初至，我们一行人开始了服务社会、服务国家的社会实践活动。我们这次实践的方向是针对盲道的使用情况和其存在的问题进行分析解剖，最后提出相应的建议，然后上报政府，希望存在的问题有所改善，造福盲人。

炎炎烈日，滚滚热浪，我们一天又一天地在不同的街道上仔细观察盲道的各种情况，同时还会不定时地访查咨询盲人关于如今盲道的使用情况，并倾听他们的建议。如今盲道存在的多种问题，让我们认识到了盲人对盲道有所改善的迫切希望。看着这些自强不息的盲人以一种乐观自信的姿态为社会传递正能量，我也为之动容，想要为他们尽力做些什么，希望能够更加方便他们的生活。

我由衷地希望社会可以对盲人多些体贴与关爱，希望我们的努力能够对他们的生活有所帮助。我相信在我们每个人心中 "青年服务国家" 这句话不仅印在我们的衣服上，更深深地烙进我们的心里。

了解了社会，开阔了视野，增长了才干

2016 级本科生，材料科学与工程专业　张琦昌

在暑期社会实践这并不算长的几天中，我们小组走访了当地的一些盲人按摩店并和盲人按摩师进行了交流。经过这次交流，我对盲人有了更多的了解，他们对生活的态度也深深触动了我，让我明白了很多道理。作为盲人，双目不能视物给他们的生活带来了很多不便，但是他们在克服了种种困难后依然乐观地生活，他们一直在努力，使自己追赶上普通人的步伐。

身体有残疾的人不仅需要适应残疾带来的不便，还需要克服巨大的心理障碍，他们也许会比健康的普通人更加坚强。上帝在关上一扇门的同时也会为你打开一扇窗。虽然盲人失去了看到光明的权力，但是他们却拥有了更加强大的内心。帮助残疾人是给予他们尊重，而不是一味地施舍，他们需要的是社会的认同和人格的独立。

通过这次的的社会实践活动，我们逐步了解了社会，开阔了视野，增长了才干。在社会实践中我们真正锻炼了自己，为以后踏入社会做了更好的铺垫，以后如果有机会，我会更加积极参加这样的活动。

盲道——一个国家的人文情怀

2016 级本科生，高分子材料与工程专业　赵琳

从象牙塔中走出，去看看真正的社会，追寻一名大学生或者一个人真正的价值，就是我参加这次社会实践的目的。在这次社会实践中，我与同伴一起观察并记录了北京房山区的盲道建设，采访了许多盲人，进行了模拟盲人走盲道的实验，还参观了中国盲人图书馆，聆听了胡老师多年与盲人同伴为友的感悟。随着一次次的采访，让我明白，看似在生活中一个不起眼的小东西，会饱含着一座城市的人文文化。盲道虽小，但能反映一座城市乃至一个国家的人文情怀。在走访的过程中，我们发现，即使是在北京，也存在盲道修建不规范和人们随意占用盲道的情况。甚至于有些人连盲道都不了解。这让我感受到我们身上承担的责任。中国现在并不是一个十全十美的如天堂般的国家，更需要我们的努力，使它变得更好。同时，在与盲人朋友交谈的过程中，我体会到他们不服输的精神和意志，从困境中走出的他们，远比我要强大。大学之道，非谓有大楼之谓也，有大师之谓也。大师所授，得之于生活，亦授之于生活。社会实践，不虚此行。

为 1 800 万名盲人，献出我们的爱

2016 级本科生，高分子材料与工程专业　陈奕均

这次暑期社会实践我参加了材料学院的团队 Blue - eye Angel。我们以"盲道的使用和维护现状"为主题，进行大面积调研活动。这一次社会实践中，我们着眼于良乡附近的大兴、房山、丰台 3 个地区，通过对普通人和盲人进行走访和问卷调研，进入盲文图书馆，

与工作人员面对面交流和访谈等形式，实事求是地完成本次社会实践。

　　记得小时候，我姥爷指着地面上有条纹走起来有明显凹凸触感的连起来黄色地砖告诉我那是盲道，那是我第一次接触盲道这个名词，但是那之后因为并没有看到盲人在上面走过，渐渐忘记了这个词。这次社会实践，让我重新想起了这个词的含义，这个世界还有盲人这个群体需要人们去关注、帮助和关爱。在这几天的实地考察中，我们发现盲道被占用的频率令人触目惊心，与盲人交流中我们得知盲道现在根本没有办法给盲人带来安全感，所以他们都不太使用盲道。我们又对盲道是需要维护还是根本没有存在的必要、盲杖是否可以在功能上取代盲道进行了讨论。最后，我们一致认为，中国一共有 1 800 万名盲人，他们在交通出行，日常生活中都有不便，我们应该积极去做志愿者，尽自己所能去帮助他们。

实践团成员：贾宏福　李伟琦　陈奕均　赵琳　郝鹏菲　刘涛　苑景润　张琦昌　罗威　郑若年　王泽峰　于文锦　邹馨茹　周雪婷　杨玉琴

钢铁工人的幸福感

实践·报告

前　　言

幸福感，就是人们根据内化了的社会标准对自己生活质量的整体性、肯定性的评估，是人们对生活的满意度及其各个方面的全面评价，并由此而产生的积极性情感占优势的心理状态。主观幸福感是个体对自我评价的幸福，认为幸福是评价者个人对其生活质量的整体评估。它有主观性、整体性和相对稳定性等特点，是衡量个人生活质量的重要综合性心理指标。

从心理学的角度看，幸福是人类个体认识到自己需要得到满足以及理想得到实现时产生的一种情绪状态，是由需要（包括动机、欲望、兴趣）、认知、情感等心理因素与外部诱因的交互作用形成的一种复杂的、多层次的心理状态。随着积极心理学运动和积极组织行为学的提出，幸福感的研究扩展到管理学和组织行为学领域中。企业员工具有较高的幸福感，一方面可以使企业提高工作效率，降低缺勤率和离职率；另一方面也可以提升员工自身的实力，增加员工之间的沟通，为双方建立起和谐的关系。

一、调查背景

在现代社会中，让每一位员工都"工作，并幸福着"是每一个企业和企业管理者所追求的目标。工作幸福感指数是指员工对企业的积极情感和对工作岗位的认知评价。较高的工作幸福指数，一方面可以使企业提高工作业绩，降低缺勤率和离职率；另一方面也可以提升员工自身的实力，增加员工之间的沟通，为双方建立起和谐的关系。

二、调查内容和目的

幸福感调查的目的是为了收集足够的、真实的和有效的信息，为管理部门提供参考依据。莱芜市钢铁工人幸福感调查的内容和目的如下：

（1）对员工工作幸福感作用的调查，分析和了解如何使员工在工作当中感受到一种幸福感，从而更好地使员工发挥最大的潜能，为组织创造更多的价值，同时使员工感受到自己公司的组织是自己最好的归宿。

（2）对影响员工工作幸福感因素的调查，分析影响员工工作幸福感的因素，从而更好地激励员工，使员工个人的目标与企业的目标相结合。

（3）对员工工作幸福感重要性的调查，了解和分析员工的工作幸福感对于现代企业文化建设的重要性。

三、调查方式

时间：2013 年 8 月。

地点：莱钢集团有限公司、山东富伦钢铁有限公司、山东泰钢集团有限公司。

方法：书面问卷（发放 50 份问卷，收回 44 份，回收率为 90%）。

四、调查数据分析

通过对问卷的整理和分析，得出的数据以及结果如下：

在对员工的年龄调查时发现，31% 的员工的年龄段为 18～30 岁，有 29% 的员工的年龄段为 31～40 岁，有 38% 的员工的年龄段为 41～50 岁，仅有 2% 的员工的年龄段为 51～60 岁（见图 1）。总体来说，员工的年龄段在 18～50 岁之间均匀分布。

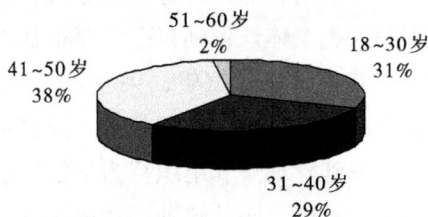

51~60岁 2%
18~30岁 31%
41~50岁 38%
31~40岁 29%

图 1 员工年龄段分布

在对员工工龄调查时发现，有 20% 的员工的工龄为 1～5 年，有 31% 的员工的工龄为 6～10 年，有 2% 的员工的工龄为 11～15 年，还有 47% 的员工的工龄在 15 年以上（见图 2）。总体来说，工龄在 5 年以上的老员工占了绝大多数，大家很少跳槽。

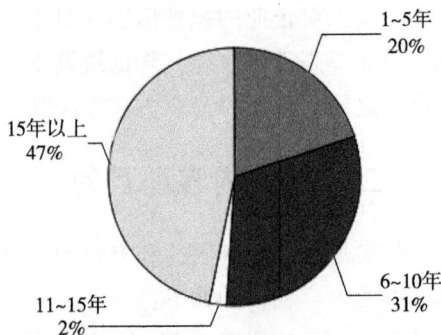

1~5年 20%
15年以上 47%
6~10年 31%
11~15年 2%

图 2 员工工龄分布

在对员工每天工作时间及对工作时间是否满意调查时，有 1 人每天的工作时间在 6 小时以下，有 22 人每天的工作时间为 6～9 小时，有 10 人每天的工作时间为 10～12 小时，有 12 人每天的工作时间在 12 小时以上（见图 3）。66% 的员工对每天的工作时间感到满意，34% 的员工对每天的工作时间感到不满意（见图 4）。总体来说，员工每天的工作时间主要集中在 6～12 小时，大部分员工对自己的工作时间感到满意。

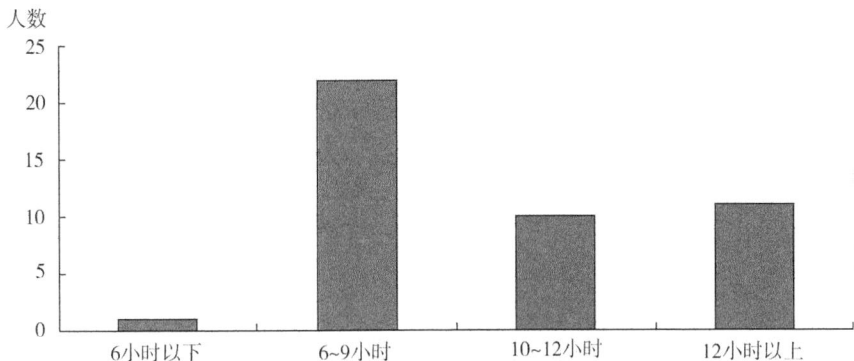

图 3　员工工作时间分布

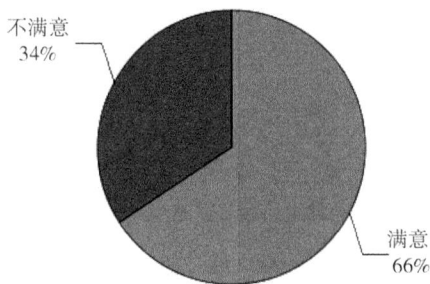

图 4　员工工作时间满意度分布

在对员工收入及对收入满意程度调查时，有 15 人的工资在 2 000 元以下，有 24 人的工资为 2 000～3 500 元，有 6 人的工资为 3 501～5 000 元（见图 5）。34% 的员工对工资水平感到满意，66% 的员工对工资水平感到不满意（见图 6）。总体来说，员工的工资水平较低，多数员工对工资收入感到不满意。

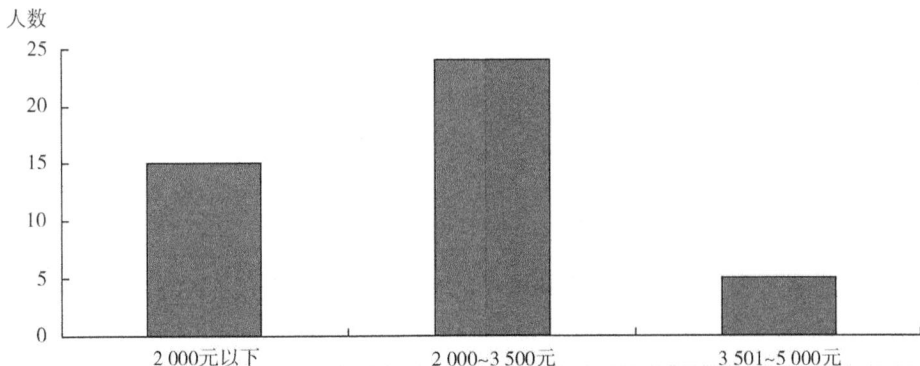

图 5　员工工资分布

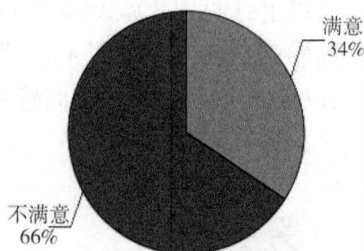

图6　员工工资满意度分布

在对"您觉得您目前从事的工作是否适合您"问题调查时，有45%的员工认为工作合适，有50%的员工认为工作适合程度一般，有5%的员工认为工作不适合（见图7）。总体来说，绝大多数员工对工作持正面态度。

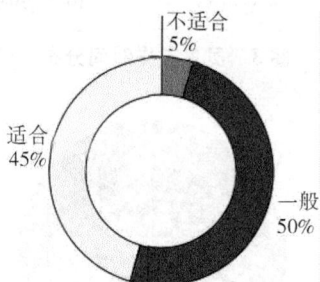

图7　员工工作适合程度分布

在对"您在工作中是否感到疲惫"问题调查时，有12%的员工几乎每天感到疲惫，有28%的员工经常感到疲惫，有58%的员工偶尔感到疲惫，仅有2%的员工从不感到疲惫（见图8）。总体说来，40%的员工每天感到疲劳或经常感到疲惫，员工的疲劳程度较高。

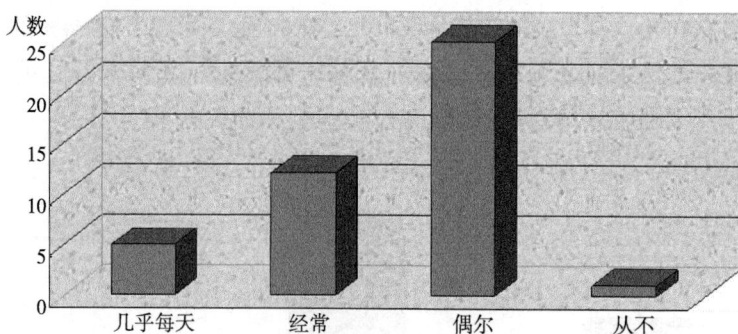

图8　员工疲劳概率情况

在对"您的倾诉对象"问题调查时，29%的员工选择家人作为倾诉对象，41%的员工选择朋友作为倾诉对象，21%的员工选择同事作为倾诉对象，还9%的员工的倾诉对象为其他人（见图9）。总体来说，家人，朋友和同事成为员工倾诉的主要对象，但同事所占的比例较低。

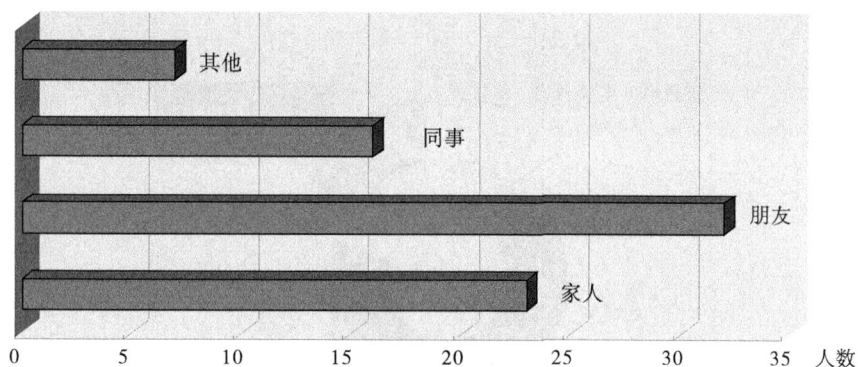

图9 员工倾诉对象统计

在对"您认为生活中各种挫折会影响您的幸福感吗"问题调查时，16%的员工认为挫折对幸福感的影响很大，13%的员工认为挫折对幸福感的影响比较大，33%的员工认为挫折对幸福感的影响一般，29%的员工认为挫折对幸福感的影响不太大，9%的员工认为挫折对幸福感无影响（见图10）。总体来说，大多数员工认为挫折对幸福感的影响较小。

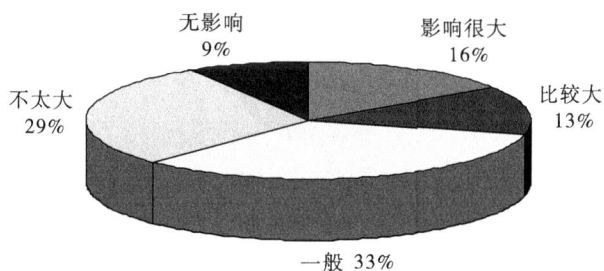

图10 挫折对员工幸福感的影响

在对"您觉得当前或今后预期生活压力大吗"问题调查时，16%的员工认为生活压力较小，生活自如；64%的员工认为生活压力比较大，但能应付；20%的员工认为生活压力非常大，生活紧张（见图11）。总体来说，大多数员工认为可以应对生活中的压力。

在对"您对自己的未来充满自信吗"问题调查时，30%的员工认为很有信心，有33%的员工认为比较有信心，30%的员工认为一般，2%的员工认为不太有信心，5%的员工认为一点也没有信心（见图12）。总体来说，大多数员工对未来比较有信心。

在对"您对目前自己存在的什么问题最不满意"问题调查时，9%的员工对学业最不满意，2%的员工对人际关系问题最不满意，50%的员工对经济收入问题最不满意，15%的员工对工作问题最不满意，4%的员工对感情问题最不满意，18%的员工对其他问题最不满意（见图13）。总体来说，经济收入问题是员工最不满意的问题。

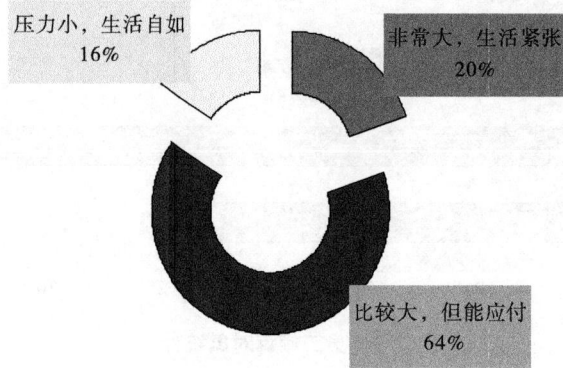

图11 员工生活压力

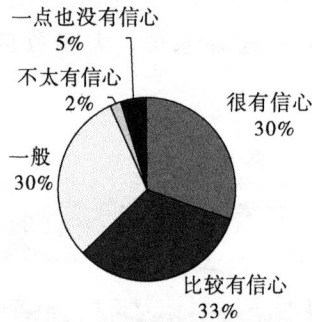

图12 员工对未来信心的看法

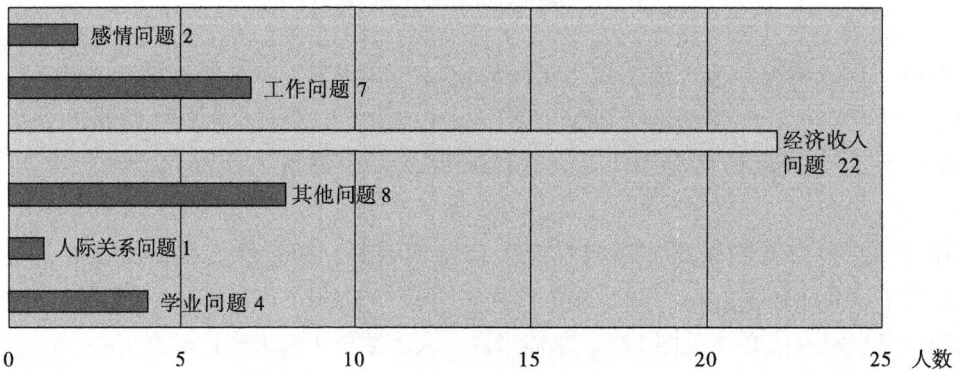

图13 员工最不满意问题

在对"您觉得您平时的休闲时间是否充裕"问题调查时，11%的员工认为休闲时间充裕，14%的员工认为休闲时间比较充裕，48%的员工认为休闲时间比较少，18%的员工认为休闲时间非常少，9%的员工认为无所谓（见图14）。总体来说，大多数员工认为休闲时间不够充裕。

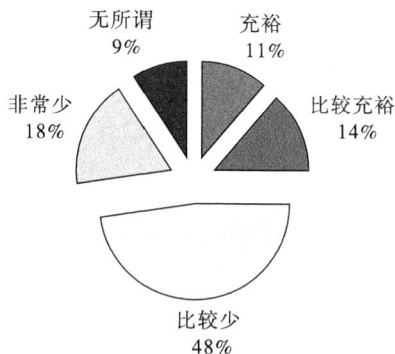

图14 员工休闲时间充裕度

在对"您认为，为了实现自己的职业目标，最需要加强的是下列哪项"问题调查时，36%的员工选择业务能力，2%的员工选择领导能力，22%的员工选择技术知识，14%的员工选择管理能力，12%的员工选择人际交往能力，14%的员工选择适应能力（见图15）。总体来说，业务能力和技术知识是员工认为应该主要加强的能力。

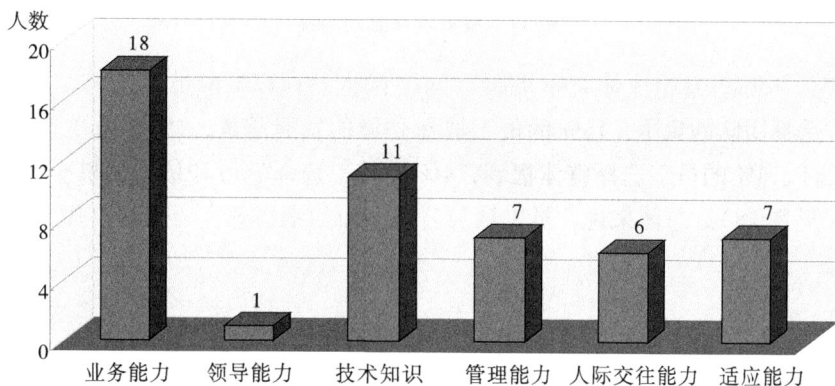

图15 员工需加强的能力

在对"工作中给您带来的成就感和生活中带来的成就感，您认为哪个会更加重要"问题调查时，14%的员工选择工作中的成就感，27%的员工选择生活中的成就感，54%的员工认为同样重要，还有5%的员工认为不确定（见图16）。总体来说，员工认为工作中和生活中的成就感一样重要。

在对"您认为在工作中哪项待遇更能够提高您的工作幸福感"问题调查时，30%的员工选择高工资，17%的员工选择福利待遇好，20%的员工选择有更多的发展和晋升机会，11%的员工选择工作环境好，22%的员工选择工友相处好（见图17）。总体来说，高工资是员工认为能够提高幸福感的主要因素，但是和谐的人际交往和工作上的奋斗动力（晋升机会）也会给人带来幸福感。

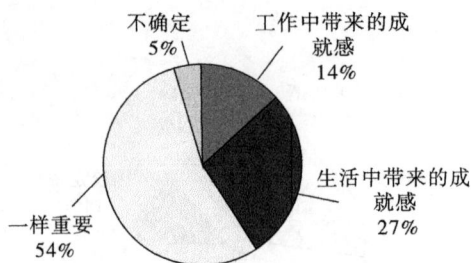

图 16　工作与生活中成就感重要性

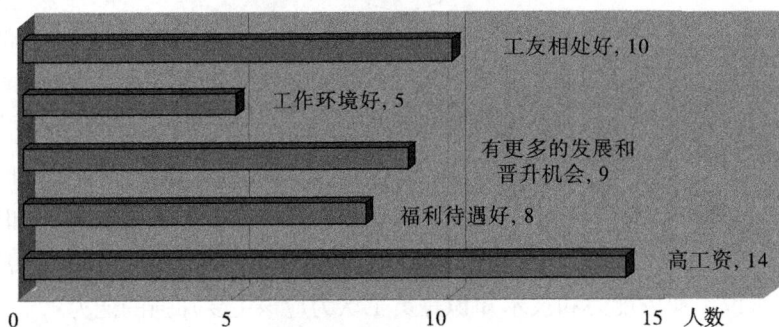

图 17　提高幸福感的因素

在对"公司哪些方面让你有幸福感"问题调查时，37%的员工选择工作上的认可，29%的员工选择团队的氛围，13%的员工选择公司的发展前景，9%的员工选择公司对我生活上的关怀，4%的员工选择整体福利，4%的员工选择学习和培训的机会，4%的员工选择其他（见图 18）。总体来说，员工认为公司方面的幸福感主要来自工作上的认可和团队的氛围。

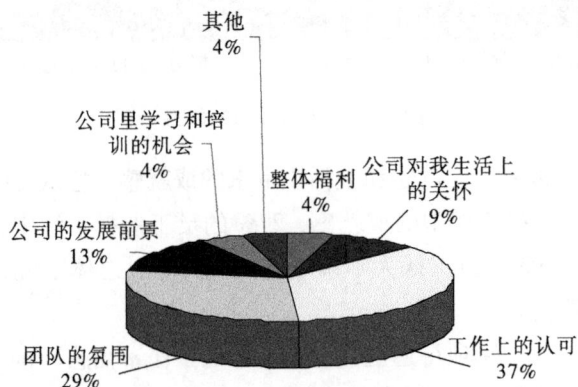

图 18　公司给予员工幸福感

在对"您觉得您在事业上的发展前途如何"问题调查时，18%的员工认为非常有信心，30%的员工认为比较有信心，52%的员工认为平平淡淡（见图19）。总体来说，员工对事业上的发展前途较为有信心。

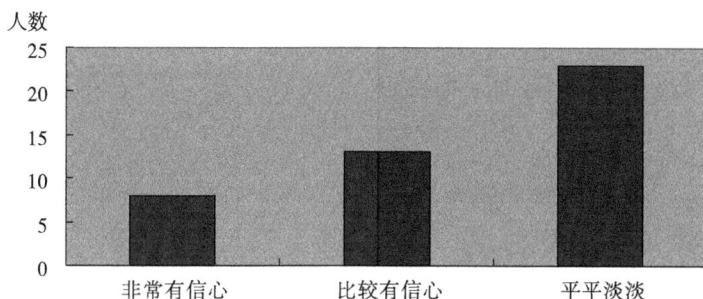

图19　员工对发展前途的信心

在对"你认为什么样的生活是幸福快乐的"问题调查时，37%的员工选择家庭美满，35%的员工选择身体健康，9%的员工选择执着理想，7%的员工选择闲适安逸，6%的员工选择财产富足，3%的员工选择权倾一方，3%的员工选择其他（见图20）。总体来说，家庭美满和身体健康是员工认为幸福生活的关键。

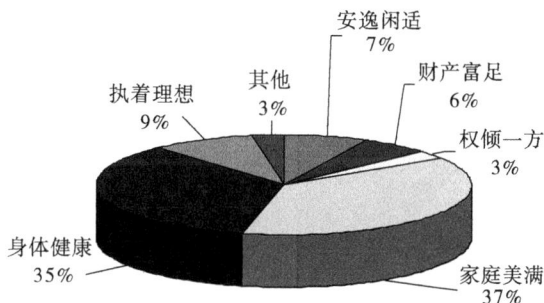

图20　员工幸福生活的关键

在对"你认为人生目标的实现关键在于什么"问题调查时，25%的员工认为是良好的生活环境，9%的员工认为是朋友扶持，45%的员工认为是自身奋斗（见图21），15%的员工认为是家庭支持，6%的员工认为是其他。总体来说，员工认为自身奋斗是人生目标实现的关键。

在对"对幸福感的理解"问题调查时，14%的员工认为是有个幸福的家庭，7%的员工认为是事业成功，15%的员工认为是自己和家人身体健康，7%的员工认为能和自己爱的人生活在一起，10%的员工认为是有知心朋友，6%的员工认为是自由自在，9%的员工认为是有份理想满意的工作，7%的员工认为是有较好的人际关系，4%的员工认为是有钱，5%的员工认为是受到理解和尊重，8%的员工认为是有目标有追求，3%的员工认为是学习顺利，2%的员工认为是随心所欲，3%的员工认为是为社会做出贡献（见图22）。总体来说，身体健康和家庭幸福是员工幸福的主要因素。

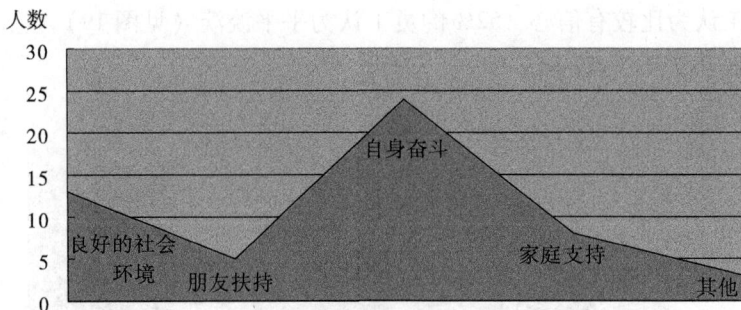

图21　人生目标实现的关键

图22　员工对幸福感的理解

在对 "主观幸福感状况" 问题调查时，30%的员工对健康感到满意，28%的员工对生活感到满意，35%的员工对家庭感到满意，32%的员工对友谊感到满意，仅有8%的员工对环境感到满意，32%的员工对爱情感到满意，26%的员工对自我感到满意，21%的员工对成绩感到满意，9%的员工对经济感到满意，20%的员工对自我价值实现感到满意（见图23）。总体来说，员工对家庭、友谊和爱情满意度较高，而对环境和经济的满意度较低。

在对 "如果现在让您为自己的幸福打分，您会打多少" 问题调查时，32%的员工选择4~6分，66%的员工选择7~8分，2%的员工选择9~10分（见图24）。总体来说，员工对幸福评价较高。

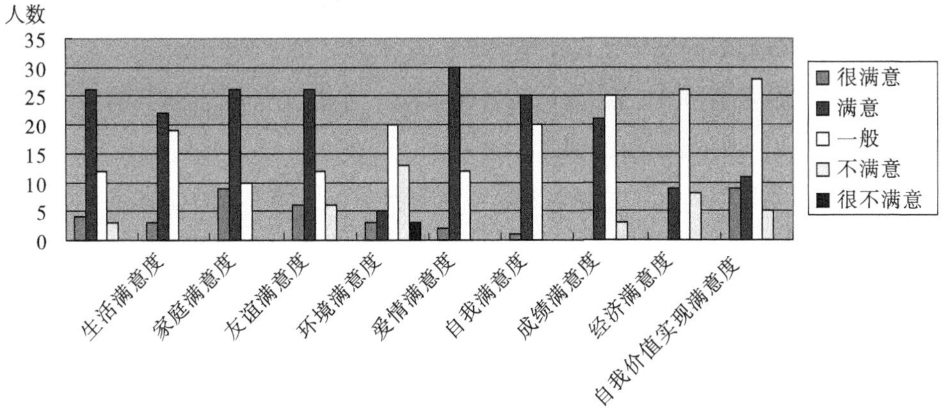

图 23　员工的主观幸福感

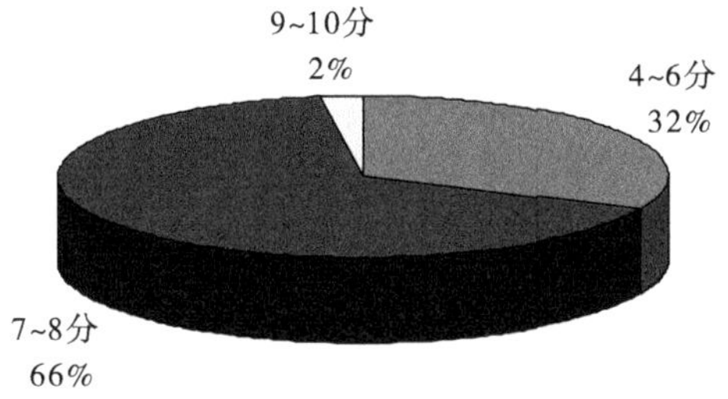

图 24　幸福评价

五、总　　结

通过这次对莱芜市钢铁工人幸福感问卷调查，将回收问卷进行数据整理和分析后，有如下总结：

（一）生活满意度和收入满意度与个人幸福感密切相关

对调查结果的分析表明，身体健康和家庭幸福是影响员工幸福感的关键因素，工作当中的幸福感和生活当中的幸福感同样重要，而员工收入是影响员工工作幸福感的重要因素。

（二）影响员工工作幸福感的因素

身体和心理健康，家庭幸福，员工的精神状态，休息和休闲时间，人际关系，成就感，稳定的薪酬和福利，更多的发展和晋升机会，组织员工活动，组织对员工的关心和支持，工作上的认可和帮助，组织氛围，经济困难时得到帮助，工作性质，家庭的支持，身边朋友的协助与扶持，工作环境，员工关系的融洽，尊重个人价值。

（三）造成企业员工消极情绪的主要来源

收入较低，工作时间长，工作不合适，工作压力大，在工作中经常感到疲劳，达到合适的平台和位置，工作与自己的个性、能力不相匹配，缺乏兴趣，专长与优势难以发挥，竞争压力过大，薪酬激励制度不够公平合理，个人价值得不到认可，感到社会不公平等。要改善这种状况可以通过心理疏导和外界帮助来实现。

（四）在现代企业管理中，综合运用各种资源，才能使管理达到事半功倍的效果

在管理过程中，人是最重要的因素，没有人，任何工作都无法进行，更谈不上管理了。人是引领企业成功的关键，是企业兴衰的核心因素。理性地、科学地提升员工的幸福感，可以发挥有限资源的最大效益。让员工拥有工作幸福感，企业才具有向前发展的动力。

（五）增加强员工幸福感的意义和途径

（1）在提高员工收入的同时，建立适当的激励机制，鼓励员工通过自己的努力提高收入。

（2）对现有人力资源管理体系进行完善，提供良好的工作范围，创造公平竞争的企业环境，形成良好的企业文化，实现员工的自我价值。

（3）帮助员工规划自己的发展目标，为员工发挥所长和潜能提供帮助，不断增强员工的自信心和荣誉感，提升员工的幸福感。

附录

调查小组简介

姓名	性别	学院	学号
张鸿雁（组长）	女	材料学院	2120121271
郭文启	男	材料学院	3120110405
吴腾腾	女	材料学院	2120111304
呼陟宇	男	材料学院	2220110377

本研究于2013年7月6日正式开展，于2013年8月8日完成全部调查工作，并完成研究报告。

具体进度安排见下表：

确定命题	7月6日
设计调查问卷	7月7日—7月8日
确定样本数量	7月9日—7月10日
发放调查问卷	7月29日—8月4日
统计数据	8月5日—8月6日
撰写调查报告	8月7日—8月8日

实践·品悟

幸福的源泉——心灵淡定宁静

2011 级博士生，材料科学与工程专业 郭文启

这次幸福感调查社会实践活动给我留下了深刻的印象，首先是山东人民的热情好客深深感染了我，从钢铁厂的接待人员到普通员工，对我们社会实践小组的成员都很主动热情，积极配合我们工作。其次，我们在社会实践期间住在实践小组组长张鸿雁的家里，她的家人给了我们很多照顾，对我们就像对自己的孩子一样，这让我们非常感动。最后，不论是从我们的实践对象——莱芜钢铁厂工人身上，还是从莱芜当地居民身上，我都感到他们拥有较高的幸福感，这其实是有些出乎我意料的，因为他们的生活水平并不算十分富裕，但他们对于生活积极乐观的态度，即使拥有了很多财富的人也没有。所有靠物质支撑的幸福感，都不能持久，都会随着物质的离去而离去。只有心灵的淡定宁静，继而产生的身心愉悦，才是幸福的真正源泉。

对社会有了更为全面的认识

2011 级博士生，材料科学与工程专业 呼陟宇

随着社会的不断进步，人们的衣食住行等基本问题得到了基本解决，当生存不再是一个大难题的时候，人们就开始真正意义上的追寻幸福。为此，在这个假期，我们"幸福四人行"团队策划并顺利完成了这次暑期社会实践活动——莱芜地区钢铁工人幸福感调查。本次社会实践，让我可以走出校园，让我对社会有了一个更为全面的认识，也为将来步入社会增加了一部分经验。同时，本次社会实践也培养了我在活动策划等方面的能力，让我明白要想顺利地完成任务，就必须有着周密的计划和吃苦耐劳的精神，更重要的是要运用集体的力量，互相帮助、互相鼓励，这样才能做到事半功倍。追求幸福是每个人的目标，而从莱芜地区钢铁工人身上我们也知道了我们应该做的事。

在此，我十分感谢我的队友们，谢谢你们和我一起度过这样一个美好而又有意义的暑假。

吃苦耐劳，不轻言放弃

2011 级博士生，材料科学与工程专业 吴腾腾

这个暑假是我过得最充实的一个假期，我们的"幸福四人行"团队利用本次暑假，策划并顺利完成了一次有意义的暑期社会实践活动——莱芜地区钢铁工人幸福感调查。通过本次社会实践，开拓了我的视野，培养了我在活动策划等方面的能力，提高了我与人交流与沟通的能力，更重要的是培养了我吃苦耐劳、不轻言放弃的精神。另外，本次社会实践

让我明白了一个道理，那就是团结就是力量。尽管我们在本次社会实践的过程当中遇到了许多困难与挫折，但是我们团队四人相互鼓励、相互帮助，因此我们并没有感觉到一丝辛苦，反而常常感受到共同解决问题后的甘甜。相信在我们走上工作岗位后，依然会把这种团队协作的精神继续发扬，使我们在成功的道路上越走越远。谢谢我的队友们，和我一起度过了这样一个美好而有意义的暑假。

让心中充满幸福

2011 级博士生，材料科学与工程专业　张鸿雁

参加此次社会实践我收获很多，又晒又累的感受没有让我有任何抱怨，实践中与大家之间的相互交流让我受益匪浅，与社会的短暂接触，也让我更加明确了奋斗的目标——让心中充满幸福。

在莱芜钢铁厂，我深深感受到不同岗位的工作的重要性，各个岗位之间的协调更是一个企业运作的关键。就算是一名维修工，他的工作技能决定问题解决的快慢和好坏，因此影响着企业的生产效率。当然，每个人都有适合自己的工作岗位，在自己的岗位上尽其所能才是最重要的。

通过调查问卷的总结和分析，发现工人们的工资水平并没有我们所想象的那么高，这与地区经济发展有关。但是大家的幸福感都比较高，主要是家庭和睦，身体健康，工作上有成就感，因此我发现一个人的收入没有我们想象的那么重要，幸福是自己的努力、他人的肯定以及适当的享受。

实践团成员：郭文启　呼陟宇　吴腾腾　张鸿雁

当代大学生创业之路

实践·报告

前　言

21世纪是"创业时代"。在信息技术的快速发展的前提下，创业在推动科技进步、促进经济增长以及保障就业的贡献日益凸显。因此，鼓励创新与创业，已成为包括我国在内的许多国家竞相实施的国家战略。随着我国社会经济快速发展，创业环境日益成熟，人们的创业热情也空前高涨。在逐渐壮大的创业队伍中，大学生群体开始逐渐成为一支不可忽视的力量。大学生作为社会中较为特殊的群体，他们有着较高的专业文化素质，有着年轻人特有的创新精神和相对的年龄优势，同时他们受到各种思维定式的局限也相对较少，他们对于创业这件极具挑战性的事已经做好了思想和知识上的铺垫。另外，我国自从高校扩招以来，毕业生人数逐年增加，就业岗位与就业人才之间供需失衡，鼓励和支持大学生自主创业是缓解大学生就业的有效方式。基于这种情况，北京市作为国家政治和经济中心，在鼓励北京高校大学生创业方面不遗余力。除了发布多项鼓励大学生自主创业的政策之外，建立创业园提供场地支持，设立创业支持专项基金等多项措施，均为北京高校毕业生提供了相对广阔的创业平台和便捷的创业途径。

一、这是一个独辟蹊径的创业故事

当中国社会进入了创业大潮，各种高科技技术、互联网思维、社交应用无所不在、层出不穷的时候，陈巧玲，一个清华大学女生，却将关注点锁定在了回报少、见效慢的食品行业。看起来，这非常不符合时代潮流的选择，不会产生理想的结果。但陈巧玲不这么想，随着中国食品安全问题层出不穷，作为清华大学学生的她觉得自己也有责任去解决社会上的问题。她坚守用最简单的思维，做着最基础却也是最重要的事情。2012年，陈巧玲和搭档清华大学校友陈洪榕一起创立了月牙多食品安全调研平台，并编著了《中国食品安全档案》。而后，为了将更多的安全食品送入寻常百姓家，也为了让他们设想的"食品安全项目"更接地气，陈巧玲和陈洪榕又一起启动了"不出门连锁云店"项目，创立了"云店"新概念，并进军O2O领域。根植于最传统最基本的行业却在做一些完全新鲜的事情，陈巧玲和陈洪榕正期待着一场中国食品领域的改革。

陈巧玲的创业故事还要从清华大学求学开始。在一次商业伦理课上，她和她的同学们分析了一个食品企业果汁原料涉嫌造假的案例，并探讨厂商在严峻财务形势下如何做决策。这个案例引领她开始关注中国的食品安全问题。"镉米杀机"，"纸水浇田"，垃圾鱼，苏丹红鸭蛋，甚至是将粪便用水过滤加入腐烂的猪肉进行发酵来调制臭豆腐，等等，她觉得中国人身边存在的饮食隐患太多太多，这些问题已经不仅仅是食品安全问题，而是中国人的尊严问题。

陈巧玲的机会很快就来了，在学校校庆时陈巧玲偶然结识了返校的校友陈洪榕。在得知陈洪榕先生也在关注食品安全问题时，陈巧玲激动不已，二人经过多次讨论，都选择食品安全作为未来事业的发展方向。而他们行动的第一步就是成立月牙多食品安全调研平台。当食品安全成为危机时，同时也是商机。事实上，也有不少人士和企业看到了这些机会并投身于食品安全方向，比如生态农业、有机食品等。然而陈巧玲团队想通过一种与众不同的方式，推进食品安全进程。

而在真正的确定从事食品安全之前，陈巧玲在北京金融街一家私募股权投资公司拿着高薪。那是一份非常体面的工作。不过，她却做出了一个让常人无法理解的决定——离开金融街，走向田间，开始独特的创业旅程。自从她和陈洪榕决定从事食品安全相关行业，成立月牙多食品安全调研平台，她的日子就变了模样。

陈巧玲决定从食品安全调研开始，并将调研结果编著成书向大众普及食品安全知识，然后再寻求切实可行的解决方案。陈巧玲和"月牙多"早期成员历经一年半，共同编著了《中国食品安全档案》。这是中国第一部食品安全档案，以26个档案的形式梳理和归纳了近年来我国食品安全问题的案例，图文并茂、框架清晰。陈巧玲说，未来他们还要编著一系列专题，比如《中国食品安全档案》之"生态有机篇""大米篇""食用油篇"等。

但是，调研并不是目的，如何能做好食品安全系统每个点的把控，如何能将优质产品送入普通民众手中成了陈巧玲研究的一个重要课题。在与搭档陈洪榕讨论后，陈巧玲和陈洪榕决定共同启动"不出门连锁云店"项目，为安全食品渠道提供解决方案。他们致力于打造智慧型零售平台，专注于安全食品领域，立志把"不出门"做成中国第一家真正的食品类O2O。目前，陈巧玲的不出门连锁云店和月牙多食品安全研究中心均已经进驻清华大学创意创新创业教育平台——清华 x‑lab，并启动了全国范围内招商工作，福建、天津、广西等地都已经有了颇受普通大众欢迎的旗舰店。

回首两年来的坚持与付出，陈巧玲自有她的骄傲。现在，她在商业模式上获得了新的突破，不仅能在食品质量有所保证，还通过模式创新，降低了运营成本。真正优质、低价的高性价比食品进入寻常百姓家已经近乎实现。作为一位女性创业者，陈巧玲执着，勤恳，天真，乐观，她是有社会责任情怀的。她想积极主动地去改变世界，在实现自我价值的同时，让世界变得更好。

二、北京理工大学毕业生"无人机"创业获千万元投资

2007年冬天的一个上午，北京市海淀区北清路的当时的一片荒地上，把自己"捣鼓"

出的电子控制盒装进一架大航模里，田刚印和满意的第一架无人机颤颤巍巍地飞了起来……

当时，走出北理工校园刚2年的两个大男孩谁也没想到，几个月后这个"盒子"卖出的近30万元，成了他们人生中名副其实的"第一桶金"，而6年之后他们更在无人直升机领域成为响当当的人物。

2012年年底，这两个年轻人创办的北京中航智科技公司研发出了世界上首架电控共轴无人直升机。2013年6月，还在试飞阶段的飞机已经收获第一笔千万元订单，而意向订单已经排到了第二年。

2012年6月5日上午，位于南六环的一间还略显简陋的厂房里，田刚印领着四五个小伙儿，正对一台样机进行着测试。把飞机固定在试机台上，飞机启动后就绕着机械臂不停地转圈，同时还伴随着高度、飞行角度的不时变化。田刚印告诉记者，这一次他们要连续试飞6个小时，而这期间三台电脑一刻不停地检测飞机的温度、振动频率等各项数据，"不仅是电脑，我们也得时刻盯着飞机，这时候恨不得一个人能长上几双眼睛。"这样的试飞在研发过程中再普遍不过，从最初的2分钟、10分钟，到最长连续飞行六七个小时，整个研发过程下来，这样一架样机的飞行时间需要达到2 000个小时。从机头到机尾，这台无人直升机只有1.5米长，重量却有290公斤。目前国际上这样重量的无人直升机通常有5.5米长，这大大增加了对起飞条件的限制。"这就是我们自主研发的新机型，一方面用两个轴来带动4片扇叶转动，另一方面发挥我们在控制系统上的传统优势。"田刚印告诉记者，目前国际上无人直升机通常是单旋翼带尾桨式的设计，简单说飞机尾巴总是要长出一大段。能够实现在小于25平方米的空间范围内自由起落，速度达到同等量级无人机的4至5倍，负重也能达到原先的2倍，一项项"翻番"的数据让这架无人机还在研发时就收到了不少"橄榄枝"。

而就在2010年，田刚印他们还只是一帮向飞机制造方提供电子控制系统的"编程员"。学的是飞行器设计与管理专业，田刚印在北理工的4年大学基本都泡在了航模协会，毕业后进入了一家日本无人直升机代理公司做了技术员。平日里做着自己喜欢的工作，闲暇时去中关村电子城淘组件回来自己"捣鼓"，虽然心痒痒着想做真正的飞行控制器，但毕业后的近2年田刚印都这样度过。情况在2007年发生了变化，"公司半年发不出工资了，我和满意一合计，既然大家心里都放不下飞行控制器这块，为啥不自己做呢！"就这样，把北理工校园里一间20平方米的"开间"当成办公室，偷偷把爸妈给的准备向女朋友提亲的12万元"截留"4万块钱当成第一笔创业基金，田刚印和小他一岁的满意就这样开始了创业。而也就是在这年年底，把第一个飞行控制器盒子卖给了中科院的一个项目组，哥俩摆脱了最初的"黑户"身份，拿着这笔近30万元的"第一桶金"注册了两个人的"袖珍公司"。从最初的1.5公斤的大盒子，到只有手机大小的控制器，他们把控制器越做越小，生意在行业里却越做越大，越来越多的科研院所找到田刚印购买他们的飞行控制器。

2009年年底，在已经有了40来个人的公司年会上，田刚印又提了个想法："为什么不造我们自己独一无二的无人机？"找材料，琢磨机械设计，研发新机型，这支年轻的团队又开始了新的征程，交出了一份满意的答卷。田刚印每天上班第一件事就是打开电脑浏览谷歌新闻推送来的"无人直升机"相关新闻。尽管住在南五环，田刚印每星期仍花上一下午时间去中关村电子城淘淘新鲜的电阻器。"每天琢磨点新东西已经成了自个儿的生物钟。"谈着自己热爱的无人机，穿着白色 T 恤、蓝色牛仔裤的田刚印依然有着"大学新鲜人"般的激情。

三、北大硕士和他的米粉店

考研成绩专业第一，北京大学"演讲十佳"，办过高校巡回演讲，写了两本书，有知名律师事务所实习经历，上过多档电视节目……按照大多数人的人生设定，尽管 2014 年有 727 万名毕业生，张天一的这份简历应该也可以让他找到一份很好的工作。他偏偏不按常理出牌。2014 年 4 月 4 日，张天一和 3 位小伙伴在北京环球金融中心地下室的一个拐角开起了一家 30 平方米、"比路边摊好一点"的牛肉米粉店"伏牛堂"。

"刚毕业的时候，同学们都在收各种'高大上'的录用通知，我却拿 10 万元开了一家小店。说心里不慌，那是假的。"张天一坦承，当时有困惑，也有心理负担，硕士卖米粉，怎么跟老师、朋友、周围人说？他为此几宿睡不着觉。

张天一说，一路走来上的都是名校，有时会带来负担。大学毕业了，要么去最好的企业、最好的机关，要么出国。"20 岁的人生本该是道开放式的问答题，为何现在被做成了出国、考研、找工作三选一的选择题？"

他的困惑，在看到一张宇宙星图时豁然开朗。当镜头拉远，地球也只是浩瀚宇宙中的一粒微尘。一个人的烦恼，取决于他的格局和视角。格局越大，烦恼越小。"有什么东西可以大过一个年轻人的梦想？没有！"

张天一说，当所有人都去挤仅有的几个工作时，却有大把的工作没有人做。"就好像国贸是个好地方，大家都想去，可能有这样的结果，不是大家都到了这个好地方，而是都堵在了通往好地方的路上。"创业，可以满足张天一对自由自在生活的向往。这不是被动的生存选择，而是对生活方式的追求。在他看来，这也是自己与 10 年前那位毕业后卖猪肉的北大师兄的本质区别。

张天一说，当社会不再炒作"北大学生卖猪肉"，"清华学生当保安"，开始尊重每一种生活方式和每一个职业岗位时，我们的社会才算是一个正常的社会，很多的问题才会迎刃而解。

选择牛肉米粉作为创业项目，张天一是经过深入分析和调研的。

首先，这是家乡的味道。米粉，遍布常德的大街小巷。其准备工作主要在前期，牛骨汤要提前熬制 10 小时，等到真正操作的时候，全过程不超过 30 秒，某种程度上具备了标准化操作的可能性。而雕爷牛腩、黄太吉等餐厅的成功，也给了张天一很大的鼓舞与启发——餐饮业在移动互联网时代有很大潜力可挖。

张天一回忆说，为了拜师学艺，他和合伙人走街串巷，吃遍了常德的米粉。随后，他们又开始进行标准化提炼：用小秤一勺一勺地称量每种配料的分量，又通过常德餐饮协会邀请到当地最有名的几家米粉店的主厨品尝，最后才制作出产品配方。

"那时候我有个诨号叫'阿香婆'"，张天一笑着说，创业之初，店里的牛肉都是自己炒制的，每天要忙到深夜，衣服上充满了牛肉味儿，右手也变得格外强壮。

就在张天一创业后的1个多月，国家出台了"大学生创业引领计划"，鼓励和支持更多的大学生创业。"硕士粉"的故事被报道后，张天一成了媒体和大众追捧的对象。慕名而来的顾客蜂拥在小店中，以至于不得不限量销售。

2015年6月25日，第二家"伏牛堂"开业，面积扩大到180多平方米。

2015年6月27日，北京大学法学院毕业典礼倒计时的前一天，张天一独自一人，在店里盘点了创业以来所有的营业数据——1.4万碗！"这样一个数字，让我知道，至少有些东西是踏踏实实的。"他立下了一个目标：到年底卖出10万碗粉。11月中旬，目标达到，比他的计划提前一个半月。

目前，伏牛堂已获得来自险峰华兴、IDG资本与真格基金的投资。米粉已经放到中央工厂生产，团队人数达到30多人，而且还一直在招揽人才，为今后扩张做好储备。

在创业带来的奇妙"化学"反应中，政策、市场无疑是催化剂。"我这样的例子，只有在这样的时代才能出现。"张天一认为，今年是中国创新创业环境最好的一年。一系列促进创新创业的政策陆续出台，在市场上，也有越来越多的投资机构、投资人开始将资金投向创业企业。

大学生创业，没有经验怎么办？张天一却认为，没有经验恰恰是90后最大的优势。在与青年创业者的交流中，他发现，90后创业更看重自我价值的实现，愿意做别人没做过的事。"我们做的是增量市场，而经验适用于存量市场，否则可能会成为束缚。"

对于张天一和他的团队来说，创业除了带来财富上的增值，更大的改变来自精神层面。"创业经历的事情，可能在职场上需要好几年才能按部就班地接触到。现在短时间内就体会到了，这感觉很棒。"

有很多人认为，伏牛堂是一家拥有互联网思维的餐饮企业。张天一对此并不认同："互联网只是手段，我们只有一个思维，就是人文思维。"体现在工作中，就是以人为尺度，让一切变得更好玩儿。

伏牛堂的员工，几乎全是90后，他们一半是大学生，一半是进城务工人员。怎么激发他们的工作热情？张天一将工作流程游戏化，给每个工作任务设定经验值，员工完成任务后可以获得"牛币"，用来换假期或向老板提要求。以前没人愿意干的活，现在大家都抢着干，张天一说，这证明游戏管理法起了作用。

2017年7月，伏牛堂以漫画的形式，将牛肉粉的配方在微信上公开。"没有人像我这样卖米粉。"张天一说，"为什么敢这么自信地公开配方，是因为我们真正的核心竞争力不是这张小小的纸片，而是开业以来积攒下来的几个微信群、几个QQ群的忠实顾客。"

在伏牛堂的商业模式里，通过问卷调查和支付入口端的数据采集，他们还原出了忠实顾客的"肖像"：来自湖南及周边省份，70%以上是女性，85后占81%。米粉就像一个引流器，将这些群体特质非常突出鲜明的人吸引聚集到了一起。

于是，就产生了"霸蛮社"——一个在京年轻湖南人的乐活空间。"霸蛮"是湖南方言，湖南人用"吃得苦、耐得烦、霸得蛮"来形容自己的精神特质。在霸蛮社里，没有老板、顾客、服务员的"标签"，大家一起读书、看片、赏曲、吃饭、做公益，一起出去玩。玩着玩着，有的顾客变成了员工，有的员工离职后，依然活跃在霸蛮社。

"我们的米粉是起点，而不是终点。"张天一认为，小众生意做到最后不一定小众，而是将成为某一类消费人群的入口。通过大数据挖掘的方式，可以制造一些吃粉之外的消费场景。"伏牛堂真正好玩的地方就在于我们有很多的想象空间，具体说，我们也不知道未来会成为什么，只是希望做出靠得住的米粉，这样，我们才有资格去探索未知的方向。"

在北大的演讲结束时，张天一充满激情地诵读了他创作的《粉拿之歌》，他说自己非常喜欢这首歌，希望和大家一起分享："我追梦而来，勇猛无畏，我与兄弟姐妹们携手共进，我精神抖擞，征服高山大海，以伏牛堂之名永不退缩，以伏牛堂之名完成使命，以伏牛堂之名冲锋在前。"

另外，我们调研了北京市部分高校2014年的就业质量报告，其中披露应届生创业比例的较少，部分高校创业率见表1。

表1　北京部分高校2014年创业率统计

创业率　高校 学历	清华大学	北京理工大学	中国农业大学	北京林业大学
本科生/%	0.60	0.35	0.22	0.40
硕士生/%	1.50	0.14	0.31	未披露
博士生/%	0.20	0	0	未披露

由上可见，应届毕业生选择自主创业的比例很低，由相关调查统计，目前，我国大学生的创业比例仅为2%，远低于发达国家水平。创业本身有风险，越早创业，试错成本越低。年轻人最重要的不是安稳工作，也不是钱，而是能不能在精力最好、求知欲最旺盛的时候，以最快的方式获得对世界的认知和积累。如果说人生有两条轴，横轴代表人的广度和经历的丰富程度，纵轴代表人一生所专精的事业和领域。在年轻的时候，人应该扩展自己的横轴，多尝试，这样才会更加明白应该从横轴的哪个点拓展纵轴，最后走对自己的路。

参考文献

［1］魏晔玲. 北京大学生创业管窥［N］. 前线，2013（6）.

［2］黄敬宝. 2012届北京大学生创业调查［J］. 经济论坛，2013（8）：155-157.

［3］王巍. 大学生创业模式研究［D］. 长春：吉林大学，2004.

［4］吴志峰. 大学生创业能力研究概述［J］. 中国电力教育，2009（12）.

实践·足迹

北京理工大学材料学院创业调研团队以暑假社会实践为契机，针对大学生创业现状及影响因素这一问题，全体团队成员深入各大高校、就业指导中心，通过问卷调查、参观、座谈等形式，探寻大学生发展的现状，发掘社会对大学生创业的建议与诉求，力求形成对大学生创业的意见和建议，以强烈的社会责任感和实际行动，积极促进大学生的创业之路健康发展，服务参与经济社会发展进程。

一、立项与组队

队长王俊懿联系了我们，向我们询问对这次的暑期社会实践有什么想法。当时，我们对暑期社会实践所需要做的具体内容和形式都还没有定下来，在一大堆选题中找不到方向。王俊懿初步提出"针对大学生创业的现状及问题的调研"这一主题。王俊懿告诉我们，这个活动与我们今后的发展道路结合得很紧密，所以这次活动不只是学校的一次社会调研，也是一次对我们自己今后发展的探索。

很快，我们其余四名同学就自愿加入了这个队伍。毕竟这一选题与我们自己今后的发展关系密切，我们在期待着可以在调研过程中发现自己继续前进的道路的同时，内心也有些忐忑不安，我们不知道我们五个大二的学生，是否能够将这一专业性的选题做得深刻而有价值。

第二天，我们就在徐特立图书馆召开了第一次会议，在大家的讨论下大致定下了接下来的工作内容和安排。我们感到这次实践是一个不轻松的选题，任务也较多。不过我们对自己还是有信心。毕竟经过大一一年的磨炼，我们多少变得成熟了起来。

主题的确定，队伍的形成，信心的增强，我们向着暑期实践勇往直前。

二、前期准备

上次会议之后，我们每个人都开始着手查找大学生创业的相关资料与新闻纪录，尽可能充实自己，丰富自己在这方面的知识。6月25日，我们在学校图书馆读者研讨教室召开了第二次会议，确立了接下来为起草调研问卷所需要做的前期准备工作，并将成员们分为三组：调研问卷组、资料组和宣传组。会后，各组都积极地开始进行前期的准备。

这一过程中，我们一边为期末考试做准备，一面尽可能地搜集有用的资料，两者要兼顾。我们确实也有感到力不从心的时候，在学习的压力下，我们也常常会对着网上堆积如山的资料感到迷惘，对真假信息的筛选感到头疼，对不断重复的工作感到厌烦。但我们怀着一腔热情坚持了过来，因为我们每个人都真心地希望能够尽可能将这一次的调研活动做到最好，让我们的成果有价值，有意义。

调研问卷组查阅了大量的文献与网站资料，总结出了大学生创业的现状。资料组也在网络上搜集了与大学生创业相关的机构信息，并初步确立了希望联系的、有价值的走访对象。6 月 30 日，我们又在图书馆召开了一次会议，将最近的收获进行了交流总结，开始调研问卷的准备。

至此，我们已基本完成了前期的准备工作，但每个人都还是绷紧了自己的一根弦，不敢松懈。我们知道，还有更多的任务等待着我们完成，还有更多的信息等待着我们挖掘，还有更多的问题等待着我们去发现，去解决。

三、发放问卷与联系机构

这个暑假，分外充实。期末结束，团队成员怀揣着属于自己的任务回到了家乡。调研活动仍然在马不停蹄地筹划之中。问卷组的同学们不断修改着问卷，苦苦构思新的问题，忍痛删减曾经想破头脑才提出的旧问题，力图达到精简有效；资料组的同学们不断收集着相关资料，搜寻、筛选，从无比庞大的网络资料库中，寻找对我们有用的信息，辨别真伪，区分良莠。随着工作进展，经验的积累使同学们的效率越来越高，尽管有时会遇到阻碍，但大家总能怀着满腔的热情坚持下来，也从中体会到了克服困难达成目标时的欣喜。

终于，资料也差不多都完备了，修改好的问卷开始正式发放了。"您好！我们是北京理工大学材料学院的学生"，"您的回答将成为我们宝贵的资料"，"我们郑重承诺，将遵循《中华人民共和国统计法》"。一封封电子邮件发出，我们满心期待着必然会有回复，我们这些天的努力也会得到回报。

不幸的是，离发放问卷开始过去半个月，我们不得不面对惨淡的事实：填写的问卷数和得到的回复都是零。灰心、气馁的情绪难免浮上心头，眼看离约定的回校调研时间只有一周了，可以说，目前我们的实际成果是零。电话联系机构，结果依旧不尽如人意，遭到拒绝依旧是主旋律。"没兴趣"，"我们很忙"，"没时间"，"不接受"，还有听到是学生之后立刻挂掉电话。我们顿时觉得活动进行到了一片黑暗中。

今天是个令人欣喜的日子，过去了大半个暑假，我们调研团的成员们又重新聚到一起了。由于大三我们都回到了中关村校区，所以这次的集合地点改在了本部的体育场咖啡厅里。在这里我们召开了重新聚首后的首次会议，队长王俊懿与我们商议了下阶段的诸多事宜，重新分配了任务。

暑期不算成功的任务给我们打击不小，但现在放弃还为时尚早，我们决定，舍弃以电子邮件形式发放问卷的方法，改为直接走进校园和机构发放问卷，同时电话联系参观采访相关事宜。

果然这样的办法让我们的工作迅速进入了正轨。走进北京各大高校校园，我们不放过任何一个机会，对学生进行问卷调查和采访，挖掘他们内心深处对于创业的真实想法。渐渐地，我们的问卷多了起来，我们的数据一点一点地积累了起来，我们的信心一步一步地重拾起来。

进入就业指导中心调查，我们拼尽全力拿到真实有效的数据，力求能给我们的同龄人多一点方向和指引。虽然最后我们从权威机构拿到的数据有限，但我们以切实的责任感，努力做到了我们所能做到的，为本次实践添砖加瓦。

四、实践的果实

立项至今日结束，光阴见证了实践团所有的付出，为这次暑假调研活动拉下了帷幕。感谢自己有幸参加了一次对我们的未来有指导意义的实践活动，自始至终的挫折，收获，遗憾，如今依旧历历在目，让我们对这次实践久久难以忘怀。

作为一个北理工的大二学子，作为一群未曾踏入社会的大学生，我们在一路磕磕绊绊地摸索出了我们自己实践的道路，有满足，亦有不足。

期末将至，准备阶段的我们带着对大学生创业的一腔热血，热情十足地踏足这个领域，制订计划任务时的迷茫，规定时间截点时的不确定，布置的任务迟迟无法完成时的纠结；分组任务的讨论，团队的每个成员们都在付出，试图让自己在这个领域中迅速成长。资料组收集资料，问卷组精心制定问卷，宣传组拍摄照片、编辑文稿，各司其职，有条不紊地完成每个人的任务。

提前返校，开始了我们团队社会实践的真正高潮。走进北京各大高校校园，我们了解了更多大学生朋友的内心世界，一步一步明确了他们内心深处对于创业的真实想法。伴随着问卷增多，我们对调查重点也理解得越来越清晰透彻。

进入就业指导中心调查，我们期待用事实和数据说话，而我们最终形成的社会实践报告也证明了我们此次实践的完成度。我们用事实和数据发现了那些隐藏在表面现象之后的深层次因素，令我们的社会实践成果变得具有前瞻性和深度。

回忆整个调研过程，是一次属于我们创业实践团队全体队员们不断成长、经历挫折、增长知识、丰富人生的历程。

实践·品悟

锻炼能力，增长知识

2013级本科生，材料成型及控制工程专业 王俊懿

暑假对于我们大学生来讲是难得的，因为在这段时间里我们可以做很多自己想做但平常又没有时间做的事。很多大学生都会抓住机会，做一些社会实践活动，积极投入到社会这个圈子里，既锻炼能力，又能增长见识，何乐而不为呢？

两个月的暑期生活就这样匆匆结束了。这次社会实践，让整日待在象牙塔的我，尝到了生活的现实和不易。或许，这种真切的体会，才是最宝贵的收获。

这次的社会实践，让我从中领悟了很多东西，甚至这些东西将让我终身受用。无论什么时候要学会全力以赴，不要太计较自己付出多少，尽量做到多做事，做有用的事情。自己努力地工作，旁人也会看到。不管怎样，重要的是工作的成效和业绩，这才是领导看重的。

不管做什么事情，就算是一件小事，也要认真仔细，绝不能敷衍了事。可能不起眼的小事是很重要的，细节决定成败。人与人之间在智力和体力上的差异并不是想象中的那么大，很多小事，一个人能做，另外一个人也能做，只是做出来的效果不一样，往往是一些细节上的差异，但决定着事情完成的质量。

社会实践能让走出校园的我们，更好地接触社会，了解社会，加入到社会中。它有助于我们大学生更新观念，吸收新的思想和知识；同时，社会实践中有很多我们在学校里无法学习到的东西，如与人沟通交流的能力和表达能力。社会实践能够加深我们与社会各阶层人的感情，拉近了与社会的距离，开阔视野，增长才干，能更好明确自己的奋斗目标。希望以后还有这样的机会，让我从实践中得到锻炼。

让我们为自己鼓掌

2013 级本科生，高分子材料与工程专业　周治宇

我们在实践那些日子里迷茫过、纠结过、紧张过。还记得制订实践计划时的迷茫；还记得布置的任务迟迟无法完成时的纠结；当然更忘不了在采访过程中无处不在的紧张感。

可那些让人兴奋与自豪的时刻也实实在在地留在了我们心中。忘不了资料组找到有用资料的兴奋，欣慰的是功夫不负有心人；忘不了宣传组发出第一篇新闻稿时的自豪，仿佛是看到的是自己初生的婴儿；忘不了每次采访完后大家一身轻松，一起走在觅食的幸福之路上……这些感受仍鲜活着，使得这些日子如此真实而强烈地存在着。

意外也在这几天的社会实践中发生着。在一次乘坐地铁时，因为自己不小心，我的手机被小偷顺走了。我曾开玩笑地说，也许自己会因为这件事而永远忘不了这次社会实践了。但这终究也只是一句玩笑话罢了。真正忘不了的，还是那些我们遇见困难时的黯然，以及黯然之后再次看见希望的笑脸。因为在那些徘徊里，我们或多或少地地听见了成长的声音。

感谢我们调研团每一位的付出。让我们为自己鼓掌，同时更加无畏地向前迈进。

实践团成员：王俊懿　张厚同　周治宇

良乡高教园大学生兼职情况

实践·报告

前　言

大学生正处于从学校步入社会的过渡阶段，如今更多的大学生选择做兼职来丰富自己的社会经验，兼职越来越成为大学生长才干、获知识的途径。本调查综合运用问卷法、访谈法，针对大学生兼职的现状、兼职中遇到的困难做了深入调查，提出了解决大学生兼职过程中困难的一系列措施，希望帮助大学生更好地通过兼职来提升自己。

一、调查目的

随着更多的大学生选择做兼职，社会中也出现了更多适合于大学生的兼职岗位，各种兼职信息琳琅满目。但是大学生的主业是学习，他们如何去平衡学习和兼职的关系？他们做兼职的目的是什么？他们从兼职中学到了什么？同时也有很多同学不做兼职，其中的原因又是什么？所以，为了深入了解这些问题，我们小组利用暑假时间进行调查，调查分为两个阶段，第一阶段在北京房山区的四个高校：北京理工大学、北京工商大学、北京中医药大学、首都师范大学，发放问卷、采访同学；第二阶段对多个兼职机构进行采访。调研获得了丰富的信息，取得了良好的效果。

二、研究方法

调查主要采用问卷法、文献研究法、访谈法。
在数据处理方面主要运用 Excel。

三、研究样本

在问卷调查的样本选择上，选择北京理工大学（良乡校区）、北京工商大学（良乡校区）、北京中医药大学（良乡校区）、首都师范大学（良乡校区）的学生，这四个高校均为专业性较强的学校——理工科学校、工商学校、中医、师范，这一点给我们在研究专业与兼职的关系上提供了便利。其次，我们选取房山区的学校，房山区的高校由于地域处于北京六环，相比于海淀区的高校周边人流量较少，访谈前了解到这四个高校的良乡校区均为大一大二学生。访谈时我们选取了大学生选择较多的补课机构的负责人。

四、数据分析

(一)调查人群的属性

调查人群的各种属性,包含了四个要素:学校,性别,年级,是否兼职。调查的样本总容量为424人,分别是来自良乡大学城附近的四个学校的学生,其中首都师范大学104人,北京工商大学107人,北京中医药大学103人,北京理工大学110人(见图1)。预期每个学校发放调查问卷100份,结果略有出入。

图1 调查人群属性

由于前三者多为文科专业的院校,后者为理科院校;参与调查的男女总比例1:2(所有院校参与调查的男女比例)。考虑到调查的时间,是在大一的期末考试前后,因此抽取样本学生多为大一学生,其他年级也有所涉及。统计结果:大一学生299人,大二90人,大三30人,大四零,研究生及以上学历学生5人(详细见各学校被调查学生年级组成表)。

调查结果显示:做过兼职与没做过兼职的学生的总体比例接近1:2(见图2),可见我们中的大多数是没有接触过兼职工作的。

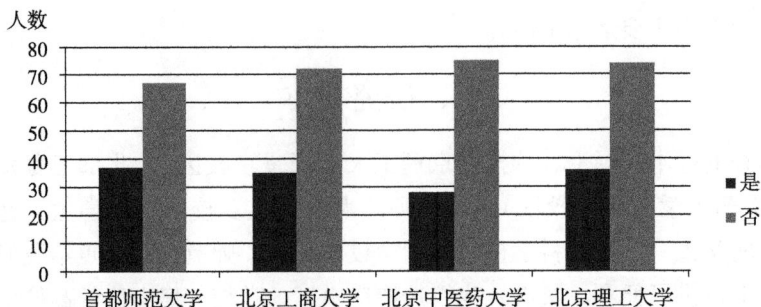

图2 兼职是否组成

（二）大学生中做过兼职的比例

各学校做过或正在做兼职的人数占总调查人数的比例均不超过50%，均在30%左右（见表1），说明大学生中做过兼职的人并不多，而且四个学校专业各异，但做过兼职人数所占比例差别不多。

表1 各学校做过或正在做兼职人数的比例

学校	北京工商大学	北京理工大学	北京中医药大学	首都师范大学
比例/%	30.17	32.73	27.18	35.58

（三）兼职的目的

在所调查的大学生中，做兼职的目的各有不同。其中，为了赚取生活费和提高自身社会实践能力的学生分别占了近1/3，因兴趣爱好选择兼职的学生比较少（见图3），说明绝大部分大学生在选择工作时重视自身能力的培养和收入问题，渴望在获得一定收入的同时锻炼自己。而在从事了兼职工作之后，大部分学生认为提高了自己的人际交往能力，觉得动手能力、理财能力、抗压能力等能力有一定的提高（见图4），说明在兼职过程中，小部分同学有意识地去学习，吸收经验来增长自己的才干，而绝大部分学生虽然增强了与他人交流的能力，但是忽视了一些锻炼自己工作能力的机会，没有获得真才实学。

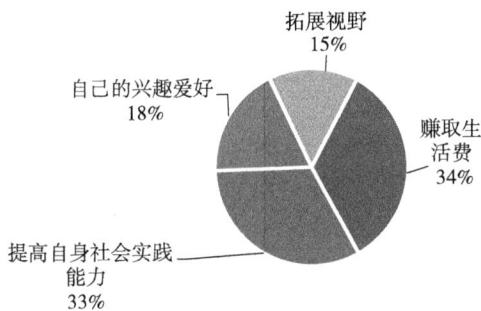

图3 从事兼职的目的

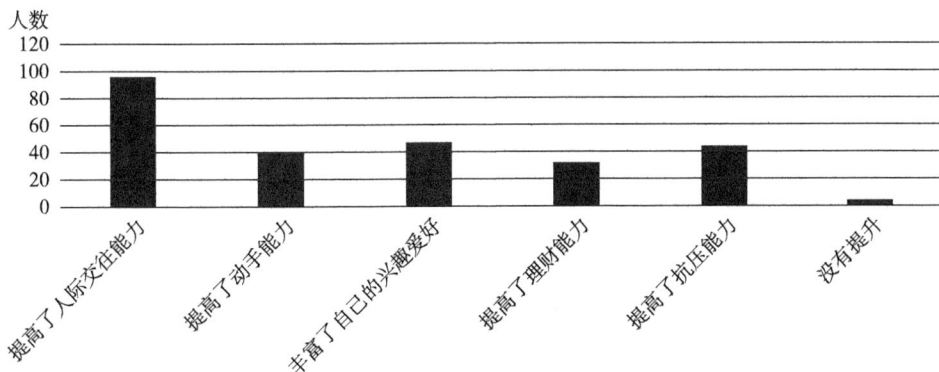

图4 兼职带来的能力的提升

（四）获得兼职信息的途径

途径主要有四：网络，朋友介绍，招聘广告，学校提供。从图5可以看出，大学生在寻找兼职的过程中易受到他人意见的影响，也喜欢从网络上了解兼职信息。

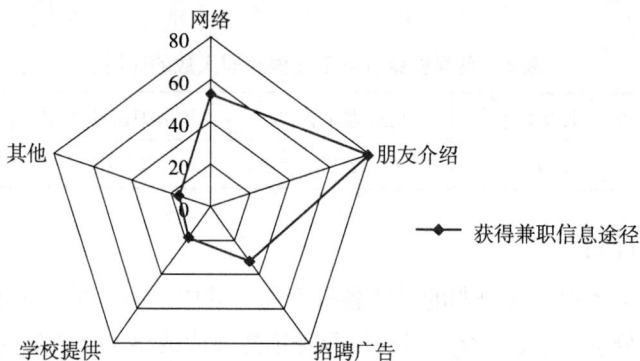

图5　获得兼职信息的途径

（五）兼职类型

被调查的大学生做过的兼职类型不尽相同，比例最高的是家教，达到24.89%；接下来是促销（14.41%）、发传单（13.97%）和校内兼职（13.10%）。从数据上可以看出，家教是大学生兼职的主要选择方向，而其他选择虽然存在但并不是大学生的主流选择（见图6）。

图6　兼职类型

根据以上分析，可以知道不同的大学学生选择兼职的类型也有区别。在北京理工大学的学生中，家教、校内兼职和发传单是主要的兼职类型；而在北京工商大学的同学中，促销的比例要大于校内兼职，这与其学校专业引导是分不开的。我们注意到，在被调查的北京中医药大学的学生中，各项兼职所占比例差别不大，说明在其学校里同学们敢于尝试不熟悉的职业，并没有因为自己是学生盲目地选择家教（见图7）。可以看出，学校专业引导和教育理念的不同也导致了学生有不同的兼职选择。

人数

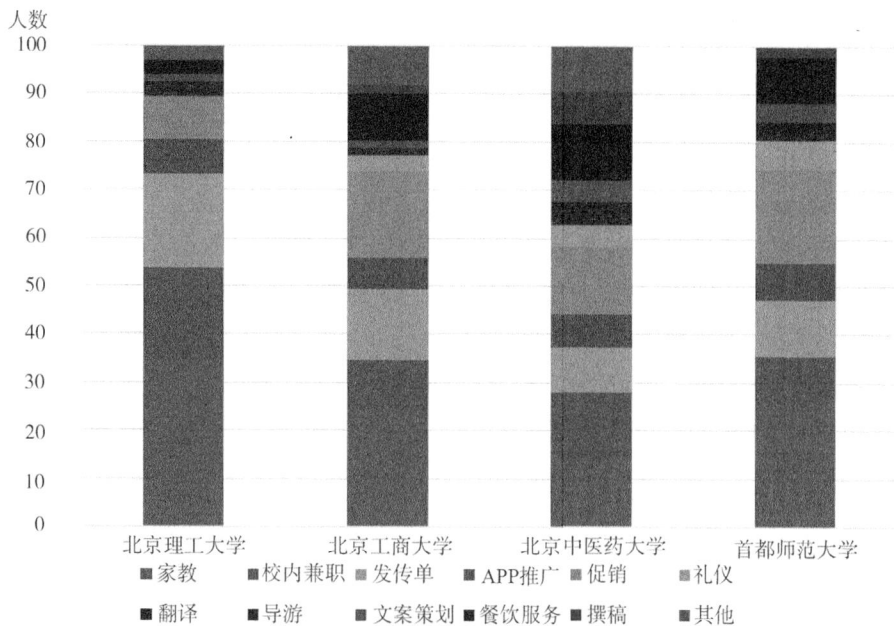

图7　被调查学生及其兼职类型

（六）兼职收入用途及结算方式

在被调查的136位已做过或正在做兼职的大学生中，其兼职工资结算方式有41%是日结，所占比例最高；周结和月结的人数所占比率分别为27%和22%，而最少的则是按小时结，仅有10%。可以看出，由于兼职工作性质的差异，学生工资结算的方式也不同，但大部分还是趋向于较短的工资结算周期，说明考虑到学生的特殊身份以及时间安排，大学生兼职追求效益，在短期内能有一定收入。而在兼职收入的用途上，62%的大学生把兼职收入归入零花钱，有长期规划的学生为27%，而用来减轻家中经济负担的为11%，说明大学生的兼职收入更多的是用于日常花销，有一些能自由支配的资金（见图8）。

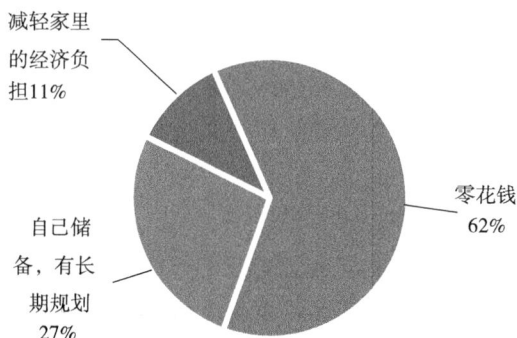

图8　兼职收入的用处

（七）兼职中遇到的困难

调查发现只有10%的同学在兼职中未遇到过困难，其中28%的同学在兼职过程中感到技术技能不足。在与曾经做过兼职的一位同学的访谈中也提及这个问题，这位同学是做家教辅导高中生的数学，开始以为自己曾经在高考中取得优异的成绩，大学又继续学习高数，认为应该没什么问题，但从事兼职工作之后发现与自己想的完全不一样，要把别人教懂和自己掌握得很好是两种层次，遇到了很多困难，"困难也是有价值的"，这位同学说。还有23%的同学对岗位信息缺乏了解；21%的同学遇到的困难是薪酬较低，不按时发工资，工作要求严苛；有10%的同学发现兼职中自己的合法权益得不到保障（见图9）。在发问卷的过程中一位首师大的同学向我们描述了她曾经的受骗经历，经朋友介绍的一家中介公司，之前说安排他们去星巴克做服务生，先交500元的服装费，后面就以大学生能力不足为由一拖再拖最终也没有给她安排工作，而且这500元也付之东流。

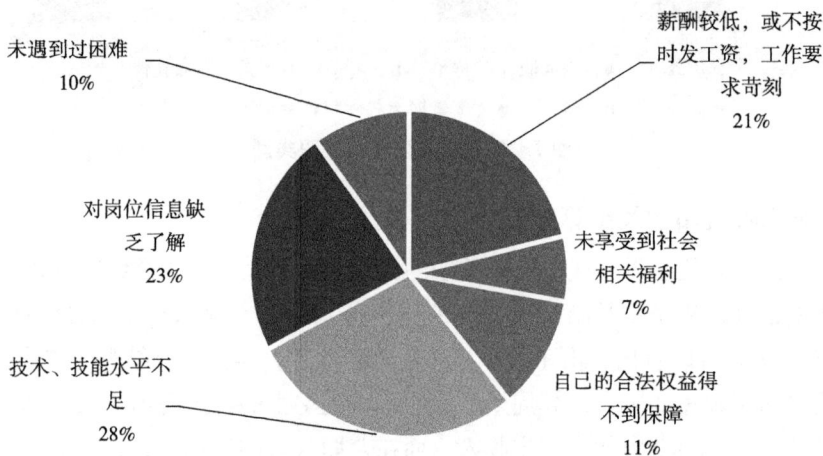

图9　兼职过程中遇到的困难

随之我们也调查了大学生在兼职中被欺骗的原因。其中比例最高为24%的同学认为是自身防范意识和法律意识不强且缺乏维权意识，从首师大那位同学的经历也可看出，骗子的伎俩并不高明，但是大学往往没有意识去维护自己的合法权益。还有20%的同学认为社会上虚假信息泛滥，19%同学遇到过一些公司和雇主不讲信用或中介公司有诈骗行为的情况（见图10）。

（八）不做兼职的原因和意愿

根据上述结论进一步推论，没做过兼职的学生多是有原因的。原因如下：没有找到合适的兼职工作；没有时间；对于兼职工作你不感兴趣；担心上当受骗；想先学习，以后再找。根据图11表示，未找到合适的兼职工作或是时间不合适分别占31%、28%。所以我们希望，学校或者是各种平台要为大学生兼职。提供更多更适宜大学生的岗位，同时学生也要合理安排好自己的时间，融入社会，体验充实生活的目的。

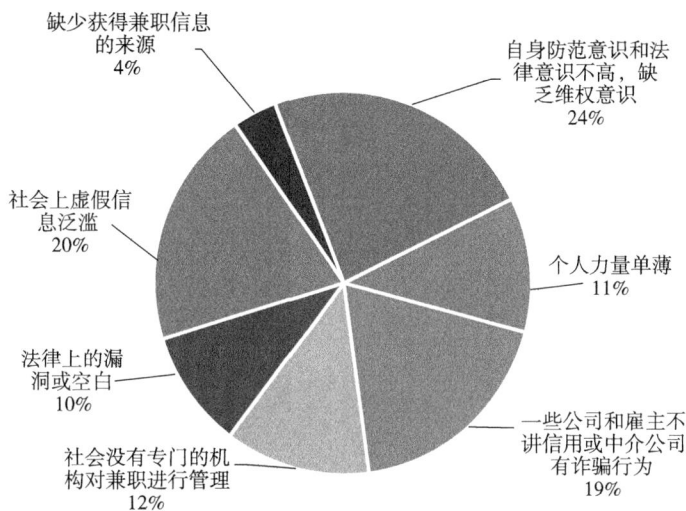

图 10 困难产生的原因

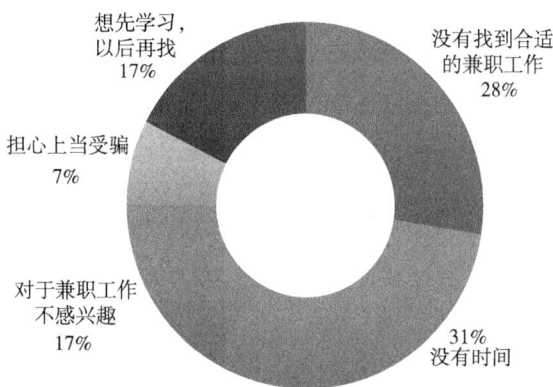

图 11 不做兼职原因人数比例

即使很多大学生没有做过兼职，他们也对这方面也有初步的了解。为了深入了解大学生对兼职的偏好，我们调查了各校同学的选择，适合的兼职工作为：家教，校内兼职，发传单，APP 推广，促销，礼仪，翻译，导游，文案策划，餐饮服务，撰稿，其他（见图 12）。大家的喜好甚广，在家教和校内兼职上尤其突出，分别占比 25% 和 21%。

（九）兼职时间分配

调查发现大多数同学都利用课余时间和假期做兼职工作（见图 13）而且 84% 的同学都认为兼职不会影响学习，关键在于要安排好时间（见图 14）。

　　问卷中测试同学们如何处理兼职和学习的关系。当兼职和上课时间冲突时，有53%的同学选择放弃兼职；43%的同学选择因课而定，如果课不是很要紧就做兼职；只有4%的同学选择逃课做兼职（见图15）。结果表明，一方面，大学生同时认识到学习和兼职的重要性；另一方面，学习和兼职谁更重要对于不同的同学则答案不同。在采访北京理工大学的一位同学时，她选择了逃课做兼职，她说虽然我现在还是大一，但我已经明确了本科毕业就开始创业的目标，所以对我而言学习成绩并不是第一位的，通过做兼职积累更多的社会和工作经验才更加重要。

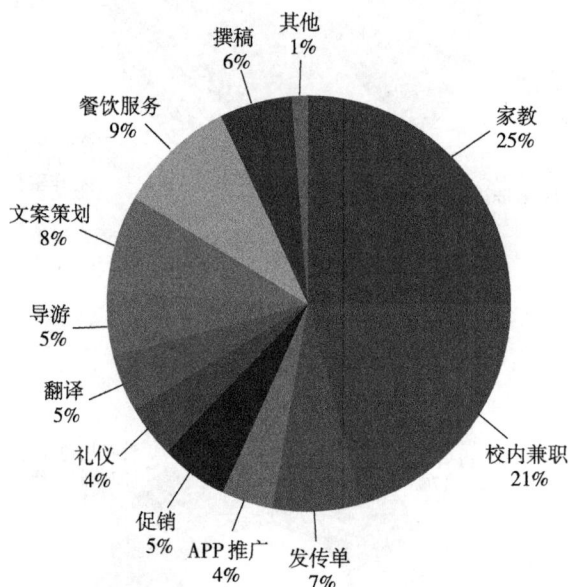

图12　适合学生的兼职工作统计

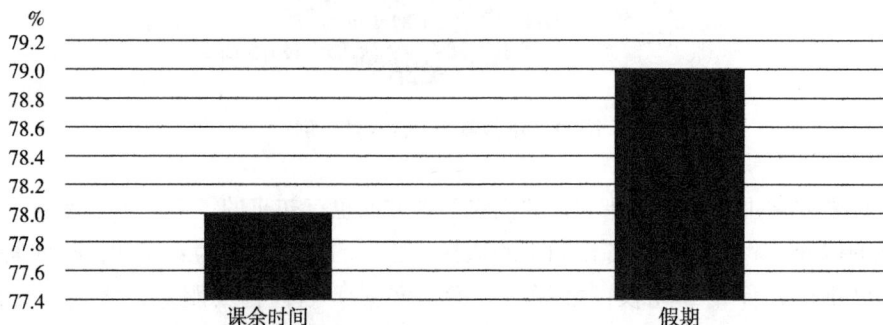

图13　从事兼职时间

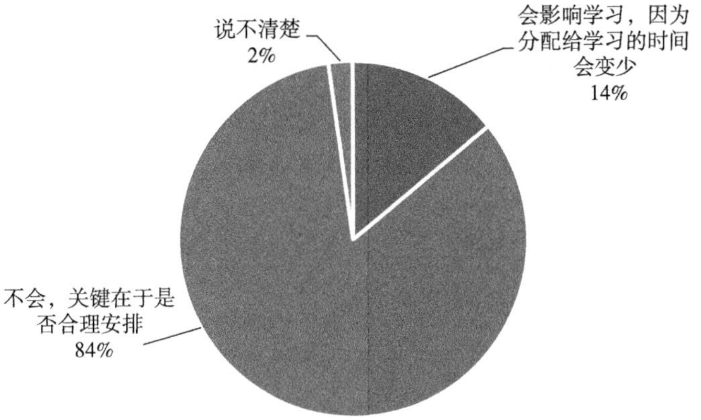

图14　兼职对学习的影响

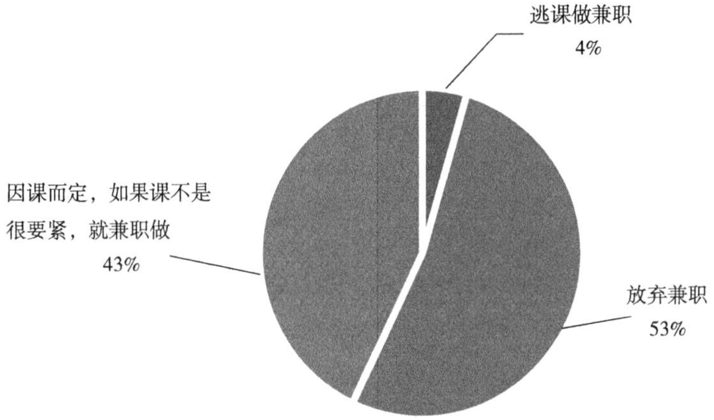

图15　兼职与学习冲突调查

五、问题与建议

（一）大学生在寻找兼职工作的过程中易上当受骗

经过问卷调查和与同学们的交流，我们发现许多同学在寻找兼职工作时多受到中介公司或工作单位的欺骗，比如有的单位假借一些费用为借口来骗钱，而往往学生对此缺乏清晰的认识，又不知道如何保护自己。因此，面对这些侵犯了自己权利的行为，同学们应当学会用正当手段维护自己的利益。

首先，大学生应当了解自己所接触的中介公司或用人单位的情况，看他们是否有合法的营业执照，是否从事合法的生产经营活动，从而判断自己能不能相信中介公司或单位，避免为不法分子所利用。然后，学生一旦确定与用人单位建立劳动关系，就应当要求签订劳动合同，如果可以还要有保险，来保障自身权益。同时要注意的是，签订合同时双方是平等的，大学生在有关自身合法权益上的条款上绝不能让步，要坚决维权。

（二）大学生的兼职收入问题

在调查中，我们发现很多大学生做兼职得到报酬后并没有对钱的利用有明确的规划，其中绝大部分将收入作为零花钱，仅仅是为了提高生活水平。对于这些大学生而言，兼职收入可以说是人生的"第一桶金"，也是大学生可以利用来做一些有意义的事情的经济基础。所以，这些同学有必要对钱的利用进行合理的规划，视实际情况建立短期计划和长期计划，想想在什么时候购买什么物品、在什么时候利用收入进行一次旅行等，学会理财。

（三）对未找到合适兼职工作的同学的建议

前有身边的同学反映，后有数据结果表明，很多大学生找兼职是有心无力的。有的人犹豫不知道找哪方面的兼职，有的找到的兼职不合心意，或曾经受过骗就驻足不前，或是根本就不想浪费时间寻找兼职工作。所以，如何找到合适的兼职就是我们必须直面的问题。

要想喜欢兼职工作，首先就要有明确的目的。兼职，区别于全职，是指在不影响本职工作的基础上，得到经济上的补充，生活上的充实，精神上的愉悦。现实的同学，是在寒暑假去餐馆打打工，补贴生活费。有理想的同学，是学习之余提前进入对口的企业，参加简单的实习，丰富社会经历。浪漫的同学，文馆中试笔，画廊内泼墨，不失为一种享受。假如你不满意现有的兼职工作，何不多考虑自己的偏好？找到方向再简单不过，但如果没做过兼职的同学，不知从何入手，却又是一难题。

清楚了自己的目的，还需要一些时间来验证，没有亲身体验过就不知道自己要的是什么。以没做过兼职的学生为例，可以通过父母同学找一些大众化、没有那么多技术含量的工作，这样极易上手，也能渐渐看清楚自己的能力极限所在。做兼职的一个重要的目的就是提升能力，可以熟悉流程以后，尝试多种职业，甚至是不擅长的方面，博采众长，培养个体的综合素质。

有人说，这是一个只注重结果的社会。这句话说得绝对，但是理应如此。没有结果一切都是空谈，做好规划，实现预期目标，可谓成功。

（四）在兼职中面对困难能力不足的问题

调查中有28%的同学因为自身技能水平不足而引发了很多困难，有1/3的同学做兼职的目的是为了提升自己的能力，但是在大学生寻找兼职工作的过程中很多时候因为自己的能力不足而被拒绝。首先，我们建议大学生做好能力方面的准备，提前设定好兼职的计划，并在大一大二把自己的基础知识学习牢固，同时为自己想要做的兼职工作做一定的准备，比如我们在采访补习学校的老师时，他提到的英语必须过四级才可能被录取来当老师。其次，要在心理上做好遇到困难的准备。大学生做兼职是迈向社会的第一步，虽说初生牛犊不怕虎，但磕磕碰碰是难免的。之前我们采访一位做家教的同学曾说："我第一次做家教时与自己想象的完全不同，自己不仅仅要有做题的能力，还要有把别人教懂的能力。"补习机构的老师也发现大多数大学生容易把工作想象得过于简单，正是这种心理也给大学生带来了更多的麻烦。

🌿 实践·足迹

兼职是大学生交际圈的突破，是大学生生活的润滑剂，也是大学教育在地域上的延伸。无论同学们有没有做过兼职，眼下都存在着一条漫漫兼职路。在这条路上，我们该怎么走？走向何方呢？

——题记

随着经济的发展，竞争的激烈，就业形势日趋严峻，为了在毕业后能够更好地适应社会，很多在校大学生选择了从事兼职工作，一方面缓解了家庭的经济压力，更重要的是在一定程度上接触了社会，获取了一些工作经验，提高了自己的综合实力。大学生兼职已是大学校园里的一种普遍现象，其存在很久，已经成为大学生生活的有机组成部分，是一种不可忽视的现象。

现今的大学生不论是生活环境还是经济条件，还是自身的价值观，他们的求学经历、生活条件、所处社会大环境都相对优越，也没有经过必要的挫折教育。因此，他们的意志往往比较脆弱，克服困难的能力也较差，常常对社会的要求较高，对自我的要求较低，因此在兼职工作中不免碰到许多困难和挫折，这些可能会对部分大学生今后的发展带来一些负面影响。如何更好做好兼职工作，为以后的工作打好基础，日益成为我们大学生关注的问题。因此，我们试图了解高校大学生的兼职状况，以期掌握大学生兼职的一些特征，对在校大学生在关于兼职方面有一定的了解，为高校加强对大学生兼职工作的管理提供一定的参考。

一、实践准备

在经过一次由学院组织的关于"实践活动"的大会后，我们心情便紧张起来，毕竟是第一次自我组织实践活动，太多的不确定因素在等待着我们。但万事都要迈出第一步，不久，一支8人的实践小队便成立起来了。此次实践活动的团队成员完全来自自愿加入。经过再三讨论后，我们将实践活动的主题放在了"大学生兼职"上。大学生兼职和我们自己息息相关，同时也是当下一个比较热门的话题，这样操作起来比较方便，也很有意义。我们采取就近原则，决定将房山校区的四所高校作为研究对象，分别是首都师范大学、北京工商大学、北京医科大学、北京理工大学。确定好对象后，一大堆的问题也随之而来，实践活动的具体时间，实践活动过程中的调查问卷等都需要进行商议。经过反复商议，最终决定在7月3号开始我们的计划。之后便是一系列的学校临时培训，尽管只有几场短短两个小时的培训，但也让我们对接下来的实践活动如何开展有了一些眉目。随后我们展开讨论，确定好各自在这次实践活动中的角色，分配好准备工作，当然调查问卷是其中的重头戏。调查问卷经过多次修改，我们也多次填写直到确定这些题无误、有意义，且整体上顺畅。正当我们提交申请，一切有条不紊地进行时，我们的团队人员便出现变故，由于家庭原因，邓学元同学不得不提前回家，这使得他不能如期参与我们的实践活动；此外，由于军训原因，朱堃宇同学也需提前脱离我们的团队去参加军训。尽管团队受到"打击"，但依旧阻挡不住我们的决心。

二、额上的汗水见证我们的努力

经过精心的准备，我们终于踏上我们的征程。第一站——首都师范大学——出发。理想很丰满，现实很骨感，我们的第一站便遇到挫折。由于该校要求校内人员的带领才能入内，而恰恰我们先前联系的同学回家了，由于没有校内人员的带领，软磨硬泡许久，但门卫说什么都不让我们进入。无奈之下我们立刻改变计划，决定先前往北京工商大学。

幸运的是我们如愿以偿地进入了北京工商大学，但是想要在校园的路上将学生拦下并为你做一份问卷可不是一件容易的事。由于种种原因，并不是每个人都会愿意停下来听你说一段话后还帮你做一份问卷。当然还有我们自身原因，可能是因为胆怯或者是羞涩，我们不能做到与这些陌生的人侃侃而谈，尽管如此总不能退缩，硬着头皮也要上啊。怀着一种莫名的勇气，成功得将自己释放，渐渐地便也熟络起来，很多次的失败渐渐地从懊恼、脸红，变得习以为常。

有了第一站的尝试，我们也不断累积到许多经验，而接下来在北京理工大学、北京中医药大学、首都师范大学我们也如法炮制，尽管当中或多或少的有着些许变故、困难，但我们都坚持了下来。（当中最让我们难办便是北京中医药大学了，当时真是欠考虑，他们在房山的校区只有大一的学生，而且他们已经放假了，学校里的学生实在是少得可怜。）

我们经过两天的到奔波，400 份问卷总算完成了。其中的坎坷只有我们自己才知道，在酷暑下，顶着炽热的太阳走在路边逢人就问，这不单单是一次实践活动，而是一种尝试，一次面对形形色色的人的机会，一次感受这个社会的机会。这当中透露的不单单是辛苦，还有勇气，迈向社会第一步的勇气。

三、团结铺垫成功的道路

在两天的问卷发放与回收期间，我们的道路并不算顺畅，但最后支持我们一路走来并取得成功的原因是我们团队的团结。当时烈日炎炎，在太阳的烘烤下大家都是疲惫的，在第一天的早上我们先是到达首都师范大学，由于种种原因，我们不得放弃首都师范大学的问卷调查工作。在郭旭鑫联系好后，我们赶往附近的北京工商大学，这里要感谢郭旭鑫同学的积极参与，同时也要感谢他朋友对我们的支持，在进入校园后他为我们提供了很好的地点以发放问卷，让我们得以较快地完成任务。是团结一心让我们战胜了困难，使我们的实践之旅有了一个良好的开端。

四、坚持是取得成功的必由之路

北京中医药大学的问卷调查工作给我们留下了深刻的印象，但其中遭遇的困难应该是这次活动的一个顶峰了。在第二天一早我们便来到了北京中医药大学，当我们进入校园眼前的景象惊呆了我们：广阔的校园竟然没有一个学生，原来学校已经考完所有的科目，学生们不是已经回家就是在准备回家的物品了。面对这么大的困难我们只得硬着头皮向前冲。在路上遇到几位学生，他们虽然想帮我们填几份问卷，但由于急着赶火车，说了声抱歉后就急忙走了。将近一个半小时中我们只完成了不到 10 份的问卷，这样的情况使大家对于今天调查工作的前景有些担忧，这时团队中有两个同学想出了一个妙招，既然很多人就在宿舍楼中，我们何不在楼下等人，这样就不愁找不到人了。于是我们顶着中午的酷暑，在宿舍楼下等待。11 点左右，许多学生开始离开宿舍去食堂吃饭，这时我们的机会来了，在不到 1 个小时的时间内，就完成了 100 份问卷。虽然此时大家已经很是累，但时间不等人，我们在北京中医药大学的时间太长，顾不得午餐必须马不停蹄地赶往首都师范大学进行问卷调查。在首都师范大学高效率、高质量完成了 100 份的调查问卷。我们品尝到了成功的喜悦，这甘霖一般的滋味让我们倍感舒适。坚持是成功的必由之路，我们已踏上了这条路。

五、记忆的凝聚挥之不去

问卷工作与走访工作完成之后，便是对信息的分析整理了，而这时我们团队的大多数人员已经坐上了回家的火车，这项艰巨的工作只能由高彧和蒋雨恒两人来完成。他们不负众望完成了这项工作，为我们的实践画下了完美的句号。

记忆凝聚我们在最后一次集体调查分别时，大家向着不同方向走去，在某一个时刻不知是什么缘故都回首看了一眼，又都发现其他人也已回首，这时相视一笑便转头，继续向前走。时间不会停顿，每一秒都会滴滴地滑过，但此时记忆已凝聚，挥之不去。

4 天的时间很是短暂，4 天后的我们有了不同的样貌。

4 天中我们了解了大学生兼职情况，4 天中我们学会了团结和坚持。

4 天的记忆挥之不去，期待着更多这样的"4 天"。

——后记

实践·品悟

提早走进社会，认识社会，适应社会

2015 级本科生，电子封装技术专业　郭旭鑫

短暂的社会实践过去了，通过这次活动，我们不仅学会了设计问卷、散发问卷，还学会了一起讨论问题，分析数据，在实践的过程中逐步了解了社会，开阔了视野，增长了才干，并在社会实践活动中认清了自己的位置，发现了自己的不足，对自身价值能够进行客观评价。这在无形中使我们对自己的未来有一个正确的定位，增强了自身努力学习知识并将之与社会相结合的信心和毅力。对于即将走上社会的大学生们，更应该提早走进社会，

认识社会，适应社会。大学生暑期社会实践是大学生磨炼品格、增长才干、实现全面发展的重要平台。在这里我们真正锻炼了自己，为以后踏入社会做了更好的铺垫，以后，我会更加积极参加这样的活动。

与人沟通需要平常心

2015 级本科生，高分子材料与工程专业　蒋雨恒

2016 年暑期，我参加了北京理工大学暑期社会实践活动——调查大学生兼职情况。在这次活动中，我与同班的几名同学发放了几百份问卷，并对一些与大学生兼职有关的社会人士及老师进行了访谈。从中我学习到了与人沟通需要一颗平常心，比如在我们发放问卷时有些同学即使想帮你填写，但由于其他客观原因无法停留，我也会由衷地说一句谢谢。宽容之心可以帮助我更好地和人交流。

在数据分析中我也从其他同学那里学到了处理数据的一些方法，我更加深刻地认识到自己能力的不足，也明白了团队之间相互合作的重要意义。

最后，我要感谢这次社会实践活动给我直接接触社会的机会，让我明白了与人交流以及合作的重要。

我们心中充满阳光

2015 级本科生，材料科学与工程专业　张将

炎炎夏日，穿上印有"青年服务国家"的 T 恤在良乡的高校里奔波。刺眼的阳光不会阻碍我们前行的脚步，因为我们的心中同样充满阳光。

一开始，发出的填写问卷的请求总会被别人拒绝，渐渐地，自己开始寻找失败的原因，考虑如何去提出自己的请求才会让别人更愿意接受，哪一类人群更愿意填写我们的问卷……失败中积累着经验，最终我发现自己提高最大的便是与人交流的能力。

发问卷占据了我们调查的很大一部分时间，但之后的统计和分析也很重要。400 多份问卷的统计没有分工与合作是无法完成的，随之而来的数据分析我们采取了分工的形式。我充分感受到了集体的力量以及如何在集体中与他人合作。

第一次接触社会

2015 级本科生，电子封装技术专业　朱堃宇

2016 年 7 月 1 日，怀着些许激动而又忐忑的心情迈出校门。这是我第一次的实践调查，也应该是我第一次真正接触社会。

由于自身原因，可能是因为胆怯或者是羞涩，我难以做到与那些陌生的人侃侃而谈，尽管如此，但硬着头皮也要上啊，怀着一种莫名的勇气，成功将自己释放，渐渐地便也熟络起来，多次的失败渐渐地从懊恼、脸红变得习以为常。

尽管或多或少有着变故、困难，但都坚持地走了下去，其中的坎坷只有自己才知道。

在那酷暑下，顶着炽热的太阳走在路边逢人就问，这不单单是一次实践活动，而是一种尝试，一次面对形形色色的人的机会，一次感受这个社会的机会。这当中透露的不单单是辛苦，还有勇气，迈向社会第一步的勇气。

实践团成员：陈彤　高彧　郭旭鑫　韩燕骐　蒋雨恒　张将　朱堃宇

共享单车时代

🍃 实践·报告

2017 – 09 – 01 – 1 – 3 – B 材料学院李若昆赴北京社会实践调查小组，在 2017 年 7 月 3 日到 7 月 5 日间在北京，以问卷形式对路人进行调查，共收回纸质问卷 350 份，网上问卷 88 份。

随着社会日新月异的发展，"共享"渐渐成了一个人们常常挂在嘴边的词语。共享电源、共享篮球、共享单车等共享商品悄悄地改变着人们的生活。但是，我们有了疑问，这些共享商品究竟以怎样的方式和程度影响着人们的衣食住行呢？为此，本实践活动小组选择以城市中随处可见的共享单车为切入点，将发放问卷与网上问卷相结合，对消费者对于共享单车的使用情况以及态度展开一系列调查，取得了一系列有价值的信息，最终获得了令人满意的结果。

首先，我们制作了网上问卷，并通过 QQ 空间、微信朋友圈等途径使之得到了广泛的传播，获得了可靠的数据。

经过网上环节问卷之后，本小组成员经过商讨，认为将发放问卷地点选择在共享单车使用频率最高的高校校园和人流密集的公共区域，以获得最为可靠的数据。最终，我们确定在北京理工大学良乡校区、首都师范大学这两所高校和地铁房山线、9 号线上以及景山公园和王府井街道进行问卷的发放。

经过 4、5 两天的调查，我们将获得的一系列数据进行整理，并从中得到了最初问题的答案。

我们共收回有效问卷 438 份，调查的主要对象年龄为 15～25 岁，占总调查对象数目的 89.77%，其余年龄段受调查对象占总调查对象数目的 10.23%。经过调查，我们发现在琳琅满目的品牌中，ofo 小黄车（在所有品牌中占比为 65.97%）是最受欢迎的单车品牌。我们分析这与 ofo 小黄车车体结构简单轻盈、骑行方便有关。在受调查人群中，每天都使用小黄车的人占总受调查人数的 15.91%，隔几天用一次的占 28.41%，一周使用一次的占 13.64%，而不怎么使用的人占 42.05%。我们发现使用共享单车的人（57.95%）占大多数，这说明共享单车已经渐渐被广泛接受，成为多数人出行所选择的交通工具。在调查中，我们了解到 64.77% 的受调查者认为为使用共享单车所缴纳的押金是物有所值的，而其余 35.23% 认为其过于昂贵，不愿支付。可以看出，大多数人可以理解所缴纳押金的数额，认为是比较合理的。

我们还调查了人们对于共享单车的上锁情况，结果如下：对使用过后的共享单车是否上锁这个问题，60.23%的受调查者表示，会遵守规定上锁；30.68%的受调查者会根据心情决定是否要上锁；仅9.09%的受调查者表示不会上锁以方便他人免费骑行。

在遇到给共享单车上私锁等情况时，25%的受调查者表示会向管理员举报，70.45%的受调查者会在内心中谴责并提醒自己不能这样做，仅4.55%的受调查者会选择视而不见。在遇到没有上锁的共享单车时，47.73%的受调查者会直接骑走，52.27%的受调查者仍然选择付费后使用。在调查中，我们了解到极少一部分人（6.82%）会使用一些非常规手段开锁，而绝大多数人（93.18%）表示会付费使用或偶尔使用未上锁的共享单车。以上数据说明共享单车的大多数使用者能够做到诚实守信，遵守规定用车，但也还有一部分人思想素质需要提高。

关于使用者对共享单车的建议和共享单车可能存在的问题，本小组也展开了调查。在对于共享单车的看法上，93.18%的受调查者认为其低碳环保又轻盈便利，利大于弊；3.41%的受调查者则表示共享单车的乱停乱放成了一大问题，严重影响交通秩序，因而共享单车的使用是弊大于利的；3.41%的受调查者认为与自己无关，不便发表言论。显而易见，绝大多数人对于共享单车的使用持以支持态度，这说明共享单车已经被广泛接受。但反对者所言也不无道理，因而需要使用者提高自身素质，解决乱停乱放问题。经过调查，我们发现了共享单车存在的三个亟待解决的主要问题。受调查者反映，首先，经常有素质不高的人刮共享单车的二维码或者对其加上私锁，影响他人使用；其次，共享单车乱停乱放问题严重，影响交通秩序；最后，部分品牌共享单车车身较重，骑行不便。我们希望共享单车的运营商可以着力解决这些问题，让共享单车更好地服务人民大众。

以上为本实践活动小组所有调查内容，经过全体组员两天的通力协作，我们对社会人员广泛的进行了调查，了解了共享单车的使用现状。我们认为，时至今日共享单车以其轻便的结构，低廉的费用和对环境的友好，渐渐融入了人们的生活，为人们出行和环境的保护做出了巨大贡献，并得到了社会广泛认可。

"十三五"时期是我国全面建成小康社会的决胜时期，以共享单车为代表的共享经济在推进国家宏观战略实施的方面起着极其重要的作用，"质量强国"的理念在共享单车上面体现得十分明显。共享单车已经十分普遍地为人所接受，然而如何克服共享单车存在的问题，将共享单车在更广的范围内推广，保证共享单车的质量是极其重要的一环。过硬的质量配合着人们日益提升的素质，才会使共享单车使用时期更加长久，使城市交通更加便捷，使国家战略得到更好实施。

🌿 实践·足迹

为响应校团委的号召，根据"单车共享文明　城市更加美好"的活动目的，2017年7月4日、5日，北京理工大学材料学院10名同学组成一支实践团，制作大量调查问卷，在1号线、4号线和9号线地铁上以及景山公园、王府井、中关村等地分发给乘客和行人，开展了为期 3 天的暑期社会实践活动，对京津冀一体化大背景下北京地区共享单车对人们生活的影响进行调查分析。

7 月似火的骄阳，滚滚的热浪也无法阻挡队员们前进的脚步，在全体成员的共同努力以及市民、同学的积极配合下，本次社会实践活动取得了圆满成功。

一、启动，安全重于泰山

暑假将至，我们经协商确定了活动的时间。准备阶段，我们制作了网上问卷，并通过 QQ 空间、微信朋友圈等广泛传播，获得了可靠的数据。

经过网上环节问卷之后，实践团成员经过商讨，将发放问卷地点选择在共享单车使用频率最高的高校校园和人流密集的公共区域，以获得最为可靠的数据。

商讨过这些问题后，还要仔细考虑安全问题。为了确保活动期间每一位学生的安全，我们在活动进行之前详细登记了每一位学生的信息，包括学生家长的联系方式，学生的详细家庭住址，以及每位学生每天往返活动的具体方式，这样便能够准确地了解每一位学生在活动期间的动态，确保本次活动能够顺利安全地开展。

二、出发，热情高过热浪

7 月 4 日中午 11 点 20 分，良乡小分队在丹枫 B 楼下集合；11 点 30 分，全体成员到齐之后，领队李若昆带领大家拍摄活动第一天的集体照片。领队强调，成员自行安排分发调查问卷人员和拍照，拍照人员对该组成员的问卷调查过程进行拍摄。

为了了解到社会各界人士对共享单车的看法，我们分成两队，一队在地铁上，一队在街头。

中午的地铁房山线上人不是很多。刚开始同学们都有点害羞，不太敢主动跟陌生人搭讪，有点紧张地说出一句："您好，我们是北京理工大学的学生，麻烦您配合我们的暑期实践，填一份问卷，谢谢您！"正在看书的一个姐姐停下来认真地填写了问卷，一个穿着销售员服装的阿姨也放下手中的手机花了几分钟填写了问卷，还给出了建议。万事开头难，经过了最开始的不熟悉，大家慢慢地提高了发放问卷的速度。

街头，我们几位大学生头顶烈日，向路人介绍这次社会实践活动，路人们饶有兴致地听着，不时提出自己的一些看法，甚至对我们的活动开展形式提出宝贵、切实有效的建议。

我们原本还在担心在烈日炎炎下，在街头、地铁上，行色匆匆的陌生人是否有耐心帮助我们填写问卷，这样看来，大家还是支持大学生社会实践的，同时我们也为身为北京理工大学的一员感到骄傲。

晚上，回到住处，同学们展开了讨论，交流一天的收获，并写下自己的心得。一天的实践短暂却充实，对新事物的了解与接触社会的意义更加丰富多彩。大家也期待明天的社会实践能更加精彩。

7月4日是"共享文明 城市更加美好"暑期社会实践团队活动开展的第一天，团队成员们对问卷调查活动表现出饱满的热情，对领队下达的任务非常认真地完成。在问卷调查过程中，小组成员们不忘李明哲老师"注意文明礼貌"的谆谆教导，友善地对待每一位填写共享单车调查的调查对象，同时，小组成员认真回答了他们的提问，让许多对共享单车不是很了解的百姓开阔了视野。人们对共享单车暑期社会实践活动非常支持。他们大多对填写调查报告非常认真，在彼此交流的过程中，双方受益颇深。从调查报告中可以直观地看出，如果街边有可以租借的共享单车，大部分人会选择租用外形时尚但租借费用略贵的车型，这种车型可能会成为未来共享单车的发展方向。

三、继续，走向更多的使用者

7月5日早上6点，实践小分队早早集合，分成几组，去往景山公园、王府井、中关村街道等地。途中，我们特地留心观察了街道上共享单车的种类、停放情况以及使用情况。在王府井，中心街道都是步行的旅客，在一个分街道我们看到了许多辆摩拜单车，停放并不是很有序，看起来也不是经常使用。中关村的大街上，可以看到路边停放着大量摆放较有序的共享单车，以ofo单车居多，还有摩拜单车等。基本上上锁情况良好，车的状况也不错，尤其在一些高校附近，每隔一段路就会有几辆共享单车。非机动车道上，绝大多数人都骑着共享单车来来往往。我们对正在路边准备开锁骑车的路人进行采访，他们一致认为共享单车极大地方便了自己的出行，随时随地有车可骑，而且骑一次的租金很便宜，还会有各种优惠活动，既环保又省钱。然而一些居民认为共享单车实在太影响交通以及市容，乱停乱放现象严重，缺乏管理，希望有关部门能够加大管理力度。

傍晚，在二环附近，我们走了很远也没有看到共享单车的影子，好不容易见到了两辆ofo单车，却都是坏的，一辆轮胎已经扁了，一辆卡在栅栏里，链子也掉了，而且布满尘土，的确十分影响市容。"共享单车遭破坏"的现象层出不穷，说明了与共享经济相适应的社会文明"慢了一拍"。少数爱占便宜的人将共享单车当成免费的公共产品，要么将其占为己有，要么对其进行"竭泽而渔"的使用，所以，在共享经济开始盛行的前提下，"共享精神"显得尤为重要。要利用公民教育、道德宣传等方式，引导公众树立公共意识，告别"小我"，多从"大我"出发考虑问题。当然，有时"动员千遍，不如问责一次"。对那些恶意破坏、屡教不改者，需要从完善信用惩戒制度等方面发力，用制度规范的强大保证使用者遵守公序良俗。

共享单车工作人员说："我们每天的大概工作量是30多辆，最难找的车子是停在居民家门口，或者是电梯间，有些直接停在自己家里面去了，甚至有些用户还把自己家里面的锁锁在单车上，这种车子是最麻烦的。这种车在我们软件上面显示超过3天没有使用，我们就会对它进行归拢。"目前，他们每天需要寻找的车辆有200多辆。其中除了停放在小区等隐蔽地点外，还有一种情况就是超出了停放范围。工作人员在小区找到一车，已经超出了运行范围7公里，要将这类车辆进行归拢，需要耗费更多的人力、物力。其实，共享单车的推出是想要解决"最后一公里"的难题，让自行车回归城市。就目前暴露的问题，是否除了共享单车运营企业的管理存在漏洞外，也是对我们市民的考验呢？这样的问题是否可以改变呢？我们讨论后认为，首先需要抓市民文明素质的教育和引导，通过媒体宣传，通过学校的引导，全民动起来，我们相信是会有效果的；政府提供提升文明素质的环境条件和制定规章制度，同时行动起来，那么整座城市的文明素质和文明气息肯定会得到提升。

四、总结，整理点滴收获

我们将获得的一系列数据进行整理，并得到了答案。

我们发现在琳琅满目的品牌中，ofo小黄车（在所有品牌中选择占比65.97%）是最受欢迎的单车品牌。我们分析这与ofo小黄车车体结构简单轻盈、骑行方便有关。大多数人认为所缴纳押金的数额是比较合理的。对于共享单车的使用方式，共享单车的大多数使用者能够做到诚实守信，遵守规定用车，但也还有一部分人思想素质需要提高。

对共享单车存在的问题，受调查者反映，首先，经常有素质不高的人刮去共享单车的二维码或者对其加上私锁，影响他人使用；其次，共享单车乱停乱放问题严重，影响交通秩序；最后，部分品牌共享单车车身较重，骑行不便。我们希望共享单车的运营商着力解决这些问题，让共享单车更好地服务人民大众。

通过信息汇总，我们认识到共享单车所倡导的共享经济和开放平台的创新模式，为城市节约了更多空间。通过技术手段引导文明用车，是共享单车未来的发展方向。我们希望与市民政府协同优化共享单车出行解决方案，让城市更加美好。

除此之外，调查过程中我们走出校门，学会跟人交流，尝试用自己的力量解决社会问题，锻炼自己，提高自己的社会实践能力，为将来的就业打下基础。我们不仅在实践中深化了知识，而且学到了书本上没有的知识，受到了深刻的教育。作为一名在校学生，能在大一期间参加社会实践是一次难得的机会，我们在实践中更加成熟，无论是思想还是心理上。由于我们一直生活在校园中，时刻有老师、家长和同学关爱，生活上无忧无虑，很少接触社会，也很少吃苦。大学生除了学习书本知识，还需要参加社会实践。"两耳不闻窗外事，一心只读圣贤书"的人不是现代社会需要的人才。大学生要在社会实践中培养独立思考、独立工作和独立解决问题的能力。通过参加一些实践性活动巩固所学的理论，增长一些书本上学不到的知识和技能。知识要转化成真正的能力要依靠实践的经验和锻炼。

经过几天暑期社会实践活动，团队成员经过不断磨合、接触，一起挥洒汗水，成了彼此可以信赖依靠的朋友。活动的顺利完成，离不开我们每天艰苦付出，离不开坚持不懈的团队合作精神。活动结束之后，大家真正体会到了暑期社会实践丰富的精神内涵，真正做到了"受教育、得锻炼、长才干、做贡献"，相信这次经历不仅是每一位团队成员宝贵的人生体验，更是在今后的生活中面对挫折不可多得的有效经验。

实践·品悟

走出校园，走进社会，了解世界

2016 级本科生，计算机科学与技术专业 陈元昊

经过几天的忙碌，社会实践也告一段落。这次的社会实践，可以说是我首次走出校园，走进社会，了解世界的宝贵经历。关于本次的选题，我们也是经过了反复挑选，最终确定了"对共享单车的使用情况进行调查"这个题目。作为互联网时代最新的产物，共享单车无疑是共享经济的一个缩影。在当前情况下，进行社会实践最好的选择就是紧跟时代潮流。如果说之前我们对于共享单车情况的讨论是闭门造车的话，那么这一次走上街头以及在网络上广泛调查，可以说是具有开创意义的实践。收获到的这些数据，虽然在一定程度上存在着不准确性，但不得不承认，其说服力要远远强于我们在讨论中推测出的结果。虽然这次的实地走访中遇到了不少的困难，但我们在调查过程中仍然能够克服。在这次社会实践中，我的应变能力得到了很大的提升。

人生的一段重要经历

2016 级本科生，材料成型及控制工程专业 柴一丁

通过这次社会实践，我感慨颇多，我们见到了社会的真实一面，它给我们带来了意想不到的效果，社会实践活动给大学生们提供了广泛接触社会、了解社会的机会。这短暂而又充实的社会实践，我认为对我走向社会起到了一个桥梁的作用，过渡的作用，是人生的一段重要的经历，也是一个重要步骤，对将来走上工作岗位也有着很大帮助。向他人虚心求教，与人文明交往等一些为人处世的基本原则都要在实际生活中认真贯彻，好的习惯也要在实际生活中不断培养。这次社会实践所学到的经验和知识是我一生中的一笔宝贵财富。除此之外，和团队保持良好的关系是很重要的，如何与人相处是现代社会做人的一个最基本的问题。实践是学生接触社会、了解社会、服务社会，运用所学知识服务实践的最好途径。这为我们认识社会、了解社会、步入社会打下了良好的基础。

我们要树立远大的理想，明确自己的目标，为祖国的发展贡献自己的力量。

社会实践，收获颇多

2016 级本科生，材料成型及控制工程专业 蒋先亮

我们这一支队伍着重对共享单车的使用情况进行了调查，我们通过线上线下相结合的方式进行了一系列调查与研究。线上线下相结合的方式使我们的调查对象扩大了很多，而且使我们的调查结果不具有倾向性。我们在调查过程中，注重了对各个年龄段和各个领域的人的调查，这样我们的调查范围不仅仅局限于学校，不仅仅局限于学生，所以我们的调

查结果具有普遍性。在调查过程中，我们在派发调查问卷的时候，虽然被很多人拒绝，但是我们并没有放弃。总的来说，我们的调查过程还是比较顺利的，绝大部分的人都愿意配合我们的调查，如实地填写了调查问卷。

通过这一次的社会实践，我们不仅发现了共享单车存在的问题以及人们在使用过程中的一些问题，我也发现了一些在实践过程中我们应该注意的一些问题，这些问题是非常重要的，甚至可能会直接影响到我们的调查结果，我们应该注意这些问题的存在。通过这一次社会实践，我收获很多，值得我自己反思的问题也很多。

用我们的青春谱写时代的乐章

2016 级本科生，材料成型及控制工程专业　魏晓霖

社会实践活动结束了，活动期间所有的一切值得好好回味一番。做社会实践，增加了我们的社会经验，驱散了我们对未来的迷惘与困惑，拉近了我们与优秀学长学姐之间的距离，丰富了我们的阅历，提高了我们的自我竞争力，完善了我们的价值观、就业观。活动已经结束了，但我深知我们今后要走的路还有很长，我们要在学校中认真学习，将知识基础打牢，积极地走进社会、服务社会，在社会实践中提高自身才干，磨炼自身意志，将眼光放长远，提高独立思考、与人交往的能力，明确我们青年学生肩负的历史使命，着重提高创新能力，将国家作为强大后盾，把个人梦想融入中国梦的实现中去，达到个人与国家的双重进步。凭借我们的年轻与勇敢，用我们的青春谱写时代的乐章，蜕变为自由翱翔天际的雄鹰。暑期实践使我们投身社会、开阔眼界、完善自我，受益匪浅。暑期实践，明年再见！

锻炼了实践能力

2016 级本科生，材料成型及控制工程专业　杨壮格

在调查过程中我们互相交流调查结果。我们发现，许多人虽然了解共享单车，但是在日常生活中使用者并不多。在接受调查的对象中，很多人自己拥有自行车，因此亲身使用过共享单车的人比较少。在谈及是否愿意将自己的自行车分享出来供大家使用时，有人愿意，也有人不愿意。不愿意的人认为，自己的自行车骑着更舒服，并且担心分享之后，自己的车会遭到损毁。

共享单车经济实惠，出行方便，与"有桩"的公共自行车相比，这种随时取用和停车的"无桩"理念给市民带来了极大的便利。2017 年 6 月高考期间，共享单车不仅成为学子赶考的交通工具，还被写进了全国卷的作文题目。因次，在市场需求巨大和管理得当的前提下，共享单车有望取得快速发展。

通过本次社会实践活动，我们不仅了解了老百姓们对共享单车的看法、意见和建议，同时也锻炼了我们的实践能力。从调查前的分组，到调查地点选择，再到问卷的设置，我们团队总是能集思广益，一起探讨每一个提议的可行性，并进行修改，让我切实体会到集

体力量的强大，希望自己今后还能多多参与此类活动，提升自己各方面能力，不断提升自己。

　　实践团成员：陈元昊　柴一丁　陈宇轩　谷懿轩　蒋先亮　李若昆　隆哲源　魏强　魏晓霖　杨壮格

北京市房山区老人生活状况

实践·报告

一、实践背景

我国近几年进入老龄化时代，北京市的老龄化趋势严重。老年人作为不可忽视的庞大群体，提高他们的生活质量，改善他们的生活状况是我们必须面对的重要课题。人口老龄化社会发展面临的主要社会问题是养老保障问题。养老保障问题包括物质供给与生活照料等，精神慰藉三方面内容。

基于现阶段我国经济发展水平与人口结构，家庭依然承担了我国城乡老年人的生活照料和精神慰籍的任务。改革开放以来，我国严格地推行计划生育的政策，随着第二代独生子女正进入婚育年龄，他们组成的家庭，构成了新的家庭生活模式，即"四二一"家庭模式，家庭成员为 4 个老人、1 对夫妻、1 个孩子，也就是说，1 对夫妻要同时赡养 4 位老人，抚养 1 个孩子。

然而，由于现代化生活、生产节奏不断加快，子女仅依靠自身有限的精力越来越难以负担对老人的照顾工作，预计在 2016—2040 年间，20% ~ 30% 的老人将是独生子女的父母，这批老年人的生活照料和经济保障将成为一个严重的社会问题，传统的家庭养老模式将受到严重冲击，迫切需要多元化养老。

自从退出劳动力市场后，老年人从重要社会角色转变为次要社会角色。面对如此大的落差，老人会感到空虚，无所适从。随着年龄增长，老人身体健康也需要我们的额外关注。老年人的生活状况对我们国家的政治稳定，经济发展和社会和谐都起着举足轻重的影响作用。

二、实践目的

为了增强大学生对于老年人的生活状况的了解程度，深刻地认识老年人群体中急需解决的问题，我们通过实地调研、广泛宣传，让更多的大学生和社会各界了解老年人的生活状况和存在问题。通过调研，了解现今养老管理系统、资源分配以及相关政策的合理性，通过宣传教育，使老年人们树立与时俱进的观念，解决老年人娱乐活动场地等问题，改善基层老年人的生活环境，提高家庭与社会对于老年人的重视与关爱程度，改善目前"实践先于理论"的状况，做好充分的理论准备，与实践更好地结合。因此，小组商讨决定，我们将走访房山良乡附近的公立敬老院和社区老人，以采访的形式调查敬老院老人和社区老人的生活状况，以及对现今社会养老形式的看法和建议。

三、实践预期目标及成果

（1）能够从老年人口中直接得知老年大学、敬老院及社区的养老管理系统、资源分配以及相关政策合理性，而不是从各官方媒体方面间接得知。

（2）能够让老年人从老有所学、老有所乐、老有所为的角度，进一步提升老年大学、敬老院和社区老人的幸福感。

（3）能给老年大学、敬老院及社区的老年人们灌输与时俱进的观念。

（4）改善场地等问题，改善基层老年人的学习环境。

（5）提高社会对于老年人的重视与关爱，让子女和更多社会人士投入到老年人的生活质量水平的提升过程，实现人道主义的关怀。

（6）全面地提升老人们的素质，鼓励老同志积极服务社会，为社会贡献自己的力量。

（7）能够经过此次活动，在当地老年大学发挥示范作用，引起"蝴蝶效应"，起到更大更有效的作用。

四、实践过程

一切准备工作就绪之后，北京理工大学"漫步夕阳，践行青春"社会实践团对于老年人的生活状况进行了为期四天的社会调研。该实践团来自北京理工大学材料学院，翟华嶂老师为指导老师，买海荣为团长，团员杨森、徐东锐、谢文强、胡静丹、王一心、杨洁、高婷婷、周海莲，共9人，实践团在2017年6月30日至2017年7月3日四天内分别在北京理工大学、良乡社会福利中心以及伟业嘉园社区对老年人进行了社会实践调查。

第一天在良乡社会福利中心敬老院。在活动组织方面，敬老院工作人员认为，老年人无活动能力，或者活动力低下，身体无法承受耗费精神的活动。据我们了解，大部分的老年人平时都有自己喜爱的活动，如打牌、唱戏，但往往因为凑不齐人数而没法进行。因此，我们认为相关负责人与老人们的沟通还是很有必要的。所以我们建议工作人员询问每个老人想要进行的活动，并进行汇总和分组，为老年人找到拥有同种兴趣的朋友，增加一些趣味项目，如打牌、读书会、歌咏之类的活动。

随后我们与几位敬老院的工作人员进行了沟通，我们了解到，这个敬老院属于公立敬老院，接收的老人以五保老人为主，社会老人为辅，其中的社会老人大多数与家里人不是很融洽或者沟通有障碍、有隔阂。他们的儿女一般一至二周来看望一次。据办公室管理人员所说，这个公立敬老院是纯公益性质的敬老院，对五保老人免除一切费用，对社会老人每个月仅收取1 900元的费用，即使加上国家的补贴，基本上也是不营利的。院内的打扫工作基本由周围几条街道的环卫人员自发打扫；每年一次的体检由社会爱心人士捐助，是纯公益性的，有时候还会有爱心人士捐一些钱，尽自己的微薄之力。

而对于一些老人所反映的伙食问题，工作人员说："老年人健康饮食十分重要，因此我们的每一餐都是定时定量的，每一位老人我们都不会让他多吃，并且我们提供的饭菜不油腻，没有高盐高糖，可能口感上的确比不上饭店的口味，但绝对是健康的，有益于老年人身体健康的饮食。"

敬老院设施比较陈旧，健身设施也比较少，房间比较阴暗潮湿，医疗条件也不够完善，护工人员相对缺少。我们希望政府能够先全部排查基础设施问题，对有问题的敬老院机构提出修缮要求并资助，拨出合理资金，确定修缮期限，到期后进行第二次排查；对没有完成预定目标的福利院，对其负责人并提出警告，之后每年排查，保证基础设施的保养。社会上也要加强对于老人的关注、对敬老院的关注，加强群众监督，对敬老院进行一定的帮助。良乡社会福利中心存在问题相信是很多敬老院都存在的问题，希望社会能够加大关注度。

实践第三天，我们去了伟业嘉园社区。我们这次采访主要想了解社区老人的生活状况，是否能够得好足够的关怀和照料，与儿女是否居住在一起，是否在为工作忙碌的儿女带孩子，对社区为老年人提供的健身器械或是组织的活动是否满意，以及对居委会的看法和建议，并委婉地询问老年人对于敬老院的看法。

通过这天的调查，我们发现在社区中生活的老年人大多数都喜欢在早晚活动，活动内容不一，有的喜欢约三五好友跳舞，有的因为年纪问题和身体状况或者家庭老伴儿因素只有每天早晚出来健身，但我们碰到的大部分出来玩的老人都是帮着家里工作的子女带小孩儿。对于学习智能手机，有些愿意接受新事物的老年人会主动去学习微信等社交软件，大部分老年人失去学习兴趣，认为不需要，没必要。采访中的老人们，接近一半跟老伴儿一起生活，子女们可能会十天半个月回来一次，有的可能只有春节能回来一趟；而另一半和子女们一块生活。

五、实践成果分析

通过实地考察，我们所调研的社区为老年人提供的健身设施等都比较完善，老年人们的生活质量也不差，相对来说大部分的老人对于现在的生活状况比较满意。但也存在一些问题。比如，社区组织活动很少，老人们的娱乐活动方式单一。大学生可以去社区组织表演节目，社区可以多组织书法等文艺活动，让老人们和家人一起参与亲子活动，促进家庭关系。

社区对于老年人的健康上关注度不够，医疗保障工作不够完善。我们建议应该增加社区医疗机构，定期组织老年人进行体检，呼吁社会上医疗机构及高校经常进行义诊等爱心活动，保障老年人的健康。政府也应该采取措施，每一季度在各区评选出优秀居委会，对组织能力较强、组织活动较多较好的社区，老人评价较高的居委会进行资金上的奖励，评选出优秀社区模范代表，促进社区的发展以及老年人生活质量的提高。

除了采访老年人，我们另外一组同学采访了小区内年轻人对于老年人生活状况的看法，以及他们对于老人去敬老院的看法。

结果我们发现几乎所有青年调查对象都肯定自己将来不会把老人送入敬老院，认为养老院限制自由，大多数家中老人已经70多岁高龄的年轻人表示，自己宁愿请费用比较昂贵的保姆也不会考虑送老人去敬老院。而一些家中老人还年轻、在60岁左右的调查对象表示，自己家里的老人身体条件良好，没有考虑过这种长远的问题。只有极少数的年轻人表示送老人去养老院的确是个不错的选择，但也表示只会将老人送入私人养老院，并表达了对公立养老院基础设施以及安全、服务态度等问题的担忧。老人们也表示不怎么想去敬老院，宁愿一个人生活。

由此可以看出，社会上对于敬老院存在一定的偏见，也可以看出我国目前的敬老院建设不够完善，还存在很多不足，政府以及相关部门应该加强对于敬老院的资金投入及政策鼓励，社会上也应该加大对老年人生活状况的关注力度。不得不承认，最让我们深思的，还是老年人以及年轻人对敬老院的看法。大多数人对敬老院避之不及。老年人认为自己住进敬老院会成为别人的"谈资"，只有儿女不孝才会把父母送进养老院，儿女也认为把老人送入养老院是不孝顺的表现。他们认为在敬老院，老年人会受到不公的待遇甚至是虐待。近几年网络中出现老年人遭到护工虐待事件，鲜有敬老院精心照顾老人此类新闻。经过我们的了解与调查，大部分敬老院内的老人对敬老院都是比较满意的，并且各种价位的床位都有，价格低，服务项目会少一点，但是老人绝对会得到应有的照料。子女也不必担心价位的问题。在如今的"421"家庭模式下，老年人无法照顾自己的时候，年轻人无暇每日每夜照顾老人的时候，敬老院无疑是最好的选择，把老人送入敬老院，他们会得到更好的看护，并且儿女随时可以去看望他们、照顾他们。

敬老院虽然存在着很多管理层面以及服务、设施方面的问题，但我们要肯定它存在的意义和价值，共同解决存在的问题，让其更好地为老年朋友们服务。

我们对敬老院感触颇深，团队成员决定临时开会，做了一份更加详细的调查问卷，借助网络平台传播，主要面向广大青年，希望从更多群众那里得知大家对敬老院的看法。

六、关于老年人生活状况的调查

（一）老人的年龄（单选题）（见表1、图1）

表1　各年龄段老年人比例

选项	小计/人次	比例/%	
60岁以下	14		6.76
60~70岁	53		25.6
71~80岁	95		45.89

选项	小计/人次	比例/%	
80 岁以上	45		21. 74
本题有效填写人数	207		

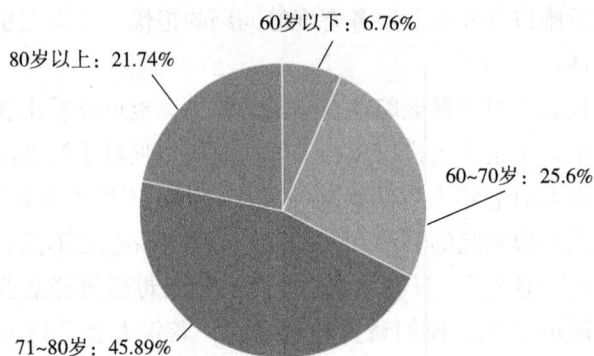

图 1　各年龄段老年人比例

（二）与老人的生活方式（单选题）（见表 2）

表 2　与老年人生活方式情况

选项	小计/人次	比例/%	
与老人住在一起	107		51. 69
老人单独居住	77		37. 2
老人在敬老院生活	2		0. 97
其他	21		10. 14
本题有效填写人数	207		

（三）您是否赞成将老人送到敬老院（单选题）（见表 3、图 2）

表 3　是否赞成将老人送到敬老院情况

选项	小计/人次	比例/%	
是	20		18. 69
否	87		81. 31
本题有效填写人数	107		

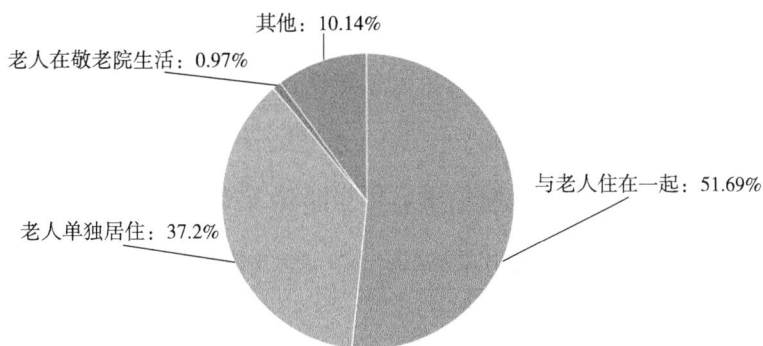

图2 与老年人生活方式情况

（四）选择不将老人送到敬老院的原因（多选题）（见表4）

表4 选择不将老人送到敬老院的原因

选项	小计/人次	比例/%	
基础设施问题	38		43.68
服务态度问题	53		60.92
限制老人自由	44		50.57
收费问题	19		21.84
社会舆论	30		34.48
本题有效填写人数	87		

（五）您与老人是否经常交流（单选题）（见表5）

表5 与老人是否经常交流情况

选项	小计/人次	比例/%	
是	51		66.23
否	26		33.77
本题有效填写人数	77		

（六）如果老人是在敬老院，您或者其他家人多久去看望老人一次（单选题）（见表6）

选项	小计/人次	比例/%	
一周	1		50
一月	0		0
半年	1		50

续表

选项	小计/人次	比例/%
更久	0	0
本题有效填写人数	2	

（七）你们为老人选择敬老院时会考虑哪些因素（多选题）（见表7）

表7　为老人选择敬老院时会考虑的因素

选项	小计/人次	比例/%
老人自己的选择	1	50
服务态度设施等	2	100
是否是私立医院	0	0
费用	2	100
其他	1	50
本题有效填写人次	2	

（八）如送老人去敬老院您可以接受的价位（单选题）（见表8）

表8　送老人去敬老院您可以接受的价位

选项	小计/人次	比例/%
2 000 元以下	0	0
2 000~5 000 元	1	50
5 001~8 000 元	1	50
8 000 元以上	0	0
本题有效填写人数	2	

（九）您家老人是否会使用智能手机（如微信等软件的使用）（单选题）（见表9）

表9　老人是否会使用智能手机

选项	小计/人次	比例/%
是	58	28.02
否	149	71.98
本题有效填写人数	207	

（十）如若老人不会使用智能手机，您是否会教老人使用（单选题）（见表10）

表10　教老人使用智能手机情况

选项	小计/人次	比例/%
是	160	77.29
否	47	22.71
本题有效填写人数	207	

　　尽管这次的调查结果不是很理想，各题有效填写人数相差甚大。但还是能客观地得到一些结论。比如就老人的生活方式而言，大多数老人都和子女住在一起。但也有很多老人宁愿自己单独居住也不会选择去敬老院，当然很大原因是子女不愿将老人送到敬老院。这其中原因主要是他们认为敬老院护工等工作人员的服务态度不好，基础设施也不完备，限制老人的自由等。就老人是否会用智能手机问题，绝大多数青年人表示家中老人并不会使用，但被问及是否会教老人使用时，绝大多数青年人的答案是肯定的。这次调查问卷的设计中，我们思考不够全面，在问卷最后我们应该再设计一个问题，调查一下少数人为什么表示不教老人使用手机。

七、实践感悟

　　在此次的社会实践中，对于大学生群体而言，我们改变了以前从各官方媒体方面得知敬老院和社区的老年人管理系统、资源分配和相关政策的合理性的方法，而是从基层老人中直接获得了老人们对敬老院一些机构的看法。作为当代的年轻人，我们应该多方面了解了目前老年人的生活现状以及老人们的生活需求，也锻炼了我们的社会实践能力、与老年人沟通的能力。

　　对于老年人而言，要从老年人老有所学、老有所乐、老有所为的角度，进一步提升敬老院和社区老人的幸福感，提高全社会对于老年人的重视与关爱，增强对于老年人的保护措施，实现人道主义的关怀。

　　对于整个社会而言，通过调查老人的生活状况引发社会舆论上对于老人的关注，并能一定程度上改善目前对于老人"碰瓷"、广场舞等一些不好看法，更全面、更客观地看待老人，营造关爱老人的社会氛围。

　　对于国家而言，对于人口老龄化时代的到来，要改善目前"实践先于理论"的状况，政府和相关部门要制定相关政策，做好制度安排，推动我国老年事业的发展。中国自古以来就有关爱老人、孝顺老人的传统，要弘扬中华民族的优良传统，继承我国的优秀传统文化，促进我国文化文明建设。

实践·足迹

　　关爱老人，是一个人发展的根本。

关爱老人，是构建和谐社会的基本。

关爱老人，是国家文明快速建设的本因。

为什么

古人云："老吾老，以及人之老。"随着我国老龄化趋势的加重，老人作为社会中我们不可忽视的庞大群体，提高他们的生活质量，改善他们的生活状况是我们必须要面对的重要课题。通过增强大学生对于老年人的生活状况的了解程度，深刻地认识到老年人群体中存在的急需解决的问题，通过我们大学生的广泛宣传，让更多的大学生和社会各界了解老年人的生活状况和存在问题，让更多的人给予老人生活以及精神上的关爱。这便是我们这次社会实践的初衷。

我们准备好了

2017 年 6 月 30 日，我们怀着激动的心情踏上我们第一次社会实践的征途。29 日下午，因为担心实践地路线的不熟悉，团长买海荣和杨森顶着炽热的太阳，前往实践地敬老院、老人大学、社区熟悉路线。由于老人大学已经放假，我们不得不放弃这一实践点。当天晚上，我们进行线上的问卷调查。在敬老院以小组为单位进行开展，一人负责谈话，一人负责记录，一人负责摄影。买海荣提出了与老人交谈的几个主要问题。

对于初次社会实践，我们充满了好奇，一切都是未知数，但我们做好了充足的准备，我们满怀期待。

第一天

伴随着清晨的阳光，我们 9：00 在徐特立图书馆门前集合。很荣幸的是我们的指导老师翟华嶂前来对我们的实践进行指导。出发之前，翟老师强调了实践目的，对实践过程提出了建议。

我们来到了第一个社会实践点——良乡社会福利中心敬老院。

胡静丹小组向敬老院的院长了解了敬老院的伙食、收费、住宿等问题，其他两个小组成员参观敬老院的宿舍，了解了敬老院的基本状况。

高婷婷同学看见一个老爷爷在独自在树荫下坐着，便前往进行交谈。老爷爷是位抗日战士，恰巧高婷婷同学的爷爷也是位军人，于是两个人从抗日战争聊到抗美援朝，从战争时期聊到了现在的中国，聊到了现在的敬老院生活。周海莲和杨森同学在旁边默默地聆听，仿佛身处在当年那个热血年代。老爷爷对于我们的到来十分高兴，我们感到爷爷心里有很多话想对我们说，他们身处敬老院，没有陪伴，更加需要有人来聆听他们内心的声音。在一个房间里，到处贴满了出去游玩的照片，房间虽小却布置得很温馨。买海荣同学与老人进行了两个小时愉快的交谈，从老人的口中也了解到了敬老院的伙食、医疗、娱乐活动等。在走廊的拐角处，一位老奶奶一直看着我们笑，高婷婷同学上前打招呼，却发现这位老奶奶的听力不好，我们说什么她都听不见。那位老奶奶肯定也想和我们说说话、唱唱歌，分享外面的新鲜事情。作为当代青年，我们应该更加关注他们，聆听他们的心声。临走的时候，老人们问我们："还会来吗？"我们回答："肯定来，下次我们来的时候给你们准备好看的节目。"看见老人们脸上洋溢的笑容，我们心里默默想着：以后一定要常来看看。

第二天

第二天我们聚集在图书馆一层，对前一天在敬老院实践的结果进行了汇总，每个小组提交了一份总结，又对后一天的实践进行了安排。

第三天

第三天我们前往我们第二个实践地——伟业嘉园社区开展调查。恰巧碰上北京中医药大学的同学对社区老人进行义诊，因此我们与北京中医药大学的同学进行了合作。高婷婷同学与一个正在练习唱歌的奶奶进行了交谈。我们对青年人也进行了调查和走访。看着社区的老人们有孙子孙女陪伴，我们十分高兴。

第四天

很快就迎来了实践的最后一天。我们在图书馆一层对活动进行了总结，并进行线上问卷的设计和发布。徐东锐和谢文强同学在前一天晚上设计了问卷，其他成员对问卷进行了补充和修改。"漫步夕阳，践行青春"实践活动到此正式结束。当团长宣布社会实践结束的时候，我们有一种满足感，从内心深处觉得我们做了一些有意义的事情，我们小小的举动可能会帮助老人们。

短短四天的"漫步夕阳。践行青春"社会实践活动，从开始筹备到实践总结，充满了爱的力量，青春的力量，生命的力量。在这个老龄化的时代，老年人这一群体，更加需要我们的关注、关心和帮助。作为大学生我们应该贡献出自己的力量，从身边做起，从小事做起，敬老、爱老、助老。我们呼吁当代的大学生们、社会上的青年们、老人们的孩子们，多了解老年群体的生活状况，倾听老人的声音，关爱老人的生活，为构建和谐社会做贡献。我们也希望政府有关部门能够增强关于关爱老人方面的措施，加大关爱老人、发扬优良传统的宣传力度，关爱老人，从生活做起，从你我做起，从小事做起。

通过这次实践，有的队员想到了自己的爷爷奶奶。一个队员写道："深夜写到这里，奶奶应该也睡了吧，我想她过得有些孤单吧。不管是在敬老院的老人还是跟着孩子生活在一起的老人，其实他们的生活很单一、很孤独，作为孩子还是要多多陪伴他们啊。"

有队员发自内心地说："我很感激这次社会实践活动，至少我提高了语言表达能力，遇到意见分歧时要端正自身的态度，认真听取他人建议"。

也有队员感叹道："我们大学生与社会的联系，其实是相当有限的，只有我们主动去行动去了解社会，获得正能量，这对社会和我们大学生自己都是有好处的。"

我们一致体会到，这次社会实践对于我们认识社会和服务社会都有着很大的意义。当然做调查免不了辛苦，但是团队成员一起为了同一个目标而努力，并且从实践中学到了很多东西，增长了自己的才干，感觉是很开心的。

在实践中，我们领略了清晨的魅力，看见了温和的日光。

在实践中，我们增进了友谊，结识了新的朋友。

在实践中，我们聆听了老人内心深处的声音。

在实践中，我们听懂了老人们内心的需求。

在实践中，我们奔波，我们流汗，我们欢笑。

我们成功在"漫步夕阳"中，践行了大学生"激扬青春"。社会实践已结束，我们却难以忘怀。

实践·品悟

是一次历练，也是一次成长

2016 级本科生，材料化学专业　买海荣

为期三天的社会实践结束了。虽然时间不长，但我感到很充实。从申请立项到着手准备再到具体实践，这其中遇到的大小困难只有我们自己知道；同样，这其中收获的快乐与经验也只有我们自己体会。一个人的能力还是有限，不足以解决任何困难，幸好我们是一个团队，每个人都充分发挥自己的优势，说出自己的看法，分享解决方案。就这样，我们团队的凝聚力也越来越强大，一起相处也越来越快乐。没有人抱怨辛苦，没有人推卸责任。作为团长，我很庆幸能遇到我们实践团的这些团员们，也很感谢他们的配合，而且也让我对自己有了更大的信心，相信自己有能力能够带领一个团队完成任务。同时，我也从中吸取了经验教训，学会了处理事情应切合实际，从多角度考虑，学会了如何高效率做事。

这次的社会实践是一次历练，也是一次成长。走出校园，没有老师的帮助，没有家长的陪伴，是锻炼自己的一次好机会。实践结束了，发现这一路的收获太多太多，是之前没有预料到的。跟队员们交流，发现每个人的收获有所不同，我想，这就是社会实践的意义所在。

社会实践，受益匪浅

2016 级本科生，材料成型及控制工程专业　胡静丹

做好十足准备，怀着激动心情，我跟随我的团队"漫步夕阳，践行青春"进行了为期72 小时的暑期社会实践。活动开始，可能队员们都是第一次出去做采访调查，还带着些

许的羞涩。第一天我们去了良乡社会福利中心养老院，当时正好有另一波同校学生在为老人们表演节目，我们来到老爷爷老奶奶们身边，一边陪他们看节目，一边询问一些生活上的问题。慢慢地，队员们的采访也渐入佳境，能够跟老年人们侃侃而谈，收获颇多。

迈出第一步，后续的任务都要轻松许多。从第二天队员们一起商量调查问卷的制作到发放，到第三天去到伟业嘉园社区对社区内各个年龄段老人进行生活质量调查，都显得从容不迫。

在这次实践中，我不仅了解了房山地区老年人生活的大致情况，而且发现了很多可以改进的地方；同时在实践活动中学习到了如何依靠团队的力量去完成一件事情，实在是受益匪浅。

深入社会，了解社会，服务社会

2016 级本科生，材料成型及控制工程专业 谢文强

毛主席曾说过"没有调查，就没有发言权"。也许之前我对于这句话的理解不是很深刻，但经过这次暑期实践活动，我深深地体会到了这句话的含义。如今我国已步入老龄化社会，养老问题是全社会面对的一个重大问题。之前我对于这些问题也没有具体了解和思考过，或许还是存在于想象当中。作为青年学子，我们不仅要学好科学文化知识，更重要的是要走出校园，深入社会和服务社会。确实是这样，"实践获真知"。

我们这次实践活动就是调查关于老年人生活情况。有时候想着外面老人的生活状况可能和自己的爷爷奶奶差不多，如果不是通过这次实地调查，自己的想法还是那么的幼稚和狭隘。通过调查不同年龄段、生活在不同区域的老人，确确实实感受到各方面的差异。通过和他们交谈，了解到了老人们的各种想法。我国是一个人口众多的国家，随着老龄化进程的加速，将会有更多的人步入老年人的行列。由于各种条件限制，我们只调查了周围区域的老年人，但是仅仅周围老年人的调查结果，就已经很多很复杂了，想想整个社会的话，那可能就更加复杂，所以这次社会实践对于我们认识社会和服务社会都有着很大的意义。当然做调查免不了辛苦，但是和团队成员一起为了同一个目标而共同努力，并且从实践中学到了很多东西，增长了自己的才干，感觉依然是很开心的。

弘扬中华民族尊老爱幼的传统美德

2015 级本科生，高分子材料与工程专业 杨洁

相信很多人都听过歌曲《春天里》："如果有一天，我老无所依请把我留在那时光里。如果有一天，我悄然离去，请把我埋在这春天里……"面对老去，我们无法逃避，所以必须正视。我相信每个老人都希望自己老有所养、老有所依。这不仅是我们的心愿，更是我们构建和谐社会的目标。为了弘扬中华民族尊老爱幼的传统美德，努力营造社会和谐的良好氛围。在2017年暑假的社会实践活动中，我们参观了北京市房山区良乡的养老院，进行了为期3天的参访活动。

　　第一天我们熟悉了养老院的基本环境。这个养老院外部环境优美，内部设施齐全，服务完善，住在这里是老人们一个不错的选择。养老院住着一些生活能自理和不能自理的老人，我们小队根据养老院的格局，分为3个小队，每3人一个小组，负责采访工作。

　　第二天我们开始着手对养老院的老人们进行问卷调查。老人们看着我们拿着问卷，显得有些拘谨，生怕自己说错什么。有的老人甚至不愿意配合我们的调查，当然我们也很理解。随后我们改变了策略，以聊天的方式，将问卷中的问题带入了轻松的交谈氛围中，问卷调查得以顺利进行。

　　第三天我们主要整理整理采访记录，汇总调查问卷，分析总结实践活动。

　　通过这次暑期社会实践活动，我们了解到养老院的老年人主要存在以下几个问题：

　　（1）子女繁忙，没有多余时间照顾老人。

　　（2）老人身患疾病，需要时刻照顾。

　　（3）老人与后辈居住不习惯，易产生矛盾。

　　（4）老年人喜欢拥有同年龄段人居住的养老院或老年公寓。

　　三天的实践结束了。这三天，我们倾听了老人们的心声和各自酸甜苦辣的人生历程。看着老人们脸上的皱纹，都是岁月的痕迹，我想他们心中的皱纹深度，更是无法估量的。到敬老院去做些力所能及的事，将自己活力释放的同时，我们感到的是一种充实。

完善社会福利制度

2016级本科生，新能源材料与器件专业　　杨森

　　对老年人的调查终于告一段落。我们不是老人，或者说我们与老人还相去甚远，但是，我们终将成为老人；对于国家，老人也占了越来越大的比重。

　　从各种意义上说，调查老年人生活状况都有着重要的意义。于是我们勇敢地走出校园，到社会去真真切切地调查了解老年人的生活。

　　总的来说敬老院和社区是两个截然不同的地方。我们在社区看到的老人是恬静、满足和安宁；有时候人们会面临许多问题，不得不把老人送到敬老院去，于是老人们在敬老院的生活质量便开始受到关注。包括我们大学生，许多人对敬老院的情况始终保持在主观猜测的层面上，甚至这种主观猜测逐渐被当成了客观存在的事实，比如我们可能认为敬老院的生活是和睦幸福的。直到我们亲眼去看这样的地方，我们才会发现，有些东西跟我们想象中的有些不同。通过这次实践活动，可以帮助我们以后客观地看待事物。

　　社区中的老人，他们大都和子女生活在一起，不少人带着孙子孙女，但是我们并没有理由去忽视敬老院存在的问题，因为中国在快速地向老龄社会发展，到了那个时候，谁也不敢保证我们自己的老人，甚至我们自己，不会生活在敬老院里。

　　其实在经济方面很大程度上限制了敬老院的生活水平和敬老院的发展。首先老人们需要每个月交钱，其次国家也会给敬老院补贴相应的资金，然而有时候老人们并不能享受到相应的服务，老人们的生活水平一直没有切实得到改善。我们希望从提高老年人的生活水平入手，希望通过我们大学生，分析背后存在的问题，进而让整个社会关注这些问题，化

解矛盾，完善我们的社会福利制度。

有时候我也在想，我们大学生与社会的联系，其实是相当有限的，只有我们去了解这个社会，我们才能获得多方面的信息，这对社会和我们大学生都是有好处的。

我们团队的社会实践结束了，但是我们人生的社会实践才刚刚开始。

关爱老人，保障老人权益

2016 级本科生，材料化学专业　周海莲

老年人是社会最为脆弱的群体之一，他们目前的生活现状是需要我们认真地调查和了解的。三天内去了敬老院、社区，对老人的生活方式做了调查。目前老人们的娱乐方式基本上都很单一——带孙子孙女、跳广场舞、散步聊天。我作为一个在远方读书的孩子，开学至今跟奶奶一个月可能都没打过一次电话。去社区调查的时候，很多老年人都是在带孙子孙女玩耍。叔叔因为工作一个礼拜才回家一次，上小学的弟弟都是奶奶负责伙食、作业之类的。奶奶基本上白天一个人在家，晚上出去跟邻居们说说话。想到这里，奶奶应该也睡了吧，我想她应该过得有些孤单吧。不管是在敬老院的老人还是和子女们生活在一起的老人，其实他们的生活很单一、很无聊，作为孩子们还是要多多陪伴他们啊。

这次社会实践我收获了很多，了解了老人们的生活状况，也了解了老人们与社会上的交流方式。

社会是在不断发展的，人们都是在不断地老去的，我们自己终将有一天会变成老人。我们这一代与老人们的沟通逐渐变少，需要提高对老人关心程度。老人把身心都放在了我们这一代青年上，他们的健康、伙食等都是急需提高的，我们敬老院的设施以及管理方法、机制也是需要提高的。一个保障好了老人权益的国家是一个好国家，一个照顾好老人的儿女是一个好儿女，一个关爱好老人的社会是一个好社会。关爱老人，是中华民族的传统美德，是我们现在需要做的事情。

实践团成员：买海荣　高婷婷　胡静丹　周海莲　王一心　徐东锐　杨森　谢文强
杨洁

北京市房山区民仁小学基层教师生活状况

实践·报告

一、前言

教育是立国之本，基层教育是国家教育的基础工程，基层教师是基层教育的核心。因此，从长远看，优秀的基层教师群体在我国的发展上起着举足轻重的作用。

基层教师们现今的生活状况、工资待遇如何？国家对基层教师队伍的建设投资能否真正地落实到基层教师们的身上？社会上不同层面的人们怎么看待基层教师这个群体？基层教师这个群体有何发展方向？基层教师这个群体中还存在哪些问题？基层的教育体系还存在哪些问题？我们实践团队奔赴房山区民仁小学，对民仁小学基层教师进行调查，得出我们想要的答案。

（1）调查时间：2017 年 7 月 3 日—2017 年 7 月 6 日。

（2）调查地点：

民仁小学；

房山区青龙湖镇焦各庄村（刘艳秋老师家）；

房山区大学城北站向东金地朗悦 58 号（刘素娟老师家）。

（3）调查对象：

两位工作经验多、教龄长的基层教师（重点）；

其他 10 位较年轻的基层教师；

广大网民。

（4）调查方法：

问卷法，面谈法（重点），电话咨询法。

（5）调查目的：

了解基层教师的工作生活状况、工资待遇及存在的问题。（重点）

了解社会上不同层面的人们怎么看待基层教师这个群体。（重点）

了解基层的教育体系还存在哪些亟待解决的问题。（重点）

探究解决问题的大致方向及具体措施（即我们的建议）。

说明：

（1）选择北京市房山区民仁小学教师进行调查的原因：

首先，我们的同学在这里进行过支教活动，对学校的总体情况有一个大致的了解，这是一个基层的民办私立学校，与我们团队的调查对象完全契合。而且同学在这里支教过，与一些老师比较熟，他们会相信我们，接受我们的采访，这样也保证了资料的真实性。另外，这所学校离我们的住处比较近，避免了舟车劳顿，可以将更多的时间花在采访与资料的整理上。

（2）此次调查报告的素材大部分来源于我们采访得到的原始资料，少部分来源于我们的分析成果，只有极少部分国家政策、措施问题来源于网络。

二、民仁小学调查结果

（一）民仁小学概况

（1）性质：民办私立学校。

（2）学生来源：大部分为外来务工子女，流动性较大（子女会根据父母的职业和工作地点换不同的学校进行就读）。

（3）老师数量：学校共 60 多名老师，数量不是很多，主要以老教师为主，学历大专（一般高中毕业，工作积极即可）。

（4）基础设施：不够完备，无教学楼，只有平房供孩子们上课。

（5）教师收入核算方法：按学生流动比例和任课数量核算。

（6）学费：1 000 元（报名费），1 000 元（餐费），其他杂费。

（二）教师工作生活状况、工资待遇及存在的问题

我们走访了民仁小学与两位基层教师，除重点面访了 2 名基层教师外，我们还电话采访了 10 位基层教师，并且在网上向不同职业与年龄段的人发放及收回了大量问卷。根据我们的记录，我们把收集的资料分"工作""生活""工资及问题"3 个板块。

1. 工作状况——教师的工作负荷大

外界认为教师也就是一天那么几节课，上完就没事了。但外人不知道，为了"那么几节课"教师得花多于其几倍的时间来备课。课上完了，要布置作业，要批改作业。上一段时间得考试，批改试卷，对于考试中存在的问题要分析并进行评讲；对于差的学生要单个辅导，这些都是教师的工作，而且很多都得用非工作时间来完成。

民仁小学的老师每天从早上 7 点工作到下午 4 点 30 分，中午也不能回家，带领着自己班的学生去灶上打饭，每天不仅得负责学生的学习，而且要照料孩子们的生活。另外，老师们还要定时参加例会、教学研讨会（教研会）。对于这些会，众多教师反映作用不大但必须得开。假若不及时到会，还会有一定的处罚。

基层教师工作压力来源排行：

（1）家长社会不认可。

（2）日常工作较累。

（3）职称评定难度大。

（4）学生考试、升学。

（5）学生管理难度大。

（6）各种会议多。

2. 生活状况——基本维持

（1）收入对工作的影响。

在所有的调查记录中，大部分老师的回答是近几年工资上涨，生活也好一点了，目前是可以维持基本生活的。

（2）住房。

根据我们的访谈记录统计，80%以上的老师住房环境较差，家里都是小平房，且与老人共同居住，既要管学校的孩子们，又要管家中的老人们和日常生活，特别忙碌。有两个老师家里的房子很小，一家人挤在一张大床上，尤其到夏天的时候特别热，往往都睡不好。

（3）餐饮。

学校的餐饮质量很差，教师中午在学校陪学生一起吃饭，伙食多是素菜，味道也不是很好，总体上不是很满意。

（4）健康保障。

①学校几乎没有健康保障。像这些基层学校，教师的医疗保险基本上是没有的，教师患病只能自己承担医疗费用，这对于这些老师是很不公平的。

②由于长期伏案备课，老师脊椎病的覆盖率几乎达到100%，其他的职业病比如鼻炎、视力问题、咽喉病等的覆盖率也很高。

"学校忽视了教师的身体状况，没有对教师进行定期的免费体检。女教师有时搭三八妇女节的顺风车，偶尔做一次简单的免费体检，而男教师从没有做过免费的体检。"民仁小学的一位老师（女）这样说。

因此，由于基层学校基础设施的不完善以及学校对教师身体状况的不重视，老师的健康与保障存在很大的隐患。

3. 工资待遇及其问题

根据我们的调查结果，将工资待遇和问题总结为以下几个方面。

（1）工资的提高与物价上涨不同步。一个教龄20多年的教师，月工资3 000元左右。工资的提高与物价上涨不同步。

（2）学校发放的福利太少，一年就200元，教师节和年关各发一张100元购物卡。

（3）学校扣除项目多，每位教师一年要扣除养老保险金、防汛费、党报党刊费等共计2 000多元。党报党刊征订费直接从教师工资卡中扣除。

（4）教师的收入与付出不成正比，导致心理不平衡，甚至出现教学热情不高、不愿意当班主任等现象。比如，当班主任，除了夜晚睡觉不跟学生在一起，从早上7点到下午4点，包括学生的早操、早中餐、午休等。如此多的付出，跟非班主任相比也就是一年多1 000元的班主任津贴。

（5）市内与郊区基层教师的收入差距很大，而且工作负荷差距也大，基层教师心理不平衡。单就基本工资而言，城乡差距并不算大，但城里教师的隐性收入较多。

三、人们对基层教师生活状况的了解度

在与这些基层教师的访谈中，我们深刻地认识到基层教师生活状况存在很多问题。但对于这些情况知道的人又有多少呢？该如何解决这些问题呢？

（一）问卷调查及数据分析

根据网上问卷调查，我们对数据进行分析整理，如表1~表3、图1~图2所示。

第3题：您对基层教师的生活情况有多少了解？（单选题）

表1　对基层教师的生活情况了解状况

选项	小计/人次	比例/%
A. 完全不知道	23	17.56
B. 有一定了解	86	65.65
C. 深有感触	13	9.92
D. 自己就是基层教师，身临其境	9	6.87
本题有效填写人数	131	

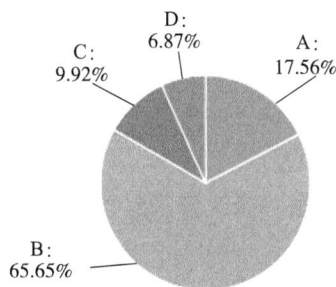

A A.完全不知道　B.有一定了解　C.深有感触　D.自己就是基层教师，身临其境

图1　对基层教师的生活情况了解状况

分析：从回答中可以看出有一定了解的还是占多数，但完全不知道的也占有不少比例，因此这也是我们进行此次实践及此次问卷调查的意义之所在，目的是让更多人对这两大问题更好地关注并且有深入的了解。

第5题：您认为基层教师的收入能否支撑家庭开销？（单选题）

表 2　基层教室收入能否支撑家庭开销

选项	小计/人次	比例/%
A. 能，国家这些年在基层教师的工资、福利保障问题中下了很大功夫	13	9.92
B. 基本能维持	69	52.67
C. 不能，基层教师仍未受到更好关注	49	37.4
本题有效填写人次	131	

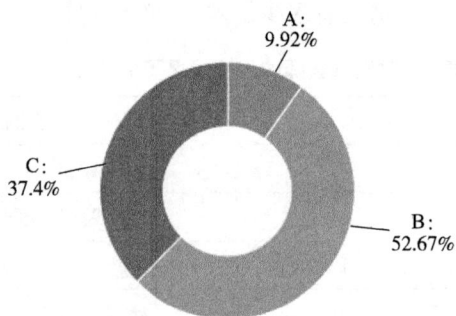

■A.能，国家这些年在基层教师的工作、福利保障问题中下了很大功夫

■B.基本能维持　■C.不能，基层教师仍未受到更好的关注

图 2　基层教室收入能否支撑家庭开销

分析：基层教师的收入与工资待遇问题是我们此次实践的一大重点，问卷结果与我们走访调查结果是较为吻合的，基层教师工资目前大部分还是可以满足教师的基本生活，然而依旧存在不少的问题，这是亟待解决的。

第 7 题：您认为以下哪些措施能够进一步改善基层教师的生活状况及增强基层教师的幸福感？（多选题）

表 3　对改善基层教师生活状况及增强基层教室幸福感举措的建议

选项	小计/人次	比例/%
A. 加大媒体等的宣传力度，营造重视教育的氛围，提高老师待遇	91	69.47
B. 加强校园文化建设，提高凝聚力	69	52.67
C. 建立交流制度，激发教师激情，让教师生活多一份快乐	75	57.25

选项	小计/人次	比例/%
D. 老师进行自我调适，丰富精神生活	42	32.06
E. 健全住房保障和教师人身保险的法律体系	101	77.1
本题有效填写人次	131	

分析：以上与改变教师生活状况息息相关的措施受到一致的认同，不过就结果来看，提高老师待遇与健全住房保障仍是人们特别关注的话题，可以看出这也是迫切值得关注的问题。

第9题：针对基层教师现在生活状况的调整，您有什么好的方法、对策或建议？（填空题）

方法、对策和建议主要集中在以下方面。

（1）希望国家能完善相关的保障制度，给基层教师更多关注，并且提供一些鼓励政策。

（2）基层教师建设是重要的问题，要加强基层教师队伍建设，关心他们。

（3）调整教师队伍，调整不适合教学岗位工作的教师。

（4）加大力度，提高基层教师待遇。

（5）给予基本的住房条件，加大对教师子女的关注度。

（6）提高基层教师的工资收入。

（7）改善教育环境。

（8）提高工资、津贴、福利水平，改善伙食。

（9）尽量在当地让政府解决教师的问题。

（10）社会人士多关心农村的孩子们，让他们走出大山面对世界。

（11）加大福利待遇。

（12）提高教师社会地位，提高家长、学生的认同感。

（13）国家加大关注力度。

（14）加强政策力度。

（15）政府给予一定医疗、意外伤害等福利待遇。

（16）加大生活保障力度，提高教师保底工资。

（17）政府应加大对基层教师的帮扶力度，出台一些优惠政策。

分析：问卷的意见主要体现在以下几个方面：国家制度上的保障与政策的帮扶；人们对基层教师群体要更多了解和理解；提高教师待遇（住房、工资、津贴、伙食）；提高社会地位和家长学生的认同感。

四、问卷统计结果与讨论总体分析

（一）问卷不足之处

（1）问题设置还是比较少，问题比较固定，问法比较僵化。

这次一共设置了 10 个问题，原计划是通过这个问卷调查来让更多人了解基层教师的生活状况，问题设置也没有太多，但从问卷的结果看，大家对此深有感触。因此，问题设置上有一定缺陷，这在以后的问卷设计中要注意。

（2）问卷调查时间较少。这次问卷自发出到结束经历了 23 小时，答卷人数 131 人，不具有很好的代表性。这个问题在设计答卷前也考虑过，但限于要与我们前期的采访尽快地融合，我们压缩了问卷调查的时间。

（二）问卷可圈可点之处

（1）答卷者的年龄与性别是我们所希望看到的。

这次答卷者年龄大部分为 18～45 岁，且男女比例相差不大，这与我们的设想是吻合的。

（2）后四道问卷题很有针对性，引发了大家的思考。

后四道题主要就如何解决教师生活问题提出建议，从答卷者的回答中，我们获取了很重要的信息。

（3）从答卷中能看出开展实践活动的意义，说明人们对教师的关注度极高，因此这也是一次成功的问卷调查。从某种意义上来说，重新思考这些问题，解决这些问题，这是很重要的。

（三）基层教育体系存在的问题

基层教育体系中亟待解决的问题，导致了"教师抱怨工资低""家长不满学校""教不好学生"等问题。

下面，我们把我们发现的一些问题从三个层面表述。这些层面分别为：政策方面，教师方面，家长和学生方面。

1. 政策方面

（1）九年义务教育的实施完全有利于基层教育的发展吗？

义务教育，是根据法律规定，适龄儿童和青少年都必须接受，国家、社会、家庭必须予以保证的国民教育。其实质是国家依照法律的规定对适龄儿童和青少年实施的一定年限的强迫教育的制度。义务教育又称强迫教育和免费义务教育。义务教育具有强制性、免费性、普及性的特点。我国义务教育法规定的义务教育年限为九年，这一规定符合我国的国情，是适当的。

农村基层学校一些家长不重视教育，学生普遍不认真学习（尤其是我们此次调查的学校学生大部分为外来务工子女，所以家长和孩子对教育的重要性认识不高）。

由于义务教育使家长对孩子的经济支出减少很多，他们不再将教育当作"一笔大投资"，不像原来那样关注自己孩子的学习成绩。因为他们认为国家已经帮他们"投资"

了，就看老师教得好不好。而对于学生来说，他们不像原来那样倍加珍惜上学的机会，大部分的学生对学习不上心，因为他们感觉不到国家对他们的付出。

（2）国家的教育投资有没有用在刀刃儿上？

近些年来，由于教育经费不足，一些基层中小学不仅没有专门的实验室，甚至连做演示实验的条件都没有；由于基层财政困难，一些学校的校长为了保证学校的正常运转，不得不四处筹钱。

但从我们对学校的考察情况来看，国家政策是正确的，但没有考虑到农村基层教育的局限性，未完好地建立辅助政策，导致未达到预期目的。

2. 教师方面

大部分老师虽然对基层教育设施的不完善不看好，但总体上还是想为教育贡献自己一份力量，实现自己的价值。但仍有一部分老师有消极情绪，对待工作不认真负责。

3. 家长和学生方面

（1）家长方面。我们在与刘艳秋老师的交谈中了解到，当老师提到孩子目前的学习状态不佳，需要家长配合，多给孩子一点关心时，反被家长怒斥，说那要老师干什么，我们没时间，你们拿工资就要好好干活。

一些家长素质低，对孩子仅限于吃饱穿暖，愚昧地认为教育孩子就是老师的事情，如果孩子学习不好或者是品质不佳则是老师教育不到位，甚至以此为借口打击报复老师，到学校闹事，给老师的工作带来困难。

（2）学生方面。

民仁小学大部分学生是外来务工者子女且为独生子女，存在的主要问题是：

①受到家人过多关怀时，孩子会以自我为中心。

②缺乏纪律性。主要是因为父母教育不得法，对孩子采取温和的态度，使孩子对不良或错误行为没有正确认识，父母缺乏责任心。

③只知道接受爱，不知道给予爱，不会感恩父母、老师、同学。

④依赖性大，各种能力差。

⑤对学习热情度不高。

五、针对目前基层教师生活状况的建议

（一）加强对教师资源的补充和教师水平的提高

加强对师范学院学生的补贴，吸引更多的人加入教师队伍；提高现任教职工工资水平；提高师范教学水平，使走出校门的新教师能够胜任工作；在教师资源补充的前提下，要求新教师资源向农村学校靠近；对城镇教师实行可调整的强制性支教计划，以支援郊区学校；加强对教师队伍的培训，提高教学水平。

（二）提高教师工资待遇

（1）提高教师基本工资。教师的基本工资应不低于3 500元，且随国民经济增长而增长。

（2）政府应当为基层中小学教师住房提供方便；医疗机构应当对基层教师的医疗提供方便。

（3）建议教师工资随着教龄每年有一定增长。鼓励终身从教，有利于教师队伍的建设和教师队伍的稳定。

（4）建立课时津贴制度，鼓励教师多劳多得。

（5）实施基层教师补贴。边远地区的教师另外发放补贴，应不低于工资的50%。参照行政干部下乡补贴，越偏僻、时间越长，补贴越高，鼓励教师到边远地区从教。

（6）放开基层教师职称评审，增加职称评定的名额，以提高教师教学积极性。

（7）修改《教师法》中类似于"教师的平均工资水平应当不低于或者高于国家公务员的平均工资水平，并逐步提高"这种模糊不清的条文。"教师平均工资水平应不低于或高于国家公务员的平均工资水平"，到底应高多少？应不低于多少？应该让教师的合法权益受到法律的保障。

在2017年的全国十二届人大五次会议中，人大代表周洪宇向十二届全国人大五次会议提交了一份题为《关于建立独立的教育公务员制度的建议》，具体来说就是将教师纳入公务员的管理体系，保证教师的待遇和基本保障。因此要通过这些措施，保证教师的工资待遇，教师才能为我们的教育事业做出更大的贡献。

（三）提高教师地位。

提高教师社会地位，可将"尊师重教"列入国策。加大教师光荣的宣传，将教师重要性在全社会进一步明确。为减少极少部分无心教学的教师造成的不良影响，教育部可以建立相应的教师淘汰制度，以提高整体教学水平，强化教师优秀形象。

（四）调整义务教育教学结构

要根据国家的具体情况来制定方针。根据我们的调查，我们发现现行的义务教育与基层教育的实际情况不是那么相适应，对义务教育进行一些适合我国国情的调整。比如，调整义务教育课程结构，根据学生的意愿和实际学习情况对学生进行分课分班学习。

（五）加强监督体制的完善，保障广大教师、学生利益

例如，建立健全"学校、学生、家长"三位一体的基层教师师德表现评价机制，完善教师考核和退出机制，严格实行师德考核"一票否决制"。

（六）呼吁更多人关注基层教师

2017年两会中教育问题是个热点，全国人大代表周洪宇再次对基层教师的职业地位和经济待遇不高的问题给予了热切的关注。我们有理由相信，只有更多人深刻认识到基层教师的生活状况与存在的问题，教师的问题才可以得到更好解决，教育事业才会兴旺发达。

实践·足迹

残垣断壁上的泥土
包裹着花儿的根
花儿努力地寻找着石缝
向阳的拔结向阳的渴望
每一缕阳光
穿过 1.5 亿公里
来到花儿的叶子里
让其茁壮让其明艳让其挺拔
无论哪里
花儿渴求阳光阳光成就美丽
——师生亦如此

2017 年北京市高考文科状元熊轩昂关于教育的看法引起了社会的广泛争议，他说农村地区的孩子，越来越难考上好的大学。这一现象尽管我们不想承认，但是也反映了一些问题。比如，农村的留守儿童问题，大部分农村的孩子的家长为了谋生，纷纷转向广东、福建和北京、上海等一些大城市打工，孩子只能留给年迈的爷爷奶奶带看，或者寄住在亲戚家里。由于从小缺少父母的关爱和管教，孩子的心理和性格的发育会受到一定的负面影响，再加上农村对教育的不重视，孩子能够完整读完高中都很难，大部分都在读初中的时候就辍学了。

出于对上面的社会问题的关注，我们团队对此进行了相关的调查和走访，以"聚焦农村精准扶贫"为主题，在北京周边地区走访，主要涉及教师的收支情况，农村教育的发展和教师的生活态度。在为期两天的实践的活动中，在和老师们的交流中，我们深深地体会出了教师职业光辉背后的辛酸和与城市教育存在巨大差距的事实。

一、我心中，我梦中，都是你的影子

第一天，我们一行人在徐特立图书馆前集合，坐车前往目的地。我们一到焦各庄村，刘艳秋老师就出门迎接我们，热情洋溢在脸上。

进入家中，刘老师和她爱人把凉茶和冻柿子都迫不及待地端上来，他们对我们的到来感到十分欣喜。小憩之后，就开始了正式访谈。

第一个问题：刘老师，教书累吗？

刘老师叹了口气，说肯定是累的，每天不仅要承担老师的角色，还要承担照料父母的责任。

刘老师教的学生大多数都是外来打工者的子弟，父母主要忙着打工赚钱，孩子就交给老师看管了。这些学生基础参差不齐，为了不让任何一个学生落下，她必须关心每个学生，这要有很好的性子，否则会害了学生的。

从刘老师的回答中我们体会到了原来教书育人不是一件简简单单传授知识的过程，还涉及一个人的品行的发展。

第二个问题：刘老师，你的工作有没有对自己的孩子造成什么影响？

刘老师说，老师这个职业是很矛盾的，如果对自己孩子投入大了，那么自己的学生就站在天平垂下的那一端。幸好自己的孩子从小独立性较强，平时自己可以处理一些生活上的问题，自己不用费神太多。

第三个问题：未来的人工智能是否会代替老师的工作而让老师这个职业消亡？

刘老师说，她认同人工智能的强大和先进，但是老师这个职业面对的是人，不是具体的工程或其他作业。它需要的是一种内在影响和反馈。机器人可以实现知识的传授，但是品行的塑造和意志力等内在特质则需要一个被模仿的对象，那就是老师。

第四个问题：老师的工资能否支撑起家庭的生活支出？

刘老师说，刚刚教书那几年的确有点捉襟见肘，由于资历不高，工资自然有点低，但是也都撑过来了。随着这几年国家经济的发展和教师待遇水平的提高，自己的生活也有了很大改善，家里也在 2014 年翻了个新房。

第五个问题：当教师感到幸福吗？

刘老师毫不犹豫地回答道：幸福！刘老师说她的梦想就是能够成为一名人民教师，为孩子们传授知识。一到寒暑假要和孩子们分离这么长时间，她就感觉十分舍不得，有时候晚上做梦的时候都能梦见孩子们在向她微笑，向她打招呼，向她问好，梦到一群孩子围绕着她，心里感觉到特别的温暖。

此时在座的一行人都感觉刘老师的学生十分幸运，因为他们遇到了这么好的老师。

停顿了一会儿，以前在刘老师的学校里支教过的同学问到关于学校的基础设施配置情况。刘老师说，学校是为就近的打工者的子女办的，由于外来打工者的经济情况有限，投入很有限，学校的基础设施更新较慢，大部分设备都用了很多年，教室也都是平房，最差的时候 12 个老师挤在一件教室里办公。可是老师们并没有因为教育设施的落后而降低了教育质量，老师们都尽力地去弥补这些不足，让教育的种子在贫瘠的土地上生根发芽，并且开出的花朵更加明艳和动人。

在和刘老师的访谈中，最深的印象就是老师说她的梦中有学生的笑脸，很平淡的叙述中体现的是人民教师的责任和对学生视为己出的挚爱之情。

因为"我"心中怀揣这你的大大的梦想，"我"梦中率着你的小小的右手，用你的左手紧紧地握着风筝线。你看着风筝，我注视着你，因为你需要追逐梦想，而我的世界需要你灿烂的笑容的点缀。

二、润物无声，破土动地

第二天，拖着疲惫的身体，我们又开始了实践之旅。

我们驱车来到了刘素娟老师所在的小区，采访刘老师。

刘素娟老师同刘艳秋老师一样，也是民仁小学的一位资深教师，她从 1985 年开始任教起，一直坚守到现在。这么多年来，她对待学生如同自己的孩子一般。她教书育人，培养了很多品学兼优的学生。任教 30 多年来，她对孩子们的爱却从未变过，每当谈起她的孩子们，她总是幸福微笑着。

我们问刘老师：您教了这么多年书，觉得当老师辛苦吗？和学生相处这么多年，有什么收获呢？

听到这个问题，刘老师笑着说：是辛苦的。因为是民办学校，老师比较少，所以每个老师的工作量特别大，需要带好几门课。学校老师几乎都是同时教语文和数学，所以比较辛苦。而和学生相处的时候，一直都是开心的，感觉自己的心态年轻了很多。我不仅教他们知识，更重要的是，教他们做人的道理，看着他们一点一点懂事，我就觉得特别幸福。

接着，我们问了第二个问题：您的工资大概是多少呢？会不会有一定的奖励政策呢？

3 000 元左右吧，福利奖金是没有的，老师答道。

在谈话中，我们了解到，刘老师有一个女儿，如今已经 27 岁了，在一家公司上班。我们于是问刘老师：您觉得在当教师的过程中，有没有忽略对子女的照顾呢？

刘老师叹了口气，回答说：从事了这个职业，我们确实忽略了对于子女的关注，忙了一天特别累，回来基本就休息。说到这里，她的表情又缓和下来，说道：但是，这也有一定好处，促进她养成了独立自主的习惯。现在她的工作也稳定下来了，我也放心了。

我们又问道：您的教师职业对孩子未来的职业选择有什么影响吗？

刘老师笑着回答：有啊，他们觉得教师这个职业太苦、太累，不是很乐意我从事这个职业，上大学填志愿时没有考虑过师范类院校。

随后，我们问道：您每天上课多久？累吗？

刘老师的回答让我们有点吃惊。她说：从早上 7：30 到下午 4：30，我都陪在孩子身边，中间没有休息时间。孩子们除了晚上回家到第二天早晨在家，其余时间都是我陪着他们，所以，他们就像我的孩子一样。

但是老师是如何做到平衡家庭生活和教师工作呢？

刘老师回答说：在学校的时候就做好学校的事情，教书育人，回到家照顾老人，做好家里的事情，不能放松。

想到老师这样辛苦地工作，不禁想到人工智能是否代替老师的想法，所以又问：您觉得教师这个职业未来的发展趋势如何？会不会被一些机器人代替呢？

刘老师肯定地回答：教师是无法被替代的，只能说通过一些工具，更有针对性。

我们不由自主地点了点头，问了最后一个问题：您觉得当老师幸福吗？

刘老师笑着说：虽然累，但是我很快乐，和孩子们在一起，我觉得很幸福，很满足，也不奢求什么，只希望他们能健康长大，希望自己能做好他们的启蒙教育工作。

看着刘老师幸福的神情，我们对老师的敬佩感油然而生。

访谈结束后，为表示对老师的感谢，我们拿出了提前准备好的小礼物，刘老师一听我们要送礼物，连忙推辞。最后在我们的劝说下，刘老师接受了礼物，并笑着说了好多遍谢谢，然后和我们拍照留影。

在短暂的访谈中，我们了解到，在房山区，像民仁小学这样的为农民工子女开办的学校有好几所，但是，在这些学校读书的大部分孩子，都不能留在北京读初中，因为他们在北京市是没有学籍的。这些学校的条件也都是很简陋的。这让我们想到我们所在的学校，以及公立学校的设施情况，相比而言，这些孩子的教育与生活，是我们从来没有体验过的。

采访工作完成后，我们带着对基层教师的思考与对老师的敬佩踏上了归途。经过一天的调查，我们再一次地体会到基层教师的辛苦与那种无私的爱。像刘素娟老师这样的基层教师，在如此艰苦的环境下，坚守了几十年，他们默默地付出，给外来务工子女们爱与关怀。作为大学生的我们，希望能借这次社会实践，让更多的人来了解基层教师这一个群体，以及打工者子女们的受教育情况，让更多的人去关注他们。

三、广开言路，拓宽样本

因为调查的样本数量较少，难以普遍反映一些问题，所以我们借助互联网，设计了一个网上问卷，将一些争议较大的现实问题放在上面，通过大众的回答和对有关数据的分析来总结出一些结论。以下是部分问题的情况的分析（见表4～表7、图3～图6）。

第4题：您对外来务工者子女受教育情况有多少了解？（单选题）

表4　对外来务工者子女受教育了解情况

选项	小计/人次	比例/%
A. 从未关注过	28	21.37
B. 见到过一些，有一定了解	94	71.76
C. 有进行过深入了解与调查	9	6.87
本题有效填写人数	131	

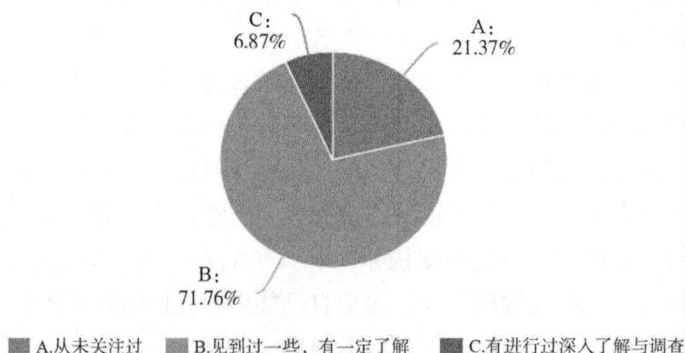

■A.从未关注过　■B.见到过一些，有一定了解　■C.有进行过深入了解与调查

图3　对外来务工者子女受教育了解情况图示

通过这个问题，可以反映出大众对于基层教育的了解程度不是很深，也从侧面反映出我们提出这个问题的必要性。

第5题：您认为外来务工者子女的受教育情况会不会因为父母工作地点的变化受到很大的影响？（单选题）

表5　外来务工者子女的受教育情况会不会因为父母工作地点的变化受到很大影响

选项	小计/人次	比例/%
A. 会有很大影响，毕竟父母变更地点，不能给孩子提供良好的学习环境	110	83.97
B. 影响不大，只要孩子自己适应，懂得学习就可以	21	16.03
本题有效填写人数	131	

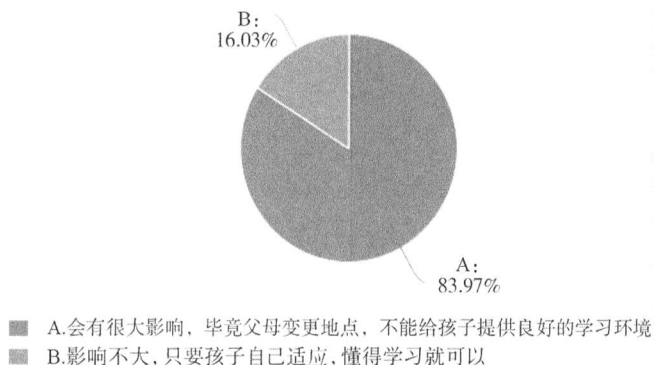

■ A.会有很大影响，毕竟父母变更地点，不能给孩子提供良好的学习环境
■ B.影响不大，只要孩子自己适应，懂得学习就可以

图 外来务工者子女的受教育情况会不会因为父母工作地点的变化受到很大影响图示

这两个问题反映了大众对于基层教育的一些看法，由于时代的发展，一些观念也在发生变化，我们的实践就是验证这些观念是否正确，如果偏差较大，则需要新闻媒体来纠正大众，让观点随着时代一起进步。

第6题：您认为以下哪些措施能够进一步改善基层教师的生活状况及增强基层教师的幸福感？（多选题）

表6　哪些措施能够进一步改善基层教师的生活状况及增强基层教师的幸福感

选项	小计/人次	比例/%
A. 加大媒体等的宣传力度，营造重视教育的氛围，提高老师待遇	91	69.47
B. 加强校园文化建设，提高凝聚力	69	52.67
C. 建立交流制度，激发教师激情，让教师生活多一份快乐	75	57.25

续表

选项	小计/人次	比例/%
D. 老师进行自我调适，丰富精神生活	42	32.06
E. 健全住房保障和教师人身保险的法律体系	101	77.1
本题有效填写人次	131	

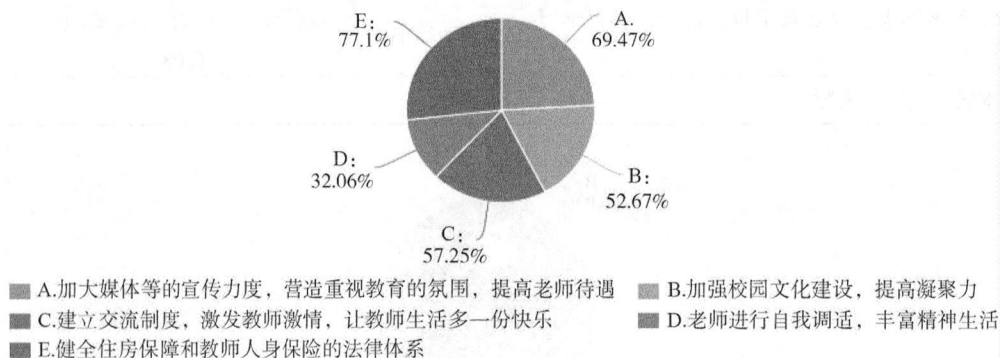

图5　哪些措施能够进一步改善基层教师的生活状况及增强基层教师的幸福感图示

第7题　您认为以下哪些方面能够让外来务工者子女的教育得到较好的保障？（多选题）

表7　哪些方面能够让外来务工者子女的教育得到较好的保障

选项	小计/人次	比例/%
A. 本地区为更多人增设岗位，减少外出务工人员	89	67.94
B. 各地区应对外来务工者子女给予一定的福利照顾	99	75.57
C. 任课教师针对语言不通、学习跟不上的学生以特殊关照	71	54.2
D. 父母在打工赚钱之余，不忘对孩子学习和生活的关心	78	59.54
本题有效填写人次	131	

最后为了收集其他方面的建议，设置了1道简答题。

第8题：针对外来务工者子女受教育不能得到很好满足的情况，您有哪些好的方法、对策或建议？（填空题）

方法、对策和建议如下。

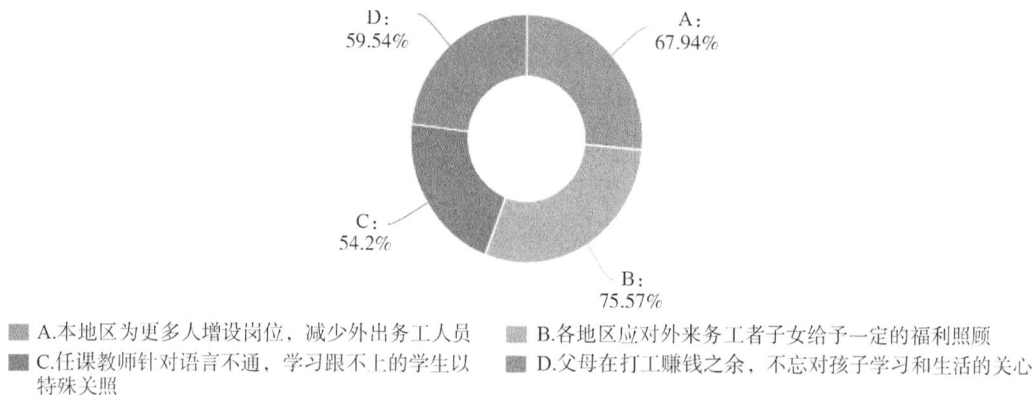

A.本地区为更多人增设岗位，减少外出务工人员 B.各地区应对外来务工者子女给予一定的福利照顾
C.任课教师针对语言不通，学习跟不上的学生以 D.父母在打工赚钱之余，不忘对孩子学习和生活的关心
特殊关照

图6 哪些方面能够让外来务工者子女的教育得到较好保障图示

（1）希望国家能完善相关的保障制度，更多地关注农民工子女，并且针对外来务工人员的子女的教育问题提出相应的应对策略。

（2）加强外来务工者子女的心理教育。

（3）能住宿最好。

（4）接受和当地孩子平等教育。

（5）开小灶，家长老师共同关注。

（6）政府制定法律法规来维护孩子们的受教育权力。

（7）学校关怀。

（8）给予良好政策，让外出务工者留下来。

（9）国家给教师一定补助，让教师帮助这些孩子。

（10）扩建学校，缩小班级人数。

（11）全面放开公办教育对于务工子女的限制，加大教育投入，让每一个孩子有学上。

（12）提供更好的教育条件。

（13）增加工作岗位。

（14）外来务工者家长要给予一定的配合。

（15）教育均衡。

（16）政府应放宽对他们入学的规定，让他们也能受到平等的优质的教育。

紧接着，我们又对10位基层教育者进行了电话访谈，从中也总结出了一些问题，对我们此次的实践活动起到了重要的作用。

四、情到深处，自然润湿

在最后的一天中，团队成员一起整理资料，总结分析记录。最后在落日的余晖中，结束了这次的实践活动。

实践活动已经结束，让我们铭记的不是数据，不是花哨的文字处理，也不是精美的推送制作，而是教师们的坚守和呵护，正如文头小诗写道：

无论哪里

花儿渴求阳光阳光成就美丽。

黑夜中，"我"为你流尽烛泪，只愿你不再畏惧；

冬日中，"我"为你吐尽蚕丝，只愿你不再受冻；

在对你的歌颂中，任何文字都无法传达那种被感动的温度，只有和你亲身接触，和你相处的时光里，仿佛有了温度，那是因为热泪在脸颊上流淌，情到深处自然润湿。希望全社会来关心这个群体——我们追梦路上的守梦者！

实践·品悟

无声的感动

2016 级本科生，材料化学专业　刘双

有这么一群孩子，他们来自中国的各个地方，因为父母的原因，来到北京的西南角；有这么一群老师，他们来自北京房山，因为牵挂着这一群孩子，留在只有几栋小平房的学校当老师，这一当，就是几十年。

或许，这才是真正的奉献，这才是真正的无私。我，也无法描述现在的心情，只觉得，第一次，这么近地了解到这些孩子；第一次离这些基层教师这么近，去了解，他们每天从七点半工作到下午四点半的辛苦；去了解，他们每天清晨坐一个多小时的公交车，赶来给这些孩子上课；去了解，这些孩子，每天五点半就要起来去上学；去了解，等待着这些孩子的未来并不是那么的美好。

此处，只有一种无声的感动与痛楚。

对老师来说，他们，做了几十年的老师，陪伴着孩子们一年又一年；从早到晚，孩子们对他们来说，就是自己的孩子。这其中的情愫，恐怕，只有他们自己能够真正体会。可是，对于这样艰苦的工作，他们坚持了几十年。每日每日，都为他们的孩子们操心着，每月只有 3 000 元的工资，而年轮在他们脸上刻下的痕迹却那样明显，那样深刻，而他们的处境，又有多少人了解呢？

对孩子们来说，他们离开故土，来到这个陌生的城市，面对着陌生的环境，需要一段时间去适应，而为了和亲爱的爸爸妈妈在一起，他们也尽了全力。他们努力学习普通话，努力去学功课，努力去创造自己的未来，每天仍以向上的姿态生活着，如向日葵一般，那样阳光。

但是，来看看他们的处境吧，只有几栋平房、100 平方米的操场，不齐全而且破烂的设施……每间教室都很拥挤，卫生条件更不必说。一到冬天，因为防风而封闭的教室里总是弥漫着一种怪异的味道，除了数学语文英语，以及每周一节的体育课，再没有其他的课程，全方面发展？素质教育？这样的环境下，怎么可能完成。

迫于生活，他们来到这里，却没有学籍，大部分考不上当地的高中；回故乡后，大部分读中专、技校。

可是，面对这些，目前的我们，做不到什么，所以，能做的，只有做好这个社会实践，让更多的人关注基层教师这一群体，以及农民工子女的受教育问题。小组成员提前联系好老师，乘车去拜访老师，去访谈，去调查，为的就是让更多的人了解到这其中的事实。

爱，平凡却伟大

2016 级本科生，高分子材料与工程专业　王弘

在走访民仁小学老师后，我再一次被老师的大爱所感动，那份爱如丝丝清泉在我们心中缓缓流淌，悄无声息却沁人心脾。

作为民办学校的老师，他们的生活并不是很好，日常开销对他们仍然具有一定的压力，可是他们未曾放弃，一坚持就是几十年。因为他们的心中有孩子，他们喜欢和孩子在一起，全力去照顾那些因为父母打工而被忽视的孩子。这份工作很辛苦，一天要工作 9 个多小时，中午都没有时间休息，可是他们未曾抱怨一句，对孩子的爱始终如一，这份爱，虽平凡却伟大。

而那些被这些老师所关心的外来务工子女，在北京，他们没有学籍，因此他们没有办法去好的学校，只能选择一些民办学校。小学毕业后，他们只能选择回家乡或者继续上不怎么样的初中，再上个中专，这非常让人震惊。许多孩子的前途就这样没了，他们也许本来可能上一所好的大学，找一份好工作，然后获得令人满意的生活，可是，这些，在学籍面前只能是泡影。

现在，国家在部分地区已经实行十二年义务教育，而大部分地区马上会实行十二年义务教育，因此，可以说，对于教育问题，国家很重视，可是还是存在一些疏漏的地方，这些，需要人们引起注意。

希望我们此次的社会实践可以引起更多人的注意，多帮助一下乡村教师与这些外来务工子女，愿星星之火，可以燎原。

为基层教师点赞

2016 级本科生，材料成型及控制工程专业　杨峰

2017 年 7 月上旬，我们团队进行了暑期社会实践，在实践中我们学到了很多，了解到不少关于基层教师的情况。起初在开始实践之前，我们团队就进行了充分的准备，联系教师，查找资料，准备工作做得很完备，但是在活动开展的过程中还是不可避免地出现了一些问题，我们通过这些问题也发现了我们存在的遗漏。在进行错误改正和补漏的过程中，我体会到了团队合作的重要性，毕竟一个人的力量是有限的。我们充分发挥了个人的创造性和团队的协作性，将实践活动实践进行得很深入透彻。

通过这次实践，也让我们了解到了基层教师们所面临的问题。我们了解到，基层教师相较于大城市的教师来说，首先是学校内的基础设施不完善，还有就是福利制度不够全面。基层老师们的生活都相对较为拮据，但老师们依然坚守在基层，让我们体会到了他们的奉献精神和崇高的品质。我们采访的一位老师说：他们（学生）就像是我的孩子一样，换句话说，关上门他们就是我的孩子。这句话深深地震撼和感动了我，我为老师们点赞。

了解到了这些现状之后，我们更迫切地希望我们的社会实践能够引起社会的重视，让全社会能够关注基层教师，给他们更多的援助，我想这便是我们做这个社会实践的意义所在吧。

切实改善基层教师的生活状况和教学条件

2016 级本科生，材料成型及控制工程专业　杨秀利

北京是一个一线城市，在我的想象中，就算是北京郊区，它的经济发展也应该不会很差，甚至较于其他中西部的，会略胜一筹。然而，这次社会实践调查，却让我十分震惊。我们团队调查的是京郊基层教师的生活现状，我们在民仁小学一些老师家里进行了实地调查。7 月 3 日，我们从大学城出发，坐了半个多小时的公交车，中途还要转车，终于到了刘艳秋老师家。然而，这还是离小学最近的地方。当我们下了公交车之后，我们惊呆了，周围一片荒凉的景象，居民住宅区也是小平房，放眼望去，是绿色的草地和灰色的小平房的交叠。因为天气十分炎热，刘老师热情地把我们请进家里，还为我们准备了冰凉的水果和饮料，让我们感受到家一般的温暖。

采访过程中，刘老师详细地为我们解答问题。我们得知刘老师工作的民仁小学是一个专门为外来务工子女办的民办小学，学生们因为没有北京户口，不能够进入公办小学就读，只能就读于民办学校。这所民仁小学总占地面积只有一个篮球场这么大，教室也是平房，而且还破烂不堪。学生虽然不算多，一个年级多的也就两个班，少的则是一个年纪一个班，一个班三四十个人，但是老师也不多，很多老师都是一个人担任多门课程的教学。老师早上 5 点多就要起床赶去学校，中午在学校照顾学生，下午也要等到学生都安全离校了才能回家。

基层教师处于教育的前线，工作十分辛苦，为了孩子们茁壮成长，他们用最大的努力教育孩子们，面对很少的薪水，艰苦的环境，他们坚持下来了。他们觉得一天中和孩子们相处是最幸福的，感觉自己也变年轻了。这么辛苦地工作，但是他们还是只能得到 3 000 元的月薪。这是北京郊区的基层教师，是一线城市的基层教师，他们的工资尚且如此，那么非一线城市、贫困山区的基层教师呢，不是会更加艰辛么？

这次的社会实践，让我深刻体会到了老师的蜡烛般的品质，让我看到了基层教师的坚守。与其他机关事业单位工作人员相比，教师的工资在各地普遍处于中等偏下水平，也明显低于同属专业技术工种的医生、律师等职业，而且教师工资结构不合理，涨幅滞后于社会经济发展速度。教师也是普通人，具有和其他职业从业者一样的经济理性，不能只一味要求他们无私奉献，却不着手改善他们的经济收入和社会地位。我们应该加大对基层教师的关注与帮扶力度，切实改善基层教师的生活状况，切实改善基层学校的教学条件。

路不长，但风景很美

2016 级本科生，高分子材料与工程专业　张金祥

路不长，但风景很美。

时光在指缝间悄悄溜走，我们短暂的暑期社会实践生活也按照预期结束了。细细回想这一路，有过做最初准备工作的不知所措；有过争分夺秒去蹭社会实践专题课的专注认真；有过招募团队成员的思考抉择；有过开第一次小会不知该说什么的语塞窘态。

这一路有过详细了解社会实践意义后做出较为系统的总体规划后的欣喜慰藉；有过提前考察计划地点而被拒的沮丧茫然；有过大家齐心协力更改计划方案的意气风发；有过在电话上与老师进行预约访谈时间地点的支吾扭捏；有过大家聚在一起到地点专访老师的协同配合；有过受到专访老师热情款待后的温暖恬适。

这一路有过晚上大家回来总结白天活动的不足的聚精会神；有过大家在群里互发黑照的欢声笑语；有过实践即将结束时一起聚餐的温馨融洽；有过后期大家分头工作整理资料的高效高标……短暂的生活让我们品出了自己的味道，这一路虽不长，但风景很美。

万事开头难，最初学院下达了一些有关社会实践的文件，由于没有深刻理解文件精神，加上缺乏经验，作为实践团团长的我显得有些慌乱，一筹莫展。后来听了一些实践专题宣讲课，很快做出了总体的规划方案。在实践前开第一次小会后确定一些分工合作问题后，我们就有目的性地展开了此次工作。在社会实践正式开始的前几天，我们去实地调查原计划调研的学校，我们与学校负责人商量许久，对方依旧是不同意。我们想着是不是我们的言辞、说话方式不够好呢？还是这个学校的工作比较难做，警惕性竟然这么高？后来，我们去周围的几个学校同样得到了婉拒。我很沮丧，有些彷徨，觉得自己前期工作做得还是不够好，理应在形成最终方案前去实地调查一下。尽管很不开心，很失意，但总得去处理问题。我们及时整理了心情，在晚间的小会上重新确定了新的实践地点，并与负责人直接取得了联系，同时得到了对方的大力支持。我受到很大鼓舞，真真切切体会到只要踏踏实实去做，冷静地去应对，没有什么事情可以难住我们。努力改变后的结果让我们每个人感动。即使开头很难，我们遇到很多挫折，但我们毫不畏惧，迎难而上，一切困难都显得苍白无力。这次实践前的准备让我懂得了很多，成长了很多，这必将是我以后一笔宝贵的财富。

实践是检验真理的唯一标准，这句话放在任何时代都不过时。在几天走访基层教师，开总结小会，获取实践素材，做实践宣传，做网上问卷调查，写调查报告，我们遇到很多之前没有接触过的人和事，我的感触很多。现在记得与刘素绢老师的对话：

"教师这个工作您觉得幸福吗？满足感如何？""虽然累，但很快乐。和孩子在一起，感觉自己挺幸福，很满足，并不奢求什么，只希望尽自己的能力给他们做好启蒙教育。"

虽然一直以来我们可以体会到老师的无私与可亲可敬，但只是我们自己的体会，从未倾听过他们内心的声音。这次真切体会到了简单朴素的一席话蕴含着多少伟大。他们不求回报，只希望将自己的知识传递给需要的孩子们。同时，在与其他老师的对话交流中，我

们也体会到老师目前生活状况的不佳，工资收入依旧不高，这与我们前期的预想是相符的，这也是我们开展此次实践活动的意义之所在。尽管我们的力量很小，不能够完全改变什么，但我们能做的是将这些原始的、第一手的资料总结起来，让更多人关注基层教师的这个群体。我相信，只有关注的人多了，大家建言献策，基层教师的生活状况问题终会得到解决。想到这些，我们就继续干劲十足地准备所有资料，做好这次实践工作。

众人拾柴火焰高，我懂得了团结协作的团队能做出活。这次特别感谢我们团队的每个成员，每个人都特别负责，做事都很认真，大家对我也很信赖，我们拧成一股绳，踏踏实实地完成了这次实践任务。我们有问题共同探讨，有趣事一起分享，有难事一起承担。短暂的几天，与他们的相处我很快乐，深刻体会到团队协作的重要意义。在今后的工作及与人交往时，我都会更加注重这点，集百家之所长，共商一事，想必这样对一些问题的探讨会更加深入，而且还会获得更多良师益友，岂不快哉！

难忘此次实践的点滴，不舍此次实践的分秒。这次实践，对我的影响很大，不仅较为深入地了解了基层教师目前所处的状况，而且我学会了很多处理问题的方法。我更懂得去坚持，而不是中途放弃；我更懂得去实地考察，而不是空口白话；我更懂得耐心冷静，而不是毛躁不安；我更懂得提前规划，而不是临时敷衍；我更懂得团结协作，而不是特立孤行；我更懂得想当一个负责人要学会宽容，而不是吹毛求疵……很开心有这样的夏天，与这样一群可爱的同学做社会实践，这样的风景值得我永远留恋，永远……

实践团成员：张金祥　杨振　杨峰　杨秀利　刘双　王弘

第 四 章

"甄 材" 实 学

亲赴万生人和医疗器械，深入企业生产一线

实践·报告

一、前　言

据悉，2017 年大学本科毕业生达到了 749 万人，超过 2016 年的 727 万人，快速增加的众多毕业生，给整个社会带来了巨大的就业压力。大学生如何就业已经成为社会广大普通民众日益关注的问题。

面对日益严峻的就业形势，党中央、国务院高度重视高校毕业生就业工作，习近平总书记等中央领导同志多次作出重要指示，对做好高校毕业生就业创业工作提出明确要求。国务院把高校毕业生就业创业工作列为稳增长、促改革、调结构、惠民生政策措施 19 项重要督查内容之一，开展了重点督查和跟踪审计。各地各部门各高校共同努力，积极引导毕业生到基层就业，建立高校毕业生就业质量年度报告发布制度，开展高校毕业生就业状况网上动态统计和监测，鼓励大学生参军入伍，进一步加强离校未就业毕业生后续服务工作，高校毕业生就业创业工作整体平稳有序。

伴随着这些措施的实施，就业压力的增大对大学生自身能力的提高提出了更高的要求。而在提高自身能力的众多方法中，前往企业一线实习无疑是一个重要的提高自身能力的方法。目前，高校和用人单位都极其关注大学生的实习环节，每年各高校都会组织大量的的学生前往相关企业实习，同时，各企业也会在每年划出一定的指标用来接收大学实习生。在当今社会中，大学生是否具有较强的实践操作能力成为衡量大学生综合素养的重要尺度，尤其是用人单位把大学生是否具有丰富的实习工作经验，作为优先录选的重要条件。这也就不难解释为什么我们身边有越来越多的大学生选择实习来提高自己未来就业的概率。

然而，我们也应该看到，大学生由于其自身的某些原因，比如社会经验不足，对社会的认识不够等原因，在实习中遇到突发情况往往不能较好处理；同时，其自身的各种权益不能得到很好的保障，并且，由于实习的效果受到很多方面的影响，比如，实习单位、实习时间、实习态度等，在实际的实习中不能保证都能够取得预期的效果。

为此，由北京理工大学材料学院的 5 名同学组成的高材调研团队在材料学院陈煜老师的指导下，赴北京万生人和科技有限责任公司（以下简称万生人和公司），深入企业生产一线，实习 1 个月，切身体会实习过程中的种种感受，并尝试解决遇到的每一个问题，尝试发现大学生实习中存在的共性问题，调研大学生的实习情况，并且为大学生实习献计献

策，为大学生的实习提供帮助。

二、调查方案设计

（一）调查研究的思路

我们主要是以调查问卷和实际参与的形式进行实践调查，一方面，通过网络发放，回收一定数目的问卷，通过对问卷的结果的分析完成对大学生实习情况的初步分析，发现大学生实习的大致情况。另一方面，我们实地参与到了企业实习，体会大学生实习，感受大学生实习中可能出现的种种问题，以此来完成有关大学生实习情况的调研报告。

（二）研究方法

（1）采用问卷调查法，研究对象为全国各地的不同高校的本科生、研究生等，在调查方法上，采取网络问卷调查方式，利用问卷星调查系统生成网络版调查问卷，分析并讨论结果。

（2）采用实地体验法，以我们 5 个人在万生人和有限公司的实习经历为例，研究大学生在实习过程中的状况。

（3）文献法。通过对国内外相关文献和研究成果的查阅和研究，对目前以来我国高校毕业生就业情况进行分析研究。

（三）研究对象

本次社会实践的调查对象主要是全国各地区的本科生、研究生，但由于受到地理位置的限制和问卷发放实施的难度，调查的对象主要是本科生。

（四）实习的利弊分析

1. 实习的利

（1）增加社会经验和工作经验。这是大学生实习的最大的好处，大学生面临毕业有时候会有迷茫感，觉得自我的能力是不是适应这个社会或者为自己缺乏工作经验而慌张。通过实习大学生可以体验步入社会的感觉，增加自己的工作经验，树立正确的职业立场和工作作风，这样有利于以后的职业生涯的规划。

（2）熟悉行业和确定自己的发展方向。在学校里学生只是学习理论知识，从课本的理论描述去了解专业的内容。这样的学习方式是远远不够的，通过实习学生可以更多地接触专业所涉及的行业或者自己感兴趣的行业，看是不是适合自己实习时选择的行业，趁早选择自己的发展方向，制订战略性的计划。

（3）借助用人单位了解自己的潜力和定位。实习的另一个作用就是让自己认识自己，从而进行个人定位。在用人单位的实习中，大学生可以很好地锻炼自己，发现自己最擅长的地方，从而在以后的职业生涯中给自己定位。

（4）实习可以看作公司企业挑选员工的手段，但其亦是学生迈入社会的重要一课。"古人学问无遗力，少壮工夫老始成。纸上得来终觉浅，绝知此事要躬行。"陆游教导我们在学好书本课堂知识的时候，要多亲身实践，积累实践经验。此于我们大学生来说，亦有

"实习有益"的韵味。

（5）实习可以帮大学生对自身进行准确定位，了解自身的优缺点，及时弥补不足；认清社会现实，提早适应社会。实习不仅能帮大学生解惑——自己的所学有何用，又能为大学生将来的决策——或是继续深造，或是参加工作，抑或是其他自己应该努力的方向提供依据。对于我们学生，从学习最终结果来说"知行合一"才是高效的、务实的，有针对性的、踏实的实习经历必然有助于相关理论的掌握和应用，加深对学习及社会的感悟。

（6）另外，实习具有比较现实的意义。在过去，大学生稀缺，多为保证分配工作。如今，大学生与日俱增，面对就业市场压力与大学生自身职业规划的不足，一些大学生出现难就业、乱就业的情况。在如今这种就业压力空前的环境下，如何找到一份好的工作，是大部分大学生的一块心病，而实习就恰恰是针对该病症的一剂良药。"为政之要，唯在得人。"唐太宗把"得人"看作"为政"的关键，企业则把"得人"看作企业成败的关键，故在百万大学生中择"超优"而录，且要求其具有工作或实习经历。GE 已经不会进行大规模的校园招聘了，而会优先考虑从实习生中挑选应届生。做出同样考虑的还有 IBM 和西门子等实习生项目运作得比较系统的公司。

2. 实习的弊

（1）大学生实习的法律法规不健全，实习生的权益难保障。实习生在实习过程中经常遇到法律缺失和监管主体缺失，从而导致权益难以保障的问题。比如很多用人单位都不愿意与实习生签订劳动合同，在实习中发生意外伤害也没有明确责任，实习生往往处于弱势地位。

（2）许多大学生实习的质量并不高，用人单位很少会把实质性的工作提供给实习生。许多大学生还只是在实习单位打杂，做一些技术含量不高或者与自己专业相关性不大的工作，由此导致的结果是实习效果不佳，收获不大。

（3）实习的时间安排不合理，过于集中。大部分的高校将实习时间安排在寒假和暑假，用人单位在这段时间内实习生超过了容量，在平时需要实习生时反而找不到人手。过于集中的实习期，会使实习生得不到应有的关注而影响实习的质量。

（4）高校合作实习单位少，大学生实习的单位难联系。大学生实习单位难联系，主要有下面两个原因：一是有些高校没有建立为学生提供实习信息的平台或建立的平台不够有效，使得一些大学生寻找实习单位困难；二是许多企业不愿意接受学生到本单位实习，主要原因是怕实习生的到来影响其正常的生产秩序，同时不愿意为大学生的安全负责任。造成一些学生虽有实习时间但没有实习单位，最终造成有些学生实习成为空话。

（5）实习的时间较短，实习效果不明显。由于学校教学计划的调整及经费等其他诸多方面的原因，当前许多高校的实习时间均很有限，有的甚至只有一周或两周的时间，在这有限的时间里除去路上的行程时间与周末的休息时间，可供实习的实际有效时间较短。而很多实习单位需要的实习生实习时间一般都要在 1 到 2 个月，造成一部分学生找不到合适的实习单位，还有一部分实习变成了走过场，学生做虚假实习报告，或者用人单位不愿提供接触实际生产或先进设备技术的岗位，实习效果大大下降。

（五）调差问卷情况分析

（1）按地理位置来看，此次调查问卷的来源范围非常广，涉及11个省市，具有普遍性（见图1）。可以说明我们的调查问卷是随机的、广泛的、具有说服力的。

图1 地理位置分析

（2）按性别比例看：男生12人，女生20人（见图2）。

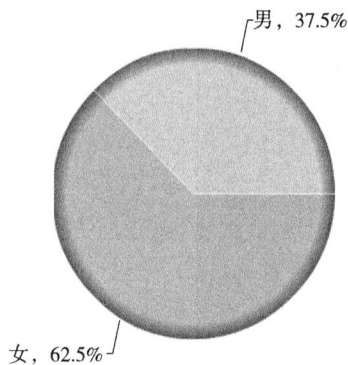

图2 男女比例分析

（3）按年级看：大一2人，大二5人，大三20人，大四3人，研究生2人（见图3）。

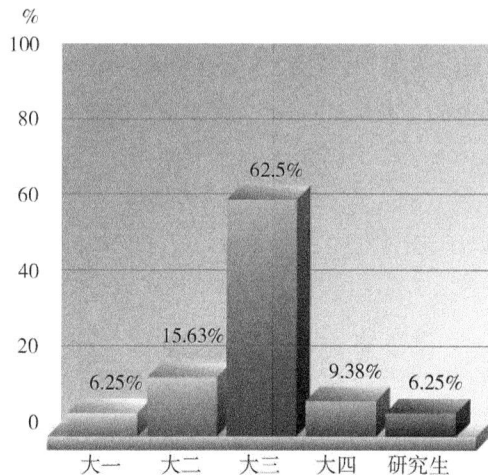

图3 年级分析

（4）按对于实习的态度看：93.75%的同学表示如果有实习的机会（见图4），愿意参加实习。这说明对于实习，大部分学生还是持接受的态度。

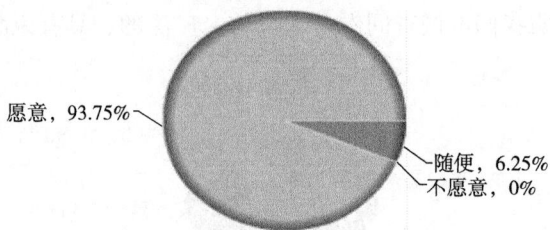

图4　实习态度

（5）从图5中可以看出，如果有实习的机会，超过一半的同学选择进入国企或集体所有企业，排在第二位的是外企，有18.75%的同学选择了外企。另外，民企和事业单位所占比例接近。这说明在目前大学生眼中，国企依然具有相当的热度。

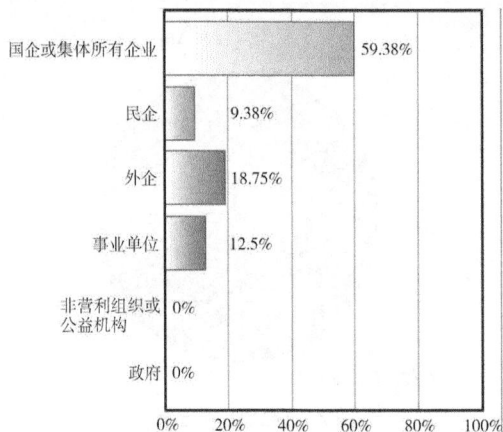

图5　实习单位意向

（6）在是否有实习经历中，可以看到有31.25%的同学是有实习经历的（见图6），然而，相当部分的同学仍未参加实习。

图6　实习参加情况

（7）在实习过的 10 个同学中：70% 的同学是依靠学校机构或社团，30% 的是依靠同学或老师介绍（见图 7），根据校园海报或者传单、中介机构、网络则没有一人。这说明在目前的实习机会来源上，大学生普遍机会不多，实习机会来源的渠道非常狭窄。

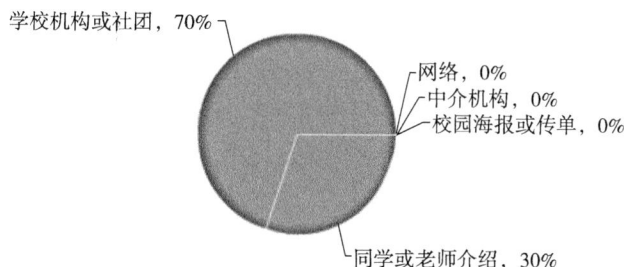

图 7　实习机会来源

（8）从图 7 中可以看出，绝大多数实习机会都是由学校机构或社团和同学和老师提供的，因此实习的渠道比较有限，大学生在学校中与社会联系不够密切，通过其他渠道找到实习机会的可能性很小。拓宽实习的渠道将会促进更多的大学生得到实习锻炼，这或将为将来的就业奠定良好基础。

（9）从图 8 中可以看到大学生实习的企业在国企、民企的数量相等，其次为事业单位和其他组织，这说明实习的企业方向较为均衡，在多方面都有涉及，但在外企中实习的很少，可见大学生在英语等其他语种的应用上有所欠缺，应该效仿香港，让学生们多到外企中锻炼，这对个人进步的提升比去一般企业要大得多。

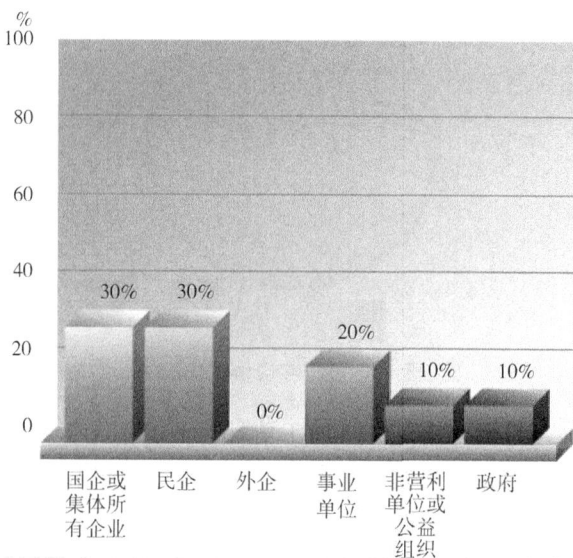

图 8　实习单位分布

（10）由图 9 可见绝大多数大学生实践时间集中在半个月到 2 个月之间，少部分时间在半年以上，可知在不同的学校政策下对相应实习的要求有所不同，但更多的是同学们利用寒暑假的时间进行实践，这是当前的普遍现象。

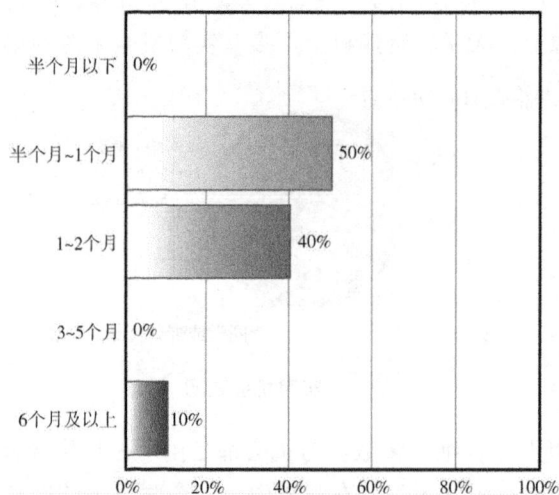

图9　实习时间统计

（11）在实习过程中有近60%的大学生与实习单位签订了实习协议（见图10），这表明实习的规范化有序化正在不断提升，但只有60%是远远不够的，为了切实保障实习生的利益，签订实习协议是必要的。

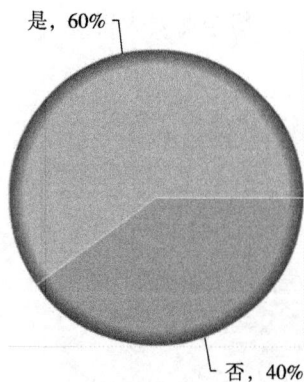

图10　签订实习协议情况

（12）实习单位中70%及时支付了实习工资，少数企业未及时发放工资（见图11），这意味着实习生在企业中的位置仍较低，未能受到足够的重视，所以加强大学生与企业的沟通与联系成为提升实习品质、保障实习权益的重中之重。

（13）从图12中可以看出，有70%左右的实习生工资普遍在每天50元以下，处于较低水平。实习生在企业中更多的是收获一种学习与工作的能力，在学业尚未完成前对薪酬提出过多的要求也是不太合理的，针对这一情况，企业应当对实习生生活工作中给予一定的优惠与指导。

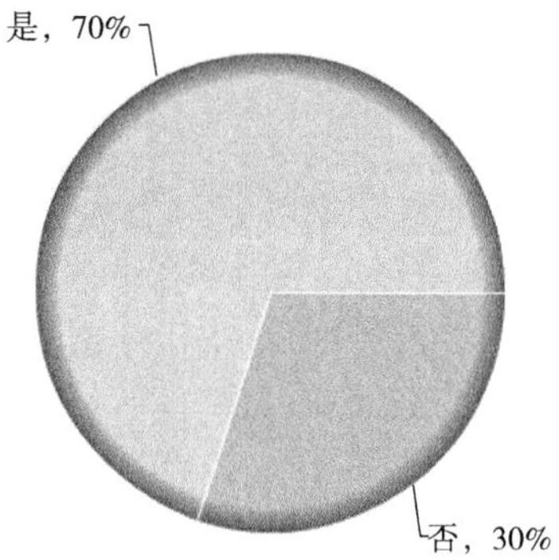

图 11　实习单位保障情况

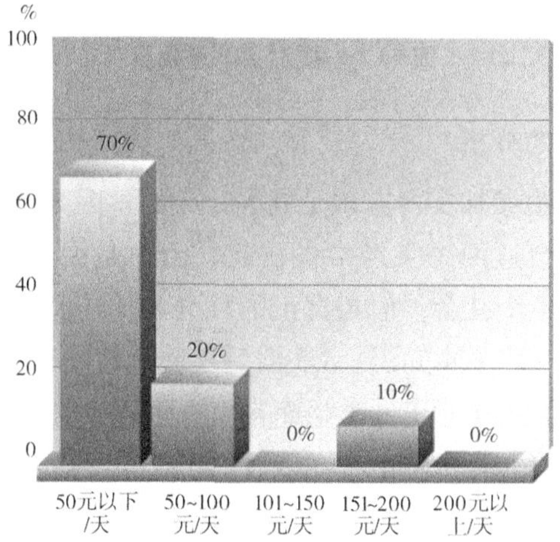

图 12　实习工资分布

（14）根据调研，目前有 30% 的企业单位没有就意外伤害赔偿与实习生鉴定协议，这对于大学生维护自身权益是非常不利的，在实习过程中应当选择正规企业，签订有关协议，切忌盲目实习，以免发生意外伤害。

（15）从图 13 可以看出，学校对于大学生实习的重视程度还是很大的，因为实习对于大学生来说是一次难得的机会，学校也想借此提升学生的实践动手能力，这无论对于老师学生还是企业都是有很大帮助的。

（16）对于实习来说培训是很重要的，这其中包括学校和企业对学生的培训，绝大多数的学校都对学生的实习进行了有关培训，这是非常必要的。通过培训可以帮助大学生及早适应实习生活，提高学习能力。

（17）80% 左右的实习生并不清楚自己作为实习生有怎样的权益，而不了解权益的原因并不在于学校不进行有关指导，而是在于学生自身没有重视权益的重要性。这就要求实习生在实习前了解自己的权益，不要将其当作儿戏，以免在实习过程中发生不必要的麻烦。

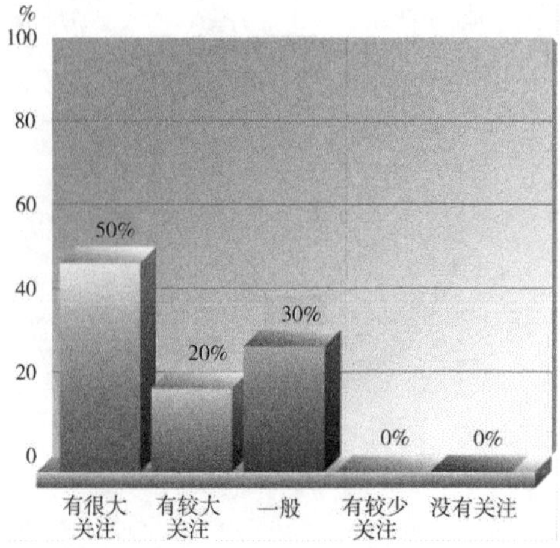

图13 学校对实习重视度

（六）结合实际实习的分析

（1）总的来说，大学生参加实习应该是利大于弊的，因为社会对于大学生们来说既熟悉又陌生，熟悉是因为社会这两个字经常被提起，陌生是因为大学生还尚未完全融入社会。虽然有人说大学就是半个社会，但与真正的社会相比还是"小巫见大巫"，而且在学校中大学生主要接触的是一些书本知识。"实践是检验真理的唯一标准"，所以能将课本知识转化为现代生产力的社会工作对于大学生而言具有重要意义。当然，对于很多大学生而言，实习也意味着能够积累经验，不至于在以后的工作学习中手忙脚乱，因此很多大学生也乐意参加社会实习，这既是一个成长过程，又是一个锻炼机会。

然而我们应当看到，部分学校和企业并没有太重视大学生实习。在企业眼里，实习生就是低价的劳动力，所以不会给你专门的培训，只会让你做一些枯燥乏味的事，这无异于浪费了时间和金钱；而一些学校也不重视，没有为有关专业的大学生寻找合适的实习地点，导致他们学无所用，白白地将时间荒废。因此，要想提高大学生实习水平和质量，必须要从学校和企业两方面入手：一方面，要加大公司与学校的交流，促进相互理解与合作，切实保证大学生在实习期间能够学有所获，做有所成；另一方面，要加深实习企业与专业的匹配度，力求学生在实习过程中能够学以致用，而不是简单地做一些杂事。

当然最关键的还是在于大学生自身。对于实习，首先，大学生应当端正态度，不该将其视为一种负担，因为这是一次表现自己、锻炼自己的绝佳机会。其次，要抱有吃苦耐劳的工作作风，在任务面前不退缩，不回避，积极接受挑战，并善于运用所学知识进行创新。最后，还要具有一定的人际交往能力，不要胆怯，有不懂的东西主动向前辈请教，求学谦逊，争取从员工领导身上汲取工作学习经验，为今后的工作方向奠定坚实的基础。

（2）我们在万生人和公司的实习仅1个月，系统的工作并没有交给我们来做。而那名香港理工大学的实习生，他要在万生人和公司实习3个月，公司交给他的主要工作是给公司研发一款监控仪编写程序。我们的工作主要是帮公司的开发人员检索一些资料或在实验室、车间里进行一些简单的操作，由于时间比较短，我们不容易体会到那种在公司"上班"的感觉，好像是我们来公司"见习"的，而非实习的，所以可以说这1个月的实习带给我们更多的是见识开拓。

虽然我们的工作都是小工作，但收获还是有的。我们在帮公司员工检索资料的时候，也是我们拓展知识的时候，譬如很多时候我们需要帮忙检索各种高分子材料的种类、性能、工艺，这帮助我们提前接触一下专业知识，并赋予我们一种专业知识很有用、要学好的认知；又如我们经常在实验室或车间里帮忙，别的不说，提高了动手能力那是当然的；另外我们见识了那些混杂凌乱的原料如何经过加工后变成精巧的产品，加深"学有所用"的认知。万生人和公司提供了一种工作氛围，而实习提供了感受这种氛围的机会，可以帮我们在离开校园前浅尝迈入社会的感觉。我们在万生人和公司实习的过程中旁听了公司的很多工作会议，不仅了解了人和公司的文化、工作氛围，更重要的是我们接触到产品的研发思路、解决问题的方法，含蓄点说就是"触类旁通"，"引经据典"。譬如面对一种新型材料，可以根据其性能，明白其功能，进而投入应用，此即为"触类旁通"，当然这并不是公司的产品研发思路，公司的思路这就不赘余了。"触类旁通""引经据典"对于我们日后的科研是一种有利方法，可帮我们开拓新领域，提供一种指导，其亦是一种为人处世之道。

不管这次实习是否会给我们的简历添上浓重的一笔，但至少为我们的大学生涯挥下了重重一笔，可以让我们在回忆大学生活时有一个标杆。"良时光景长虚掷，壮岁风情已暗销。"对于这次实习唯一感叹可能就是时间很短，没有时间"崭露头角"，如果时间再长一些，我们的收获可能会更多。

（七）对促进大学生实习的合理建议

1. 政府

（1）政府需要加强关于大学生实习的立法建设，全面保护实习生的合法权益。政府不仅仅要制定好关于实习生在实习过程中的人身以及财产的保护法规、制度，而且应当考虑到多种可能出现的劳资问题，适当扩大《劳动法》的适用范围，将带薪实习和就业实习纳入调整范围；还需要加强宏观调控手段进行调节，建立相关政策制度，比如对企业税收给予一定的优惠政策，鼓励其接受更多的实习生实习。

（2）政府需要加大对大学生实习的监管和扶持力度，积极鼓励引导企业接纳实习生。政府如果发现用人单位把实习生当廉价劳动力甚至对他们产生压迫行为时，应当进行适当的惩罚。对用人单位进行定期或者不定期的检查，抽样调查了解实习生在用人单位的情况，通过种种途径了解和评估用人单位。

（3）政府需要建立专门的管理实习的部门或者是实习中介机构。政府目前还没有建立专门管理大学生实习的部门，也是导致现在用人单位行为不规范的重要原因。建立专门的部门有利于协调好学校、用人单位、实习生之间的关系和利益，有利于保障实习生的权益。建立中介机构给广大的大学生实习生提供了一个了解岗位寻找岗位的平台，具有很强的方向指导性。中介机构还可以对准备实习的大学生进行一系列的培训，对大学生的职业生涯具有指导意义，同时这也就减少了企业的培训开支。这种方式也是服务外包的形式，顺应时代发展的趋势。

2. 用人单位

（1）用人单位要意识到自己所承担的社会责任，积极主动地承担责任。用人单位要转变传统观念，清楚地认识到接纳大学生实习是一种主动承担社会的方式。从人力资源方面考虑，接受实习生是一种培养高素质人才的好机会，可以从实习生中间选拔和储备优秀人才。从企业形象看，招收实习生会提高企业在高校、大学生甚至于政府眼中的知名度和形象。实习生还将会给用人单位带来新思维与新气象。用人单位在招收实习生的时候要注意统筹规划，在安排上注重计划性和针对性，这样才可以实现用人单位和实习生之间实现双赢。

（2）用人单位要建立相对健全的实习生制度。用人单位要从长远的眼光看问题，正确认识实习生，从而制定出一套有计划、有规划、有发展的实习生制度。用人单位要对实习生的有关信息进行登记，建立实习生档案。用人单位还需要定期向社会发布招收实习生的信息，并且对这些实习生进行规范化、专业化的培训。用人单位还要遵守《劳动法》的相关法律法规，在对待实习生工资报酬、工作时间和工作强度的问题上制定合理的规章制度。用人单位内部还需设立一个专门管理实习生的小组或者部门，对实习生进行规范管理，定期与学校取得联系并加强沟通，这样可以有效地实现双赢，也保障了大学生实习的有序进行。

3. 高校

（1）对实习的时间进行适当调整。目前大部分学校都把实习的时间定在了寒假和暑假，这样的做法使企业的实习岗位在寒暑假期间供不应求，人数的激增一方面使实习单位难以进行完善的工作培训，另一方面由于资源有限实习生也不能学到更多的工作经验。因此，学校可以根据企业的需求来安排学生进行实习。学校可以采用一边实习一边上课的做法，这样可以做到学以致用，理论与实践相结合，并且调动了学生的积极性，也有利于用人单位提高工作效率。

（2）加快大学生实习的管理体制建设，建立专门管理大学生实习的部门，健全大学生实习体系。学校要对学生加强引导，从一开始就应该强调实习的重要性，提高学生对实习的重要意识，端正学生对实习的态度，让学生好好把握实践的机会，并在实践中认真学习。一般学校都会设立就业指导中心，却很少有管理学生实习的部门，增设这样的部门可以有效解决实习生在实习过程中遇到工伤或者工薪报酬等问题。这样的部门不仅应当提供一系列的实习信息咨询和法律援助，还应当发布实习的信息，同时对实习生的实习工作进行培训和考核。

（3）学校要尽最大可能地为大学生开拓实习的基地。近年来，大学都处于扩展的趋势，而校外的实习基地数量有限，这就要求学校加强与企事业单位的联系与合作，开拓实习渠道，和用人单位建立长期稳定的合作关系，为大学生提供更多更高质量的实习机会。在不能满足学生需求的时候，学校还要开辟校内的实习场地，设置模拟的岗位，并且邀请经验丰富的专业人员来学校指导，增设实验课程，保证每一个学生都可以上机操作来加强对知识的认识。

（4）学校要进行体制性改革。许多学校往往到了大学的后期才让学生们接触实习，这样的做法往往淡化了学生对实习的重视程度。学校要在大一开始就为学生提供实习机会或者让学生自己寻找实习岗位，这样可以使学校和社会和市场接轨；同时要注重不同学科的实习的差异性，安排不同的实习时间。学校还应该对专业和课程进行一系列的改革，为了加强对大学生的实习能力和职业道德的培养，可以增设关于大学生实习技能的培养的选修课程。学校应当注重对学生的实习培养，定期举办关于实习的讲座，帮助解决学生实习出现的一些问题。

4. 学生

（1）大学生应该尽早做好准备，树立正确的实习观念。当代大学生要充分认识到专业实习的重要性和必要性。大学生应该尽早了解实习，从多种渠道收集实习的相关信息，确定自己的实习目标和方向，形成具体的实习规划，为自己的职业生涯做规划。还应该树立正确的实习观念，不能将实习单纯地理解为去用人单位打杂或者只是功利地完成学分任务，而应当将实习当做是自己的一次锻炼的机会，从中发现自己的优点和不足，有利于累积工作经验和基本工作技能，也有利于用人单位的工作进展，从而实现用人单位和大学生双赢。大学生实习不要以拿报酬为主要目的，而是要将实习当作检验自己所学的理论知识的一种重要途径。

（2）提升自己的理论和实践水平。大学生在平时要注意理论的累积和实践的锻炼，提升自己的各方面的素质，培养各方面的技能，比如人际交往能力，表达能力，办公室软件应用能力，为自己今后的工作打下坚实的基础。

（3）树立良好的心态，明确实习的目的，积极主动在实习中学习。在实习中树立良好的心态，要有合理的预期，不要只看实习单位提供的工作环境、薪水，要当做一次对自己的挑战，应该抱着一种学习的态度来进行实习。在实习过程中还需要不断反省和总结，正确地认识自己，可以通过写实习报告和日记来反省总结，这将会是以后职业生涯中一份宝贵的经验财富，使未来的学习、就业更具有针对性。

实践·足迹

不经历风雨，怎么见彩虹，没有人能轻轻松松成功。

——题记

每当我感到挫折，心灰意冷时，歌曲《真心英雄》就会悄悄在我脑海中唱起，那熟悉的旋律，那美妙的歌声，每一次都给我的内心注入了无限的能量，让我感觉到很温暖。可是，时间是不等人的呀，一天一天从我们的指甲缝中溜走，从餐桌上飘远，从犹豫中消散。如何利用时间，这是一个永恒不变的话题。暑假，不过两个月，难道要在家里或宿舍的温床里度过？难道要让它在手机上、屏幕前度过？难道要在餐桌上、聚会中度过？

但是，在这有限的时间里面我们能够做些什么呢？我们能改变什么呢？

一、懵懂——实践团成立

记得还是 4 月份，陈煜老师就找到我们，向我们表达了他想在这个暑假做一个结合自己专业特色的，能够让同学在实践中运用所学知识的社会实践活动。为此，陈老师向我们说道，我想让你们到一家企业去实习 1 个月，通过实地深入企业一线，观察高分子材料的在实际中的运用，初次接触社会，获得一些基本的社会经验，为以后进入社会工作打下一个较为良好的基础。我们一听，感觉到了这个计划的诱人之处，一下子都接受了陈老师的建议，就这样，我们的社会实践团队就在这样一个简短对话中，在我们完全还是懵懂中诞生了。

二、"磨刀霍霍向猪羊"——实践团准备

回想那段时光，仿佛就在昨日。回想起建立实践团的那些日子，实践团建立之初的种种准备没有难倒我们，反而让我们的队员在探索中得到了锻炼，凝聚了团队精神。

首先我们确定调查的主题是"大学生实习利弊的分析——以万生人和企业实习为例"，同时，我们给团队取一个生动响亮的名字——"高材实习"。实践目的地北京通州，实践目的是深入到企业一线，结合自身的专业知识，研究大学生实习的利弊，并结合自身体会，给大学生、企业、高校、社会四方在相关方面提出合理的建议，使大学生实习更有意义。实践团队由 5 名成员组成，调研从 7 月 6 日正式开始，到 8 月 6 日结束，历时 31 天。

实践的内容大致确定后，我们 5 个成员先后参加了学校组织的暑期社会实践培训，培训课中老师生动清晰地讲解了实践的意义、全部流程、实践应注意的问题、实践的技巧等。我们在接受培训的同时，也会全面地查询有关大学生实习方面的文献资料，对大学生实习有了非常清醒的认识。通过对各种资料的分析，我们对此次实践有了各自的想法和一定的把握。

此后，我们召开了第一次会议，每位队员都各抒己见，建言献策，很快我们就确定了实践方法、调查内容、预期成果以及人员分工。其中实践方法包括文献调查、实地考察、问卷调查、人物访谈。同时，我们分了 3 个组：图像素材任务组、调查问卷设计组、调研报告撰写组。之后，每位成员根据自己的分工去学习相关的内容，但并不是每个人只顾自己的工作，小组内有不能解决的问题，都会提出来，大家共同解决。

三、满载而归——实践收获

马小伟：精益求精，追求完美

老子曰："天下难事，必作于易；天下大事，必作于细。"一个企业若要长久地发展，就必须注重每个产品的细节，这样才能赢得消费者的青睐。在我们所实习的万生人和医疗器械公司，正是这样一个谨小慎微、朝气蓬勃的企业新星。实习期间，由徐工程师领导研发霾星人（鼻用空气净化器）的过程中便涉及许多细节问题。为了使霾星人与皮肤的接触

更加紧密，保证密闭性，他们从企业中征集了300多名志愿者进行面部三维扫描，逐个进行分析比较，这是一个相当大的工作量，但为了得到最合适的数据，大家都坚持了下来，最终确定了3D密封单元的形状；为了与肌肤保持良好的触感，徐工程师又专门安排人员查找有关材料的文献，并且去解放军二三六医院急诊室见习，最终选取了医用硅胶材料，保证了产品的安全性和舒适性。他经常说，产品的最终去向是消费者，消费者的需求就是我们的目标，为了能让客户们有更好的体验，再小的细节也不能忽视。

霾星人上市一段时间后，少部分消费者反映在使用过程中会有异味，其实对大多数人而言霾星人闻起来是没有味道的，但既然消费者有反馈，便不能忽视。徐工程师立即组织员工查找问题，我们实践团队也加入进来。经过反复试验，最终确定少量气味的来源是滤材及其连接体，接下来的任务便是需找气味解决的方法，我们实践团队和员工们一起查找资料并及时汇总，大家都集思广益，一丝不苟，最终找到了通风去味、负离子去味、溶剂浸泡、臭氧去味等多种方法，目前正在安排有关实验，遗憾的是我们的实习期到了，不能把这项工作继续做下去，不过我们相信在不久之后这个问题就能得到妥善解决。

海尔首席执行官张瑞敏说过："把每一件简单的事做好就是不简单，把每一件平凡的事做好就是不平凡。"在中国，想做大事的人很多，但愿意把小事做细的人很少；我们不缺少雄韬伟略的战略家，缺少的是精益求精的执行者；不缺少各类管理规章制度，缺少的是对规章条款不折不扣执行。我们必须改变心浮气躁、浅尝辄止的毛病，提倡注重细节、把小事做细。不积跬步无以至千里，不积小流无以成江海，像万生人和公司这样注重细节的企业势必能够在激烈的社会竞争中赢得属于他们的天地。

莫阳河：不畏挑战，攻坚克难

医疗器械研发，以前离我很遥远，这次难得的机会使我零距离接触医疗器械研发，突然发现我的知识储备太少，以前所熟练掌握的理论知识似乎一下子有些不够用了。

初入公司，一切都是那么新鲜，新的环境、新的同事、新的工作……在颖姐给我们进行一个简单的入职培训后，我们就算是公司正式实习生了。公司为了便于分组，随后又安排我们一行人与各个项目经理进行了面对面交流，一番交流之后，我分配到了艾经理的项目组。

我很庆幸来到艾哥的项目组，目前项目组准备研发一系列很有意义而且有意思的医疗产品——导尿管，而且还是处于前期筹备工作，所以在这我能更好地参与到整个项目中来。由于刚开始我对这个项目并不了解，只能下班后自己待在办公室疯狂查阅文献。在这个过程中，我学到了许多以前从未接触过的知识，包括PE、PP、PVC、PS、TPU等高分子材料的相关结构特点、性能及成型工艺，这对于以后的专业课学习有很大的帮助；除此之外，还接触到了许多本专业以外的知识，进一步丰富了自己的知识储备。

在实习的第三周周一，艾哥给我和同组的张世忠同学分配了一个小任务——设计一个"模拟等量置换膀胱内残留尿液"实验，方案自己设计，所有的材料自己去库房挑选，只需要三天后给他实验数据和结论报告，并在导尿管上找到最合适的进、出流水孔位置就行。这个实验虽小，但对于我俩来说是个很大的挑战，一开始听到这个实验，我和张世忠没有一点思路，因为我们不知道该用什么材料做模拟膀胱，什么液体做模拟膀胱残留尿液，以及用什么型号的导尿管，管内液体流速多大才能使置换时间最短、所需的置换液最少……这些问题都是我们实验前需要解决的。我们利用一整天查了大量相关文献，并让王姐和艾哥去库房帮忙找相关材料，自己制作模拟肾和模拟膀胱，终于在当天晚上设计出了一套比较完善合理的装置。

接下来便是实验阶段了。一开始实验并不怎么顺利，无论怎么改变膀胱内的压强，导尿管的液体流速都无法达到人体正常排尿速度，在我的不断改进与实验下，找到了问题关键，把模拟尿道的整体长度缩短，流速便上来了。在我俩配合下，实验整体逐渐步入正轨。接下来的两天里，我和张世忠两个人除了吃饭就是待在实验室，终于在周四上午完成了全部实验，不过实验结果和我俩预期的并不一样，就像艾哥在开会时跟我们说的那句话：没有经过实验之前，所有结论都是有可能的。经过这次试验，我对团队二字有了新的认识，团队的力量远比我想象中的强大，一个和谐的团队和明确的分工可以让你冲破一切阻碍，达到胜利彼岸

彭鸿鹏：脚踏实地，坚持不懈

人生之路不会是一帆风顺的，我们会遇上顺境，也会遇上逆境。实习中，一些看似简单的，轻而易举就能做好的小事却往往并不容易做好。其实，在所有成功路上阻挡你的，背后都隐藏着激励你奋发向上的动机。换句话说，想要成功的人，都必须懂得知道如何将困难转化为你成功的动力，也只有这样，我们才能获得进步，这一点，我们在实践中体会得尤为明显。比如说我们做水凝胶这种材料。任何一个初次见到水凝胶的人，都会被它吸引，它看起来就像一个果冻，一个亮堂堂、闪晶晶的玩具，此外，这个水凝胶是食用级，也就是说可以来吃，所以，我们就叫它"果冻"了。当宋老师告诉我们要去制作这个东西的时候，大家可高兴了，心里比喝了蜜糖还要开心，感觉我们竟然有机会可以制作"果冻"了。按照老师的步骤，我们开始了分工制作，大家密切配合，本以为会进行得比较顺利，但是，结果却很出乎我的意料，自己做的"果冻"外形要么凹凸变化不均匀，要么不完整，甚至有比较明显的裂痕。看到这些"果冻"一个个被我们整成了这样，一下子就像泄了气的皮球蔫下去了。"抱着失败是成功之母"的心态，我们又接着开始了新的一轮制作，如果说第一次失败没有让我们有多少触动的话，接下来的几次同样的失败着实让我们慌张了。哪里错了呢？我们不断地问自己。

爱因斯坦说过："发现问题比解决问题更重要。"解决问题的过程是漫长的，但我们却也珍惜这些问题的出现。于是，我们首先查阅了有关水凝胶的文献，对水凝胶的认识有了进一步的了解，我们知道了水凝胶遇冷就会凝固的，所以控制温度是很关键的。于是，我们将水凝胶液体用保温装置保存起来，再试一次，有了明显的变化，原来如此，我们为自己顺利找到了解决办法而沾沾自喜。然而，好景不长，在制作水凝胶一段时间后，我们做出的水凝胶成功率也逐渐下降，产率越来越低，尽管我们尝试更加认真地做好每一步，但仍然成效不大。没办法，最后只得求助于宋老师。宋老师仔细观看了我做的每一个步骤，表示这些步骤都做得不错，只是你们在注射水凝胶进入模具时，可以适当加快些，更加平

稳些，这样做出来的效果更好些；另外你们每次都要注射到水凝胶进入不了模具为止，不要让气泡进入，这样可以让你们的水凝胶形状更加完整。最后，当发现我们每次做的水凝胶厚薄都不是均匀变化时，当即摸了摸模具的温度，对我们说，你不觉得这个温度有点高吗？我们一摸，哇，真的，这个模具的温度实在太高了！原来是这样啊，对呀，模具温度一旦高起来，水凝胶就比较难凝固下来，当模具快速打开时，还没来凝固的水凝胶里面会有空气，造成了水凝胶的厚薄不均匀。知道了原因后的我们立马从垂头丧气中走出来，开始了进一步实验，最后看着一个个完整、均匀的水凝胶的诞生，我们终于露出了开心的笑容。

赵健：一线实习，增长见识

这一个月里，我做了一些关于医疗器械的实验，查阅了相关文献，参观了机械加工工厂，参加了很多次培训，还有一些产品的生产工作。这些经历增强了我的动手能力以及查阅文献的能力，我学到了不少关于医疗器械的知识，包括医疗器械的研发流程、研发工具。

参加公司的培训以及参观机械加工工厂着实增长了自己的知识，以前只是在课堂上学习过有关高分子材料的这些知识，从未见过它们是怎么样被加工成型的。现在我知道了塑料的几种基本加工方式，对各种塑料的性能也有了更加深入了解。第一次看到一个个塑料制品从注塑机里压制出来，我的心中感到一阵惊喜。

参与实际劳动之后我也是有很多感悟，比如说有一次需要我回收一些制作失败的塑料外壳中的铜螺母，具体的操作方法就是用热风枪将塑料吹至熔化，然后趁热将螺母从中挑出来。这确实是个技术活，需要控制好热风枪加热塑料的时间。时间太长，塑料完全熔化，螺母就会和塑料液体粘在一起；时间太短，塑料还很硬，则很难将螺母拔出。同时这也是个体力活，因为有两大筐的产品需要处理，大约一共能回收几百个铜螺母。刚开始的时候，我看着坚硬的塑料在热风枪的"猛烈攻势"下逐渐变软，感觉很是新鲜，挑起螺母来也是得心应手，根本不感觉枯燥无聊。但是随着时间的推移，看着空箱子逐渐被处理好的产品堆满，挑出来的螺母也能堆成一座小山，手臂也因为一直举着热风枪而酸痛不堪，此时才真正体会到劳动的不易和辛苦。以前只是从超市随手拿起一个商品扔到购物车里，却从未想到将其生产出来需要付出多大的工作量，又有多少人在这产品的背后默默贡献出自己的一份力量。

张世忠：实践获真知

我觉得大学生到企业实习很有意义，首先这对前去实习的大学生是一个很好的锻炼，他们久居象牙塔内，几乎与外面的世界相隔绝，可以说他们对社会的了解甚少。这种实习可以让大学生直接融入社会，亲身体验作为一个企业员工、一个社会人所必须承担的责任和义务，而且这对他们毕业以后的职业选择心态有很好的调整作用，这样的实习经历也能成为他们求职路上的垫脚石。

同时大学生到企业实习也能成为企业和学校之间的桥梁，为日后进行更加深入的合作开辟了一条可行之路。这种合作是双赢的，一方面企业能够利用学校优秀的学术氛围和活跃的思维进行技术层面的产品创新和研发。另一方面学校能够通过企业，了解最新的市场信息和产业发展情况，这对指导学校老师选择研究方向，以及实现从科研成果到实际产品的转变有很大帮助。

四、实践寄语

既然选择了远方，便只顾风雨兼程。就像每个人都必然要走向终点，离别的时刻还是匆匆地来了。正如落叶不忍离开树枝的温暖怀抱，但叶落归根未尝不是一种美好的结局。此刻，虽然不愿意承认，但我们的实习还是在依依惜别中结束了。

犹且记得董院长曾说："每一种材料都有他自身的特点，有软有硬，有脆有实，人亦如此，有的开朗而有的闭塞，有的机灵而有的木讷，所以说学习材料犹如识人。"听完这句话，我们仿佛感觉那些材料已经被附上了鲜活的生命，正等待着被我们所认识了解，在学习材料的过程中我们也学会了识人做人，人生中第一次发现高分子材料专业竟是如此其乐无穷。一个月的时间，很短，但我们在人和公司学到的，很多，不仅仅是对专业的热爱，更是从专业中学到了识人做人的启示。学在人和，爱在人生。

生活是很奇怪的，就像苏轼诗中所说："不识庐山真面目，只缘身在此山中。"深处其中的时候并不觉得，但当你离别时才体会到它的美好。此刻离开公司，才觉得自己是多么留恋这块地方。

回忆是很奇妙的，当你特别想念一个地方，一群人，一段时光，脑海里浮现的不是某一个曾让你热泪盈眶的瞬间，而是每一个清晨那个打着呵欠走在公司路上的背影，每一堂培训课上我们举着手争着回答问题的炽热眼神，每一次食堂窗口排成的长龙，每一次操场上我们与同事运球奔跑的身姿，每一次项目组老师殷殷指导的画面，还有每一次离别时彼此苦涩而默契的无言……

从相识到分别，不过30天。这30天见证了身为年轻大学生的我们从幼稚粗浅到成熟细致，见证了彼此从陌生、胆怯到开怀畅谈，见证了尴尬、欢笑、苦涩、汗水、执着、不舍……见证了同属"人和"的我们的每一丝成长。

船已扬帆，"人和"起航，期待未来在与你们在大洋上的再次邂逅。目标远方，风雨无阻，加油！

实践·品悟

端正态度，接受挑战

2013 级本科生，高分子材料与工程专业 马小伟

总的来说，大学生参加实习应该是利大于弊的，因为社会对于大学生们来说既熟悉又

陌生，熟悉是因为社会这两个字经常被提起，陌生是因为大学生还尚未完全融入社会。虽然有人说大学就是半个社会，但与真正的社会相比还是"小巫见大巫"，而且在学校中大学生主要接触的是一些书本知识，"实践是检验真理的唯一标准"，所以能将课本知识转化为现代生产力的社会工作对于大学生而言具有重要意义，当然，对于很多大学生而言，实习也意味着能够积累经验，不至于在以后的工作学习中手忙脚乱，因此很多大学生也乐意参加社会实习，这既是一种成长，又是一种锻炼。

然而我们应当看到，部分学校和企业并没有太重视大学生实习，在部分企业眼里，实习生就是低价的劳动力，所以不会给你专门的培训，只会让你做一些枯燥乏味的事，这无异于浪费了时间和金钱，而一些学校也不重视，没有为有关专业的大学生寻找合适的实习地点，导致他们学无所用，白白地将时间荒废，因此，要想提高大学生实习水平和质量，必须要从学校和企业两方面入手：一方面要加大公司与学校的交流，促进相互理解与合作，切实保证大学生在实习期间能够学有所获，做有所成；另一方面，要加深实习企业与专业的匹配度，力求学生在实习过程中能够学以致用，而不是简单做一些杂事。

当然最关键的还是在于大学生自身。对于实习，大学生应当端正态度，不该将其视为一种负担，因为这是一次表现自己、锻炼自己的绝佳机会，同时要抱有吃苦耐劳的工作作风，在任务面前不退缩，不回避，积极接受挑战，并善于运用所学知识进行创新。最后还要具有一定的人际交往能力，不要胆怯，有不懂的东西主动向前辈请教，求学谦逊，争取从员工领导身上汲取工作学习经验，为今后的工作方向奠定坚实的基础。

我的态度——"四多一少"

2013级本科生，高分子材料与工程专业 莫阳和

通过这次实习，我感悟很多，主要是以下几点：

1. 坚持

我们不管到那家公司，一开始都不会立刻给工作我们做，一般都是先让我们看，时间短的要几天，时间长的要几周，在这段时间里很多人会觉得很无聊，没事可做，便产生离开的想法，在这个时候我们一定要坚持，轻易放弃只会让自己后悔。

2. 勤打杂

我们到公司去实习，公司多数是把我们当学生看待。公司在此期间一般不会给我们什么重要的工作去做，可又不想让我们闲着，因此，我们应该主动找一些事情来做，从小事做起，刚开始也只有打杂。这样公司同事才会更快地接受你，领导才会喜欢你，接下来才会让你做一些重要的工作。

3. 多听、多看、多想、多做，少说

我们到公司实习，要知道自己能否胜任这份工作，关键是看你自己对待工作的态度，态度对了，即使自己以前没学过的知识也可以在工作中逐渐掌握。态度不好，就算自己有知识基础也不会把工作做好。"四多一少"就是我的态度，我刚到这个岗位实习，根本不清楚该做些什么，并且这和我在学校读的专业没有必然的联系，刚开始我觉得很头痛，可

在工作过程中多看别人怎样做，多听别人怎样说，多想自己应该怎样做，然后自己亲自动手去多做，终于在短短几天里对工作有了一个较系统的认识，慢慢地自己也可以完成相关的工作了，光用嘴巴去说是不行的，所以，我们今后不管干什么都要端正自己的态度，这样才能把事情做好。

4. 少埋怨

有的人会觉得公司这里不好那里不好，同事也不好相处工作也不如愿，经常埋怨，这样只会影响自己的工作情绪，不但做不好工作，还增加了自己的压力，所以，我们应该少埋怨，要看到公司好的一面，对存在的问题应该想办法去解决而不是去埋怨，这样才能保持工作的激情。

收获知识，自主学习，积累经验

2013 级本科生，高分子材料与工程专业　彭鸿鹏

时间如白驹过隙，一转眼间一个月的实习时间就过了。在这段时间里，我学到了很多在学校学不到的东西，也认识到了自己很多的不足，感觉受益匪浅，以下是我在实习期间的总结以及一些心得体会。

实践是大学生活的第二课堂，是知识常新和发展的源泉，是检验真理的试金石，也是大学生锻炼成长的有效途径。一个人的知识和能力只有在实践中才能发挥作用，才能得到丰富、完善和发展。

第一个收获就是对专业知识的收获。作为一名还未接触专业知识的大学生来说，对专业知识缺乏相应的认识。为此，陈煜老师给我的实习提供了了解自己专业的一个机会，让我们从实践中对这门自己即将从事的专业获得一个感性认识，为今后专业课的学习打下坚实的基础。我在实习中，看见了公司很多产品都运用到了高分子材料，但原来不知道这些具体的材料是什么，通过在公司课题组的实习，具体而深入地接触到了很多种类的高分子材料，对它们的基本性质也都记忆犹新，对高分子材料在生活中的广泛应用感到非常惊讶，对其中存在的问题也有了大概了解，对今后的学习有了更加明确而具体的目标。

第二点是自主学习——实习不再像在学校里学习那样，有课堂，有作业，有考试，而是一切要自己主动去学去做。公司提供的环境对大家都是一样的，一台电脑，一台办公桌。我在公司实习并没有严格分配你要完成大量任务，很多时候是靠自己的想法，玩也行，学习也行。虽然公司没有课堂里老师来讲授，然而你想干什么只要你想学习，学习的机会还是很多的。公司其他同事从不吝惜自己的时间来指导你工作，让你少走弯路；公司内部有各种各样的培训，你所要做的只是甄别哪些是你需要了解的，哪些是你感兴趣的。在这些培训课堂上，讲授的东西重来都不是固定的，只要可能用上的，公司都有可能在某个时间培训。印象深刻的一节是医疗器械加工工艺培训课。之后我对注塑、吸塑、吹塑等高分子材料加工工艺有了很深入的了解，现在看到生活中各式各样的高分子制品，脑海中马上就联想到它可能是什么高分子材料，并且是采用是什么工艺加工而成的。

第三点是积累了工作经验，比方说开始实习时，由于缺乏工作经验，很多问题不能分

清主次，有些培训或是学习不能找到重点。随着实习工作的进行，这一点得到了慢慢的改善；另外，自己对待工作的态度也更加端正。开始实习时，好高骛远，对公司安排的事情态度非常冷淡，觉得自己为什么做这么简单的事情，自己要做的事情是某某高大上的事情。后来才发现自己的想法是非常幼稚和不切实际的。一方面自己才刚刚走进公司，一无所知，只能从简单的开始；另一方面，公司里不可能有那么多让你觉得新奇和美妙的事情，大多数情况下，公司普通员工每天就是不断地重复再重复，你必须要适应它。

我坚信通过这一段时间的实习，从中获得的实践经验使我终身受益，并会在我毕业后的实际工作中不断地得到印证，我会持续地理解和体会实习中所学到的知识，期望在未来的工作中把学到的理论知识和实践经验不断地应用到实际工作中来，充分展示我的个人价值和人生价值，为实现自我的理想和光明的前程而努力。

培养恒心与毅力

2013 级本科生，高分子材料与工程专业 张世忠

经过这次四周的企业实习，感受很多。

首先经过一个月企业的洗礼，虽然每天都做一样的重复动作，对于组装这样的工作似乎有点"宰鸡用牛刀"的感觉，在组装的过程中一开始觉得很好玩有趣，跟小时候在组装乐高一样也没什么危险性，一步一步照着做就可以完成一项项任务。但过了一个礼拜，对于整个组装的过程已慢慢驾轻就熟时，一直重复相同的工作使整个过程变得相当无趣。不过在这一直重复同样的过程当中，也让我感受到在社会赚钱的辛苦，虽然父母并非从事相关这样的事业，但可想而知等到走出学校进入社会时，一切都要靠自己，赚钱也并非如想象中来的容易。然而每一个工作也是一样，从生疏到熟悉，从新鲜充满挑战到进行相同的程序而感到无聊，但也因如此慢慢培养自己内心的一种恒心与毅力。在企业实习了一个礼拜左右之后，内心的成就感已不是因为装了一个完全自己组装的成品，而是到了下班看到自己今天已做成的所有完成品。

从这次实习中，我感到做什么都必须做好充分的准备。对于产品组装，要先做好合理的运算，不管是材料还是安排。无规矩不成方圆，没有一个合理的安排，成功可以算是天方夜谭，绝对无从谈起，准备就已经成功了一半，另一半就是动手去做。只有团结，只有具有团队精神，才能把图纸上的产品合格地完成好。

树立严谨认真的工作作风

2013 级本科生，高分子材料与工程专业 赵健

历时一个月的实习终于结束了。在万生人和公司实习的这段时间，我和公司的职工及领导都相处得非常融洽，大家对我也关心，时常给我鼓励和帮助；我工作的时候也是认真谨慎，不仅顺利完成工作任务，工作之余还经常总结经验教训，不断提高工作效率。虽说工作中我也会犯一些错误，受到领导批评，但我认为这些错误和批评是能极大地促进我的

工作热情，让我能在以后的工作中更加谨慎和小心，提高工作效率。在和大家工作的这段时间里，他们严谨、认真的工作作风给我留下了很深刻的印象，我也从他们身上学到了很多自己缺少的东西。这次实习有酸甜苦辣，让我在社会中学到了很多学习期间无法了解的社会经验，这对我来说是最宝贵的东西。

在这里感谢我的那位实习老师，您辛苦了！谢谢您为我们付出的一切。

我以后会更加努力去学习机械加工的知识，学习一些自己不知道、不了解的专业知识，提高自身能力。

实践团成员：马小伟　莫阳和　彭鸿鹏　张世忠　赵健

材料探索之广东富阳生物科技有限公司

实践·足迹

正所谓：天将降大任于斯人也，必先苦其心志，劳其筋骨，饿其体肤，空乏其身，行拂乱其所为，然后动心忍性，增益其所不能。大学的时光，是人一生中最美好、最绚烂的时光，我们应该满怀激情和梦想，有敢闯敢拼的精神，有旺盛的精力和澎湃的斗志。我们是新一代的大学生，我们朝气蓬勃，我们如旭日东升，我们如猛虎蛟龙，我们走出校园，走进社会，读了万卷书后行千里路，这正是我们新一代年轻人应该做的事。

纷繁的社会，复杂的世情，我们作为大学生，更多接触的是简单小众的校园生活，而在象牙塔外的大千世界同样精彩。对于社会这座大学，我们了解不够深入；作为未来的接班人，我们也有必要去体察社情，探察民意，将社会现状与理论指导结合起来，将我们的青春热血和聪明才智挥洒在这片我们深爱的土地上。

在过去的3年中，北京理工大学材料学院"甄材实学"暑期社会实践团紧跟时代发展趋势，牢记"青年服务国家"的光荣使命和担当，相继在北京市和广东省河源市、中山市开展了系列内容丰富的与中国大健康产业紧密联系的社会调研活动。在调研期间，实践团成员积极响应国家宏观战略发展需求，向相关企业和当地政府建言献策，运用所学专业知识践行"广覆盖、促发展、提能力、获真知"的实践口号，取得了丰硕的调研成果。

2014年，北京理工大学材料学院的才子才女们利用暑期充裕的时间，结合专业特色，从中关村走出校门。在中关村医疗器械产业联盟及业内企业的大力支持下，开展了内容丰富的材料与健康产业发展相关关系的社会调研活动，取得了丰富的调研成果，赢得了相当的社会关注与反响，显著提升了学生将所学专业知识应用于生产实际的能力。

2016年，北京理工大学材料学院"甄材实学"暑期实践团走出北京，来到了广东省，结合新材料在大健康产业中的应用问题，在广东省河源市、中山市开展深入调研活动，通过实践促进学习，成果斐然。通过对10余家企业、单位的调查走访，以及与当地政府的洽谈，北京理工大学的学子们通力完成了一份翔实的报告，并为当地企业与政府的合作提供了可靠的资料。

2017年，北京理工大学材料学院"甄材实学"暑期实践团再次出发，延续历年来的传承，再次前往广东省河源市进行社会实践活动。本次调研以"推进国家宏观战略行动"为专题形式，以科技转化和科普教育为主要内容，结合学校产学研特色和专业优势，引导大学生走近企业、服务社会，积极探索中国经济新常态下科技革命与产业变革的现状与发展，深入了解和体会国家宏观战略。

一、"良材需砺"，磨刀不误砍柴工——发团准备

2017 年 6 月，北京理工大学材料学院"甄材实学"暑期实践团的准备工作已经悄然开始。良好的品牌实践活动需要经验的交流以及传承，"甄材实学"暑期实践团延续多年来的经验，在北京理工大学材料学院陈煜老师的带领下，维持由数位老成员以及超过半数的新成员组成的实践队伍。

队伍的构成和成员的特征是决定实践执行效果的关键。2017 年，"甄材实学"暑期实践团选择结合在全球新一轮科技革命与产业变革带来重大机遇和挑战，以及经济发展新常态的背景开展实践活动。"甄材实学"暑期实践团注目于联系学校与企业，充分利用学校—政府—企业三者间既有的必然关系，以北京理工大学与广东富阳生物科技有限公司共建大学生社会实践基地为驻点开展社会实践活动。

出于青年服务国家，实践服务社会，以及在实践中提供学生得到自我锻炼机会的考虑，"甄材实学"暑期社会实践团全部由北京理工大学材料学院材料专业的学生组成。团队由 2 名研究生与 6 名本科生组成，其中包括 3 名老成员。

2017 年 7 月 16 日，北京理工大学材料学院"甄材实学"暑期社会实践团从北京理工大学中关村校区出发，踏上了从北京开往广东的列车，并于 17 日下午顺利抵达实践地——广东省河源市广东富阳生物科技有限公司。

一方面，利用北京理工大学材料学院与广东富阳生物科技有限公司建立的产学研合作基础，在调研前期，实践团成员将在公司生产车间开展工程实验，通过走近生产一线，提高学以致用和动手实践能力，切身感受科技转化在产业发展中的重要作用，增强对国家经济新常态下供给侧结构改革的战略和现状的认识。

另一方面，结合实践团成员自 2016 年 11 月以来就开始准备实践资料，在调研后期，实践团将在河源市开展科普教育活动，并结合专业背景普及材料科学知识和方法，弘扬科学精神，用实际行动服务社会，回报社会。

实践团经过短暂的休整之后，从 7 月 18 日起，正式开始了为期两周的社会实践活动。在调研期间，实践团围绕国家宏观战略推进行动开展了企业参观、工程实验、科普教育等多种形式的主题活动。

二、"材言材语"，看企业日新月异——企业参观

为体验全球新一轮科技革命与产业变革带来的重大机遇和挑战，顺应经济发展新常态下的趋势变化和特点，7 月 18 日上午，"甄材实学"暑期社会实践团走进广东富阳生物科技有限公司，开展了参观调研活动。

首先我们参观的是茶树精油加工和包装车间。整洁宽敞的生产线上各种大型加工仪器和生产设备不禁让大家眼前一亮，科技创新带来的产业升级变革在这里得到了体现。

据公司负责人介绍，公司投入了大量资金和精力进行生产线的现代化升级改造，从原料的称取、提炼、加工、静置，到在外包间进行贴标、装瓶、封膜、装盒、封箱等一系列操作所用的仪器和设备均是公司特别定制的，严格把控产品质量。此外，公司拥有两条高度集成的全自动和半自动生产线，在减少劳动力和生产成本的同时，显著提高了生产效率和产品的附加值。

经过层层的细菌防护和隔离措施，我们来到了止血敷料生产车间的核心区域，空气中还弥漫着消毒水清洁过的痕迹。据公司负责人介绍，为保证产品高度纯净和安全，公司严格遵守国家关于医用材料和医疗器械生产的相关规定和标准，严格控制空气中的细菌含量，定期对生产车间进行杀菌消毒处理。

在参观过程中，相关负责人介绍了公司止血敷料的研发和生产情况，实践团成员认真听取，并就止血敷料的放大过程和制备工艺进行了交流讨论。据了解，止血敷料作为一种高端医用止血材料，是公司与高等院校和科研机构开展技术合作重点开发的一个品牌产品，能有效减少因出血而带来的感染或伤亡，具有重要的医用和军用价值。

三、"材学活用"，科技创新显身手——工程实验

科技是国家强盛之基，创新是民族进步之魂。为积极响应国家创新驱动发展战略，并借助北京理工大学与广东富阳生物科技有限公司合作建立的大学生实践基地，"甄材实学"暑期社会实践团在广东富阳生物科技有限公司社会调研期间开展了为期两周的工程实验活动。

纸上得来终觉浅，绝知此事要躬行。在调研期间，自7月19日至28日，"甄材实学"实践团成员走进生产一线，在公司的生产车间和实验室开展了为期两周的工程实践。期间，实践团成员们通过在工厂生产人员的协助下，完成在学校中接触不到的工业生产，参与到实业的环节中；结合自身所学专业，与工厂的生产人员、技术人员以及管理人员展开一系列研讨，从产品生产、成本控制以及减轻环境污染后处理等方面展开讨论。

在亲身参与公司新产品的研发过程中，同学们结合所学专业知识分析生物材料在放大生产中面临的技术问题，对改进制备工艺和生产流程提出可行性方案和建议，提高了学以致用和动手实践的能力，加强了与企业员工的技术交流，切身感受科技创新成果在产业发展中的重要作用。

构建以企业为主体、市场为导向、产学研相结合的技术创新体系是创新驱动发展战略的重要内容，通过此次工程实验活动，"甄材实学"实践团成员对科技创新成果产业化有了更加深刻的认识和理解。

四、"材气秀出"，用知识点亮梦想——科普教育

2017年7月23日上午，在漳溪畲族乡政府、北京理工大学材料学院、广东富阳生物科技有限公司和东源县民族中学的共同组织下，由"甄材实学"暑期社会实践团开设的系

列化科普课程在河源市东源县漳溪畲族乡顺利举行。

东源县漳溪畲族乡位于河源市中部，是畲族人民的重要聚集地，但经济相对贫困落后，身处在这片群山环绕的少数民族地区的孩子们，与外界沟通和交流的机会也往往很有限，教育资源相对贫乏。

教育要面向现代化，面向世界，面向未来。为了拓展同学们的学习视野，培养同学们的科学兴趣，应漳溪畲族乡党委书记何远航邀请，"甄材实学"暑期社会实践团给东源县民族中学的学生们精心准备了三课时的材料科学系列科普课程，为少数民族地区的学生们打开一扇通往科学世界的大门。

陈煜老师以止血材料快速吸水的趣味实验引起了同学们极大的兴趣，并向同学们介绍了研究团队研发的茶油树改性动脉大出血止血粉材料，同学们积极思考提问，现场气氛热闹。

第一课是材料的发展与未来，由眭明斌同学和童宗睿同学主讲。课程利用大量生动有趣的素材和相关视频，向同学们介绍了材料的前世今生，感受材料给我们生活带来的绚丽变化。

第二课是材料与侦探技术，由王瑞奇同学和姚皓薰同学主讲。为了增加学生对于课程的接受程度，启发学生兴趣，他们别出心裁地为同学们设计了一个侦探破案的实验，巧妙地将科学原理融入趣味探案实验中，并在现场邀请同学们亲自体验动手实验的乐趣。

第三课是创新材料的实现，由唐术衔同学和林礼智同学主讲。他们结合近年来材料学科的最新进展，向同学们介绍了第二皮肤、自修复材料和隐身材料等三种创新材料，引导学生们对未来进行思考和联想。

课程结束之际，陈煜老师以古诗《石灰吟》蕴含的材料科学原理和同学们进行了精彩的互动交流，并鼓励同学们树立崇高远大的理想，努力学习化学和材料知识，研制出更多性能优异的材料，为国家的发展做出贡献。

漳溪畲族乡党委书记何远航发表致辞，对北京理工大学材料学院师生为东源少数民族地区的学生开设公益科普课表示热烈的欢迎和衷心感谢，高度赞扬了北京理工大学材料学院"甄材实学"暑期社会实践团服务国家、回报社会的实践活动。

一年之计，莫如树谷；十年之计，莫如树木；百年之计，莫如树人。此次"神奇的材料"公益科普宣讲活动，北京理工大学材料学院"甄材实学"暑期社会实践团成员结合专业优势，发挥专业特色，通过以在人类社会发展中具有重要支撑作用的材料科学为介绍对象，为同学们介绍了材料科学的发展历史及未来热点，带领学生了解最新科学技术的发展现状，激发学生学习化学、材料知识的兴趣，为东源少数民族地区教育事业发展提供动力。

五、"材高识远"，躬行实践获真知——实践收获

在过去的三年中，北京理工大学材料学院"甄材实学"暑期社会实践团紧跟时代发展趋势，牢记"青年服务国家"的光荣使命和担当，相继在北京市和广东省河源市、中山市

开展了系列内容丰富的与中国大健康产业紧密联系的社会调研活动。

一路走来，"甄材实学"暑期社会实践团始终积极响应国家宏观战略发展需求，向相关企业和当地政府建言献策，运用所学专业知识践行"广覆盖、促发展、提能力、获真知"的实践口号，取得了丰硕的调研成果。

2017年借助北京理工大学与广东富阳生物科技有限公司共同建立的大学生实践基地，"甄材实学"暑期社会实践团再度出发，并顺利完成了为期两周的社会实践任务。

不忘初心，继续前进！未来，北京理工大学材料学院"甄材实学"暑期社会实践团将继续秉承服务国家、回报社会的理念，开展系列暑期社会实践和调研活动！

人生就是一场旅行！
科学就是一场实践！
学习就是一场探索！
人生，科学，学习，一场场旅行，实践，探索。
我们一直在路上，我们从未停下脚步！

实践 · 品悟

读万卷书，更要行万里路

2015级硕士生，材料科学与工程专业 李娜

2017年7月18日，我再次作为"甄材实学"暑期社会实践团的一员来到广东省河源市参加实践活动，以不同的方式，收获了不同的感受与体验。河源市优美的环境，清新的空气，清澈的水源，让我们在努力完成任务对的同时，也乐在其中，享在其中。

正如南北方气候之间的差异，实践环境与学校环境之间的不同也让我们感受了不一样的企业文化。此次实践之行，我深感实践是认识世界和获取知识的一个重要且不可或缺的途径，以后要更加重视实践活动的参与。读万卷书，更要行千里路。除了环境带给我不同的体验外，身边的学弟学妹也让我学到了不同的学习与思考方式，他们身上的朝气也让实践团队更加团结，更加有力量，从而使我们的活动顺利进行。

虽然已是第二次参加实践活动，但是每次的活动都让我学习到了新的东西，获得新的认知，这些实践活动同样也会成为我们学习之路上的指路标，让我们可以更加清晰地辨识方向。

走出课堂，走出书本，走向实践，走向生产

2015级本科生，高分子材料与工程专业 林礼智

这次社会实践我们主要的目的有两个，一个是科普教育，一个是企业的实验实践。在

这两个实践活动中，自己收获了很多，也领悟了很多。

在科普教育社会实践中，我们的科普对象是当地的初中学生。在实践中我发现，这些学生对于化学知识有一些模糊的概念，但是也仅限于书本上的一些知识。他们毫无疑问是我们科普最好的对象。在科普课程开展进行的过程中，同学们都很渴望了解到我们给他们书本上没有的东西。我感觉到了我们教育的一点点缺陷，作为农村来的孩子我知道，九年义务教育普及到了每一个地方，但是在当下的这种教育模式下，农村孩子们能够了解到的也仅仅只有书上的，那些课外知识还是需要我们给他们普及，需要我们怀揣对社会的责任和自身的激情去给这些孩子们普及。

在实验实践中，我们在师兄和企业工作人员的帮助下，从课堂走出来，从书本中走出来，走向实践，走向生产。通过实验实践，我发现了理论和实践之间是有区别的，我们的理论知识在理论上可行，但是实际操作却不一定能够成功，所以需要我们脚踏实地、实事求是地去探索，才能够将理论化为现实，毕竟"实践是检验真理的唯一标准"。

新认识·新收获·新体会

2015 级本科生，高分子材料与工程专业　唐术衔

2017 年是我第二次参加"甄材实学"暑期社会实践团开展的调研活动，在团队里面我也算是一个经验比较丰富的成员了，但正如团队口号所说的那样：人生就是一场旅行，科学就是一场实践，学习就是一场探索。每一次社会实践带给人的感悟是不同的，通过这次社会调研活动让我对社会实践有了许多新的认识、新的收获和新的体会。

1. 新认识

这次社会实践和以往有很大的不同，需要很强的专业背景，无论是在公司里面做工程实验，还是到漳溪畲族乡为少数民族的初中生们科普材料科学知识，对我来说都是一个新的尝试。

因此，这次社会实践，我对于社会实践的认知升华到一个新的层次，更近距离地去认识企业和社会，当看到所学知识被运用于实践时，内心还是很激动的，有了更多的期待和惊喜。

2. 新收获

这次社会实践自己的收获还是蛮大的，想想自己都难以置信。秀米的使用和微信公众号的运营、利用"绘声绘影"编辑视频、作为一名老师给孩子们上科普课，这些经历和体验让我获得了许多新的技能。

心路历程也得到很好的磨炼。面对困难和挑战，不懂就问，不会就学，解决问题的过程也是自我修炼的过程，很感激此次社会实践带给我的锻炼，以及老师、师兄和队友给予的热情帮助。

3. 新体会

在实践中学习，在实践中成长。精益求精或许是我这次社会实践最深的体会了吧。细节往往决定成败，无论是撰写新闻稿，还是准备科普的材料，都应该抱着认真的心态

去完成，不随意，不将就。老师和师兄给我做了一个很好的示范，提出了许多中肯的意见，我受益匪浅。他们的做事方法和效率也很值得我学习，保质保量的情况下，速战速决！

塑造一个更加全面的自我

2015 级本科生，材料科学与工程专业　　眭明斌

时间匆匆而过，短暂的社会实践宣告结束了，但是对我来说，这只是又一个起点。参加社会实践塑造了一个更加全面的自我，感谢遇到的所有人，我将继续努力，做更好的自己。

这是我第一次参加暑期社会实践，所以一路上都非常兴奋。这次实践主要做了两件事情：第一，是给畲族乡的初三学生们进行了科普宣讲；第二，是在广东富阳生物科技有限公司参观和实践。

在正式上课之前，我将我的课件结合老师和同学们的意见反复修改了几次，并且提前演练了几遍，自我感觉良好。但是等真正到了现场，面对几十名同学，还是表现得有些紧张。但好在同学们对我们所讲的内容很感兴趣，现场气氛比较活跃，下课后还有一个学生来找我问问题，我感到很惊讶又很欣慰。这次科普活动给我最直接的感受是同学们对知识的渴望非常热切。

参观公司的生产线和实验室的过程中，我了解到了茶树油的来源，茶树精油的制作方法，以及其他产品的生产过程。在了解了公司的发展历史后，我深感创业的不易，从原料到产品能够在市面上销售之间有着许许多多技术人员的心血。在实验室做实验期间，虽然比较辛苦，但还是学到了许多知识和实用的技能。

非常感谢这次实践，它增长了我许多见识，丰富了我的经历。

锻炼才干，服务社会

2015 级本科生，高分子材料与工程专业　　王瑞奇

经历了半个月的社会实践，我感慨颇多，学到了很多东西，它带给我的收获是我意想不到的，是学校里学不到的。

之前做家教都是把书上整理好的东西教给别人，但是这次科普教育，我们的对象是完全不了解材料甚至没学过的化学初中生，所以，要将我们的课上得既不枯燥难懂，又不肤浅简单是一件很困难的事。从一开始的收集材料，到用故事串起整个课程，再到一次一次地修改完善 PPT，一次一次地排练，我们每个人付出很多，但是也学到很多。我们不仅更加了解了材料的丰富多彩，还学会了一些制作 PPT 的技巧、讲课的技巧，之前从来没想过自己会站在讲台上给几十个人讲课，并且讲课内容都是自己准备的。

在企业实验的过程中，同样也受益匪浅。虽然在学校有做过相关的实验，但是当我们看到那些生产线，看到那么大的反应容器，看到我们的实验产物变成可以投入市场的产品

时，我们热血澎湃。我们还认识到生产比实验需要考虑更多的问题，如成本问题、废物回收、产品使用后的降解难度等。

这次实践活动，丰富了我们的实践经验，提高了我们的团队合作能力，使我们通过这次实践更加了解材料，这次实践活动意义深远，对我们的帮助享用一生。作为一个 21 世纪的大学生，社会实践是引导我们走出校门、步入社会并投身社会的良好形式，我们要抓住培养锻炼才干的好机会，树立服务社会的思想与意识。同时，我们要树立远大的理想，明确自己的目标，为祖国的发展贡献一份自己的力量！

播下种子，期待开花结果

2015 级本科生，高分子材料与工程专业　杨珏莹

材料，这个与衣食住行息息相关的话题，始终活跃在科研工作者的视野中。身为北京理工大学材料学院的学生，对于材料的创新与应用，更是有一种油然而生的热忱之情。

听闻陈煜老师和小童师兄将要赴广东河源开展社会实践，我义无反顾地加入了。实习前期的工作烦琐而又重要，一场场讲座，一次次实验，都是为了保证在实践地能够顺利开展活动。由于时间冲突没有办法参与实践地的实践，一些伙伴们在前期十分努力，也很辛苦，利用休息时间进行准备工作，始终感动着我。7 月，北理工已经放假，看着师兄师姐和同学们坚守在实验室，汗流浃背地一次又一次改进实验，我更加深刻地体会到了北理工"学以明理"之校训。知识需要能够运用，师兄如是说。是啊，我们在学校获得磅礴的知识体系，若是能对实践地的学生们有些许启发，也是一件益事。

我们的科普课程，或许不会在当地学生们的心中留下不可磨灭的印记，但是我相信，他们必定对新材料有了一定的了解，我们能做的，只是在他们心中埋下新技术新材料的种子，鼓励他们，在未来通过辛勤耕耘能够使得种子开花结果吧。

社会实践，收获良多

2016 级本科生，电子封装技术专业　姚皓薰

现在回忆起来，我能在大一就参加这样一个学院内的"知名团队"，深感荣幸。在这次两周的社会实践中，我不仅感受到带队老师和学长们的殷切关心，同时还有对专业、对未来有了新的认识。

在这两周的活动中，我们参观了广东富阳生物有限公司，第一次了解到一个产品从诞生、研发、包装、上市的过程，深切地感受到原来我们课堂中所学到的知识是可以变成生产力，是可以走出书本、奔向工厂的。这也鼓舞了我在大学要努力学习专业知识，这对于一个刚进入大学校园不久的我来说是至关重要的。同时在这次暑期社会实践中，我还担任了小老师给畲族的同学们上了一节化学实验课。第一次走上讲台，我才发觉尽管只是 30 分钟左右的课堂，我仍需要课下长时间准备，这是我以前没有想象过的。

非常感谢能有这次机会参加北京理工大学"甄材实学"暑期实践团。这是一个温暖的集体，也是一个让我能收获良多的集体。

实践团成员： 童宗睿 李娜 杨珏莹 王瑞奇 唐术衔 眭明斌 姚皓薰 林礼智

大健康产业与天然材料调研

🌱 实践·报告

一、调研背景

（一）天然材料的概念与分类

随着消费者崇尚天然、绿色的消费追求，天然材料迅速崛起，被人们广泛应用于现代生活的方方面面。天然材料指自然界原来就有未经加工或基本不加工就可直接使用的材料，如棉花、蚕丝、亚麻、橡胶、石墨等。我们通常可将天然材料大致分为以下三类：

（1）天然的金属材料，几乎只有自然金；

（2）天然的无机材料，包括大理石、花岗岩、黏土等；

（3）天然的有机材料，有木材、竹材、草等来自植物界的材料，皮革、毛皮、兽角、兽骨等来自动物界的材料。天然植物材料是人类乐于使用并有很高使用价值的一类，被广泛应用于医药、食品、保健品、化妆品、纺织等领域。

（二）我国大健康产业的产生和构成

健康问题已成为全球性的普遍问题，自 20 世纪 90 年代以来，人们逐渐开始注重亚健康的调理和预防，这种现象催生了大健康产业。2013 年，习近平同志在会见参加全国群众体育先进单位和先进个人表彰会代表时强调："人民身体健康是全面建成小康社会的重要内涵，是每一个人成长和实现幸福生活的重要基础。"大健康产业是与健康相关的系列产业体系。发展大健康产业，就是转变传统医疗产业发展模式，即从单一救治模式转向"防—治—养"一体化防治模式。为此，除了应继续发展医疗器械、药品等医疗医药工业，还应加快发展保健食品、药妆、功能性日用品等保健品产业，以及个性化健康检测评估、咨询服务、疾病康复等健康管理服务产业。

我国大健康产业由五大基本产业群体构成，包括传统医疗产业、保健品产业、健康管理产业、新型健康产业、非（跨）医疗产业（见表 1）。

表 1　我国大健康产业构成

产业构成	主要行业
医疗产业	以医疗服务、药品、器械以及其他耗材产销、应用为主体

续表

产业构成	主要行业
保健品产业	以保健食品、功能性饮品、健康用品产销为主体
健康管理产业	以个性化健康检测评估、咨询顾问、体育休闲、中介服务、保障促进和养生文化机构等为主体
新型健康产业	以消杀产品、环保防疫、健康家居、有机农业为主体
非（跨）医疗产业	以健康理疗、康复调理、生殖护理、美容化妆为主体

总之，传统医疗市场以外的与健康相关的产品和服务都属于大健康领域的范畴。如今大健康产业已成为我国经济产业中一大"朝阳产业"。但我国的大健康产业还处于起步阶段。2015年，中国健康产业相关法规政策密集出台，"健康中国"上升为国家战略，大健康产业逐渐成为经济发展新引擎。"十三五"规划对未来五年"健康中国"的建设确立了主要发展目标、重点任务和重大举措。

（三）发展大健康产业的重要性

目前，我国已进入中等偏上收入水平，发展大健康产业既具有重要意义，又具有良好条件。

（1）现在需要。除了存在大量病人，我国亚健康人群规模较大，人口老龄化问题日益凸显。发展大健康产业，不仅可以提高人们的体质和生活质量，而且可以让庞大的老龄人口变成扩大内需、推动发展的新引擎。

（2）潜力巨大。在我国，人们治病意识强，防病意识弱、保健意识差；大健康概念尚未普及，健康产业发展滞后。这也决定了大健康产业发展潜力巨大。

（3）基础较好。古代中医先贤已经认识到"治未病"的重要性。传统中医药讲究"药食同源"，注重治防并举、养疗结合。许多传统中药产品代代相传、深入人心，只要继续健全和完善中药种植、研发、质控、管理等体系，中药企业就可以实现跨业发展，向日化、保健、健康评估等相关行业延伸，形成新的复合产业。

总之，发展好大健康产业不仅有利于提高人民群众健康水平和生活质量，而且有利于调整产业结构、推动经济社会科学发展。

从空间布局上看，整个健康产业在全国的发展态势为"一带一区"，其中"一带"是指当前的产业主体——沿海产业发展带。岭南地处珠三角产业发展带，境内气候温和、雨量充足、土地肥沃，生态优良，典型的亚热带气候非常有利于各种动植物的繁育生长。以广东省河源市为例，其光、热、水资源丰富，动植物种类繁多。有陆生脊椎动物829种；有野生植物280科、1 645属、7 055种；栽培植物633种、111科、361属；有真菌1 959种，其中食用菌185种，药用真菌97种。全市重点开发茶油树、灵芝、岗梅、两面针、三叉苦、柠檬、五指毛桃等天然材料，形成极具创新性、独特性的产业发展模式。丰富的天然材料使得岭南地区在发展大健康产业方面具有得天独厚的地理优势与气候优势，这些天然材料的应用对于推动大健康产业的发展有着重要意义。

二、调研目标与团队介绍

（一）调研背景

河源市天然材料在发展的过程中，由于受到材料本身性能及外部市场环境的影响，天然材料的应用和发展受到了一定的阻碍。基于天然材料在发展的过程中遇到一些问题，为了及时解决这些问题，推动河源天然材料的进一步发展，我们展开了此次的调研活动。

（二）调研具体目标

（1）通过深入基地参观以及和企业高层、中层和基层开展座谈会的形式，了解河源市及中山市天然材料及其企业现存的问题与不足。

（2）通过调查问卷的形式，客观分析总结天然材料相关企业现存的问题，确定天然材料在发展过程中的关键问题。

（3）基于在调研过程中的发现的问题，结合各企业的基本状况，提出建设性的对策，推动天然材料的发展。

（4）通过此次深入各企业的调查，帮助学生深入了解有关各类天然材料的知识，了解不同企业文化。

（三）规划设计

为了更好地完成此次的调研工作，实现预期的目标，调研团负责人首先进行了团队宣传工作，发布了"2016年北京理工大学材料学院'材料探索—甄材实学'暑期社会实践调研团队员招募"，面向全校学生，预计招募优秀本科生5名、研究生10名，其中包括材料学专业学生10人，经济学专业学生1人，管理学专业学生1人，生物工程、化学及化学工程专业学生2人，校记者团记者1人。经过层层选拔，最终形成了一支由来自材料学院、生命学院、化工学院以及经济管理学院的1名博士研究生、10名硕士研究生、4名本科生组成的暑期社会实践团队。团队构架如图1所示。

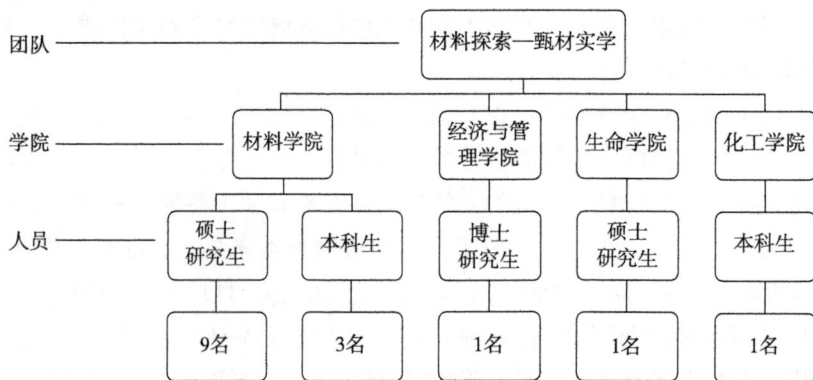

图1　团队构架

三、调研工作开展情况介绍

（一）具体工作安排

以国家"十三五"规划"健康中国"为背景，通过深入各企业基地参观和交谈，和各企业领导、员工举行座谈会，问卷调查和数据统计以及查找文献的方式，了解各企业在运营模式、材料研发以及市场推广等方面的突出问题与薄弱环节；分析原因，确定当地天然材料发展所遇到的瓶颈，并在此基础上，提出天然材料发展的有效对策，形成关于河源市天然材料发展现状的诊断报告。

工作任务是根据调研阶段进行安排的。调研过程可以分为三个阶段：在准备阶段，各团员收集天然材料及调研企业相关资料的收集和整理，同时查阅相关的理论文献资料，共同参与设计关于调研内容的调查问卷。在调研阶段，各团员进行了明确的分工，团队分为3个小组，分别为"材料队""市场队""人才队"，每队5人。"材料队"主要职责是在参观各企业基地以及与各公司的座谈会期间了解有关各企业所经营的天然材料的基本情况并发现问题；"市场队"主要职责是在参观各企业基地以及与各公司的座谈会期间了解有关各企业在市场布局、营销模式、推广策略等方面的基本情况并发现问题；"人才队"主要职责是在参观各企业基地以及与各公司的座谈会期间了解有关各企业在人才引进、管理政策、技术开发等方面的基本情况并发现问题。在汇报阶段，主要分为5个小组，分别为会议记录组、新闻组、视频组、问卷组以及调研报告组，前四组为调研报告组服务，提供有关资料。阶段工作安排架构如图2所示。

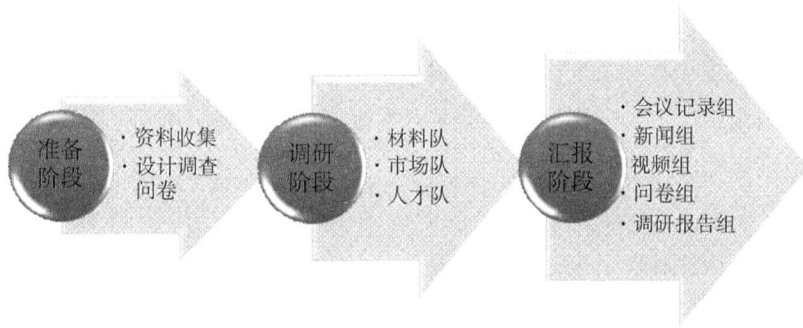

图2 工作安排

四、调研的实施

（一）各企业的调研

2016年7月5—13日期间，基于项目的前期工作，我们从天然材料的现状出发，参观了多家企业，开座谈会，根据所得到的信息，结合相关资料，对各企业的天然材料进行了现状分析、问题分析、总结梳理，提出建设性的解决方案。主要调研的企业如表2所示。

表 2　调研企业及涉足领域

调研时间	调研企业	涉足领域	地区
7.5—7.6	广东富阳生物科技有限公司	茶树油、医用敷料、保健品	河源市
7.7	中智药业集团有限公司	中医药	中山市
7.7	中山爱护日用品有限公司	儿童日化用品	中山市
7.8	诺斯贝尔化妆品股份有限公司	化妆品	中山市
7.8	中山北京理工大学研究院	校企合作孵化器	中山市
7.11	广东雄达实业发展有限公司	灵芝、中医药、保健品	河源市
7.11	泰宝集团河源分公司	中药材	河源市
7.12	广东中兴绿丰发展有限公司	柠檬、西柚、保健品	河源市
7.12	河源金源绿色生命有限公司	五指毛桃、中医药、保健品	河源市
7.13	灯塔盆地国家现代农业示范区管理委员会	国家现代农业示范区	河源市

（二）问卷调查工作

在问卷调研方面，根据资料收集经过反复修改，团队设计完成"天然材料在大健康产业中的应用研究调查问卷"，科学设置了问题 21 个。问卷主体分为 4 个部分，包括天然材料整体产业、企业天然材料研发、人才问题、政府政策。问卷共发放 100 份，回收 82 份，其中有效问卷 66 份。团队成员对问卷数据进行了手工录入，并做了统计学的量化分析。

（三）宣传工作

为了扩大影响力，使天然材料获得更大的关注，团队会定期编撰新闻稿，目前在"甄材实学"微信平台发表新闻稿 8 篇，在北京理工大学材料学院鸿材书院微信平台发表新闻稿 2 篇，在中山北京理工大学研究院微信平台发表新闻稿 2 篇，此外，河源电视台对团队也进行了报道（见图 3）。

（四）会议讨论

为了保证信息的准确性，每天调研结束之后，团队都会展开会议讨论，总结梳理当天在基地参观期间及座谈会期间所获信息，整理照片及录音，分析当天的调研内容所反映的信息。

（五）调研报告

在总结梳理基地参观、座谈会记录以及调查问卷的基础上，分析了各企业天然材料在发展过程中出现的问题，找到阻碍其发展的主要原因，并通过研究各企业运营模式、产品开发与推广、政府政策等，以期提出可行的发展对策，整合各方面的资料之后，最终形成了《调研报告》。

图3 新媒体报道情况

五、企业基本概况

（一）各公司基本情况

1. 广东富阳生物科技有限公司

广东富阳生物科技有限公司（以下简称富阳公司）成立于2005年9月，是一家融澳洲茶树油种植、科研、生产、销售为一体的现代新型生物科技企业。公司与灯塔盆地国家现代农业示范区合作分三期预计投资5亿元，建立国内最大的茶油树种植基地、澳洲茶树油生物科技园区（高端医用敷料等项目）。公司积极开展产学研合作，成功开发了一系列茶油树天然材料为基础的产品，具体见表3。

表3　广东富阳生物科技有限公司茶油树系列材料开发应用现状

公司概况	拥有面积达400多公顷的澳洲茶油树种植基地，面积达4万平方米的科技产业园，60名员工，其中20名技术人员，中高职称8人
产值	茶树精油年产能达60吨、茶树纯露3000吨、抗菌消毒产品20吨
产品种类	茶树精油、茶树清爽纯露、茶树油抗菌液和澳茶露香薰仪
研发成果	3项发明专利和6项实用型专利

2010年年初，富阳公司组织专家实地考察及多方论证，最终确定澳洲茶油树种植示范基地，采用"公司＋基地＋农户"的模式带动农户种植茶油树，实行统一技术培训、管理指导和全程跟踪服务，负责树苗提供和保价收购。在过去的几年中，富阳公司与多所院校合作（见表4），规划将来从澳茶露抗菌消毒系列产品、高端医用敷料和有机养生茶三个方面进行产品研究与市场开发。现今环保问题日趋严重、亚健康人群数量激增，从天然材料中开发的茶树精油将有可能取代传统的化学杀菌剂，有机茶相关项目填补了国际空白，具有巨大的潜在市场和广阔的发展前景。

表4　茶油树系列材料合作项目及研究机构

合作时间	合作项目	研究机构
2010年初	澳洲茶油树的组织培养育苗技术研究	广东省林科院
2010年	基于茶树油的功能性高端医用敷料	中国人民解放军军事医学科学院、北京理工大学
2011年年初	澳洲茶树油抗菌消毒系列产品	中山大学药物开发中心
2012年	利用提炼茶树油后的茶树渣制作培养基栽培食用菌	广东省微生物研究所
2012年年底	茶树渣及食用菌培养基废渣沤制有机肥的研究	华南师范大学生命科学学院
2014年	有机养生茶系列产品	香港理工大学

2. 中智药业集团

中智药业集团（以下简称中智集团）创办于1993年，是广东省高新技术企业，是融中成药、中药饮片和保健品科研、生产与销售，以及医药批发、零售连锁、中药材种植为一体的大型民营科技型企业，被评为国家专利50强企业。其下属单位包括：中山恒生药业、中智制药公司、中智中药饮片公司、中智医药公司、中智大药房连锁公司、省级工程技术中心和分布各地的中药GAP种植研发基地。

中智集团始终执着于做专做强的理念，提出了"立足广东、辐射全国、走向国际"的战略思想。目前，集团同时生产运作的有两个大型生产基地。2015年，中智集团在香港交易所主板上市，是中山市本土医药企业上市第一股，注册资本2.2亿元。中智集团发展现状详见表5。

表5 中智药业集团发展现状分析

研发概况	注重基础研究,专注药效关系;研发经费占总研究经费的70%~80%,拥有100多名研发人员,其中21名常驻公司;设有学术委员会
合作单位	广州中医药大学、中南大学等高校学府以及军事医学科学院、中药研究所、上海研究所等多家科研院所开展产学研合作
产品种类	片剂、胶囊、颗粒、糖浆、合剂、茶剂六大剂型 50多种中成药品种 五大系列上百个品种,包括中药饮片,配方饮片、广东凉茶、药膳汤料、超微粉体和袋泡茶
人才管理	出台一系列鼓励措施引进人才,包括合作项目参与学生的实习期免除;与研究机构联合培养专业人才
销售渠道	产品以OTC居多,大多数集中在零售终端销售;2009年启动的网通工程主要是针对第三终端的销售;设有中智大药房连锁药店 2011年设立连锁销售事业部,专门针对全国各地的直营连锁机构销售

中智集团研发的破壁饮片,是运用超微粉碎技术把细胞壁打破,使其有效成分最大限度地释放出来被人体充分吸收,推动了中草药材的产业化应用。

3. 中山爱护日用品有限公司

中山爱护日用品有限公司(以下简称爱护公司)成立于2003年,目前拥有两大生产基地,占地面积3.3万平方米,分别坐落于顺德市和中山市,是最早成长起来的专注于婴儿洗护用品研发和生产的企业之一。公司在研发、生产、品质、供应、管理等领域不断加大投入和创新,已初步形成了一个较完善的婴儿洗护用品专业体系,产品包括洗衣液、皮肤清洁、湿巾、爽身粉、润肤乳霜等200多个单品,在全球多个国家和地区均有销售。

爱护公司采取购买配方的形式引进所需天然材料,并进行原材料稳定性检测,保证有效期,并对所研发产品进行刺激性、有效性等安全性测试,保证产品质量与安全。

爱护公司采用不同渠道销售不同产品的策略,线下包括婴童专卖店、大型商超等,2013年开始线上策略,采用第三方操作,例如京东、贝贝网;2015年加强线上策略。市场推广方面采用分大区推广,共分为11个大区,设区域经理;当前正在转型,准备逐步采用销售外包的形式进行推广,以加强推广进程。

多年来,爱护公司与多家国际机构合作生产产品,例如2008年与华南理工大学合作研发抑菌洗衣液、婴童护理膏,2012年开始和日本合作研发无添加概念产品,与德国合作做测试等。

目前,爱护公司是国内领先的婴儿洗护用品专业品牌,未来将向3~6岁婴幼品及孕产期护理等相关产业链进行延伸,提供更多产品选择。未来,爱护公司将继续秉承"用心让妈妈放心"的经营理念,以更新的面貌、更卓越的产品和服务不断突破创新、超越自己。

4. 诺斯贝尔公司

诺斯贝尔(中山)无纺日化有限公司是一家成立于2004年、专业OEM(Original Equipment Manufacture, OEM)和ODM(Original Design Manufacture, ODM)生产的外资企业,坐落于中山市南头镇,毗邻港澳,交通便利,环境优美;占地面积3.3公顷,拥有

5万平方米的现代化工业园，厂房全部按照 GMP 标准建造，达到 10 万级无尘净化标准，拥有员工 2 000 余人。主力生产无纺布及其制品、化妆品、洗涤及家具清洁日化用品，产品主要有四大系列：湿巾系列、面膜及护肤系列、家居及汽车干湿布系列、洗涤系列，服务于资生堂、SNOOPY、欧珀莱、妮维雅、佰草集、曼秀雷敦、屈臣氏、雅芳、膜法世家、御泥坊等国内外知名品牌。

诺斯贝尔公司在服务模式、研发模式、管理模式等方面精益求精，效果显著（见表6）。

表6 诺斯贝尔公司现状分析表

模式	企业现状
服务模式	专注全价值链的生产与研发部分，针对客户自创品牌不同阶段与层面，提供多样化服务，如 OEM、ODM、OBM
管理模式	集团化管理模式 总部 800 多人，集团管控 生产业务独立为二级公司，筹备研发业务独立以获得高新技术企业资质
研发模式	自主开发与产学研相结合模式。一方面公司具备高水平自主研发团队，建有现代化研发中心，与日本、韩国首尔研究所合作，拥有无纺布和水凝胶等自主技术，每年研发经费达 3 000 多万元；另一方面，公司积极发挥产学研作用，主要与北京工商大学进行检测方面的相关合作，与韩国西江大学合作等，同时关注基础研究和行业研讨

5. 广东雄达实业发展有限公司

该公司致力于赤芝、紫芝等灵芝品种的培植、加工、研发与销售全生态价值链。2014年公司与灯塔盆地国家现代农业示范区合作投资达 6 500 万元，建立河源市标准化食用菌（灵芝）培植基地项目。落实国家与河源市"精准扶贫"的重要思想，采用"公司 + 基地"的模式，积极构建灵芝全价值链，推动了灵芝材料在大健康产业中的应用。

针对灵芝材料开发，公司创新培育方法、研发产品种类等方面积极尝试，该公司取得了可观的创新性成果（见表7）。

表7 广东雄达实业发展有限公司灵芝材料开发应用现状

项别	开发应用现状
产品种类	灵芝、灵芝孢子粉、灵芝孢子粉胶囊、灵芝孢子油和灵芝切片
产值	2015 年：生产灵芝 40 吨，孢子粉 1 吨，销售额高达 1.3 亿元
	2016 年：生产灵芝 50 吨、孢子粉 2 吨，销售额达 2 亿元
培育方法	椴木袋栽法：以枫树为原木
	袋料培植法：变废为宝，利用木糠、树叶树枝、芒草等装袋培植
研发现状	获得专利 6 项

该公司取得如今成绩主要依靠两大法宝：内部团队的建设和产学研合作。该公司注重内部团队建设与人才培养；现有 76 名本科以上学历员工，培养了 33 个灵芝培植方面的专

家,制定了科学的培养机制——利用利润的 5% 用于人才培养,利润的 8% 用于创新激励,形成了一系列科研成果,尤其是自主探究了两种灵芝的培植方法——椴木袋载法和袋料培植法。同时公司注重产学研合作,与华南理工大学轻工与食品学院合作,主攻改善灵芝茶口感;现与华南农业大学合作开发破壁技术,目前已取得一定成果,通过技术改进,将破壁粉有效成分产率从 50%~60%,提高至现在的 97%~98%。

6. 河源市农产品流通中心

河源市农产品流通中心成立于 2014 年,总投资 610 万元,占地 5 000 平方米,是河源市大型农产品流通中心(见表 8)。该中心致力于宣传推介广东省优质农副产品,同时为农业企业、专业合作社和农户解决农产品销售难题,也为消费者带来安全的食品体验,是一个有商业价值、农产品类别丰富、集散的大卖场,市场前景乐观。

表 8　河源市农产品流通中心现状

主营业务	农产品信息采集、农产品检测、农产品展示展销、农产品电子商务、农产品配送
盈利模式	销售额返点 5% 加上租金(前两年免费,第三年一半)
产品种类	共 1 067 种,代表性产品包括米粉、娘酒、板栗
进驻要求	具备合法商标、检测报告(由第三方提供,遵循企业标准),无公害、绿色
经营模式	线上线下 + 旅游服务 线上是指农产品电子商务交易平台,线下指农产品实体店交易
营销渠道	线上:销售比重占 15%~20%,借助第三方平台(京东、苏宁),并组建自己平台——双丰收
	线下:销售比重占 80%~85%,特产店、食堂、自由行购物

自 2015 年,该中心积极开拓电商中心,并为成员免费培训拓展线上渠道,提供免费交易平台取得可观的成果。目前已进行两期电商培训,培养 100 多个人,其中 60 多人开网店。目前,线上交易依旧存在"三座大山"阻碍线上推广——农产品性质、相关人才、政府政策。

7. 泰宝集团

泰宝集团坐落于中国惠州,成立于 1999 年,经过 15 年的发展,泰宝集团总资产已达人民币 20 亿元。集团秉承"诚信为本、共赢未来"的理念,全面推进规模化、品牌化战略,长远谋划立足于灯塔盆地国家现代农业示范区。自 2014 年来,集团投资 3.2 亿元,确定"一个中心,两个基地,三个药馆"的建设计划,带动和发展四大中药相关产业带,具体发展状况见表 9。

表 9　泰宝集团中药材项目发展现状

项别	发展现状
建设规模	面积 10.8 万平方米的中药材交易中心,中药材 GAP 种苗繁育基地 66.7 公顷,中药材 GAP 种植示范基地 333.3 公顷

续表

项别	发展现状
主要产业	中药育苗种植产业带 中药交易服务产业带 中药养生健康产业带 中药加工研发产业带
建设药馆	中医中药疗养馆 中医中药文化展示馆 沿湖百草药浴馆
产品种类	育苗 60 多种,包括黄花梨、桂花、金丝楠等;种植南药 20 余种,大规模种植两面针、千里香、三叉苦、岗梅

泰宝集团采用基地加农户模式,通过技术指导、保价收购、预付定金等方法,以合作社形式带动贫困村贫苦户建设,计划 3 年带动贫困户种植 1.5 万亩南药。计划建设泰宝中药材交易中心,致力于解决解决中药材线上与线下的销售问题,预计 1 年封顶,2 年内开业。设计建设的养生旅游基地已挂牌广东省中医药文化养生旅游建设单位,纳入广东省最新旅游线路内。泰宝集团还通过协议收集和内外研发开发老配方,用以发挥老配方作用,使大众享用大健康成果。目前,研究队伍建设仍在进行中,主要依靠三九技术常驻团队提供技术支持,与岭南中药资源教育部重点实验室、广东中医药大学等高校研究院合作,共同研发土壤改良、南药防虫防病、种植技术、生长规律及有效成分提取和检测等项目。预期 1 年内组建泰宝深加工研发团队。

8. 广东中兴绿丰发展有限公司

广东中兴绿丰发展有限公司成立于 2005 年,公司以柠檬、食用菌、光伏设施为主导产业,为广大消费者提供柠檬系列生鲜、深加工产品及食用菌产品。公司下设柠檬种植基地、育苗基地、深加工车间、贸易中心,通过"公司 + 农户 + 合作社 + 销售商"产业发展模式,实施"食品、化妆品、保健品"三步走战略,结合种植示范基地、工厂加工基地、贸易公司和研发团队四大经营模块,实现多方共赢,具体信息见表 10。

表 10 广东中兴绿丰发展有限公司天然产品在大健康产业中的应用现状

项别	应用现状
柠檬品种	尤力克柠檬,西柚
产品类型	现有产品生鲜和冻干片,精油、果汁 研发中产品包括细胞水、面膜、化妆水、果酒、果胶、果籽油
产值	生产流水线每天可处理柠檬 30 吨,1 年工作 240 天 出口年交易额 5 亿~6 亿元(占公司利润 90% 以上)
鲜果出口地	育苗 60 多种,包括黄花梨、桂花、金丝楠等 种植南药 20 余种,大规模种植两面针、千里香、三叉苦、岗梅

续表

项别	应用现状
销售渠道	批发、商超、电商等 线下市场主要在深圳、广州、香港三地，加工品经沃尔玛营销指导与设计 线上则主要依靠第三方平台（河源市第一家入驻天猫） 正在开发微信销售平台

该公司自2006年进入柠檬市场，研究开发出拳头产品尤力克柠檬。为预防病虫害，2011年公司提出使用大棚模式和套袋技术。相比于传统模式（4年挂果，商品率40%~50%），大棚模式2年挂果，商品率可达90%以上，效果显著。首创的套袋模式区别于传统催熟方法，防病虫害、防机械剐伤，使柠檬自然变色，且套袋前后，柠檬成分不变，6—7月套袋，8—9月采摘，弥补世界柠檬市场的空白期。采用保价收购等发法鼓励农户种植，正在建设育苗基地，预期全部为大棚模式，整个产业链都与农户合作。

经过长期经验累积，公司决定储备产品西柚。公司于2014年成立食用菌工厂，目前正在进行茶树菇菌种改良，处于科研中试阶段。公司积极发展和其他企业的合作对接，以"食品产业自己做，化妆品产业和其他公司合作，保健品与高校协同研发"为宗旨，目前已成功开发出柠檬细胞水、充电宝补水神器产品。

经过多年发展，该公司目前已经构建良好的管理机制，虽为民营企业但无家族人员参与，现有200多名员工，通过招聘组建了营销队伍，并保持高管人才的低流失率。目前公司正在进行资产分离与股权变革，预期吸引更多外围力量，共同开发柠檬产业。

该公司的柠檬产品深加工自2012年始，目前处于由生鲜贸易到专注柠檬产业链的转型期，研发新型产品，已经获得阶段性成果。公司于2015年开始开发的柠檬细胞水，通过收集生产过程中气体制成，由香港食环署检测，定位高端，目前准备出口。公司积极开展和研究机构的产学研合作，具体开发项目与机构见表11，联合国内外高校、科研单位成立了河源市国柠现代农业研究院，构架如图4所示。

表11　广东中兴绿丰发展有限公司合作研究机构与开发项目

开发项目	合作研究机构
柠檬种植与柠檬深加工等技术项目	广东省农业科学院 韩山师范学院 华农仲恺食品学院等
深化柠檬皮、柠檬叶子、柠檬籽口服液等项目研发	
开发农旅结合项目	北京大学

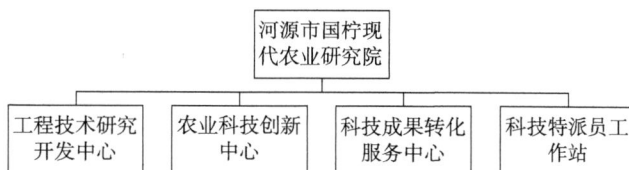

图4　河源市国柠现代农业研究院组织模式图

9. 河源市金源绿色生命有限公司

河源市金源绿色生命有限公司（以下简称金源公司）成立于 2003 年，注册资本 800 万元，公司占地 6.6 万平方米。金源公司是一家融种植、研发、生产、销售为一体，专注于纯天然绿色保健、养生产品的企业，尤其注重五指毛桃的开发应用。公司是国家高新技术企业、广东省农业龙头企业、广东省民营科技企业、广东省知识产权优势企业，设有河源市五指毛桃工程技术研究开发中心。

金源公司在五指毛桃开发应用中，坚持全生态产业链思路，多方式研发，初步建立了一条 GAP 产业化 "种植—研发—生产—销售" 的中药材产业化体系，并制定了五指毛桃 GAP 管理规范和 SOP 操作流程，拥有面积为 6.7 公顷的五指毛桃优质育苗示范基地，申请了多项专利，研发了多种产品（见表 12）。金源公司成立至今，得到了国家、省、市各级部门的高度重视和支持。未来，金源公司将在巩固、调整、完善的基础上，寻找合作伙伴合作，走 "产学研" 相结合道路，按渠道和人群进行定位和定制销售政策，并建设金绿生团队，进行规划发展。

表 12　河源市金源绿色生命有限公司五指毛桃开发应用现状

研究方向	五指毛桃 GAP 种植技术研究、五指毛桃提取加工技术研究、五指毛桃治疗慢阻肺中药新药开发
研发方式	公司拥有科技人才 18 人（本科＋硕士，博士短期合作，其中 5 位种植方面人才，13 位加工方面人才）；得到中医泰斗、国医大师邓铁涛教授的大力支持，同时与广州中医药大学、东莞理工学院、华南农业大学（教授特派，实验室）等高校开展产学研合作
GAP 产业化种植	依靠 "公司＋基地＋农户" 模式推进，推广面积 66.7 公顷，主要分布在源城区、东源县、紫金县、和平县等县区
产品种类	养生汤料、代用茶、植物饮料、固体饮料等 10 多个产品，同时正在积极开发 "活肺通" 中成药
发明专利	五指毛桃粉及其制备方法，五指毛桃规范化产业化种子繁殖的种植方法，五指毛桃汤料、五指毛桃提取物及其制备方法和用途

（二）天然材料现状分析

河源市灯塔盆地位于广东省东北部、东江中上游，境内气候温和、雨量充足，土地肥沃，富含硒、锌等元素，生态优良，是发展现代生态农业的理想生产基地，也是穗深港澳绿色农产品的重要供应基地。

近年来，河源市委、市政府坚持 "既要金山银山，更要绿水青山" 的发展理念，按照建设 "生态型、特色型、科技型、园区型、效益型的现代农业示范区" 的战略定位，以转农业发展方式为主线，以保障穗深港澳主要农产品有效供给和促进农民持续较快增收为主要目标，以做大做强优质粮油、特色水果、绿色蔬菜、生态养殖、花卉苗木、南方药材六大主导产业为主攻方向，大力发展现代生态农业，推进农业改革与建设，着力探索具有粤东北山区特色的现代农业发展道路。

着眼于大健康产业的发展目标,"甄材实学"实践团将调研范围锁定在特色水果、花卉苗木、南方药材三个方面,进而调研了富阳公司等企业,调研涉及的天然材料包括茶油树、灵芝、柠檬、五指毛桃、三叉苦等,其中各天然材料的性能与应用现状如下。

1. 茶油树

澳洲茶油树原产于澳大利亚,属于桃金娘科白千层属常绿的小乔木树种。该树种原产于澳大利亚,是澳大利亚著名的芳香树种,素有"植物黄金"的美誉。大量现代科学研究证明,茶树油具有抗病毒、抗菌、免疫激活、驱虫杀虫、化痰镇静、止痛、促进伤口愈合等作用,是一种优良天然抗菌剂。

河源市东源县涧头镇地处亚热带区域,属亚热带季风气候,年均气温20.5℃,年均降水量1 742毫米,年均日照总时数1 800小时。该气候条件,使澳洲茶油树植株既不会受冻害,又不会因高温高湿徒长而影响品质,是国内乃至国外难得的适合种植澳洲茶油树的理想地区。

富阳公司致力于开发天然环保的茶树精油保健及医药系列产品,现有产品包括茶树精油、茶树纯露、茶树精油抗菌消毒类产品,在研产品有茶树油高端医用敷料、茶油树有机养生茶等。项目产业链流程如图5所示。

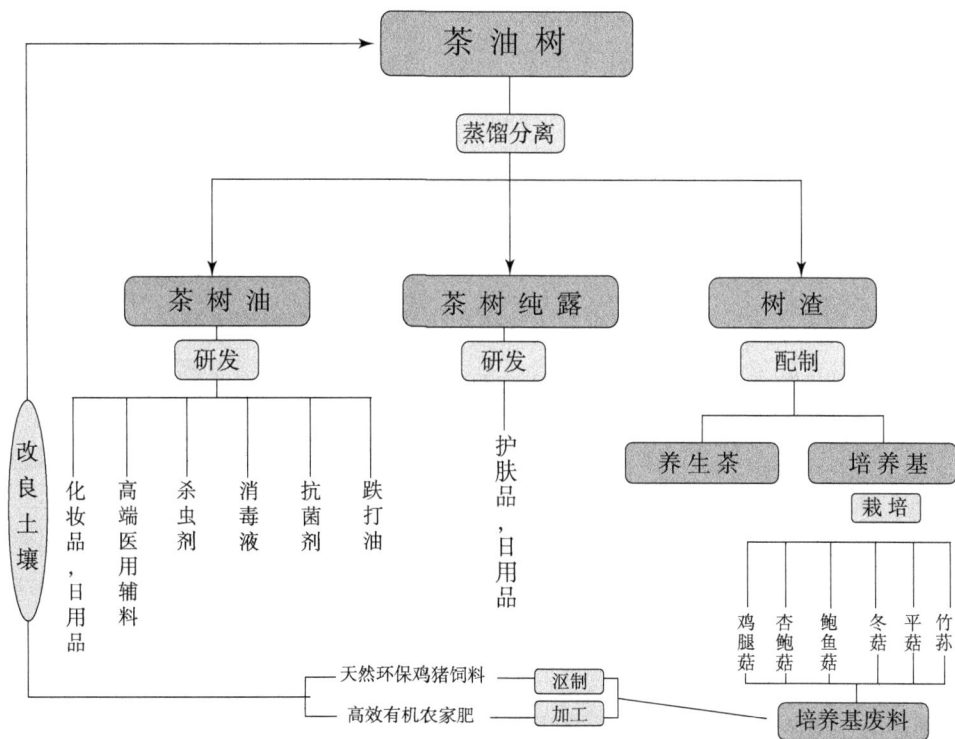

图5 项目产业链情况

2. 柠檬

柠檬,又称柠果、洋柠檬、益母果等,芸香科柑橘属植物。柠檬因其味极酸,肝虚孕妇最喜食。柠檬中含有丰富的柠檬酸，因此被誉为"柠檬酸仓库"。其果实汁多肉脆，有浓郁的芳香气。因为味道特酸，故只能作为上等调味料，用来调制饮料菜肴，制作化妆品和药品。此外，柠檬富含维生素 C，能化痰止咳，生津健胃，用于支气管炎、百日咳、食欲不振、维生素缺乏、中暑烦渴等症状，也是"坏血病"的克星。

柠檬性喜温暖，耐阴，不耐寒，也怕热，因此，适宜在冬暖夏凉的亚热带地区栽培。柠檬适宜的年平均气温为17℃~19℃，年有效积温（≥10℃）在 5 500℃以上，1月平均气温6℃~8℃，极端最低温高于 -3℃；年降雨量 1 000 毫米以上，年日照时数 1 000 小时以上。柠檬适宜栽植于温暖而土层深厚、排水良好的缓坡地，柠檬最适宜土壤 pH 值为 5.5~7.0。国内柠檬四大产区为四川、云南、海南、广东河源。广东中兴绿丰公司选取四川安岳县优质柠檬苗，经过研究开发出优秀柠檬品种尤力克柠檬。

中兴绿丰发展有限公司的柠檬产品深加工从 2012 年开始，研发产品有柠檬冻干片、细胞水、面膜、化妆水、精油、果酒、果胶、果籽油、果汁等，其中柠檬冻干片、柠檬精油和柠檬果汁均已上市。

3. 五指毛桃

《中华本草》记载：五指毛桃性平味甘，功能健脾补肺，行气利湿，舒筋活络；主脾虚浮肿、食少无力、肺痨咳嗽、盗汗、带下、产后无乳、风湿痹痛、水肿，肝硬化腹水、肝炎、跌打损伤。

河源生长的五指毛桃气香味甘，品质上乘，国家科技部通过科学严谨的论证，确认其药用成分含量全国第一。

河源市金源公司现已生产出以五指毛桃为主要原料，药食同源的保健、养生系列产品 10 多个品种。

4. 灵芝

灵芝，有仙草之美誉，作为拥有数千年药用历史的中国传统珍贵药材，具备很高的药用价值。主要有效成分包括有机锗（其含量是人参的 46 倍）和灵芝多肽等数十种生化成分。经过科研机构数十年的现代药理学研究证明，灵芝对于增强人体免疫力，调节血糖，控制血压，辅助肿瘤放化疗，保肝护肝，促进睡眠等方面均具有显著疗效，具有镇静、健胃、健脑、解毒、消炎等综合功效。

灵芝培植场地，其土质、水质的好坏，特别是农药及重金属残留是否超标都会影响灵芝子实体的质量，因为灵芝菌丝有富集重金属能力，能将溶于水中的重金属离子吸收，从而造成灵芝子实体重金属含量超标。河源市得天独厚的地理位置和生态环境，十分适宜灵芝的培植。

广东雄达实业发展有限公司自成立以来，专注于灵芝开发、培植、加工、销售及生鲜运送。近年来开始针对赤芝和紫芝开发灵芝产品，主要包括灵芝、灵芝孢子粉、灵芝孢子粉胶囊、灵芝孢子油和灵芝切片。

5. 其他

除此之外，河源灯塔盆地示范区特色农业产业初具规模，还建成了连平鹰嘴蜜桃、东源油栗、和平猕猴桃、春甜橘、蓝莓、忠信火蒜、高莞花生等一批具有和园特色产品生产基地，初步形成"一县数品、一镇一品"的区域特色格局。

（三）大健康相关企业产业模式分析

1. 河源市灯塔盆地产业模式分析

灯塔盆地，群山环绕历史悠久，现代农业气息浓郁。这里正在打造宜居、宜业、宜游的"三宜"宝盆。2012年1月，灯塔盆地被农业部认定为第二批国家现代农业示范区；2014年8月，被农业部确定为国家农业科技创新与集成示范基地；2015年2月，灯塔盆地示范区被科技部确定为国家农业科技园区。示范区凭借便利的交通、丰富的资源、优美的环境和得天独厚的区位优势，重点培育"一批核心主体产业"，着力打造"四个平台"，重点发展"六大主导产业"，以建设特色生态农业产业园、都市生态农业拓展带、山区生态农业示范区、城乡统筹发展样板区为总体目标，为创业发展铺垫厚实基础，为现代农业发展提供科学导向。

"甄材实学"实践团调研的河源天然材料企业，大部分处于由供给传统生鲜转向销售自主产品的过渡期。河源天然材料企业结合政府"现代物质条件装备农业，现代科技技术改变农业，现代经营体系提升农业，现代营销形式推进农业，现代文化理念引领农业"规划，采取产业化"种植—研发—生产—销售"体系，并通过"扬帆计划"引进人才，利用"公司＋基地"模式，带动贫困村贫困户建设，为农民增收，促进"一县数品、一镇一品"区域特色格局的形成。

2. 中山市产业模式分析

中山市地处珠江三角洲中南部，地理位置优越，近年来坚持"工业强市""科技强势"和可持续发展战略，加快工业园区建设步伐，调整优化产业结构，抓好名牌战略和技术创新，工业生产保持快速健康增长势头，增幅连续三年位居珠三角首位。拥有国家高新技术产业基地、国家健康科技产业基地、国家精细化工生产基地等13个国家级产业生产基地。中山市十分注重科技产业化发展，不断引进创新科研团队、院士工作站，和国家重点实验室分支机构。

"甄材实学"实践团调研的中山天然材料相关企业，其产业模式如表13所示。

表13 中山市天然材料相关企业产业模式

公司名称	原材料来源	产品销售渠道	产业模式
中智药业集团	外购为主，下设2处生产基地	集团下属药房	全产业链
诺斯贝尔公司	外购	客户订单	OEM&ODM
爱护日用品有限公司	外购	线上销售与线下销售相结合，逐渐改为外包	产销一体化

（四）天然材料特点与发展规律总结

1. 政府重视大健康产业

"十三五"规划建议将"健康中国"建设上升为国家战略。2016 年，持续不断的健康相关政策出台，令大健康产业的发展迎来政策蜜月期。21 世纪将是一个大健康产业获得极大发展的时代。大健康产业将是 21 世纪经济的核心产业。

因农业存在"投资大，周期长，风险高"等特点，近年来，河源市委、市政府紧跟中央政策，与国家开发银行合作推广"四台一会"模式，建立管理平台、承贷平台、担保平台、公示平台和信用协会，破解农业融资难瓶颈，采用发展工业园区的模式发展农业；因地制宜，依托"两高（高速公路、高铁）一路"，完善和构建产业链和产业集群的布局，外环影响一个局部一个点，内环通过一路将核心企业连成线，扩大成片；以精准扶贫为统揽，多渠道、多途径争取基础设施、扶贫产业征收、劳动技能提升等方面的项目资金，配套政策，对贫困户重点扶持、重点关注、重点倾斜。灯塔盆地根据发展现状及农户实际情况，确定帮扶发展生态种植、养殖、加工等特色产业，完善"一县数品、一镇一品"的区域特色格局。目前，当地政府对大健康相关企业天然材料的支持情况及支持现状如图 6、图 7 所示。

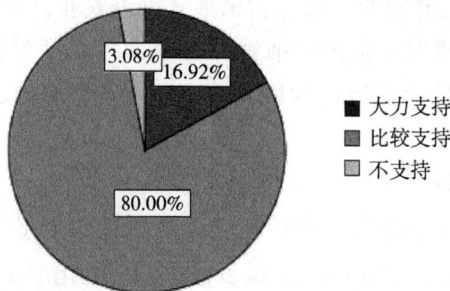

图 6　当地政府对公司天然材料支持情况

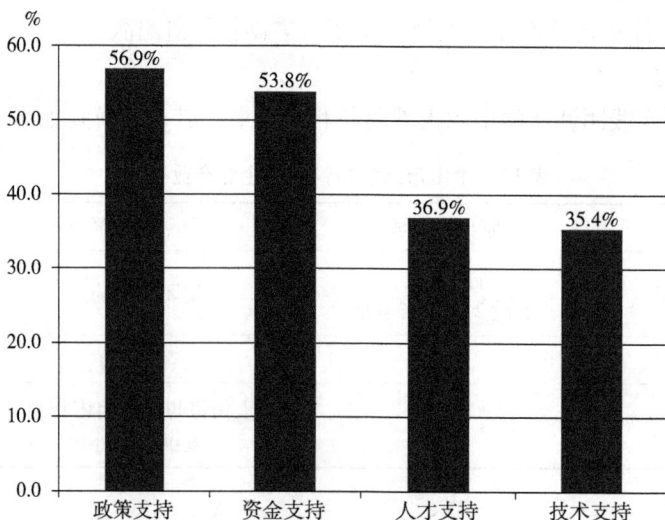

图 7　政府对企业支持现状

2. 天然材料种类繁多

灯塔盆地位于东经114°39′~115°05′，北纬23°55′~24°23′，覆盖20个乡镇，总面积2 291.24 平方公里。属于亚热带季风气候，冬季温暖，四季分明，年均温度17.9℃~21.3℃，无霜期267~345天，年均降水量1 536~2 142毫米。灯塔盆地水系属新丰江流域，地表水资源丰富，地表水均符合水质卫生标准，水质良好。正是如此优良的生态环境和气候，使得河源的六大主导产业发展迅速，农产品原料种类繁多，主要体现在：

（1）拥有仅河源本地特有的天然材料，例如五指毛桃。

（2）外来引进品种也能在这片土地上繁荣生长，例如柠檬、茶油树。

其中，广东省林业科学院从20世纪90年代开始引进澳洲茶油树优良品种，筛选优良单株，进行工厂化培育组培苗，并在河源市开展种植研究，获得松油烯-4-醇含量达到40%以上的优良树种。广东富阳生物科技有限公司开展澳洲茶树油提取设备改进和工艺优化技术研究，解决了蒸汽蒸馏提取植物芳香挥发过程中蒸馏时间过长、能耗大、品质差的问题。其优点是所需蒸汽用量少，产品水解、热解损失少，降低了产品被氧化的机会，提高了产品的天然度，而且结构简单，维护方便，适用于各种规模的生产需要。项目成果获得广东省科技进步三等奖。

3. 利用产学研合作模式发展天然材料

产学研合作是指企业、科研院所和高等学校之间的合作，通常指以企业为技术需求方，与以科研院所或高等学校为技术供给方之间的合作，其实质是促进技术创新所需各种生产要素的有效组合。河源灯塔盆地注重产学研合作，先后与中国农科院、华南农业大学、广东省农科院等科研院校签订了《合作协议》，柔性引进了优质粮油、生态养殖、农产品加工、农业经济与发展、特色水果、茶叶、高效安全蔬菜、园艺种业产业等8支科研创新团队。其中，研发合作单位情况如图8所示。通过产学研合作，加快了天然材料开发与应用研究的速度，提升了技术水平，为企业培养了大量技术人才，实现了技术共赢。

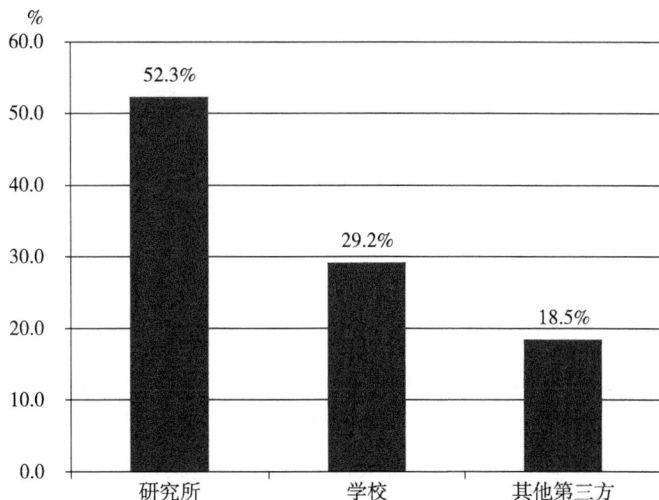

图8 研发合作单位现状分析

4. 天然材料采用"公司＋农户＋合作社"的培育模式

河源市根据当地优越的环境条件，并结合国家三农政策，同时发挥区域优势，因地制宜、因人制宜，重点发展优质粮油、特色水果、绿色蔬菜、生态养殖、花卉苗木、南方药材六大主导产业；通过"公司＋农户＋合作社"的独特的天然材料培育模式，通过技术指导、保价收购、预付定金等方法鼓励农户种植；以合作社形式带动贫困村贫苦户建设，结合种植示范基地、工厂加工基地、贸易公司和研发团队四大经营模块，实现多方共赢，从而使得天然材料在灯塔盆地更好地生长。例如中兴绿丰公司采用保价收购等方法鼓励农户种植，育苗基地正在建设，预期全部为大棚模式，整个产业链都与农户合作；泰宝集团采用基地加农户模式，计划3年带动贫困户种植1.5万亩南药。

5. 产业模式由传统种植向全产业链转移

河源市虽然具有天然产物种植的得天独厚的优势，但单一的天然产物种植和天然材料的提取技术附加值不高，发展领域狭窄。近年来，河源市企业认识到这一问题，通过产学研合作，促进天然材料全产业链的形成。如广东富阳生物科技有限公司种植的澳洲茶油树，从枝叶可提取茶树精油，因其优异的抗菌、止血、促进创面修复等性能，可用于制备化妆品、消杀用品、医用敷料、卫生用品等；茶油树加工所获得的树渣，可用于制备高端菌类培养基、制备富硒养生茶等。

我们在调研中也发现，河源市、中山市的国家大健康产业基地，很多企业在所涉及的化妆品、日用品、保健用品、医疗器械、药品等（见图9）的生产中，对优质天然材料的需求量极大，十分关注河源天然材料产业的发展，这也成为河源市天然材料产业发展的重要突破口。

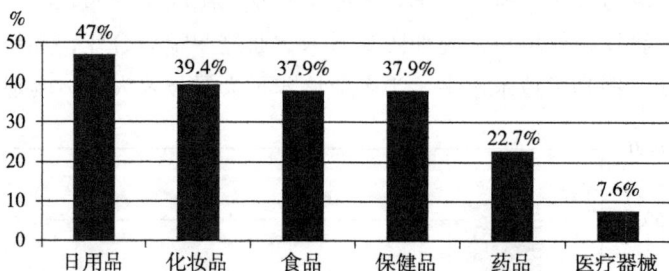

图9 天然材料应用领域排位分析

6. 天然材料在大健康产业应用中存在的问题

天然材料在大健康产业中的发展前景非常广阔，然而其目前的发展速度却较为缓慢。本次"甄材实学"社会实践团在调研过程中发现，天然材料在河源市和中山市大健康产业中得到较广泛的应用，也取得一定成果，但仍然存在着人才短缺、设备落后、资金短缺等一些问题（见图10），这些因素都制约着大健康产业的健康快速发展。

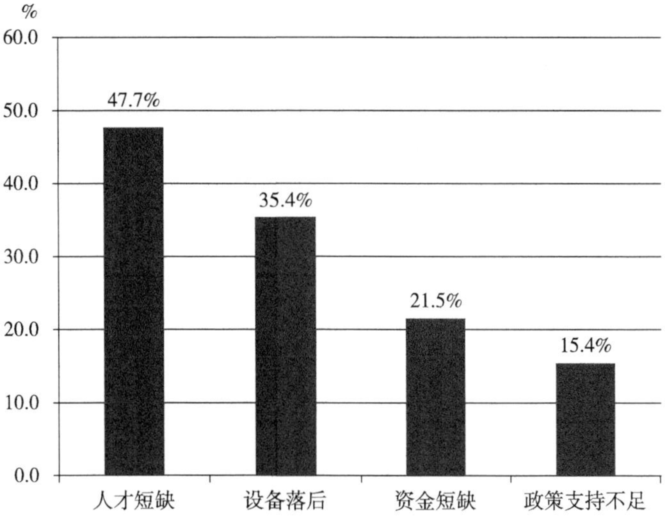

图 10 天然材料应用于大健康产业的现存问题分析

（五）产品研发方面

产品研发是一个企业赖以生存的基础，在企业发展中占有重要地位。调研发现部分企业在产品研发方面存在以下问题：

第一，企业与高校产学研合作成果有待提高。调查问卷结果显示，产学研合作顺畅且成果丰硕的企业仅占 16.92%（见图 11）。这是因为，一方面，一些企业过分依赖产学研合作，没有本公司自己的研发团队，并且不能正确定位产学研合作所发挥的作用，寄希望于产学研合作能解决本公司包括管理问题在内的所有问题；另一方面，在产学研合作中企业的合作院校仅局限于当地高校，范围较窄，局限性大，不能真正发挥产学研合作的作用。

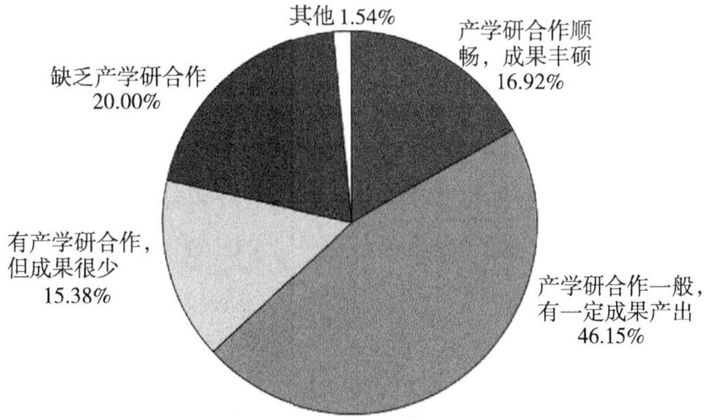

图 11 公司天然材料产学研合作情况

第二，企业对产品的开发缺乏战略性布局与思考。战略性布局是指企业根据经济形势，结合自身的实际情况而采取的产业、业务的趋向布置，实现既定环境和既定条件下的最佳布局。企业在发展中规划不够合理，导致方向性不够明确，从而造成企业的产学研定性不够清晰。

第三，企业在产学研过程中研发资金不够充足。从调查问卷结果可以看出，44.62%的企业投入天然材料的经费较为不足（见图12）。由于产品研发需求较大，这就需要大量资金的投入，而政府的相关支持项目不能持平，以致形成较大缺口，不利于企业发展。以广东省富阳生物科技有限公司为例，我们在对该企业的调研中了解到，公司在研发资金方面缺口较大，这严重制约了其对产品中有效成分的研究。

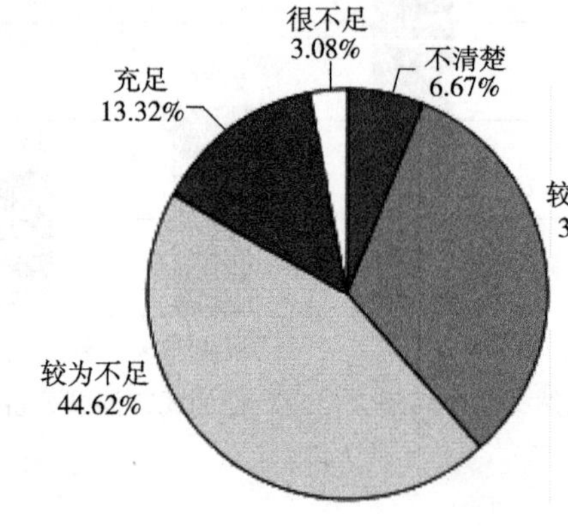

图12　公司每年投入天然材料的经费

（六）人才管理方面

人才是一个企业最重要也最稀缺的战略资源和核心能力，人才资源战略管理成为企业发展战略管理的重要组成部分。企业综合实力的竞争，归根到底是人才数量和质量的竞争，是人才成长和发挥作用机制的竞争。因而，一个企业集团人才工作创新机制如何，能不能吸引和凝聚集团各分（子）公司及社会上的人才特别是高素质的人才，能否合理配置、管理、开发和利用好人才，将关系到企业集团生存发展。我们在调研中发现：

第一，众多企业存在人才匮乏问题。如图13所示，77.27%的员工认为大健康产业中人才数量较少。具体表现为专业型人才不足，不仅研发人才稀缺，相应管理人才也储备不足。第二，企业人才分布不够合理。部分企业忽略管理型人才的配制，全部企业没有形成科学的人才管理模式。第三，企业人才机制有待提升。部分企业未建立完善的激励机制，没有形成鲜明的企业文化，同时民营企业不易吸引人才，在职员工归属感低。

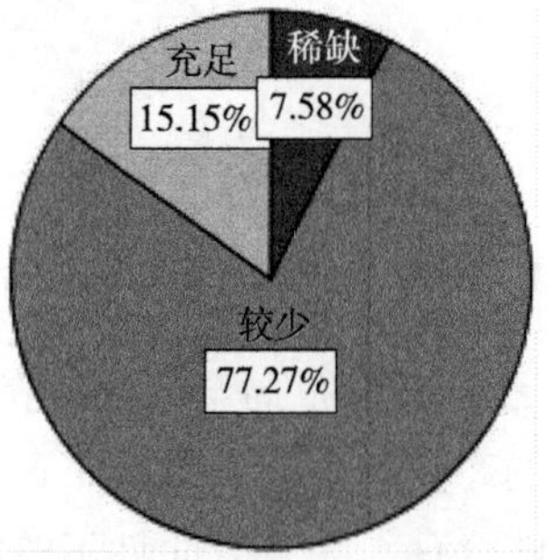

图13　大健康产业中人才数量调查

（七）市场营销方面

企业做产品的目的是要打开市场、将产品推向市场，最终卖到消费者的手中，得到消费者的认可。而产品在推广环节中也是存在着诸多困难和难题，我们在参观调研企业的过程中发现在市场方面主要存在以下问题。

第一，企业自身对自己产品的市场定位不明确，目标客户不清楚。有些企业没有明确在目标市场上所处的位置，没有根据竞争者明确现有产品在市场上所处的位置，没有针对顾客对该类产品某些特征或属性的重视程度，为自身产品塑造出与众不同的、给人印象鲜明的形象，并将这种形象生动地传递给顾客，从而使该产品在市场上确定适当的位置。而目标客户是市场营销工作的前端，只有确立了消费群体中的某类目标客户，才能展开有效的且具有针对性的营销事务。但是某些企业在打造新产品时，没有明确自己面向的消费群体，比如是低端消费人群还是高端消费人群，这样就使得产品的客户没有针对性，同时对于营销的开展也较为不利。

第二，企业销售渠道传统单一，没有体现产品的特色，缺乏相应的创新性。有些产品在营销时没有充分考虑其行业特殊性，推广时依然使用一些传统渠道，线下销售沿用的是以往的销售模式，线上销售模仿的是其他产品已有的销售模式，而没有根据产品自身特性打造出新的销售模式，这也在一定程度上限制了产品的推广。

第三，品牌管理不科学，存在商标抢注的现象。由于产品没有系列化，未能实现可持续发展；同时由于缺乏拳头品牌，未能形成自己的品牌产品。企业在现有商品进行商标注册时，存在着一种抢注心理，没有进行综合性的考量，未将现有产品和未来产品的商标联系在一起，进而无法建立系列化的产品。

（八）政府政策方面

我们实践团在河源市调研的企业都位于灯塔盆地，该盆地是国家现代化农业示范区，国家和众多部门联合出台了很多针对民营企业、中小微企业的扶持政策。然而"甄材实学"实践团在调研这些企业的过程中发现一些政策上的问题：

第一，政策的覆盖不够。一方面是政策主要面对"北上广"这类一线城市的民营企业，而二三线城市的企业却较少惠及。另一方面是政策未全方位覆盖，主要集中在人才和配套设施建设方面，对开拓市场渠道、风险基金的投入还有待加强。

第二，政策内容不够细致。表现为区域性的大政策缺乏补充的细则与规则，在落实过程中没有明确的指向性文件。例如，食品、药品、保健品的区分模糊不清，相对应的标准也未明确指出，给企业产品审批带来了不便，制约企业发展。

第三，政策的宣传力度不够。实践团的调研问卷统计数据显示，近四成的调研对象认为当地政府对当地公司的天然材料支持情况是大力支持和比较支持的，然而仍有超六成的调研对象表示不了解或者不太了解相关政府的扶持政策（见图14）。

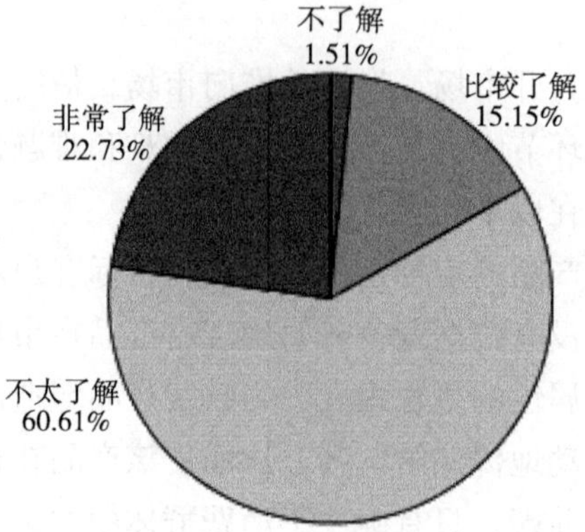

图14　参与调研者对相关政策的了解程度

六、对策建议

（一）研发方面

（1）针对定位问题。合理应用产学研合作模式，明确公司、学校在产学研合作中的地位和作用。

（2）明确产学研项目重点。合理利用产学研成果，综合考量研究项目的深度和广度，大力推进重点成果产业化，抢占市场产品应用先机。

（3）实行"走出去引进来"战略，适当发展与省外高校科研院所的合作。

（4）企业加大研发资金投入。

（二）人才方面

（1）针对人才少问题，大力推进"扬帆计划"，引进先进专业人才，加大人才引进的力度，制定详细措施吸引人才、留住人才、培养人才。

（2）企业大力培养自己的研发人才，注重公司内部研发团队建设，加大研发投入金额，更加关注研发项目。

（3）针对人才结构不合理问题，加强人员分布的合理性，调节管理人员与科研人员分布。

（4）完善企业文化，建立良好的企业氛围。

（5）针对管理机制问题，加强建设企业管理机制，注重员工的培养与激励政策，确保优秀人才不流失。

（6）加强和高校的合作关系，充分发挥产学研的作用。

（二）市场方面

1. 定位问题

结合项目产品及市场需求，明确市场定位，确定目标客户群体，并根据目标客户群的喜好与需求，直击客户痛点。

2. 渠道问题

根据生鲜产品的时节性调整销售策略，大力创新，强调生鲜的特殊性，建立产品销售新模式，与线上传统商品区别开来。

3. 品牌问题

进行品牌一体化调整，在总品牌下设立具有特色的系列子品牌，分管生鲜食品、日用品、保健药品等不同系列产品；从包装设计、宣传等方面入手，既保证产品系列化、多样化，又强调企业产品的统一性。

（三）政策方面

（1）对于覆盖面少问题，保证政策覆盖面积，提升对粤东西北地区天然材料这一特色产业的支持力度。

（2）促进大健康产业相关支持政策的形成和完善。

（3）加强政策宣传，加强宣传力度，使企业能及时了解国家方针政策。

附件一：

问卷编号

天然材料在大健康产业中的应用研究
调查问卷

尊敬的先生/女士：

　　您好！

　　十分感谢您积极参与"天然材料在大健康产业中的应用研究调查"活动。

　　我们是北京理工大学材料学院"甄材实学"暑期实践团，此次调研目的是了解天然材料在大健康产业中的应用情况。您的回答将帮助我们课题的顺利进行。我们真切地希望您能实事求是，在独立思考下完成本调查问卷。本问卷不涉及个人隐私，请您放心填写。

　　题目无固定答案，请选择最符合您自身情况或认知的选项并在"□"中打钩，或在"＿＿"处填写您的答案。

　　再次感谢您的积极参与与支持！

北京理工大学材料学院

"甄材实学"暑期实践团

2016 年 7 月 6 日

贵公司的名称是：＿＿＿＿＿＿＿＿＿＿＿＿＿＿

在贵公司，您是一位：

□ 高层管理人员　　□ 一般管理人员　　□ 研发人员

□ 技术人员　　　　□ 其他（请在横线上说明）

1. 您对天然材料发展（包括研发及其应用领域）的关注程度是：

□ 时时关注　　　□ 经常关注

□ 偶尔关注　　　□ 不关注

2. 您认为当前影响天然材料在大健康产业中应用的因素是:

(按重要程度排序)

A. 使用性能　　　B. 成本　　　C. 利润

D. 材料安全性　　E. 宣传包装　　F. 市场需求

3. 您认为在大健康领域中, 技术人才数量如何:

□ 过剩　　　　　□ 充足　　　　　□ 较少　　　　　□ 稀缺

4. 您对有关大健康产业的政策的了解程度为:

□ 非常了解　　　□ 比较了解　　　□ 不太了解　　　□ 不了解

5. 您认为贵公司应用的天然材料目前的应用发展现状:

□ 探索阶段　　　□ 初期阶段　　　□ 中期阶段　　　□ 成熟阶段

6. 您认为与其他相关公司相比, 贵公司对天然材料研发程度如何:

□ 很高　　　　　□ 较高　　　　　□ 中等　　　　　□ 一般

7. 您认为贵公司核心天然材料目前的主要应用领域为: (可多选)

□ 药品　　　　　□ 医疗器械　　　□ 保健品　　　　□ 食品

□ 日用品　　　　□ 化妆品　　　　□ 其他

8. 您认为影响贵公司天然材料应用于大健康产业中的关键问题是: (可多选)

□ 产品的先进性和优越性　　　　□ 大批量生产的稳定性

□ 原材料性能　　　　　　　　　□ 政府的支持态度

□ 产品利润率　　　　　　　　　□ 其他

9. 您认为目前开发中的天然材料给贵公司带来的经济效益:

□ 投入大于收益　　□ 投入与收益基本平衡

□ 收益大于投入

10. 您认为贵公司核心天然材料产品生产的过程中遇到的主要问题是: (可多选)

□ 人才短缺　　　　　　　　　　□ 设备不够先进

□ 原材料性能欠佳　　　　　　　□ 公司投资不足

□ 政府政策影响　　　　　　　　□ 其他

11. 您认为贵公司每年在天然材料研发方面的投资比为:

□ 5% 及以下　　　□ 5% ~15%　　　□ 16% ~30%

□ 31% ~45%　　　□ 45% 以上　　　□ 不清楚

12. 您认为贵公司每年投入在天然材料研发方面 (内部研发或从外获取) 的经费是否充足?

□ 充足　　　　　□ 较为充足　　　□ 较为不足　　　□ 很不足

13. 您认为贵公司现阶段的技术创新主要来源为:

□ 自己内部科研中心研发

☐ 向研究机构一次性购买知识产权

☐ 与研究机构合作，委托研究机构研发

☐ 向研究机构购买技术的使用权

☐ 其他

14. 您认为贵公司对人才培养的关注度如何？

☐ 非常看重　　　☐ 较看重　　　　☐ 一般看重　　　☐ 不看重

15. 若贵公司的核心天然材料是与其他公司合作生产，那么，合作单位是：

☐ 学校　　　　　☐ 研究所　　　　☐ 第三方　　　　☐ 无合作单位

合作项目是：

☐ 开发　　　　　☐ 应用　　　　　☐ 其他　　　　　☐ 无合作项目

16. 您认为贵公司在天然材料领域开展产学研合作的情况：

☐ 产学研合作顺畅，成果丰硕

☐ 产学研合作一般，有一定成果产出

☐ 有产学研合作，但成果很少

☐ 缺乏产学研合作

17. 您认为当地政府是否支持贵公司所开发的天然材料？

☐ 大力支持　　　☐ 比较支持　　　☐ 不支持

18. 您认为当地政府对贵公司有哪些方面的支持？（可多选）

☐ 政策　　　　　☐ 资金　　　　　☐ 技术

☐ 人才　　　　　☐ 无　　　　　　☐ 其他

19. 您认为国家政策对贵公司天然材料的发展的影响为：

☐ 推动　　　　　☐ 无影响　　　　☐ 阻碍

20. 您对贵公司天然材料未来的发展方向有何建议？

☐ 完善所在应用领域　　　　　　☐ 开发其他应用领域

☐ 维持现状　　　　　　　　　　☐ 其他

21. 您对天然材料应用于大健康产业中还有哪些看法和建议？请您简要谈谈。

_____

_____

感谢您百忙之中认真填写问卷，我们将认真仔细地记录您所填写的信息，祝您有愉快的一天！

实践·足迹

一、品读实践

正所谓：天将降大任于斯人也，必先苦其心志，劳其筋骨，饿其体肤，空乏其身，行拂乱其所为，所以动心忍性，增益其所不能。大学的时光，是人一生中最美好、最绚烂的时光。我们应该满怀激情和梦想，有敢闯敢拼的精神，有旺盛的精力和澎湃的斗志。我们是新一代的大学生，我们朝气蓬勃，我们如旭日东升，我们如猛虎蛟龙，我们走出校园，走进社会，读了万卷书后行千里路，这正是我们新一代年轻人应该做的事。

二、品读社会

纷繁的社会，复杂的世情，我们作为大学生，接触更多的是简单小众的校园生活，而在象牙塔外的大千世界同样精彩。对于社会这座大学，我们了解地不够深入；作为未来的接班人，我们也有必要去体察社情，洞察民意，将社会现状与理论指导结合起来，将我们的青春热血和聪明才智挥洒在这片我们深爱的土地上。

三、完善周密的前期准备

2016 年 7 月 1 日起，北京理工大学材料学院“材料探索—甄材实学”暑期社会实践调研团将奔赴广东省，开始为期 14 天的考察交流活动。本次调研活动由北京理工大学材料学院与河源市委组织部、中山北京理工大学研究院共同组织，重点调研广东省河源市与中山市两地岭南特色天然材料在大健康产业中的应用及发展现状。

为做好本次调研活动，材料学院在 5 月底便开始启动面向全校的团员招募活动，经过报名面试筛选等环节，共选拔出来自材料、生命、管理等学院及校记者团等共计 15 位优秀本科生与研究生。为确保整个调研活动的顺利进行，调研团队于 6 月 25 日在中关村校区 5 号实验楼 502 会议室召开了调研团队见面会及安全培训课。本次调研活动领队及指导老师陈煜对整个调研计划做了详细介绍，并与队员们就调研内容展开了深入讨论。

为响应国家“健康中国”的建设，实践活动拟通过与当地政府及龙头企业共同开展实践、座谈活动，结合调研团队的专业特色，对广东河源、中山地区具有典型地方特色和突出性能特点的天然材料（如茶树油、灵芝、板蓝根、柠檬等）在药品、医疗器械、保健食品、化妆品等大健康产业相关产品中的应用情况进行调研。

四、一波九折的南下之旅

本次材料学院“材料探索—甄材实学”实践团于 7 月 1 日晚从北京出发，但因南方大范围降雨引发的自然灾害，全国铁路运行受到大范围影响，故在列车上滞留河北境内长达14 个小时。我们从天气预报得知此趟列车将长时间延误后，及时与陈煜老师沟通并决定就近在河北枣强县火车站下火车。当时已经是深夜，我们决定在这儿歇一晚，同时队长协调路线决定次日到石家庄后乘火车继续南下。第二天我们又坐着没有空调的绿皮车赶赴石家庄，经历了城中转站后来到了石家庄站等候晚上南下广州的动车。待我们到达广州后，又接着从广州站到河源的火车，等到我们抵达河源市时，已经是 7 月 4 日中午时分。一个计划不到 20 个小时的旅途，被南方的暴雨足足延长到了 60 多个小时。我们打趣说，这样的历程真是难能一见。这过程中，全体队员团结一致服从安排，听从指挥，虽路途蜿蜒曲折，还是完成了出行任务。

五、充实忙碌的调研之路

7月5日上午，实践团来到河源市博物馆，先后参观了恐龙博物馆、古邑客家文化及岭南文化博物馆，对河源市的自然、历史、人文等有了详细了解。河源市有"中华恐龙之乡"的美誉，截至2015年4月，河源恐龙博物馆出土和馆藏的恐龙蛋化石已达1.7万多枚，河源由此成为中国乃至全球馆藏恐龙蛋化石数量最多的地方。此外，河源亦是客家人聚居地，是客家文化的重要起源地之一，也是岭南文化的重要发祥地之一，有"客家古邑，万绿河源"美誉。

7月5日下午，实践团在富阳生物科技有限公司负责人的带领下，对富阳生物科技公司的天然材料基地进行了参观，了解了茶树油的种植、生产及产品销售的情况。富阳生物科技有限公司是一家集科研、生产、销售于一体的现代新型生物科技企业。目前公司主要经营澳洲茶树油开发项目，总投资8 100万元。该项目包括澳洲茶油树育苗、种植、精油加工、茶树油保健及医药系列产品研发、食用菌生产等业务，公司以"循环经济"的模式，实现了资源循环利用、经济环保。

7月5日晚，为做好天然材料在大健康产业中的应用调研工作，实践团在驻地进行了认真讨论和精心准备。调查问卷是实际调研的基础，也是深入了解产业发展的手段。对于本次深入企业中的问卷内容，团组成员们先后发表了意见，并根据大家意见做了相关调整。此外，实践团还集体学习了相关安全事项。

7月6日上午，北京理工大学材料学院"材料探索—甄材实学"暑期社会实践团走进富阳生物科技有限公司高端医用敷料生产基地，进行实地调研和考察。我们和富阳生物科技有限公司的董事长、总经理，河源市委组织部人才科叶科长，我们的指导老师陈煜老师，部分富阳公司员工进行了深入坦诚的座谈交流。交流会后我们在公司负责人的带领下，我们跟随陈老师走进富阳公司生产车间，参观富阳公司的茶树精油及其相关产品洁净车间生产线，通过负责人的讲解我们初步了解了一个流水线从原料生产到产品包装的全部生产过程。陈煜老师也在参观过程中给我们讲解了生产线中的机器如冻干机所运用到的与我们专业相关的知识，大家饶有兴趣在生产线上观摩，整个过程我们大家充满好奇，积极询问有关问题，气氛活泼热烈。在此期间，河源电视台对我们的活动进行了采访报道，在河源电视台播出。

六、见多识广的中山之行

7月7—8日，北京理工大学材料学院"材料探索—甄材实学"暑期社会实践团在广东省中山市就大健康产业中的企业发展状况，深入多家企业开展了实地调研。中山北京理工大学研究院对本次实践团在中山市的企业调研活动做了细致周到的安排，并得到河源市和中山市组织部的大力支持。广东富阳生物科技有限公司董事长郑永发先生、中山北京理工大学研究院运营总监黄斌老师、北京理工大学材料学院陈煜教授参加了在中山市的整个调研活动。

7月7日上午，实践团来到中智药业集团有限公司，参观了中药破壁饮片技术与应用重点研究室，并与企业相关技术负责人召开了座谈会。中山市中智药业集团有限公司创办于1993年，是融中成药、中药饮片、保健品、食品科研、生产、销售以及药品零售连锁为一体的大型医药工贸企业。实践团通过座谈会了解到中智药业具有完备的中药材规范化种植、自主知识产权的中药破壁饮片技术、完整的检测系统、国家运作平台以及与国内外相关科研院所合作和科研团队的"产学研"研究模式，对中药材走出国门做出了重要贡献。

7月7日下午，实践团调研了位于中山市火炬开发区的中山爱护日用品有限公司。爱护公司成立于2003年，是最早成长起来的专注于婴儿洗护用品研发和生产的企业之一，旗下拥有"爱护"和"幼妙"两大品牌，年产值超过2亿元。实践团首先参观了公司的包装生产线和调度室生产线。该公司参照国际标准建立了10万级无菌生产环境，是国内领先的高科技、高自动化程度的母婴洗护产品生产基地。之后实践团与爱护公司陈锡其主管的技术部门召开了座谈会。我们在座谈中了解到，爱护公司聚焦产品定位，专注3~6岁的婴童洗护，具有丰富的销售渠道和市场推广手段。此外，爱护公司与华南理工大学等一流研究机构形成技术强强联合，从产品设计、原料、配方研究到应用生产，形成优势技术合作链。

7月8日，实践团来到中山市南头镇实地考察了诺斯贝尔（NBC）化妆品股份有限公司，NBC成立于2004年，是一家外资企业，专业OEM/ODM生产商，公司员工约为3 000人，也是目前实践团考察的员工人数和产业规模最大的一家企业。在参观了NBC产品展示之后，实践团与公司技术团队召开了座谈会。座谈会中来自北京理工大学材料学院的闫晓婷同学做了题为《基于天然高分子高吸水性微球/海绵的制备与研究》的学术汇报，介绍了材料学院目前在天然材料应用于大健康产业中的研究进展。听取了汇报之后，NBC研发团队与实践团就未来潜在的合作领域展开了交流。

在紧张的企业调研活动期间，实践团还先后参观了中山北京理工大学研究院、孙中山故居纪念馆，并参加了由中山创客空间举办的创新创业交流活动。在中山北京理工大学研究院，实践团了解了北京理工大学通过利用自身的科研实力和人才资源，结合中山市及广东省的特色和发展方向，探索高校—政府—企业在科技创新和人才培养方面的合作机制。在孙中山故居纪念馆，实践团重温了中国近代民主革命伟大先行者孙中山先生的生平事迹，备受鼓舞。在创新创业交流活动中，实践团聆听了各领域成功创业者的创业经历并与他们展开了面对面的交流与探讨，收获颇丰。在"大众创业，万众创新"的新时代背景下，这将对实践团成员未来的职业规划有重要帮助。

在白天的调研和座谈结束后，我们在晚上不顾疲惫，整理总结我们记录的内容，同时对接下来的工作进行规划。

七、深入实地的河源之行

7月11日—12日，北京理工大学材料学院"材料探索—甄材实学"暑期社会实践团对河源市天然材料在大健康产业中的应用，深入多家企业开展了实地调研。河源市委组织部对本次实践团的企业调研活动做了细致周到的安排。河源市委组织部人才科叶科长，组织部副科长张丽敏和阮慧诗女士，河源市科技局副局长刘桂松参加了在河源市进行的调研活动。

7月11日上午，实践团参观了广东雄达实业发展有限公司，并参加了雄达董事长凌雄斌主持的座谈会。该公司成立于2001年4月，主要经营灵芝孢子粉胶囊、灵芝和客家特产，2016年销售额达到1.3亿元，先后被评为广东省民营科技企业、广东省重点农业龙头企业以及农产品加工流通企业等。我们通过凌董事长的介绍和提问环节了解了该公司的经营和管理现状。座谈会后，实践团还冒雨参观了雄达公司的灵芝种植基地，实地了解了灵芝系统的培育过程。

7月11日下午，实践团赴泰宝集团河源分公司调研，并与公司朱董事长召开了座谈会，详细了解了河源市泰宝中药材全产业链项目。该项目目前拥有面积达70公顷的中药基地，采取"农户＋基地＋技术"的种植模式，育苗涵盖姜、黄花梨、桂花、金丝楠等60个多品种。此外还有20多个试验品种。通过座谈会了解到，公司主要依靠科研院校进行产品研发，合作项目有防虫防病、种植技术、有效成分提取等。

7月12日上午，实践团调研了广东中兴绿丰发展有限公司并参观了柠檬种植基地，广东农业研究院蔡明段教授在基地对柠檬的种植做了讲解。中兴绿丰成立于2005年3月，是一家融科研、种植、收购、加工、进出口贸易和优质农产品销售为一体的现代农业企业，已被认定为农业产业化国家重点龙头企业、全国农产品加工业示范企业。

7月12日下午，实践团调研了河源市金源绿色生命有限公司。该公司长期以来得到中医泰斗、国医大师邓铁涛教授的大力支持，同时与广州中医药大学、东莞理工学院等高校开展产学研合作，具有较强的研发力量。公司开展的五指毛桃GAP种植技术研究、五指毛桃提取加工技术研究、五指毛桃治疗慢阻肺中药新药开发等项目的研发水平在国内处于领先地位。

7月13日上午，实践团参加了在河源市灯塔盆地国家现代示范区管理委员会会议室举行的交流座谈会。参与此次交流座谈会的有河源市委组织部人才科叶科长，管委会吴主任、管委会吴科长、管委会委员代表，实践团全体成员。我们参加此次座谈是为了更加全面了解河源市天然材料在大健康产业中的应用现状，从宏观和总体的角度认识河源市特色农业的发展态势，实地了解政府部门和行政机关在相关行业中的重要影响。

灯塔盆地国家现代农业示范区位于广东省河源市中心腹地，涵盖东源、和平、连平3县20个镇，总面积22291.24平方公里，境内气候温和、雨量充足、土地肥沃、生态优良；2014年被农业部确定为是国家农业科技创新与集成示范基地，2015年被科技部确定为国家农业科技园区，是发展现代生态农业的独特圣地和港澳绿色产品的重要供应基地，是广东现代农业的绿色聚宝盆。

座谈会中，大家首先观看了灯塔盆地的宣传片，听取了吴主任的讲解，了解和明确了灯塔盆地现代农业示范区的战略定位、总体目标、发展理念，增加了对河源市灯塔盆地的宏观认识。在提问环节，实践团成员围绕灯塔盆地的天然材料在大健康产业中的应用现状，运用自己的专业知识和特长，结合前期在灯塔盆地典型企业及特色产业基地的实地考察和调研情况，针对天然材料在实际发展中遇到的问题和自己的困惑，提出了自己的想法和观点。管委会吴主任给予了诚挚耐心的解答，河源市委组织部叶科长进行了补充发言，实践团成员纷纷表示获益匪浅。

八、苦尽甘来，成果汇报

7月14—15日，实践团在完成对既定企业的走访和座谈后，开始集中精力分析问卷结果，整合座谈材料，制作汇报视频，撰写调研报告，汇总实践新闻，争取能在有限的时间里通过紧张的工作，为我们的实践之旅画上一个圆满的句号。

7月15日下午，实践团全体成员乘车前往河源市委党校进行"天然材料在大健康产业中的发展与未来"研讨会暨北京理工大学"甄材实学"社会实践成果发布会，这也是我们实践团在经过了10多天的努力工作后见证成果的时候。

参加本次研讨会的领导和嘉宾有任全国人大常委、全国人大科教文卫委员会委员，中国科协书记处原书记、副主席，北京理工大学学术委员会副主任、博士生导师的冯长根教授，北京理工大学材料学院副书记、副院长张舰月，北京理工大学技术研究院副院长杨威，北京理工大学材料学院副教授、广东省"扬帆计划"创新团队成员陈煜，北京理工大学材料学院团委副书记付海东，北京理工大学生命学院副教授、广东省"扬帆计划"创新团队成员徐远清，军事医学科学院放射与辐射医学研究所研究员、博士生导师、广东省"扬帆计划"创新团队负责人金义光，同时还有河源市委组织部，河源市人社局、市科技局、市科协、市农业局，河源市灯塔盆地相关单位的领导出席此次研讨会。

在研讨会中，参与的企业有广东富阳生物科技有限公司，广东中兴绿风发展有限公司，广东雄达实业发展有限公司，广东泰宝农业公司，广东金绿生公司，河源市丹仙湖茶叶有限公司，广东盆地一号生物产业有限公司，河源市金源绿色生命有限公司，广东过江龙酒业有限公司等相关农业产业和天然材料高新技术龙头企业。

研讨会开始，实践团团长李娜做了题为《天然材料在大健康产业领域中的应用现状分析》的实践成果汇报。这是一份凝结和浓缩我们整个实践团在10多天对在河源和中山的多家企业和政府部门走访后得出的基于事实和数据分析的成果汇报。然后材料学院副教授陈煜老师作为广东省"扬帆计划"创新团队成员做了有关天然材料的开发现状题为《基于互叶白千层的高端医用敷料的研制及其产业化示范创新团队成果介绍》的报告，该报告中提及到很多在这个方面的一些实际成果和发展建议。

在研讨会中，冯长根教授对实践团的社会实践成果给予充分肯定，对于青年学生给予了深厚的希望，同时还与出席研讨会的企业家们一起进行了坦诚而深入的交流。冯长根教授提出对于大健康产业的一些看法和对于企业发展的意见以及建议。

与会的企业家们先相互交流了公司发展的经验,也与到会的相关领域专家和技术人员就大健康产业中面临的问题进行交流,提出一些想法和意见,为特色产业的发展提供有力的支撑。在此过程中,河源市政府部门的领导和负责人也就一些政策问题与大家交流,并对一些企业的经营活动进行了规范性建议。大家还就整个产业中存在的问题如政策覆盖未落实、信息双方不对称等情况进行了讨论。

九、悄悄是别离的笙箫,还未细看就要别离

我们团队在圆满地完成这一持续时长 15 天,跨越祖国南北的"岭南地区天然材料在大健康产业中的应用"社会实践后,就此离开广东,离开河源这片生机勃勃的创业发展之地。大家在这一段时光中的万千感慨,苦辣酸甜都终会是一段美好的回忆。

正如我们的口号:

人生就是一场旅行!

科学就是一场实践!

学习就是一场探索!

人生,科学,学习,一场场旅行,实践,探索。

我们一直在路上,我们从未停下脚步!

实践·品悟

艰辛知人生,实践长才干

2015 级本科生,高分子材料与工程专业 冷宜霖

2016 年 7 月 1 日至 7 月 15 日,我作为"材料探索——甄材实学"社会实践小分队的一员参加了广东河源调研大健康产业的暑期社会实践活动,虽然 15 天的实践活动很累、很辛苦,但我从中锻炼了自己,并且学到了很多课堂上学不到的东西。通过这些天的实践,我对真实的社会有了深切体会。

炎炎夏日,烈日当头。正是因为有这样的环境才激起了我要在暑假参加社会实践的决心。我要看看自己能否在恶劣的环境中有能力去解决社会上的问题;想通过亲身体验社会现实,让自己进一步了解社会,在实践中增长见识,锻炼才干,培养韧性;更为重要的是检验一下自己所学的东西能否被社会所用,自己的能力能否被社会所承认;同时通过社会实践,找出自己的不足和差距。

社会实践活动给生活在象牙塔中的大学生们提供了广泛接触基层、了解基层的机会。深入基层,深入社会,能从中学到了很多书本上学不到的东西,也真实地理解了"从群众中来,到群众中去"的真正含义。的确,感性认识到实践中去、到基层中去检验才知道其

正确与否；同样，只有在实践中把个人的命运同社会、同国家的命运联系起来，才是青年成长成才的正确之路。

"艰辛知人生，实践长才干"。通过开展丰富多彩的社会实践活动，使我逐步了解了社会，开阔了视野，增长了才干，并在社会实践活动中认清了自己的位置，发现了自己的不足，对自身价值能够进行客观评价，这在无形中使我对自己有了一个正确的定位，增强了我努力学习的信心和毅力。

巨大的挑战，灵魂的洗礼

2015级硕士生，材料科学与工程专业　李娜

经历了短短15天的社会实践活动，灵魂仿佛受到了一场洗礼，真可谓不虚此行。

从实践活动本身的意义出发，在走访多家企业的过程中，我第一次接触到了多家企业，对企业文化有了初步的了解；在专业知识方面，将实践中了解到的知识与自己所掌握的知识相比较，发现存在着很大的差异，不仅知识面较为狭窄，基础理论知识不扎实，更为严重的是没有意识到理论只有与生产实践结合起来才能发挥它的价值，否则只能纸上谈兵，终无用处。

从自身角度出发，在这场实践活动里，作为团队的成员，收获颇丰。第一次担任组织领导者，无论是心理还是生理上，对于我来说都是一个巨大的挑战。从最开始的战战兢兢布置任务到最后的坦然大方，从开始的焦头烂额到最后的井井有条，不得不说，这次实践活动让我成长了很多，这对我今后的生活将会起到很大的指导作用。此外，在接触各企业负责人的过程中，也学习到了不少为人处世之道，这些企业负责人成了我今后步入社会的启蒙老师。

为了一个目标，一起奋力拼搏

2013级本科生，高分子材料与工程专业　梁嘉敏

15天的社会实践，我们15个人，一起创造的不仅仅是实践的结果，还有我们的回忆。人生就是不断地认识新的人，经历一些事情，才会变得精彩呀！

以前总是听同学们说坐火车怎么怎么样，而我却一句话也插不上，连火车的内部结构大概是怎样的也想象不出来。但在这次社会实践的路途上，我一个不漏地都尝试了一把，硬座、软座、硬卧、动卧，还有传说中的绿皮车，感觉自己开辟了一个新世界。

在河源和中山的那些天里，每天都感觉要累趴了，上车就睡，倒床就睡，但是却很充实，每天都可以去接触不同的东西，了解不一样的企业，学习参观企业的礼仪和新的技能。最后的发布会，大家都用尽了洪荒之力。为了一个目标，一起奋力拼搏的感觉真好！

坚持·团结·担当·付出·感动

2015 级本科生，材料科学与工程专业　眭明斌

时间匆匆而过，往事并不如烟。回首与"材料探索—甄材实学"实践团一起走过的日子，有许多的收获与感悟。很荣幸成为这个大家庭的一员，很开心与大家一起在知识的道路上探索发现。感谢遇见你们，在"材料探索—甄材实学"实践团塑造了一个更加全面的自我，这份难得的经历与财富我将永远记在心中，在未来的道路上，且行且珍惜。

"人生就是一场旅行，科学就是一场实践，学习就是一场探索"。"材料探索—甄材实学"实践团铿锵有力的宣言、实事求是的态度和学以致用的理念从一开始就深深打动了我，让我有理由相信，这必将掀开我生活和学习的崭新的篇章。

"既然选择了远方，便只顾风雨兼程"。在实践团里，我深深体会到：有一种责任叫坚持，有一种力量叫团结，有一种关怀叫担当，有一种快乐叫付出，有一种幸福叫感动。实践的路上不总是风和日丽，我们经历过烈日骄阳的考验，也体验过刮风下雨的洗礼；会齐心协力地做好每一天的实践调研任务，也会坚守奋斗到凌晨完成工作总结。实践团内分工明确、责任到位，无所谓辛苦与劳累，只因我们是一个团队，所以愿意付出、乐于坚守，并在实践中锻炼自己的能力、增长自己的才干、拓宽自己的视野。很感激实践团内的师兄师姐，是你们的关心和鼓励让我在实践中充分发掘自己的潜力，勇敢地展现自己优秀的一面，每次想起内心常有一股暖流在流动。

"一诺不变，持之以恒；初心不忘，方得始终"。"材料探索—甄材实学"暑期社会实践已经画上了一个圆满的句号，于我而言，这将是一个新的起点，它让我受益匪浅的同时也让我感觉到自己还有很多需要修炼提高的地方，我将带着实践中收获与感动继续向前，做更好的自己！

为学从切实处下手

2016 级硕士研究生，材料工程专业　童宗睿

半月实践，千里路程，走访 10 家企业、组织、机构的收获，填补了校园里脱离大社会的缺失。人生旅途，旅行意义诸多，回来后也曾想，当我谈到实践时，我会谈些什么：应当是"为学从切实处下手，自不落空"。

（1）信息时代的便利，我们知道也习惯；但拾人牙慧的信息终不得感知实业。多个公司的实地走访，真切看到一类产品，从原料生产，到产品加工，乃至最后市场销售。对整个产业链的认知，以及未来自己更清晰的定位是个人的一大收获。

（2）作为将要进入职场的"小白"，诸位职场前辈的谆谆教导亦是走出校园小社会途中的明灯；不同的职位，不一样的经历，同样地分享着历经艰苦的坚韧。

（3）与不同专业、年级的同学同行，收获的不仅仅是实践的欢乐与值得结交的友人，更有新鲜未知的知识、技巧及许多盲区，瑕瑜互见促进了个人的修行。

实践——"甄材实学"的历练之路

2014 级本科生，化学工程与工艺专业　杨涛

作为这次实践团里面为数不多的几个本科生之一，这次实践调研活动带给我很多新的认识和想法。活动一开始，从北京南下在路途中的辗转，到河源、广州和中山的奔波，感触最深的就是在这 10 几天里我们任务繁重，但是感觉非常充实。

在这 15 天中，我们与河源当地的天然材料相关的龙头企业进行了深入的交流，获得一些关于产业和企业的实际认知，前往目前中国大健康产业发展的最好的中山市深入企业调研、座谈获得的有用信息以及我们亲身体验的实地考察，都让我对于新材料和产业前景有个直观的认识。作为学化学化工专业方向的学生，我在这里获取了新的专业知识，开阔了眼界，增长了见识。另一方面，在座谈调研过程中，我从学长学姐们身上学到的很多调研方法和思考方式，不同学科知识和不同层次的思想的碰撞，给我了很大震撼，在这里我了解到了很多书本中了解不到的知识，同时也激发了我学习的动力。

我深刻地认识到，实践是认识世界和获取知识的一个重要且不可或缺的途径。我以后要更加重视实践活动的参与，读万卷书，更要行千里路。在这并不算长的半个月，我很开心能和这么多学长学姐以及小伙伴建立良好的友谊，活动虽过，友谊长存。那段激情燃烧的日子，也是"甄材实学"的历练之路。

实践团成员：李鹏　段楠楠　方志平　冷宜霖　李娜　梁惠　梁嘉敏　石秀　眭明斌　童宗睿　魏强　闫晓婷　杨涛　张婷　周畅

第五章

莘莘英"材"

"材子"今何在，再续校友情

实践·报告

一、实践背景

校友是学校发展的重要财富，优秀校友在校园文化建设中具有独特作用。寻访校友是一项有重要意义的实践活动，表现在以下几个方面：

（1）通过对校友的采访，了解校友的求学经历，汲取宝贵经验，继承北京理工大学的优良传统；了解校友的工作经历，有利于在校学生尽早了解社会，树立危机意识与服务社会意识。

（2）通过领略校友的风采，激发在校大学生积极上进的热情，树立正确的目标并把握时光，修学储能，为走向社会做好充分准备。

（3）通过感悟校友对母校的深情，使在校大学生真切地感受到北京理工大学的文化气息和深厚底蕴；有利于培养校友对母校的归属感、责任感和自豪感。

（4）结合学院关于教育课程改革的课题，开展相关毕业生就业情况采访和数据采集，同时听取用人单位的反馈意见，对于大学课程改革提出修改意见。

二、实践统计

（一）基本统计

走访城市：广州、深圳、上海。

走访目的：传递母校牵挂，聆听学长教诲，凝聚校友力量，共话北京理工大学发展。

走访对象：北京理工大学材料学院历届校友。

走访时间：2013 年 7—8 月。

走访路程：往返共计 6 183 公里。

采访校友人数：30 人。

走访企业：广州金发科技有限公司、比亚迪汽车公司、上汽集团等 9 家企业。

走访形式：座谈会、电子邮件、电话。

（二）准备时间——7 月 4—31 日

小组成员通过各种途径分别搜集北理工材料学院校友信息，并进行会商，研究制订走访计划，准备调查问卷和采访提纲。

（三）走访时间——8 月 1—10 日

经过联系、讨论，确定了走访对象、交通工具，前往目的地进行走访活动。

（四）总结时间——8 月 10—30 日

整理采访稿以及相关资料，总结经验和得失，撰写各类总结资料。

三、实践历程

（一）准备阶段

校友走访活动第一步需要确定走访对象，因此我们在暑假开始阶段，即着手积极联系校友。学院各位领导和老师都热情地给予了我们大力支持，尤其是学院副院长李树奎老师给了我们许多历届毕业学生联系方式，为我们查找校友提供了便利。

在联系校友的过程中我们也发现，目前职位较高、业务较多的校友们工作较为繁忙，很难抽出时间进行面谈，因此我们经过小组讨论，确定将主要走访范围锁定在毕业后参加工作三到五年内的校友们；对于无法约定时间面谈的校友们，我们采取电子邮件和电话访谈的方式。

经过前期紧张的努力和准备，我们确定了 10 家企业单位作为联系单位，30 多位校友作为走访对象。我们确定了行程路线，由广州到东莞，再到深圳，然后北上经过武汉转车前往上海，再从上海回到北京，最后在北京周边走访校友。

确定行程和采访对象后，我们从各个渠道开始搜集一些背景资料，例如金发科技公司的成立和业绩，北汽集团近几年招聘情况等。通过搜集背景资料后，我们精心设计了针对毕业生回访的调查问卷和用人单位的调查问卷，希望能够对学院教育课程改革的课题提供有力的支撑。

（二）走访阶段

在经过前期策划讨论和精心准备后，我们踏上了正式的走访校友活动之路。

1. 第一站：广州

8 月 1 日，我们乘坐火车当天下午 6 点准时抵达广州，我们到达了预订的宾馆，全部成员都表示对广州的天气还算适应。吃过晚饭后，我们集体商议，确定了第二天走访广州金发科技公司行程。

第二天我们一早乘坐公交车到达了萝岗区的金发科技公司，金发科技公司的付献永等校友热情地接待了我们，公司人事部门也协助我们联系到了老校友黄东学长等来参与座谈会。

经过一个多小时的座谈交流，我们收获颇大。我们向黄东学长赠送了北京理工大学校友总会的纪念品，并与他合影留念。

2. 第二站：深圳

我们乘坐广州—深圳城际列车到达了深圳。我们见到了 2007 级本科毕业生——在星展银行工作的谭嘉惠，以及就职于深圳比亚迪汽车公司的罗广学长，并通过他们联系到了这两家单位。

谭嘉惠学姐 2011 年毕业后没有从事本专业的工作，而是利用双学位的知识应聘获得了星展银行的工作，现在已经成为银行贵宾客服部主任。谈到转换专业发展的求职道路，她认为最重要的是学会在社会中的人际交往，以及与人交流的语言技巧。她鼓励材料学院的同学们谋求多方向发展。

罗广学长在比亚迪汽车公司已经工作两年了，谈及在比亚迪汽车公司的工作，他觉得累并快乐着。这份工作专业对口，也属于技术活，他笑称以后也会回到材料学院招聘学弟学妹前往深圳发展，他认为最重要的就业素质就是踏踏实实，不朝三暮四。

3. 第三站：上海

8 月 8 日我们辗转来到了上海。上汽集团的林硕学姐曾是北理工材料学院金属方向课题组成员，在我们就读研究生时，她刚好从北理工研究生毕业进入上汽集团工作。虽然她当时不和我们在一个课题组工作，但她是材料学院的学生干部，也算是旧识了。

林硕学姐芳龄正茂，因为她是本学院研究生，所以与她的交流更可以让我们了解研究生的就业和面试技巧等。

我们对林硕学姐进行了采访，将我们关心的问题如就业、研究生的生活等一一进行了咨询，林硕学姐对我们的问题都做了详细的回答，并附了调查问卷，我们把纪念品送给了学姐，完成了对上汽集团校友的采访。

四、实践总结

在结束了三个城市的走访行动之后，我们团队进入最后的总结阶段，将准备阶段以及走访过程中所搜集到的校友信息汇总成表格形式，并将走访过程中的照片等素材进行汇总整理；由刘贺、刘丽君等同学将调查问卷整理成数据；总结报告由王鹏翔同学主笔，作为此次走访校友行"材子材女今何在"小队的活动成果。我们还组织了一次讨论，共同总结这次活动中的成败得失，将我们在活动中的点点滴滴的感悟以及我们经历过的挫折记录下来。

虽然这次我们走访的校友人数并不多，但是与这些校友的交流让我们对于北京理工大学有了更深入的了解，了解了在一个过来人的眼中的北京理工大学；同时这些校友丰富的人生体验也为我们今后的求学、求职之路点亮了一盏明灯，避免了我们走弯路走错路，使我们在未来的人生道路上也少了一些迷茫，多了一些自信，让我们在成长的道路上能走得更远。

🌱 实践·足迹

按照校团委团发〔2013〕10 号《关于开展 2013 年学生暑期社会实践活动的通知》的有关精神，根据材料学院《材料学院关于开展 2013 年暑期社会实践活动的通知》，结合材料学院办学实际，切实掌握材料学院毕业生毕业后的发展情况，由材料学院团委牵头组织了实践团。

一、实践背景

2013年材料学院将进行材料科学与工程学科评估，为迎接本次学科评估，需要采集历年毕业生就业信息。工业和信息化部专家认为，第三次工业革命，也就是新工业革命即将到来。在新工业革命背景下，材料学科的发展方向是材料领域专家学所共同关注的。实践团从社会需求角度去探索材料本科专业未来的专业设置方向。肩负着这样两个崇高而艰巨的使命，实践团成员踏上了征途。

二、实践过程

实践团成员于8月1日抵达广州，正式开始了走访调研的道路。校友走访的第一站是金发科技有限公司。金发科技有限公司（以下简称金发科技）与北理工材料学院有着非常深厚的渊源，北理工每年都有很多材料学院的学生来到金发公司就职，感受金发科技的企业文化和经营魅力。实践团在金发科技与众多新老校友展开座谈。在座谈过程中，一些校友坦言，现在的本科教育应该更注重基础教育和动手能力的培养，过度地重视高端前沿的科技知识会分散学生的精力；也有些校友认为，适当的了解前沿科技是大学教育所必不可少的一部分，只有有了更高的眼界，才能有更宽阔的思路和更明确的方向；还有一些校友从提高社交能力、锻炼综合素质等方面提出了多项建议。

在金发科技逗留两日后，实践团成员踏上了前往深圳的道路。在深圳，实践团成员走访了比亚迪公司的数名校友和一些在机关部门和合资企业工作的校友。这些校友的毕业时间都比较短，在与他们交流的过程当中，更多地感受到的是他们对大学生活的怀念。校友们表示，第一份工作对整个人生发展至关重要，学生毕业后要在第一份工作中完成适应社会、角色转变以及重新学习的全过程，而这些过程一旦进行不好，都会对未来的生涯规划造成深远的影响。通过横向对比，我们发现材料学院学生在事业单位和国企中工作往往存在上升通道过窄的现象；而在私企和外企中，又会出现加班频繁、工作不稳定以及频繁跳槽的现象。以比亚迪公司为例，受汽车市场的波动影响，比亚迪公司缩减了用人编制，并逐步开始裁员，同时对生产工序、流程也进行了相应的调整，这就导致了部分员工在这一过程中更换了多个工种。

在深圳发现的问题是否是普遍存在的呢？带着这样的问题，实践团踏上了前往上海的道路。8月6日，实践团抵达上海，对上海一汽、上海大众以及海马汽车的校友进行了走访调研。在这一过程中，实践团成员发现，大型的合资企业无论是在员工福利、岗位培训、科技创新还是整体的规章制度方面，都要比小型企业更为完善。大型企业的上升通道更宽，而且上升标准非常精确，同时大型企业的工作也很稳定。但是，大型企业的竞争更为激烈，员工的压力更大。实践团成员在调研中还发现，对于新工业革命最为敏感的恰恰就是大型合资企业。以上海大众为例，在比亚迪等公司还没有充分利用3D打印设备的时候，上海大众利用3D打印实现设计意图的工艺流程已经非常成熟了。实践团成员认为，敏锐捕捉工业变革的新信息，掌握新技术，是这些国际大型制造企业得以快速发展的原因。

三、实践收获

在实践过程中，实践团采用问卷调研和座谈的方式进行调研，并且撰写了调研报告。除了这些实践成果之外，实践团成员也对材料专业毕业生的就业走向有了大概了解。同时，实践团成员根据自身特点和所见所得，对自己在北京理工大学的学习生活进行了更为合理和细致的规划。在整个实践过程中，实践团成员开阔了眼界，提高了认识，收获了经验。可以说，本次实践活动，是学院、学生和社会共赢的一次活动。在实践过程中，路线设置不合理、语言不通以及交通不便等问题也影响了实践团的实践效率，对于这些问题实践团将加以总结，以供日后进行类似实践的实践团参考借鉴。

🌱 实践·品悟

提升个人能力，增强对专业的理解

2015级硕士研究生，材料科学与工程专业　刘丽君

曾经，在我的眼里，他们都是传奇；在我的耳畔，时常有关于他们的精彩事迹回荡。他们都曾是材料学院的天之骄子，是我们引以为傲的北理工人。他们成为一代又一代材料学院学子学习的榜样、积极进取的动力来源。他们为材料学院创造的辉煌、创造的历史让我们感到深深自豪。多少次，他们来校的讲座都会让后来的材料学子们感到激动。

我在这个学期参加了走访这些优秀校友的社会实践活动。在我看来，社会实践对于大学生们尤为重要，社会实践会丰富我们的社会阅历，能够更全面地认识社会，让我能够得到更多的机会来发挥自己的才能，了解当代国情，以及积极先进的大学生优秀文化，增强社会责任意识；能够更加近距离地聆听校友的教诲，学习他们这一代学子的优良品德，了解相关专业的就业趋势。

怀着这样的期待，终于迎来了2013年的暑假。趁着我的身上还有着在校期间的热情和干劲，我们开始了梦寐以求的走访校友活动。出发之前，我们有针对性地选取了几名校友作为本次走访对象，然后仔细研讨了出行路线，制订了周密的计划。我们一行人从北京出发，先后到了广州、深圳、上海，最后返回北京。我感到与那些传奇校友的距离在逐渐接近。

按照出发之前的计划，走访活动有条不紊地进行。经过近10天的忙碌，我们圆满地完成了本次走访任务。期间，我们团队先后进入多家企业，切身体会到了校友们身上那股北理工人务实求真的工作作风，以及他们扎实肯干的精神。通过用心聆听他们讲授自己的

学习经历以及毕业以后的奋斗之路，不难发现，每一个成功的学长学姐，都有着一段辛酸的奋斗史。他们为了自己的理想不断前行，永不言弃，他们切身践行了"德以明理，学以精工"的校训。对自己高标准，严要求，这使得他们在校期间取得了优异的学习成绩；同时博闻强识，多多涉猎，阅读了大量的书籍，参与了许多社会实践活动，确立了自己积极的价值体系。除此之外，他们锻炼自己，勤动手，敢张嘴，练就了敢于在人前演讲、勇于科研创新的本领，真正将书本中的知识化为自己所用。他们积极锻炼身体，强健体魄，坚信"身体是革命的本钱"，生活作息时间有规律，保持身体健康，为工作学习提供了强有力的支撑。他们还积极参加各种讲座，积极和同学探讨，乐于从同学老师名人身上学习，不耻下问，只要有不会不懂的问题，绝不拖延，一定想方设法解决。

在聆听学习过程中，我们还向学长们咨询他们对于学校近期及未来发展的相关建议，他们耐心解答，提出了以下几点要求：

（1）加强实践。北理工是一所以理工科闻名的学校，无论从任何角度出发，学校所教授的，学生们要学习的，都离不开实践。"实践是检验真理的唯一标准"，这句话说得很贴切。通过实践活动能够更有效地锻炼学生应用知识的能力，能够提高学生的创新水平，增强学生的合作意识。如果说课堂教学是基础，那么实践就是拔高。为了提高培养学生的质量，加强实践势在必行。

（2）提升个人能力。大学在校期间，老师会不停地传授知识，但是课本上的、教授的知识都不是自己的，只有融会贯通，真正转化为自己的能力才是硬道理。在企业中，或许不同学历、不同学校的毕业生起点不同，但每个人的最终发展还要看个人能力。世界是在发展的，社会也在不断变化之中，因此一个人的能力也是不断变化的。有的人在日后的生活中选择了去投资各种金融产品，但绝不如投资自己。北理工是一所有着丰富基础设施的学校，学生们应主动去利用各种资源，想方设法提升自己能力。学校也应给予适当引导，丰富创新活动，增加项目活动以及举办频率，切实地将提升学生个人能力作为人才培养的重要工作。

（3）学校应多与相关企业联系，增强学生对专业的理解。学校传授给学生的是一门手艺，而许多学生对于自己所涉及的领域并不了解，这就导致了许多大学生对自己未来前景和个人发展较为茫然。学校应该增强学生对专业的理解，具体做法可以在大学学习中多与相关企业联系，增加学生到与自己所学相关的企业参观实习的机会，这样可以使学生更了解自己的专业，在未来的学习中也有了对自己更加准确的定位。

（4）及时更新课程设置，跟行业接轨。目前的时代是信息化时代，科学的进步十分迅速，往往昨天所学的一流技术，今天已成为二流技术。所以学校有必要紧跟世界学术的发展趋势，多与欧美著名高校进行学术交流，实时了解世界学术教育的发展动态，及时更新课程设置，让学生能够始终保持一个较高的视野，这对学生未来就业发展的作用不言而喻。除此之外，课程设置当与行业接轨，真正为学生未来就业做出努力。

通过跟学长学姐们的交流，大大地提高了我对于大学毕业生，尤其是重点大学毕业生的认识，无论你的起点多高，都要脚踏实地地努力才能获得美好的未来。学长学姐们对于大学教学的一些建议也很有助于我即将开始的辅导员工作，我会认真思考他们的建议，争取最大限度地提升我所带学生的个人素质。

"一体两翼"

2015 级硕士研究生，材料科学与工程专业　陈萍

2013 年 8 月 1 日至 2013 年 8 月 9 日，材料学院以"重访毕业'材子材女'"为主题进行了一次意义重大的社会实践活动。实践团由 4 位在职和刚离职的学生辅导员以及一位保研学生组成，分别对广州、深圳、上海、北京四个一线城市的北理工历届毕业生进行了一次回访活动。在这次实践活动中，作为在读的研究生，我不仅与毕业的'材子材女'们重温了"材料情"，而且从他们的感悟以及经验中汲取了丰富的社会知识，他们为我今后的就业之路点亮了指明灯。

总体而言，通过与学长学姐们的交流，我觉得自己应该在今后读研的两年半期间，以提高专业知识与动手能力为中心，同时熟练掌握英语和韩语，并且学习一种技能（舞蹈），简言之——"一体两翼"。

1. 一体两翼

作为学生，作为硕士研究生，我们选择深造的原因，就是为了提高自己的专业技能，以求将来在同等专业的求职者中可以脱颖而出。因此，尽管我们已经读书 16 载，也许已经厌倦，也许已经烦躁，但应该依然带着强烈的求知欲，不断地提升并充实自己。只有这样，我们才能在企业招聘人员面前，昂首挺胸地说："我不用进行专业培训，可以直接上岗！"正所谓，先苦后甜，所以再苦两年半换来以后的康庄大道，何乐而不为呢？

那么，如何提升自己的专业技能？具体而言，作为电子封装技术方向的研究生，我会在师兄师姐的带领下熟悉试验室的仪器，并在他们的帮助下尝试亲自动手做小试验，以求尽快地独立承担试验任务。与此同时，我也会查阅并研读更多的专业书籍。毕竟，知识掌握于胸，才能在试验中做到有根有据，不会成为"试验盲人"。更进一步说，在读研期间，我要重点提升自己在数值模拟方面的能力。毕竟，企业是以盈利为目的的，不可能把大量的资金花在试验上。因此，为了既能达到试验的目的，又能起到节约成本的作用，数值模拟就是最佳的选择。试想一下，作为同等条件的两个求职者，一个动手能力特别强，一个擅长数值模拟同时又具有一定的动手能力，企业招聘会选择哪一位呢？答案肯定是第二个。因为企业总是希望以最少的成本招聘到最全能的人，如果你擅长很多知识，那么你必定会让企业人员眼前一亮！所以，这一点，是我未来两年半主攻的专业技能。

2. 一体两翼

除了拥有过硬的专业知识之外，如何能让初入职场的你得到高层的注意？这就需要你有另外两方面的能力——外语能力和艺术特长。

首先，英语作为世界通用语言，是每一位职场人所必须掌握的技能。世界各国之间的商业贸易比较频繁，语言不通会成为第一大阻碍。这时，一位精通国际通用语言（英语）的就职者，就可以成为不同国家企业高层之间交流的桥梁，从而得到企业高层的青睐。

但是，基于中国的现实环境，虽然我们已经学习英语12年，但其实口语能力和读写能力并不高。掌握英语一直是每一位在校学生所制订的目标之一。对于我而言，我还是比较羞于开口讲英语，而且词汇量比较少。因而，针对这种情况，在读研期间，我会不断鼓励自己进出涉外场所，主动与外国人聊天。除此之外，我还会在空余时间记忆GRE词汇，争取高分通过托福英语等级考试。希望凭借自己的努力，可以熟练地掌握英语。

有了外语能力就一定可以得到高层的赏识么？答案是不一定的，因为拥有较强外语能力的人肯定有不少，为此，还需要具有一定的艺术特长。每年春节临近的时候，每个企业都会举办一年一度的年会，而在年会上脱颖而出的人一定是那种具有艺术特长的人，比如唱歌，比如懂乐器，比如会跳舞等。一位才能兼备的入职者，难道不会成为众人眼中的焦点吗？

所以，身为一名"工科女"，我除了要具有实际工作能力之外，还应该注重自我修养并提升艺术修养。依据自身的实际情况，我在读书期间可以学习爵士舞、交谊舞等。有一位女企业家说，会跳舞的女人是最具有魅力的。因为，凭借舞蹈技能，我肯定可以在未来公司的年会中闪亮全场，成为众人关注的对象，从而增加职位提升的筹码。

3. 结语

2009年，稚嫩的我带着无限憧憬，踏上前往首都北京的征程。1 200公里，是家与大学的距离，更是我脱离温室、拥抱理想的距离。这其中，有兴奋，有憧憬，更有不安与未知。火车上，看着渐行渐远的家，心中反复问自己：我可以吗？

现在，我已经大学毕业，早已没有四年前的那种懵懂的不安。而作为继续进行深造的研究生，看向未来的大路，我还是禁不住问自己：我可以吗？

正是有了这次的社会实践，让我拥有了学长学姐们的经验，让我提前做好了准备，以使未来的我可以做到处变不惊、胸有成竹。虽然这一切都还没有开始，但我已有明确的目标。而且，我也相信，我一定会凭借着自己的努力，最终达到自己的目标！

社会实践，收获颇丰

2015级硕士研究生，材料科学与工程专业　刘贺

在校两年的工作经历仍然让我很少有机会踏出校门，体验在社会中挥洒青春、千锤百炼。如今，我选择读研深造。那么这一批和我年龄相当的"80后"，刚踏上工作岗位的材料学院校友们生活工作情况如何？他们对学校里学到的知识应用如何？对学校的教育教学有什么好的建议？对材料专业的前沿科技如何看待？带上这样的问题，我们材料学院实践团一行五人在分团委副书记张博文的带领下，展开了本次校友走访的社会实践活动。

实践团于8月1日正式发团，先后到达广州、深圳、上海，最后于8月8日返回北京。实践团在各城市分队行动，共走访校友30余人，收回问卷数十份。

出发前一个月，实践团成员们就开始了准备工作，大家根据学院就业指导中心提供的数据，分别联系了2008年以来毕业后在广州、深圳、上海、北京等具有代表性城市签约工作的校友，其中有不少校友已经离开了原来的工作岗位，还有部分校友在国外发展，我

们与30余名校友确认了走访意向。随后，我们根据材料学院的专业设置情况分别设计了校友调查问卷、用人单位意见采集表，以及材料行业高新技术情况认知调查表等。实践团还为每位校友准备了北理工的纪念品。

第一站：广州市

8月1日晚我们抵达广州市，榕树、肠粉、珠江、"小蛮腰"……让我这个地道北方人倍感新鲜。短暂的休整后，我们和金发科技的人事部做了2号走访事宜的确认，备好了走访材料。

8月2日一早，大家踏上了前往金发科技的行程。金发科技是我们此行的最重要一站，除了我们响当当的荣誉校友袁志敏是金发科技董事长外，金发科技还有北理工大批的校友，此外还见到了正在参加金发科技暑期"金鹰计划"的大四年级的两名学弟。抵达金发科技，已经是中午时分，我们的到来受到学弟和金发科技人事部张部长的热情迎接。稍作安顿，我们体验了一把金发科技的员工食堂——两荤一素的饭菜只要8块钱，相当于学校的水平，在我们走访的校友所在企业中也算是很实惠的。餐厅另一侧是大小圆桌，据说公司领导宴请也都在这里举行，公司领导与基层员工没有隔阂，显得非常和谐。

午饭后，在公司业务员的引领下，我们参观了金发科技企业展。金发科技依托高性能新材料的科研、生产、销售和服务，为创造更加安全、舒适、便捷的人类生活提供全新的材料解决方案，推动人类生活环境的持续改善，创造美好生活。金发科技以自主创新开发为主，覆盖了改性塑料、特种工程塑料、木塑材料、碳纤维及其复合材料等自主知识产权产品。金发科技的产品以其良好的环境友好度和卓越的性能远销全球130多个国家和地区，为全球1 000多家知名企业提供服务。袁志敏受到过党和国家领导人的亲切接见，广东省委省政府也高度关切金发科技的发展，参观让我们对金发科技有了深刻又崇高的认识。

张部长邀请了以华东地区销售总经理黄冬为代表的北理工校友十余人与我们展开了座谈，他们有部门领导，有市场部、研发部等员工，还有实习生。大家普遍表现出对公司的强烈认同感，对母校的自豪感。在金发科技，北理工校友是中坚力量，6任总经理有5任出自北理工。部分校友走上市场营销岗位，他们有良好的理工科背景。研发部门的校友认为学校的专业设置和课程设计比较合理，但是研发部门对人才的需求也更高，一般在硕士以上。校友们非常配合地完成了调查问卷，同时我们也委托他们协助更多不能参与座谈的校友完成调查问卷，校友们欣然允诺。

晚上黄冬学长在食堂热情招待了实践团一行和参与座谈的校友们，让我们体验到了"到了金发科技就是到家"的感觉。

8月3日上午，我们继续和几名研发部的校友展开了专业课开设合理性的探讨，包括专业课需要增删的内容、教学方法调整等方面。校友们开诚布公，提出了许多宝贵的意见。这些意见我们已经反馈给学校的教学部门。

8月4日，我们踏上了赴深圳的列车，在广州的丰硕成果也让我们信心倍增。

第二站：深圳

深圳的校友比较分散，实践团分成了两个小组。4号晚上，我和王鹏翔约见了材料化学班的2011届本科毕业生谭嘉惠。她是深圳本地人，上学期间修了材料化学、经济学的双学位，毕业后在自己的努力下成功进入金融行业就职，现在是星展银行（中国）某支行的贵宾客户主任。谭属于转行型的，之前的专业学习似乎"没有太大意义"，但是现在的工作她觉得比较满意，虽说有时候工作压力略大些。

8月5日大早，经过3个小时的奔波，我跟张老师、陈萍和刘丽君一起来到了比亚迪公司惠州大亚湾厂区，在厂区附近的肯德基快餐店里，我们约见了比亚迪公司第三事业部第某厂的项目工程师——27岁的罗杰校友。他于2010年7月毕业加入比亚迪公司。他很随和地向我们介绍了很多关于比亚迪公司的企业概况和制度等。从他的描述中我能感觉到，他对现在的工作还是比较认可，但热情已经不如刚工作那会儿高涨，觉得未来就是要一点一点往上"爬"，希望还是可望可及的。午饭后，罗杰师兄送我们到返程车站。

告别了罗杰师兄，我们立即奔赴到位于深圳另一个区的比亚迪公司代工厂。在离厂区不远的肯德基店我们约见了校友苏敏师姐，她向我们介绍了到比亚迪公司几年来的发展状况，她对现状比较满意，并表示要长期在深圳发展下去。

一天的奔波虽然只见到了两位校友，但能够近距离感受他们工作生活情况，我忘记了疲劳，收获了思考。

第三站：上海

8月7日，实践团奔赴上海。连续40℃的高温，让人生畏。在上海，我偶遇2007级同学——材料专业本科毕业生孙华，他现就职于北京汽车动力总成质量部，恰好来上海出差采购设备。

8日上午，我们五人一起走访了金发科技上海分公司，在这里仍然有不少北理工的校友，我们受到了热情的欢迎。参加座谈的三名校友来自金发科技上海分公司的研发部门和市场部门。他们中的两名是金发科技年终晚会的台柱子，让我们佩服不已——理工科的学生也可以如此多才多艺。

8日下午，我和王鹏翔邀请孙华一起赴嘉定区走访2013届硕士毕业生林芳。坐上11号线地铁，穿过上海汽车城和F1赛场，我第一次看到这么多整装待发的汽车。地铁到了安亭，林芳师姐已经在车站迎接我们了，她刚乘上海汽车集团乘用车公司的单位班车下班过来，她与另外一个校友在附近合租房子。由于时间关系，我们跟林芳师姐就近边吃边聊。她6月份毕业从几份工作中选定了上海汽车集团。她介绍了除了材料学院还有很多机械学院的校友情况。林芳学姐刚刚度过三个月的喷涂车间实习，现在返回到正式工作岗位上。除了日常的工作外，林芳学姐还要学习部门安排的多门课程，还需要熟练掌握一些CAE、CAD软件，而这些，在学校的时候是没有机会去掌握的。林芳学姐还指出，学校学的知识只有少量知识是能够毕业就能用的，大量的知识要在实践中学习。

在北汽工作的孙华校友认为自己现在的工作和专业是非常对口的，只是对公司的待遇不太满意，工作也比较辛苦，经常需要准备评岗定级、资质认证等。要想在北京长期发展需要很强的毅力和勇气；同时他还希望能够通过读研或在职读研来使自己的知识水平提高一个台阶。

通过两名不同地区校友的采访对比，我们发现地区性差异是很大的，学历产生的待遇差异在初期也比较明显。

此次校友走访社会实践活动历时较长，走访人数多，分布广，行程长，对我来说无论是对身体还是心理都是一次不小的历练，同时带给我的收获和感触也是非常丰富的，对于此次社会实践的收获可以总结为以下几点：

（1）校友是学校宝贵的财富，学校一直在默默支持和关注着校友的发展。北理工年轻的校友们更是社会各行各业发展的澎湃力量。

（2）校友们反馈了行业发展状况，新人职场经验和自我定位为我们提供了宝贵的参考意见，能让我们在择业时少走弯路。

（3）材料学院的校友们对专业的建设、课程的设置提出了宝贵的意见和建议，能够帮助学校提高办学水平。

（4）新入职校友们安心于本职工作，在自己的领域都很努力。非研发岗位的校友对于新材料技术的发展情况大都不敏感、不了解。

（5）地域选择、户口问题、待遇水平、情感问题等因素或多或少成为困扰青年校友发展的负面因素。

只要敢于打拼，就会收获成功

2015 级硕士研究生，材料科学与工程专业　王鹏翔

这是步入大学以来第一次参与"走访校友"的社会实践工作，让我深刻了解到在大学里我们如何选择自己的方向，在大学四年里重要的是什么，怎么样才能在这象牙塔内过得充实，不在毕业时后悔。

黄东，我校 1995 级材料与化工系毕业生，毕业后被广州金发科技公司录取。黄学长沉稳而不失诙谐的话语，使我们的谈话轻松而不拘谨，和黄学长的聊天是轻松愉快的，我们聊到了北理工的宿舍，谈到"立志园"的宿舍和百味的早饭，也谈到北理工有名的食堂……我们谈到大学里的友情，特别是室友们朝夕相处的深厚情谊。

我们谈到学习。通过对大学知识的学习，我们学了看待问题、解决问题的一种思维方法，这才是重要的。其次学长还强调我们应该提升自己的"硬件"，譬如说要过英语四、六级，计算机等级，最好是考得各种证，这对以后也是很有帮助的。

谈到这里我觉得，在我进大学以前，包括进大学刚开始阶段，很多人的话是不对的，或者说他们应该为自己的话负责。大学并不能浑浑噩噩地消磨过去。什么"60 分万岁"，那都是些极其不负责任的话。很多新生也许被这些话误导了，大学里不好好学习，整天网上挂挂，床上躺躺，过得看似很潇洒，原来自己什么都没学到，人不能这样活着啊！就像学长说得那样：大学最重要的是知道自己需要学什么。如果一艘船不知道自己要驶向的方

向，那么任何风都不会是顺风。

学长回忆：刚来到北理工的时候，和大多数同学一样，每天期盼下课期盼放学期盼放假，进入大学每天只有可怜的几节课的时候，也时不时会想起高中时代为高考奋笔疾书时的充实生活。高中三年，我成绩不是很突出，但是很喜欢打篮球。那个时候，只要有一技之长，那在班级里就能谋个一官半职了，所以我在大学一连就当了三年的体育委员。三年时间下来，感觉自己提高最大的应该是胆量，从一开始在讲台前带领大家做操都会脸红到后来壮着胆子参加"深秋歌会"大赛，我的胆量也是慢慢提升起来。到了大学更是做了很多从没有做过的事情，例如主持学院晚会、组织协会活动、竞选学生干部等，甚至这次参加公务员考试面试时，当我独自一人面对7名面试官的时候，就像和考完聊天一样，轻松自如。而在这成长锻炼的过程中，除了自己自身努力克服一些困难以外，老师和同学的鼓励也很重要。我也很感谢我当时的班主任，对于我所取得的一点进步，不管大小，都会予以我鼓励和支持。

学长说，在学生生涯中不仅仅只有学习和考试，当然对于学习我们不能忽视，毕竟能考上一所好的大学不仅对自己是一种激励，对老师和家人也是一种回报和感恩。但学生的个人综合素质、道德、为人处世等能力的培养也是很重要的。在当今这个社会，文凭固然重要，但是最终决定你未来命运的还是你的个人能力、素质。我们是这个社会中的个体，想要在这个社会立足，必须学会去适应这个社会，学会与这个社会打交道。

我认识到，在大学里，我们需要练内功，学习意识很重要。也许在大学里，我们的技能知识还不是很扎实，但走上工作岗位后，只要谦虚认真、勇于向他人学习，技能还是可以不断地提高的。再者，就像学长说的就是思想道德素质和个人为人处世的能力。一个公司，也许它需要的不是员工学历的高低。前者都是可以通过努力取得的，但是后者可能就需要长期地修身养性，要把"内功"练到一定程度才能到达的境界。

走上工作岗位的社会压力越来越大，但是努力把自身塑造好，是一个必经的过程。成长是痛苦的，但是它开出的花儿是香甜的。成功的花儿总是用汗水浇灌，胜利的桂冠总是用荆棘编织。让我们开步走吧，只有走，我们才能前进；只要走，我们就能进步。

时间在不时的笑声中流逝，结束了我们的谈话，不断回味着学长的话，心情既轻松又沉重。这个暑假结束就要研二了，读研时光已经逝去1/3，研二意味着面临很多现实问题。大三大四我们大多时间是在准备考研或者就业。我坚信努力付出了就一定会有收获，在这个竞争激烈的社会中，"物竞天择，适者生存"，只要我们敢于打拼，就一定会收获成功。祝每一位学子都会撑起自己的一片天，踏出自己的一方地！最后，我也十分感谢学院给了我们这次实践的机会，感谢学长的忠告让我受益匪浅。在此衷心祝愿黄东学长工作顺利，事事如意。

实践团成员：陈萍　刘贺　刘丽君　王鹏翔

拜访退休教师，传承科学精神

🌱 实践·足迹

一个人要有伟大的理想，为实现这个理想而奋斗。

一个人要有伟大的爱国之情，为祖国贡献自己。

一个人要有伟大的社会责任感，为社会和谐付出努力。

——品悟志愿

两位花甲老人，诉说着穿越岁月的故事；一群新时代青年，在聆听，体会，思考，学习。他们既是师生，也是校友，两代人在交流中增进了感情，传承着刻苦学习、艰苦钻研的科学精神。

一、前期思考

从延安自然科学院，到华北大学工学院，再到北京理工大学，2015 年，母校迎来自己的 75 岁生日。作为中国共产党创立的第一所理工科大学，老一辈的师生们是如何在艰苦的条件下辛苦创业，谋求发展，将学校发展成为国内一流的知名学校，而我们又能从老一辈的精神中获得什么启发？我们该如何去努力呢？带着这些疑问，我们决定对马庆云教授和任玉立教授两位老人进行一次访谈。

二、拜访之前

此次实践的目的是以北理工 75 周年校庆为契机，通过探寻北理工校友，深入了解北理工在各个历史时期为祖国做出的贡献，所以我们做了大量的准备工作。此次实践团通过前期宣传、动员、行前组织将整个实践过程安排妥善，并希望通过此次活动发挥班级干部模范带头作用，提高自身素质。在第一次确定人员名单后，共有 10 人成功加入此次的暑期社会实践，并开始准备前期的采访工作。首先，实践团通过与班主任的沟通，在其帮助下提前联系好其硕士导师——学校退休教师马庆云教授和师母任玉立共同接受采访，并确定时间地点，保证实践活动顺利进行。然后，实践团全部成员对采访过程中所需要资料和物资进行了细致分工和准备，且充分考虑了每个成员的不同特长。

三、两代人的会面

访谈当天，我们按照约定的时间，来到二位老人位于交大嘉园的家中。二位老人很慈祥很和蔼。马教授饶有兴趣地问着我们各自的家乡，回忆着其中他去过的地方，讲述着那些地方发生过的趣事。

简短的回忆和寒暄后，我们来到了北京理工大学中心教学楼二楼，与其余队员会合。在去中心教学楼的路上，马庆云教授不时地感叹："学校还是老样子，没有改变什么，学习氛围还挺浓厚。现在的年轻人一代比一代强。"入座后，我们10位成员围在老人的身旁，好似他们的孙子，老人们也和蔼可亲地和我们打招呼。二位老人从包中拿出事先准备的《中法大学·北京理工大学》画册，开始向我们介绍起他们的过去，学校的历史。

四、追溯校友

马老翻开纪念册，黑白色图片上写着，"延安自然科学研究院"，另一张图片上写着"中法大学"。马老说，这就是北京理工大学的前身和源头。

马老追溯了北京理工大学的历史：北京理工大学的前身是延安自然科学院，创办于1940年，是中国共产党创办的第一所理工科大学；1943年，延安自然科学院并入延安大学，成为延安大学自然科学院；1946年，自然科学院改名为晋察冀边区工业专门学校，辗转华北办学；1948年，晋察冀边区工业专门学校与北方大学工学院合并，成立华北大学工学院；1949年8月，华北大学工学院迁入北京；1950年，中法大学本部及数理化三个系合并到华北大学工学院；1951年11月，华北大学工学院更名为北京工业学院；1988年4月，北京工业学院更名为北京理工大学。

马老说："党中央从延安就重视我们的学校。我们的学校跟着毛主席，毛主席在指挥抗日战争、解放战争，学校就在延安培养人才。毛主席进京，咱们学校也跟着进京了，所以咱们学校出名就出在两方面：一个是军工，另一个就是从延安来。咱们学校出人才啊，陈毅，聂荣臻年轻的时候都在中法大学读书，十个元帅咱们学校就出了两个。咱们学校从延安过来，拥有革命历史资源，我们要充分利用好。"

五、生平与成就

1926年出生的马庆云教授，虽然是耄耋之年，但身体依旧硬朗，为我们讲述他年轻时的故事。16岁时，他就在一个游击区当小学老师的训练师，办了一个培训班讲马列主义、毛泽东思想、统一战线、减租减税等，并且亲自印刻标语，18岁时就加入了中国共产党。1953年，马庆云毕业于北京工业学院火药制造专业，之后去苏联留学，并参与了科研项目。这段经历让马庆云获益匪浅，苏联答辩的严格要求使马庆云感受到了治学严谨的意义。在给小学老师培训的期间，马庆云爷爷对马列主义的研究也影响了他的一生，他告诉我们，他是一个唯物主义者，相信物质是一切的本源。

1958 年 7 月，马庆云与妻子等人合作研制出我国第一批大型复合火药，火药可以装二级导弹。1958 年 9 月，我国成功发射了北京理工大学自制的二级探空火箭。

六、真诚寄语，感人肺腑

马老告诉我们要热爱专业，要重视导弹的科研方向，要好好使用国家分配的资源。马庆云教授说，化学的力量是无法估计的，其中的奥妙需要我们自己去探索。化学在人们的日常生活与工业制造上有很大的影响。马庆云教授鼓励我们要研究管理技术，注重环保新能源领域的开发，要为祖国的建设服务。

马老说："一个人要有一个伟大的理想，为实现这个理想而奋斗。青年人要有坚定的政治方向，要刻苦工作，这两个不能变。"马老以他的生平为例，身体力行地向我们验证了他这段话的正确性。马老年轻时刻苦工作，向着科研目标前进，取得了丰硕的成果；退休后仍关注时事，努力提高英语水平，学习了多门外语，他都始终将自己的志向与抱负牢记在心。

马老说："我希望你们能找到自己愿意付出精力的行业，然后钻研下去，像我一样，这样会活得很快乐。"

马老说："我希望每一个年轻大学生都应该具有社会责任感和社会担当，着眼于国家与未来。"

马老最后说道："化学是无边的，大有可为；只要我们能动脑筋，大有可为。"

任老也鼓舞我们："每一个人都要有抱负，然后创造条件去前进。"

七、重返校园，回忆满满

座谈了大约三个小时后，我们一行人来到校园中，一同参观了校史馆。马老从校史馆中一幅幅照片中，追寻过去的足迹。我们又来到了 5 号楼。马老一边看着实验室里面各种各样的设备，一边回忆起过去在化工系工作的岁月。二位老人安静而满足地看着，不停地鼓励我们珍惜当前的时光。

天色渐晚，我们与二老来到餐厅用晚餐。在一片欢声笑语中，我们结束了一天的采访。

八、艰苦学习，传承科学精神

马庆云夫妇给我们讲述了他们的故事。在那个艰苦的年代，他们保持着对科学、祖国的热情，置身于科研，成功研制了我国第一批复合火药，我们为他们的坚强、勇敢和不放弃的精神所震撼。马老教导我们，每个人心中一定要有一个目标，不管前面的道路多么艰难，都要努力前行，一个有目标并为之奋斗的人才有可能获得成功。马老还教导我们一定要多读书。他说在大学里，老师教的知识是有限的，并且都是比较基础的，要通过多读书了解更多的知识，培养兴趣，这对以后很有帮助。

我们生活在和平时代，生活条件更是远胜于从前。马教授和任教授生活的年代，学习条件比我们要差得多，但是他们学习有目标，人生的理想比我们要崇高得多，所以我们不能抱怨学校住宿条件差，更不能沉溺于一时的安乐，而是要居安思危，要勤奋努力，更要目标远大。

我们应该相信自己。马老在苏联留学期间，一年就学会了俄语，并且能够用俄语进行论文答辩；反观我们，为什么总是害怕困难，拘泥于逆境不敢前进呢？

我们总是在抱怨时间过得好快。每天除了上课，我们大多数时间都被网络所禁锢；我们总是给自己设立许许多多目标，但总是缺少行动；我们即使在纷繁的选择中迷失方向，也不愿坚定自我，走出泥潭。马老告诫说，进入大三更加需要明确自己未来的方向，在学好课内知识的基础上还应主动地去拓展自己的知识面，发展自己的兴趣爱好。大学这个自由的平台，需要自己好好把握，好好利用。除上课外我们还有许多空闲的时间，这些零零碎碎的时间段正是我们要充分利用的，而不是随波逐流，放任自己。就像记单词，一个人的词汇量是体现了知识面的宽广程度，厚积薄发总是没错的。

马教授与任教授身上那股永远充满干劲、乐观向上、积极进取的精神始终在感染着我们。就如他们对我们这代新生力量的寄语一样，我们都会心中有抱负、有理想，且不断为之奋斗。

在谈话的过程中，我们能感受到马老对北京理工大学的深深热爱。他热爱这片传授知识的热土。同时我们也能体会马老对自己事业的投入与热爱。他说人要有自己的理想，要坚定自己的目标，而为之奋斗，要有坚定的政治方向，要刻苦地工作。他几次拒绝了从政，而毅然决然地走上了科技研究的道路。

任玉立教授说到自己的一生，工作的时候顾不上家，一心投到事业上去。他们为上个世纪中国做出的贡献是不可限量的。马庆云夫妻二人为火炸药事业奉献了自己的一生，他们研制的复合炸药对中国军工事业的贡献是巨大的。到现在马老也没放弃自己的研究，并且不断创新，仍然在不断地探索火炸药与原子弹、化学与环保之间的联系。

马庆云教授还告诉我们要多读书，多掌握几门技能，多学几种语言，这样对以后的化学研究才能更有帮助。马庆云教授对学术精益求精的追求深深地感染了我们。

回校后，我们不仅回想了此次采访过程中的感悟，也反省了此次采访过程中的不足，主要有以下两点：

（1）我们没有积极参加讨论，对于问题的准备和资料的准备不是很全面，导致大部分都是老师在讲，我们的参与量不够。

（2）我们的经历不是很多，对专业的了解程度，对两位教授所做出的重大贡献不是很了解。

我们相信有了这一次的经验会使我们的下一次做得更好，这是一次非常棒的人生经历，我们收获满满。

最后，希望两位老人能够长命百岁，身体健康。他们一生的经历带给我们的感动我们一定会铭记于心；他们吃苦耐劳的精神、钻研科学的精神一定会成为我们生命中的灯塔，照亮我们的人生道路。

实践·品悟

要为实现理想而奋斗

2013 级本科生，新能源材料与器件专业 范文逸

马庆云教授说："一个人要有一个伟大的理想，为实现这个理想而奋斗。青年要有坚定的政治方向，要刻苦工作，这两个不能变。"马庆云教授以他的生平为例，身体力行地向我们充分验证了他这段话的正确性。不管是年轻时刻苦工作，向着科研目标前进，取得了丰硕的成果；还是退休后仍关注时事，努力提高英语水平，学习多门外语，他都始终将自己的志向与抱负牢记在心。

我们总是在抱怨时间过得好快，但每天除了上课，大多数时间沉湎于网络中；我们总是给自己设立许许多多目标，却始终是嘴上说说，没有付于行动；我们即使在纷繁的选择中迷失方向，也不愿坚定自我，走出泥潭。马庆云教授告诫我们，进入大三更加需要明确自己未来的方向，在学好课内知识的基础上还应主动地去拓展自己的知识面，去发展自己的兴趣爱好。大学这个自由的平台，需要我们自己好好把握，好好利用。除上课外我们还有许多空闲的时间，这些零零碎碎的时间段正是我们要充分利用的，而不是随波逐流，放任自己。

马教授与任教授身上那股永远充满干劲、乐观向上、积极进取的精神始终在感染着我，正如他们对我们这代新生力量的寄语一样，心中有抱负、有理想，且不断为之奋斗。

好好努力吧

2013 级本科生，新能源材料与器件专业 龚路

这一次社会实践活动，我收获到了很多。

因为这一次是采访活动，而且采访的是两位老人，所以我们准备了很多。

从早上 6 点起来坐地铁去接被采访的马庆云教授夫妇，然后陪着马庆云教授夫妇参观北理工校园，然后坐在中心教学楼倾听马庆云教授夫妇讲述他们的奋斗故事。那一个个铿锵有力的字眼敲击着我们的肺腑，我感觉我的心脏就像加了催化剂一样，扑通扑通跳得更快了。他们的热血奋斗故事激励着我们好好学习，我们结合自己所学的知识去服务人民，为实现伟大的中国梦贡献自己的力量。马庆云教授看着校史馆上他为周恩来总理讲述他的科研成果的图片，我想那是多么令人值得骄傲的啊！我想，只有取得了优秀科研成果才会得到别人的认可，所以，趁着自己现在还年轻，20 岁正是艰苦奋斗的年华，如果现在不努力，难道要等到老了才去后悔吗？我现在大三了，不想其他的，只是对自己说：好好努力吧！研究生，我来了！

大学生要有社会责任感和社会担当

2013 级本科生，新能源材料与器件专业 柯欣雨

2015 年 6 月 5 日早晨，我随着北京理工大学走访校友社会实践团来到了位于中关村的北京理工大学本部。今天我们要接待两位老人，这两位老人是马庆云教授和任玉立教授。马教授是原化工系 62 教研室退休教师，他们敬职敬业，培养了一批又一批的优秀人才，为国家和学校贡献了自己的力量。

此次社会实践，我们旨在和两位老人沟通交流，让作为大二学生的我们明白自己身上的责任。此前我们也做了许多准备工作，我们查资料，了解了北京理工大学 75 年的历史，了解了北京理工大学的发展和前景。作为北理工的一员，这次实践活动是一个培养我们社会责任感极好的机会。

两位老人就滔滔不绝地向我们讲述了他们的一生：青少年期时的苦难和不易，但却一心想要为国家做出自己的贡献；科学道路的艰辛和不易，却一心选择从事科研工作，闭门用心钻研科研项目。他们和蔼可亲，把我们当做亲孙子一般对待。

他们说，希望你们能找到自己愿意付出精力的行业，然后钻研下去，像我一样，这样会活得很快乐。

他们说，我希望每一个年轻大学生都应该具有社会责任感和社会担当，着眼于国家和未来。

他们还和我们探讨最新的科学研究成果。他们说，如果你爱科学，你就要勇敢地去实践，做出成果。

有目标，有抱负，终生奉献

2013 级本科生，新能源材料与器件专业 李遥

在这次的社会实践访谈中，我的任务是负责我们老校友——马庆云、任玉立二位老人的行程安全，我与二位老人接触的时间也要更长一些。整个实践采访活动有以下几点感悟。

（1）要有目标，有抱负。这是任玉立老师一直重复的一点。任老师说，当年他们不管是研究火炸药，还是研制新型饲料，在开始之前，心中就有一个目标。有了一个明确的目标，就像一盏明灯，照亮在夜空中，引领着你走到自己想去的地方。

（2）终生奉献。尽管两位老师已经从学校退休多年，但两位老师无私的奉献精神令我敬佩。

（3）团结能办大事。我们学校能发展到今天这个水平，不是一两个人的功劳。正是因为我们学校有许多马庆云、任玉立这样的老师在埋头苦干，才推动了学校一步步前进。我作为北理工的一员，要向老一辈学习，刻苦学习，踏实肯干，为学校的发展尽一份力量。

坚定政治信仰，坚定前进方向

2013 级本科生，新能源材料与器件专业　林鸿霄

这次社会实践对我的人生有重要的影响，这样说听起来很夸张，但是我的的确确被马庆云老师和任玉立老师的一腔为国家做贡献的精神所感动。

马庆云老师今年 90 岁。13 岁参加地下工作，19 岁入党，27 岁大学毕业，32 岁就作为团队的一员研制出了我国第一枚二级火箭。难道仅仅是因为他聪明、肯动脑子吗？思来想去，是因为他在访谈中反复提及的抱负、目标。他有坚定的政治方向、坚定的目标。这正是我缺少的，大概也是现代大部分中国大学生缺少的。

我们需要一个政治方向，需要有一个坚定的政治信仰——信仰共产主义，要始终为了国家的发展、民族的崛起而前进。在这样的原则下，信仰共产主义，坚定跟党走便是自然而然的选择。

马老的一句话我记忆特别深："我们大二的时候跟你们一样，不知道社会是怎么回事儿，光知道工厂需要，就到工厂去吧。我们那时候就是什么都想学，什么都想看，毕业了以后为中国的建设服务。"

教育的目的不就是培养为祖国服务的有为青年吗？现在许多年轻人没有信仰，没有奋斗目标，这一点我们青年人应该反思。

校友是一本本流动的书

2013 级本科生，新能源材料与器件专业　朱敬烽

校友是一个个移动的财富，承载着学校的底蕴，带着自己的成就，成为我们鲜活的榜样。

校友也是一本本流动的书，在属于北理工的扉页上，书写自己的奋斗，等待着我们去翻阅。

校友更是我们的知心朋友，正应为在同一个校园度过自己最美的 4 年或 7 年，所以更能了解彼此内心的感受，携手回报这片热土。

有的校友们在北京理工大学的校园里度过了自己的 10 年、20 年、30 年，而他们用了一天、两天、三天来为我们传授上进的思想与做人的哲学。

在这些短短的时间看似做不了什么，我们没法整夜地促膝长谈，去聊聊那个年代他们的青春岁月，去畅想以后我们的理想天地；也没有办法去听完他们所有的故事，感受那些写在历史上的笑与泪、功与过，让他们也听听我们这代人的忧与喜、困与惑。

但在这短短的时间内，我们确实又学到了很多。我们敞开心扉，畅所欲言。沉淀的历史感与青春的现代感交汇碰撞，我们学到了马庆云夫妇思想中的核心力量与精髓，通过对比与反思，找到自己的立足点与发展点。

山不在高，有仙则灵；水不在深，有龙则灵。访谈时间虽短，但是获益匪浅。

实践团成员：贺媛　李遥　龚路　林鸿霄　范文逸　柯欣雨　张思蒙　宋思悦　朱敬烽

聆听智慧，再创辉煌

实践·报告

前　　言

在母校 75 岁生日之际，我们"希望之帆"小组成员通过走访企业与高校研究生院，寻找一些从北京理工大学毕业的优秀前辈和杰出人才，通过电话或当面采访，了解校友们对当时北理工的印象以及母校的变化，母校的光荣传统对他们人生的影响，并汲取他们在学校学习生活和毕业工作之后的智慧和经验，完善我们的人格，克服阻碍我们进步的缺点，助我们茁壮成长。

一、采访目的

2015 年是值得记忆的一年，北京理工大学迎来了 75 年华诞。75 年风风雨雨，北京理工大学培养并走出了一批又一批杰出人才，他们有的在企业里兢兢业业工作，有的走上了领导岗位；有的自主创业，用创新精神打造出属于自己的舞台；有的携笔从戎，主动投身到国防事业中；有的奔赴祖国西部边疆，发扬北理工从建校以来传承下来的延安精神。在这个值得庆祝的时刻，我们希望之帆小组的每一名成员都希望自己将来也能像这些杰出校友一样，成为优秀的人才，为社会贡献自己的力量。我们希望之帆小组成员借助今年暑假高校夏令营和企业生产实习等机会寻找到一批优秀校友，他们既有 60 后、70 后的中青年人，也有 80 后、90 后的年轻人，但所有人都有着自己的闪光点。我们通过电话采访和面对面采访相结合的方式，聆听他们的智慧，寻找自己的不足，希望在未来不断提升自己的社会存在价值，做一名社会所欢迎的杰出人才。

二、寻找杰出校长

2015 年，北理工迎来 75 周岁的生日。延河之水川流不息，永不终止。75 年风风雨雨，数不清的领袖、精英、智者、英雄出自于北理工，并给母校留下光荣的传统，学校用自己的独特文化孕育一代又一代。在这值得载入学校历史史册的一年里，我们"希望之帆"小组成员利用暑假时间寻找并走访不同年龄段的杰出校友，用实际行动提升自己的素质素养，为母校 75 周岁的生日蛋糕上插上最美的蜡烛。尽管我们小组组长和另一位成员面临着申研的巨大压力，另外一位成员面对着繁重的科研工作，但是这并不能阻挡我们让自己变得强大，将来报效母校、报效社会、为社会创造财富的雄心壮志。我们的采访对象领悟到我们的热情，愿意牺牲宝贵的时间，在百忙当中抽出时间与我们交谈。下面将介绍此次采访的主要内容和采访后的感悟。

三、三十而立，四十不惑的智慧

（一）采访地点：中国橡胶设计研究院

2015 年 8 月 19 日下午 2 点，我们"希望之帆"小组来到位于阜石路的中国橡胶设计研究院，与在研究院担任副总工程师的杰出校友李花婷进行面对面访谈。李花婷于 1983 年从河北省脱颖而出考入北京理工大学，1987 年毕业后被分配到中国橡胶设计研究院。凭借着对于专业的兴趣、持之以恒的毅力和踏实，她由最初的一名轮胎加工车间普通员工晋升为现在的副总工程师。这个过程值得我们去深思，对我们将来投身于社会后的发展有着重要的指导意义，我们希望能从她的教诲中获得启示。

我们在李花婷校友的带领下参观了研究院的合成实验室。让我们感到惊讶的是，实验条件并没有想象中的那么好，不少仪器和设备相当陈旧，实验室也有些暗。不过我们看到，勤奋的实验员们将实验室打扫得干净整洁，仪器设备维护得很好，实验室里并没有化学试剂的异味。我们看到，在隔壁的药品仓库里，实验员们正在收拾过期的化学试剂，特别是对易燃易爆的化学品及时地进行处理并上报。实验员们将仓库里的玻璃仪器搬运到其他房间，与药品完全分开，同时药品的分类更加细化，以便在以后能够更快地寻找到所需试剂。

离开了合成实验室，李花婷校友带我们参观了加工车间，这里也是她毕业来到橡胶研究院后的第一个工作岗位。车间师傅热情地向我们讲解了轮胎的不同型号以及其对应的合成与加工方法。他拿出一些半成品，让我们观察胎面刻花纹之前钢丝的分布方向与密度。当我们向师傅讲起刚学过的一些关于合成与天然橡胶成分的时候，师傅对我们知识掌握的程度表示赞赏，但同时也告诉我们，这里的工作不同于高校的实验室研发，你们学的知识也只是基础，到了生产车间，有很多知识你们从没有在课堂上接触过，因此不管你们毕业后在哪里工作，来到新单位就要踏实地学习，接受新鲜事物，与同事早日融入工作环境当中。李花婷校友也表示，自己来到橡胶研究院后的第一份工作就是在加工车间里做合成后的成型加工工作。起初自己只是一位普通员工，车间条件艰苦，但我踏踏实实地干好每天的工作，在工作中不断提高工作素养，随后自己一步一步地晋升，走到今天的岗位。北理工的学生都是从高考中脱颖而出的人才，但学生时代的光环只能说明过去，而只有能够在社会中为自己创造光环的人是当今社会所需要的人才。

回到李总的办公室后，谈到母校 75 周年华诞，她的激动之情溢于言表，并回忆上学时的难忘时光。她说：我上学时，学校里没有高的建筑，我们的实验室也是在校园西侧的小平房内，条件简陋，天气潮湿时会有霉味。当时的宿舍楼只有现在的 3 号、5 号、6 号、

7 号和 11 号楼，随着 5 号教学楼的建起和西山实验区的开发，现在的实验室无论是环境还是仪器设备与过去相比都不能同日而语。良乡花园式校区的建起更是给北理工学子提供了夯实基础知识、潜心做研究、提升自我的优良环境。虽然学校基础设施以及行政管理水平和顶尖高校比还有一定的差距，值得诟病的地方你一辈子都说不完，但我要提醒你们不要做一名"怨妇"。如今研究院车间里设备自动化程度不断提高，所需的劳动力在递减。现在就业压力逐年增加，那些不把主要精力放在提升实力的人最终将成为失败者。李总还告诫我们，在你的利益不受伤害的前提下，谁懂得宽容，谁拥有的空间就更大，正所谓退一步海阔天空；在单位里，心胸宽阔的人更受到领导的赏识，因为这样的人不会因为身边复杂的事情而影响工作状态，工作的效率和质量更高。

（二）采访地点：北京理工大学 5 号教学楼

9 月 5 日，带着生产实习的收获，我们小组从平顶山回到北京后没有休息，马不停蹄地采访从本科到博士一直在本校就读的"北理土著人"陈煜副教授。陈老师从大学开始已经在北理工度过了 20 年的时光，这里有酸有苦有甜有涩。陈老师以其严谨的作风、亲和的态度和广博的知识面在材料学院研究生中受到赞誉。

生产实习让我们了解了高分子工业生产的情况，我们认识到生产与实验室研发的巨大差异，为了更加深入地了解高分子的应用现状，我们邀请了百忙当中的陈煜副教授做访谈。

陈老师从进入北理工念书到现在任教已经过了将近 20 年，对于学校校园文化的传承和学校的与时俱进，他一直在仔细地观察和感受着。由于学校强大的科研实力，特别是在军工领域独占鳌头，学校每年吸引着大量海内外的优秀青年教师，学校的师资力量不断增强。陈老师说，在全国高校扩招的大背景下，学校的生源质量并没有因此降低，加上系统、科学的四年本科学习，学校的毕业生能够在就业形势严峻的情况下依然能为自己打拼出一片天地。在全球化的大背景下，学校积极与海外的名校、企业合作，引进了新技术和人才，也为在校生提供了不少"走出去"的机会。陈老师说，我为我是"北理土著人"而感到骄傲。

陈老师在读书学习期间主要的研究工作是固体推进剂的配方。除此之外，他除了继续研究军工项目以外，也对生物医用高分子材料产生了浓厚的兴趣，而这也是我们"希望之帆"小组成员的兴趣，于是我们向他询问了我国生物医用高分子发展现状。陈老师讲到，我国的生物材料领域的研究与应用已取得了长足的发展，生物材料领域的研究水平很高，已跻身世界前列。但也存在着一些问题。

（1）过于注重基础研究，实际应用研究较落后，从实验室研究成果到企业产品的转化过程中存在的问题较多，绝大部分研发成果无法实现产业化，研究费用的浪费现象较严重。

（2）国家相关管理部门对生物材料应用的门槛过高，生物材料从研发阶段到产业化转化难度很大，周期过长，等到研发产品实现了产业化，已远远落后于国外。

四、风华正茂的优秀人才

中青年的杰出校友见多识广，历经沧桑，在自己的研究领域已经树立了一定的威望；而刚毕业不久的年轻杰出校友对大学生活的印象更深，对于不同年级的学业和生活特点有着深刻的见解，他们既能帮助我们在离开学校走向社会之时指引正确的努力方向，更能指导我们在大学的不同时间段抓住重点，以有限的时间将重要的事情做好，从而帮助自己积累阅历，广大知识面。借助着2015年各高校所开展的暑期学术夏令营活动，我们"希望之帆"小组分头行动，先后走访了浙江大学、中科院化学所和理化所，与董文辉师姐、刘欣然师姐和田华师兄进行了面对面或电话沟通。

董文辉师姐于2009年从山东考入北京理工大学高分子材料系，2013年毕业并保送到浙江大学高分子学院直接攻读博士学位。在谈到母校75周年华诞之时，她感到兴奋和自豪，母校培养了自己优秀的品质，不管走到哪里，都能以最佳的面貌来对待工作。当初进入浙江大学"求是园"时，这里的学术氛围相当浓厚，同学都非常勤奋，每天科研工作量很大，但是我并没有太多的不适应，从查文献到设计实验思路，从开展合成分析到性能表征，我能乐在其中。即使有些实验一次又一次失败，自己的信心从来没有被击垮。这一切要感谢母校高分子系老师的培养。在大学期间，我最初进实验室的时候，我很懵懂，经常给研究生们添麻烦，当实验不顺的时候我也很着急，但老师们非常耐心，经常教导我科研中的实验是摸索和探寻未知世界的过程，失败乃科研之常事，善于思考、总结是科研的魂。正是老师的教诲使我能够面对重重的课题不惧困难，高质量地完成每一步。

相比于高等学府，科研院所的科研任务更加繁重，不少人认为科研院所生活单调乏味，不过刘欣然师姐和田华师兄在科研院所有着愉快充实的科研生活。刘欣然师姐于2010年从河北考入北京理工大学高分子材料系，2014年毕业并保送至中科院化学研究所攻读研究生学位；田华师兄于2011年考入北京理工大学应用化学系，2015年毕业并保送至中科院理化所攻读研究生学位，由江雷院士指导。这两位师姐、师兄说：在中科院做科研，每天工作10小时以上是经常的事，有时甚至无法按时回宿舍。而且每个课题组所做的课题更是走在世界的最前沿，很多时候需要综合多个学科甚至多个专业的知识才有可能完成课题。然而刘欣然和田华能享受其中，将科研视为自己生命的一部分。究其原因，他们两个人在母校期间重视每一门基础课，积极参加学科竞赛和创新实验项目，尽可能地寻找能够运用自己所学知识的机会，从而较早地形成良好的学科素养。这一切除了他们积极主动、刻苦奋进的学习态度，更离不开老师们殷勤辅导和精神上的鼓励。刘欣然师姐说，母校送给我最有价值的礼物就是"高远的理想，精深的学问，强健的体魄，恬美的心境"这20个字。正因为这20字，我在中科院就不是仅仅成为导师的助手那么简单，而是将这20个字融入科研工作当中，让科研活化，不让科研变成一座大山压着我们，而是把它当作提升自我的工具。同时繁重的科研工作让我们更加懂得珍惜时间，懂得自己精力的有限和宝贵，懂得健康体质的重要性，让我们越来越接近生活的真谛，这是何等快乐的事情？因此在我们看来科研院所向来就不是剥削劳动力的地方，也不是把人改造成科研机器的地方，它是众多学子追梦和圆梦的地方。当我们放下浮躁与名利、放下身段、静下心来体会科研的酸甜苦辣咸的时候,你的精神层面就会高人一等,你就会乐于去发掘生活中的美。

五、采访有感

今年的校友走访活动和往年相比困难重重,我们"希望之帆"小组的每一位成员都面临着升研的压力。虽然今年暑期的系列采访占用了本用来准备申请材料和面试的宝贵时间,但是实践结束以后我们所有成员都觉得自己舍去的是小利,而收获的是无价的智慧;虽然学校每年都请名家为学生做名家讲坛或学术报告,让我们把握学科前沿的脉搏,但是和采访校友相比,校友的实际经历和对学科前沿的理解对我们更有实际意义;更重要的是,校友们视我们这样的新生代为自己的弟弟妹妹,愿意无私地将自己的智慧传授于我们,帮助我们茁壮成长,校友们希望我们能像青年毛泽东一样"书生意气,挥斥方遒"。

虽然不同的校友在不同的岗位从事不同的工作,与我们交谈的内容也不同,但是综合一下可以发现一些共同的地方。

首先安全问题被提及的频率最大,这也与其重要性成正比。不管是天津瑞华的危险品爆炸还是昆山一金属厂的粉尘爆炸,归结起来都是管理与安全意识的问题。古人云:冰冻三尺非一日之寒。安全意识不是一两天就能够培养起来的,它需要经历时间的磨炼,有时甚至要付出血的代价。为了不要让悲剧重演,更不让惨剧发生在自己身上,我们从进入高校实验室的第一刻起,就要认真学习实验室守则,用心倾听老师和研究生教给我们的自我防护方法,从"娃娃"开始抓安全,养成良好的安全习惯。

其次是为人处世的态度。如今在浮躁的社会里,适应环境这个问题特别重要。一个人活在世上,其价值的体现在于他(她)究竟能为社会奉献多少,能多大程度地去改善社会的负面问题。学校的环境虽然和社会相比要单纯得多,特别是北理工的学生总体比较单纯,但是不同学生的在校行为能够很好地反映其素养的高低,做实在事的人和"怨妇"的差距想必我们一目了然。所以我们要放平心态,明确自己的努力方向,坚定目标与信念,排除干扰,做好手头上的事。如果我们能够一直不折不扣地做好每一件事,我们可以和这些杰出校友一样优秀,甚至做到"长江后浪推前浪"。

结束语

本次暑期社会实践的顺利进行离不开每一位杰出校友对母校的热爱和对师弟师妹的殷切关心,他们牺牲自己宝贵的工作或休息时间,将自己亲身的体会与无价的智慧和奋斗拼搏的经验无偿地传授于我们。在此,我们"希望之帆"小组向每一位校友表示衷心感谢,并祝他们身体健康、工作顺利、再创辉煌,常回"家"看看,看看母校向亚洲一流以及世界一流理工类大学发展的历程。

实践·足迹

　　一晚上的雨过后，京城褪去了多日以来的闷热，空气清新。在母校迎来 75 周年生日之际，我们"希望之帆"小组来到中国橡胶设计研究院，采访了杰出的校友，毕业于化工与材料学院高分子材料专业（6 系）的李花婷师姐。李花婷师姐现在就职于中国橡胶设计研究院，担任副总工程师的职务。得知了我们小组成员聆听学校杰出人才智慧的愿望，李师姐从百忙中抽出宝贵时间，带领我们参观合成与成型加工实验室，让我们了解员工们日常的工作。随后我们在她的办公室里对她进行了关于校庆的访谈。

　　下午一点半，我们首先来到了研究院的合成实验室。让我们感到惊讶的是，实验条件并没有想象中的那么好，不少仪器和设备相当陈旧，实验室也有些暗。我们看到勤奋的实验员们将实验室打扫得干净整洁，仪器设备维护得很好，实验室里并没有化学试剂的异味。在隔壁的药品仓库里，实验员们正在收拾过期的化学试剂，对易燃易爆的化学品及时地进行处理并上报。我们看到实验员们将仓库里的玻璃仪器搬运到其他房间，与药品完全分开，同时药品的分类将更加细化。天津塘沽的爆炸事故也是给研究院敲响了警钟，因此她要求所有实验员在各自的实验室里要经常排查安全隐患，及时上报，绝不能隐瞒。在稍后的访谈过程中，李总也对此次惨剧发表了自己的见解。

　　离开了合成实验室，李总带我们参观了加工实验室，这里是李总毕业来到橡胶研究院后的第一个工作岗位。车间师傅热情地向我们讲解了轮胎的不同型号以及其对应的合成与加工方法。李总说，自己来到橡胶所后的第一份工作就是在加工车间里做合成后的成型加工工作。起初只是一位普通员工，但在条件艰苦车间里我踏踏实实地干好每天的工作，在工作中不断提高工程素养，随后自己一步一步地晋升，才能走到今天的岗位。李总说，北理工的学生都是从高考中脱颖而出的人才，但学生时代的光环只能说明过去，而只有那些能够在社会中为自己创造光环并照亮社会的人才是当今社会所需要的人才。因此不管将来你们在哪个职位，你们任重而道远。

　　最后我们来到李总的办公室，针对母校 75 周年校庆与李总进行了访谈。可以看出，虽然李总已经离开母校 28 年，平时很少有机会去回访母校，但是李总依然对母校有着深厚的感情。因此愿你们在以后的研究和工作中带着满腔热情投入到其中，未来这个行业的进步需要你们。

　　此时夕阳西下，我们带着愉快的心情结束了今天的走访校友之行，虽然只有短短的一个下午，但这次访谈让我们对自己的专业有一个更为理性的认识，并消除了一些偏见，同时李总也在为人处世方面为我们提供了不少宝贵的经验，让我们避开不必要的碰壁，早日实现自己的梦想。虽然太阳即将落山，但我们依然是早晨八九点钟的太阳，希望之帆等待着扬帆起航。

实践·品悟

踏实做人，踏实做事

2012 级本科生，高分子材料与工程专业　张舟

这个暑假很忙，参加夏令营，准备面试，进行暑期社会实践等，但是总的来说收获是不小的，尤其是在进行校友访谈的过程中，校友们都很热情地接受了我们的采访，表达了他们对母校深深的热爱之情，对母校深深的祝福，他们希望北京理工大学能够发展得越来越好。

在我们的采访中，包括了研究生、博士生，在北理工"土生土长"的老师、在北理工毕业后现在已经小有名气的工程师。在他们身上，我们学到了很多的东西，他们告诉我们他们是怎样一步一步地取得了现在的成就。他们说：有机遇但更多的是勤奋。他们告诫我们，投机取巧是绝对无法成功的，唯有踏实做人、踏实做事才能够达到我们既定的目标。

明确努力方向，坚定目标和信念

2012 级本科生，高分子材料与工程专业　朱熠

今年的校友走访活动和往年相比困难重重，我们希望之帆小组的每一位成员都面临着申请和升学的压力。虽然今年暑期的系列采访占用了本用来准备申请材料和面试的宝贵时间，但是实践结束以后我们所有成员都觉得自己舍去的是小利，收获的是无价的智慧。虽然学校每年都聘请名家为学生做名家讲坛或学术报告，让我们把握学科前沿的脉搏，但是这样的活动大多是学术类的。杰出的校友视我们这样的新生代为自己的弟弟妹妹甚至孩子，愿意无私地将自己的智慧传授于我们，助我们苗壮成长，希望我们能像青年毛泽东那样"书生意气，挥斥方遒"。

虽然不同的校友在不同的岗位从事不同的工作，与我们交谈的内容也不同，但是综合一下可以发现一些共同的地方。首先安全问题被提及的频率最大，这也与其重要性成正比。不管是天津瑞华的危险品爆炸还是昆山一金属厂的粉尘爆炸，归结起来都是管理与安全意识的问题。古人云：冰冻三尺，非一日之寒。安全意识不是一两天就能够培养起来的，它需要经历时间的磨炼和培养，有时甚至要付出血的代价。为了不要悲剧重演，更不让惨剧发生在自己身上，从进入高校实验室的第一刻起，我们就要认真学习实验室守则，用心倾听老师和研究生教给我们的自我防护方法，从"娃娃"开始抓安全教育，养成良好的习惯。

其次是为人处世的态度。如今在浮躁的社会里，人适应环境与环境适应人这个问题将不同的人分为了三六九等，在校友们看来，这个"评判标准"是相对客观的。一个人活在世上，其价值的体现在于他究竟能为社会奉献多少、究竟能多大程度地去改善社会的负

面。学校虽然和社会相比要单纯得多，特别是北理工的学生总体比较单纯，但是学生的在校行为能够很好地反映其素养的高低，做实在事的人和"怨妇"的差距想必我们一目了然。所以我们要放平心态，明确自己的努力方向，坚定目标与信念，排除干扰，做好手头上的事。如果我们能够一直不折不扣地贯彻这样的做法，我们可以和这些杰出校友一样优秀，甚至做到长江后浪推前浪。

实践团成员：张冉　朱熠　黑泽桓

"材料人"的实践之路

——报告·足迹·品悟(下)

(2013—2017)

主 编 张舰月

北京理工大学出版社

BEIJING INSTITUTE OF TECHNOLOGY PRESS

版权专有　侵权必究

图书在版编目（CIP）数据

"材料人"的实践之路：报告·足迹·品悟.2013—2017/张舰月主编.—北京：北京理工大学出版社，2018.7

ISBN 978-7-5682-5898-2

Ⅰ.①材…　Ⅱ.①张…　Ⅲ.①大学生-社会实践-研究报告-中国-2013—2017

Ⅳ.①G642.45

中国版本图书馆 CIP 数据核字（2018）第 158717 号

出版发行／北京理工大学出版社有限责任公司

社　　　址／北京市海淀区中关村南大街 5 号

邮　　　编／100081

电　　　话／（010）68914775（总编室）

　　　　　　（010）82562903（教材售后服务热线）

　　　　　　（010）68948351（其他图书服务热线）

网　　　址／http：//www.bitpress.com.cn

经　　　销／全国各地新华书店

印　　　刷／北京九州迅驰传媒文化有限公司

开　　　本／787 毫米×1092 毫米　1/16

印　　　张／49.75　　　　　　　　　　　　　　　　　　责任编辑／张慧峰

字　　　数／1200 千字　　　　　　　　　　　　　　　　文案编辑／张慧峰

版　　　次／2018 年 7 月第 1 版　2018 年 7 月第 1 次印刷　　责任校对／周瑞红

定　　　价／199.00 元（上下册）　　　　　　　　　　　　责任印制／李志强

图书出现印装质量问题，请拨打售后服务热线，本社负责调换

本书编委会成员

主　　编　张舰月

副主编　刘　艳　滕　飞

编　　委　李明哲　蔡怀建　付海东　朱贵楠

　　　　　张博文　禹世杰　张婷婷　鲍伶香

　　　　　石　慧　赵志坤　张博文　绳利丽

序　言

真知从哪里来？

实践出真知。

实践到哪里去？

到社会中去。

毛泽东同志在《实践论》中指出"辩证唯物论的认识论把实践提到第一的地位"，认为人的认识一点也不能离开实践，排斥一切否认实践重要性、使认识离开实践的错误理论。实践性是马克思主义的哲学辩证唯物论最显著的特点之一，特别强调理论对于实践的依赖关系，理论的基础是实践，又转过来为实践服务。判定认识或理论之是否真理，不是依主观上觉得如何而定，而是依客观上社会实践的结果如何而定。真理的标准只能是社会的实践。

习近平总书记指出："高校是党领导下的高校，是中国特色社会主义高校，而高等教育就是要坚定为人民服务，为中国共产党治国理政服务，为巩固和发展中国特色社会主义制度服务，为改革开放和社会主义现代化建设服务的方向。"大学终究是为党和国家培养人才，是为社会发展培养人才，是对知识的传授和发展，是对真理的探寻和求索。习近平总书记多次强调，青年要成长为国家栋梁之材，要读万卷书、行万里路，既多读有字之书，也多读无字之书，注重学习人生经验和社会知识，注重在实践中加强磨炼、增长本领。要重视和加强第二课堂建设，重视实践育人，坚持教育同生产劳动和社会实践相结合，广泛开展各类社会实践，让学生在亲身参与中认识国情、了解社会，受教育、长才干。

青年是国家的未来，承载着民族的希望。青年兴则国家兴，青年强则国家强。青年一代有理想、有本领、有担当，国家就有前途，民族就有希望。在大学里，青年当勤学奋进，学习精深的学术。而社会实践也是大学里的重要一课，是理论联系实际的具体形式，能够帮助大学生了解社会和国情，增长知识和才干，锻炼毅力和品格，是大学生提前适应社会的重要途径。

北京理工大学材料学院立足军工国防，为党和国家培养了大批人才，材料科学与工程学科是国家"双一流"建设学科。材料学院的"材子材女"们胸怀远大理想，加强理论学习的同时注重社会实践。2013—2017年，5年来材料学院学子发扬艰苦奋斗的精神，利用炎热的暑期开展社会实践，足迹遍布大江南北和城市农村，覆盖了红色之旅、军工国防、社会调查、校友走访、"一带一路"等多个主题，硕果累累，是材料学子心系国家、情系人民的具体体现。

2018年3月，习近平总书记在两会闭幕式上勉励所有青年人：要坚定理想信念，志存高远，脚踏实地，勇做时代的弄潮儿，在实现中国梦的生动实践中放飞青春梦想，在为人民利益的不懈奋斗中书写人生华章！新时代的北理工"材料人"正在奋力拼搏，谨记总书记的嘱托，坚定理想信念，努力做到胸怀壮志、明德精工、创新包容，时代担当，回报社会，服务国家，争做担当大任的新时代的有为青年！

编　者

目　录

上　册

下　　册

下　册

第三篇
创新包容

　　创新，即抛开旧的，创造新的，即推陈出新，继往开来。创新是引领发展的第一动力，北理工人一直秉承"敢为天下先，敢做不凡事"的情怀从延安一路走来。包容是尊重差异、博采众长，北理工包容开放的文化格调，取长补短，兼听则明，吸收各家之精华；求同存异，和谐相处，避免无谓之争斗。今天，北理工人更是以新时代创新包容的精神积极投身创新型国家建设和中华民族伟大复兴的宏图大业中！

第六章

聚焦变革

从 "金发科技" 观摩企业创新

🌱 实践·足迹

当我们全身心的投入一件事情之中的时候，时间总是过得飞快。似乎大家聚在一起讨论选题的场景才刚刚过去，实践活动就已经结束了。从最初的迷茫、争执，到慢慢明确方向、形成合力，再到最后历经各种变故和考验后顺利完成实践，我们实践团中的每个人都经历了一次历练，也都从中受益良多。

一、实践准备

本次实践团的团队成员全部来自材料学院，是由志同道合的同班同学自发组建的。经历了少许调整后，最终共有6人加入了本次的暑期社会实践团。随后我们开始了为期一个月的准备工作。首先是选题。由于大家想法观念不同，选题经历了一些波折。最终经过多次讨论，我们决定前往成都金发科技新材料有限公司进行体验调研，并成功与对方公司取得了联系，基本确定了行程安排。

实践的准备活动主要分为两个方面：一方面是思想上的准备。本次我们实践的主要目的是通过参观成都金发科技新材料有限公司 "聚焦产业变革" 这一热点问题，感受企业的创新发展，同时通过对这样一家成功的新材料公司的调研能够为当今国内制造企业发展提供一些经验。因此，我们通过各种渠道对成都金发科技新材料有限公司及其母公司金发科技股份有限公司的整体情况有了一定的了解，同时我们还通过查阅多方面的资料，对产业变革在我国的发展现状、企业创新的重要意义及我国制造业目前的状况等问题形成自己了的看法，以此为实践活动做好充足的理论准备。另一方面是生活上的。我们安排好了在成都的住宿、餐饮和交通等问题，并针对成都炎热的气候和偏辣的饮食等问题做了一些准备。

调研前准备的相关材料如下。

本团队所要调查的成都金发科技新材料有限公司（以下简称成都金发）是金发科技股份有限公司（以下简称金发科技）的子公司。金发科技是一家从事高性能新材料研发生产和销售的创新型企业，是亚太地区第一、全球领先的改性塑料企业。它的产品以其良好的环境友好度和卓越的性能远销全球130多个国家和地区，为全球1 000多家知名企业提供服务。金发科技研究的范围包括改性塑料、特种工程塑料、完全生物降解塑料、碳纤维等自主生产的产品。

近年来，随着完全生物降解塑料、特种工程塑料盒高性能碳纤维及复合材料等一批达到国际先进水平的化工新材料产品成功实现量产，金发科技逐渐实现了从改性塑料到化工新材料的升级，从功能材料到结构材料的拓展，产品结构不断向产业高端和高附加值方向延伸。

近年来，面对产能过剩、结构调整及经济下行多重的困难及挑战，金发科技在董事会的领导下，坚定信心，迎难向上，围绕"聚焦客户，协同创新，跨越发展"的总体思路，以"市场为龙头，技术为核心"为行动纲领，以提升内部精细化管理、优化考核与激励方式为抓手，以人才保障、信息化管理为基础，力争完成企业跨越式发展目标。

金发科技具有一定的生产制造水平和企业文化，能够在一定程度上代表改性塑料及其所代表的新型材料及其相关产业的发展状况。另一方面，作为行业领头羊和具有相当体量的上市公司，金发科技能够在一定程度上反映新一轮科技革命和产业变革在我国的发展现状及其前景、机遇与挑战，其发展和崛起的历程也应当能够为我国制造业的振兴提供一些有益的经验。

因此，成都金发应当是较为理想的实践地点，我们在此基础上制订了详细的实践计划和预计目标，主要内容为：了解改性塑料及其生产流程及应用；实地考察改性塑料具体的生产过程，走访工作人员，了解工厂产品特色；感受技术创新、自动化技术对于生产效率的提升作用；实地考察工厂产业链，感受自动化技术的效率；走访技术人员，探寻技术创新对于生产效率的提升作用；了解科研人员对于改性塑料的看法及创新点；通过采访高层领导感受产业领头羊的企业文化和创新理念和价值观，振兴制造业发展战略对公司和产业的影响；探寻产业改革对企业带来的影响。

在做好充足的准备工作后，7月2日中午，我们登上了开往成都的列车。经过21个小时的旅程，我们于第二天上午抵达了实践地四川省成都市。

二、实践过程

7月3日早晨抵达成都后，我们首先前往事先联系好的宾馆并办理了入住手续。简单休整后，我们与成都金发的有关负责人取得了联系。上午10时许，我们到位于成都市双流区西南航空港经济开发区的成都金发做先行了解。接待我们的是公司工程部的项目经理任能革。他先向我们简要介绍了成都金发的相关情况。用过午饭后，我们回到酒店，对今后几天具体的实践流程进行商讨和安排，并结合上午了解的具体情况最终确定了实践流程。

7月4日是我们实践的第二天。早晨9时许，实践团来到了成都金发的基地。总经理助理齐东先生热情地接待了我们。齐东先大致向我们介绍了成都基地的运作状况以及流水生产线的基本情况。中午，我们来到了工厂的食堂，同工人们一同用餐，体验工厂的餐食。饭后稍事休息后，我们戴上施工帽，带上施工证，进入了生产车间开始参观。我们看到了各种大型自动化机器，对工厂中高普及度的工业自动化及设备的应用有了进一步的认识。最后，我们在基地门前与齐东合影，结束了一天的实践活动。

7月5日上午，我们再次来到了成都金发生产基地，开始了第三天的实践活动。上午由生产车间的彭主任带领我们参观，彭主任详细讲述工厂流水线的全过程。之后，基地工厂的生产工程师将生产的整个工艺流程又给我们讲解了一遍，并回答了一些技术方面的问题。午餐时间，我们再次来到了工厂食堂，坐在工人们中间，和他们一起交谈、进餐。下午，在工程师的带领下，我们参观了检验室。这里有许多高端设备，是用来检验产品的各种性能是否达标。一天的时间很快过去了，我们与工程师道别，结束了一天的实践活动。今天的收获颇丰，我们需要好好总结，为明天的采访做准备。

7月6日，按照预先安排我们应该采访成都金发的总经理陈力，但陈总已经前往四川绵阳，我们便修改计划，采访成都金发总经理助理齐东。我们采访的问题涉及生产、销售、管理、人才培养、公司运营，以及产业变革、制造业振兴等国家宏观政策。齐东先生条理清晰，逻辑严谨，回答内容详尽，认真地配合我们完成了采访任务。采访结束了，我们本次暑期社会实践也接近尾声。之后我们返回酒店，开始整理材料，并对几天的实践活动展开讨论，大家都畅谈了自己的体会与见解。

三、材料整理

7月6日下午及7月7日，我们实践团聚集在一起，总结社会实践活动中的见闻和体会，整理收集到的实践材料。以下为我们的总结。

首先，我们通过第一天实践活动与工厂工作人员的交流，了解到成都金发目前生产物理改性塑料的相关情况。成都金发从化工厂中购买原料，通过一系列的工艺流程，如原料混合、高温熔融、剪切拆分等改变其某方面性能（如本厂生产的改性聚丙烯即为气味极淡的改性塑料），之后将生产出的产品输出到其他制造企业如汽车、家电产业作为生产材料。由于金发科技的改性塑料质优价廉，在国内市场占有率很高。

其次是我们通过对成都金发的参观，了解到了工厂生产流水线和整个工艺流程：提取自石油的化工原料运往混配料车间，之后，工人们将5到8种原料投入高混炉进行快速的搅拌。为提高混料效率、节省人力，工厂采取了多炉混料法，将原料集中充分混合；同时，若客户有相关需求，还会在混料炉中加入给材料上色的色粉。混合后的材料再经过失重式计量秤的精确称量，顺着管道进入双螺杆挤出机，在800℃高温下使材料熔化，再通过两个螺杆的旋转、挤压使原料的混合更加充分，而后从口膜中输出粗产品条状聚丙烯塑料；产品经过水槽的冷却，再利用负压装置将其脱水，再输送到筛分机进行切割、筛分除去连粒。质量达标的颗粒就可以封装运往成品仓库了，而不合格的塑料条将被筛分出来，重新运往混料车间进行回收、重造。

在完成对工厂整个生产线的参观和学习之后，我们对金发科技的企业文化、生产管理已经有了一定的认识。

产品质量方面，金发科技通过不断升级工艺配方和不断改善产品研发策略来提高产品的竞争力；同时工厂还有着完善的检测措施，不断对成品进行分批检测，并有巡检人员监督生产过程；员工有很强的质量把控意识，责任明确，将质量把控深入到生产的每一个环节。

对于生产环节中原料、产物的再利用问题，金发科技也有独特的处理方案。对于生产的每一个环节中质量不达标的产物或原料，工厂都会进行回收，再根据其性能或质量的不同将其再利用或进行改造，以提高各种产品的利用率。

另外，金发科技也非常注重生产的传承性。对于生产出的每一批次的成品，公司数据库中都有详细的记录，既可以作为参考指导后续产品的生产、检测，又可以起到激励的作用，保证产品质量不断攀升。

管理措施方面，公司的管理层也有独到的见解。对于不同岗位有相应的人工考核，以保证工作质量。同时公司在生产过程中坚持推行 5S 原则，保证生产环境的安全。另外，公司还有完善的考勤制度，保证员工的工作时间。

我们第三天采访了成都金发总经理助理齐东先生，希望能够更加深入地了解企业的软实力。以下是我们从参观经历和采访中获得的对于金发科技和产业改革的看法。

首先，在产品供不应求、市场商品需求量增大，以及人力成本不断上升的背景下，我国的民营企业为了生存，自然地引入了高度机械化的设备以提高生产力和节约成本，这是"市场"作用带来的影响。金发科技的崛起就恰恰反映了这一过程：20 年前，由于市场需求量暴增，塑料产业如火如荼，但主要是依赖进口以弥补国内相关供给的缺失。在此时，袁志敏等一批北理工材料学院的同学，从广州一家只有 50 多平方米的小工厂做起，经过 10 年的飞速发展，成为国内改性塑料行业的带头人。过硬的技术和科研能力构建了企业的雏形。公司不断更新生产设备、提高产业链机械化程度，使得企业在生产力提高和减少成本的同时不断发展壮大。当然，产业改革的背后离不开精细化管理的支撑，公司实现了从最初的各基地自治管理到集中管控、双向管控，公司建立了网上平台，使信息透明，资源配置更加合理，从而实现了精细化管理。

其次，以往我国经济快速增长的背后，是物质资源、能源和劳动力的巨大消耗，是一种不可持续发展的发展方式。所以需要形成依靠科技进步、劳动者素质提高和管理创新来推动经济增长的发展方式。民营企业作为我国经济的重要力量，急需完成企业结构的调整和优化，以提高核心竞争力，形成自我品牌。其中提高科研能力、制定科学的发展战略则是必不可少的举措。

金发科技一直致力于提高自主科研能力，将之视为提高内部核心竞争力的根本：

（1）企业的带头人来自北理工材料学院，凭借过硬的技术迈出了企业的第一步。

（2）建立了多个博士站点和构架重点实验室，并广泛与高校展开合作，持续积极引进人才。

（3）其科研流程紧跟市场需求，实现了科研与生产的无缝对接：在产品立项之后，首先将之交予客户进行审核、试点，若可行则投入生产。

（4）通过优化企业内部管理结构，简化审批流程，大幅提高生产效率。

在制定科学的发展战略方面金发科技也做出了表率。

（1）抓产业的结构和优化，以提高产品的附加值和科技含量。

（2）在工人层、管理层通过建立抽查监督机制，实现产品质量的把控。

（3）根据市场需求扩大产业链，丰富产品种类；持续进行前瞻性研究，在市场竞争中掌握上风。

（4）企业专注于做材料，不盲目跟风转行投资，使得公司在材料行业处于持续领先地位，屹立不倒。

再次，信息技术高速发展虽然带来了一批新兴产业的发展，甚至出现了一些"资本虚化"的趋势，但这并不足以对实体经济造成大的冲击，实体经济甚至能从中获益，形成联动发展的产业结构。一方面，实体经济是新兴经济的基石，它可以提供新兴产业发展初期需要的资金、技术；另一方面，互联网+作为一个工具，能够将供销方、客户紧密联系，能够提高生产效率。金发科技在2015年领先建立了塑料行业的网上交易平台——易塑家，与国内改性塑料厂家高效联系，促进信息透明化，避免恶性竞争，促进产业内良性发展。金发科技也积极推进行业内技术交流，如建立产业孵化园，通过给予资金、工业地产和优惠政策，帮扶中小型企业，形成良好的行业氛围，实现双赢。

最后，在经济全球化的趋势下，企业需要走出去，到国际市场取得较多资源，如资源勘探权、开发权。金发科技在国内扩展产业基地的同时，还在海外建立科研和生产场所，充分利用区域优势，如在德国建立设计研究所，在印度建立工厂。

金发科技持续20年经历风风雨雨，乘风破浪，除了顺应时代潮流，其背后当然不能缺少其独特企业文化的支撑：企业是大家的，优异的成绩是大家共通过努力的结果，而个人的松懈则会影响整个企业；每个人在企业中都扮演着重要的角色，每个人在自己的位置上努力，都相当于是在做自己的事业，在企业提供的平台上实现自己的梦想。金发科技的家文化、老员工帮扶新员工的传统，这些都在公司内部形成了温暖的氛围，形成了良性发展的环境。企业不主动辞退员工，若工作质量有问题，或者员工难以适应工作环境，则实行专人培训或者换岗的政策；在提高待遇的同时给予员工足够的信任，员工可以感受到良好的归属感；一些人在离职后，即使转行，也不会到竞争对手的公司去，不做损害公司市场的事情。

四、总结感悟

转眼间，为期5天的成都社会实践已经接近尾声，但我们的思考不应止于此，我们希望能够从几天的体验观察中发掘出更深层次的内容，总结出某些规律，形成自己的观点。带着这个目的，我们首先全面回顾了实践的全过程，深入挖掘实践材料，而后广泛查阅相关资料，展开了更为深入的讨论。

对于各个国家之间，彼此竞争最激烈的领域便是经济和科技；而经济增长的基础，是制造业的发达和崛起。高新技术产业、金融投资，哪怕是国防军事，离开了制造业，将受人牵制，不能有自己真正独立自主的品牌，甚至国家利益可能会受到损害。而我国目前的制造业形势不能说是完全向好，机械化、自动化程度还没有达到一定高度，产品平均质量劣于国际水平，有很多关键技术依然把握在他国手中。在这种情形下，我们促使产品迈向高端，推动我国从制造大国向制造强国转变，振兴制造业已经成为我国伟大复兴的一个重要前提。而金发科技，以其强大的自主科研能力、高度机械化快速生产的能力，和其对于市场快速把握，成为中国制造业中一颗耀眼的明星。对于中国的制造业来说，金发科技是一个成功的典例，10年内公司上市，20年的时间里成为中国最大、世界第二的改性塑料企业，这是一个不可思议的速度。其成功的原因就在于对于质量的严格把控，对创新的不断追求。与现在很多企业不注重质量，以快速获得收益的目的不同，金发科技始终如一地做改性塑料这一行，不断地发展创新，使企业在同行内节节攀升。稳扎稳打，不为其他行业利益所动，不断地坚持自我创新是金发科技能够发展至今的一个重要原因。国家所提倡的匠人精神，金发科技在这点上体现得淋漓尽致。我国的企业若是真正想提高自己的制造业水平，首先各个制造业厂商们要平静下来，不被其诱惑放松了自己原本的事业。面对同行以低质量商品来抢占市场获得眼前利益时，不跟风，而是专心来做自己的产品，提高工厂现代化程度，以优异的产品质量、高科技附加值和高产量作为竞争基础，这样才能让制造大国真正发展为制造强国，在国际竞争中取得更大的优势。国家目前对于制造业有大量的政策支持，互联网＋对于基础制造业也有大量的推动作用，对于制造业来说，现在是企业快速发展的春天。中国企业间的竞争可能会越来越激烈，不过对于中国来说，这意味着制造业正在蓬勃发展。我们相信，金发科技在制造业发展的赛场中作为一个领跑者，越来越多的企业也会迈出更强劲的脚步，让中国逐步成为真正的制造强国。

我们实践团队在社会体检实践过程中体验到了发达的制造企业所应该具备的种种特质，对于国家的振兴制造业战略有了更加深入的认识。金发科技的成功不仅给了其他制造业以成功的启示，对于我们每个人也有启发。如今这个快速发展的时代，我们应该沉静下来，在各种利益的诱惑前专心发展自己，在出现问题时有能力去解决，才能在潮流的涌动中屹立不倒。我们希望此次实践活动能给予青年人以启示，对于企业能有启示作用。当我们真正地沉稳下来努力发展我们的国家，制造强国的目标一定会实现，而中华民族的伟大复兴一定会实现。

实践·品悟

有汗水，有欢乐，有坚持，有收获

2016级本科生，数学菁英班专业　樊哲一

在本次社会过程中，我们确确实实感受到了一个发达的企业所应该真正所具备的品质，同时对于我们个人成长也有很大的意义。金发科技积极地追随市场动向，根据市场需要积极开发相关的塑料产品，改进生产设备，不断地自我创新，使金发科技成为高产量和高科技附加值的企业。金发坚持只做改性塑料这一行，不断做大做好，是值得国内其他制造业学习的榜样。金发科技不仅给其他企业以启示，同时告诉我们在这个时代中应该以怎样的坚持精神来做好一件事，不为其他所动摇。

在这次实践过程中，我们团队每个成员都积极地为团队做着贡献，寻访地址、商讨采访问题、推送制作、撰写文稿，每一个步骤大家都在共同努力。这次社会实践有汗水，有欢乐，有坚持，有收获，让我们在实践之后更明确了自己的方向，从某种角度上来说，这才是我们这次实践最大的意义。

努力成为能承担责任的人

2016级本科生，计算机科学与技术专业　霍萱甫

金发科技能取得今天的成就，原因有很多。这次去金发科技调查采访，确实获得了很多有用的信息，并从侧面了解了社会。下面我将在这次行程中的所见所闻所感一一详述。

第一天，成都金发的工程部负责人为我们详细介绍了金发科技的历史。金发科技的董事长袁志敏总是能抓住时代的趋势，敏锐地察觉出市场需求，及时改变生产策略，一步一步将金发科技建成世界一流的改性塑料企业。由此可见，我以前抱有的大学学习专业知识对于工作没有多大用处的观念有些偏颇。在这个案例中，正是袁董事长关于高分子的专业知识使他能够熟悉本行业的行情，并将知识转化为实际效益；同时大学的校友也是很重要的资源。在参观前，我已经想到了企业会有很多大型机器，但看到还是颇为感到新奇，失重式计量称、双螺杆挤出机等设备无不体现工程师的智慧，工厂也在尝试提高机械化水平，减少人力。一位工程师为我们详述了整个流水线，我透彻地理解了整个过程，同时觉得生产的原理非常有趣。中午我们体验了工厂员工的伙食，我觉得还是不错的。下午我们参观了检验室，这里的仪器和我们在中关村校区看到的仪器都是一样的，甚至还更高级一些。接着又去颜色检验室参观，检验员向我们介绍了金发科技研发的一个软件，储存着各种色彩的配比。这个软件就是创新的体现。我们还参观了颜料室，看到颜料工人满身都是颜料色粉，我想，以后用机器人会更好吧。

另外，金发科技充分利用互联网，利用信息流，不断变革更新，始终紧抓新材料（以改性塑料为主）研发，尽量减少人力的使用；不会主动辞退员工，有老员工帮扶新员工的传统。

这次社会实践大家都非常尽心尽力，充分发挥了自己的能力，使这次活动顺利完成。我不仅应向金发科技员工学习，也应向同学们学习，提高自己的各方面能力，努力成为一个能够承担社会责任的人。

让梦想之灯燃起

2016级本科生，材料科学与工程专业　任杰灵

从开始选社会实践课题到现在完整地做完实践，从最初的茫然到现在的清晰，从最初的争执到现在的一拍即合，历时1个月。1个月，不长不短。当我们7月1日从北京出发来到成都，大家一路上谈谈笑笑，但其实每个人的心中都很忐忑，未来的不确定性让我们都变得小心翼翼。在成都的一周中，不管遇到什么难题，我们都一起讨论出解决方案，大

到改变实践的时间进程，小到酒店的预订。或许我们最终的实践结果没有当初想得那么好，但这份经历却是独一无二不可复制的。社会实践让我们感受到了高新企业的雄伟，让我们有了斗志为自己的未来勇敢地挥上一笔。最好的梦想，值得我们为它赌上一把。在大学的一年里，点点茫然将我们的梦想之灯燃起火焰，或许这次实践就是那一团星星之火，或许就是它，会将我们尘封已久的梦想之灯重新点亮。

实践团成员：王昊阳　樊哲一　李昀玮　任杰灵　李梓敬　霍萱甫

中粮集团的产业变革

实践·足迹

一、学习国企改革文件及资料

2017年7月3日上午9时30分，北京理工大学材料学院"深入体验国有企业改革发展——材料学院李宗麒赴北京市门头沟区社会实践"实践团在北京理工大学良乡校区教室开始社会实践的第一项内容：学习2017年国有企业改革相关文件。

学习的第一阶段，实践团的每位成员查阅并学习相关资料，对国企改革的历史背景与现状形成自己的见解。经过2小时的学习，大家表示对国企改革有了一定的认识。下午14时30分，开始学习的第二阶段，实践团成员开始小组讨论。在小组讨论中，各个成员积极发言，对各自的认识互相补充，很快大家就对国企改革的背景与现状有了全面的认识。

自改革开放开始，为增强国有经济的控制力、影响力，发挥国有经济的主导作用，扩大公有资本的支配范围，增强公有制的主体地位，保障国家经济安全，使国企更好地适应市场化、国际化要求，实现科学化管理，提高资本的利用效率，优化国有经济布局和结构，国有企业开始改革。至今，国企改革经历了三个阶段：1978—1992年，国企改革的初步探索；1993—2003年，国企改革的制度创新；2004年至今，国企改革的纵深推进。

从2012年开始我国经济增长速度结束近20年10%的高速增长，转而进入增速换挡期，近年来，我国正处在"三期叠加"的"新常态"阶段。然而国有企业对于经济新常态认识不足、重视程度不够，在经济新常态下面临着巨大的挑战，阻碍了国企的改革与发展。

2015年8月24日，中共中央、国务院颁布了《中共中央、国务院关于深化国有企业改革的指导意见》，指引了新一轮国企改革。指导意见提出，到2020年在重要领域和关键环节取得决定性成果，形成更符合我国基本经济制度和社会主义市场经济要求的国资管理体制、现代企业制度、市场化经营机制，国有经济活力控制力影响力抗风险能力明显增强。新一轮国企改革的特点是：国有企业将分为商业类和公益类；积极引入各类投资者实现国有企业股权多元化；混合所有制改革不设时间表；强化监督防止国有资产流失；国资监管以管企业为主向以管资本为主转变；加强和改进党对国有企业的领导；为国有企业改革创造良好环境条件。

本次的国有企业改革学习使实践团成员了解了当今我国的经济形势，熟悉了国企的改革历史，通过学习《中共中央、国务院关于深化国有企业改革的指导意见》更使我们形成了对当下国企改革的深刻理解。

二、"中粮"的历史使命

2017年7月4日北京理工大学材料学院"深入体验国有企业改革发展——材料学院李宗麒赴北京市门头沟区社会实践"实践团前往中粮集团有限公司（COFCO）总部，对中粮集团有限公司（以下简称中粮集团）有了一些初步的认识。中粮集团是世界500强企业，也是中国领先的农产品、食品领域多元化产品和服务供应商，致力于打造从田间到餐桌的全产业链粮油食品企业，建设全服务链的城市综合体。利用不断再生的自然资源为人类提供营养健康的食品、高品质的生活空间及生活服务，贡献于民众生活的富足和社会的繁荣稳定。创造性地为农业发展提供金融服务，已经形成信托、银行、基金等金融业务链。中粮集团同时也是卓越生活空间的建设者，从事商业地产、酒店、旅游地产以及区域综合开发。中粮集团下属品牌有农产品、食品及地产酒店等。与此同时，中粮集团围绕服务种植结构调整、加速粮食去库存工作、提供优质安全绿色产品等重要问题积极制定实施方案，努力成为高效执行国家粮食安全战略的主力军、引领农业供给侧结构性改革的排头兵。以"优质、安全、绿色"为先导，建立从田间到餐桌的全链条质量安全控制系统，促进行业技术进步，推动农产品标准国际化；加强"一带一路"沿线国家在农业领域的合作，积极参与国际贸易和采购，动态掌控全球粮源，承担国家结构性供求调节任务，全面提升我国农产品质量安全水平。

中粮集团以奉献营养健康的食品和高品质的生活服务，建立行业领导地位，以客户、股东、员工价值最大化作为集团使命。中粮集团从粮油食品贸易、加工起步，产业链条不断延伸至种植养殖、物流储运、食品原料加工、生物质能源、品牌食品生产销售以及地产、酒店、金融服务等领域，在各个环节上打造核心竞争能力，为利益相关者创造最大化价值，并以此回报全体客户、股东和员工。以全产业链粮油食品企业作为集团战略定位，面对世界经济一体化的发展态势，中粮集团不断加强与全球业务伙伴在农产品、粮油食品、果蔬、饮料、酒业、糖业、饲料、肉食以及生物质能源、地产酒店、金融等领域的广泛合作。凭借其良好的经营业绩，中粮集团持续名列美国《财富》杂志全球企业500强，居中国食品工业百强之首。

三、"中粮"伴随国家成长

2017年7月5日，北京理工大学材料学院"深入体验国有企业改革发展——材料学院李宗麒赴北京市门头沟区社会实践"实践团参观了中粮集团的博物馆。进入博物馆，顿时迎来的是一种历史悠久的感觉，解说员一一为我们讲述着中粮集团的发展史。

新中国成立之后，苏联第一个承认了中华人民共和国。为打破西方国家的"封锁禁运"，中国先后与苏联和东欧社会主义国家签订了政府间贸易活动，双方采取记账贸易的形式互换货物。从成立之日起，中粮系统各公司就根据国家的总体安排，积极展开了对苏联等国家的粮油食品出口。由于新中国刚从长期战争状态转入经济建设，虽然经过了一段时间的初步恢复，但工业水平很不发达，粮油食品等初级产品的出口在全国整体出口贸易占了很大比重，为了支付苏联的贷款，向苏联出口大量粮油食品。

1962 年，内地开通了港澳供应食品的"三趟快车"。"三趟快车"每天从武汉、上海、郑州驶出然后在深圳编组过境，为香港、澳门两地居民带去最新鲜的鲜活商品和冷冻食品。"三趟快车"犹如三条大动脉，将祖国内地的鲜活食品源源不断地输入港澳两地，中粮集团的首要职责是组织货源，按计划将食品送上车，"三趟快车"被港澳同胞称为"生命线"。几代中粮人为了"三趟快车"的顺利进行，付出了极大的努力，这也为中国整体的发展做出了贡献。

1972 年 9 月 29 日，中日两国签署联合声明，宣布两国恢复外交关系，为两国的贸易往来创造了条件，同年 11 月，中粮集团贸易代表团访问日本，达成了众多合作意向。中粮集团作为中日民间贸易和备忘录贸易协定的具体执行者之一，为两国的外交和贸易发展发挥了积极作用。

1987 年 10 月，中国共产第十三次全国代表大会在北京召开，大会的主题是加快深化改革。这也是中粮集团历史上的一次大转折。在十三大结束之后，中粮集团在北京香山饭店召开了有全国 49 个分公司经理参加的粮油系统全国经理会议，中粮集团将与全国各省市粮油食品分公司"脱钩"。"脱钩"使中粮集团失去了自己的经营基础，为了适应竞争的要求和开展自营进口业务的需求，开始兴办了一批中外合资或国内联营项目，并开始涉足粮油食品加工、地产开发、酒店经营等领域。经过 10 多年的努力，中粮集团不仅继续保持和巩固了在中国粮油食品进出口领域的领导地位，而且通过系列化投资和系统性管理，建立了以粮油食品生产加工为主体向相关领域辐射的实业投资格局，使中粮集团发展壮大为融贸易、实业、金融信息、服务和科研为一体，横跨食品、地产、酒店等众多领域的大型企业集团。

四、与国企零距离接触

2017 年 7 月 6 日上午 11 时，北京理工大学材料学院"深入体验国有企业改革发展——材料学院李宗麒赴北京市门头沟区社会实践"实践团来到中粮集团忠良书院开始社会实践的第四项内容：参观中粮集团忠良书院。

在过去的两天里，我们通过参观中粮集团忠良博物馆了解了大型国有企业中粮集团的历史，以及在其创立及发展过程中的战略变革，感受到了历代中粮人为如今蓬勃发展的中粮集团付出的心血。而这一天，实践团应邀参观中粮集团的学员培养处——忠良书院。书院整体建设多采用玻璃以及隔音设施。书院构建彰显精致，各种字画刺绣、老照片以及优秀的教学设备，别致的道路构建，无不透露着中粮集团浓郁的企业文化氛围。

在中粮集团员工引导下，我们依次参观了忠良书院图书馆、多功能厅、报告厅、会议室、研讨室、多媒体教室、图书阅览室、贵宾接待室以及运动休闲设施等。从中粮集团可以看出，国有企业十分注重员工的精神文明建设。从忠良书院藏书丰富的图书馆，到各个公共区域定期更换书籍的书架；从墙壁各处可见的员工守则，到专注精神文明建设特别设立的写有纪律篇、信仰篇等的特殊会议室，中粮集团在努力加强员工精神文明建设，培养好的企业文化。

中粮集团特别提出的中粮会议10大原则，受到来访企业人员的赞叹：凡是会议，必有主题；凡是主题，必有人员；凡是人员，必有参与，凡是参与，必有议程；凡是议程，必有决议；凡是决议，必有执行；凡是执行，必有跟踪；凡是跟踪，必有结果；凡是结果，必有奖罚；凡是奖罚，必须透明。本次参观，我们感受了国企严谨的工作态度，以及积极向上的企业氛围，完备的休闲运动设施，并且亲身体验了忠良书院员工食堂的饮食以及餐饮氛围。

通过本次参观，我们实践团受益良多，不仅感受到中粮集团阳光向上的企业精神，更体会到现今国企员工良好的工作环境，我们对国家欣欣向荣的未来充满信心。

五、铸造难以忘怀的记忆

2017年7月7日，北京理工大学材料学院"深入体验国有企业改革发展——材料学院李宗麒赴北京市门头沟区社会实践"实践团在北京理工大学良乡校区—教室开展总结会，大家发表意见，总结这次实践活动，感触颇深。

首先，实践团集中学习了国有企业整体改革，了解了我们国家对国有企业进行改革的基本思路，以及进行改革的具体实施和监督，提高了大家对国企改革的认识。接着实践团集体参观了中粮集团的总部，通过询问、观察，了解了中粮集团的现状、中粮集团的核心产业、分公司分布以及一些进出口业务。感到通过一步步改革真正使中粮集团脱胎换骨，慢慢地发展成为了涵盖许多领域的大国企，不禁让人对这个企业的改革产生了浓浓的兴趣。实践团走进了北京市门头沟区中粮集团博物馆，对粮集团的改革历程进行了详细的调查。

中粮集团专设的忠良博物馆，里面详细记录了中粮集团的改革历程，我们在工作人员的带领下参观了中粮集团的博物馆，用了一上午的时间，身临其境地感受了中粮集团的改革过程，每一代中粮集团领导都有自己的杰出贡献，每一个人都对中粮集团付出心血，中粮集团的一步步发展都离不开他们的努力。中粮集团现在涉及的产业很广，包括房地产、金融投资等领域，改革给中粮集团注入了新鲜的血液，才会有现在如此辉煌的成果，实践团参观的中粮集团每个地方都有改革的印记。

改革会使企业更上一层楼，脱胎换骨，通过这次实践，实践团每个人都深入体会了解了中粮集团的改革历程以及改革对中粮集团产生的重大作用，这种亲身体会比课本、网上等要了解得更深一些。虽然这次实践活动已经结束了，但这次活动我们大家都受益匪浅，实践出真知，只有真正亲身实践过才能有深刻的体会。

🌿 **实践·品悟**

"中粮"：中国改革开放的缩影

2015 级本科生，电子封装技术专业　高溶唯

自新中国成立以来，国有企业就成为共和国的经济长子，国有企业成了新中国经济的支撑。自改革开放以来，中国的经济迅速发展，国有企业地位慢慢受到冲击，国企要摆脱旧束缚，走出新天地。中粮集团作为国有企业之一，以积极的姿态走在了国企改革的前列，赢得了国家和社会的赞誉。

从忠良书院到忠良博物馆，从图书馆到教室，每一个地方都能体现国有企业改革的成就和决心。博物馆里每一份文件都有历史重量，中粮集团在惊涛骇浪中摆脱了计划经济的束缚，冲上浪头，在新的时代，奋力拼搏，锐意进取，为国家的发展做出了巨大贡献。

中粮集团的改革是中国改革开放的缩影，中粮集团的改革进一步说明中国正迈着稳健的步伐向中华民族伟大复兴的目标前进。

一次宝贵的经历

2015 级本科生，材料化学专业　李宗麒

参与并组织本次社会实践让我深入学习了开展社会调查的具体方法，在参观大型国企中粮集团的同时，对于国企改革有了更加深刻的理解。忠良书院一直是中粮集团以及各大型公司员工培训学习的重点单位，在中粮集团参与到国有企业改革后，忠良书院积极开展工作配合，努力将忠良书院的业务拓展扩大。在中粮集团博物馆，讲解员讲述了中粮集团由一个国家负责进出口的部门，慢慢成长为国家不可或缺的重要国企之一。中粮集团能在短时间有这样的飞跃，其实也映射着国家在一步一步走向富强。在本次社会实践中，我感觉自己非常荣幸能够参与到其中，深刻感受到国家逐渐走向繁荣富强的过程。我希望今后能继续参与类似的社会实践，在大学生活中获得学习以外的宝贵经历。

社会——永久的学校

2015 级本科生，材料成型及控制工程专业　王海

不知不觉，为期一周的社会实践已结束了。通过这次社会实践，我对中粮集团有了很深刻的认识，作为一个为国家尽责、为耕者谋利、为食者造福的与新中国同龄的国有企业，中粮集团积极参与国际、国内贸易和采购，动态掌控粮源，承担国家结构性供求调节任务，保障国家粮食安全，充分发挥了企业对现代农业的引领作用。

人这一生中，在学校期间不是永久的，真正永久的学校只有一个——那就是社会。作为一个 21 世纪的大学生，社会实践是引导我们走出校门、走向社会，积极了解社会并投

身社会的良好方式。同时，社会实践也拉近我与社会的距离，在实践中开阔了视野，增长了才干，进一步明确了我们青年学生的成材之路与肩负的历史使命。社会才是学习和实践的大课堂，只有在社会这个广阔的天地里拼搏，我们的人生价值才能得到体现。

实践出真知，社会是课堂

2015 级本科生，高分子材料与工程专业　王子锋

经过这次中粮集团暑期社会实践，我感受到了浓厚的"忠良精神"。作为一名大学生，我们要了解社会，深入基层，认真地学习党和国家的方针政策，学习马克思列宁主义、学习毛泽东思想、学习邓小平理论、学习"三个代表"重要思想，学习科学发展观，学习习近平新时代中国特色社会主义思想，为促进我国国民经济的发展和中华民族的伟大复兴做出应有的贡献。中粮集团在每一方面都严格把关，为了做出好的产品，压缩了公司规模，甚至取消了原定的产品计划，这些都是为了不负"忠良"二字。从中我也学到了很多：对每一件事都要认真对待，马虎了事不如不做。只有坚持将一件事完完整整地做下来，才能取得最大的收获。"真理来源于实践，实践出真知"。我们只有不断参加社会实践才能将我们在学校所学的知识与社会实践相结合。社会才是学习和受教育的大课堂，在社会这个广阔的天地里，我们的人生价值得到了体现，为将来更加激烈的竞争打下了更为坚实的基础。

感悟做人、处事的道理

2015 级本科生，电子封装技术专业　张晔

大二暑假，我参加了社会实践，对国有企业中粮集团进行了调研，了解了中粮集团如何一步步发展到现在的规模，知道了中粮集团的历史。本次社会实践，感触颇多。以前我们看到的都是企业的光鲜外表，却看不到它的艰难历程。其实，企业和人是一样的，如果想要成功，就要经历一番苦难历程，只有克服了重重困难才能获得成功。经过本次走访，深感一个企业发展的不容易，更觉得一个领导者重要的作用，领导者的一个正确决策很有可能使企业从谷底到谷峰；当然企业的发展也离不开每个员工的齐心协力，共铸辉煌。通过实践活动，我也感悟到了做人、处事的道理：没有生来就成功的人，每个成功的人都是一步步走过来的，都是一点点努力来的，有志者事竟成。处事要不急不躁一点点来，慢慢寻求解决方法，一定会找出问题的关键并解决问题。

实践团成员： 李宗麒　高溶唯　杨顺　王海　张晔　赵琪　彭佳　师明飙　王子锋

千年文化共传承
——瓷都景德镇之行

🌿 **实践·报告**

前　言

陶瓷是中国古代劳动人民的一项重大发明，也是中国对世界文明做出的一大贡献。景德镇市自古以来，以瓷为业，一种产业支撑一个城市，历经千年，经久不衰，积著了丰厚的陶瓷文化底蕴，被世人誉为瓷都。这座有着千年陶瓷文化的历史古城，在这块土地下面埋藏了数之不尽的陶瓷碎片，这些碎片见证着千年瓷都的陶瓷文化，见证着景德镇的沧桑，每一块碎片后面都有着不一样的故事。千年窑火，犹如凤凰涅槃，催生出景德镇灿烂的陶瓷文化。景德镇的陶瓷文化具有多样性的特点：有悠久的制瓷历史、珍贵的文物古迹、传统的制瓷技术、大批的陶瓷名家、丰富的陶瓷产品、独有的陶瓷习俗等。

北京理工大学材料学院瓷都之行实践团成员为了进一步了解瓷韵悠悠的景德镇，更加深入了解中国陶瓷文化，探寻陶瓷文化的发展与传承，从北京前往景德镇进行实地考察与调研。以探访为途径，以欣赏为脚步，以思考为目标，实践团的每一位成员都在此次实践中积极探索，不断收获。本报告记录了小组成员通过在景德镇走访调研的全过程及研究结果，探讨了当代陶瓷文化传播、现状及其影响因素。

一、调查背景

纵观瓷器发展之路，明清时期的瓷器在宋、元制瓷技术的基础上，达到了制瓷业的顶峰。永乐年间的白瓷有"洁净如玉、薄如纸"的美誉，故以精美的感官留于人心；宣德年间的青花瓷达到了完美无缺的地步，也就是景德镇最为著名的青花瓷。明朝成功于辉煌的单色釉，祭红见于成化，鲜红夺目；祭蓝以氧化钴为色料，蓝色纯正。宣德年间的祭蓝瓷尤为精致。清代康熙时期的青花纹饰采用西洋画技。雍正、乾隆时期彩釉瓷发展最快，雍正时期以清丽媚悦见长，乾隆时期以富丽堂皇为特点。中国传统陶瓷历来注重分工明确，一件陶瓷至少要经历数十位工匠之手，有的甚至"共计一坯功，过手七十二，方克成器"，在突出个人特点方面很受限制，陶瓷艺术家受锢于传统的模式，传统和创新相结合是陶瓷发展的重中之重。

目前国内的经济环境不利于陶瓷的发展，我国陶瓷产能的迅速扩张，使陶瓷原料市场出现供给紧张局面，部分地区原料价格上涨幅度较大，国内陶瓷产能的持续扩张进一步加剧了市场供大于求的矛盾，生产企业通过降低产品价格来争取更多的市场份额，陶瓷行业价格竞争加剧。激烈的价格竞争和持续高涨的成本压力，使陶瓷生产企业整体盈利能力明显下降。作为传统行业的陶瓷产业面临着"高产量、高消耗、低效益"的困境，陶瓷出口到了微利甚至亏损边缘。

景德镇市在"十二五"期间，经受了经济下行压力加大的考验，经济社会发展取得巨大成就。陶瓷工业总产值与 2010 年相比"实现翻番"，并启动了大遗址保护、御窑厂遗址申报世界文化遗产工作。"十三五"期间实施产业升级战略，坚持传统陶瓷传承和现代陶瓷创新融合发展，大力发展手工制瓷和高技术陶瓷。景德镇市作为千年瓷都，在申报、创立 2017 年"东亚文化之都"具有很好的基础和优势，积极开展国际文化交流合作，不仅要让景德镇陶瓷文化走出东亚，更要走向世界。

"弘扬陶瓷文化，推进艺术创新，正是体现提高国家软实力的重要方面"，景德镇陶瓷学院院长江伟辉的这一观点充分体现了中国陶瓷文化艺术发展中传承与创新的重要性与平衡性。

二、调查目的

在科技高速进步的今天，传统文化的传承与发展作为国家软实力之一，值得新一代的大学生关注。此次"瓷都之行"，我们社会实践小组将围绕"了解陶瓷文化的发展历程""体验现代陶瓷生活的方方面面""探索陶瓷传承与发展的未来"三个主要内容展开社会实践。

了解陶瓷文化的发展历程，通过寻访景德镇陶瓷相关古迹，拜访当地名师，深入了解中国引以为傲的陶瓷技艺和陶瓷精神，为此次实践的分析打下基础。体验现代陶瓷生活的方方面面，通过对景德镇当地居民生活的考察，亲身参与一些关于陶瓷的体验项目，感受陶瓷艺术魅力，了解陶瓷文化的发展现状，作为实践内容的主要参考。

探索陶瓷传承与发展的未来，为本次实践的重点内容，主要通过采访陶瓷业相关人士，了解他们眼中陶瓷的未来，并根据自己的实践所感所想得出相对客观的结论，提出中肯的建议。

千年文明古国，关于陶瓷的故事诉说不尽。早先在西方人的眼中，陶瓷几乎与中国画上等号。此等国之瑰宝，千年风霜，千年传承，技术革新，艺术创新，之于今日，之余未来，色彩依旧，斑斓如初。作为新一代的大学生，对引以为傲的中国陶瓷拥有深厚的感情，并对它的传承与发展有着强烈的责任心，希望通过这次实践加强团队成员对传统文化的关注，并感受到传统文化的魅力，展望传统与科技结合的前景与优势。

三、研究方法

（一）瓷都的实地考察

1. 访历代瓷窑，拜窑神童宾

瓷都景德镇，千年不熄的窑火闪烁着中华文化文明之光。"白如玉、明如镜、薄如纸、声如磬"的瓷器蜚声海外。正所谓"北看故宫，南访古窑"，古窑不仅是中国陶瓷文化的缩影，也是世界陶瓷文明的一座古堡。

沿着一条树林浓郁的石砌小道，端详木简上的刻字——"圆器青花：青花绘于圆器。一号动累百千，若非画款相同，必致参差互异……"进入古窑景区，一条砌满了瓷片和瓷瓶的路展现出来，砌在水泥里的瓷片还裹挟着从地底下挖出的泥土，瓷瓶的裂缝依旧，并没有进行人为的后期修饰。器物是记录历史演变的标本，件件瓷器上面的尘土和破裂痕迹，更像是一种"保持原态"的诉说。当时的生产环境怎样？它从哪些人手中诞生？这些对历史追寻的问题，会自然地跃入我们脑中。

继续前行，映入眼帘的是一座 10 米高的窑神童宾青铜像，在这里有一段感人的故事——明万历年间童宾舍生烧造龙缸。公元 1599 年，景德镇御器厂烧造大龙缸，龙缸又大又厚，烧造十分困难，一入窑经高温焙烧，不是变形就是坼裂。为了烧制成功，只有 32 岁的童宾跳进了窑火中，以身殉窑。也许是他的壮举感动了天地鬼神，第二天，当窑工打开窑门，一个晶亮璀璨的青龙白瓷缸惊现在大家面前，众窑工悲喜交加，一个个跪拜在窑前。窑神童宾的故事让我们陷入沉思，若窑烧是这座城市的魂，窑神童宾，则让魂不灭，意永存。童宾不再，万千窑工还在继续，他们在这不问世事的静谧之地，重复劳作，不断探索。童宾是窑工的缩影，窑工是中国陶瓷文化的缩影。正因为有他们，景德镇陶瓷才能世代不衰，历久弥新。

景德镇民间有句土话"船多不碍港"，形容当时码头的繁荣。"器行九域，施及外洋"。这是古人对景德镇瓷器遍于全国和世界这一情形的描述。在 600 多年前，郑和下西洋，景德镇从此依靠水路进入了国际化轨道。水上运输的历史留在了过去，但在古窑水边搭建了一个舞台名叫"瓷音水榭"，开阔了瓷器的另一种可能——瓷乐演奏。瓷鼓、瓷编钟、瓷磬、瓷笛、瓷管钟、瓷箫、瓷瓯——整套乐器完全以瓷器制造，由几人共同演奏。置身其中，环境优雅，绿树鸣蝉，瓷乐飘飘，不绝于耳。

2. 探寻早间瓷市

景德镇早间瓷市，一个淘宝圣地。在这里可以感受"景漂一族"的艰苦创业、追逐梦想和浓浓的艺术氛围。我们遇见许多与我们年龄相仿的学生艺术家，他们大胆、有创意的作品，给我们这些瓷器外行以很深的印象。我们也向一些摊主请教陶瓷方面的问题，他们大多是景德镇陶瓷大学的学生，每件作品都是自己设计的，器形极具个性，图案简单大方，当得知我们正在进行社会实践时，他们热情地回答我们的问题，并给我们普及了一些陶瓷方面的专业知识。

最令人过目不忘的是雕塑瓷厂的镇厂之宝——"一百零八将"瓷雕。于 1983 年在雕塑瓷厂创制的这一百零八将瓷雕，是我国陶瓷雕塑史上第一套瓷雕群像。这套瓷雕群像，依范于我国古典文学名著《水浒传》中对梁山泊一百零八条好汉的出身、性格、经历及形象的描述，人物众多而神态各异，装饰精巧且逼真传神，生动地再现了当年水泊梁山起义人群的英雄气概。瓷雕以传统圆雕技法为主，掺和多种表现形式进行艺术塑造。作品尽管受到形象和装饰具体要求的局限，但它仍然以规模之大、色彩之丽、形象之奇、情趣之妙赢得了广大观赏者的好评，成为瓷雕艺坛上一束馥芳远溢的奇葩，给我们带来的震撼已不能用言语来描述。

3. 瓷国皇冠上的明珠——御窑厂遗址

御窑厂是明、清两代专造宫廷用瓷的皇家窑厂，自 1369 年起，直到 1911 年停烧，数百年间规模不断扩大，从最初的 20 座窑到后来的衙署、作坊、窑房以及附属的祠、庙、亭、阁等，集中了最优秀的工匠，最精细的原料，最充足的资金，烧造出最为精美绝伦的瓷器，推动中国制瓷工艺达到了巅峰。

2002—2004 年，北京大学考古文博学院、江西省文物考古研究所和景德镇市陶瓷考古研究所联手行动，对珠山北麓部分地区进行了发掘，清理了近 800 平方米窑址，发现了四座葫芦形窑炉和一大批明代瓷片堆积。这一次发掘，人们从碎片堆积中拼合的器物有明永乐青花釉里红云龙纹梅瓶、釉里红云龙纹梅瓶等，这些都是当时淘汰下来的残次品。虽为"残次"，但其精美程度，仍然无与伦比。人们总是难以理解，我们今天为何无法仿造出与当年一样精美的瓷器呢？其中原因可能有多种，但很重要的一条便是：历史上的御窑厂所出器物无一不是精益求精，生产几乎是不计成本、不计代价的。

御窑厂遗址的两层展览大厅，从一楼缓步上去，沿途文字、图片娓娓道来，很快我们便对明清御窑瓷器史有个基本的把握。橱窗里，甚至脚底下的玻璃展柜里，都陈列着出土的各时期的瓷片及拼合的器物，景德镇的四大传统名瓷——"青花、玲珑、粉彩、颜色釉"应有尽有。在展览馆一侧还有一幢巍峨的建筑是"佑陶灵祠"，这个祠是为供奉"风火仙"童宾的。"烟火逾十家万家，陶户与市肆当之七八"，"昼间白烟掩盖天空，夜则红焰烧天"，说的都是当时景德镇的繁荣景象。

4. 卓越的拉胚工艺

拉胚主要有三个技巧，首先拉坯前泥要揉匀，要把泥里的气泡揉出去，同时，揉泥使泥的分子排列有规律而便于拉坯。而在把坯拉起之前，要把泥均匀地挤在中心，俗称"归中"，这也是最重要的一步，因为这一阶段的泥如果厚薄不匀将无法拉出均匀的造型，所以"归中"这一阶段的掌握度直接影响到下一步。把泥均匀"归中"之后，需先在中心用手指开一口子，深度随制品的大小要求而定，然后一只手伸进去，一只手在外面，同时用力把坯拉起来。虽有技巧，实践起来并不容易，师傅们当学徒的时间三五年不等。

在师傅行云流水的制作过程中，只见一块陶土放到转盘上，师傅的双手随着转盘的转动准确地"拿捏"陶土，一只碗形就这样出现在我们的眼前。看似简单的制作，步步要求精准，实施起来却困难重重。

（二）网络问卷调查

我们采用自拟的《关于瓷都景德镇陶瓷文化现状及其发展调查问卷》的调研问卷，对问卷结果进行统计与分析，共回收 138 份。

四、结果分析

（一）样本分析

本次选取样本有一定的局限性，主要集中在 18～30 岁年龄段，地域分布上涉及了部分省份（见图 1、图 2）。

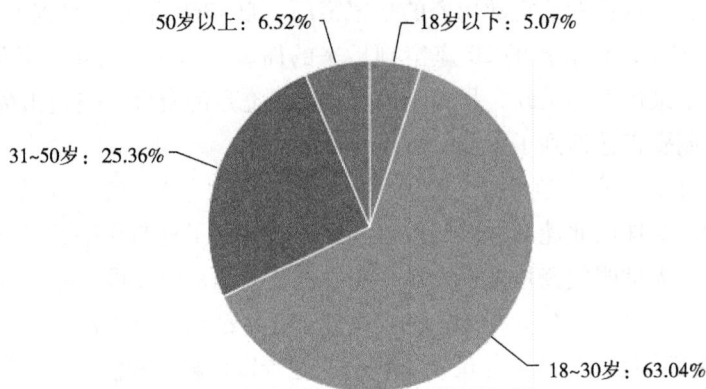

50岁以上：6.52%　18岁以下：5.07%

31～50岁：25.36%

18～30岁：63.04%

图 1　样本年龄分析

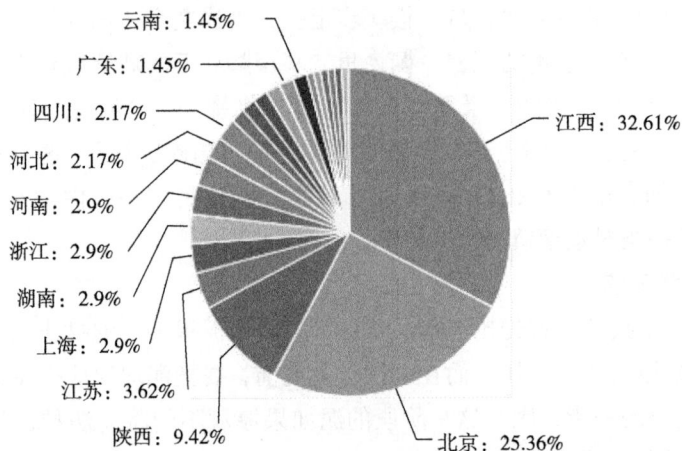

云南：1.45%
广东：1.45%
四川：2.17%
河北：2.17%
河南：2.9%
浙江：2.9%
湖南：2.9%
上海：2.9%
江苏：3.62%
陕西：9.42%
江西：32.61%
北京：25.36%

图 2　样本地域分析

（二）数据分析

1. 陶瓷文化传播现状

现在我们所处的是一个崭新的时代，在东西方的文化碰撞与交融中，中国人引以为傲的陶瓷受到了世界人民的赞誉，中国古陶瓷在拍卖中屡屡出现惊世之价，这是所有中国人的自豪，但在这些古代瓷器的对比之下，现代的瓷器显得有些不尽如人意，没有出现耳熟能详的"青花瓷"这样著名的瓷器种类，也没有出现"釉里红"如此有代表性的工艺。是时间的跨度不够？还是陶瓷已经没有更大的潜力了？这是立于陶瓷发展之路的一大难题。

在调查问卷中，不难看出调查人群主要集中在青壮年。因为景德镇独特的历史优越性，在调查中当地人对陶瓷完全不了解的比例远远低于外地人。对陶瓷文化是否感兴趣及对陶瓷文化是否有了解呈现一致的倾向，这表明兴趣的指引还是对行为起着重要的作用。而对陶瓷制品一点也不了解的占到总人数的1/3多（见图3），这个数据显示出人们对当下的陶瓷工艺发展的关心程度并不良好，这也是陶瓷今不胜古的原因之一。随着社会发展，选择愈加的多元化，陶瓷的复杂工艺，性价比不见优势的竞争之下，并不是一个良好的选择（见图4）。

图3　对陶瓷文化的了解程度

（a）当地人；（b）外地人

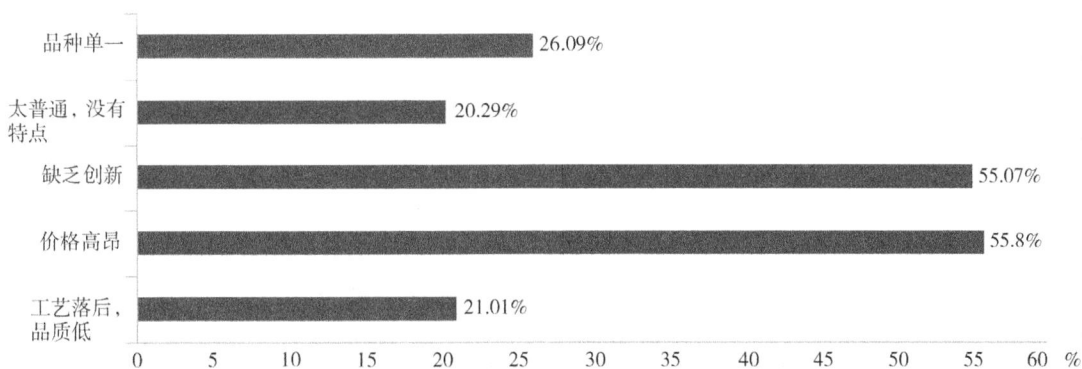

图4　陶瓷产品缺乏市场竞争力主要因素

在陶瓷的用途中，用作装饰品超过生活用品，而作为藏品这个选项也不遑多让，用作装饰和收藏的陶瓷价格又影响了其文化传播之用（见图5）。历史上的御窑厂所出器物无一不是精益求精，生产几乎是不计成本、不计代价的，这也许可以解释我们今天为何无法制造出与当年一样精美的瓷器。

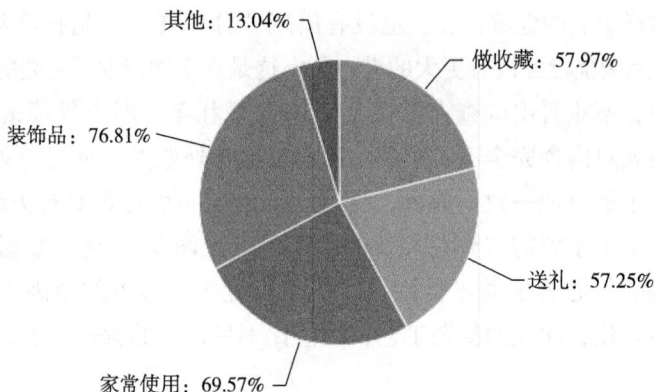

图5　陶瓷产品的使用分布

2. 陶瓷发展现状

传统的制陶工艺随着社会的发展虽然已经有所改变，将拉胚、画坯等工艺分于不同的工作坊，但这些工作仍是主要靠人力完成。陶瓷作坊的人骄傲在于这个世界上没有两个完全相同的瓷器，正是基于这样的原因，导致了陶瓷的价格高昂，阻碍了瓷器在市场上的发展。在调查中，认为陶瓷产品缺乏创新比例过半，现在的制陶工艺和古代时的相比并没有大的变化，除了现代机器的使用外，将柴烧窑改进为天然气烧窑等。拉胚、修胚、画胚这些流程对人的要求极高，从学徒到拉胚出师需要三年左右的时间，修胚、画胚时手持工具要求手稳而有力，这种种近乎苛刻的要求才能制造出精美绝伦的陶瓷。

在调查中还发现，陶瓷是一个远离人民生活的话题，87%的人选择偶尔和从来没有谈论过陶瓷。不愿意从事陶瓷相关行业的人数占到了42%。从数据中，不难看出现在的陶瓷缺少民众的支持，使其难以焕发活力。

五、分析及建议

（一）陶瓷文化影响力下降的原因

从时间的跨度来看，不难发现到清代晚期，政府腐败，国运衰落，人民贫困，中国的陶瓷制造业日趋退化，影响力逐渐下降。中华民国以后，各地虽然相继成立了一些陶瓷研究机构，但生产的陶瓷产品产品除沿袭前代，就是简单照搬一些外国的设计，无发展可言。民国初，军阀袁世凯企图复辟帝制，曾特制了一批"洪宪"年号款式的瓷器，这批瓷器在技术上不可谓不精，以粉彩为主，但风格老旧。之后由于内战频仍，外国入侵，民不聊生，整个陶瓷工业也全面败落，直到新中国建立以前，未出现过让世人注目的产品。

新中国成立后，创作时间短，这一时期，景德镇、醴陵等地创作生产的艺术陶瓷，前后跨度35年。创作时间短，作品的总量也就少，从事艺术品创作的人数并不多。1949年前，景德镇有数以百计的小作坊，数以千计的陶瓷艺人从事陶瓷艺术品的创作与生产。新中国成立初期，集中到几个陶瓷合作社、少数几个瓷厂。最鼎盛时期，也只有 10 来个瓷厂，而专业从事艺术陶瓷创作生产的只有景德镇艺术瓷厂、雕塑瓷厂等。而精美的艺术陶瓷作品，大多出自这些瓷厂的美研室。从现存精美的艺术陶瓷作品分析，这一时期优秀的陶瓷艺术创作者不足百人，故整个产量也不会很大。留存在国内和民间的艺术陶瓷精品很少。那个年代国内人民生活比较贫困，人们没有条件去欣赏和购买这些高档艺术品。当年生产的艺术陶瓷，主要是供出口创汇，作为用外交礼品，以及各美术馆、博物馆等重要场所展览陈设用，留存在国内、散落在民间的非常少。目前我们所见到的新中国艺术陶瓷精品，绝大部分是近些年从国外回流的。

在景德镇，现在的景德镇陶瓷大学的学生，主要是来自当地，文化的输出力度远远不够。新中国成立初期中央政府对景德镇陶瓷的生产和发展非常重视，中央政府曾派中央美院梅建鹰教授和一批专家前往景德镇，对这些老艺人进行培训，并选送部分优秀的陶瓷艺人到北京进修学习，使得整个景德镇艺人的艺术修养得到很大提高。而今没有景德镇传统陶瓷文化滋养的异地学生，很少会选择投身这个专业。

对于大学生这个充满活力的群体，艺术鉴赏能力的不足影响着对陶瓷文化的理解与传播，陶瓷文化可以反映当时的时代，其上的图案、画作需要对一个时代的理解，要求对艺术的品评，其形状也是反映着当时的人民生活的种种情形。可以说，陶瓷的文化囊括着经济、文化、政治等，是一个综合的时代象征。

（二）陶瓷发展现状

陶瓷文化的载体首先就是陶瓷制品，陶瓷制品最能直接体现陶瓷文化。

景德镇一大特色——早间瓷市，这个地方就是给年轻的学生提供了一个与市场接轨的平台，让他们不仅可以自由地去创作陶艺，也可尽早地介入市场，把创作与市场结合起来，把创作与再创作的延续在实际操作上变成可能。大学生都有激情、有梦想，缺少的就是一个实现的平台。集市中大部分学生摊主都认为，创意集市更像是一场艺术与生活、灵感与思想的聚会，既激励了原创，又能在练摊中积累更多的创业经验，同时又使自己的创意"产品"在实践中取得经济利益和社会效益双丰收。但是也有不少"鱼目混珠"的瓷器，卖的瓷器没有任何品位，是来讨生活的。而瓷器的价位可能比城里的商店的瓷器还要贵。

陶瓷的发展时间久，在如今更加实用的塑料制品，更加精美的玻璃制品的对比下，陶瓷的品种单一，大家对陶瓷制品的印象还停留在创拍卖奇迹的一幕一景，在市场上接触到的陶瓷制品大多沿袭古时的风格，缺乏创新，不能够吸引群众。精益求精的陶瓷依旧需要大量的人力，且对手艺的要求极高，从陶瓷大师的年龄不难看出这一点，故其作品价格高昂，市场占有量不够限制着陶瓷的进一步发展。

（三）改善建议

通过查阅资料和探讨，实践团成员最终列出如下几条建议。

1. 陶瓷材质的革新

在陶瓷艺术作品中，材料的运用可谓至关重要，可以体现出作品的力度及作者的感情投入。从传统材料中可以看出，青花、粉彩、古彩等传统装饰，形成了景德镇传统陶瓷艺术特有的面貌，传统承载着一个时代的变迁。随着时代的发展，用自身的语言范式带给世人长久的喜爱与眷顾在现代陶艺的制作中，原料的取材应该是不拘一格的。现在的制作都以高岭土为优，选择单一，致使烧出的瓷器受限。如果能够与多种材料结合、并用、渗透，产生相得益彰的艺术效果，使现代陶艺既有丰富的表现性又有充分的协调性，表面处理和空间处理也会登上一个更高的层次。

2. 新技术的应用

诸多新兴行业的发展对材料提出了更高的要求，现代陶瓷作为新材料的一个重要组成部分，其在国民经济中发挥着愈来愈重的作用。传统陶瓷的发展结合新技术以打开新局面。现代陶瓷艺术品的价值主要体现在三个方面：商品价值，装饰价值，收藏价值。和传统艺术陶瓷相比，现代陶瓷艺术更强化作品的欣赏功能，具有装饰价值，但其昂贵的价格让众人望而却步。新技术的应用，提高了艺术陶瓷生命力，开创了新的市场领域。

3. 陶瓷文化旅游开发

陶瓷文化旅游由于其资源的稀缺性，在全国的旅游资源中这一条件比较明显，满足了旅游者求新、求变、求异的心理。在开发中，应将陶瓷的知识文化性和旅游的休闲娱乐性结合起来，打造出富有特色的旅游资源和项目。以市场为导向，满足大多数旅游者的需求，为此，在陶瓷旅游开发过程中，首先要进行市场调查和预测，准确掌握旅游者需求，合理利用资源，积极寻求与其相匹配的客源市场，确定目标市场，以市场需求变化为依据，最大限度地满足旅游者的需求。

陶瓷旅游开发要兼顾经济和社会效益，不能为了经济效益而忽略了社会效益；同时也不能为了发展旅游而对陶瓷工业的投入有所减弱；旅游资源的开发也要注意与其他部门和行业的协调，加强区域内外不同类型旅游资源的合作，产生共赢的良好效果。

4. 加强文化宣传力度

陶瓷文化是中国古代文化的一个重要组成部分，在中国文化史上占有极其重要的地位。要提高陶瓷文化品位和影响力，就要把城市发展和传统资源利用结合起来，把现代化气息和文化特色结合起来，通过各种形式、各种途径来进行陶瓷文化传播。相对于其他媒介，电视媒体是目前世界上传播范围最广泛、传播效果最理想、社会影响最显著的传播载体，诸如鉴宝类节目就是良好的文化传播窗口。另外，陶瓷文化类节目所蕴含的丰富的陶瓷信息，深刻反映了陶瓷文化内涵，是世人了解陶瓷、认识陶瓷的最好的信息窗口，对陶瓷对外宣传产生着积极作用。要充分认识电视媒体在陶瓷文化传播中的优势，畅通电视媒体与陶瓷文化传播连接的各种渠道，充分发挥电视媒体在教育和影响公众文化修养方面的作用。

5. 广纳贤才

开发人力资源，这个人才也指的是几个方面的人才。首先是制作的人才，这是必不可少的，无人才何来物优。其次是宣传人才，制作出来的产品必须依靠人才宣传组织。最重要的是专业人才，本身就是这一方面的专业。因而提高人才素质，优先开发人力资源是陶瓷经济发展的必然趋势，是进行技术创新的基础性工程，要打破现有的"当地取才"的模式，广纳最创新、最合适的人才。

结语——景德镇，陶瓷历史的瑰宝

为期三天的社会实践很快就结束了，但是景德镇陶瓷文化、种类繁多的精美陶瓷在我们心中留下了深刻的印象，同时丰富了许多关于陶瓷的知识。我们回收了 138 份调查问卷，取得了丰硕的成果。我们明白再完美的瓷器，只需一颗卵石就能将其击碎。在瓷都，什么是牢不可破的？那就是瓷之魂！在古窑，80 岁的老艺人还在愉快地拉坯，因为他坚守瓷魂；在不起眼的作坊，年轻的传承人专情于珐琅彩，因为他传承瓷魂；在御窑厂，一件件名瓷大器，精致的图案、润泽的釉彩、清脆的磬响、厚实的胎体，告诉世界"china（中国）"的尊荣、凝聚的瓷魂。精益求精、始终如一、诚信守则、永不自满、团结协作、尊崇贤能的工匠精神铸就了瓷都景德镇千年辉煌的瓷魂。瓷魂正需要我们这些当代大学生来传承、发扬，这也是我们此次社会实践的意义所在。

景德镇，举世闻名的瓷都，它似乎一直存在于历史中、书本中。以前，我们想象它，古朴而繁荣，宁静却美好。可初到这里，钢筋水泥的城市，往来喧嚣的车辆，与预想的不尽相同。

然而，当我们抱着一丝期待慢慢走进，才看到，历史与文化的积淀正隐藏于这小城的角角落落。

景德镇，这座隐于深山的小城，历经沧桑，满身尘土。想要看清它的真实，或许需要时间与耐心，但相信我，你也会爱上这座城。

景德镇的故事，还在继续……

参考文献

［1］http：//news. xinhuanet. com/shuhua/2014 – 06/29/c_ 126685758. htm.

［2］程云，乐茂顺，邵奇．景德镇陶瓷文化与世界文化遗产［J］．江西社会科学，2007（12）．

［3］陈良瑜．浅谈中国陶瓷发展史及现代陶瓷的发展前景．艺术随笔［J］．陶瓷科学与艺术，2015（7）．

［4］朱晓辉，夏君旨．从材料科学的发展谈陶瓷的发展前景［J］．中国陶瓷，2006，42（5）：7 – 9.

［5］韩以政．高技术陶瓷发展简论［J］．陶瓷研究与职业教育，2007（2）：45 – 48.

［6］耿保友．新材料科技导论［M］．杭州：浙江大学出版社，2007.

［7］李安明，王树海．我国工业陶瓷产业化存在的问题及对策［J］．陶瓷工程，1999，33（5）：44 ~ 47.

［8］舒光美. 陶瓷文化旅游开发浅探［J］. 经济研究导刊. 2009（12）：156 - 157.

［9］陈立立，陈午晴. 江西旅游业主攻方向——建设世界陶瓷旅游中心［J］. 江西科技师范学院学报，2004（6）.

附录

关于瓷都景德镇陶瓷文化现状及其发展调查问卷

您好！

我们是北京理工大学赴江西景德镇社会实践团，针对陶瓷文化的传承现状及发展做一个问卷调查，谢谢您的配合！

1. 您的年龄［单选题］［必答题］

○ 18 岁以下　　　　○ 18 ~ 30 岁　　　　○ 31 ~ 50 岁　　　　○ 50 岁以上

2. 您的性别［单选题］［必答题］

○ 男　　　　　　　　　　　　○ 女

3. 您是否是景德镇人［单选题］［必答题］

○ 是　　　　　　　　　　　　○ 不是

4. 您对中国的陶瓷文化了解吗［单选题］［必答题］

○ 非常了解　　　　　　　　　○ 比较了解

○ 了解一点　　　　　　　　　○ 一点都不了解

5. 对陶瓷文化是否感兴趣［单选题］［必答题］

○ 非常感兴趣　　　　　　　　○ 比较感兴趣

○ 有点感兴趣　　　　　　　　○ 完全不感兴趣

6. 是否收藏或购买过陶瓷制品［单选题］［必答题］

○ 喜欢收藏　　　　○ 偶尔购买　　　　○ 从不关心

7. 您认为陶瓷制品在生活中的主要用途有哪些［多选题］［必答题］

□ 收藏　　　　　　　　　　　□ 送礼

□ 家常使用　　　　　　　　　□ 装饰品

□ 其他

8. 您认为目前陶瓷产品的最大缺点是什么［多选题］［必答题］

□ 品种单一　　　　　　　　　□ 太普通，没有特点

□ 缺乏创新　　　　　　　　　□ 价格高昂

□ 工艺落后，品质低

9. 您是否能够欣赏陶瓷制品［单选题］［必答题］

○ 行家　　　　　　　　　　　○ 懂一些

○ 有所耳闻　　　　　　　　　○ 几乎不能

10. 您认为现在陶瓷市场广阔吗［单选题］［必答题］

○ 势态良好　　　　　　　　　○ 有所下降

○ 颓势明显　　　　　　　　　○ 没有了解

11. 陶瓷文化的是否得到了良好的传承［单选题］［必答题］

○ 良好　　　　　　　　　　　○ 一般

○ 不好　　　　　　　　　　　○ 不太清楚

12. 是否和周围人谈论过陶瓷的相关事情［单选题］［必答题］

○ 经常　　　　　○ 偶尔　　　　　○ 从来没有

13. 是否想过现代技术与陶瓷工艺相结合的发展［单选题］［必答题］

○ 很期待　　　　○ 不在乎　　　　○ 不期待

14. 若是大学生，请问所学专业是否与陶瓷相关［单选题］［必答题］

○ 较强联系　　　　　　　　　○ 有联系

○ 没有联系　　　　　　　　　○ 不清楚

15. 是否愿意从事陶瓷相关的行业［单选题］［必答题］

○ 愿意　　　　　○ 无所谓　　　　○ 不愿意

实践·品悟

最大的感觉是震撼

2014 级本科生，材料科学与工程专业　　何雨阳

社会实践之前，我们实践团大多数同学对陶瓷不甚了解，也许都曾经使用或接触过陶瓷制品，也许会知道陶瓷的起源和发展，也许还会去博物馆等地方见到过一些名贵的瓷器，但要让我们详细说出陶瓷历史文化的来龙去脉，或者让我们阐述瓷器的制作过程，我想我们应该都做不到。而这次江西景德镇的社会实践活动在带给我们新鲜体验的同时，也弥补了这方面一些知识的空白，我们对于中国陶瓷技术与艺术"双绝"的伟大发明感到自豪。

陶瓷的制作工艺十分复杂，拉胚，修胚，素烧，素选，彩绘，施釉，贴花，烧釉等，每一步的工艺技法又十分讲究。我们参观的时候，现场制作的过程让人目瞪口呆，每制作一只精美的瓷器，背后都有无数人辛苦付出。在中国陶瓷炎热的仲夏，烧窑的师傅们仍要守在温度很高的窑旁，随时观察烧制的情况；还有彩绘的师傅，每天静静地坐在那里进行着创作，一坐就是很长时间，需要保持注意力的高度集中。正是有了这些辛苦，我们才看到了现在更多更好的瓷器。我也知道有更多的年轻人正在加紧地学习，学习传统技艺，自我创新，学习瓷器制作新技艺，然后用这学到的一切，让陶瓷文化发展，源远流长。

这几天的实践给我最大的感觉就是震撼，当一个地方将一种文化融入生活，融入社会，这里到处都充满着温馨的氛围，让这种文化滋润地成长。景德镇之于陶都就是如此，

我希望未来有更多的人能关注陶瓷文化的传承和发展。

为陶瓷艺术着迷，为一代代的传承和坚守感动

2014 级本科生，材料科学与工程专业　连易灵

2016 年暑假，我们实践团五名成员前往江西景德镇开展为期三天的社会实践，此前我便好奇景德镇，更好奇陶瓷，而这次的实践之旅在解答了我的一些疑惑的同时，也让我充分感受到了陶瓷文化的魅力。

我看到了景德镇陶瓷是绚烂的，璀璨夺目的，每一个陶瓷作品都注入了设计师的心血，每一个作品都有着独有的灵魂，这些作品有的与时代结合，有的与个人结合，但不管怎样，你都能够在每个陶瓷产品上看到那些掩埋在历史中的故事，或感动，或美好，或悲伤，但终归能与你产生共鸣。我开始相信器物拥有灵魂，看那千年的沧桑都融入块块陶土，燃不尽的窑火是生命的延续，一笔一画地细心勾勒是匠人精神的验证，一遍遍地烧制回炉是精益求精的最好诠释，我为陶瓷艺术着迷，更为这一代代的传承和坚守而感动。

在这次实践中，感谢我的团员，感谢我的同学们，也谢谢那些给我们提供了帮助的人们，谢谢你们耐心的解答或精心的照顾。实践已经结束，但这次经历我会永生难忘。

为陶瓷文化所震撼

2014 级本科生，材料科学与工程专业　杨敏

从小家里就有一些漂亮的陶瓷制品，瓶瓶罐罐或者碗碟，后来上学了了解到中国引以为豪的陶瓷历史，再看到那些瓷器就会平添一份感激和欣赏。而这次得知将去千年瓷都景德镇展开关于陶瓷的社会实践时，我非常兴奋，仿佛埋在心中小小的种子就要破土发芽，而幼时的一份追寻也正要来到它的目的地。

实践顺利进行着，我们参观了陶瓷博物馆，欣赏了历朝历代各式各样精美的陶瓷，了解了中国瓷器文化的兴盛和回落，也亲身参与了制作一件瓷器最重要的环节之一——拉胚，还与陶瓷艺人进行了愉快的沟通，了解了他们眼中的景德镇陶瓷，可以说经历很丰富。但美好而有趣的时光总是转瞬即逝，刚刚对陶瓷有了那么一点的了解和研究，我们的社会实践活动却要结束了。但短短的时间内，我们却建立起了对陶瓷的深厚感情，被伟大的景德镇陶瓷文化所震撼。

实践活动圆满结束，也算圆了儿时的梦，给那一份追寻交了一份还算满意的答案。

亲身体验陶瓷艺术的魅力

2014 级本科生，材料科学与工程专业　张国镕

大二之后的暑假刚开始，我们实践团五个成员便前往江西景德镇展开为期三天的社会实践，主题是陶瓷艺术的传承与发展。这是我们经过仔细地商议和计划后得出来的主题，

也是我们一直很感兴趣的内容。景德镇作为千年瓷都，在全世界都享有盛誉，我们能到那里亲身体验到陶瓷的魅力，实在是一件令人很激动的事情。

在景德镇的日子过得很美好。我们见识了多种多样的瓷器，脱离了我以前认识的陶瓷模样的框架。这里也有许多新奇的陶瓷款式，与时俱进，让传统与新鲜并存，一同赋予了陶瓷别样多彩的魅力。我们在景德镇短短几天，不仅是对陶瓷有了一定的了解，也为瓷都的风土人情深深着迷。陶瓷是浸润在景德镇人骨血里的琥珀，类似于精神传承的感觉，千年已过，沧海桑田，而这一缕缕精魂却荡涤着景德镇人，荡涤着整个华夏民族，使得陶瓷文化、陶瓷技艺、陶瓷的信念依旧扎根在每一个人心中，人们永远以此为豪，并会不断用自己的努力使它一直保持着高水准，保持着景德镇陶瓷的骄傲。

实践已结束，探索陶瓷发展之路的脚步却不会停歇，而新一代的年轻人，就是希望，希望我们的实践也能对振兴中国陶瓷艺术起到积极的作用，这就是我们本次社会实践的意义所在。

传承和发扬传统陶瓷技艺

2014 级本科生，材料科学与工程专业　张佳敏

2016 年 7 月 8 日，作为北京理工大学材料学院张佳敏赴江西景德镇社会实践团的一员，我和其他四名成员来到了千年瓷都景德镇，开展为期三天的社会实践活动。

景德镇是"瓷器之国"的代表和象征，其制瓷历史悠久，瓷器精美绝伦，闻名全球，有"瓷都"之称。作为新一代大学生的我们，怀着一颗对陶瓷的喜爱与好奇之心，来到这里，揭开千年古城的神秘面纱。

初入景德镇，看到钢筋水泥的城市，觉得与其他的城市没有什么差别，但当我们慢慢走进这座城，细细观察，精美的瓷制灯柱、瓷制垃圾桶，碎瓷片铺成的小路，环形路中心的巨型瓷雕，还有随处可见的瓷器商店，我们才发觉历史与文化的积淀隐藏于这座城市的角角落落，正等着我们去发现。

三天的时间里，我们参观了古窑民俗博览区、早间瓷市、御窑厂遗址、民间作坊，并发放了 100 多份问卷，欣赏了精美的陶瓷，丰富了陶瓷知识，取得不小的成果。通过调查显示，虽然近几年景德镇经济有所上升，但陶瓷文化却很难得到传承，鲜有人愿意从事陶瓷方面的工作，陶瓷创新意识明显不足，缺乏现代元素，很多方面都需要完善。

如今，继承并发展景德镇的传统制瓷技艺，需要大家共同努力。作为当代大学生，我们有义务将陶瓷的发展与现状展示出来，让更多的人认识景德镇，了解陶瓷，向往瓷都。

实践团成员：王娟　张佳敏　杨敏　何雨阳　张国镕　连易灵

孵化器，梦想开始的地方

🌱 实践·报告

前　言

我们上大学代表着我们更加独立、自主，大学是我们的转型期，我们小组五人思考我们在大学时是否适合进行创业创新，因为这个时候可能是头脑最灵活、想法最多的时候，我们五人决定对中关村创业集体与个人创业进行采访、调查，希望能够从中得到答案。我们五人开展了此次暑期实践活动，探索大学生是否适合创业，创业者们是怎样通过外界因素和个人因素在创业中能够慢慢走向成功。

大众创业、万众创新是经济社会发展的强大动力，也是富民之道、强国之策，对于推动经济结构调整、打造发展新引擎、增强发展新动力、走创新驱动发展道路具有重要意义，是稳增长、扩就业、激发亿万群众智慧和创造力，促进社会纵向流动、公平正义的重大举措。本次实践是调查大学生是否适合创业与适合创业的年龄，共实践三天，实践地点选在中关村创业大街

一、调查设计

国家大力支持创业创新，而我们应该思考，在合适的时间响应国家号召，为社会做出贡献，所以我们进行了此次调查。中关村创业大街又是大众创业的标志，所以选择在中关村创业大街进行实地调查。这次实践活动包括两个方面：

（1）问卷调查；

（2）实地采访。

这次调查中，我们五人在三天中分别对三家孵化器企业进行了实地调查，由于能力有限，所得到的信息可能以偏概全，甚至出现谬误，请多包涵。

二、调查过程

我们小组在7月2号至5号对中关村创业大街进行了实地走访和调查。我们走访了黑马金融、3W咖啡、中车车库咖啡，分别与创业者和服务员进行了交流。

7月2日的行程是调查中关村创业大街中车车库咖啡。很幸运，我们正好遇见中车车

库咖啡举办大众创业的活动。我们将各自任务安排好后，先对在座的一些创业者们进行访谈，虽然有时会被拒绝，但是我们轮流采访，也采访了很多创业者。创业者他们有着各式各样甚至"天马行空"的想法，与他们的交谈中我们也有了很大的提高，尤其是对创业这方面的认识。我们慢慢了解了创业者的艰辛与坚持，懂得创业并不是一件说说就能够完成的事，需要汗水，甚至是泪水，每一个创业者都有着一颗勇敢的心，愿意为自己的梦想付出一切，他们有时睡在路边、咖啡厅里，就是为了能够找到一家合适的团队或是公司。

我们在店中点了杯咖啡，观察着他们，许多人在这里办公，有的三五成团，讨论着不同的话题。咖啡厅里人们络绎不绝，当活动开始时更是人山人海，创业者一个个用 MV 和 PPT 来展示自己的创新理念，绘声绘色地描述自己的想法，评委也认真地听着每一位创业者的设想。他们将生活中一些小事汇聚起来，用自己的想法去创新，使得生活更加简便和美好。他们创新的方向五花八门，有的关于教育，有的关于产品的生产等。

采访中，一位中年女士与我们讨论关于创业者们的艰辛之路。她在车库咖啡喝咖啡已经很多年了，她看到许许多多的创业者们几年没有找到好的公司，在咖啡厅中宣传着自己的想法却无人问津，他们有时吃不饱饭；她说她当时还见过为了创业睡在马路上的年轻人。她告诉我们，创业成功后虽然很是风光，但是成功来之不易，是汗水与泪水堆砌而成，创业得不到认可，即使有好的项目也无法成功，这是多方面因素造成的。时代不同，创业热门话题各不相同，比如说现在的娱乐、新材料、生态等。她说，一批韩国大学生调查团曾来车库咖啡做调查，调查内容也是关于创业创新的。她讲到，当时这批学生在调查时运用了一些小技巧，类似为被调查者买一杯咖啡等，这样能够得到更好的答案。

我们采访到一位刚大学毕业的学长，他专门为这次活动拍照。我们问道：学长您是否在大学时候想过创业创新？他说道：当然想过，但是在尝试一年后就放弃了，因为自己的想法没得到采纳，而且创业之路太艰辛，因为一些家里的因素，最终还是找了一份稳定的摄影工作，为这类活动拍照。我们问道：那您以后是否想再创业呢？他回答：如果我能够找到一个更好的想法，他还是愿意为此坚持下去，如果能够创业成功的话，也是很令人感到热情澎湃的。当我稳定后我会去试着去创业，因为目前我的经验和经历还不够，30 岁后条件都成熟了，是最适合创业的。

在车库咖啡店中我们调查了一些服务人员。他们告诉我们：车库咖啡本身就是一种创业，一种新的理念，他们见到过许许多多的创业者在这里成功或失败。他们在这里努力工作，他们有各式各样的想法，有的想法真是令人赞不绝口、瞠目结舌。我们在这里举办活动是为了让更多人展示创新理念和创新成果，为他们提供一个平台，是创业的一种升华，我们自身也从中受益匪浅，实现互利共赢。

第二天我们采访黑马金融。黑马金融是一个著名的创业投资平台，其中有着独自的孵化器。黑马金融的建筑有三层，有着各自不同的作用，第一层类似于车库咖啡店，是一个休闲讨论的场所；而第二层是专门的展示大厅，我们来时刚好有一个创业者在试讲，人并不是很多，但都很认真地倾听，这里都是年轻的人士，还有很多人来这里参观；三楼便是黑马金融孵化器，类似于小公司，由于是正午，人并不多，一个个小单间隔开，有的人讨论着，有的人休息，气氛并不是那么庄重。

孵化器，是给创业者一个小地方，给他们公司模式，他们只需要将自己的想法在这里扩大和发展下去，国家在这方面补助很多，所以创业者们并不需要投入多少，但是想法一定要有新意，这样才会被公司采用。如富阳硅谷小镇，这是一个正在建设的项目，其中就有跟踪实验楼，专门为人才而建设。

在8月6、7两天，黑马金融进行了最有名的黑马创交会，现场聚集了300多家企业级的服务商、4000多名中小企业创始人，双方对接，实时交易。此外，本次黑马创交会创下开幕不到2小时，意向交易额破千万元的纪录。黑马金融董事长牛文文还宣布了一项企业级服务计划——"创业实验室计划"，希望帮助已经成功的创业家、企业家开设他们个人的创业实验室，像硅谷的500star和YC一样，把这些成功的企业家经验提供给大家。这些创业实验室就是帮助创业者在某个阶段突破某个瓶颈和难题，是一个创业的加油站、实验室。

因为黑马金融里面的创业者都比较忙，我们只是参观了一下，采访了几位创业者。

第三天我们来到3W咖啡厅，我们与里面的顾客和创业者们进行了交流，询问他们是否在创业，对于目前创业道路的看法，和前两天所询问的结果大致相同。他们觉得创业是一种经历，失败在所难免，但是要有勇气去面对困难，去尝试解决困难，从失败中吸取教训，这样才能在以后发展中更好地适应环境。

在3W咖啡厅中，我们采访了两位从事教育的人士，他们专门探究大学生英语四六级的问题，他们告诉我们，现在网络上四六级试题杂而不全，他们共同研究并试探性地建立了一个四六级APP，进行推广，希望能够得到广大消费者的认同。他们说，有这会个想法是因为他们在大学时就很纠结于用哪款软件，工作以后一起研究并最终决定来开发这个项目。

另一位女士在采访中告诉我们她虽然没有创业过，但是她认为创业是一条很好的道路，她认为国家提供创业资金，应该更好地发挥作用。3W三楼就是一个很好的孵化器，有着一套完整的产业链。3W或者黑马金融，他们有着很严的监管力度和培养人才的能力，所以它们才能够立足于中关村。

三、研究结果分析

（一）大学生当代价值观

1. 大学生对于创业创新的看法

大学生是社会宝贵的人才资源，他们有着较为完整的知识储备，也同时有着许多想法，同时也是期望值最高的群体，是一个可塑性很强的群体。当今一些大学生不同程度地存在着政治信仰迷茫，理想信念模糊、价值取向扭曲，诚信意识淡薄，社会责任感缺乏，艰苦奋斗精神淡化，团结协作观念较差，心理素质欠佳等问题；然而，绝大部分大学生有着对社会、国家以及个人的良好认知，他们目标明确，动力十足，关心国家大事，关心党的方针政策，心系国家安全和人民安危。不少大学生在政治上积极要求进步，积极向党组织靠拢，申请入党，入党以后，基本上都能在政治、工作和生活上严格要求自己，并起到带头表率作用。

在调查中，我们共回收83份有效问卷，我们对调查的对象进行了分析，实践动手能力与吃苦耐劳精神是反馈中勾选频率最多的词，分别达到67%与55%（见图1）。

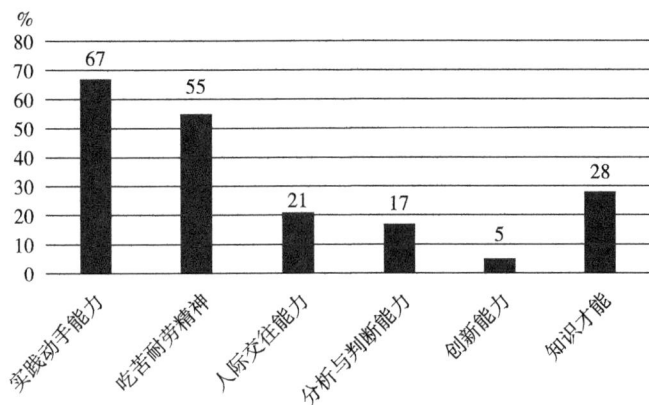

图1　对于自身能力需要提高的柱状图

2. 大学生对自身的看法

大学生有很好的想法，因为没有平台或懒于实践，即使有再好的想法也没有施展的舞台与机会；大学生价值观刚刚确立，有些还不够完善，实践是每个渴望成功的大学生所必需的，只有实践才能磨炼出真正的智慧，而吃苦耐劳与之相随。

（二）创业之路与需要掌握的技能

1. 知识才能

大学是知识储备的黄金时期，在采访的人中全部为本科以上学位，只有充足的知识基础才能够有着更加长远的规划和对创业有更深入的了解。

但调查中，许多被调查者认为大学生应该在学习中继续深造，大学只是个开始，只有继续努力学习，才能到达更高的层次。

2. 人际交往能力

在大学中人际交往能力要得到了很大的提高，而且现在有孵化器做平台，但是当我们正式踏上社会，我们要面对各种各样的人，我们交际范围还是很窄的。创业需要团队的力量，一个人是不能完成的，团队协作精神是必不可少的一部分，同时团队的每个人能够使创新的想法更加实际贴切，能够提出更好的建议。

3. 想法出众

创新创业要有着"天马行空"的头脑与贴切实际的想法，可以在孵化器模拟实施，经过很多次的改进与尝试，历经许多艰难困苦后，才有成功的可能。由图2可以看到，创业年龄普遍偏高，并不是想象中全部是年轻人，因为很多人的想法提出很早，但实施与执行花费了很长时间，但是他们的每个想法都让我们很是惊叹，令我们耳目一新，头脑的思考经过岁月的升华，更加沉稳和完美。

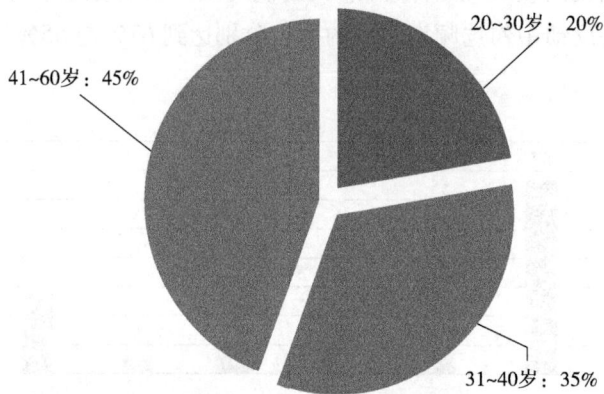

图2　参访人物年龄分布图

图2是实践中访谈时创业年龄段分布，45%为41至60岁年龄段，20%为20至30岁，35%为31至40岁年龄段。在采访中，众多较高年龄的人希望我们能够较晚创业，因为创业需要足够的经验与经历，要有着出众的分析与判断能力，能够看清市场走向，有较深的知识储备，而我们在学校中获得的知识与实践有限，他们不建议大学生急着创业创新，否则很容易走弯路。

（三）创业创新的影响

创新创业将为国家注入新鲜血液，对于国家经济社会发展和国民生活水平提高有着很大的关联。每个国家的创新数值一直备受关注，我国创新数值每年呈上升趋势，而源头就是国家大力推动创新创业，与创业者们艰辛的努力。在这次采访中，我们得知，许多创业者在创业初期有时会吃不饱饭、睡在街头，但他们没有放弃、继续努力，结果取得成功。创业是艰辛的，也是美好的，许多人在创业路中遇到了好的团队和朋友，经历了许多坎坷，增长了阅历，丰富了经验，学会了与人交际，付出很多。

孵化器可以为创业者们提供更加快捷、方便的模式，将设想实际化，孵化器可以使创业创新的风险降到最低，同时也为有着梦想的年轻人提供了场所，起到了聚集人才的作用。

在采访中发现，创业者们对前景充满了期待，他们具有良好的心态，对自己信心百倍。在调查问卷中，"大学生创业中遇到的障碍是什么"选项中，"经验不足，缺乏社会关系"占到52%，"资金不足"与"承受风险"占19%与18%；采取合作创业的占到87%（见表1）。

表1 创业中遇到的障碍

选项	占比/%
采取合作创业方式	87
经验不足，缺乏社会关系	52
资金不足	19
承受风险	18
家人反对	9
风险前景	8

每一个创业者在创业中会遇到许多困难，因此要有良好的心态，要努力拼搏。

三、总　结

（一）对大学生创业的总结

我们结束了三天的调查与采访，进行了讨论，总结如下：

（1）中关村创业大街中的孵化器有着很好的循环关系，外界对其评论良好。

（2）创业者们在这里聚集，孵化器构成一个稳定的产生链，创业者们的设想和规划可以在平台展示；孵化器机构也能够筛选出中意的项目，实现互惠共赢。

（3）中关村创业大街是一个思想的汇聚地，天南海北的创业者们前来参加互动活动，是思想火花碰撞的地方。大学生的思想不够成熟，但是能够在这里磨炼，增长自己的知识，从他人的观点中得到启发和升华。

（4）大学生可能有好的想法，但没有多少经验，很有可能提出的想法太过于幼稚或考虑不全面；大部分人希望在30岁以后选择创业，这时候既有一部分资金，又有着较为成熟的经历；大学生创业要有创新的理念。

（5）许多创业者们有自己的团体，这样能够更好地讨论方案与发展，能够更好地填补自己的缺陷，弥补空白，使想法最大化体现，同时，也将风险降到最低。

（6）国家很重视创业创新，每年投入大量资金支持大众创业创新；孵化器机构也免费教授创业技巧，对创业者来说节省了时间。

（7）创业创新有益于大学生的人际交往、思考讨论、团结协作，为以后事业进行了铺垫，创业者也能体会到创业的困难，磨炼个人意志，对国家、社会、自身都有很大的好处；但是同时也有着弊端，有时会很迷茫，团队之间不和谐，个人不能坚持而导致失败留下阴影。

（8）创业创新是一种艰辛与快乐并存的过程，调查中很多创业者回忆起创业开始时的艰辛，都沉默了很久，他们曾经睡在马路上、吃不饱等，但成功的喜悦也令他们树立了走下去的信心。

（二）对本次实践的总结

（1）此次实践我们小组分工明确，每个人都积极主动，积极探讨问题与解决方案，能够对临时性的问题进行有效的处理。安全上有明确的规定，跟着队伍走，遵守约定时间，按时、准确完成任务。

（2）在这次实践中，我们对创业创新有了更深入的了解，也了解每一位创新者所付出的艰辛。本次实践很有意义，以后我们还会参加。

🌱 实践·足迹

我觉得真的是不缺钱，想法也满天都是。中国缺的是有一个想法，并且能够持之以恒把这个想法不断坚持做下去的人。

——马云

一、认真准备，全心投入

湛蓝的天空，如同我们的内心一般清澈。参加完社会实践动员大会之后我们的脑海中就不断徘徊着对假期实践的各种美好展望，一个个有趣的想法涌入了我们的心中，怀着激动的心情大家回到了寝室。

刚回到寝室，寝室里就十分热闹。原来，大家都正是怀着对实践的期望，来相互寻找伙伴。在社会实践中，团队是最重要的。大家一拍即合，我们迈出了第一步——团队成员敲定：任浩翔，张复来，吴迪，赵英志，刘仁泽。每个队员怀着梦想相聚于此，我们的实践团队注定不凡。

有了团队，接下来就是确定实践课题。大家对课题的态度都十分严谨认真。任浩翔提出课题要紧跟时代的脚步；吴迪则认为课题要不同凡响，要具有创新创造性；张复来认为我们的课题必须紧扣大学生，要联系到大学生。如此一来，我们否定了许多课题——如大学生对于同性恋的看法，大学生娱乐游戏的利弊等。那么什么课题才能满足我们的各种需求呢？一个好的课题是需要时间来酝酿的，让我们做好充足的准备，明天再做深入的讨论吧！

二、团队，方向

时间总是过得很快，特别是对于未来充满期望之时，第二次讨论来到了。一大早醒来，任浩翔早已起来在检查着他的课题展示 PPT 了。我们今天相约于教室，将各自的想法做成演示文稿向大家展示，最后再共同作出选择，选择出大家都满意的课题。

阳光越过树叶穿过窗户洒在黑板之上，形成各色美妙的花斑，好天气总会给人带来好的心情。我们总共有三个选题。首先是任浩翔和刘仁泽提出的对北京周边敬老院现况进行调查，旨在了解敬老院老人的生活状况，社会各界对敬老院的关注程度，大学生给敬老院提供的自愿服务等。

张复来提出调查大学生创新创业，对大学生创业现况、前景、中关村创业现状以及创业孵化器模式等。

赵英志和吴迪提出对学校周边良乡地区水质进行调查，日常用水是否达标是关系到我们日常生活的重要问题，通过实验方法调查，一方面可以知晓日常用水的情况，另一方面可以培养将专业知识运用于实际的能力。

张复来对孵化器的介绍引起了大家的兴趣，孵化器是一种创业者与投资人双赢的新型模式。

傍晚时分，空气清爽，微风徐徐。团队成员们又聚集在寝室里，大家基本达成一致意见，以创新创业和孵化器模式为本次课题的研究方向。

确定课题方向之后，我们紧接着对成员工作进行了分配。张复来作为课题的发起人自然而然地成为团队的队长，统筹全局；赵英志熟悉摄影录像，负责活动过程中的拍照、录音、摄像等工作；刘仁泽负责活动安排、记录；吴迪和任浩翔则负责活动操作与实施。我们确定中关村创业大街为我们的实践地点。作为一个团队，就必须要一条心，共同朝着一个方向使劲。如今我们有了共同的方向了，一起加油努力吧！

三、目的地，出发

很快就步入了7月，天气也越发炎热，我们的期末考试也基本完结，我们开始了社会实践的第二阶段。

7月2日，是实地考察的第一天。今天的主要任务是参观中关村和中关村创业大街。

我们到达了中关村创业大街，这条街让人耳目一新，整洁，规范，充满了朝气。这条路并不长，有各种金融机构，有一杯咖啡就可享受舒适办公的咖啡店，几家综合孵化基地构成了这条大街主体。我们先选择了车库咖啡店。车库咖啡店是一家以创业和投资为主题的咖啡店，创业者只需每人每天点一杯咖啡就可以在这里享用一天免费开放式的办公环境。可以说，车库咖啡店不仅是创业者的低成本办公场所，也是投资人的项目库。我们在车库咖啡店，品尝着美味的咖啡，感受着创业的环境，这是一种很奇妙的气氛，不急不缓，充满了机遇与梦想，有着艰苦与收获的氛围。很巧，今天在车库咖啡店有创业者组织的关于百度云服务的演讲会，我们有幸得以观摩。

大家都在这种氛围中受到了感染，今天是实地考察的第一天，接下来我们还要走入创业者的世界。

四、创业者的世界

7月3日。今天我们的任务是选择一些在创业大街的创业者进行访问，从创业者的第一视角去了解当下的创业局势。我们来到的黑马会（Dark Horse Club），黑马会隶属创业黑马（北京）科技股份有限公司，由地方分会和行业分会组成，为会员提供同行业、跨地区的企业成长服务；致力于向全国传播创业创新理念，对接商业资源，促进会员间产生合作。截至 2015 年年底，黑马会已成立 25 个地方分会和 13 个行业分会，成为国内覆盖面积较广、影响力较大的创业者社群。黑马会咖啡店有三层，第一层是咖啡店，这里为广大创业者提供了一杯咖啡即可享受一整天的办公地点；第二层是小型会议室；第三层是黑马会的办公机构所在地。在一层的咖啡店中，我们遇到了另一组在此调查访问的实践团。他们向我们抱怨这里难以开展实践，创业者普遍拒绝接受访问。虽然这给队员们带来不小的心理压力。不过这并没有打击大家的热情。坐定，点上一杯咖啡，感受下创业者的气氛，平复紧张的心情。

万事开头难。我们在第一次的试探询问中遭到了拒绝。缓一口气，我们转而选择了一位较为年轻并且似乎正在休息的创业者。这是一个很好的开头，创业者李某耐心地回答了我们的一系列问题，并且他还向我们分享了他的创业经历，也坦陈了创业的艰辛与困难。这是一场很成功的访谈。我们从李某口中得知了一位初期创业者要面临的重重考验，也改变了我们对创业前景单纯的看法。

接着我们又顺利地采访了王某。王某已经是一位创业老人了，他赶在"互联网＋"时代潮流的前端，已经有了自己公司的王某身上有着创业者的自豪。我们又陆陆续续地采访了许多创业相关人员，他们中有做手机软件的创业者，有刚开始创业在此了解政策情况的，有在此做市场调研的，也有创业大街咖啡店的工作人员。从不同的创业者的不同视角，我们逐步走入了创业者的世界。

在今天的的活动中，赵英志忙前跑后地为大家拍照录像，他的乐观精神一直感染着鼓励着大家。张复来有着队长的气魄，在大家犹豫不决不知如何采访下去时，他引导大家顺利地进行了采访活动，起了很好的带头作用。吴迪和任浩翔则访谈中配合默契，发挥良好。

我们一步步走进创业者的世界，在这个世界里，有成功的喜悦，有失败的泪水，有收获的自豪，也有起步的艰辛与困苦。有的人风餐露宿郁郁不得志，也有把握机会一朝成名的创业者。一位创业者的观点让我们感触颇多："你不应该思考如何从大众那里获利，而应当是你能为大众做些什么，只有先服务于大众，你才有资格想着自己。"

五、深入了解

7 月 4 日。我们第三次来到这里，我们已经对中关村的大街小巷颇为熟悉。今天的大本营是 3W 咖啡店，3W 是由中国互联网行业领军企业家、创业家、投资人组成的人脉圈层，3W 是一家公司化运营的组织，其业务包含天使投资、俱乐部、企业公关、会议组织和咖啡店，而我们来到的 3W 咖啡店是 3W 拥有的咖啡馆经营实体。3W 咖啡店的店面装修十分赏心悦目，店中飘散着咖啡的淡淡香气。这家咖啡经营实体店有三层，第一层经营咖啡，第二层是小会议室，第三层则是 3W 公司的办公地点。咖啡店楼道的墙壁上都有精美的插画，以及一些创业者的照片。一楼大厅侧墙有一块大大的展板，上面记录了各大创业公司的创业发展历程，散发着创业的浓厚气息。

今天我们的主要任务是分发调查问卷，从早上11点，中午休息了一个钟头，到下午三点，小组成员都大汗淋漓，我们终于分发完问卷。在此期间，我们也遇到有人对我们工作的不支持、不赞同，但更多的是善意对待，大多数路人都与我们亲切的交流，认真填写问卷并提出建议。在这里我们小组所有成员对这些创业者们表达感谢，祝愿每一位创业者都能收获自己的成功。

六、总结，探讨，感悟

我们课题小组的第二阶段工作基本圆满完成了，今天是我们假期实践的最后一次会议。

今天会议的内容是对实践材料的讨论整理，队长张复来制作了一个简易而不失美感的PPT来回顾了我们的实践历程，接着又观看了每一个访谈录像，通过回顾实践活动我们对创新创业又有了更深的理解。了解了创业的机遇与梦想，了解了创业的各种政策。听了多位创业者的亲身经历之后，我们对创业有了更深的感悟，为将来创业有了心理准备。

🖋 实践·品悟

创业需要全社会支持

2015级本科生，电子封装技术专业　刘仁泽

2016年的暑假，我参加了关于创新和创新孵化器的实践活动。这次实践活动外出调查三天，这三天我收获很多。

在这三天里，我们来到了北京的中关村，其中以中关村创新大街为主。中关村创新大街上有着许多孵化器公司，这些公司大多为三部分；一是经营咖啡厅，为创业者提供临时的办公地点；二是提供小型的会议室；三是金融公司，帮助创业者创业的起步工作。我们走进了这些公司，这些公司的咖啡厅中坐满了许许多多各个行业的创业者，我们在这里感受到了创业者浓郁的气息。初步了解这些孵化器公司以后，我们对创业者进行了一对一的访谈，幸运的是我们遇到了许多热心的创业者，他们的认真解答使我们对创业有了更深刻的理解。

创业并不是如同想象中那般美好与快乐，创业者更多的是艰辛与困苦。虽然国家对创业有许多鼓励政策，但创业并不是一帆风顺的，有许多坎坷。创业者们依然在改变着我们的生活，使我们生活越来越方便。通过了这次实践，我了解了创业者的现状，这是一件惊心动魄的行业，需要全社会每个人的支持。

创业是一条艰难的路

2015级本科生，材料成型及控制工程专业　吴迪

暑假中，我们团队去往中关村创业园区进行社会实践，收获颇丰，感触也颇多。

不得不说，中关村各个孵化器机构给我留下了很深的印象。安静的环境，提供了良好的氛围，让有创业梦想的人朝着自己的梦想努力。创业的有团队，也有单干的。从他们的口中，我们得知创业并不是那么简单，并不是有个想法，有个粗略的方向就可以了，资金、人脉、技术支持等，都是创业路上难以逾越却又不得不逾越的鸿沟。我们采访的人中有遇到困难而失败的，不过令人庆幸的是，他们并没有因为失败而灰心丧气，而是把失败当作激励，从中总结出了很多经验。我相信他们不论今后是否成功，他们的能力都一定会有很大的提高。

经过此次实践，我也对自己的未来有所思考。创业的确是一条很艰难的路，但是创业这条路，一旦走上并且成功走到彼岸，那收获的可不只是财富，到那个时候，会觉得所有的苦都是值得的。

祝福所有创业者，也祝福将来可能创业的自己。

开阔视野，增长才干

2015 级本科生，材料化学专业　赵英志

这个假期我经历了 3 天的社会实践，我感慨颇多，我们见到了社会的真实一面，实践中每一天遇到的情况还在我脑海里回旋。社会实践给我们带来了意想不到的效果，社会实践活动给生活在象牙塔中的大学生们提供了广泛接触社会、了解社会的机会。

通过这次社会实践活动，我们逐步了解了社会，了解了当前的创业发展的前景，开阔了视野，增长了才干，并在社会实践活动中认清了自己的位置，发现了自己的不足，对自身价值能够进行客观评价。这在无形中使我们对自己的未来有一个正确的定位，增强了自身努力学习知识并将之与社会相结合的信心和毅力。对于即将走上社会的大学生们，更应该提早走进社会、认识社会、适应社会。大学生暑期社会实践是大学生磨炼品格、增长才干、实现全面发展的重要平台。通过社会实践我们真正锻炼了自己，为以后踏入社会做了更好的铺垫，以后如果有机会，我会积极地参加这样的活动。

在本次的社会实践中我们还同诸多创业者交流，思想碰撞出了新的火花，从中学到了很多书本上学不到的东西，汲取了丰富的营养，理解了合作创新的真正含义，认识到只有到实践中去，把个人的命运同社会、同国家的命运联系起来，才是大学生成长成才的正确之路。

这次活动，丰富了我们的实践经验，提高了我们团队的合作能力，我们通过这次实践更加深刻地了解了社会。这次实践活动意义深远。作为一个 21 世纪的大学生，社会实践是引导我们走出校门、步入社会并投身社会的良好形式。我们要抓住培养锻炼才干的好机会，提升我们的修养，树立服务社会的思想与意识。同时，我们要树立远大的理想，明确自己的目标，为祖国的发展贡献自己的一份力量。

实践团成员：张复来　刘仁泽　任浩翔　吴迪　赵英志

体验科技前沿，领悟 VR 魅力

实践·报告

前　言

近来，一种新兴科技逐渐步入人们的视野——VR（虚拟现实技术）。VR 通过人机交互、感官模拟，给体验者以沉浸式体验，在虚拟的世界中有身临其境的感觉。经过调查，VR 可应用于多方领域，在社交、购物等方面，其功能可与智能手机相媲美甚至将来会远超智能手机，然而 VR 的发展速度却远远不如智能手机。早在 1957 年，便诞生了第一部虚拟现实仪器，其后 VR 发展过程中经历两次热潮，但都无疾而终。2016 年的 VR 热潮是第三次 VR 技术回归。我们对 VR 日后的提升潜力和发展前景有着浓厚的兴趣。本团队从公众对 VR 的关注度及 VR 市场状况着手调研，判断 VR 未来发展前景及其提升空间。

一、调查基本情况

（一）调查目的

从市场现状、公众需求以及未来发展方向等多方面分析 VR 产品未来的发展潜力及提升空间，预测 VR 作为新兴科技未来的发展趋势和市场潜力，并对虚拟现实技术的发展提出有效建议。

（二）调查时间

2016 年 7 月 1 日至 2016 年 7 月 5 日。

（三）调查地点

北京市东城区、朝阳区、海淀区，北京理工大学光电学院虚拟现实实验室，87870 公司。

（四）调查方式及对象

本次调查采用随机发放问卷形式，并采用访谈法对北京理工大学翁冬冬副教授及 87870 公司媒体总监进行采访。

二、调查结果与分析

（一）公众对 VR 产品的需求与期望

该部分调查采用问卷法进行，本次调查回收 121 份问卷，选取其中 110 份有效问卷进行数据统计得出结论。

（二）公众对 VR 的知悉与认可情况

在问卷统计范围内，公众对 VR 的知悉度相对较低，只有 39.6% 的被调查者表示自己对 VR 产品有所了解，而 60.4% 的被调查者表示自己对 VR 一无所知。

其中，在表示自己了解 VR 的被调查者中，在职业方面，有 42.9% 是学生，有 23.8% 是 IT、互联网从业人员，14.3% 为服务业人员，4.8% 为企业工作人员（见图 1）。在年龄方面，18 岁以下的被采访者占 23.8%，18～30 岁的占 38.1%，31～40 岁的占 28.6%，41～50 岁、50 岁以上各占 5%（见图 2）。

图 1　职业与 VR 了解关系图

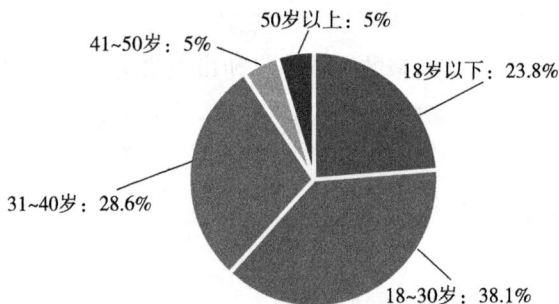

图 2　年龄与 VR 了解关系图

同时，公众对 VR 的购买意向也较低，只有 41.5% 的被调查者有意向购买 VR 产品，其中，在职业方面依旧是学生的比例占绝大多数，为 50%；18.2% 为 IT、互联网从业人员，13.6% 为企业工作人员，4.5% 为服务业务人员（见图 3）。在年龄方面，18 岁以下的被采访者占 18.2%，18～30 岁的被采访者占 59%，31～40 岁、41～50 岁的各占 9%，50 岁以上占 6%（见图 4）。

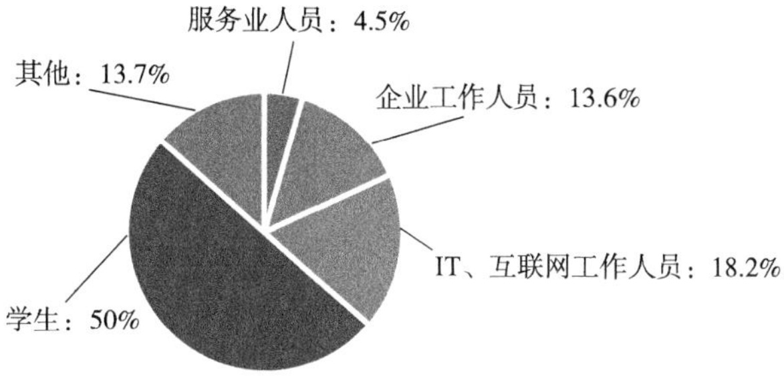

图 3　职业与 VR 购买意向关系图

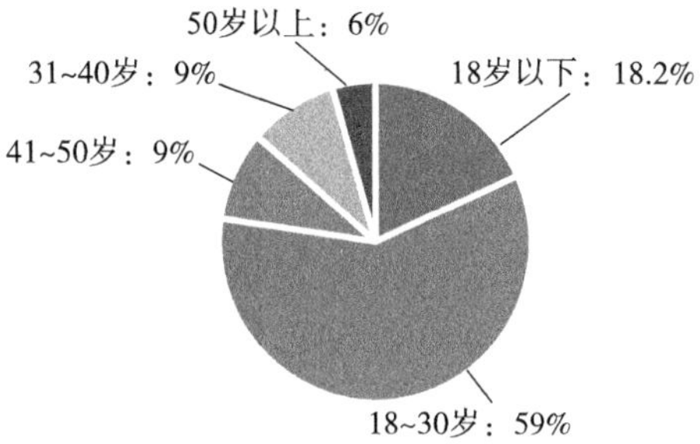

图 4　年龄与 VR 购买意向关系图

但公众对 VR 的期望度很高，80.9% 的被调查者认为 VR 有很大的发展空间，18.2% 的被调查者对此没有什么感觉，只有 0.9% 的人认为没有发展空间。

由以上统计数据可看出，总体来看，公众对 VR 的知悉和认可情况都不乐观，了解 VR 产品的人、有意向购买 VR 产品的消费者都是少数群体。

这说明 VR 的宣传推广方面存在问题。VR 现在已应用于多个领域，但公众对于 VR 的认知度依旧很低，其主要原因如下：

第一，国内对 VR 的研究起步较晚，和一些发达国家相比，我国 VR 技术还存在一定差距。另外加上国家针对 VR 的政策较少，政策出台较晚，财政投入较少，因而国内缺乏研制出售 VR 的企业，导致国内的 VR 产业相对落后。

第二，新闻媒体对 VR 的宣传力度不够导致 VR 推广度低。大众用户无法获得更多关于 VR 的信息，绝大多数人还没有听说过 VR，并不清楚 VR 的概念，大多消费者均是通过线下体验实现对 VR 的了解，因而公众难以对 VR 产品进行了解，更不会有购买意向。

第三，VR 行业缺乏统一的平台和严格的市场标准管理，产品质量监管、严格的行业标准都未出台，VR 产业在国内还未形成一个完整的市场体系，因此难以获得大多数消费者的认可。

就 VR 的推广前景来说，绝大多数人对 VR 的期望值很高，认为 VR 还有很大的发展空间；换言之，VR 现在并没有达到公众所期望的功能，也没有在现实生活之中有足够的应用。

除此之外，了解 VR、对 VR 有购买意向的群体中，学生群体占大多数，在年龄方面也是在 30 岁以下的群体所占比例最高。所以 VR 未来的市场销售对象应当是 30 岁以下的群体为主，学生群体将成为推动 VR 产品的主要力量。

（三）公众对于 VR 的了解渠道

公众对 VR 的了解渠道如图 5 所示。

图 5　了解渠道人数统计图

数据显示，有 32% 的被调查者是通过新闻媒体的渠道了解 VR 的，有 24.4% 是通过朋友介绍，有 20.5% 是通过广告宣传途径，而选择其他渠道的占 23.1%（见图 6），通过采访，其中绝大多数人是由于从事 VR 相关工作而了解到 VR。

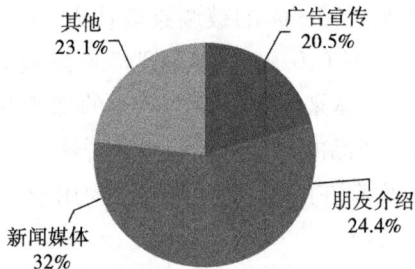

图 6　了解渠道比例图

综合公众对 VR 知悉度较低的结论，可以看出，公众对 VR 产品的了解渠道十分有限，除去本身从事 VR 相关职业的人员，大多数人的了解渠道是通过新闻媒体的报道，而只有少数人是通过广告渠道。现代社会广告和媒体宣传已经成为最有效的宣传推广方式，然而当公众在广告宣传中几乎无法获得 VR 的相关信息时，VR 产品也就无法在大众消费者中获得很高的知悉度。

（四）公众对 VR 的使用意向与期望

在对公众对 VR 使用意向调查中发现，绝大多数人表示，如果自己拥有一台 VR，会用来玩游戏；而在 VR 未来应用领域调查中，公众则不再单纯偏向于将 VR 应用于游戏领域，而是希望 VR 产品能够在室内设计、工业流程模拟、社交等方面都能有所应用和发展（见图 7、图 8）。

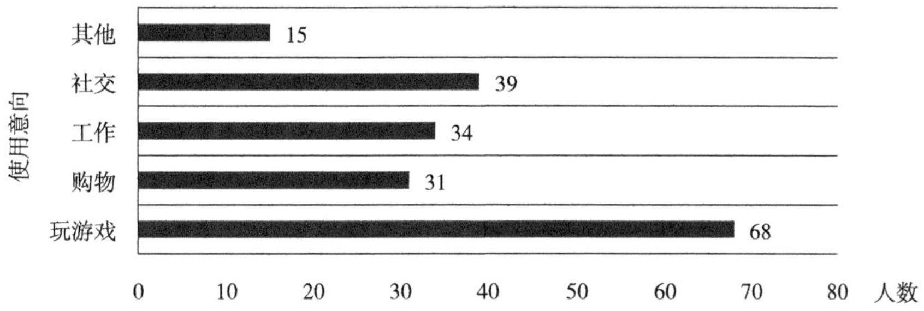

图 7　公众对 VR 使用意向统计图

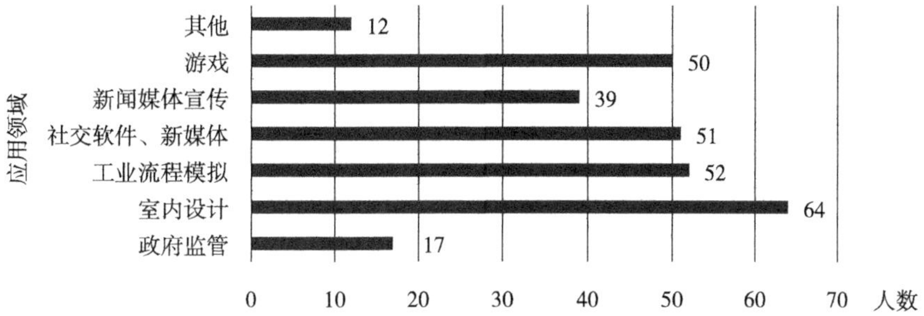

图 8　VR 的未来应用领域统计图

目前，游戏及影视是 VR 产品最主要的应用领域，也是消费者进行 VR 线下体验时的主要项目，所以很多人会认为 VR 的功能局限在玩游戏和观看影视等方面。实际上，VR可以应用于工业、教育、医疗、旅游业等多方领域，比如模拟手术、心理疾病治疗、城市景观模拟等。本次调查也显示，公众对 VR 在室内设计、工业流程模拟、社交、媒体建设等方面的应用都有很大需求，这也将是 VR 产品的未来市场发展潜力。

（五）VR 目前推广存在的障碍

通过对 VR 购买意向的被调查者进行进一步调查，不想购买 VR 产品的原因中，价格昂贵仅为次要原因，最主要的原因是 VR 产品的体验平台少，推广度低（见图 9）。将这两个原因综合起来看，在虚拟现实内容的制作成本和难度下降之前，由于体验平台和购买渠道较少的原因，公众无法获得足够的关于 VR 的信息，因此这很难让他们有理由去购买昂贵的虚拟现实设备。

根据问卷调查，阻碍 VR 推广的另一个重要原因就是 VR 产品仍存在各方面的缺陷（见图 10），其中技术缺陷是主要原因。虚拟现实设备最重要的是要求有沉浸式体验，通过多种感官的模拟和人机交互实现真正的"身临其境"的感受。然而目前由于硬件、软件甚至网络带宽的限制，国内外的研究都无法达到完全的沉浸式体验，而且由于需要传感器等多种输入输出设备的配合，使可以达到一定代入感的重度 VR 无法实现无线操作，并且需要在特定范围内才能运行。

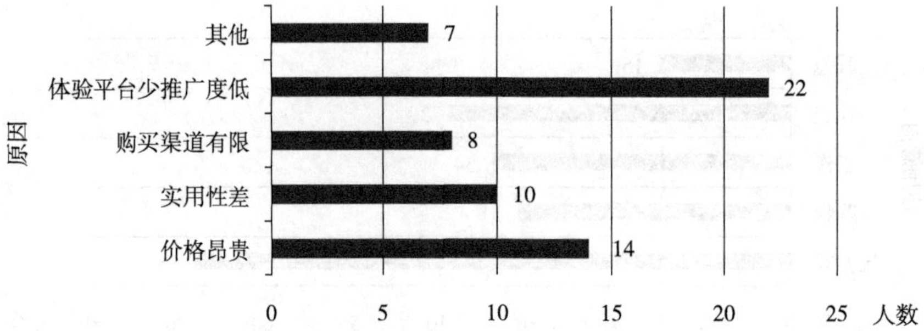

图 9　不想购买 VR 原因统计图

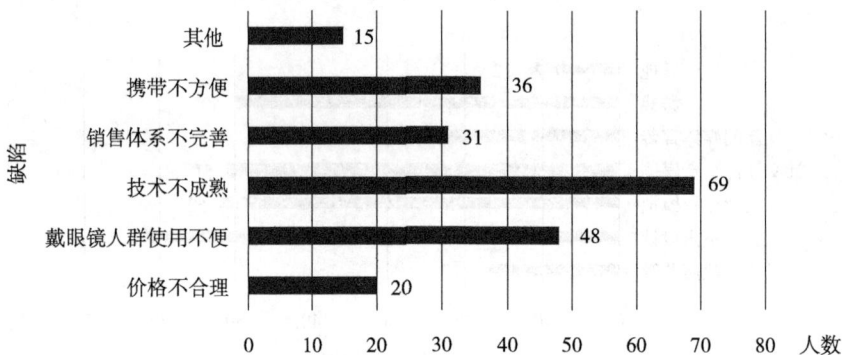

图 10　VR 缺陷统计图

三、VR 市场状况与发展现状分析

（一）VR 市场状况

根据德意志银行（以下简称德银）发布的最新 VR 报告，以 Oculus、HTC Vive、PS VR 等主流 VR 产品为例，解读 VR 产品面对的机遇和挑战。

VR 的生态系统如图 11 所示。

通过德银对历史上新技术在不同阶段的市场形成进行的研究，我们可以发现有两项新技术的发展轨迹适用于 VR：

（1）最初的互联网（20 世纪 90 年代中期）；

（2）智能手机的普及（2007 年至今）。

基于这两项技术的发展轨迹，尤其是智能手机的发展，我们或许能预测出未来 10 年 VR 的发展趋势，因为正是智能手机应用和生态系统推动了 VR 的发展，而且两者的内容分发机制看起来也是类似的。

在 2007 年之前，智能手机的形式多种多样。直至 2007 年 iPhone 上市后，智能手机时代才真正来临。iPhone 的出现引发了智能手机的新一轮创新，并且一直持续到今天（见图 12）。

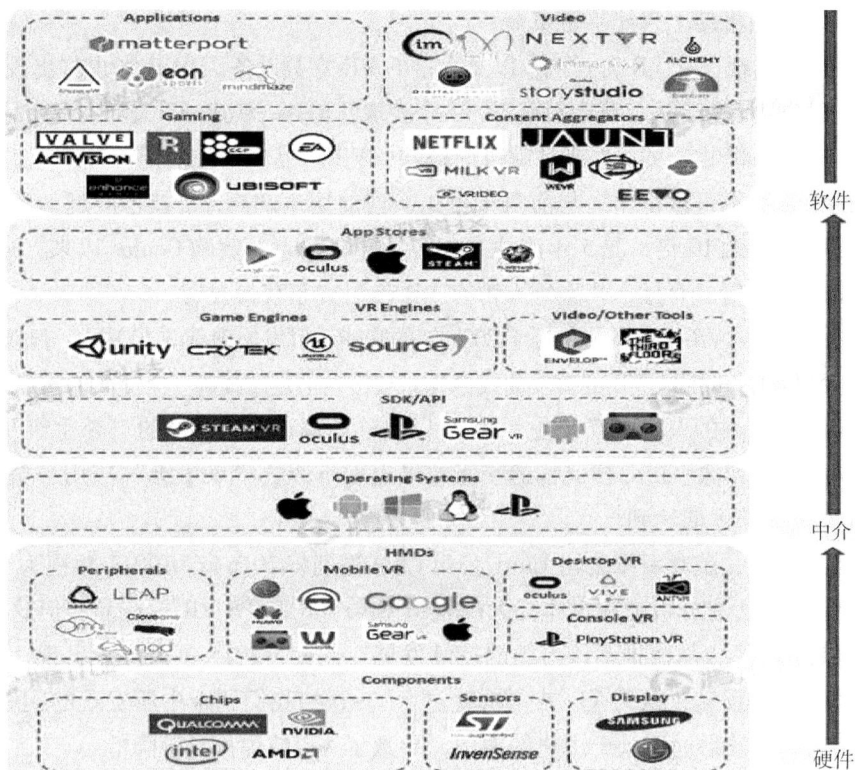

图 11　VR 生态系统图

图 12　美国智能手机生态系统的发展轨迹图[3]

　　正如我们所见，第一代 iPhone 上市后遭到了媒体和竞争对手的指责，他们称苹果只是将 iPod 与普通手机整合，形成了 iPhone。这种增长看似不是革命性的，可是却引发了智能手机的发展的必然性。增量式的发展符合摩尔定律，谷歌和苹果间的增量式竞争推动了智能手机的发展，从而推动了智能手机革命。

现在市场上已出现三款 VR 台式机，以及大量的 VR 穿戴设备，VR 市场也将出现类似于智能手机市场的激烈竞争环境，其中很重要的一个表现就是——快速的开发周期和产品发布。

从近两年厂商不断推出的 VR 产品就可以得知，VR 产品的开发周期明显缩短。

从公布的统计数据可以得出，与前两年相比，当前用于解决 VR 技术问题的资金和开发人员数量已是当初的 10 倍，是 5 年前的 100 倍。自 Facebook 收购 Oculus 以来，VR 领域的风险投资增长了 3 倍。而且，几乎每天都有 VR 公司宣布获得投资。

总的来讲，当前的 VR 生态系统相当于 2007 年的智能手机发展现状。在美国，智能手机用户突破 1 亿用了 4~5 年时间。VR 的普及曲线会相对较慢，但足以撑起一个庞大的市场。

手机是当今最优秀的人机交互设备，PC 端以及移动端存在着所谓的"杀手级"应用，而 VR 领域内要想达到像手机一样流畅的交互效果出现所谓的"杀手级"应用，至少要在硬件普及后的 2~3 年才能达到。

据相关媒体报道，游戏引擎公司 Unity 公司 CEO 近期将 2016 年和 2017 年视为 VR "令人失望的差距年"，所有分析师和媒体都大肆报道 Gear VR 和 PS VR 等产品，但这些产品却不能令"用户尖叫"，从而推动该市场的持续发展。因此，2017 年很可能出现一个坏消息，媒体的态度开始反转，认为 VR 被"吹嘘过度"。正如我们调查中所发现的问题一样，如今 VR 所能达到的效果远远低于用户的期望，导致了 VR 的评价显著降低。

VR 也将经历同样的发展趋势。随着这两年的 VR 硬件设备的普及，媒体和大众不禁要质疑："为什么所有的 VR 设备都充斥着垃圾内容？"这个问题值得人们深思。

事实上，VR 的希望犹存。再以智能手机市场为例，形成一个繁荣的生态系统用了数年时间。虽在 iPhone 早在 2007 年年中就推出，但 iOS 应用商店一年后才上线。最初 iOS 应用也是乏善可陈，直至 Instagram、WhatsApp、Uber 和其他"杀手级"应用出现后，iOS 生态系统才真正形成。直至 2011 年，即 iPhone 上市后 4 年，iOS 应用下载量才真正腾飞（见图 13）。

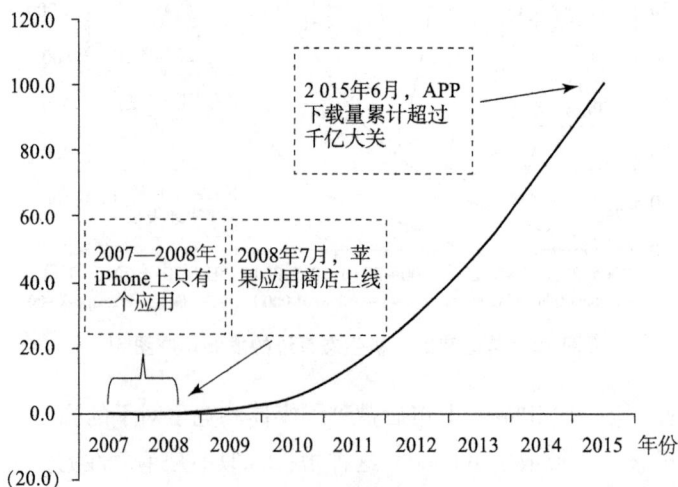

图 13　iOS 应用下载量变化趋势图

2015 年和 2016 年的 VR 市场状况相当于 2007 年的智能手机市场状况。同样的，要想做出能融入大众生活的 VR 设备，这将耗费许多年的实践。

现今 VR 应用大部分都是游戏，但是 VR 要想真正成为主流产品，还需要其他应用，如视频、社交等。这些应用能提升用户的日常互动，从而推动 VR 走向大众市场。

（二）VR 发展现状分析

自 2014 年 Facebook 以 20 亿美元收购 Oculus 开启全球 VR 时代，Oculus、索尼、HTC 已成为 VR 三大巨头厂商，中国市场也紧随其后，在众多产业资本的积极涌入的情况下，国内 VR 产业热度已仅次于美国。

虽然国内 VR 热度持续高涨，但在技术和产品内容上都还存在很大的不足。多数投资机构持观望态度，并且 VR 产品的宣传与普及力度相对不强，多数消费者只闻其名，不见其形。

国内 VR 产业现状如何？硬件形态哪种才是主流？未来 VR 创业者机会何在？中国 VR 发展走向如何？

现根据《投中专题：中国 VR 行业分析报告》进行分析。

1. VR 产业链分析

根据投中研究院整理，VR 产业分为 4 大块内容，分别为硬件设备、内容制作、分发平台以及 B 端应用。目前国内硬件设备是主要变现来源，同时 B 端应用逐渐走入实际工作，而内容制作和分发平台仅仅只是刚刚起步，但线下体验店和主题乐园已经是较为成熟的商业模式（见图 14）。

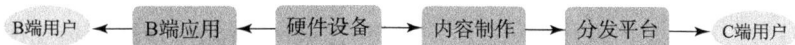

B端用户 ← B端应用 ← 硬件设备 → 内容制作 → 分发平台 → C端用户

图 14　VR 产业链示意图

（1）硬件设备。

硬件作为整个 VR 的基础环节也是最先开始发展的部分，以往 VR 的投资开发也是从硬件设备开始的。硬件设备分为输入设备、输出设备以及软件三部分。

①输入设备主要是动作捕捉设备和动作控制设备，是实现 VR 交互特点的关键设备。常见的动作控制设备有传统的键盘、方向盘、操纵杆类设备；而动作捕捉设备是通过动作捕捉设备采集肢体动作进而在虚拟世界进行交互。目前动作捕捉设备较为复杂，此类型公司较少。

②输出设备是 VR 目前最多也是最直观的设备，分别是前文提到的移动、PC、一体机头盔。

③VR 软件公司主要是做 VR 交互系统，也就是输入设备的软件部分。

（2）内容制作。

①单纯的硬件并不能带来使用价值。目前国内 VR 行业主要关注火热的影视和游戏两

个领域。国内知名的 VR 游戏厂商网易、盛大、奥飞动漫等均开发 VR 游戏产品；影视方面有兰亭数字、热波科技等专注 VR 的企业，也有华策影视、光线传媒等上市公司布局其中。

②直播和社交也是 VR 热点之一。当下流行的 "网红经济" 与互联网社交均表明在这两个行业中有很深的潜力可以挖掘，VR 设备可以给社交带来革命性的影响。

③VR 硬件是基础，内容是关键，内容是带动硬件发展的关键因素。所以内容的革命性突破极有可能带来 VR 行业的跨越式发展。市场上内容制作公司远少于硬件，这主要是由于内容的研发需要时间，游戏还是影视都需要转变传统的制作方式，而这对与开发厂商来说是个极大的挑战。

（3）分发平台。

VR 内容分发平台有网络分发平台、线下体验馆以及应用商店。而我们所采访的87870 虚拟现实网就是这样一个典型的网络分发平台，是融 VR 咨询和 VR 内容内容下载为一体的网络平台；除此之外，乐客 VR、暴风魔镜均在各大城市设立线下体验馆，可以让年轻的消费者通过体验对产品有足够的了解；应用商店则是专门用来下载 VR 应用的APP 类产品。

整体来说，目前专门做 VR 内容开发的平台实在太少。国内 VR 热度如此之高，但由于 VR 的传播力度并不是很大，很多消费者甚至对 VR 的概念知之甚少，导致分发平台收益不足，VR 行业的发展受到了挑战。

（4）B 端应用。

C 端的内容主要针对大众，虽然 VR 的 B 端应用用户数量较少，但针对性强，相比于C 端内容更容易实现营收，而且相对而言对价格更高。C 端应用预期市场规模巨大，B 端很多产品也开始投入使用，例如在建筑、商务等领域。

四、VR 的未来发展方向

（一）技术方面的缺陷

目前虚拟现实技术在软件、硬件方面都存在着需要改进的缺陷。

第一，无法达到完全的沉浸式体验。虚拟现实最大的挑战是虚拟场景中的互动，这依赖于交互设备，而目前的交互设备无法完全模拟人的感官，如嗅觉、触觉等。由于目前还没有明确的方法实现虚拟现实技术在手势上的追踪，因此也无法准确实现各种场景中的人机互动。

第二，重度 VR 设备无法携带，因为必须将 VR 眼镜通过线缆连接到计算设备上，大幅限制了使用者的行动范围。VR 设备应不断缩小其计算设备所占空间，达到可便携、可自由移动的目标。

第三，虚拟现实技术的体验对网络有着严格要求。如果达到视网膜的体验，整体分辨率需达 16K，每秒上频速率需达 120 帧，则网络带宽需要达到 4.2 个 Gbps，此外，还需要缩短数据交换的移动网络时延，而目前的 4G 网络远远无法达到，因此 VR 的发展需要 5G 网络的支持。

（二）应用领域更加广泛

如同 4G + 的概念一样，现在 VR 行业提出了 VR + 的概念，即将虚拟现实技术应用于多个行业领域。

（1）VR + 医学：VR 在医学中有着重要应用，通过虚拟现实，可以建立虚拟人体模型，有利于手术模拟和新型药物的研制。

（2）VR + 购物：基于感官模拟，可以在网络购物的基础上模拟现实购物，解决了网络购物无法接触实物，无法全方位了解商品的弊端。

（3）VR + 设计：VR 可应用于室内设计、工业设计等，低成本高仿真地完成设计环节。

VR 不仅仅应用于游戏和电影，随着 VR 产品软硬件技术进一步的成熟，VR 将应用于更为广泛的领域，其实用性也大大增加。

五、对 VR 未来发展及提升的相关建议

第一，现在国内 VR 存在的主要问题还在于 VR 本身的缺陷，所以关键在于发展其软件硬件设备及技术方面的提升。

VR 的普及需要扎实的硬件基础。尽管 VR 产品的研发和发布周期在不断缩短，但市场上投入流通的 VR 设备数量相对较少。各个企业应尽量推动 VR 基础设备的普及，实现从硬件到软件的过渡发展。从 VR 产业链出发，VR 技术的基础是硬件，VR 可穿戴设备等输出设备发展速度较快，而动作捕捉设备相对较为落后。企业应当更注重输入设备的开发，完善感官模拟以加强其沉浸式体验。输入设备的效果决定了 VR 产品的体验上限，以及设备的微型化，目前重度 VR 设备庞大复杂，不仅严重限制体验者活动范围，且无法携带，所以 VR 的发展也将与计算机、手机的发展相似，向着微型化和智能化方向发展。

同时应发展软件技术，拓宽应用领域，VR 技术需要"杀手级"应用。目前 VR 硬件技术相对软件要更成熟，这两者的发展不匹配导致了如今 VR 应用质量普遍低下，难以达到用户期望的效果。企业更应将重心投入到"杀手级"应用的开发上，在软件上做到少而精，借助 VR 专属的"杀手级"应用来撬开市场的大门，而不仅仅局限在游戏和影视领域。拓宽应用领域、VR 功能多样化将会促进 VR 的发展与推广。

同样 VR 产品的内容需要革命性的突破，内容是带动硬件发展的关键因素，主流的游戏影视开发厂商需要改变传统的制作方式。

第二，VR 行业应形成统一的行业标准，整合市场资源，通过国家管理、市场调控，形成统一的行业标准与行业准则，改善如今混乱的行业体系。同时应当建设统一的线上线下平台，为消费者的软件下载、设备购买提供便利。

第三，国内 VR 的潜在消费群体非常庞大，通过适当的宣传将提升其消费群体的数量。宣传对象应当锁定在年轻的消费群体，尤其是学生群体，所以可以针对消费群体改进宣传方式。比如 VR 公司联合高校组织，在校内举办 VR 体验活动，提升学生对 VR 的兴趣与了解程度。

同时，VR 的应用应兼顾 B 端用户，B 端用户是数量少但营收高的群体，在投资及产品开发方面应该制定另一套方案以适应市场。

参考文献

［1］2016 年中国虚拟现实行业发展新态势及未来趋势研究．http：//wenku. baidu. com/view/73ffb50c240c844768eaee7f. html？from = search.

［2］姜学智，李忠华．国内外虚拟现实技术的研究现状［J］. 辽宁工程技术大学学报（自然科学版），2004，23（02）：238 - 240.

［3］孙实，于春慧．德银 VR 报告中文完整版：了解关于 VR 的一切［EB/OL］. http：//www. tisi. org/4573，2016 - 04 - 16.

［4］鲍威为．投中专题：中国 VR 行业分析报告［EB/OL］. http：//news. chinaventure. com. cn/cmsmodel/report/detail/1146. shtml 2016 - 07 - 15.

［5］张秀梅．虚拟现实技术想要成为主流还需跨越五个障碍［EB/OL］. http：//digi. tech. qq. com/a/20141013/007023. htm？pgv_ ref = aio2012&ptlang = 2052，2014 - 10 - 13.

［6］韩笑．VR、无人驾驶 炫起来得靠 5G［N］. 齐鲁晚报，2016 - 07 - 08（B03）.

附录一

VR 发展前景及提升空间的社会调研问卷

我们是北京理工大学暑期社会实践小组，现联合 87 870 公司对虚拟现实 VR 产品的未来发展前景和提升空间进行相关的社会调研，我们会对您资料保密，请您放心填写，感谢您的支持与配合！

1. 您的性别是？（单选题 *必答）
○ 男　　　　　　　　　　○ 女

2. 您的职业是？（单选题 *必答）
○ 服务业人员　　　　　　○企业工作人员
○IT、互联网工作人员　　　○ 公务员
○ 学生　　　　　　　　　○ 其他从业人员

3. 您的年龄是？（单选题 *必答）
○ 18 岁以下　　　　　　　○ 18 ~ 30 岁
○ 31 ~ 40 岁　　　　　　　○ 41 ~ 50 岁
○ 50 岁以上

4. 请问您是否了解 VR（虚拟现实技术）？（单选题 ＊必答）

○ 了解　　　　　　　　　　　　　　○ 不了解

5. 您是通过哪些渠道了解到 VR 的？（单选题 ＊必答）

○ 广告宣传　　　　　　　　　　　　○ 朋友介绍

○ 新闻媒体　　　　　　　　　　　　○ 其他

6. 您是否有意向购买 VR 产品？（单选题 ＊必答）（选"是"跳转至第 8 题）

○ 是　　　　　　　　　　　　　　　○ 否

7. 您不想购买 VR 产品的原因是什么？

□ 价格昂贵　　　　　　　　　　　　□ 实用性差

□ 购买渠道有限　　　　　　　　　　□ 体验平台少推广度低

□ 其他

8. 如果您有一台 VR，您想用它做什么？（多选题 ＊必答）

□ 玩游戏　　　　　　　　　　　　　□ 购物

□ 工作

□ 社交　　　　　　　　　　　　　　□ 其他

9. 您觉得 VR 还可以应用在未来哪些领域？（多选题 ＊必答）

□ 政府监管　　　　　　　　　　　　□ 室内设计

□ 工业流程模拟　　　　　　　　　　□ 新媒体建设（类似于 QQ，Facebook）

□ 新闻媒体宣传　　　　　　　　　　□ 游戏

□ 其他

10. 虚拟现实技术 VR 可以让您随时随地观赏 3D 影像，如果有机会，您是否想要一台这样的设备？（单选题 ＊必答）

○ 是　　　　　　　　　　　　　　　○ 否

11. 您心中 VR 的理想价位是多少？（单选题 ＊必答）

○ 100 以下　　　　　　　　　　　　○ 100～500 元

○ 501～1 000 元　　　　　　　　　○ 1 000 元以上

12. 您觉得 VR 现在还存在着哪些问题？（多选题 ＊必答）

□ 价格不合理　　　　　　　　　　　□ 戴眼镜人群使用不方便

□ 技术不成熟　　　　　　　　　　　□ 销售体系不完善

□ 携带不方便　　　　　　　　　　　□ 其他

13. 您觉得 VR 会为您带来哪些便利？（多选题 ＊必答）

□ 不受时间和地点的限制

□ 带给您一种身临其境之感

□ 其他

14. 您认为 VR 未来的发展前景怎么样？（单选题 ＊必答）

○ 有很大的发展空间　　　　　　　　○ 没什么太大感觉

○ 没什么发展空间

再次感谢您的支持与配合，祝您生活愉快

联系方式：

附录二

录入问卷原始数据

1. 您的性别是？（单选）

选项	人数	比例/%
女	65	59.09
男	45	40.91
受访人数：110		

2. 您的职业是？（单选）

选项	人数	比例/%
服务业人员	7	13.21
企业工作人员	6	11.32
IT、互联网工作人员	5	9.43
公务员	0	0
学生	18	33.96
其他从业人员	17	32.08
受访人数：53		

3. 您的年龄是？（单选）

选项	人数	比例/%
18 岁以下	10	18.87
18~30 岁	29	54.72
31~40 岁	9	16.98
41~50 岁	4	7.55
50 岁以上	1	1.89
受访人数：53		

4. 请问您是否了解 VR（虚拟现实技术)？（单选）

选项	人数	比例/%
了解	21	39.62
不了解	32	60.38
受访人数：53		

5. 您是通过哪些渠道了解到 VR 的？（单选）

选项	人数	比例/%
广告宣传	16	20.50
朋友介绍	19	24.40
新闻媒体	25	32.00
其他	18	23.10
受访人数：78		

6. 您是否有意向购买 VR 产品？（单选）

选项	人数	比例/%
是	22	41.51
否	31	58.49
受访人数：53		

7. 您不想购买 VR 产品的原因是什么？（多选）

选项	人数
价格昂贵	14
实用性差	10
购买渠道有限	8
体验平台少推广度低	22
其他	7
受访人数：58	

8. 如果您有一台 VR，您想用它做什么？（多选）

选项	人数
玩游戏	68
购物	31
工作	34

续表

选项	人数
社交	39
其他	15

受访人数：110

9. 您觉得 VR 还可以应用在未来哪些领域？（多选）

选项	人数
政府监管	17
室内设计	64
工业流程模拟	52
新媒体建设（类似于 QQ、Facebook）	51
新闻媒体宣传	39
游戏	50
其他	12

受访人数：110

10. 虚拟现实技术 VR 可以让您随时随地观赏 3D 影像，如果有机会，您是否想要一台这样的设备？（单选）

选项	人数	比例/%
是	96	87.27
否	14	12.73

受访人数：110

11. 您心中的理想价位是什么？（单选）

选项	人数	比例/%
100 元以下	11	10.00
100～500 元	50	45.45
501～1 000 元	30	27.27
1 000 元以上	19	17.27

受访人数：110

12. 您觉得 VR 现在还存在着哪些问题？（多选）

选项	人数
价格不合理	20
戴眼镜人群使用不方便	48
技术不成熟	69
销售体系不完善	31
携带不方便	36
其他	15

受访人数：110

13. 您觉得 VR 会为您带来哪些便利？（多选）

选项	人数
不受时间和地点的限制	45
带给您一种身临其境之感	89
其他	13

受访人数：110

14. 您认为 VR 未来的发展前景怎么样？（单选）

选项	人数	比例/%
有很大的发展空间	89	80.91
没什么太大感觉	20	18.18
没什么发展空间	1	0.91

受访人数：110

附录三　访谈录（部分）

VR 的发展近况

访 87870 公司媒体总监

访谈时间：2016 年 7 月 4 日。

社会实践小组： 请您简单介绍一下现在 VR 发展的模式。

媒体总监： VR 现在有一个概念，叫"VR＋"，与之前提到的"互联网＋"的概念相接近。现在很多企业都在做"VR＋视频"，其实他们做的就是 VR＋自己的传统企业。比如"VR＋房地产"，依赖 VR 设备，呈现一个模拟的场景，让你在其中走动，去体验房间的格局。你就不需要进入真正的房间内，它就能给你一个完整的体验。现在还有"VR＋医疗""VR＋旅游""VR＋教育""VR＋游戏"等 VR 的衍生应用。现在 VR 的用户群体是重度玩家，而且现在 VR 只是一个初级的发展阶段，并不能代表以后就是这样的一种形式，但是肯定会发展得越来越好。

社会实践小组：目前 VR 的推广是否实现了盈利？其推广方式和推广中遇到的阻碍又有哪些？

媒体总监：目前来说，还没有一个公司公布自己在 VR 领域挣钱的。很多人来到一线城市，是为了自己的生活而打拼，不会把精力投入到与自己不相关的东西中，所以，在某种程度上，我们认为二三线城市更适合 VR 的推广；而且现在设备总体价格对于单体用户是太贵了，但是对于企业来说是可以接受的，总体花费是两万多元。二三线城市人员没有太大的流动性，而且生活节奏比较慢，人们会更乐于去尝试。

社会实践小组：现在人们普遍认为 VR 的体验感比较差，这种现象是怎么形成的？又应当如何解决？

现在像 87870 我们这样的公司所做的事情就类似布道者。像现在三星的产品已经开源了，而我们就通过活动发布给用户，先让大家简单地了解 VR，而不是夸张宣传，把 VR 说得那么好，那样可能导致他们在体验之后发现效果其实没有那么好，进而失去使用意愿。所以我们干脆就用一个纸盒眼镜告诉你，这就是 VR 最初级的体验。如果体验效果更好，我们还有更高级的，这样就会有一个提升，而不是一个落差，这样也能避免用户流失，还有用户对 VR 认知的错误。所以 87870 这样的公司也就是在努力告诉大家：VR 是什么，而不让人们有过高的期望。我们现在跟其他媒体和企业也沟通过这样的问题，因为现在大部分公众对 VR 的期望值特别高，对外宣传过于夸张，以至于大家拿到的时候，感觉效果其实也一般。所以我们一定要把他们的期望值降下来，降到一个可以接受的阶段。

社会实践小组：VR 的使用会不会给年龄较小的孩子带来身体上和心灵上的伤害？

目前来说，还没有一个负面的报道。现在我们可能考虑的，就是对眼睛的伤害，就目前来说，VR 对身体的伤害是要高于对心灵的伤害。国内还有没有制定标准去进行规范，国外规定的 VR 的适用年龄是"12＋"，需要一个先行的机构去进行一个评估，去保护我们的孩子。我们不希望 VR 对孩子造成一个视觉上的伤害，甚至于造成眼部疾病。就刚才的另一个问题，沉溺于 VR 世界中，分不清现实与虚拟之间的界限。但是我们现在给大家体验的内容，仅仅能够让大家了解到 VR 是什么，而达不到重度沉浸感，沉溺的情况还不会出现。现在行业内没有统一规范相关的行为，而我们也没有收到相关方面的反馈，而这就是我们所担心的。我们希望游戏和产品能有特定的适用范围和适用人群。

实践·足迹

序　　言

"科技是第一生产力。"随着中国的日益壮大，科技发展已经成为我国的核心。互联网的迅猛发展，已经使网络逐渐成为这个世界的主宰，继智能手机的浪潮之后，2016 年成为了虚拟现实 VR 的新一年的浪潮之巅，"VR 元年"的诞生，使得人们进一步加深了对虚拟现实世界的理解，也进一步促进了 VR 的发展。"VR 元年"的去与留，将是如今面临的未解之谜。

我们的团队基于大学平时参加科协的一些活动对 VR 技术的初步了解，发现了此次 VR 浪潮的回归将是中国不可忽视的一大重要科技发展，并且虚拟现实技术将会在未来逐渐成为人们生活中不可缺少的科学技术，于是决定进行此次调研活动。

6 月下旬的主题初步确立之后，我们就开始了一系列的准备工作，包括查找资料，形成调查问卷，联系采访公司等。继而是紧张的期末考试，考试结束后，经过商讨，进一步详细确定以"VR 发展前景及提升空间"为主题展开一系列的调研。

一、调查，开始

首先我们进行的是市场调研。要想了解 VR 的未来发展，首先得了解 VR 的过去的发展，才能够发掘出其不足，继而才能够进一步探讨出 VR 的提升空间。

经过详细的探讨，我们最后决定了三个主要的发放调查问卷的地方：宜家，中关村，清华大学。宜家是一家有名的家居市场，经常会有各个层次的人群出现，当然不乏一些"大牛"，这就是我们首选宜家的重要原因。第一天，顶着炎炎烈日我们坐了长时间的地铁来到了宜家。我们一行七个人分为三组进行了问卷调查，基于 87870 公司的支持，该公司给我们提供了几套 VR 眼镜，方便我们在进行问卷调查的过程中，可以给予一些被调查者 VR 的亲身体验，使得他们能够进一步感受虚拟现实技术的魅力。

我们在调查过程中发现，虽然接触过 VR 的人不在少数，但是对其了解实在是仅仅浮于表面而已，仅仅知道这么一项技术的存在，却不知其广泛用途；仅仅体验过一些初级的产品，却未能进一步感受其魅力，主要集中在 18～30 岁年龄段人群。有一部分人几乎没有怎么听说过 VR，更没有听说过虚拟现实技术，这一部分主要是 40 岁以上人群居多，思维难以跟上科技潮流，然而这同时也体现出 VR 系列产品的局限之处：宣传的不足以及平台的缺乏。目前仅仅是全国部分地区的 VR 体验店涉及游戏、影视，而其他的方面的涉及少之又少。游戏领域是目前 VR 技术发展比较成熟的领域，况且吸引着广大人群的眼球，所以 VR 目前在游戏领域的使用比较多，而其他领域，人们对于 VR 的了解则很局限。

在调查过程中，我们遇到过一些专业人员，我们也向他们请教了一些问题。当问到为什么今年会是"VR 元年"的时候，他们告诉我们其实这已经是 VR 浪潮回归的第三次了，今年格外热烈的原因除了国家政策之外，还在于马云、马化腾等人对 VR 的大力支持，才导致 VR 在今年如日中天。随着 Pokemon go 中 AR 体验的进一步热潮，随着时代的发展，VR 反而越来越会引起人们的关注，不仅仅是在游戏领域，更高层次的医疗、心理、驾驶、航空航天以及科学研究，虚拟现实的发展将会不断带动中国科学领域的发展，成为人们生活不可或缺的一部分。

经过一番社会调查，不仅让我们能够了解了 VR 的市场行情，更让我们在与社会上各个阶层的人的接触中，了解到 VR 在不同人心目中不同的存在形象。

此外，在一学长的帮助下，我们恰好了解到 7 月 3 日在中关村将会有一场中美 VR 交流峰会，此次峰会聚集了国内顶级 VR/AR 技术大咖和行业资深人士，倘若有机会能参加此次交流会，我们将会获益匪浅。带着满心的期待，我们报名参加了此次中关村的峰会。

二、峰会，交流

为了参加此次峰会，获取更多的 VR、AR 的相关知识，增进对 VR 技术的实际用处以及未来发展方向的了解，我们一行人提前在网上报名抢票，并进行了一系列的准备，为参与此次会议做出了一些安排。

7 月 3 日，我们来到了中关村创客中心，有幸参加这里正在举办的"解码黑科技"中美 AR/VR 顶级峰会。来自美国的 Worldviz 创始人 CEO Andrew Beall 和国内顶级 VR/AR 技术大咖和行业资深人士，在会上探讨了中美虚拟现实产业的发展方向。此次交流会意义十分重大。

Worldviz 公司创始人 Andrew Bealle 首先进行了引人入胜的演讲。演讲中提到"早在 20 年前，在 Worldviz 未成型时，Andrew Beall 已经用虚拟现实的工具开发了上百个应用，1992 年已经用沙袋和摄像头制造出了自己的 VR 头显"。随后，在会上，Worldviz 正式授权中关村虚拟现实加速器亭基地入驻企业 T - Sense 云创起航成为 Worldviz 的中国技术服务中心，未来所有在中国区的技术服务和设备集成将由 T - Sense 提供。而在一系列的签约仪式完成后，最精彩的部分莫过于前来出席的大咖之间的论坛圆桌会议，北京理工大学副教授翁冬冬也位列其中。我们小组一行人作为此次交流会的旁听人员也受益颇深。主讲人首先从 VR 的发展历史讲起，继而介绍了 VR 现今的作用领域以及未来的市场，内容丰富且充实。通过参加峰会，解开了我们的许多疑惑，我们对 VR 的了解更加深入，也充分感受到了科技的奇特魅力。

最令人获益匪浅的是峰会后我们与翁冬冬教授进行的一番对话交流。从 2000 年起，北京理工大学副教授翁冬冬已经带领自己的实验室对 VR 技术有了 10 多年的探索，因此翁冬冬对于 VR 技术有很深入也很广泛的研究，他说："虚拟现实领域的技术积累已经有很多，解决方案呼之欲出。作为一个教授，我一直在寻找下一个问题。"翁冬冬的研究团队最近提出了"宜居的 VR"概念，希望未来能在生活中融入 VR，让大家像习惯使用智能手机一样使用 VR。同时作为圣威特公司的首席科学家，翁冬冬宣布圣威特公司会开线下体验店，体验者们能够身临其境感受到"重度 VR"带来的震撼效果。通过与翁教授的交流，我们不仅解开众多困惑，还得到了前往中关村实验室进行相应的参观体验的机会。

　　总而言之，此次交流会，我们不仅确实增进了对 VR 技术的了解，并了解到 VR 技术行业发展现况和未来的广阔前景，还收获到了意外之喜——参观翁冬冬副教授的实验室，了解最前沿的 VR 成品的机会。

三、实验，学习

　　7 月 5 日上午，我们按照和翁冬冬副教授约定的时间提前来到北京理工大学中关村校区。翁冬冬副教授安排一位研一学姐负责带领我们参观并给我们讲解。学姐首先带领我们一行人来到了北京理工大学翁冬冬副教授的光电实验室。在实验室里我们接触到了目前几乎最先进的 VR 技术的应用，真正第一次感到了 VR 的用途之广和技术之深。众所周知，VR 技术目前主要适用于游戏、影视等。然而较不为人知的是，VR 技术在航空、旅游、博物馆展览等多方面还有着更重要的用途和更为出彩的作用。在实验室中，我们从感慨 VR 技术的用途之广到看到在一些好莱坞大片，高科技出现在眼前，深深地受到了震撼。不得不说，VR 科技的发展是很神奇的，也是无法预料的。

　　除了带领我们参观前沿的 VR 产品，学姐还专门为我们做了一些关于 VR 产品的更深的介绍，并且指导我们对一部分 VR 产品的使用，让我们体验了重度 VR 技术。通过对 VR 产品的一一体验，我们仿佛在虚拟现实里身临其境。在学姐的讲解下，我们深深体会到了 VR 产品与我们生活的息息相关之处，也进一步感受到了 VR 在未来的发展之路将会越来越宽广，AR 很可能将会成为人们生活中不可割舍的一部分。

　　一上午的参观，我们获益匪浅，除了对最前沿的 VR 的亲身体验以外，我们还收获到了 VR 的实际用途和切实发展情况。在中午吃饭之前，我们赶去指导老师马壮的办公室，并向老师汇报了我们近期一系列的工作情况和收获。

四、采访，收获

　　7 月 5 日下午，我们赶往 87870 公司并与公司媒体总监进行了访谈。87870 公司的虚拟现实网创办于 2013 年，是中国成立最早也是规模领先的虚拟现实平台，它在 VR 技术在校园的传播做出了很大努力。不久前，87870 公司还走进了北理工的良乡校区，在学生中开展了 VR 免费线下体验活动。我们希望通过和 87870 公司的媒体总监的访谈获得最专业最及时的 VR 资讯及内容。到达公司以后，在该公司人员的热情接待下，我们与公司的媒体总监进行了持续将近 3 个小时的交流。媒体总监分析了 VR 现如今的市场现状，以及市场上仍然出现的问题和可能将会出现的问题，媒体总监还向我们讲解了 VR 的成像原理，并且展示了如何拍摄 VR 影片。

　　访谈从 VR 技术的几次大起大落展开。总监坦言："VR 不是第一次推广，之前的几次业内推广都已失败，这一次，VR 的卷土重来伴随着技术的又一次突破和业内人士新的期待。"在访谈结束后，87870 公司的工作人员带领我们去体验了 VR 产品的一系列游戏。该公司人员表示希望与我校进行一个长期的交流活动，并且希望我们能够将对科技的热爱保持下去。本团此次社会实践活动线下部分，在该公司双目相机拍摄的全景照片中落下帷幕。

对于 87870 公司的配合，我们团队成员感激万分。87870 公司不仅提供给我们分发问卷时群众体验的 VR 眼镜，还抽出了一下午的时间接受我们的采访。从与媒体总监的对话中，我们了解到了 VR 的市场开拓中所遇到的几次失败，也了解到 VR 的市场从业人员对 VR 的推广做出了许多贡献。通过这次访谈，我们直接了解到 VR 的推广的困难和不可预知的未来。

五、尾声，总结

活动结束的傍晚，我们一行人回到学校，开了一个简短明要的总结会。在会上，团长毕然安排了每个人负责的整理内容，之后对此次实践活动做了总结。

此次活动最辛苦的莫过于实地分发问卷，但在分发问卷的过程中，我们也切实感受到了 VR 的推广程度较低，人们对 VR 的知悉度普遍不高。在分发问卷的过程中，我们遭受了一些人的拒绝，但一些群众也提出了建议。实践的前期准备工作，不限于查找关于 VR 的任何资料，因此我们有机会可以提前报名参加中美 VR 交流峰会，也正因为此，我们获得了前往翁冬冬实验室的体验结果。通过联系 87870 公司的工作人员，提前详细准备了 87870 公司的访谈主题，我们获得了意外的访谈。机会来临总是很突然的，但并不是凭空出现的，一切都建立在我们认真且详尽的准备下。此次实践，有我们一行人脚踏实地而付出的汗水，也有因为我们提前做出的规划而出现的意外之喜。我们团队的暑期社会实践获得了意想不到的成功。

暑期社会实践，我们除了了解到了更加前沿的 VR 技术和 VR 的以及发展前景，在一步一步实践中，我们几人更是收获到了"凡事预则立"的智慧，体会到了象牙塔外的宽阔，也增进了小组成员间的友谊。早晨 8 点坐上房山线的地铁，晚上 10 点才能回到学校，确实每天都很辛苦，然而，面对这么多收获，也显得不值一提。我们相信，VR 的发展伴随着困难，但这些困难和它未来无限的发展潜力相比一定也不值一提。

纸上得来终觉浅，绝知此事要躬行。我们走出校园，青年服务国家，将知识理论付诸实践时的辛苦与劳累必不可少，但掺杂了汗与泪的喜悦才更加甘甜。

🌱 实践·品悟

将热情倾注于实践

2015 级本科生，电子封装技术专业　毕然

少年强，则国强。这是我在这近一周的社会实践后的第一感触。

　　VR 作为一个新兴科技，现在以一个相对成熟的姿态呈现在我们面前，自然少不了无数前辈的辛苦工作；而 VR 未来的发展和提升，离不开新一代青年科学家的奋斗。

　　在我们实践调查过程中，无论是进行问卷调查还是进行采访，对 VR 有一定了解的都是保持着强烈好奇心、乐于探索新事物的青少年。我们也是在广告和媒体中了解到 VR 产品的神奇之处，被它虚拟现实场景的身临其境所吸引，进而希望用我们自己的力量去调查、去研究有关于 VR 的方方面面。在中关村的中美 VR 峰会上，我所见到的也是各界的年轻人才。在参观北京理工大学的虚拟现实与人机交互研究中心时，我们看到很多学长学姐埋头于虚拟现实的研究中，甚至顾不上吃午饭，废寝忘食，奋斗在 VR 的研究前线。

　　青年人总是被认为不够沉稳，我们的确受限于经验和阅历，但我们拥有一腔热血，有着独特的"年少轻狂"，对新的事物、新兴科技有着强烈的热情和好奇心。我们希望把好奇付诸行动，将热情倾注于实践，怀揣着探索精神去接触、去研究虚拟现实，不仅为自己的目标，也为祖国科技的发展尽一份微薄的力量。

　　在短暂的实践过程中，我逐渐领悟了暑期社会实践的目的：青年服务国家。我们在大学的校园中学习着各种专业知识，在社会实践中，我们可以倾尽我们所学的理论知识，将其付诸实践。以己所学，服务国家，服务社会，在实践中追寻真理，不断成长，为日后真正走向社会、奉献国家打下良好的基础。

　　少年强，则国强。我们将在日后深化本次社会实践的内容和研究，紧跟国家日新月异的发展潮流，不断进步、不断超越！

团队的力量是巨大的

2015 级本科生，材料成型及控制工程专业　陈松

　　短短几天的暑假社会实践不得不称得上是我在北京过得最快乐的时光。起初选择课题的时候，我们对 VR 充满了陌生，而对于如何开展这个社会实践也是充满了憧憬，一次又一次地找指导老师以及和相关人员的联系也让我们体会到了这个项目的难度，可以说开始时我一头雾水。因此，考试结束，我们召开了一次会议，讨论这个课题并进行了明确的分工，一切都准备就绪。

　　暑假的第一天，我们便穿好统一的服装顶着烈日踏上了暑假实践的征程。然而第一天并没有我们每个人所想象中的那么顺利，汗水从眉间滑过脸颊，前往宜家的路也比预想中的还要长，两个小时的地铁以及半个小时的公交车和步行辗转，还有初次实践的顾虑与担心已让我们每个人感觉到了疲惫。然而对于在宜家这么一个偌大的场地面对忙碌的人群，想要展开一项彻底的问卷调查，也不是一件容易的事。经协商，我们分成了三个小组前往不同的区域，在与人们沟通的过程中，我们每个人都深刻地体会到被人拒绝的滋味，也感受到了每个人内心的防备，更体会到被人理解和配合后内心的欢愉。经过了一下午的时间，我们所得到的问卷回馈比我们预想中的少太多，但却也同样为自己的努力感到由衷高兴。

　　第二天一早我们便分成了两组前往了各自的地点。这一次我们把地点选在了清华大学

校园，我作为问卷小分队的一员，理应付出比昨天还大的努力。来来往往的游客与迎接毕业典礼的学生成了学校最大的亮点，面对着学术氛围如此浓厚的清华大学，在感受其独特的学术魅力的同时，身边的一切也激起了我们的热情，我也同样斗志昂扬，对于路边驻足的每一个人，我们都会去上前问候与尝试，并不断耐心地为他们解释和介绍，又是一次口干舌燥的考验，但却收获了更多的配合，我们的疲惫难以言表，但从中得到的满足却涌上心头。

几天的早出晚归奔波忙碌早已让每个人心力交瘁，发放问卷过程中的挫折也会让每个人内心受到打击，但这些困难并不能算什么，一想到团队里的每个人都在为共同的目标而努力奋斗，每个人的心中也充满了斗志。我相信团队的力量是巨大的，相互间的帮助与扶持，还有遇到困难后的团结一心才是在这次社会实践中最宝贵的财富。

VR 将带领我们走向未来

2015 级本科生，电子封装技术专业　邓靖宇

当初选择了 VR 这个课题，既觉得新奇，又觉得充满了挑战，正如 VR 行业的未来发展前景一样，伴随着广大的市场前景又同时有着未知的坎坷。

对于刚开始的任务部署和讨论，一次次的方案又一次次意识到了其中的不可行性，真应了那句老话：万事开头难。经过了多次的讨论和协商，我们有了自己的方案——团队整装待发。

不得不承认，团队的力量是无穷的，即便在发放问卷的过程中遭到了再多的怀疑和犹豫，在奔波的过程中付出了再多的汗水与努力，但只要看到这些可爱的团队成员，我们有着共同的目标，有着共同的方向，每个人的身上都会觉得像是凝聚了所有人的力量，干劲十足，就算前路风雨再大，我们也会一如既往地照着最初的目标前行。

在这几天的社会实践中，我有幸参加了专业的 VR 高端峰会，坐在下面的我深深被峰会严谨的氛围所感染，更被在这一方面有着突出才干的人才的言谈所吸引，更有幸拥有了和他们交流的机会，让我能够进一步感受到科技前沿的魅力，同时坚定了我们开展这个课题的决心并增强了我们的信心。虽然回到宿舍已经累得说不出话，但一想到今天的努力和收获便觉得一切值得。

第二天参观 87870 公司，我们更深一步地了解了 VR，与媒体总监 3 个小时之久的访谈更是让我们更深一步认识到 VR 的广阔前景，同时也收获了好多不曾触及和没想到过的知识，这对我们调研的顺利开展增加了有利条件，同时大学生的视角更为我们对 VR 行业的发展有了更加深刻的理解，不得不承认这是一个双方互赢的谈话。

几天的实践未开始前看似漫长，但真结束了内心却恋恋不舍，感谢这些可爱的朋友们的共同努力，这次实践活动作为宝贵的财富我定当珍惜。

视野开阔一些吧

2015 级本科生，材料成型及控制工程专业　黄景腾

在进行暑期社会实践的几天中，我们走了很多地方，做了两件事，一件是发问卷，一件是采访。

让我深有感触的是发问卷。问卷难发是真的，成功率只有百分之三四十，一个是我们自己的问题：会有羞怯、不好意思的原因，也有时间地点选择不当的原因。而另一个问题就是人们的态度，有很多人是很配合的，知道的填一下，不知道不方便的委婉拒绝，这很正常；可是也有一些人对此很冷淡，对我们摇摇头、皱皱眉也不说话，更有甚者视我们跟推销的一样，解释一下吧他要叫保安。我感觉人与人之间的戒心确实挺重的，和陌生人打交道有点防备是正常的，可是要有礼貌呀，我们主要是让人们了解一下新事物，开阔一下视野，你总不能老封闭自己，不能因为一时不快而不与所有陌生人打交道吧。

我的认识可能太主观，可能正常的社会就是那个样子，但我在清华大学问一个学姐的时候她也拒绝了，我能想到在自己学校问一个不认识的人她或他也很可能拒绝。这跟问路不一样，如果我问他们路，他们一般会告诉我；而我拿问卷给人填，他们就不一定填，说明很多人不愿意在陌生事务上花费自己很多时间，总是致力于自己认为该做的事情，相比于那些愿意了解陌生事情的人来说，他们的视野可能要小很多。

现在是一个开放的时代，人与人之间的交流如果再深入一点，社会联系就更紧密，我们获得的知识也更全面，所以交流的界限从问路指路扩展到更广泛了解接受新信息上来，对人们的发展会更加有益。

在新的领域开拓和创新

2015 级本科生，材料成型及控制工程专业　张丹丹

与伙伴们这几天的 VR 之旅已经结束，但最后一天 VR 体验带来的激动和喜悦仍历历在目，令我久久难以忘怀。

一如既往地起早出发，不巧却赶上了上班高峰期，但那颗心却早已飞向了北理工中关村校区的虚拟现实实验室。我们终于踏进了实验室的大门，看到各种应用 VR 技术的尖端产品在各个领域占有着举足轻重的作用，我们不禁为北理工感到骄傲，更为我们选择并坚持这个课题而感到由衷自豪。我亲自感受了在视觉听觉以及触觉方面加以改造的 VR 仪器，我深深地被其所吸引，感受到了科技的独特魅力，也更加坚定了自己的信心。

离开实验室前往 87870 公司，与媒体总监长达 3 个小时之久的访谈，使我们每个人内心都有了自己的想法，如今的市场对于 VR 产品的推广以及群众普及度都很低，可以说 VR 所面临的是一个极大的社会群体，但与此同时所要面临的挑战也是空前的，这需要我们每一位大学生对于科技前沿的事物有自己的见解和领悟，也更需要我们投入热情和激情为了新事物的普及贡献自己的力量。

　　我感受到 VR 的强烈带入感在产品中的应用，体会了科技前沿下产品的魅力，这让对我所学习的专业有了更深的认识。国家的发展离不开科技，科技的进步也需要越来越多青少年贡献自己的力量，我们不仅需要在过去的基础上做到更新和传承，更需要在新的领域开拓和创新。

　　当代大学生在社会中所扮演着肩负建设祖国未来的使命的角色，同时也是为国家发展走在最前列的一批人，要敢于争做吃螃蟹的第一人，也要有面对未来的困难的勇气和毅力，不骄不躁，勇往直前，为国家灌注新的血液，只有这样，我们的国家才会在日新月异的国际浪潮中越战越勇。

实践团成员： 毕然　陈松　邓靖宇　黄景滕　汤生益　闫昭朴　张丹丹

第 七 章

一 带 一 路

庆阳香包：陇东高原的瑰宝

🌱 实践·足迹

为了细致深入地了解庆阳民俗文化，我们决定采用组团合作、实地调研的方式，开展国家级非物质文化遗产、陇东高原的瑰宝——庆阳香包的调研活动。庆阳的天气依然燥热难耐，终于等到小队全员都回家了，五名成员，三个专业，因为对家乡香包绣制文化的热爱让我们走到一起。

一、实践前期准备

7月14日，五位成员赶赴庆阳周边地区的宁县，携带提前整理的资料，一起进行了热烈的讨论。五位调研组成员都生长在庆阳本地，从小感受着形形色色的庆阳民俗文化，对于家乡的文化特色都有着深厚的感情和自己独特的体会，尤其对于香包更是有着浓烈的感情。成员之一的卫亚文同学兴高采烈地说道："记得在我小时候，每到端午，家里的长辈就会拿出箱子里的香包，那一个个色彩鲜明、生动形象的小动物，深深刻在自己的脑海里。几个小伙伴一起拿着香包玩耍，更是成为童年最美好的回忆。"对于陇东高原上的孩子来说，可爱的香包就是童年的玩具，就是端午的味道，就是长辈的宠爱。而我们深知，庆阳的香包，意义当然绝对不仅限于此，可以说每一个庆阳人，脑海里都有着香包和自己家乡特定的联系，蕴含着无法割舍的乡土情结，研究香包就是在发掘家乡的民俗文化。讨论之余，同学们认真地规划了即将进行的实地调研行程，并根据之前掌握的信息同当地一些负责人进行了联系，以便之后计划的顺利进行。

早在7月13日，我们对于调研具体形式进行了线上的讨论和线下的准备，吴姣姣和方海燕一起将关于庆阳香包知名度调查的问卷设计好，大家再不断进行补充，最终于14日上午12点，我们正式将线上的问卷发布到了朋友圈，通过前期推广，截至当日晚上8时，已经有近150人填写了问卷。

虽然在设计问卷时，我们对于最后的反馈结果已经有一个预估了，但是在问卷发布后，还是时不时地去看一看问卷调查的结果。由于我们主要通过同学推广，所以在已填写的数据中的大学生，家位于西北地区的大学生要更多，鉴于这种情况，小组成员商议了两种解决方案：扩大线上其他省份的推广以及开展线下问卷填写，大家就这样同时不同地忙了起来。

下午6点多，成员们就在宁县、环县、镇原三个地方开始了线下的问卷调查，主要对象为中老年人。叔叔阿姨和爷爷奶奶们都很配合，听到是关于香包的调研，仿佛每个人都能讲一大段故事出来，可能这就是地区文化的魅力吧。

7月15日，小组成员对14日一天所得到的问卷数据和结果进行了分析，初步得到了以下结论。

对于非物质文化遗产，只有1/5的人表示了解；对于香包绣制，有36.2%的人表示听过但并不了解，有9.5%的人表示完全没听过香包；有40%的人并不了解庆阳香包；对于香包绣制的发展，更多人认为群众观念因素、创新因素、经济因素对香包的发展影响较大；拍摄纪录片、组织主题活动、户外广告是大家认为会受欢迎的宣传形式；对于香包绣制发展过程中所存在的问题，更多人提到了要注重创新，加大宣传力度，形成自家的品牌。

明天就要正式开展实地调研了，前期的分工都已经明确，希望我们旗开得胜！

二、庆阳市西峰区锦绣坊、桐树街实地采访

7月16日早上9点，调研小队一行5人从各自家中乘车出发，在庆阳市西峰区集合赶往锦绣坊文化产业区进行调研。

大约11点，我们到达了锦绣坊。通过前期的资料搜寻，我们了解到西峰区香包刺绣生产比较集中的两个地方是锦绣坊和桐树街，其中又以红凤蝶文化传播有限公司和岐黄文化传播有限公司为产业先锋企业。这两个公司都在锦绣坊内。我们首先选择了庆阳岐黄文化传播有限公司为调研对象，初到店里时，里面陈列展示着造型各异的香包，店门口则坐着数个正在制作香包的绣娘。我们一进门，便有人邀请我们随意参观；待我们找到负责人张女士之后，她却对我们的态度很冷淡，因为之前有很多走马观花的调研团队，这样真是给我们泼了冷水，小组成员一再表明我们的目的之后，张女士约我们到下午两点半正式开始采访。

吃过便饭后，我们下午两点到了岐黄文化传播有限公司，正好有客人采购，我们便没有打扰张女士，先跟做刺绣的阿姨们聊了起来。阿姨们显得很热心，认真地回答了我们准备的所有问题，看得出她们对于香包的深厚感情。调研小队的成员为她们的高超技艺所折服。这些香包上细密的一针一线，绣出的是黄土高原的深厚底蕴，绣出的是陇东塬上的悠久历史，是劳动人民的智慧结晶，是陇原女性散发的母性光辉，我们每个人都受到了震撼。

通过轻松的聊天，了解到她们是采用团队的形式进行制作的，而且店里的大部分商品都是属于手工制作。阿姨们说绣制香包是一件非常能磨人性格的事情，也是她们从小就一直喜欢的活动，没想到现在能取得经济效益。平时公司会有一些交流和培训活动，她们能够不断地学习。

采访过阿姨们后，我们也采访了前来采购的顾客郭先生。我们了解到：他们是常年在外工作的土生土长的庆阳人，这次来采购香包主要作为礼品赠送给同事、顾客等。作为电商，郭先生也在尝试着将庆阳香包作为一种特产进行线上的销售，而受众面则是郭先生考

虑的最大问题。

最后我们采访了岐黄文化传播有限公司的负责人张女士，首先我们提供给张女士昨天的调查问卷结果，一来证明我们的调研切实，二来给张女士一个参考，数据和实情是否一致。谈话渐入佳境，张女士也就着我们调查问卷中所反映出的群众对香包创新特色的要求，不断拿出公司这方面的研究成果与我们分享，我们当然很高兴看到香包在装饰性和实用性方面的发展。张女士对我们的调查问卷及调研表示满意，并对我们寄予了殷切的希望，希望通过我们的调研能真正对庆阳非物质文化遗产香包的推广传承及保护做出贡献。张女士答应将我们调研过程的微信推送及成果在他们的平台上发布。张女士向我们介绍了西峰区肖金村的香包博物馆，并帮我们联系了博物馆负责人，以便于我们第二天去参观。最后，我们邀请工作人员以及制作香包的老师们一起合影留念。

直到下午4点半我们才结束了采访工作。今天是我们小组实地调研的初次体验，我们觉得最开心的是张女士从起初的排斥到最后的满意，我们和她们一样，都有一颗推广家乡文化的心愿。

三、庆阳香包博物馆

7月18日，在张女士的帮助下，我们前往庆阳香包博物馆参观。庆阳香包博物馆，是由庆阳岐黄文化传播公司的创始人张仁民和刘兰芳出资建造的个人博物馆，它就像一个发光的宝库一般，收藏着从清代以来的极具价值的香包绣制作品。

历经曲折我们才找到香包博物馆，偶然在问地址时遇到了张仁民，这真是最大的幸运。在前期调研准备过程中，我们了解到张老师和刘老师花费了30多年的心血，对庆阳香包文化一点点发掘、整理，真正推动了庆阳香包走出去。今天在此能见到张老师本人，敬意油然而生，崇拜至深。

因为知识产权问题，博物馆并不对外开放。我们如愿得到特许，张老师主动带领我们进行了参观并主动给我们一一讲解。

进去之后，所有人无不惊叹于藏品的丰富、精美，尤其张老师向我们介绍说里面的藏品都是刘老师亲手制作的，所有人敬佩之情油然而生。采访过程中，我们了解到，庆阳香包现在处于创新和推广的高峰期，老艺术家们对于香包文化的自发性保护，这种30年的热忱和坚持，值得所有人尊敬。同时我们也了解到，政府也越来越重视民俗文化的传承，和这些老艺术家一起，积极地推广到省外乃至国外。采访结束后，热情的张老师还带我们参观了他的清代古宅以及其他藏品。大开眼界的同时，我们每个人触动很深，我们民族的非物质文化遗产就是在这些老艺术家的手中不断传承、不断发扬，他们是民俗文化默默无闻的传承者。

因为时间原因，我们只参观了一个小的陈列室。从清代香包到"一带一路"主题创意香包，从实用的鞋到装饰精品，所有的东西都是刘老师亲手创作的。藏品造型特异，配色考究，所有的藏品都让我们赞叹。而这个宝库的背后，是两位老人对于庆阳香包的自发性保护，30多年来，他们从未放弃。张老师表示，他们这辈人能做的只是将这些文化资源保护下来，尽可能传承给更多的人，而推广、创新、发扬是我们这代人应该急切考虑的事情。知识产权、经济科技等因素都阻碍着庆阳香包的良性发展，但是再多的困难也无法阻挡他们对家乡文化的热忱。

采访结束后，我们充满了惊喜，更充满了反思。在我们看来，庆阳香包博物馆就是闪闪发光的宝库，而我们就是让大家了解它，不要伤害它的守护人。

路漫漫，作为文化产业传承人，必须上下而求索。

四、走访宁县文化局

庆阳市辖 1 区 7 县，即西峰区和庆城、华池、宁县、镇原、合水、正宁、环县。结束了两天庆阳市的调研，今天我们开始了宁县的调研。我们来到宁县文化局，因为在香包绣制的推广发展中政府起的是主导性作用，而宁县又作为 1 区 7 县之一，在文化推广中起到承上启下的作用，因而我们选择宁县文化局进行采访调研，了解政府对推广香包绣制文化制定的政策。

我们找到了宁县文化局的魏主任和主要负责非物质文化遗产推广的刘娜女士。魏主任说，从 2002 年庆阳香包民俗文化节开展以来，又陆续颁发了《民俗文化产业开发意见》等政策，庆阳也以香包为特色举办了文博会等活动。作为县级单位，宁县并没有独立承办过香包展，并且针对产品同质化，县上推出了"一乡一品""一片一品"的政策。宁县各乡共有 13 位国家级公益美术大师、18 位省级民间艺术大师。

通过采访负责非遗文化推广的刘娜女士，我们了解到非物质文化遗产的推广已经全面开展。在每年的非遗日，宁县会开展一个月的非遗知识的普及活动，让大众意识到这些潜在资源的存在。平时每逢集市，宁县文化局便设置展板，通过横幅、宣传单、传习所等形式开始非遗的普及教育工作；同时开展非遗进校区、非遗进社区等活动，做好对中小学生的非遗文化教育。

采访结束后，我们一起合影留念。魏主任表示如果还有什么问题还可以再找他们了解。通过对于宁县文化局相关人员的采访，我们切实感受到了家乡文化正在不断发展。从个人到团体，从学生到老人，政府对非遗文化的普及极为关注，但非遗文化普及的深度、广度以及普及的效果和效率应是社会大众应该共同思考的问题。

五、活动总结

此次社会调研活动历时较长，调研对象较为丰富，使得同学们有机会接触庆阳民俗文化的各个方面。在实践过程中，同学们收获了友谊，增强了合作能力，每个人更是感受到了小小的香包里蕴含的"黄土情结"。

实践·品悟

传承民俗文化，发展民俗文化

2015 级本科生，材料科学与工程专业　方海燕

能和如此团结友爱的团队成员一起完成这次社会实践非常开心，团队成员表现出的严谨与认真使这次社会实践取得了很好的效果。

在这次社会实践中，我印象最深的是参观张仁民和刘兰芳老师出资建造的个人博物馆。我们非常有幸能见到张仁民老师，前期工作准备中我们就了解到张仁民老师作为庆阳非物质文化遗产传承人，对庆阳香包的发展做出了卓越贡献。进入博物馆后，我们无不为眼前的藏品折服。张老师细心地为我们讲述着每一件作品的由来以及文化内涵，这些融入了古代文化典故以及现代审美要求的艺术品，每一件都让我们喜欢得不得了。这些作品都是刘老师带领着秀娘们一针一线做出来的，这是老艺术家们 30 年来对香包文化的自发性保护，我们油然而生敬佩之情。我们还了解到庆阳政府也越来越重视民俗文化的传承，希望有更多的人能加入到保护非物质文化遗产的队伍中来。

小小香包，蕴含着黄土情结

2015 级本科生，软件工程专业　王尧

此次社会调研活动历时较长，调研对象较为广泛，使得我们有机会接触庆阳民俗文化的各个方面。在实践过程中，同学们收获了友谊，增强了合作能力，每个人感受到了小小香包里蕴含的黄土情结。调研组成员都生长在庆阳本地，从小感受着形形色色的庆阳民俗文化，对于家乡的文化都有着深厚的感情和自己独特的体会，尤其对香包更是有着浓烈的感情。在采访过程中，锦绣坊的绣娘阿姨们很热心，认真地回答了我们的所有问题，看得出她们对于香包的深厚感情，而我们也为她们的高超技艺所折服。这些香包上细密的一针一线，绣出的是黄土高原的深厚底蕴，绣出的是陇东塬上的悠久历史，是劳动人民的智慧结晶，是陇原女性散发的母性光辉，我们每个人都受到了极大的震撼。

发展创新，保持特色

2015 级本科生，工程力学专业　卫亚文

这是我参加过的最有意义的一次社会实践。庆阳香包这种非物质文化遗产，要想发展创新又要保持它原有的特色，绝非易事。在我们的采访中，这个问题很突出，我也在思考这个问题，但是到第二天，参观完张仁民先生和刘兰芳老师的香包博物馆后，这个问题似乎已经不是问题，刘兰芳老师创作的作品让人叹为观止。

在参观香包博物馆的时候，张先生告诉我们，刘老师当年出于对香包文化的热爱带领

一些志同道合的姐妹一起做这方面的工作。她们要一边照顾家庭一边学习制作香包。制作香包是很细腻的活儿，她们吃了不少苦。刘兰芳老师说，陇东塬女人的生活太苦了，她想要通过生产香包改善陇东塬妇女的生活。当时我的眼前立即浮现出好多画面，《白鹿原》中的情节，小时候以及现在村子里仍然在为生活奔波的妇女，我深深感受到陇东塬劳动人民的智慧和博爱情怀。

他们是中华文明的守护者

2015 级本科生，高分子材料与工程专业 吴姣姣

这次社会实践的意义无疑是重大的。我们了解到，当地政府越来越重视民俗文化的传承，和老艺术家们一起，将庆阳香包推广到省外乃至国外。这次社会实践，令我们大开眼界，我们每个人触动很深，对老艺术家的敬佩油然而生。我们民族的非物质文化遗产就是在这些老艺术家的手中不断传承、不断发扬，他们是民俗文化默默无闻的守护者、传承者。在我看来，庆阳香包博物馆就是闪闪发光的宝库，我们就是让大家了解它，不要伤害它的守护人。

通过这次调研，我们看到了家乡这片黄土上浓厚的文化内涵；多次采访，我们感受到了艺术家们多年保护民俗文化的可贵品质，他们就是中华文明的守护者，守护着最本真的财富。我们希望能通过我们的努力，让更多的人认识了解甚至喜欢庆阳的香包绣制品。

香包——庆阳的文化名片

2015 级本科生，材料科学与工程专业 岳晗

这次调研活动，让我感触最深的参观庆阳文化馆。我们走进了庆阳文化馆中的民俗展厅，展厅内陈列着许多来自各路民间高手制作的精美香包、刺绣作品。讲解员告诉我们，展厅内的作品大多是历届民俗文化节的获奖作品。我们无不为这些作品感到震撼，这是中华民族的文化瑰宝，是全人类的一笔财富，我们为能够看到这些作品感到兴奋。其中最吸引我们注目的绣品是"二十四孝"。这幅将传统孝道融入香包的作品正是庆阳香包的精髓所在。讲解员说，庆阳是中国农耕文化的发源地，所以每年农耕节会有人制作香包。与庆阳香包一样有名的还有庆阳剪纸和庆阳刺绣，这些都是庆阳的文化名片。通过此次采访我们知道了宁县不仅是中国书法之乡，而且还是制作香包的文化名城，由此我们对庆阳文化更加热爱了。

实践团成员：方海燕 吴姣姣 岳晗 王尧 卫亚文

大学生眼中的"一带一路"

🌱 实践·报告

引　言

　　习近平总书记在 2013 年 9 月和 10 月先后提出了建设"新丝绸之路经济带"和"21世纪海上丝绸之路"的战略构想，这一构想已经引起了国内和相关国家、地区乃至全世界的高度关注和强烈共鸣。之所以产生如此巨大的效果，就在于这一宏伟构想有着极其深远的意义，蕴藏了无限的机遇。

　　"一带一路"是国家宏观发展构想，对大学生而言，对国家宏观发展有比较清晰的认识可以很好地扩大我们的视野，对未来形势有明确的把握。因此我们实践小组认真学习有关丝绸之路的历史知识，观看、听取了很多的"一带一路"的相关展览、会议报告，并通过对大学生的问卷调查很好地了解这一宏观倡议。本文从经济、科技文化、政治几个方面具体阐述了我们的社会实践过程以及成果。

一、经济篇

　　习近平主席提出的共建丝绸之路经济带和 21 世纪海上丝绸之路的战略构想（即"一带一路"），为亚洲以及亚欧地区的区域合作增添了新的生机，毫无疑问，它将成为中国经济新的增长点。

（一）经济全球化的趋势

　　当前，经济全球化是世界的趋势，"一带一路"正是"一带一路"沿线国家经济实现全球化的一大体现。但同时，我们需要注意到，经济全球化目前出现了倒退的趋势，一方面它推动了世界经济增长，另一方面它也带来了很严重的影响，如：大量外资进入，容易造成债务负担；外来产业对本国的民族资本和民族工业的冲击；发展中国家的经济主权在一定程度上被损害，等等，但是并不可能后退到之前的孤立与封闭。中国作为世界第二大经济体，"一带一路"可以说是针对经济全球化改革的具有中国特色的战略，包容性全球化是"一带一路"所提出的新思路以及建设的核心理念。

　　"一带一路"强调"共商、共建、共享"，它是一种新的区经济合作机制。不同于新自由主义经济全球化机制，"一带一路"不会只让资本和大公司获得巨大利益而让社会基层民众承受巨大代价；相反，它强调国家之间发展战略的对接，寻找利益契合点，以便让更多国家的地区受益。"一带一路"战略从参与各国发展的实际需要出发。对于大部分发展中国家，落后的基础设施无疑是制约经济发展的瓶颈，所以"一带一路"大力建设基础设施以实现基础设施互联互通，这在很大程度上推动了"一带一路"沿线国家和地区的共同发展，更好地促进了全球贸易投资自由化、便利化。

（二）对中国经济发展的意义

"一带一路"对中国自身的经济发展也是意义重大的，巩固了中国与"一带一路"沿线国家和地区的合作基础，对于处理好中国及"一带一路"沿线国家和地区的关系以及发挥上合组织和中国东盟自贸区在推动多边合作中的作用十分重要。"一带一路"沿线国家和地区的能源蕴藏丰富，全球近60%的石油资源和80%的天然气资源都分布在该区域，所以借"一带一路"战略，能够促进中国的能源资源发展，中国庞大的市场需求量可以通过与"一带一路"沿线国家和地区一起实现资源开发来解决。同时，"一带一路"有助于中国构建互联互通的全方位对外开放格局，实现不同区域信息资源的互通，缩小国家之间的信息鸿沟，将他国的资金、技术、管理经验引进来使我们自己的具有竞争力的产品、企业走出去。

1. 加快中西部经济发展

"一带一路"将会带动中国中西部加快改革发展。我国的西部以及中部地区较之于东部沿海地区还存在很大的差距，例如，西部地区起步晚，经济增长相对落后；西部地区产业内部结构不合理，GDP总量虽大，但与东部相比，西部城镇居民收入和农村居民人均纯收入与东部存在着巨大的差异；西部地区基础设施不够完善。"一带一路"倡议与之前的西部大开发战略不同，西部地区的发展不再是孤立的，而是与我国发展较好的地区以及"一带一路"沿线国家的发展联系起来，这样一来，必然能够有效促进西部地区的纵深发展。除此之外，"一带一路"还为这些欠发达地区的教育、交通、医疗等基础设施的建设带来极大的改善，当地人民的生活水平得到提高。而大量的新的经济资源也会持续引入中西部地区，大多数的企业会选择在中西部地区建立工厂，扩大生产范围。这无疑会改变中西部原有的企业生产模式，为其注入新的活力，同时也能引入先进的生产技术，改变之前的生产模式以及经济的发展思路。"一带一路"倡议使得更多产业的发展联系在了一起，延长了我国产业链，东部地区必将带动中西部地区，实现东西部地区共赢。

2. 加快东部地区经济发展

对于东部地区来说，"一带一路"倡议能够促进其大企业升级转型和对外投资。通过强化国际经营，大企业能够加快传统技术转移、业务结构调整和产业转型升级。以中国电建为例，它在埃塞俄比亚建设的亚阿达风电项目，首次实现了中国风电技术、标准、管理、设备整体走出去，不仅带动了中国风电制造产能的转移，而且推动了当地的民族风电产业发展。未来中国电建还将加快与海外设计公司和投资、施工企业的合作，形成合作伙伴和战略同盟，将"一带一路"倡议、企业优势以及当地社会资源有效融合，以此提升产业的国际竞争力和属地化经营的质量。由此可见，"一带一路"也能给我国东部地区产业带来极大的发展机遇。东部地区产业通过加大与国外企业经贸合作力度，必定能够以点带面，形成联动发展的新局面。

那么民众对于"一带一路"倡议对经济发展所能带来的影响究竟持何观点呢？图1是通过问卷调查对我国及沿线经济发展作用的综合分析。

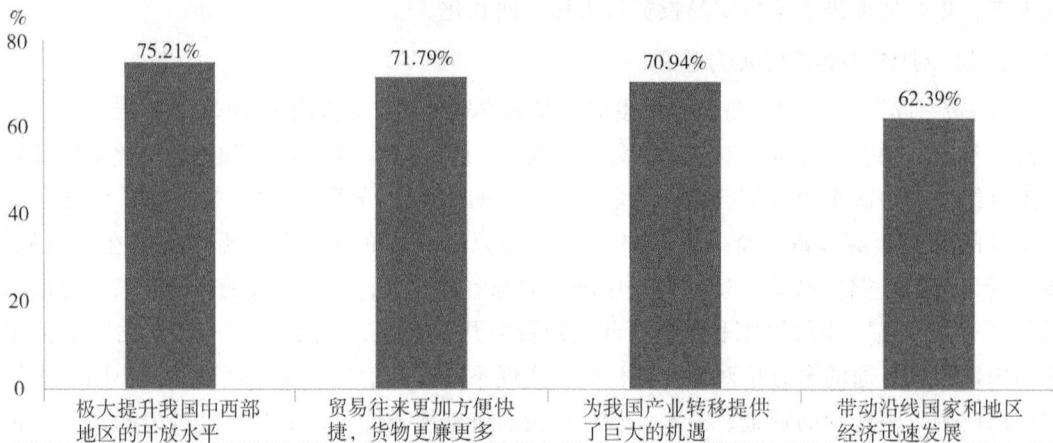

图1　"一带一路"对经济发展影响统计图

图1显示："一带一路"倡议在提升中西部地区开放水平、提高贸易水平、解决我国目前产业转移问题以及带动沿线各国经济迅速发展方面都有较好的民众认同感，可见"一带一路"倡议在促进国内经济发展、带动"一带一路"沿线国家经济发展、带动"一带一路"沿线国家经济发展方面都有很大的作用。

二、科技文化篇

文化是经济立根长远之魂。若只有经济"一带一路"，缺少文化"一带一路"，经济和文化则都难以远行。"一带一路"是经济贸易和文化发展的双核战略。无论是"21世纪海上丝绸之路"还是"丝绸之路经济带"，从长期来看，道路联通、贸易联通等经济交流中同样伴随着文化沟通，"丝绸之路"也是文化交汇的体现，其交流合作的内容涵盖了文化、旅游、教育等人文活动。

丝绸之路古已有之，体现了人类跨越阻隔、交流互鉴的胆识和毅力，在古代东西方文明交流交往历史中写下重要篇章。2100多年前，雄才大略的汉武帝派遣臣子相继开辟了陆上丝绸之路和海上丝绸之路，将中国与亚、欧、非三大洲的众多国家联系起来，丝绸、瓷器、香料络绎于途。正是在丝绸之路的引领推动下，世界开始了解中国，中国开始影响世界。丝绸之路在推动东西方思想交流、文化交融，全球经济一体化、人类文明多样化方面发挥了十分重要的作用，为古代东西方之间经济、文化交流做出了重要贡献。

而当今中国，党中央、国务院在洞察全球形势深刻变化，统筹国内国际两个大局做出"一带一路"重大战略倡议，既涉及基础设施建设、贸易投资、产业合作等硬实力，也涉及政策、文化、人才等软实力。在一定程度上来说，软实力的发挥比硬实力的比拼更为重要。"一带一路"为文化产业开拓市场提供了历史机遇。

（一）文化旅游产业

"一带一路"东联亚太经济圈，西接欧洲经济圈，沿线国家超过60个。"一带一路"战略的实施，使不同文化背景、不同宗教信仰的各国各地区、各民族人民交流更密切，同时为文化消费、文化产业跨越国际开辟了道路。丝绸之路是中国旅游最古老而且最具代表性的品牌之一，是"美丽中国"国家旅游形象的重要支撑。国家旅游局将2015年中国旅游主题年确定为"美丽中国——2015中国丝绸之路旅游年"，培育具有丝绸之路特色的国际精品旅游线路和旅游产品，积极推进特色服务贸易，发展现代服务贸易。人员的流动还会加强沿线国家和地区的特殊旅游产品、文化产品、民俗风情、旅游线路及非物质文化遗产项目的发展，旅游企业可以开展旅游管理协作、旅游业务合作、旅游包机航线、旅游投资贸易、旅游服务采购等。

（二）人才需求促进文化发展

人才是"一带一路"建设的关键与核心。"一带一路"战略中所包含的基础设施建设、技术、资本、货币、贸易、政策等无一不需要创新创业人才、国际组织人才、小语种人才、华人华侨人才、海外高端人才以及各领域专业人才。改革开放以来，我国已经培养大量具有国际视野、在国际事务和国际舞台上发挥重要影响的各类人才，但在建设"一带一路"的新形势下，面临前所未有的各种机遇与挑战时，人才问题仍不能完全解决。在此局面下，人才培养迫在眉睫。2015年5月22日，由西安交通大学发起的新丝绸之路大学联盟成立，来自22个国家和地区的近百所大学先后加入。该联盟以"共建教育合作平台，推进区域开放发展"为主题，推动"新丝绸之路经济带"沿线国家和地区大学之间在校际交流、人才培养、科研合作、文化沟通、政策研究、医疗服务等方面的交流与合作，增进青少年之间的了解和友谊，培养具有国际视野的高素质、复合型人才，服务"新丝绸之路经济带"沿线及欧亚地区的发展建设。"一带一路"倡议加强了中外合作，增强了文化上的交融，使得来华留学生越来越多地在经济上紧密合作，对那些会汉语的外国学生也带来了许多机会。

"一带一路"倡议为各国文化融合、创新、发展提供了渠道，使得经济发展程度不同、社会政治背景不同的国家与地区的文化进行交流、碰撞、融合以及创新。"一带一路"倡议对于文化的发展意义正在于此，是以文化的交流交融为经济提供价值引领和支撑，不会产生文明冲突。

那么民众对"一带一路"倡议所能带来的科技文化影响究竟持何观点呢？图2是通过问卷调查分析得出的综合分析。

图2显示："一带一路"倡议在"促进沿线不同文化更好地融合"以及"充分有效利用各国科技文化资源，创造出更多丰富的优秀作品"有较高的民众认知度，占比均达到60%以上；同时也有将近40%的民众认为经济带沿线不同地区之间文化差异大，容易产生文化冲突；仅有2.56%的人认为影响不大。

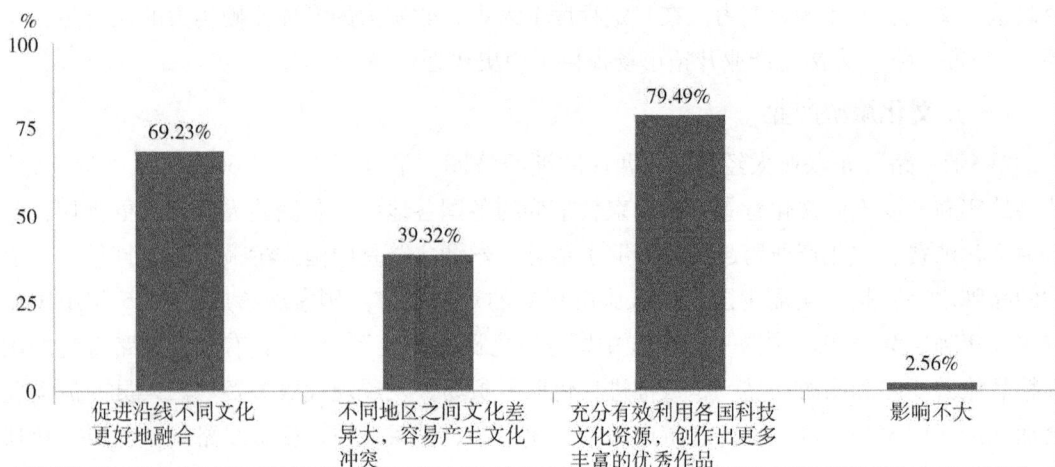

图2 "一带一路"对科技文化影响图

三、政治篇

2013年9月和10月，习近平主席分别提出建设"新丝绸之路经济带"和"21世纪海上丝绸之路"即"一带一路"的战略构想。这一构想包含着丰富的内容，也引起国内国际的热烈反响和各界不同的解读。但若不能从国家政治及构建这种政治的世界观的高度认识这一构想的战略意义，其认识和解读就容易有失片面。

（一）"一带一路"战略的重大意义

在国际形势发生深刻变革之际，习近平主席提出"一带一路"的发展倡议对于维护中国政治安全有着极大的政治意义。它的最高政治目标通俗来说，就是让我们的朋友多多的，让我们的敌人少少的，为我们的国家发展战略创造一个良好的外交环境。我们不会通过"一带一路"战略挣大钱，搞扩张，相反我们要帮助"一带一路"沿线国家全面发展，实现双赢，结交真诚的朋友。如果我们能把敌人搞得少少的，把朋友搞得多多的，政治上的事就好办了。1941年5月5日，斯大林在红军学院讲演中分析国家战前需要具备的政治条件时说："政治上做好战争准备意味着什么呢？政治上做好战争准备，意味着要有足够的所需盟友和中立国。"没有朋友的国家是不能胜利的。所以，中国要想取得各方面的成功，就必须广交朋友。

文以载道，路以载道，君子爱财，当取之有道。我们不能将"一带一路"沿线国家和地区理解为资本和地缘政治扩张的地方，而应将它看作是与世界人民交朋友、建立命运共同体，在与世界共同繁荣和发展中一起创造新文明的地方，是"综合运用国际国内两个市场、国际国内两种资源、国际国内两类规则"，为实现我们"两个一百年"目标做基础准备的地方。其策略意义在于不用传统的"两个阵营"的对抗方式，而用"上善若水，水善利万物而不争"的辩证方式，破解霸权压力于无形，"化危为机、转危为安"，为我们实现"两个一百年"的战略目标创造更好的国际环境。

（二）维系亚洲命运共同体的可靠纽带

黑格尔曾说："假如我们从上述各国（即四大文明古国——笔者注）的国运来比较它们，那么，只有黄河、长江流过的那个中华帝国是世界上唯一持久的国家。"毛泽东也说过"中国是亚洲的重心"。如果说中国是支持亚洲脉搏跳动的"可靠的心脏"的话，那"一带一路"战略将是维系并滋养亚洲命运共体的新鲜血液。只要我们坚持有限哲学，不搞帝国主义式的扩张，我们就有时间"阅尽人间春色"，最终看到世界政治向有利于中国的方向即"一截遗欧，一截赠美，一截还东国。太平世界，环球同此凉热"的多极化世界转变。

中国一再强调，"一带一路"战略与现有的区域合作机制并不矛盾，而是一种互补关系，是相互促进、提升的关系。就全球范围来说，崛起的中国一再主张走和平与发展的道路，对现行国际体系并不是推倒重来，另起炉灶。在博鳌论坛开幕式演讲中，习近平主席强调，"'一带一路'建设不是要替代现有地区合作机制和倡议，而是要在已有基础上，推动'一带一路'沿线国家和地区实现发展战略相互对接、优势互补。"总之，中国推出的一些战略构想并不会颠覆现行国际秩序，但确实可能由此带来现行秩序的新常态，有利于建立新型国际关系，有利于妥善处理守成大国与崛起大国的关系，也有利于处理大国与小国之间的关系。正是在这样的意义上，我们说面对中国崛起与国际体系深刻变化同步并存的深刻背景，"一带一路"倡议将具有实现中国梦与推行新型外交的双重战略意义。

同时，在地缘政治方面，"一带一路"是中国第一次全面权衡东西两向、统筹海陆关系的国际战略。中国地缘政治的实质问题，是处理好欧亚大陆与太平洋的关系，其中包括海陆关系，也包括心脏地带与边缘地带的关系。这些都可归结为如何把握东西两向平衡的问题。直言之，中国地缘政治的要害，不是所谓单纯的东向或单纯的西向的问题，而是东西两向平衡的问题，是需要在动态变化中站高瞩远、总体把握的战略选择问题。

（三）软化地缘政治因素

除了在地缘政治上对中国具有重大意义之外，"一带一路"倡议还对全球地缘政治产生积极影响。最近，外交部长王毅明确讲"一带一路"倡议是开放合作的产物，而不是地缘政治的工具。如果将这句话延伸一下，"一带一路"倡议不仅不是地缘政治工具，而且它可以软化地缘政治因素，使之跳出"厚黑学"的窠臼。所谓"可以软化"，一是体现在新型国际关系理念取代冷战思维，使传统地缘政治中的决定论和对抗性思维导向得到改变。历史地看，这两种思维导向在地缘政治中根深蒂固，促使国家间互动按照零和博弈的规则来进行，常常引致或诱发国际冲突和战争。但是，在人的理性升华、国家推行新型外交的时候，地缘政治的导向将从决定论转化为互动论，从对抗性转化为融合性，因地缘政治诱发冲突的可能性会降低。同时，"一带一路"建设"将推动沿线各国发展战略的对接与耦合"，"发掘区域内市场的潜力，促进投资和消费，创造需求和就业"，而这将有助于改善"一带一路"沿线国家和地区的经济状况，帮助它们在一定程度上消除贫穷、落后和愚昧，"一带一路"沿线国家和地区的经济和社会稳定也将为改善地区局势和地缘政治环境营造有利条件。

四、实践意义

作为一个宏大的国际性战略，"一带一路"虽然存在风险和挑战，但也存在着多方面的机遇和意义。经济上实施"一带一路"倡议能够帮助中国打入欧洲市场，输出过剩产能，引领新全球化，能够推动人民币国际化，更重要的是能够促进中国经济融入世界经济，推动中国各个地区的经济协调平衡发展。"一带一路"经济区开放后，承包工程项目突破 3 000 个。2015 年，我国企业共对"一带一路"相关的 49 个国家进行了直接投资，投资额同比增长 18.2%。2015 年，我国承接"一带一路"相关国家服务外包合同金额178.3 亿美元，执行金额 121.5 亿美元，同比分别增长 42.6% 和 23.45%，这些都是"一带一路"战略推动经济发展的重要体现。除了发展"一带一路"与沿途国家和地区的经济合作伙伴关系，"一带一路"倡议也具有很重要的政治意义以及文化意义，它也能促进沿途国家政治与文化的融合，譬如宣扬中国古丝绸之路的文化遗产，推动旅游产业的兴起等。但是我们实践小组做这个实践的最根本意义却是想要从我们自身出发，从和我们一样的当代大学生出发，思考和探究作为大学生的我们能为"一带一路"的开展做出一些什么贡献。

（一）就业选择更多

一直以来中国中西部地区大多依靠能源优势得以发展，而随着能源的跨地区输送，导致东部省市率先发展，中西部地区相较落后的情况，因此大部分大学生毕业后大多不愿意到中西部地区去工作，而一个劲地往东部的大城市跑；而大城市的各大型企事业单位的人才相对饱和，已经形成一个比较完整的人才系统。另一方面，中西部地区的传统老工业基地、乡镇多年来在人才需求上却未能得到满足，还缺乏大量的高层次的专业技术和管理人才，这是造成目前我国就业困难的一个关键因素。

（二）中西部发展机遇

"一带一路"倡议对中西部的发展是一个很大机遇，区域经济专家分析指出，在"一带一路"战略推动下，借由沿线省份的积极响应，将推动西部地区由对外开放传统格局中的"腹地"转变为"前沿"，形成东西部协同共进的开放新格局，随着中西部地区的发展，必然会出现大量的人才需求，而这正是作为大学生的我们可以一展身手的好机会，只要牢牢抓住这个机遇，并不断提高自身，也许我们能成功地从激烈的社会竞争中脱颖而出。

（三）教育发展新机遇

"一带一路"倡议构提出后交通建设也提上日程：

"优先打通缺失道路，畅通瓶颈路段，配套完善道路安全防护设施和交通管理设施设备，提升道路通达水平。"

"推进北京—莫斯科欧亚高速运输走廊，建设向北开放的重要窗口。"

"加强海上航线和班次。"

这意味着以后说不定人们能坐着高铁或者走高速公路去欧洲饱览亚欧大陆的美丽景色。国际航班航线少将成往事，不仅可选择的航班多了，机票也可能更便宜，这为大学生出国留学交流提供了极大的便利，留学选择会更多元，去国外发展也不再是梦。同时中国与其他国家相互间加大开展合作办学的力度，扩大留学生规模，有利于我们与外国优秀学生的交流。

"一带一路"发展倡议会给我们大学生的生活带来怎样的改变？

数据分析显示："海外留学选择更多，国际交流更加方便"，"未来的就业面更广，机会更多了"和"丝路美景多，出国旅行更加容易"，"海淘更容易，出货量更大"在民众中具有较高的认知度。但也存在10.26%的人认为"不会有什么实质性的变化"（见图3）。

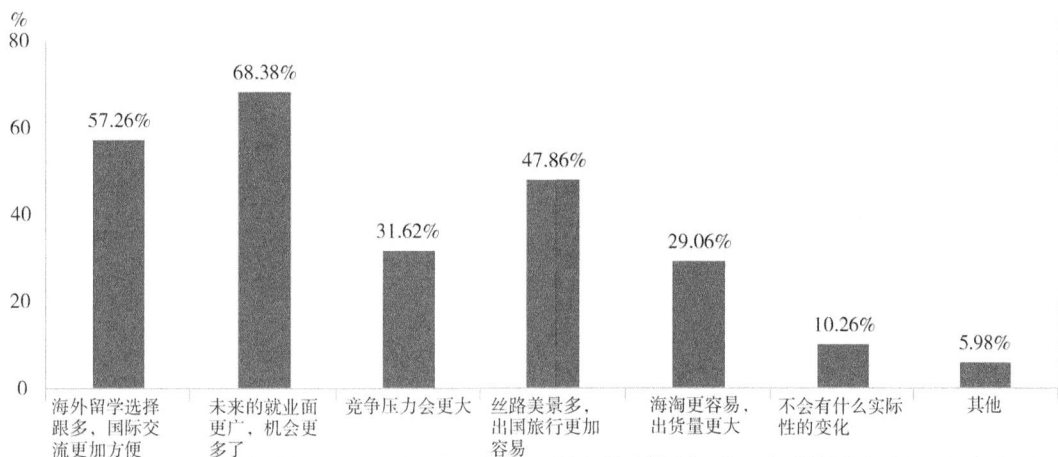

图3 "一带一路"发展倡议对大学生活影响统计图

那么"一带一路"倡议究竟能否对大学生的未来发展产生实际影响呢？

数据分析显示：63.87%的受访者表示"一带一路"会给未来的发展提供新的方向，因此会产生影响；29.41%的受访者表示已有自己的规划，不会轻易改变；另有6.72%的受访者持有其他态度（见图4）。

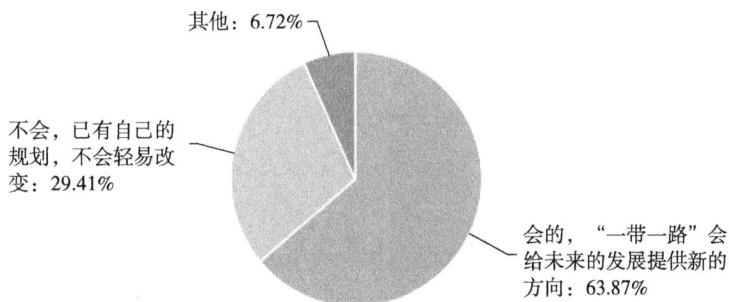

图4 "一带一路"倡议对大学生的未来发展产生实际影响统计图

我们这次实践旨在让更多的大学生知道，"一带一路"倡议不是中国一国的事，也不是各国高层领导人的事，是我们每一个人的事，对我们每一个人都有重要意义，"一带一路"倡议给我们带来机遇的同时，也会有挑战，这就要求我们要勇于创新，把握在校学习的期间，不断提高自身能力，才能更好地完成党和国家交付的任务。

致　谢

本文参考文献由北京理工大学图书馆数据库提供。作者对北京理工大学图书馆工作人员表示感谢。

参考文献

［1］"一带一路"百度百科。

［2］周谷平，阚阅."一带一路"战略的人才支撑与教育路径［J］.教育研究，2015（10）.

［3］文秋芳."一带一路"语言人才的培养语言战略研究［J］，2016（2）.

［4］资料来源：人民日报 2015 年 3 月 29 日。

［5］李义虎.对"一带一路"的国际政治考察［J］.中国评论新闻，2015（5）.

实践·足迹

序　言

"国家兴亡，匹夫有责"，无论是在满目疮痍的旧中国，或者日益繁荣的今天，这八个字都深深地镌刻在每个国人的心中，莘莘学子更是责无旁贷。作为当代大学生，我们不能"两耳不闻窗外事，一心只读圣贤书"，在走向社会的过程中，也应逐渐树立承担社会责任的意识，为国家做出自己的微薄贡献。

提起"一带一路"，首先出现在我们脑海的便是丝绸之路的发展以及对中国乃至全世界产生的不可低估的影响。丝绸之路作为欧洲文明、东亚文明和伊斯兰的交融点，架起了东西方文化与经济交流的桥梁，承担了新时代的历史使命。丝绸之路经济带，东边牵着亚太经济圈，西边系着发达的欧洲经济圈，却在中间的中亚地区之间形成了一个经济凹陷带，经济发展水平与两端的经济圈落差巨大，交通基础设施供给严重不足。然而丝绸之路经济有横跨亚欧与中国接壤的地理优势，有丰富的矿产资源、能源资源、土地资源和人力资源。从中国的角度看，主导丝绸之路经济带建设有利于解决经济发展中资源、市场等要素的不足问题，有利于回避各种贸易集团可能带来的贸易转移效应的影响。丝绸之路经济带也是中国企业对外投资的重要目的地。

习近平总书记在 2013 年 9 月和 10 月先后提出了建设"新丝绸之路经济带"和"21世纪海上丝绸之路"的倡议构想。"一带一路"倡议作为中国首创、高层推动的国家战略，对我国的现代化建设和屹立于世界领导地位具有重大的意义。"一带一路"倡议是一种跨越时空的东方智慧，它从历史深处走来，带着历史深刻的启示，并带领发展中国家走向现代化发展之路，在国家舞台上发挥越来越大的作用。丝绸之路经济带的建设符合沿线国家发展经济、改善民生的根本利益，受到中亚国家的普遍欢迎，这些国家对华合作积极性较高。丝绸之路经济带不是机制化的国际组织，不谋求建立超国家机构，其合作方式灵活多样。丝绸之路经济带高举"合作、共赢"的大旗，在国际舞台上提出以"平等合作、互利共赢、开放包容、和谐和睦"为主要原则的新型合作观、发展观。在具体落实层面，应按习近平总书记讲话要求，丝绸之路经济带可先"以点带面、从线到片"，以"五通"为主要合作领域，逐步推进。我们希望通过这次的社会实践对此项战略多些了解，同时也能认识到其中蕴藏的无限机遇，发挥自己的才干，造福全社会。

一、确定实践主题

7月4日，组长高天时主持召开了小组会议，8名成员开始了激烈的讨论。因为大家事先已经做了充分的了解，也都有了自己基本的构想。首先每个成员阐述了自己的想法，其他成员对其可行性及意义进行了判断，选取有创意、好的意见。经过筛选讨论，初步拟定实践方向为"探索'一带一路'倡议对经济、政治、文化的影响"。

但大家很快发现了这个题目有很多缺陷。首先，涉及范围太广，找不到调查的切入点。其次，要想确切知道"一带一路"倡议在经济、政治、文化方面的影响，光靠调查问卷是远远不够的，且也没有渠道获取详细的数据。有人提出何不将范围缩小到大学生，以我们大学生的视角去认识"一带一路"倡议，一方面可以了解大学生对国家大事的关心程度，另一方面，也可以避免了调查范围过于宽泛。这一想法得到了大家的广泛认可，接着便很快确定了本次实践的主题：以大学生视角认知"一带一路"大格局倡议——学"丝绸之路"历史地理，看"一带一路"的相关展览、会议报告、影视，观经济发展苗头，察科学文交流盛况.

二、规划活动流程

确定好主题便是确定活动流程了。经过讨论，大家确定好的活动流程为：7月5日，设计调查问卷；7月6日，发放调查问卷，包括纸质版与电子版；其他时间大家通过观看"一带一路"相关展览、影视和听取会议报告，充分地了解国家这一宏观倡议。通过这一段长时间的观看"一带一路"相关的展览我们学到了很多之前没接触过的内容。自2013年习近平主席提出"一带一路"倡议以来，吸引众多国家的关注和参与。随着《推动共建丝绸之路经济带和21世纪海上丝绸之路的愿景与行动》的正式发布，"一带一路"建设逐步进入实施阶段。通过学习，我们小组成员深入了解到"一带一路"倡议的主要内容、主要特点，我国为什么要提出这一倡议，"一带一路"建设的前景等重大问题，充分认识了"一带一路"倡议对我国发展的重大战略意义。举例来说，2015年6月25日，一列载有1万件德国产净水壶的"渝新欧"国际班列，历经14天的旅程，从德国杜伊斯堡出发，途经波兰、白俄罗斯、俄罗斯、哈萨克斯坦，从新疆阿拉山口入境驶入重庆铁路口岸。这是国内跨境电商第一次采用国际铁路运输将货物进口。"渝新欧"国际班列每箱运费大约3 500美元，与海运基本持平，但时间缩短近1个月，只有空运价格的1/4，每件商品平摊运费只有1美元，售价将大幅度下降。在很多企业眼中，这就是"一带一路"战略孕育的千载难逢的商机。从2000多年前张骞出使西域到600多年前郑和下西洋，海陆两条丝绸之路把中国的丝绸、茶叶、瓷器等输往沿途各国，带去了文明和友好。如今，"一带一路"这条世界上跨度最长的经济大走廊，正在将"一带一路"沿线国家和地区的前途命运紧密相连，为"一带一路"沿线国家和地区的发展提供新的机遇。

8月21—24日，我们进行活动总结分析、数据分析与论文撰写。

三、设计和发放调查问卷

7月6日一早，大家便来到图书馆，对调查问卷逐个问题进行探讨。从每个句子是否通顺，到问题的由浅至深的关系，每一个小细节都能引起同学们足够的重视。

如今，大学生上网率越来越高，网络的传播面之广、速度之快也令人惊讶。我们决定利用网络来完成这次问卷调查，小组成员在QQ、微信等社交媒体转发问卷，各地大学生帮助完成问卷，使调查范围不仅局限于北京。

但仅凭电子问卷不足以使我们获悉大学生对"一带一路"的了解情况，于是我们准备了一些纸质版问卷，借发放问卷的机会采访一些同学。在采访的过程中，很多同学表示对"一带一路"倡议并不是特别了解。这对我们带来很大的震撼，大学生对国家政策知之甚少，虽然网络如此发达，同学们还是很少关注一些国家大事。

四、观看大型纪录片《一带一路》

由中央电视台摄制的六集大型纪录片《一带一路》，在海内外观众中引起强烈反应，正掀起一轮收视热潮。这部以全面解读习近平总书记提出的"一带一路"倡议为宗旨的纪录片，便是我们这次格外关注的内容。为了调查学生对"一带一路"的认知情况，我们邀请了一些还在学校的同学共同观看这部纪录片。

这部纪录片视野开阔，气势恢宏，既具有史诗般的气象和风范，又具有叙事诗的细腻与凝练。在漫长而广阔的时空中，丝绸之路构筑起东西方之间政治、经济与文明交往最具象征性的知识图景和历史记忆。观看历史，每个人都自心底升起一股自豪感；展望未来，无不热血沸腾，愿以己之力报效祖国。

习主席说"一带一路"是中国为地区和全球发展提供的"一个包容性巨大的发展平台"，借助这个平台，中国将致力于推动完善国际治理体系，积极推动扩大发展中国家在国际事务中的代表性和发言权，为国际社会贡献中国智慧，提供公共产品。"一带一路"倡议能把沿线各国和地区的命运紧密地联系在一起，实现共同繁荣、共筑梦想。

"一带一路"倡议是国家顶层战略，却与我们每个人息息相关，"国家兴亡，匹夫有责"。观完纪录片后趁同学们还没有散去，我们便采访了几位同学，询问他们观看对"一带一路"的认识，以及观看后的感受。我们也能深深感受到同学们内心的激动，多了些青少年的意气风发。

通过此次观看纪录片，我们也学到了很多知识，心中植入了一个"中国梦"，一个世界繁荣的梦想。

五、活动总结及分析

8月21日，暑假将要结束，我们早早来到学校对此次的实践活动进行总结。大家先将收集来的数据及采访内容整理起来，然后进行数据分析，从大学生的视角去看"一带一路"战略在经济、文化、政治及我们日常生活中的影响。

8月22—24日，在组长的组织分工下我们开始了论文的撰写。政治部分由田顺同学负责，肖若寅从经济部分着手，吴敏洁同学负责文化部分，龙晓悦负责撰写实践意义，吴姣姣负责写丝绸之路的历史地理，何雨潇撰写"一带一路"现状部分，张乐乐进行论文总结，高天时负责论文的汇总与排版及摘要、参考文献部分。

通过这次暑期社会实践我们认识到"一带一路"倡议的实施将给"一带一路"沿线国家和地区人民带来很大的惠处。"一带一路"是一个宏伟的战略构想，它的建设过程不仅涉及众多国家和地区，涉及众多产业和巨量的要素调动，这期间产生的各种机遇不可估量。主要有以下几方面：

第一，产业创新带来的机遇。产业创新涉及产业转型升级和产业转移等带来的红利。随着"一带一路"倡议的实施，中国的一些优质过剩产业将会转移到其他一些国家和地区。在国外，因为市场供求变化，一些过剩的产业，也许在其他发展中国家能恰好被合理估值；在国内，因为要素成本的上升而使一些产业、产品失去了价格竞争力，也许在其他国家，较低的要素成本会使这些产业重现生机。在国内，因为产品出口一些发达国家受限而影响整个产业的发展，也许在其他国家就能绕开这些壁垒，等等。此外，由于产业转移引致的产业转型升级更是机遇无限，比如技术改造、研发投入、品牌塑造等都会给投资者带来无限机遇。

第二，金融创新带来的机遇。"一带一路"倡议的实施首先需要有充足的资金流，巨量的资金需求只能通过金融创新来解决。我国已经发起设立"亚投行"和"丝路基金"，但这也只能解决部分资金问题，沿"带"沿"路"国家和地区一定会进行各种金融创新，包括发行各种类型的证券、设立各种类型的基金和创新金融机制等，这期间的红利和机遇之多甚至是不可想象的。

第三，区域创新带来的机遇。"一带一路"本质上是一个国际性区域经济的范畴，随着"一带一路"倡议的实施，必将引发不同国家和地区的区域创新，这包括区域发展模式、区域产业战略选择、区域经济的技术路径、区域间的合作方式等，这期间的每个创新都蕴含着无限的机遇。

在大家齐心协力下，此次实践活动圆满完成。活动中我们也深深体会到大学生肩上不可推卸的责任，不应只为一人一家努力，当胸怀天下。我们想说，天下兴亡，学子有责！

通过此次关于"一带一路"的社会实践调查，我们也同时深刻地认识到以下几点：（1）"一带一路"是新一轮全方位对外开放的重大举措；（2）"一带一路"是新时期中国周边战略的重要依托；（3）"一带一路"是实施经济外交的新平台；（4）"一带一路"将为推动全球贸易投资自由化提供一种新的途径。

关于"一带一路"将可能取得的卓越成就我们已经在论文部分做了详细的阐述，在此不一样赘述。

在一个统一的合作框架内存在多元化的合作机制，这是现有的区域经济一体化机制所不具有的。所以，多元化的合作机制将成为"一带一路"的重要特征，这在世界上是独一无二的，适应了亚洲发展的多样性。总而言之，"一带一路"倡议将是未来几十年中国发展的战略，通过多元合作，中国势必会在国际舞台上发挥越来越大的作用，那么就让我们一起拭目以待，共同建设和见证中国的辉煌未来。

🍃 实践·品悟

且歌且行

2015 级本科生，材料科学与工程专业　高天时

"吾尝终日不食，终夜不寝，以思，无益，不如学也。"这是《论语》中的一句话，说的是一个人整夜不食不寝去思考钻研一个问题，没有什么好处，不如亲自去学习研究。实践的过程是每个人都要经历的必经之路，在这个路上，你不再是个孩子，在锻炼，在成长，跌跌撞撞，且歌且行。青春的光阴留给我们更多的是奋进的号角与激昂的乐曲，也许每天拖着疲惫不堪的身子回来，也许每天都要为了完成当天的任务而焦头烂额，也许每天都要为了明日的工作做准备，但我们是快乐的。不再是"不为浮云遮眼"之势，更在"一览众山"之躯。

有激动，有感动，有触动

2015 级本科生，生物工程专业　张乐乐

我们实践，我们快乐。作为实践，这样的一项活动，也必须有其流程经营。从开始的确定主题，到队员的选拔再到实践的开始，分工、任务的布置，或许疏一看，甚易；但实则不然，在这过程中不是冷冷地追求学术上的严谨，更是寻找种人心向往的实践之美。孙中山说："人既尽其才，则百事俱举；百事举矣，则富强不足谋也。"每个人在实践过程中贡献着自己，努力打破陈旧观念，大胆地去想，去做；在这个团队中关心着对方，真正做到了团结、奋进。有激动，有感动，有触动。

人生一段重要的经历

2015 级本科生，生物医学工程专业　吴敏洁

　　经历了将近一周的社会实践，我感慨颇多。我们见到了社会更丰富的一面，实践生活中每一天遇到的情况还在我脑海里回旋，它给我们带来了意想不到的效果，社会实践活动给生活在都市象牙塔中的大学生们提供了广泛接触社会、了解社会的机会。"千里之行，始于足下"，这短暂而又充实的实践，我认为对我走向社会起到了一个桥梁的作用，过渡的作用，是人生的一段重要的经历，也是一个重要步骤，对将来走上工作岗位也有着很大帮助。

　　向他人虚心求教，与人文明交往等一些做人处世的基本原则都要在实际生活中认真贯彻，好的习惯也要在实际生活中不断培养。这一段时间所学到的经验和知识是我一生中的一笔宝贵财富。这次实践也让我深刻了解到，和团体保持良好的关系是很重要的。做事首先要学做人，要明白做人的道理，如何与人相处是现代社会做人的一个最基本的问题。对于一个即将步入社会的大学生来说，需要学习的东西很多，正所谓"三人行，必有我师"，我们可以向他人学习很多知识、道理。实践是学生接触社会、了解社会、服务社会，运用所学知识实践自我的最好途径。亲身实践，而不是闭门造车，实现了从理论到实践再到理论的飞跃，增强了认识问题、分析问题、解决问题的能力，为认识社会、了解社会、步入社会打下了良好的基础。我们在以后的学习中要用知识武装自己，用书本充实自己，为以后服务社会打下更坚固的基础。

艰辛知人生，实践长才干

2015 级本科生，生物医学工程专业　龙晓悦

　　通过这次社会实践活动，我们逐步了解了社会，开阔了视野，增长了才干，并在社会实践活动中认清了自己的位置，发现了自己的不足，对自身价值能够进行客观评价。这在无形中使我对自己的未来有了一个正确的定位，增强了自身努力学习知识并将之与社会相结合的信心和毅力。对于即将走上社会的大学生们，更应该提早走进社会、认识社会、适应社会。大学生暑期社会实践是大学生磨炼品格、增长才干、实现全面发展的重要舞台。在这里我们真正地锻炼了自己，为以后踏入社会做了更好的铺垫，以后如果有机会，我会积极地参加这样的活动。

实践团成员： 高天时　何雨潇　吴姣姣　肖若寅　田顺　吴敏洁　龙晓悦　张乐乐

北京，古典到现代

实践·报告

序　言

北京，一座拥有着悠久历史和深厚文化积淀的古城，在过去 800 多年的岁月里，这座帝国的都城见证了时代的风云变幻、潮起潮落。如今，时代的浪潮依然汹涌澎湃，在不断变迁中，作为我国政治、交通、教育、科研、文化中心的北京也正随着改革进程一步步朝着自己的目标迈进。因此，我们将北京选为本次社会实践的实践地点，以走访和问卷调查的方式，在社会、文化、经济等方面展开调研，了解北京在近年来改革中取得的进步和存在的问题，深入探究"京津冀协同发展""'十三五'规划""一带一路"等国家发展倡议在北京的实施情况以及给民众生产生活带来的影响和变化；了解北京未来的发展趋势；明确我们青年学子身上的责任与担当，在变换的时代浪潮中找到自己的信念与目标，用拼搏与汗水实现中国梦。

一、调查背景与现状

北京有着 3 000 余年的建城史和 850 余年的建都史，现为中国四个中央直辖市之一，全国第二大城市及政治、交通和文化中心、国内国际交往中心，是世界历史文化名城和古都之一，北京作为首都，它的发展和建设具有重要意义。

作为北京高校的大学生，了解北京发展建设对于我们了解北京近来的进步以及京津冀协同发展""十三五规划""一带一路"取得的成果有很大的帮助。此次实践也是对于北京了解的重要活动，在补充自身知识同时了解北京发展规划的重要意义。

二、调查目的

城市建设与人们生活息息相关，市区的各项设施，道路规划，房区和商业区的规划，以及各种便利安全设施的规划，是满足市区居民和活动人群的重点；而各项设施之间的联系也将不同程度地影响人们的生活，合理的规划将为人们提供一个更加舒适局生活环境，在城镇不断发展进步中各种新的设施投入，对于人们生活提供帮助也是重要的问题之一。此次调查，在北京发展的同时，对增强团队合作意识，提高实践能力、沟通能力、团队合作能力有着重要意义。

三、调研安排

（一）调研方案设计

发放调查问卷，统计结果并做出结论；查阅文献。对北京的政策、经济发展现状等情况有一个全面的了解，便于社会实践的进行。实地考察，去具有代表性的市区进行实地观察，了解北京市区的规划概况。

（二）任务分配及活动安排

活动具体安排如表 1 所示。

表 1　活动时间、地点、人员安排

活动项目	时间	地点	参加人员
准备工作	2017.6.28—7.1	北京理工大学	全体成员
展览馆调查	2017.7.1—7.5	北京规划展览馆	全体成员
街道实地调查	2017.7.5—7.8	南锣鼓巷、鼓楼	全体成员
撰写通讯稿	2017.8.10—8.15	北京理工大学	王梦寒
实践论文撰写	2017.8.15—8.20	北京理工大学	张壹心、孙杰、达瓦培楚
摄影及新闻推送	2017.7.1—7.8	北京理工大学	龙博、刘涵霄

四、调研成果

（一）北京城市发展现状

1. 自然环境

北京市位于北纬 39 度 56 分，东经 116 度 20 分，地处华北大平原的北部，背靠燕山，毗邻渤海湾，上靠辽东半岛，下临山东半岛，并与天津市一起被河北省环绕。诚如古人所言："幽州之地，左环沧海，右拥太行，北枕居庸，南襟河济，形胜甲于天下，诚天府之国也"。全市土地面积 16 410.54 平方千米，其中山区面积 10 200 平方千米，占总面积的62%；平原区面积为 6 200 平方千米，占总面积的 38%。北京属暖温带半湿润气候区，四季分明，春秋短促，冬夏较长。2016 年平均降雨量 680.6 毫米，为华北地区降雨最多的地区之一。降水季节分配很不均匀，全年降水的 80% 集中在夏季 6—8 三个月，7、8 月有大雨。

2. 人口和民族

2010 年第六次全国人口普查数据显示：全市常住人口 2 018.6 万人，其中常住外来人口 742.2 万人。户籍人口 1277.9 万人。全市人口中拥有全国所有 56 个民族，除汉族外，排在前五位的是满族、回族、蒙古族、朝鲜族和土家族。全市各区县都有少数民族人口居住和生活，每一个区县都有 30 个以上少数民族。其中，朝阳区和海淀区有 55 个少数民族。

3. 城市规划

2005 年初，国务院正式批复了《北京城市总体规划（2004—2020）》。总体规划将北京的城市性质定义为中华人民共和国的首都，全国的政治中心、文化中心，世界著名古都和现代国际城市；将北京未来发展目标定位为国家首都、国际城市、文化名城和宜居城市。

（二）历史社会变迁

地理变迁与功能转化是城市文脉最特出、最直接的线索之一，北京沿着从早期聚落到燕都蓟城，由北方军事重镇到帝王之都再到人民首都的轨迹曲折前进，为我们展现了一幅浓墨重彩的历史画卷。

1. 从燕都蓟城到汉唐幽州

北京城在历史上的起源，通常会追溯到西周初年的蓟城。《礼记》中的记载表明：周武王在取得对殷商作战的胜利后到达殷商故地，"未及下车而封黄帝之后于蓟"，又封召公奭于燕。这样，人们通常把"武王伐纣"之年视为燕国与蓟国的开国之年。在 1995 年的纪念北京建城 3 040 周年中，在滨河公园建立了蓟城纪念柱，上面镌刻着历史地理学家侯仁之先生拟定的铭文："北京城区，肇始斯地。其时为周，其名曰蓟。"

春秋时期，实力强盛的燕国灭掉了蓟国，并且在破灭的蓟国旧址上营建了新的燕国国都，开始了《韩非子》中的"以蓟为国"的新时代。而秦灭六国设立郡县时，以此地为蓟县，为广阳郡守驻地。汉代以蓟城作为诸侯王的封国所在地或幽州的治所，以扼守华北平原，抵御游牧民族内侵。直至西晋时，朝廷改广阳郡为燕国，而幽州迁治范阳。十六国后赵时，幽州驻所迁回蓟县。前燕慕容儁在此短暂定都。后隋炀帝为用兵辽东，开辟了自南而北的通达蓟县南端的运河，即京杭大运河前身，强化了它在水路上的交通优势。唐太宗征高丽曾在此誓师，后由于此兴建悯忠寺缅怀阵亡将士，此即为今法源寺前身。

2. 少数民族政权的京城

五代时河东节度使石敬瑭以割让幽、蓟等十六州（即燕云十六州）为条件，并自称儿皇帝，在契丹扶持下建立后晋政权。辽会同元年，契丹将幽州定为陪都之一，称为南京或燕京，由此拉开了历史上的北京由军事重镇转变为政治中心的序幕。

金朝天德二年，立志于统一天下的海陵王完颜亮，征调天下军民夫匠营建北京，并以当时的北宋都城开封为模板，仿制其宫室制度、建筑布局，开始了其大规模兴建北京之举。三年后，完颜亮颁布《迁都诏》，宣布改元贞元，将首都由上京会宁府迁至燕京并改称中都，史称"海陵王迁都"。伴随着这个具有划时代意义的重大历史事件，历史上的北京地区上升为中国北部地区的政治中心，并为其后元明清各朝定都北京奠定了政治文化传统和民众认知的准备。

蒙古一统中原时，忽必烈鉴于金都宫殿早于战火中毁之一炬，决定以大宁宫为中心兴建元大都。元大都的拔地而起，标志着北京作为正式成为中国这个统一国家的新首都，也是城市规划史上具有深远意义的重大转折。

3. 明清北京到人民首都

1368 年，朱元璋于应天府建立明朝，随后派遣大军北上，元帝仓皇出逃至上都。朱元璋下令焚毁元朝宫殿。大火经久不息，后火焰中未完全燃烧的残壁断垣被集中堆叠处理在一起，即为今天的景山。燕王朱棣发动靖难之役，夺得皇位后，以"天子守国门，君王死社稷"为由，以北京为京师，改"应天府"为"南京"。其间，为使营建的皇城布局具有足够的空间，南城墙由今长安街一线向南扩展大约二里远，到达今崇文门、前门、宣武门一线，北京内城（北城）的轮廓就此被长期固定了下来。

清军入关后占领北京，沿用明都旧城，总体布局和旧有街道体系基本未变。唯有内城由满人占据，原有汉人居民被赶往外城。清朝皇帝于北京各地驻兵、操练，今日如达官营、三里屯等以"营""屯"为地名的地方，都是清军驻扎之地。又清朝为实施"宵禁"，在重要的交通转汇之地设置栅栏，此即为今日"大栅栏"名字由来。

晚清民国时期，北京开启了城市现代化的改造工程。为了发展城市交通，1914 年以后实施了改建正阳门、拆除瓮城、打通东西长安街、修筑环城铁路等工程。古老的北京城在1949 年完成了由帝王之都到人民的首都的巨大改变，而标志性的改造即为内外城城墙的拆除和天安门广场的改造。新城区的东西向扩展和以传统中轴线向北延伸的北京奥林匹克体育中心的修建，正是北京由帝王之都向人民的首都转变的象征。

（三）经济发历程及转变

1. 发展历史

北京作为我国的政治、文化中心，其经济发展历程具有象征性和代表性，透过北京的经济发展史，可以看到整个国家经济发展方式改革和转变的过程，为我们理解国家目前的经济发展策略提供更详细的、更深入的注解。1949—1979 年间，北京着重发展工业经济，并成为我国重要的工业基地。位于北京石景山的"首钢"是我国最早的重工业企业之一，其主产区是北京西部最大的工业区，也是这一阶段中北京重要的经济支柱之一。总的来说，这段时期里北京经济主要是靠大量资金和劳动力投放获得增长，属于"粗放型"增长阶段。改革开放以来，北京进入了发展的新阶段，开始从"粗放型"发展向"集约型"发展方式转变过渡。这一阶段中，资金投入的增加使企业数量、规模不断扩张；在产业结构上，劳动密集型产业比重开始下降，资金密集型和技术密集型产业比重逐渐上升。

2. 转变方式

过去的发展为北京奠定了良好的发展基础。从科研能力情况看，28% 的国家重点实验室、33% 的国家工程研究中心、45% 的国家重大科学工程、30% 的国家重点学科设在北京，是全国科技力量最集中、自主创新能力最强的地区；从经济发展情况看，1981—2010年间北京经济年均增速达到 10.55%，高于全国 9.88% 的平均水平，2010 年北京人均生产总值甚至超过了 10 000 美元；从国际交流情况看，2008 年奥运会、APEC 北京峰会等一系列国际赛事和会议的在京举行，也使得北京极大地提高了自己的国际地位，成为中国最重要的一张名片。但是我们也能看到，过去的"粗放型"发展方式在带来经济增长的同时也造成了环境、交通、人口等多方面的发展困境，"雾霾""城市交通拥堵""人口压力大"等一系列问题制约了北京的快速发展，因此合理转变发展方式是北京突破目前发展困境最根本的途径。

随着人口资源环境约束的日益加大，北京率先进行了以"退二进三"为主要内容的产业结构转型升级。首钢、焦化厂、"二热"等国有大企业的搬迁关停是北京产业结构由"聚集"为主向"分散"为主转变的重要标志，限车、限房政策的频繁出台也是北京经济发展方式由生产领域拓展到生活领域，由减量为主向提高质量为主转变的信号。2013 年，北京市第三产业占全市 GDP 的比重由 2008 年的 75.4% 提高到 76.9%，生产性服务业、文化创意产业、高技术产业和现代制造业的增加值占 GDP 的比重分别达到 50.5%、12.3%、6.4% 和 7.5%，这也说明北京三大产业结构的调整已趋于稳定，结构调整的重点已转向各产业内部。

北京经济发展方式的转变也意味着北京与周边城市的关系已经发生了重大转折。北京、天津、河北三地产业发展的梯度落差明显且存在一定的互补性，这一梯度差异客观上为三地区域产业合作提供了发展空间。随着《京津冀协同发展规划纲要》文件的出台，北京的发展定位也进一步明确为全国政治中心、文化中心、国际交往中心、科技创新中心，这为疏解北京非首都功能提供了政策支持，为北京加快产业转型提供了契机与动力。

3. 前景探析

北京在发展经济的过程也是国家经济发展转型的过程，从追求速度到追求速率，中国经济进入了起飞过后的软着陆阶段。在这一阶段中，北京由于拥有着极其丰富的资源，因而具备了经济转型发展的强大优势，也面临着前所未有的机会。目前，科技创新和文化创新正逐渐成长为北京市创新转变经济发展方式的双重动力。从科技创新角度而言，北京聚集了 180 多家国家级重点实验室、工程实验室、工程（技术）研究中心等一批技术研发平台，占全国的 30% 以上，具有通过科技创新转变经济发展方式的巨大潜力；从文化创新方面而言，北京共有 7 000 多项古代文化遗存，资源丰富可挖掘性强。同时北京也云集了全国各文化行业系统中的精英人才和顶级公司，这也为实施文化创新提供了强大的驱动力。

（四）文化保护状况

1. 文化资源状况

北京有 3 000 余年的建城史，800 余年的建都史，是我国的历史文化名城及世界最伟大的历史古都之一。经过元、明、清数百年的建设和发展，北京旧城保留了完美的古都布局、雄伟绚丽的皇家建筑、井然有序的都市空间及遍布全市富有鲜明特色的四合院、胡同等古都传统建筑，反映和代表着我国古代都城营造艺术的最高成就。悠久深厚的历史造就了北京浓厚的文化底蕴，使北京拥有着丰富多彩的文化资源：据统计目前北京市的五级文化资源共有 6 个：故宫、万里长城—八达岭、十三陵等；四级文化资源共 23 个：圆明园遗址、首都博物馆、天安门广场、相声等；三级文化资源共 40 个：东交民巷、中国国家大剧院、奥林匹克体育中心及亚运村等。

2. 保护机制及现状

新中国成立后，北京历史文化名城的保护与首都城市建设始终处在矛盾的不断产生和调整的过程中。新中国成立初期由于国内特定的历史环境，人口增长迅速，城市建设快速推进，在随后城市的建设发展中人们逐渐认识到北京旧城的历史文化价值，对历史文化的保护意识、理念和做法都发生了较大的改变。1982 年年国务院公布北京为国家级历史文化名城，随后北京市又相继出台了《北京旧城 25 片历史文化保护区保护规划》《北京历史文化名城保护规划》《北京皇城保护规划》《北京历史文化名城保护条例》等一系列法规性文件，为北京历史文化名城保护提供了有力的法律保障。

（五）变迁带来的问题

随着经济的发展，京津冀区域一体化政策的推行，发展与环保之间的矛盾日益突出。由于大气污染严重，近年来华北地区频繁出现雾霾天气，尤其是京津冀地区，所受的危害甚大，雾霾的防治工作较其他地区面临更大的考验。

1. 社会环保意识薄弱

我国以往对环境的保护意识不够强、对环境保护的关注不及经济的建设。京津冀地区的雾霾防范与治理也存在着同样的问题。但是，相较于污染前对环境的保护，环境污染后再来治理的周期长、成本高，甚至部分环境污染事故导致的后果是不可逆的，即使花费很大的成本，也不能恢复原来的生态环境。

2. 京津冀污染严重

近年来，京津冀三地大气污染严重，频繁发生的雾霾对三地人民的健康和生产生活造成了重大影响。但由于经济发展的不平衡，导致三地政府在携手治理雾霾的过程中合作意向不足，合作基础薄弱。

作为国家政治中心和文化中心的北京，其定位决定了应当将改善环境作为社会经济发展的重要课题。天津在经济发展的过程中，其工业发展相对走在前沿，社会经济主要以能源节约型经济和轻工业经济为主，整治工业污染对社会经济影响不大。但相较于北京和天津，河北在经济发展的过程中仍以重工业为主，其中尤以钢铁产业为其支柱产业。故而，在雾霾治理的问题中，三方的利益协调不平衡，是导致三地联合执法的重大阻碍。

五、调研结论及建议

（一）北京城市未来发展趋势

进入"十三五"时期以来，随着国家加快了经济发展方式的转型升级，北京又一次迎来了发展的机遇。在此次调研中，我们发现"十三五"时期不仅是落实新时期北京城市战略定位的关键期，更是提升城市治理能力、落实京津冀协同发展、建设首都生态文明、充分满足人民日益增长需求的关键期。根据北京目前全国政治中心、文化中心、国际交往中心、科技创新中心的建设定位，我们相信在未来在城市管理体制改革中，法治思维、统筹协调将发挥至关重要的作用，生活质量将更加成为百姓关注的焦点，市场对于高质量人才的需求将会进一步提升。这也提醒着我们，一定要把握好自己的大学时光，提升个人能力，尤其是创新思维的培养，这样才能在进入社会后更好地适应社会的发展。

（二）建议

一是提高基础设施质量，增强运行保障能力。加快公共交通系统建设，利用新型的共享自行车和汽车、电动车等交通方式，缓解首都交通的拥挤状况，同时完善对此类交通方式的管理和运营。

二是全面提升市容景观品质，增强环境保障能力。加强对城市排污系统的建设，减少城市洪涝灾害对群众生活的影响；加大对雾霾的治理力度，严格控制汽车数量，加强环境绿化设施建设。

三是全面提升安全运行水平，增强应急处置能力。严格落实企业的主体责任和政府的监管责任，进一步提高突发事件的快速响应和科学应对能力，给市民营造一个放心的生活环境。

参考资料

[1] 赵洪超. 雾霾的跨区域治理——以京津冀为例 [J]. 改革与开放，2016（7）：72-73.

[2] 李燕凌，康爱彬，张金桐. 京津冀大气污染治理政府协作路径研究 [J]. 河北师范大学学报（哲学社会科学版），2016（04）：137-139.

[3] 李涛. 创新驱动北京经济发展方式转变 [J]. 前线，2013（12）：179-181.

[4] 罗智渊. 北京转变经济发展方式的 SWOT 分析 [J]. 中国集体经济，2011（7）：48-49.

[5] 金峰. 北京历史文化名城的保护策略 [J]. 北京工业大学学报（社会科学版），2007（4）：68-71+80.

[6] 柴文忠.《北京市"十三五"时期城市管理发展规划》解读 [J]. 城市管理与科技，2016（6）：14-16.

[7] 资料来源：《史记》。

[8] 资料来源：《汉书》。

[9] 资料来源：《北京旧城平面设计的改造》，作者侯仁之。

附件

问卷调查样卷

我们是北京理工大学的社会实践小组，感想您对调查的支持。调查问卷采取无记名方式，希望您如实填写，期待得到您的配合。谢谢合作！

1. 你的职业是（   ）

a. 学生   b. 公司职员   c. 公务员   d. 其他

2. 你对北京的历史文化是否了解（   ）

a. 非常了解   b. 了解   c. 不是很了解   b. 基本不了解

3. 你觉得如何北京的城市规划（   ）

a. 非常好   b. 好   c. 一般

4. 你认为城市规划是否会影响城市的发展（   ）

a. 有影响   b. 影响不大   c. 没有影响

5. 北京市区哪方面的规划是令你最满意的（多选）（   ）

a. 街道   b. 居住区   c. 商业区   d. 公共设施

6. 北京市区哪方面的规划令你不是很满意（   ）

a. 街道   b. 居住区   c. 商业区   d. 公共设施

7. 你是否对北京的经济发展有所了解（   ）

a. 很了解   b. 了解   c. 不是很了解   d. 不了解

8. 北京经济发展的变化是否明显（   ）

a. 很明显   b. 明显   c. 不是很明显   d. 不明显

9. 你认为北京以后的发展会偏向那方面（   ）

a. 经济   b. 文化   c. 城区规划   d. 其他（请列举）

10. 你对北京的规划以及发展有什么建议？

_____

实践·足迹

一、准备工作

北京是个古老的城市，历史文化源远流长。多年来，作为首都，北京都在努力地向着更高的目标迈进。北京的发展和规划也是一件大事情，我们探索学习北京的发展和规划，可以更好地了解北京的历史、北京的现状、北京的未来。

于是，我们在查阅了很多资料后，大致有了一些了解后，制订了出行计划，从多个角度去观察北京，深刻体会北京的变化、北京的发展规划。

二、展览馆之行

既然要探索北京这些年来的发展规划，那一定要去做一些实地走访、参观。北京规划展览馆正是可以解答我们很多疑问的地方，于是，我们一行人来到了这里。

北京市规划展览馆，位于北京东城区前门东大街（老北京火车站东侧），是在原有建筑基础上改造而成。改建后的展馆共分4层，分别以展板、灯箱、模型、图片、雕塑、立体电影等形式介绍、展示了北京悠久的历史和首都城市规划建设的伟大成就。

北京是一个对称的结构。中心对称：中心就是故宫，以故宫为中心，交通呈环状分布。左右对称：北京中轴线是指明清北京城的中轴线，北京的城市规划具有以宫城为中心左右对称的特点，很多建筑都建筑在对称轴上，称为中轴线。北京的中轴线南起永定门，北至钟鼓楼，直线距离长7.8千米，穿过正阳门、紫禁城、景山等。

展览馆的很多展品非常精致，直观地为我们展示了北京。展厅中，有一件长263厘米、宽205厘米、高157厘米的半球形青铜雕塑呈现在眼前，这件名为《北京湾》的青铜雕像以1∶60 000的比例真实再现北京小平原三面环山、形如海湾的地理环境特征。

清晰地展现出了北京一些重要交通干线以及水系，为了便于辨认，北京的水库还打磨成明亮的黄色。站在雕塑前，浓缩的北京尽收眼底，让人叹为观止，沉醉于北京的美。我们可以感受到展览馆设计的独具匠心，在客观说明中加入了美学，让观者不仅可以接收很多知识，还可以以另一角度欣赏这些艺术品。

在二层扶梯厅，悬挂在墙上的是《北京旧城》浮雕，以1∶1 000比例立体反映1949年的北京城市的整体格局和特征，让人们看到北京的旧貌。

整个版图全部用铜铸成、充分地展示了北京的很多细节，整个浮雕道路、房屋、绿树、水湖等一应俱全，共表现房屋11.8万间，树木6万多棵以及大量胡同和河湖水面，天坛的松树、故宫的房顶、京城的水系，老四合院、胡同等都可以清晰地分辨出来，活脱脱地展现了旧北京的风貌。可以说是个很精细的地图了，据说，这个浮雕是国内最大的青铜雕像。

在展览馆中，有一个活动是在建筑模型中"找到自己的家"。

在三层东区有一个巨大的北京城市规划模型。占地面积很大，人可以近距离地去观察，是按照1∶750的比例，将北京四环内的每一栋房屋都搬上模型图，这一模型可以说是很令人惊奇，一期模型面积达到302平方米，充分展示了未来北京的现代化风采，表现了历史文化名城的古老风韵。工作人员介绍说，只要有耐心，市民可以在上面找到自己的家。为了方便市民自己查看，四周还悬挂着14架望远镜，可见展览馆工作人员的考虑十分周到。

位于规划展览馆四层的立体影像播放厅，可播放利用虚拟现实技术实现的城市仿真影片和宽银幕影片。据说，这是世界上同类展览馆最大银幕之一。

此次的参观可以说是受益匪浅，最大的优点就是直观，展馆的一些设计和展出的展品，精细程度叹为观止，我们从地理上看到了北京这么多年来的变化。

我们的交通越来越便利，经济越来越发达，北京正大踏步向着更高的目标前进，相信在不久的未来，我们会看到更多新的变化。

三、胡同之旅

虽说经济越来越发达，但是北京并没有忘记自己本来的面目，我们拥有了高楼大厦，但没有放弃红砖灰瓦；我们建成了四通八达的大道，但没有毁掉羊肠小道；我们尝试着精致西点，但没有放下手中的豆汁儿焦圈儿。

在参观规划展览馆后，我们看到了高速发展的新北京，我们同时也对北京的古老的建筑怀有好奇——胡同是否可以适应这样的高速发展，在我们的脑海中，胡同代表着一种平静，一种底蕴，一种安居乐业，一种与世无争，可这恰恰和现今社会显得格格不入，如今的快节奏生活，人们甚至无暇休息，很多人找寻方法让自己减压，社会竞争激烈，胡同还是否是最初的样子，我们带着疑问，踏上了胡同之旅。

众所周知，南锣鼓巷是北京很重要的一条商业胡同，不再是人们想象中的传统意义上的胡同。南锣鼓巷中有很多好吃的好玩儿的，很适合去散散心，这一改变在我们看来非常与时俱进，既保留了胡同的特色，同时又带来了经济的发展。南锣鼓始建于元朝，至今已有700年历史。以巷子为中轴，两侧分出诸多特色胡同。胡同里，分布着众多名人故居，如齐白石故居、茅盾故居等，很有参观价值。这样的文化背景和很多特色店铺吸引着来自世界各地的游客。便利的交通更是锦上添花，为南锣鼓巷打开一扇大门，它已经成为许多时尚杂志报道的热点，不少电视剧在这里取景拍摄，许多国外旅行者把其列为在北京的必游景点。

和南锣鼓系相似的，还有烟袋斜街。烟袋斜街位于什刹海前海东北的一条小巷，是北京最古老的一条商业街，周边的饭店、旅店及其他外贸小店都特别多。其实这条小巷在清朝时主要经营烟具、装裱字画和贩卖古玩玉器，是一条繁华的商业街。

和南锣鼓巷不同的是这条街两侧建筑朴素典雅，南锣鼓巷看起来有现代社会的气息，而烟袋斜街的明清传统风格夺人眼目，前店后居的形式呈现出深厚的市井风情和浓郁的老北京特色。

游客络绎不绝，烟袋斜街仿佛是一条时空隧道，来自全世界各个地方的游客寻觅着各式带有深刻时代印痕的玩物抑或饰品，感受着北京古老的气息，仿佛是回到了以前。烟袋斜街还有很多四合院和三合院，不仅是北京一条古老的商业街，同时也是古老的文化街。

通过游览南锣鼓巷，我们看到了发展并没有磨灭历史，我们很好地将二者融合起来。当然北京的胡同有很多很多，在实地走访中，我们走进了一些名字很有趣的胡同，这些胡同都有着自己的故事，胡同中也有很多人居住，很有生活气息；有时候想象不到，只要走出这条胡同，外面就是北京繁华的街道，而这胡同里仍然保留着老北京的慢节奏，生活还是像以前那样充实安逸，仿佛这偌大的北京城是精致的摇篮，睡在城中的人们享受着多年来不曾变过的美好生活。走进胡同，看到北京的另一幅景象，才知道这样的保留是多么可贵。发展是个大事，我们马不停蹄地为了未来奋斗，但是就像在外的人们总会怀念家乡的标志。胡同这种老建筑，也像是北京的标志，是不可替代的。

四、分　析

通过此次的实践，我们看到了北京的进步，北京一直以来高速发展，高楼林立，四通八达，我们的城市越来越国际化，并且在发展的途中也没有将自己的特色磨灭，而是在努力地融合，体现了北京的独有的魅力。

经查阅，为了适应首都现代化建设的需要，2002 年 5 月北京市第九次党代会提出了修编北京城市总体规划的工作任务，根据 2003 年国务院对《北京城市空间发展战略研究》的批示精神，以及 2004 年 1 月原建设部《请尽快开展北京市城市总体规划修编工作的函》特编制的《北京城市总体规划（2004—2020 年)》，其中提到了城市发展目标和主要职能，我们这次实地走访的地点正是北京，这和我们此次的调查相契合。

（一）北京城市总体目标和主要职能

按照中央对北京做好"四个服务"的工作要求，强化首都职能；以建设世界城市为努力目标，不断提高北京在世界城市体系中的地位和作用，充分发挥首都在国家经济管理、科技创新、信息、交通、旅游等方面的优势，进一步发展首都经济，不断增强城市的综合辐射带动能力；弘扬历史文化，保护历史文化名城风貌，形成传统文化与现代文明交相辉映，具有高度包容性、多元化的世界文化名城，提高国际影响力；创造充分的就业和创业机会，建设空气清新、环境优美、生态良好的宜居城市，创建以人为本、和谐发展、经济繁荣、社会安定的首善之区。

（1）中央党政军领导机关所在地。

（2）邦交国家使馆所在地，国际组织驻华机构主要所在地，国家最高层次对外交往活动的主要发生地。

（3）国家主要文化、新闻、出版、影视等机构所在地，国家大型文化和体育活动举办地，国家级高等院校及科研院所聚集地。

（4）国家经济决策、管理，国家市场准入和监管机构，国家级国有企业总部，国家主要金融、保险机构和相关社会团体等机构所在地，高新技术创新、研发与生产基地。

（5）国际著名旅游地，古都文化旅游、国际旅游门户与服务基地。

（6）重要的洲际航空门户和国际航空枢纽，国家铁路、公路枢纽。

（二）城市发展阶段目标

按照国家实现现代化建设战略目标的总体部署：第一阶段，全面推进首都各项工作，努力在全国率先基本实现现代化，构建现代国际城市的基本构架；第二阶段，到 2020 年左右，力争全面实现现代化，确立具有鲜明特色的现代国际城市的地位；第三阶段，到2050 年左右，建设成为经济、社会、生态全面协调可持续发展的城市，进入世界城市行列。

（三）经济发展策略

（1）坚持以经济建设为中心，走科技含量高、资源消耗低、环境污染少、人力资源优势得到充分发挥的新型工业化道路，大力发展循环经济。注重依靠科技进步和提高劳动者素质，显著提高经济增长的质量和效益。

（2）坚持首都经济发展方向，强化首都经济职能。依托科技、人才、信息优势，增强高新技术的先导作用，积极发展现代服务业、高新技术产业、现代制造业，不断提高首都经济的综合竞争力，促进首都经济持续快速健康发展。加快产业结构优化升级，不断扩大第三产业规模，加快服务业发展，全力提升质量和水平。深化农业结构调整，积极发展现代农业，促进农业科技进步。

（3）2020 年，人均地区生产总值（GDP）突破 10 000 美元；第三产业比重超过 70%，第二产业比重保持在 29%，第一产业比重降到 1% 以下。

（四）社会发展策略

（1）全面推进人口健康发展。不断优化人口结构，提高人口素质，加强人口管理和服务。完善社区服务体系，改善人居环境质量。

（2）大力发展社会主义文化。牢牢把握先进文化的前进方向，促进文化事业的全面繁荣和文化产业的快速发展，满足人民群众精神文化需求，促进人的全面发展。

（3）积极促进社会公平。健全社会保障体系，关注弱势群体，缩小贫富差距，促进社会保障事业社会化，改善创业环境，建设完善的社会事业体系，推动社会均衡发展。

（4）加快建设信息社会。广泛应用信息技术，大力发展信息服务业，建设"数字北京"，社会信息化各项指标达到与现代国际城市相适应的水平。

（5）切实保障城市安全。构建城市综合防灾减灾体系，建设完善的防灾减灾和应急保障的设施系统，建立有效应对各种公共突发事件的预警和防范机制。

看到这些，我们意识到城市的发展不仅仅局限于文化的传承和经济的发展，也不仅仅是新旧交替，而是在各个方面都要到位。以上是北京作为政治中心所要重点关注的目标和策略，可以看出，北京的发展规划已经相当到位。我们伟大祖国各方面取得了伟大的成就，我们的前进步伐沉着稳健，相信在未来，更是令国人自豪。

🖋 实践·品悟

为北京的发展做出贡献

2015 级本科生，新能源材料与器件专业 刘涵霄

实践活动进行了四天，我们依次走访了北京规划展览馆、南锣鼓巷、首都博物馆，最后一天在图书馆进行活动总结和资料整理。整体来说，活动还算是比较成功的。活动过程

中，我们看到许多关于北京过去的胡同文化等，还有现代的极具科技气息的现代建筑，体会到北京这座古都现在已经把过去和现在两个相异的文化完全融合了。

北京并没有完全抛弃过去的胡同、四合院等老建筑，而是把部分建筑保留，同时和现代科技相结合，既保留了古老建筑的美感，又含有现代先进生活的便捷，南锣鼓巷就是一个很好的例子。

在首都博物馆，我们看到北京众多以前的各种风俗文化，而现在已经不常见了。在那里，我们充分了解到北京的过往，看到北京的繁华，看到北京的变迁，也希冀看到北京以后的蓬勃发展。我们每个人都对北京的发展有着一份不容推卸的责任，每个人都应该关注北京的发展，并力所能及地为北京发展做出自己的贡献。

体验昔日风情，见证今日腾飞

2015 级本科生，高分子材料与工程专业　孙杰

"纸上得来终觉浅，绝知此事要躬行"。这个暑假，我们进行了以走访北京街头为主要内容的暑假社会实践活动。在此过程中，领略了作为六朝古都的北京的深厚历史文化底蕴，见识了新时代在党的领导下的北京人民昂扬向上的精神面貌。

其实，作为一个在北京读书两年的外地生，我应该在更早的时候就和友人走遍北京的大街小巷，登香山，游积水潭，观造物者之无尽宝藏；攀长城，叩故宫，淌文明之长河；祭古碑，瞻伟迹，敬先烈之热血。可惜的是，一直未能成行。及至今时，方能一全己愿。前门大街，南锣鼓巷，垒垒青砖，诉说的是历史的风尘，几度月圆；红墙琉璃瓦，长安大街，道道横坊，见证的是今日的腾飞，日升东方；街边的叫卖，街头的货担，千年传承的老京腔还在回响，在街道中，在行人的耳中，在滚滚的历史长河中，伴随着炊烟，响了几千载。博物馆藏中的一件件展品，记载着这每一寸土地的故事，或平安喜乐，或金戈铁马，或欢声笑语，或悲伤低泣，汇成的是今日这片繁荣蓬勃的土地，这方欣欣向荣的土地，这方传唱这京味儿的土地，这片神圣的土地，这片引领着全国人民信步向前的土地。

老北京的风依旧不知疲倦地吹着，吹过山川河流，带着年岁的声音，纷飞……

品味北京的轨迹

2015 级本科生，高分子材料与工程专业　王梦涵

经过这次的社会实践，我学习到了很多。我们这次的主题是调查北京发展规划，从而了解北京。北京是个大城市，承载了无数人美好的梦想，多年来，北京无论从哪方面都是飞速发展的。我们在北京学习，就应该不仅仅领略它表面的风采，多年来的轨迹也应该仔细品味，体会其中无数人的智慧。

通过本次社会实践活动，我们锻炼了自己的能力，找了很多资料，还在几处地方实地走访，通过实践了解学习北京的发展规划，在实践中成长。但在实践过程中，我们也表现出了经验不足、处理问题不够成熟、书本知识与实际结合不够紧密等问题。我们今后要努

力掌握更多的知识，更加充实自己，并不断运用到实践中，将自己所学到的知识和实际所结合，锻炼自己的能力，取得进步。

体会厚重的历史文化

2015 级本科生，新能源材料与器件专业 张壹心

回望此次实践之路，我眼中的北京仿佛有了新的生命和活力，它向我们诉说一路走来的风风雨雨，它的历史也成了一段段有趣的故事。从海陵王迁都到新中国成立，800 多年的时光里，作为都城的北京见证着王朝兴衰和朝代更迭，历史里一次又一次重大的变革与发展从这里开始，岁月的变迁改变着北京的容貌，却也造就了这里深厚的文化底蕴。进入"京津冀协同发展"的时代后，北京的发展迎来了新的机遇，更充满了新的挑战。在这瞬息万变的社会潮流中，老北京文化正随着社会发生着改变，而我们此次实践的过程就是去发现这些改变背后不变的东西，去挖掘不变背后的深层原因，去体会这份厚重的历史文化，我想这也是作为一名青年学子在成长路上所必需的养分。

实践团成员：黄伦 孙杰 张壹心 达瓦培楚 龙博 王梦寒 刘涵霄 朱子谦

最美新疆喀纳斯

实践·足迹

在我国的西部，
有这样一个美丽的地方，
坐落于新疆阿勒泰地区布尔津县，
万物在这里自由生长，
这里是人间净土——喀纳斯。

——题记

一、出发前的那些事儿

我们是一个怎样的团队呢？我们是一个跨学院的组合，我们有 6 位志同道合的小伙伴，我们怀着无限热忱集结而来。

当我们决定做这个课题时，几乎是一致通过的。新疆，是我国一个独特而绚丽的地方，影视作品、文学作品、摄影作品只能展示新疆诸多魅力中的九牛之一毛，因此，我们希望通过我们的这次社会实践活动，可以让大家对新疆有更多、更立体化、更全面的感受，让大家能够接纳新疆这样一个神秘而热情的地方。

在确定了大方向之后，我们进行了更为深入的沟通，有共识，有争议。我们在确定了将实践地定在新疆之后，在具体的地点上沟通了很长时间。有队员提议以当今国内国际热议的"一带一路"作为切入点，截取其在新疆境内的部分进行实践，但是考虑到很多政治因素以及实施的困难度而予以放弃。后来大家想以文体建设为题，走访当地的主要文体建设，但是争论点在于，很多文体建设尚未竣工，所以做出来的效果也会大打折扣。经过激烈而紧密的讨论，大家最终决定缩小范围，以新疆的自然景区为依托，向大家传递出新疆的美和文化。

确定了切入点之后，我们又开始讨论地点。一开始大家想到的是霍尔果斯，但是霍尔果斯的地理位置对大家的出行而言不是十分便利，有一定的距离。所以，我们将范围定在阿勒泰地区。于是，大家一致决定去喀纳斯景区。喀纳斯景区是中国唯一具有瑞士风光的景区，位于新疆阿勒泰地区布尔津县境内，景区面积 2 500 平方千米。作为新疆旅游业"五区三线"重点的喀纳斯景区——国家级自然保护区，已获得国家森林公园、地质公园、国家文明景区示范点、中国摄影家基地、国家 5A 级景区等称号。近日，经亚太旅游联合会、国际旅行商协会、世界华人华侨旅游合作组织审核评选，授予喀纳斯景区"中国优秀旅游胜地"荣誉称号。

我们就这样在不断地碰撞中制定出实践活动的大致规划。带着忐忑而兴奋的心情，终于在 7 月下旬，我们踏上了去喀纳斯的路途。行前，我们都做足了功课，对喀纳斯的地貌、植被、森林、气候、地质等都有了一定的了解。

二、在路上，去喀纳斯

喀纳斯景区位于新疆北部的阿尔泰山中段，地处中国与哈萨克斯坦、俄罗斯、蒙古国接壤的黄金地带。还未到喀纳斯，大家都已被路上的风景所折服。在车上久了，大家都昏昏欲睡。看着车窗外的起伏的褐色山脉，在夜幕的笼罩下越发深沉。我们忽而惊觉，这，也许是新疆才有的、独一的一股劲儿。就像回首新疆的历史一样，这个地方，无论曾经遭受过怎样的苦难，始终都不曾疯魔怒吼，而是像这窗外的山脉一样，从来只做着自己觉得最本分最应当最得体的事，用它的深邃它的静默它的宽容它的良善，让人久久凝视，透彻灵魂。夜深了，万物都只有匀缓的呼吸了。我们突然明白，为什么人们将这个地方叫做"人间净土"了。

昼夜交替几时，我们终于到达了喀纳斯景区。根据《大喀纳斯旅游区总体规划（2005—2020 年）》，喀纳斯旅游区以北纬 48.3° 为南部边界，东以禾木乡为界，西北至国境线，规划面积 10 030 平方千米，包括哈纳斯国家级自然保护区、喀纳斯国家地质公园、白哈巴国家森林公园、贾登峪国家森林公园、布尔津河谷、禾木河谷、禾木草原及禾木村、白哈巴村、喀纳斯村三个原始图瓦村落等国内外享有盛名的七大自然景观区和三大人文景观区，其中喀纳斯湖被誉为"世界上最美丽的湖泊"。喀纳斯旅游区在地质、地貌、生物资源、生态环境等方面具有极高的科学研究价值、生态环境效益和产业经济发展潜力；在景观美学、民族文化等方面具有很高的旅游开发价值；在地缘优势方面，未来喀纳斯口岸的开发，将成为中国西部国际贸易领域中最具潜力的国际贸易合作区。王乐泉同志曾评价喀纳斯的资源品位和开发价值为"中国一绝，世界一流"。

三、走进喀纳斯

走进喀纳斯，终于亲身体会到了人们所描绘的仙境。从前一直都是从地图或他人口中来了解这个隐秘而美丽的地域，而这次却有幸能够亲临这里，每个人都为眼前的景色而震撼。

细数喀纳斯的成就，它拿下了我国数个"唯一"：是西伯利亚泰加林在中国唯一的延伸带，是中国唯一的古北界欧洲西伯利亚动植物分布区，是中国唯一的北冰洋水系额尔齐斯河最大支流布尔津河的发源地，是中国蒙古族图瓦人唯一的聚居地，是中国唯一的大陆性苔原地带，是中国唯一的与四国接壤的自然保护区。这些，都让我们自然而然地对喀纳斯景区产生了一种敬畏之心。

当我们亲眼看到喀纳斯景区内的林区时，无法言说的奇特之感涌上心头。因为独特的地理位置，喀纳斯分布着寒温带泰加林，甚至还有新疆地域内唯一的新疆冷杉和新疆五针松。除此之外，景区内共有大小湖泊319个，均为冰川刨蚀而成，发育着210条保存完整的第四世纪冰川，生长着798种植物和99种真菌类。有冬虫夏草、平盖灵芝、花杉灵芝等；有兽类39种，两栖爬行类4种；鸟类117种，鱼类7种。其中雪豹、棕熊、雪兔等7种野生动物被列入国家重点保护对象；被列为国际濒危动物的物种有8种，喀纳斯特有动物5种。听着林区工作人员说出这些数据，我们对这个地方的敬畏又多了一分。

从林区工作人员的语气中，我听出了满满的自豪与骄傲。这是他们世代生活的地方，这是上天给予他们的恩赐。对我们而言，喀纳斯是美的，神秘的，而这些，不过是通过几日的游赏和令人惊叹的数据去感受的，可是这样出来的东西，都不过是表象。他们和我们不一样。他们对这个地方的爱来自日夜相处，来自同作同息。他们的灵魂和生活方式早就与喀纳斯融为一体。我们爱喀纳斯，是因为景色美；他们爱喀纳斯，是因为喀纳斯是他们的家。所以，在这些人身上，看到了和喀纳斯一样的东西，深邃，却又闪耀。

喀纳斯整个区域都保持着一种原始状态。这种原始不是指落后保守的生活方式，而是整个生态系统。它是阻滞古尔班通古特大沙漠北移的重要生态地和人类农耕文明之前游牧文化的活博物馆，森林草原相间，群落保持完好状态，自然垂直带谱明显，现代冰川保存完整，生态系统独特，自然风景优美；既有北国风光，又具江南秀色，体现了喀纳斯的风采美、珍稀美、寓意美、原始美、嗅味美。

说到喀纳斯，可能很多人的第一反应都是喀纳斯湖。从贾登峪出发，走过蜿蜒盘山的公路，观察着路边自由奔跑的野生动物，欣赏着沿途引人入胜大大小小的湖泊河流，还有大片大片错落有致的植被林，更有远处依稀可见巍峨的雪山，终于在经过一个小时，我们到达了汽车中转中心，买好去观鱼台的票。我们坐上了景区内的公交旅游专线车。不到半个小时，我们到达了观鱼台脚下，在这里有两种方式可以登顶：一个是选择缆车，或者选择徒步登顶。因路途艰难，且队内成员大多为女生，所以我们选择了缆车。

不一会儿的时间，我们到达了观鱼台顶峰，此刻，映入眼帘的是壮观秀丽的喀纳斯湖全景。喀纳斯湖四周群山环抱、峰峦叠嶂，峰顶银装素裹、森林密布、草场繁茂，山坡一片葱绿，湖面碧波荡漾，群山倒映湖中，使蓝天、白云、雪岭、青山与绿水浑然一体，湖光山色美不胜收。据当地人说，喀纳斯湖会随着气候和天气的变化时时变换着自己的颜色：或湛蓝，或碧绿，或黛绿，或灰白……有时诸色兼备，浓淡相间，成了有名的变色湖。而我们去的时候，天色稍晚，而那时的湖面是整片整片的青绿色，让人好不喜爱。受强劲谷风的吹送，倒入喀纳斯湖的浮木，会逆水上漂，在湖的上游湖湾处聚堆成千米长的枯木长堤，为喀纳斯湖的一大奇观。虽然我们没有到达喀纳斯湖畔，但是远山眺望确实别有一番风味。俯瞰整个喀纳斯湖，风光尽收眼底。"谁知西域逢佳景，始信东君不世情。圆沼方池三百所，澄澄春水一池平。"当初元代成吉思汗的将帅耶律楚材率军途经喀纳斯湖时作下的诗，倒是非常贴切。虽是夏日7月，可是湖旁的雪山，还是为喀纳斯湖平添了一份清瘦，与周围的翠岭形成强烈的对比，也是异常有趣。这或许也是喀纳斯的魅力所在吧。既有北国风光，又有江南秀色，将两者本是相反相斥的景色融为一体，却又不显突兀，反倒另成一番洞天。

四、他们怎么说

在喀纳斯景区的时候，我们也进行了一些采访。

首先是采访一些游客。我们第一个采访到的游客是新疆人。据他说，虽然是新疆人，但这是他第一次到喀纳斯来。他看到喀纳斯如今仍保留着大自然的恩赐和馈赠，感到十分自豪和开心。他希望有更多的人知道这个地方，称赞这个地方的美，他会感到很骄傲。然后我们又找了一些外地的游客进行采访，在被采访的游客中，有来自江西的、浙江的、山东的等，大家无一不流露出对喀纳斯景色的惊叹和喜爱。有部分游客表示，希望喀纳斯景区就这样维持现状就好，不要像我国国内的大部分景区一样，过度开发，反而失去了原本的美。还有人说，喀纳斯改变了他们对新疆的印象。原本他们对新疆的印象只停留在大而虚的什么吐鲁番盆地和各式菜肴上，可是来到喀纳斯，他们感受到了这个地区深邃而神秘的美，古老和现代的完美结合。

后来我们还采访了一些在景区内开山庄的老板以及靠在景区内售卖山货的人。部分山庄老板是当地人，世代生活在这里。那些老板说，以前喀纳斯只是上天给这里的人的礼物，而现在，世界各地的人都会为了喀纳斯而来。他们在景区内开山庄，经常会遇到各种各样的游客，虽然偶尔会有一些游客不太满意甚至口有微词，但是绝大部分的游客都会用心感受这儿的美。这儿是他的家，而他又靠开山庄为生，所以在对喀纳斯原本的爱的基础上，又多了一分尊敬与仰望。老板说，欢迎大家来到喀纳斯，喀纳斯是他的家，他希望，来这儿的游客，也可以把他开的山庄当做家。

最后，我们采访了森林护林员。森林护林员是喀纳斯景区中极其重要的一个岗位。在采访过程中，一位护林员告诉我们，由于喀纳斯特殊的地理环境，所以他们在上岗之前都会接受严格的培训，他们的工作也不会干预自然的生长法则，而是在顺应森林自我调节的基础上，加以养护和防止人为破坏。据他说，喀纳斯在迎来越来越多的游客的同时，也带来了一定的潜在风险。虽然大部分的游客的素质还是很好的，可乱扔垃圾、携带明火等现象还是时有发生，这对森林来说具有巨大的隐患。因此，他代表所有森林护林员呼吁，游客在景区游览时，要随身带走垃圾，不要带明火、易燃物等，这既是为了森林的可持续性养护，也是出于安全考虑。在这些防护员辛勤努力下，喀纳斯景区至今未发生过大型的自然灾害，仅有的小型火灾也是由于天气炎热干燥而造成的树干自燃。我们不禁怀着崇高的敬意向这些勤劳艰苦的人们致以感谢。

在采访了游客、业主及森林防护员之后，团队成员在一起开了一次小会，主要是总结材料以及交流个人感想。我们发现短短三天大家对这里的每一片土地都产生了感情，这里的人热情，这里的景多姿，这里的情谊浓。尤其是采访过防护员之后，大家都对这里的工作人员产生了无限的敬佩。在这片富饶的土地上，生活着一群快乐的辛勤的人们，在这里，我们感受到了新疆的风景美，更感受到了这里人的心灵美。作为新一代大学生，我们愿以自身微不足道的力量将这份美这份爱传递出去，以我们的绵薄之力向大家推荐新疆、展示新疆。

五、再见，喀纳斯

我们的社会实践渐渐进入了尾声，要离开喀纳斯了。团队里的每个人都是留恋不舍。再见了，雪岭；再见了，山脉；再见了，喀纳斯。在回去的路上，一位蒙古族的小伙伴说，你们知道"喀纳斯"是什么意思吗？"喀纳斯"在蒙古语中就是美丽富庶、神秘莫测的意思。这名字，和这地方，挺相配。

我们从喀纳斯回来之后又查了一些资料，发现多年来，各级领导高度重视喀纳斯景区环境保护及旅游开发工作，阿勒泰地委、行署始终坚持"严格保护、统一管理、合理开发、永续利用"的方针；在合理开发和保护的前提下，紧紧围绕旅游六要素，不断完善景区的服务功能，使喀纳斯景区的开发建设沿着科学化、规范化的方向发展。

喀纳斯给我们的感受，很奇妙。这是一个散发着无穷魅力的地方。它的山脉静默，雪岭清瘦，湖泊澄澈，森林深邃，这些景色，都足以让人对它念念不忘。尤为神奇的是，它的这些特质，都正是喀纳斯人民、新疆人民的特质。面对困难时，不抱怨，不溃败，仍做着自己认为应当坚持的事，深邃的灵魂仿佛可以屏蔽周围的一切杂质，一心空灵，一如他们澄澈透亮的眼眸。

春天的喀纳斯山花烂漫、芳草萋萋，夏天的喀纳斯郁郁葱葱、湖波荡漾，秋天的喀纳斯层林尽染、水色碧玉，冬天的喀纳斯银装素裹、冰清玉洁。喀纳斯的风景四季不同，随气候变化而气象万千。这就是喀纳斯，这只是喀纳斯。新疆有许多像喀纳斯一样的地方，在静默中迸发出大美，说是迸发，好似又不妥，因为它们的美着实太深邃。

在此次的实践中，我们也暴露出了一些不足，有因为前期没有做好充足准备而导致有些队员发生了水土不服，还有经费预算不足而导致的经费紧张的情况。但是，即使如此，我们还是肩负青年服务国家的任务，不畏一切艰难险阻完成了任务。相信大家在此次的实践中不仅磨炼了自己的身心，还磨炼了自己的意志，能够在以后的生活中不畏任何困难，勇往直前。

有了这次的经验，以后如果有这样的机会，相信大家还会踊跃参与。从前期策划、制订计划、制订方案、估计预算、物资准备、实践过程、采访调研，到后期数据的处理、材料的整合，以及技术操作，相信大家的水平也都有了一定的提高，并且内心也得当到了满足与升华。

在这次实践中，我们以探究新疆景区的现状为主题，以著名的喀纳斯旅游景区为代表，更多地以采访的形式，在查阅完资料的基础上对游客牧民以及餐饮旅游业主进行深入的采访，以达到我们了解喀纳斯景区的目的。我们还希望，通过我们对喀纳斯景区的实践，让更多的人了解新疆的美，更立体化、更具象、更真切的美，而不是只停留在陈旧的观念上。而我们也只不过是尽着我们每个人微不足道的力量，以自身为榜样，时刻践行着"青少年服务国家"的初衷。喀纳斯是我们的家，我们希望它变好，希望它永远像现在这样年轻有朝气。正如一位联合国官员所说："这里是地球上最后一块未被开发的地方，它的存在证明人类过去有着无比美好的栖身地。"

这就是人间净土——喀纳斯。

实践·品悟

喀纳斯之行，难以忘怀

2016 级本科生，法学专业　马静晶

今年暑假，我们社会实践团队成员在新疆阿勒泰地区进行了为期数天的实践活动。以对喀纳斯景点的探究为中心，对有关景区利用、第三产业在景区的生存环境、游客体验等问题进行了一系列的调查。

1. 基本情况

喀纳斯风景区位于新疆阿尔泰山中段，地处中国与哈萨克斯坦、俄罗斯、蒙古国接壤地带。景区面积 10 030 平方千米。喀纳斯风景区主要景点有喀纳斯湖、卧龙湾、泰加林廊道等。作为国家 5A 级自然风景区，喀纳斯具有北方景观的独有特色，同时又具备浓郁的西北民族风情，是各地游客的理想游览地，这里也得到了广大游客的一致好评。

2. 景区调查

在为期不长的实践中，我们团队有计划地进行着调查项目。首先，我们去了当地有关部门——景区森林防护局，与有关工作人员进行了访谈，我们对喀纳斯景区的发展潜力以及前路面临的问题有了一定程度的了解。由于地理位置的偏远，加上当地经济水平的实质性弱势，有关设施还待完善。但凭借当地的景区优势，还是会为当地的经济发展起到不小的带动作用。

3. 第三产业的发展问题

由于该地区的地理位置因素以及经济发展因素，使得当地第三产业的发展受到一定的影响。交通的不便也对其造成一定的困扰。但就总体而言，该地第三产业的发展还是呈现优良趋势。

4. 个人感悟

经过此次的实践活动，使得我对景区发展有关知识有了更深层次、更加现实的体悟与感受。我也会将本次实践当中的所得所悟用于生活。喀纳斯之行，难以忘怀。

愿喀纳斯永远保持原始的美

2016 级本科生，高分子材料与工程专业　欧东

我们团队在暑假的社会实践课题是在新疆喀纳斯探究景区现状。

喀纳斯湖，位于中国新疆维吾尔自治区阿勒泰地区布尔津县北部，是一个内陆淡水

湖，外形呈月牙，湖区景观主要有驼颈湾、变色湖、卧龙湾等，生长有哲罗鲑、细鳞鲑等珍稀鱼类。喀纳斯湖是第四纪冰川作用形成的高山湖泊，2009 年被《中国国家地理》杂志评为"中国最美湖泊"。

喀纳斯湖还是一如既往美丽，不过我们也发现了一些问题。由于它美丽的风景，每年会吸引大量疆内疆外游客到来游玩，感受大自然的魅力，遗憾的是，这些游客在景区及湖边留下了些许垃圾废弃物，虽然不严重且有护湖人员定时清理垃圾，可是我这次去还是觉得与我儿时去的时候有些区别。湖面没有以前那么蓝、那么透明。

只需如此想想：若现在看起来依旧美丽的喀纳斯湖在两辈三辈人之后还会这般美丽吗？说实话我对此信心不足，所以我们向景区管理处反映了我们的想法及忧虑，他们表示也在努力控制这种不好的现象，努力保持喀纳斯湖的美丽。既然工作人员尽职尽责，剩下的也就是我们游客的责任了。

出入景区不要留下垃圾，带着美丽的心情来到景区，景区同样也会以它最美的姿态迎接你的到来，展示大自然的魅力，人们只要不去破坏它美丽的环境，它将一直陪伴人们，让你领略大自然的魅力，叹服于大自然的鬼斧神工。作为青少年，我们能力有限，只能通过自己一些的努力去帮助喀纳斯景区保持原始的美。希望每一个去那里游玩放松的人都能像爱护自己的家乡一样爱护喀纳斯，也欢迎来自各地的朋友来新疆玩耍，亲身感受新疆的神秘与其独特的魅力。

三天的社会实践，有起初队员意见不统一的苦恼，有路途遥远的辛苦，有语言不通的障碍，有环境不适的阻挠，但一切困难阻碍都被大家一个一个克服，所有的任务与目标都出色地完成。作为实践团的团长，大家的努力和辛苦我都看在眼里，记在心里。从最初在学校就组团、制订目标，到做出方案、制订计划，大家都有序地完成着一个一个任务，只为了达成我们作为大学生的一个使命：服务国家。每个人穿起印有北京理工大学字样的衣服，内心更多的是作为北理工人的一份骄傲与自豪。

在实践过程中，我们每个人都尽着自己的一份力：准备文献资料，路线的制定，准备采访内容，到后期制作，每日的推送，通讯文稿的撰写……每个人都在做着自己能力所能及的事情。

在这样的实践中，我获得的不仅仅是几张采访资料或者几张照片，而是临危不惧的镇定，遇事不骄不躁的素质，以及与实践团成员深厚的友谊。我们探究景区的目的是从实际行动做起，用我们的绵薄之力为新疆打广告，使更多疆外疆内的人了解新疆，接纳新疆，并爱上这个地广人稀幅员辽阔却充满热情与神秘的地域。

痛并快乐着，怀念与收获

2016 级本科生，法学专业　乌·苏乌德

短短的暑期实践就这样一眨眼就过去了。开始是满怀期待，中途是痛并快乐着，结束后是怀念与收获，不仅怀念喀纳斯翡翠绿的湖水，怀念俄罗斯老街温暖五彩斑斓的霓虹灯，一起心疼着腰包吃昂贵的烤串与牛肉面，更怀念半夜一起讨论问题，强撑着眼皮设计

调查问卷和采访的问题的我们与时光。

收获？收获可谓良多。首先知道了设计问卷调查应该针对不同人群，并且针对不同人群提不同的问题，还要考虑接受填卷人的受教育程度以及耐心等；第一次做了记者，做了实地采访，虽然还不能做到面不改色心不跳，但已经超过自己预期好多了；了解了边境林区管理员们的工作内容与辛苦，了解了景区第三产业的人们是如何经营，并知道了国家对他们这些人提供了哪些方面的帮助，总之，增长了很多很多知识。

暑期实践说长不长，说短不短，我们是下了火车上班车，下了班车上大巴，坐到感觉屁股要开花，可感觉还是很值得。虽然三天心疼着腰包，吃着天价的饭——最便宜的一次是 30 块一碗的牛肉面，但还是很开心很满足。暑期实践虽然已经过去了，但我们的收获和友谊相信是会越来越多。

最珍贵的一次社会实践活动

2016 级本科生，法学专业　吴泠衫

实践结束了，可内心的激动却久久无法平静。

四天的社会实践，让我久久不能忘怀的不是那过眼云烟的景色，而是祖国河山大好带给我的震撼。从江苏赶去西北新疆，我不仅要克服远途旅程的艰辛，还要克服水土不服、适应气候等各种情况，虽然过程艰难，但在实践结束的那一刻，觉得一切都是值得的。

此次的实践，我们从实际出发，以喀纳斯景区的现状为着手点，对喀纳斯景区的基本情况做了一次了解。我们首先对游客做了大面积的采访，询问了他们对于喀纳斯景区的看法以及他们的建议。然后还对由景区开发而衍生的第三产业业主做了采访，询问了他们有关经营方面的问题及建议。最后，我们还去采访了当地森林防护局的工作人员，了解了他们每年对喀纳斯景区的保护力度方面的情况。

实践结束，最珍贵的莫过于一起吃饭，一起经历的队友，和青年服务国家的信念。

实践团成员： 欧东　乌·苏乌德　发永哲　楠丁　吴泠衫　马静晶

第 八 章

百 态 人 文

新疆民乐——非物质文化遗产

实践·足迹

一、实践目的

新疆维吾尔自治区，位于中国西北边陲，是中国 5 个少数民族自治区之一，也是中国陆地面积最大的省级行政区，面积 166 万平方千米，占中国国土总面积的 1/6。新疆有它独特的民族文化，在这片地域广袤的土地上独特的民族文化也有着多样化的表达形式。在新疆，有许多种非物质文化遗产。所以，本着推动非物质文化遗产的弘扬和继承的目的，我们 8 个来自新疆伊犁的小伙伴一起开展了本次社会实践活动。

二、实践过程

2017 年 7 月 21 号，我们 8 个人从伊犁地区的不同地方赶往伊宁市集合。大家首先开始学习了解非物质文化遗产的内容和新疆现在的非物质文化遗产。

百度百科的资料显示：根据《中华人民共和国非物质文化遗产法》规定：非物质文化遗产是指各族人民世代相传并视为其文化遗产组成部分的各种传统文化表现形式，以及与传统文化表现形式相关的实物和场所。包括：（1）传统口头文学以及作为其载体的语言；（2）传统美术、书法、音乐、舞蹈、戏剧、曲艺和杂技；（3）传统技艺、医药和历法；（4）传统礼仪、节庆等民俗；（5）传统体育和游艺；（6）其他非物质文化遗产。属于非物质文化遗产组成部分的实物和场所，凡属文物的，适用《中华人民共和国文物保护法》的有关规定。

非物质文化遗产的特点：非物质文化遗产的最大的特点是不脱离民族特殊的生活生产方式，是民族个性、民族审美习惯的"活"的显现。它依托于人本身而存在，以声音、形象和技艺为表现手段，并以身口相传作为文化链而得以延续，是"活"的文化及其传统中最脆弱的部分。因此对于非物质文化遗产传承的过程来说，人的传承就显得尤为重要。

通过资料查找，我们了解到，非物质文化遗产是一个民族的文化的结晶，在漫漫历史长河中，它们以自己的方式在被传承着，它们见证或者说记录了一个民族的形成和发展，在一个民族日常生活中起到了不可睥睨的丰富点缀的作用。但是，正因为它们没有具体的形态，需要依靠人而传承，所以一旦没有传承人，非物质文化遗产就很容易消失在历史的洪流之中。当今社会的飞速发展，人们逐步适应了现代生活，有些历史悠久的文化无人问津，逐步没落，也已经出现难以找到继承人的状况，一种音乐、一门手艺或许只剩下几位年过半百的老人在坚守和传承，这些文化正面临着随着老人去世就会消失的危机。而文化的消失，也会让民族的独特性有所减少，所以现在，这些文化急需抢救、保护、传承、发展。

我们通过资料查阅，了解到新疆有非常多的非物质文化遗产。比如：新疆维吾尔木卡姆艺术（十二木卡姆、吐鲁番木卡姆、哈密木卡姆、刀郎木卡姆）、哈萨克六十二阔恩尔、哈萨克族冬布拉艺术、锡伯族刺绣、柯尔克孜族驯鹰习俗、塔吉克族民歌等。

最终我们根据当地特点决定我们将新疆传统音乐——作为这次重点调研的目标。

7月21日，我们通过网上查找资料，询问当地人，了解到在伊宁市喀赞其风景区有民间艺人。于是在一位队员母亲的帮助下，我们联系上了几位民间艺人，并与他们约好在7月23日见面。

7月22日，我们的团队到达了喀赞其风景区。我们首先参观了实践地，想通过参观更好地了解民俗文化。喀赞其风景区是以反映伊犁维吾尔民俗风情为主的原生态大型人文景区，是伊宁的形象窗口。"喀赞其"在现代维吾尔族群众中已不仅仅是个行业名词和地名，而是作为一个文化概念广为传播。然而，"喀赞其"一词的真正含义其实另有解释：最早维吾尔族群众从南疆迁居到这里（喀赞其），大部分以传统手工制造业为生，而其中多以铸锅为业，所以，当时"喀赞其"就是指铸锅为业的人。不过，铸锅这个行业已被机械化生产所取代，但这个区域仍然保留了许多传统手工艺产品，比如马鞍、铁艺、木雕等。而在伊宁市，许多少数民族作曲家、作家以及知名人士都出生在喀赞其。

一到达喀赞其景区，就看到一扇气势磅礴且很有民族特色的大门。在导游的带领下，我们乘坐风景区内的区间车到达了吐达洪巴依大院。吐达洪巴依大院是旅游区内最具民族特色和融观赏体验、文化展示、手工艺品制作为一体的综合性大院。它始建于1931年，属于州级文物保护单位，修缮面积1 000平方米，复建面积500平方米，共有房屋24间。修缮部分依据当年鼎盛时期巴依大院的原貌进行恢复，每一间房子的门廊上都贴上了标签，如"民族工艺""岁月记忆""大家盛宴"。房屋内铺地毯，窗帘搭配巧妙，还陈设有民族特色服饰、民族手工艺品等。屋内整体风格体现的是维吾尔族、塔塔尔族民俗风情，还摆放有留声机、电话等当时较为先进的生活用品，可以让人体会维吾尔族风情，也能感受到当年大院主人的奢华生活。而吐达洪巴依大院也是我们23日约见民间艺人的地方。

在吐达洪巴依大院参观一圈之后我们再次乘坐区间车到达了民俗旅游之家。走进庭院，房内铺有民族特色的碎花地毯，地板、房顶和墙壁以实木结构为主，长长的餐桌旁铺着坐垫，壁柜里面放置着大量玻璃制品、茶具和水晶制品。这是一家砖石结构的别墅，院里种植了许多花草、蔬菜，搭有葡萄架子。一进去就看到非常有民族特色的葡萄藤，攀援向上，搭到了房顶上，形成了天然的凉棚。在大院里有各种颜色的头巾，还有一些很有特色的手工艺品。工艺品中有迷你版的都塔尔和弹布尔，还有在鼓面上绘画了少数民族节日场景的手鼓，拿着手鼓敲了几下，声音非常清脆好听。

参观结束后，我们集体讨论和记录了一下 23 日需要采访的问题，大家都非常期待 23 日和民间艺人的见面。

7 月 23 日上午，我们再次来到吐达洪巴依大院，几位民间艺人正穿着印有民族特色花纹的衣服等我们。相互打了招呼后，几位民间艺人就拿出了他们的乐器，在葡萄藤搭成的棚子下，我们一起聆听了一场小型的民间演唱会，所有音乐都由几位民间艺人自己演奏，并且伴着他们清脆洪亮的歌声。演奏不过十几分钟，但我们每一个人都沉入其中不能自拔。在听完演唱之后，我们队员对几位民间艺人中年龄较长的一位进行采访。以下是我们的访谈记录。

问：萨拉姆（您好），首先能告诉我们你的名字吗？

答：沃普尔·阿巴拜克热伊。

问：能为我们介绍一下刚才你们弹奏的这些乐器吗？

答：这些是维吾尔民族乐器中的几种，包括都塔尔、弹拨尔、萨塔尔等。

（其实手风琴是源自于塔塔尔族的带有欧洲风情的乐器，但是我们发现和民族乐器结合演奏后可以使其更有韵味，形成着一种新的特色。其他的就是传统的民族乐器。）

问：您是什么时候开始产生了对民乐的兴趣？

答：我们家族几代都表现出对民乐的热爱，所以我妈妈从小开始就喜欢民乐，我也同样从小时候开始就跟着前辈哼唱歌曲，渐渐地就开始了解和学习了。

（音乐是人类的精神食粮，它可以使人们快乐，它可以把亲朋好友欢聚到一起。刚才演奏的是伊犁民间组曲的一小段，后面还有很多其他章节。）

问：您有徒弟吗？

答：目前还没有，因为迫于生活的压力没有把音乐作为自己的职业，只是在聚会上给朋友演奏，活跃气氛，所以没有专门培养徒弟。

问：您对民族乐有什么看法和期待？

答：我对民乐有很深的感情。不管是对哪一个民族来说，音乐都是不可或缺的，每个民族都有属于自己的民乐，这是好事，不应该被阻止，而是应该得到支持和发展。对于期待的话，当然是希望它能发扬光大，走向世界，尤其传统乐器和现在的一些电子乐器结合，融入现代的韵味。我们希望能把维吾尔民乐展现给全世界。

7 月 24 日，是我们实践活动的最后一天，这一天我们进行了这次实践活动的讨论和总结。因为 23 日访谈是用维吾尔语进行的，所以在 24 日，首先我们的队友将所有的访谈记录翻译成了汉语，方便我们后期的总结。

三、实践结果

从我们最开始的调查中，我们就已了解到，现在非物质文化遗产的现状不容乐观，随着老一辈人的离世，非物质文化遗产就容易面临消失的命运。这几位民间艺人为我们演奏的就是维吾尔民歌。维吾尔族民歌蕴藏极为丰富，就其内容可分为传统民歌和新民歌两大部分。传统民歌包括爱情歌、劳动歌、历史歌、生活习俗歌等类别。2008年6月7日，维吾尔族民歌经国务院批准列入《第二批国家级非物质文化遗产名录》。从访谈中，我们也可以看到受访的民间艺人是在母亲以及家中其他长辈的熏陶下喜欢上民歌，所学民歌的来源也是家庭，但是也看到尽管他很喜欢民歌，演奏民歌也不是他的职业，只是作为一种爱好，并且他也说他没有徒弟，目前也没有想专门培养徒弟，所以也从另一个侧面反映了非物质文化遗产的继承存在非常多的阻力。

同时我们也看到受访的民间艺人其实对维吾尔族民歌的继承和发展还是有非常高的期待，希望能将民乐发扬光大，走向世界。他们对维吾尔族民歌的未来发展也有自己的想法，希望传统乐器和现在的一些电子乐器结合，融入现代的韵味，能把维吾尔民歌展现给全世界。

所以我们看来，现在非物质文化遗产还是很需要保护的，为此国家已经设置了非物质文化遗产保护名录，这是一个很好的开端，至少在名录中，人们会了解这些文化，除此之外我们还有很多要做的事情。

（1）加大对非物质文化遗产的重视程度。政府首先要组织人员去搜集资料，可以举办一些非物质文化的公益展览，并告诉民众现在这些非物质文化遗产所面临的处境；除此之外，政府应该培养下一代接班人，比如对民间艺人提供一些资金支持，鼓励他们培养徒弟。

（2）加强非物质文化遗产在当地、中国甚至全世界的宣传力度。比如将非物质文化遗产作为一个旅游景点，供旅客观赏和了解。这样既可以获得一些经济收益，也可以达到宣传的目的。

（3）多种途径传承非物质文化遗产。政府可以组织人员搜集相关资料，比如乐谱、歌词等内容，将其录制成音频或者视频放在网站上，并同时寻找一些供以自学的方法，一起放在网站上，让有兴趣的人可以自己尝试自学。

（4）对非物质文化遗产进行创新。如受访者所说希望传统乐器和现在的一些电子乐器结合，融入现代的韵味。这也是一个传承非物质文化遗产的一个好方法，适应时代发展潮流的文化，会更容易让群众接受，也就更容易被传承。

以上就是我们团队这次的社会实践，最后希望非物质文化遗产能更好地继承和发展。

实践·品悟

传统民族音乐令我震撼

材料学院学生，马清

这次社会实践让我近距离地体会到了新疆民间艺术的魅力，对自己家乡的传统文化有了一定的了解。我们一行人在学校组好队，计划好了在暑假中期一起完成社会实践。

我们联系好了民间艺人之后，开始了一系列的访谈。在少数民族的农家大院里，在葡萄架下，民间艺人首先给我们表演了一首乐曲，记得以前在电视上看到他们的表演，觉得既听不懂又不知道他们使用的什么乐器，听完他们的介绍，再面对面欣赏他们的表演，能体会到传统艺术带给我们的震撼和魅力。我和同伴们一起了解了自己家乡的传统文化，对少数民族的乐器有了一定的认识，在绿树环绕的农家大院里，浮躁的心也渐渐平静。

传承和发展新疆民族音乐

材料学院学生　薄宁

在暑假期间，我们作为北理工社会实践团，在新疆伊犁喀赞其民俗风景区对新疆民族乐器进行了一次实践考察。众所周知，维吾尔族是能歌善舞的民族，而维吾尔族乐器在维吾尔族的文化生活中扮演着非常重要的角色。身处新疆的我也是第一次能够现场聆听维吾尔族乐器演奏。热情的维吾尔族朋友们为我们准备了一场民乐合奏，其中有一件乐器叫作弹拨尔，令我尤为喜欢。在访谈中我们了解到，他们并没有将演奏乐器作为他们谋生的职业，并且并未收徒并将这种技艺流传下去，这也使我们感到很遗憾，因为像这样的珍贵的非物质文化我认为应当传承下去，而不应该这样消失在历史中。近年来，随着维吾尔族音乐的逐渐推广普及，影响力逐步扩大，新疆的民族音乐演出不再局限于新疆一隅，而是在国内外都有了更加广阔的舞台，所以我希望能够积极保护这这一珍贵的非物质文化遗产。

传承和发展民族文化

材料学院学生　陈姝帆

这次实践活动，我又了解了新疆的非物质文化遗产，第一次知道原来新疆有这么多非物质文化遗产，其中很多我是第一次才见到。

而在新疆生活了18年的我，这个暑假也是第一次真正聆听了新疆的民乐。当我们一起在葡萄藤下聆听民间艺人为我们演唱的时候，内心充满了震撼。我第一次知道现场聆听新疆的民乐是如此美妙。我们在访谈中，也了解到演奏民乐并不是他们的职业，他们也没有收徒弟的打算，听到这里，心里觉得非常可惜，非常担心在不远的未来，我们今天所感受到的震撼会成为后人不可触及的梦，我从内心希望这些好听的民乐能流传下去，更多的非物质文化遗产，那些民族的瑰宝能代代相传，永不泯灭。

新疆民乐的明天将会更美好

材料学院学生　海米旦

随着时代的发展，人们越来越意识到文化的重要性，新疆维吾尔自治区作为一个多民族聚居的地方，对于各个少数民族的文化越来越重视。十二木卡姆为代表的世界非物质文化遗产为新疆文化添上一抹重彩。我们社会实践团走进新疆，探寻维吾尔乐器以及音乐传承。在这次实践中我了解到，新疆民乐慢慢地走向世界。民间艺术家对民族音乐的发展给予厚望，新一辈的年轻人也将继往开来。不仅如此，我还了解到，自治区人民政府为了鼓励民族文化发展，创办了双语学校，成立专门的研究机构，电视台、广播台有专门的双语课程，出版了中小学维吾尔、汉文对照课本。少数民族语言在一点一滴中进入我们的生活，相信在政府和民间力量的共同推进下，历经千年的各族文化、各族语言一定能够得到传承，新疆民乐必将会得到各民族的支持热爱。新疆民乐的明天将会更美好！

新疆民族音乐走向世界

材料学院学生，马力克

通过这次暑假的社会实践活动，我了解到新疆民族音乐开始走向世界。民间艺术家对民族音乐的发展寄予厚望。此次访谈中，我们里了解到新疆民族音乐的传承并不非常理想，已经有不少的民族音乐文化消失在了历史的长河之中，而且在不远的将来这样的事情还会不断地发生。我们真切希望这些好听的民乐能流传下去，希望新疆的非物质文化遗产和各种民族的瑰宝能传承发展。

民族的精华——非物质文化遗产

材料学院学生，伊热米耶

暑假期间，我们新疆的小伙伴做了关于新疆民乐的探访活动，了解新疆非物质文化遗产的保护现状。实践地点在伊宁市喀赞其民俗文化旅游区，那里的维吾尔族民乐家用传统民族乐器为我们带来了视听盛宴。然后我们对他们进行了简短的采访，了解到民乐发展，和传承保护的现状。

新疆少数民族非物质文化遗产是新疆各少数民族在繁衍生息中延续本民族的历史和传统，并在历史的进程中形成的各种珍贵文化积淀，它体现了一个民族的传统精神和民族精华，它是传承劳动人民创造的知识产品的工具。但是，随着科技的进步和时代的发展，非物质文化遗产开始被新时代的人们所摒弃和遗忘，珍贵的文化精华正在历史的洪流中逐渐消亡。我们需要从非物质文化遗产保护的重要性和紧迫性入手，不断完善现有制度和建立合理科学的保护措施，制定渐进性的非物质文化遗产保护对策。

尤其在新疆这样多民族的地区，每个民族都有口述文学、传统文学、音乐、舞蹈、美术、传统工艺、节日庆典等传统文化。但随着社会环境的变化，许多民族的非物质文化遗产正在濒临消失的境地。

我们需要与时俱进，这是不容置疑的，但我们不能扔掉古老的一切，我们需要把这宝贵的传统文化正确地传承下去，和现代的精神和科学的发展方法相结合，赋予它新的生命活力，为我们的现代生活增添新的魅力。

实践团成员：薄宁　李阳　陈姝帆　海米旦·帕尔哈提　杰苏尔·阿不都热西提　马力克·马合木提　伊热米耶·伊力夏提　马清

关于旅游景区商业化与文化的冲突

🌱 实践·报告

一、经济发展推动旅游业的兴起

21世纪以来，我国经济飞速发展，基本解决人民的温饱问题，人民生活水平稳步提高，基本实现小康社会这一目标。经济的发展使人们在物质生活方面得到满足，丰富的物质生活带动着文化的发展。人们在工作之余可以在精神方面丰富自己，许多人会选择参观博物馆、在国内旅游甚至出国旅游等方式来丰富自己的生活。越来越多的人喜欢在假期旅行来放松自己的身心，这推动了旅游业的蓬勃发展。部分地方景区经过改造后，吸引了大量的游客，使地方经济飞速发展，当地居民收入大幅增加，但也带来了一系列的问题，尤为突出的就是景区的商业化，在一定程度上对当地的文化产生了冲击。

二、实践地及调研方法的选择

我们团队选择北京市为本次暑期社会实践的实践地。在政治经济方面，北京市是中华人民共和国的首都、直辖市和国家中心城市，是中国的政治、文化中心，中国经济的决策和管理中心，是中华人民共和国中央人民政府和全国人民代表大会的办公所在地。在地理位置方面，北京位于华北平原的北部，背靠燕山，有永定河流经老城西南，毗邻天津市和河北省。在文化方面，北京是中国"八大古都"之一，拥有7项世界遗产，是世界上拥有文化遗产项目数最多的城市之一，是一座有着3 000余年建城历史、860余年建都史的历史文化名城，拥有众多历史名胜古迹和人文景观。因为北京市独特的政治、经济和文化的结合与发展，每一天北京市都会吸引来自世界各地大量的游客，数量众多的游客为北京的经济发展做出了巨大的贡献，同时，也带来了游客管理困难、破坏景区文化等一系列问题。所以，团队在北京市选择南锣鼓巷、圆明园遗址公园、后海等具有代表性的旅游景点作为我们本次调研的样本。

南锣鼓巷（又名南锣古巷）是中国北京东城区的一条胡同，位于北京历史文化保护区中。南锣鼓巷与元大都（1267年）同期建成，是中国唯一完整保存着元代胡同院落肌理、规模最大、品级最高、资源最丰富的棋盘式传统居民区，也是中国唯一完整地保存着最富有老北京风情的街巷，其周边胡同里各种形制的府邸、宅院多姿多彩，厚重深邃。2002年以后，南锣鼓巷陆续有很多酒吧开张，成为新兴的北京酒吧街。2014 年 2 月 25 日，习近平总书记来到南锣鼓巷的雨儿胡同视察。同年 2 月 27 日，国民党荣誉主席连战及夫人走访南锣鼓巷。然而，2016 年 4 月，因无力承载过多游客，南锣鼓巷申请取消 3A 级旅游景区资质。

圆明园遗址公园是著名的爱国主义教育基地。圆明园始建于 1707 年，现仅存山形水系、园林格局，建筑基址，假山叠石、雕刻残迹仍然可见。在"西洋楼"旧址建有园史展览馆，供人瞻仰凭吊。圆明园是一组清代的大型皇家园林，占地 350 公顷，规模宏伟，融会了各式园林风格，运用了各种造园技巧，再现诗画意境，被大多数中国园林学家认为是中国园林艺术史上的顶峰作品，被当作是中国古典园林平地造园、堆山理水集大成的典范。清朝时一些在中国的外国传教士参观圆明园之后将其称作"万园之园"。然而在英法联军侵华时被付之一炬，中国大量珍宝外流，现仅存其遗址。圆明园遗址公园因为其独特的历史教育性，每年吸引着大量的游客前来参观。

北海公园位于北京市中心区，在景山西侧，故宫的西北面，与中海、南海合称三海，属于中国古代皇家园林。北海是中国历史园林的艺术杰作。这里原是辽、金、元建离宫，明、清辟为帝王御苑，是中国现存最完整、最古老、最具综合性和代表性的皇家园林之一，1925 年开放为公园，为中国全国重点文物保护单位，是国家 4A 级旅游景区。北海公园兼有北方园林的宏阔气势和江南私家园林婉约多姿的风韵。这里景色怡人，北海内有船只行进。这里是来到北京旅游的游客的观光地之一，同时也是附近居民休息娱乐的公园。

在调研方法的选择方面，团队采用观察、采访和问卷三种方法对旅游景区商业化与文化间的冲突情况进行了解。在观察方面，团队所有成员均到达实践地进行参观，在景区内行走，观察景区文化方面建设及商业化的发展情况，在观察中形成对景区的印象；在走访结束后，团队成员相互交流了解现状。在采访方面，我们在景区内与当地居民的聊天，了解当地居民对景区商业化的看法；同时，也了解景区商业化发展对当地居民的生活带来的改变以及影响；与此同时，我们也随机地选择不同的游客进行采访，了解对游客们来景区游玩的原因、在景区内的收获与体会，对景区文化的了解程度，景区商业化发展带他们的利与弊。在问卷方面，采用纸质版问卷（见附件一）与网络问卷（见附件二）相结合的方法来进行问卷调查。采用方便抽样的方法，选取一定数量的游客填写纸质版问卷，一共得到 80 份纸质版的有效问卷。我们根据纸质版问卷的填写情况以及所得的数据，在细节上对纸质版的问卷进行修改，在网络上进行传播，请广大网民朋友们发表自己的观点，一共得到 80 份网络版的有效问卷。

三、主要数据及结果分析

在观察方面，通过我们在景区内的观察，三个景区在一定程度上都有商业化的体现，南锣鼓巷两侧有许多的商贩，圆明园遗址公园中有老北京特有的文化产品商铺，而北海公园内则只有几个小商铺。北海内有众多的游船，游船是北海公园商业化的主要体现。圆明园遗址公园和北海公园是需要收取门票的，但门票的费用是比较低的，北海公园的门票分淡季和旺季。根据我们调研结果，收取一定的门票费有利于控制游客数量，收入可以用于公园的维护，这种商业化是对文化的维护，但门票的价格不宜过高。在景区内的商贩的数量也是需要控制的，南锣鼓巷处的小商贩数量过多，而且多没有老北京的特色，圆明园遗址公园和北海公园商业化程度适中。

我们团队在三个景区内都分别选取居民和游客采访。首先，在南锣鼓巷处，我们先对当地的居民进行采访。居民罗先生说，南锣鼓巷的商业化程度比较严重，甚至已经影响到他们的生活。在南锣鼓巷，严重的商业化与此地的文化有巨大的冲突，小商贩的数量较多而且商品价格昂贵，来往的游客数量众多，为这里的治安带来了威胁。游客们来到这里对四合院比较好奇，会闯入到居民的住宅。酒吧文化的兴起，夜晚酒吧噪声较大，影响到居民的休息。所以，罗先生对于此地的商业化持反对的态度。游客王女士是从甘肃来到北京旅游的，和她同行的还有她四岁的女儿。王女士告诉我们：这是她第一次来北京旅游，来南锣鼓巷的主要原因是在网上搜到的攻略，对这里的历史文化没有任何了解，来到这里的感受一般，在这里也仅仅感受到北京的繁华。她认为，这里与北京其他的小吃街无异。我们在采访中遇到了手持相机的张先生。张先生在北京工作，他告诉我们，他经常会来南锣鼓巷，他来到这里的目的主要是吃和玩，还有拍照，每次来到这里都能够感受到这里的变化和这里的美。在南锣鼓巷居委会，我们采访了居委会的王先生，王先生告诉我们：经常会有附近的居民到这里来反映情况，南锣鼓巷也正在调整中，尽力减少游客的数量，同时也在对街道两侧的小商贩的情况进行整改，呼吁街道两旁的居民将商品房恢复为居住地，降低这里的商业化程度。

在圆明园遗址公园，30岁的李女士是和家人一起来到圆明园遗址公园游玩的，他们对于圆明园的历史并不了解，只是想要来到这里看一看。我们在圆明园采访了一些年龄在60岁以上的游客，他们对于这里的历史了解较多，他们来到这里是欣赏荷花的。

北海公园是附近居民休闲娱乐的公园，同时也是全国各地的游客游览的场所。62岁的居民李女士告诉我们：北海公园的商业化并没有对她们的生活带来影响，但是，来到这里娱乐的居民带来特别大的噪声，破坏了她们的心情。41岁的游客周先生告诉我们：他是一名旅游爱好者，在来到北海公园之前，他已经详细地查过这里的资料。来到这里后，他请导游进行讲解，每一次旅行都会带给他巨大的收获。

在纸质版问卷方面，我们得到如下数据：

我们一共收到80份有效问卷，在年龄方面，有37.5%的游客年龄为20岁以下，有20%的游客年龄为21~30岁，有12.5%的游客年龄为31~40岁，有16.25%的游客年龄为41~60岁，有13.75%的游客年龄为60岁以上。根据不同的年龄段，不同问题的数据分析如表1所示：

表1　纸质版问卷问题2～10答案数据分析

问题2：旅游地选取的原因				
年龄段	亲人朋友，网上的介绍，自己并不很了解	自然景观好看	文化气息浓厚	其他	小计/人
20岁以下	12(40%)	8(26.67%)	5(16.67%)	5(16.67%)	30
20～30岁	6(37.5%)	7(43.75%)	3(18.75%)	0(0%)	16
31～40岁	1(10%)	7(70%)	1(10%)	1(10%)	10
41～60岁	3(23.08%)	7(53.85%)	3(23.08%)	0(0%)	13
60岁以上	0(0%)	6(54.55%)	3(27.27%)	2(18.18%)	11

问题3：您去旅游之前会事先了解这个地方的文化吗？			
年龄段	会	不会	小计/人
20岁以下	21(70%)	9(30%)	30
20～30岁	11(68.75%)	5(31.25%)	16
31～40岁	10(100%)	0(0%)	10
41～60岁	12(92.31%)	1(7.69%)	13
60岁以上	10(90.91%)	1(9.09%)	11

问题4：您去某地旅游更愿意干什么？					
年龄段	观赏自然景观，娱乐身心	购物，比如纪念品，衣服等	了解当地文化，感受人文情怀	品尝特色美食	其他	小计/人
20岁以下	22(73.33%)	2(6.67%)	12(40%)	18(60%)	1(3.33%)	30
20～30岁	8(50%)	0(0%)	6(37.5%)	8(50%)	0(0%)	16
31～40岁	9(90%)	0(0%)	5(50%)	5(50%)	0(0%)	10
41～60岁	9(69.23%)	1(7.69%)	8(61.54%)	4(30.77%)	0(0%)	13
60岁以上	9(81.82%)	0(0%)	5(45.45%)	0(0%)	0(0%)	11

问题5：通过游玩您会对一个地方的文化有更深的了解吗？			
年龄段	有了很多了解	有了一点了解	没有任何收获	小计/人
20岁以下	11(36.67%)	19(63.33%)	0(0%)	30
20～30岁	3(18.75%)	13(81.25%)	0(0%)	16
31～40岁	3(30%)	7(70%)	0(0%)	10
41～60岁	10(76.92%)	3(23.08%)	0(0%)	13
60岁以上	2(18.18%)	8(72.73%)	1(9.09%)	11

问题6：您认为如今旅游景区商业化的程度如何？

年龄段	很严重	比较严重	不严重	小计/人
20 岁以下	6（20%）	20（66.67%）	4（13.33%）	30
20～30 岁	5（31.25%）	11（68.75%）	0（0%）	16
31～40 岁	3（30%）	6（60%）	1（10%）	10
41～60 岁	6（46.15%）	6（46.15%）	1（7.69%）	13
60 岁以上	3（27.27%）	6（54.55%）	2（18.18%）	11

问题7：您认为如今哪些旅游景区商业化方式有些过度？

年龄段	新建的与景区风格不相符的建筑，人造景观	在景区内开大量商铺、饭店、旅馆等	景区门票过高	虚假文化兴起	大量收费的商业设施出现	其他	小计/人
20 岁以下	9（30%）	19（63.33%）	3（10%）	8（26.67%）	19（63.33%）	0（0%）	30
20～30 岁	6（37.5%）	7（43.75%）	3（18.75%）	9（56.25%）	8（50%）	0（0%）	16
31～40 岁	3（30%）	6（60%）	5（50%）	3（30%）	4（40%）	0（0%）	10
41～60 岁	5（38.46%）	8（61.54%）	4（30.77%）	3（23.08%）	5（38.46%）	0（0%）	13
60 岁以上	2（18.18%）	6（54.55%）	3（27.27%）	2（18.18%）	5（45.45%）	3（27.27%）	11

问题8：您认为旅游景区商业化对当地的影响有哪些？

年龄段	景区商业化发展当地经济	影响当地居民的日常生活	破坏当地的自然环境景观	破坏景区文化，不利于文化的传播与发展	出售纪念品利于当地宣传	其他	小计/人
20 岁以下	15（50%）	4（13.33%）	16（53.33%）	9（30%）	7（23.33%）	1（3.33%）	30
20～30 岁	10（62.5%）	7（43.75%）	8（50%）	5（31.25%）	3（18.75%）	0（0%）	16
31～40 岁	1（10%）	1（10%）	4（40%）	5（50%）	2（20%）	0（0%）	10
41～60 岁	4（30.77%）	1（7.69%）	4（30.77%）	7（53.85%）	3（23.08%）	0（0%）	13
60 岁以上	7（63.64%）	5（45.45%）	3（27.27%）	3（27.27%）	2（18.18%）	2（18.18%）	11

问题9：您对景区商业化的态度？

年龄段	对商业化零容忍	支持适当商业化	商业化越多越好	无所谓	小计/人
20 岁以下	2（6.67%）	23（76.67%）	1（3.33%）	4（13.33%）	30
20～30 岁	2（12.5%）	13（81.25%）	0（0%）	1（6.25%）	16
31～40 岁	2（20%）	7（70%）	1（10%）	0（0%）	10
41～60 岁	4（30.77%）	7（53.85%）	0（0%）	2（15.38%）	13
60 岁以上	3（27.27%）	6（54.55%）	0（0%）	2（18.18%）	11

问题10：您认为景区商业化对当地文化的冲击需要采取措施解决吗？			
年龄段	迫切需要	需要采取措施，但不着急	没有必要	小计/人
20 岁以下	10(33.33%)	16(53.33%)	4(13.33%)	30
20~30 岁	7(43.75%)	9(56.25%)	0(0%)	16
31~40 岁	7(70%)	2(20%)	1(10%)	10
41~60 岁	8(61.54%)	5(38.46%)	0(0%)	13
60 岁以上	5（45.45%）	5（45.45%）	1（9.09%）	11

根据表1中的数据，我们可以看出，20 及 20 岁以下的年轻人在选择旅游地的时候，大部分的人会参考网上的攻略等；40 岁以上的人多会选择自然景观较为好的地方去旅游，有约1/4 的游客会选择文化气息浓厚的地方去旅游。大多数游客都会在去旅游之前先了解一下旅游地的情况；游客们在旅游的过程中，较少的游客会选择购物，大部分游客会欣赏当地独特的美景以及品尝特色美食，在旅游过程中会有一定的收获。在商业化方面，多数游客认为景区内商业化现象较为严重，主要体现在景区内大量收费设施的出现以及景区内有大量的商铺；商业化的发展有利有弊，可以发展当地经济并有利于宣传，但同时也影响当地居民的日常生活，破坏当地的自然环境景观。在对待商业化的态度方面，有16.25%的游客对商业化采取零容忍态度，有70%的游客支持适当的商业化，有2.5%的游客认为商业化越多越好，有11.25%的游客对商业化持无所谓的态度。根据游客们对商业化的态度，以及商业化对文化的冲击，有46.25%的游客认为对此现象迫切需要采取一定的措施，有46.25%的游客认为需要采取措施，但不着急；有7.5%的游客认为对此现象，没有必要采取措施。

我们一共收到 80 份有效的网络问卷，在年龄方面，年龄在 20 及 20 岁以下的占38.75%，年龄为 21~30 岁的占33.75%，年龄为 31~40 岁的占12.5%，年龄为 41~60 岁的占12.5%，年龄在 60 岁以上的占2.5%。因为年龄较大的人很少上网，所以所得的数据多集中在年轻人之中。各类问题所得的数据如表2 所示。

表2　网络问卷问题2~13 答案数据分析

问题2：您通常会因为什么原因去某地旅游？［单选题］				
年龄段	亲人、朋友或网上的介绍，自己并不了解	自然景观较好	文化气息浓厚	其他	小计/人
20 岁及 20 岁以下	7(22.58%)	13(41.94%)	4(12.9%)	7(22.58%)	31
21~30 岁	9(33.33%)	11(40.74%)	4(14.81%)	3(11.11%)	27
31~40 岁	4(40%)	6(60%)	0(0%)	0(0%)	10
41~60 岁	4(40%)	2(20%)	3(30%)	1(10%)	10
60 岁以上	2(100%)	0(0%)	0(0%)	0(0%)	2

问题3：您去旅游之前会事先了解一下旅游地的文化吗？［单选题］

年龄段	会	不会	小计/人
20岁及20岁以下	19（61.29%）	12（38.71%）	31
21～30岁	20(74.07%)	7(25.93%)	27
31～40岁	8(80%)	2(20%)	10
41～60岁	7(70%)	3(30%)	10
60岁以上	1(50%)	1(50%)	2

问题4：您通常会选择怎样的方式去了解旅游地的文化？［多选题］

年龄段	上网搜索相关知识	通过书籍及报纸等的介绍	亲朋好友、同事等的介绍	导游的讲解	小计/人
20岁及20岁以下	18(58.06%)	7(22.58%)	11(35.48%)	4(12.9%)	31
21岁～30岁	16(59.26%)	5(18.52%)	13(48.15%)	2(7.41%)	27
31岁～40岁	6(60%)	4(40%)	4(40%)	3(30%)	10
41岁～60岁	4(40%)	2(20%)	4(40%)	3(30%)	10
60岁以上	1(50%)	0(0%)	1(50%)	0(0%)	2

问题5：您去某地旅游更愿意干什么？［多选题］

年龄段	观赏自然景观，娱乐身心	购物，如纪念品、衣服等	了解当地文化，感受人文情怀	品尝特色美食	其他	小计/人
20岁及20岁以下	28(90.32%)	8(25.81%)	18(58.06%)	24(77.42%)	2(6.45%)	31
21～30岁	24(88.89%)	6(22.22%)	16(59.26%)	18(66.67%)	1(3.7%)	27
31～40岁	9(90%)	1(10%)	4(40%)	5(50%)	1(10%)	10
41～60岁	9(90%)	2(20%)	6(60%)	3(30%)	1(10%)	10
60岁以上	2(100%)	1(50%)	0(0%)	2(100%)	0(0%)	2

问题6：通过游玩您会对一个地方的文化有更深了解吗？［单选题］

年龄段	有了很多了解	有了一点了解	没有任何收获	小计/人
20岁及20岁以下	10(32.26%)	21(67.74%)	0(0%)	31
21～30岁	6(22.22%)	19(70.37%)	2(7.41%)	27
31～40岁	2(20%)	8(80%)	0(0%)	10
41～60岁	2(20%)	7(70%)	1(10%)	10
60岁以上	0(0%)	2(100%)	0(0%)	2

问题7：您认为如今旅游景区商业化的程度如何？[单选题]					
年龄段	很严重	比较严重	正常	不严重	小计/人
20岁及20岁以下	9（29.03%）	20（64.52%）	2（6.45%）	0（0%）	31
21～30岁	6（22.22%）	18（66.67%）	3（11.11%）	0（0%）	27
31～40岁	7（70%）	3（30%）	0（0%）	0（0%）	10
41～60岁	2（20%）	4（40%）	3（30%）	1（10%）	10
60岁以上	1（50%）	1（50%）	0（0%）	0（0%）	2

问题8：您认为如今旅游景区商业化哪些方式有些过度？[多选题]						
年龄段	新建的与景区风格不相符的建筑、人造景观等	在景区内有大量的商铺、饭店、旅店等	景区门票过高	虚假文化兴起	大量收费的商业设施的出现	其他	小计/人
20岁及20岁以下	12（38.71%）	22（70.97%）	19（61.29%）	12（38.71%）	23（74.19%）	1（3.23%）	31
21～30岁	7（25.93%）	19（70.37%）	12（44.44%）	10（37.04%）	17（62.96%）	1（3.7%）	27
31～40岁	5（50%）	9（90%）	6（60%）	2（20%）	5（50%）	0（0%）	10
41～60岁	4（40%）	4（40%）	3（30%）	0（0%）	3（30%）	0（0%）	10
60岁以上	0（0%）	2（100%）	1（50%）	0（0%）	1（50%）	0（0%）	2

问题9：您对景区商业化的态度？[单选题]					
年龄段	对商业化零容忍	支持适当商业化	商业化越多越好	无所谓	小计/人
20岁及20岁以下	5（16.13%）	22（70.97%）	0（0%）	4（12.9%）	31
21～30岁	4（14.81%）	20（74.07%）	1（3.7%）	2（7.41%）	27
31～40岁	3（30%）	7（70%）	0（0%）	0（0%）	10
41～60岁	1（10%）	6（60%）	1（10%）	2（20%）	10
60岁以上	0（0%）	2（100%）	0（0%）	0（0%）	2

问题 10：您认为旅游景区的商业化对当地的影响是：［多选题］

年龄段	景区商业化发展当地的经济	影响当地居民的日常生活	破坏当地的自然景观、生态环境等	破坏景区文化，不利于文化的传播与发展	出售纪念品有利于当地的宣传	其他	小计/人
20 岁及 20 岁以下	18(58.06%)	11(35.48%)	17(54.84%)	17(54.84%)	8(25.81%)	1(3.23%)	31
21~30 岁	21(77.78%)	6(22.22%)	14(51.85%)	13(48.15%)	9(33.33%)	1(3.7%)	27
31~40 岁	5(50%)	1(10%)	7(70%)	4(40%)	1(10%)	2(20%)	10
41~60 岁	3(30%)	0(0%)	5(50%)	3(30%)	2(20%)	0(0%)	10
60 岁以上	1(50%)	0(0%)	1(50%)	1(50%)	0(0%)	0(0%)	2

问题 11：您认为景区商业化对当地文化的冲击需要采取措施吗？［单选题］

年龄段	迫切需要	需要采取措施，但不着急	没有必要	小计/人
20 岁及 20 岁以下	11(35.48%)	16(51.61%)	0(0%)	31
21~30 岁	15(55.56%)	8(29.63%)	1(3.7%)	27
31~40 岁	8(80%)	1(10%)	1(10%)	10
41~60 岁	2(20%)	5(50%)	0(0%)	10
60 岁以上	0(0%)	2(100%)	0(0%)	2

问题 12：您认为针对部分旅游景区商业化过度的现象，采取哪些措施比较合适？［多选题］

年龄段	在景区外围建立独立的景区商业区	核定科学的商业化比例	适当降低门票价格	政府协助对景区的管理	转变发展模式，采取手段控制游客数量	其他	小计/人
20 岁及 20 岁以下	16(51.61%)	18(58.06%)	14(45.16%)	19(61.29%)	9(29.03%)	1(3.23%)	31
21~30 岁	12(44.44%)	16(59.26%)	10(37.04%)	14(51.85%)	7(25.93%)	0(0%)	27
31~40 岁	7(70%)	7(70%)	4(40%)	5(50%)	2(20%)	0(0%)	10
41~60 岁	1(10%)	6(60%)	3(30%)	2(20%)	4(40%)	0(0%)	10
60 岁以上	1(50%)	2(100%)	1(50%)	1(50%)	0(0%)	0(0%)	2

续表

问题13：您认为在景区文化建设方面，采取怎样的措施比较合适？［多选题］					
年龄段	加大对景区内具有文化特色的建筑等的保护力度	在景区内设有固定的讲解文化的地方	设计具有文化特色的纪念品等	景区进行文化改建	其他	小计/人
20 岁及 20 岁以下	25(80.65%)	18(58.06%)	16(51.61%)	6(19.35%)	2(6.45%)	31
21～30 岁	24(88.89%)	16(59.26%)	12(44.44%)	12(44.44%)	0(0%)	27
31～40 岁	8(80%)	9(90%)	2(20%)	3(30%)	0(0%)	10
41～60 岁	6(60%)	9(90%)	2(20%)	4(40%)	0(0%)	10
60 岁以上	2(100%)	0(0%)	0(0%)	1(50%)	0(0%)	2

根据表3，我们可以看出，多数网民在选取旅游地点的时候偏爱于自然景观较好的景点，同时，他们也会利用互联网等工具搜索资料。有68.75%的网民在出发前会了解一下旅游地的文化，在这些网民中，他们会选择上网搜索相关知识及通过亲人、朋友等的介绍的方式来进行了解。在外出旅游时，有90%的网民会观赏自然景观并娱乐身心；有65%的网民会去了解当地的文化，感受人文情怀；有55%的网民会去品尝当地特色的美食。通过旅游，大部分的网民在文化方面会有收获。通过对景区商业化的调查，有31.25%的网民认为景区商业化很严重，有57.5%的网民认为景区商业化比较严重，有10%的网民认为景区商业化正常，有1.25%的网民认为景区商业化不严重。商业化严重的方式主要是景区内开设的店铺过多，严重影响景区内的美观。

四、结论及建议

结论：以南锣鼓巷为代表的部分景区存在商业化过度的现象，以北海公园为代表的景区属于商业化适度的状态，以圆明园遗址公园为代表的景区属于有特色的商业化的状态。

建议：

（1）在景区外围建立独立的景区商业区。

（2）核定科学的商业化比例。

（3）适当降低门票价格。

（4）政府协助对景区加强管理。

（5）转变发展模式，采取手段控制游客数量。

🌿 实践·足迹

一、走北京景区，访文商现状

"商业化与文化的冲突"材料学院于丝竹北京社会实践团是由北京理工大学材料学院

2014 级 5 名本科生组成，利用暑假时间，以北京市为实践地进行社会调查。北京是元、明、清代的都城，这里有悠久的古代文化，有故宫等瑰丽的古代建筑；这里也有美丽的皇家园林，虽然曾经遭受八国联军的掠夺和焚劫，但是，新中国成立以来，中国人民政府致力于圆明园等地的保护，部分改造成景区对游客开放，允许游客进入其中游览学习。北京是中华人民共和国的首都，同时也是中国的政治、文化中心，每年都有大量的游客涌入北京游玩，而这些具有历史文化特色的景点也是游客们的首选。随着游客的增多，景区被破坏等问题也逐渐浮出水面。故我们在北京，选取南锣鼓巷、圆明园、北海公园作为实践地进行社会调查，感受文化与商业化之间的关系。

二、走出校园，初步实践

2016 年 7 月 1 日，我们跨出了社会实践的第一步，前往我们社会实践的第一个目的地——南锣鼓巷。南锣鼓巷位于北京历史文化保护区中，于大都（1267 年）同期建成，是中国唯一完整保存着元代胡同院落肌理、规模最大、品级最高、资源最丰富的棋盘式传统民居区。南锣鼓巷也是中国唯一完整地保存着最富有老北京风情的街巷。周边胡同里各种形制的府邸、宅院多姿多彩，厚重深邃。茅盾故居、齐白石故居就坐落在这里。这里还有各大王府的遗址，在这里有传统的老北京四合院。2002 年以后，南锣鼓巷陆续有很多酒吧开张，成为新兴的北京酒吧街，为这里增添了现代化气氛，但也在一定程度上破坏了这里原本的文化。随着南锣鼓巷被人们熟知，涌入的游客让这里不堪重负。2016 年 4 月，因无力承载过多游客，其申请取消 3A 级旅游景区资质。

迎着清晨明媚的阳光，踏着青春的步伐，我们走进了南锣鼓巷。在南锣鼓巷的入口，映入眼帘的是南锣鼓巷的大门，在大门处游客们有序地排队拍照，也有一些游客在观看门口的游客导航图。这里也有执勤人员做游客限流的工作。

沿着南锣鼓巷向前走，道路两旁店铺林立，多数为现代小吃店，也仍保留着老北京的部分小吃店，这些商铺一般店面较小，而且均是由两旁原著居民的房子改建而成。一步一步地向前走，我们在脑海中还原曾经居住在这里的老北京人的生活，走他们曾经的巷子，在胡同中感受老北京独特的建筑。在这里，我们用自己的方式来感受这里的文化，亲自体验这里的商业化。仅仅靠团队成员的感受是不够的，我们将团队分为两部分：一部分人负责分发我们针对现在旅游景区商业化与文化之间的关系设计的实体问卷；另一部分人则化身为记者，对游客和原著居民进行采访，通过对原著居民的采访，了解原著居民眼中南锣鼓巷的变化，通过对游客的采访，来了解他们到这里来是准备欣赏什么，这里是否与他们的预期是否相符。

通过我们的感受，现在的南锣鼓巷具有老北京的建筑特色，也有清代王府遗址和近现代名人故居在其附近，这是吸引大部分想要观光游览文化特色的游客们的原因。然而，在南锣鼓巷深处，感受到的却是现代小吃街的风采，这里的酒吧文化也给当地人民的生活带来不便。南锣鼓巷的老北京建筑群中，只有一条巷道供游客们游览，其余住宅部分的门口大多数会贴有谢绝参观的标识。游客们的涌入在带动这里商业的发展的同时，也给这里的居民带来了不便。游客的涌入，使这里的治安需要更多的人来管理，这里居民的休息也得不到保障。

夕阳西下，拖着一身疲惫赶回学校，在南锣鼓巷进行社会实践的一天，我们不再仅仅以游客的身份在这里游玩，我们首先是文化与商业化关系的调查者，其次才是游客。步行一天，身体上我们很劳累，但思想上我们收获颇丰，我们了解了南锣鼓巷及周围的商业化情况，我们用一天的时间来与游客和居民打交道，我们尽自己最大的努力来了解他们眼中的南锣鼓巷，对这里的文化与商业化的了解，就是我们一天以来最大的收获。

三、感悟历史，努力探索

2016 年 7 月 3 日，天气一如既往的炎热，清晨依旧有几个团队在摆渡车处准备出发，我们踏着欢快的步伐，前往我们社会实践的第二个地点——圆明园遗址公园。清代著名皇家园林圆明园，坐落在北京西北郊，与颐和园相邻，由圆明园、长春园和万春园组成，也叫圆明三园。圆明园是清代著名的皇家园林之一，占地面积 340 多公顷，150 余景；建筑面积达 16 万平方米，有"万园之园"之称。清朝皇帝每到盛夏时节会来这里理政，故圆明园也称"夏宫"。圆明园规模宏伟，运用了各种造园技巧，融会了各式园林风格，是中国园林艺术史上的顶峰作品。1860 年，在第二次鸦片战争时被英法联军焚毁，接下来的100 年间也不断遭受军阀土匪等的洗劫，现仅存其遗址。遗址在新中国成立后开始被保护起来，1956 年北京市园林局开始采取植树保护措施，1976 年圆明园遗址成立管理机构。1988 年 6 月 29 日，圆明园遗址正式向社会开放。

盛夏的北京，烈日炎炎，圆明园遗址公园内仍然凉爽，微风习习，伴随着树叶的律动，就像一首美丽的歌谣。此时圆明园遗址公园内荷花盛开，正在举行荷花展，游客们有序地在园内行走。道路两旁的树木为游客遮住了太阳，这里仿佛是另一方天地，放眼望去，园内青翠欲滴，湖中荷花盛开，别是一番美景。在这里，几乎每一处的土地都是绿色的，每一片水岸都与荷花相邻，水清澈见底，这里有与北京市中心完全不同的景色。

圆明园遗址公园不仅仅是作为一个供大家游览的景区，这里在新中国成立后，也仅仅在原来的废墟上做了一些绿化工作，即使北京土地变得紧张，也从未计划过在这里改建土地。这里所具有的教育意义是任何一个保存完好的古建筑所不具有的，圆明园遗址公园的存在，就是时刻提醒国人，落后就要挨打，中国要变得强大，这样才可以保护我们的文化。

圆明园遗址公园内没有再还原清代的建筑，这是一个浩大的工程，也是我们不能用现代的钢筋混凝土来代表的建筑，所以，在原来的宫殿遗址旁，管理处绘制了宫殿的还原图，并且在园内有按照比例还原的圆明园景观图，同时，在那里，有圆明园的毁灭纪录片来提醒所有来到这里的游客，这里曾经是那么的辉煌壮阔，这就是圆明园遗址公园存在的最大意义。

作为游客，这已经不是我们第一次来到圆明园遗址公园；作为社会实践的调查者，两次来到这里，有着不同的感受。如我们所见，圆明园遗址公园的商业化情况有所改变，门口的小商贩减少了许多，景区内有固定的商业地点，给游客提供休息和饮食。在圆明园遗址公园内，也有一部分区域规划作为老北京的商业文化区，这里的摊位贩卖的商品都具有北京特色文化，老北京糖人、名字字画、手工编织等都可以将游客们带入到老北京人的生活中。在这里，商业化与文化相结合，商业化中具有文化的内涵，商业化与文化的冲突完好地解决。

走到圆明园西洋楼遗址的时候，感受到有别于园中的感受。圆明园遗址公园占地面积较大，虽然每天游客较多，但是在这里还是感受不到人潮的。来圆明园遗址公园的游客基本都会来到西洋楼遗址处参观，此时，这里正在修缮，这里在第二次鸦片战争时被破坏得比较严重，地面上有铁丝网来保护，大水法前摆放标签的位置，和几根饱经风霜的柱子，在这里，被破坏的石壁随处可见。通往迷宫的路上游客较多，不乏一些游客爬上迷宫的墙上。在这里，保护与破坏并存，在这里，商业化与文化的冲突比较显著，游客对这里造成了一定程度上的破坏，文化的气息在这里也仅仅只能从几根柱子、几张图片可以体现出来。来到这里的游客文化素质参差不齐，这里人满为患，供人们休息的地方有限，部分游客在走到这里的时候比较劳累，只能靠在景区的柱子上面休息，还有部分游客跨越围栏进行拍照，却没有保安人员来维持秩序。

作为新一代的大学生，在这里，我们感悟历史；在这里，我们立志奋发图强，让历史的悲剧不要重演。

四、欣赏风景，最后实践

2016 年 7 月 5 日，这是一个值得我们纪念的日子，这一天我们来到了本次社会实践最终的地点——北海公园，在欣赏北海公园的美景中完成我们最后的社会实践。北海公园位于北京市中心区，城内景山西侧，在故宫的西北面，与中海、南海合称三海，属于中国古代皇家园林。北海是中国历史园林的艺术杰作。全园以北海为中心，水面面积 71 公顷，陆地面积 32 公顷。这里原是辽、金、元建离宫，明、清辟为帝王御苑，是中国现存最完整、最古老、最具综合性和代表性的皇家园林之一，1925 年开放为公园，为全国重点文物保护单位，是国家 4A 级旅游景区。北海公园兼有北方园林的宏阔气势和江南私家园林婉约多姿的风韵。北海公园的美景吸引着世界各地的游客，这里也是周边居民休闲娱乐的场所。

当日天气正好，晴空万里，北海公园内有众多游客，也有附近的居民进入大门，映入眼帘的就是北海公园内美丽的北海。在北海内，有许多船只航行，由于水面占地面积较大，船只就像湖中的游鱼一样。这里是自由的世界，在船上，没有陆地上的喧嚣，只有偶尔泛起水花的水面和内心的平静。

行走在北海的岸边，没有炽热的阳光，只有树荫下的凉爽，游客们在这里散步，在行走中欣赏着北海的美景，走得累了，就找一个长椅，感受着惬意，欣赏着由周边居民自发的表演。这里是北京的一方新天地，充满着闲适，每一个人都可以在这里释放天性。这里不再是皇家的私有园林，已成为人民群众的后花园，大家可以在这里欣赏美景，也可以在这里感受中国古代特有的皇家园林文化。

北海公园是经历了近代屈辱的历史后，仍然完整保存的皇家园林，每天有众多游客游玩，享受惬意的时光和宁静。在这里的社会实践是一种享受，我们不会破坏游客的宁静，我们聆听游客的心声。

五、结束，亦是开始

历时三天的暑期社会实践就这样走到了尾声。在这三天里，虽然每一天都是骄阳似火，但我们都可以克服困难。这一段时间，我们有选择不当的失误，只能在地铁上空坐一上午，早上需要早早起床，和上班族一起拥挤，午餐也只能在景区内草草结束，晚上拖着一身疲惫回到学校，等等，这都是我们遇到的困难，但我们还是克服自身困难，坚持完成我们的社会实践。在社会调查中，我们可以被游客拒绝，但我们仍旧在努力。这是我们在大学期间最后一个暑期的社会实践，我们会努力做好。

暑期社会实践已经结束，但也是充实自己、不断进步的开始。

🌱 实践·品悟

城市文化正面临着威胁

2014 级本科生，电子封装技术专业　罗映菊

这不是一次必须做的社会实践，之所以做这么一次社会实践，是因为我们真的想要了解旅游区的商业化与文化究竟是怎样的平衡和不平衡。我们通过调查景点，询问游客，走访当地居民以及街道办事处进行调查。

我印象最深的是南锣鼓巷了，因为这不仅是我们走访的第一个景点，也是游客反映最多问题的景点之一。很多游客反映他们来这里就是为了吃喝玩乐，那么问题来了，当初政府发展南锣鼓巷的时候是为了什么呢？我们那个文化标签去哪了呢？有多少年轻人是奔着感受文化来的，有多少奔着文化来的人是怀着失望的神情离开的。当地居民大都觉得商业化过于严重，年老一点的当地居民强烈反对这种以利益为驱动力的商业化，他们认为这不仅是损毁了南锣鼓巷的文化，而且还严重扰民。原来安静的夜晚现在再也不复存在了。街道办事处也反映，如今这种商业化趋势已经势不可挡，政府现在即使想要努力控制，但是不一定能取得效果，只是无穷无尽地等待而已。

我这一次深深地感受到我们的文化正在一个宽阔的海洋中漂泊，或许会触礁，或许会沉船，在这个经济利益迅速膨胀的时代，文化正面临着巨大的威胁。我们打着文化的旗号去开发一个景区，结果那只是利益的外衣，欺骗的是当地百姓，欺骗的是一群尊重文化的人。

虽然政府现在在调控，希望最终是一个大家都愿意看到的结局。我不否认商业化带来

的经济效益，但是我希望那只是宣扬文化的辅助效果。

苦并快乐着

2014 级本科生，材料科学与工程专业　　汤梦莹

大二的时间一点一滴地在指缝流过，我们在大二结束之际，携着夏日的炎热成功完成了我们的暑期社会实践。

烈日下的我们，苦吗？苦，但是苦并快乐着。其实暑期社会实践对我们来说，是一种磨砺。时间在我们的汗流浃背中悄然滑过，实践活动几经波澜，从一开始发问卷的胆怯，到遭遇路人的拒绝与冷漠，再到实践过程中遭遇到保安人员的制止。烈日下的我们任汗水湿透队服，双腿累倒，仍然抱着宣传单四处奔波，仍然无畏白眼地去采访路人。

这是我的第二次社会实践，让我又额外收获了许多。

我以前也去过南锣鼓巷，但却从来没有深思过这里的文化正是被我们大量的游客朋友给破坏了。不在意文化底蕴，只要玩得开心，拍照、发朋友圈，证明了我到此一游，就再无意义。幼稚得可笑，因为这里，除了那几块砖是原来的砖，几乎找不到旧时的气息。南锣鼓巷逐渐发展成了现代的商业街，老居民也几乎搬完了，或是出租门面。人们最终会忘却这里最初的模样吗？大概很少有人会记得吧！

除此之外，我们也发现了很大的问题，比如圆明园遗址，我们观看了有关圆明园遗址历史的影片，说实话，对我们这些对历史有一定了解的大学生来说，也仍然有冲击。这么有教育意义的科普材料，为什么不用大屏幕循环播放呢？狭小的一间房屋，酷暑难耐，我来过两次，第一次甚至都没有进去。要知道那一张全景模型的门票钱并不能带来什么，咱们现在缺的不就是教育吗？

寻找北京

2014 级本科生，材料科学与工程专业　　唐媛尧

北京，是一个被无数人称赞传颂的城市。对我来说，它就像傍晚时分云彩后面的太阳，我能看到它的光芒，却无法窥得它的真面目。已经在北京求学两年之久，我依然不知道真正的北京是什么样子，我打算和朋友们去寻找北京，寻找我心目中一直神往的那轮太阳！

我们去南锣鼓巷找北京，那里是最具老北京风情的街区。想象中的南锣鼓巷大概是电影《老炮儿》中那样的情景：在曲折迂回的巷子里，风肆无忌惮地穿梭，带着几片落叶在地上打转，把巷子口坐着抽烟纳凉老大爷的烟头吹得忽明忽暗的；时不时有小娃娃跑来跑去，还有情侣骑着自行车经过，胡同里面安安静静的，胡同外面的街道上却是熙熙攘攘，有吆喝卖水果的小摊，也有砍价挑剔的家庭主妇们……这样才是最温情的京味儿吧。当我真正置身南锣鼓巷时，我有点傻眼，一整条的商业街上开满了琳琅满目的店铺，大多数人都是匆匆忙忙的游客，他们没有太多耐心来排队买炸鸡，没有太多耐心来拍照……我似乎

听到胡同里古老的墙在默默地叹息，看到巷子里沧桑的宅院露出无奈的倦容，这不是我找的北京。

我们去圆明园找北京，那里是中华民族的伤痛，也是在那里点燃了千千万万的中华之魂。面对这座千疮百孔的园林，历史的厚重感压在身上。想起与一个游客老爷爷的攀谈，他说，圆明园是一个可以教育人的地方，希望这里以后不要失了它的意义。第二次游圆明园，收获到的比想象中更多。圆明园让我想起的不只是中国屈辱的历史，更让我隐隐感到了肩上的重担。清风摇曳着福海湖面上的荷花，柳条轻抚着湖边的长椅，在这静谧的美景中，我似乎找到了北京……

我们去北海公园找北京，那里是最古老的皇家园林。我拖着疲惫的脚步走在北海公园里，偶尔才能碰见几个人，凉亭里坐着喜欢唱曲儿的老人，一遍歌声刚落，另一边歌声又起；树荫下是喜欢跳舞的大妈，前面是"老师"，后面是"新手"……这些人都是退休了的老人，平时没事就喜欢来北海公园唱歌跳舞，看着绿树红墙的美景，我知道我找到了我心中的北京。

在闹市中偏安一隅，在繁华中采菊东篱，我喜欢北京的灯红酒绿，却更爱北京的宽容宏大。我以为我们在渐行渐远中早已遗忘初心，其实那些最初的梦想早已写进苍老古朴的城墙，微波荡漾的湖水，随风摇摆的柳枝。我们不会忘记最初的梦想，却也不会忘记继续前行！

在责任的引导下去感悟

2014 级本科生，材料成型及控制工程专业　向艳

5 个人能怎样去定义？就像 1 000 个读者有 1 000 个哈姆雷特！5 个人能干什么？也许会想到很多！5 个人能组成什么？可能也有很多！

在这样一个人生阶段，会拥有那么 3 天，与你的团队一起，朝着同一个目标，同一个方向，做一些或许能产生一点影响的事情，于人生，于社会。

大学生为何？大学生何为？曾经对这个问题的思考像是站在岸边去观赏、体悟大海的内在气魄，没有实际去走近它。也许你看到的永远只是表面的云淡风轻，碧波荡漾；也许直到那一刻，才顿悟，是时候去认真思考了。在这个年龄阶段，你该想些什么，你该做些什么，你该怎样去为自己贴上标签——符合身份的标签。

在这样的社会实践过程中，我们每个人找到自己的分工，去用自己的责任心完成自己的任务。我们遇到很多困难，面对天气的炎热，面对路人的冷漠，我们尝试去克服并将它做到更好，因为我们做的是以大学生的身份去了解社会现状，去履行作为大学生的责任。

我想，我们的实践或许还有进步空间，可这不妨碍我们自身的发展与学习、成长。纸上得来终觉浅，绝知此事要躬行。亲身经历必是包含着一份不可多得的宝贵。一次社会实践必然狭隘，对于社会的冰山一角，可以让我们有更多的想象，冰山下面的世界，大海里面的景象如何？我想，这便是对大学生触发的思考。

想你所想，做你所做！大学生首先是社会公民，在责任的引导下去感悟，这应该就是

实践的本质所在了。

勇气，坚持，责任

2014 级本科生，高分子材料与工程专业　于丝竹

这次的暑期社会实践是我大学以来的最后一次社会实践，也可能是我人生中的最后一次社会实践，而且这是我第一次带领社会实践团。我们的社会实践团成立以来，经历了一些波折，首先是有队员退出实践团，还有前任团长在截止日期前退出团队，我是在这个时候接手团队的。这对于我来说，是一次挑战。从我接手整理资料开始，到分配任务，再到外出实践，需要我和我的队员们形成统一的意见。在此期间，我们也曾有过分歧，有过矛盾，但在我们的努力下，都一一化解了。这是我的收获，也是大家的收获。

第一天去南锣鼓巷，刚刚走出校园的我们对社会还不熟悉，游客们也对我们有异样的目光，我们有些局促不安，也不知道当天我们要怎样完成我们的任务。在这里，队员们帮助我理清思路，他们和我一起努力，做好我分给他们的工作，在实践中锻炼自己。这一天，是我们实践的第一天，我们收获了勇敢。

第二天的圆明园之行，我们依然在重复前一天的工作，却没有人抱怨无聊，我很欣慰。有了第一天的铺垫，我们变得成熟，也不再怯场，我们收获了方法，知道怎样做才可以让我们的实践做得更好。这一天，虽然劳累，但我们开心。

第三天的法源寺之行真的很失败，用地图导航方能找到地点，而当天正是农历六月初一，这一天的法源寺中烧香拜佛的人比较多，完全不适合在这里进行社会实践调查，在寻找附近的实践地无果，我们只好返回。这是我的失误，是我没有调查好情况。那一天，我知道了什么叫做责任。

第四天的北海公园之行为社会实践画上了句号。在这里，我们尽自己所能，做好我们的工作，为社会实践调查采集有效的数据，让我们的社会实践变得更加有意义。

时间过得很快，在实践中，我们有些辛苦，但我们在实践中有所成长，我懂得了勇气、坚持、责任的意义，并且收获了友谊。这是一次暖心之旅。

实践团成员：罗映菊　汤梦莹　唐嫒尧　向艳　于丝竹

走进国家级自然保护区董寨

实践·足迹

经过团员几天的讨论策划，7月5日到7月6日，我们团队圆满完成了赴河南信阳市的社会实践活动。5个没有任何经验的大一本科生，初次策划社会实践活动，没有想过自己能做出多大的成果，只是想要不虚此行，于己于当地，都能得到一点帮助。实施计划的过程是有很多与计划中不同的变化，幸而我们团队通力合作，有问题都能及时提出，一起去探讨解决方法，最终在团体合作下圆满完成了活动。

一、活动策划

我们很高兴能策划一个活动，但就像策划任何一个活动都会遇到问题一样，我们对于做什么类型的社会实践、如何策划还是讨论了许久。队员来自五湖四海，校居京都，北京本该是最容易选择实践的地方，但大家意见不一致，在综合协调下，选择了河南信阳市的董寨国家自然保护区。这是个十分陌生的地方，事后证明这显然不是最好的目的地。对于一个完全陌生的地方，完全没有经验的我们要怎么策划实践活动呢？首先我们完成了人员分工，分配了食宿安排、日程安排等工作。准备工作做得不算充分，团队里还是要对当地能有实地体验才能确定最终日程安排。

所以还是来看看主要的活动实施阶段。

二、活动进行时

7月5日我们抵达了河南信阳市罗山县灵山镇，这里有我们此行的目的地——董寨国家级自然保护区。今天的主要工作，是对当地景区进行实地体验考察，咨询当地的居民，初步了解景区相关情况。我们一行人下车后，显然是对这个陌生的地方有些失望。这个时候是观鸟淡季，我们来的时间似乎有点不对。此前有过这方面的了解，所以我们也会针对不同情况做出相应应对。我们需要把自己的调查问卷做出相应的改变，如果游客人比较少，我们也可以把重心放在采访管理区人员和工作处人员上。就像初来乍到的小学生一样，我们实地走访了景区和当地村民，对当时情况有了许多了解。我们走访的地方叫白云保护站，这是一个观鸟爱好者的天堂。作为国家级自然保护区，我们需要去了解它的运作管理方法，是怎么成为一个国家级保护区的。另一方面，我们还有一个工作重心——灵山寺旅游景区。这是当地有名的旅游景区。我们针对游客和工作人员设计了调查问卷，希望能对这个景区的旅游特点有所了解，并能为当地景区发展提出自己的建议。这是我们的第一次社会实践，队员也是深有体会，以下是四名队员的一些感悟。

——在历经将近10小时的车程后，我们小队一行四人抵达了河南信阳。虽然旅途劳累，我们还是马不停蹄地到达社会实践的目的地罗山县。可能是出于旅游淡季的原因，县城里虽然有许多旅店、饭馆，但大多数并没有正常营业。这也让我有些失望。最终我们还是找到了一家可以接受的旅店落脚。在一家农家乐吃过午饭后，我们细化了活动日程，安排好之后的计划后，我们决定下午到董寨自然保护区探查情况，以方便之后的工作。步行将近2小时，我们考察了沿途的自然和人文风光。在抵达目的地后，我们和当地的居民进行了交流。今天的旅途虽然劳累，但也给了我们一个锻炼自己的机会，使我们的团队更加团结。

——今天是7月5日。早上8：30火车到达信阳站，我们一行人吃完早饭，就立即驱车前往董寨。先到镇上找到一家旅馆安顿好行李，不久就到了吃饭时间。在街上找了一家农家饭店就餐。吃饭期间还向老板打听了关于董寨自然保护区的一些情况，进一步加深对董寨的了解。吃完午饭，稍作休息，我们立即动身出发去董寨白云保护站。四人一路走过去，6公里，2小时。很累，但很有意义。一路鸟语花香，环境优雅，还见到了白云保护站的工作人员。最后搭车回到旅馆，筹划明天的事宜。

——7月6日是我们实践活动最主要的一天。今天的主要工作，是对灵山寺景区进行调查，采访白云保护区管理处工作人员。一大早我们把昨晚修改好的调查问卷拿去打印好，之后立马赶去灵山寺景区。景区有点清冷，半山萦绕的烟雾还未散去，游人稀少。我们希望抓住机会，寻着游人便上去咨询。遇见第一位游人时，就像见着救命稻草，赶紧上前询问。游人小哥一脸茫然，兴许是被我突如其来的打搅弄得有点不高兴，摆手便拒绝了。我心里也是不得劲，但不好死皮赖脸赖着人家，就又赶紧去找下一位游人了。

日渐中午，游人多了起来。半路遇到了当地一位十分熟悉景区的阿姨，她便一路给我们讲解，我们边问边听，对景区有了更深入的了解。这里有香火旺盛的寺庙，也有耐人寻味的特色景点。让人大为赞赏的是，这里落实了卫生清洁制度，景区始终能保持清洁，但此时景区的卫生工作并未完全进行完毕，许多地方仍有垃圾堆积。这或许是我国很多的景区都不可避免出现的垃圾问题吧。中午过后，我们等待了两个多小时，出示了证明，想着管理处能否通融一下让我们采访一下工作人员，领导还是拒绝了。计划赶不上变化，随后我们采访了门口的商店居民。有个热情好客的姐姐热心地回答了我们的每个问题，还给我们提供了许多帮助，也让我们此行得到了些许安慰。傍晚时分，我们分头行动，分别采访了白云保护站人员和镇上的居民。保护站的一位主任热心接待了我们。我们也是有备而来，事先已准备好针对性调查问卷，提出了许多关于白云保护区的管理问题、生态问题等，整个过程十分顺利。我们对当地的居民调查力度实在太小，以至于调查问卷无法顺利完成，之后我们用采访形式弥补了问卷资料不足的缺陷。总的来说，今天的工作也算磕磕绊绊地完成了，收获也不少，只待后期的资料整理。

——今天挺累的，也很开心。我们在一步步地进行着我们的计划。昨天考察结束已经很晚了，然后连夜写完新闻稿，又设计了三份调查问卷，一大早赶紧去打印，生怕时间赶不上。抵达灵山寺景区，考察了许久，当地的阿姨很好，十分耐心地给我们讲解。从她的讲解中，我们深入地了解了景区的每一个景点的特点。现在是旅游淡季，我们来的确实不是时候，游人也比较少，尽管我们早已经预料到这个情况，但是还是有点失望，调查没能深入开展。中午休息过后，大家都很辛苦，在售票厅一直等待管理人员上班。和工作人员沟通了好久解释来意，也没能得到采访许可。在门口，我们采访了一个比较了解当地情况的当地人，并且获得了比较有效的情况，这也算得到了一些安慰吧。尽管有失意，但也有收获。晚上我们采访了董寨国家自然保护区白云保护站的工作人员，接待的人员态度很好，很亲切，接受了我们的采访请求。晚上又去采访了部分当地居民、旅店老板，我们获得了许多有用的数据，也算不枉此行了。回到宾馆，已是很晚了，但是喜欢这种累的感觉。

——今天的活动分为上下午两个阶段，上午我们先将准备好的调查问卷在打印店打印出来，然后就乘车前往灵山寺景区。在灵山寺景区，我们边游览边考察，记录景区的所见所闻。期间尝试对游客进行问卷调查，不过因为此时处于旅游淡季，游客稀少，肯配合我们填写问卷的没有几人，所以不得不放弃了。

中午吃完饭并稍事休息后，我们首先尝试在灵山寺景区管理处采访一名导游，虽然努力尝试，但还是遭到拒绝。无奈之下，我们决定采访景区当地的居民。在景区外的居民点，我们有幸采访到了热心配合并且知识水平较高的一名研究生，搜集到了一些有用的信息。之后我们回到镇上，在宾馆稍作商量后，兵分两路，一路挨家挨户请镇上的居民配合填写调查问卷，另一路前往镇上的保护区管理局，尝试采访管理局的管理人员。这次很幸运，取得了成功，当地居民都愿意填写问卷。前去保护区管理局的两人也顺利地对管理人员进行了采访。总体来说虽然前期遭到种种挫折，在我们不断地转换思路后最终还是取得了一定的成果。

整整两天的社会实践，让我有许多感悟。首先感受就是累，无论是昨天前往白云保护站时徒步行走 7 公里，还是今天游览保护区爬了一上午的山，都使我们感到精疲力竭，尤其是前期遭到数次挫折，更让我们身心疲惫，但我们最终还是坚持了下来。我们通过适当的休息来恢复精力，通过调整方法来获取需要的信息，并且最终达到了预期的目标。也正是因此，我明白了面对失败不放弃，为达成目标积极寻找对策，对于做成一件事十分重要。总的来说，这次实践活动真正使我的意志得到了锻炼，能力得到了提高，这是一次极有意义的活动。

三、活动资料整理

最后，我们整理采访资料和所见所闻的感想，写成《给董寨国家级自然保护区管理人员的一封信》，虽然说我们的这封信对当地发展的作用是微乎其微的，但是作为一个实践团队，我们能做的是尽可能地提出自己的建议，尽可能让这些建议有根据。大海辽阔，我们就像水滴一般渺小；纵使渺小，我们也是大海中的一个水滴。每个人都为当地发展贡献一份力量，那它就会变得更加美好。

实践活动结束了。看看团员们的部分感想吧！

——为期两天的社会实践过去了，在这短短的两天当中，我经历了很多以前从未经历过的事，也产生了从未有过的体会和感想。通过社会实践的磨炼，我深深地认识到社会实践是一笔财富，它不仅使我们大学生有机会了解社会，深入社会，服务社会，更能提高我们各个方面的能力，挖掘我们的潜力，从而为我们日后步入社会、更好地在社会上立足打下坚实的基础。

——总的来说，这次实践从策划到实行不轻松，但是很有意义。我们不仅实施了这次社会实践，而且学会了和团队的成员探讨解决的方法。我想我终究要走向社会，社会生活肯定比这个实践艰苦多了，但是解决困难的方法是共通的吧。未来的路还很长，优秀的精神还要继承并发扬下去。

——总而言之，这次的社会实践活动对我个人而言还是较为成功的，我也从中学习到了很多。当然，其中也有着许多需要改进的问题，我们经验不足的问题也暴露了出来。例如在采访景区工作人员时没有考虑到工作人员的立场，最后导致采访没有能够进行。但我相信，通过此次活动的磨炼，在将来的活动中，我们可以得心应手。

——很惭愧，只做了一点微小的贡献，但毕竟也为自然保护区的发展尽了绵薄之力。通过这次社会实践活动，我们了解了董寨自然保护区的生态现状，对生态保护有了初步认识。以后有机会还要参加社会实践活动。

——第一次策划社会实践活动，几个大一学生从策划到完成都是一个新的尝试。仔细回想，我们收获了很多，有等待了两小时后被拒绝采访的失意，也有在欣赏自然美景后的惬意；敬佩保护区层层深入的有效管理方式，也能发现当地的点点不足。也许我们的建议对一个国家级景区的发展来说帮助甚微，但我们仍会尽力而为——从一个热心的游客的角度，做我们力所能及的事。

🌿 实践·品悟

只做了一点微小的贡献

2016 级本科生，材料化学专业　李海龙

时间过得飞快，也就是一眨眼的工夫，社会实践活动就完成了。4 天的社会实践活动，虽然我们做的不多，但也算是为当地经济发展做出了一点微小的贡献了。我们一行人，先后走访了董寨国家自然保护区和灵山寺风景区，调查了当地的生态环境，走访了当地居民，采访了有关部门工作人员，得到了一手的调查资料，对董寨国家自然保护区的生态环境现状有了一个大致、初步的认识和了解。

在动身去董寨之前，我们在学校时就已经商量好了具体行程规划，计划以 4 天为周

期，完成这次社会实践活动，调查当地生态环境，向当地有关部门反馈意见。我们雄心勃勃，整装待发。

初到信阳罗山县，举目无相识，但是我们不慌，先是找到落脚地旅馆稍休息，并筹划下午的安排，议定下午先去踩点了解情况。下午，我们一行4人步行从镇上前往距离3公里外的董寨白云保护站。一路上边走边欣赏田园风光，我不得不感叹信阳的空气还是比北京好多啦。走到董寨王大塆，就进入了自然保护区的范围。我们在保护区的标志石碑前扯开队旗，请旁边的热心大叔帮我们照了合影像。大叔得知我们是来调查自然保护区鸟类情况的，还热情地邀请我们去他家附近一个易于观鸟的地方考察，我们很高兴地答应他有空一定去。然后我们便沿着路标指示的观鸟路线继续前行。走了很久，终于到达了目的地——白云保护站。遗憾的是由于工作人员不在，于是就没有采访。不过，下山时有个在微信上联系过的向导主动热心帮忙，开车下山捎上我们。我们咨询了不少关于当地的情况。回到旅馆，就躺在床上写总结，整理思绪，商议第二天的行程。我们根据当天的情况，决定第二天先去灵山寺风景区调研，再去董寨白云保护站，然后采访工作人员和当地居民。

早晨虽然很疲倦，但是我们还是起来了。来到灵山寺景区，考察了生态环境。灵山寺景区环境很不错，当然也有其他风景区的通病，比如基础设施不够健全等。上山路上与老乡攀谈，结伴而行，了解了不少情况。因为到山顶还要花几个小时时间，与行程安排冲突，再加上已经很累了，我们只得下山吃饭。本来计划采访工作人员，但他们婉拒了我们的采访，我们只得作罢。转而采访当地群众，收获不小。因为灵山之行耽误了不少时间，我们取消了去董寨的安排，回到镇上，分头采访群众，发调查问卷，采访当地自然保护区管理局工作人员。回顾几天的实践活动，发现收获颇丰。社会实践活动几近结束，只需总结收尾了，于是商议剩下几天游山玩水。

回到市里，因雨取消行程。第四天前往南湾湖游玩，下午各奔东西。

很惭愧，只做了一点微小的贡献，但毕竟也为自然保护区的发展尽了绵薄之力。通过这次社会实践活动，我们了解了董寨自然保护区的生态现状，对其有了初步认识。希望以后有机会还参加社会实践活动。

享受实践活动带来的快乐

2016级本科生，电子封装技术专业　梁天成

这次前往河南信阳市董寨国家自然保护区的社会实践，是我第一次参与策划比较正规的社会实践活动，相对于以前小规模的实践，这次我经历了策划、实践的整个过程，包括一开始选择地点、实践类型、实践目的等，我们一行人共同探讨得出结果。尽管我们是几个大一学生，但是我们很享受这个学习过程带来的快乐。

我们了选择董寨国家自然保护区，它路途遥远却是个远近闻名的地方。抵达董寨的那天中午，在旅馆安顿后，我们立即进行了实地考察，这也是我们十分重要的实践活动之一。走访当地的居民时，遇见了几个十分友好的居民，十分耐心地为我们介绍了许多景区

的情况。傍晚时分，我们徒步走到白云保护站，对大部分地方踩点调查。观鸟向导小郭十分友好，给了我们很多帮助，他是一个真正爱鸟的人，一个兢兢业业工作在景区的人。经过两个多小时的步行踩点，我们了解了白云保护站的大致区域，但是考虑到前往该地区的车程较远和人流量较少的特点，我们决定将考察地点改为灵山寺景区。

第二天一大早去打印了问卷。这份问卷是大家齐心协力设计的，每个人都是第一次设计，存在许多的不足但来之不易，内容也有针对性，有针对灵山寺景区的，针对爱鸟人士的，针对管理局等地方工作人员的。但是实际行动起来并没有想得那么顺利。实际上灵山寺景区游人数量没有那么多，询问了几个游人，都遭到了拒绝。最后我们找到了一位当地的阿姨给我们做向导，一路她为我们做了十分详细的景区介绍，我们也算对景区有了大致了解。下山后，等了两个多小时，我们希望能够采访一下景区的导游和管理人员，但是他们拒绝了我们的请求。实践采访不那么容易，我们早已做好了心理准备。之后又采访了景区门口一位十分了解当地情况的居民，她十分友好，给我们讲述了许多景区的发展情况。实地考察完毕之后，我们基本了解了景区的布局特点、发展状况以及存在的不足，同时，我们也感受到了景区美丽的景色和当地人好客的情怀，果然不虚此行。

当天傍晚，我们在白云保护站采访了保护站人员。工作人员十分友好地接受了我们的采访。他的回答比较官方也有所保留，但是给我们提供了一些有用的信息，我们从景区管理者的角度了解了景区是如何管理的，如何实现各方面协调的，也感受到了他们对国家级自然保护区的工作十分用心。这一天实践结束，我们的调查问卷没能全部完成，但采访了很多相关人员。我们遭到了许多人的拒绝，但还是硬着头皮去问一个又一个人，这也从另一方面锻炼了我们的交际能力。

总的来说，这次实践从策划到实施不轻松，但是很有意义。我终究要走向社会，社会生活肯定比这个实践艰苦多了。未来的路还很长，优秀的精神还要继承并发扬下去。

在实践中磨砺自己

2016 级本科生，材料化学专业　卢韬

这个暑假，我们一行四人前往河南省信阳市董寨自然保护区进行社会实践活动。在为期四天的社会实践活动中，我们相互协作，共同努力，最终较为圆满地完成了本次社会实践活动。通过这次活动，我学习到了很多，也有许多感悟。

由于我们团队的规模很小，此前没有社会实践活动的经验，也没有师长师姐带队，因此在活动初期，我并没有对此次社会实践的成果抱太大的期望，更多的是抱有一种开阔眼界、锻炼自己的心态来参加此次活动。话虽如此，但从整个团队的角度出发，我还是要认真地去完成我的任务。

到达实践的目的地罗山县时，虽然之前考虑到我们所去的时间段可能是旅游的淡季，但当地的冷清还是出乎了我的意料，旅店饭馆基本都大门紧闭。这也让我感受到这次活动可能并没有想象中那么轻松，不过最终我们还是找到了一家不错的旅店。

我们到达的那几天天气并不是很好，不过没有影响到我们活动的进行。当我们离开后

当地就开始下起了大雨，当然这是后话了。当我们真正开始进行实践活动时，发现实际情况比我们的计划有着较大的差距，我们准备的东西有许多都派不上用场，因此我们重新更改了计划。这正是俗话所说的计划赶不上变化吧。不过，就结果而言，这些意外反而使我们的社会实践变得更为轻松。

仔细想想，在这次的社会实践活动中，我也只是扮演了一个"打酱油"的角色，主要的任务都交由团长完成。我做的最有意义的事也就是陪团长到当地的环境保护部门进行采访。

总而言之，这次的社会实践活动对我个人而言还是收获不小的，我也从中学习到了很多东西；当然，其中也有着许多需要改进的问题。我相信，通过此次实践活动的磨炼，在将来的活动中，我可以更得心应手些。

增强了团队合作意识和团队合作能力

2016级本科生，电子封装技术专业　吴瑞

社会实践已经圆满结束，可是，因为时间安排原因，这次社会实践我并没有亲临现场，只是在实践前做了一些后勤工作，实践后，帮忙分析收集到的材料，整理信息。对于这次实践，首先，我学会了如何与团队一起策划活动，怎样让这次活动更加圆满。其次，增强了团队合作意识以及团队合作能力。我们将来步入社会后，许多工作并不是靠一个人就能顺利完成的，需要整个团队共同努力，达到预想的目标，所以，团队合作能力是非常重要的。虽然这次我没有亲临现场，但是我认真地关注成员的全部活动，从而反思策划阶段存在什么问题。通过对进程的密切关注，我也了解了今后类似活动该怎么去开展。最后，遗憾的是没有亲临现场，我觉得，如果能够到现场去，一定能够更加了解本次活动的宗旨以及意义，了解当地的人文情怀，了解团队合作的重要性，增强我应急问题的处理能力。这次实践活动我的收获虽然没有其他成员多，但是也是非常棒了，毕竟是第一次与团队合作。我相信以后会做得更好。

实践团成员：梁天成　李宇翔　卢韬　李海龙　吴瑞

登泰山而小天下，"全域旅游"现状

实践·足迹

孟子言："孔子登东山而小鲁，登泰山而小天下。"泰山，自古以来便是自然圣地，也是文化圣地，诗人杜甫曾在泰山留下"造化钟神秀，阴阳割昏晓"这样千古流传的诗句，无数的文人墨客，在此留下摩崖石刻诗文，皇帝大臣也曾亲临泰山顶，为百姓苍生祈福。泰山景区因此也成为国家5A级景区。我们社会实践团便有幸来到泰山的所在地——泰安。

在此不得不先解释一下"全域旅游"这个概念："全域旅游"是旅游产业的全景化、全覆盖，是资源优化、空间有序、产品丰富、产业发达的科学的系统旅游，是我国旅游产业发展的重大战略导向，将对未来旅游的资源保护、规划设计、投资建设、运营管理等产生积极而深远的影响（引自百度百科）。简单地说，"全域旅游"便是改变各个景点景区孤立经营的局面，打破景区与外界的壁垒，实现资源整合、产业融合发展、社会的共建共享。30多年来，我们一直在发展景点式的旅游，几代旅游人为之奋斗，克服重重困难，使我国旅游产业从无到有，从小到大，做出了宝贵贡献。但是现如今，全民旅游、个人游、自驾游已经成为旅游的一种大的趋势，景点式的模式已经跟不上旅游发展的需求，现实要求我们必须把景点式的旅游转变为"全域旅游"新模式。国务院印发的《"十三五"旅游业发展规划》中明确了未来五年我国旅游行业发展的总目标，其中将推进全域旅游发展，深化旅游综合体制改革作为旅游发展的重点。2016年11月，原国家旅游局《关于公布第二批国家全域旅游示范区创建单位名单的通知》中，山东省有9个市县上榜，泰安市位列其中。这也是我们选择泰安市作为我们实践团实践地点的原因之一。

上　篇

眼看离社会实践的预定日子越来越近，实践团每个成员心中都对这次旅行充满了期待，因为这是我们第一次离校远去完成一项任务，这项任务将充满挑战，也有太多的可预料和不可预料的种种情况。然而天有不测风云，在实践出发前一天，我们从天气预报上得知实践地泰安市，将有阵雨转中雨，我们想临时改变计划，但在权衡利弊之下，实践团还是选择如期出发。

天公不作美，清晨出发时，天上便飘起了毛毛细雨，但实践团成员的热情似乎并没有因为天气原因而有所减退，我们提着大包小包出发了。

中午时分，我们顺利抵达泰安市，这里的雨已然下得不小了。雨势稍减，大家决定先步行前往旅馆安置一下行李，我们举着伞，在路上讨论着接下来的实践活动，斜织的雨，宛如一根根闪亮的银线，照亮了这灰色的天空，也照亮了我们的期待与热忱。

经过一番商量，我们决定前往不远处的岱庙参观，初步了解一下本地的旅游情况。岱庙是国家5A级风景区之一，是泰山最大最完整的古建筑群，为道教神府，也是历代帝王举行封禅大典和祭祀泰山神的地方。创建于汉代，为泰山信仰的祖庭，有"秦即作畤，汉亦起宫"之载，汉武帝时期即建泰山庙，历经数朝数代历史更迭，绵延至今，有着悠久的历史和深厚的文化底蕴。虽经历几次翻修，但至今仍可窥见来自遥远时代的色彩，漫步其中，桑松翠柏，怪石古亭，楼台殿宇，星罗其中，仿佛穿梭时空，新旧交替，意境更迭。而且我们发现，岱庙吸引人的原因不仅仅在于其优美的风景，更在于深厚的历史文化底蕴与数不胜数的故事传说。每到一处，必能听到一个故事、一个传说，似乎这里的每一个景点，都在静静地向我们诉说着一段我们不知道的历史。仅仅一块太湖石，因为有着"天子入前朝拜，大臣止步于此"，"摸一摸止步石，把福气带回家"的故事与传说，引得游人纷纷驻足。

总的来说，岱庙不愧为5A级风景名胜区，不论是文物的保护程度，还是其意境，抑或是其旅游服务都很不错，不过我们却发现来这旅游的人并不多，亦或许是天气原因，让这个本该旅游热季的暑期，不再那么火爆。为了了解更多的情况，我们回到旅馆后采访了酒店的店长，经过一番交谈，我们了解到当地的旅游业的发展并不景气，尤其是近几年，可能有下滑的趋势，可能在景区规划、相应服务、出租车、公共厕所等方面存在诸多问题。我们发现事情也没有像我们想象得那么简单，我们也就更加期待明天的实践调查了。

中　篇

第二天，一大早就吃过早饭，实践团前往泰山风景区。泰山可以说是泰安市旅游业的招牌，泰山的美誉也是流传甚广，泰山作为五岳之首，有天下第一山的称号，是世界自然与文化遗产，世界地质公园，国家5A级景区，国家级风景名胜区，古往今来，吸引了无数海内外的游客前来游览。自秦始皇开始到清代，有13代帝王亲自登泰山封禅或祭祀，有着悠久的历史。因此，泰山是泰安市旅游发展的不可或缺的一部分。

我们计划由泰山脚下的红门出发，沿路登山，调查泰山上的基础设施建设及景区商品供应的情况，并沿途与登山的游客多做交流，了解情况，与当地的居民进行交流并采访录制视频。

沿途一路登山，实践团一行人既领略了泰山的雄伟瑰丽，领略了"造化钟神秀，阴阳割昏晓"的诗意境界，了解了当地的风土人情。泰山吸引人之处，恐怕就在于它雄奇的自然风光和经历史沉淀遗留下来的人文气息。登山的游客既有慕名前来游览的，也有为了登山祈福的；既有健壮的青年人，也有步履蹒跚的老者，更有刚出生不久仍在摇篮车里的婴儿。大家互相扶持，加油打气，我们看到的不仅仅是游览风光的人，更有热爱登山运动的人。这是一场运动的盛宴，是一场酣畅淋漓的释放，人与自然在这一刻变得如此和谐。当然，少不了的还有泰山上的壮丽景观，一处处摩崖石刻、奇石怪柏、激流险峰，无不彰显着泰安的壮丽雄奇。每登一个台阶，都是对体力与耐力的考验。泰山十八盘，登上一盘，峰回路转后又是一盘，台阶连着台阶，似乎无穷无尽。且海拔越高，雾气越重，与其说是雾气，不如说是山岚，山岚掩映之下，远处山峰若隐若现，怪石苍松时隐时现，仿佛置身仙境。

我们在领略了自然风光的同时，不忘展开我们的工作。这里的旅游状况看起来比昨天的岱庙情况要好很多，岱庙冷冷清清，而登泰山的人很多，登山路上满满都是人，而且有许多大规模的旅行团。沿途的商品既有登山用的毛巾、登山棍，也有许多解暑、充饥的饮料、食物，价格随着海拔的升高会增加不少。到了中天门那里，因为修了公路的原因，价格会恢复正常。对于价格的问题，游客纷纷表示可以理解，因为山路崎岖，交通不便，上下物资，全靠人力。一路登山，也看到了许多挑夫。他们皮肤黝黑，瘦高的身躯基本都是肌肉；他们步履稳健，但额头上的汗珠仍清晰可见。整体来说泰山上的服务质量还不错，与山下差别也不大，区域的壁垒并不明显；同时我们也发现了一些问题，比如许多地段多山石，一边是山涧，一边是峭壁，虽然有安全提示也有护栏，但仍然存在诸多安全隐患。许多树木由于年代久远已经枯死，随时可能倒下，泰山山路陡峭，且只有登山道基本一条，一旦发生落石等问题，后果不堪设想；且山上信号不好，安全保障人员也不多，一旦发生危险不能及时通知景区工作人员。

最后我们根据具体情况，采访了游客和一些当地的居民。与之前采访的人的回答有所不同，他们对泰安市旅游持乐观态度，游客对泰安市旅游业的发展也相对满意，只是希望景区内的公共厕所质量有所提升。但当我们提及我们本次所调查的主题——"全域旅游"发展新模式时，游客纷纷表示并不了解这个概念。对于"全域旅游"的宣传，泰安市作为国家"全域旅游"战略试点城市，似乎力度不大。我们了解到，大部分来泰安市旅游的人，都是奔着泰山来的，都想一睹泰山的风采，都想亲身登上泰山领略一下"一览众山小"的壮丽景观，而对于泰安市的其他旅游景点，游客表示并没有兴趣，或者并没有在预订计划之中，由此可见，泰安市的旅游主打品牌仍然是泰山，区域之间的旅游发展并不均衡，除了泰山外，其他景区并没有在面向全国游客甚至面向国际游客获得更多的信赖，也很难形成自己的特色。但从泰山上游客来说，他们绝大部分都是个人游或者自驾游，可见旅游业发展趋势已然如此，不过本地的导游业改革，从导游必须由旅行社委派的封闭式管理体制向导游依法自由有序流动的开放式管理转变，实现导游执业的法制化和市场化这一方面并没有实质性的突破。

下 篇

经过为期两天的社会实践，我们感觉收获了许多，我们不能说在调查实践上做得很好，但我们确实在此过程中成长了许多，学会了许多。这是我们真正脱离家庭、脱离学校完成的一次任务，或许并不出色，但我们尽力了。我们在社会实践中获得一定的快乐与满足，社会实践对于我们青年学生来说具有很大的意义。

实践第三天，我们整理行李和调查资料，准备返程。每个人心中都似有所得，尽管脸上不免挂着疲惫。连续阴着的天空此时也放晴了，我们踏上了返程的客车，眼望着这片异地的天空，看着这片底蕴厚重的城市，竟有些恋恋不舍，或许是几天的接触，让我们对这个城市有了感情，不过离去的终要离去，挥一挥衣袖，不带走一片云彩。8月4号下午，实践团一行人安全返回到出发地，本次暑期社会实践顺利完成。

总结此次社会实践，我们的收获还是很多。总的来说，要实现旅游产业的全景化、全覆盖，实现资源优化、空间有序、产品丰富、产业发达的科学系统旅游并不容易，但是旅游业作为国民经济发展的一大重要产业，对全球经济发展贡献已超过10%，对全球就业贡献也超过10%，早已成为世界重要产业。当今世界，各国都在强化旅游在经济社会发展中的作用，为此我们根据具体实际，提出几点建议，希望能够为泰安市全域旅游发展发挥作用。

（1）泰安市作为一个历史悠久的城市，城区规划以及旅游业基础设施发展基本定形，但我们仍然希望在以后的城区规划建设中更加考虑旅游的需要，因为在此次实践中，除了景区外，其他地方并没有什么可圈可点的风景，可谓景区内外两重天；我们更希望建设成为一个宜居宜游的城市，处处可游览，处处可观赏，处处是风景。

（2）应当破除体制壁垒与管理围墙，实行多规合一公共服务一体化。

（3）从门票经济转变为产业经济，这一点泰安市做得比较好，但仍可提高。

（4）进行供给侧结构性改革，增加有效供给，以引导需求，实现旅游供求的积极平衡。

（5）在互联网时代，互联网+的推动下，要实现旅游+的转变，以旅游带动其他行业的发展。

（6）构建一个完善的自驾游服务体系和配套标准营地等。

（7）林业生态建设要更多考虑旅游需要，比如泰山上树木众多，但基本品种单一，观赏价值不高，如果可以再加改造，既有生态效益，更有观赏价值，就更好了。

（8）实现全民共建共享，让居民既是游览者也是服务者，让旅游产业与居民生活息息相关，人人关心旅游，人人为旅游服务。

在我国，发展"全域旅游"成功的例子有许多，像海南的琼海市，像桂林的两江四湖建设，都取得了不错的效果。发展"全域旅游"十分重要，也是大势所趋，但"全域旅游"的发展仍有很长的路要走，相信在我们的努力下，我国的旅游事业有更大的发展。

实践·品悟

一次难忘的实践活动

2016级本科生，电子封装技术专业　陈辉

2017年8月2日9时许，我于日照火车站乘车前往泰安同队友会和，暑期实践活动也由此拉开序幕。

天阴得厉害，天气预报未来几天泰安都有雨，但我认为这预报可信度不高，丝毫没有影响我们暑期实践活动的热情。一路上，听着舒畅欢快的音乐，望着窗外飞逝的楼宇、乡间田野，不知何时，小雨渐沥，拍打在车窗上，一切甚是美好，渐入梦乡。

下午 1 时许，抵达目的地，在事先预订的宾馆集合，稍事休息，商讨未来两天的计划。随后我们来到岱庙，参观了大约一个小时，天色渐黑，找到一家餐馆用餐。晚饭后回到宾馆，我们对酒店人员进行采访，他讲了泰安市近年来的旅游情况，酒店的经营情况以及景区存在的问题。总的来说第一天收获还可以，为实践的顺利展开打响了第一枪。

第二天，我们小分队整装待发，开始了泰山之旅。沿途领略了泰山的巍峨与秀丽，游客纷纷合影留念。我们用双脚丈量着泰山的每一寸土地。山顶云雾笼罩，给人一种神秘感，但说实话也给人一种绝望感，你不知道还有多长时间才能到达顶峰。大汗淋漓，衣服早已湿透，双脚变得愈发沉重，但我们不曾想过放弃。一路上有花甲老人，有四五岁的孩子，他们一级一级地爬着，带给我们的是精神的鼓舞，源源不断的动力。最终我们成功登顶，真真正正体会到了"会当凌绝顶，一览众山小"的意境，脸上洋溢着骄傲与自豪。当然我们也没有忘了此行的目的，我们在山顶对一些游客进行了采访，他们和我们分享了自己的一些感悟以及对泰山景区的建议。

历时两天的暑假实践活动告一段落。在这短短的两天里，我们团队通力合作完成了预期的目标。通过这一活动我们更深入地走进社会，了解社会，发现了一些问题，例如很多人不了解"全域旅游"，"全域旅游"宣传力度不大；景区内花甲老人用扁担挑着食品爬山，进行贩卖营生，有极大的安全隐患；火车站服务工作待完善，长途汽车座椅较脏，等等，这些都需要有关部门去不断完善，从而更好地便民利民。

简言之，这是一次难忘而意义深刻的实践活动。

这是一次很棒的活动

2016 级本科生，电子封装技术专业　林兴奎

从一开始组建队伍到确定实践的主题，实践团经历了许许多多的困难与挫折，作为此次实践团的团长，除了收获此次社会实践的成果，更多了团队组建、任务分工、动员协调、应急处理等方面的一些感悟与收获。

在实践活动之初，实践团成员就在确立什么主题上陷入了困惑，经过学院老师的介绍与解答，我们最终确立了调查"全域旅游"战略的发展现状这一社会实践主题，助推国家宏观战略。这个主题看起来十分高大上，但我们的立足点非常小，仅仅选取泰安市的"全域旅游"发展，毕竟这是一个国家宏观战略调控，单单作为试点的城市就有几十个，而泰安市正是其中之一。实践的时间初步定在了 8 月 2 日到 4 日，尽管由于天气等原因，几次想要推迟，但是最终还是维持了原定计划。

经过了前期的准备工作，社会实践如期开展。第一天刚到，尽管有些累，但我们还是按时展开活动，岱庙一行让我领略到了泰安这座城市真正吸引人的不仅仅是秀丽的风光，更是绵延几千年的历史文化，所到之处，无不透露着浓浓的文化气息，似乎每个地方都有

故事，都有一个动人的传说。第二天登上泰山之巅，沿途景色极为壮观，堪称天下一绝，各处摩崖石刻数不胜数，最高峰玉皇顶更是无愧"一览众山小"的美誉。沿途与游客交流，了解了公共设施、游览感受、出行计划等方方面面，收获颇多。总的来说，这是一次很棒的出行，对我个人的成长也是一次珍贵的经历。

到实践中去，到基层中去

2016 级本科生，电子信息工程专业　郭跃

大学是一个小社会，步入大学即步入半个社会。我们不再是象牙塔里不能经受风吹雨打的花朵。通过这次社会实践的磨炼，我们深深地认识到社会实践是一笔财富，社会是一所更能锻炼人的综合性大学，只有正确地引导我们深入社会，了解社会，服务于社会，投身到社会实践中，才能使我们发现本身的不足，为今后走出校门、踏进社会创造良好的条件；才能使我们学有所用，在实践中成才，在服务中成长，并有效地为社会服务，体现大学生的本身价值。

社会实践活动给生活在都市象牙塔中的大学生们提供了广泛接触基层、了解基层的机会。深进基层，同基层人员谈心交换，思想碰撞出了新的火花，从中学到了很多书本上学不到的东西，汲取了丰富的营养，理解了从群众中来、到群众中往的真正含义，认识到只有到实践中去、到基层中去，把个人的命运同社会、国家的命运联系起来，才是青年成长成才的正确道路。

砥砺前行，行之不移

2016 级本科生，通信工程专业　王涵

近几年来习近平总书记前后为不同学生群体写了 8 封回信。习近平总书记殷切嘱托青年们踔厉奋发，在学习科学知识和技能时，要多接触社会，在实践中磨砺自己。

6 月，夏日将至，我便和队友们一起研究实践活动形式与方向，经历了一番"头脑风暴"之后，确定了"亲身体验与采访并行，探讨交流为辅"的社会实践思路。8 月，带着习总书记的嘱托，我们进行了这次暑期社会实践。头顶是炎炎烈日，脚步却愈加坚定，我和队友们都沉浸在合力完成一件复杂而有意义的事情的氛围里——行之不移，戮力同心，顺利完成了 2017 暑期社会实践。

想隐藏一片叶子，最好的办法是把它藏到树林里；想完成一项优秀的社会实践，就必须伏下身子，到社会中去，用心感受所能接触到的每一个角落。行知不易，行之不移，这是我在这次社会实践中坚持并且用最饱满的热情完成任务的力量源泉。

在整个实践过程中，我们一行人在实践地进行采访提问、广泛交流、亲身体验、总结讨论，不仅展现出大学生实践活动的风貌，更表现出作为北理工优秀学生的长远目光和看世界的独到视角。我会继续带着砥砺前行、行之不移的态度，积极参加社会实践活动，从中获取人生的经验和智慧。我的社会实践之路将会越走宽广。

开阔了视野，增长了才干

2016 级本科生，自动化专业 袁萌

暑假实践活动的情景还在我脑海里回旋，它给我们带来了意想不到的效果，社会实践活动给生活在都市象牙塔中的大学生们提供了广泛接触社会、了解社会的机会。

通过这次社会实践活动，我们逐步了解了社会，开阔了视野，增长了才干，并在社会实践活动中认清了自己的位置，发现了自己的不足，对自身价值能够进行客观评价。

这次实践活动，丰富了我们的实践经验，提高了我们的团队合作能力，我们通过这次实践活动更加了解了社会。这次实践活动意义深远，作为一个 21 世纪的大学生，社会实践是引导我们走出校门、步入社会并投身社会的良好形式。我们要抓住锻炼才干的好机会，提升我们的修养，树立服务社会的思想与意识；同时，我们要树立远大的理想，明确自己的目标，为祖国的发展贡献自己的力量。

实践团成员： 林兴奎 袁萌 解凡龙 郭跃 王涵 陈辉

对中原文化城市发展的几点看法——以开封为例

实践·报告

前　言

　　中原地区自古以来被称为"中华文化的发源地"，拥有着无与伦比的文化资源和历史积淀，由此孕育出的裴李岗文化、仰韶文化、龙山文化、二里头文化，在世界文化史中都占有一席之地。无论是富有神话色彩的上古历史，还是有典可查、有据可依的文明史实，中原文化都在中华文化的发展历程中留下了极为重要的一笔。然而，随着人类社会的不断发展，发展方式的日益多元，中原地区以农业、重工业为主的传统发展道路面临着越来越多的困难，发展遇到的问题也日益凸显。本团队选择在开封这一"八朝古都"展开调查，目的在于调查以其为代表的中原城市的文化产业现状，提出问题并寻求解决的方法，使得历史文化资源能够更好地促进中原地区发展，助力中原崛起。

　　开封古称汴梁、东京，先后有夏，魏，宋等8个朝代与诸侯国在此建都，是中国六大古都之一，也是国务院首批公布的国家历史文化名城。开封地处中原腹地，北接黄河，西邻省会郑州，是一座名副其实的"中原之城""文化之城"，具有中原特色的文化伴随着这座城市的兴衰不断沉积、融合、发展。尤其是在宋朝，开封的经济、文化空前发达，冠绝中西，有"东京梦华"之美誉，画家张择端的传世之作《清明上河图》描绘了北宋都城开封的繁华景象，至今令人神往。

一、开封文化产业的特点

　　团队在开封开展了实地考察。在考察过程中，发现开封以历史为依托的文化产业呈现出以下几个特点。

（一）采用以文化旅游业为主，民俗体验与特色餐饮等产业为辅的发展模式

　　开封的诸多古迹景点以昔日北宋皇宫之所在地——龙亭为圆心，呈辐射状分布。在这个圆形分布区域的边缘及各个景区之间，开封市政府着力修建了许多仿古街道、小吃街、客栈等文化体验项目，使民俗、餐饮、歌舞演艺等相关类别的文化产业形成文化产业集群，最后合成文化体验园区。另外，开封市政府尝试将文化旅游资源与发展经济相结合，取得了一定成果，如开元明珠大酒店就坐落在金明池遗址的湖畔，希尔顿酒店毗邻万岁山

景区，开封杞国酒业推出的"汴州坊"系列白酒等，在促进当地的旅游发展的同时，也优化了游客的旅游体验。

（二）利用城市内部的水系，使城市本身与景点之间的沟通更加密切

开封有"北方水城"之称，包公湖、潘杨湖、铁塔湖、汴西湖遥相呼应，四面古城墙外的护城河静静流淌。近些年，开封市政府大力修建水文景观，沿旧时运粮河道建成了"大宋御河"游览区，实现了几乎全景点"由水沟通"，游客乘船就可以泛游开封；开挖人工湖汴西湖，建成以汴西湖、金明池为主体景点的湖泊—森林生态景观风景带，等等。这样的规划，一方面是丰富开封的文化产业，一方面也改善了开封的干燥气候。

（三）文化产业向多元化发展，有形的历史资源与无形的文化资源结合日益紧密

如同《隋唐演义》中的长安，《牡丹亭》中的扬州，开封也曾被古今文人骚客多次吟咏、描绘。如果说正史为我们提供了研究古代开封的书面依据，《水浒传》《三侠五义》《杨家将》《岳飞传》等小说演义则赋予了开封以武侠为中心的地域精神文化。如今的开封，更多地将有形无形的特色文化产业结合在一起，使得游客对于开封文化的感受更加全面。如将万岁山森林公园升级为"大宋武侠城"主题公园；推出《大宋·东京梦华》《千回大宋》等彰显古人风骨气节，展现昔日都城繁华景象的歌舞表演，《梁山好汉劫法场》《三打祝家庄》等改编自小说中精彩章节的实景演出。

二、开封城市发展存在的问题

开封作为一座以历史文化闻名于世的城市，文化古迹众多，所以也面临着古都城市和中原城市所共有的发展问题。实践团队在调研过程中，首先将城区大概分为了四块区域：古城墙内中心城区旅游景点密集，人口稠密；东南城区工厂较多，为老工业区，污染较为严重；北城区以农林业为主要产业；西城区为政府设定的经济技术开发区。在对开封市的概况有了一个大概了解之后，实践团队通过上网查找相关资料，在景区内采访游客，实地走访当地棚户区，采访各个年龄段的市民等方式，将其所反映出的问题总结如下：

（一）城市产业较为单一，部分市民素质较低，导致城市污染现象严重

河南自古为农业大省，新中国成立后形成了一定的工业基础。开封是河南的老工业基地。改革开放以来，中原地区因为其地理、资源等多方面因素，一直未能够实现较快发展。现在的开封，虽然已经较之前有了长足的改观和发展，但创新驱动型产业和主导产业等新兴产业建设尚不完善，以农业和重工业为主的传统产业在整体发展中仍占很大比重。由此产生的环境污染，更是市民心头抹不去的一团阴云。

在实地考察的过程中，实践团员在开封的各个景观湖，都发现了不同程度的水质恶化情况，主要表现为发绿、发臭，有漂浮物；四面护城河中的部分河段，甚至出现了垃圾堆积成山、河水淤塞等现象。这种水质污染的情况发生，一部分是工厂的违规排污，另外一部分就是周边居民乱丢生活垃圾所致。我们走访了河畔的几家小餐馆，暗中观察，他们果然是把生活污水直接倒进了河中。试问，这样的"景观"，让游客如何提得起兴致？

无独有偶，禹王台区位于城市的南边，拥有禹王台、繁塔等历史景点，但是因为有诸多工厂，再加上火车站坐落在区内，造成环境污染严重，使其发展缓慢。实践团员采访了一位当地居民，他由衷地表达了冬天雾霾给人们出行和健康带来的障碍和危害，并且感叹自己在禹王台旁生活了几十年，禹王台依旧是老样子，没有改观。我们不能否认是偏僻的位置束缚了禹王台等景区的发展，使其未能进入到政府的短期规划中。但是，只要污染依旧存在，开封南关的景区，如禹王台、大相国寺、繁塔等地区，就不能够真正获得长足的发展，不能向四海八方的游客展示自己的文化。

（二）城市的基础设施建设尚不完善

实践团员在8月7日下午先后抵达开封市，恰逢天降暴雨，路面积水情况严重，交通拥堵，给出行造成了很大不便，这就是一种城市基础设施不完善的直观表现。不只开封，中原地区由于人口稠密、城区老化等原因，或多或少都存在这些问题。基础设施建设的速度不能及时跟上城市经济发展的速度，是阻碍中原地区发展的一个重要问题。在我们的采访过程中，景区内的游客大都表达了对景区"路难找，车难停，座难寻，兴难尽"等相关问题的抱怨。

如果说前来观光的游客对于薄弱的基础设施表示失望的话，在此生活数十年的市民，则更能够更深切地体会到其所带来的不便。生活在开封东郊的李奶奶，会定期到龙亭公园散步。在她的记忆中，龙亭公园供游人休息的长椅，从来都不够用。"没有椅子，景区怎么留得住游客？"这些问题，还只是在景区内部。景区较多的龙亭区、鼓楼区，由于是古城区，道路积水，公厕难找，垃圾桶"名存实亡"等问题随处可见。这种问题存在得久了，就会使游客产生不好的印象，也会阻碍市民生活质量的提升。

说到基础设施建设，其中很大一个问题就是交通。开封的主干道大梁路至西门大街路段，是外来游客的必经之路。随着私家车数目日益增多，交通拥堵情况日趋严重。实践团队调查时坐公交车往返，10公里的路程，花费了将近一个小时。虽然说，交通拥堵是城市发展的通病，但是，基于开封的实际情况，并非无法可治。比如鼓励市民在节假日走内环路等其他干道，设立公共交通游览专线，为游客创造更好的观光条件。

（三）老城区的改造没有达到预期的目标

龙亭区、鼓楼区这两个景区集中的城区，恰恰是开封棚户区最多的城区，其中住的多是老人。棚户区一直被称之为城市的"牛皮癣"，其所代表的旧城区改造问题，是每座城市特别是中原城市需要花大力气整改的。中原地区发展历史悠久，比之深圳等新兴城市，可能对于旧城老居的改造将更加困难。加之开封的地理因素，景区大多坐落在旧城区内，如果处理失妥，就会直接影响文化旅游业的发展。

实践团员走访了龙亭景区周边棚户区的几位居民。他们中不乏夜市摊贩、个体户，不约而同提到了龙亭景区的发展确实给自己带来了实实在在的便利，而对于改造棚户区的态度，也并非是坚决抵制。而当我们问起如果改造，他们最关心的事情是什么，答案大同小异，就是以后的安置和赔偿问题。这表明我们的文化旅游建设为当地居民带来了切身的惠利，也表明旧城区改造的头等大事，需要做好居民的安置工作。这就需要政府妥善举措，循序渐进，做好相关的宣传和安置工作。

本实践团的成员都为河南人，从小在中原地区长大，怀着一种主人翁意识，用三天的时间，深入到开封的各个角落，通过对六类群体的调查采访，对清明上河园、汴西湖、鼓楼、万岁山、包公祠等 5 个景点的实地考察，发现城市文化建设的成果与不足。这次实践活动，不单单是开阔团员眼界，提高综合素质，更表现出对家乡文化的一种推广和期许。中原地区自古以来便是文化发源之地，在祖国社会主义现代化建设如火如荼进行中的今天，更不能落在后面。我们每一个实践团成员，都希望通过自己的努力，为家乡的文化产业发展献出自己的绵薄之力，能够给家乡的发展、祖国的发展，带来更多的正能量，助力中原崛起，助力中国梦的腾飞！

附件

实践团采访部分问题

1. 实践团采访景区游客部分问题：

(1) 在来开封旅游之前，对开封的历史文化有多少了解？

(2) 觉得开封和来游玩之前想象的一样吗？差在哪里？

(3) 觉得开封的景点好玩吗？有什么区别于其他景点的特色？

(4) 觉得来到开封后，最大的不方便在哪里？换而言之，无论是政府，或是景区，在提高游客的旅游享受方面，有什么可以提高的地方？

2. 实践团采访棚户区住户部分问题：

(1) 客观地说，这里的环境状况如何？有没有想过搬到一个居住环境更好的地方去生活？

(2) 景区距离住处很近，有没有对生活产生影响？好处坏处都有哪些？

(3) 这些年开封政府一直在推进旧城区改造工作，如果将来旧城区改造工作进行到这里，你最关心的问题是什么？

🌿 实践·足迹

一、确定调研主题

经商议，当团队把最终的调研主题定为中原文化时，团队里 5 个河南十八九岁的年轻人内心是极其有自信的。

河南，古称中原、豫州、中州，简称"豫"，因大部分位于黄河以南，故名河南。河南位于中国中东部、黄河中下游，东接安徽、山东，北接河北、山西，西连陕西，南临湖北，呈望北向南、承东启西之势。河南是中华民族与中华文明的主要发祥地之一，中国古代四大发明中的指南针、造纸、火药三大技术均发明于河南。历史上先后有20多个朝代建都或迁都河南，诞生了洛阳、开封、安阳、郑州、商丘等古都，河南为中国古都数量最多最密集的省区。河南有老子、庄子、墨子、韩非子、商鞅、张良、张衡、杜甫、吴道子、岳飞等历史名人。

以河南文化之昌盛，历史之悠久，似乎以中原文化为主题来调研，是举手弯腰便得之的简单工作。然而，我们很快意识到，中原文化博大精深，发展模式更是数不胜数，在选定大主题之后，我们不得不搞清楚：我们要解决什么？我们想得到什么？我们要从庞杂的信息中提炼出什么？关于这些问题，我们必须有清晰的方向，将一道中原文化的简答题，变成一个一个实打实的填空题，并填上具有时效性的答案，才能使得我们的走访与调研有深刻意义，才能真正做出助推中原文化崛起的成果。

二、我们的调研提纲

中原文化有很多种形式：语言、文字、历史古迹、风景名胜，还有中原人的精神品质，甚至特色小吃、专有服饰。我们的实践方式为调研，思考如何以"现代"的视角，在历史气韵厚重的中原，发掘或者创造社会主义先进文化发展的新模式，那么历史古迹的寻访，毫无疑问地成了我们最为关注的文化形式。调研的目标形式得以确定，那么我们又应该在走访历史古迹的过程中思考什么、调查什么？又尝试去解决什么、创造什么呢？顺着逻辑，我们又回到主题寻找答案。

经讨论，我们认为，文化之所以能传承数百年而不衰，是因为它本身的精神内核始终不被社会与时间所淘汰，那么第一个问题便出现在我们的提纲上：就像社会主义核心价值观，我们要调研总结，什么是中原文化的核心。既然有了内在的核心，那么必然也有外在的表现形式，我们应该在文化古迹中将这种模式抽象出框架，分析出利弊。所以，精神内核的表现形式是我们即将关注的第二个问题。但是，在经济与文化共同发展的大潮流、大趋势下，仅依靠上面两点，不那么容易使得中原文化脱颖而出，需要有文化亮点和较为现代化的商业模式，这是我们团队关注的第三点。最后，我们希望能借鉴先进的方面，也希望能发现落后的方面，并以我们的聪明才智来改善甚至解决。

在北京徐特立图书馆，团队5人为理清了调研的思路而鼓舞，为即将亲自实践而摩拳擦掌、跃跃欲试，我们决定以河南历史与文化气息最浓厚的地方——开封为实践地点，开始为中原文化的崛起做出我们的贡献。

三、美丽的古都开封

团队5名队员来自河南不同的城市，所以当双脚齐踏上开封这历史悠久的土地，看到宋朝那繁荣文化在这里留下的一道道美丽的痕迹，5名队员都很激动。

开封，古称老丘、大梁、陈留、东京、汴京、汴梁等，简称汴，是河南省地级市，中国六大古都之一，国务院首批公布的国家历史文化名城，地处中原腹地、河南省东部、黄河下游南岸之滨。开封承载着厚重的历史文化，具有"文物遗存丰富、城市格局悠久、古城风貌浓郁、北方水城独特"四大特色。开封迄今已有4 100余年的建城史和建都史，先后有夏朝，春秋战国时期魏国，五代后梁、后晋、后汉、后周，大辽、北宋和金朝等相继定都开封，素有"八朝古都"之称，是世界上唯一一座城市中轴线从未变动的都城，城摞城遗址在世界考古史和都城史上都是少有的。北宋都城东京开封城更是当时世界第一大城市，是清明上河图的原创地，有着"琪树明霞五凤楼，夷门自古帝王州""汴京富丽天下无""东京梦华"等美誉。

实践活动首日，我们以鼓楼为起点，踏过石板铺成的书店街，游览气派而不失精致的龙亭公园，傍晚迎来了我们游览调研的重头戏——清明上河园。"独酌山外小阁楼，窗外渔火如豆。"我们站立于清明上河园中善楼之上，夜色清爽，似少女软语；月色动人，如无暇玉璧，便使人有了遗世独立之感。飞梭翘檐，古厢陈钟，历史的厚重浸透着御河蒸出水汽带来的凉爽，在这灼灼夏日，沁人心脾。游赏园中，仿佛置身大宋那富饶繁华的汴京街市，让人恍然有穿越之感。《大宋·东京梦华》歌舞表演艳丽震撼，一首首曾在中华文化的史册上留下印记的宋词在现代化的灯光效果里被传唱，未曾领略者，难以不被感动！

实践活动第二日，我们在万岁山大宋武侠城留下足迹。第一日的清明上河园和龙亭已经给了我们很多惊喜，而第二天的武侠城又给了我们关于中原文化新的启示。园中来来往往的工作人员，都身着宋时的古典服饰，其中不少更是打扮得或是精致，或是剽悍，以装饰上的百态来展现宋时梁山好汉与绿林侠士的英姿。园中的地名也极具特色——江湖街，九龙瀑，这些景点配合着整个园子所展现的文化气氛，不断点题，时刻提醒着人们，或者说刺激着人们的神经，让人们时刻去回味与期待不同景点与文化主题之间极具趣味的联系，很有"代入感"。除了"极其让人入戏"的历史感和本身作为森林公园所具有的优美风景，万岁山武侠城的一个亮点是加入了一个娱乐化的项目——泼水节。我们5人便参与到了其中，水枪、水盆和冰凉的清水，更有趣的是一群可爱的小朋友，在喷泉之中穿梭，和我们一起游戏。直到玩得筋疲力尽，太阳毒辣但感觉不到一丝暑气之时，我们才湿漉漉地走出来。泼水作为一个娱乐的活动，不谈俗雅，本身对于男女老少都很有吸引力，虽然其本身不作为武侠文化的一部分，但它的存在无疑吸引了一批游客，来参与泼水的同时，宋时的武侠文化也深入人们心里。

实践活动第三日，也就是最后一日，因为行程安排紧张，所以我们主要调研游览的是包公祠。粼粼的包公湖边，不太起眼的角落，褐里偏赤的围墙，在夏天阳光下白得发亮的栏杆，在摇曳荷花和小浮萍之间那不断从假山泻出的清泉，有些暗淡的祠堂和在讲解员低沉的描述声里不断向包公传递敬意的烛香；很精致也很完美的祠堂，"铁面无私""正大光明"的横匾让人振奋，"包公家书""端州掷砚"的故事使人折服。这样精致纯净的景点，沁我们的心脾，也同样激发我们的智慧。

我们的脚印留在了开封，我们要把经验、思考和总结带回北京。

四、中原文化的精神内核

社会主义核心价值观是富强、民主、文明、和谐、自由、平等、公正、法治、爱国、敬业、诚信、友善。简简单单24个字，便把中华文化的精神内核得以概括。所谓精神内核，是一种文化生命力的本源，像是我们的心脏，不停地为我们提供新鲜的血液。

也可以说精神内核是文化的地基，文化的大厦无论多么宏伟华丽，若无坚实的地基，很难建成，很难传承。所以我们在开封调研时，着重关注了中原文化的精神内核。

第一个是武侠文化中所蕴含的精神内涵。在清明上河园和万岁山大宋武侠城，武侠文化算是一大特色。鲁智深、宋江、林冲等《水浒传》中令人们喜欢的人物都能在这里找到身影。那些劫富济贫的绿林好汉，为兄弟不顾惜自我安危的剑客侠士，都体现出一种精神内涵，那就是：先义后利。我们认为这种精神具有较强的现实意义，在民族大义与自我利益冲突之时，这种精神内核为我们选择了方向。

第二个是围绕包公所展开的文化现象，体现了清正廉明、以国为家的精神内涵。在包公祠中，殿外到处是"铁面无私""光明正大""冰清玉洁"的牌匾，展馆内都是包公那一个个让人敬佩其高风亮节的故事，都是展现千年之前那一位令贪官畏惧、令百姓折服的包大人的清廉品质。在包拯的身上，我们得到中原文化第二个精神内核：清正廉明，以国为家。显然，在大力反腐的今天，这种精神内核无疑是群众监督官员们的标准。

第三个精神内核是我们总结出来的，不仅在开封，在河南各个城市，都存在的一种精神内核，那就是和谐。这种和谐是追求大同的和谐，是中原文化包容性的直接体现。在开封，无论是在繁华的小宋城，还是在惊艳的清明上河园，或是幽静的包公祠，在和人的接触中，我们发现，和谐都是他们处事的座右铭。得饶人处且饶人，若不能求同则存异。河南作为一个超级人口大省，外来人口与当地人的交流都因这精神内核而变得简单、清楚。

这些精神内核，便是支撑中原文化历久弥新、长盛不衰的法宝，是新鲜血液的源头，掌握了它们，便是掌握了中原崛起的命脉。

五、值得借鉴的文化框架和表现形式

开封作为文化名城，有太多优秀的文化模式值得其他城市借鉴和参考。当然，也因为有太多的模式，所以也会存在这样或那样的问题，供其他城市来思考和鉴别。我们走访后思考并总结，抽象出一些简单的文化发展模式。

首先，作为中华文明的瑰宝，中国文化的源头和中心，中原文化应该以何种形式来"毛遂自荐"，让人们以现代的眼光去重新发现并充分欣赏，这是一个值得深思的问题。河南之开封，开封之清明上河园——这里作为中原文化最繁荣的地方，其厚重的历史感和创新的实践形式也果然没有让我们5人失望。清明上河图整个园区的建立都源于北宋张择端那幅描绘汴梁繁华风光的《清明上河图》。如此美妙的风光，如此繁华的街市，如此厚重的历史，整个园区协调各个元素，将现代的商业模式与中原文化发展方向天衣无缝地结合在一起。我们从清明上河园中抽象出一种文化发展模式，那就是建立一个文化主题园区，以著名的人物或者物什为引线，来打造融商业、文化、历史为一体的景点。

其次，在清明上河园中，现代化的技术与古代的文化主题相结合，在发展文化的同时发展了中原的经济。既让人们大饱眼福，促进了人们在精神与文化方面的消费，发展了中原经济，又将中原文化以这样新颖而吸引人的方式保留了下来。以歌舞表演《大宋·东京梦华》为例，震撼的视觉效果，惊艳的唱词表演，每日吸引大量的游客观看，传统文化与新颖形式完美结合，中原经济和中原文化共同发展，妙哉！

最后，在万岁山大宋武侠城，我们也有了新的认识。其中"泼水节"作为一个娱乐活动，是武侠城的卖点之一。文化不是实物，它是一种氛围，是可被营造的，可被感受的，但一旦浸润其中，便不可被抗拒。所以一个文化城市，不管以何样的形式来吸引人们的脚步，一但游客"投入其怀"，便是其文化发展的一个小小的进步。于是我们有了新的结论，新的想法：中原文化之崛起，一是要稳固地发展中原文化的实力，从历史或者文学的细节出发，发掘一些创新点来打造好中原的文化名片，二是也要发掘一些其他小的亮点，吸引更多的游客，这样才能提高中原文化的"曝光度"，让我们的中原文化重新崛起。

六、队员思考之一瞥

开封作为历史文化名城，也有需要改进之处。调研游览包公祠时，景点本身没有什么特别令人耳目一新的东西，但这才是需要我们思考的时候。开封的包公祠、开封府，就像安阳汤阴的岳飞庙、羑里城，千岛湖的海瑞祠，以文化名人为依托，来发展文化，这些地方都是一手文化发展的"好牌"，但怎么打呢？按原来这种模式，只会让我们有这样的感觉：很有文化气氛，但是普通了些，保守了些，没有区别于其他文化旅游景点的新鲜感。有人说，这些远离"重商业化"的祠堂、府邸，不正是文化存留的一方净土吗？怎么还需要创新？我们所说的创新，并不是指以重商业化的方法来吸引更多的游客，以此来发展，那样只会本末倒置，毁了这里独有的文化特色，我们必须去发掘新的着眼点。那怎么才能将这些小而精，因纯而美的文化小角打造得更好呢？

我们探索的方法有两种，用电路中的两个名词来命名，一个是串联，一个是并联。何为串联？就是将这些地方"联合"起来，可以建设一个这样的文化群落，可以有主题，这样游览时的逻辑更紧密；也可以没有主题，让游客穿梭之间时刻有新鲜之感，这样既保留的各个地方纯净的特色，又以增强每个景点之间的联系来丰富整体的文化内涵。那什么是并联呢？我们想可以让一个大的文化风景区，来"带着"一到两个这样的景点一起打造品牌，如清明上河园这样大的文化园，其中若有哪个汴梁文化名人的祠堂，也不会让人觉得唐突，反而更凸显了园内的文化气息，岂不美哉？

七、结　　语

8月10日下午，5名队员分别踏上回家的路途。回首开封的3天实践时光，美味的小笼包与炕馍，龙亭碧绿的湖水，清明上河园那一轮皓月，武侠城潇洒的绿林好汉以及包公祠内缓缓燃烧的檀香，都令人留恋不已。我们在文化最繁荣的地方获得了我们所需要的经验，我们在精致的景色里学会了如何去思考。我们希望我们的一点努力能为中原崛起助力，为中华崛起助力！

实践·品悟

感谢团队，感谢开封

2016 级本科生，材料化学专业　王熹

我们的社会实践地是开封。说到感悟，回味那美味的小笼包与炕馍、龙亭碧绿的湖水，清明上河园那一轮皓月，武侠城潇洒的绿林好汉以及包公祠内缓缓燃烧的檀香，留恋与激动就又涌上我的心房。

通过本次社会实践，首先我感觉我喜欢了这个团队。我们的团长吴旭，是一个很有智慧、懂得统筹的好团长。她允许我们每个人发表自己的看法，希望我们讨论，也允许我们意见有分歧。当存在分歧时，她首先有自己的判断，能循循善诱，综合各方的优劣，最后得到我们每个人都赞同的结果。在行动时，也能鼓励我们，我们 5 人能够齐心协力、团结合作，多亏了她。

其次，我掌握了一种思维方法。那就是从表面出发，而不在表面停止，要学会去在庞大的表现形式后面抽象出最为关键的本质；学会如何去发现亮点，发现核心，得到我们解决问题所需要的思路。

最后，感谢北京理工大学给了这次实践的机会，感谢我们的团队锻炼了我，感谢河南开封。

构建独具特色的精品旅游景点

2016 级本科生，电子封装技术专业　王喜锋

经过 3 天的实践，我们一行人参观了开封市著名的旅游景点，看到了开封旅游文化产业的发展现状，也发现了其中存在的一些问题。

文化是旅游的灵魂，开封作为八大古都之一，有着悠久的历史文化积淀和丰富的旅游资源，尤其是以宋文化为核心打造的一系列景点。但这些景点也有些许问题，以清明上河园为例，它是国家 5A 级景区，以"一朝步入画卷，一日梦回千年"为设计理念，但园中很多现代化元素和较浓的商业韵味，使它不再是普通意义上的北宋文化主题公园；而且很多景点的旅游从业人员缺乏文化素养，讲解员不够专业；园内外缺少必要的问询、服务处。除此之外，开封的旅游文化的宣传营销工作不到位，很多人是来到了开封才去景点而不是为了某个景点来到开封。

想要进一步提升开封的旅游文化质量，就必须加强旅游文化管理，培养专业的旅游从业人员，提供优质服务，加大宣传力度，构建独具特色的精品旅游景点。

学会多角度看待问题

2016 级本科生，电子封装技术专业　王旭峰

如实践主题"广覆盖、促发展、提能力、获真知"所言，本次实践令我获益匪浅。

开封作为"八朝古都"，是典型的人文旅游带动经济发展的城市，调研开封，也对所有此类城市有借鉴意义，覆盖面广。

调研中发现了诸如棚户区居民生活状况、景区卫生状况等实际存在的问题，我们给当地政府、有关部门提出了合理化建议。

为期 3 天的社会实践紧凑充实，我们齐心协力安排每一天的时间，规划最优的路线，深入走访当地居民，了解旅游业对他们生活的影响。在此期间，我们发现问题、分析问题、解决问题的能力得到了很大的提高。

开封厚重的历史气息使我们受到文化的熏陶，穿梭于城市的各个角落，古都的魅力越来越让我们着迷。我们开阔了视野，丰富了历史文化知识，学会了多角度看待问题。

让更多的人了解开封

2016 级本科生，材料科学与工程专业　吴旭

短短 3 天的社会实践已经拉上帷幕，我们选择了中原地区引以为傲的历史文化名城开封开展调研活动。开封，中国八大古都之一，承载着厚重的历史文化，在宋代曾是世界第一大城市，也因张择端的《清明上河图》而名声大噪。拥有如此得天独厚的历史积淀与文化资源，开封旅游业自然稳步发展，从而让更多的人了解开封，了解那段繁华岁月，借以带动中原文化的崛起，中华文化的腾飞。

旅游业是一个资源消耗低、带动系数大、就业机会多、综合效益好的产业，经过思考，我认为开封发展旅游业，应该做到以下几点：

1. 做大做强旅行社

旅行社接待游客数量占比很大，要设身处地站在游客立场上规划设计合理的旅游路线，利用好游客的口碑宣传开封。

2. 打响特色品牌

例如突出宋文化特色，借历史的博大精深吸引游客，在游客陶醉其中，沉迷历史时，其本身也是对宋文化的一种反哺。

3. 办好各类节会

金秋赏菊，元宵观灯，均可以糅合本地特色，形成与众不同的开封风格。

继承先人留下的优秀文化

2016 级本科生，材料科学与工程专业 杨敏铮

1. 以文教化

中原地区被称为中华民族的发源地，黄河在此流淌，炎黄帝陵在河畔静立。作为一个开封人，我很庆幸，自己能成长在这样一个以历史悠久、文化丰富著名的古都。但是，每每当我和大学同学们提起开封，同学们疑惑的目光，使我有些灰心：这样著名的古都，这样杰出的文化，怎么会无人知晓？于是，我向我的团队提议，前往开封，发掘其内在的文化资源，并以此为基础，探寻中原历史文化发展的出路。

因为是本地人，作为导游的我，拥有了一次前所未有的观光体验：每至一个景点，我都会搜肠刮肚，遣词排句，用生动诙谐的语言，像说评书一般向同学们介绍其中的历史故事；在看见景区和市区中一些不文明的现象时，作为当地人，我也感到羞愧和歉疚……3 天的旅程，说短不短，说长不长。短到使我觉得自己还没能够把开封的面貌完整地展现在同学眼前，长到已经足以使我知晓了开封文化，开封究竟该去往何方？作为一个开封人，我该怎么做？

2. 主人翁意识

何谓主人？以来客之心待他人，以主人之礼束己身。如果开封人，乃至河南人，都能够心中长存主人翁意识，以城市为家，相信我们的文化、我们的民俗，能给每一位来访者都留下有美好的印象。南宋诗人林升的一句"暖风熏得游人醉，直把杭州作汴州"，让无数人对于千年前的那座帝都浮想联翩。今天，我们有责任以开封人，中原人的身份，继承先人留下的优秀文化，并展现在世人面前。

实践团成员：吴旭 杨敏铮 王旭峰 王喜锋 王熹

从大栅栏等胡同的改造看北京胡同未来发展

实践·报告

作为北京文化的重要缩影，胡同文化具有奇妙的意义。从胡同的由来，名称和数量，再到北京人安土重迁，讲究处街坊，易于满足，喜好置身事外的思想，都与其息息相关。然而，北京的胡同文化在衰败与没落，在商品经济大潮的席卷之下，也许这种文化在某天会消散殆尽，成为过往。诚然，一部分胡同由于社会发展与城市建设的原因不可能继续存在，所以我们这次实践活动不仅是学习和继承这种文化，更是想通过调查走访了解胡同文化，从而对胡同的未来谋一个出路。本次实践，我们首先通过查阅大量文献，对北京胡同有了客观认识，然后实地考察北京部分胡同。通过选点统计、问卷调查、走访调查得到原始数据，经过数据清洗、整理对胡同规划提出可行性建议。

一、前　　言

胡同是北京文化的特色，承载着大量有形和无形的历史信息。然而随着城市的发展，古老的胡同似乎并不能适应现代的城市规划。针对这一问题，我们开展了此次人文实践，希望通过我们的调查研究，对北京老胡同的规划发展提出可行性建议。7月5日至15日，我们调查了东交民巷、南锣鼓巷、大栅栏等具有代表性的北京胡同，发放了150份A类问卷，150份B类问卷；实际收到A类有效份数99份，B类有效问卷101份，并对6名游客、8民胡同居民做了访谈。

所谓的胡同，就是以前的街道、小巷等，一直通向居民住宅内部。胡同中住着很多的老百姓。胡同是交通的一部分。胡同起源于元朝，"胡同"这两个字并非是汉人起的名字，而是蒙古语的音译。聪明的元朝统治者在城市建设和管理方面的过人之处通过胡同就可以显现：胡同大多横平竖直，四合院也规规矩矩、错落有致，非常具有条理。在北京，胡同的规格大小都有讲究，长，不宽，建筑低，都是它的特点，而且方位极其明确，对辨识方位特别有帮助。

胡同之所以成为一种标志，主要是因为人们在胡同中居住，就会有独特的生活方式和讲究，这便形成了独特的胡同文化的魅力。胡同的名称很有特色，有些取自方位、标志、地名等，还有一部分很有意思，取自北京的土语，比如背阴儿胡同，闷葫芦罐儿胡同，都给人一种想深入其中探索的想法。我们此次实践调查，通过发放问卷和采访的方式，针对这些充满着北京文化的地点调查，以期将已经存在几百年的胡同了解得更透彻，并提出一些建议，更好地传承和保护我们的胡同文化，同时可以尽量不影响经济的发展。

作为中华儿女，我们有义务去保护我们的文化，有义务去学习和传承祖先的智慧并发扬光大。这些胡同，都是前人智慧的结晶，值得我们怀着一颗敬畏的心去探究。

二、研究设计

（一）研究方法

调查法，行动研究法，文献法。

（二）研究样本

问卷调查采取实地发放和网络相结合，扩大了数据来源。同时通过环节控制，保证了样本的针对性和代表性，在整体上做到样本质量和数量的协调。访谈和实践在南锣鼓巷和大栅栏以及东西交民巷进行，随机抽样的同时兼顾了身份、年龄和男女比例，实地调研时300人参与问卷调查，包括当地居民和各地游客。

三、胡同文化的实践探究

（一）胡同调查范围与对象

本次社会实践地点主要选在北京城内的几处大面积胡同集聚地——南锣鼓巷和东西交民巷以及大栅栏。南锣鼓巷位于北京市中心东城区，北边是鼓楼东大街，南边是地安门东大街，西边是地安门外大街，东边是交道口南大街，现如今已经发展成为北京重要的旅游景点。南锣鼓巷南北走向，长约800米，东西各有8条胡同整齐排列着，从南向北，西面的8条胡同是福祥胡同、襄衣胡同、雨儿胡同、帽儿胡同、景阳胡同、沙井胡同、黑芝麻胡同、前鼓楼苑胡同；东边的8条胡同是炒豆胡同、板厂胡同、东棉花胡同、北兵马司胡同、秦老胡同、前圆恩寺胡同、后圆恩寺胡同、菊儿胡同。诸多胡同聚集在此，所以我们将第一处调研地设在南锣鼓巷，并通过参观游览胡同建筑与走访胡同居民对胡同文化做进一步了解。

另一处调研地我们则选在了东西交民巷。印象中，历史课本中曾在近代屈辱史中出现这一地点，东交民巷和西交民巷分别位于北京市中心天安门广场毛主席纪念堂的东西两侧，旧称江米巷。巷内街道两边西洋建筑风格各异、错落有致，是北京唯一一处洋房林立的特色街巷。东西交民巷地理位置优越，是京城诸多人文古迹和商业旺市的有机连线。它北依天安门、故宫、中山公园、劳动人民文化宫、北京饭店、王府井步行商业街、"五四"文化街；南望前门箭楼、正阳门、前门商业街、大栅栏商业街、大都市街、天坛公园、先农坛；中拥天安门广场、人民英雄纪念碑、毛主席纪念堂、人民大会堂、历史博物馆和国家大剧院；西连琉璃厂古文化街；东接东单、崇外商业街，是北京市内众多人文历史古迹和商业旺铺的黄金连线。因为其独特的胡同建筑风格，我们决定走入其中对其做进一步的调研和了解。

大栅栏街原称廊房四条，距今已有近 500 年的历史。大栅栏处在古老北京中心地段，是南中轴线的一个重要组成部分，历史上就是一个繁华的商业区。

据清代《钦定令典事例》中记载，雍正七年批准的外城栅栏有 440 座，乾隆十八年批准的内城栅栏有 1 919 座，皇城内栏 196 座。大栅栏原是廊房四条，因为这条胡同的栅栏制作出色，保留长久，而且又大一些，而逐渐为京城所瞩目，所以，大栅栏就成为这条胡同的名称了。老北京有句顺口溜叫"看玩意上天桥，买东西到大栅栏"。"头顶马聚元，脚踩内联升，身穿八大祥，腰缠四大恒"说的都是早年间大栅栏的地位和繁华景象。

明张竹坡《京师五城坊巷胡同集》中并未收载"大栅栏"这个地名，在前门外路西只有廊房头条、廊房二条、廊房三条和廊房四条，其中的廊房四条就位于大栅栏的位置，可见在明朝还没有栅栏这个地名。而所谓的"廊房"指的就是用于临街经营的店面房，由此可见，在明朝虽然没有大栅栏这个地名，但大栅栏所在的位置就已经是一处商贾云集的繁华商业区了。明弘治元年，为治理京师社会治安，在北京各条街巷门口，设置了木质栅栏，栅栏由所在地点居民出资修建，从此以后直到清朝末年在北京的街道上共修建了 1 700 多座栅栏。其中廊房四条的栅栏由商贾出资，格外地大，因而被称为大栅栏，久而久之大栅栏就取代廊坊四条成为这条街道的正式名称。光绪二十五年大栅栏发生火灾，木质栅栏被烧毁，从此以后大栅栏只存其名，直到 2000 年北京市政府又在大栅栏街口修建了铁艺栅栏，真正的栅栏才又回到大栅栏。

本次调研实践活动旨在通过实地考察对胡同文化有进一步了解与总结，调研过程中注意力主要放在胡同的现实生活上，调研对象主要是胡同中的建筑物情况以及胡同中居民和游客对胡同的了解程度，主要通过对南锣鼓巷和东西交民巷以及大栅栏的当地居民以及游客的问卷调查和访谈收集各种信息。

（二）空间印象与初步感受

通过调研与步入胡同的亲身感受，我们一行人近距离观察到了胡同的空间形态与色彩、生活氛围等。胡同的建筑由于起源于封建社会，所以布局谋篇整体充满了封建色彩，受身份高低贵贱影响长宽高的特定标准，古色古香的屋檐棱角与门窗带给我们满满的美的享受，壮观一如大家族聚居的四合院，小则也是灰蓝砖瓦的房屋，四通八达的巷道以及整整齐齐的房屋排列，更是让这里散发着那种规矩的美感，回来翻看随行拍摄的照片也能让我们有身临其境的感觉。或许时过境迁，胡同的生活还会继续发生很大的变化，但曾经的氛围依旧可以唤起美好的回忆。

四、研究结果及分析

为了更好地了解胡同文化的起源、发展与现状，我们查阅了有关胡同的资料并进行了实地考察，做出了以下调研结果和分析。

（一）胡同历史文化资源与内涵

1. 胡同文化起源与名字由来

（1）起源。

公元12世纪，金朝建立，于北京建都，将其称为中都，当时中都城里虽然出现了坊、街、道、巷，但没有"胡同"一词的出现。公元1276年，元朝在金中都东北部建立了"状如棋盘"的大都城，新建了许多住房及院落，这一间间房屋、一个个院落，连起后一排排的，而一排与另一排之间留出的通道，便形成了胡同、小街和大街。

查阅资料，目前对"胡同"一词含义和来源的解释主要有：

水井：在蒙古语、突厥语、满语中，水井一词发音与胡同接近，而古代北京吃水主要依靠水井，因而水井从居民区的代称成为街道的代称，并产生了胡同一词。

元朝时遗留的名称：蒙古语称城镇为"浩特"，蒙古人建立元朝以后，也将中原城镇街巷称为"浩特"，后来"浩特"演化为"火弄"或"弄通"，进而演化成今日的"胡同"和"弄堂"。

胡人大统：胡同一词是元朝时政治口号"胡人大统"的简化版。

（2）名字由来。

①以形象标志来命名。胡同多以一个较明显的形象标志命名，表现出北京人的实在、直爽和风趣。比如较宽的胡同，人们顺嘴儿就叫成了"宽街"，窄的就叫"夹道"，斜的就叫"斜街"，曲折的叫"八道湾"，长方形的称"盒子"，短的称"一尺大街"。

②以地名命名。过去的北京城最显眼、最突出的标志是城门、庙宇、牌楼、栅栏、水井、河流、桥梁，所以就出现了以此命名的西直门内、外大街，前、后圆恩寺胡同，东四（牌楼）、西单（牌楼），大栅栏（老北京人读成大市腊）、水井胡同、三里河、银锭桥胡同等名称。

③方位。许多胡同为了好找，在胡同名称前加上了东、西、南、北、前、后、中等方位词，比如东坛根胡同、西红门胡同、南月牙儿胡同、北半壁胡同、前百户胡同、后泥洼胡同、中帽胡同等。

④北京的土语。因为胡同名称由胡同里的北京人自发命名，所以其中有北京的土语，比如背阴儿胡同、取灯儿胡同、闷葫芦罐儿胡同、答帚胡同、胰子胡同、嘎嘎胡同等。

⑤吉祥话。有些胡同名称能表露出人们的美好愿望，人们总乐意用一些吉利的字儿来给胡同起名，比如带有"喜""福""寿"等字眼的喜庆胡同、喜鹊胡同、福顺胡同、福盛胡同、寿长胡同、寿逾百胡同等。还有带着"平""安""吉""祥"字眼的平安胡同、安福胡同、吉市口胡同、永祥胡同等。也有富于浪漫色彩的胡同名称，如百花深处、杏花天等，也有可笑的狗尾巴（老北京人读作狗乙巴）、羊尾巴（烊乙巴）胡同等。

⑥以市场贸易命名的胡同：如鲜鱼口、骡马市、缸瓦市、羊市、猪市、米市、煤市、珠宝市胡同等。

⑦以寺庙命名：有隆福寺街、大佛寺街、宝禅寺街、护国寺街、正觉寺胡同、观音寺胡同、方居寺胡同等。

2. 历史考证，文献记载

史料记载，胡同一词最初见于元杂曲。元代杂曲名家关汉卿的《单刀会》中，有"杀出一条血胡同来"的台词。元杂剧《沙门岛张生煮海》中也有如下对白——张羽问梅香："你家住哪里？"梅香说："我家住砖塔儿胡同。"其中提到的砖塔儿胡同就是今天的砖塔胡同。

明代沈榜所著《宛署杂记》中记载："胡同本元人语。"

元末《析津志》载："大都街制：自南以至于北，谓之经；自东至西，谓之纬。大街二十四步阔，小街十二步阔。三百八十四火巷，二十九衖通。"

南宋词人李好古的《沙门岛张生煮海》中说得更具体："你去兀那羊角市头砖塔胡同总铺门前来寻我。"

3. 胡同的历史演变与发展

公元 1276 年，元朝在金中都原址东北部建立了大都城，其中盖起的住房及院落后来渐渐形成了胡同、小街和大街。

公元 1403 年明成祖朱棣成为皇帝后，大规模营建北京城，北京胡同在这一时期发展很快。公元 1553 年，据《京师五城坊巷胡同集》载：有街巷 711 条，胡同 459 条，共为 1 170 条。

清朝定都北京后，沿用了明北京城，且实行了旗人、汉民分城居住制度，令内城居住的汉人迁到外城，促进了较为冷清的外城的发展。外城的人于是盖了许许多多的新房、新院，连起来就形成更多新胡同。清朝末年，胡同总体数目已增到 2 077 条之多。

民国时期，由于紫禁城开放，行人可以横穿长安街，街巷胡同于是以天安门为中心而往外大力发展，20 世纪 40 年代北京的街巷胡同已达 3 200 多条。

新中国成立以后，北京发生了翻天覆地的变化，胡同数目比新中国成立前增长了一倍。20 世纪 80 年代，已有街巷胡同 6 104 条，直接称为胡同的仍有 1 316 条，且环境也变得整洁幽美，更重要的是胡同的内涵随着旧城墙逐步地拆除，也变得更广泛。许多胡同名称如故，模式却发生了改变，一些胡同中房屋早被单元小楼所替代，不仅使居民的住房条件有了根本改善，而且保持了十足的"京"味儿。北京还划定了 20 余条胡同为历史文化保护区，像南锣鼓巷、地安门胡同等，老北京胡同的棋盘式格局正在与二环、三环、四环等环形加放射布局联系在一起。胡同的面貌既古老又年轻，古都风貌与现代风姿在这里相映成趣，相得益彰。

虽然胡同建筑大多保护地比较到位，大部分胡同都保持着完整的结构，然而，胡同里实际居住的人数却是少得可怜。很多四合院实际上已是人去院空，有些四合院也被改成学校，车库，私人场地等。

（二）胡同现状分析及评价

1. 胡同的分布状况

北京胡同主要分布在后海、东四、东单、鼓楼大街、南北锣鼓巷、前门大街，基本都在二环路以内，区位分布基本都在东城区和西城区。

2. 胡同内的交通状况

胡同最初是宅院与大街联系的通道，如人体的细小血管，鉴于产生的时代，其尺度更适合于步行。但随着社会发展，机动车进入家庭，胡同不可避免地承担了机动车交通功能。由于胡同内道路曲折狭窄，路旁杂物众多，乱停乱放现象严重，且非机动车与行人众多，所以目前胡同内部交通秩序较为混乱。

（1）胡同行车。

胡同里面的道路曲折狭窄，且多数是单行，胡同入口有通行或禁行的显著标志，但有汽车违反规定的现象，存在安全隐患。

（2）胡同停车。

调查发现，只要够一辆小车的宽度，大部分胡同就会有停车的现象。3 米宽的胡同被汽车占去后，几乎就没有行人的通道了。在一些 4～5 米宽的胡同中，常有车辆沿胡同两侧交错停放。

（3）胡同步行条件差。

①大多数胡同都没有单独的人行步道，也没有任何标志线进行分隔，完全是人车混行，步行条件和环境都较差，仅用于步行的胡同已经极少。

②机动车进入胡同，挤占了人与自行车的空间，人让车的情况大大高于车让人的情况，不仅带来安全隐患，也使得人与人之间的摩擦不断，同时也给安静的胡同带来噪声。

3. 胡同风貌的保存状况

风貌保护较好的胡同多位于历史文化保护区和旅游区内（如南锣鼓巷）。保护区外的胡同保存状况比较复杂：大部分的胡同基本保持了传统风貌，但也有些胡同已经完全进行了拓宽，成了城市道路，仅保留了名称，如沙栏胡同、弘通巷等；一些胡同两侧已经建成了许多高层建筑，仅有几处四合院，留有十几米长的"胡同"，如上花市头条、手帕胡同；有的胡同一侧的四合院已经全被拆掉，另有一些胡同两侧的四合院正在拆除之中，这些胡同已难以恢复原有的空间尺度，也难以再称之为胡同了。

4. 胡同的治安状况

虽然胡同口大多有保安执勤，但由于胡同内部游客比较多，人流复杂，胡同里面的安全还是存在一定的隐患，胡同内居民大门上多贴有"请勿随意进入"字样纸张。胡同内道路较为狭窄，机动车进入胡同，挤占了人与自行车的空间，行人稍不注意就会与汽车擦身而过，危险系数大。

五、北京旧城胡同复兴工程

（一）胡同之死

1. 旧胡同改造中的乱拆乱建

在现时的地理中，拓宽的前门东路，将鲜鱼口街与相邻的其他东西走向的胡同一分为二，其西侧的 1/3，临近繁华的前门大街，因此也作为前门大街的一部分，一并得以改造——名为文化改造，实为商业复建，这是极具中国特色的旧城"保护"。复建后的胡同内，不再有市井百姓，只有南腔北调的北京老字号，血红着双眼招徕南来北往的游客。然而，曾经为胡同保护做出诸多努力的人和组织都也和它们一起让人忘了名字。

那一片胡同所在，曾有古三里河。三里河，是大明正统四年（1439 年）为排泄内城南濠的积水而开凿的减水河，自正阳门桥以东向东南流，过薛家湾胡同南，再东南出左安门。此河今已不存，许多河段早在明末即已干涸，残存些淤积壅塞的死水，比如老舍笔下的"龙须沟"，最终也得到了治理与歌颂。

这条湮灭已久的河，却深刻地影响了北京外城东南隅的地理。明人桂萼的文集中有载："正阳门外东偏，有古三里河一道，东有南泉寺，西有玉泉庵，今天坛北芦苇园、草场九条巷，其地下者俱河身也。"

有河，有苇，有鱼，前门东的胡同大多与此相关：南深沟，草厂九条，南北芦草园，大席小席，薛家湾北桥湾，鲜鱼口。

最早因鱼市而成的鲜鱼口街，在前门东是与大栅栏齐名的商业街，曾经商贾云集，街上有着几乎半部北京商业史的老字号。如此盛名，让鲜鱼口及其邻近的胡同，早在 1999 年即成为北京市《关于印发北京旧城历史文化保护区保护和控制范围规划的通知》中规划的 25 片历史文化重点保护区之一。北京的胡同是一本北京的百科全书。

每条胡同的背后都有故事，这些故事源于从元代就开始世世代代居住在这里的北京土著的生活。然而，随着城市快节奏的发展这样的生活气息却在渐渐消失，人们为了挽留它就把它称作是一种文化。

对南锣鼓巷的改造和发展使其成了一个热门的 3A 级景区，收获了很多商业利益，带动了旅游业的发展。然而这样的南锣鼓巷已经全然失去了一条老北京胡同原有的生活气息，已经不再是一条真正的胡同了。

南锣鼓巷是北京城里最古老的胡同之一，同样也是最年轻的一条。你可知道，你漫步其中所见的明清风貌其实并非自古流传至今，一砖一瓦皆是后人仿制打造；你可知道，如今繁华热闹的南锣鼓巷，曾经只是一条安静普通的寻常胡同。那么，南锣鼓巷从什么时候开始变了样呢？当你成为探访南锣鼓巷的嘈杂人群中的一员时，又可曾想过这里居住着的普通居民他们的生活被怎样打乱了呢？

（二）胡同复兴计划

1. 旧城区棚户区改造

行政副中心第一批 6 个棚改项目。

2016 年 2 月 18 日，西城区的白纸坊棚改项目启动了第一批预签约。从西城规划分局获悉，在全市率先启动的西城区百万庄北里居民住房项目都已经在办理规划手续，其中进度最快的 B 地块已经开始办理建设工程规划许可证，近期就有望率先实现开工。而西城区光源里、菜园街、枣林南里、德宝 7 号地 4 处棚改项目已核发《规划意见复函》，光源里、菜园街、枣林南里设计方案的规划调整公示工作已经完成。同时，北方昆曲剧院棚户区改造项目、天桥演艺区北部平房区住房与环境改善等项目的规划服务也已经展开。当地的市民就会陆续听到更多好消息。

2. 郊区和行政副中心棚改项目

不仅仅局限于中心城，郊区和行政副中心等地也都有棚改项目。

北京市坚持棚户区改造与贯彻京津冀协同发展纲要战略、疏解非首都功能相结合，以棚户区改造为抓手，加快行政副中心建设，第一批先将通州区潞城镇6个旧村纳入棚改范围。目前，通州区将行政副中心周边城中村均纳入棚户区改造，预计会承接40万人口就业居住。

在北京公布的2017年重点工程中，共包括11项棚户区改造项目。北京将围绕提升首都核心功能、建设国际一流和谐宜居之都的目标，重点实施北辛安棚户区改造A区、望坛地区棚户区改造、南锣鼓巷地区四条胡同保护整治、京昌路楔形绿地棚户区改造等项目。

2. 大栅栏更新计划

提起大栅栏，多数人会想起天安门边那条青砖路面，汇集着诸多老字号，古香古色，游人必去的"大栅栏商业街"。而大栅栏的魅力地域，远远不止这一条商业街，而是指天安门南侧、前门西侧，拥有600多年历史，遗存遗迹最丰富、保护最完整的，入选首批中国历史文化街区的区域。

今天的大栅栏是个停滞与活力并存、衰败与兴旺共处、"死结"和可能性同在的矛盾之地。一方面，始于20世纪90年代的大规模成片开发的房地产模式和北京旧城保护之间的矛盾，一直困扰着大栅栏地区的活化和复兴：日益高起的拆迁、腾退补偿成本，历史保护区域内低密度的控制性规划，使得成片拆除旧有建筑、平整土地进行全新建设的方式既难以实施，又难以获利，更不要说这种方式对旧城原有生态的巨大破坏了。这就使得政府部门希望通过房地产开发，带动基础设施更新建设的思路变得困难重重；另一方面，心理上等待腾退的原住民对维护和建设社区缺乏主动性，区域内本已落后的生活条件、社会与经济环境持续恶化，终于蜕变成为北京低收入群体及外来打工人口聚集地。

直到2003年，大栅栏入选北京首批25片历史文化保护区，这片底蕴丰富的历史文化街区才开始逐渐得到保护发展。近几年来发起的大栅栏更新计划，开放地引入社会公众的多元参与，融入设计、文化、艺术的跨界复兴，使得这个区域悄然变化，开启了这个沉睡数十年老城区的活化复兴之路。

2010年，在西城区政府的支持下，西城区国资委所辖的北京广安控股集团的全资子公司北京大栅栏投资有限责任公司成为大栅栏更新计划的实施主体。新成立的开放的工作平台——大栅栏跨界中心，是政府与市场的对接平台。大栅栏更新计划将原来的强制搬迁模式改为自愿腾退模式，开始以"节点改造"的软性模式对大栅栏进行保护与更新。居民自由选择是继续居住在胡同里，还是搬到距离城中心较远的楼房里。搬到楼房里的居民改善了自身的居住条件，为大栅栏发展释放了空间，而留下来的居民保住了大栅栏胡同的"人情味儿"。然而，腾退出来的空间如何利用？留下来居民的居住环境如何改善？这一系列的胡同难题引出了"大栅栏领航员计划"。

迄今为止，大栅栏更新计划最为人所知的应该是其核心板块——"大栅栏领航员计划"。它通过设计征集的方式，尝试解决改造中的一系列公众难题，这些设计经过试点实践，有可能成为示范，给大栅栏社区带来直接积极的改变。

2011年大栅栏更新计划启动，为避免继续出现之前改造中的问题，此次对大栅栏的改造模式由"成片整体搬迁、重新规划建设"的刚性方式，转变为"区域系统考虑、微循环有机更新"的软性规则，将"单一主体实施全部区域改造"的被动状态，化为"在地居民商家合作共建、社会资源共同参与"的主动改造前景。

第一阶段：试点阶段。在大栅栏更新计划启动初期，需要探索创新，需要试点实践，需要引领示范。在系统规划基础上，改善居民居住需求的同时释放部分发展空间。启动基础设施等改善公共环境，做好硬件基础。同时，通过小范围试点探索实践建筑如何进行改造，什么样的业态可以进入，如何进入等，作为后期的示范引领。

第二阶段：社区共建。大栅栏更新计划模式十分重要的一点是未搬迁居民共同参与区域改造。有了第一阶段试点的探索示范，有了一个重要的与社区在地居民与商家共同合作探讨的样板，为在地合作提出依据。

第三阶段：全面发展。有了在地参与和社区的初步构建，城市有了软性发展的基础，此时，政府的角色将退到监督、服务、管理的角色，负责制定城市规划、产业业态等方面的规则，做好管理和搭建平台即可。

3. 以微循环更新指导胡同规划

在2000年的25片保护规划说明中阐述了"微循环"保护与更新理念："保护与更新是相辅相成，对立统一的一对概念。在保护规划中论定的保护对象，总有一天会因破损而无法保护；在保护规划中确定的更新对象，如果更新物有较高价值，总有一天会转化为保护对象，这是一个动态的循环。只有将保护与更新对象的划定'微型化'，让新旧建筑物更替的过程'微型化'，那么对于整个大街区的形象来说，就会做到在有序循环的更新过程中对街区整体风貌的持续保护，'微循环式'保护与更新，是实现传统风貌保护与城市现代化的良好手段。"

通过对不适应城市发展进程的地区做微循环的改造，使之逐渐发展与繁荣，适应一体化的城市社会生活。

（1）营造良好人居环境。

胡同社区居住环境不佳，通过微循环改造，可以提升胡同居民生活品质，使胡同社区和谐发展。可以从以下三个方面进行微循环改造。

①改善胡同公共设施。由于胡同大部分生活设施均为公用，加之治理不完善，会导致很多人生活不便，所以可以增添公共服务设施，改善社区生活环境；加强管理，保证胡同社区治安良好；对公共环境实现个人分配制度，每人负责一天胡同环境打扫。

②疏导胡同交通系统。由于胡同风貌区有很多重点保护建筑，所以胡同格局应受到保护，不适合做道路拓宽和新开道路这样的大工程。所以要疏通胡同内部道路，拆除侵占道路的违章建筑，清理道路堆放物，并对巷道立面景观进行调整，同时倡导公共交通和步行交通，减少车辆停放。

③促进胡同和谐发展。胡同社区的和谐发展，最终依靠的是居民生活的改善与协调发展，而实现这一目标需要人与人之间的良好互动。可以利用胡同的边角地带，设置健身器械、棋牌桌、绿植等，引导居民互动。在节日期间开展活动，有利于胡同居民和谐相处。

（3）改善胡同功能。

胡同是城市发展的产物，承担了城市人们生活中的许多城市功能。但由于胡同本身历史久远，年久失修，加之少数胡同改造不当造成大量破坏，很多胡同原有的功能就不能正常发挥，所以可以通过修缮危旧房、优化处置不当的胡同、清除危险物，防止险情发生，统一管理各个胡同，实行区域规划，设置相关部门统一治理。

（3）坚持保护与发展统一的发展目标。

胡同是连接历史与现实的桥梁与纽带，肩负保护与发展双重责任。在发展中要注意保护胡同历史文化，在规划时也要顺应时代发展。"保护"是强调胡同历史文化价值，"发展"是强调胡同城市功能，两者相辅相成，不可分割。坚持保护发展统一，同时微循环改善胡同，这样就可避免目标的动摇与反复，使胡同尽快适应现代社会。

六、小　结

通过此次对现实中现存的、典型的、保护比较完好的南锣鼓巷、东交民巷的调查研究，又在以保护为主、继承和发展为最终目标的前提下，我们团队总结了胡同发展规划中存在的不足，并通过分析得出胡同发展规划中应当遵守的原则，经过对规划原则的深刻认识，我们团队总结了胡同规划的一般模式，然后运用现代信息技术，模拟了胡同发展设计，最终成功应用于东交民巷实例中，证明了该规划设计有一定的实用性和操作性，可以在胡同规划中得到应用。

面对胡同规划中存在的胡同内设施不完善、胡同功能衰退、总体规划不清晰等问题，我们团队提出了以微循环更新指导胡同规划的思想，坚持保护与发展统一的原则，并就东交民巷实例做出了三大规划，以期最终实现胡同住区对市民的吸引力，从而引起社会层面的复苏。只有社会结构复苏，才能带动胡同的整体活化，实现胡同在新时代的可持续发展。最后，我们团队希望这个一般模式理论能够在胡同保护和发展中有所贡献。

🌱 实践·足迹

一、北京的根

盛夏的傍晚，京城那些幽深的小胡同里的四合院，半掩的宅门，锃亮的门钹，门前厚重的石墩，老槐树下遛鸟的闲人，一群群追逐玩闹的孩子，还有那由远及近、略带沙哑的吆喝声，构成了北京胡同独有的市井风俗。

胡同和四合院是北京的有机组合部分，如果没有胡同和四合院北京也就没有了味道。胡同是北京的血脉与根，那些最深处的窄街小巷才是北京独有的风情，皇城脚下多少帝王兴衰事，相对胡同里的平常日子也只是过眼云烟，老北京的胡同充满了老百姓琐碎的生活。邻里间的嘘寒问暖、淳厚亲切的人情味。那种悠然乐天的朴素情怀，胡同上方鸽哨响彻深深的蓝天，无不是令人难忘的北京画卷。

二、新的旅程

胡同是北京文化的特色，承载着大量有形和无形的历史信息。然而随着城市的发展，古老的胡同似乎并不能适应现代的城市规划。针对这一问题，我们开展了此次人文实践活动，希望通过我们的调查研究，对北京老胡同的规划发展提出可行性建议。

作为北京文化的重要缩影，胡同文化具有奇妙的意义。从胡同的由来，名称和数量，再到北京人安土重迁，讲究处街坊，易于满足，喜好置身事外的思想，都与其息息相关。然而，北京的胡同文化在衰败与没落，在商品经济大潮的席卷之下，也许这种文化在某天会消散殆尽，成为过往。诚然，一部分胡同由于社会发展与城市建设的原因不可能继续存在，所以这次活动不仅是学习和继承这种文化，更是想通过调查走访了解它，从而对胡同的未来谋一个出路。

此次社会实践活动的成员都是来自其他省份的，在艳阳高照的北京，每天的气温都是38°。暑假不能马上回家，而且还要顶着高温在北京市人流密集的景区进行调研活动，高温成了我们首先要注意的问题。经过团队协商，我们将大部分的街头调研活动安排在午后以及傍晚，并且我们还加入了胡同夜市的体验计划。

三、繁华背后的宁静

做好了开始的准备工作，我们一行人去往目的地，虽然南锣鼓巷距离我们并不远，但我们早早地出发了，开始第一天的新发现。

大城市里充满了整天忙忙碌碌的人，每个人都想在这个城市找到属于自己的一个家，看似繁华的背后，是无数人每天艰辛的付出汇聚而成的。在城市中繁华也安静，每天熙熙攘攘的背后，都是素不相识的路人，路过即是一生，胡同反倒成了独自隐居的宁静场所。

我们来到了北京有名的南锣鼓巷。周末的南锣鼓巷比想象中繁华得多，还没出地铁口，我们就要挤在人流里面，人流加热流，这是我们的第一感受，本来我们不觉得胡同周围会有多少人去，因为毕竟是属于20世纪的老旧建筑，现在的人应该不会那么感兴趣；然而，我们出了地铁口发现，南锣鼓巷的人真多。

南锣鼓巷是北京城里最古老的胡同之一，同样也是最年轻的一条胡同。你可知道，你漫步其中所见的明清风貌其实并非自古流传至今，一砖一瓦皆是后人仿制打造；你可知道，如今繁华热闹的南锣鼓巷，曾经只是一条安静普通的寻常胡同。那么，南锣鼓巷从什么时候开始变了样呢？当你成为探访南锣鼓巷的嘈杂人群中的一员时，又可曾想过这里居住着的普通居民他们的生活被怎样打乱了呢？

南锣鼓巷是一条贯穿各条胡同的大街，大大小小的胡同都分布在大街两侧，巷子里面没有一丁点胡同的味道，倒是充满了商业街的味道，巷子两侧都是大大小小的商铺，各种食品区、服装区，首饰、古玩、工艺品琳琅满目。刚进巷子，我们以为来错了地方，这里整个就是一条商业街，要不是胡同口写着南锣鼓巷的地名，我们真不敢相信胡同变成旅游景点之后，如此脱胎换骨。

相比于南锣鼓巷的繁华，周围胡同的安静却是一眼可见。从胡同口望进去，里面空荡荡的，一个人也没有。习惯了安静的我们便决定去胡同里面随便转转。走进胡同，才感受到胡同的宁静，远离嘈杂的人群，里面的居民逍遥自在，大大小小的院落，窄窄的小道，还有散落在胡同的三轮车、人力车、电动车。胡同居民对于人们热衷于南锣鼓巷不解，在他们看来胡同就是他们生活的一个小院，那些生活在别处的人，对于这样一种平凡不过的生活方式，有什么稀奇呢？

在北京，最适合散步的地方是胡同。到了夏天，一棵棵杨树、槐树次第打着阴凉让人穿行。那种游手好闲的状态特别自在。大爷摇着蒲扇光着膀子，老太笑意盈盈地骂着不听话的哈巴狗，胡同里的人以这种方式度过一个漫无目的的下午。

虽然从胡同另一头就能看到那一头的繁华，走在胡同里面还是感觉远离了城市，像行走在乡村小道一样。

四、生活的艺术

胡同是最好的美术馆。走进去，视线在自成一统的复杂线路里移动，日常生活是从这些院落的墙角、土地里长出来的。那些与现实纠缠的欲望就在砖瓦的肌理中。原本胡同道路密集拥堵，再加上沿街堆放的杂物，温吞的气流都淤积起来。但是走近一看，空间又被各个四合院、杂院拱手相让，轻巧地转个身就能通过。路边倚靠着墙壁的自行车、汽车，司机的好身手可见一斑。这样看来，胡同毫无逼仄感。

作为观念和形态，胡同拥有"家"的概念。大槐树下的石板桌和石鼓是胡同的客厅，远处的馒头店和小吃店是大家的厨房，有人穿着睡衣去向的地方是公厕，有些民宅的房间朝着路面开了窗户成了商店。杂货、食物的味道交融在一起，透出的空气潮湿又厚重。有时朝着开着的四合院门往里瞥，每户人家都有自己的表情。隐约可见，但又不能全部窥探，多有趣，公共和隐私完美统一，但没什么人会乘虚而入。

城市总在上演双城记，过去现在，城里城外，连锁的形态整齐划一。胡同是一个生命系统，混沌又真实，新陈代谢出独有的状态，它有自己的命运。北京市民生活的全盛时期应该不是在现代。城市文化的丰富性，以及各种流派的交融不会再有了。但也没必要为过去伤感，如果这样的话，我们也会在将来成为新的伤感。只是时间问题。

五、拍摄，因为一切都会消失

午后，胡同恢复了精神。37℃的天气虽然闷热，但仍让人兴致不减。我们每个人都找到了要做的事情，找好了光线和角度，我们不停地举起相机，但很快又垂头丧气地放下，因为好看在于眼前的整体，而不是私自切割某个部分，某个角落。

彩色照片强调色彩的真实，而黑白则更突显光影。黑白是一种绝对的态度，任何其他的颜色都只是无穷靠近两者。胡同很好地将两者组合成了一种诱惑。

太阳光线快要全部落尽时，狭窄幽暗的胡同成了天然的暗室，人成为感光元件本身。天气、温度、眼球的感光度在这一瞬间被激活，你会看见平时看不见的颗粒与轨迹，白天毫无章法的胡同在这一刻显现出肌理和光晕，它依旧冷静从容，毫无妖冶之气。

胡同里的事物之间产生了奇妙的关联，彼此关照和交谈：窗上的玻璃反光在对面的墙上，路灯让石狮子和邮箱的影子重叠，小汽车的车轮和石鼓有用了同样的轮廓，这家的饭菜香飘进了那家的小院……

我们不想也没能力将自己的想法融入照片里，特别是对于一条胡同和一种生活方式的记录。人们知道如何轻而易举地毁掉过去，因为当下的创新如此局限，必须要以毁掉某个参照物，才能"破立"。

我们不觉得对于胡同的摄影，是"记忆中的记忆"这么模糊又隔绝的东西，它很直接，记录瞬间的影像，记录某一个自己认为美和有趣事物，并且承认这种视角的片面与局限性。

北京胡同消失的速度有多快？10 年前的冬天，我们和朋友相约去逛琉璃厂一带，我们朝着一条不知道通往哪里的胡同走进去，举着糖葫芦开心地迷路了一个下午，没想到后来我们都失去了它。两年后的夏天，我们地铁转电车再去到那里，发现胡同被拆了。

每次拿到冲洗胶卷后扫描底片上的胡同，都会觉得不真实。但能够拼凑出某个日常的胡同，我们已经很满足了。

六、胡同的活力

胡同还在那里，至少现在。它参与构建了城市，不为了美而美。只要走进去，大家都无所回避。外面的世界可疑多了。许多事物可以在毫无征兆和安排的情况下相遇。

和立足于这个城市的每个人一样，生活在胡同里的人也希望在一定的空间、范围里构建自己的存在方式。当他们找到自己的根，也就自信起来，有了美感。

走出胡同的人，身上也吸附了胡同的气味、叙述方式和记忆。胡同的活力是隐藏起来的。它也在跟着时代缓慢进步，它天生就温和地"旧"着，不在意时间的冲刷感。再沸腾的城市景象，到了这里都尘埃落定。能力和欲望总是如同追尾事件，一个无法超越另一个，也无法制动减速。

日常的智慧往往容易被忽视。当质朴的生活现场从城市地图上抹去时，我们反倒想起那些胡同里的风景，老人们说的故事，以及孩子们的眼睛。我们曾经都是穷人，这和财富无关，因为我们那时比现在都要活得丰盛。杂乱而和谐，胡同有自己的品位和美学、对财富的拥有方式，懂得欲望的空和满，以及生活的智慧。

七、胡同的复兴

在提倡城市内涵式发展的背景下，历史街区的保护与更新是当前我国城市面临的一个重要议题，而城镇化的飞速发展更使得如何协调经济发展与历史保护之间的冲突和矛盾，如何从单纯的遗迹保存走向历史街区的文化再生，成了城市规划工作需要解决的重要问题。

都市更新的最终目标就是改善所有人的生活质量，从这个意义上说，它绝不仅仅只是建筑、规划这么单向度的事。因此，需要将公共部门、私人机构、NGO、社区住民、志愿者等各种社会力量整合在一起，才能形成一个长期、持续的循环过程。

大栅栏更新计划其实是对过去30年暴风骤雨般的疯狂城市化运动中"推土机政策"的改革。它的出发点是如何利用有限的空间等资源，以获得最大效用和满足。"大栅栏不要做城市规划或者商业理念的行为模式，而是要搭建一个大众分享的跨界平台——这个平台可以涵盖方方面面，能够把与这件事情有关系的人组织起来，彼此间有更多的交流。与此同时，各方也能在这个过程中更好地履行自己的职责、发现自己的力量。"大栅栏更新计划负责人贾蓉（大栅栏琉璃厂文化发展有限公司常务副总经理）说道。

北京城原有胡同3 000多条，如今还剩七八百条，仅大栅栏地区就有110条。作为北京老城区的一个符号，大栅栏的更新再生不仅仅是京畿心腹之地胡同生活方式的重生复兴，它对其他城市的城中村、里弄等城市旧区改造更带有示范效应。

在快速变迁的时代里，希望能从人们记得的故事里，去体会旧的不一定要拆，老的不一定过时，记忆带来创新力量，传统透过新的理解也会有新观众。

当你有机会凝视这片旧城区，你便有可能在故事里看到城市的新机会。

八、此去经年

经过了几天的实地考察和调研后，我们暑期实践团队对我们的共同目标有了一个更明确的认识，作为北京文化的重要缩影，胡同文化具有奇妙的意义。从胡同的由来，名称和数量，再到北京人安土重迁，讲究处街坊，易于满足，都与胡同息息相关。然而，北京的胡同文化在衰败与没落，在商品经济大潮的席卷之下，也许这种文化在某天会消散殆尽，成为过往。诚然，一部分胡同由于社会发展与城市建设的原因不可能继续存在，所以这次活动不仅是学习和继承这种文化，更是想通过调查走访了解它，从而对胡同的未来谋一个出路。

通过调研与步入胡同的亲身感受，我们一行人近距离观察到了胡同的空间形态与色彩、生活氛围等，古色古香的屋檐棱角与门窗带给我们美的享受，壮观一如大家族聚居的四合院，小则也是灰蓝砖瓦的房屋，四通八达的巷道以及整整齐齐的房屋排列更是让这散发着那种规矩的美感，回来翻看随行拍摄的照片也能让我们有身临其境的感觉。或许时过境迁，胡同的生活还会继续发生很大的变化，但曾经的氛围依旧可以唤起美好的回忆。

实践·品悟

社会是学习和受教育的大课堂

2015 级本科生，材料成型及控制工程专业　雷伟

现在，我们大学生离走进社会越来越近了，然而我们离社会却越来越远。校园与社会环境本存在很大的区别，这就要求我们利用假期时间走进社会实践。

社会实践是引导我们学生走出校门、走向社会，接触社会、了解社会、投身社会的良好形式；是培养锻炼才干的好渠道；是提升思想，修身养性，树立服务社会的思想的有效途径。

通过参加社会实践活动，有助于我们在校大学生更新观念，吸收新的思想与知识。社会实践加深了我与社会各阶层人士的感情，拉近了我与社会的距离，也让自己在社会实践中开阔了视野，增长了才干，进一步明确了我们青年学生的成才之路与肩负的历史使命。

社会是我们学习和受教育的大课堂，在那片广阔的天地里，我们的人生价值得到了体现，为将来更加激烈的竞争打下了更为坚实的基础。

实践活动意义深远

2015 级本科生，材料科学与工程专业　李育文

通过这次的社会实践活动，我们逐步了解了社会，开阔了视野，增长了才干，并在社会实践活动中认清了自己的位置，发现了自己的不足，对自身价值能够进行客观评价。这在无形中使我们对自己的未来有一个正确的定位，增强了自身努力学习知识并将之与社会相结合的信心和毅力。对于即将走上社会的大学生们，更应该提早走进社会、认识社会、适应社会。大学生暑期社会实践是大学生磨炼品格、增长才干、实现全面发展的重要平台。在这里我们真正地锻炼了自己，为以后踏入社会做了更好的铺垫，以后如果有机会，我会更加积极地参加这样的活动。

在本次的社会实践中我们还同很多市民谈心交流，思想碰撞出了新的火花。从中学到了很多书本上学不到的东西，汲取了丰富的营养，理解了"从群众中来，到群众中去"的真正含义，认识到只有到实践中去、到基层去，把个人的命运同社会、同国家的命运联系起来，才是大学生成长成才的正确之路。

这次实践活动，丰富了我们的实践经验，提高了我们的团队合作能力，我们通过这次实践更加了解了社会。这次实践活动意义深远，作为一个 21 世纪的大学生，社会实践是引导我们走出校门、步入社会、并投身社会的良好形式。我们要抓住培养锻炼才干的好机会，提升我们的修养，树立服务社会的思想与意识。同时，我们要树立远大的理想，明确自己的目标，为祖国的发展贡献自己的力量。

要亲身实践，不要闭门造车

2015 级本科生，高分子材料与工程专业　田蕴薅

经历了将近一周的社会实践，我感慨颇多，我们见到了社会的真实一面，实践生活中每一天遇到的情况还在我脑海里回旋，它给我们带来了意想不到的效果，社会实践活动给生活在都市象牙塔中的大学生们提供了广泛接触社会、了解社会的机会。

"千里之行，始于足下"。这短暂而又充实的实践活动，我认为对我走向社会起到了一个桥梁的作用，过渡的作用。向他人虚心求教，与人文明交往等一些做人处世的基本原则都要在实际生活中认真地贯彻，好的习惯也要在实际生活中不断培养。这一段时间所学到的经验和知识是我一生中的一笔宝贵财富。这次实践活动也让我深刻了解到，和团体保持良好的关系是很重要的。做事首先要学做人，要明白做人的道理。正所谓"三人行，必有我师"，我们可以向他们学习很多知识、道理。通过这次调研我领悟到了运用所学知识的最好途径就是亲身实践，而不是闭门造车。我们要在以后的学习中用知识武装自己，用书本充实自己，为以后服务社会打下更坚固的基础。

在实践中学习，在实践中成长

2015 级本科生，电子封装技术专业　王斌

短暂的社会实践结束了。回想这次社会实践活动，我们走访了南锣鼓巷及周边的各个胡同，进一步了解了北京市民对传统胡同文化的认识，并听取他们对胡同文化传播的建议。

在这次实践中我学到了很多，从我接触的每个人身上学到了很多社会经验，自己的能力也得到了提高，而这些在学校里是学不到的。在社会上要善于与别人沟通是需要长期的练习。人在社会中都会融入社会这个团体中，人与人之间合力去做事，使做事的过程中更加融洽，事半功倍。别人给你提意见，你要耐心听取、虚心地接受。通过这次实践活动，我的收获是锻炼了自己的能力，在实践中成长，在实践中学习，充实了自我，增强了口头表述能力。通过这次实践活动，我真正地走出课堂，使自己陶醉在喜悦之中。有时会很累，但更多的感觉是我在成长，我在有意义地成长。虽然我自己的力量不足以改变一些东西，但如果整个社会共同努力，国家才能走向繁荣富强。

关注被淹没的历史和文化

2015 级本科生，材料科学与工程专业　赵宏伟

经过了几天的实地考察和调研后，我们暑期实践团队对我们的共同目标有了一个更明确的认识：作为北京文化的重要缩影，胡同文化具有奇妙的意义。从胡同的由来，名称和数量，再到北京人讲究处街坊，易于满足，喜好议论身外事等，都与胡同息息相关。

通过调研与步入胡同的亲身感受，我们一行人近距离观察到了胡同的空间形态与色

彩、生活氛围等，古色古香的屋檐棱角与门窗带给我们美的享受，壮观一如大家族聚居的四合院，小则也是灰蓝砖瓦的房屋，四通八达的巷道以及整整齐齐的房屋排列更是让这散发着那种规矩的美感。或许时过境迁，胡同的生活还会继续发生很大的变化，但曾经的氛围依旧可以唤起美好的回忆。

此次的实践活动也带给我不一样的感受，相比于城市的繁华，我们更应该关注那些在繁华背后被埋没的历史与文化，匆匆忙忙的世界转瞬即逝，留住的只有文明，希望通过我们的努力引起更多人的关注，关注那些繁华背后的宁静。

实践团成员：赵宏伟　王斌　李育文　雷伟　田蕴蕗

宁夏镇北堡的文化保护及旅游开发

🖋 实践·足迹

曾经有一份真诚的爱情放在我面前，我没有珍惜，等我失去的时候我才后悔莫及，人世间最痛苦的事情摸莫过如此。

如果上天能给我一次机会，我会对那个女孩子说三个字：我爱你。

如果非要在这份爱上加上一个期限，我希望是——

一万年。

——《大话西游》

作为《大话西游》的拍摄地，镇北堡就很好地诠释了上面这段话。如果深情能够留住那人旧时的容颜，如果缘分能够保住那时的感觉，那么就算在这贺兰山下听着胡马的蹄声也要镇得贺兰山无阙，在这大漠里迎着500年的风沙也要守着对家国的一片深情。

镇北堡从明代始建，至今已经历经了500余载。从始而起的西北兵营，到至今而兴的影视之城，其一直伫立于贺兰山下，守望着这片土地。

而今我们也将在这片土地上留下自己的足迹，探寻这块土地上留下的深情，一路走来的容颜。

一、步深步浅，为求一面

从向往镇北堡的神秘，到最终成团拍板决定的这段日子，是我们这次活动最难忘的时期，如果说把这次活动比作一个孩子的成长，那么这段最美好最富有憧憬却也最痛苦最难熬的日子无疑就是孕育期。

我们成团的最初灵感，萌生于《大话西游》里那迷人而又神秘的西域风光，贺兰山下的边塞小镇，伴着特有的驼铃声，散发无限的魅力。最初成团时仅有王浪、马启司、石珂宇、仵佳宇4位同学，最初的成团思想是想要了解那西北小镇透出的当地传统文化，较为粗糙且不专业。但是由于最初成团时恰逢英语考试的时间，所以招新团员、寻找指导教师、深化方向及申请等计划一度被搁置。这是这个年轻的团队遇到的第一次考验，如果人数不足，课题不明，没有指导教师的话，那么势必无法成团，也就不会有后来的事情。

不过在4位发起人的宣传下，陆续又加入了肖剑雄、余宗宝、李政禹、原野、郭帅5位同学，最终形成了最后的9人团队。新团员带来的不仅有人数上的增加，还有新鲜的思想，更高的活力。我们成立了专门的课题讨论小组，在图书馆经过将近一个星期夜晚线下的讨论以及不计其数的线上交流，最终确定了调查镇北堡的历史文化、保护现状、发展模式及未来的课题。我们还得到了刘左元老师的热情帮助与指导，临行前刘老师为我们开了个小型的指导会，为我们最终的成行加了一把力。

在一切出发前做的必要准备做好之后，我们的成团申请也得到了批复，综合各位成员的时间安排，我们最终确定8月10日在银川集合。这次与镇北堡的千里约会，不管多么艰难困苦，我们势在必得！

二、天南海北，终成行程

2017年8月10日上午10时许，从北京、山西、四川、安徽4个地方来的同学连同在早就在银川等候的同学共6位如约赶至银川市长途汽车站，并在汽车站开了一个小型的临时会议，确定了这一天的行动方针后，分乘两辆车前往本次实践的目的地——镇北堡西部影城。由于成员马启司就是当地人，已经提前做好了联系实践地、安排住宿交通等一系列的工作，所以我们得以十分顺利地直奔目的地而不需要担心相关的生活事项。

除了已到达的成员，剩下的3位团员中，余宗宝由于有特殊情况未能赶来，仵佳宇和石珂会在10日晚上到达。所以第一天的任务——对所调查区域的走访、熟悉环境的工作由已到达的6位同学承担。

银川市身处大西北，是宁夏回族自治区的首府，位于在我国美丽的塞上江南地区。银川地貌平整，可以说是一马平川。行驶在银川的路上，颇有一种身处大草原的淋漓快感。还有来自山那边的凉风吹进车窗，送来这炎炎夏日的清凉问候。就在这样的心旷神怡之中，我们开始了我们的实践活动。

三、兵楼漠月，面纱初揭

经过将近一个小时的车程，在一片旌旗招展之下，我们到达了镇北堡。在赶到这里的第一时间，我们先前往镇北堡的影视城工作处，对之前联系好的工作人员进行了拜访，听取了他们对镇北堡现状的简介，对我们今天任务的简单指导，以及对我们调研的肯定和支持。

时值正午，我们在当地的一块旅客休息处进行了讨论，确定了下午进入影视城的几个要点任务：（1）熟悉内部环境，为后面较为分散的任务提供快捷的支援保障。（2）注意游客量的分布，找到客流量大且流动缓慢的地方，比如游客休息处，便于问卷的发放及回收。（3）对景区内的各项服务设施、古迹保护力度、消费项目等进行考察，以此为基础对后来调查情况做一个预估。（4）注意自身保护，在烈日当空的艰苦工作环境中防止中暑，防止偷窃等。

西北的阳光是带着橘红色的，将整个影视城染着赤色。而塞外特有的沙土城池在这样的熏烤之下却显得熠熠生辉，带着一种明朗的迷蒙。在宁夏特有的凉风之中，这里的空气却被揉成了一种温柔的暖觉，却又不干燥，如果用一个字来形容，那么便是"爽"。不是那种感官的刺激，是一种纯粹的爽，一种在塞上澄澈碧透的宝石蓝天下的宁静，一种想要在这里被 500 年守护的冲动。镇北堡，就是在这样的熙和中，守望着贺兰山 500 年的悠远。

镇北堡内部主要分为三个部分，分别是明城、清城、老银川一条街。按照远近顺序，我们以清城—明城—老银川一条街的顺序对镇北堡的内部进行了解。我们一行 6 人为了方便随时交流讨论，决定 6 个人一起一同参观考察，由已经多次前来踩点、驾轻就熟的马启司同学带领队伍。

镇北堡作为国家 5A 级景区，受到当地政府和文化局的高度重视，古迹保护工作做得较为完好。我们刚一进入镇北堡内就能感受到浓浓的西北小镇的气氛，那是只有在古时的塞上小镇才独有的感觉——木楼土房，铁铺酒家，别廊小院，牛棚驴车，衙门客栈，兽骨石凳，悬赏通告，卖唱演艺，烧烤评书——所有的一切都在离地面不足三层楼的空间内进行着演绎，一切又染着一股土色，一股风沙浸染的沧桑岁月，虽是凌厉严苛的产物，却出人意料的有着一种包容的温暖，这应该是这片大漠里最温柔的地方了吧。

镇北堡除了高度还原了其历史面貌外，还利用各种现代方法保护古迹：明城内当时的古城由于风沙侵蚀，已经风烛残年，景区用钢化玻璃密封，并在外模仿旧城修建新的城墙以供保护；当年蒋介石下榻处以及老银川一条街全部都有加固修整等。可以说这里的历史文化保护做得还是比较好的。

镇北堡除了具有浓厚的历史文化气息，作为一座国际性的影视城，其最鲜明的特征就是其内部的影视文化。我们在景区内随处可见的便是各种各样的影视作品的拍摄地，各种取景场所。在一些比较著名的取景场所还有大屏幕对该片段进行轮播。除了分散的轮播点，影视城内还有一座较大的电影院，循环播放影视城内拍摄的经典影片，给人一种被电影包围的感觉。

最初开发这座小镇的张贤亮老先生不仅是影视城的开发者，也是一位著名的作家。他为这座小镇带来了强烈的文学气息。清城内就有一座张贤亮纪念馆，介绍张贤亮的生平。同时景区内各处分散的张贤亮当年作品灵感取材地也彰显着无限的文学魅力。

除了这些硬实力，景区内对游客的服务也是十分周到的：全工作时段不间断地导游讲解，比较多的游客休息处，提供各种娱乐设施，并非特别高的消费以及一座大型的马樱花用餐场所等，让游览变得轻松简洁。

我们将影视城基本结构、文化文物保护情况、游客分布情况等我们所需要的资料收集整理后，在傍晚时分离开了影视城。乘车远离之时，回望镇北堡，一弦勾月刚好升在镇北堡角楼之上，瞅着被幽邃的深蓝铺开在角声落满的东天，射出醉人的魅力。

就这样，我们镇北堡之行的第一天悄然结束。

四、恣意怒阳，汗花骄放

第一天晚上回到市里之后，我们同当晚到达的石珂宇和仵佳宇两位同学会合，并开展了关于第二天行动的小型工作会议，将第一天的收获整理在一起，确定了第二天的问卷内容、问卷发放地点以及各地点分配的小组成员。主持这次会议的郭帅同学为大家讲解了问卷上每一个问题的含义，并为大家提供了几个可以快速拉到人填写问卷的套路。大家做足了准备工作，就等着第二天的到来，准备大展身手，撸起袖子加油干。

高温天气在银川的夏天是一个常态，从早晨8点就开始的高温让我们对今天的分发问卷的任务感到了一丝头皮渗汗的恐惧，刚下车卷地而来的热浪就是最好的预告，同时由于长途奔波体力消耗较大，不少团员已经感到一丝倦意。

团长王浪见大家面露畏色，在进入影视城前讲一些轻松的话题来活跃气氛，并且让每一个人都参与到话题讨论之中来，每个人困顿之感慢慢都消除干净。最后每个人又都分到了两瓶水，以备解渴。大家在门前手拉手一起喊出校训并合影留念之后，精神饱满地开始了一天的工作。

我们首先赶往与讲解员约定好的地方听取他的一些讲解介绍。这位讲解员在镇北堡已经工作了十几年，是镇北堡从默默无闻到国际性影城的见证者，是镇北堡发展的记录者，也是镇北堡古迹的守护者。我们认真听他讲述了镇北堡的历史文化、发展历程、发展模式、大事历史以及国家的政策支持等，做了详细的记录，感觉受益匪浅。

之后我们就按照既定的小组分别赴清城、明城、老银川一条街和停车场4个地点进行问卷的发放工作。问卷总共准备了150份。

问卷的发放确实是一个比较艰苦的工作。从客观上来说，游客大多不愿意在游览过程中被打扰，即使是休息区也忙着玩手机或者做一些其他的事情，愿意接下一份问卷填写的少之又少；同时，游客中老年人占了相当大的一部分比重，所以有很多热心愿意帮助的人却心有余而力不足；外加很多游客对调查问卷这种形式并不是很熟悉，或者被陌生人突然搭讪要求填写一份问卷，大多数人还是抱有一种警诫的心理。从主观上来说，我们由于问卷发放经验不足，语言表达能力并不是特别强，也缺乏相应的应对能力，没有经验，再加上对镇北堡的地形也不是特别熟悉，对游客心理把握不够准确，所以刚开始的工作确实是非常难做，比如停车场小组一个上午只有3张问卷入账。

我们在中午休息的时候通过线上讨论，各组对各自的情况进行了汇报，发现几乎所有的小组都不是很好，除了处在长廊的小组。于是大家就向这个小组取经学习，讨论交流发放问卷的技巧，学习语言神态，确定发问卷更易接受的人群和发放时间，稍加休整后下午再战。

下午的工作因为有了经验就要顺利了一些。我们抓准那些在休息区等待的人群，抓住机会快速上前，简要地说明来意，并展示我们衣服上的校徽，取得对方的信任，然后和对方聊天以消除尴尬。这样一来，成功的概率就要比之前高多了。

我们在第二天的发放问卷中除了有被拒碰壁的苦，其实也有甜。在不少地方会遇到拉动同行的人一起填写问卷的游客，甚至有相关的专业人士也给我们提出一些建议，让我们在实践中也学到了不少东西。

第二天的工作在一片火热与汗水之中随着角楼的号声结束了，尽管遇到了不少挫折，但是最终还是发出去了100多份纸质问卷以及40多份网上问卷。

晚上我们对一天的工作进行了总结：网上问卷方面，由于二维码诈骗的影响比较难以取得信任还容易将对方吓跑，所以要降低网上问卷的发放率；纸质问卷由于问题繁多冗长，急需精简。我们得出结论之后立即着手修改纸质问卷，减少题量，清晰表达。

第三天我们带着前一天的经验和教训再次踏上征途。虽说是同样的烈日炎炎，但是我们这次却是充满信心。

由于有了充分的准备，这次效果十分满意，刚到正午时分，问卷就已经发出一多半了。同时之前最差的停车场小组由于改换了地点成绩跃升第一。

第三天的工作在下午3点左右就已经全部完成了，我们可以提前回去，可以休息一个晚上了。

至此，我们在镇北堡的资料收集工作就完成了。伴着夕风的协奏，我们踏上了归途。

五、难舍之别，北京再见

第三天晚上我们再次召开了小型的会议，这次会议由郭帅同学主持。他给我们讲了一些写论文的技巧，教了一些查阅文献的方法，还拿出一篇成功的范例文章为我们做了详尽的分析，每一个部分写什么怎么写，可能会用到哪些资料等，让大家心里有底。

第四天的工作除了接着昨晚未开完的会议之外，还分配了每个人所需要做的任务。明确了分工之后，剩下的任务就是各自回家去做事情了。在回家之前，我们花费了一个下午的时间将问卷上的数据归类整理，并记录了下来，以便于最后的分析。对于问卷的归类整理并非一件易事，我们需要将300份问卷共将近5 000道题目的答案进行记录并分类处理，也就是说我们每个人都要承担600多道题。不过这没有什么捷径可以走，撸起袖子加油干吧！

虽说没有捷径可以走，但是明确的分工有规律的工作流程以及有效的记录方法是可以提高效率的。我们对6个人进行了分组，每个小组负责一个模块，并设计了一个简洁明了的记录表格，大大提高了记录整理速度，在记录的同时就已经进行了整理。我们最终赶在预定完成任务前的近一个小时完成了任务。

在要走的前一段时间，我们瘫坐在沙发上，回忆了这几天的种种经历。这次实践活动带给我们的，不仅仅是一次实践活动这么简单。我们学会了数据的收集方法，学会了整理技巧，从郭帅同学那里学到了论文的写作方法，学会了文献的检索方法；有了一些社会实践的经历经验，知道了以后遇到类似情况的做法，获取了相当的知识，了解了西北的风土人情……但是，在彼此心里，最最重要的，则是这一段我们共同承担共同度过的时光，这一段情谊。

晚霞时分，我们在斜阳残晕抹红的最后一个路口互相拥抱道别，坐上了离开的火车。7个人分赴天南海北，在相距千里的地方继续完成我们的任务。

虽说与镇北堡这片百年日照的热土分别了，虽说与团里的成员分别了，但是我们相信，我们会再次聚在一起。我们约定，一定要再次来到这块地方，再次倾听在这里用晚霞唱红的情歌！

实践·品悟

"理工男"：体会到社会调查的魅力

2016 级本科生，材料化学专业　郭帅

这次实践活动我的收获很大，无论是从最初的听社会调查方法课还是最后的论文写作，都让我收获很多。实践活动前的方法课让我了解了调查方法——文献调查法、田野调查、问卷调查、访谈等。也正是了解这些方法后我们团队加以应用最终完成了实践任务。与此同时刘左元老师在单独辅导我们组时，通过大量的例子以及自己的经历来让我这个"理工男"更好地体会到社会调查的魅力，在此特地表达对刘左元老师的感谢。

实践中设计问卷培养了我们独立分析问题的能力；问卷发放充分地锻炼了我们和陌生人打交道的能力，学会了人际沟通；走访调查，更是让我们看到了民间手工业、杂技等城市看不到的传统文化；实践后论文写作与修改培养了我们撰写调研报告的能力，同时更是对自己的一种超越，尝试我们从来没有接触过的领域，获得能力提升。

最难忘的一次远行游历

2016 级本科生，材料化学专业　李政禹

大学给我们很多见识外面更大世界的机会，而社会实践则是亲身体验不同世界景象的活动了。我生在南方，家离苏杭、南京、上海都很近，很少走出过南方的世界，而大学的录取通知书让我来到了首都北京，北理工的暑期社会实践让我有机会第一次来到祖国的大西北，感受不一样的风情，这都是大学的魅力。

初到银川，这座城市给我的第一印象并不太好，毕竟和南方的城市相比，银川确实还落后太多了，很多方面甚至还没有我所在的县城便利。但这里的人却是很热情实诚，这里的环境也很不错，连绵的贺兰山，在南方未见过的灌木丛，都是很新鲜很有活力的，给人以很愉快的享受。

整个实践过程中，我对这个团队的任务也是从不太了解变得很上手，有了责任感，和团队的负责人一样期待出不错的成果。实践团的重要成员马启司在整个实践过程把队员的住宿饮食安排得很妥当，虽离家 1 000 余公里也有归属感。

整个实践过程印象最深的发放问卷环节，这是各组队员发挥自身才智的时候了。虽然第一次发放问卷，整天整天地与陌生人交流，冒着碰壁的"风险"尝试着发完手中的问卷，但是整个过程感觉很有意思，尤其是第一天以酸奶为奖励成功完成了问卷发放，当手中的问卷瞬间少了那么一堆时，内心是极度满足的。我自知不喜欢参与与社会交涉太多的活动，而这次实践却告诉我自己：我还是很有这方面天赋的。

也许我以后也没有机会再来一次祖国的大西北了，也可能这是唯一一次的西北之旅，

但这是我平生最难忘的一次远行游历。

这是一片美丽而神秘的土地

2016 级本科生，高分子材料与工程专业 石珂宇

来到宁夏进行社会实践的这些天，我感触颇深。第一次来到大西北，见到了独属于大西北的风土人情，无论是西北独特的带着些许黄沙的气候，还是当地人直爽豪迈的性格，都让我记忆犹新。第一眼看到镇北堡影视城的时候，我的内心受到了深深震撼：那些堆砌而成的城墙，屹立在黄沙中，有种从岁月沧桑之中走出来的年代感。我们看到了历史在这里留下的痕迹，看到了人类在这里创造的辉煌，看到了种种以前从未见过的景致。我就像个没长大的孩子，在里面四处游荡，企图把所有的场景都装进我的眼里。都说岁月是最好的刻刀，将自然雕刻成了最令人动心的模样，我希望能将镇北堡影视城，乃至宁夏的这份独特的人文风情和历史文化宣扬出去，让更多的人能够看到，也体会到我们的感受。这是一片美丽而神秘的土地，等待着更多的人前来探索和发现。

传承和发扬光大民族文化

2016 级本科生，材料科学与工程专业 仵佳宇

通过此次社会实践调查，我发现了许多书本之外的知识。镇北堡和张贤亮先生我以前只在文章中读到过，这次有幸去同学的家乡银川瞻仰此地。虽然这是一座影视城，文化积淀却很深厚，而文化正是民族发展的命脉。在访谈调查中，很多城市中几乎看不到的民间手工艺，包括杂技、皮影、民谣等民间文化，都在这里呈现，众多经典的影视场景也得到了留存。现代生活尽管日新月异，但文化的根本不能抛弃，民族文化需要每一代人的共同努力才能不断传承、发扬光大。作为中华民族的传人，保护这些文化瑰宝是我们义不容辞的责任。

在实践方面我也收获颇多，包括如何与陌生人交谈，如何设计问卷问题，以及团队合作等。为了完成调查任务，我们开动脑筋想出各种办法，这也激励我遇事要勤于动脑，要用智慧解决问题。很感谢这次难得的宝贵经历。

一次不可多得的宝贵体验

2016 级本科生，材料化学专业 肖剑雄

经历了将近一周的社会实践活动，我感慨颇多。它给我们带来了意想不到的效果，社会实践活动给生活在都市象牙塔中的大学生们提供了广泛接触社会、了解社会的机会。中国是一个古老的国度，有着悠久的历史，在这段沧桑的历史中给人们留下了难以磨灭的印记；在悠长的岁月里，留给许多让世人惊叹的文化遗产。这些见证了古老中国的历史韵味，对如今的我们具有深远意义。保护文化遗产是每一个中国人应尽的责任，在此次社会实践活动中，我们深入调查了镇北堡的文化遗产保护状况以及对其旅游价值的开发，启发

了我们继承优秀传统文化，弘扬民族精神。在实践过程中收获的直面困难、解决问题的能力，也让我惊喜不已。此外，对于团队合作能力的锻炼，在实践中日益深厚的友谊也让我难以忘怀。对个人来说，这是一次不可多得的宝贵体验。

感谢我们的坚持，感谢我们的努力

2016 级本科生，材料化学专业　原野

本次前往宁夏镇北堡的暑期社会实践是我参加的第一次比较正式的社会实践活动，从时间维度来说从开始出发到最终结束共计 5 天。在出发前我们就进行了充分的准备工作，在进行的过程中我们对发现的问题也及时地反馈给队长，并在每天结束后的晚上召开了会议商榷探讨，及时对执行过程中的不当地方进行了调整，做到了从战略到战术的全面及时修正，我感觉这是我们这次暑期社会实践比较值得肯定的一点。除了实践活动，我在这次实践中感受到最大的一点就是团队成员间浓浓的友谊。从有领导力的队长，到有智有谋的大佬，再到各有千秋的成员，我认识了不少人，也和他们建立了友谊，我认为这是我在这次活动中最大的收获。感谢他们，也感谢我自己，感谢我们的坚持，感谢我们的努力，感谢我们的相遇，我拥有了一份特别美好珍贵的回忆。

实践团成员：刘左元　郭帅　王浪　李政禹　马启司　石珂宇　仟佳宇　肖剑雄　余宗宝　原野

各地小吃调研

实践·足迹

三皇五帝夏周商，相传存亡。

秦汉三国，竹简细镂亦断肠。

隋败唐兴宋渡江，百年匆忙。

元明清末，二十四史永流芳。

一篇《采桑子》简单概括了中华上下 5 000 年的历史，而在这 5 000 年的漫漫历史长河中，无数文化瑰宝得以积淀，浩繁的历史典籍得以流传，精深的先人智慧也得以传承。我们作为新一代的中华儿女，有责任也有义务将这些传统文化进一步传承下去。但是在如今这样一个快节奏的时代，很少有人再去静下心看《二十四史》，很少有人再去品读经史子集，很少有人去学习中华民族博大精深的传统文化。人们觉得中华的传统文化只是躺在书本纸页上的文字，显得那么枯燥呆板，不如西方流行文化那么直接生动。可是他们错了，中华的传统文化其实就在我们的生活中，只是他们没有仔细观察，细细品味。

如果你说没有兴趣去读史书，如果你说去游历名胜古迹还不如去逛逛商场，如果你说……你有各种理由，不过都没有关系，"吃"总是你我生活中都必不可少的一部分，所以请跟我们来，我们带你一起去"尝一尝"中华的传统文化，尝一尝它们到底好不好"吃"。

一、为什么会是吃?!

我们此次社会实践团的成员都是志愿报名参加的，共 5 个人。大家都是一个班的同学，平时彼此很熟悉。重点是大家都很热爱中华的传统文化，也都想为中华传统文化的传承与发展贡献自己的力量。所以当我们看见暑期社会实践的选题有"传统文化教育"时都非常兴奋，于是大家一致决定组成一个小组来做这个传统文化的课题。

虽然小组的组成非常顺利，但是对于具体从什么角度切入去做这个课题，我们一时也没有拿定主意。在决定组队的当天晚上我们就在良乡校区徐特立图书馆的讨论室里开了第一次小组会议，大家就具体的选题进行了激烈的讨论。首先我们都认为传统文化是一个领域非常大的题目，也是一个被许多人研究过的题目，所以我们不能再循规蹈矩地去按前人思路做，我们需要有一定的开拓创新。其次我们分析了当代大众的心理，认为现在的人们，尤其是年轻人，对传统文化并不是很感兴趣。这也导致他们不愿意花时间花精力去了解传统文化，而同时传承传统文化又恰恰需要年轻人。所以我们希望能够找到他们的关注点，让他们乐于学习中华传统文化。

针对这一思路，我们分析了当代社会比较热门的话题，考虑怎样把传统文化与当代热点融合起来，扩大传统文化的受众面，降低传统文化的学习门槛。最终我们发现传统小吃是一个不错的选择。因为当代人对吃十分注重，人们大多都抵不住美食的诱惑。《舌尖上的中国》第二季的热播更是掀起了新的一轮的美食狂潮，而传统小吃与传统文化本就有着千丝万缕的联系。中国自古有云："民以食为天。"饮食文化无疑是传统文化的一个良好载体。于是我们最终决定从各地方小吃入手，去展示中华的传统文化。

或许有人会质疑，如果选择了小吃这个方向就代表着我们很难带回实体的成果，如果仅仅是照片加文字又会显得很枯燥，很难起到良好的宣传效果。经过深思熟虑，我们决定就以《舌尖上的中国》为蓝本做一个视频。首先视频符合快餐文化要求，浏览起来十分方便，人们在上班上学路上都可以用手机浏览。其次视频更生动形象，外加《舌尖上的中国》的余温可以有更大的吸引力；而且视频的宣传工作也更好做，将视频挂到优酷等知名视频网站上，然后在朋友圈、微博、人人网等交流平台发视频链接进行宣传都是很好的选择。同时为了更好宣传，我们也将链接挂到 facebook 上供更多人浏览，知名网站的高访问量会使一些人自己点进来，进而起到扩大宣传的作用。

当大家对这些细节都进行了构思以后，我们分工写申请表，并在第二天提交了申请表。之后的时间里我们焦急地等待着结果，当得知我们被选上时是无比兴奋与喜悦的。之后我们又一次开会，最终敲定了实践的主要地点是北京、山东和开封三地，并制订了详细的拍摄计划与后期工作安排。7 月 17 日，我们怀着激动的心情踏上了美食文化之旅。

二、这个真的能吃

由于拍摄量比较大，而我们人员又不是很多，所以我们决定外地部分的拍摄分为两组同时进行。首先说山东的这一组，这组的成员包括林瑶，龙玉涵，尹冬凡三人，他们的任务是去拍摄泰安一种非常有名的传统小吃——炸蝉蛹，以及食材捕捉及制作过程。而当大家讨论时对这种小吃的第一个反应是："这个也能吃？"于是抱着未知和忐忑的心情于 7 月 17 日乘火车赶赴山东泰安。

泰安市，位于山东省中部地区，城市依五岳之尊泰山而建，是山东省"一山、一水、一圣人"旅游热线的中心。泰安因泰山而得名，"泰山安则四海皆安"，寓国泰民安之意。泰安市是一座著名的文化旅游城市，历史悠久，史料记载可追溯到商周时期；左丘明、柳下惠、罗贯中、欧阳中石等名人皆出自泰安市。一方水土养育一方人民，温和优越的地理环境和深厚的儒家文化底蕴造就了泰安人民勤劳善良、朴实爽朗的性格和实事求是、自强不息的作风。林瑶同学的家在当地，自然也就成了小组活动的"青年旅社"。她们于中午到达了泰安，经过了一下午的简单休整后就开始了紧张的拍摄任务。

天公作美，拍摄那天刚刚下过雨，虽然不大，却也已是蝉蛹出土的讯息。空气里还有一股潮湿的味道，混杂着淡淡的泥土的气息。日落时分，光线逐渐淡去，她们跟随林瑶的父亲来到树林里捕捉蝉蛹。此时的蝉蛹大多才刚刚出土或者爬到树木上比较低的位置，低头仔细寻找就很容易找到。

在那里她们遇见了很多同样出来找蝉蛹的人。龙玉涵通过采访一位捉蝉蛹的老人得知："国人吃昆虫的习俗由来已久，江浙一带的人喜欢吃蝗虫、蚕蛹，湘西人对马蜂幼虫很感兴趣，云南人过'吃虫节'时，家家餐桌上总少不了蝗虫、蝶蛹等别有风味的昆虫菜肴。泰安人则独爱蝉蛹……"

就在龙玉涵和老人交谈的同时，林瑶和尹冬凡在一棵树上捕获到了第一只蝉蛹。仔细观察发现这只蝉蛹体长 3 厘米，还有两对膜翅，复眼有些突出，并没有想象中的那么吓人，按现在流行的话讲，还有些"许呆萌"的气质。

经过了一个多小时捕捉，天已经完全黑了，她们也捕到了足够的蝉蛹，是回家烹调美味的时刻了。小组成员回到林瑶家，准备开始炸蝉蛹。她们把蝉蛹先放置在盆中，倒入清水，使其窒息而亡并除去身上的泥沙；然后洗净，放入加盐的沸水锅中煮片刻，使其肉质变得细腻。

接着林瑶的爸爸在铁锅中倒入花生油，中火烧热至六成熟时放入控过水的蝉蛹煎炸。炸蝉蛹的同时，泰安人喜欢同时煎炸其他食物，使蝉蛹的美味渗透在其他的食物中。所以我们的小组成员也把将蝉蛹褪下的皮完整取回，洗净腌制，用调制好的肉馅填充，放入油锅一并烹炸。伴随着滋滋作响的沸油声，香气在整个屋子中弥漫开来。

在忍着口水的漫长等待后，蝉衣终于渐渐地呈金黄色，酥脆诱人，这时便可以出锅了。林瑶爸爸拿筛子控一下了油，将炸好的蝉蛹轻轻摆入盘中，并撒入细盐、味精、孜然、辣椒粉等调味料。油炸蝉蛹香气扑鼻，表面金黄光亮，香酥可口；肉质细腻柔软，鲜味十足。大功告成，终于可以吃了！小组成员赶紧坐下来细细品尝着这用劳动换来的美味。"这个真的能吃"的质疑此刻烟消云散，炸蝉蛹真的非常美味，咬一口在嘴里油而不腻，干脆爽口，是极好的人间珍馐。

在吃的过程中自然不能忘及主题，小组成员们讨论起了关于古时候蝉的文化：据悉早在公元前 2 000 年的商代青铜器上就出现了蝉蛹的形象。蝉，在中国古代象征复活和永生，这个象征意义来自于它长达十几年的生命周期。因此从周朝后期到汉代的葬礼中，人们总把一个玉蝉放入死者口中以求庇护和永生。由于人们认为蝉不食五谷，不吃秽物，餐风饮露，因此它又是纯洁的象征。它为诗人墨客们所歌颂，并以咏蝉来抒发高洁的情怀。"垂缕饮清露，流响出疏桐。居高声自远，非是藉秋风。"这首诗是虞世南的《蝉》，为唐代最早的咏蝉诗。诗的大意为蝉垂下像帽缨一样的触角吸吮着清澈甘甜的露水，声音从挺拔疏朗的梧桐树枝间传出。蝉声远传的原因是因为蝉居在高树上，而不是依靠秋风。言外之意是一个品格高尚的人不需要外在的凭借，自能声名远扬。诗人托物言志，笔意巧妙，表达出对内在品格的热情赞美和高度自信，无形中展现出一种雍容不迫的风度和气韵。

吃着美食，畅谈着美食背后的传统文化，在一片欢声笑语中，山东之行告一段落。

三、美食与古城只隔着一层土

去开封的一组有王英华、华牧天两名组员，他们于 7 月 17 日乘火车赶赴河南开封。

开封古称东京、汴京，已有 2 700 多年的历史，是首批中国历史文化名城，中国"八大古都"之一，历史上的开封有着"琪树明霞五凤楼，夷门自古帝王州""汴京富丽天下无"的美誉，北宋东京开封更是当时世界第一大城市。

但是由于年代久远，开封的古迹大多都已经在岁月的长河中被掩埋了起来，深藏于地底。现在看见的不论是开封府还是天波杨府都是今人凭着古籍的记载效仿而筑成。

但是开封的传统小吃并没有淹没在岁月的长河中，而是在一代代开封人的口耳相传中一直流传到今天。开封有许多大家耳熟能详的小吃，比如开封灌汤包、逍遥镇胡辣汤、庞记桶子鸡、沙家牛肉、开封套四宝、三鲜莲花酥、风干兔肉、菊花火锅、大京枣、烩面、双麻火烧、芝麻翅中翅、红薯泥、花生糕、黄焖鱼、锅贴、羊肉炕馍、炒凉粉、冰糖熟梨、杏仁茶、江米切糕、回民羊肉汤、东华斋、锅贴豆腐等，而且每个小吃都像宋代人发明的面条与油条一样，都有其背后的故事，都承载着一段历史。

所以说这地上的美食小吃，是在默默为我们讲述着那些地下古城的故事；它们之间"心灵相通"，只隔了一层土。

到达开封的当天已是晚上，小组成员简单收拾了一下就睡下了，为第二天早起去拍摄传统小吃养足精神。次日清晨，小组成员早早起了床，按着当地人指的方向一路寻去，终于找到那家"传说中"的逍遥镇胡辣汤。小组成员迫不及待地要了两碗坐下来细细品尝，品尝的过程中看见店内的牌匾上记录着逍遥镇胡辣汤的历史：

胡辣汤的来源可以追溯到北宋末年，当时有位深得宋徽宗的喜爱的小太监回家省亲路过嵩山少林寺，偶得机会饮了一碗少林寺的"醒酒汤"。饮后感觉神清气爽，就在临行时要了方子。回宫后经由太医院和御膳房进一步修整后进献给了皇帝。后来逢"靖康之难"，金兵攻破了开封城，小太监携带此方就逃到了逍遥镇并以卖此汤为生计。为了适应当地需求，汤也做得越发的平民化；后有吃汤旅客不小心将胡椒粉打入汤中，才最终形成了逍遥镇胡辣汤。

吃过了胡辣汤，感觉也是神清气爽，早起的倦意荡然无存了。在品过传统美食后，小组成员决定去拜访一下名胜古迹，加深对历史的认识，进而完成视频摄制任务。于是先后游览了包公祠、开封府、天波杨府，祭拜了宋代的忠臣良将。

时至中午，小组成员再一次扛起拍摄设备去寻找另一种传统小吃——开封灌汤包。最有历史的就数"第一楼"的灌汤包了。灌汤包在北宋市场上已有售卖，称灌浆馒头或灌汤包子。东京 72 家正店之一的"王楼"，制售的名为"山洞梅花包子"，号称"东京第一"。并且有相关传说，当年灌汤包常作为皇帝以及朝廷犒赏军队之物。

也许就是由于慕名而来的人们实在太多，"第一楼"内座无虚席。由于这里坚持手工制作并且都是现做现卖，所以好不容易找到位置的小组成员被告知包子大约需要等待 40 分钟。在等待的过程中小组成员惊喜地发现了另一种要寻访的传统小吃——炒红薯泥。

红薯泥也是非常有名开封小吃之一，是一道久负盛名的中州名菜。红薯泥选用红薯、白糖、山楂、玫瑰桂花、青红丝等原料，兑入花生油或香油烹饪而成。红薯泥最有名气的当属开封杞县的红薯泥，据说是清末厨师蒋思奇创制的，他不仅手艺高超，还有刚直不阿的浩然正气。当年袁世凯的部下来到杞县，闻听红薯泥为此地名食，便要尝尝。于是在县衙举行宴会，红薯泥上桌后，人们发现它如桃花盛开，似琥珀生辉。各个迫不及待狼吞虎咽起来。不大一会儿，有的张口流泪，有的伸脖子干呕。原来，蒋思奇不愿给袁世凯的部下做菜，但又不能推辞，便使了个花招——红薯泥本身质地细腻，热量大，密度小，散热很慢，蒋师傅又特意用滚油封顶，内中温度更不易散发。这些人迫不及待，故而被烫得丑态百出，狼狈不堪。

红薯泥这个意外的发现让小组成员喜出望外。而为了不重蹈前人覆辙，他们耐着性子慢慢地品尝红薯泥，味道真是酸甜可口。吃罢红薯泥，经历了漫长等待的包子终于上桌了，真是千呼万唤始出来啊。细看包子一个个都圆圆的却不臃肿，晶莹剔透的外皮更带给了它们一种灵动的气息。看当地人可以毫不费力地将整个包子拿起，可是亲身尝试筷子一碰皮就破了，汤汤水水流了一盘子。看来，吃也是一个技术活。

下午，小组成员在旅馆休整，晚上来到了开封鼓楼下的夜市。这是开封小吃的聚集地。在这里可以在一条街上品味到近乎所有的开封小吃，不论是鲜美的黄焖鱼，或是醇厚的炒凉粉，抑或是甜香的宫廷杏仁茶都可以品尝的到，在此就不一一赘述了。如果想大快朵颐，那就来看我们的视频吧。

晚间拍摄任务完成后已经 10 点多了，一天下来疲惫却很有收获。回到旅馆歇下，开封的美食历史之旅也就告一段落了。

四、胡同——传统文化与美食间的连通线

北京，是中华人民共和国的首都，也是中国的政治、文化、科教和国际交往中心。同时北京还是一个有着悠久历史的城市，是中国"四大古都"之一，拥有 7 项世界级遗产，是世界上拥有文化遗产项目数最多的城市之一，是一座有着 3 000 余年建城历史、860 余年建都史的历史文化名城，拥有众多历史名胜古迹和人文景观。自商周期北京就有燕都、日下、幽州、京城、南京、大都、北平、北兆、京师等 20 多个称谓，可见其历史悠久，在各个朝代都有着重要的历史地位。

说到历史遗留下的传统文化，有的镌刻于故宫的碑铭上，有的漆画于颐和园的长廊中；而我们认为还有许多传统文化是在胡同中，它们也许没有故宫里的"兄弟"高贵，没有颐和园里的"姊妹"华美，但是它们更加贴近生活，更加平易近人。同时北京的另一种食品也在胡同中，那就是传统小吃。从走街串巷的叫卖，到一个个精巧的摊位，再到四合院内的袅袅青烟，不论你去与不去，北京小吃就在那里，静静地生活在北京的胡同里。

所以让我们一起去探寻，去探寻这隐居于胡同的传统文化和传统小吃之间的联系，去打通胡同这条传统文化与美食间的连通线吧！

北京许多有名的胡同都在后海周围，如烟袋斜街、南锣鼓巷等；后海周围还有许多不

为人知的小胡同，因此后海无疑是做这个课题的完美选择。7月20日我们小组成员一起来
到了后海，去寻找老北京胡同里的美味。

按照之前的计划，我们在什刹海北沿，宋庆龄故居西侧的胡同里找到了闻名已久的老
北京"九门小吃"。它是由将抢救和振兴濒临绝迹的传统小吃为己任的老北京传统小吃延
续发展协会倡办的，很受当地人的喜爱。

进入内部，我们发现，在这个古香古色的老式四合院中，囊括了京城传统的12家老
字号小吃：小肠陈、褡裢火烧、爆肚冯、奶酪魏、茶汤李、月盛斋、馅饼周、德顺斋、年
糕钱、羊头马、豆腐脑白、恩元居，可谓是足不出户就能品尝京城内具有百年历史的代表
性的传统老字号共300多个品种的小吃；而且我们可以感受到当年北京前门门框胡同内小
吃家儿挨家儿，摊儿挨摊儿，叫卖嘈杂热闹的市井风光。

我们首先选择了一种老北京人最喜爱，当代人却望而生畏的传统小吃——豆汁。这是
一个很早就出现了的传统小吃，在《燕都小食品杂咏》记载到："糟粕居然可作粥，老浆
风味论稀稠。无分男女齐来坐，适口酸盐各一瓯。"而且还有记载说：乾隆十八年十月发
交内务府的一道谕帖，其内容是："近日京师新兴豆汁一物，已派伊立布（乾隆朝之大
臣）检察，是否清洁可饮。然则引入宫廷。"而当我们自己尝了一口豆汁后发现确实说不
上好喝，酸中带点甜，还有股说不出来的味道。而旁边一位食客看我们被豆汁酸得龇牙咧
嘴的样子，跟我们说："喝习惯就好了，多喝几次会上瘾的。"他还说到他就是一个忠实的
豆汁爱好者，他认为一碗豆汁儿加几个焦圈，再加上一碟儿辣咸菜丝儿，占了五味中酸、
辣、甜、咸四味，独没有苦味，着实为人生的期盼啊。

在这里我们还品尝并且拍摄了炸糕、茶汤、卤煮火烧、老北京肉饼、羊杂汤等老北京
传统小吃，并通过对店员的采访和食客们的介绍了解到了许多关于传统小吃的历史文化故
事。我们进行了仔细的记录，并把这些呈现在了视频当中。

结束了九门小吃的旅途，我们沿着什刹海的边缘，一路向东行进。路上随处可见休闲
健身的老北京人。和饮食一样，这种特有的悠闲和潇洒一直是北京传统文化的体现。在烟
袋斜街的南面，我们找到了一家多次出现在北京电视台"美食地图"上的传统回民爆
肚店。

爆肚是北京风味小吃中的名吃，多为回族同胞经营。爆肚早在清乾隆年代就有记载。
过去和现时，每当秋末冬初，北京的清真餐馆和摊贩就经营爆肚。北京天桥有"爆肚石"，
门框胡同有"爆肚杨"，其中"爆肚冯""爆肚满"等最为出名。许多老一代名人都非常
喜欢爆肚，梅兰芳、马连良、程砚秋、小白玉霜、小蘑菇都是老字号"西德顺"的老
主顾。

进入店中，我们发现店内陈列了许多曾来这里吃饭的名人照片，还有许多关于爆肚的
历史典故。店内的人员向我们介绍：爆肚是把鲜牛肚或鲜羊肚洗净整理后，切成条块状，
用沸水爆熟后蘸香油、芝麻酱、醋、辣椒油、酱豆腐汤、香菜末、葱花等调料拌制吃。当
一盘爆肚上来后，我们迫不及待地品尝了一下，发现爆肚确实是一种最容易令人接受的老
北京小吃，质地鲜嫩，口味香醇。

离开这里，继续东行到达了北京闻名的南锣鼓巷。我们在南锣鼓巷中由南向北穿行，拍摄了文宇奶酪和南门倒翅等传统小吃；也看见吉事果、章鱼丸子等带有西方日本和特色的外来小吃。如果后海畔的胡同述说着古典，那么南锣鼓巷就是讲述交融。在这里，传统小吃与新兴的美食和谐并存，互相汲取对方的元素，蓬勃发展。无论是有悠久历史的老字号，还是新进驻的精巧小店，都门庭若市。这里也许是中华传统文化与外来文化交融发展，融入生活的最佳证明地。

五、飘香四溢的视频述说着可口的传统文化

在完成了素材的拍摄工作后，我们对其进行了分类整理，筛选出可用的素材，并构思视频制作方案，撰写相关的配音台词。

在视频制作的阶段最辛苦的莫过于小组成员华牧天了。小华无疑是我们团队的技术大神，视频的剪辑制作加工，配音的加入，后期字幕的外挂全部出自他一人之手。他被我们亲切地称为"万能的小华"。视频经过一次又一次反复修改最终成型。当看见视频做好的时候，大家都为之欢呼，迫不及待地按照最初计划在网上对它进行挂载与宣传。

整个视频记录着我们暑期社会实践的点点滴滴，里面包含着小组成员的无数努力，看见它时那种成就感与喜悦感不言而喻。更重要的是这个视频达到了我们的最初目的。也许里面有瑕疵，有不完美的地方，但它确实将美食与传统文化交融在了一起，为当代人展现出了一份贴近生活，一份可以去品尝的传统文化。

暑期社会实践活动虽然结束了，但对于传统文化的宣扬与传承却没有结束。我们希望更多的人可以去关注中华传统文化，去了解，去感悟。最后希望这些承载着满满的美食与传统文化的视频，可以为更多人所了解，激起更多人对传统文化的兴趣与爱好。

所以就让这个飘香四溢的视频静静地坐在网上，为更多的人讲述那可口的中华传统文化把。愿中华传统文化源远流长！

第四篇

时代担当

"当代青年要树立与这个时代主题同心同向的理想信念，勇于担当这个时代赋予的历史责任。"习总书记召唤新时代堪当大任的新青年。青春激昂，志存高远，聚焦家国情怀；走出校园，融入社会，学以广才，立身修德，掌握真才实学；怀揣对民族、对国家的责任感和使命感，助力扶贫，相约冬奥，材料青年践行着习总书记的召唤。

第 九 章
助 力 扶 贫

不忘家乡发展，心系精准扶贫

🍃 实践·报告

云南省红河哈尼族彝族自治州个旧市卡房镇田心村委会梭落凹村，是位于以祖国西南边陲一个贫穷落后的村庄。本研究从实证探究角度出发，综合运用访谈、走访调查等方法，深入了解当地居民生活条件、社会保障、留守"村庄"、教育发展等情况，并针对现状提出了一些可行性建议，旨在助力精准扶贫，为梭落凹村的发展建言献策。

前　言

2015 年 10 月 16 日，习近平总书记在 2015 减贫与发展高层论坛上强调，中国扶贫攻坚工作实施精准扶贫方略，增加扶贫投入，出台优惠政策措施，坚持中国制度优势，注重六个精准；坚持分类施策，因人因地施策，因贫困原因施策，因贫困类型施策；通过扶持生产和就业发展一批，通过易地搬迁安置一批，通过生态保护脱贫一批，通过教育扶贫脱贫一批，通过低保政策兜底一批，广泛动员全社会力量参与扶贫。作为当代大学生有责任和义务了解社会民生，助力精准扶贫，为实现"两个一百年"奋斗目标和中华民族伟大复兴的中国梦贡献自己的力量。本次调研以云南省红河哈尼族彝族自治州个旧市卡房镇田心村委会梭落凹村为例，2017 年 7 月 14 日到 7 月 18 日在实践地开展多形式、多方位的实践调查，重点走访了独居老人、留守儿童、在读困难户等典型困难家庭，以及田心村委会、田心小学，深入了解当地的地理环境、村内人口、基础设施、受教育情况，交通与通信情况、经济收支状况、基本社会保障等，受到当地媒体关注，取得了良好效果。

一、研究设计

（一）研究方法

在调查方面，本研究采用了文献研究、数据统计对比、质性访谈等调研方法。

在数据处理方面，借助 Excel 程序处理数据，对课题深入解构，加深了数据所反映问题的直观性和对主题的挖掘。

（二）研究样本

根据田心村委会统计数据，梭落凹村基本情况及农业生产条件如表 1 所示。

表1 梭落凹村基本情况及农业生产条件

项目	乡村户数/户	乡村人口数/人	其中:男/人	女/人	乡村劳动力资源数/人	其中:男/人
	195	105	442	229	213	326
项目	女/人	乡村从业人员数/人	其中:男/人	其中:从事农业人员/人	女/人	其中:农业从业人员
	131	131	326	195	195	131

二、研究结果及分析

(一)梭落凹村生活水平现状

梭落凹村属于高寒山区。距离村委会3千米,距离卡房镇17千米,面积1.86平方千米,海拔1540米,年平均气温17.55℃,年降水量1690毫米,适宜种植烤烟、玉米、水稻等农作物。有耕地585亩,常用耕地面积535亩,临时性耕地50亩,海拔25°以上陡坡耕地50亩。其中人均耕地1.32亩,林地1192.3亩。

全村辖1个村民小组,有农户105户,乡村人口442人;其中农业人口440人,劳动力326人。

1. 经济收入

经走访调查,村寨中村民经济来源以三种方式为主:传统单一的农作物种植与养殖业,外出务工,集市交易(见表2)。

表2 梭落凹村农村经济收益分配统计情况　　　　　　单位:万元

项目	农村经济总收入	其中:出售产品收入	农民家庭经营收入	农业收入	种植业收入	牧业收入	其中:出售牧业产品收入	工业收入
	132	256	63	256	28	48	63	63
项目	运输业收入	商饮业收入	净收入	可分配净收入总额	农民经营所得	农民所得总额	农民人均所得	
	9	4	222	222	222	222		

这种结构较为简单单一的经济来源构架,导致本村经济收入一方面整体偏低,另一方面又极易受到外界因素影响,如灾害天气等会对种植养殖业造成相当大的影响。种植农作物多为传统低经济价值农作物;同时村寨里农产品的商品化程度不够高,仅局限在村内人之间的简单集市交易,难以充分利用农产品的经济价值(见表3)。

表3 梭落凹村农业主要产品生产情况

项目	生产情况		
	播种总面积/亩	全年粮食合计	
		面积/亩	总产量/吨
一、全年农作物	1 697	907	305
其中：杂交稻	播种面积/亩	总产量/吨	
	449	153	
其中：中稻和一季晚稻	播种面积/亩	总产量/吨	
	449	153	
其中：苞谷	播种面积/亩	总产量/吨	
	718	308	
杂交苞谷	播种面积/亩	总产量/吨	
	355	94	
二、经济作物（烤烟）	面积/亩	总产量/吨	
	750	110.6	
三、其他农作物（蔬菜，含菜用瓜）	面积/亩	总产量/吨	
	40	25.1	

通过走访发现，部分青壮劳动力外出务工为本村的经济收入带来不少直观上的增益，这也解释了村寨人均收入表面上已经超过了贫困标准，但不可否认的是村寨里仍存在相当多的贫困户，在如今国家精准扶贫的大政策下，这些"人均脱贫村"里贫困户应该是政府与社会的重点帮扶对象。

2. 交通情况

与外界相通仅有一条从个金公路至梭落凹村落的公路，于2017年上半年大致通车，部分路段仍在兴修，道路可通行部分狭窄，大型货运车行驶较为困难；同时因两车相遇错车困难有时会出现长时间堵塞，极易发生交通事故。道路缺少必要的夜间照明设施和警示设施，为村民通行带来了不小的安全隐患。

村寨仅有3辆汽车，外出交通方式主要以摩托车、步行为主，在山路上存在较大安全隐患，特别是部分路段在雨天存在落石现象。

3. 通信情况

村落于2017年可接收到微弱的中间移动的4G信号，无联通信号覆盖。天气情况较好时，在地势较高处（如房顶）才可搜寻到稳定信号拨打电话；没有电话、网线、光纤设施接入。大部分村民仅通过电视接触外界信息，在一定程度上造成思想观念的落后。

4. 教育情况

村寨内相当一部分20岁以上65岁以下的人完全文盲，在适学人群中存在较为普遍的辍学情况，九年义务教育完成情况也十分不乐观，高中以上学历人数仅有 2 人（见表 4）。

表 4　1995—2017 年梭落凹村学历情况调查表

年份	总人数与学历							
	总人数/人	小学毕业/人	初中毕业/人	未完成九年义务教育/人	中专/人	高中/人	大专/人	本科/人
1995	15	12	8	7	0	1	1	0
1997	17	16	9	8	1	0	0	0
1999	20	20	16	4	0	0	0	0
2002	13	12	12	1	0	1	0	1
2005	11	11	7	4	0	2	0	0
2007	13	13	9	4	0	3	0	0
2009	13	11	0	0	0	0	0	0
2010	7	0	0	0	0	0	0	0
备注：据该村发展至今百年时间，高中及以上学历的村民共 2 人，一名大专在读，一名本科在读。								

村寨内可用教育资源十分有限，村里没有任何学校，也没有学前班机制，村寨里的孩子只能到附近的学校上学。距梭落凹村最近的田心小学步行大概需要 40 分钟，该小学仅有 4 名教师，老师需身兼数职，一人教授多个学科年级。而最近的初中位于 17 公里山路外的卡房镇，最近的高中则位于个旧市。寄宿所需的高昂费用使部分家庭望而止步。

经分析，教育资源的短缺，家庭经济条件的窘迫，思想观念的落后，是导致该村受教育现状相当不乐观的主要原因。

5. 人口结构

通过大量走访，了解到村里由于青壮劳动力基本外出务工，普遍存在空巢老人和留守儿童问题。

农务劳作多有老人或孩童完成。一方面老人身体行动不便，完成繁杂的劳务活动存在较大的安全隐患；另一方面这种现象也一定程度上造成了适龄孩童、少年无法继续学业。

留守儿童缺少父母的陪伴教育，容易沾染不良习气，沉迷玩乐；同时部分留守儿童的心理健康难免会有缺陷，具体表现为学习行为的缺乏信心，性格方面的胆怯紧张等。

6. 基础设施情况

村落 2015 年 8 月通自来水。村内没有医务室，到最近的医务室需要 40 分钟车程（且村内仅有 3 辆汽车），一旦有村民突发急性疾病，后果不堪设想。

没有基础健身设施，老年活动中心长期关闭，村民没有固定的娱乐场所。

（二）梭落凹村发展所面临的困难

通过阅读文件、实地访谈，我们发现在梭落凹村的发展道路上，主要面临以下困难：

1. 相关扶贫政策未有效惠及贫困户

在走访过程中发现，如儿子工伤去世、女儿远嫁的独居老人，父亲残疾的在读贫困生等，均没有申请最低生活保障金等国家补助。2014 年个旧市就已开展精准扶贫建档立卡工作，梭落凹村村民均表示未曾听说。村民自身文化水平较低，不能及时地了解理解国家相关政策，在需要帮助时不能积极主动地寻求帮助，在一定程度上限制了享受相关惠民政策的可能性。

2. 交通、通信闭塞限制发展

"要想富，先修路。"2017 年修通从梭落凹村通往个金公路的道路。此前村内农产品运出交易、村外项目投资等十分有限。交通、通信的闭塞阻碍村民与外界的接触交流，不能跟随时代发展寻求有效出路。

3. 受教育程度低、思想观念落后

村内村民受教育程度低，大部分文盲不能正常地阅读书写，无法有效地接收先进的思想观念或者种植技术、工作培训等；同时落后的思想观念又造成对于下一代教育的不重视，形成恶性循环。

这几方面在一定程度上是互为原因，相互影响的。通过讨论我们认为，重视教育，运用知识改变命运是打破恶性循环链的关键，因此我们围绕"教育扶贫"开展了相关活动。

（三）推动梭落凹村小组发展的建议

1. 增加经济收入，提升生活水平

（1）优化现有结构，适当提高村寨经济的商品化程度

首先考虑扩充产出农产品类型，力争做到发展经济效益高，且适宜本地的种植业与养殖业，可先考虑在小范围内试种与试养。以试验田机制确定最佳扩充种植农产品类型，以试养方式扩充养殖业品种。

其次，在村寨内部应建立种植养殖指导调整机制，在兼顾实时的经济性与天气适宜性下，给村民提供最好的种、养指导意见。经了解，云南大学、云南农业大学均开展"精准扶贫"相关工作，希望通过相关部门联系寻求科学化的指导意见。

最后，建立"农产品走出去"机制，充分利用如今便利的网络资源，通过网络销售渠道，将农产品的经济效益最大化。为保证利益分配能遍及每家每户，可考虑以集体经济合作社的方式，统一完成收购、销售，并统一分红。

（2）村内"精准帮扶"

村内组织统计困难户，了解困难户的问题、需求，一方面可为其争取相关政策的补助，如家庭有残疾人员应办理残疾证；另一方面村干部应定期对这些家庭进行安抚慰问，号召村民帮忙；同时在集体经济实施过程中，应优先考虑到这些家庭的问题与需求，不仅做到财富的总量增长，还要确保困难的家庭脱离贫困。

2. 打破交通、通信壁垒

（1）改善道路交通

由于特殊地理位置，另开辟道路可行性较小，通过实地考察我们有如下建议：

首先，应尽快完成整体道路的修整工作，为农产品的输出提供基础条件。

其次，政府应考虑后期项目的跟进，很多地段道路两旁还有相当部分可补充的空间，通过清理碎石等障碍物，能够拓宽道路，提升道路的运输能力，进一步为村寨的农产品输出助力；同时，安装必要的夜间照明设施与警示设施，为村民提供安全的出行条件。

（2）改善通信状况

考虑到村内手机等通信设备逐渐普及，除中国移动外其他手机运营商也应考虑设立信号基站。

由政府牵头根据实际情况，尽量在短期内覆盖光纤、网线等，使村民可以接入互联网，通过网络接触现代化社会，进一步通过网络寻求机会改善生活，通过现代通信手段消除村寨与外界信息交流的阻碍。

3. 教育扶贫，转变观念

（1）建立学前机制

由于村内人口不足以在村寨内建立小学和初、高中，可考虑由政府或政府与村寨共同出资，聘请村内合适人选（有一定受教育经历）建立学前班机制，统一对学龄前儿童进行学前教育。此举旨在使儿童更早接收与适应学习生活，也可以在一定程度上避免辍学现象的发生，同时可以节省劳动力增加经济收入。如果该机制取得较好效果，可适当在更大范围的内实施，扩大成果。

（2）建立教育基金

村寨内部可考虑设立专门的教育基金，资金来源一方面来自村民，具有一定的强制性；另一方面可由集体经济收入直接划分出教育专属部分，确保基金的正常运行。具体章程如每户上缴金额、基金适用学业范围等，根据具体情况而定，可由村民大会确定。

（3）建立村民教育委员会

村民教育委员会由村民大会选出 3 ~ 4 人组成，主要职责有：管理学前机制与教育基金；对欲辍学青少年的家庭与本人进行及时的思想辅导工作；与上级教育局联系，了解并落实国家与当地政府的教育补贴政策，并负责相关学生申请资料的准备，确保村寨内的学生可以享受到应有的政府的教育补贴；开展重点困难户学生上学的帮扶与思想辅导。

4. 完善基础设施与村民社会保障

（1）建立有序运行的公共卫生体系

直接引进医务人员难以实现，可先聘请就近医务室医生，每周或不定期来村里对患病者进行诊断，排查大病隐疾；建立应急机制，村民突发疾病，应有相关程序使病人得到及时的救治。

（2）建设基础娱乐设施

在有条件的基础上，购进一批用于娱乐健身的设施，资金可来源于村民集资、集体经济收入、向上级申请。着重优先恢复老年活动中心的日常运营，摒弃空壳化、形式化，以实际活动温暖村内老人的晚年生活。

（3）确保社会保障机制的实施

确保与扩大社会保障机制在村民中的实施，如新农保、新农合等。村委会应积极帮助符合国家相关帮扶政策的家庭申请相关补助，实现"少有所养，老有所依"，减少因家庭困难而辍学现象；改变孤寡老人仅靠每月80元补助、农村60岁以上老人补助的情况。

附录1

梭落凹村村民生活水平现状调查问卷

您好！

非常感谢您在百忙之中填写这份问卷，我们调查的目的是为了了解梭落凹村村民生活水平现状、村民生活所需必要公众设施、村落发展的方向与困难等问题，并针对调查内容，结合"精准扶贫"，为梭落凹村的发展提供新的思路和方向。本次调查采取无记名方式，希望您如实填写，期待得到您的配合。谢谢合作！

1. 您的年龄是

A. 16岁及以下　　　B. 16~22岁　　　C. 23~50岁

D. 51~70岁　　　E. 70岁以上

2. 您的性别

A. 男　　　　　　B. 女

3. 您的文化程度是

A. 小学　　　　　B. 初中　　　　　C. 高中、中专

D. 大专、本科及以上　　　　E. 无

4. 您能否通读报纸理解新闻内容

A. 不能通读、理解　　　　　B. 可以理解大意不能通读

C. 可以通读并理解　　　　　D. 可以熟练读写运用

5. 您的主要经济来源是（多选）

A. 农作物　　　B. 家禽（畜）　　　C. 外出打工　　　D. 其他

6. 您家庭的年收入（纯收入）

A. 2 000元以下　　　　　B. 2 000~5 000元

C. 5 001~1万元　　　　　D. 10 001~30 000元

E. 3万元以上

7. 您家拥有的电器有

A. 电视　　　　　B. 电脑　　　　　C. 洗衣机

D. 冰箱　　　　　E. 其他小型电器

8. 您家使用的炉灶类型是

A. 柴火　　　　　C. 电器　　　　　C. 煤气

D. 沼气　　　　　E. 其他

9. 您家是否有厕所

A. 有　　　　　　　　B. 无

10. 您家是否有太阳能等洗浴设施

A. 有　　　　　　　　B. 无

11. 您获取信息的主要渠道（多选）

A. 报纸　　　　　　B. 电视　　　　　　C. 电脑　　　　　　D. 手机

E. 广播　　　　　　F. 听他人讲解　　　G. 其他

12. 您希望通过何种途径增加收入

A. 种植农作物　　　B. 养殖　　　　　　C. 外出打工　　　　D. 其他

13. 您对于梭落凹村的发展有什么建议

A. 建立农作物生产加工产业链

B. 发展畜牧家禽养殖业

C. 发扬民族特色，发展旅游业

D. 其他

附录二

实践调查访谈提纲

访谈对象：田心小学校长黄家文。

访谈形式：实地采访。

访谈时间：2017 年 7 月 15 日。

访谈内容：

问：全校共有几个年级？各有多少名学生？全校共有多少学生？

答：全校共有 3 个年级，共有 69 名学生，共有一、三、五 3 个年级，每个年级只有 1 个班，其中一年级 28 人，三年级 20 人，五年级 21 人。

问：学校的上课时间是怎么规定的？每个年级开设了多少课程？

答：每个年级开授的课程基本一样：语文、数学、思想与品德、体育、劳动、音乐、美术。

上课时间：上午 7：30—11：35（4 节课）。

下午 14：00—16：40（3 节课），16：50—17：50（辅导课）。

问：学校共有多少名在职教师？分别教授哪些课程？教师的学历是什么？

目前田心小学共有 4 名在职教师。

黄家文（校长）：早年师范类学校毕业，目前主要教授语文、体育、思想与品德、劳动、音乐。

张琼芬：专科毕业，目前主要教授数学、语文、思想与品德、美术。

孔维雪：专科毕业，目前主要教授数学、美术、体育。

赵美芳：自考本科毕业，目前主要教授语文、数学、思想与品德、美术。

问：请谈谈孩子们上学的方式，从家到学校的最远距离、时间有多少？

答：基本以走路为主，家距离学校最远的有 3～4 公里，乡间小路，40 分钟左右的路程。

问：可以完成小学学业进入初中的学生有多少？学生中的留守儿童比例是多少？是否有相应的政府补助？

答：近几年来基本能完成小学学业并顺利进入初中，留守儿童保守估计至少占 50% 以上。地方产业非常少，学生家长为供孩子上学不得不外出打工。

目前农村的小学享有营养早餐的国家补助，每天早上 4.50 元的营养早餐，包括牛奶、糕点。

问：教师的待遇如何？乡村教师是否享有国家补助？

答：平均每个月基本工资 3 000 元左右，红河州对教育事业非常重视，每月补贴 1 000 元，乡镇补贴 500 元，每个月有 5 000 元左右的工资，有五险一金。

问：请介绍一下学校面积、体育设施。

答：学校面积大概 4 000 平方米，体育设施有一个篮球场，两张乒乓球桌。

实践·足迹

前　言

学生社会实践是人才培养的重要环节，北京理工大学历年来注重开展学生社会实践活动，把社会实践活动作为在校生走出校门、奉献社会、了解国情、体验民情的有效载体，通过学习实践锻炼丰富学生对社会的认知，把课本知识与社会实践相结合，为将来步入社会奉献国家做准备。

社会实践是高校育人工作的重要载体，而育人的目的是为建设社会主义国家提供人才，根据十八届五中全会上提出的"五个发展"理念，通过持续深入的实践去体会和理解"十三五"规划的重要内容和精神，虚心向人民群众学习，体会当代中国在法治、经济等方面的深刻变革，担负起民族复兴的重担，用家国天下的情怀，将梦想投入到社会实践中去。

北京理工大学材料学院王猛赴云南社会实践团（以下简称实践团）由来自 7 个不同省份的 8 名同学组成，根据学校指导意见选取"聚焦农村精准扶贫行动"专题，走进实践团长王猛同学的家乡——云南省红河哈尼族彝族自治州个旧市卡房镇田心村村委会梭落凹村为实践地，以精准扶贫"十大工程"为导向，深入贯彻党中央关于精准扶贫工作的重大决策部署，以科技、文化、卫生"三下乡"为载体，发挥智力优势，积极开展科技扶贫、教育扶贫活动，以为地方解决实际困难为目标，努力提升自身服务基层的意识与能力。目的是希望能通过调研和实践，分析家乡脱贫发展的劣势和优势，结合所学知识，通过社会调研实践获得党和国家的扶贫开发政策及家乡脱贫发展认知的同时，为家乡的脱贫发展提出一些建议和对策，发挥智力优势，有效开展科技扶贫、智力扶贫、项目扶贫、产业扶贫等一系列精准扶贫，为家乡的脱贫发展尽一些微薄之力。

2017 年 7 月 9 日，实践团从北京出发，经过近 48 小时、3 000 多公里的路程于 7 月 11 日晚上到达实践地梭落凹村寨，第二天便紧锣密鼓地开展为期 7 天的社会实践调研。

一、关注民生，走访调查

实践团先后走访梭落凹村所隶属的田心村村委会、距梭落凹村寨最近的田心小学。在村委会主任李副辉的帮助下，掌握了各村小组农作物种植情况、人均收入、外出务工人员等具体数据。在学校老师们的引导和介绍下，大致了解了近几年梭落凹村在教育教学以及落实九年义务教育等方面的信息。实践团通过与村委会李主任的访谈，了解到近几年在国家相关政策的扶持下，梭落凹村村民的生活有了很大的改变：2015 年 8 月村寨村民喝上了第一口自来水；2016 年修成了村寨联通个金公路的石头路，至今石头路正在翻新成水泥路；2017 年村子里装上了第一个移动信号发射器，村民可以在家使用中国移动 4G 网络。同时，村委会也在进行小规模的实验田种植，希望寻找适宜高寒多雨地区种植的高经济价值农作物，带领各村小组打赢脱贫攻坚战。

7 月 13 日，实践团在梭落凹村内走访了一些典型家庭，了解村民的生活现状水平和所面临的困难。在村支书王绕云的带领下，实践团走进 74 岁独居老人李福英的家。老人的两个女儿出嫁，儿子遭遇矿难去世后便一人独自居住在一间土房内，除了政府对于农村 60 岁以上老人的每月 80 元补贴外，仅靠养一些鸡和猪，徒步带到附近几公里山路外的集市去卖作为主要的生活来源。除此之外老人没有任何医疗保险、社会保险、最低生活保障金等。队员们也观察到老人家地势较低，下雨时门口极易积水，泥泞不堪，十分容易滑倒，屋内仅有简单的家具有些年久失修不能正常使用。

随后来到几次差点被迫辍学的困读生白雪的家中，白雪的父亲白绕平因残疾无法从事较繁重的工作，妻子是文盲，只能通过一些有限的劳务活动来补贴家用，家庭的绝大多数收入来源主要是养猪以及种植玉米，经济效益低且收入不稳定。女儿白雪在个旧市第一高级中学就读高一，高昂的学业支出给这个家庭带来了沉重的负担，白雪从初中起就靠着政府和亲戚的帮助才得以继续她的学业。

接下来队员们相继拜访了两个这样的家庭。其中，一个孩子因为父母离异，家庭状况不允许他继续上学读书，便只能早早结束学业。另外一个家庭也有相似的状况。孩子的父母认为完成学业所需承担费用过于繁重，并不支持孩子完成学业；孩子也没有坚持完成学业的动力与信念。

二、走入田间，亲身体验

为考察村民主要经济来源之一的农作物种植耕种环境、农作物种类以及生长状况，实践团前往梭落凹村农作物种植地之一——尖坡脚以及观音洞。队员们步行近 20 公里，经过一片又一片的农作物种植地，在观察的同时，听取实践团长王猛对农作物进行更加详尽的讲解。梭落凹村主要种植玉米及烟叶，其他少部分种植花生。队员们发现，玉米地中的部分玉米作物高低参差不齐，一部分长成的同时，还有一部分仍未结出果实，甚至一小部分高度未及人膝盖，极大地影响了玉米的收成。经了解，这种现象是主要由玉米初期生长时雨水不足造成，也受到当地土壤情况的影响。在烟叶田地中，则是存在烟草植株下部出现黄斑的现象。我们查阅相关资料发现，此为"烟草赤星病"，病菌靠气流与雨水传播，且成熟度越高爆发率更高，还会导致烟草价值大幅度降低。梭落凹村雨水丰富，空气湿度大，而且温度变化快，烟草植株品种抗病性不强，易诱发此病，使村民容易遭受一定的经济损失。

考察完成后，实践团选择体验村民日常上山耕种所走的山间小路。道路十分泥泞坎坷，山间潮湿的空气造成道路湿滑，稍有不慎就会滑倒，若遇雨天，陡斜的地势极易发生意外，而这条步行将近一个小时的山路是村民几十年耕种的必经路。

据了解，邻近其他村落通往田地耕作的主干道路基本都修通，村民希望梭落凹村通往田间耕作的道路也可以早日修通，以减少意外事故发生，为村民的生命安全提供更多的保障。

三、教育扶贫，改变观念

通过对于梭落凹村村民 20 多年受教育情况调查和村内走访，实践团了解到梭落凹村村民的整体文化程度偏低，在 20 多年受教育情况调查中，大部分人只有初中学历，有些人甚至连小学学业也没有完成，只有 2 人完成了高中的学习，而本科生则只有实践团团长王猛同学一人。实践团意识到村民普遍较低的文化水平在一定程度上限制了村民对于外界新思想新观念的接受程度，影响村民对于先进的农耕技术致富方法的领会理解，制约了梭落凹村的发展；另一方面也致使部分村民不重视下一代的教育问题，形成了恶性循环。因此，要想改变村落的面貌，最根本是转变村民的观念，重视教育，授人以鱼不如授人以渔。

7 月 15 日，实践团再次来到田心小学，实践团员们为田心小学的同学们举办了一场成长分享交流会，向同学们讲述自己成长历程中的故事，希望通过自己的亲身经历和体验，让田心小学的同学们能够对北京理工大学、对田心镇以外的丰富世界有更多认知；鼓励同学们树立努力完成学业的信念，通过学习知识改变命运。

在实践团到达之时，田心小学的老师已经提前布置好交流互动的场地，实践团成员们也紧锣密鼓地准备交流会相关事宜。一切准备就绪后，实践团团长王猛简单介绍了本次分享会的背景、目的和实践队伍。队员张宇清则为同学们介绍北京理工大学的突出科研成果、校园环境以及大学生活，一幅幅展现校园风貌的图片使同学们不断发出惊叹之声。接下来由队员依次介绍自己的成长经历。王猛同学讲述自己在本地村庄长大，小学时期每天需要往返一个半小时的泥泞山路上学，最终实现自己儿时的梦想，走出大山，走进北京理工大学的心得体会——用知识改变自己的命运。王坤同学重点为同学们分享了自己的学习方法，并强调父母一定要鼓励孩子读书，孩子则要学会感恩。陶文攀同学用自己的成长学习的经历鼓励同学们树立目标并为之奋斗。蔡丽同学以自己年少时学习自行车为例，鼓励同学们树立不怕困难、勇往直前的信念。董佑邦同学则强调同伴与友谊在个人成长中的重要性。

分享交流会结束后，队员们为同学们发放预先准备的小礼物——写有寄语的北理工明信片，并与老师同学们合影留念。实践团员希望通过此次分享会鼓励同学们，虽然求学道路且长，但要相信努力的力量，同学们的"成为老师""当一名作家""当警察"等这些理想都不遥远；同时也希望这些通过孩子的改变，改变村寨的现状。

会后，实践团成员对校长黄家文和几位老师就校园师资及学员情况进行了细致的采访。了解到学校现有69名学生，分处3个年级，4名老师负责思想品德、美术、音乐、体育、劳动7门课的教授。学校拥有较为完善的多媒体设备、基础体育设施（篮球场、乒乓球桌等）；老师的福利待遇较为优厚，享有红河州、乡镇专项补贴；学生享有国家补助的营养早餐；学生上学以步行为主，距离学校最远的学生需要走3~4公里、40分钟左右的路程；学生中约半数为留守儿童。

通过访谈，实践团了解到国家、红河州对于教育都十分重视，为同学们提供了生活、学习等保障，但实践团也注意到田心小学英语教学的空白，相比于城市中英语教学不断低龄化的趋势，没有英语学习基础可能会对孩子升入初中高中的学习造成一定的影响，学校教师数量比较少，该校黄家文老师在任校长的同时也上着几个不同年级的四五个科目。

四、青年服务国家　心系边疆发展

在为期7天的调研实践中，7名队员先后深入走访了梭落凹村所隶属的田心村村委会、小学校和部分贫困家户，深入田间地头考察村民主要经济来源之一的农作物种植耕种环境、生产条件、病虫害防治、田间管理、市场价格等，采集了农作物种植情况、人均收入、外出务工人员、落实九年义务教育、国家扶持政策情况等大量数据。

在7天的时间里，实践团还与田心小学的学生进行了交流互动，鼓励学生树立热爱学习、通过学习改变命运、服务家乡的理念。特别是王猛同学讲述自己在本地村庄长大，小学时候每天需要往返一个半小时的泥泞山路上学，最终实现自己儿时的梦想走出大山、考入北京理工大学的成长经历。其他队员与孩子们分享了大山外面的精彩大学生活，鼓励孩子们努力学习，树立梦想，打牢知识基础，为家乡脱贫提供智力保障。

在7天的实践活动中，团队成员克服了生活习惯、少数民族语言不通、连续7天细雨不断等困难，每天清晨踏着泥泞山间小路，顶着山间潮湿的空气和绵绵细雨进村走寨，走访农户，深入田间地头，深入细致地采集第一数据，有时还和农民一起共同劳动，圆满完成了实践任务。

通过实践活动，实践团成员了解到国家特别是个旧市对教育扶贫十分重视，极大地改善了贫困地区的办学和上学条件。这些年来党和国家通过项目扶贫、产业扶贫等措施，贫困村村民的生产生活条件得到极大的改善，特别是作为实践基地的梭落凹村村民的生活有了很大的改变。2013 年 8 月，在国家的支持下，村寨村民喝上了第一口自来水；2014 年在国家的支持下村子修通了弹石路，现在正在翻新成水泥路面；2017 年村子里装上了第一个移动信号发射器，村民可以在家使用移动 4G 网络；村民们规模化种植经济作物，收入不断增加，摩托车、小汽车等已经陆续进入农户，农民的日子正发生翻天覆地的变化。通过这次实践活动，实践团成员对国家扶贫开发政策和各级政府落实扶贫开发措施及成效有了更深的了解，拓展了许多有价值的新知识，增强实践团成员的社会责任感和使命感，也促进了实践团成员对小康社会建设和扶贫攻坚重要性的认识。

实践·品悟

感谢我的团队，感谢亲爱的队员们

2015 级本科生，高分子材料与工程专业　王猛

作为本次实践的发起人和带队队长，我的感触应该会更客观更真实。实践目的地是生我养我的地方，而那些吃野菜喝流水的日子也没有过去多久。近年来国家大力扶贫，村子里面的基础设施慢慢完善，村民的生活越来越方便，越来越美好。2013 年 8 月在国家的支持下，村寨村民喝上了第一口自来水；2014 年，在国家的支持下村子修通了弹石路，现在正在翻新成水泥路面；2017 年，村子里装上了第一个移动信号发射器，村民可以在家使用移动 4G 网络。村民们规模化种植经济作物，收入不断增加，摩托车、小汽车等已经陆续进入农户，村民的生活正发生翻天覆地的变化。

但是客观来说，这个地处西南边境的偏远山村的各方面的发展都还非常缓慢，一些居民生活的基础设施还没有保障。近百户人家的村子没有一个医疗诊所，没有老年休闲健身所。村子里没有学校，孩子从接触教育就住校（离家 3 ~ 4 公里的路程），周末放假回家，虽然说不是很远，但从小缺乏家庭教育会让孩子的成长过程中或多或少造成孩子一些不健康的心理，毕竟学校也不能保证能在学习之余还能保证每一个孩子成长成熟。

第二个就是当地没有特色产业，村民近百年都是以种植农作物为主要生活来源，目前主要种植玉米、花生等农作物，产量低经济价值不高，很多青壮年为了得到更好的生活，宁愿外出打工也不愿在家种地，生机勃勃的村子俨然变成了留守村庄，至少有一半以上的家庭变成了留守儿童和孤寡老人家庭。

留守儿童没有了家长的家庭教育，老人管不住孩子只能任其放任成长，在家不听爷爷奶奶的话，在学校不听老师的话，间接造成了近几年的辍学率飙升。由于各方面的原因，影响孩子的身心健康，有的孩子甚至小学都没毕业就外出打工，如此久而久之，村子也将无发展可言。

还有一部分孩子从小喜爱学习，但家庭经济来源不稳定，供不起孩子继续教育，有的只能被迫辍学，有的靠着亲戚朋友的帮扶和国家和政府的补助在苦苦支撑。

而造成这一切的最大原因还是回归到当地的经济发展问题，第一没有特色产业，第二农作物经济价值低，第三，缺乏一些扶贫项目。

说实话，国家和政府这两年确实做了很多事情，村里接通了自来水，建立了手机信号塔，目前正在修建公路。想一想2016年过年的时候我在家连个红包都抢不了的场面，打电话不在服务区的窘态，而我作为村里面第一个大学生，又碰巧遇上学校有这么一个"青年服务国家"的实践项目，我想我应该去做一做，应该让我的小伙伴去感受一下我的家乡的现状。

虽然这次社会实践对村子的发展上的帮助微乎其微，但通过这一次社会实践，我至少能让周围的那么一小部分人知道了我的家乡的现状，让那么一部分人知道原来还有这么一个地方人们过着这样的生活，我觉得这就是收获。更让我暖心的是，我的团队成员们没有因为语言不通、条件脏乱差而嫌弃，更多的是在做着自己力所能及的事情，让整个社会实践做得有意义。

在一周的社会实践中，我带他们在村里走访了一部分困难户，让同学们了解到目前在中国还有那么一部分居民过着自给自足、靠天吃饭的原始生活，只要有吃有穿就相当满足的那种似乎返璞归真的最纯粹的朴实。也通过调查了解了村子里发展及教育教学现状和村民文化程度，大家都感到非常吃惊，村里很大一部分人都是读完小学就没有再学习，这可是在即将实施十二年义务教育的中国农村呀！所以团队已经做好了问卷调查但不知道让谁填，稍微认识一点字儿的村民都外出打工挣钱去了，在家的大部分人基本不识字，打个电话都是"喂，哪个？哦，是你啊"，这是我们在实践开展的过程中遇到的一大问题。其次是队员们语言不通，当地人不会讲普通话，少数民族聚集区，会讲普通话的那几个人也是带着非常重的口音。让队员们感触较深的是，在学校里面和校长、老师交流的时候，老师们都不怎么讲普通话，老师的普通话也是不怎么标准，所以这是我普通话不标准的原因之一。

实践的过程中其实除了语言问题，其他基本都挺顺利。村民不会说普通话但还是非常热情，而我，也非常感动，这几个全国6个不同省市的同学，能够陪我去感受一下家乡的发展，能给乡的发展提出一些建议，相信村子会带着你们的希冀走向美好的明天！

最后，感谢我的团队成员：来自云南的陶文攀，来自安徽的王坤，来自青海的安上珺，来自甘肃的董佑邦，来自宁夏的张宇清以及来自山西的蔡丽，谢谢你们为我的家乡所做的一切！

经风雨，见世面，检验知识，锻炼能力

2015级硕士研究生，材料科学与工程专业 杨航

2017年7月11日，我们怀着无比激动的心情向位于云南省红河州个旧市卡房镇进发，我们在卡房镇梭落凹村开展暑期实践活动。每到一个地方，我们都通过调查问卷以及面对面和村民交流，认真了解当地人民的生活状况，并拍摄照片，记录在新农村建设下的农村

人民的生活状态。

梭落凹村村民风淳朴，环境优美，以种农作物为收入来源。但由于地理缘故，梭落凹村交通不便，在国家的支持下，2014年村子才修通了弹石路。该村位于山区地带，人才资源稀缺，所以梭落凹村的教育、文化等诸多方面都落后于与之毗邻的其他村寨。

通过调查我们了解到，村内的受教育程度普遍较低。很多家中的父母并不支持孩子完成学业，而且有些孩子是父母离异，家庭状况不允许他继续上学读书完成学业，只能早早结束自己受教育之路。或者是父母认为完成学业所要承担的费用过于繁重，所以并不支持孩子完成学业。这些对于我们来说是很震撼的。国家对新农村建设是高度重视的，新农村建设要求农村人民利用国家的优惠政策积极开展农业生产，不管是国家下达的重要政策，还是国家给与农村的科技技术支援，都需要农民朋友们具备一定的文化素养，如果农民不识字必然对新农村建设的实质内涵不了解，对新技术新思想不能接受，从而影响到整个村子乃至整个乡镇的新农村建设的进展。

梭落凹村村内并没有任何医疗服务机构，而且距离最近的一个医疗服务站也要一个小时的步行路程，国家的社保、医保等政策并未得到落实。

由于梭落凹村中受教育程度普遍不高，种植农作物没有掌握专业知识的人来指导，受天气影响较大，村民的收入不高，且不稳定。

暑期社会实践已经结束，但社会实践给学生带来的巨大影响却远没有结束。我们走出了校园的象牙塔，走向社会，到社会的大课堂上去经受风雨，见世面，检验知识，锻炼能力，为今后更好地服务于社会打下坚实的基础。广阔的社会，还有许多未开拓的领域等待着年轻的大学生们，莘莘学子将在不断地学习与实践中，站在一个新的起点，以他们所拥有的理论知识、创新精神和拼搏精神，来展示新世纪大学生的风采。

带走些许的沉重，带走难忘回忆

2015级本科生，新能源材料与器件专业　蔡丽

这次实践活动从一开始着手准备，到最终结束，共经历了一个半月的时间。其中，我们在云南的实地调研只占用了其中的7天。也就是这7天里，我拥有了许许多多难忘的收获与回忆。那里有宁静美丽的山林，有热情朴实的笑容，有可口美味的饭菜，有醇厚浓烈的老酒，还有一幅幅令人温暖但又揪心的画面。

我们几个人一起走街串寨，一起爬山，一起探索梭落凹村，探索卡房镇，探索个旧市。参观校园，走访村内居民，实地调研农作物，举办成长分享交流会，走访村委会，查找相关数据与资料。一步步走来，我的心情从最初的兴奋激动逐渐沉淀下来，带上了些许的沉重。因为我们逐渐了解到，因为地理位置的偏僻，这里出行不便，教育落后，医疗设施不完善，而低保、社保、医保的社会保障体系不健全，大多数人家处于经济困难状态，但仍无法获得相应的生活保障，由此又进一步导致孩子们难以完成基础教育，形成一系列恶性循环。

在我看来，可能周边很多村子都有相当的境况，我希望当地村委会能够向上反映并争

取能够逐步完善社会保障体系，落实国家'精准扶贫'政策，建设几所公立小学及初中，寻找更加适合这片土地的农作物和轮作方式，在村内或者邻近村落间构建农作物或经济作物产业链，发展交通设施，以获得进一步的经济发展。

最后，我也只能再次感叹自己所掌握知识的有限和力量的渺小，只期望自己能够成长，通过号召有心人和自己一起为贫困地区的脱贫贡献力量，能够做到不负青年的责任与担当。

愿梭落凹村的未来越来越美好

2015 级本科生，高分子材料与工程专业　董佑邦

经过 7 天的社会实践，我们对梭落凹村的现状有了一个大概的了解。村子地处深山，道路蜿蜒曲折，地理位置的劣势对于村寨的发展显然是极为不利的，交通条件的制约可以说是扼制村子发展的瓶颈。在接受调查的村民中，受教育程度普遍偏低，但是，如今很多人也意识到了教育对于孩子的重要性，对于我们这些大学生的走访也表示欢迎；但是，适龄孩子们上小学的路程十分遥远，需要有面包车来接送。孩子年龄尚小，这样的上学之路对他们来说还是有些漫长。

除此之外，这次实践活动还让我感受了梭落凹村村民的淳朴和热情，他们很热情地招待我们，给我们的调查给予了非常多的便利。没有村民和村委会的协助，我想我们很难圆满地完成这次实践任务。在此对给予我们帮助的梭落凹村村民表示衷心感谢。梭落凹村的未来一定会越来越美好。

精准扶贫在行动

2015 级本科生，材料科学与工程专业　王坤

2017 年暑假，我有幸参加了赴云南社会实践团，来到了队长王猛的家乡——红河州个旧市梭落凹村。通过几天的实地调研考察以及组员之间的相互讨论，深切感受到了在国家精准扶贫的大政策下，贫困地区人民生活在各个方面上有了改善，包括人均收入的提高，基础设施的修建，社会保障制度的落实与完善，教育资源的改善等；同时，我们根据村落的实际条件，向有关政府部门提出了一系列的建议，虽然限于我们的专业知识以及信息搜集不足等方面，提出的建议一定程度上存在着漏洞与误区，但也为相关政府部门提供了参考。通过此项活动，团队的成员都深深体会到了作为大学生，我们所肩负的历史责任感与使命感。通过此项活动，不仅提升了我们通过实践活动解决问题的能力，同时更加坚定了我们努力奋斗为社会做出贡献的决心。

以改变民生为己任

2015 级本科生，新能源材料与器件专业　张宇清

本次社会实践，我们来到距离北京 3 000 多公里的云南省红河哈尼族自治州个旧市卡

房镇田心村梭落凹村，进行大学生助力精准扶贫的社会实践。

来到这里，一方面是美丽的自然环境，清新宜人的气候让我们感到十分舒适美好；另一方面是当地居民艰苦的生活环境状况，原始辛劳的耕种条件，普遍较低的文化程度和落后闭塞的状况。我们切实了解到，还有许多这样的人和我们生活在同一个时代，同一片土地上。作为新时代的大学生，我们应该怀有这样的家国情怀——以改变民生为己任，用自己的力量，去帮助一个人、一个家庭、一个村落，这对于我们来说也是一种责任和使命。

在实践过程中，我们发现所学习的知识、具备的能力，还不足以为村民提供从根本改变村民生活的帮助，一方面体会到我们要积极学习知识储备能力，另一方面也要努力寻求社会的关注和帮助，借助国家社会的力量改变农村贫困面貌。

尽管实践活动的时间有限，不能进行长时间更持久的调研扶贫，但根据我们的了解，精准扶贫、努力实现全面小康的步伐从未停下。加油，我的国！

实践团成员： 王猛　王坤　张宇清　蔡丽　董佑邦　陶文攀　安上珺

新农合，脱贫良策

实践·报告

引　言

新型农村合作医疗制度是在市场经济取代传统经济的时代潮流下，在建设和谐小康社会的时代主题下，在原有的合作医疗制度基础上建立起来的，它是我国中央政府自上而下推行、以县级政府为单位进行管理与统筹的国家医疗保健制度。该制度自 2003 年开始试点与实施以来，在引导农民"有病早就医"、缓解农户"因病致（返）贫"等方面已经取得了一定的成效。科学合理地评价新农合的建设成效，不仅是正确认识新农合建设成效的必要前提，也是进一步完善新农合的重要依据。作为一种由政府组织、引导、支持，农民自愿参加，个人、集体和政府多方筹资，以"大病统筹"为主、"小病补偿"为辅的农村医疗互助共济制度，新农合具有明显的福利性的制度特点。该政策的实践更是得到了国内外学者的高度关注，并通过理论分析、个案调查、统计分析、干预性社会试验等方式对这种制度进行了探索性研究。

社会保险中最基本最重要的一点就在于，它强调的不是个人成本收益的平等，而是保险金的社会满意度。新型农村合作医疗作为一种社会保险，受益的农民和政府补助资金来源的纳税人的满意度对其成功与否具有举足轻重的作用。我们调查中发现一些农民不参加新型农村合作医疗，主要是基于新型农村合作医疗的保障水平低、农民了解不深，怕政策有变，认为是把自己的保险金拿去补偿别人等的考虑；而参加新型农村合作医疗的农民不满意原因主要是因为保障水平低，参加和办理报销的程序烦琐等。

一、调查目的

为了解方山县新型农村合作医疗体系实行状况以及农民对新农合制度的满意度，我们实践团进行了相关调查研究。

二、调查对象与方法

调查对象：方山县桥沟村村民，村卫生所，方山县合作医疗管理中心，方山县桥沟村第一书记刘伟光。

调查方法：

走访，记录及录音。

三、调查内容

我们首先和桥沟村第一书记刘伟光进行初步交流，并走访了桥沟村卫生所和村会计，分别选取贫困户和非贫困户数户人家进行访谈。在了解一些基本情况后，我们实践团一行9人乘车前往方山县城中医院，寻找合作医疗办公室的相关人员进行访谈，以了解当地农民在看病时所享有的政策及落实情况。

在工作人员的指引下，我们找到了院办公室的李主任，针对医保覆盖率，贫困户和非贫困户的报销流程、方式、比例，以及政府的补助、起报额度、大病小病在报销时的区别等问题进行了访谈了解。李主任说，目前35种慢性病及24种重大疾病的报销比例得到了较大提高，特别是贫困户，在乡镇卫生院的住院报销比例达到95%，比普通人口报销比例提高10%。

我们谈到当地农村大部分没有集体卫生所、医疗设施差的情况，李主任分别从政府补助和实际情况进行了分析：一方面农村医生的补助少，没有吸引力；另一方面，随着生活水平的提高，相当一部分人选择去县城或者市区的医院看病，去卫生所一般是买一些感冒药之类的常用药。

李主任对方山县新型农村合作医疗管理中心关于调整贫困人口报销比例的情况进行了详细的说明，并给我们看了县政府发的文件：

为了进一步推进全市健康扶贫工作，有效解决建档立卡贫困人口因病致贫、因病返贫的问题，根据吕办发（2017）13号《关于2017年教育扶贫的若干意见》等三个文件的通知要求，结合我县实际对2017年贫困人口住院、门诊报销比例做出如下调整。

提高35种慢性病报销比例。从2017年起建档立卡贫困人口中的35种慢性病报销比例提高到75%；贫困人口普通门诊封顶线提高到500元。比普通人口报销比例提高15%。

提高贫困人口住院比例报销。从2017年起建档立卡贫困人口在县级医疗机构住院报销比例提高到85%；在乡镇卫生院住院报销比例提高到95%，比普通人口报销比例提高10%。

从2017年起对特困供养人员（五保户），在县内定点医疗机构住院医疗费用在1万元以内实行免费医疗；新农合报销后，由县民政部门全额救助剩余的医疗费用。

从2017年起孕产妇在县城内自然分娩，实行全免费。即在县城内定点医疗机构正常自然分娩实行限额支付，最高支付1 500元，先由卫计局给予项目补助300元，剩余部分由新农合全额支付，超出1 500元以上的医疗费用由接诊医疗机构负责解决（普通人口定额补助900元）。

24种重大疾病，实行单病种限额付费，新农合基金支付70%，民政救助20%，个人负担10%（贫困户），五保户民政救助30%。

根据吕办发（2017）13 号文件，全面落实《吕梁市县域内住院患者先诊疗后付费"一站式结算"信息系统建设实施方案》的通知要求，我县于 6 月初启动此项工作，目前在实施中。此项工作将全面推进我县健康扶贫工作，真正发挥健康扶贫政策的兜底保障作用。切实减轻贫困人口垫资压力和费用负担，优化医疗费用结算服务模式，全面提升贫困人口的获得感和满意度。

最后，李主任谈了对新型医保的看法和一些希望，国家的政策是好的，地方应当进一步落实"一站式结算"信息系统的建设，优化医疗费用结算服务模式，减轻贫困人口的费用负担，全面提升贫困人口的获得感和满意度。

回到桥沟村后，我们对贫困户和非贫困户分别进行了进一步调研，新型医保的作用主要体现在住院时对较大疾病的报销，可以有效降低看病的支出。

四、调查结果及分析

农民的性别、年龄、收入、受教育程度和健康状况不同，他们对国家政策的看法和理解也会不同，导致对新型农村合作医疗的认可和接受程度也不相同，这是由农民的基本特征所决定的。健康状况较好的农民参加新型合作医疗的意愿低，一定程度上不太认同新型医疗政策；而健康状况较差的农民虽然愿意参加，但可能会根据受益情况来决定对新型农村合作医疗的评价。通过走访调查，农民对于新型农村合作医疗制度作出负面评价的极少，说明他们在很大程度上对该项制度是认可和欢迎的，这应当是这一制度能够进一步实现可持续发展的群众基础。

作为一种福利性特点特别明显的农村社会政策，新农合的建设目标应该进一步追求质的目标，在政策逐步完善的同时，应该做好与农民的沟通工作，让人们对政策充分理解和认识，使国家的政策和资源与农村现状更加匹配，更好地解决农民的医疗保障问题。

我国新型农村合作医疗制度是我国独创的、具有中国特色的、针对农村居民医疗保障的医疗保险制度，在农村实行医疗改革的过程中仍然存在许多问题，我们还需要在制度、法律、管理、财政等方面进行有效的科学改革。

农村医疗保障制度对社会主义和谐社会的构建有着十分重要的意义，我们应当立足于中国农村的现状，找出一条适合自己发展的新型医疗保障路线。

🌿 实践·足迹

支教的生活充满了激情与挑战。充足地准备、及时地改进、团队的齐心协力与配合是保障支教顺利进行的必要条件，在这金色的一周，我们希望能带给孩子们希望、梦想与快乐。

第一天

8月6日清晨6点半，材料学院郭嘉仪赴方山暑期学校实践团队员分别从良乡校区和中关村校区前往北京西站。淡蓝色的天空飘浮着朵朵白云，阳光明媚而充满生机与活力，我们怀着激动的心情，乘坐火车前往目的地，于上午11点到达太原南站，然后在太原站转乘火车于下午3点半到达吕梁。到达吕梁后，实践团受到了方山县桥沟村第一书记刘伟光的热情接待，下午6点左右计算机学院的实践团到达吕梁站，两个实践团一同乘坐第一书记刘伟光安排的中巴车到达目的地——桥沟村北理工方山暑期学校。

漫天的星辰和一望无际的田野，给我们一种宁静的感觉。安顿好后，实践团对第二天的支教活动进行了动员准备，并对课程内容进行了进一步的调整和完善。

第二天

8月7日，伴随着7点的闹铃声，支教生活的第一天正式开始。我们对两个教学班进行了授课活动，上午是科学和数学，下午是音乐和历史。

科学课上，实践团成员首先讲述了一些科普知识，介绍了仿生学的一些案例，鼓励同学们观察周边的事物，分析了一些身边的常见现象，之后带领同学们了解蜡烛吸水和纸片脱水的实验以及传声筒的制作，最后带领大家观看了几个科学小视频。

数学课将学生分为5个小组，以小组为单位进行答题比赛。课程围绕生活中的数学，结合实例，以数学小趣题和脑筋急转弯的形式展开，穿插数学小游戏、九宫格连点、方格填数、动手制作麦比乌斯带等，取得了预期的效果。

音乐课上首先教了歌曲《爱因为在心中》，跟唱第一段和副歌，同学们虽然调子不太准但是掌握得很快。之后用纸杯教学生打节拍，最后和同学们一起唱了大家都熟悉的歌曲。

历史课首先讲了唐朝的建立、发展、繁荣和衰落的过程，从政治、经济、文化和社会生活等方面讲了唐朝与其他国家的关系，总结了唐朝的社会特点；然后从社会风貌角度，讲述了宋朝各阶层的衣食住行和娱乐等方面，最后介绍了宋朝商业、手工业和农业的发展对中华民族经济发展的意义。

经过一天的教学，同学们提高了动手能力，拓宽了知识面。实践团结合实际情况改进了课程内容，在之后的支教中，将继续加强课堂纪律的管理，相信此次实践活动将圆满完成。

第三天

8月8日，清晨7点半的校园已经有许多活泼的孩子在玩耍，我们也在早饭后开始准备，根据第一天的教学情况对教学内容和方法进行了改进。支教的第二天开始了。

科学课堂上，实践团成员结合材料专业特色，给学生们介绍了许多漂亮的矿石，如钙沸石、菱锰矿、蛋白石等，随后讲解了石墨烯、碳纤维、碳复合材料、碳气凝胶等一些前沿材料的知识，引起了学生对材料学科的兴趣。

数学课上营造了小组合作的氛围，增加了让同学们思考和讨论的时间；在方法上，采取逐步引导的方式，课堂教学整体良好。此外，我们进一步加强了对学生课堂纪律的管理。为了维护学生们的安全和秩序，我们组织各班进行了观看影视片活动。

音乐课上，我们给学生们教授了《烛光里的妈妈》《鲁冰花》歌曲，讲解了歌词，让学生知道妈妈的辛勤付出。通过赞扬母爱的歌曲，让学生体会到母爱的伟大，让他们懂得感恩。

历史课上，结合相关历史课程，观看了中国历史故事"女娲补天"和"黄帝大战蚩尤"等相关视频。

下午我们针对农村医疗保险的覆盖情况、救助方式等，对桥沟村第一书记刘伟光进行了简短的访谈。刘书记给我们讲解了农村医保的覆盖率以及国家对农民医保的补贴政策，同时为我们介绍了方山县医疗的费用水平以及村镇县的医院情况。

经过一天的教学，我们提高了动手能力，拓宽了知识面。实践团结合实际情况调整了课程内容，根据支教过程中遇到的问题进行改进，不断提高学生的知识水平，努力为方山县的脱贫做出贡献。

第四天

8月9日，我们开展了理想信念课的教学。实践团从振兴中华，不忘历史出发，讲述了抗日英雄杨靖宇等的伟大事迹，引导孩子们认真思考；接着让孩子们观看了庆祝建军90周年的阅兵仪式的视频，很多孩子都对导弹、舰载机等产生了浓厚兴趣。之后实践团带领孩子们朗诵了《祖国颂歌》和《我爱你中国》等现代诗歌，最后带领大家合唱《国家》，从歌声中听得出孩子们十分投入。

中午的时候，实践团给孩子们放了《疯狂动物城》这部影片，反响很好。我们告诉孩子们要有梦想，对别人友好也会收到反馈回来的友好。科学课堂上，我们带领学生们认识了人类从自然界的动植物中得到的启示。随后向同学们介绍了绚丽的星空，讲解了星座的知识，带着学生们寻找北极星、牛郎星、织女星。

另一个班的音乐课教了《国歌》《爱因为在心中》。之后就上午的理想信念教育进行了发散学习，教孩子们唱了一首《强军战歌》，很多男生表示以后要去当一名军人。最后以《天之大》结束了这节课。《天之大》这首歌颂扬了母爱，我们鼓励孩子们在自己生日的这一天，给母亲一个拥抱，一句感谢，感谢她们带我们来到这个世界，哺育我们长大。

一天教学过后，我们与孩子之间的友谊又更加深厚。晚饭后我们商讨了明天的课程安排以及调研项目。我们将进一步调查当地农村医疗保险及医疗救助体系。

晚上9点半，北京理工大学挂职方山县副县长刘博联在刘伟光书记的陪同下来看望我们。刘副县长在繁忙之中能抽空过来看我们，我们十分感激。我们将在接下来的时间里尽我们所能帮助这里的孩子学习更多的知识。

第五天

8月10日，我们7点20准时起床洗漱、吃饭、备课，迎接孩子们的到来。许多学生早早便来到了暑期学校，活泼的孩子们好似朝阳，我们也被朝气蓬勃的孩子们所感染。迎着阳光，我们开始了新一天的教学。

数学课上，我们以数学的趣味性为出发点，以生活中的数学为落脚点，将生活中的问题与数学结合，制作了一些数学题供学生们解答，比如求皮球弹跳距离、商品买卖盈亏问题等，除此之外还加入了一些数学脑筋急转弯题来提高学生们的兴趣。学生们的兴趣被激发了，都能认真听讲、积极回答问题。我们相信通过这节课的讲授，学生们今后能够将所学数学知识应用到生活中去。

1班的音乐课上，我们带领学生们学习了儿歌《虫儿飞》，之后还给学生们教授了《少先队队歌》，这对于准备入队和刚入队的小学生来说无疑又是一次全新的体验。随着一首首歌曲的学习和练习，音乐课以轻松快乐的氛围结束了。经过这节课的学习，学生们的音乐素养得到了一定的提升，对于实践团的成员而言也是一次幸福的收获。

理想信念课的主题为"振兴中华，勿忘国耻"。我们带领学生们回顾了"九一八"事变，学习了革命先烈的不屈不挠精神，并向学生们介绍了2015年我国亚丁湾的撤侨行动，以增强学生的民族自信心。午休时间，我们为两个班级播放了动画片《那年那兔那些事儿》，学生们观看时十分入神，对于这部动画片评价也非常高。

在3班的历史课上，我们给学生们讲述了唐朝的兴衰以及政治、经济、文化和社会等方面的情况，以及宋朝以衣食住行为代表的社会风貌，学生们认真听讲，积极回答问题。之后我们带领学生们观看了中国历史故事"开天辟地""后羿射日"等视频，加深了他们对中国历史故事的了解。

2班的音乐课上，我们为学生们播放了《强军战歌》并逐句教授。起初学生们不能将这首歌唱得铿锵有力，我们通过讲述这首歌的背景，使学生们了解了这首歌必须要唱得铿锵有力的原因，之后又逐句领唱，学生们终于能够以饱满的情绪、铿锵有力地唱出这首歌。最后我们带领学生们朗诵《祖国颂歌》和《我的祖国》，并进行背景解析，让学生们真正了解诗中歌颂伟大祖国的内容。这节音乐课，不仅提高了学生们的音乐素养，还提高了学生们的爱国情怀以及民族归属感。

兴趣培养课上，我们在投影仪上放出一些简笔画让学生们画，学生们绘画的过程中，老师们走下讲台观察每个学生的作品并指导，帮助学生们抓住所画事物的主要特征，进而提高学生们的绘画水平。课程快要结束之时，每位学生都画了一幅具有特点的作品，看着他们每个人笑容满面地面对自己的作品，我们的成就感也不断攀升。

实践团本次实践任务还包括一项调研工作，主题为"农村医疗保险及医疗救助体系调查研究"，晚上实践团的团员走访了桥沟村卫生所以及村会计，了解关于桥沟村村民医疗保险及医疗救助体系的情况。

第六天

8月11日，一天的生活随着铃声的响起正式开始，早饭过后，我们一行9人乘车前往方山县城中医院，访谈方山县合作医疗管理中心的相关人员，了解当地居民医疗所享有的政策。在工作人员的指引下，我们找到了管理中心的李主任，针对医保覆盖率，贫困户和非贫困户的报销流程、方式、比例，以及政府的补助、起报额度、大病小病在报销时的区别等问题进行了访谈。经访谈了解到，目前全县35种慢性病及24种重大疾病的报销比例有了较大提高，特别是贫困户，在乡镇卫生院的住院报销比例达到95%，比普通报销比例提高了10%。

我们了解到当地大部分农村没有集体卫生所，医疗设施较差，服务功能水平较低。李主任分别从政府补助和实际情况进行了分析：一方面农村医生的补助少，没有吸引力；另一方面，相当一部分人选择去县城或者市区的医院看病，去卫生所一般是买一些感冒药之类的常用药。最后，李主任谈了对新型医保的看法和一些希望。他说国家的政策是好的，地方应当进一步落实"一站式结算"信息系统的建设，优化医疗费用结算服务模式，减轻贫困人口的费用负担，全面提升贫困人口的获得感和满意度。

回到桥沟村后，我们对贫困户和非贫困户分别进行了进一步调研。新型医保的作用主要体现在住院时和患较大疾病的报销，可以有效降低看病的支出。我们走访了几家农户，他们都表示现在的医保政策对他们非常有益，有这样的保障机制很安心，而且报销手续也相对方便；但也有农户表示，如果要去太原看病的话需要转院，手续相对麻烦。农村医疗保障制度对社会主义和谐社会的构建有着十分重要的意义，我们应当立足于中国农村的现状，找出一条适合自己发展的新型医疗保障路线。

晚上，我们参加了方山县商圈电商的一个培训活动，了解了微店的注册流程及方山网商圈的整体运营内容，以及方山的一些当地特产。我们希望这些农产品可以走出大山，得到推广，给当地的农民带来收益。经过一天的调研，我们对新型农村合作医疗有了更深刻的了解，在与村里的农户们进行交流的时候他们非常热情。我们在接下来的调研将深入地了解新农合的运作机制，并就几个主要的问题做出总结。

第七天

8月12日，实践团进行了捐书活动，在桥沟村第一书记刘伟光和桥沟村委会的组织下，我们把104本图书捐赠村委会的图书室，并进行了捐赠仪式。这是"BTV带本给书家乡的孩子"公益活动，由北京电视台、北京出版集团、北京发行集团共同发起。书籍是人类进步的阶梯，希望孩子们能够多读书来拓宽眼界，受到启发和教育，成长为明事理、有修养的人。

热情淳朴的村民，活泼开朗的孩子们，美丽的田园和星空，给我们留下深刻的印象。实践团团员之间也建立了深厚的友谊。

祝愿孩子们都能健康成长、学习进步。本次社会实践活动圆满结束。

🖋 实践·品悟

我第一次登上讲台授课

2016 级硕士研究生，材料科学与工程专业　郭嘉仪

在这次实践活动中，我的主要任务是教数学课。出身于教师家庭的我，第一次以老师的身份登上讲台授课，认识到了老师的辛苦和不容易。我深刻地体会到，讲课的方法和与学生之间的互动尤为重要。在给孩子们讲授的同时，我从中也学到了许多东西。一周的支教生活转眼即过，每天都过得挺充实的，虽然比较辛苦，但是我们的意志得到了磨炼，处理事情、制订计划时考虑得越来越周到。在面对困难的时候，开朗自信、认真负责的团员们互相帮助，从不相识到相互之间建立了深厚的友谊。这次实践活动我将永远记在心中。

我们永远在路上

2016 级本科生，电子封装技术专业　李方萍

这次支教活动给了我一次很不一样的经历。通过与当地孩子的交流，我感受到了他们的可爱淳朴和对知识的渴望，而且孩子们也很喜欢我们的支教活动，孩子们不仅可以学习，而且还能拓宽知识面，我们与农村的孩子们在一起学习也是件很快乐的事情。

除了支教，我们的社会实践还有一项调研项目，调查一下当地合作医疗的情况。本来以为调研不太好开展，出乎意料地是当地人们对我们非常热情，对我们调研过程中提出的问题给予了详细的回答，我们很顺利，我们对调研的问题有了较为深刻的认识。

从这次社会实践活动中，我看到了团队的力量，也看到了自己存在的不足，以后我会尽力做到更好。虽然这次的社会实践结束了，但我们今后要做的事情还有很多。我们永远在路上。

让孩子们鉴赏音乐、欣赏美

2016 级本科生，新能源材料与器件专业　李一凡

跟孩子们在一起的时间过得很快，一周的时间过得很快。我和欧东是负责讲授音乐课的，相对轻松也比较有意思，每节课都能收到孩子们给我们用纸叠的小花、小船、小鞋。通过为期一周的课堂教学，我觉得农村学校可以多教给学生一些真善美、有思想内涵的歌曲。我并不觉得音乐课是可有可无的一门课程，而恰恰相反，音乐课教会了孩子们如何去鉴赏音乐，如何去欣赏美，而不是盲目地追随潮流。好的音乐可以教会人爱。我想我们此行的目的之一，就是见见孩子，见见爱吧，教会他们爱，是我们最该做的事情。通过这次社会实践活动，我在教授音乐的同时也更加懂得了爱的意义。这次社会实践活动带给我的

还有支教的宝贵经历，以及和孩子们、和实践团员们深厚的友谊，这是我在未来道路上一笔宝贵财富。

愿孩子们今后更快乐更勇敢

2016 级本科生，高分子材料与工程专业　欧东

支教实践结束了。一周里和孩子们一起学习一起吃饭，一起嬉戏玩耍。我第一次以老师的身份面对那么多的小孩子，说不紧张那是假的。从起初报名，到前期分工，再到准备资料，每一次实践都是成长都是挑战。直到真正面对孩子们，与每孩子接触，才觉得付出都是值得的。不得不说，这里的孩子们很调皮，我甚至几度想要放弃，但是转身看到他们牵着你的手叫你老师时，放弃的想法便立即消失。

几天的支教实践带给我得不仅仅是第一次做老师的快意，更多的是与团队队员间和谐融洽的关系，还有亲身体验农村生活之后的感恩。在自己做过一次老师之后，才算是深刻体会到了做老师的确不容易。熬夜备课，维持秩序，照顾学生的安全，考虑学生的心理状况，这些都让我对老师这个职业产生了深深敬意。

支教结束了，不论孩子们学到了什么，只希望这些孩子们能在今后的生活中更加快乐，更加勇敢。

一次心灵升华的过程

2016 级本科生，电子封装技术专业　张娇奇

支教，是期望很久的一次活动，到了大一时终于得以实现。这次支教，是一次很不一样的体验，到远离城市喧嚣的乡村里进行为期一周的生活。这一周过得很快，当然也很充实。我每天负责教历史方面的知识。我惊讶地发现有些孩子懂得比较多的知识，并且能够进行很好的课堂互动。在与那些孩子相处中，感受到的是他们的活力与冲劲，那是一种少年所拥有的朝气蓬勃。

在这一周中，每一次问路或者是调研，村民都很热情地给予回应，村民纯朴并且真诚。对于自己而言，通过上课，发现当老师真不是很容易，当你站上讲台后，你才发现你会的知识不一定能够准确地讲出来，并且要让他们都懂，这是很难的事。这就需要你之前要好好准备。通过这次支教，我成长了，也变得更加成熟了。这次我是教育者，同时也是受教育者，这是一次心灵升华的过程。

支教：金色的日子

2016 级本科生，新能源材料与器件专业　赵洋

如果要给这段日子定义一个颜色，我想用金色来形容它，因为它是火热的，8 个热血青年组成一家，我们由不相识到了解到交心，从普通的友情升华到浓浓的亲情，彼此互帮互助，我们亲如兄弟姐妹，相互扶持爱护和谐相处，虽艰苦却乐在其中。

　　支教虽然辛苦，但是锻炼了我的意志，提高了我的能力，让我在苦中作乐中提高了身心健康水平。我也体会到：一个人无法改变自己的生活条件，但可以改变自己对生活的态度。态度决定一切，细节决定成败。运用到学习中那就是我没有办法改变我的学习条件，但我可以改变学习的态度。我相信勤能补拙，只要我们刻苦学习、顽强拼搏，就算没有好的学习条件，也可以有一个美好的前程。

　　支教的日子已经过去，但是它给我的回忆和教育却是一辈子的。支教不仅让我结交了很多朋友，收获了友谊，支教更使我长大了：学会了吃苦耐劳，学会了苦中作乐，深刻体会到了团队精神的重要性，收获了教育经验，提高了教书技巧。在实践中，我得到锻炼，也看到了希望，更坚定了我服务社会的人生信念；从支教中也知道自己的知识水平有限，今后必须加强学习和锻炼，不断完善和提高自己，为做一名出色的中国青年做准备。

实践团成员： 郭嘉仪　甄岳泽　段红强　赵洋　欧东　张娇奇　李方萍　李一凡

小小猕猴桃，脱贫好帮手

实践·报告

一、修文猕猴桃产业扶贫的成果

近年来，贵州省贵阳市修文县积极探索生态有机绿色农业发展模式，将猕猴桃产业作为打造山地特色农业的破题之举，通过走规模化、标准化、市场化、集约化、品牌化发展之路，努力打造全国猕猴桃产业精品示范区。2016 年，修文县猕猴桃种植面积达 16 万亩，排列全国第四；预计产量 3.6 万吨以上，实现产值 5 亿元以上，带动种植农户 8 500 多户，人均增收 1 600 余元。

根据我们的调查，修文县猕猴桃特色产业扶贫的成果明显。1997 年修文县政府大力鼓励当地农户种植猕猴桃，并统一管理，使之形成有规模有特色的修文猕猴桃产业园。已经修建了猕猴桃主题公园，并举办了两届猕猴桃节，吸引了大量的外来投资商和旅客前来，为当地带来了大量的经济收入。猕猴桃种植户的收入由 1997 年的平均每户 1 000 元以下达到了平均每户 7 万元。

现在修文猕猴桃园主要有老果园、新果园和改造中的果园 3 种。其中老果园均有 10 年左右的历史，而新果园则是 5 年以下。其中老果园多是 1997 年修文县政府大力鼓励种植猕猴桃时修建的，由于技术的限制，导致了老果园的不规范性，由于果树树龄大，虽然每亩的产量高达 1 500 公斤，产量和收入远远高于新果园，但是管理成本较新果园来说较高。果园需要投入大量人力。

随着种植面积的逐年扩大和市场需求的拉动，修文县猕猴桃产业实现了快速发展，修文县猕猴桃知名度越来越高，"六广河"牌猕猴桃 2011 年获"国家地理标志证明商标"，2013 年获"贵州省著名商标"和"贵阳市知名商标"。2013 年，新加坡、中国台湾和中国香港等国家和地区客商纷纷涌入修文县订购猕猴桃，猕猴桃产值态势喜人，猕猴桃效益逐年增加。2012 年全县猕猴桃产业总产值为 1.89 亿元，2013 年全县猕猴桃产业总产值达到 3.52 亿元，2014 年全县猕猴桃产业总产值达到 48 亿元。

修文县猕猴桃产业的快速发展，最直接的受益者就是种植户，2013 年猕猴桃在基地最低批发价为 9.6 元/公斤，最高 16 元/公斤；县内零售价最低 14 元/公斤，最高 24 元/公斤。种植户收入由 2009 年平均每户 9 200 元增至 2016 年平均每户 7 万元；种植户从 2012 年的 3 500 户增加到 2016 年的 9 000 户，户均产值实现了从 1997 年收入 1 000 元以下增加到 2014 年的 56 470 元。其中，年收入在 100 万元以上的 10 户，50 万 ~ 100 万元的 45 户。投入在效益中不断彰显，效益在群众增收致富中不断体现，猕猴桃产业成了修文县一项实实在在的重要惠民产业。

吸引了外来投资人后，修文县有许多外来公司的果园，这些果园规模大，规范化，但是缺少人力。于是就聘请当地人来为果园工作。根据我们对果园中正在工作的工人的采访得知，在猕猴桃产业兴起之前当地农民都是以种植庄稼为生，但是由于修文县的土质不适合种植庄稼，所以收入很低，只能做到收支平衡，不能有多余的存款。但是现在在为果园工作，每个人一年能有 1 万多元的纯收入，并且一年四季都有工作，不会像原来做半年、休半年时经济紧张。

二、修文猕猴桃发展中的不足

（一）品种结构单一

修文县猕猴桃产业走特色化发展多年，靠的是"贵长"品种的品质，品种结构仍然处于单一状态。虽然近年来已经在实验种植"米良""川蜜""秦美"等新品种，但是最受农户欢迎的品种依旧是"贵长"。必须看到现有绿肉特色品种"贵长"的历史形成及局限性，以及因品种单一，早熟品种太少造成市场覆盖面不足的情况，有些潜在问题无法避免。我们发现，整个修文县几乎种植的都是"贵长"这一品种，是打出名声的"贵长"牌猕猴桃。我们认为，如果修文县继续按照现在的势头发展猕猴桃，在未来可能会出现供过于求的情况出现，产品滞销，农户的收入将会受到很大的损失，就像当初的新疆大枣一样。我们还询问了当地农户有没有应对措施，大多数回答没有，果园里全部是"贵长"猕猴桃。

为此我们专门咨询了贵州农大黔盛农业生态科技公司的技术顾问。他告诉我们，在未来的确可能发生这样的情况，并且可能出现目前没有的某种针对"贵长"的疾病，所以他们公司为了应对这种情况，专门设立了一片试验田用来品种保育，以便未来出现风险时可以及时作出应对措施，减少损失。

（二）精深加工缺失

品种是修文县猕猴桃产业最具科学创新内涵的要素，是修文县猕猴桃产业良性发展最重要的内因和推动力。精深加工是猕猴桃产品开发的基本方向，但是在修文县，目前由于品种单一和招商引资的不足，修文县猕猴桃产业主要还是以卖鲜果为主，精深加工缺失很严重，产品附加值没有得到充分开发。全县唯一的深加工企业"贵州三金圣果饮品有任公司"虽然对猕猴桃进行深加工，生产三金牌果汁，但是年加工猕猴桃鲜果仅有 120 吨。

优势还没有较好地转化为经济优势，制约了猕猴桃产业的发展。随着规模的扩大和产量的激增，提高猕猴桃资源综合利用率，必须走猕猴桃产品精深加工的路子。

我们认为修文县若是要为老百姓带来长久的利益，眼光要放长远，不要因为目前修文县猕猴桃的势头发展良好就毫无顾忌地发展这一品种，只有眼光放长远，提前做好预案，才能真正地为老百姓带来长远收入，真正脱贫。

（三）猕猴桃特色产业还未与旅游产业联合

根据我们对当地旅游局的采访得知，修文县的猕猴桃特色产业融入旅游发展的道路还在进行中，位于谷堡乡的猕猴桃主题公园举办了两届猕猴桃节。旅游方面为当地农户带来的收入主要还是农家乐。在未来，会围绕修文县岩鹰山水库建立国家级湿地公园，在周边建立以猕猴桃特色产业为特色的果园来吸引游客。相信在未来，在湿地公园建成后，修文县能真正做到以特色产业推动旅游发展，带动老百姓脱贫致富。

三、修文猕猴桃产业的创新

（一）高科技的融入

谷堡乡猕猴桃基地达 6 万余亩，占全县的 37%，是全县种植面积最大的乡镇。在调研中，我们发现谷堡乡已经有不少农户在果园中安装大数据管理系统。运用大数据来种植管理猕猴桃，每一棵果树都已实施二维码追溯体系，手机一扫，就能了解猕猴桃的身份信息。大数据可以精准知道这个猕猴桃生长于哪棵树。不仅如此，基地还能通过大数据分析猕猴桃种植过程和市场需求，从而指导猕猴桃的市场流向。

同时，大数据管理系统还可以通过遍布在果园各处的摄像头和探测器来观测每一株猕猴桃树的生长情况，以便及时做出应对措施。从而达到减少人力、降低成本的效果。

（二）开启线上销售渠道

猕猴桃协会、商会和销售平台加强与沃尔玛、北京华联等国内外主要果品渠道商合作，成功抢占上海、广州、重庆、杭州等市场；大力支持贵州圣地有机农业公司等龙头企业在全国大中城市建直营店、办事处；积极顺应引领"互联网＋"时代浪潮，借助京东贵州馆、多彩贵州云等电商平台，成立修文供销集团电商运营中心 O2O 一号体验店，实现"互联网＋猕猴桃"的销售模式，努力提高市场占有率。2015 年，修文猕猴桃产地批发价在 12 元/公斤以上，线上线下销量达 250 万公斤以上。

（三）"广告精准扶贫"

2016 年 8 月，由中央电视台、中共贵州省委宣传部共同主办，多彩贵州网承办，省商务厅、省扶贫办、省经信委、省农委协办的中央电视台"广告精准扶贫"项目正式启动，首批入围的 4 个贵州农特产品为贵州猕猴桃、织金红托竹荪、从江椪柑、遵义茶。贵州猕猴桃作为"多彩贵州·精品黔货"的首发产品，公益扶贫广告于 2016 年 9 月 1 日起在中央电视台 CCTV－1 综合频道、CCTV－2 财经频道、CCTV－4 中文国际频道、CCTV－7 军事·农业频道、CCTV－13 新闻频道播出，每天播出 16 次，为期一个月。

"贵州猕猴桃"公益扶贫广告以修文猕猴桃和水城猕猴桃为代表，融贵州优美的自然风光和猕猴桃的优良品质为一体，突出贵州猕猴桃的生态、健康、美味，将贵州猕猴桃完美呈现于屏幕。在广告里还有"多彩贵州·精品黔货"官方二维码，扫码即能获得更多关于贵州猕猴桃的资讯。本次广告精准扶贫活动通过中央电视台这一强大的传播平台和省内媒体的积极参与推动，为贵州大扶贫战略架设起一座从广告扶贫到产业扶贫的桥梁，全力助推贵州名特优农产品从多彩贵州走向全国、走向世界。

2016年8月，中央电视台和贵州省委宣传部签署《中央电视台"广告精准扶贫"项目合作意向书》，贵州作为该项目的全国首个试点省份，通过央视的平台优势，探索信息扶贫模式。

2016年9月初，贵州猕猴桃广告亮相央视，截至同年9月底，销售额同比翻了15倍。具体来看，水城红心猕猴桃线上销售达到了400余吨；修文猕猴桃线下销售了200吨，销量同比增长1 000%，销售额达1 700余万元，同比增长1 500%；与去年相比，销售旺季提前到来，预计比上年早一个月销售完毕。

（四）开展特色文化吸引游客

2016年10月12日，以"品修文猕猴桃·享贵州原生态"为主题的第二届修文猕猴桃节在修文县谷堡乡平滩村举行。

此次活动由修文县委、县政府主办，修文县农业局、修文县猕猴桃局等承办，旨在进一步加大修文猕猴桃宣传推介力度，切实提升修文猕猴桃知名度和美誉度，展示修文魅力，以节为媒，为修文猕猴桃创品牌、拓市场，推进一二三产融合发展，助农民增收。

活动当天，修文猕猴桃果园开门迎客。前来参与猕猴桃节的嘉宾在产业园区，不仅亲自参与猕猴桃的采摘，畅游果园，品尝新鲜成熟的佳果，还能参观目前引进的国际一流设备，观看整个猕猴桃分选、包装、仓储过程。

当天还同步举行三大特色活动，分别是采果品果音乐鉴赏会、中国水果话语权高峰论坛和《印象猕猴桃·走进修文》大型生态风情歌舞表演。此外，修文县猕猴桃局现场发布修文县猕猴桃产业环境地方标准，揭牌出口猕猴桃基地，县农公司现场发布大数据物联网可追溯系统在猕猴桃产业及相关产业领域的实际运用。

四、修文猕猴桃特色产业与旅游产业的融合

修文县有省级阳明风景名胜区，有遗迹丰厚的阳明洞奇境，有六广河大峡谷风光，有桃源河漂流，有贵州唯一的森林野生动物园，有喀斯特高原森林高尔夫度假中心，有苏格兰牧场和珍珠岛度假中心，还有贵州型石林代表的回水石林和高枧石林等景区景点。

其中，著名的天生桥位于目前大力发展猕猴桃的谷堡乡。

过去，天生桥村以传统农业为主，主要种植水稻、玉米、土豆、油菜等传统作物，经济价值低，很多人都会像谭荣榜这样选择外出务工，村里土地撂荒现象严重。

近两年来，天生桥村按照"生态谷堡、花果之乡"的定位，坚持以产业扶贫为抓手，形成了主抓基础设施建设和基层党建提升"两大工程"，打造"三产"融合发展示范村、党建和教育扶贫示范点，通过项目的实施改善群众生产生活条件，拓宽群众增收致富门路，实现"高一格脱贫、快一步致富"目标。

"随着修文县产业扶贫项目的出台，越来越多农民选择回乡发展，大大促进了修文产业扶贫项目成果。"天生桥村村长周尚荣如是说。目前，天生桥村经济作物有猕猴桃 3 000 亩、酥李 200 亩、蔬菜 200 亩。此外，全村生猪存栏 0.3 万余头、鸡 1 万余羽；共有生猪养殖大户 3 户（200 头以上）、合作社及微小企业 17 家。据统计，2016 年天生桥村农民人均纯收入达到了 5 780 元。

2017 年以来，修文县始终坚持以大扶贫统揽全县经济社会发展，以农业供给侧结构性改革为主线，以特别困难村扶贫解困定点包干工作为带动，坚持以大扶贫为主基调，实施大扶贫主战略，着力推进精准扶贫、精准脱贫工作。

修文县结合脱贫攻坚工作实际，制定了《修文县 2017 年扶贫攻坚"大比武"行动方案》，从责任担当、路径方法、干部作风、精神状态、群众获得感、特别困难村扶贫解困定点包干工作等六个方面展开大比武行动，建立真扶贫、扶真贫，大家扶、全力扶、全面扶的大扶贫体系，助力精准扶贫。

扶贫对象精准识别、措施精准到位、帮村扶困精准派人、扶贫政策精准到位方针……这一系列行之有效的措施，让修文县基本上实现了"人人有增收项目，户户有致富门路"的目标。目前，修文县已有 4 个项目 9 亿元基金进入银行风控程序，其中 2 亿基金已下拨。新增猕猴桃种植 2 万余亩，新建蔬菜基地 1.2 万余亩、生猪养殖"家庭农场"50 个，新增家禽养殖 6 800 羽、畜牧养殖 5 000 头，1 000 头生猪规模养殖场 5 个。

精准扶贫，道阻且长。修文县围绕打造阳明心学圣地、特色农业基地、现代医养高地"三地一路"，实施基地提升、科技提质、品牌营销、市场拓展、加工转化"五大行动"，加快农村一二三产业融合发展。通过提升产业、安居、保障、大数据、党建扶贫，推进特别困难村定点包干扶贫解困工作，多路径助力扶贫工作扎实开展。

实践·足迹

为缩小地区贫富差距，完成在 2020 年前实现全面小康的目标的国家大战略下，全国各地政府不可不谓下了很大功夫，而其中最不可忽视的省份非贵州莫属。而作为贵州人的我们也很好奇，究竟贵州人民是怎样发家致富的？贵州政府又是怎样带领贵州人民走向小康？在贵州省内多种发展模式中，一个小小的猕猴桃，究竟给修文县带来了什么翻天覆地的变化？于是我们就走入修文县猕猴桃产业基地。

一、走进修文

社会实践的第一天，我们一行人在贵阳集合后便立即赶往修文县。修文县位于贵州省中部，是重要的交通枢纽，境内公路四通八达，国道，省道，县道，乡村公路交错纵横，连接川，渝，湘，云等省市自治区。修文县拥有着得天独厚的地理优势，夏无酷暑，冬无严寒，雨热同期，气候温和，森林覆盖率达到 44.5%，境内有猫跳河水源和以酸性为主的黄壤，最适宜猕猴桃的生长。修文县被业界专家称为"世界上最适合猕猴桃种植的地区之一"，几乎所有的农家都会种猕猴桃，在当地流传着这么一句话"要致富，种猕猴桃是出路"。一方水土养一方人，而这 16 万亩猕猴桃则造就了修文人的新生活。

修文县不仅有着享誉世界的贵长猕猴桃，还有着深厚的文化底蕴，心学集大成者，明朝著名的思想家、文学家、哲学家王守仁，任贵州龙场驿丞时，曾在修文悟道，因于修文龙场阳明洞悟道，他也因而被世人成为王阳明，其留下的"知行合一"仍深深影响着这片土地。

汽车行驶在盘山公路上，向车外望去，是山区一望无际的林海，郁郁葱葱，充满了勃勃生机，公路蜿蜒曲折，时隐时现，好似一条黑龙盘绕在山间。在经过了近两个小时的车程后，我们终于到达了修文县。我们刚进修文县便是阳明大道，在经过司机的热情讲解后我们才明白了其中由来，不远的山上还有着"知行合一"的牌子，原来王阳明在当地人心中的地位是不下于猕猴桃的，也难怪贵州如此肥沃的土地上，却唯独修文的猕猴桃品质最好。进入修文县城，我们便仿佛置身于猕猴桃的世界，猕猴桃形的路灯，猕猴桃的车贴，猕猴桃的海报，修文人仿佛将所有的热情都奉献给了猕猴桃，我们惊讶之余也心生疑惑：究竟是怎样的猕猴桃有如此魔力，竟让全县人为之疯狂。

我们今天的目的地是谷堡乡，简单的午餐后我们便出发了。一路上两旁的山坡上插满了 T 形水泥架，我们并没有太在意，在后来的了解中我们才知道，那便是用来支撑猕猴桃树枝的架子，而它上边所缠绕的藤状植物便是猕猴桃。路旁还摆放着许多的 T 形水泥架，显然又有猕猴桃园要扩建了。新的猕猴桃园区就像是一支整装待发的军队整齐划一，等待发号施令，而那些已建成几年的园区则仿佛给山坡披上了一条黄绿色的毯子一样，随着公路不停地延伸，一眼望不到边。

二、采访猕猴桃种植大户

不一会到了谷堡乡，再经过显示"猕猴桃生态公园"的路标，便到了我们今天的目的地。我们先参观了当地猕猴桃养殖能手姜泰峰的老园区，这个老园区并没有采用新式的 T 形水泥架，所以猕猴桃树的枝干显得比较低矮，结的果则需要弯腰才能采摘，带来了一定的不便，由于姜总暂时不在园区，所以我们决定第二天早上再来拜访。在参观了姜总的老果园后我们来到了黄总改建中的果园，黄总的果园由于建造时间不是很长所以得以用上 T 形支架，整个果园株与株之间间隔排布都很规范，使得在进行修剪、松土、施肥、除草、浇水、授粉等劳作和采摘的时候可以更为方便。

第二天，黄总告诉我们，修文现在不仅仅是种植猕猴桃而且也从种植猕猴桃中发现了商机，组建了很多猕猴桃相关产业的公司，其中贵州顶好果业有限公司由修文宏夏猕猴桃种植农民专业合作社、贵州利华广通农业发展有限公司和贵州青恒盛农业科技有限公司联合组建，注册资本 1 000 万元。该公司所拥有的修文猕猴桃种植基地分布于谷堡、大石、六广、洒坪等 4 个乡镇，总种植面积超过 4 000 亩，是目前修文县猕猴桃种植与销售规模最大的企业。该公司以抱团整合、协力开创的方式，走品牌化运营的发展道路，公司旗下的电子商务平台"维果汇"微商城致力于面向全国各地的消费者，以"传统产业＋互联网"的理念和运营模式，大力推荐修文和修文猕猴桃。

根据资料显示近几年，随着省、市、县高度重视修文猕猴桃产业，修文县从事猕猴桃生产、经营、管理、销售的企业应运而生，已成立了 76 家企业和 69 家专业合作社，全县种植户达 6 000 多户。曾到重庆、深圳、浙江、上海等地宣传推介。修文县鼓舞全县广大种植户和猕猴桃企业坚定猕猴桃产业发展信心和市场信心，把猕猴桃产业发展成为促进农民增收致富，实现全面小康的重要支柱产业。

在参观完黄林的园区后我们一行人前往黄林家作客。一路上我们还了解到，修文古堡地区猕猴桃分为自产自销、只收购以及只栽种三种模式。我们问到种植猕猴桃对生活水平有何改善，黄林深有感触地说，以前修文的土地种植农作物收成不好，但是现在种植猕猴桃后每亩能产 2 500 公斤以上，这些猕猴桃平均出售价格每公斤为 12 元以上，每亩土地的成本仅是 1 300 元，现在人们的生活水平大为改善。

在黄林家中我们还看到了一整套信息化检测设备，黄林在家中便能对果园的土质，湿度、雨量、气温了然于胸，10 几个高清摄像头遍布果园里的各个角落，甚至连树上的虫子蚂蚁都能看得一清二楚。园区的大数据化精准指导了园区的生产与销售，为修文县猕猴桃的标准化生产提供了基础。

黄林家属于自产自销的类型。根据对黄林的采访，我们了解到在修文县推广种植猕猴桃之前，每家每户都是种植庄稼，收入很低。在种植猕猴桃之后，收入有了很大的提高。2016 年黄林家收入达到 20 万元以上，并且有 60% 采用网络销售的渠道，售价每斤要比商贩直接收购高出 1~2 元，同时消费者也可在网上买到便宜于市场价的修文猕猴桃。种植猕猴桃的有当地的农户，也有外地的几个大的承包商，当地人的种植面积为 10~20 亩，承包商有的有 200 多亩。除了几个大的承包商以外，零散的农户大多都成立种植合作社一起种植。其他的还有开农家乐的，在种植区帮助承包商种植和管理桃树的。这导致了县城里工人紧缺，由于县内的人几乎都种有桃林，因此忙碌季节还要从周边县份雇请工人，这无形间便提供了很多工作岗位。

当天晚上我们一行人留宿于修文县。

8 月 7 号早上，一行人再次前往姜泰峰的园区，姜总热情地招待了我们，一行人围坐在园区旁的空地上向姜总了解修文猕猴桃的发展历史。姜总说，修文县以前也是一个普通的县城，和其他地方一样种庄稼，后来也尝试过种果树，当然都不了了之了，直到 1997 年修文县才开始第一批种植猕猴桃，那时候大家都不懂得如何种植猕猴桃，所以都是摸石头过河，各家各户在修枝、授粉、除草等工序上都有着自己的一套理论，长出来的猕猴桃也是良莠不齐的，知道后来政府请来了贵州大学农学院的教授以及其他地方的专家，种植猕猴桃的技术难题才得以解决。现在随便挑一个修文县的农民，问他关于种植猕猴桃的问题，他都能将方法与理论讲得头头是道。正是有了这样的技术支持，每一户种出的猕猴桃品质才有了保证。最先种植猕猴桃的那一批人富了起来，当地政府对买树苗、买 T 形支架进行补助，全县人种猕猴桃的热情完全被点燃了，争先恐后地种植猕猴桃。

此外，政府还对乡村道路进行了彻底改造，将 3.5 米宽的黄泥路扩建成 7 米宽水泥路，原本只有越野车才能开进来的道路，现在只要到猕猴桃成熟的月份，大小车辆络绎不绝。谷堡村还集体建了一个露天停车场供来往的车辆使用。许多商贩直接到农户园中购买刚采摘的猕猴桃，有些农户结成合作社一起在网上售卖，农户再也不用担心农产品的销路，可以全心全意地投入到猕猴桃的种植当中来。政府为了让农户无后顾之忧，还对农户投农产品的意外险给予 75% 的补贴，农产品遭受意外灾祸导致的大面积减产，保险公司将会根据观测的情况进行预期的赔偿，由于政府的优惠政策，一块预计产值达到 50 万元的猕猴桃园区仅需投保 3 000 元。

修文县猕猴桃得到越来越多人的认可，2014 年被国家质监总局认定为地理标志保护产品。当我们问及种猕猴桃前后收入变化时，姜总笑道："以前种庄稼的收入哪里算得上收入啊？只是够吃而已，现在修文县自从种了猕猴桃后，算是脱贫致富了，现在也就剩一两个贫困村了。"

姜泰峰的果园属于只种植的类型。由于他种植较早，技术只能靠自己一步步摸索，没有统一的标准，所以果园不规范，不便于管理。但是由于果树的年限长，每棵树的产量都较高，猕猴桃的品质很好，所以每年的采摘季都会有商贩来上门收购，虽然利润少些，但是自己不用耗费太多的精力，因此他并没有开通网上销售的想法。根据他的回答，我们发现修文县猕猴桃特色产业扶贫的成效和黄林所说完全一样，都是由种植庄稼每年基本不会有多余的收入，到现在每亩地可以有 1 万元以上的收入，而猕猴桃种植户的果园都在 10 亩以上。可以说猕猴桃产业扶贫的成效明显。每户的年收入由 1 000 元以下增长到 10 万元以上。

三、采访猕猴桃专业公司

中午休憩片刻后，我们便赶往最后一个目的地——小箐村的贵州农大黔盛生态农业有限公司及修文县肆友生态猕猴桃种植农民专业合作社。我们到达目的地，黔盛生态农业有限公司总经理徐朝云带我们前去参观园区。园区种植的大部分为是嫁接品种，而且并不是每一株都存活了下来，徐总给我们介绍道："现在虽然贵州的猕猴桃主力仍是贵长猕猴桃，但我们并不能因现在的大好局面而掉以轻心，别的省也想种出更好的猕猴桃，所以我们着眼未来，为了在以后贵长猕猴桃被其他省的品种赶超以后贵州的猕猴桃还有竞争力，我们现在做的这些事虽然短期来看是无利可图的，甚至是一笔赔本买卖，但我们是在为贵州的猕猴桃事业赢取未来，这样的做法看上去有点傻，而且有可能我们的研究最终达不到我们预想的结果，但是有些事情如果你不去做就真的没人做了。"

讲到这里，我们大受触动。的确，无论是他们这些育种的，还是我们这些将来研究新材料的，其实本质上都是一种工作，都是在未知中砥砺前行，都是属于为了多数人未来前仆后继的那种人，大学生活对我们而言似乎有更多的意义了。

在参观完合作社的几十种实验品种以后，我们往园区的更深处进发，在这里我们看到了许多正在除草的老人，我们了解到，当地的许多年轻人都在外面上班，而家里的老人赋闲在家，就来猕猴桃园区做工。当问及他们对于修文种植猕猴桃前后的变化时，他们说，以前种植农作物只能维持生计，而现在在政府的帮助下，种植猕猴桃的人越来越多，猕猴桃园区有很多的工位。现在他们每天在猕猴桃园区里工作 8 小时，虽然不是持续上班，但是一年也可以有上万元的收入；虽然不像以前种庄稼一样有大把的时间休息娱乐，却也是乐在其中。

贵州农大黔盛生态农业有限公司及修文县肆友生态猕猴桃种植农民专业合作社是属于一边种植一边售卖的模式，它们的网店通过朋友圈进行推广，这都源自对贵长猕猴桃的信心，公司的销售额完全依靠于良好的口碑。公司在产销猕猴桃的同时还创造了不少的岗位，使种完庄稼赋闲在家的农民也有了不小的收入，这样大规模、规范化的合作社种植为当地带来了巨大的经济效益。

四、修文：践行"知行合一"，实现农业界现象级成功

修文人在不断践行着王阳明的"知行合一"的同时也给自己创造了财富，修文县猕猴桃的成功不仅仅是哪个致富能手或政府官员的功劳，这是前人的精神财富与现代种植技术碰撞出的财富火花。修文人通过不断的学习先进种植技术，勤勤恳恳地劳作，且从没有安于现状，不断提升着猕猴桃的品质，最终打造出了修文猕猴桃的金字招牌，这是农业界现象级的成功；一个小县城通过将近 20 年的努力从无到有再到一流，这是一步一个脚印的成功轨迹。修文县举全县之力培养培养出的一个小小的贵长猕猴桃便让全县人民摘掉贫困帽子的同时又保护了环境，这说明带领乡村人民脱贫致富并不需要有多么庞大的工程，更重要的是因地制宜地发展环境友好的项目，立足于乡情积极争取上级支持，而不仅仅是杯水车薪的精准扶贫，这样农民的生活才会真正地提高。现在的农村并不需要往城市的方向发展，相反需要保住这方青山绿水，发展特色生态农业，留住那些年轻人，农村才有它的活力，不仅保住了记忆中的故乡，更挽回了农村消亡的态势。当然这些都与农村干部的思想有关，现在许多大学生村官也是这个目的，为的是农村干部能有更多的创造性，给乡村带来知识之风。我们相信，在不久的将来农村也将成为经济发展的主阵地。

实践·品悟

为家乡的发展感到自豪

2016 级本科生，装甲车辆工程专业　杨羿泽

通过贵阳修文历时两天的社会实践，我见识了很多，也感悟了很多。在修文。我不仅领略了这里秀美的风光，更是感受到了修文人的淳朴、智慧与勤劳，我为家乡的发展而感到高兴。在我们访问的过程中，这里的叔叔阿姨都愿意停下手中的活，来和我们交流，分享他们种植猕猴桃的喜悦，对于我们的问题，他们也是耐心地回答，与我们交流。就如同邻里之间拉家常似的，让我们觉得非常的亲切。

修文人是敢闯敢拼的，在传统稻作模式下，他们敢于开创新篇，种植猕猴桃，这是很了不起的。他们敢于实践，才有了现在的一条致富新路。同时，他们也是好学的，在开始种植时，缺乏技术指导，他们便跑到其他种植猕猴桃地方学习技术；在后来种植中，他们总结自己种植经验。修文人也是勤劳的，他们用自己的勤劳的双手创造了属于自己的财富。

同时，我们也看到了国家的扶持与帮助，在农民创业致富的过程中，政府给予了支持，帮助农民营造良好的环境；在种植初期给予资金与技术支持；在销售方面，大力进行宣传。国家是人民坚实的后盾。

在这里，我们也看到了一些专业公司和种植大户对猕猴桃的热爱与其长远的眼光。这里的种植户与农科院、地方大学等地方都有联系，他们提供场地，大学、农科院的人员提供技术，在这里做实验。一些大的公司，他们有他们的坚持与看法，既着眼于现状，但他们更看到的是未来，现有的品种与技术虽然可以给他们带来可观的利益，但他们却不遗余力地去开发新的技术，培育新的品种，为未来的发展做着准备。这里面包含的可能不只是对利益的追求，更多的是他们对这个事业的喜爱吧。

在修文，我们看到了绿色发展的道路，在发展经济的同时，保护了这里的环境。如果是以破环环境为代价来发展的经济，那么这样的发展得不偿失。而在修文，你看到的不只是家家户户陆续建起了小楼房，你还能欣赏到秀美的山川、蔚蓝的天空，呼吸清新的空气，这样的生活才是人们所向往的。

作为一个贵州人，我为家乡的发展感到自豪。作为一名社会实践的学生，我觉得自己不仅应该立志为祖国的发展而努力，更应该将自己在实践中的所学所感运用到自己的学习工作中来，敢闯敢拼，勤奋好学，热爱工作，努力创新，我们才能在自己的领域做出一番事业。

这是人生中的一段重要经历

2016级本科生，新能源材料与器件专业　　陈怡

经历了2天的社会实践，我感慨颇多。我们见到了社会的真实一面，实践生活中每一天遇到的情况还在我脑海里回旋，它给我们带来了意想不到的效果，社会实践活动给生活在都市象牙塔中的大学生们提供了广泛接触社会、了解社会的机会。

"千里之行，始于足下。"这短暂而又充实的实习，我认为对我走向社会起到了一个桥梁的作用，过渡的作用，是人生的一段重要的经历，也是一个重要步骤，对将来走上工作岗位也有着很大帮助。这次实习也让我深刻了解到，和团体保持良好的关系是很重要的。做事首先要学做人，要明白做人的道理，如何与人相处是现代社会做人的一个最基本的问题。对于这样一个即将步入社会的大学生来说，需要学习的东西很多。正所谓"三人行，必有我师"，我们可以向他们学习很多知识、道理。实践是学生接触社会、了解社会、服务社会，运用所学知识实践自我的最好途径，为认识社会、了解社会、步入社会打下了良好的基础。我们要在以后的学习中用知识武装自己，用书本充实自己，为以后服务社会打

下更坚固的基础！

精神绝不能贫穷

2016 级本科生，材料科学与工程专业　唐建国

经过了这次社会实践，我了解了不少新鲜事物，也有了不少的思考。我们现在是大学生，不久之后就要步入社会，而社会实践是我们为数不多的深刻了解社会的途径，我们很有必要从中好好学习。在这次实践中，我认识到了，一个人，他经济上可以贫穷，但是绝不能在精神上贫穷。修文县的人们，即使一时贫困，但是他们勤劳又朴实，能干又有担当，靠自己的双手创造财富，正一步一步地奔向致富道路，而我们在生活中，尤其是在经济不发达的地区，时常遇上一些好吃懒做、身体健全却乞讨为生的人，明明有大把时间，完全可以学习一门技术养活自己，却非要向他人向社会求助，浪费了社会的资源。这样的人虽然年轻，可是他是贫穷的，不仅是经济上的贫穷，更是精神上的贫穷。懒惰和不思进取正是精神贫乏的根源。作为社会的一分子，我们不得不积极向上，用知识的源泉来浇灌心灵的荒地，做一个上进、有才能、有能力的大学生。先修身，再齐家，一屋不扫何以扫天下？只有心灵的富裕，才能带来生活的富裕。我们这代人，更要为此付诸努力。少年强，则国强！

中国梦正在一步步实现

2016 级本科生，能源与动力工程专业　王浩森

在参加这次社会实践以后，我的眼界大大开阔，原来一个小小的猕猴桃，能做出这么大的贡献，能带给农民们那么多的财富。在与同学的组织策划过程中，我的交流和协调能力也得到了提升。在组织策划的时候，我们遇到了一些波折，这是我们意料之外的，我领悟到策划一个方案必须要落实到点滴。

我亲眼见证着中国梦的宏伟蓝图正在一步步变成现实。修文县将猕猴桃大数据和旅游结合起来造福了数十万农民，而祖国大地其他地方又在怎样努力着奔向小康呢？我们当代的大学生应该更加艰苦奋斗，继往开来，为祖国的建设增砖加瓦，献上绵薄之力，这何尝不是一种荣幸？

全力推进社会主义新农村建设

2016 级本科生，高分子材料与工程专业　杨荣杰

这次社会实践我们来到了修文县多个乡村和果园调研修文猕猴桃近年来的发展状况，我们不禁感叹修文当地政府对农村发展的重视程度，更令人欣慰的是修文县的发展十分迅猛，已经基本根除了贫困的老病根，走在了一条新的康庄大道上。修文县猕猴桃种植户紧随着时代的潮流，使用大数据实现果园的精准化管理，利用互联网销售，果农再也不用担心猕猴桃的销路问题。这些方方面面的改变凸显了政府建设社会主义新农村的坚定决心，

也让我懂得了知识在国家发展路上的重要性。新时期的国家发展需要我们这样的新人才，我们现在所能做的就是更好地完善自身，全面地学习相关知识。

实践团成员：陈怡　龙扬阳　唐建国　王浩森　杨荣杰　杨羿泽

精准扶贫，甘肃定西

实践·报告

本报告总结了甘肃省定西市陇西县渭阳乡崔家湾村精准扶贫项目中双联单位所实行的规定和条例。实践团对崔家湾村内王家岔社、崔家湾社以及异地搬迁项目（即新农村）建设地址进行实地调研，亲身走访了解了数十户农户的家庭情况和致贫原因，并通过与"双联"单位县体育运动中心相关领导及驻村干部交流，获得了崔家湾村375户农民的相关资料。该村农民致贫的原因是：（1）该村种植结构单一，主要以土豆、小麦为主，农民生活水平较低。（2）该村所处自然环境恶劣。（3）该村致贫原因有四种：一是贫困户大多存在产业结构单一，以粮食作物为主的问题；二是农业生产信息闭塞，农业技术缺乏；三是部分贫困户因病缺乏劳动力致贫；四是因学致贫。

实践团在对当地贫困状况和扶贫工作充分了解的基础上，结合调研与获得的相关资料向扶贫单位及村委会提出了一些建设性的提议。

一、政策背景

本次社会实践所在单位甘肃省定西市陇西县体育运动中心是崔家湾村的"双联"帮扶单位。"双联"即联村联户，是甘肃省一项系统工程，除了要在贫困村发展生产、帮扶困难群众脱贫致富，全省数十万干部还要沉下身子，进村入户，与广大农民建立直接联系，通过直接交流亲身解决农民的问题。"双联"行动不仅成为助推群众脱贫的重要支撑，也成为党群双向互动、干群双向受益的有效载体。"双联"的实施很大程度上打通了"精准扶贫"思想的实践道路。甘肃省广大党员干部立足为民、着眼利民、致力惠民，通过当参谋搞规划、筹资金建项目等措施，兴办了许多关系群众切身利益的实事好事。

为了规范全省脱贫攻坚挂图工作，提高脱贫攻坚精准管理水平，打赢全省脱贫攻坚战，并提供施工图、任务书、时间表，甘肃省脱贫攻坚领导小组于2016年初出台了《甘肃省脱贫攻坚"853"挂图作业实施意见》，通过精准脱贫大数据管理平台建设做到"8个准"，每个贫困村制定作战"5张图"，每个贫困户落实"3本账"——这一挂图作业的精细化管理，倒逼全省精准扶贫精准脱贫工作的落实。

甘肃省作为全国脱贫大数据管理平台试点省份，建立了由省市县乡村五级共享的全省精准脱贫大数据管理平台。这一平台的建设要根据当年国家扶贫对象脱贫标准，测算农户收支等情况，按照"12345"贫困人口进出识别程序，一核（农户收支状况），二看（家庭生产生活条件），三比（收入、住房、财产状况），四评议（农户申请、小组初评、村两委审议和村民代表决议），五公示（村、乡两级公示和县级公告），由农户、村两委、驻村帮扶工作队、乡镇、县区五级确认，精准识别贫困人口，实行进出动态管理，做到脱贫对象识别认定准、家庭情况核实准、致贫原因分析准、计划措施制定准、扶贫政策落实准、人均收支核查准、对象进出录入准、台账进度记录准。

甘肃省精准扶贫贷款工程既是精准扶贫的一大亮点，也是农村金融的一大创举，这项工程的顺利实施，结束了贫困户贷不到款、贷不起款的历史，让群众"贷得上""用得起"，将贷款"放得准""用得好"，真正让贫困农民得实惠。2015年7月16日，甘肃省精准扶贫专项贷款工程正式启动，这是甘肃省在总结双联惠农、妇女小额担保等涉农贷款贴息政策实施经验的基础上，积极谋划对接，专门为建档立卡的全省97万户、417万贫困人口量身定做的专属金融产品。财政和银行按照7∶3的比例设立10亿元风险补偿基金，撬动400亿元的银行贷款，放大效果达到58倍。

崔家湾村贷款的方式分为发展型和带动型，前者把5万元现金贷给农户作生产基本资本之用，后者将5万元经相关单位的介绍转投入当地企业当中，农民获得其中的分红。

二、数据分析

（一）致贫原因分析

崔家湾村全村共375户，其中有贫困户109户，在109户贫困户的数据中很明显可以看到由于缺乏技术而致贫的占到接近一半的比例。由于地处偏僻，农民的耕作方式较为传统，养殖业也十分单一。很多农民由于客观的原因而未能获得良好的技术，这技术不仅指耕作的技术，也指养殖技术，即引进原本不在此养殖的动物。加之当地的气候条件非常恶劣，农作物的收成很容易变得非常不可控，"靠天吃饭"便是最清晰明确的描述。崔家湾村传统养殖动物仅驴、骡、鸡和猪，通过帮扶单位的帮助与引进，兔类开始进入崔家湾村民家中。"吃得不多，但是能卖上钱。"如村民所说，引进的兔类为村民创造了一条新的收入。目前已引入肉食用的兔种，计划于2017年引入剪毛用的兔类。除去兔类，村里也有牛、蜜蜂等多种养殖业。帮扶单位陇西县体育中心也不定时邀请畜牧局工作人员到村上进行技术宣讲，技术缺乏导致的贫困正在一步步被消除。

缺少劳动力是第二大村民致富的拦路石。因缺乏劳动力而难以致富的有16户之多，这部分农户中部分为子女外出打工而不能够回乡进行农业活动。另一部分则为家人早逝，田地不能得到充分利用，无人耕作打理，部分田地只能闲置。与此相对的是自身缺乏发展动力的一部分人，这部分人满足于现状，不思上进，靠低保过活。

因病致贫和因学致贫所占的比例也较大（见图1），二者都造成了较大的支出。因病致贫的人群中有一部分人属于残疾的范畴，肢体残疾和慢性病造成的对家庭的负担无疑是巨大的，对家庭有着长期的影响，长期阻挡着脱贫。由于大病，农户出卖生产资料来救治家人，由此导致的贫困十分常见，且由于生产资料的缺乏，农户很难在短期内恢复原先的正常的生产方式。

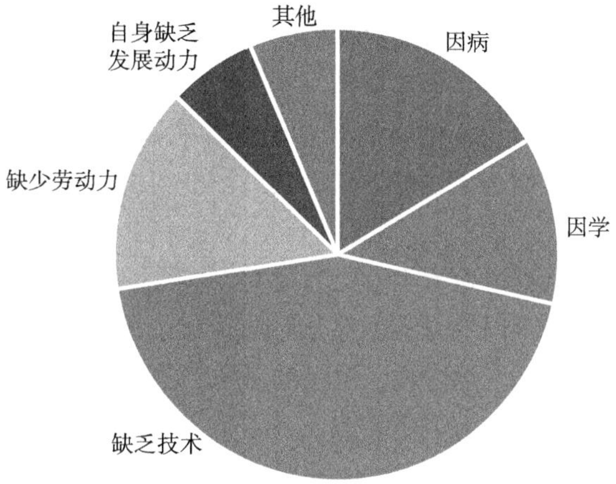

图1　致贫原因图

（二）相关解决方案

按照甘肃省"六个精准"（对象、目标、内容、方式、考评、保障）和陇西县"1＋18＋7"实施方案的要求，崔家湾村查缺补漏、完善措施、扎实推进，进一步推动了扶贫脱贫各项工作任务的全面落实。

一是结合联系村发展需求，加强技能培训。邀请县畜牧兽医中心和农技中心的工作人员就如何调整种植结构及畜牧养殖、种植技术等农业实用技术向农户做了详细的讲解，有针对性地为村民提供知识、技术、信息等方面的培训服务。通过培训，使崔家湾村的群众真正学会科学种田的技巧、养殖的知识，有效推动种植养殖结构调整。同时，为了造就带动脱贫的劳动者队伍，加强劳动就业技能培训，切实提高农民创业就业和增收致富能力，大力宣传返乡创业带头人和劳务带头人在务工和创业中的好模式，好经验，鼓励更多的农村劳动力务工创业。积极引导帮扶农民树立市场经济观念，大力支持剩余劳动力积极外出打工，多渠道增加农民收入，2016年输出务工人员200多人。

二是帮扶物资，助推农户秋耕生产。利用秋耕生产之际，"双联"单位县体育运动中心捐献地膜400公斤，总价值8 000元，以实际行动帮扶贫困户。积极引导贫困户扩大土豆、胡麻、玉米播种面积的同时，积极种植柴胡、板蓝根等中药材，为发家致富开辟新的道路。教育帮扶，县体育运动中心为崔家湾村小学捐献篮球架一副、乒乓球台两张，价值2万多元。

三是大力宣传动员，引导贫困户申请精准扶贫贷款。发展资金不足一直是制约贫困户发展致富的瓶颈，2016年，精准扶贫工作团队配合渭阳乡政府干部挨家挨户到到贫困户家中进行政策宣传，帮助贫困户收集资料。通过各方努力，贫困户贷款热情高，截至目前，全村精准扶贫贷款农户共70户，其中发展型50户，带动型20户，第一批投放扶贫贷款

100 万元，为贫困户改变产业结构，实现稳步脱贫提供了资金保障。

（三）走访分析

在本次实践活动中实践团共走访 7 户在档的贫困户，取样带有代表性，农户的经营活动包括村便利店零售、传统种植、养殖业等，涵盖面广。通过与农户的直接交流了解双联单位工作人员在此进行精准扶贫工作时的真实状况，实践团团员对"双联"及"精准扶贫"的精髓有了直观了解。对于走访的结果，实践团获得的信息大致分为以下几个方面。

1. 种植生产

崔家湾村总体上依然以种植业为主业，其中又以传统的小麦、玉米种植为主，种植结构单一。在田间进行走访时可以看到除了部分产油作物，玉米占据着绝大部分的田地，由于今年干旱少雨以及 6 月时的一场冰雹，田里的玉米结实率很低。这里的耕作收获多少基本取决于这一年的降雨，既不能太多也不能太过干旱。2016 年属于过于干旱的一年，且有冰雹灾害，故今年收成可见不会好。"北山的旱死了，南山就有收成；北山的长得好，南山的就淹死了。"当地农民如是说。这主要与当地的种植环境有关。甘肃省定西市多山，山是土山，田地为在山上开出的梯田，山南与山北的生长环境有较大的差别。

要从根本上改变崔家湾村的种植方式以及"靠天吃饭"的现状是不可能的。由于梯田本身以及农村低电压的限制，大型农机在这里难以得到利用，种植业方面能够发展的空间着实有限，尽管可以通过邀请技术人员进行宣讲，但是要致富靠种植业是非常困难的，必须通过其他手段。

2. 养殖畜牧

实践团走访的农户中或多或少都从事养殖，其中有两户较为典型。

一为肉牛养殖户。通过精准扶贫专项贷款，户主获得了 5 万元的发展资金。在帮扶单位的牵线介绍下，开始了肉牛的养殖。即购入牛犊，家养一年或两年之后卖掉的获利方式。该农户在实践团到访时已蓄养大小不等的牛 5 头。该农户的生产方式即以养牛为主，传统农作为辅的生产方式，但这种生产方式在村内依然比较少见。

较为多见的依然是以传统农作为主的生产方式。养蜂是其中一个较为有代表性的例子。实践团拜访的农户中有一户便是这种生产方式。该农户以传统的方法养殖土蜂，在庭院中就可见用泥土砌成的蜂巢，院内也有少量蜜蜂盘旋。访谈中主人为我们详细介绍了养殖蜜蜂的收益和一些养殖经历。通过访谈，我们得知蜂蜜的收益与种植业一样很大程度上受到气候的影响，"干得严重的一年没什么花，连蜜蜂都会饿死"。土法造的蜂蜜价格由于花种和季节的原因从每斤 30 多元到每斤 70 多元不等，每年都有人上门收蜜。正常年份下一个蜂箱可以产十几斤蜜。这家人已经有七八个蜂箱，其中有两个是新的，蜜蜂比较少。而今年气候十分干旱，所以预计产量也会很低。除此之外较为常见的养鸡和养猪以获取肉类，养驴和骡子来帮助田间劳作的养殖方式较为常见。

3. 教育问题

崔家湾村的教育问题主要在于三个方面，即教育支出较高，农村学生租房单独生活的问题以及由此导致的学生身心发展问题。

因学致贫是一大致贫原因，数据显示，因学致贫户中多为家中有一或两个子女在高中学习。在崔家湾村，学生上高中一般会去县城的文峰中学或第二中学，这也是陇西县各乡镇的常态。通过访谈我们了解到，由于学校和家之间距离太远，但是学校宿舍不能够自己做饭，所以学生一般会选择学校附近的房屋租住。实践团走访的农户中不止一户有高中学生，高中学生上学所需的各种费用无疑是一笔不小的支出。以我们访谈了解的第二中学为例，每年学费在 1 000 元左右，书本费和补课费另算，高三学生的资料费更是不可忽视的消费项目。"家里的娃去那边就一个人做饭，所有事都自己弄。"虽然有部分家长会选择陪读，即和孩子一起住在县城租住的房子，但是由于劳动力的缺乏，大多数家长只能将孩子单独放在学校，提供仅仅是经济上的支持。然而高中时期正是人性格塑造的重要时期，没有父母的支持，孩子的成长很容易受到干扰，所以大多数农村学生的成绩仅为中下游。整个的教育链条是有问题的，在种种因素干预下，农村学生很难出人头地，但是为让孩子受到更好的教育，从而能有更好的未来的可能是家长不能放弃的。

4. 客观环境原因

干旱和荒凉是实践团团员对这里的评价。定西市的缺水是自古有之。2016 年定西更是因干旱而上了新闻联播。崔家湾村的饮水来源为井水和窖水结合的方式。窖水即在场院地势较低处挖出地窖存放雨水，供牲畜饮水。灌溉田地的水只能凭借雨水。甘肃省为使农民有干净方便的饮水而积极推进了"引洮工程"，2016 年崔家湾村通上了洮河水。对于农民来说这无疑是个好事，但仅仅是饮水的好消息。由于洮河水的成本问题，没有可能使用进行灌溉，传统农业尴尬的境地并不会得到改善。

另一个困扰着农户的发展限制便是低电压导致的农机和部分用电器难以正常投入使用。定西市山区农村低电压的原因主要是供电半径过大。部分电源点受制于投资成本和地理条件，考虑不充分，布局不合理，造成 10kV 供电半径过大，台区离负荷中心过远，增大了低压供电半径，造成线路末端电压偏低。随着农村经济的不断发展，农村客户电力负荷的日益增加，使得当前的农村电网难以满足用电负荷的增长需求，原有线路供电能力受限容易"透支"电网电压。同时，农村电网使用年限长、导线线径小、电能效率低和供电能力不足也加剧了农村低电压现象。

另外，村里手机信号极差，大部分地方都不在服务区内，这不仅对村民的日常生活产生了不利影响，也使驻村干部的工作遇到很大的不便。

三、建　议

（1）改变单一的种植结构，发展多种种植模式。技术问题不会对农民产生困扰，"双联"单位可以提供帮助。阻碍这一改变的主要是村民保守的思想，对传统种植的依赖和对新种植模式的不信任。这种想法得到改变之后，村民的致富路才会更加平坦。

（2）向县里申请对电力网络的改造，建设电话信号塔。这两项都是非常迫切的需求，如果能够完成，对后期的扶贫工作无疑会产生非常好的推动作用。

实践·足迹

一、初到陇西

7月19日。实践团员陆续来到了定西市陇西县。初到县城，大家都感叹这这座小城独有的清爽与恬静。虽然有着艳阳高照的天气，但街道两边的绿化很好，行人走在街道上，太阳不再毒辣，气温也不是很高，时不时还有凉风吹过。这座小城首先给了我们一个清爽宜人的印象。来自重庆的团员侯锐感叹着这里的气候真是太棒了，他来了之后就不想走了。的确，这次暑期实践的开头，给了我们一个很好的印象。傍晚时分，团长靳昇带我们在宾馆周围走了走，街上的行人三三两两地聚在一起聊着天、吹着风，有老有少，有男有女。人们的脸上满是放松和愉悦，看不出对于生活的忧愁和困惑。我们也想着，这样闲适安静的地方，生活水平也不会低到哪儿去吧。

晚上在居住的宾馆，团队成员开了一个小型会议，简单制订了实践活动的时间安排、实践活动的具体内容，对团员的分工做出了简单的安排。考虑到实践地点是在乡下的农村，进行访谈主要以方言为主，而其他团员来自全国各地，对于方言的不理解和听不懂，访谈活动的提问主题由团长靳昇、本地学生朱文峰和来自临近区县的另一名成员董佑邦负责，其他成员侯锐、王瑞奇、陈庆平负责记录谈话内容、团队行程和拍摄实践照片。接受了各自的任务之后，大家都很兴奋，就实践过程中可能遇到的各种问题和应对方法进行了简单的讨论。面对即将开始的挑战，大家显得精力十足，跃跃欲试，准备大干一场。

二、探访崔家湾村

7月20日，按照计划，今天的行程是采访村委会领导并参观新农村的建设，目的地是精准扶贫政策实施村——渭阳乡崔家湾村。

从陇西县城出发，面包车驶离县城，进入黄土山坡后，完全是另一幅景象：遍地的梯田，光秃秃的山脊，稀疏的人家。四眼望去，一片片山坡给人一种荒凉的感觉，从车窗向外望，可以清楚地看见近处种的玉米、油菜，还有叫不出名字的中药材和少量其他农作物，但它们的确太弱小，以至于不自觉地就会被忽略。继续向前，车子走完了水泥硬化公路，驶进了土路，我们不得不关闭车窗来躲避车子扬起的黄土。一路颠簸，当车子爬上一段相当陡的路，翻过一座山之后，开车的师傅告诉我们这算是正式进入崔家湾村的地界。经过一个多小时的车程，我们终于到达位于山区的崔家湾村。在这个过程中，我们领略到了万亩梯田的壮景，由于这里的干旱、土地的贫瘠和水资源的匮乏，农耕的土地大多数是梯田的形式，这样可以尽可能地利用雨水。这里的交通也远没有县城发达，进出仅靠一条盘山公路，大角度的上坡、下坡、180°的弯道不时就可以遇到，很考验司机的经验和水平。

一路上盘盘绕绕，到达崔家湾村村支部已经是中午了，我们稍稍做了整顿，在征得村里干部同意并确保安全后，我们6位实践团员开始沿着一条小道前行，想对村委会附近的情况做一个大致的了解。耳听为虚，眼见为实，我们实践团秉承着这种精神，同时，这也有助于加强我们对之前准备资料的理解，为后面的采访工作提供帮助。村子几乎建在山顶上，日头炙烤着村子里的每一寸土地，路旁边的庄稼看起来生长地很茂盛，却也有小片萎靡，同行的团员说这是缺水的缘故。这里的天空的确很蓝，但也很缺少雨水，以至于地里庄稼的收成也成了问题。村支部就在村口的路口处，内部的布置很简单，一张桌子、两三张高架床而已。村支部李书记热情地接待了我们，张罗着让我们先歇会儿。我们简单吃了点泡面就开始了采访，了解村里相关情况。

三、精准扶贫措施

在采访中，我们了解到陇西县实行精准扶贫一对一帮扶措施，对于崔家湾村的帮扶工作主要由陇西县体育运动中心来做。脱贫攻坚组织由联系领导、"双联"单位——陇西县体育运动中心、驻村帮扶工作队、科技特派员服务团组成。

崔家湾村精准扶贫大数据管理平台工作按照"八个准"的要求进行，即对象识别认定"准"、家庭情况核实"准"、致贫原因分析"准"、计划措施制定"准"、扶贫政策落实"准"、人均收支核查"准"、对象进出录入"准"、台账进度记录"准"。从掌握的资料上看，崔家湾村的扶贫工作是一个很重的任务，但崔家湾村精准扶贫工作在党支部和村委会等领导的努力下一步步地推动，不仅村民经济收入逐渐增加，而且崔家湾村有望在明年脱掉贫困村的帽子。我们翻看了李书记提供的一些文件，但是文件叙述略显官方刻板，李书记大概为我们画出来一些重点，并给我们讲述了各个项目的进程。从李书记的口中，我们了解到县体育中心结合村里的实际情况，主要对崔家湾村进行了三大方面的帮扶。

一是结合联系村发展需求，加强技能培训。2015年4月，邀请县畜牧兽医中心和农技中心的工作人员就如何调整种植结构及畜牧养殖、种植技术等农业实用技术向农户做了详细的讲解，有针对性地为村民提供知识、技术、信息等方面的培训服务。通过培训，使崔家湾村的群众真正学会科学种田的技巧、养殖的知识，有效推动种植养殖结构调整。同时，为了造就带动脱贫的劳动者队伍，加强劳动就业技能培训，切实提高农民创业就业和增收致富能力，大力宣传返乡创业带头人和劳务带头人在务工和创业中的好模式、好经验，鼓励更多的农村劳动力务工创业。积极引导帮扶农民树立市场经济观念，大力支持剩余劳动力积极外出打工，多渠道增加农民收入，今年输出务工人员200多人。

二是帮扶物资，助推农户秋耕生产。利用秋耕生产之际，"双联"单位捐献地膜400公斤，总价值8 000元，以实际行动帮扶贫困户。在积极引导贫困户扩大土豆、胡麻、玉米播种面积的同时，积极种植柴胡、板蓝根等中药材，为发家致富开辟新的道路。教育帮扶，"双联"单位为崔家湾村小学捐献篮球架一副、乒乓球台两张，价值2万多元。

三是大力宣传动员，引导贫困户申请精准扶贫贷款。发展资金不足一直是制约贫困户发展致富的瓶颈，2016年，精准扶贫工作团队配合渭阳乡政府干部挨家挨户到到贫困户家中进行政策宣传，帮助贫困户收集资料。通过各方努力，贫困户贷款热情高，截至目前，全村精准扶贫贷款农户共70户，其中发展型50户，带动型20户，第一批投放扶贫贷款100万元，为贫困户改变产业结构，实现稳步脱贫提供了资金保障。

四、参观新农村建设项目

为了更好地了解精准扶贫项目在崔家湾村的成果，我们决定跟随另一位村委会干部去看看崔家湾村的新农村建设项目。离开了村委会，又是一段曲折的山路，我们一行人来到了正在进行建设的崔家湾村张家湾社，这里的地形比起崔家湾村显得较为平坦一点，交通也更加方便。由于部分村民房屋损坏严重，特别是个别家庭房屋所处地带地面裂缝，不适合继续居住，村委会多方筹集资金，村委会牵头启动了异地搬迁项目，其项目计划安置农户20户，通过易地搬迁使群众摆脱恶劣的居住环境，并能使从根本上改善生产、生活条件，实现增产增收、稳定脱贫的目的。虽然已是下午1点多，空旷的工地在太阳的炙烤下气温已达32℃，我们都只想找一个有荫凉的地方歇一歇，但工人们仍然在工地上戴着草帽继续干，我们深受感触，顿时觉得这都不算什么。在工地上，除了技术工人，干杂活的几乎都是50多岁的当地村民，甚至还有一位70多岁的老人。

老一辈身上那种吃苦耐劳的精神如今仿佛正在逐渐消逝，他们那种刻苦的精神和意志太值得我们学习，特别是当代大学生，我们应当锻炼自己的意志，将来更好地服务国家。偏僻的山村，没有太多资源，也就没有什么经济来路，青壮年求学的求学，工作的工作，都被迫远离了自己的故乡去谋求更好的生活。但我们相信，他们的根基在这里，有朝一日，他们肯定会回来为家乡建设贡献力量，改变贫穷的面貌。毕竟，故土情结是中国人千百年来一直秉持的信仰。

五、访问村民

7月21号，通过前一天的参观采访和村里领导的细致介绍，我们对该村精准扶贫的政策及其落实情况有了大致的了解。为了进一步了解该政策以及村民们对精准扶贫的满意程度，今天我们一行又专门去了几户村民家，了解他们的看法。

在村支书的带领下，我们走村入户，与村民们面对面交流。我们首先去往的是离村委会最近的一家零售商店，店里面积不大，20多平方米，老两口生活的空间也很狭窄，一张床占据了屋子里1/3的空间，我们一行人就这样在这小屋里坐在小马扎上、啤酒箱上聊了起来。老人们说虽然村子地理位置偏远，但进货挺方便，一个电话就有人送到。这小小的铺子并不能说赚多少钱，只是能够维持两人生活，余不下什么钱，主要还是为了方便大家。虽然语言交流有些许障碍，我们还是能感受到老人的话语中并没有怨天尤人，反而对生活充满了希望。

接下来我们来到一户养殖户家里，他家里喂了8头奶牛、2只猪和一头驴。大叔说，奶牛是家里主要的收入来源，政府也对他们有一定的支持和补贴。他说有了政府的支持，心里没什么可担心的，自己干劲也大了，不管有什么困难他都有信心克服。

然后我们又到了一位蜜蜂养殖户家中。男主人十分热情，我们一进门就问我们喝不喝酒，我们表示十分感谢，然后拒绝了。说起家里的 10 多桶蜜蜂，大叔十分高兴。对于我们询问养殖蜜蜂和取蜜的方法，大叔对此十分在行。他告诉我们他和老婆养殖蜜蜂 10 多年了，年景好的时候能赚些钱，但也曾经有过一年下来没什么收获的时候。他还说去年村里请来技术人员为他们讲解了一些养蜂技术，今年，有了自己的经验再结合科学知识，他对最终的收获充满信心。

之后，我们又陆续走访了几家农户，发现也并非所有村民家中如今的发展都有较好的起色。在我们走访的 9 家之中，仍有两家因为孩子学业和缺乏劳动力处于生活拮据的状态。

土地就是农民的生命，而土地又是靠天，所以，农民就是看天吃饭。在这个物质资源匮乏、技术资源稀少的崔家湾村，农民的贫困现状可能还会维持一段时间，精准扶贫已经给他们的生活质量带来了提高，但这还不够，在全面奔小康这条路上，他们还有很长的路要走。

本次实践活动中，如果没有团长靳昇和团员朱文峰、董佑邦为我们做"翻译"，代表我们与村委会领导、农户沟通交流的话，可能我们就不会得到这么多的信息，实践进展也不会如此顺利进行。负责采集实践进展的陈庆平、侯锐、王瑞奇也及时翔实地记录了整个实践活动的过程。大家是一个团队，没有各个团员的精诚合作，这次的实践活动可能就不会进行得这样顺利。这次下乡实践我们深入社会基层，了解一个群体，体验社会生活。除此之外，我们也在实践过程中促进了同学们之间的相互了解，收获了宝贵的友谊，很好地践行了团队协作的精神。

实践·品悟

一次心灵的洗礼

2015 级本科生，材料化学专业　陈庆平

当火车开离这座城市时，我们的甘肃陇西之行也结束了。回想起在陇西县的 3 天实践，不禁感慨万分，很感谢学校能给我们一个自主选择实践的机会，一个可以让我们近距离地接触社会基层，了解农村生活的机会。

3 天的聚焦精准扶贫的社会实践让我们有了深层次的感悟，不仅是对自身还有对社会、对国家的感悟。

我们亲身体验了以前从来没有经历的艰苦条件，感受到了身在福中不知福的无知。除此之外还有团队合作的能力不足，计划目标制订不够明确，准备工作不够充分，例如我们没有完全考虑到语言不便问题，给我们的团队带来了一定的麻烦。

我们明白了相比大城市光鲜的生活，我们的国家还有很多贫穷、环境恶劣的地方，贫

富的差距还是很大的。这些的人们的幸福生活仅仅靠他们自己创造是完全不够的，因为所处的地理环境给他们带来了巨大的困扰。他们需要国家优惠政策的支持，社会的援助，只有这三方面一起努力发力才能助他们摆脱贫困。

社会实践给了我们一次成长的机会，不但提升了自身能力，而且提升了团队协作能力。这次实践活动是对我心灵的一次洗礼，我对我们国家、社会有了更深刻的体悟。

社会实践是一个磨炼的过程

2015 级本科生，高分子材料与工程专业　董佑邦

在大学的第一个暑假里，我希望能与以往有所不同。参加实践活动是一种磨炼，对于大学生来讲，实践的机会很难得。此次我和同学们一起参与了一次完全由自己组织的实践。在具体的各项活动中，我认识到自己相关方面的能力还存在不足。比如，在阅读较长篇幅文章的时候，不能很好地掌握到文章的重点，处理问题不够成熟，实践经验不足等。但本次实践也锻炼了我的一些能力，让我认识到了一个团队的重要性。社会实践只是一种磨炼的过程。对于结果，我们应该有这样的胸襟：不以成败论英雄，不一定非要用成功来作为自己的目标和要求。人生需要设计，但是这种设计不是凭空出来的，是需要成本的，失败就是一种成本，有了成本的投入，就预示着的人生的收获即将开始。

社会实践，暑假中的一股清流

2015 级本科生，新能源材料与器件专业　侯锐

此次甘肃陇西之行，是我大一暑假中的一股清流。在短短几天的实践过程中，我和几位团员之间加深了了解，也认识了新的朋友。除此之外，一个陌生城市的所见所闻所感，对我来说都是新知，这些新知将长久地保存在我的记忆中，成为我人生的一部分。

我家就在农村，是南方的农村，这次实践让我见识到了大西北的农村，看到了两者之间的差别。我感受到的是：同样靠土地吃饭，但大西北的气候和水土条件使他们的生活变得比南方更加艰苦。同时，黄土山坡上也没有更多的资源供他们开发，所以提升当地的经济水平有一定的难度，甘肃在精准扶贫的路上还需要付出很多努力。

另外，这次实践也让我了解到了扶贫政策。青年服务国家，我们当代大学生应当关注民生，积累社会知识，将来学以致用，尽最大努力回报国家。

正视贫困，贫困不是一种选择

2015 级本科生，材料化学专业　靳昇

实践的两天转瞬即逝，这两天不是空虚的两天，整个实践过程虽然累，但是在紧凑的行动中我能感觉到自己的成长。然而这并不是一次轻松的实践，虽然团员们在实践结束后都表示很充实，但更多的是对这里贫困和荒凉的一种复杂的感情。

我们所能做得十分有限，我们所知的十分有限，我们所去过的地方十分有限。我希望

这里的人民能够过上更好的生活。

希望他们的生活越来越好

2015 级本科生，高分子材料与工程专业　王瑞奇

　　我们来的地方是甘肃定西市的一个山区，这里的一切都可以用一个词来形容——与世隔绝。这里到处是美丽的梯田，有我们生活中难以见到的美丽与雄壮；这里的人憨厚老实，勤劳朴实，让我们忘掉了外界的尔虞我诈；但是，这里的生活水平也是与世隔绝地穷。我没想到，在这个降水量极少，山上只有一种树能存活的地方，竟然有这么一群人，他们依然守着自己的一亩三分地，依然看着老天爷的脸色，依然每天面朝黄土背朝天，看着地里的庄稼，盼着圈里的牲畜来养家糊口。

　　我不希望这些人一直待在山区，政府应该积极鼓励这些人出去打工，远比他们守着没有灌溉条件的田地要强很多。此外，我认为随着陇西县旅游业的开展，山区完全可以作为开发对象，分一杯羹。要让这里的人看看外面的世界，不能一直等政府去推动，要去帮助他们，要让他们知道，通过自己的双手，完全有能力过上比较好的生活。希望国家的扶贫政策能够帮到这些村民，也希望国家能为他们完善基础设施，解决饮水，不用再喝雨水，希望他们的生活越来越好——无论是物质生活还是精神生活。

　　实践团成员：靳昇　王瑞奇　侯锐　董佑邦　陈庆平

第十章

生 态 环 保

青山绿水，环湖之路

实践·报告

前　言

　　青海湖，地处青海高原的东北部，西宁市的西北部，是我国第一大内陆湖泊，也是我国最大的咸水湖。长期以来，青海湖优美的自然风光、热情好客的各族人民吸引了大量的中外游客前往游玩。密集的人口来往、当地牧民的日常生活以及自然环境的影响，对青海湖当地的环境造成了重大的影响和改变。当然，人是主要因素。人类在漫长而艰苦的奋斗历程中，虽然在改变自然和发展社会经济方面取得了辉煌的业绩，但同时也使生态环境遭到严重破坏，而且已经对人类的生存和发展构成了现实的威胁。保护和改善生态环境，实现人类社会的可持续发展，是当今全人类紧迫而艰巨的任务。因此，环境保护是实现社会可持续发展的前提；保护环境，确保人与自然的和谐相处，是经济能够得到进一步发展的前提，也是人类文明延续的保证。坚持绿色发展是经济新常态下的必然选择，关系人民福祉，关乎民族长远未来。基于此，我们开展了青海湖环湖社会实践，以垃圾回收为主，对沿途所见所思的环境问题进行调研。我们团队一行5人，于2016年7月12日至2016年7月17日赴青海湖开展社会实践。

一、青海湖的最大"威胁"——环境污染

　　青海湖，可以说是我国西北部的一颗明珠。每年7、8月旺季时，前往青海湖旅游的中外游客多不胜数。我们看到的是宁静圣洁、美丽的令人窒息的青海湖，但我们所看不到的，是平静的湖面下隐藏着的种种痛楚。

　　湖水水位下降，使得湖区面积大为减少；普式原羚、猎隼等物种濒危，使得湖区生态平衡受到破坏；湟鱼数量骤减以及随之而来的鸟类生存危机，使得湖区生机日渐减少；此外，就是那日渐红火但未经规划的旅游业，就像人类施予的劣质浓妆，会永远毁去青海湖原本的纯净。我们前去青海湖的时期正值当地旅游旺季，油菜花开，游人自然也是很多，到达湖边我们就看到有一些矿泉水瓶和包装纸，虽然不多却特别显眼。此外，在沿途经过或者落脚休息的各个小镇中，我们均看到了当地居民直接在铁皮垃圾桶里直接焚烧垃圾的情况。浓浓的黑烟以及挥之不散的阵阵臭味让我们大皱眉头。而在和当地人交流后我们了

解到，其实旅游业发展带来的环境问题并不是青海湖所面临的最严峻的问题，过度放牧带来的生态问题和周围许多工厂造成的环境污染才是青海湖最大的"威胁"。

我们的活动旨在以调查青海湖环湖一线及其周边地区垃圾处理情况为主，间接对青海湖环境情况进行了解。通过几天的走访当地居民，询问当地的垃圾回收情况，询问旅客对青海湖垃圾回收的一些看法以及政府应该采取哪些措施去保护青海湖，使之在发展的同时还能够保证环境不被破坏。实地考察，通过多元化的视角，我们更真实地了解了青海湖的现状，也提出了自己的看法和意见。个人的力量也许微不足道，单凭我们几个的初知拙见或许也起不到什么作用。但我们相信当许许多多的我们有着同样的信念做着同样的努力时，就会产生很大的影响。作为个人，还是应该从自身做起，用行动来带动着身边的人，这不光是环保活动，在社会生活的其他方面也同样适用。

虽然只有短短的6天时间，但是这次暑期实践带给我们的经验与收获将会让我们受益无穷，让我们的大学生活更加充实。

二、青海湖情况简介

因为此次活动是在青海湖环湖一线及其周边地区开展，所以前期对青海湖的了解就必不可少。我们收集资料汇总后形成如下结果。

（一）青海湖概况

青海湖，古称"西海"，青海人民心中的圣湖。青海湖地处被誉为"世界屋脊"的青藏高原东北部，位于青海省东北部的大通山、日月山、青海南山之间，三面环山，是我国最大的内陆咸水湖，也是国际重要湿地，青海省也由此湖而得名。青海湖距西宁150千米，面积4 500平方千米，有着4 392平方千米的广阔水面，海拔3 260米，周边有广袤的草原和众多雪峰。湖长105千米，宽63千米，最深处达38米，湖泊的集水面积29 661平方千米，比中国最大的淡水湖鄱阳湖要大450多平方千米。湖水来源主要依赖地表径流和湖面降水补给。入湖的河流有40余条，主要有布哈河、巴戈乌兰河、侧淌河等，其中以布哈河最大。

青海湖及其周围地区是青海湖裸鲤、普氏原羚、雪豹和众多鸟类的栖息地，被誉为天然的"高原生物基因库"。青海湖流域是控制西部荒漠化向东蔓延的天然屏障，维系着青藏高原东北部的生态安全。

青海湖流域总面积为29 778平方千米，现辖青海省海南藏族自治州的共和县，海北藏族自治州的海晏县和刚察县及海西蒙古族藏族自治州的天峻县，有20个乡（镇），6个国有农牧场。据2006年年底统计，湖区内有汉、藏、蒙古、回、土、撒拉等民族共10.28万人，少数民族占70%；其中农牧业人口7.85万人，非农牧人口2.4万人（含城镇1.89万人），人口密度为3.05人/平方千米。青海湖流域人口以藏族为主，其余还有汉族、回族、撒拉族、蒙古族等。其中，藏族又占全流域少数民族人数的68.61%以上。热情好客的各族人民和睦地生活在一起，淳朴的民风更加渲染了青海湖的纯洁美丽。

（二）青海湖气象情况

青海湖具有高原大陆性气候，光照充足，日照强烈；冬寒夏凉，暖季短暂，冷季漫长，春季多大风和沙暴；雨量偏少，雨热同季，干湿季分明。

（三）青海湖湖区日照情况

湖区全年日照时数大部分都在 3 000 小时以上，较青海以东同纬度地区高出 700 小时左右；年日照百分率达 68% ~69%。年辐射总量每平方厘米为 171.461 千卡 ~106.693 千卡，较同纬度的华北平原、黄土高原每平方厘米高 10 千卡 ~40 千卡。

（四）青海湖湖区气温和降水情况

湖区的东部和南部气温稍高，年均气温为 1.1℃ ~0.3℃；西部和北部稍低，年均气温为 -0.8℃ ~0.6℃，平均最高气温 6.7℃ ~8.7℃，平均最低气温 -6.7℃ ~4.9℃，极端最高气温 25℃ ~24.4℃，极端最低气温 -31℃ ~ -33.4℃。

湖区全年降水量偏少。但东部和南部稍高于北部和西部，东部全年降水量 412.8 毫米，南部 359.4 毫米，西北部 370.3 毫米，西部 324.5 毫米。全年蒸发量达 1 502 毫米，蒸发量远远超过降水量。湖区降水量季节变化大，降水多集中在 5—9 月，雨热同季。

（五）青海湖大风及沙暴情况

湖区大风、沙暴日数是全省较多的地区之一。每年 2—4 月，午后至傍晚多出现大风，且盛行西北风。以刚察为例：大风（≥17 米/秒）年均 47.3 天；2—4 月最多，平均为 5.9 ~9.3 天，3 月最多，达 19 天之多。沙暴历年平均为 14 天。重点保护区布哈河口—鸟岛区多西北风，最大风力达 9 ~10 级。由于湖区海拔高，湖西风多，高空气影响极大，全年多在西风控制之下。冬春风速最大，夏秋季较小。在风力作用下，一般波浪为 2 ~3 级，最大为 7 ~8 级，全年波浪 6 级以上的日数为 40 天左右。

（六）青海湖水温情况

青海湖的水温随季节而变化。夏季湖水温度有明显的正温层现象，8 月最高达 22.3℃，平均为 16℃；水的下层温度较低，平均水温 9.5℃，最低为 6℃。秋季因湖区多风而发生湖水搅动，使水温分层温度现象基本消失。冬季湖面结冰，湖水温度出现逆温层现象，1 月，冰下湖水上层温度 -0.9℃，底层水温 3.3℃。春季解冻后，湖水表层水温又开始上升，逐渐又恢复到夏、季的水温。

（七）青海湖湖水冰期情况

青海湖因含水量有无机盐类，湖水冻结的温度比 0℃ 稍低。每年从 11 月中旬开始，湖区气温下降到 0℃ 以下，到翌年 1 月气温为最低，全湖形成稳定的冰盖，封冰期年平均为 108 ~116 天，最短为 76 天，最长 138 天。冰厚度一般为 40 厘米，最大冰厚 90 厘米。封冰后，冰面平坦，由于猛烈狂风，往往出现裂缝和沟隙。在冬时来观赏湖光山色，满目皆白，银光闪闪。3 月中旬，冰盖破裂，湖面出现浮冰，在风力作用下，形成巨大的冰山飘至岸边，最大冰山体积约 10 立方米，4 月中旬后，湖内冰块完全消融。

（八）青海湖水文情况

青海湖区内有大小河流 78 条，是湖水的主要补给来源，但分布极不均匀。湖北和湖西河流众多，尤以湖西北部的布哈河水量最大，占流入湖水量的 67%，而东南部河水不但流量小，而且多为季节性河流。除布哈河外，主要还有巴哈乌兰河、沙柳河、哈尔盖河、甘子河、倒淌河、黑马河等长年性河流。多年总径流量 13.25 亿立方米/秒，地表水径流深度 69.77 毫米，地表年径流量 14.65 亿立方米，流域总面积近 2 万平方千米，年均流量 42.01 立方米/秒。

三、关于垃圾分类

在社会实践活动开始前，我们对垃圾回收进行了解和讨论，以期形成问卷。考虑到沿路的安全原因及实践调研的时间，我们决定放弃问卷调查，改为走访询问调查。但我们的讨论也不是白费，经过收集资料以及汇总讨论，我们形成了下面的认识。

（一）垃圾分类的意义

随着经济的发展，垃圾总量也在逐年增长。如何使这些垃圾变废为宝，从而实现垃圾的资源化是一个必须思考的问题。垃圾分类回收是最好的处理办法。垃圾分类是垃圾进行科学处理的前提，为垃圾的减量化、资源化、无害化处理奠定基础。通过分类投放、分类收集，把有用物资从垃圾中分离出来重新回收利用，变废为宝，既可提高垃圾资源利用水平，又可减少垃圾处置量。它是实现垃圾减量化和资源化的重要途径和手段。

（二）我国垃圾分类的方法

在我国，对垃圾进行分类的主流方法是按照"有害垃圾""可回收垃圾"和"不可回收垃圾"这 3 类进行分类的。

1. 有害垃圾

危险废弃物，这类垃圾会给环境造成严重的污染，包括废电池、废荧光灯管、水银温度计、废油漆桶、过期药品、化妆品、油气桶、杀虫剂桶等。

2. 可回收垃圾

这类垃圾可以作为再生资源，包括废纸、废塑料、废玻璃、废金属、废织物这 5 大类。

3. 不可回收垃圾

也称有机垃圾，在自然条件下易分解的垃圾，包括厨余垃圾、变质食品、烟头、煤渣、砖瓦陶瓷、卫生间废纸、纸巾、树叶、灰土等。

（三）垃圾分类处理的优点

1. 减少占地

生活垃圾中有些物质不易降解，使土地受到严重侵蚀。垃圾分类，去掉能回收的、不易降解的物质，可减少垃圾数量达 50% 以上。

2. 减少环境污染

废弃的电池含有金属汞、镉等有毒的物质，会对人类产生严重的危害；土壤中的废塑料会导致农作物减产；抛弃的废塑料被动物误食，导致动物死亡的事故时有发生。因此回收利用可以减少危害。

3. 变废为宝

中国每年使用塑料快餐盒达 40 亿个，方便面碗 5 亿 ~ 7 亿个，废塑料占生活垃圾的4% ~ 7%。1 吨废塑料可回炼 600 公斤的柴油。回收 1 500 吨废纸，可免于砍伐用于生产1 200 吨纸的林木。一吨易拉罐熔化后能结成一吨很好的铝块，可少采 20 吨铝矿。生产垃圾中有 30% ~ 40% 可以回收利用，应珍惜这个小本大利的资源。

4. 节约资源

垃圾中的食品、草木和织物可以堆肥，生产有机肥料；垃圾焚烧可以发电、供热或制冷；砖瓦、灰土可以加工成建材等等。

四、研究设计

（一）研究方法

此次社会实践前期，我们原本准备以问卷与走访相结合的调查方式。随后我们了解到青海湖环湖公路历来是骑行与自驾游的热门路线，车辆来往颇多而且车速相对较快；此外，某些路段常有大型货车经过，在路边停靠安全性较低。而我们到达村落城镇的时间较晚，同时考虑到体力因素，所以最终我们决定取消问卷调查的形式，改为走访调查为主，并辅以拍照记录。

（二）研究样本

青海湖环湖公路的游客以及湖边地区村落、城镇的居民等。

五、实践情况

（一）环湖公路沿途

1. 荒秃的道路两侧

6 天的环湖之行，我们在沿途遇到的路段两旁都是青翠的草地，延伸至马路边突然断层，裸露出草地下黄色的土层。尽管这些路段多是位于人烟稀少的地区，但是仍有一段位于牧民们的畜牧区。造成这种现象是因为道路规划还是因为别的因素，我们走访无果，不得而知。

2. 突兀的沙丘

实践的第一天我们就看到了一幅突兀的画面：漫漫青草延伸至远处，突然出现了一条沙丘组成的山脉，整个山脉全由黄沙组成，似乎蜿蜒到了青海湖边。待我们行至近处时发现，沙丘边上正是环湖公路，而沙丘也并非寸草不生，有一些低矮植株仍有生存。可惜的是，沙丘周围被铁网围住，不能进去，我们也没能进去一探究竟。但是，无论是道路两旁荒秃的土层还是这片沙丘，或是靠近环湖公路的地方我们都发现了砂砾土块等，在有风的天气里，它们就像是给青海湖蒙上了一层昏黄的纱。

3. 道路旁的垃圾

青海湖环湖公路一直以来都是自驾游、骑行的热门路线，而在一些平缓且与环湖公路有一定距离的地方则成了驴友们的休息地。随之而来的就是一些被遗弃的垃圾。这些垃圾无疑成了青海湖美丽画卷上的丑陋的污渍，同时也在破坏青海湖的环境。根据 6 天的环湖之行我们发现，垃圾主要是卫生纸、卫生纸带、矿泉水瓶、食物包装袋和食物残渣等。由此可见这些垃圾主要还是由前来青海湖的游客丢弃的。在对停在路边休息的游客的询问中我们了解到，绝大部分游客对于休息时产生的垃圾都会自行带走，到有垃圾桶的地方再一起扔掉。当被问及对于路边的垃圾的看法时，很多游客表示可能是意外丢弃，如被风吹走或是收拾垃圾时不小心遗漏；当我们问到是否看到有人随便乱扔垃圾时，游客们表示很少看到，一般都会自己备有垃圾袋收拾垃圾。实际上，在我们 6 天的路途中，确实看到有人直接向车外抛扔垃圾。而当我们问及是否有向车窗外吐痰的情况，游客们均表示没有。

（二）青海湖湖边

来到青海湖，当然免不了到湖边欣赏青海湖壮丽的景象。由近处的蓝色慢慢向远处的靛青色过渡，直到在天边化作一抹青色，青海湖的壮美吸引了不少游客，由此产生的垃圾也不在少数。我们数次前往湖边，均发现了游客丢弃的垃圾。这些区域大多在牧民的畜牧区与湖区接壤的地方，每当旺季时就对外开放，牧民会提供马、牛等供游客骑乘并收取费用，所以对于靠近游客游览区域的地方，牧民会及时清理垃圾，较远些的地方则无人清理了。

（三）昏黄的水

环湖实践的第 4 天，我们入住的某旅店的水质昏黄，犹如掺进了大量的沙，沉淀一段时间后水底确有一些沙粒。此外，水的颜色也不会因为沉淀又有所变清，仍是昏黄的。但实际原因也无法从旅店老板处知晓。询问无果后，我们更加深刻地认识到此次实践的意义。无论是何原因，昏黄的水都像是环境恶化的征兆。也许这种说法有些片面，但谁又能保证，环境治理后，水还能清澈如往昔吗？

（四）恶劣的天气

环湖实践的第 5 天早上，突然下起了冰雹，持续将近半小时。在实践前我们曾经了解到青海湖会有极端天气，但我们显然注意的力度不够，这也导致了我们前几天对当地居民的询问中产生了漏洞，至少我们未曾询问过极端天气下居民们对垃圾的处理方式。此外，像这种极端天气对在沿路被丢弃的垃圾又会有什么影响，我们亦未考虑。比如，极端的雨水会不会导致一些较难溶解的污染物质变得可溶而渗透进土壤，从而导致当地植物、动物的死亡；极端的大风天气会不会将畜牧区外的垃圾吹进畜牧区，如果畜牧的牲口误食这些垃圾会不会有影响等。垃圾的分类处理在此时看起来更有必要性。让人们认识到垃圾的危害，倡导人们对垃圾进行分类处理，是坚持绿色发展的必要措施。

（五）沿途部分村落城镇的垃圾处理

我们在比较大型的村镇等落脚的地方有三处，在此三处都看到了当地居民在铁皮垃圾桶里直接焚烧垃圾的景象。当时只见垃圾桶里冒出滚滚黑烟，散发着阵阵恶臭，靠近垃圾桶能清楚感觉到焚烧垃圾散发的热量。其中两处的垃圾桶就位于村镇的主干道旁。相比之下，我们经过的几个小村镇的街道反而干干净净，也不见有就地焚烧垃圾的现象。

（六）道路上的牲畜排泄物

青海湖环湖都有牧民的放牧区，道路两边都有牧民的放牧区，我们6天的环湖实践中，常常见到这样的画面：一群牛或一群羊在牧民的驱赶下横穿过道路，而往来的车辆停下来等待。同样，我们也常看到道路边、马路中央等地方看到被压扁的牲畜的排泄物。在草原放牧时，牲畜的排泄物是草原的肥料，然而在马路上则是污染。当然，清理这些排泄物同样没有什么行之有效的措施。

（七）湟鱼数量减少

湟鱼是青海湖特有的品种，属于国家二级保护动物。每年湟鱼洄游，都意味着接连数月的严寒已经过去，大地又重回温暖。我们见到了湟鱼洄游的壮观景象。数不清的湟鱼摇摆着黑色的身体以及淡黄色的鱼鳍塞满河道，如果不是水面时时反射着太阳的光芒，河道里似乎都看不出水，全是游动的湟鱼。河的上游人为地修整成一阶一阶的阶梯状，减缓了上下游的急剧落差，这样能有更多的湟鱼返回出生地产卵。健壮的湟鱼能一下蹿上两阶，一般的能上一阶，更多的湟鱼则在阶梯前养精蓄锐，准备向上冲击。在和当地人的交谈中我们了解到，因为气候变化的影响，青海湖水位下降许多，盐碱度上升很多，加上人们的滥捕，湟鱼数量大大减少。政府颁布了法律，捕湟鱼是违法的。然而无论是气候原因还是人们滥捕的原因，归根到底仍是人为因素。我们发展到今天，向自然索取了太多，保护环境，坚持绿色可持续发展是我们必然的选择。

（八）关于风景区

由于路线规划、时间、经费等原因，我们未能对青海湖环湖的景区一一进行调研，这不得不说是这次实践的一大遗憾。

六、关于青海湖环湖及周边地区垃圾回收情况的几点总结

（1）游客数量大，垃圾量大，对回收垃圾工作产生巨大压力。
（2）环湖居民对垃圾处理方式简陋，难以对垃圾进行有效回收处理。
（3）因当地牧民的生产生活方式产生的部分垃圾难有效回收。
（4）极端天气对垃圾回收周期以及方式或有重大影响。

七、对青海湖环湖及周边地区垃圾回收情况的建议

（一）加大宣传力度

1. 充分发挥当地居民的力量

当地居民是青海湖地区长久的主人，要对他们加大垃圾分类回收处理的宣传，当地居民要形成垃圾分类回收处理的意识。群众的力量是巨大的，坚持长期垃圾分类回收处理，必将会取得重大突破。

2. 加大游客的垃圾回收处理意识

每年前往青海湖游玩的游客近 400 万人次，所以要增强游客的垃圾分类回收处理的意识，比如增加宣传标语，设立广告牌宣传等。游客能对垃圾进行先一步的分类将减轻后续回收工作的压力，这将对整个垃圾分类回收处理的过程起重要作用。

（二）统筹兼顾，合理增加基础设施

合理计算、规划青海湖环湖公路及周边地区，增设垃圾桶、垃圾回收站等基础设施，配套增加垃圾回收车等。这样一来，一方面方便游客处理垃圾，另一方面取代了部分村镇直接焚烧垃圾的落后方式。此外，也可考虑建设休息站，这样可集中回收环湖公路上往来车辆上游客所产生的垃圾。

（三）鼓励牧民自觉维护环境卫生

一般来说，环湖公路两旁大多为牧民的放牧区，牧民长期在此居住、放牧等。如果做好牧民的工作，发挥牧民们的能动性，做到"包净到户"，每户牧民做好自家门前一段公路的垃圾回收以及牲口的排泄物的清理，将会大大减轻环湖公路的垃圾回收和清洁工作的压力。

（四）针对极端天气，做好应对措施

极端天气对于垃圾回收是一个大难题，处理不当，会引发更多更严重的污染。针对极端天气，提前采取应对措施，如缩减垃圾回收车的等待时间、增加车次等，要在极端天气前做好垃圾回收的工作。

八、实践总结

这次社会实践长达 6 天，我们沿着环湖公路顺时针方向绕了青海湖一周。本着实事求是的要求，做到了亲眼所见，亲自记录。我们全程是穿着轮滑鞋一路滑行，在路上我们相互鼓励，相互帮助，最终无一人掉队，所有人行完了全程。这不仅是对我们身体素质的考验，也是对我们意志的考验，更是对我们团队协作意识的考验。此外，此次社会实践也锻炼了队员们的语言表达能力和沟通能力，增强了队员们的素质，提高在社会的综合竞争力。

当然，实践活动中也有着不足之处。首先，原本我们准备采用问卷与走访相结合的调

查方式，但随后我们了解到青海湖环湖公路上自驾游的汽车大多是车速较快，并有大货车经过，所以在路边停靠相对危险；而骑行的驴友们则都是一鼓作气前进。因此最终我们只能放弃继续问卷调查，改为走访调查为主，并辅以拍照记录。

其次是在实践中错误制订计划，导致影响了一天的实践进程。在第一天的路程中，上下坡较多，体力消耗过大，而我们却盲目选择坚持滑行全程，导致我们抵达目的地时间较晚，在目的地的走访调查也收获较少。由于这两方面的因素，我们这次社会实践调查的样本较为不足，所以得出的结论也有待商榷。

不过，我们的坚持与付出也没有白费，我们坚持亲眼所见、亲自记录，最终形成了这篇实践报告。此外在青海湖经历的一切，让我们更清晰更深刻地认识到坚持绿色发展的必要性与紧迫性。我们千万年的发展已经向自然索取了太多太多，是时候了，要好好思索人与自然的和谐发展之路，要做到可持续发展，否则，自然终将惩罚人类。

九、实践感想

环湖的6天，是精彩的6天，是磨砺我们的6天，是加深我们思想深度的6天，是难忘的6天。

第一天是激动的，从第二天开始，我们激动的心情渐渐平复，为了实现预期目标，咬牙坚持走完全程，坚持亲眼所见，坚持真实记录，绝不道听途说，绝不人云亦云。在轮滑刷路前进的同时，我们没有忘记我们的目标，沿路调查。6天中，我们见过青海湖的美景，也同样见过人们对于美景的破坏。

从第一天起，我们就用我们的双眼去观察。我们看到了远处青巍的山，也看见近处青草也难以覆盖的干涩的黄土；我们看到了青海湖的静谧辽阔，也看到了岸边被随意丢弃的垃圾；我们看到了漫漫平原被青草覆盖，我们也看到巍巍高山竟全由黄沙组成；我们见过游人仔仔细细收捡自己产生的垃圾，也见过小镇的居民直接在铁皮的垃圾桶里明火焚烧垃圾；我们既感慨青海湖的魅力，又惋惜人们对它的不珍惜。如果我们只知道享受美景，而不去维护，终有一天，所有美景都会消失，剩下的唯有人类的唏嘘。

这一路，我们欣赏了种种美景，也遇到了重重挑战。可我们骄傲的是，我们克服了困难和挑战。因为我们的团结，因为我们的坚持，因为我们的忍耐，我们克服了简陋的住宿环境，克服了身体的劳累不堪，克服了与当地居民交流的困难，克服了恶劣的天气，这一路，我们走过来了。同时，这一路，让我们更加清晰地认识到坚持绿色发展是经济新常态下的必然选择。我们也更加坚定了青年服务国家的决心。

🌿 实践·足迹

一、我们的团队建设

每一个优秀的团队都离不开最初的团队建设，在接到北京理工大学暑期社会实践的任务后，我们确定了社会实践团队的 5 人小队，4 个男生，1 个女生，这样既有男生的保护和果敢，又有女生们的细腻与周到；人数不是很多有利于队长对队员的管理，同时又方便组织安排各项活动，这样的团队正是我们共同期望的。在确立了本次社会实践的队员后，我们选出了队长，随后我们团队立即开始了本次社会实践的初期准备工作和总体的计划讨论。

当时正好在即将放假、所有科目的考试均结束的时间，于是我们在一个下午开始讨论本次社会实践的计划。首先我们的队长向大家介绍了之前付海东老师召开的团队队长的动员会的内容，包括各个立项、出行要求、奖惩措施和最后提交总结的要求，组员们都听得十分认真，记下了笔记要点，讨论热火朝天。经过大家充分考虑与讨论，我们确立了"美丽中国行"暑期社会实践的题目，而这个题目我们认为以社会调查的方式是很合适的，地点选在青海湖。于是本次社会实践的课题与地点很快决定下来。我们确定了 7 月 10 日至 7 月 20 日为我们的社会实践时间。

定下了大致的实践方向，团队开始了实践各项任务的分配工作。每个优秀的团队最重要的一部分便是分工与合作，团结一心能使任何一个团队拥有无人能敌的力量；有了良好的任务分配，就能够使各项复杂的任务完成起来事半功倍。我们定下出行前的各项任务，比如购买材料、查询青海湖的相关资料、设计调查问卷、查询出行路线方案等。那天下午大家都全神贯注，积极参与队内的讨论。我们相信我们的付出一定会在之后的日子里收获回报的。

二、前期准备也是十分重要的

千里之行，始于足下。只要努力，团队里的成员齐心协力，就一定不会有问题难得住我们。结束了团队组建工作，我们团队的准备工作就展开了。首先我们对青海湖环境进行了讨论，以聊天的方式为主，同时上网查询，结果发现我们对相关知识了解甚少。我们意识到了问题的严重性，正应了那句"书到用时方恨少"啊！我们当即开展知识补救计划，大家都各自上网查阅相关的资料信息。最后大家一起交流共享自己所收集到的资料，以便接下来的调查问卷设计与宣传册的制作。

在打好了"基础"之后，我们便开始着手调查问卷的设计工作了。我们针对一些关键方面设计了初步的问卷，之后又通过互联网查阅了一些优秀的调查问卷，从中发现自己的不足和能够提高的地方，最终确定了我们的调查问卷。排版、打印，大家都动力十足，拿着刚到手还有些微微发热的调查问卷，我们每个人心中充满激动，毕竟设计问卷这件事情我们都还没有体验过。这是大学生活中第一次对我们步入社会的锻炼，这种机会是十分珍贵的，我们一定会尽心尽力地去认真对待。

问卷已经准备好了，剩下的行程安排还没有详细确定，宣传工作我们也不太清楚该怎么办，于是我们团队分为两个小队，2 个人负责查阅资料，设计宣传的方案；4 个人讨论几天后的社会实践出行计划。这样分工十分恰当，很快宣传册就设计出来了。有了明确妥当的计划，团队的成员们都底气十足，充满了斗志，迫不及待地等待实践那天的到来。

三、动真格的时刻到了

经过了充足的准备工作，团队成员们都有着共同的目标——青海湖！7 月 10 日，被我们左等右等的一天终于等来了。

青海湖的美，看过的人才会懂得。而在前期的资料准备中，团队成员们了解到，青海湖是中国最大的内陆湖泊和最大的咸水湖，拥有丰富的生物资源：截至 2014 年 8 月，青海湖鸟种记录增加至 222 种，总数在 16 万只以上。湖中盛产全国五大名鱼之一的青海裸鲤（俗称湟鱼）和硬刺条鳅、隆头条鳅。1964 年，青海湖就已被国家列为保护对象，青海裸鲤更是被列为国家重要名贵水生经济动物。

看到如此的美景和其蕴含的丰富生物资源，团队成员更加明白：如何在开发旅游的同时，保护好拥有独特生物资源的青海湖的环境，是我们必须面对和深思的问题。

看着大家都穿着学校统一发的社会实践队服，大家不禁都笑出声来，但是看到队服上印的"青年服务国家"的字样，我们又感到了这件队服不仅是一个团队的象征，更是在告诉我们身为北京理工大学的一名学生，我们有责任有义务为我们的祖国献出自己的一份力量。

实践的第一天我们就看到了一幅突兀的画面：漫漫青草延伸至远处，突然出现了一条沙丘组成的山脉，整个山脉全由黄沙组成，似乎蜿蜒到了青海湖边。待我们行至近处时发现，沙丘边上正是环湖公路，而沙丘也并非寸草不生，只有一些低矮植株生存。可惜的是，沙丘周围被铁网围住，不能进去，我们也没能进去一探究竟。但是，无论是道路两旁还是这片沙丘，或是靠近环湖公路的地方，我们都发现了砂砾土块等，在有风的天气里，它们就像是给青海湖蒙上了一层昏黄的纱。

青海湖环湖公路一直以来都是自驾游、骑行的热门路线，而在一些平缓且与环湖公路有一定距离的地方则成了驴友们的休息地。随之而来的就是一些被遗弃的垃圾。这些垃圾无疑成了青海湖美丽画卷上的丑陋的污渍，同时也在破坏青海湖的环境。根据 6 天的环湖之行我们发现，垃圾主要是卫生纸、卫生纸带、矿泉水瓶、食物包装袋和食品残渣等。由此可见这些垃圾主要还是由前来青海湖的游客丢弃的。在对停在路边休息的游客的询问中我们了解到，绝大部分游客对于休息时产生的垃圾都会自行带走，到有垃圾桶的地方再一起扔掉。当被问及对于路边的垃圾的看法时，很多游客表示可能是意外丢弃，如被风吹走或是收拾垃圾时不小心遗漏；当我们问到是否看到有人随便乱扔垃圾时，游客们表示很少看到，一般都会自己备有垃圾袋收拾垃圾。实际上，在我们 6 天的路途中，确实看到有人直接向车外抛扔垃圾。而当我们问及是否有向车窗外吐痰的情况，游客们均表示没有。

来到青海湖，当然免不了到湖边欣赏青海湖壮丽的景象。由近处的蓝色慢慢向远处的靛青色过渡，直到在天边化作一抹青色。青海湖的壮美吸引了不少游客，由此产生的垃圾也不在少数。我们数次前往湖边，均发现了游客丢弃的垃圾。这些区域大多在牧民的自己的畜牧区与湖区接壤的地方，每当旺季时就对外开放，牧民会提供马、牛等供游客骑乘并收取费用，所以对于靠近游客游览区域的地方，牧民会及时清理垃圾，较远些的地方则无人清理了。

环湖之行的第4天，我们入住的某旅店的水质昏黄，犹如掺进了大量的沙，沉淀一段时间后水底确有一些沙粒。此外，水的颜色也不会因为沉淀又有所变清，仍是昏黄的，但实际原因也无法从旅店老板处知晓。询问无果后，我们更加深刻地认识到此次实践的意义。无论是何原因，昏黄的水都像是环境恶化的征兆。也许这种说法有些片面，但谁又能保证，环境治理后，水还能清澈如往昔吗？

环湖实践的第5天早上，突然下起了冰雹，持续将近半小时。在实践前我们曾经了解到青海湖会有极端天气，但我们显然注意的力度不够，这也导致了我们前几天对当地居民的询问中产生了漏洞，至少我们未曾询问过极端天气下居民们对垃圾的处理方式。此外，像这种极端天气对在沿路被丢弃的垃圾又会有什么影响，我们亦未考虑。比如，极端的雨水会不会导致一些较难溶解的污染物质变得可溶而渗透进土壤，从而导致当地植物、动物的死亡；极端的大风天气会不会将畜牧区外的垃圾吹进畜牧区，如果畜牧的牲口误食这些垃圾会不会有影响等。垃圾的分类处理在此时看起来更有必要性。让人们认识到垃圾的危害，从而倡导人们对垃圾进行分类处理，是我们坚持绿色发展的一大步。

我们在比较大型的村镇等落脚的地方有三处，在此三处都看到了当地居民在铁皮垃圾桶里直接焚烧垃圾的景象。当时只见垃圾桶里冒出滚滚黑烟，散发着阵阵恶臭，靠近垃圾桶能清楚感觉到焚烧垃圾散发的热量。其中两处的垃圾桶就位于村镇的主干道旁。相比之下，我们经过的几个小村镇的街道反而干干净净，也不见有就地焚烧垃圾的现象。

青海湖环湖都有牧民的放牧区，马路两边都有牧民的放牧区。在我们6天的环湖实践中，我们常常见到这样的画面：一群牛或一群羊在牧民的驱赶下横穿过马路，而往来的车辆停下来等待。同样，我们也常看到马路边、马路中央等地方看到被压扁的牲畜的排泄物。清理这些排泄物看来没有什么行之有效的措施。

湟鱼是青海湖特有的品种，属于国家二级保护动物。每年湟鱼洄游，都意味着接连数月的严寒已经过去，大地又重回温暖。我们见到湟鱼洄游的壮观景象。有数不清的湟鱼摇摆着黑色的身体以及淡黄色的鱼鳍塞满河道，如果不是水面时时反射着太阳的光芒，河道里似乎都看不出水，全是游动的湟鱼。在和当地人的交谈中我们了解到，因为气候变化的影响，青海湖水位下降许多，盐碱度上升很多，加上人们的滥捕，湟鱼数量大大减少。政府颁布了法律，捕湟鱼是违法的，但捕捞现象有禁无止。

这次实践活动，丰富了我们的实践经验，提高了我们的团队合作能力，使我们通过这次实践更加了解社会。作为一个21世纪的大学生，社会实践是引导我们走出校门、步入社会并投身社会的良好形式。我们要抓住培养锻炼才干的好机会，提高我们的修养，树立服务社会的思想与意识。同时，我们要树立远大的理想，明确自己的目标，为祖国的发展贡献一份自己的力量。这几天的朝夕相处，我们队员团结一心，留下了十分珍贵的记忆。这几天，累，但真的很快乐。

实践·品悟

精彩的 6 天，难忘的 6 天，磨砺的 6 天

2015 级本科生，高分子材料与工程专业　陈婷

环湖的 6 天，是精彩的 6 天，是磨砺我们的 6 天，是加深我们思想深度的 6 天，是难忘的 6 天。

第一天是激动的，从第二天开始，我们激动的心情渐渐平复，为了实现预期目标，咬牙坚持走完全程，坚持亲眼所见，坚持真实记录，绝不道听途说，绝不人云亦云。在轮滑刷路前进的同时，我们没有忘记我们的目标，沿路调查。6 天中，我们见过青海湖的美景，也同样见过人们对于美景的破坏。

从第一天起，我们就用我们的双眼去观察。我们看到了远处青巍的山，也看见近处青草也难以覆盖的干涩的黄土；我们看到了青海湖的静谧辽阔，也看到了岸边被随意丢弃的垃圾；我们看到了漫漫平原被青草覆盖，我们也看到巍巍高山竟全由黄沙组成；我们见过游人仔仔细细收捡自己产生的垃圾，也见过小镇的居民直接在铁皮的垃圾桶里明火焚烧垃圾；我们既感慨青海湖的魅力，又惋惜人们对它的不珍惜。如果我们只知道享受美景，而不去维护，终有一天，所有美景都会消失，剩下的唯有人类的唏嘘。

这一路，我们欣赏了种种美景，也遇到了重重挑战。可我们骄傲的是，我们克服了困难和挑战。因为我们的团结，因为我们的坚持，因为我们的忍耐，我们克服了简陋的住宿环境，克服了身体的劳累不堪，克服了与当地居民交流的困难，克服了恶劣的天气，这一路，我们走过来了。同时，这一路，让我们更加清晰地认识到坚持绿色发展是经济新常态下的必然选择。我们也更加坚定了青年服务国家的决心。

人生中一个漂亮的日出

2014 级本科生，自动化专业　丁荣齐

青海省是我国西北地区的一个大省，人口不多，经济发展程度中等，所以大部分的自然景观都很好地保留了下来。此次青海之行本人确实有些期待，尤其是青海湖的自然和人文景观。夏季青海湖周边的气候很是宜人，白天虽然光照很是充足但气温不是很热，天空晴朗，虽说不是上万里无云，但也是很令人感到放松的湛蓝色的天。

我们团队从青海湖的东南处的一个镇出发，以轮滑的方式开始环湖之行。一开始道路两边都是绿色的草地，远处的山并不是很高耸但是完美地排成了远中近景的层次，沿路还有当地牧民放养的羊马牛。道路上车不是很多，沿路还有成片金黄的油菜花，很是应景，大约滑了十几公里我们看到了青海湖，此时四周地形变成了沙地，在下午慵懒的阳光照射下一片嫩黄绵延在湖的周围，时黄时白，很是神奇。这时道路也变得上下起伏，大上坡和

大下坡一个接一个，到了下一个镇子路面变得平缓了。

第二天天气有些阴，空气中仿佛有些湿气，我们第一次靠近湖去观察，由于是咸水湖，我们只是在湖周围观看，湖不是很清澈但却一望无际。

接下来几天我们便沿着青海湖北侧的公路贴着湖滑行，无大起亦无大落，虽然每天都很累，但是我们每个人都很开心。我们住进牧民的帐篷旅馆，5点起床去赶日出，并且拍摄到了我人生中的一个漂亮的日出，湖那边的天空被日出映成金黄色。在冰冷的湖边，虽然手脚很凉，但我的心却被耀眼的阳光所温暖，初生的红日洒下的光辉划破天际，如同内心的执着照亮了我们前行的路，人生不奋斗和咸鱼有什么区别。第六天天公作美下了一场大雨，刮了一场大风，宛如人生中终究会遇到的困难与坎坷，不过我可以骄傲地说我不怕，只有遭遇挫折才可以使人得到锻炼。

愿青海湖越来越美丽

2014级本科生，车辆工程专业　林艺跃

在和团队成员青海湖环湖的一周时间内，我们通过观察青海湖的地质地貌，咨询当地居民，实地调研等多种形式，对青海湖的环保问题进行了考察。在实践过程中，可以看到青海湖周边有相当大的一大部分是沙漠，虽然形成了特定的沙漠景区，但还有很大一片是荒无人烟的区域。在和当地居民的交谈中，得知大部分居民的收入为放牧和旅游，放牧收入占大部分。来青海湖旅游的游客大都是自带装备，除了环湖以外，大部分游客基本没有进行其他项目的旅游。所以我认为，青海湖边应该减少放牧，增大旅游资源的开发，加大其他形式的收入来源，建设一个美丽的青海湖。一周下来，既感受到了青海湖自然风景的魅力，又感受到了当地居民们的热情，相信在合理开发青海湖资源的同时，青海湖会越来越吸引人。

实践团成员： 贾丽敏　陈婷　丁荣齐　林艺跃　邹翀昊　徐憧

走近桂林——奇峰峻岭的植被覆盖调查

实践·足迹

一、走进桂林

4 个土生土长的广西桂林人，和一个地地道道的四川人，都是北理工人，来自不同的学院，有材料学院的，有计算机学院的，有机电学院的，有生命学院的——组成了桂林植被社会实践考察团。

暑假结束前，考察团就先开了两次讨论会。第一次是讨论调查的形式，通过这次会议我们决定，走访桂林的市区，考察郊区和山区。第二次是确定考察的日期，最后决定了 7 月 21 日，7 月 28 日和 8 月 5 日各考察一次。

暑假期间，由于考察团成员有 4 个桂林人，我们很快在桂林碰上了头。而四川的同学则在稍后赶来桂林。到桂林后我们决定先去请教一下广西师范大学的植物学讲师。我们专程前往广西师范大学，拜访了讲师李昆，他给我们讲解了桂林的气候特点，降水量特点，桂林的地形分布，漓江的流域等。他讲到了桂林的植被特点：以温带植物为主，有少数热带植物，也有少数外来植物，市区分布较少，在郊区、县、乡以及山区、沿江地带分布丰富。听完之后我们决定，从这些地方一一调查，一个大概的调查计划在我们的讨论下就形成了。但是我们是第一次做生态科考型社会实践，一点经验都没有，怎么办呢？

于是我们决定就地做个小调查，我们立即在周边开始寻找各种植物，在附近找到了大叶子桉树、榕树等树木，但是也发现了一些不知名的小型植物。我们拍完照片，回去查资料，请教身边的老一辈桂林人，终于搞懂了这些植被种类。

通过这次小调查我们认识到，由于我们在知识上存在很大的不足，所以在调查时我们必须多拍照片，必须多动手，多观察。

二、走进猫儿山、漓江上游

最先展开调查的地方是漓江上游和猫儿山。融"泰山之雄，华山之险，黄山之美，峨眉之秀"的猫儿山，因顶峰一花岗岩巨石形似蹲伏的猫头而得名。猫儿山为越岭主峰，海拔 2 141.5 米，以华南第一高峰的雄姿耸立在桂林市兴安县华江瑶族乡境内。猫儿山为高山风景地，有 112 种珍稀动物，1 436 种野生植物，其中杜鹃花达 36 种，著名的铁杉树是冰河时期孑遗下来的珍贵树种，与水杉、银杏一起被称为植物王国的"活化石"；另有著名的第三纪残遗植物，木兰科中最有代表的原始种类——鹅掌楸，在猫儿山西北沟谷中保存有一定的数量。此外还有木通科原始种类的代表猫儿屎，广西新记录植物红叶木姜子、鸦椿卫矛、长蕊杜鹃、啮蚀状荚蒾、异叶败酱等 20 种珍稀品种。这也就是我们调查猫儿山的原因。

漓江上游地处广西东北部，气候温暖湿润，加之地形起伏较大，植物种类十分丰富。植被类型复杂，除以常绿阔叶林为代表的阔叶林外，还分布着面积较大的针叶林、竹林、灌丛和草丛等。正是基于这些基本信息我们开始了上游植被的调查。由于我们对各种植被和植物种类不太熟悉，也只能拍照、取样，回去后再查阅资料。

猫儿山山很深，越往里走也越冷，开始还不觉得，后来一行人纷纷穿上了外套。猫儿山上植被数量很多，小到小花小草，大到参天大树，出于保护环境的目的，我们只是摘取了一些掉落的叶子、树干，并没有强行摘下植物本体。当时由于植物数量众多，为了不混淆，我们还专门拿着手机照片，对比叶子，以确认是不是同种植物。山中蚊虫多，我们的脚上不一会儿就满是小红包、小红点了。

就这样一路调研，虽然很热很累，但是终于完成了大面积的考察。大家拖着疲倦的身体，来到了华江车站，几经辗转回到了桂林市区。但是调查没有结束，晚上大家拿着手机照片上网查资料，终于简单弄清了桂林上游地区植被分布的基本状况。

三、走进两江四湖

通过了第一次调查后，我们更加有经验了。第二次调查的地区我们选择了桂林的环城水系——两江四湖。桂林是世界著名的旅游城市、中国首批国家历史文化名城、中国优秀旅游城市，其境内的山水风光举世闻名，千百年来享有"桂林山水甲天下"的美誉。桂林地处广西壮族自治区东北部，是广西最大空港，桂东北地区的政治、经济、文化、交通中心。桂林北接湖南、贵州，西面、南面与柳州市相连，东面与贺州市毗邻，属山地丘陵地区，为典型的"喀斯特"岩溶地貌，遍布全市的石灰岩经亿万年的风化侵蚀，形成了千峰环立、一水抱城、洞奇石美的独特景观。

两江四湖把桂林市中心区的漓江、桃花江和杉湖、榕湖、桂湖、木龙湖贯通，形成环城游览水系，即"两江四湖"工程。这是一个富有激情、富有想象力的工程，是桂林历史上最大的环保工程。今之两江四湖，已为甲天下之桂林山水锦上添花，是令中外游客流连忘返的旅游景点。

在调查过程中我们不惧烈日暴晒，不顾夏日高温，在极端炎热的气候下顺利地完成了此次实践任务。

在两江四湖环城水系中，榕树占据了相当大的一个比例。榕树的适应性强，喜疏松肥沃的酸性土，在瘠薄的沙质土中也能生长，所以榕树易于栽培。虽不耐旱，但较耐水湿，短时间水涝不会烂根。在干燥的气候条件下生长不良，在潮湿的空气中能发生大气生根，使观赏价值大大提高，使之成为桂林市广泛栽培的植物。此外，梧桐树在两江四湖环城水系中也有一定的占比。梧桐树喜光，喜温暖湿润气候，耐寒性不强；喜肥沃、湿润、深厚而排水良好的土壤，在酸性、中性及钙质土上均能生长，但不宜在积水洼地或盐碱地栽种，不耐草荒，积水易烂根，受涝五天即可致死。通常在平原、丘陵及山沟生长较好。深根性，植根粗壮；萌芽力弱，一般不宜修剪；生长尚快，寿命较长，能活百年以上。

经过几天的实地调查与实践后，我们获益良多，不仅了解了不同植物的属性及生长特点，还进一步地了解了植被搭配在城市绿化中的重要作用，极大地增强了我们的环保绿化意识。

四、走进桂林居民小区

完成了前两项调查后，最后我们选择调查桂林市民的居住地——桂林市里的各种小区。

这周主要是调查社区的植被。现在的社区是市民主要的休闲生活场所，自然社区的环境也成为了买房与生活的重要因素。居住区绿地是指根据居住区不同的规划组织结构类型，设置相应的中心公共绿地，包括居住地公园（居住区级）、小游园（小区级）和组团绿地（组团级），以及儿童游戏场和其他的块状、带状公共绿地等。桂林小区的植被选取充分利用乡土树种进行造景，如桂花、尖叶杜英、银杏等；还利用蒲葵、美丽针葵、海枣等棕榈科植物进行造景突出了南亚风情的主题。

其中一天赶上了下雨，雨后的植物有不一样的感觉。在桂林市居住区植物造景中，除常见的桂花、柳树、花叶假连翘、紫叶李、银杏、枫香、樟树等外，我们建议适当增加彩叶树种，春色叶树种有 石楠、金叶含笑、臭椿等；秋色叶树种有 元宝枫、鸡爪槭、南天竹等；常色叶及斑色叶树种有花叶黄杨、珊瑚树、六月雪等；还应增加开花植物的运用，如荷花玉兰、紫玉兰、小叶紫薇等。

根据植物进化，叶表是向着阳光的，植物为了防止体内水分的过量蒸发和进行光合作用，叶表细胞比较致密排列整齐，细胞表面有一层蜡质层，所以看上去光滑．

雨后的空气十分清新，大家心情十分愉悦，雨后的植物也显得格外精神。从乔木到灌木，我们仔细研究了一些典型的植被，并拍照记录，晚上还在网上查找了相关资料，并进行交流，总结要点。

之后的几天里，我们还走访了几个小区，如恒祥花园、长城花园、新天地、彰泰睿城等。我们发现社区植被的选取大同小异，路边是低矮的灌木，如满天星、红背叶等，小区内的乔木一般选取小叶紫薇、桂花、银杏、玉兰等。我们还询问了物业人员，这些植被大概3天到一周浇一次水即可；七八月处于炎热，植物在下午特别需要水，所以早上到中午就要给所有植物浇水。

桂花在桂林是常见的植物。桂花不仅可以是大树，也可以培育成小树苗，桂花小树苗成了社区中的景观，它们不会长大成为一棵树，只能在不停地修剪中保持一定的高度。

杜鹃花也是桂林植物种类中的一个常见角色。杜鹃品种很多，但桂林市社区中的杜鹃一般是一个品种。七八月不是杜鹃的花季，所以我们看不到美丽的杜鹃花。

三角梅作为桂林人非常喜欢的植物，品种多样，植株适应性强，不仅在南方地区广泛分布，在寒冷的北方也可栽培。原产巴西。我国南方栽植于庭院、公园，北方栽培于温室，是美丽的观赏植物。

这就是我们调查社区所得到的结论。

调查结束后，我们开了一次总结会。在这次总结会中，大家感想颇多。由于篇幅有限，在此只能摘取部分精华。

黄镜谕：本次长达一个月的实践，虽然占了假期大部分时间，但是收获出乎我的意料。实践开始大家表现出高涨的热情，并对这个选题很感兴趣，积极总结并规划接下来的路线。第二周大家还去市区多处观察市区绿化植物。我们在桂林居住多年，但并没有留心过周围的植物。本次实践使我们了解了市区的规划与生态环境。第三周是我提出的模块，观察社区的植被。社区是我们居住的主要场所，生活区的植被与我们的生活息息相关。我们走访了几个市里绿化比较好的小区，找出了社区植被的共同点与不同点。通过这些走访，我发现生活中有很多我们从未留意过的细节，这次实践我们体会到了生活的丰富多彩，对我们有很大的启发。

除此之外，本次实践还增进了同学们间的友情。在学校并没有太多交流的我们，来自不同的专业，但通过这次实践，我们增多了彼此间的了解，成为难忘的回忆。

孙今达：经过一个月漫长而艰苦的考察后，我们的社会实践活动终于落下了帷幕。这次的社会实践可能在组织安排或路线规划等一些方面上存在一定的不足及缺陷，但这次社会实践使我受益良多，度过了一个充实而又充满意义的暑假。

首先，十分感谢北京理工大学给了我们这一次宝贵的实践机会。这次实践让我们可以近距离地接触到桂林市周边优美的山山水水。若不是北京理工大学给予了我们这次难得的实践机会，我们的暑假就不会这么有意义。

其次，在这一次的实践中，我学会到了许许多多有关植物的知识。在桂林这山清水秀的地方，有着许许多多奇花异草。这次宝贵的社会实践，让我们有了这次了解大自然的机会。经过这一个月的实地考察，我们在了解植物知识的同时，还增强了自己的绿色环保意识。

最后，这一次的社会实践也让我了解到了广泛涉猎的重要性。我是计算机学院的学生，平常的日子里很少研究其他领域的知识。这一次社会实践活动给予了我一次宝贵的了解其他领域知识的机会，令我感触颇多，不仅开阔了眼界，增长了知识，还激发了我对这个世界的好奇心。

在这次的社会实践中，我不仅学到了许多宝贵的知识，还收获到了宝贵的友谊，还见识了祖国的大好河山，增强了我的节能环保意识。我希望在以后的生活学习中多参加类似的活动。

这次社会实践是桂林人的骄傲，也是北理工人的骄傲！

实践·品悟

漓江——母亲河，我为你骄傲

2015 级本科生，安全工程专业　陈楷文

通过这次社会实践，我的收获和感悟颇多。

作为一个桂林人，漓江是一条母亲河，然而就是这条与我们朝夕相处的母亲河，我们却有些不太熟悉，它身边的植被到底是哪些？周边的环境如何？有没有遭受污染？

这个暑期，有了社会实践，就不是天天待在家里，而是有机会和同学们一起去郊区走走，一起去大自然里走走。整个假期就不是枯燥的，而是充实的。

首先谈一下感受吧。

第一，收获了友情。几个高中同学也是大学同学，再加上一个四川同学，既认识了新朋友，又加深了老友情。大家在实践中有说有笑，虽然也有困难有艰辛，但是我们一起解决，共度难关。

第二，学习了许多新知识。通过考察母亲河漓江，我认识了许多新的植物，一些以前叫不上名字的植物现在也都知道了，而且还学习了许多生物学知识，更加了解了母亲河漓江的状况，总的来说比较乐观，漓江发源地和上游污染不是很严重。我也为我的家乡感到骄傲。

第三，丰富了人生经历，丰富了暑期生活。本来暑假没有什么大的活动，有了暑期社会实践，感觉生活充实了许多，而不会碌碌无为。同时作为一个桂林人，也能自豪地说年轻的时候曾经和母亲河一起度过了美好的暑假。

总之，在年轻的时候，在大学生时期，做家乡母亲河漓江的调查，是人生中很有意义的一件事情。

丰富了知识，拓宽了眼界

2015 级本科生，计算机科学与技术专业　唐新睿

这次社会实践是一次很难忘的经历，我有幸参与了关于桂林市区及其周边地区的植被状况的调查。桂林是远近闻名的旅游城市，城市内外有着大量的植被覆盖，对其植被进行调查可以向相关部门提供相关数据和建议，以便以后的保护。

下面谈谈我的感受吧。我在初中时曾经到过桂林，那时我就被这座美丽的城市所吸引。奇异的地形，翠绿的漓江，都是这所城市的标志。这次与大学的同学们一起在桂林进行调研，让我结识了新的朋友，体验了平常体验不到的生活乐趣，丰富了自己的常识，大有裨益。

重回桂林，但这次是为了调查桂林的植被情况而不是为了游玩。我跟随几位桂林的本

地同学，走访了桂林的许多地方，见识了许多上次到桂林没有见过的风景，更多地见识了当地的人文景观，见识了社会的各异景色，深化了自己对于自然的热爱。

另外，本次社会实践还增强社会责任感。如果没有参加这次的社会实践，我的暑假可能就又会空耗在没有什么意义的事情上。感谢本次社会实践，让我深深参与到了社会生活中来。

最后要说的就是这次社会实践极大地丰富我的知识。学生时代最为重要的就是去拓宽自己的知识面，通过这次社会实践我认了许多我过去不认识的东西，很有意义。

能够参与这样的活动是我的幸运，希望以后还有这样的机会。

一次难忘的经历

2015级本科生，生物技术专业　肖钧文

第一次跟同学在家乡开展社会实践生态科考活动，通过对桂林一些生态景点以及乡村、山林的实地考察，我们了解了许多新奇的植物，深入了解了家乡的植被分布情况。

这次桂林生态科考实践活动，我们考察了桂林较著名的几处景点：漓江上游，华南第一峰猫儿山，九屋镇，两江四湖。这次考察对我们来说都有重大的教育意义，不仅让我们重新认识了家乡的美丽景色，更让我们见识也学习到了很多关于生态特别是植物植被的知识，这一切经历比教科书上更直观，更详细，也更丰富，我们也都感到很兴奋。

总之，我很感谢这次实践团的同学，是他们陪我、带给我这么一次难忘的经历。希望以后还能和大家在一起，开展更多的社会实践活动。

实践团成员：陈楷文　黄镜谕　孙今达　唐新睿　肖钧文

经济发展新常态下，资源型城市何去何从

实践·报告

宁夏回族自治区石嘴山市曾依托得天独厚的无烟煤资源闻名中外，有"塞上煤城"的美誉。如今却在经济发展新常态的大环境下，遭遇发展瓶颈。本研究从实证探究角度出发，综合运用问卷、访谈、走访调查等方法，针对煤炭行业发展对居民生活的影响、石嘴山具有哪些潜力行业、如何利用区位优势发展等问题进行深入研究，提出了一些可行性建议，旨在为石嘴山及相关资源型城市发展出谋划策，提供思路。

前　言

以习近平为总书记的党中央在科学分析国内外经济发展形势、准确把握我国基本国情的基础上，针对我国经济发展的阶段性特征作出重大战略判断——我国经济发展已经进入了新常态。认识新常态，适应新常态，引领新常态，是当前和今后一个时期我国经济发展的大逻辑，对于进一步推动经济持续健康发展，协调推进"四个全面"战略布局，实现"两个一百年"奋斗目标和中华民族伟大复兴的中国梦，具有重要意义。[1]过去为提升国家工业水平，加快地区发展等建设了许多以资源型产业为支柱产业的城市，如大庆市、鄂尔多斯、石嘴山等。如今因资源蕴藏量、国际市场变动、国家战略、环境保护等原因，相关城市急需谋求在经济发展新常态下的产业结构升级、转型之路。本次调研以宁夏回族自治区石嘴山市为例，自2016年7月20日到7月22日在石嘴山市大武口区、惠农区展开了多种形式的实践活动，重点走访了石嘴山市煤炭企业代表神华宁夏煤业集团、石嘴山市大武口区人民政府，受到当地媒体关注，取得了良好效果。

一、研究设计

（一）研究方法

在调查方面，本研究采用了文献研究、问卷调查、质性访谈等调研方法。

在数据处理方面，借助 Excel 程序处理数据，对课题深入解构，加深了数据所反映问题的直观性和对主题的挖掘。

（二）研究样本

问卷调查采取纸质和网络相结合，扩大了数据来源；同时通过环节控制，保证了样本

的广泛性和随机性。收回纸质问卷 58 份，网络问卷 143 份，其中无效问卷 1 份，总有效问卷 200 份。

问卷调查样本数据分布如图 1～图 5 所示。

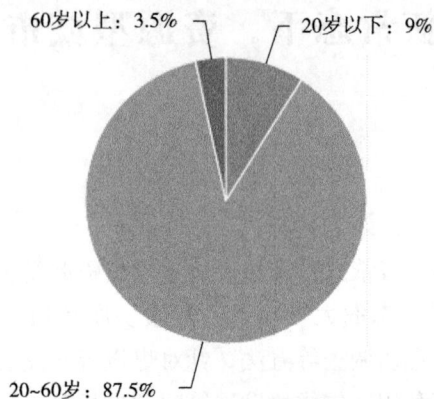

60岁以上：3.5%　20岁以下：9%

20~60岁：87.5%

图1　问卷调查样本年龄段分布

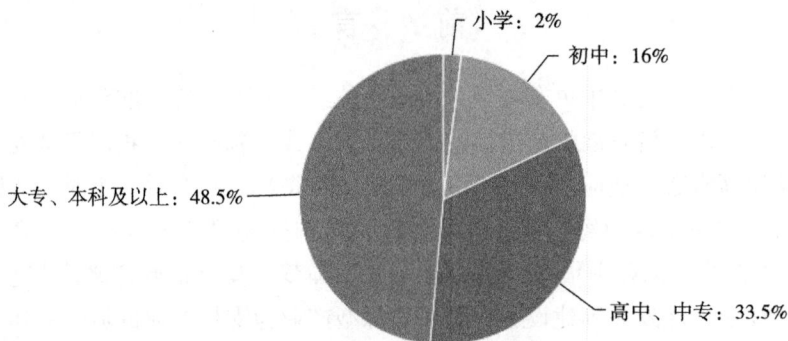

小学：2%　初中：16%

大专、本科及以上：48.5%

高中、中专：33.5%

图2　问卷调查样本学历数据分布

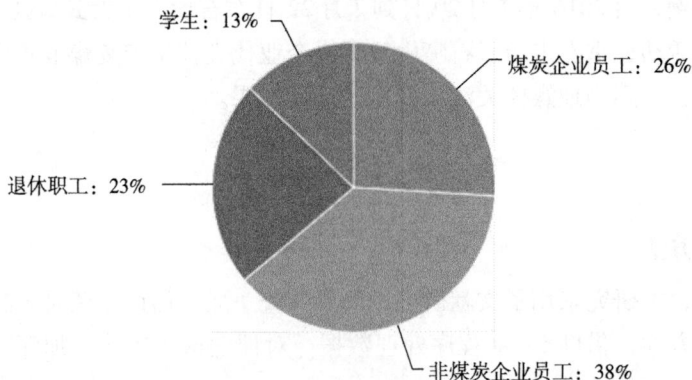

学生：13%　煤炭企业员工：26%

退休职工：23%

非煤炭企业员工：38%

图3　问卷调查样本身份、工作岗位分布

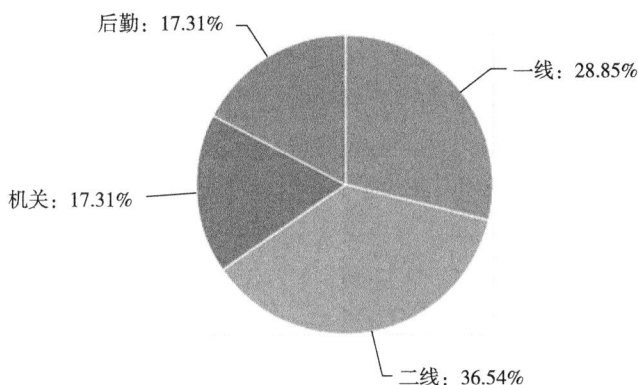

图 4　问卷调查样本企业岗位分布

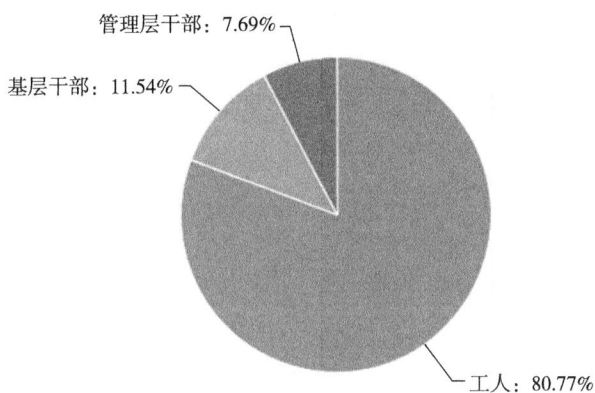

图 5　问卷调查样本企业身份分布

二、研究结果及分析

（一）资源枯竭型城市产业结构转型对于企业的影响——以宁夏石嘴山市为例

1. 对煤炭企业发展的影响

石嘴山市是国家"一五"时期布局建设的中国十大煤炭基地之一，是依煤而建、因煤而兴的典型资源型工业城市，工业总产值曾一度占宁夏工业总产值的 40% 以上。20 个世纪 90 年代后，随着矿产资源的逐步枯竭，石嘴山面临着资源枯竭与产业经济的增长需求之间的矛盾、产业结构单一与综合经济发展的矛盾、市场化因素先天不足与发展市场经济的矛盾、以矿山企业为主体的区域封闭与对外开放的矛盾、环境质量下降和生态恶化与城市人居环境改善的矛盾、职工下岗失业增加群众生活困难与社会稳定的矛盾。自 2003 年以来，历届石嘴山市委、政府领导班子，经过深入细致的调查研究，提出了以"生态转型为突破，以产业转型为重点，以民生转型为根本"的发展思路，启动了经济转型工作。2008 年 3 月，经国务院批准，石嘴山市被列入国家首批资源枯竭城市。近年来，受资源枯竭、市场需求、资源环境保护等因素影响以及煤炭行业化解过剩产能工作的持续推进，大部分涉煤企业关停并转，高耗能企业搬迁改造，煤炭产值比重5年下降32个百分点。但在加大涉煤企业搬迁改造力度的同时，石嘴山市也推进了大武口电厂2×350兆瓦热电联产、太西炭基公司热动力站项目建设，加快循环经济发展，延长产业链，利用科技力量发展对于煤炭资源利用率更高的煤化工产业。

2016年第一季度，石嘴山市煤炭企业略显复苏，但持续增长动力不足。煤炭行业完成增加值17.79亿元，同比增长4.6%，实现产值34.5亿元，增长2.1%。煤炭行业增长的主要原因是神华宁煤集团区返数据的大力支撑，一季度，神华宁煤集团区返产值27.7亿元，占全市煤炭行业总产值的80.2%。去除神华宁煤集团增产的因素外，35户煤炭企业中，仅然尔特、泰华大石头等7户企业实现增产，通成工贸、翔龙工贸等11户企业持续停产，14户中小煤企累计减产1.76亿元。一季度，煤炭市场价格呈现小幅反弹迹象，主要原因是北方集中供暖等民用刚需较强，需求端回暖支撑煤价反弹。另外，煤炭行业供给侧改革等救市政策的密集出台，不断刺激市场信心。但整体来看，一季度煤炭行业的回暖更多意义上是市场的超跌反弹。由于煤炭行业需求端未有根本性改善，过剩煤炭产能化解缓慢，加之铁路局下调煤炭运费，使得煤炭运输成本下降，煤价低位徘徊或将成为常态。[2]从而也将造成煤炭行业的持续低迷。

居民对近5年内煤炭行业的看法如图6所示。

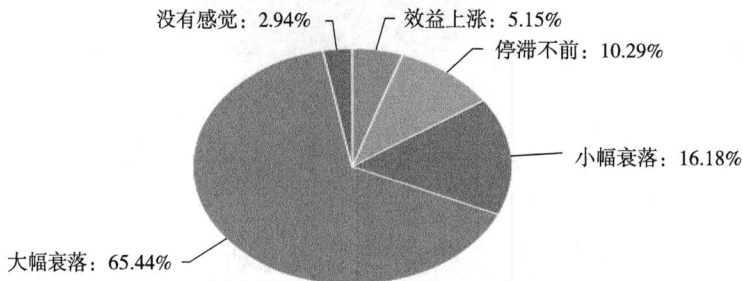

图6 居民对近5年内煤炭行业的看法

2. 对非煤炭企业的影响——以中色（宁夏）东方集团有限公司为例

中色（宁夏）东方集团有限公司（以下简称中色东方）是国务院国资委直接管理的中央大型企业——中国有色矿业集团公司（以下简称中国有色）下属的子公司，主要从事稀有金属钽、铌、铍等高新技术产品的研究、开发和生产，产品广泛应用于电子、冶金、化工、航空、航天等高科技领域，是中国唯一的铍材研究、加工基地，是国际钽铌研究中心（TIC）的执行委员单位，是世界钽冶炼加工三强企业之一，是国家首批科技兴贸出口创新基地。公司生产的钽粉、钽丝、钽铌铍及其制品是"中国名牌产品"和"国家免检产品"。

在经济发展新常态的环境下，中色东方一直在科技创新、延长产业链、"走出去"等几方面着力发展。近年来，中国有色积极探索和实践"走出去"的多种模式，在东北亚、东南亚、中亚、中南部非洲等区域拥有了一批优质资源项目。仅在赞比亚、刚果（金）、蒙古、缅甸、塔吉克斯坦等国家有色金属资源开发领域的投资就超过了 40 亿美元。特别是中国有色持续加强风险管控，多年来境外资源开发项目没有出现一例重大决策失误，大部分项目已经收回了投资，并且实现了产品回运。中国有色在赞比亚投资的赞比亚中国经济贸易合作区作为中国在非洲设立的第一个境外经贸合作区，已经成为中外企业走进非洲的重要平台。此外，中国有色的工程承包业务遍及 36 个国家，包括"一带一路"沿线的 20 多个国家，累计完成境外工程产值超过 64 亿美元，成功拉动国内大型成套设备和技术出口超过 14 亿美元。中色东方近四年共完成 22 项科技成果验收和鉴定，多项成果被鉴定为国内领先和国际先进水平，被国家工业和信息化部、财政部认定为首批 55 家国家级技术创新示范企业。目前，中色东方的钽粉、钽丝研发水平均处国际领先水平；航天姿控发动机用铌钨合金和涂层已应用于鑫诺卫星和登月工程；高纯钽金属靶材已替代进口用于我国大规格集成电路芯片制造；超导铌腔已成功进入国际大科学工程，使我国成为世界上能够自主生产的 4 个国家之一。中色东方还为"天宫一号"目标飞行器、"蛟龙号"载人潜水器、"神舟号"系列载人航天工程提供了重要材料。

在经济发展新常态的大环境下，在中色东方积极应对，寻求转型办法的同时，石嘴山市政府也给予了许多的帮助，如鼓励中色东方产业链延伸、实施龙头带动工程扶持中色东方做大做强、以科技创新成果奖励减免企业部分税务、为企业项目提供各种便利。总体来看，中色东方的转型之路还算顺畅。

（二）资源枯竭型城市资源产业发展对于居民生活水平影响——以宁夏石嘴山市煤炭产业为例

1. 宁夏石嘴山煤炭产业发展对居民生活水平影响

从前，石嘴山市对于煤炭产业依赖度极高，所以当谋求转型之路必须降低煤炭产业比重时，居民生活将会受到什么程度的影响，是我们调研中需要探究的问题。我们从月收入、衣、食三方面进行了问卷调查（见图 7 ~ 图 13）。

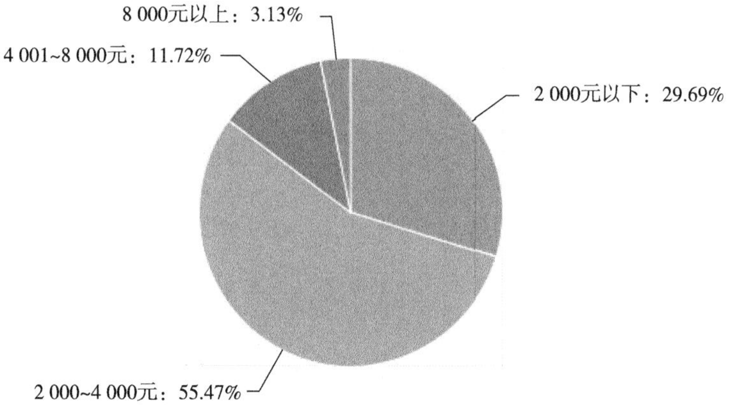

图 7　居民目前月收入

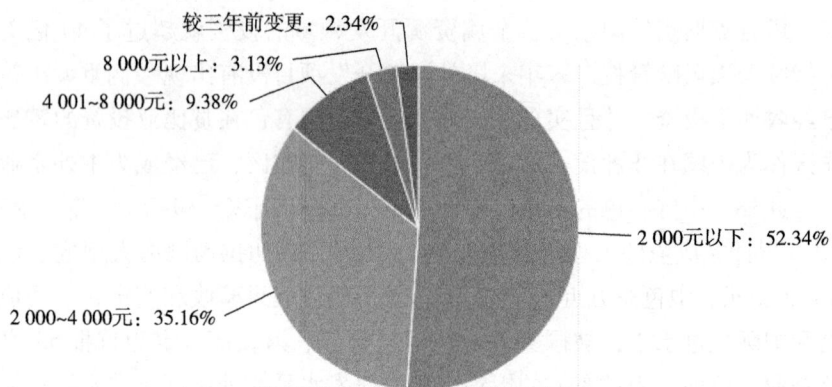

图 8 居民三年前（2013 年）的月收入

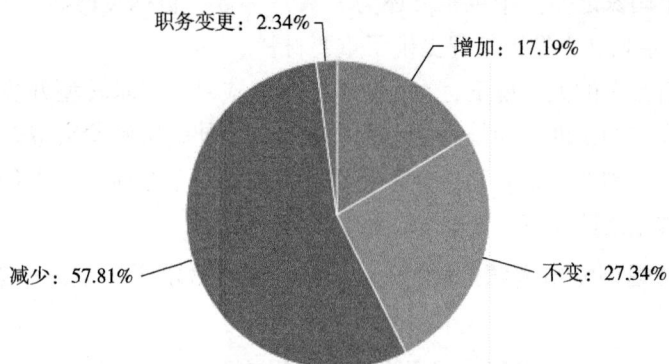

图 9 居民收入增减状况

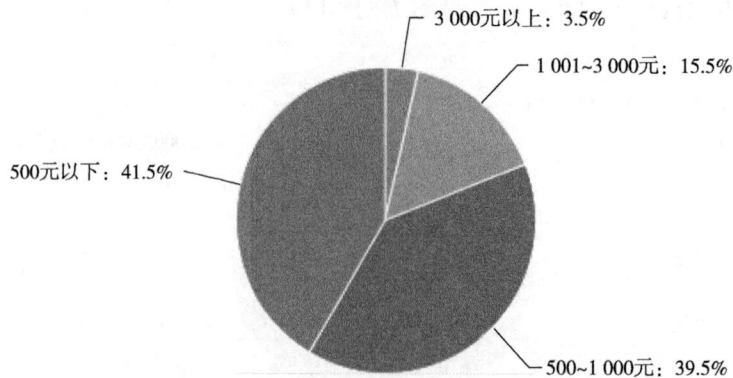

图 10 居民三年前（2013 年）购衣花费

3 000元以上：1.5%

1 001~3 000元：10.5%

500~1 000元：23.5%

500元以下：64.5%

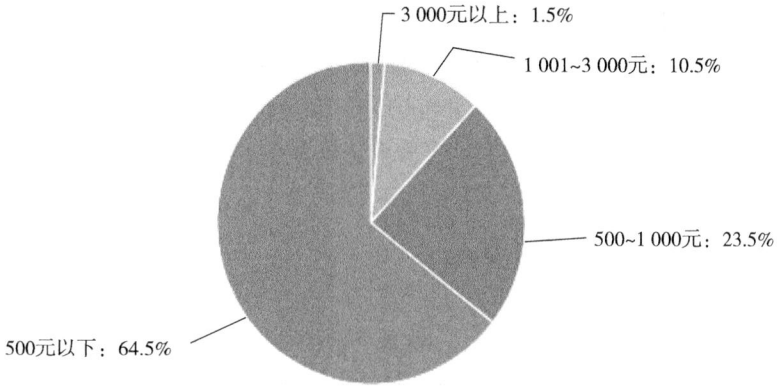

图11　居民目前每月购衣花费

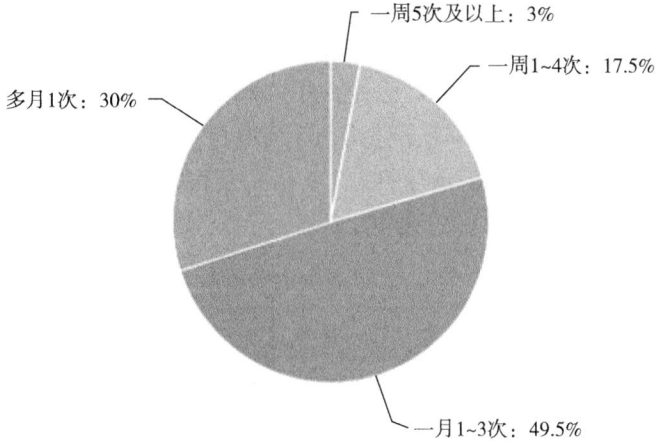

一周5次及以上：3%

一周1~4次：17.5%

多月1次：30%

一月1~3次：49.5%

图12　居民三年前（2013 年）外出聚餐频率

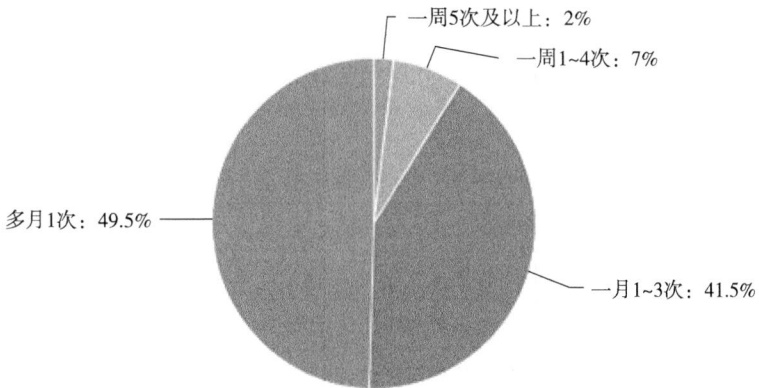

一周5次及以上：2%

一周1~4次：7%

多月1次：49.5%

一月1~3次：41.5%

图13　居民目前外出聚餐频率

分析结果表明，57.8% 的居民收入减少。从购置新衣、外出聚餐可看出，除最低消费、最低频率的比例外其他都有所减少。其中月收入 8 000 元以上人群比例只降低了不到1%，每季度购衣花费 3 000 元以上人群比例降低 2%，外出聚餐频率一周 5 次及以上人群比例降低 1%，均为减少比例最少的。分析认为，煤炭企业发展对于居民生活水平普遍具有不良影响，其中对于中低收入人群生活水平影响较大，对于高收入人群生活水平影响较小。

（三）石嘴山市产业结构调整办法

1. 石嘴山市转型现状

通过走访调查、文件文献阅读我们了解到"十二五"期间，面对严峻复杂的宏观经济形势和艰巨繁重的转型发展任务，石嘴山市全市上下紧紧围绕全面建成小康社会目标，大力实施工业强市、民生优先、城乡统筹、生态立市、人才支撑"五大战略"，全力推进产业、民生、生态三大转型，经济社会发展取得显著成就，为"十三五"奠定了坚实的发展基础。

（1）经济实力稳步提升。坚持把发展作为第一要务，集中精力夯实经济基础。2015年，全市实现地区生产总值达到 482 亿元，年均增长 9.8%，人均地区生产总值达到62 600元；地方公共预算收入达到 27.1 亿元，年均增长 4.6%；五年累计完成全社会固定资产投资 2 138 亿元，是"十一五"时期的 2.6 倍，年均增长 13.1%；社会消费品零售总额达到 98 亿元，年均增长 9.8%（见表1）。

表 1　2015 各项指标情况

类别	序号	指标名称	2015 年实际完成
经济发展	1	地区生产总值（2015 年价）/亿元	482
	2	人均地区生产总值/元	62 600
	3	地方公共财政预算收入/亿元	27
	4	全社会固定资产投资/亿元	500
	5	外贸进出口总额/亿美元	3.1
	6	互联网普及率/%	37
结构调整	7	三次产业结构比例	5.4:64.6:30
	8	"4+4" 产业占工业增加值比重/%	40
	9	高新技术产业占工业增加值比重/%	8
	10	生产性服务业占服务业增加值比重/%	42
	11	一优五特产业占农业增加值比重/%	60
	12	每万人口发明专利拥有量/件	1.5
	13	R&D 经费支出占 GDP 比重/%	0.8
	14	科技对经济的贡献率/%	46

类别	序号	指标名称	2015 年实际完成
结构调整	15	户籍人口城镇化率/%	61
	16	居民消费性支出占 GDP 比重/%	30
	18	每万名公务人员检察机关立案人数/人	15
	19	社会安全指数/%	60
	20	每万人口拥有律师数/人	1.5
文化建设	21	文化及相关产业增加值占 GDP 比重/%	1.5
	22	人均公共文化财政支出/元	150
	23	有线广播电视入户率/%	55
	24	城乡居民文化娱乐服务支出占家庭消费支出比重/%	4.5
民生福祉	25	城镇居民人均可支配收入/元	24 280
	26	农村居民人均可支配收入/元	11 185
	27	城乡居民人均住房面积达标率/%	45
	28	公共交通服务指数/%	55
	29	平均预期寿命/岁	74.5
	30	新增劳动力平均受教育年限/岁	9.4
	31	基本社会保险覆盖率/%	90.5
	32	农村卫生厕所普及率/%	70
	33	人均公共体育设施面积/平方米	1.65
生态文明	34	单位 GDP 能耗每吨标准煤/万元	2.82
	35	单位 GDP 水耗每立方米/万元	≤216
	36	单位 GDP 建设用地占用每公顷/亿元	103
	37	单位 GDP 二氧化碳排放量每吨/万元	4.9
	38	集中式饮用水水源地水质达标率/%	82
	39	黄河出境断面水质达标率/%	40
	40	森林覆盖率/%	12.5
	41	建成区绿化覆盖率/%	40
	42	人均公园绿地面积/m²	15

（2）产业转型升级步伐加快。坚持以资源枯竭型城市转型发展为经济工作重心，着力推进产业转型升级和结构调整，工业结构逐步改善，新材料、装备制造、电石化工、冶金四大产业集群和新能源、生物医药、新型煤化工三个特色产业初具规模，占规模以上工业

增加值的比重达到 40% 以上；现代服务业发展壮大，物流、金融、电子商务、文化旅游等活力不断增强；现代农业稳步发展，优质粮食、草畜、露地瓜菜、生态水产、制种、枸杞和酿酒葡萄等优势特色产业逐步提升，新型经营主体蓬勃发展。

（3）科技支撑能力增强。建成一批科技企业孵化器、重点（工程）实验室、技术（工程）创新中心等创新平台，127 项科技创新成果达到自治区先进及以上水平，103 家企业成长为高新技术企业和科技型中小企业，培养引进了一批急需紧缺人才，高新技术产业开发区和经济技术开发区升级为国家级开发区，成功列入国家小微企业创业创新示范试点城市。

（4）在民生转型方面，致力于推动改善民生由保基本向提高城乡居民生活质量转变，重点做了三个方面工作：一是千方百计增加城乡居民收入，实施居民收入倍增计划；二是提升基本公共服务水平，推动教育、文化、医疗卫生、社会保障等社会事业发展，不断加强和创新社会治理。三是办好棚户区改造、移民安置、脱贫攻坚等重大民生实事。近几年，石嘴山市始终保持 70% 以上的财政支出用于民生改善。

（5）生态建设取得实效。坚持经济与生态和谐发展，突出"绿化美化、优化水系、环境治理"三项重点，全市森林覆盖率达到 12.5%，城市建成区绿化覆盖率达到 40%，人均公共绿地面积达 15 平方米，湿地及水环境得到有效保护和改善，成功创建国家森林城市、园林城市。规范发展煤炭市场成效显著，盗采滥挖砂石、煤炭资源行为得到有效整治。严格执行节能减排"十大铁律"，万元 GDP 综合能耗比"十一五"末下降 23.2%，城市环境空气质量二级及好于二级天数达到 230 天。[3]

由于面临许多挑战，形势更趋复杂，国际金融危机深层次影响依然存在，产业分工和国际经贸规则发生重大变化，国际间、地区间、行业间围绕资源、市场、技术、人才、标准的竞争将更加激烈。同时，新常态下增长速度、发展方式、结构调整、发展动力等发生了深刻变化，长期积累的社会稳定、金融、财政、价格等风险和矛盾逐步显现，生态环境脆弱、资源约束趋紧、环保安全节能压力加大，经济社会发展的不稳定不确定因素增多。

（6）转型发展形势紧迫。石嘴山市转型的先行优势和政策优势减弱，以涉煤产业为支撑的传统发展优势已明显弱化，以土地等要素投入为主的增长方式已难以为继，以耗能高、污染重为主的产业结构已不可持续，资源环境约束日益加大，化解过剩产能、淘汰落后产能任务艰巨，科技创新能力不强，产品科技含量和附加值不高，主导产业没有形成明显的竞争优势。同时，新产业、新业态发展迟滞，增长动力接续不足，特色产业没有形成有效增量。大部分产业处于产业链前端，企业运营成本高，抗风险能力弱。

所以在已有的基础上，还需完善转型之路方案并能在实施中取得成效，真正做到从产业转型出发，落脚生态、民生转型。

2. 石嘴山市的潜力行业

在文件文献阅读研究时，我们了解到石嘴山市目前的产业转型升级和结构调整方案为"1+3"方案——精一产、强二产、活三产，坚持做好传统产业优化存量、新兴产业培育增量、节能降耗淘汰落后产业，在新常态下做到调速不减势、量增质更优。在能适应经济发展新常态并得到政府大力扶持的行业中，通过研究分析，我们认为石嘴山可在现有基础上做大做强四大产业集群，同时在按照市场化、专业化、规模化、集约化的要求，引进和培育新能源、生物医药、新型煤化工等特色产业，支持和鼓励有实力的骨干企业实施战略扩张，做大特色产业总量，实现资源优势向产业优势转变。具体如下。

（1）新材料产业集群。

①有色金属新材料。依托中色东方、惠冶镁业等重点骨干企业，企业可扩能发展有色金属粉体及系列靶材、板带管棒材、滤波器、电容器、电子铝箔和合金制品等高技术产品；延伸发展以钽粉、钽丝、铌粉、铌丝、钽酸锂、铌酸锂等人工晶体、钽、铌、铍合金材料及其制品；储能材料、稀土材料、钒铁、铌铁、钨铁、钒氮合金、钛管、钛棒、无缝管材、钛板等钛制品，钽铌合金及化合物，铍铜板（带、丝）材、铍铝制品、电子浆料、氢氧化亚镍、干法氟化铝、钽铌靶等金属靶材、氧化铟锡等非金属靶材、刃料级碳化硅微粉、银浆、光伏切割线等高科技新产品领域；镁合金管材及特种型材、镁合金板材轧制、冲压成型及薄带连铸等领域。推进中色东方钽铌铍钛产业化项目、惠冶镁业镁合金压铸件和挤压型材等重点项目建设。政府可支持企业科技成果转化、新产品开发、技术创新和研发中心建设，鼓励中小企业围绕龙头骨干企业上下游产业配套，组织实施一批重大技术专项，集中力量攻克一批关键技术，推动科技成果转化、应用、产业化生产，支撑、示范、带动有色金属材料产业集群发展。

②碳基材料。依托宁煤炭基公司、滨河碳化硅、天净隆鼎碳化硅、宁平碳素、华辉活性炭等企业，做大做强碳基材料产业。政府鼓励和支持企业发展压块活性炭、脱硫/脱硝/脱汞活性炭、微球活性炭、车用活性炭、特种净水、净气活性炭、高效吸附炭以及与居民生活相关的活性炭及活性炭装饰品等活性炭精深加工产品，延伸活性炭产业链；鼓励和支持企业开发建设高石墨优质炭块、惰性阴极炭块、石墨烯、碳纳米管、富勒烯等高技术含量、高附加值产品；鼓励和支持企业延伸发展碳化硅晶块、化工材料、电工材料、磨具磨料、耐火/耐磨/耐腐蚀及碳基纳米材料产业链等。加快技术创新，集中力量开发一批新产品，不断提高产品的附加值和市场占有率，做精碳基新材料产业。

到2017年，新材料产业预计实现工业总产值130亿元，较2013年新增产值70亿元，年均增长22%，占全部工业比重由2013年的9%提高到10.8%（见表2）。其中：有色金属新材料产业产值达到80亿元，新增产值50亿元，年均增长28%，占全部工业总产值的比重由2013年的5%提高到6.7%；碳基材料产业产值达到50亿元，新增产值20亿元，年均增长14%，占全部工业总产值的比重由2013年的4%提高到4.2%。[4]

表2　新材料产业集群发展推进路线

发展定位	国家重要的钽铌铍稀有金属生产研发基地、碳基材料制品生产研发基地		
时间节点	2013年	2015年	2017年
发展目标	产值60亿元，占全部工业比重9%。	实现产值89亿元，年均增长22%，占全部工业比重提高10%	实现产值130亿元，年均增长22%，占全部工业比重提高到10.8%

续表

依托企业	中色东方、惠冶镁业、神华宁煤炭基公司、滨河碳化硅等
主要布局	石嘴山高新技术产业开发区、石嘴山经济技术开发区、石嘴山生态经济开发区
实现路径	加快建设中色（宁夏）东方集团钽铌铍钛稀有金属和宁煤炭公司碳基材料产业链项目，做大做强新材料产业集群。延伸镁合金产业链、扩大铍铜板带材产能，大力发展电极箔、铝钛合金型材等轻金属材料；加快培育发展高附加值的高性能活性炭、碳化硅微粉、碳纤维、石墨烯、富勒烯、纳米碳管、陶瓷等高技术产业

（2）装备制造产业集群。

①矿山机械。依托天地奔牛、西北煤机、西北骏马等骨干企业，以扩大现有主机产品市场占有率为重点，以拓宽矿山机械领域为突破口，按照"主机企业为龙头、协作配套为支撑、平台建设为保障、集群发展为目标"的发展路径，坚持装备智能化、控制数字化、管理现代化的发展方向，瞄准成套重型、大型和超重型煤炭综采设备、输送设备，大力推进高端煤机装备产业化，促进集群发展。

a. 主机制造：企业将扩能建设输送链条、减速机、综采总装线、大型结构件、重型皮带输送机、大功率隔爆电机、特种电机等项目和高端主机部件。采矿设备重点发展掘进机、液压凿岩机、自移式液压支架、转载机等。输送设备重点发展超重型刮板输送机、大倾角、长运距、大运量、大功率带式输送机以及垂直提升、拐弯、管状式带式输送机产品。拓宽新的发展领域，开发研制港口、仓储等领域专用皮带输送机等产品。隔爆电机重点发展大型矿山设备用集成式兆瓦级隔爆型变频节能电机、大功率矿用变频调速电机及矿用高压变频调速电机。拓宽隔爆电机制造领域，逐步向化工及其他非煤产业专用隔爆电机领域扩展。

b. 协作配套：政府支持主机生产企业将可以外协的配套装置和零部件向本地企业扩散，培育苏宁新能源设备、维尔铸造、众信新能源等一批起点高、发展快的协作企业，扩张煤机总量；与煤机主机企业深入联合，将其外购的、技术含量高的零部件引入石嘴山市制造，扩大煤机装备产业规模，重点发展大型结构件、大型（重型）铸钢件及超大（超重）型铸钢件、涂装中心、锻造中心、表面处理中心、模具等配套产业；推动主机企业主辅分离、服务外包，培育专业化协作配套中小企业。开发研制输送电子、智能化电气部件产品，电控框、电机软起动器、变频调速装置等相关配套产业发展。

②汽车产业。依托力帆凯马、君功机械、大地轮胎、金晶玻璃等重点企业，扩大传统内燃机汽车整车项目产能，并加快发展新能源汽车，推进皮卡、SUV、重卡、轻卡、专用车、特种车辆等整车生产线投产达效，积极引进挖掘机、推土机、叉车等一批工程机械车。围绕整车组装生产，配套发展发动机及零部件、新能源汽车动力锂电池、变速箱、离合器总成、制动器总成、液力扭矩器、液力缓速器、转向器、悬挂系统、汽车大型冲压件、合金轮毂等重要总成及汽车玻璃、轮胎、精密铸件等配套零部件，培育一批中小配套企业。政府将加大人才引进培养和新技术消化、吸收、再创新力度，支持企业建立技术研发中心、检验检测中心。大力发展汽车及零配件物流、销售及售后服务市场，提高汽车产

业的综合服务和配套协作能力,力争把汽车产业培育成为新的经济增长点。

③节能环保设备制造。依托森源重工、科行环保、华仪风能等骨干企业,围绕企业"三废"综合利用、合同能源管理和节能环保装备应用,余热余压回收利用等节能示范工程,可重点引进建设风机制造、太阳能设备制造、大型节能设备、节能电机和除尘、脱硝、脱硫、矿热炉气净化等环保设备及装置制造项目。鼓励支持企业加强技术研发和成果应用,开发推广高效节能锅炉、窑炉、节能机电、环保设备及装置、"城市矿产"高效智能拆解和分拣装置、应用表面工程、特种安全设施及应急救援安全装备,增强节能环保设备制造产业市场竞争力。

到2017年,装备制造产业产值预计达到130亿元,较2013年新增产值70亿元,年均增长22%,占全部工业总产值的比重由2013年的9%提高到10.8%(见表3)。其中:矿山机械制造产业产值达到75亿元,新增产值35亿元,年均增长17%,占全部工业总产值的比重由2013年的6%提高到6.3%;汽车制造产业产值达到30亿元,新增产值25亿元,年均增长50%,占全部工业总产值的比重由2013年的0.7%提高到2.5%;节能环保设备制造产业产值达到25亿元,新增产值10亿元,年均增长14%,占全部工业总产值的比重由2013年的2%提高到2.1%。[4]

表3　装备制造产业集群发展推进路线

发展定位	国家重要的矿山机械制造产业示范基地,西北特种汽车及零部件制造基地		
时间节点	2013年	2015年	2017年
发展目标	产值60亿元,占全部工业比重9%	实现产值89亿元,年均增长22%,占全部工业比重提高到10%	实现产值130亿元,年均增长22%,占全部工业比重提高到10.8%
依托企业	天地奔牛、西北煤机、西北骏马、力帆凯马、德信恒通、森源重工、科行环保等		
主要布局	石嘴山高新技术产业开发区、石嘴山生态经济开发区		
实现路径	加快国家矿山机械制造基地建设,做大做强成套矿山机械及外协件配套。加快汽车及零部件项目建设,重点发展矿山机械自动化设备、树脂砂精密铸造、高标准热处理、节能环保设备		

(3)冶金产业集群。

①特钢。政府将做大做强石嘴山钢铁集团,鼓励支持酒钢石嘴山钢铁、申银特钢、博宇特钢、新日恒力通过技术改造升级,调整品种结构,增加钢材品种,提升钢材质量。拓宽发展领域,重点建设特种钢铁冶炼、宽厚板材轧制、异型材、棒线材、不锈钢产品;大力发展密封钢丝绳、三角股钢丝绳、钢绞线、小直径电梯用钢丝绳、水上工程设备用钢丝绳等产品,推动钢铁产业技术进步。积极引进战略投资者整合钢铁产能,通过产业链延伸,培育壮大钢铁集团。

②特色冶金。依托福华冶金、吉元冶金、昊越冶金、惠义冶金等重点骨干企业,推进中小企业整合重组,按照节能、环保、集中的要求,以铁合金等高载能企业炉型置换和工

艺技术提升为突破口，加快装备"大型化、密闭化、自动化"改造，实现矿热炉尾气、余热、余压综合利用，提高技术和装备水平，实现节能减排。鼓励支持企业开展技术研发和自主创新，在提高硅铁合金、硅锰合金、镍铁合金、硅钙合金、稀土合金等产品市场占有率的基础上，发展孕育剂、球化剂、蠕化剂、合金包芯线等高附加值产品，提升产业层次，推进产品多元化发展。

到 2017 年，冶金产业产值达到 260 亿元，较 2013 年新增产值 160 亿元，年均增长 27%，占全部工业总产值的比重由 2013 年的 15% 提高到 22%（见表4）。其中：特钢产业产值达到 100 亿元，新增产值 80 亿元，年均增长 50%，占全部工业总产值的比重由 2013 年的 3% 提高到 8.3%；特色冶金产业产值达到 160 亿元，新增产值 80 亿元，年均增长 19%，占全部工业总产值的比重由 2013 年的 12% 提高到 13.3%。[4]

表 4　特色冶金产业集群发展推进路线图

发展定位	冶金炉料原材料基地		
时间节点	2013 年	2015 年	2017 年
发展目标	产值 100 亿元，占全部工业比重 15%	实现产值 161 亿元，年均增长 27%，占全部工业比重提高到 18%	实现产值 260 亿元，年均增长 27%，占全部工业比重提高到 22%
依托企业	申银特钢、新日恒力、福华冶金、吉元冶金、昊越冶金等		
主要布局	石嘴山经济技术开发区、石嘴山生态经济开发区、宁夏精细化工基地		
实现路径	通过技术改造，大力发展特种钢铁冶炼、宽厚板材轧制、异型材、棒线材、不锈钢产品等高端产业链；对铁合金、硅锰合金、镍铁合金等企业现有炉型"大型化、密闭化、自动化和多元化"改造，由单一硅铁向能耗低、附加值高的特色冶金转变，推动烟气余热和废渣综合利用		

（4）电石化工产业集群。

①依托大地化工、英力特化工、大荣化工、煜林化工、嘉峰化工、兴平化工、贝利特化工等企业，鼓励和支持企业在现有产品生产的基础上向产品下游产业链发展。围绕装备、工艺技术提升，下游产业链延伸、节能降耗、资源综合利用等重点项目，采用对现有炉型进行改造和尾气、余热、余压综合利用改造，提升电石化工企业的资源利用率，减少废弃物排放，拓展下游新产品领域。构筑起以氯碱化工、氰胺化工、乙炔化工等为补充的工业共生网络，形成上下游协作配套、关联度较高的电石化工产业集群，促进产品精细化发展。重点培育发展以固体电石为原料的氰胺化工下游产业链、以乙炔气体为原料的氯碱化工下游产业链和电石炉尾气综合利用的产业体系。

②电石—石灰氮—氰胺—胍盐—医药中间体产业链（或石灰氮—农药、土壤改良剂产业链）。鼓励和支持企业在不断扩大颗粒石灰氮、农肥、药肥、电子级氰胺产量的基础上，研制、开发、建设广谱、低毒、长效药肥、印染料、阻燃剂等产品。

③电石—氯碱—PVC—塑料制品产业链。以扩大特种树脂、高纯度离子膜烧碱等产品

的产能和产量为主攻方向，鼓励企业扩能发展以 PVC 为主要原材料的工程塑料及制品、日用塑料、薄膜等后续产业。

④电石—聚乙烯醇（PVA）—下游制品产业链。在提高 PVA 产能和产品质量的基础上，加快研究、开发特种 PVA 纤维、薄膜、PVB 树脂等下游产品。利用 PVA 的中间产品，经过共聚、接枝等新技术，开发新型共聚树脂等聚合物，利用辅助产品生产醋酐等系列产品，提高 PVA 产品附加值。

⑤电石—丙烯酸—丙烯酸丁酯—高分子合成材料产业链。利用乙炔和一氧化碳为原料，合成丙烯酸，开发特性树脂、合成纤维、涂料粘合剂、皮革加工处理剂、纺织助剂、油漆添加剂等精细化工产品。

到 2017 年，电石化工产业预计实现工业总产值 280 亿元，较 2013 年新增产值 130 亿元，年均增长 17%，占全部工业总产值的比重由 2013 年的 22% 提高到 23.3%（见表 5），电石下游产品的产值占整个产业产值的 80% 以上。[4]

表5 电石化工产业集群发展推进路线图

发展定位	国家电石化工及下游产品生产研发基地		
时间节点	2013 年	2015 年	2017 年
发展目标	产值 150 亿元，占全部工业比重 22%	实现产值 202 亿元，年均增长 17%，占全部工业比重提高到 23%	实现产值 280 亿元，年均增长 17%，占全部工业比重提高到 23.3%
依托企业	大地化工、英力特化工、贝利特化工、煜林化工等		
主要布局	石嘴山经济技术开发区、石嘴山生态经济开发区、宁夏精细化工基地		
实现路径	按照"总量控制、等量或减量置换"的原则，支持发展氰胺、胍盐医药、氟氯苯胺、印染料和特种 PVA 纤维等下游产品		

（5）新能源。

可依托宁沪太阳能、日晶新能源、晋安光能、天得太阳能、宁夏绿聚能、天宇光电、银晨太阳能、天润新能源、华仪风能等重点企业，发展新能源设备生产、单晶硅拉棒、多晶硅铸锭、切片、电池片生产、电池组件、储能电池等，形成多晶硅—单晶硅—拉棒、铸锭—切片—制片—电池组件—发电—应用完整产业链条。加快太阳能利用技术推广应用，实施分布式光伏发电等项目，积极开发太阳能中温集热制冷采暖成套系统、高温真空集热成套系统，开拓多元化的太阳能光伏光热发电市场。逐步建立以风、光、生物质产业园和光伏大棚基地建设为重点，以风电、太阳能、生物质能源为核心，涵盖从风电、太阳能项目开发到风光互补发电全产业链。提高风光电技术装备水平，有序推进风光电规模化发展，加快适应新能源发展的智能电网及运行体系建设。

到 2017 年，新能源产业预计实现工业总产值 20 亿元，较 2013 年新增产值 15 亿元，年均增长 45%，占全部工业总产值的比重由 2013 年 0.7% 提高到 1.7%（见表 6）。[4]

表6　新能源产业发展推进路线图

发展定位	国家新能源综合利用示范区		
时间节点	2013 年	2015 年	2017 年
发展目标	产值 4.6 亿元，占全部工业比重 0.7%	实现产值 10 亿元，年均增长 45%，占全部工业比重提高到 1.1%	实现产值 20 亿元，年均增长 45%，占全部工业比重提高到 1.7%
依托企业	宁沪太阳能、绿聚能、科捷锂电池、日晶新能源、中节能发电、银晨太阳能、天润新能源、华仪风能等		
主要布局	石嘴山高新技术产业开发区、石嘴山经济技术开发区、石嘴山生态经济开发区		
实现路径	加快太阳热能利用技术推广应用，实施分布式光伏发电设备等项目，开拓多元化的太阳能光伏光热发电市场。提高风电技术装备水平，有序推进风电规模化发展，加快适应新能源发展的智能电网及运行体系建设		

（6）生物医药。

依托丽珠药业、新安科技、昊凯生物、鑫园生物等重点企业，重点发展生物发酵与制药产业，可着力打造生物发酵产业基地建设。通过引进—吸收—消化—再创新技术工艺，重点发展氨基酸类、酶制剂、黄原胶等系列功能发酵产品，加快维生素及抗生素等系列化学原料药发展；政府鼓励企业积极开发硫氰酸、红霉素等抗生素类原料药产品的衍生物，研发制剂产品，提高产品附加值。扩能发展邻硝基苯甲醛、硝基吡啶、苯丙氨酸、四氢呋喃、卡那霉素等医药中间体，大力开发单克隆抗体药物、基因工程药物等产品。提高各种胍盐、盐酸阿糖胞苷、氰尿酰胺、肌酸等医药中间体、医药原药和功能基础原料生产能力。鼓励支持企业加大产品研发力度，开发新产品，以玉米、米糠、枸杞等为原料，开发聚乳酸、食品添加剂、肌醇系列药物、枸杞糖肽等系列生物发酵产品，大力开发生物乙烯、丁二酸等生物基高分子材料，培育壮大生物医药产业。

到 2017 年，生物医药产业实现工业总产值 60 亿元，较 2013 年新增产值 54 亿元，年均增长 75%，占全部工业总产值的比重由 2013 年 0.88% 提高到 5%（见表7）。[4]

表7　生物医药产业发展推进路线图

发展定位	西北生物医药中间体和原料药生产基地		
时间节点	2013 年	2015 年	2017 年
发展目标	产值 6 亿元，占全部工业比重 0.88%	实现产值 19 亿元，年均增长 75%，占全部工业比重提高到 2%	实现产值 60 亿元，年均增长 75%，占全部工业比重提高到 5%
依托企业	丽珠药业、新安科技、昊凯生物、鑫园生物等		
主要布局	石嘴山生态经济开发区、石嘴山经济技术开发区		

实现路径	通过引进—吸收—消化—再创新技术工艺，重点发展氨基酸类、酶制剂等系列功能发酵产品，提高各种胍盐、盐酸阿糖胞苷、氰尿酰胺、肌酸等医药中间体、医药原药和功能基础原料生产能力，由目前的医药中间体生产向成品药生产方向发展。开发聚乳酸、食品添加剂、肌醇系列药物、枸杞糖肽等系列生物发酵产品，培育发展生物医药产业

（7）新型煤化工。

发挥煤炭资源优势，依托墨星能源科技、大生生物科技、凯天新能源、盛港焦化、阳光焦化、西泰煤化工、思科达生物等骨干企业，围绕水煤浆气化、低阶煤提质，实现煤炭的就地转化和清洁生产，加快发展煤制甲醇、二甲醚、烯烃、烯芳烃等清洁能源，形成煤—气—油、煤—气—化产业链，逐步实现向精深方向发展。延伸焦炭—焦炉煤气—煤焦油精深加工产业链，重点发展轻油、苯、酚、萘、洗油、蒽油、咔唑、吲哚以及低温煤焦油加氢制油等系列化工产品等，实现生产过程的清洁化、循环化和产业链延伸增值。

到 2017 年，新型煤化工产业实现工业总产值 60 亿元。较 2013 年新增产值 30 亿元，年均增长 19%，占全部工业总产值的比重由 2013 年 4.4% 提高到 5%（见表 8）。[4]

表 8　新型煤化工产业发展推进路线图

发展定位	辐射蒙西、服务宁东的新型煤化工基地。		
时间节点	2013 年现状	2015 年	2017 年
发展目标	产值 30 亿元，占全部工业比重 4.4%	实现产值 43 亿元，年均增长 19%，占全部工业比重提高到 4.8%	实现产值 60 亿元，年均增长 19%；占全部工业比重提高到 5%
依托企业	墨星能源、西泰煤化工、大生生物、凯天新能源等		
主要布局	石嘴山经济技术开发区、宁夏精细化工基地		
实现路径	围绕水煤浆制气、低质煤提质，大力发展煤制甲醇、烯烃、烯芳烃等煤化工产品，形成煤—气—化—精细化工产业链和煤—气—化—医药中间体产业链，逐步向煤化工产业的精深方向发展		

（8）旅游业。

发挥旅游资源优势，依托国家 5A 级沙湖旅游园区实施全域旅游开发工程。大力发展以沙湖带动、环星海湖综合开发支撑的文化旅游业，推动大武口与沙湖旅游区一体化发展，加快建设大沙湖旅游区，创建宁夏全域旅游发展示范区。可加强与农垦集团的合作，完善提升沙湖旅游区公共服务配套，构建"大沙湖"旅游区，增强辐射带动能力和国际影响力，打造国际旅游目的地和避暑胜地。加快推进环星海湖综合开发，打响"观景沙湖·休闲星海"的旅游品牌。开展北武当寿佛寺、"五七"干校原址、中华奇石山、煤城记忆特色街区、天河湾湿地公园等重点景区，完善文化旅游基础设施，提升配套服务能力，开发旅游产品，培育精品旅游线路，构建以西线沿山、中线绕湖、东线临河为骨干架构的全域旅游体系。鼓励民间资本、海外资本参与旅游开发，引入"体验旅游、运动旅游、度假旅游、情趣旅游、节会旅游、休闲旅游、城市旅游"等新型旅游业态。

到 2020 年，文化旅游产业预计实现总收入 25 亿元，年均增长 8% 以上，带动生活性服务业增加值达到 80 亿元。[5]

针对石嘴山市具有发展潜力的行业问题，我们对当地居民进行了调查（见图 14）。

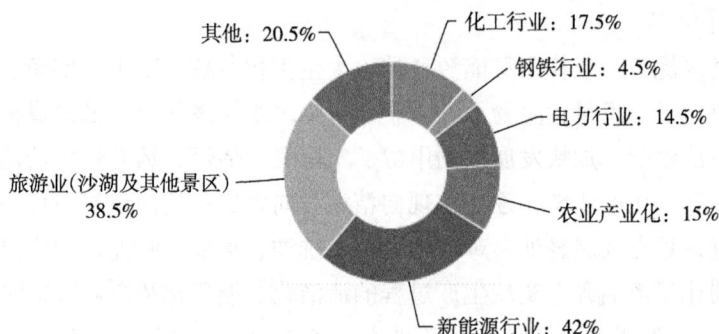

图 14　当地居民认为石嘴山市具有发展潜力的行业

结果表明，在接受调查的居民中 42% 认为新能源产业具有发展潜力，38.5% 的居民认为旅游业具有潜力，两者占总调查人数的 80.5%。

综上所述，我们认为石嘴山可在原有的良好工业基础上，大力发展新材料产业集群、装备制造产业集群、冶金产业集群、电石化工产业集群，同时也应多加探索新型产业，鼓励创新，发展高新技术产业，如新能源、生物医药、新型煤化工等。为适应经济发展新常态、调节工业产业比例，以及结合得天独厚的旅游资源，我们认为以沙湖为主体的旅游产业也应大力发展，为石嘴山经济注入新活力。

（9）农业产业化。

宁夏本身具有充足日照和黄河灌溉的农业地理优势，政府还将优化农业生产力布局。沿黄河金岸重点建设标准化优质水稻科技示范区和肉羊、肉牛（奶牛）养殖场；沿 109 国道重点建设外销瓜菜、高端设施农业、优质露地瓜菜、蔬菜良种繁育科技园区；沿京藏高速公路重点建设生态水产和名优特新水产品科技园区；沿 110 国道重点建设枸杞科技园区和葡萄酒庄。实施农业科技园区示范工程，加快国家农业科技示范园、农作物制种产业核心区、羊肉产业核心区、生态水产产业核心区、露地瓜菜产业核心区"一园四区"建设，高标准建设一批现代农业示范基地、示范园区。

同时也将实施农业产业化水平提升工程。以特色、高质、高端、高效为引领，重点发展优质粮食和草畜、瓜菜、制种、水产、枸杞及酿酒葡萄"一优五特"产业。拓宽"龙头企业＋基地＋农户"的产业化模式，依托中粮米业、汇源果汁、宁羊牧业、中青种业、华泰农、西夏堂等龙头企业，实施一批农业产业化重大项目，培育一批知名度高的农产品品牌，打造宁夏农产品精深加工基地、西北水产品基地、农作物制种基地、牛羊肉生产基地和优质奶源基地。提高农业组织化程度，以家庭联产承包为基础，鼓励龙头企业、专业合作社、种养大户、家庭农场与基地、农户建立稳定的产销协作关系和利益联结机制，参与农产品加工、储藏保鲜、运输销售等，加快培育新型农业经营主体。培养新型职业农民，发展多种形式适度规模经营，带动生态休闲、体验观光、特色精品、设施农业发展，促进规模种养业、农产品加工业、农村服务业与文化旅游业融合发展。

预计到 2020 年，全市农作物良种覆盖率达到 95% 以上，畜禽水产良种化率达到 70% 以上；农产品加工业产值达到 52 亿元，年均增长 10%，主要农产品加工转化率达到 70% 以上；全市各类农业经营主体达到 3000 个，辐射带动农户 6 万户。[5]

3. 石嘴山市产业结构调整、转型所面临的困难

通过文件阅读研究、实地访谈，我们发现在石嘴山的转型之路上，主要面临以下困难：

（1）国际经济环境欠佳。

国际金融危机深层次影响依然存在，产业分工和国际经贸规则发生重大变化，国际间、地区间、行业间围绕资源、市场、技术、人才、标准的竞争十分激烈。

（2）落后产业所占比重较大。

落后的资源型产业、耗能污染大产业占工业产业比重较大，导致在进行产业结构调整、产业升级所必经的拆除关闭相关企业必将造成一波失业浪潮。而新产业、新业态发展迟滞，增长动力接续不足，特色产业没有形成有效增量，大部分产业处于产业链前端，企业运营成本高，抗风险能力弱，不能承担解决就业率等更多的社会责任问题，不利于社会稳定发展。所以在改革中，虽然现阶段已经关停、整改、搬迁一些企业，但由于以前对于落后产业尤其是煤炭产业依赖程度太大，造成如今严重影响居民生活水准和幸福指数。

（3）科技基础薄弱，科研能力不足。

①石嘴山市此前一直依靠煤炭资源发展，对于科技创新不够重视，没有公立高校，没有成熟的人才培养机制，科技基础十分薄弱。同时，因为不具有专业大型的科研团队，科研能力不足，使老旧产业升级转型、新产业、新业态发展受到制约。尽管近几年石嘴山市已经意识到这个问题，并积极寻求发展之路，2013 年起政府大力实施创新驱动发展战略，建立以企业为主体、市场为导向、产学研相结合的科技创新体系。

②强化企业技术创新的主体作用，加大政府扶持力度，建立企业后补助机制，依托中色东方、天地奔牛博士后工作站和西北骏马、兴平化工院士工作站，引导企业加大研究与试验发展（R&D）投入，落实各项科技、人才扶持政策，建立和完善人才激励机制，推行"人才 + 项目 + 平台"的人才引进机制，重点支持装备制造、新材料、电石化工、生物医药等企业建设各类工程实验室、工程研发中心和企业技术中心，支持企业开展技术研发、关键技术攻坚、新产品开发和成果转化。

③实施好"院地合作"计划，加快院士工作站和国家级重点实验室建设。落实与北京海淀区中海投资管理公司签订的《产业示范园区合作协议》，共同筹建"中关村石嘴山新

材料产业示范园"，推动中关村高端技术向石嘴山转移。但还未成功打造一支符合优势特色产业发展方向和需求的专业技能人才队伍。

（4）人才流失严重

在经济发展新常态、产业结构升级调整的过程中，经济形势不甚理想，导致石嘴山人才流失严重。我们对此问题进行了问卷调查。

通过调查发现，有66.5%的受调查人群因为个人发展、工作、家庭等各种原因有搬离石嘴山的打算（见图15、图16），仅有5%的受调查人群近期有在石嘴山购房的打算（见图17），当生活水准降低时有最大比例35.16%的受调查人群选择去外地寻找更为有发展、工资更高的工作（见图18）。

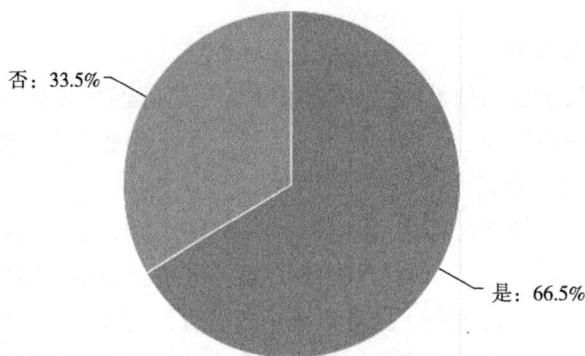

图15 是否有搬离石嘴山市的打算

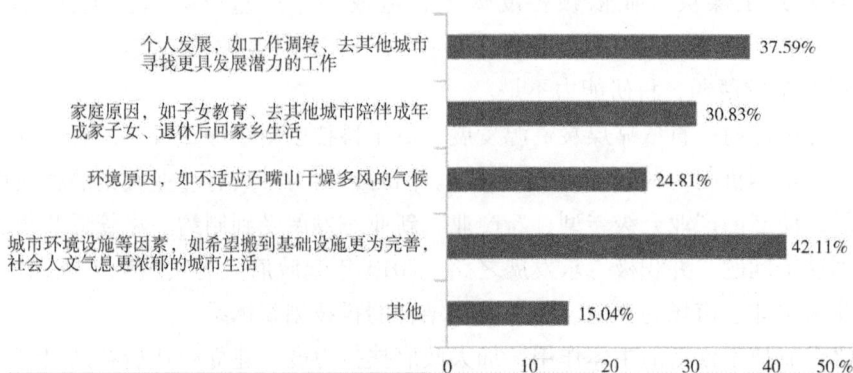

图16 搬离石嘴山的原因

由此可以明确的显示出石嘴山人口、人才流失情况的严重性。我们通过结合城市背景、实地访谈和思考认为除了石嘴山地处西北发展步伐较慢，近年经济环境不好居民收入普遍下降外，还与石嘴山自身是移民城市有很大的关系。石嘴山市从当年的戈壁发展为今天的工业化城市，是祖国各地千千万万有志青年来到这片热土建设的结果。由于祖辈离家来到这里，石嘴山人的"乡绅文化""土地情节"意识较为淡薄，所以当面对发展受阻时，很容易做出搬离石嘴山去外地寻求更好机会的决定。因此使石嘴山在发展中面临着严重的人才流失问题。

图 17 是否有在石嘴山购房的打算

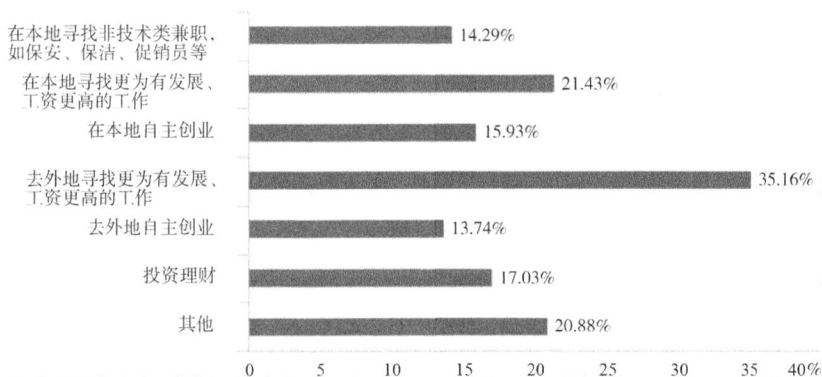

图 18 当生活水准降低是愿意通过何种方式提高生活水准

三、石嘴山市转型的可行性建议

（一）打造一支符合优势特色产业发展方向和需求的专业技能人才队伍

可通过加强与高校的密切合作，为高校科研成果提供产业化的便捷渠道和实验实习基地，与高校大学生深入交流，为人才的培养奠定基础。同时注意引进高技术人才，为他们提供更为优渥的条件，吸引其带动新产业的发展，以解决现阶段发展、民生等问题。

（二）重视旅游资源的开发利用

石嘴山市拥有得天独厚的国家 5A 级沙湖旅游资源——沙湖，对比同处宁夏的另一 5A 级景区沙坡头却略显逊色。沙湖不论在知名度、景区规划、交通便捷等方面都不及沙坡头。通过实地访谈，我们发现这与沙湖所属农垦集团不能与政府亲密无间地共同开发该旅游资源有很大关系。我们认为，应消除体制壁垒，合理规划旅游资源，加大宣传力度。除此之外，还应增强交通的便捷程度。宁夏尚未建成高铁，最快的直达列车大部分都途径沙坡头所在城市中卫，而石嘴山市却缺少这一有利便捷的条件。我们了解到石嘴山市规划建设沙湖机场，2016 年 5 月启动，且规模较小，班次较少，我们认为应加大力度推动铁路交通改革和连接周边城市的公路合理规划，以带动以沙湖为中心的周边特色旅游线。

（三）抓住"一带一路"机遇

宁夏属于"一带一路"18 个重点省份之一，应把握"一带一路"的机遇，大力发展相关行业，同时政府也应做出引导并给予便利。可以借力中阿博览会开放平台，争取承办中阿现代物流产业发展论坛、中国东西部开发区合作发展论坛等，宣传石嘴山、提高知名度、对接交汇点。争取在丝路沿线和东南亚地区对接一批友好城市，寻求合作。支持有条件的企业走出去，推进产业嫁接与合作，鼓励优势企业在丝路沿线国家和地区开展太阳能、现代农业、矿产资源开发和产业园区建设，参与海外并购、工程承包、技术服务、清真产业等领域贸易和投资合作，培育总部在石嘴山的跨国跨境公司。注重网络宣传，鼓励在境外建立名优产品展示中心和营销网络，开通网站英语、阿拉伯语等网页，并与自治区相关网站链接，畅通通对外网络通道。

（四）加大转型宣传力度

在问卷调查、走访调查中我们发现，大部分居民对于石嘴山市转型发展没有信心，更多的关注个人未来出路，所以会很容易地选择搬离石嘴山市。但在文件、文献阅读研究中我们发现石嘴山市在经济发展新常态的大环境下，已经在不断摸索、谋求转型，并发展了一些产业，对此居民并不是很了解。因此我们认为，政府应加大转型宣传力度，利用一些新媒体平台，如微信公众号、微博、直播等方式吸引民众关注转型举措，为转型建言献策，增强民众对于转型发展的信心，不仅利于减少人口流失，同时也有利于企业、品牌知名度的扩大。

参考文献

［1］李松林，等. 毛泽东思想和中国特色社会主义理论体系概论［M］. 高等教育出版社，2015.

［2］石嘴山党政门户网站. 一季度全市工业运行情况通报［R］，2016.4.

［3］石嘴山市国民经济和社会发展第十三个五年规划纲要［R］，2015.

［4］石嘴山市工业转型升级和结构调整实施方案［R］，2013.

［5］石嘴山市"十三五"规划纲要［R］，2015.12.

附录1

关于石嘴山煤炭产业发展对居民生活影响的调查

您好！我们是北京理工大学暑期社会实践团。非常感谢您在百忙之中填写这份问卷，我们调查的目的是为了了解石嘴山市煤炭产业的发展现状，以及煤炭产业发展状况对石嘴山居民生活的影响程度，并针对调查内容讨论石嘴山市经济发展的问题与未来。调查采取无记名方式，希望您如实填写，期待得到您的配合。谢谢合作！

1. 您的年龄是

A. 20 岁以下　　　　B. 20～60 岁　　　　C. 60 岁以上

2. 您的文化水平是

A. 小学　　　　B. 初中　　　　C. 高中、中专　　　　D. 大专、本科及以上

3. 您的职业是

A. 煤炭企业员工

B. 非煤炭企业员工（跳转第 5 题）

C. 退休职工（跳转第 7 题）

D. 学生（跳转第 7 题）

4. 您所在的岗位是

A. 一线　　　　B. 二线　　　　C. 机关　　　　D. 后勤

5. 您的职位是

A. 工人　　　　B. 基层干部　　　　C. 管理层干部

6. 您三年前（2013 年）的月收入大概在

A. 2 000 元以下　　B. 2 000～4 000 元　　C. 4 001～8 000 元　　D. 8 000 元以上

7. 您目前的月收入大概在（多选）

A. 2 000 元以下　　B. 2 000～4 000 元　　C. 4 001～8 000 元

D. 8 000 元以上　　E. 职务变更

8. 您三年前（2013 年）的平均外出就餐聚会频率为

A. 一周 5 次及以上　　　　　　　B. 一周 1～4 次

C. 一月 1～3 次　　　　　　　　　D. 多月 1 次

9. 您近一年的平均外出就餐聚会频率为

A. 一周 5 次及以上　　　　　　　B. 一周 1～4 次

C. 一月 1～3 次　　　　　　　　　D. 多月 1 次

10. 您三年前（2013 年）每个月平均添置新衣金额为

A. 3 000 元以上

B. 1 001～3 000 元

C. 500～1 000 元

D. 500 元及以下

E. 较三年前职务变更

11. 您近一年每个月平均添置新衣金额为

A. 3 000 元以上　　　　　　　　　　B. 1 001 ~ 3 000 元

C. 500 ~ 1 000 元　　　　　　　　　　D. 500 元及以下

12. 您近期选择在石嘴山购房的原因有

A. 居住需要

B. 房价便宜，可以负担

C. 有投资潜力

D. 生活便利

E. 其他

F. 无购房计划

13. 您打算搬离石嘴山的原因有（多选）

A. 个人发展，如工作调转、去其他城市寻找更具发展潜力的工作

B. 家庭原因，如子女教育、去其他城市陪伴成年成家子女、退休后回家乡

C. 环境原因，如不适应石嘴山干燥多风的气候

D. 城市环境设施等因素，如希望搬到基础设施更为完善，社会人文气息更 浓郁的城市生活

E. 其他

F. 无搬离石嘴山的打算

14. 若生活水准降低，您打算寻找机会提高收入（可多选）

A. 在本地寻找非技术类兼职，如保安、保洁、促销员等

B. 在本地寻找更为有发展、工资更高的工作

C. 在本地自主创业

D. 去外地寻找更为有发展、工资更高的工作

E. 去外地自主创业

F. 投资理财

G. 其他

H. 无改变现状的打算

15. 您对近五年内石嘴山市煤炭行业发展的看法

A. 效益上涨　　　　　　　　　　　　B. 停滞不前

C. 小幅衰落　　　　　　　　　　　　D. 大幅衰落

E. 没有感觉　　　　　　　　　　　　F. 对煤炭行业不了解

16. 您认为石嘴山市有哪些具有潜力的行业（可多选）

A. 农业产业化

B. 钢铁行业

C. 化工行业

D. 新能源产业

E. 旅游业（沙湖及其他景区）

F. 其他

17. 您理想的生活是什么样的

A. 温饱有保障，简单温馨

B. 有部分存款，优渥随意

C. 有大量财富，富裕奢侈

D. 其他

18. （简答题）您对石嘴山市产业结构调整有什么建议

附录2

实验调查访谈提纲

访谈对象：宁夏石嘴山市大武口区审计局局长闻东尧。

访谈形式：实地采访。

访谈时间：2016年7月21日。

问题设计：

1. 我们从门户网站了解到当地政府提出了产业、民生和生态"三大转型"。产业转型是全国都在倡导的，可以算是经济新常态的内核，不难理解政府的重视。那么强调民生和生态是出于何种原因？这二者和产业转型有什么必然的联系，又有哪些区别？二者在执行推进上和产业转型又有什么不同的政策？

2. 在产业转型的具体实施上，我们了解到政府把产业项目作为推动发展的重要载体，有哪些比较突出的成果？有哪些推进比较成功的项目？同时政府也提出要改革产业项目考核体系，新的考核标准落实得如何？

3. 国家和自治区出台了《关于创新体制机制促进人才与经济社会协调发展的若干意见》，说明很重视人才的引进。但我们在问卷调查的过程中发现：如果生活水准降低，超过1/3的样本都选择去外地寻求发展，甚至超过半数的样本都表示有搬离石嘴山的打算。针对这一现象，政府有什么具体的措施减少人才的流失？

4. 国家提出"一带一路"战略构想，宁夏被圈定为18个重点省份之一。在寻找产业转型出路的过程中，石嘴山市政府有没有抓住机遇利用这一便利？相关的政策有哪些？是否已经具体实施？

5. 通过调查发现，市民对政府关于产业转型的相关政策了解较少，这一定程度上影响了市民对石嘴山市发展的信心。政府准备或已经通过哪些途径加大宣传力度给市民以信心？

实践·足迹

纵有"青年服务国家"的豪情万丈，却也有"赤子反哺家乡"的柔情万种。宁夏回族自治区石嘴山市曾依托得天独厚的无烟煤资源文明中外，有"塞上煤城"的美誉。如今却在经济发展新常态的大环境下，遭遇发展瓶颈。带着对昔日辉煌"煤城"的深切关怀，实践团一行5人积极响应"青年服务国家"的号召，在家乡石嘴山市展开形式多样、科学严谨的社会调研，深刻思考分析经济发展新常态下资源枯竭型城市转型现状，力求为家乡利用自身地理优势、结合现有资源条件，实现产业升级和结构转型建言献策。

一、相聚，为了共同的期待

实践团团员们来自五湖四海，除团长是土生土长的石嘴山人外，团员们分别来自河南、甘肃、新疆。如石嘴山精神"五湖四海，自强不息"一样，团员们相信，虽力量微小，也可服务国家。当实践团团长结合已经收集到的信息提出选择"美丽中国生态科考"这个专题并且立足资源枯竭型城市现状开展调研时，团员们一致同意，抱着对石嘴山市发展的深切关怀，带着极大的热情，投入到社会实践的策划与前期准备中。

为了留有充足的准备时间并且方便成员集体返校，实践团社会实践安排在了开学前夕。同时在此之前相继讨论确定了调查方法、流程，设计完成先行在网上发布并收集了调查问卷，同时明确了团队各个成员的分工，力求每个人都能全面深入地参与社会实践的各个环节。讨论的过程中团员们积极建言，每个人对完成自己的任务、实地调研很有信心。当然讨论的过程中也有过一些分歧，比如：实践团团长比较了解当地情况，并且承担了联络调研单位和访谈对象的任务，他认为在调查当地产业转型的过程中需要对政府、企业和居民展开三方面的调研。团员中有人质疑，将获取信息量较少且不准确的居民列为单独的一方面有无必要，并且担心对居民的调研影响整个调研结果的科学性和真实性。但从团长那里了解到煤炭产业一度作为石嘴山市的支柱产业，与居民生活息息相关，石嘴山市对于煤炭产业依赖度极高，所以当谋求转型之路必须降低煤炭产业比重时，居民生活将会受到一定程度的影响。团员们改变了想法，最终同意团长提出的更为全面的调研对象。类似的分歧不在少数，但也是团队成员思想碰撞的大好机会。在激烈而理性的讨论中，实践团最终制订兼有科学性和实践意义的完整的实践流程，为后来进一步的实地实践做了充足的准备。

二、践行，方知石嘴山市的处境

按照原定的计划，7月19日晚，先遣小分队经过长途跋涉到达石嘴山市。

经过一晚的休整，7月20日上午，团队成员不顾旅途劳累，马上开始了实践活动。通过各种途径集中查阅了相关的资料，加深了对实践主题和目的的理解，厘清了社会实践进行的思路。成员分工完成了调查问卷的设计、排版和印刷。简单休息调整后，团队成员前往社会调研地点。

考虑到人流的密集程度，团队成员先到达了石嘴山市步行街进行问卷的分发和随机的采访。我们分别前往影院、商场，同时在街道上寻找调研对象，尽量保证样本的随机性和广泛性，保证调查结果合理。随着商场陆续结束营业，我们又去往晚上活动人口更密集的青山公园，市民们积极配合，实践团顺利收集了大量的样本。由于之前利用网络也进行过样本的广泛收集，团队成员商量决定结束社会调研，回到驻地进行调研结果的整理和分析。

率先到达的团队成员利用这段时间进行了有效的社会调研，收集了必不可少的广泛的社会样本，为接下来的社会实践活动打下了坚实的基础。

7月21日，前一天的社会调研加深了团队成员对经济新常态下石嘴山市产业转型具体情况的了解，但成员们也因此产生了一些疑问。在对问卷结果深入分析的基础上，团队成员带着问题和想法前往神华宁夏煤业集团金能分公司和石嘴山市大武口区审计局进行了更加深入的访谈。

21日上午，天气凉爽。团队成员乘车从石嘴山市大武口区前往位于石嘴山市惠农区的神华宁夏煤业集团金能分公司。公司社会事务管理中心人力主管潘洁萍热情地接待了实践团一行，带领实践团队参观，介绍石嘴山煤炭企业的发展现状，团员们后又针对企业自身如何谋求改变等提出了相关问题，她给予了详细解答。

回到驻地后，团队成员总结了上午访谈的经验，针对下午将要进行的访谈准备了一些问题后。

下午，实践团队又来到石嘴山市大武口区人民政府，采访大武口区审计局局长闻东尧，了解经济新常态下政府方面对于产业转型有哪些作为和规划。闻局长十分乐意回答实践团的问题，他全面介绍了石嘴山市的产业结构现状，为实践团提供了详尽的相关资料；同时针对实践团员在资料查找、问卷调查期间产生的疑问做了深入浅出的解答。通过对政府工作人员的访谈，团队成员解决了一些疑惑，受到启发，对实践的主题形成了深刻的理解，开始尝试提一些建议为产业转型谋求出路。

通过对政府和企业两方面的调查，为团队成员对实践主题的理解提供了两种视角。通过对以神华宁夏煤业集团金能分公司为代表的企业进行调查访谈，实践团队深入了解了煤炭产业的发展现状，以及煤炭企业在经济新常态下谋求自身改变发展的决心和途径。石嘴山市大武口区审计局局长闻东尧谈到"产业转型要以民生和生态为落点，由政府牵头，带动企业发展"，要"形成阶梯式的产业结构，延长产业链"。在与闻局长的谈话中，实践团成员也了解到政府十分重视产业转型，提出针对石嘴山具体情况的"三大转型"，并积极招商引资，利用经济新常态的大环境为石嘴山市产业转型谋求新出路。

回到驻地，团队成员总结了近两天来社会实践的收获与经验，讨论分析了调研结果，形成了调研报告，为石嘴山市产业转型建言献策，力求为经济新常态下家乡的发展做出点滴贡献。

8 月 20 日至 22 日，为期 3 天的北京理工大学材料学院张宇清赴宁夏石嘴山市社会实践团的社会实践活动圆满结束。但实践团成员们的思考没有结束，团员们深刻意识到："青年服务国家"不能只是口号，"青年造就未来"义不容辞！

三、沉思，实现实践的意义

无论是前期的实践准备还是之后的实地调研，都按照团员们预先的安排有条不紊地进行，但在后期对调研结果的思考和分析过程中，实践团还是发现了实践过程的一些不足，比如：团员欠缺调查访谈的技巧，面对访谈过程中的突发问题不能及时解决，浪费了一些时间；调查问卷分发的对象出现年龄的断层，使得团队成员二次收集样本以保证样本的随机性和广泛性，等等。团员们认识到要从这次实践活动吸取经验教训。难得的是团员及时发现并改正错误，形成了良好的反思补救机制，确保了此次实践活动顺利进行。

对于实践活动，团员们也都形成了自己的思考和见解，收获颇丰。大家通过此次活动提高了能力，更重要的是丰富了阅历。

🍃 实践·品悟

正确衡量自己，发挥自己专长

2015 级本科生，高分子材料与工程专业 杨岳

人生路上故事多，年轻时代正是一个只懂得经历、不感叹苦难的时代。为期 3 天的暑期实践接近尾声，但这次社会实践带给我的认识和影响却远没有结束。3 天的实践时间不算很长，过程也因为有相关人员的协助没有太难开展，在具体的各项活动中，我认识到自己在相关方面的能力还存在不足。比如，在阅读较长篇幅文章的时候，不能很好地掌握到文章的重点；处理问题不够成熟，实践经验不足等，但本次实践也锻炼了我的一些能力，增长了我对社会产业结构转型的相关认识。通过社会实践活动，我明白了一个团队的重要性。社会实践教会我的是零碎但却实用的、书本上没有涉及的知识。现在的社会和工作都比较看重学生的动手能力。作为一名大学生，我们应该尽可能抓住提升自我的机会，正确衡量自己，充分发挥自己的专长，以便能更好地融入社会。

大学生应关注民生生态问题

2015 级本科生，新能源材料与器件专业 张宇清

本次为期 3 天的社会实践，我选择走进家乡，去了解我生长的地方。大概 40 年前，因为我祖父在矿井中工伤去世，祖母没有办法在老家独自支持家庭，所以带着 4 个儿女来到宁夏石嘴山市接替祖父的工作。我的姑姑、大伯也先后成为煤炭企业的一名员工，后又因为工作事故、疾病去世。还记得小时候，同学的父母、亲戚总有在煤炭产业工作的人，

大人们也是以在煤炭企业工作为荣。可现在，石嘴山市支柱产业的最大企业——神华宁夏煤业集团关闭了在石嘴山市的大部分矿井，从而导致石嘴山市经济十分不景气，许多人搬离了石嘴山市。我想搞清楚这座我的祖父辈、父辈背井离乡献青春、献生命、献子孙来建设的城市究竟出了什么问题。

通过问卷调查、走访企业、深入访谈等多种调查方式，我们发现现在面临的困难很大原因是因为当初对于煤炭资源依赖程度过高，导致煤炭行业出现问题时，其附属的煤炭加工企业、煤机企业等也随之出现问题。所以，产业升级、产业结构转型之路道阻且长。在与政府部门相关领导的交流中，我们除了提出疑问，也提出了一些自己的建议和看法，提出了一些新的思路。

这次实践让我深切感受到大学生不应该只局限于眼前的三尺书桌，也应该关注民生生态的问题；不仅要学好知识，更要懂得融入社会；并且，通过我们的调研和努力是有可能实现自身价值的，服务国家社会的。

青年服务国家，青年造就未来

2015 级本科生，高分子材料与工程专业　张莹

实践，就是把所学的理论知识运用到客观实践当中，使自己所学的理论知识有用武之地。在这次赴石嘴山的实践活动中，我受益颇深。本次社会实践通过问卷调查、走访企业、深入访谈等方式，对以煤炭产业为支柱产业的石嘴山市如何在经济发展新常态下实现产业结构转型的问题进行了探索。我们在基于各自对这个问题的初步理解上，对收集到的资料和问卷进行了认真的分析整理，并对石嘴山市现有产业结构提出了一些创新思路和可行性建议。

通过这次社会实践，锻炼了我们独立的个性。在离开了学校老师后，我们依然能够凭借自己的努力增进对社会的了解。也提高了自己实际操作的能力，并且掌握了一些以前不会的技能。我想，社会实践的意义就在于让我们锻炼自己，令人高兴的是，我们做到了，在实践中，每个人都竭尽全力，我们更加深刻地明白：青年服务国家，青年造就未来！

实践团成员：张宇清　杨岳　张莹　艾丽菲亚　努尔加依那提·努尔动

锦绣河山之大美——峨眉山的保护者

实践·报告

我们团队以峨眉山和青城山为实践地，调查旅游景区环境保护情况，对峨眉山、青城山的垃圾处理情况和环境情况进行了分析，提出了景区改善环境的可行性措施。通过调查问卷的形式了解当地居民和观光的游客对景区的看法，通过摄影等方式记录了一些环境存在的问题并反馈给有关部门；通过对在所实践地的旅游景区进行文明旅游的有关宣传和调查，提高人们对于文明旅游的关注程度，使人们意识到保护旅游资源和环境的重要性，进而规范自身行为成为文明旅游的支持者和执行者。实践小组从实际出发，向有关部门提出了切实可行的建议。

一、调研综述

（一）调研时间及方法

1. 调研时间

调研时间如表 1 所示。

表 1　实践时间表

时间段	调研方法
7 月 5—7 日	实地调查，前往实践地
7 月 8 日	上网或前往新华书店查阅相关资料，分发调查问卷
7 月 8—15 日	分析总结所得数据
7 月 16 日	将纸面资料输入电脑并打印

2. 调研方法汇总

（1）文献资料法：通过文献、统计数据、相关著作等途径采取、收集和统计八里湖新区建设相关信息。

（2）调查问卷法：采用网上发放的方式完成问卷的填写与收集，并保证多层次、多阶段的调查对象，以此确保调查结果的准确性，与全面性。

（二）调研目的

成员们了解到，随着旅游业的发展，一些旅游景区以及周边的环境恶化，自然环境受到了严重破坏，环境的损害不仅会阻碍旅游业本身的发展与协调，而且也会给众多方面带来难以计数的负效益。为了进一步了解景区现状，我们开展暑期赴四川的社会实践，旨在进一步了解景区环境现状以及所采取的措施，同时提高旅客环保意识。

二、调研成果

（一）峨眉山、青城山景区调查背景

1. 地理位置

（1）峨眉山在四川盆地西南部，地处长江上游，屹立于大渡河与青衣江之间，在峨眉山市西南 7 公里，东距乐山市 37 公里，是著名的佛教名山和旅游胜地，有"峨眉天下秀"之称，是一个融佛教文化与自然风光为一体的国家级山岳型风景名胜区。

（2）青城山位于四川省都江堰市西南，成都平原西北部边缘，青城山—都江堰风景区内。东距成都 68 公里，距都江堰市区 16 公里。

2. 自然环境

（1）峨眉山山区云雾多，日照少，雨量充沛。平原部分属亚热带湿润季风气候，1 月平均气温 6.9℃，7 月平均气温 26.1℃。因峨眉山海拔较高而坡度较大，气候带垂直分布明显，海拔 1 500～2 100 米属暖温带气候；海拔 2 100 米～2 500 米属中温带气候；海拔 2 500 米以上属亚寒带气候；海拔 2 000 米以上地区，约有半年为冰雪覆盖，时间为 10 月到次年 4 月。

峨眉景区随海拔高度的不同，呈现不同的气候特征。清音阁以下为低山区，植被葱郁、风爽泉清，气温与平原无大差异，早晚略添衣着即可。清音阁至洗象池为中山区，气温已较山下平原低 4℃～5℃，游客需备足衣物。洗象池至金顶为高山区，人行云中，风寒雨骤，气温比山下报国寺等处低 10℃左右。山上为游客准备了大量棉大衣，可供游人租用。峨眉山中间有一条"界线"，山下被称为"阳间"，山上被称为"阴间"。积云有一定的重量，所以在峨眉山的那条界线的位置。因此，游人在金顶时时常会听见雷声，但只有"阳间"在下雨，"阴间"不会下雨。

峨眉山植被特征为：生物资源非常丰富，是一座天然的动、植物博物馆。峨眉山海拔 3 099 米，亚热带、温带、寒带三个气候带兼备，雨量充沛。中、酸、碱性土壤 3 种兼有，其自然条件非常适宜各类植物的生长。全山森林面积达 677 平方千米，森林覆盖率为 87%，绝大部分为常绿针叶和阔叶混交林，拥有珙桐、水青树等珍稀植物，被誉为"植物王国"和"绿色宝库"。峨眉山位于多种自然要素（地质、地理、气候等）交汇地区，形成了丰富的植物种类和复杂的区系成分。地质时期峨眉山地区历经多次海陆变化，早侏罗世至晚白垩世是该地区孕育现代植被类型的关键时期。由于地处康滇古陆北缘，峨眉山植被继承了丰富的古热带区系成分，伴随新近纪的河流侵蚀和冰川作用以及北半球古气候的冷暖交替，峨眉山以其独特的地理、地貌和小气候等自然因素成为许多（北方）古近纪植物的避难所和新植物类群演化的摇篮，致使现代峨眉山的植物区系成分更加复杂和多

样化。

峨眉山具有世界上典型的、保存完好的亚热带植被类型，具有原始的、完整的亚热带森林垂直带谱。峨眉山植物物种多样性造成了群落组成结构的复杂性和群落类型的多样性。峨眉山的森林植物群落具有乔木、灌木和草地等各层发达且结构完整的特点，各层种类很少由单一的优势种组成，通常为多优势种（李旭光，1984；黎昌谷，1990；谷海燕、李策宏，2006）。从低至高由常绿阔叶林—常绿与落叶阔叶混交林—针阔叶混交林—亚高山针叶林形成了完整的森林垂直带谱，构成了生态多样的峨眉山自然景观，当属世界亚热带山地保存最完好的原始植被景观之一。

（2）青城山景区地处四川盆地西部边缘山地著名的"华西雨屏带"的中北段，30°54′N和103°35′E。全山有36座山峰，诸峰环绕状如城郭，山上树木茂盛，终年青翠，故名青城。全境保护面积1 522平方千米。区内气候温和湿润，属亚热带温湿型气候，年平均温度15.2℃，最热月极端温度34.2℃，最冷月极端温度 – 7.1℃；平均相对湿度81%；年降水量1 225.1毫米；无霜期271天（数据由成都市气象局提供）。青城山地质地貌上以"丹岩沟谷，赤壁陡崖"为特征，土壤类型主要为山地黄壤，母岩为侏罗纪紫色砂岩、泥岩和砾岩的坡积物。

3. 环境现状

我们刚进入峨眉山景区时，道路十分清洁，每隔20米左右设置一个垃圾桶，而且垃圾的分类很完善。但是常有环卫工人吊在舍身崖上，捡拾游客扔下的各种垃圾，他们被人们亲切地称为"崖壁上的舞者"。

沿山路徒步行走，我们可以看到清洁人员在捡拾垃圾，而其中大多数垃圾都是游客随手丢弃的塑料瓶、塑料餐盒、食品包装袋和纸巾等。清洁人员每日需要多次捡拾垃圾，集中的垃圾会专门的车运送到处理厂，其中的工程量可想而知了。

走进峨眉山生态猴区，我们发现这里并没有设置垃圾桶，游人手中握着大量的包装纸无处丢弃，正是因为这样，大多数游客就随手将垃圾袋包装纸丢弃在路边。除此之外有些包装纸没打开就被猴子们抢走，而猴子们并没有环境保护意识，基本上直接丢弃在路边或者林中，这也是景区中包装袋垃圾无法完全避免的一部分原因。

随着海拔的升高，游客数量不断减少。可是垃圾却越来越多，随处可见。我们途中路过一座亭子，发现几只猴子正在垃圾桶旁边翻找，垃圾桶被翻倒在地上，垃圾撒得到处都是，我们看到时，猴子还在牛奶盒中喝残余的牛奶。在这里，猴子们对环境的影响远远超出游客，它们无意识地索取食物，而再加上清洁管理的不到位，海拔较高处的环境状况难以得到保障。

在山顶上，一名年过四旬的中年环卫工人，站在安全栏杆外的悬崖边，冒着随时会坠崖的危险，清理着游人随手扔下的各式各样的垃圾。这位年逾四旬的环卫工人站在悬崖边手握着一根木质长钩，把栏杆外侧的垃圾钩起。他清扫完一处，又继续在崖道边伸手捡起扔在草丛的香烟头。接着，他蹲下身，手伸向更远处，掏出藏在更深处的垃圾。

实践团成员们通过与工作人员交谈得知，这些被称为"蜘蛛侠"的环卫队员，一般一周下崖两三次，如果云雾太大视野不清，或是下雪结冰，出于安全考虑就不下去了。最开始只用安全绳，身后要有 10 多个人拉着，2008 年开始有了专业的攀岩登山绳，一个人就可以上上下下了。而下崖最深的地方有 200 多米，往返作业一次一般都在 3 小时左右，每年下崖 80 多次，每年清理悬崖的垃圾有 3 吨多。

青城山景区中我们看到的垃圾桶以及环卫工人很少，但是，景区游客的垃圾非常少。实践团非常疑惑，因此随机采访了几个环卫工人以及游客，我们得知，景区中垃圾少时，游客们也会产生一种心理敬畏感，由此，便不会随手将垃圾扔掉，而景区自然而然地就变得整洁干净了。

（二）景区当地主管部门

1. 环境管理部门

主管峨眉山景区环境的是峨眉山市环境保护局，该局是峨眉山市人民政府实施环境保护的行政主管部门，主要是依照国家的环境保护法律法规，对全市环境保护工作实施统一监督管理，防止污染和其他公害，保护和改善生活生产和生态环境，保障人民的健康，促进经济和社会事业的全面发展。

其主要职责为贯彻执行国家、省有关环境保护的方针、政策和法律、法规、规章；负责环境保护投资管理；负责全市环境污染防治和监督管理；负责全市环境监测、统计和信息发布等。

2. 旅游管理部门

峨眉山市旅游局是隶属峨眉山市人民政府的事业机构，代表市政府行使旅游行政管理职权。其服务职责主要是：（1）贯彻国家旅游政策法规，制定并实施本市范围内的旅游管理措施。（2）制定和指导实施峨眉山市旅游总体规划。（4）负责全市旅游资源普查及开展资源保护。（4）负责旅游人才培训教育工作。（5）负责旅游统计、旅游安全工作。（6）负责制订全市对外旅游宣传促销工作计划并组织实施。（7）负责旅游饭店服务质量管理及旅游星级饭店的评定和推荐工作。（8）负责旅行社管理及初步审定旅行社或门市。

（三）环境保护建议

针对实践团所调研到的峨眉山景区的环境状况，我们集思广益，提出以下意见与建议：

（1）环境管理部门以及旅游管理部门双管齐下，共同治理。

（2）完善法制体系，颁布有效的管理条例以及赏罚分明的管理措施，以保证高效有力地打击破坏环境的行为，对环境保护采取有效的景区奖励，奖罚分明更能调动景区部门以及群众对环境保护的积极性。

（3）增设保洁员，完善垃圾处理体系，保证从垃圾产生的那一刻直至被粉碎填埋，做到快速而有效。

（4）加大环境保护宣传力度，用轻松但含义深刻的标语提醒人们要自觉保护环境；对待破坏环境的游客，景区应当适当给予惩罚，并向有关部门备案。

674 ·

（5）景区应适当调整景区的游览方式，比如，是否可以针对猴园制定一套独特的治理改善方案，如购买无包装的食物，不允许私自携带带有包装的食物等，既满足游客的游览欲望，又可以改善景区环境，维护景区的卫生整洁，同时为景区的猴子提供较为自然清洁的生活环境，预防传染病的发生与扩散。

（6）作为游客来说，保护环境人人有责，每个游客都要爱护景区中的一草一木，尽量减少垃圾，并及时将废弃的包装和废物扔进垃圾桶，遵守景区管理条例，服从管理，积极配合景区人员开展垃圾治理以及环境保护工作。

三、结　论

经过 10 天的实地调研与调查，实践团对峨眉山以及青城山景区等的环境状况、治理措施和游客行为有了较为深刻的认知，同时也对环境保护有了独到的体会。

环境保护一般是指人类为解决现实或潜在的环境问题，协调人类与环境的关系，保护人类的生存环境、保障经济社会的可持续发展而采取的各种行动的总称。其方法和手段有工程技术的、行政管理的，也有经济的、宣传教育的等。

党的十八届五中全会会议提出：加大环境治理力度，以提高环境质量为核心，实行最严格的环境保护制度，深入实施大气、水、土壤污染防治行动计划，实行省以下环保机构监测监察执法垂直管理制度。

对景区来说，环境保护尤为重要。良好的环境利于游客身心健康；同时，也能有效地促进经济可持续发展进程，并对经济政治产生积极的影响。由此可见，环境保护成为当务之急。

峨眉山作为世界文化与自然双重景区，国家 5A 级景区，四大佛教名山之一，其以环境优美著称，若被垃圾包围，环境治理不当，不仅会阻碍旅游业的可持续发展，也会对当地的生态环境产生各种负面影响，更严重的是将会影响植被土壤的状况，降低生态系统的自我调节能力，所以，环境保护，从我做起，刻不容缓。

从我们的实践结果来看，环境管理部门以及旅游景区也在积极地采取措施，并努力地改善景区当前状况，给游客们提供一个更加干净整洁优美的旅游环境。同时，对周围村庄村民也应进行环保方面的教育，提醒他们切忌以眼前的利益为重，将眼光放长远，共同为家园的环境治理做出贡献。

作为游客要明白，保护环境人人有责的意义，若每个人都提升了环境保护意识，约束自己的行为，景区便会更加美丽清洁。愿我们的环境越来越好，愿我们的祖国大地每时每刻保持年轻姿态，充满活力与生机。

实践·足迹

我听见一声鸟鸣穿越城市的围墙，我听见远方传来溪流的声音；远处的树林，流动的河水，都在呼唤我的姓名。这一次，我们离开城市，走进山林。

改革开放以来，随着我国经济高速发展人民生活水平提高，外出旅游逐渐成了人们在空闲时间缓解压力、放松身心的重要方式。近几年，我国旅游业迅速发展，公民的旅游文明素质和道德水平在不断提高。随着人们对现代生活的反思，环境意识逐日深入人心，旅游者追求优良旅游环境的愿望也更为强烈。但从整体上看，我国公民的文明素质与快速发展的旅游业还不能够同步。众所周知，旅游的发展一方面依赖于环境；而另一方面，由于旅游环境的脆弱性，旅游发展又给旅游环境带来破坏和影响。旅游对环境尤其是自然环境造成的严重破坏不仅会阻碍旅游业本身的持续发展，而且也会从多方面带来相关的负效益。

据我们了解，每年国庆长假，峨眉山总会吸引数以万计的游客来此观光。而在海拔3 079米的金顶，几十位的悬崖清洁工多年来一直默默坚守在岗位，清理着护栏外的垃圾，只为游客能饱览干净、整洁的峨眉胜景。为了进一步了解景区现状，我们开展暑期赴四川的社会实践，旨在进一步了解景区现状，提高游客环保意识。

一、组建团队

早在5月10日，绿萌成员王路、魏爱玲就已确定实践选题，随后招募成员闫科嘉、王泽芊和李鸣越。各位成员因共同热爱公益、致力环保而聚集在一起，希望为景区的环保和生态保护方面贡献出自己的一份力量。截至5月20日，实践团成员招募完毕，实践团成员较为详尽地规划了团队行程与路线，印制了关于景区环境状况的调查问卷，并参与了实践策划。5月末，实践团成员参加了暑期社会实践动员大会，随后，各成员参加了学校组织的各项培训，掌握了基本的实践方法，为实践做了较为充分的准备。因为了解到峨眉山地势险要，海拔较高，恰巧暑期又是时雨季节，山路难走，因此，成员经过商量决定将原订的出发日期提前到7月3日。

二、实践调研

第一站：峨眉山

7月3日一早，实践团全体成员准备好实践所需用品后在校区门口集合，立即动身前往北京站，乘坐当日的火车前往成都。第二天一早，实践团抵达成都火车站，随后乘坐高铁前往峨眉山站。经过超过24小时的旅程，我们一行五个人终于在晚上到达峨眉山市。当晚我们入住了峨眉山脚下的一家酒店，并向附近的当地居民询问有关峨眉山的环境情况，并了解了一些当地的宗教文化与风俗，为后续工作做好了铺垫。在进行这次实践前，我们根据实际可行性考虑，决定从实地考察、面谈访问、发放问卷、游客调查四个方面展开本次的调查研究。

第二天一早下起了小雨，队员们吃过早饭后，准备好雨具等必需品轻装上阵。8点左右，全体成员到达景区并买好景区门票。首先实践团成员对游客发放调查问卷，并用问答形式与游客们进行交流，了解各类人群对景区情况的满意程度及改善建议；接着咨询内部工作人员，深入探究景区环境保护相关措施；最后在整合相关问题与游客意见之后，与部分管理人员进行访谈，提出问题和建议，并表示随后会将调查结果及时反馈给管理部门。

进入景区后本次实践就正式开始。刚进入景区时，实践团成员发现道路十分清洁，更让我们感到惊讶的是每隔20米左右便设置了一个垃圾桶，而且垃圾的分类很完善。但是随着不断地攀爬和深入调查，我们发现环境保护情况并不是那么理想。沿山路徒步行，可以看到清洁人员在捡拾垃圾，垃圾大多都是游客随手丢弃的塑料瓶、塑料餐盒、食品包装袋和纸巾。通过询问我们了解到，清洁人员每日需要多次捡拾垃圾，集中的垃圾会有专门的车运输，工程量很大。

当我们到达峨眉山生态猴区时，正赶上中午猴子出来讨食。我们发现到可供游客喂食猴子的猴粮的包装袋是牛皮纸。可能考虑到猴子的原因，在这一片区域并没有设置垃圾桶，游人手中握着大量的包装纸无处丢弃，他们中的大多数人就直接丢弃在路边，有的食物包装纸没打开就被猴子们抢走，猴子吃完之后就直接丢弃在路边或者林中。随着海拔的升高，游客数量不断减少，可是垃圾却越来越多。途中路过一座亭子，发现几只猴子正在扒垃圾桶，垃圾桶翻倒在地上，垃圾撒得到处都是，我们看到猴子还在摄食牛奶盒中残余的一些牛奶。

由于当天天气状况并不理想，实践团成员在两点左右才到达峨眉山金顶。我们看到一名年过四旬的中年环卫工人，站在安全栏杆外的悬崖边，冒着随时会坠崖的危险，清理着游人落下的各式垃圾。这位年逾四旬的环卫工人站在悬崖边手握着一根木质长钩，把栏杆外侧的垃圾钩起。这名环卫工人戴着口罩，身穿橙色的环卫衣，戴着环卫白手套，穿着黑色长裤，手中握着一根木质长钩，走在栏杆外狭窄的崖道上。实践团成员在现场看到，环卫工人清扫完一处，又继续在崖道边伸手捡起扔在草丛的香烟头。接着，他蹲下身，手伸向更远处，掏出藏在更深处的垃圾，在他身旁，就是几十米高的悬崖，整个过程十分惊险。待悬崖边清理干净后，他单腿跨过栏杆，用长钩支地，另一只脚使劲一蹬，爬回到安全栏杆内，动作显得很熟练，实践团成员都为他的"高空作业"捏了一把汗。看到这种情况成员们都感慨万分，然而，在各地风景区，由于游客随手丢弃垃圾导致清洁工"冒险捡拾"，事故时有发生。成员们通过与工作人员的交流得知，"蜘蛛侠"一般一周下崖两三次，如果云雾太大视野不清或是下雪结冰，出于安全考虑就不下去了。最开始只用安全绳，身后要有10多个人拉着，2008年开始有了专业的攀岩登山绳，一个人就可以上上下下了。而下崖最深的地方有200多米，往返作业一次一般都在3小时左右，每年下崖80多次，每年清理悬崖的垃圾有3吨多。

通过猴区通往山上的路上是我们看到的垃圾最多的地方，我们后来返回此处调查的时候，看到好多清洁工阿姨在艰难地清扫包装纸。路边的包装纸还算是好清理，但是被猴子带入山中的就很难再被清理出去了。再加上猴子会破坏路边的垃圾桶等设施，这一片的环境并不能像其他区域一样通过设置很多的垃圾桶解决，只能依靠游人的自觉和环卫工人的努力，毕竟猴子没有环保的意识。但是环卫工人的努力并不能完全保障环境，更多地需要游人的自觉来尽量减少垃圾。

第二站：青城山

经过一晚的休息，7 月 6 日，实践团全体成员前往火车站，乘坐当日的高铁返回成都。当晚入住了成都市内的一家酒店后，实践团成员对峨眉山的全部实践内容进行了汇总、整理。由于到达四川后大部分时间都是雨天或者阴天，为了保证实践团成员的安全，7 月 7 日，全体成员留在成都市内休整，等待天气稍晴再向第二站出发。

7 月 8 日，天气稍晴，早起经过商量后我们决定在中午之前赶到都江堰。最终赶在 10 点之前到达都江堰车站，在都江堰短暂停留并稍作游览。在都江堰短暂的游览过程当中实践团成员发现，都江堰景区内大部分路面上都很整洁，只有少数较为隐蔽的树林中有少量垃圾，景区内整体卫生情况还是不错的，可是与景区一门之隔的景区外广场上卫生情况就不是很好了，尤其是入口售票处两侧的商店和摊位处。

到达青城山后，在青城山脚下有不少长驻在此的服务工作人员，工作人员对山上山下的情况都比较熟悉，非常热心并且认真地填写了我们事先准备好的问卷，不少工作人员还留下了关于景区生态环境保护的建议。由于山脚下的游客都还没有进入到青城山游玩，对于里面的情况还不怎么了解，所以我们就简单询问了部分游客几个问题，例如，从景区入口到山脚这里的环境保护感觉如何，对热门景区的生态环境保护有什么看法，有没有觉得很不错的景区生态环境保护措施，等等。

进入青城山，我们选择了乘坐缆车上山再步行下山的方式。从山脚下到缆车乘坐点这一段路上垃圾桶很少，垃圾虽不是很多，但在一些缝隙和角落里还是有一些小包装袋和空瓶子。乘坐缆车到达山上，开始爬山到山顶这一路几乎都没有看到什么垃圾，但爬山路上也没有设置很多垃圾桶，能看到有少量垃圾的地方就是中途设置的几个供游客休息的地方，每个休息的地方设置的垃圾桶都相对上山路上多一些，同时也并没有安排太多专门的工作人员来清理和维护，但是整体环境非常不错。

三、实践心得

经历了将近一周的社会实践，实践团成员感慨良多。一方面，成员们真正感受到了环境保护问题的棘手。古有"不涸泽有鱼，不焚林而猎"的古训，在今天，我们更应懂得保护环境就是保护我们自己。我们不仅要从自己做起，还应呼吁身边的人也加入到环境保护的行列中来。合理利用资源，尽心尽力地优化环境，为人类的生存发展提供优良的环境。在校园内，我们要树立绿化校园的意识，履行绿化校园的义务，积极投身到校园环境美化的工作中，为环境美化做应有的贡献。在校园外，我们要呼吁社会上的所有人，做到不丢垃圾、随手捡起身边的垃圾等力所能及的事情。"千里之行，始于足下。"在这短暂的时光里，我们在实践中学习，在学习中实践，这也是我们融入社会的一段重要的经历，也是一个重要步骤。大学是一个小社会，步入大学就等于步入半个社会。我们不再是象牙塔里不能经受风吹雨大的花朵，我们深深地认识到社会实践是一笔财富，社会更是一所能锻炼人的综合性大学。我们要深入社会、了解社会、服务于社会，走出校门，在实践中成才，在服务中成长，并有效地为社会服务，体现大学生的自身价值，为社会贡献自己的一份力量。

✎ 实践·品悟

共同维护风景区的环境

2015 级本科生，能源与动力工程专业　王路

经过了这次暑期社会实践，尽管身体疲惫，但是我的内心是无比充实的，收获了很多的快乐。在几天短暂的实践时光中，我与同伴相互合作，志愿服务国家，在青山绿水之间，为环境保护贡献我们自己的力量。这次社会实践的两个实践地，除了体验到祖国的大好河山、山川秀丽之外，我也深刻地感受到，随着全社会人们的生活水平的不断提高，日常出行旅游成为人们日常休闲的重要方式；但我也注意到，人们在感受山川秀丽的同时，外出旅行时的素质也有待提高。我注意到，时常有人会图一时方便，把垃圾随手扔在路上，或是不扔进垃圾箱。环卫工人辛苦地清扫垃圾或是从山上把沉重的垃圾背下山，我不由地感到他们为了维护环境清洁，为了维护这风景区的美丽，付出了太多太多。希望我们的实践，我们的身体力行，能够让越来越多的人共同努力，维护好环境，维护好我们的家园。

为环境保护贡献一份力量

2015 级本科生，高分子材料与工程专业　王泽芊

实践团经过几天的努力，在较短时间内完成了较为繁重的工作，完美地完成了实践工作，踏上了归路。

通过这次实践，我们不仅仅看到了一些人对环境保护不负责的态度，游客环境保护意识的缺失，景区相关措施的不足以及比较混乱的景区秩序，更认识到我们作为当代大学生所应该担当起的社会责任。我们自身要从保护环境做起，影响到周边人保护环境，推动全社会保护环境的意识，投身到环境保护工作中去，贡献自己的一份力量。爱护环境是一个人素质高低的一种体现，素质提升的任务重大。我们当代大学生肩上的责任重大，我们要尽所能为环境保护贡献一份力量。

人生中的一笔宝贵财富

2015 级本科生，高分子材料与工程专业　魏爱玲

实践，就是把我们在学校所学的理论知识运用到客观实际中去。当今社会需要的是综合型人才，理论与实践相结合的能力则是当今大学生相当匮乏的能力。在这次实践活动中，我们真正地融入到了社会中，我们学会了从实践中学习，从学习中实践，整个过程

中，我们既充实又快乐。更重要的是，我们所调研的结果能够服务大众。尽管过程很辛苦，但是我们几个人都能苦中作乐，整个团队亲如一家，在实践过程中互帮互助、互相勉励，面对实践工作我们充满热情和信心，面对困难我们齐心协力、认真思考，共同完成了我们的任务。这值得我们铭记，也将成为我们人生中的一笔财富。

这是一次让我受益匪浅的活动，它让我学会如何独立自主工作，如何发扬团队精神，也为我大学生活增添了一笔亮色。

实践团成员：闫科嘉　魏爱玲　李鸣越　王泽芊　王路

第 十 一 章

志 愿 公 益

助飞理工梦，殷殷支教心

实践·足迹

前　　言

如果说一个志愿者就是一把泥土，那么我们的存在的意义，不是被淹没，而是与无数把泥土聚集在一起，成就一座山峰，一条山脉，一片群峰。这样的山峰，可以改变风的走向，可以决定水的流速。

为贯彻落实党的十八届五中全会精神，实现到 2020 年我国现行标准下农村贫困人口全部脱贫目标，北京理工大学按照习近平总书记关于"精准扶贫，精准脱贫"的战略思想和总体部署，开展定点扶贫山西省吕梁市方山县的工作。作为对口扶贫方山县的重要成果之一，方山北理工暑期学校于 2016 年 7 月落成并投入使用。暑假期间，材料学院将选派赴方山科普宣讲团，同其他 7 个学院一起，代表北京理工大学奔赴方山县桥沟村方山北理工暑期学校，进行为期一周的支教活动及环保科普调研活动；鼓励青年服务国家，用热情为这所小小的山村学校注入强大的生命力，用科普宣讲为那里的孩子插上助梦飞翔的翅膀，用大学生专业知识为桥沟村的村民脱贫尽一份力。

一、秣马厉兵时，千思又熟虑

临近暑假，材料学院 2015 级硕士 3 班同学们热情高涨地报名参加此次社会实践，组成了 13 人的志愿者小分队，在第一次小组会议时，便一致选择了山西省吕梁市方山县支教，并请到了材料学院陈实教授担任指导老师。目标确定之后，大家内心既兴奋又担忧，兴奋的是满腔热血终于有了挥洒的疆场，担忧的是成员们都没有支教的经历，经验不足，不知能否顺利完成科普宣讲及调研任务。

运筹帷幄，决策千里。没有十足的把握，就要做好万全的准备，于是在选定课题后，我们很快举行了第二次会议，讨论实践活动的筹备工作。虽然实践时间只有 7 天，但实践工作很多，除了给学生上课进行科普宣讲外，还要对村民走访调研，有的放矢，只有了解民生疾苦，才能做到精准扶贫。大家又来自环境科学与工程专业，对当地的环境保护工作尤为重视，计划对方山县环保局局长进行一次访谈，全面深入地了解当地环保知识普及、污染治理状况。经过热烈的讨论，科普宣讲内容准备、调研问卷设计、访谈资料搜集、出行安排计划等一系列问题都有了头绪。会议结束，团长赵志坤给每个团员分配了任务，大家分头行动，各尽所能。

准备期间，团员们有了新的想法就及时在微信群里与大家沟通，例如赵托同学考虑到学校建成初期还没有图书馆，可以先给孩子们带去一些课外书，丰富他们的课余生活，这一提议得到大家的一致认同。科普宣讲是此次实践活动的重要内容，暑期学校的学生年级跨度从小学四年级到初中二年级，考虑到不同年级孩子的理解能力和接受程度，团员们还进行了多次试讲及调整，努力做到新颖有趣、通俗易懂。关于走访调研的问卷设计和访谈的问题准备，指导教师陈实给了大家很多建议，修改了一些专业性的问题。发团一周前，成员们已经准备就绪，迫不及待地想要出发去方山。

二、夜半深山客，谆谆引路人

2016 年 7 月 17 日，团员们背着行囊，带着给孩子们准备的礼物，踏上了支教的道路。当日晚 22 时 25 分，全体团员经历了近 10 个小时后终于抵达吕梁火车站。方山县副县长刘博联、桥沟村党支部书记刘渊等在车站接站，团员们下火车又上汽车，又经过一路颠簸到达桥沟村，此时已近深夜零点。车一停稳，便迎来了一阵掌声和欢呼，大家下车一看，原来是上一批还未离开的志愿者们在列队欢迎，虽然山里夜凉如水，但他们火一般的热情，让大家倍受鼓舞，深深感动。

村委会为我们准备了夜宵，安排了住宿。方山学校食堂里负责做饭的是桥沟村的一家普通村民，自从这所暑期学校成立后，这家人便自愿来到这里为志愿者们服务，一日三餐，事无巨细，他们的无私奉献深深打动着每一个实践团员。

三、心血付群蕊，方山桃李芬

虽是盛夏时节，可山里的夜晚却透着微微寒意，再加上近几天方山县的阴雨天气导致温度直降。学校条件有限，每人只有一条薄薄的夏凉被，这让本就衣衫单薄的队员们着实吃了点苦头。不过这个"下马威"并没有打消大家的积极性。18 日一早，仅仅休息了 5 个多小时的实践团员们早早地起床洗漱，开始为第一堂课做准备工作。

不记得有多久没有呼吸过清晨沁人心脾的清新空气，尤其是这山中的清晨，是如此让人陶醉。在金色的朝阳下，第一次看清楚这所暑期学校。学校目前只有一栋两层的教学楼，二楼用来上课，一楼则作为支教老师的宿舍。教学楼前面的空地全部铺上了地砖，是孩子们课间休息玩耍的地方，教学楼后面是新修的操场，有篮球架、单双杠等运动设备供孩子们锻炼身体。穿过操场就是学校的餐厅和厨房了，由于大多数孩子的家离校远，所以学校给孩子们准备了营养丰富的午餐。学校虽小却干净整洁，站在任何一个地方向远处望，都能看到绵延起伏的山，云雾缭绕中风情万种，美不胜收。学生们大多来自桥沟村及附近的几个村庄，个别来自方山县城，每天一早由家长送到学校，下午放学接回家，一整天的时间都在学校度过，条件虽然艰苦，但是孩子们求学的欲望却十分强烈。

本次科普宣讲共分为 4 个部分，分别是英语天地、环境保护、新能源知识及理想信念教育，由实践团的 8 位同学为孩子们讲解。刘娜和吴逸洲的英语课活泼又新颖，主要讲一些有趣的英语小知识，针对低年级的孩子还结合了他们喜欢的迪士尼动画片，课上总是充满欢声笑语。面对初中班的同学，逸洲则跟孩子们聊起了梦想。袁颜霞和裴紫薇的环保课生动又不失专业，分别从水、气、声、渣等几个方面向孩子们讲解了环境污染及保护的重要性，并教给大家一些保护环境的生活小常识。刘玉婷和赵志坤的新能源课堂主要给同学们讲解新能源电池方面的知识。当讲到电池的发电原理时，水果电池这个有趣的小实验激发了同学们的好奇心。爱笑的刘玉婷和亲切的赵志坤，课上课下都能跟孩子们打成一片。陈刚和赵托的理想信念教育是此次支教的重点，才子陈刚饱读诗书，给孩子们讲人生理想更是旁征博引、出口成章；高大帅气的赵托带着孩子们做游戏互动。理论加实践，两人配合相得益彰。

传道授业之际也不能忘记带孩子们锻炼身体，实践团员们寓教于乐，和孩子们做游戏、做手工，一样不落。看着孩子们开心地笑着闹着，内心是那样的幸福和满足。课余时间，孩子们总爱待在老师们的宿舍，大家一起吃饭、读书、聊天，亲密无间。

接下来的几天，实践团员们已经逐渐习惯了这里艰苦的生活，并用自己的激情去点燃这些孩子求学的欲望，用爱心去感染一颗颗幼小的心灵，让孩子们快乐、轻松地学习。孩子们的进步是我们最大的欣慰，相信这群热爱学习的孩子一定可以茁壮成长。

四、扶贫豪杰意，山中火烛明

支教生活是紧张忙碌而又欢乐充实的。最让人激动的是，7 月 18 日北京理工大学党委书记赵长禄、纪委书记杨志宏、校长助理兼学校办公室主任汪本聪、宣传部部长包丽颖等校领导也前往方山北理工暑期学校，出席参加了"理工梦想"精准扶贫助学金颁奖典礼，同时对实践团员们进行慰问和鼓励。赵书记说："你们代表着北理工，是来这边吃苦的，希望你们能够克服困难，体现北理工人的风采。"实践团员们备受鼓舞，表示将努力发扬艰苦奋斗的精神，保证圆满完成支教任务。

7 月 20 日，晚饭过后，实践团还听取了桥沟村第一书记刘渊关于桥沟村的扶贫工作报告。刘书记来自北京理工大学组织部，他作为一名机关工作的干部，克服当地语言交流不通的障碍，迅速融入村民之中，带领大家走向发展致富道路。在报告会上，刘书记从加强基层建设，推动精准扶贫和为民办实事三个方面，为大家做了精彩的基层组织建设和脱贫攻坚工作报告，获得了实践团员们的阵阵掌声。

桥沟村紧邻 209 国道，靠近吕梁市，地理位置优越，具有极高的发展前景，村里虽然贫困人口较多，但是党员素质高，方山县又是北京理工大学定点帮扶的贫困县，教育扶贫则是"授人以渔"的最佳方式。相信在刘书记的带领下，在各级领导的关怀下，在北理工的帮扶下，桥沟村一定可以脱贫致富，奔向小康。

五、深山观美景，横泉觅芳踪

方山虽然是国家级贫困县，但这里有着丰富的自然资源和人文景观。方山县内不仅有秀丽的横泉水库，雄壮的北武当山这些自然风景，还有为廉洁奉公的代表——于成龙修建的陵墓，为了开展廉洁教育而修建的于成龙文化园。实践团团员的课余时间也是充实的，大家调研了横泉水库的环境，并实地察看了桥沟村百亩荒山的开荒工地。泉眼无声溪细流，树荫照水爱晴柔，横泉水库水质清冽，周边风景美不胜收。村民说，他们经常会去水库结伴游泳。我们想，水质如此好，如果能开发成旅游景点，既可以让更多的人享受这样的美景，又可以为方山县增加收入，两全其美。

为了更好地了解村民们真实的愿望，实践团制作了调查问卷亲自到村民们的家里走访调研。村民们的热情也是出乎我们的意料，可见每位村民对自己家乡的热爱之深。通过调查我们了解到村里的问题，比如缺少学校，孩子们只能到别的地方上学，村里的饮用水近些年来出现的水质问题，缺少基本的公共设施等。最后，我们将问题汇总上报村领导，希望能对改善村子的情况有所帮助。

自北理工对方山县定点开展扶贫工作以来，刘博联副县长和刘渊书记结合当地实际情况开展工作。多年来桥沟村以种植经济作物作为主要经济来源，刘渊书记带领村民开垦百亩荒山增加可种植面积；集资修建新型光伏大棚，节省用地的同时村民可有双份收入。一位年过半百的老党员无偿地在工地监督施工，时常查看。一次去县城给村里办事时意外受伤，他仍牵挂村里的事。村里像这样的人和事还有很多。我们也被方山这块神奇的土地所吸引，更为村民的淳朴善良而感动，他们的形象在我们的心中渐渐高大起来。这里的人们，这里的一草一木，无不激励着我们努力认真地完成科普任务，为之奉献出自己一份热和光，他们身上宝贵的精神财富也让我们受用终生。

工地的机器不停地运转着，工人手上的活一个接着一个，这是村民们在为自己的未来播种希望，正是有这样一群负责的领导和艰苦奋斗的村民，方山县的面貌在一步步改变。我们共同期待一个崭新的方山县站立在晋西北。

六、前行马首意，步步艰难行

天欲雨，云满湖，楼台明灭山有无。水清出石鱼可数，林深无人鸟相呼。除了满足孩子们对知识的渴望，北理工实践团同样关心方山县的环境问题，此次活动的调研走访达到小高潮。在刘博联副县长的帮助下我们有幸采访到了方山县环保局的吕海平局长。吕局长对当地的环境问题了如指掌，让我们对方山县有了一个整体的了解。团员们从水、气、声、渣四个方面对吕局长进行了访问。由于方山县环境底子好，前几年经济发展较滞后，所以基本没有重大的环境问题，只是近几年随着工业发展人民生活水平的提高，私家车的普及，北方传统的冬季燃煤取暖等使得空气质量问题逐渐显现，引起了县领导的高度重视。由于经济的滞后，村民们对固体废弃物的处理还停留在简单的"丢弃模式"中，各村落生活垃圾的集中处理还需整治。每年方山县在环境日都会组织环境大检查，组织净水、净空等"百日会战"活动。吕局长还对方山县的环境做出期许与计划：在保证支持近几年方山县的快速发展的前提下，维持优秀的环境质量不变，平衡日益增加的县城人口与环境的关系，增加基础设施，增强环境管理，留住方山县的青山绿水蓝天。

七、来时雨如泻，归去泪湿巾

支教的时光是快乐忙碌而又短暂紧张的。当实践团员们在最后一次课上宣布下课之后，好多孩子都难过地舍不得离开。孩子们向实践团员们赠送了自己在手工课上折出来的折纸玩具，实践团向学校赠送了崭新的故事书。在与实践团员们合影留念后，孩子们恋恋不舍地离开了校园。

为期一周的支教科普调研活动结束了，从最开始的慢慢适应到渐渐习惯，再到离开时留恋这里的点点滴滴，每个队员都认真准备尽全力让暑期学校的孩子们接受新知识，让孩子们开阔视野，带他们看看山村外面的世界。除了每天的支教活动，我们也对桥沟村开山造田和建造光伏温室大棚的工地进行了调研，崎岖的山路挡不住老党员对开荒现场的关注，炎炎烈日不能阻碍村民们创业的热情，我们期待着完工后的桥沟村焕然一新。与孩子们的告别是一张张合影，和数不清的孩子们送的折纸礼物；与桥沟村的告别是我们带走的一张张村民们认真回答的调研问卷，我们对桥沟村变化的渴望。

八、满载而归，受益匪浅

对于我们大部分同学来说，这是第一次参加支教活动。在队长的带领下，我们分工明确，每位同学都尽职尽责，支教科普任务得以顺利完成。当然我们还有由于经验不足造成的小小遗憾：孩子们思维活跃互动积极超出预想，我们的课程内容还需更加充实完善；实践时间短，对方山县的了解还不够透彻，调研问卷覆盖面不够广，尤其是年龄层次的覆盖有些片面等。

有人说："使人成熟的，不是岁月而是经历。"如果说短短7天的支教活动让我们成熟有些夸张，但这7天确实让我们有了沉甸甸的收获。支教不仅是让我们带着满满的爱心去给孩子们打开一扇窗，同时对于我们而言也是一个洗涤心灵的过程。孩子们在课堂上的活跃超出了我们的预想，他们积极回答我们抛出的每一个问题，那兴奋热情的劲头儿不禁让我们质问自己：对知识这么毫无掩饰的渴求是在何时？活泼好动的自己又是何时开始变得只对眼前的手机感兴趣？这份不忘初心的热情何时能回归我心？

转瞬须臾支教日，桃李芬芳花袭人。还记得来时的那个夜晚，月朗星稀，村民们的热情欢迎像汩汩暖流帮我们对抗山夜里的凉风；而如今我们将要离开，同样是晴朗的夜晚。我们仰望星空，对着北边最亮的那颗星，许下我们对孩子们美好的心愿：若干年后，希望你们还像现在一样简单快乐；希望会在某所大学再次看到你们某些人的身影，相视一笑；希望你们也会投身于建设家乡，也希望你们成为了新一代的栋梁……

🍃 实践·品悟

愿桥沟村村民脱离贫困奔向小康

2015级硕士研究生，材料科学与工程专业　陈刚

短短一周的暑期社会实践结束了，在这一周里，我们代表材料学院，组成北理工材料学院赴方山科普宣讲团，奔赴山西省吕梁市方山县桥沟村，在方山北理工暑期学校进行支教活动，同时在方山县及桥沟村开展科普调研和宣讲活动。

在此次社会实践中，我除了负责理想信念教育课的讲授外，还担任着新闻稿写作、微信推送稿创作等任务，在这忙碌而又充实的一周里，我获得了许多意想不到的收获。

首先，这次作为老师，传道授业解惑之际要摆正自己的态度，要学会引领学生走向正确的道路。暑期学校中的孩子们虽然很好学，但是他们对于学校性质的态度是偏重于好奇，而不是改变自己的命运。在课堂上，我曾经统计过他们对于上学的意义，绝大部分人意识不到学习其实是为了改变自己命运的，所以我觉得有必要给孩子们加强一下学习意义的宣传和讲解。

其次，就是我更加明白了责任的意义。这里不仅仅是指作为支教老师的责任，也指承担任务之后需要担负的责任以及从桥沟村的党员身上领悟到的责任。我们作为支教老师，有教书育人、传道授业解惑的责任；我们作为实践团，有着明确的分工，肩负着圆满完成任务的责任。这些责任在我们出发前就已经确立，但真正让人感动的是从桥沟村党员身上领悟到的责任。桥沟村的党员们，为了村集体利益而放弃个人利益，甚至义务参与到脱贫建设中去。我们曾经调研过桥沟村"百亩荒田"开荒现场和新式大棚施工现场，这些现场里都有村里党员们在义务督工，尤其是开荒现场，前往现场需要翻山越岭，雨后满脚泥泞，而他们义不容辞地承担了这些本不需要他们承担的责任，让人感慨万千。他们身上闪耀着共产党员的光芒，他们的身体力行告诉了我们责任的意义。

再次，团队配合是很重要的。从组建实践团、筹备各种细节，到课前备课、组织活动，都不是一个人所能完美完成的。团队的力量是伟大的，队员之间的相互帮助和关怀让每个人都能发挥最大的力量。如果说我们这次社会实践能取得一点点的成绩的话，那么完全归功于我们团队的紧密合作和配合默契。

最后，村民的淳朴和热情展现了最真诚的人性。在调查问卷期间，许多村民都极其热情地回应了实践团员。他们用最真诚的态度去回答每一个问题，尽管有的村民并不识字，但是他们却在实践团员的帮助下很认真地回答每个问题。这份热情让人感动，也让我们坚定了帮助他们的决心。

桥沟支教天，须臾不计年。但将心血付群蕊，终得方山桃李芬。

此次方山社会实践之行虽然条件很艰苦，但是对我的人生之路影响重大，意义深远。我相信我们实践团不会断开与桥沟村的联系，我也相信暑期学校的孩子们会有所收获，我

祝愿桥沟村勤劳的村民一定会脱离贫困，奔向小康！

好评·责任·友谊

2015 级硕士研究生，材料科学与工程专业　刘娜

时光荏苒，岁月如梭，为期一周的北京理工大学材料学院赴方山实践在队员的依依不舍中结束。回顾这短短的一周生活，支教期间的种种经历值得我们这些在读研究生细细回味。

这次我们作为材料学院的代表来到方山县桥沟村北理工方山暑期学校进行社会实践，除了对当地的中小学生进行暑期课程辅导之外，我们同时利用专业知识对桥沟村当地的环境状况进行调研，走访群众同时发放问卷。与此同时，我们还有幸采访到了方山县环保局负责同志，了解了方山县近几年环境状况及未来规划。通过这些活动，我们对方山县有了进一步了解，并希望通过我们的努力，能够对方山县早日脱贫有所帮助。值得我们团队高兴的是，我们的努力获得了当地的认可，受到了一致好评。

通过这次支教我认识到认真负责和踏实干事的必要性。当我以一名老师的身份真正站到了三尺讲台，看到当地孩子对知识的渴望和认真求学的态度时，我感到自己的责任重大。

在这 7 天里，队员们也收获了深厚的友谊。支教期间我们同行的 11 个队员相互信任，互相帮助和支持，克服了很多困难。这是我第一次感受到团队的力量原来这么强大。队员之间的相互扶持，让我在短期内迅速适应了方山的环境，能够更好地投入到英语课程的准备中。正是由于我们队员间相互帮助，使得我们的团队更加优秀。感谢队员们一路来对我的帮助，使我能够成长。

方山之行，收益良多

2015 级硕士研究生，材料科学与工程专业　王梦远

方山之行，受益良多。此次社会实践给了我第一次支教经历，虽然我并没有负责科普宣讲工作，没有站在讲台上给孩子们讲授知识，但每天和孩子们一起聊天玩耍中也能感受到孩子们的质朴和纯净，他们对知识的渴求，对大千世界的好奇，对收获知识的感激，对未来的憧憬，都是那么强烈。

支教的忙碌，横泉水库、百亩荒田实地调研，走进村民家里问卷调查，环保局长访谈等活动让我感受到社会实践的艰辛与快乐，逐渐被方山这块神奇的土地所吸引。这里的村民淳朴善良，尤其是一些老党员，为了村子无私奉献，虽已年过半百依旧发光发热。这里的人们，这里的一草一木，无不激励着我们努力认真地完成科普任务，奉献出自己一份热和光，桥沟村干部和村民们宝贵的精神财富也让我们受用终生。

作为新闻推送部分的一员，沉甸甸的感动给了我最大的动力，让我字斟句酌地写好每句话，努力认真地完成好每篇推送，让大家更好地了解美丽的桥沟村，了解这里美好的孩子。

期待方山县、期待桥沟村焕然一新

2015 级硕士研究生，材料科学与工程专业　袁颜霞

在方山支教的一周时间很快就过去了，从最开始的不熟悉不适应到习惯，到对这里的山山水水气候人文产生一些感情，是这几天发生在我们身上潜移默化的变化。支教队里的每位队员负责不同的工作，每位同学都是兢兢业业尽力做好自己的工作。非常开心能给那里的孩子讲上几节课，让我惊讶的是孩子们的知识面并不像之前我想象的那样，他们的思维很活跃，脑筋转得很快，积极回答我提出的每一个问题，让我之前的担心变成了放心。孩子们让我又体会到那种久违了的"固执的"看似"幼稚的"渴望被认同。这让我想起我的老师总说"和你们这些年轻人在一起心也一直是年轻的"。和山里这些淳朴的孩子在一起至少在他们面前你是淳朴善良的。

即使由于语言的小障碍，村民们还是愿意和你聊天的，会有大叔提着金灿灿的南瓜好奇地问你知不知道这是什么；坐在路口纳凉的村民也会笑容满面地看着你走过；走访村民做调查问卷时，他们很愿意跟你聊起村里的一些问题，比如太阳能路灯好但是不稳定；我们问村里是否需要小学，他们会异口同声说："杠需要咧"（当地方言，很需要啊）。对于村民们提出的近几年水质问题的变化，我们也是苦恼于自己知识的不够，心有余力不足。村民们既然向我们反映过，村干部应该也是了解的，希望在村里的经济有起色后能提高一下村民的生活质量。除了每天的实践生活，这里的山山水水也着实给我们留下了深刻的印象，期待着发展旅游业后方山县能焕然一新。

最后要感谢各级领导对我们实践活动的全力支持，感谢实践队小伙伴们的互相帮助，感谢村民们的善待和孩子们的纯真。

今生难忘的经历

2015 级硕士研究生，材料科学与工程专业　赵托

暑假期间我跟随由本专业 11 位同学组成的志愿者团队，前往山西重点贫困县方山县桥沟村，主要任务是在方山北理工暑期学校里给附近村子的中小学生上课，并用课余时间调研村子扶贫进展。在方山县桥沟村的时间只有一周，但这段经历带给自己的收获难以衡量——农村孩子对知识的渴望，村民对改变现状的殷切期盼，北京理工大学扶贫工作组开展的精准扶贫工作，以及与队友亲密无间的合作。这些，都深深印入我脑海中。

志愿者成员住宿吃饭都在学校里面，每天看到最多的就是来暑期学校上课的学生。学生大多为小学四年级到初中三年级，都是附近村子里的孩子。多数学生家离学校较远，需要每天早上由家人送到学校，下午下课后再接回去。因为学校教室限制，学校接受学生的人数有限额，所以走访时还遇到家长询问是否可以让自家的孩子到学校报到。家长不辞辛苦，孩子热情饱满，足可以看出他们对知识的渴望和需求。我们准备了一些名著读本，送给孩子们做礼物。看到图书后，孩子们很认真地抱着图书翻看，兴趣盎然。农村的中小学

一般没有图书馆，而一般农村家庭也很少给孩子买课外读物。但是孩子们对课本之外知识急切需求，孩子们把阅读课外图书作为了解世界的途径。在孩子们对书籍的高昂兴趣里，我们也看到了这片土地未来的希望。

利用课余时间，实践团成员对村子进行走访调研。以调查问卷的方式，挨家挨户地敲门，走进村民家里，询问当前生产、生活中最急需解决的困难。抱着对改变现状的期望，村民对我们的走访表示理解并热情地回应，敞开心扉回答。

根据调查问卷的结果汇总，桥沟村目前除了脱贫问题，还面临的就是教育文化基础设施严重缺失。首先，村民最关心的问题，就是村子里没有幼儿园、小学，村子里的孩子不能就近入学。一部分父母选择搬迁到其他地方，直接导致村子人口减少。多数的家庭只好让孩子从小离家读书，因而教育成本加大，很多家庭因教致贫，而且孩子的成长缺少父母陪伴。另一个反映较多的问题是，村里文化活动较少，农闲时没有健全的文体活动场地，蹲在墙根没事做。村里老人比例较大，也没有老年活动中心等场所。还有部分村民反映，村子统一供水的水井近几年水碱越来越重，影响饮食生活。一桩桩一件件，听着村民的倾诉，我们内心也很沉重。了解生活的艰辛，体察生活的不易，走访不仅仅是记录村民的生活，更是让自己体验最真实的生活的宝贵机会。不过，发现问题并指出问题，就是解决问题的开始。相信伴随着扶贫工作的进展，这些关系民生福祉的问题也会迎刃而解。

这次到桥沟村的主题是扶贫，暑期学校支教是教育扶贫的一部分。北京理工大学全面协助方山县的扶贫工作，学校下派干部担任副县长、桥沟村书记，北理工党委书记也亲自调研，全面地了解贫困根源，切实地制定解决策略，然后给予资金和人才的帮助，开展扶贫工作。

桥沟村的贫困原因很复杂，如耕地面积少，冬季不能种植，经济种植无资金支持，外出务工人员无特长技能，部分家庭因为供学生因教致贫等。北理工派任的刘渊书记，针对这些问题一一制定方案，精准扶贫，北理工也全力支持。我们听取了刘渊书记对桥沟村的扶贫工作讲解，对村子的现状和未来的发展有了详细的了解。我们参观了正在热火朝天建设中的温室大棚，深入村东荒山开垦现场，看见轰鸣的挖掘机推平山头开垦出一块块珍贵的土地。我们参加了北理工给贫困学生家庭捐款仪式，听取孩子们对自己未来的畅想。北理工方山暑期学校在暑期将对方山县近 1 000 人次学生进行免费辅导教育，下一步还将开设针对外出务工人员的技能培训课。整个村子处处显得干劲十足，在精准扶贫的政策指引下，正信心满满地走在脱贫之路上。

最后，不得不说的就是志愿实践团团员朝夕相处的难忘记忆。经过 10 多个小时的硬座，我们到达吕梁站的时间是晚上 10 点半，躺在床上时已是凌晨。第二天还是激情满怀地早起备课，安排调研行程。多数同学没到过山西，有些同学没在农村待过，新鲜的生活体验，每天的支教感悟收获互相分享。三餐都在一起，饭后一起洗刷碗筷，一个小团队更像一个大家庭，其乐融融。下午下课后，学生们回家，学校里就只剩我们这些志愿者，一起在夏夜里静度时光。乡村的夜景与城市自然不同，一周内有雨有晴，又赶上农历月中，隔窗听细雨，闻虫鸣鸟叫；院内赏当空皓月，数璀璨星河。从雾霭重重的嘈杂都市出发，和志同道合的队友们一起来到这静谧的山村实践，这段经历将给我留下终生难忘的记忆。

方山之行给我带来最美好的回忆

2015 级硕士研究生，材料科学与工程专业　赵志坤

这个暑假是难忘的假期，因为方山之行带给了我最美好的回忆。

从一开始的实践团队的组建，前期筹备工作的开展，到顺利发团，由 12 人组成的实践团在经历了 10 小时的旅程之后深夜抵达实践地点吕梁市方山县桥沟村，之后顺利开展实践工作，每一个人都出色完成了自己承担的任务。实践活动一次又一次带给我惊喜，也给了我信心，这期间有过坎坷、分歧，不过我们的最终目的都是为了出色地完成实践的科普任务。这一周每个人都忙忙碌碌，但是从来没有抱怨过，村里食宿条件简陋，有些成员或许从来没有在这样简陋的环境下生活过，不过还是咬牙坚持了下去，保证了科普实践活动的顺利开展，我们大家都是好样的。

当天抵达时间地点桥沟村已经是深夜，经过十几个小时的车程每个人都很疲惫，但是大家还是对这接下来将要生活一周的山村充满了好奇、期待。在这里，每天可以见到蓝天白云，呼吸到新鲜的空气，这才是大自然的味道。

我们都是第一次当老师，心里有点小激动，同时也有点紧张，担心上课学生对自己讲的内容不感兴趣，我们成员之间就提前互相说课，我们自己满意了才去教学生。经过短暂的接触，我们发现这里的孩子都很可爱，上课的时候每个人都争抢着回答问题，看着他们期待的目光、高高举起的手臂，我们顿时没有了疲惫。时光很美好，但是我们并不能永远停留在这里，但是我们要和他们一起前行。

除了和上课的孩子们接触，我们还走访了桥沟村的很多村民，每个村民都是那么热情，和蔼可亲的老奶奶，亲切的农民伯伯，这就是最淳朴的农民。村子的气息很和谐，我突然间就有种世外桃源的感觉，如果能多待一段时间，我想大家都很愿意。

这个假期，桥沟村带给我们大家的不仅是美丽的蓝天白云，还有那份最美好的回忆。

实践团成员：赵志坤　陈刚　李义情　刘娜　刘玉婷　裴紫薇　曲薇　王梦远　吴逸洲　徐思文雨　袁颜霞　赵托

支教，打开小康大门

🌿 实践·足迹

2016 年的夏天，我们走进了一群小孩子的中间，看到了一个新的世界。在教育资源城乡差距巨大的现状下，孩子们眼中的纯真和质朴，在感动着我们的同时又让我们内心感到了一丝心酸。在这次实践活动中，我们分别走进了位于陕南洛南县城的西街小学和农村的白洛小学。

一、西街小学——"大学与梦想"

7 月 8 日，实践团一行到达陕西省商洛市陕南洛南县。洛南县位于陕西省南部，是一个环境优美但经济落后的国家级贫困县。在稍后的一天中，我们整理了整个团队的资源，备好未来几天的教案，确定了每个人在团队里所担任的任务。7 月 10 日，我们来到西街小学。这所小学的特点是师生数量多，生源较好，在洛南县的小学中，西街小学的教学质量名列前茅。

和学校老师沟通后，我们走进了五年级四班，由主讲人李滢和韩彤雨与同学们围绕"大学·梦想"进行讨论。在韩彤雨引导大家谈及梦想时，孩子们的脸上洋溢着自信的笑容，他们每个人心中都有着独一无二的梦想。对于这些十一二岁的孩子来说，他们可能不懂什么是专业，什么是课题，什么是"985"，什么是"211"，但是，梦想于他们而言是一种勉励，一种鞭策。小学是一个习惯养成的地方，怀揣梦想更有利于良好学习习惯、思维习惯、生活习惯的养成，他们会在无形中以更高的标准来要求自己。

谈完梦想，就要思考怎样来实现梦想，韩彤雨则从"积累"这个方面来展开讨论。韩彤雨鼓励孩子们多读书、读好书，积累知识，并且能将自己学到的东西灵活地应用在实际生活中。读书积累是提升个人素养的方法之一，在和同学们的互动中，我们发现学生们阅读课外书的比例还是很高的，他们也有比较好的课外资源，二位老师对这方面有所要求，从而对学生起到一个督促的作用。李滢与学生们分享了她在大学生活中的一些感悟，引导大家憧憬丰富的大学生活。李滢说，学习的过程就像修筑台阶，只有每一阶都修得很牢固并且达到了一定的高度，最后才能达到理想中的巅峰。总体来说，这个班级的学生较好沟通，学生们很愿意表达自己的看法，自己的观点。在来到这个学校之前，我们从多方面了解了家长、老师对于西街小学学生的评价，因此我们侧重于引导他们树立自己的目标。

在第一站的实践活动结束后，我们团队进行了总结。西街小学实践活动的成功之处在与和孩子们之间的互动，在交流中引起了学生们的共鸣，不足之处是时间上受到限制。

二、白洛小学——太多的惊喜

7月11日，实践团再次起程，第二个目的地是洛南县永丰镇白洛小学。和大多数的乡村学校一样，白洛小学学生少，老师平均年龄较大，学校的教学资源匮乏。在白洛小学就读的多是附近几个村子的学生。由于当地经济落后，孩子们的父母为了维持生计外出打工，孩子们的生活起居则由留在家里的老人来照顾。通过前期的走访工作得知，这些留守儿童初中毕业后的辍学率很高。究其原因，大部分孩子在小学的时候没能养成一个好的学习习惯，学习的积极性不高，小学的基础没有打好，进入初中后，学习吃力，成绩不理想，长此以往他们对学习丧失信心；再加上周围环境的影响，部分孩子初中毕业便外出打工，他们又走上了父辈的道路。在这种恶性循环下，这些家庭很难脱贫。而我们来这里的目的，就是希望在教给孩子们课内外知识的同时，能激发他们学习的兴趣，调动他们的积极性。

11日早上7点，我们见到了白洛小学的王校长。王校长知道我们的来意后对此次实践活动表示支持，但同时强调一定要确保孩子们的安全。学生们领到成绩单后便来到操场集合，由校长强调假期的安全注意事项。王校长的讲话结束后，我们向这些孩子做了简单的自我介绍，并且介绍了我们在实践期间为他们开设的课程、到校时间、上课时间等。考虑到孩子们的安全问题，我们将学生范围限制到了四至六年级、学校附近几个村子的学生。令我们欣喜的是，我们的暑期班受到了孩子们的欢迎，大会结束后，孩子们围在我们周围积极报名。

下午两点，暑期班准时开课。实践团员做了简单的自我介绍后，开始了朗诵课的教学。我们教给大家的是一首现代诗歌——《爱情的故事》。这首诗讲述了一对青年男女追忆起战争时期革命战士为了胜利奉献出年轻生命的故事。孩子们在朗读过程中虽然声音洪亮，但是感情路线和声音的变化单一，停顿不够明显，容易拉长尾音。实践团员将这首诗歌分为三个部分，详细地分析了这首诗歌的内涵和思想感情，联系孩子们熟悉的董存瑞、江姐等英雄人物，调动孩子们的情感，使他们更加透彻地理解这首诗歌。发声训练配合诗歌的讲解，一节朗诵课过后，孩子们的朗读水平有了很大的提高。在实践团员的不断鼓励下，孩子们慢慢适应了这种教学方式，开始参与课堂互动，主动举手朗诵诗歌。

下午第二节课，实践团员以一首清新温婉的《虫儿飞》儿歌为教材，为大家上了一堂音乐课。虽然没有乐器，但是聪明的孩子们还是很快学会了这首脍炙人口的儿歌。孩子的声音有那种童声特有的稚嫩，他们唱歌的时候都会不由自主地带上笑容，不知不觉中，我们就被他们的快乐感染。最后一节课是舞蹈课。班上的男孩子都不愿意学舞蹈，看着他们脸上毫不掩饰对跳舞的"嫌弃"，我们好像跟着他们突然回到了那个同桌之间画"三八线"的小学时光。在短暂的商议后，由实践团员谢童彬带着男生去操场练习乒乓球，女生则留在教室里练习舞蹈。孩子们对这样的结果很满意，随即的教学活动开展很顺利。

我们从这段小插曲中看到了暑期班中男生与女生的交流问题，分开活动只是解决问题的第一步，我们更想要的结果是这些小孩子能学会包容。临近下课，谢童彬带着男生回到教室。他告诉班上的男生们，作为男子汉，应该学会为班上的女生鼓掌喝彩，尊重她们，尊重别人才能获得别人的尊重。在随后女生的汇报表演中，班上的男生为她们打着拍子，结束后献上了掌声。这些孩子们，一脸懂事的样子令我们十分感动。人之初，性本善。由于受到教育资源的限制，老师们可能平时会忽视书本内容外的一些东西，而这些孩子回到家后，家里的老人大多只是关心孩子的吃饭穿衣和作业的完成。品性的养成渗透在生活中的一点一滴，某种程度上说，这些比课本知识对他们的影响更加深远。

12 日 9 点，第一节课为辅导课。同学们拿出自己的暑假作业，认真地写着。通过昨天的相处，同学们已经对我们这些小老师很熟悉了，遇到不会做的题，同学们也会大胆举手提问，实践团员也会耐心地讲解。一个可爱的小女生在课后交上了一幅画，画的是实践团的 5 名团员，周围还有花花草草。简单的画面，却让我们感动不已，这是一个小女生眼中的我们，被鲜花围绕、被掌声簇拥。那一刻，一种责任感油然而生，带他们走出乡村，脱掉贫苦的外衣，做一个崭新的自己是我们最真实的愿望。辅导过程中，很多同学都对英语不很擅长，于是实践团员带着同学们学习音标，帮助他们读写单词，打好英语学习的基础。同学们认真的样子很可爱，好像没有什么可以阻止他们对知识的渴求。同时，因材施教，寓教于乐，是孩子们很容易接受的方式。最后到了大家期待的体育课，我们和孩子们一起做游戏、运动，笑声、尖叫声、掌声在空旷的操场上回响。我们也好像回到了童年，在记忆中的那个操场上，和记忆里的那些面孔相视而笑。

时间过得很快，我们和这些孩子的相处时间就剩了最后一个下午。下午我们给孩子们上了趣味数学课、音乐课、手语课。分别之际，我们为班上的每一位同学都送上了学习用品，并且评选出助人为乐奖、积极发言奖、最佳进步奖等 5 项奖项，并颁发了精美礼物。看到他们拿到礼物的笑容，我们真正地体会到了"青年服务国家"的含义。孩子们对于我们带来的一切都很欣喜，他们其实有表现自己的欲望，但是平时固有的学习模式使他们没有太多展现的机会，他们的害羞和胆怯便占据了主要地位。我们带来的是一种更加开放、更加轻松的课堂模式，并且告诉他们不管别人的表现如何都一定要互相尊重。这时加上老师的鼓励和身边同学的带动，班上整个学习的积极性就能够调动起来。相处的时间是短暂的，我们给孩子们留下了自己的联系方式，告诉他们不管是学习上还是生活上的问题都可以随时找我们。

白洛小学带给了我们太多惊喜。在做前期准备工作时，我们担心这里的孩子假期不会愿意来学校上课，在第一天的报名表整理好时，学校的老师告诉我们有些男孩子极其"顽劣"不好管教。但是事实证明了，这里的孩子其实都有一颗热爱学习的心，他们会提前半个小时到学校门口；这里的孩子其实都很懂事，他们在课堂上认真思考，积极学习，十分配合我们的教学活动。每次到校后点名的时候，我们都会发现教室里又来了新同学，因为这些孩子回去后会给他们的家长、周围的邻居说他们在学校的收获，间接宣传了我们的暑期班。我们的此次实践活动得到了老师、学生、家长的一致好评。最重要的是，通过这次活动，我们让孩子们对学习产生了兴趣。他们不再觉得学习是老师对他们的要求，不再觉得英语是一门高深莫测的学科，不再觉得作业是一种不想完成的负担。他们的这种心理变化，才是我们实践活动最珍贵的成果。

假期期间我们不断接到孩子们的电话，有的孩子说他把暑假作业写完了，有的小孩子说他的姐姐正在用我们送给他的铅笔刀给他削铅笔。这些孩子们没有手机，他们从爷爷奶奶或者亲戚那里借来手机，除了说这些生活上的小事外都在关心一件事：我们明年还会不会再来。

也许我们最开始只是结合实践主题选择了支教，我们从来没有想过一群小孩子能带给我们这么大的触动。在他们眼中我们都是很"厉害"的人，我们的普通话说得很好，我们去过天安门故宫，我们随手就能在黑板上写出英语单词。我们在生活中都是很普通的人，不出彩也不优秀，但是在孩子眼中我们就是他们的榜样。当我们走进他们当中的时候，我们发现他们平时没有看课外书，因为没有人告诉他们小孩子要多看书丰富知识。当城市中的孩子奔波于各种补习班兴趣班的时候，农村的孩子们由于教育资源的短缺和学习意识的缺失局限在课本中。这种现状看似容易改变，但是与现状相关联的更重要的是思想意识。

精准扶贫是要通过扶持生产和就业发展一批，通过易地搬迁安置一批，通过生态保护脱贫一批，通过教育扶贫脱贫一批，通过低保政策兜底一批。对于白洛乡的这些家庭来说，教育是帮助他们走向小康的长期有效的方式之一。我们通过在西街小学和白洛小学的实践活动，深刻地感受到了教育对孩子成长的影响。"青年服务国家"，我们做的事情很平凡，但是我们做的事情意义非凡。白洛小学和西街小学分别是中国城镇小学和乡村小学的缩影，很多贫困地区的教育现状都有待改善，梦想对于这些孩子不是心灵鸡汤，而是一种走出大山的动力，是远处看得见的希望。

🌿 实践·品悟

孩子们真正需要的东西——理解和关爱

2014 级本科生，高分子材料与工程专业　韩彤雨

2016 年的这个暑假，是丰富多彩的，对那些孩子们，也对于我们。

为了实现"广覆盖、促发展、提能力、获真知"的理念，为了响应学校"青年服务社会"的号召，为了为"精准扶贫"奉献出自己一份微小的力量，这个暑假，我与材料学院的李滢、谢童彬、李策，化工学院的任飞组成实践团，前往陕西省洛南县进行志愿公益类社会实践。而配合我们此次社会实践的，是一群可爱的小孩子们。

我们分别在两所学校进行了实践活动，而给予我感动最多、震撼最大的，是白洛小学的孩子们。学校新修了操场、教学楼，但是学校的教学资源显然还是有些欠缺的。在帮助了学校老师填写成绩单后，会发现孩子们的基础较弱。在和孩子们真真正正地面对面相处两天之后，在我们走进孩子们的世界后，我看到了这些孩子们真正需要的东西——理解与关爱。

白洛学校的老师大多年过半百，采取的依旧是应试教育的教学方式。老师与孩子是传统的师生关系，师生之间鲜有沟通交流。孩子们回到家，没有爸爸妈妈的陪伴，只有年迈的爷爷奶奶负责他们的衣食住行。村子里边但凡家里条件允许，都会将孩子送到县城里读书，而留下来的这些孩子，父母长期在外打工，没有大人再来主动走进他们的世界。其实他们的世界很简单，很多时候他们需要一点点安慰，一点点分享。当我们走进他们的时候，他们从一开始的胆怯、不安，到最后拉着我们的胳膊跟我们无话不谈。他们的笑容，他们的纯真，无一不再感动着我们；同时，也让我们感受到了支教的重要性。

这些孩子的衣服也许不是那么干净漂亮，他们的普通话也不标准，但是他们都有着自己的梦想，有着对未来的憧憬。我们能带给他们的，除了新的知识，还有走进他们的世界，打开未来的窗。

期盼着下一次的相聚

2014 级本科生，高分子材料与工程专业　李滢

暑假，我去了一个不同的地方，见到了一群不同的人，做了一些不同的事情。

第一次走进白洛小学，仿佛回到了记忆里的那个校园，我们还是稚嫩的模样。那些小孩子围在我们身边，说老师好，第一次被人叫做老师，真是新奇的体验。他们的手指头没有那么干净，他们的衣服上还有着点点污渍，但是眼睛却是异常明亮。我教他们读音标，教他们唱歌，教他们做那些他们不懂的数学题和英语题。放学后，他们会乖乖地跟我说老师再见。我和他们一起做游戏，一起玩耍，一起度过了两天的时光。

这些都是我从来没有做过的事情。他们对世界充满了好奇，但是只是用自己天马行空的思维去幻想。看着他们，就像看到了小时候的自己，也是在一个小乡村里，思考着外面的世界。他们乖巧不失调皮，淳朴而又灵动，仿佛一朵朵太阳花，正在努力向上生长。天真可爱的年纪，正是人生的好时光。

两天的教学，同样也让我感觉到了老师的不易，细心、耐心、爱心，带着学生走上成长的道路，一步一步踏踏实实。都说老师是辛勤的园丁，可是那散落的阳光不也正是老师们的真实写照吗？

实践活动结束后，我们都留下了联系方式，期盼着下一次的相聚。希望再见时，天气一样清朗，阳光一样明媚，我们一样微笑！

我看到了不一样的快乐

2015 级硕士研究生，材料科学与工程专业　任飞

炎炎 7 月，实践团一行人来到了陕西省洛南县展开了为期 2 天的社会实践。

在西街小学我们与五年级的小朋友们开展了以"大学·梦想"为主题的交流活动。在这里我看到孩子们五彩斑斓的梦想，仿佛看到了小时候的自己。在我们的沟通与引导下，帮助孩子们深入了解自己的梦想，制定未来前行的目标。希望这次交流能够帮助他们向着

自己的目标迈进。

7 月 12 日，我们来到了洛南县白洛小学。因为学校在农村，这里没有西街小学那么好的条件，但这里有这里的朴实与美丽。我们给小朋友们讲故事，教他们学英语，教他们唱歌，他们脸上的笑容就是对我们最大的回报。离开之前，我们将带来的学习用品分发给了他们，希望他们好好学习，努力实现自己的梦想。

短短 3 天的社会实践，与小朋友们相处的 3 天，是我心理上的放松，他们让我看到了不一样的快乐。

白洛小学，一段美好的回忆

2014 级本科生，材料科学与工程专业 谢童彬

顶着骄阳，迎着烈日，我们于 2016 年 7 月 9 日抵达了实践地：陕西省商洛市洛南县。洛南县是陕西省的重点贫困县之一，教育水平落后，物质资源匮乏，大部分人都靠种地来维持生计。

在一开始选择实践地点的时候，因为我们实践团的成员都来自洛南县，怀着对家乡的感恩，抱着发展家乡振兴家乡的希望，我们决定将实践地点选在了生养我们的地方。到达之后，我们简单地分析了一下几个比较合适的实践地点，最后敲定了分别位于城区的西街小学和位于郊区的白洛小学。

实践第一天，我们走进了西街小学，和那里的孩子开展了一次有趣的班会，了解同学们的学习状态、生活状况等。在问及同学们以后的梦想及长大后想干什么的时候，本以为会有各种无厘头的答案时，但从一个个孩子嘴里说出的都是无比坚定的话语："我要当老师，像李老师一样"，"我要当警察，去抓小偷"，等等。我感受到了孩子坚定的信念，相信他们会为这个目标而付出努力。交谈之后，我们和孩子开展了一些小游戏，尝试着走进孩子的世界，了解孩子的内心。

实践第二天，我们准备了若干学习用品以及零食等小奖品，去总共只有 200 多人的白洛小学。规定 8 点到校，但孩子们早在 7 点多一点就来到学校等待我们，当孩子看到我们的时候，纯真的眼神透露出对外面世界的渴望。许多孩子因为农事要给家里帮忙，所以托同学帮他们取成绩册。还有一位小女生，可能只有 11 岁，怀里抱着一个小妹妹，可能是因为家长无暇照顾，只能托付给了还是孩子的姐姐。看到了这些，我深深地感觉到自己的使命感以及责任感，在和实践团员的商量下并且与校长的配合下，我们决定在白洛小学开展为期五天的实践，通过同学报名参加的形式举办一个暑期趣味班，不限年级，不限性别，同学们都踊跃报名，不一会儿就报了 30 多名。经过商议，当天下午就立即开展暑期趣味班的活动。活动课程包括体育课，朗诵课，音乐课，舞蹈课等，活动开展得如火如荼，同学们也积极参与其中。

活动期间，同学们质朴的心灵深深地感动了我。每天开始上课前，当我们走到学校门口的时候，几乎所有的同学已经在等待我们开门，期待的眼神伴随着一声声老师好，我的心里莫名地涌上了一股暖流，在这个炎热的夏季，有了这些孩子的陪伴，汗水也变得甘

甜。每天互相地陪伴，让我的生命中有了一段美好的回忆，孩子们的欢声笑语时刻回荡在我的脑海，纯真的笑容融化在嘹亮的歌声中，天真的眼神穿越在曼妙的舞姿中。不知不觉一天已经过去，由于最近正是汛期，又因为白洛小学临近洛河，考虑到学生的安全，不得已将为期五天的实践缩短为两天，我们实践团员也尽最大努力与同学们相处、交流，为孩子们带来一个美好的回忆。

两天的时间很短，转眼就结束了，分别的时候和孩子们一起合了张影，现在我经常也会看看，看看那些稚嫩的脸庞，看看那些清澈的眼神，坚定自己的信念。人生就是不断分别相聚，我们要努力去奋斗，只为下一次的相聚变得更好！

实践团成员：韩彤雨　李策　李滢　任飞　谢童彬

雪域的一缕阳光

🌱 实践·品悟

为老人们创造一个良好的环境

2016 级本科生，新能源材料与器件专业　次旺巴扎

今年的拉萨像往年一样不是那么热，从西藏来北京读书的大学生因为路途的遥远所以真正的假期不是很长。为了让这个暑期过得更有意义，我和同学去了拉萨附近的一同学村里的一家敬老院。这是他们村唯一的一家敬老院，选择敬老院是抱着一颗尊老敬老的心去的。

第一天，我们来到敬老院就有一种莫名的苍凉感，十几位老人坐在椅子上并围在院子里，都沉默不语，感觉现场气氛很压抑。为了打破这一气氛，我们就开始了我们的工作，尽我们的一份力量。在敬老院里，每个老爷爷、老奶奶们，在他们年轻的时候也像如今的我们一样，满腔热忱，拥有报效祖国、服务国家社会人民的远大志向，并在青春时代，为建设边疆、建设家园奉献出自己宝贵的青春，抛洒了满腔的热血，流尽自己辛劳的汗水。这些话是老爷爷奶奶们看我们工作的十分热情受到感染而告诉我们的。

为了使老人们多点快乐，我们每天早早地到了工作地点，打扫、收拾、整理等，这些活干完以后就进入了最主要的工作：教老人们打太极拳。太极拳是我们大一时体育课学的，这次算是真正用上了。其实对老人来说，他们想要的是能够受到别人的尊敬，能够有人与他们说说话，没有那种人到老年的那种日落西山的寂寞、失落感，所以多与他们聊聊天，反而是给予他们最大的关怀。我们歇息一会儿后就会去找老人们聊聊天，老人们拉着我们的手问寒问暖，了解我们在学习和生活上的情况。我们也询问了老人们的身体情况和他们的生活情况，吃得好不好啊，有没有什么娱乐活动等。

在谈话中我们还了解到，大多数老人的子女都外出打工不能亲自守候在老人的身旁，虽说百善孝为先，但谁不想守候在自己父母身旁，只为生活所迫。这让我想到中国的文字，老字的老下面是一个"匕"字，若把匕字改为子，就是一个"孝"字啊！这里的老人并非每人都还有健康的身体，他们是社会的弱势群体，他们更需要社会的关注。在雨天，由于身体的原因，也许他们正忍受着各种疼痛的折磨；在雪天，由于环境的限制，也许他们正忍受着寒冷的侵蚀，也许难得见到的冬日阳光，可能晒不到阳光。这让我们感到了丝丝悲痛，然而此时我们只有借社会实践的机会尽我们最大的能力去尽一份义务以及对

他们深深的祝福。看着他们，我不由地感慨社会制度还是不很完善，所以在我们走入社会以后一定要在这一方面贡献我们自己的一份力量，给他们更多的快乐。

就这样在忙碌中，我们完成了我们的社会实践活动。回来时大家说：来到这里不是为了完成暑期的社会实践活动的任务，看望老人们不是一种任务，而是一种教育，也是一种锻炼，更是我们的义务。老人需要社会的关心，社会也应该给予这些老人一定的关注。敬老爱老应该是社会主义精神文明常抓不懈的工作，我们当代大学生有必要和老人们多交流沟通，明白老人的苦处、难处，这有利于提高当代大学生的思想素质和道德素质。

老人，是需要我们关心的一个弱势群体，我们应该努力地为他们创造一个良好的生存环境，以回报他们曾经为国家为社会做出的贡献，也将我们中国的传统美德更好地传承下来，并去教育我们的子孙们。

给老人们带去欢乐

2016 级本科生，高分子材料与工程专业　米玛欧珠

作为一名大学生，对大学缤纷多彩的生活，已经没有了大一时的冲动与好奇，而是多了一些稳重，多了一些对生活的体验与对社会的认识，懂得了我们不仅要学好科学文化知识，还要把自己融入社会中，在社会实践中亲身体验生活，并承担起在社会中普通一员的责任。因此我来到了拉萨敬老院看望老人，尽自己的微薄之力来带给他们尽可能多的帮助与快乐。我觉得这是一种历练与体验，我们在社会中实践，才能学到更多，才能更好地把自己融入社会这个大家庭中去。

我们满怀激动地来到了镇里的敬老院。进入大门映入眼帘的是一排排白墙青瓦房，房前是花园，花园里种植了很多的花草。后来才知道，这里是敬老院新区，老人也从以前住的地方全都搬到了这里。我们首先来到值班室，值班的是一位老大爷，看到我们，他非常热情地带着我们来到了院长的办公室，院长向我们介绍了敬老院的情况。他说，现在敬老院已有100多位老人，其中大部分是五保老人，还有的是子女出门打工无人照顾的老人。他说现在敬老院还未住满，他们在宣传党和政府优待老人的政策和敬老院良好的住宿环境，并欢迎他们来这入住。随后，我们先到了住宅区，看到一位老爷爷正在洗衣服，当我们问到在这里的生活情况时，他便不住地说："党领导得好啊！我们现在享共产党的福，享共产党的福啊！"到屋里后，看到房间很宽敞，是两人间，有两张床、风扇、桌子、柜子和一台彩色电视机，他说这屋里所有的东西，包括床、电视机和一些生活用品等都政府免费提供的，他说政府现在每月给他们一些生活补贴，让他们上街剪剪头，买些牙膏牙刷、洗衣粉等。

随后我们又来到另一位老爷爷的房间，他一个人正在看电视，见到我们便热情地招呼我们。他说，现在比以前住得好啊，有电视机有风扇，还有工作人员的悉心照顾，做梦也不会想到到老年了，还会享受到这种生活。说着说着老人便流下了泪水，说自己的几个儿女都出去打工去了，在家没人照顾很孤单，便来到了敬老院。他说以前西藏生活条件很差，大家最大的愿望就是能吃饱。随后我们又来到食堂，一位正在烧饭的阿姨说，她是附

近村里被雇到这里帮老人做饭的，每天早上五六点起来做饭，虽然有时候很累，但看到老人们对饭菜满意的笑容，她也很高兴在这工作了。旁边还有一位大叔在做馒头，由于人多，他们都是用机械做馒头，于是我们就过去，帮他们把做好的馒头摆在桌子上，让馒头发酵。到吃饭的时候，我们就与老人们在食堂吃饭，饭菜虽然很简单，但老人们都吃得很香很满足。吃过饭后，我们就来到老人的房间，陪他们聊天，看看电视。

当下午凉快的时候，听到一个人说，该干活了。刚开始我们还有些疑惑，后来听他们说，他们在这里也不是什么都不干的，有些能干活的要去后院种些蔬菜以供他们平常食用。当跟他们来到后院的时候，才发现后院种了许多蔬菜，有冬瓜、茄子、豆角和红薯等。原来他们吃的蔬菜其实都是他们自己种的。他们现在要种白菜和萝卜，我们就帮着干了起来，虽然不怎么会干，但在老人们的示范下，我们干得也是有模有样的。很快，这一天过去了，我们和老人们一一告别，看到老人们满眼的不舍，我们答应老人以后有机会还会来的。

虽然这次在敬老院只有短短的几天，我们所做的事，可能对他们来说是微不足道的，但我们通过亲身的实践去帮助他们，给他们带去快乐，就已经很有意义了。在这次实践中，我们也发现了一些问题，敬老院里缺乏老人活动器材，老人们的活动场所不仅有限，而且活动方式单调，还有医疗卫生设备不够完善，有些病得不到及时医治。因此，我建议政府应该在为老人们提供舒适生活的同时，加强公共基础设施的建设，健全敬老院基本医疗卫生制度，提高老人的健康水平。在与老人们的聊天中，也发现一个比较明显的问题，就是孤寡老人的心理问题。老人们普遍存在孤僻的心理状况，有些话总不愿向他人透露，有些思念总是强忍着，不愿流露出来。其实我们也是都知道的，哪一个做父母的，不希望自己的儿女在自己身边，无时无刻地照顾着自己。有句话说得好："树欲静而风不止，子欲养而亲不待。"我希望我们父母还健在的时候，无论我们是在上学或者工作，一定要抽出时间陪陪我们的父母，不要等父母都不在的时候才懊悔，当初为什么没有多抽些时间陪伴父母，因为那时为时已晚。

实践团成员：拉珍　依力甫拉提·阿布都艾尼　才觉嘎瓦　平措旦达　四郎曲扎　扎西曲珍　次旺巴扎　米玛欧珠

知识传递梦想，支教传播力量

✎　实践·足迹

这是一场盛夏的邂逅。

我遇见了你晶晶发亮的眼睛。

一、缘起·期待

我的母亲是一位平凡的小学教师，姜木小学，是她工作的地方。每天清晨，她和其他几位教师一起，到距离县城半小时车程的姜木村小学，开始一天的工作。12 位老师，33位学生，一排低矮老旧的教室，一个尘土飞扬的操场，就是这所学校的全部。附近几个村子的小学已经全部关闭了，一些孩子随父母去了县城，另外一些每天奔波到镇上的学校上学。上级领导找到姜木小学，因为学生人数太少要关闭学校。校长坚定地说："我们要坚持下去，哪怕只有一个班级。"

目前的乡村教育体系，资源不均、条件恶劣的问题随处可见。在这样的环境中，我想做些什么；同时又感到无奈。这次支教活动，是我们迈出的第一步。

很幸运的是，我们的团队是一个非常积极的团队，在前期的团队组建和准备工作中，工作开展得非常顺利。我们对此次社会实践活动十分重视，投入了许多时间去准备。丁一鸣同学有非常优秀的书法功底，他主动提出要为孩子们上书法课，讲授书法文化。张志豪同学对历史十分感兴趣，提前准备好课件，针对不同年级的孩子准备了很多有趣的历史故事。王一闵同学擅长摄影，准备在活动期间为孩子们拍摄照片，留下了珍贵的回忆。骆玉顺同学给孩子们准备了生动有趣的生物课，还手工制作了捕虫器，让孩子们感到新奇有趣。杨飞洋同学为孩子们准备了爱国主义歌曲，让孩子们在开心唱歌的同时掌握历史文化背景知识……在繁忙的考试周里，给孩子们准备课程成了我们的一大乐趣。

二、启程·行动

跨越 500 公里的距离，我们一行人终于抵达了姜木小学。姜木村是一个美丽的村庄，有花圃，有小河。

在到达学校的第一天，由于夜里突降暴雨，我们被告知学生休假，也第一次听说了有"雨休"和"雪休"。校长告诉我们，村里的路多是土路，孩子们大多步行来上学，下了雨路上不好走，再加上雨后的校园会有积水，并不安全，所以每逢雨雪天气，学校就会放假。我们从村委会取到了教室的钥匙，打开门发现走廊里有很多积水，教室的天花板上石灰也大面积脱落，狭小的走廊里有木头发霉的气味。那一刻，我们看着条件恶劣的教室，心里很不是滋味。我们每天在宽敞明亮的教室里学习，原来是一件无比幸福的事情。

原定教学计划无法进行，我们决定帮助老师们打扫清理教室。我们分成两组，一组在走廊里清除积水，用扫把和拖把水一点一点地向外推。另外一组负责清理正在天花板上脱落的石灰。然而治标不治本，学校老师说，像这样的情况经常发生，但是学校没有条件整体修缮屋顶。在我们清理的过程中，老师担心石灰落在我们的眼睛里，拿出几个桌布折成帽子，我们戴着这特制的帽子，和老师们一起终于完成了清理工作。

下午，我们按照计划开始了黑板报的绘制。黑板报的位置在学校一进门的地方，上一次绘制是上学期刚调来的年轻老师，那位老师只工作了半个学期就转到其他学校去了。校长看到我们绘制板报十分开心。我们绘制的黑板报主题为"好习惯伴我行"和"小小读书郎"，还有"不积跬步，无以至千里"简短又意味深长的小故事。充满教育意义的名人名言，精美的配图插画，黑板报绘制得丰富又漂亮。我们看着一个下午的成果很是欣慰，希望孩子们能从黑板报中学到良好的读书习惯，争做行为规范标兵。

三、课堂·走近

我们在这次支教活动中准备了非常丰富的课程，有历史、生物、地理、数学、书法、折纸、音乐等。大部分都是孩子们没有接触过的内容。孩子们在课堂中听讲非常认真，课堂气氛也很活跃，几节课下来，我们之间的距离大大拉近了，成了很好的朋友。

王一闯同学是折纸课的老师，他做一步，孩子们跟着做一步。在课上，有一个小姑娘小声地说，老师你帮我折吧，我很笨，什么都学不会。这也是许多孩子面临的一个问题，农村的小朋友普遍有一种自卑心理，传统的教育方式又加深了他们对自己能力的误解。我们耐心地对她进行了辅导，告诉他们每个孩子都是一样聪明的，只是有人愿意学习，有人不愿意学习，我们都要做愿意学习的孩子，才能获得知识，取得成就。虽然很多小朋友都是一副似懂非懂的样子，但是一节课下来，所有小朋友都会折难度很大的玫瑰花了，这使我们感到十分欣慰，也希望他们以后能够越来越自信，真正地实现自立自强。

在音乐课上，我们带领孩子们学习了《东方之珠》这首歌曲，讲述了"东方之珠"的历史故事。我们讲到香港被人占领时，孩子们一个个表现得非常愤怒，也许孩子们还不懂什么是爱国主义精神，但是他们拥有一颗颗爱国的纯真之心。还要感慨一下孩子们的记忆力非常惊人，上课时讲的故事，下课时他们还都能完整地复述下来。他们跟所有接受所谓优质教育的孩子们一样，能够迅速地接受新知，他们更加渴望得到知识，他们会热情地和老师互动，问出许多连我们都无法回答的问题。越年轻，越有希望。

孩子们在课堂上的表现远远超出我们想象。原以为小学生会非常吵闹，但他们没有，一个个坐得笔直认真聆听。我们还担心有些知识太过于难懂，但他们总能问一些关键的问题，以简单的方式理解。在他们眼中我们是博学多才的，而我们眼中的他们，聪慧又机灵，未来有无数的可能。

四、互动·挚友

在课余时间，我们也度过了轻松愉快的时光。包饺子、篮球赛和各种小游戏，让我看到了孩子们无限的热情。

我们了解到，平时孩子们的午饭是在学校提供的，学校有一位专门负责伙食的老师，每天中午为孩子们准备午餐，通常是两道菜。校长为了对远道而来的我们表示欢迎，特意安排了一次吃饺子的午餐。我们当然也不能白吃，于是动起手来和老师们一起包饺子。支教团的 5 位成员来自南北方 5 个不同的省份，入乡随俗，我们跟老师学习了包当地的饺子，大家上手都很快，试验了几次后就能流水作业了。吃饭的时候，孩子们猜哪个饺子是谁包的，纷纷嫌弃我们包的饺子丑，不过大家吃得都很开心，尤其是孩子们，老师说他们每次吃饺子都会特别开心。

午休时间孩子们也闲不住，拉着我们做各种游戏。有一个六年级的大男孩，和我们挨个比试掰手腕。他说他力气大，毕业了就去帮他爸爸种地干活。我们问他，你不上初中了？他说，老师，我的手不是拿笔的料。我们不知道他以后究竟会从事什么行业，只能愿他平安快乐。

孩子们还和我们展开了一场别开生面的篮球赛。简陋的球篮，没有画线的黄土操场，没有规则的规则，只有嬉笑着追逐打闹，这才是游戏的真正乐趣所在吧。烈日炎炎，孩子们的热情高涨，我们又有什么理由拒绝他们呢？球赛结束，一个小男孩大汗淋漓地跑过来，给我们几个人送来雪糕。我们知道他的家境并不是很好，也许送我们的这几支雪糕就够他饿上一顿早饭，但他还是大笑着坚持要送给我们。我们最终还是拒绝了他，他有些失望地跑开了，我们虽然没有收他的雪糕，但是收到了他最珍贵的情谊。

五、远方·渴望

张志豪同学在最后一天对部分学生进行了采访，他问一个六年级的孩子对今后上学的打算。那个孩子说，我想上县里的中学，然后考个二本。他听奶奶说，某个亲戚家的姐姐考了二本，全家都跟着高兴。考二本，是一个很厉害的事情吧？他盯着他的作业本说。我看了看他的作业本，在老师的每一条评语下面，他都把写错的字再写几遍，虽然字迹歪歪扭扭，但是能看出写字时的认真。我们大概能够理解"考二本"对他来说意味着什么，意味着全家被别人肯定，意味着自己走向另一种命运。我们在心里默默地说，你不仅能考上二本，你要努力考上一流的大学。

还有一个小男孩在闲聊时对我们说，姐姐，我想上哈佛大学。我们问他，你知道哈佛大学在哪里吗？他说不知道；又问那你为什么要去哈佛大学呢？他说，因为那里有世界上最好的知识。是啊，我们不知道远方在哪，我们只是很想去到远方。亲爱的孩子，我们不能陪你一路走向未来，我们只能在你心中埋下一颗小小的种子，指引你去往正确的方向。

你们的路还很远很长，我们只能陪你走完这短短的一程。

对于这群孩子来说，他们的未来似乎被家长、被自己定义得很窄。与城市里的孩子相比，他们的资源条件差得太多，而改变这种状况十分困难。很欣慰的是，我们已经看到了社会各界的努力，无论是教室里崭新的多媒体设备，还是各类助学计划的推行。很多人已经意识到，开在乡村的祖国花朵，也需要同样的沃土，也能开出亮丽的花朵。

六、离别·再会

4 天的行程很快就过去，我们又要回到象牙塔中了。回首这次实践活动，我们都学到了很多。

丁一鸣同学说，这里的孩子们对老师的尊重、对知识的渴望，甚至让我有了一种愧疚的感情，我愧疚没能像他们一样尊敬自己的老师，愧疚没能为他们准备多一些的知识。我知道了在这个世上的某个角落，还存在这一群出生于贫寒却不失天真善良的孩子，受困于环境，却有着远大理想的小精灵。

王一阆同学说，时光如梭，又是一路风尘仆仆，又是一夜星光灿烂，又是一味苦乐酸甜，又是一曲人生凯歌，问世间志愿为何物，只叫人百感交集。

感谢姜木小学给了我们这么一个美丽的平台，去体味做一名教师的百般滋味，我们在这里成长，我们在这里成熟。我们实践团，带着希望，带着微笑，带着关爱，带着热忱，带着信念，带着活力，带着祝福，带着奉献，走进小学，走进学生，走进社会。我们在这里学习、交友，丰富生活，积累经验。支教是一项美丽的事业，无私奉献更为动人，我们便在不知不觉中成了感动别人、感动自己的光荣的志愿者。

骆玉顺同学说，在这次支教活动中，虽然我们和孩子们在一起的时间不是很长，但我们还是相处得很愉快。我们丰富了孩子们的课堂生活，给他们带去了新的知识，新的视野，新的理念。我们的付出不需要回报，如果真的要的话，那他们已经给了，他们天真的笑脸，他们纯洁无瑕的心灵，他们的懂事，他们的成长，就是世界上学生对老师最好的回报了，我想没有比这更好的了。而我们在其中也成长了不少，我们不仅锻炼了自己，也回报了社会。

我们坐在离去的车里，孩子们全都跑过来，有些害羞地不敢靠近，他们一遍一遍地重复着，一定要记住我的名字。终于，汽车开动了，我看见孩子们越来越模糊的身影，我在想，我到底得到了什么？"明年，我们再来吧。"身旁的伙伴突然说道，这大概是最好的答案。

🌱 实践·品悟

收获了一种师生知心的感情

2016 级本科生，电子封装技术专业　丁一鸣

原来我以为我看到的并不是现实，我以为我得到的也并不是我真正得到的，这是这次

暑期社会实践结束给我最深刻的体会。

好学生不一定在名校，正如所有金子不一定被人们所珍藏一样。这里的孩子们对老师的尊重、对知识的渴望，甚至让我有了一种愧疚的感情。我愧疚没能像你们一样尊敬自己的老师，愧疚没能为你们准备多一些的知识。

感谢你们让我有了一种当老师的快乐。我不会忘记你即使家里再贫寒，也会在老师满头大汗的时候为老师买雪糕，也不会忘记你不断重复想让我们记住你的名字。我也希望你能够记住我们的诺言——考上北理工，我会再回来接你去上大学。这次支教的时间虽短，但我收获了一种师生知心的感情。

我知道了在这个世上的某个角落，还存在这一群出生于贫寒却不失天真善良的孩子，受困于环境，却有着远大理想的小精灵。你们一定要健康快乐地生活下去。

我喜欢这个学校，喜欢这里的孩子们

2016 级本科生，新能源材料与器件专业　骆玉顺

2017 年 7 月 2 日，我们满怀着一腔热血和一颗惴惴不安的心，作为支教教师踏上了奔赴姜木小学支教的路途。

7 月 2 日一大早，我们就从北京出发，坐火车赶往辽宁锦州。支教的第一天，我们就把学校打扫了一遍。不得不说，姜木小学的环境不是很好，我们打扫教室的时候发现里面的天花板被水浸透了，墙漆都掉了一层。虽然有一个操场，但铺的都是沙子。我们向其中一个老师了解了一下情况，知道了这所学校只有 33 名学生，并且没有二年级，而一年级也只有一个小女孩。虽然我们被这些情况震惊了，但也更坚定了我们支教的决心。

在之后的两天，我们不留余力地把我们准备好的知识教给了学生，这些学生也非常有活力，每次上课都有很多学生举手提问并且与我们互动。

经过这三天的时间，我发现我喜欢上了这个学校，也喜欢上了这里的学生。在我们离开的时候，这些学生都说让我们再待两天，其实我们也很想多待两天，但是我们还是怀着一颗伤别离的心回了北京。

在这次支教活动中，虽然我们和孩子们在一起的时间不多，但我们还是相处得很愉快。我们丰富了孩子们的课堂生活，给他们带去了新的知识，新的视野，新的理念。我们的付出不需要回报，如果真的要的话，那他们已经给了，他们天真的笑脸，他们纯洁无瑕的心灵，他们的懂事，他们的成长，就是世界上学生对老师最好的回报了，而我们在其中也成长了不少，我们不仅锻炼了自己，也回报了社会。

我们在这里成长，我们在这里成熟

2016 级本科生，新能源材料与器件专业　王一阁

时光如梭，又是一路风尘仆仆，又是一夜星光灿烂，又是一味苦乐酸甜，又是一曲人

生凯歌，问世间志愿为何物，只叫人百感交集。

在姜木小学，看见一群群可爱的孩子，我仿佛又回到了童年时代。纯真善良的孩子，曾经我也是其中的一员，现在却要成为他们的老师，在孩子的欢声笑语中继续成长！我们的小老师也是可爱的，跟那么天真无邪的孩子在一起，心灵永远是清澈透明的，永远充满激情！

感谢姜木小学给了我们这么一个美丽的平台，去体味做一名教师的百般滋味，我们在这里成长，我们在这里成熟。我们实践团，带着希望，带着微笑，带着关爱，带着热忱，带着信念，带着活力，带着祝福，带着奉献，走进小学，走进学生，走进社会。我们在这里学习、交友，丰富生活，积累经验。支教是一项美丽的事业，无私奉献更为动人，我们在不知不觉中成为感动别人也感动自己的光荣的志愿者。

帮助他们走向圆梦的路

2016 级本科生，新能源材料与器件专业　杨飞洋

4 天的支教生活结束了，这段不长不短的时光，注定成为这个我在这个暑假里最闪闪发光的记忆。

我记得初见时积满雨水的走廊，破败不堪的教室顶部；我看见孩子们一双双发亮的眼睛，听着他们围着我们问个不停；我看到早读时老师们认真的身影和工整的板书……这里的一切就像一粒种子，我想要播种它，呵护它，看着它开出明亮的花，结出饱满的果实。

我记忆最深的一个小朋友，他对我说，姐姐，我想上哈佛大学。我问他你知道哈佛大学在哪里吗？他说不知道，他只知道那是一个世界上最厉害的地方。他们生在农村，教育的不完整注定会缺少一些机会，但是梦想从来都是公平的，他们也有做梦的权利。我知道，在他们圆梦的过程中注定比别人艰辛，我们能做的，也只是帮助他们走向圆梦的路。前方的艰难险阻，也许我们不能一路陪伴，但我希望我们会是一道光，引领他们去往正确的方向。

感谢姜木小学的全体师生，给了我们一次不同寻常的体验；感谢实践团的小伙伴们，我们一起努力走完这一趟充满意义的旅途；感谢这个世界，让我们创造出越来越多的爱与光芒。

实践团成员：杨飞洋　王一阁　骆玉顺　丁一鸣　张志豪

敬老，爱老，老人多元化需求探寻

实践·足迹

志愿服务之一：走进阳光金宇养老院

2017 年 7 月 3 日，我们暑期社会实践小组实践的第一天，我们全体队员一行 9 人来到了阳光金宇养老院开展志愿活动。

早晨 8 点在学校门口集合后，我们在社会实践小组组长朱皓麟的带领下来到阳光金宇养老院。从外面看敬老院，是个带院子的小楼。进去时实在让人心里有些难受，门口通向院子的长廊，两侧坐着两排老人，都坐在轮椅上，还有一部分老人坐着在院子里。院子里后面有一片地，绿油油的，充满生机和希望，可是看着老人们，心里又觉得很不是滋味。敬老院中老年人的身体状况都不是很好，敬老院设施和环境也较差，很热的天气，老人们就在院子里坐着休息。

我们和一个老爷爷聊了起来。老爷爷 70 多岁，眼神不大好使了，说话也不太清楚，基本上是我们问一句，爷爷答一句。老爷爷对敬老院的伙食不是很满意，他说整天都是吃白菜馒头，想吃面条也没有。敬老院的住宿条件也不是很好，我们问房间里有没有风扇，他摆摆手说没有，更别说空调了。也难怪大晌午的，这么多老人都集中在屋子外面乘凉。聊了半个小时，我们难以再找到话题，关于老人子女的情况我们是不便问及的，怕伤了老人们的心。和爷爷说了一声之后，我们就去厨房帮忙了。

我们分成了两部分，一部分同学陪老人聊天或为老人做一些简单的服务工作，另一部分同学在厨房帮忙准备午饭和晚饭。

这座敬老院只有一个厨师阿姨，阿姨让大家先削了一盆土豆，剥了一盆蒜，接下来又洗了一盆土豆、一盆胡萝卜。最后我打扫卫生，收拾餐盘，大约下午 6 点离开敬老院。

我们了解了一下敬老院的收费标准，三四千元一个月，可能因为地处北京，物价很高。尊老爱老是中华民族的传统美德，老吾老以及人之老。对于敬老院的工作人员来说，这仅仅是他们的工作，他们能做好自己的职责范围就足够了。这个工作在我们看来的确不好做，对敬老院的现状，我们觉得很失望。这一代人曾经建设了我们的国家，为国家的发展打下了夯实的基础，可当他们老了，当他们身体不再健康，来到这里或被送到这里，不论主动或被动，都应该有一个更加良好的环境——无论是物质还是精神。我们不知道志愿活动是否能对老人产生好的心理感知，想让他们理解他们并不是被遗忘在了这个角落，人们依旧记得他们，也感激他们这一代对我们现在所拥有的生活付出了青春年华。他们之中很多人，甚至已经失去了思考能力或是记忆力，但是我们希望他们可以开心地生活，在生命的最后的一个阶段，快乐地生活着。我们一次志愿活动能做出的贡献微乎其微，但总有人在做，志愿活动的意义大概也在于此：用微小的力量去改变让你觉得失落的事实。我们也相信未来会更好，青年服务国家，相信我们这一代会尽力做到，让所有老年人都能老有所养、老有所依、老有所安。

志愿服务之二：走进德隆睿颐苑养老服务中心

2017 年 7 月 4 日，我们社会实践团队全体成员前往德隆睿颐苑养老服务中心，开展慰问老人的活动，体现当代大学生对老人的尊敬与关爱。

乘车到达德隆睿颐苑养老服务中心时，团员们都对这里完备的设施和优美的生活条件而心生感慨。随后我们进入大厅。前台的阿姨热情地接待了我们，并带我们参观了养老中心的照片墙，向我们展示了老人们多姿多彩的晚年生活。工作人员介绍，养老中心的老人们大多有老年痴呆症，不能自理，而且老人们由于长时间不能与家属见面，心中难免产生孤寂感，所以安排大家陪老人们开展休闲棋牌活动、谈心聊天。

简单分组之后，我们两拨人分别去了四楼和六楼。

四楼的团员们一上去就遇到了一个老奶奶，她热情地和我们打招呼："小伙子们好！"然后又把大家带到她的房间，和我们聊了会儿天后和我们一起去了活动室。老人们在活动室刚吃完午饭，看着电视，听到工作人员说我们是来陪老人们下下棋、解解闷的，一下子都来了精神，把象棋、跳棋拿了出来，准备和我们切磋棋艺。

可以想象，四五十年前的老大爷们年轻时肯定也都是和我们一样的阳光，喜欢象棋这样的智慧博弈项目；而奶奶们年轻时也经历过三个人大战跳棋的情景，对跳棋也可以说是有着的美好记忆。

活动室里的重头戏当然还是象棋，团员尹同学和一个坐在轮椅上的大爷展开了较量。大爷执黑方，一开局就走马出车，进攻架势相当凶猛，可能近期没怎么碰过象棋，所以尹同学刚开始差点招架不住，但他没有乱了阵脚，由防守开始逐渐转向进攻。在大爷的车被吃掉后，局势出现了转折。最后大爷被尹同学的车跑配合抽子，承让第一局。另外一边，兰同学和老奶奶进行跳棋大战，老奶奶虽说年纪大了，可棋艺未减，总是在兰同学前完成棋局，开心地合不拢嘴。大爷们毕竟"身经百战"，团员们多次被怪棋难得皱眉沉思，不过团员们也同样下了几首精妙的好棋，引得大爷们的赞赏。

养老院里的老人基本都已经年过古稀，但他们对下棋和玩扑克的热情并不减退，正所谓活到老玩到老，老年人也是需要娱乐的，这样老人才会更加开心，笑口常开，老人们的身体才会更加健康。

我们和几个老奶奶玩扑克，玩法很简答，直接比大小，王最大，可以出顺子。虽然老奶奶们年纪很大了，但是老奶奶们接牌的手法很娴熟。刚开始老奶奶们还是你一张我一张地出牌，偶尔会出个顺子什么的，感觉总体还是在预想之中的。其实老奶奶们少说也 80

多岁了，按道理应该会思考地久一些，但事实却是，她们对于出几张顺子，怎么出，心里很明白，让你感觉她们应该最多才 60 岁吧。其中有一次一个老奶奶出了"123456"。刹那间，我们不得不惊叹老人们的思路甚广，实在令我们佩服啊。

虽然养老院的老人们比较多，但能玩游戏的老人毕竟是少数，很多老人都行动不便，其中有一位老奶奶在我们玩扑克的时候，她坐在我们的后面读我们衣服背面的字"北京理工大学·学生社会实践"，然后就有几个老奶奶也跟着她读，没想到老奶奶认识的字还真不少。听着她读我们衣服后面的字"广覆盖、促发展、提能力、获真知"，我们真的对老奶奶很佩服。这让我们不禁想到，当代年轻人应该保护好自己的身体，特别是眼睛。

后来我们才知道，这位老奶奶是养老中里年龄最大的老人，已经 105 岁，小的时候念过私塾，就是现在有时候记忆力不太好了。这让我们深受触动，老奶奶 105 岁，已经活过了一个世纪，虽然记忆力有些不太好，但学到的字，或许已然深深地印在骨子里了吧。真所谓活到老、学到老啊！

老人们用他们的经历教育了我们这些后辈，我们应该回报他们，为他们带去欢乐，让他们感受到温暖。

实践·品悟

一次心灵的考问

2015 级本科生，材料成型及控制工程专业　黄得清

谁不愿儿女陪在身边安享天伦，谁不想在阳光下与老友谈天说地，谁又不想每次睁眼看见的是熟悉的身影、熟悉的天地。养老院是老人颐养天年的地方，无论他们是自愿还者不自愿，当他们来到这个狭小的天地，每天看着日落月初，看着那些熟悉的陌生人走进走出，在浓密的树影底下乘凉，或者在冷清的活动室里下棋，他们是否喜欢着这样"舒适"地生活？

与一个东北老爷爷的谈话让我深深触动，几十年前的二人转段子里满满的乡愁，来到这里一年多，即使都是相同的年纪，即使是在同一屋檐下生活，但还是没有几句共同语言。看着那宿舍，即使里面贴满了各种看起来十分温馨、充满着文艺气息的照片，可我感觉那就是一个医院里的病房，即使用暖色调涂满所有的墙壁，但觉得少了点什么。

对于我们而言，这也是一个考问：当我们的父母老了的时候，我们能够给他们怎样的生活？能否时常陪伴着他们？能否给他们个幸福的晚年？能否让他们在某个养老院里过得开心？而当我们都到了老年的时候，当我们成了孩子们的"负担"的时候，我们又将作何选择？

为老人带去欢乐

2015 级本科生，材料化学专业　田进龙

2017 年 7 月 3 日、4 日，我们社会实践团队全体成员前往两家养老院，开展了慰问老人的活动，体现我们当代大学生对老人的尊敬与关爱。

在这两天中我们用行动为老人们带去了欢乐，虽然他们的子女不在身边，但我们还是用我们自己的爱心为他们带去了家的感受，让他们不会感觉到自己是孤独的，为他们带去快乐。

如何解决老人孤独的问题，我觉得就是给他们带去欢乐，老人们开心了，心态就会比较平稳，身体也会更加健康。我们通过陪老人玩游戏，给他们唱歌，和他们聊天，一步步地打开老人们的心扉，从而拉近我们和老人的距离，让老人们觉得我们很亲切，这样老人才会有家的感觉。

老人们用他们的经历教育了我们这些后辈，现在我们长大了，也应该回报他们，为他们带去欢乐。

祝愿奶奶爷爷们安康幸福

2015 级本科生，材料成型及控制工程专业　杨霞

首先感谢北理工给我们这样一次机会，我很荣幸能够加入我们实践团去看望爷爷奶奶们。

这次活动我真真切切地体会到了老年人的生活，他们都因为各种原因来到敬老院，大多老人生活不能自理，但他们却时时刻刻牵挂着家里人。有位老爷爷一直问护工阿姨，他的亲属什么时候来看他，那种渴望，那种期盼……

我们尽自己最大的能力给爷爷奶奶们按摩、打扫卫生，陪爷爷奶奶们下棋打牌，我们希望能为他们枯燥的生活带来一点乐趣。

临走时，一位老奶奶拉着我的手，舍不得我们走，那种疼爱的眼神犹如亲奶奶一样。她希望我们好好学习。我希望爷爷奶奶们安康幸福，幸福若有机会，再次回到良乡，和爷爷奶奶聊聊天，即便家属不能及时来看他们，我们也能够陪陪他们。

老有所养，我们的愿望

2015 级本科生，材料成型及控制工程专业　甄妍

第一天的志愿活动我并没有跟老人们直接接触，但是所见所闻让我觉得很不好受，尊老爱老是中华民族的传统美德，而对敬老院的现状，我觉得很失望。这一代人曾经建设了我们的国家，为国家的发展打下了夯实的基础，可当他们老了，当他们身体不再健康，来到这里或被送到这里，不论是主动或是被动，都应该有一个更加良好的环境——无论是物质的还是精神的。

我不知道志愿活动是否能对老人产生好的心理感知，想让他们理解他们并不是被遗忘在了这个角落。我们依旧记得他们，也感激他们这一代对我们现在所拥有的生活付出的青春年华。他们中很多人，甚至已经失去了思考能力或是记忆力，但是我希望他们可以开心活着，在生命的最后的一个阶段，快乐地生活。我们一次志愿活动能做出的贡献微乎其微，但总有人在做，志愿活动的意义大概也在于此，用微小的力量去改变让你觉得失落的事实。我相信未来会更美好，相信我们这一代会尽力做好。

他们需要的是亲情，是温暖

2015 级本科生，材料成型及控制工程专业　朱皓麟

为期两天的敬老社会实践活动在依依不舍中结束了，直到现在我也清晰地记得临走时爷爷奶奶们的笑容。

这两天里，我在敬老院里陪老人们聊天、下棋，打扫卫生，为老人们准备午饭和晚饭。尽管老人们都对我报以笑容，但仍然掩盖不了他们眼里透着的寂寞。

最让我心酸的是一位老爷爷反反复复地向看护人员询问他的家人今天是否会来看他。虽然经常有像我们一样的大学生去敬老院看望老人们，但我们为他们做的也仅仅是陪老人聊天、下棋罢了。他们真正需要的是亲情，是温暖，但我们暂时还无法满足。就物质而已，他们希望能有更多的娱乐设施、避暑设施，也希望伙食能有所改善。而心理上，他们更需要的是能跟家人待在一起。在此，我由衷希望因忙于工作而把自己的父母送去敬老院的子女们能多陪陪父母，千万不要留下"子欲养而亲不待"的悲哀。因为到了这把年纪，他们所希望的不仅仅是活着，更是和谁一起活着。

实践团成员：朱皓麟　甄妍　杨霞　尹杰　黄得清　田进龙　兰俊康　王潘杭　张磊

第 十 二 章

相 约 冬 奥

翘首冬奥，倡导健康新生活

实践·报告

如今，奥运会已经成为世界上规模最大、最令人瞩目的体育赛事。2008年，北京奥运会的圆满成功，证明了举国体制下我国在奥运市场的开发上成绩斐然，顺势而为，我国顺利取得2022年冬奥会的举办权，并在交通拓展、设施完善、政策出台等各个领域做出了准备。本研究从实证探究角度出发，综合运用问卷、访谈、考察等方法，旨在了解2022年冬奥会对举办地河北、北京以及其他地区的影响程度，探究冬奥会对京津冀一体化方面的推进作用，发现其中的不足并尝试提出建议。

一、调查目的

2015年7月31日，随着国际奥委会主席巴赫的宣布，北京—张家口获得了2022年冬奥会举办权。北京和张家口联手举办第24届冬奥会，将对我国政治、经济、文化、社会和生活等方面产生巨大影响。此次冬奥会，进一步实现了京津冀地区的协同发展，现代化立体交通网的建设，使张家口市成为连接津晋冀蒙的交通枢纽城市。

离冬奥申办成功已经过去了一年的时间，冬奥会的宣传、建设已初具规模，由此，我们决定进行有关冬奥会的调查研究，旨在了解与冬奥会的相关知识在群众之中的普及程度以及当地民众对举办冬奥会的看法，在此基础上深度研究冬奥会对举办地即北京和张家口在城市建设、经济、交通运输等方面的影响。所以，我们小组利用暑假，开展了以"健康北京，冬奥推广"为主题的实践活动。

此次实践，从7月8日开始至7月28日结束，调查重心分为三部分：前期主要在北京市进行调查走访，中期则在张家口市崇礼县实地调研，后期在全国其他地区进行。实践地点有张家口市崇礼县县政府、崇礼县太子城、张北县旅游景点三处。不同地区采取了不同的调研方式。

二、调查内容

根据前期研究，我们提出以下几个调查内容：

(1) 冬奥会在不同地区的影响力；

(2) 冬奥会给不同地区带来的影响；

（3）冬奥会对京津冀一体化的促进作用；

（4）冬奥会筹备工作中存在的问题。

其中重点调查研究（1）（2）项。

三、调查方法

针对调查内容（1），我们主要采用问卷法与实地考察法进行，问卷调查分网上问卷与纸质问卷。

针对调查内容（2），我们采用资料法、问卷法、实地考察法及访谈法，全方面深入调查。

针对调查内容（3），在调查内容（2）的基础上进行分析。

针对调查内容（4），主要采用资料法、访谈法及实地调查法进行。

四、调查分析及结论

（一）冬奥会在不同地区的影响力

我们首先制作了一份调查问卷（见附录一），在北京地区、张家口地区及其他地区发放。

1. 北京地区

根据网络问卷及街头纸质问卷调查，共得到有效问卷97份（详细数据见附录二）。

（1）基础数据分析（见图1～图3）。

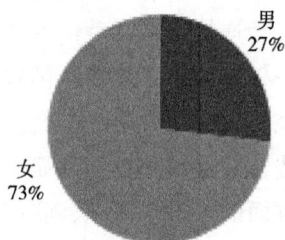

图1　性别比例

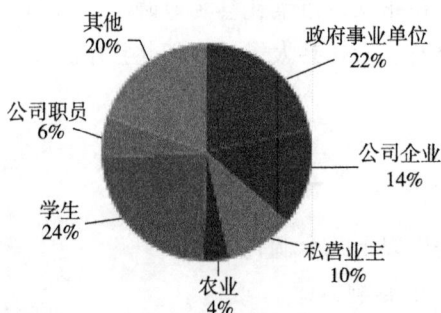

图2　职业比例

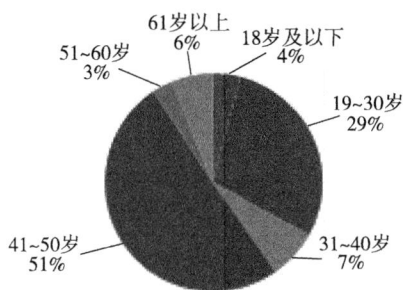

图3　年龄结构比例

从调查的基础数据中可以看出，各个项目所占比例均衡，调查数据具有可靠性，可以用来进一步分析。

（2）民众对冬奥会的认识（见图4～图7）。

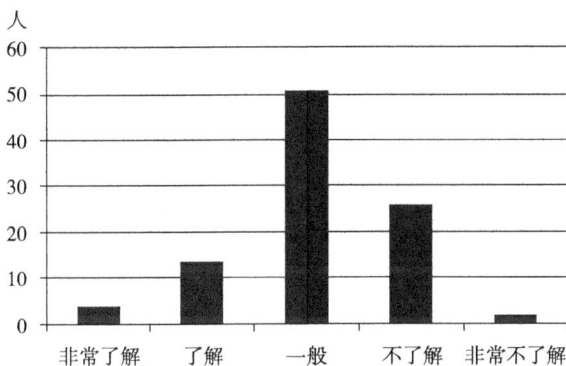

图4　对冬奥会历史的了解

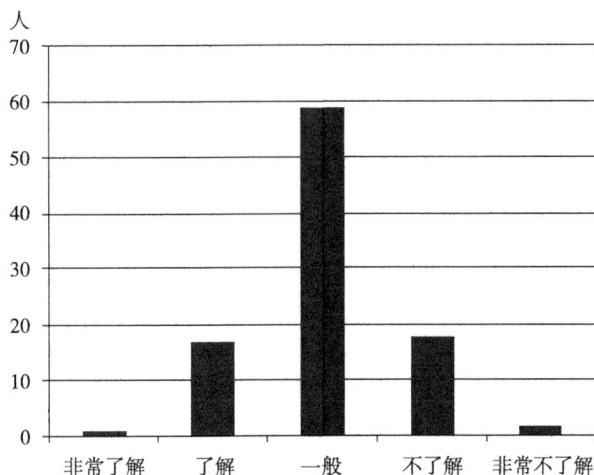

图5　对冬奥会运动项目内容的了解

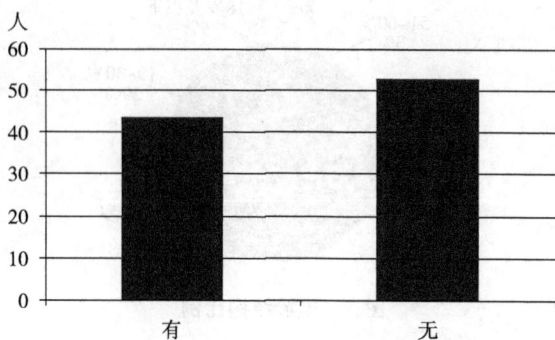

图6 生活地区附近有无冰雪运动场馆

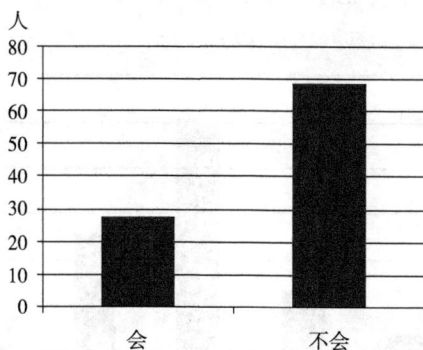

图7 在生活中会不会参加冰雪活动

结论一： 北京的群众对冬奥会抱有极大的热情，对冬奥会已经有了初步的了解，但是仍需加强宣传。对冬季冰雪项目的普及已经初具规模，但是群众参与度不高，应鼓励群众参与冰雪运动。

（3）健康问题（见图8～图10）

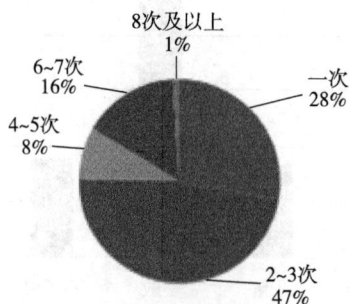

图8 一周参加健身运动的情况

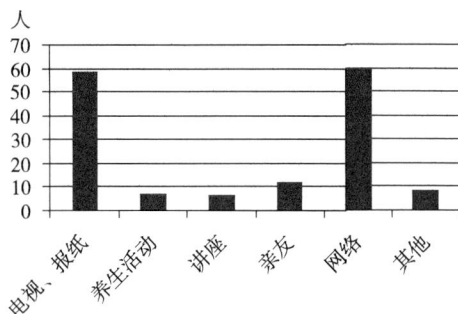

图9 获得健康知识的主要途径

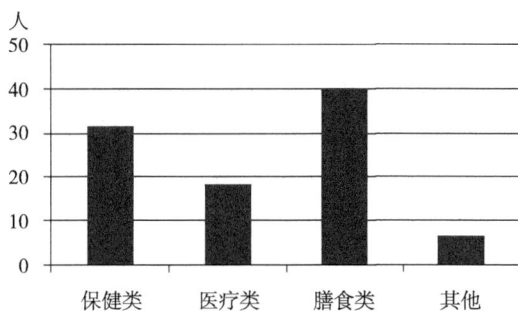

图10 需要的健康知识

结论二：从图8中可以看出参加运动情况以一周2~3次居多，应提倡更多的运动。从图9中可以看出，群众更需要关于保健类及膳食类的健康知识，可以通过电视、报纸、网络的方式进行宣传。

2. 张家口地区

根据网络问卷及街头纸质问卷调查，共得到有效问卷61份（详细数据见附表2）。

（1）基础数据分析（见图11~图13）。

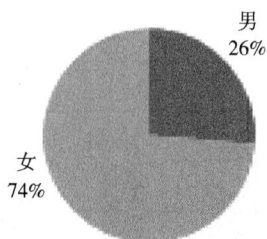

图11 性别比例

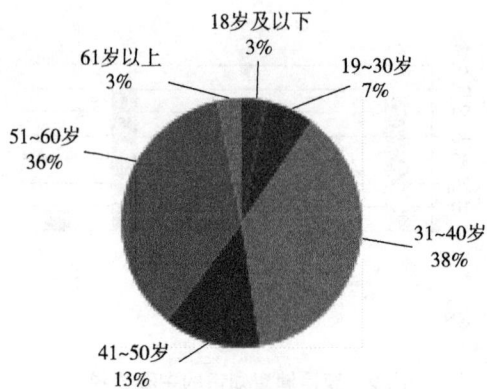

图12　年龄结构比例

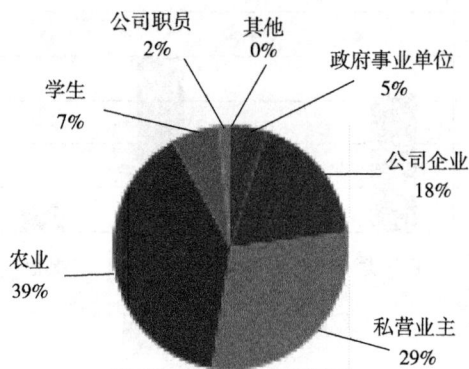

图13　职业比例

图11～图13所得数据基本可靠，可以用来进行数据分析。

（2）民众对冬奥会的认识（见图14～图17）。

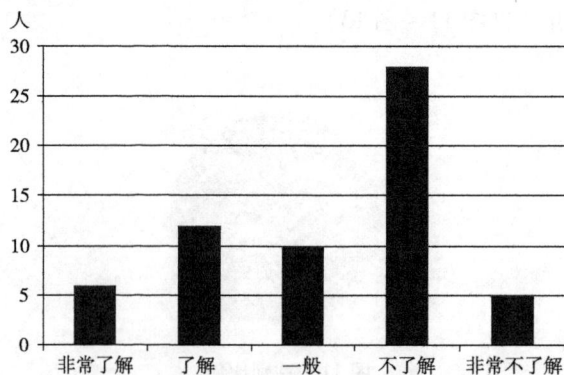

图14　对冬奥会历史的了解

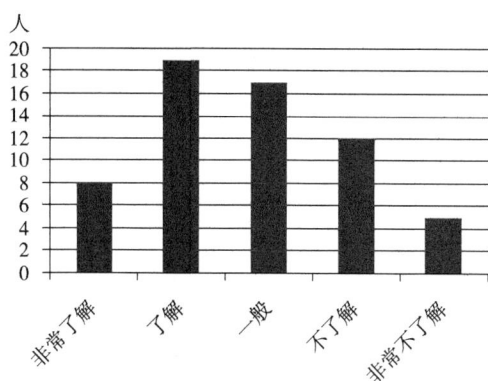

图15　对冬奥会运动项目内容的了解

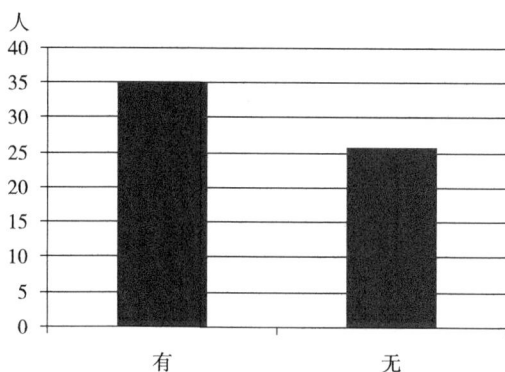

图16　生活地区附近有无冰雪运动场馆

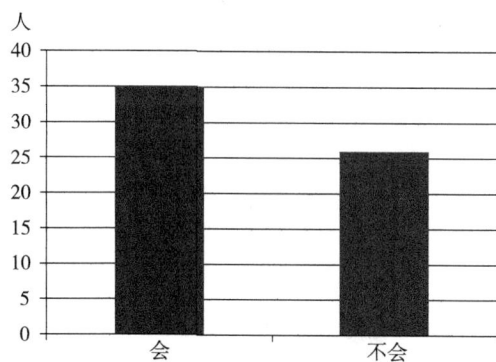

图17　在生活中会不会参加冰雪活动

另外，通过实地考察，在张家口地区处处可以看到冬奥会的宣传标语，当地民众已经和冬奥会联系在了一起。

结论三：张家口的群众对冬奥会抱有极大的热情和期待，对冬奥会也已经有了初步的了解，但是仍需进一步宣传。冬季冰雪项目的普及已经初具规模，群众的参与热情高涨，说明冬奥会在张家口有很强的影响力。

3. 其他地区

根据网络问卷及街头纸质问卷调查，共得到有效问卷47份（详细数据见附表3）。

（1）基础数据分析（见图18~图20）。

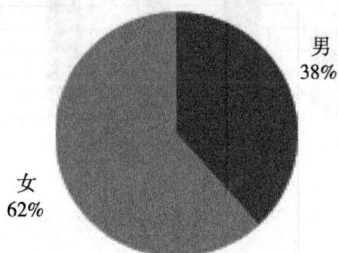

图18　性别比例

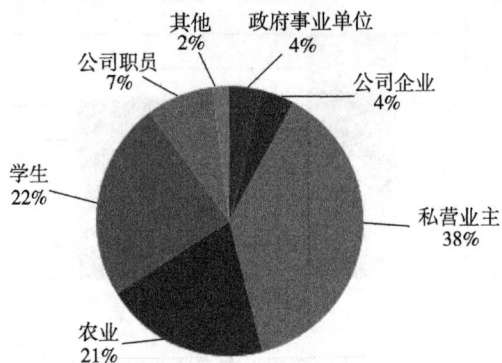

图19　职业比例

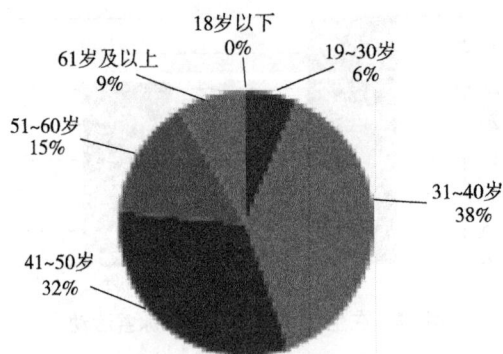

图20　年龄结构比例

从调查的基础数据中可以看出，各个项目所占比例较合理，基本能够代表社会群众的看法，调查数据具有可靠性，可以用来进一步分析。

（2）民众对冬奥会的认识（见图21~图24）。

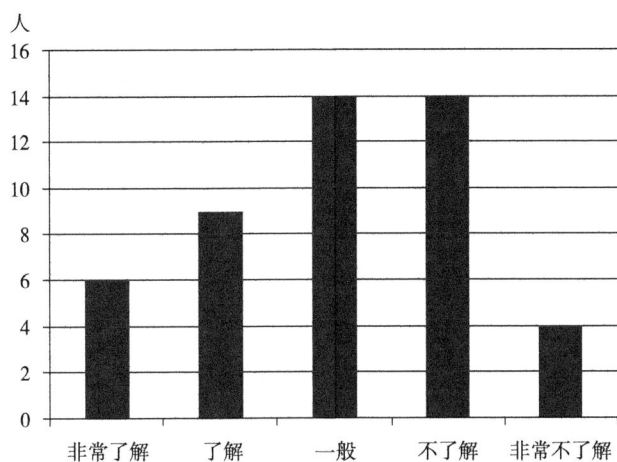

图 21　对冬奥会历史的了解

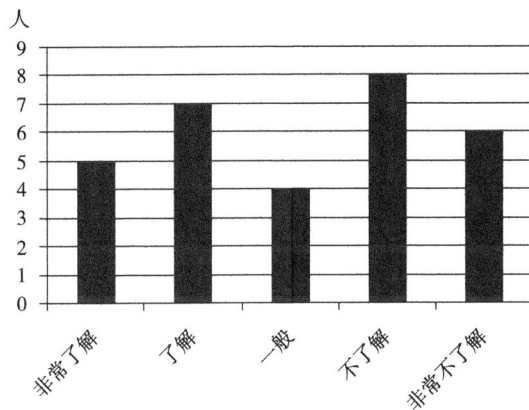

图 22　对冬奥会运动项目内容的了解

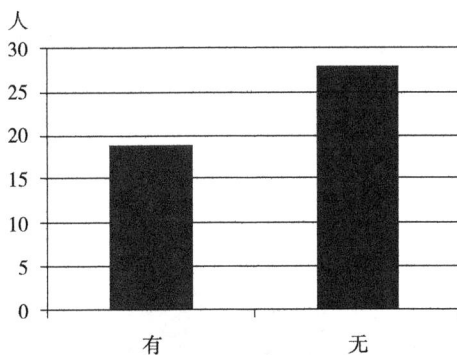

图 23　生活地区附近有无冰雪运动场馆

　　结论四：其他地区的群众对冬奥会也抱有极大的热情，但是对冬奥会的了解仍不够，需要加强宣传。另外冰雪运动场馆相对欠缺，群众参与冰雪运动的热情不高，需要根据当地实际情况推广冰雪运动。冬奥会在其他地区的影响力不够。

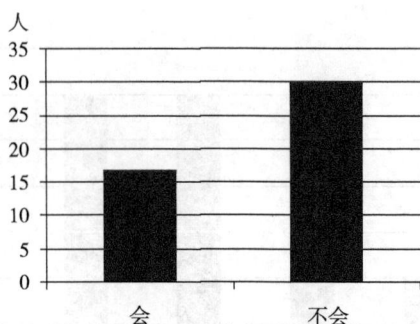

图24 在生活中会不会参加冰雪活动

4. 总结

根据以上数据分析可以得到以下结论：

结论五：通过北京、张家口及其他地区的对比，可以看出北京及张家口地区前期的宣传工作完成得非常好，相比之下我国其他地区需要投入更大的宣传力度。冬奥会在张家口地区的影响力最大，北京次之，而其他地区有待加强。

全国各地群众对冬奥都抱有极大的热情，北京地区的冰雪运动普及程度相比张家口地区略差一些，而又优于全国其他地区。

北京与张家口两个主办地相比，冬奥会对张家口的影响更大，带来的经济效益更明显，显然对其他地区的影响较小。可以看出冬奥会对张家口地区起到强大的经济带动效果。

通过数据可以看出北京地区应进一步加强宣传力度，从而更好地推动"健康北京人"计划。

（二）冬奥会给不同地区带来的影响

根据结论四可以知道冬奥会主要给北京地区及张家口地区带来影响，因此考虑冬奥会给北京及张家口地区带来的影响。根据附表一和附表二数据得到如下分析结果（见图25~图30）。

1. 北京地区

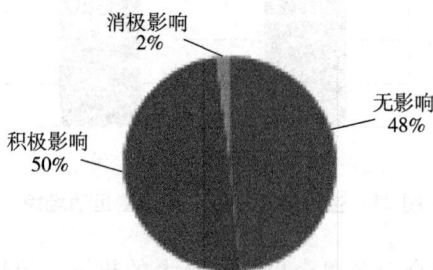

图25 对个人的影响

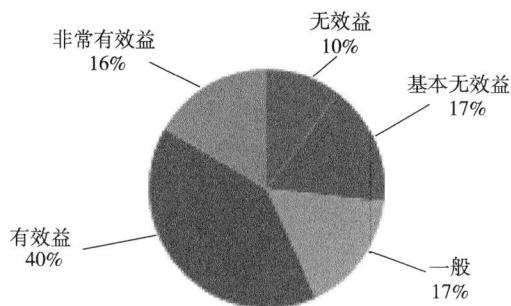

图 26　给城市带来的经济效益

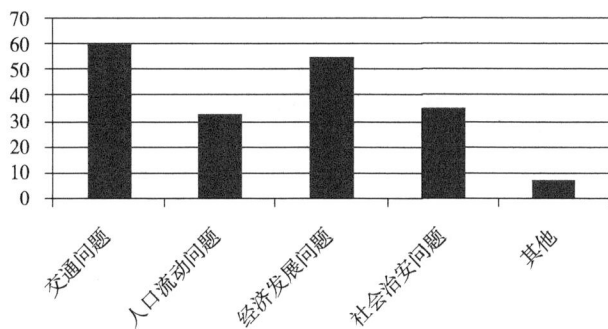

图 27　引起的社会问题

结论六：从图 25、图 26、图 27 中很容易看出，50% 群众认为冬奥会给自己带来积极影响，大部分群众认为冬奥会会给北京地区带来一定的经济效益，同时大家也很关心冬奥会带来的社会问题，其中以交通问题居首，政府应首先解决交通方面的问题。

2. 张家口地区

（1）对个人的影响、带来的经济效益和社会问题。

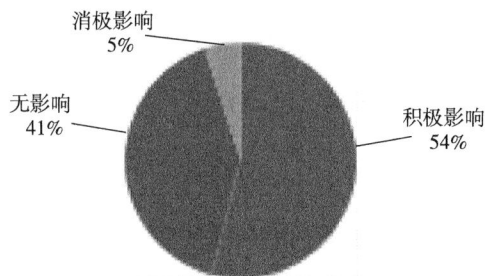

图 28　对个人的影响

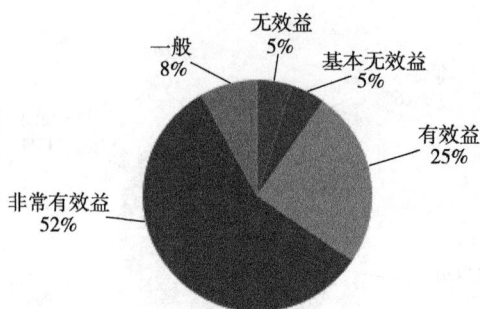

图 29　给城市带来的经济效益

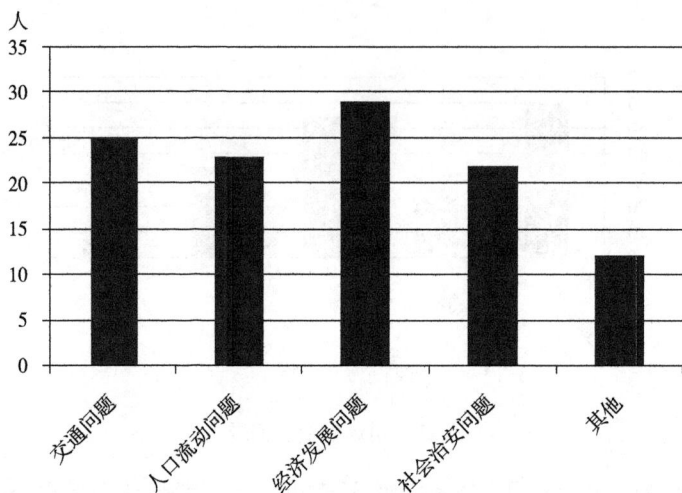

图 30　引起的社会问题

　　结论七：从图 28、图 29、图 30 中很容易看出，54% 群众认为冬奥会给自己带来积极影响，绝大多数群众认为冬奥会给张家口地区带来一定的经济效益；也可以看出冬奥会衍生出来的交通、人口流动、社会治安问题，这些都应该解决。

　　（2）旅游业。

　　通过查阅资料得知张家口旅游业发展扣紧奥运会赛前、赛时、赛后的三个环节特点进行不同定位确定旅游发展方向。赛前以区域性冰雪体验旅游度假地为主，赛时以冬奥会旅游为主，赛后以国家冰雪体验旅游度假为主，从而实行张家口旅游业与奥运会的全程对接。

　　我们实地考察了滑雪场的周边环境。张家口现有万龙滑雪场等 5 个滑雪场，同时 2 个新建雪场将于今年年底开工。雪场的建设大力推动了张家口地区及周边的滑雪运动，大力促进了旅游业。

　　除滑雪场外，还带动了周边地区的旅游发展。

　　冰雪温泉游：崇礼、赤城。

草原风情游：张北、沽源、尚义、康保、塞北、察北。

民俗精品游：蔚县、坝上、市区。

历史文化游：涿鹿、阳原、万全、宣化、市区。

"酒菜"品游：怀来、涿鹿、怀安、宣化。

（3）经济。

冬奥会主要在张家口市崇礼县举办，因此对崇礼县的经济影响最大，因此我们与崇礼县县政府官员进行面对面对话，了解冬奥申办成功后崇礼县的经济结构崇礼县经济结构。

①农业：崇礼县当地主要以种植粗粮、土豆、彩椒以及甘蓝为主。

②工业：目前主要有一些中小企业以及环保工程，为了冬奥会的环境问题，现铁矿已经全部关闭，还有两家金矿将关闭。

③服务业：服务业目前为崇礼县最主要的经济来源，有酒店、宾馆、旅行社将近300家。冬天雪季雪场季节工充分利用农闲时间，在每年的11月到次年4月，给雪场周围民众提供了大量的就业机会，每年可提供大概3万个岗位，人均年收入1万~2万元。

④高新产业：随着大量工业企业的关闭，高新产业开始兴起，企业转型初具规模。

（4）交通。

我们团队深入冬奥会临时指挥中心，听取讲解员的沙盘讲解，对张家口市交通建设有了全新的了解，并根据讲解制作了交通发展图（见图31）。

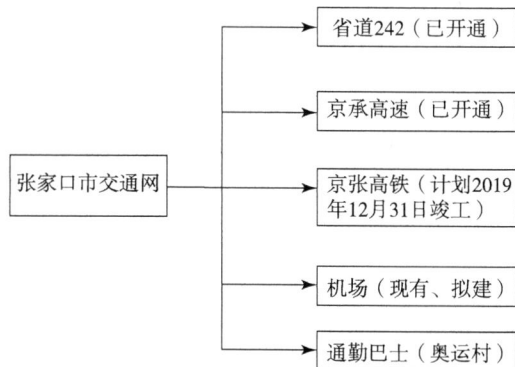

图31 张家口市交通发展图

①京张高铁：连接北京至张家口。新建正线全长173.964千米。各标段施工总工期为46个月，计划于2019年12月31日竣工。

全线共设10个车站，分别为北京北、清河、沙河、昌平、八达岭长城站（地下站）、东花园北、怀来、下花园北、宣化北、张家口南。其中八达岭长城站（地下站）、东花园北、怀来、下花园北、宣化北为新建车站，其余均为改建车站。其中北京北、清河和张家口南为始发站，沙河站为不办理客运作业的中间站，延庆支线设延庆站1个（改建站）。八达岭长城站位于地下102米，建成后将是我国目前最大的地下高铁车站。通车后，北京至张家口全程仅需一个小时，实现北京与张家口的全面连接。

②机场：河北省在现有的栾城、平泉、黄骅、迁安、保定江城 5 个运营通用机场基础上，到 2020 年再新建通用机场 25 个。

③环首都通用机场群：主要涵盖张家口、承德、廊坊、保定 4 个市，规划新建项目包括张北、崇礼、怀来、围场、阜平、雄县、三河、香河 8 个县。这些机场主要定位为公务航空、通勤运输、商照（私照）培训、农林作业、观光旅游、装备制造。

三河通用机场定位是公务机机场，主要为首都公务航空需求服务，解决当前首都机场因公务机起降架次猛增造成的占用航班时刻矛盾。

④通勤巴士：届时在崇礼县奥运村推行充电环保巴士，奥运村到达任一冬奥场馆不超过 5 分钟，方便运动员与游客出行。

（5）房地产。

随着基础设施的逐渐加速，张家口的土地价格必然会形成持续上升的趋势，土地成本在房地产开发成本中占据了相当大的比例，土地成本增大，房价自然也会高。

很多人担心房价上涨影响当地人的生活，在与政府官员的对话中，得知崇礼县当地的房价已经上涨了 1.5 倍。

（6）城市建设。

张家口市将继续开展减排治污工作，绿化城市，进一步改善环境。冬奥会的申办也将使张家口人民更加自觉地改善城乡环境，加大生态建设力度，使张家口的天更蓝、水更清、空气更清新、景色更优美。

（三）冬奥会对京津冀一体化的促进作用

京津冀区域协同发展上升为国家战略已逾两年，三地之间的联系日逾紧密，2015 年国际奥委会宣布北京、张家口为 2022 年冬奥会的举办城市，借鉴 2008 年奥运会的成功带来的经济发展经验，中国必将再度掀起一波"奥运热"，而这次由北京和河北张家口两个城市联合承担冬奥赛事，也将促使京津冀地区互利共赢，扎实推进加快科学持续的协调发展路子，驱使环首都经济圈的顺利发展，加快"大北京"时代的来临，为国内其他区域发展做出典范。举办冬奥会将在道路交通网建设、城市规划、经济发展、社会文化等方面产生一系列积极影响。

1. 交通建设

为保障北京 2022 年冬季奥运会北京市区、北京延庆和张家口崇礼县之间的交通服务，北京已开展建设连接三地的京张城际铁路和高速公路，公路与京藏高速公路、京新高速公路和 110 国道连接；建设中的北京城区与延庆间的省道兴延路和延崇路相连接，形成冬奥会又一要道。北京市内的地铁网络也在进一步扩张中，9 条地铁干线先后开工，扩充了北京市内交通网。冬奥会的道路交通建设扩充了北京、河北、天津三地的"大交通体系"，进一步加快了"环北京一小时经济圈"和"货运 12 小时通达圈"的完善，有利于叠加优势，凸显首都地位，体现双城联动。

2. 城市规划

河北省欲借助此次契机，利用环绕首都北京的地区优势，进一步实施环首都和沿海

"新城战略"。冬奥会对举办地张家口的规划改变是显而易见的，力求通过行之有效的工作举措，通过赛事场馆建设、公共建筑建设和公用交通设施完善，全面完成各项目标任务，进一步增强城市的承载力和辐射带动力，提高城市管理、环境质量市民生活质量。借助冬奥会的建设，有利于加快京津冀新型城镇化的重要实践，推进智慧城市建设，统筹城市发展的物质资源，加快信息资源和智力资源推动京津冀一体化进程。

3. 经济协调发展

冬奥会申办成功后，举办地的环境污染治理和三高企业向外搬迁，有助于缓解大城市病的压力，有助于优化京津冀产业结构，使得布局更加合理，促进当地金融、信息等服务业的发展，凸显北京作为政治与文化中心的地位；同时天津滨海新区与河北的曹妃甸等区域的环渤海交通战略优势得到凸显，之前的存量基础设施优势与投资得以发挥作用；投资支出增加，创造就业机会，劳动力供给的增加，相应的生活水平也会提高。

4. 社会文化

冬奥会申办成功将提高北京和张家口乃至整个京津冀地区的整体国际化水平，提高民众的参与度，同时地方乃至中国的价值观和传统风俗也会向世界进行展示，增强区域的自豪感和文化自信。文化和价值观的融合为京津冀的一体化打下思想包容创新的持久发展基础。

五、冬奥会所带来的问题及解决

（一）环境问题

冬奥会的环境问题一直是关注的焦点，如何获得"冬奥蓝"是一个值得研究的问题，需要京津冀协同治理环境。

资料显示，在环保"主战场"北京，近年来已打响了持续攻坚大气环境治理的战役。2015年11月1日至12日，北京空气质量优良11天，仅有一天轻度污染，"APEC蓝"一举成名；而在2016年6、7月，"北京蓝"再次出现。

2016年上半年，北京PM2.5的平均浓度比去年同期下降了15.2%。到2017年，PM2.5的年均浓度将比2012年下降25%以上。2013年北京出台了5年投资1 300亿美元的"清洁空气行动计划"。此举仅在过去两年内就使全市的燃煤总量减少了30%，并淘汰了100多万辆高排放车辆。除此之外专家也分析了另外两个原因：一是京津冀协同发展上升为国家战略，大气环境治理是重要内容，前两年的一些减排工程效果初显；其次，得益于北京"邻居"河北与天津的环境治理。在2015年APEC期间自然气象条件并不具有优势的情况下，却实现了人工治霾的大力成功，这为今后的治理环境提供了宝贵经验。

（二）造雪对水资源的影响

冬奥会的举办还涉及造雪问题，造雪对水资源的影响也应考虑。

首先，北京和张家口是中国滑雪项目发展最快的地区，这一现象本身就充分证明了北京和张家口现有的山形地貌已具备滑雪项目开展的条件。

其次，据调查，在张家口崇礼和北京延庆这两个滑雪项目举办地，都具备了降雪小气候，自然降雪的比例很高。

最后，除了自然降雪，按照历届冬奥会的通常做法，北京 2022 年也将使用造雪设施，以补充自然降雪的不足。

在雪场运行高峰期，人工造雪用水量占当地供水量的比例最高不到 1%。

（三）奥运场馆的利用

雅典奥运会之后，雅典的曲棍球场杂草丛生，座椅破败不堪；美国亚特兰大奥运会，亚特兰大弗尔顿县体育场，举办完奥运会的第二年就被爆破拆卸。由此，奥运场馆的利用一直深受关注。

部分新建的冬奥场馆，赛后会不会造成浪费？相信所有人对此都有疑问。

北京在申办冬奥会之初，即对奥运遗产进行科学规划，并成立专门机构进行全过程管理。2022 年北京冬奥会的主要遗产将与地区长期发展规划和目标相契合。

据报道，除了北京 2008 年奥运会留下的场馆，计划为冬奥会新建的国家速滑馆、冬季两项中心和北欧中心跳台滑雪场、北欧中心越野滑雪场和国家高山滑雪中心、国家雪车雪橇中心等，赛后将规划为中国运动员训练基地、体育比赛场地和冰雪爱好者的乐园。

对于永久设施的奥运村和媒体住地，冬奥会后将作为酒店或公寓，继续服务于体育文化、旅游休闲等产业。

对于冬奥会雪上运动举办场地的未来发展，应结合京张地区特色，设计多元化的四季经营项目。应优先发展休闲旅游业，依靠京津冀一体化经济圈打造融冰雪旅游、生态休闲、养老地产为一体的产业集群；同时学习国外经验，充分挖掘冬季运动场地设施的多功能用途，场地建设时提前考虑后期改造需求。

目前，中国奥委会正在落实"带动三亿人参与冰雪运动"计划，并将持续实施"百万青少年上冰雪""冰雪阳光体育""北冰南展西扩"等多个推广项目。北京申办冬奥会成功后，将会加快"北冰南展"的进程，让中国更多地区的民众享受到冰雪运动的乐趣。

六、调查中的不足

（1）调查问卷数据采集不全面，有条件的情况下最好做到大数据分析，使分析更加全面、更合理。

（2）冬奥会对张家口地区的经济、旅游业的影响，最好多收集相应的数据，说服力会更强些。

七、结　语

此次暑期社会实践活动已圆满结束，我们一行人通过实地走访、调查问卷等形式对 2022 冬奥会的概况及其影响有了进一步的了解。从北京到张家口，收获与感悟颇多，都是宝贵的经验。

在北京我们设计、制作了问卷之后，顶着骄阳，走在街头。大家都十分努力，抛开了矜持和羞涩，带着最友善的笑容向路人发出填写问卷的请求，尽管乐意帮我们填问卷的路人没有想象的多，但是我们也能体谅他们的忙碌，也经历了一些波折，但是队友们相互鼓励，没有停止努力寻找路人帮忙填写问卷的脚步，这不仅锻炼了我们的勇气，更增进了我们的友谊。

8月中旬，我们前往河北省张家口市的崇礼县进行走访调查。这个有许多青翠的大山的小县城给我们留下了深刻的印象。我们去当地的县政府、太子城、指挥部拜访，也在当地的街道发放传单。通过对不同年龄、不同身份的群众的采访，我们对这次冬奥会有了更深刻的了解，包括冬奥会的举办地、场馆建设、交通建设情况以及人民群众对冬奥会的看法。除此之外，通过和群众的交流，我们还对崇礼太子府的历史有了一定的了解。我们印象最深刻的是观看冬奥场馆的沙盘，同时听讲解员解说，我们对冬奥场馆、场馆的作用以及其附近的交通设施有了直观了解。解说员在解说过程中一直强调从奥运村到比赛场馆间的路程都在5分钟以内，这不仅体现了冬奥会为观众与运动员着想的人性化，更体现了交通的便捷以及设计者综合全局考虑的智慧。

发放问卷的过程中我们遇到了一些不识字的老人，其实老人的想法也是调研中不可缺少的一部分，我们通过口头询问的方式完成了问卷，还详细地了解了老人的想法。通过与群众的交流，我们得到了许多有用的信息，不仅锻炼了我们的交际能力，而且完善了我们实践报告。

通过这次暑期社会实践，我们收获了许多，不仅仅是对社会、对冬季奥运会有了更深入了解，更是有了一种社会参与感。我们也获得了许多经验，相信在将来会对我们有很大帮助。此外，我们深刻体会到了团队协作的重要性，有了团结协作才会使这次社会实践顺利进行。

参考文献

［1］魏静．冬奥会或成京津冀一体化又一推手　望激活体育产业［OL/DB］．新浪财经，2014 - 07 - 08．

［2］姚云．举办冬奥会可推进京津冀一体化［OL/DB］．新浪财经，2015 - 07 - 31．

［3］京津冀一体化应提前规划智慧城市建设［N］．人民邮电报，2014 - 07 - 29．

［4］徐宇华，林显鹏．冬季奥运会可持续发展管理研究：国际经验及对我国筹备2022 年冬奥会的启示［J］．北京体育大学学报，2016，39（1）：13 - 19．

［5］任毅，李宇，赵敏燕，等．基于事件旅游理论的张家口市旅游业与冬奥会对接模式研究［J］．城市发展研究，2015（7）：7 - 11．

附录

冬奥会与健康运动认知情况调查问卷

您好：

感谢您在百忙之中填写此问卷。本问卷由北京理工大学设计，为 2016 年暑期社会实践的一项重要专题内容。希望通过您了解冬奥会与健康运动的相关内容，收集相关数据，掌握现阶段我国民众对冬奥会、健康运动的认识与态度，为推广冬奥会、健康运动提供更好的参考。本问卷不记名填写，所有内容均用于学术调研，请您放心填写。所有题目均为单项选择，请在最符合您意向的选项对应字母上打"√"即可，答案无对错之分，主观题目请在"＿＿＿"上填写您的答案。

感谢您的支持，祝您生活愉快。

一、基本信息

1. 您的性别

A. 男　　　　　　　　B. 女

2. 您的年龄

A. 18 岁及以下　　　B. 19～30 岁　　　C. 31～40 岁

D. 41～50 岁　　　　E. 51～60 岁　　　F. 61 岁及以上

3. 您目前从事的职业

A. 政府事业单位　　B. 公司企业　　　C. 私营业主　　　D. 农业

E. 学生　　　　　　F. 公司职员　　　G. 其他

4. 您的受教育程度

A. 小学及以下　　　B. 初中　　　　　C. 高中

D. 专科　　　　　　E. 本科　　　　　F. 研究生及以上

5. 您现居住的地区是

A. 城市　　　　　　B. 乡镇　　　　　C. 农村

6. 您所在的省份（直辖市）是＿＿＿＿＿＿

二、冬奥会认知情况

1. 您是否观看过冬奥会的比赛

A. 看过　　　　　　B. 没看过

2. 您是否知道 2022 年将于北京—张家口举办冬奥会

A. 是　　　　　　　B. 否

3. 您对北京—张家口冬奥会的看法是

A. 非常支持　　　　B. 支持　　　　　C. 一般

D. 不支持　　　　　E. 非常不支持

4. 您对冬奥会历史的了解是

A. 非常了解　　　　B. 了解　　　　　C. 一般

D. 不了解　　　　　E. 非常不了解

5. 您对冬奥会运动项目内容的了解程度

A. 非常了解　　　　B. 了解　　　　　C. 一般

D. 不了解　　　　　E. 非常不了解

6. 您经常观看的冰雪运动是

A. 不观看　　　　　B. 花样滑冰　　　　　C. 冰壶

D. 冰球　　　　　　E. 自由滑雪　　　　　F. 单板滑雪

G. 冬季两项　　　　H. 短道速滑　　　　　I. 其他

7. 您生活的地区附近有无冰雪运动场馆

A. 有　　　　　　　B. 无

8. 您在生活中是否会参加冰雪运动

A. 会　　　　　　　B. 不会

9. 您认为冬奥会给您个人带来的心理影响是

A. 无影响　　　　　B. 基本无影响　　　　C. 一般

D. 有影响　　　　　E. 非常有影响

10. 您认为冬奥会的举办能给您的城市带来怎样的经济效益

A. 无效益　　　　　B. 基本无效益　　　　C. 一般

D. 有效益　　　　　E. 非常有效益

11. 您认为冬奥会对我国中外文化的交流作用是

A. 无作用　　　　　B. 基本无作用　　　　C. 一般

D. 有作用　　　　　E. 非常有作用

12. 您认为冬奥会可能引起当地社会问题的方面是

A. 交通问题　　　　B. 人口流动问题　　　C. 经济发展问题

D. 社会治安问题　　E. 其他

13. 您认为我国举办冬奥会的条件

A. 不成熟　　　　　B. 基本不成熟　　　　C. 一般

D. 成熟　　　　　　E. 非常成熟

三、健康运动认知情况

1. 您每周参加健身运动的情况是

A. 1 次　　　　　　B. 2~3 次　　　　　　C. 4~5 次

D. 6~7 次　　　　　E. 8 次及以上

2. 您开展健身运动的场地是

A. 公园　　　　　　B. 活动室　　　　　　C. 家里

D. 健身房　　　　　E. 其他

3. 您参加健身运动的项目是

A. 健身操类　　　　B. 田径类　　　　　　C. 球类

D. 游泳类　　　　　E. 其他

4. 您获得健康知识的主要途径是

A. 电视、报纸　　　B. 养生活动　　　　　C. 讲座

D. 亲友　　　　　　E. 网络　　　　　　　F. 其他

5. 您认为您最需要的健康知识是

A. 保健类   B. 医疗类   C. 膳食类   D. 其他

6. 您所在地区每周组织健康活动的情况是

A.1 次   B.2 ~ 3 次   C.4 ~ 5 次   D.6 次及以上

7. 您认为参加健康类活动的效果是

A. 无效益   B. 基本无效益   C. 一般

D. 有效益   E. 很有效益

问卷到此结束，非常感谢您的参与！

附表一

北京地区调查问卷数据统计

序号	A		B		C		D		E	
	人数	比例/%	人数	比例/%	人数	比例/%	人数	比例/%	人数	比例/%
1	26	26.80	71	73.20						
2	21	21.65	14	14.43	10	10.31	4	4.12	23	23.71
3	4	4.12	28	28.87	7	7.22	49	50.52	3	3.09
4	5	5.15	14	14.43	7	7.22	25	25.77	44	45.36
5	66	68.04	23	23.71	8	8.25				
7	62	63.92	35	36.08						
8	89	91.75	8	8.25						
9	37	38.14	50	51.55	9	9.28	0	0	1	1.03
10	4	4.12	14	14.43	51	52.88	26	26.80	2	2.06
11	1	1.03	17	17.53	59	60.82	18	18.56	2	2.06
12	21	21.65	62	63.92	31	31.96	23	23.71	16	16.49
13	44	45.36	53	54.64						
14	28	28.87	69	71.13						
15	47	48.45	48	49.48	2	2.06				
16	10	10.31	16	16.49	16	16.49	39	40.21	16	16.49
17	60	31.58	33	17.37	55	28.95	35	18.42	7	3.68
18	4	4.12	4	4.12	23	23.71	44	45.36	22	22.68
19	27	27.84	46	47.42	8	8.25	15	15.46	1	1.03
20	60	42.26	14	9.86	34	23.94	9	6.34	25	17.60
21	11	11.34	20	20.62	12	12.37	7	7.22	13	13.40
22	59	60.82	8	8.25	7	7.22	12	12.37	60	61.86
23	32	32.99	18	18.56	40	41.24	7	7.22		

续表

序号	F		G		H			
	人数	比例/%	人数	比例/%	人数	比例/%	人数	比例/%
1								
2	6	6.19	19	19.59				
3	6	6.19						
4	2	2.06						
5								
7								
8								
9								
10								
11								
12	6	6.19	42	42.30	6	6.19	0	0.00
13								
14								
15								
16								
17								
18								
19								
20								
21	3	3.09	22	22.68	9	9.28		
22	9	9.28						
23								

附表二

张家口地区调查问卷数据统计

序号	A		B		C		D		E	
	人数	比例/%	人数	比例/%	人数	比例/%	人数	比例/%	人数	比例/%
1	16	26.23	45	73.77						
2	3	4.92	11	18.03	18	29.51	24	39.34	4	6.56
3	2	3.28	4	6.56	23	37.70	8	13.11	22	36.07
4	7	11.48	12	19.68	18	29.51	11	18.03	11	18.03
5	38	62.30	19	31.15	4	6.56				
7	19	31.15	32	52.46						
8	50	81.97	11	18.03						

续表

	A		B		C		D		E	
	人数	比例/%	人数	比例/%	人数	比例/%	人数	比例/%	人数	比例/%
9	15	24.59	18	29.50	15	24.59	10	16	3	4.92
10	6	9.84	12	19.67	10	16.39	28	45.90	5	8.20
11	8	13.11	19	31.15	17	27.87	12	19.67	5	8.20
12	4	6.56	7	11.48	11	18.03	10	16.39	7	11.48
13	35	57.37	26	42.62						
14	35	57.37	26	42.62						
15	24	39.34	14	22.95	13	21.31	7	11.48	3	4.92
16	3	4.92	3	4.92	15	24.60	35	57.38	5	8.20
17	4	6.56	5	8.17	18	29.51	38	62.30	9	14.75
18	25	40.98	23	37.70	29	47.54	22	36.07	12	19.67
19	6	9.84	10	16.39	13	21.31	25	40.98	7	11.48

序号	F		G		H		I	
	人数	比例/%	人数	比例/%	人数	比例/%	人数	比例/%
1								
2	1	1.64	0	0.00				
3	2	3.28						
4	2	3.28						
5								
7								
8								
9								
10								
11								
12	9	14.75	4	6.56	6	9.84	3	4.92
13								
14								
15								
16								
17								
18								
19								

附表三

其他地区调查问卷数据统计

	A		B		C		D		E	
	人数	比例/%	人数	比例/%	人数	比例/%	人数	比例/%	人数	比例/%
1	18	38.30	29	61.70						
2			3	6.38	18	38.30	15	31.91	7	14.89
3	2	4.26	2	4.26	19	40.43	10	21.30	12	25.53
4	10	21.28	8	17.02	8	17.02	3	6.38	11	23.40
5	10	21.28	22	46.81	15	31.91				
7	18	38.30	29	61.70						
8	22	46.81	25	53.19						
9	4	8.51	26	55.32	11	23.40	6	12.77	0	0.00
10	1	2.13	3	6.38	23	48.94	15	31.91	5	10.64
11	6	12.77	9	19.15	14	29.79	14	29.79	4	8.51
12	5	10.64	7	14.89	4	8.51	8	17.02	6	12.77
13	19	40.43	28	59.57						
14	17	36.17	30	63.83						
15	21	44.68	17	36.17	7	14.89	1	2.13	1	2.13
16	14	29.79	8	17.02	18	38.30	4	8.51	3	6.38
17	4	8.51	6	12.77	11	23.40	23	48.94	3	6.38
18	11	23.40	13	27.66	24	51.06	19	40.43	8	17.02
19	1	2.13	3	6.38	14	29.79	19	40.43	10	21.28

序号	F		G		H		I	
	人数	比例/%	人数	比例/%	人数	比例/%	人数	比例/%
1								
2	4	8.51						
3	1	2.13						
4	7	14.89						
5								
7								
8								
9								
10								
11								
12	7	14.89	4	8.51	4	8.51	2	4.26
13								
14								
15								
16								
17								
18								
19								

🌱 实践·足迹

2015 年 7 月 31 日晚，当国际奥委会主席巴赫宣布，北京联合张家口获得 2022 年第 24 届冬季奥运会的举办权时，每个中华儿女都无比兴奋和自豪，冬奥会的举办将再次彰显我国的大国风采。北京和张家口联手举办第 24 届冬奥会，将对我国政治、经济、文化、社会和生活等方面产生巨大影响。此次冬奥会，进一步实现了京津冀地区的协同发展，现代化立体交通网的建设，使张家口市成为连接津晋冀蒙的交通枢纽城市。为了解民众对 2022 年冬奥会的认知情况，冬奥会对北京市及张家口市两座城市的影响，冬奥对京津冀协同发展的促进作用，实践团决定在北京及张家口两地进行有关冬奥会及"健康北京人计划"的实践调研。

前期：展望

首先我们开始了烦琐的准备工作。万事开头难，我们抱着极为认真的态度开始了对冬奥会资料的查询。小组里大部分人对冬奥会只有一个笼统的了解，为了我们这次实践之行进行的更顺利，我们必须提前做好准备工作，从而实现实践工作圆满成功。于是在学期末的紧张时节，我们 5 个人齐聚图书馆，对冬奥会历史及相关知识进行了系统的研究。我们上网查阅了资料，为接下来的实践活动打好基础。

紧接着，我们制定了实践活动方案，初步决定进行问卷调查，以了解"健康北京人计划"的推广程度。通过问卷、实地走访与访谈了解冬奥会对民众的影响，冬奥会为京津冀一体化的促进作用。

随后，我们开始为这次实践活动联系实践地。然而联系实践单位并不顺利，滑雪场夏天并不开放，面对新的问题，我们只好调整了实践方案，决定从问卷调查开始，辅以实地考察、人物访谈等形式，丰富我们的调查内容。之后我们又仔细查询了地点以及路线，初步制定了行程。

第一天：起航

2016 年 7 月 22 日。

当日，实践团首先利用北京当地的资源，在校内及周边地区展开随机调查访问，发放问卷，并同时制作了电子问卷进行网上调查。

7 月，阳光正辣。我们穿梭在北京的街口，向着来往的路人发放问卷，本以为行人都会和校园里的同学一样热情，却也遭到很多不顺。不过大部分民众都对我们的问卷调查给予了大力的支持，认真填写。我们去了路口，去了公共车站、地铁，去了商场。实践的第一天，初战告捷。

经过一天的辛苦，我们收了不少问卷，大致整理了一下，便于以后统计。我们收拾好行囊，购买好了车票，做好了前往张家口的准备，期待着明天的旅途。

第二天：抵达

2016 年 7 月 23 日。

我们从火车西站踏上了前往张家口的征程。张京之间崇山峻岭，燕山山脉延绵不绝。人字形铁轨，窗外的山岭，无不成为我们一路的谈资，兴奋溢于言表。列车很快，短短三个小时抵达了张家口南站，我们随后又踏上了前往崇礼的大巴车。崇礼人民的热情很快感染了我们，一路上当地群众给我们介绍了当地情况，哪里人多，哪里住宿好，给我们接下来的行动提供了便捷。当大巴车慢慢靠近崇礼县时，有关冬奥会的标语和建筑逐渐显现，外墙上悬挂的牌子上，马路旁，冬奥会的标志无处不在，可以浓浓感觉到冬奥会的氛围。

踏上崇礼的土地，蔚蓝的天空，怡人的环境，与热闹繁华的大都市不同，这是一个被群山包围着的充满温情的小县城，这里鲜有高楼大厦，甚至连一家 KFC 都找不到，街上只是一排排整齐划一的商铺，多是水果店或是小饭馆。别样的情致让我们一下子喜欢上了这个小县城。

在队长的带领下，我们找到一家莜面餐馆品尝了当地的特色莜面。我们觉得很新奇很好吃，也有些人觉得吃不太惯。品尝当地的特色美食也是我们行程中的一大收获。我们还顺便请餐馆的工作人员帮我们填写了调查问卷，他们都很配合。接下来我们就近寻找到了宾馆，还请宾馆的工作人员填写了调查问卷。

第三天：考察

2016 年 7 月 23 日。

一大早，我们便开始了当天的实践活动，之前的实践地联络并不顺畅，但我们很幸运地得到了崇礼县政府官员的帮助，由于种种原因，他并不能出现在我们的影像资料中。

我们很幸运地获得了参观冬奥会临时指挥中心的机会。在政府工作人员带领下我们前去参观。我们的内心十分激动。在去指挥中心的路上，这位工作人员十分耐心地给我们讲解了许多有关崇礼的概况，还让我们多多留意经过的村庄，并给我们讲解了许多村庄名字的由来，太子城的历史、崇礼的风土人情等。看着沿途优美的风景，了解了那么多不为我们所知的信息，这是我们本次实践额外的收获。

到了冬奥会临时指挥中心，我们采访了冬奥会沙盘的解说员。解说员十分耐心地回答了我们问的所有问题，并给我们介绍了冬奥会沙盘以及冬奥会的概况，交通、场馆等问题。我们兴致勃勃地询问着有关冬奥会的细节。看到沙盘我们感觉十分惊艳，根据解说员介绍的内容，我们很轻松地看懂了沙盘，找到了各个建筑对应的地点。俯看沙盘，冬奥村的建筑尽收眼底，格外清晰，我们立刻在大脑里形成了冬奥村的大致结构、交通路线以及其他情况，这使我们对冬奥会有了全新、详细、系统的了解。

随后我们政府工作人员带领下参观了未来的奥运村——太子城。这里现在还未拆迁完毕，我们只领略了一下这里得天独厚的自然风光。

下午，我们与政府官员进行了深入的访谈。这位官员给我们详细介绍了崇礼县在申奥前后经济结构的变化，并分析了现在的经济形势，为我们的调查提供了重要的依据。随后他也介绍了房地产的现状，房价飙升，越来越多的北京人和其他地区的人们来到崇礼县买房子。同时我们也询问了很多我们一直关心的问题，如"冬奥蓝"怎样维护，人工造雪会不会影响用水量；冬奥场馆的再利用问题等。这位官员都给出了详细的解答，解决了我们心中的疑惑。

这一天我们深入了冬奥村，得到了难得的参观机会，进行了深入的访谈，不得不说，这一天收获颇丰，当地政府官员、工作人员为我们提供了充分的资料。

第四天：挑战

2016 年 7 月 24 日。

在崇礼的第三天，也是我们的崇礼之行接近尾声的时候了。在崇礼县的调研活动分为线上问卷和线下走访。这一天实践团前往崇礼县街道、广场开展随机调查，邀请当地居民填写问卷并分享关于冬奥会的想法。本次活动共发放问卷 200 份，回收有效问卷 80 份。由于很多客观情况，语言、交通等因素，我们的工作远远没有达到预期的效果。

在崇礼的街道上发放问卷是个不大不小的挑战。我们走了许多条街道，许多人帮我们填写问卷。令我们感动的是大部分人都十分热情配合我们填写问卷。我们之后还到人流密集的广场。广场上热闹非凡，人们都在休闲娱乐，我们很不好意思地打断跳广场舞的阿姨，带小孩子玩耍的父母，锻炼身体的年轻人，但是大家都十分认真地填写了问卷。我们也遇到了语言沟通障碍，我们请一些岁数大的爷爷奶奶帮忙填问卷时，遇到一些不识字的老人，我们一道一道题询问老人，但是我们几个组员听不太懂老人在说什么，有些老人看出我们的窘迫，放低语速多重复了几遍，我们才勉强弄懂了老人的意思。非常感谢崇礼人民对我们实践活动的支持。

得益于崇礼民众的支持，我们的问卷调查工作完成得十分令人满意，填写问卷的人数足够以反映群众的想法，人数比例也十分均衡，这给我们统计数据、得出结论等工作奠定了良好的基础。

第五天：返程

2016 年 7 月 25 日。

在崇礼县的调查任务已经结束了，大家收拾好行李，准备踏上返程的路。我们都十分喜欢这个环境优美、空气新鲜的淳朴县城，并在返程中就开始了热烈的讨论，不知疲倦。然而我们的实践还并未结束……

我们的调查并未仅仅局限于张家口地区与北京地区，还希望了解一下全国其他地区对冬奥会的认识，受冬奥会的影响程度。所以返程后，我们又积极开展了网上问卷调查，面向除北京与张家口地区外其他地区的民众，完成了我们调查的最后一项内容，完善了调查数据，丰富了调查报告。

二、后期：总结

我们后期的首要任务是汇集问卷调查的结果，线上问卷按地区直接提取出结果，而线下的问卷则有些麻烦，我们一个晚上的时间筛选好信息，输入电脑，绘制出了不同地区的数据统计表。

随后我们将数据统计图形化，便于直观地感受数据体现的内容，分析冬奥会在不同地区的影响、"健康北京人计划"的有关信息，制作了关于问卷调查的报告分析。

接下来我们开始整理访谈内容，并在网上充分搜索论文查阅资料，对冬奥会产生的影响进行深入的分析；再根据冬奥会的影响，分析对京津冀一体化的促进作用。经过一番努力，我们终于完成了调查报告中最重要的部分。

最后，我们将各部分的内容汇总，完成了我们实践团关于冬奥会的宣传、影响各个方面的实践报告。

三、结　语

由于冬奥会的申办成功，崇礼县正在发生着翻天覆地的变化，它对居民的影响渗透在方方面面，从夜景里雪花状的霓虹灯到熙熙攘攘的张家口火车站，张家口居民们正享受着衣食住行各层次的变化，希望冬奥会能带动张家口市的进一步发展。

纯洁的冰雪激情的约会。2022 年冬奥会的来临，面临机遇和挑战，但无疑，无论对北京还是张家口，机遇还是大于挑战的。我们有理由相信冬奥会会让世界惊艳，会更好地展现中国的风采，也相信我们能成功诠释属于我们自己的奥运精神。

让我们共同期待 2022 年的冰雪盛宴。

🍃 实践·品悟

中国梦，属于中国，也属于世界

2014 级本科生，材料科学与工程专业　马丽芝

"我和你，心连心，同住地球村。为梦想，千里行，相会在北京。来吧，朋友，伸出你的手。我和你，心连心，永远一家人。"轻缓动听的旋律尚回荡在耳边，眼前还依稀浮现着 2008 年北京奥运赛场上运动健儿们矫健的身姿。北京——这座美丽的城市又将迎来 2022 年冬季奥运会。

北京冬奥会申办成功成为世界首个冬奥会夏奥会举办国。我脑中不禁浮想联翩，想起一幅奔马画。这匹壮马独自在草原中奔跑，寻找马群，寻找幸福与追求。

实现中华民族伟大复兴，是中国人民最伟大的梦想。"中国梦"的基本内涵，是实现国家富强、民族振兴、人民幸福。

伟大复兴，有所思即有所梦，梦的内容反映的是追求、体现的是抱负。在中华民族伟大复兴的背后，是千年的回响、百年的渴望。

坚持把中国人民利益同各国人民共同利益结合起来，以更加积极的姿态参与国际事

务, 共同应对全球性挑战, 共同破解人类发展难题。一句话, "中国梦" 不仅是属于中国的, 也是属于世界的。

一次难忘的实践活动

2015 级本科生, 材料成型及控制工程专业 薛佳馨

当在年级大会上听到关于冬奥会的社会实践题目时, 我立马就心动了, 作为一个生在张家口、长在北京的人来说, 这两个地方都是我的家乡, 而现在这两个地方联合举办世界性的体育大赛, 没有什么比这个更让我期待了。我当了组长并选定了题目, 开始了我们的实践活动。

我的设想很好, 我计划了解申奥成功这一年给北京和张家口带来的变化, 经济上的影响, 交通上的影响, 社会服务医疗保障的影响。"健康北京人计划" 给北京人带来了什么我也想了解, 而冬奥会给其他地区带来的影响又有多少呢?

然而等我和组员们真正实施起来的时候, 才发现困难重重。我想要了解的太多了, 导致工作量巨大, 很多还是我们现在不能实现的, 于是我们只好删减任务。我想要了解旅游业的变化, 想要掌握很多的数据, 然而以我们自己的能力却并不能完全实现。联系实践单位也是困难重重, 滑雪场夏天不营业无法参观, 崇礼县政府也不知如何联系, 我们的实践陷入僵局。就当这个时候, 在有关方面帮助下, 我们联系到了崇礼县县政府, 虽然由于一些原因访谈不能留下影像资料, 但却得到了深入冬奥会场地第一线的宝贵机会。

我们的社会实践顺利展开。我们从 7 月 22 日开始, 在北京各个地区发放问卷, 制作了网上问卷进行调查。随后一行人来到了张家口市崇礼县。我们有幸来到了冬奥会临时指挥中心参观, 聆听讲解沙盘, 深入了解交通、旅游问题。随后来到了未来冬奥村——太子城进行实地参观, 并在滑雪场所在地区进行了随机调查和访谈。也在崇礼街头进行了问卷调查。在与政府官员的访谈中, 了解了经济、房地产等多方面问题, 收获颇丰。结束张家口市崇礼县之行后, 我们又对全国其他地区进行了问卷调查, 最终汇总制作了实践报告。

这次经历, 使我学到了很多东西, 社会调查也丰富了我自己的眼界, 下次的社会实践, 我们有把握做得更好。

期望冬奥会给世界带来惊喜

2015 级本科生, 新能源材料与器件专业 许纯玲

随着国民经济和综合国力的不断提高, 我国顺利获得 2022 年冬奥会的举办权, 再次彰显大国风范。2016 年暑期, 为响应学校鼓励同学走出校门、开展实践活动的号召, 我们实践小组成员利用暑期时间展开了关于冬奥会认知度和健康锻炼情况的调查。我们到河北张家口进行了实地调研。虽然只有短短的几天, 但一路过来我们也收获颇多。一方面, 冬奥会必然会带来张家口这座城市经济的发展, 而看一座城市的发展情况, 最核心的是看当地人的素质。通过接触, 我们对崇礼县人的淳朴和友好表示敬意, 并由此坚定张家口人必

能在冬奥会期间代表中国形象，向世界展示中国风采。在路上，好心的小伙带着我们从火车站一直到目的地，憨厚的大叔帮我们指路，热情的大姐接受我们的采访。如此种种，我们对张家口的未来充满信心。另一方面，冬奥会即使机遇也是挑战。在崇礼县可以从方方面面看到奥运会的元素。冬奥会的申办涉及各个领域的变化，对相关部门来讲也是一种莫大的挑战，我们也期待在 2022 年看到另一个充满活力的张家口市。

此次社会实践，对我们来说不仅是了解冬奥会的机会，更是一次走出校门深入社会的机会。感谢此次社会实践，也期待 2022 年的北京—张家口冬奥会给世界带来惊喜。

锻炼了能力，增进了友谊

2015 级本科生，高分子材料与工程专业 张圣伟

此次暑期社会实践活动已圆满结束，我们一行人通过实地走访、调查问卷等形式对 2022 冬奥会张家口的概况及其影响有了进一步的了解。从北京到张家口，收获与感悟颇多，都是宝贵的经验。我们对社会有了更深入的了解，也更深入地参与到社会实践之中。

在北京我们完成了问卷制作之后，顶着骄阳，我们走在街头分发问卷，大家都十分努力，抛开了矜持和羞涩，带着最友善的笑容向路人发出填写问卷的请求，尽管乐意帮我们填问卷的路人没有想象的多，但是我们也能体谅他们的忙碌。我也经历了一些小小的波折，但是在队友的鼓励下并没有停止努力寻找路人帮忙填写问卷的脚步。我认为这不仅锻炼了我们的能力，更增进了我们的友谊。

7 月中旬，我和小伙伴们前往河北省张家口市的崇礼进行走访调查。这个有许多青翠的大山的小县城给我们留下了深刻的印象。我们去了当地的县政府、太子城、指挥部拜访，也在当地的街道发放问卷。通过对不同年龄不同身份人的采访，我对这次冬奥会有了更深刻的了解，包括冬奥会的举办地、场馆建设、交通建设情况，以及当地群众对冬奥会的看法、感想。除此之外，通过和当地群众的交流，我们还对崇礼太子府的历史有了一定的了解，受益匪浅。我印象最深刻的是观看冬奥场馆的沙盘，对冬奥会场馆的作用以及其附近的交通设施有了直观了解。解说员一直强调从奥运村到比赛场馆间的路程都在 5 分钟以内，这不仅体现了冬奥会为观众与运动员着想的人性化，更体现了交通的便捷以及设计者综合全局考虑的智慧。

发放问卷的过程中我们遇到了一些不识字的老人。其实老人的想法也是调研中不可缺少的一部分。我们通过口头询问的方式完成了问卷，还详细地了解了老人的想法。通过与当地群众的交流，我们获得了许多有用的信息，这不仅锻炼了我们的交际能力，也完善了我们的实践报告。

通过这次暑期社会实践，我们收获了许多，不仅是对冬奥会有了更深入的了解，更是有了一种社会参与感。我们也收获了许多经验，我相信在将来会对我们有很大的帮助。此外，我深刻体会到了团队协作的重要性，感谢我的小伙伴们，有了我们的团结协作才有了这次社会实践的圆满成功。

参加社会实践，磨炼自己，提升能力

2015 级本科生，高分子材料与工程专业 袁晶晶

在这个火热的 7 月，我和 3 位同学组成了一个小组，开展了冬奥会的人文社会实践活动。我们暂别象牙塔中舒适的生活，带着青年人特有的蓬勃朝气，走入社会，了解社会，深入社会。

作为大学生，真正接触社会的机会很少，所以我想通过这次实践增加自己的阅历和与人交往的能力，因为在以后的学习工作中，需要与形形色色的人打交道，而我最不擅长的就是和陌生人交流，在当今这个注重人际交往和人脉关系的时代，这无疑会成为我成长路上的障碍。

7 月，阳光正辣。我们穿梭在北京的街口，向来来往往的路人发放问卷。本以为行人会和校园里的同学一样热情，却不知被婉拒了多少回。平日本就不善言辞的我现在更是不知所措，但看到大汗淋漓的伙伴我又深感愧疚，便逼迫着自己向路人开口，慢慢地，也就习惯了一些。

7 月中旬我还和伙伴们一起去了冬奥会的另一个举办地——河北省张家口市崇礼县。与热闹繁华的大城市不同，这是一个被群山包围着的充满温情的小县城，这里鲜有高楼大厦，甚至连一家 KFC 都找不到，街边是一排排整齐划一的商铺，多是水果店或是小饭馆。我们去了当地的县政府、太子城、指挥部等地，深入了解了这个小县城。在这五天的时间里，我采访了各种各样的人，发了一份份的问卷，每天走着上万步路，值得庆幸的是，这里的人们很热情，我们在这里收获颇丰。

通过这次社会实践，我们不仅对冬奥会有了更为深入的了解，也对举办冬奥会的意义有了更深的认识。在此过程中，我了解到团队协作的重要性，我也一定程度上克服了与陌生人交往时的怯懦。

今后我要参加更多的社会实践，磨炼自己，使自己未踏入社会就已体会社会的许多方面，从学习中实践。我们在掌握基本理论知识后应马上加以实践运用，以巩固学习知识，同时对所学知识有更进一步的深化理解，便于更好地学习。

实践团成员：薛佳馨 许纯玲 袁晶晶 马丽芝 张圣伟

北京·冬奥

实践·足迹

第 24 届冬奥会将于 2022 年 2 月在北京市和张家口市举行，作为一名北京理工大学的大学生，践行推广 2022 年北京冬奥会是我们应尽的责任与任务。本着了解冬奥会推广冬奥会，激励自我，积累更多的社会经验的目的，我们开展了此次暑期社会实践活动。对于冬奥会的普及与推广，我们实践小组分为两个部分进行有计划的行动：首先是社会调查，我们将深入北京奥林匹克森林公园和学校附近的社区进行随机采访调查，收集冬奥会场馆附近的相关情况，同时发放调查问卷进行调查，分析北京市民对冬奥的关注程度与了解情况；对推广冬奥的问题与难点进行分析，提出解决对策。第二部分是推广宣传，我们将设计冬奥会知识传单，通过互联网和现场分发放传单的方式进行冬奥会的宣传工作；倡导全民健身，促进北京人民的健康发展。

一、调研过程

（一）行动背景

第 24 届冬奥会将于 2022 年 2 月在北京市和张家口市举行，冬奥会的宣传普及工作是我校牵头承担的首都大中专学生暑期社会实践工作的重点专题，学校与北京冬奥会组委会紧密对接，协助展开相关工作。为了积极配合学校的组织要求，对北京冬奥相关知识十分感兴趣的我们成立了社会实践小组，在这个暑假开展了为期三天的社会实践工作，旨在了解北京人民对 2022 年北京冬奥会的认知程度，并对冬奥会进行推广宣传。

活动开展前我们小组对 2022 年北京冬奥会相关知识进行了学习讨论，发现我们冬奥会知识十分匮乏，所以我们意识到作为大学生，我们有必要对北京冬奥会进行知识普及的调查和进行强力的推广宣传。

（二）调研计划

北京冬奥会的推广工作是一件十分重要同时很紧迫的工作，事关全体民众，所以我们的调研必须要深入民众，地点范围要十分广泛，不仅包含奥运场馆附近周边，也要涵盖学校、社区等地方。

我们小组经过讨论，计划将此次调研放在重要的位置。我们设计了社会实践的总体计划，如图 1 所示。

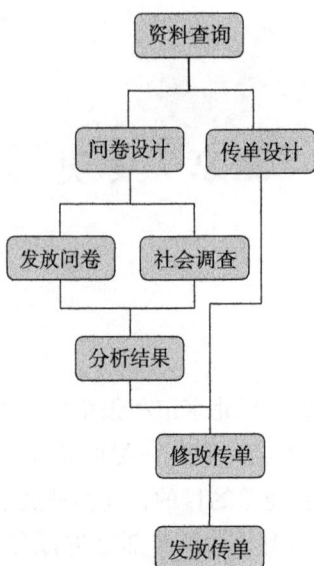

图1　总体计划图

在完成上述计划图中的步骤后，我们对全部活动做了总结并撰写了调研报告。

（三）问卷设计

经过小组讨论后，我们将问卷设计分为三个关键点：人群分类，知识调查，建议收集。之后我们通过互联网的知识查询，关注焦点新闻，参考优秀的调查问卷，最终设计出调查问卷。打印完成后，我们在奥林匹克森林公园进行了随机的问卷调查。

调查问卷见附录一。

二、数据分析及建议

这次在奥林匹克公园的随机调查问卷的发放情况如下：

共发放调查问卷300份，收回有效问卷287份，回收率为95.7%。

其中男性135名，女性152名。男女人数相差不大，发放效果不错。

年龄分布如图2所示。

18岁及以下人数为46人，大部分为青少年。

19~30岁人数为81人，这个年龄段的人多为带小孩的父母。

31~50岁人数为58人。由于调查时为上班时间，所以此年龄段人数较少。

51岁及以上人数为102人。

对于是否观看过历届冬季奥运会电视或视频，有148份问卷显示曾经看过，剩下的139个人并没有观看过冬季奥运会电视或视频。由这一条我们就能看出近半数的人都没有关注过冬季奥运会，这个数字体现出了现在民众对冬奥会的关注度的不足以及冬奥会相关知识的普及存在问题。由于这是中国第一次将要举办冬季奥运会，所以以前人们对冬奥会的关注程度不高也不是没有原因的，所以我们要多下功夫，大力推广宣传北京—张家口冬奥会，促使冬奥会的召开更加成功。

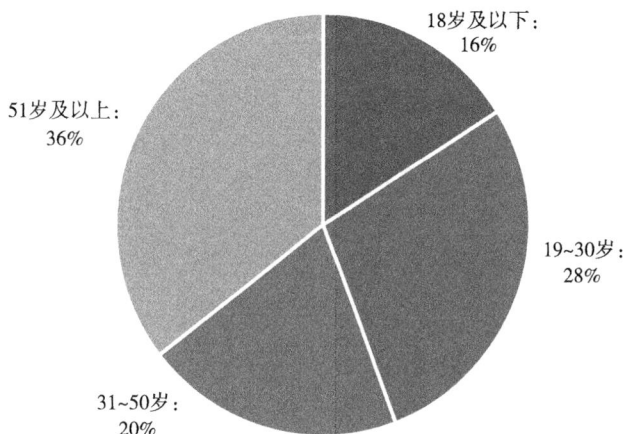

图 2　年龄分布图

对北京冬奥会的知识问答 3 道题中，第一道关于开展冬奥时间的问题正确率最高，共有 216 人答对，正确率为 75.2%；而之后的项目问题上，我们给出的备选选项均为北京冬奥会的比赛项目，然而全部选对的答卷只有 74 份，只占全部调查问卷的 25.7%，而大部分人比较了解的项目是短道速滑、花样滑冰以及高山滑雪，所以我们对于比赛项目相关的知识普及在宣传手册中进行了设计与改进。第三道题有 188 人回答正确，正确率为 65.5%，错误答案大多集中于"激情冰火"属于误导选项。所以我们认为口号这类基本的相关知识也要更多地进行宣传，我们要做的就是提前为群众进行普及工作。

参与过滑雪滑冰等冬季运动项目的人数为 165 人，占总数的 57.4%（见图 3），122 人则没有参与过此类活动；而参与过这类运动的人与 148 位观看过冬季奥运会电视或视频的人中，有 122 位是重合的，由此可见对冬季体育运动感兴趣和关注冬奥会这两件事有着紧密联系，推广冬奥会也势必会促进全民投身于冬季体育的运动之中，这样就达到了我们此行的最终目的——冬奥会推动全民健身。

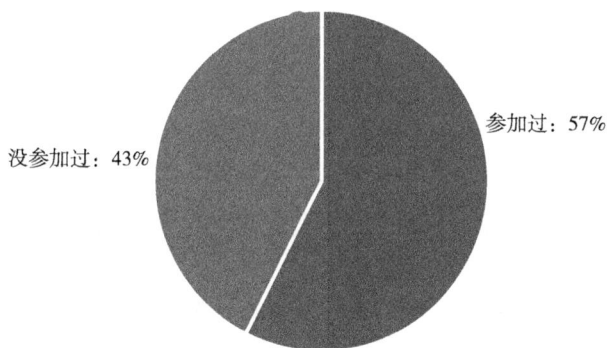

图 3　冬季相关运动参与率

对于北京冬奥会的态度方面，242 名参与者都表示持大力支持的态度，45 名参与者不太关注（见图4）。由此可见大部分群众还是很期待即将到来的 2022 年北京—张家口冬季奥运会的，针对 16% 的群众还需要由我们来进行宣传、推广冬奥会，从而将他们带动起来，投身于全民健身运动，促进冬奥会的顺利召开。

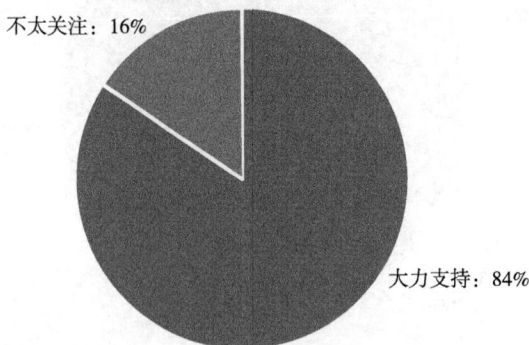

不太关注：16%

大力支持：84%

图4　对北京冬奥会的态度

最后的简答题大部分参与调查的人们都填无或者直接空出来，只有少部分人认真地进行了填写，可能这也是我们本次调查问卷设计中的不足之处。而填写的人大家看法不一，对于影响方面，几乎所有人都认为具有正面积极的影响，包括国家在世界的影响力、促进经济发展、使民众更加热爱运动等。大家都对北京冬奥会抱着积极期待的态度。

三、结论及建议

（一）结论

北京作为 2022 年即将召开冬季奥运会的城市，民众对于冬奥会的社会关注度不够充分，冬奥的相关知识普及不充分。这是中国第一次举办冬季奥运会，所以以前人们对冬奥会的关注程度的不高也不是没有原因的，所以我们更加要多下功夫，大力推广宣传北京—张家口冬奥会，促使民众对冬奥会有更深的了解。

经过我们的讨论，提出如下建议：

（1）政府方面应加大对 2022 年冬季奥运会的宣传力度，增强民族自豪感。

（2）加强冬季相关运动的推广，比如滑雪滑冰等体育项目，降低门槛，多建设冬季运动场地。

（3）从孩子抓起，将有关冬季运动的知识更多地加入学生的课本中，从小抓起会使国民的运动素养普遍提高。

我们相信，靠着大家的共同努力，2022 年冬季奥运会一定会取得辉煌的成果。

四、心得体会

陈婷：

通过本次社会实践活动，一方面，我们锻炼了自己的能力，在实践中成长；另一方面，我们为社会做出了自己的贡献；但在实践过程中，我们也表现出了经验不足，处理问题不够成熟、书本知识与实际结合不够紧密等问题。我们回到学校后会更加要珍惜在校学习的时光，努力掌握更多的知识，并不断深入到实践中，检验自己的知识，锻炼自己的能力，为今后更好地服务于社会打下坚实的基础。

机遇只偏爱有准备的人，我们只有通过自身的不断努力，拿出百尺竿头的干劲，胸怀"会当凌绝顶"的壮志，不断提高自身的综合素质，在与社会的接触过程中，减少磨合期的碰撞，快融入社会，才能在人才高地上站稳脚跟，才能扬起理想的风帆，驶向成功的彼岸。

苏有鑫：

时间一晃而过，这个假期的时间过得特别快，这段时间的社会实践让我学到了很多的东西。

通过这次实践，我明白了一个道理，只有多出去走走，做多些实践性的工作，才能更好地发现自己的不足之处，才能提高自己的能力，才能扬长避短，才能更好地学以致用。

通过这次短暂的社会实践，我更加珍惜在学校的时光，好好读书，读多方面的书，以后多去实践实践。我们仅仅拥有知识是不够的，我们还要增强自己运用知识的能力，与别人合作的能力，与别人沟通的能力，与别人交际的能力，动手能力、实践能力。在充分的吸允知识的同时，也要注重自身综合能力的提高，这样才能更好地适应社会，融入社会中。

快乐的时光总是弥足珍贵，短暂的经历总是耐人寻味的，这一路走来，我们6个队员朝夕相处，共同进退，留下了宝贵的记忆。暑期社会实践的这三天有汗水，有欢笑，更有沉甸甸的收获。

附录

北京冬奥会调查问卷

1. 您的性别

A. 男　　　　　　　B. 女

2. 您的年龄范围

A. 18 岁及以下　　B. 19～30 岁　　C. 31～50 岁　　D. 51 岁以上

3. 北京冬奥会将在何时举办

A. 2018 年　　　　B. 2020 年　　　C. 2022 年　　　D. 2024 年

4. 您是否看过冬奥会电视或视频

A. 是   B. 否

5. 您知道的北京冬奥会有哪些项目

A. 短道速滑   B. 速度滑冰   C. 花样滑冰   D. 冰球

E. 冰壶   F. 雪橇   G. 高山滑雪

6. 您是否参加过滑冰滑雪类运动

A. 是   B. 否

7. 您知道北京冬奥会的口号是

A. 同一个世界，同一个梦想，激情冰火属于你

B. 纯洁的冰雪，激情的约会，点燃心中之火

8. 您对北京冬奥会的态度是

A. 大力支持   B. 不太关注

9. 您认为北京冬奥会的成功举办将带来什么影响

_____

_____

10. 您对本次冬奥会的期望是

_____

_____

谢谢您的参与！

附录二

宣传手册（部分）

冬奥会项目知多少？

冬季奥运会的比赛项目分为冰上和雪上两大类。

冰上项目（北京主办）

1. 短道速滑

短道速滑是冬季奥运会项目，比赛场地的大小为 30 米 × 60 米，跑道每圈的长度为 111.12 米。短道速滑 19 世纪 80 年代起源于加拿大，当时加拿大的一些速度滑冰爱好者常到室内冰球场上练习，随之产生了室内速度滑冰的比赛。20 世纪初，这项比赛逐渐在欧洲和美洲国家广泛开展。1992 年被列为冬奥会比赛项目。

短道速滑比赛采用淘汰制，以预赛、次赛、半决赛、决赛的比赛方式进行。4～8 运动员在一条起跑线上同时起跑出发，站位通过抽签决定。比赛途中在不违犯规则的前提下运动员可以随时超越对手。场地周长 111.12 米，直道宽不小于 7 米，弯道半径 8 米，直道长 28.85 米。

2. 花样滑冰

花样滑冰是冬季奥运会的正式比赛项目。花样滑冰是冬季奥运会的正式比赛项目。运动员穿着脚底装有冰刀的冰鞋、靠自身力量在冰上滑行，表演以技术动作为基础编排的节目，由裁判组评估打分、排出名次。

花样滑冰运动按照参赛人员和技术动作的要求，可以分为众多单项。花样滑冰的奥运会正式比赛项目共有四个，归属三个大类：单人滑（分男子和女子两项）、双人滑与冰上舞蹈。此外，花样滑冰还包含同步滑冰（Synchronized skating）、规定图形（Compulsory figures）、冰场滑行（Moves in the Field，或 Field Moves）、四人滑（Fours）、冰上戏剧/冰上芭蕾（Theatre on Ice/Ballet on Ice）、柔板双人滑（Adagio Skating）、特殊图形（Special Figures）、冰上杂技（Acrobatic Skating）等，但它们的流行与受欢迎程度不及其他四个冬奥会正式项目。

实践·品悟

扬起理想的风帆，驶向成功的彼岸

材料学院冬奥会宣传普及实践小组

通过本次社会实践活动，一方面，我们锻炼了自己的能力，在实践中成长；另一方面，我们为社会做出了自己的贡献。但在实践过程中，我们也表现出了经验不足、处理问题不够成熟、书本知识与实际结合不够紧密等问题。我们回到学校后要更加珍惜在校学习的时光，努力掌握更多的知识，并不断深入到实践中，检验自己的知识，锻炼自己的能力，为今后更好地服务社会打下坚实的基础。

机遇只偏爱有准备的人。我们只有通过自身的不断努力，拿出百尺竿头的干劲，胸怀"会当凌绝顶"的壮志，不断提高自身的综合素质，在与社会的接触过程中，减少磨合期的碰撞，快速融入社会，才能在人才高地上站稳脚跟，才能扬起理想的风帆，驶向成功的彼岸。

抓住培养锻炼才能的机会

2015 级本科生，材料科学与工程专业 方海燕

经历了暑假的社会实践，我感慨颇多。实践生活中每一天遇到的情况还在我脑海里回旋，它给我们带来了意想不到的效果，社会实践活动给生活在都市象牙塔中的大学生们提供了广泛接触社会、了解社会的机会。

在这次社会实践活动中，我学到了很多，从我接触的每个人身上学到了很多社会经验，自己的能力也得到了提高，而这些在学校里是学不到的。在社会上要善于与别人沟通。如何与别人沟通好，这门技能是需要长期练习的。我没有工作的经验，我与别人对话

时不会应变，会使谈话出现冷场，这是很尴尬的。人在社会中都会融入社会这个团体中，人与人之间要合力去做事，使做事的过程中更加融洽，达到事半功倍的效果。别人提意见，你要认真听取，耐心、虚心地接受。

作为一名 21 世纪的大学生，社会实践是引导我们走出校门、步入社会并投身社会的良好形式。我们要抓住培养锻炼才干的机会，提升我们的素养，树立服务社会的思想与意识。同时，我们要树立远大的理想，明确自己的目标，为祖国的发展贡献力量。

多出去走走，多做实践性的工作

2015 级本科生，高分子材料与工程专业　苏有鑫

时间一晃而过，这个假期的时间过得特别快，这段时间的社会实践让我学到了很多的东西。

这次实践让我明白了一个道理，只有多出去走走，多做些实践性的工作，才能更好地发现自己的不足之处，才能对应地提高自己的能力，才能扬长避短，才能更好地学以致用。

通过这次短暂的社会实践，我更加珍惜在学校的大好时光，好好读书，读多方面的书，多去进行社会实践。我们仅仅拥有知识是不够的，还要增强自己运用知识的能力，与别人合作的能力，与别人沟通的能力，与别人交际的能力，动手能力、实践能力。在充分吸允知识的同时，也要注重自身综合能力的提高，这样才能更好地适应社会并融入社会中。

走入社会，了解社会，深入社会

2015 级本科生，新能源材料与器件专业　孙宇恒

在火热的 7 月，我们暂别象牙塔中舒适的生活，带着年轻人特有的蓬勃朝气，走入社会，了解社会，深入社会。

通过这次社会实践我真正明白了社会生活与校园生活的差距。校园毕竟是太小了，我们在学校学的是理论知识，我们必须要将所学的东西应用到实际中才会发现它的价值。一些人总以为在学校上课枯燥无味，总向往那些自由自在享受生活的人，有着别人不知道的理想，总想着有一个辉煌的未来。但我现在开始明白，所有的想象都是虚无缥缈的，只有自己亲身实践过，才会有一个清醒的认识，才会正确地给自己定位，确立相对现实的目标。在实践中才会发现自己所学的知识是多么有用，自己是多么需要进一步充实。

任何知识不去接触就永远不会了解它。在学生阶段的我们需要了解的知识太多了，我们不能只靠书本去认识它们，这样的认识太浅薄了，不能算是真正的认识。我们需要尽可能多地去接触社会。人是社会的主人。我们要享有主人的权利就必须先了解社会，不然就很可能会被社会所左右，那样的生活不会幸福安乐的，只会是痛苦和无奈的。

实践团成员： 陈婷　方海燕　李兆炫　苏有鑫　孙宇恒　查梓月

相约冬奥，实践有我

🍃 实践·报告

一、前期准备：搜集资料，组建团队，确定实践主题

冬奥会，这是一个听到就会让人热血沸腾的词语，奥林匹克精神从古至今都鼓舞着人类前进。正如近期的 2016 里约奥运会，每当看到中国奥运健儿为国家摘金夺银的时候，我们相信每个人的心中都会感到激动与自豪。

（一）搜集资料

当听到这次暑期社会实践的题目是"健康北京冬奥推广行动"时，我们立刻查阅了相关资料：奥林匹克运动会简称奥运会，是国际奥林匹克委员会主办的世界规模最大的综合性运动会，每四年一届，会期不超过 16 日，分为夏季奥运会（奥运会）、夏季残奥会、冬季奥运会（冬奥会）、冬季残奥会、夏季青年奥运会（青奥会）、冬季青年奥运会和特殊奥林匹克运动会（特奥会）。奥运会中，各个国家用运动交流各国文化，以及切磋体育技能，其目的是鼓励人们不断进行体育运动。我们的伟大领袖毛主席也曾发出"开展体育运动，增强人民体质"的号召，让更多的人去锻炼，达到增强体质的目的。

奥林匹克运动会是在奥林匹克主义指导下，以体育运动和四年一度的奥林匹克庆典——奥运会为主要活动内容，促进人的生理、心理和社会道德全面发展，沟通各国人民之间的相互了解，在全世界普及奥林匹克主义，维护世界和平的国际社会运动。奥林匹克运动包括以奥林匹克主义为核心的思想体系，以国际奥委会、国际单项体育联合会和各国奥委会为骨干的组织体系和以奥运会为周期的活动体系。

有关冬奥会的相关资料：冬季奥林匹克运动会简称为冬季奥运会、冬奥会，是世界规模最大的冬季综合性运动会，每四年举办一届，1994 年起与夏季奥林匹克运动会相间举行。参与国主要分布在世界各地，包括欧洲、非洲、美洲、亚洲、大洋洲。由国际奥林匹克委员会（International Olympic Committee）主办。按实际举行次数计算届数。1986 年，国际奥委会全会决定将冬季奥运会和夏季奥运会从 1994 年起分开，每两年间隔举行，1992 年冬季奥运会是最后一届与夏季奥运会同年举行的冬奥会。自 1924 年开始第 1 届，截至 2014 年共举办了 22 届，每四年一届。第 23 届冬奥会于 2018 年 2 月 9 日至 2018 年 2 月 25 日在韩国平昌郡举行。第 24 届冬奥会将于 2022 年 2 月 4 日至 2022 年 2 月 20 日在中

国北京和张家口举行。

（二）组建团队

查阅了相关资料之后，我们对这个主题产生了浓厚的兴趣。我们想，身为当代大学生理应为国家宣传冬奥会，让更多的人了解冬奥会。于是我们筹建实践团队。实践团团长介绍了他的设想：

第 24 届冬奥会将于 2022 年 2 月在北京市和张家口市举行，冬奥会的宣传普及工作是北京理工大学牵头承担的首都大中专学生暑期社会实践工作的重点专题，因此实践团计划在北京开展有关冬奥会的调查和宣传工作。在举办 2022 年北京—张家口冬季奥运会之后，北京会成为奥运史上第一个举办过夏季奥林匹克运动会和冬季奥林匹克运动会的城市，这是中国国家实力强大一种体现，因此调查民众对于冬奥会的认识以及对冬奥会的筹备进行宣传很有必要。在介绍完毕之后，很快有一群志同道合的小伙伴加入到了我们的团队当中，共有 9 人加入此次的暑期社会实践并开始前期的准备工作。

（三）确定实践活动主题

在讨论如何宣传冬奥会时，大家却产生了分歧，因为我们对于夏季奥运会相对熟悉，对冬奥会还很陌生，尤其是对于中国队取得的成绩不甚了解。所以我们查阅了有关中国队在冬奥会上的表现的相关资料。

2014 年俄罗斯契第 22 届冬奥会，中国获 3 金 4 银 2 铜，居第 12 名；2010 年加拿大温哥华第 21 届冬奥会，中国获 5 金 2 银 4 铜，居第 7 名；2006 年意大利都灵第 20 届冬奥会，中国获 2 金 4 银 5 铜，居第 14 名；2002 年美国盐湖城第 19 届冬奥会，中国获 2 金 2 银 4 铜，居第 13 名；1998 年日本长野第 18 届冬奥会，中国获 6 银 2 铜，居第 16 名。可以看出我国的冬季奥运会实力不像我国夏季奥运会实力那样强悍，这其中与我国的地理位置有关。我国大部分地区处在热带和亚热带，寒冷且易于形成冰雪环境的地方较少。还有一点原因是，冬奥场馆建设需要投资大量的人力物力，我国的经济仍处在上升期，对冬季运动的重视程度和投资力度不够。

其中有关中国短道速滑的成绩尤为引人注目。

李琰：1988 年，李琰在卡尔加里冬奥会上的短道速滑表演项目中获得女子 1 000 米金牌和 500 米、1 500 米铜牌，并创造 1 000 米和 1 500 米两项世界新纪录；在 1992 年阿尔贝维尔冬奥会获得女子 500 米短道速滑银牌，这是中国短道速滑第一枚奥运奖牌；在 1992 年短道速滑世锦赛中获得 500 米和 1 000 米两枚金牌；2003 年任我国国家短道速滑队主教练。

杨扬：女，1975 年 8 月 24 日生于黑龙江汤源，黑龙江省七台河市人，新兴区育红小学毕业，中共党员，国家级运动健将，实现了中国冬奥会金牌零的突破，现国际奥委会委员。

王濛：女，1985 年 7 月 9 日出生在黑龙江省七台河市，现役短道速滑名将，中国女子短道速滑队领军人物，并且是世界上唯一一位 500 米滑进 43 秒的女选手（现为世界纪录）；2006 年都灵冬奥会短道速滑女子 500 米冠军；2010 年温哥华冬奥会短道速滑女子 500 米、1 000 米冠军，3 000 米接力冠军成员；是中国第一位蝉联冬奥冠军的运动员，也是我国第一位在一届冬奥会上获得 3 金的运动员。

李佳军：男，1975 年 6 月 15 日出生于吉林长春，前中国男子短道速滑的运动员，世界冠军。2009 年 7 月 2 日任哈萨克斯坦短道速滑队主教练。索契冬奥会，李佳军又转换了一个角色——中国青年队教练。在首都体育馆，经常可以看见李佳军的身影。

周洋：女，1991 年 6 月 9 日出生于吉林省长春市，2010 年温哥华冬奥会短道速滑 1 500 米第一名。作为唯一进入决赛的中国选手在受到美国选手凯瑟琳干扰的情况下，冷静坚韧，奋力冲击，以传奇般的爆发力战胜了包括 3 名韩国选手在内的多国选手，令人叹为观止，并以 2 分 16 秒 993 刷新奥运会纪录，为中国队夺得在本届冬奥会的第三枚金牌，这也是中国历史上第一次在一届冬奥会中夺得 3 枚金牌。周洋的这枚金牌也创造了另外两个纪录：她打破了韩国选手连续两届垄断，也成了中国最年轻的（18 岁）冬奥会冠军。另外，她还是 2010 年温哥华冬奥会短道速滑女子 3 000 米接力冠军成员。2014 年索契冬奥会短道速滑 1 500 米第一名。短道速滑项目是我国的一项强势体育项目，我国在历届冬奥会上的短道速滑项目都取得了不错的成绩，但是相比而言我国的其他项目还处在一个比较弱势的地位上。

在对冬奥会有了一个更深的了解之后，我们团队就下一步该如何进行冬奥宣传工作展开了讨论：有的团员建议去社区进行有关冬奥会的社区讲座；有人建议去街上分发传单，获得更多人的看法。设身处地地进入到冬奥会的相关场馆，来进行体验，然后将自己的经历完完整整地讲述给他人，用自己的亲身经历来让他人感受到冬奥会的氛围。在一番讨论之后，我们决定采取多种方式结合的实践方式：首先进行冬奥场馆的实地考察，然后总结自己的个人感悟及看法；根据自己的个人感悟汇总设计、制作问卷，进行分发，之后汇总问卷的答案进行分析。

预期目标是：调查北京民众对于冬奥会的认知程度，各奥运场馆的最新建设情况及新技术采用情况，在北京市内起到一定的宣传作用，最后总结写出报告，并对未来几年的冬奥会准备工作提出可行性较高的建议。北京由于成功举办过夏季奥运会，民众对于冬季奥运会的举办认知程度较高，适合普及有关冬奥会的相关知识，并且可以提高北京民众对于冬季体育项目的喜爱程度，对于民众身体素质的提高有一定帮助作用。

在前期准备中，我们团队制订好出行的计划路线，乘坐地铁来到奥体中心，沿主路前进，历经鸟巢、水立方和奥林匹克森林公园。我们做好了足够的应急预案以应对紧急情况。

二、社会实践：走访北京冬奥会场馆，发放调查问卷

很快来到了社会实践的日子，大家一早穿好了印有北京理工大学社会实践字样的 T 恤，乘坐地铁来到了奥体中心，沿主路前进，历经鸟巢、水立方和奥林匹克森林公园。这一路大家共同感受冬奥会带给人们的澎湃激情。在鸟巢，我们还遇到了前来参观的其他团

队，大家交换了有关 2022 年北京—张家口冬奥会的资料：

2022 年北京—张家口冬季奥运会（2022 The winter Olympics in Beijing & Zhangjiakou）——第 24 届冬季奥林匹克运动会，简称"北京张家口冬奥会"，将在 2022 年 2 月 4 日—2022 年 2 月 20 日在中华人民共和国北京市和张家口市联合举行。这是中国历史上第一次举办冬季奥运会，北京、张家口同为主办城市，也是中国继北京奥运会、南京青奥会后，中国第三次举办的奥运赛事。

北京—张家口冬季奥运会设 7 个大项，102 个小项。北京将承办所有冰上项目，延庆和张家口将承办所有的雪上项目。北京成为奥运史上第一个举办过夏季奥林匹克运动会和冬季奥林匹克运动会的城市，也是继 1952 年挪威的奥斯陆之后时隔整整 70 年后第二个举办冬奥会的首都城市；同时中国也将成为一个举办过 5 次各类奥林匹克运动会的国家（尚未举办冬青奥会）。

在发放问卷之后，我们对问卷结果做了预期估计，猜想大多数人对于冬奥会认知成果要低于夏季奥运会，对比同时期里约奥运会在各个领域的热度，人们对于冬奥会的认识可能差强人意。

在收回问卷之后，我们对结果进行了统计，发现在北京奥运会之后，大家逐渐认识到了国家举办大型国家比赛给我们带来的经济效益以及民族自豪感，大家普遍支持冬奥会的各项场馆建设。但对冬奥会和夏季奥运会的认知对比上，人们对于夏季奥运会的认知还是要远高于冬奥会的。

在实践结束后，实践团团员有如下的感慨。

现代奥运会已有 100 多年的历史，而北京也在 2008 年就举办了夏季奥运会。我们当时没有亲临北京感受盛况，深感遗憾。如今，冬季奥运会开办在即，正在北京的大学生怎能错过，于是在这个暑假，我们参加了以冬奥会为主题的社会实践活动，希望学到并见识到更多的奥运精神。

本次社会实践，我们参观了奥运会场地——奥林匹克公园，鸟巢和水立方就坐落在那里，面对这两座建筑，不禁油然产生一股激情，2008 年正是在这里，许多奥运健儿创造着辉煌，名垂青史，而我们，终于来到了这里，尽管时隔 8 年，依旧能感受到当时的场面，仿佛他们就在我们眼前挥洒着汗水，谱写着赞歌。

冬奥会，将续写 2008 年的辉煌，也将展示我国的强大。身为大学生，宣传冬奥会是我们义不容辞的责任。我们将以这次实践活动为基础，投身于学习实践中，为祖国的明天奋斗终生。

为了申办本届冬奥会，中国政府将沿北京—张家口—延庆一线，分 3 个区域布局竞赛场馆和非竞赛场馆，建设 3 个相对集聚的场馆群。北京市区北部的奥林匹克中心区，将主要承办冬奥会 5 个冰上项目；北京市西北部的延庆区，将用作雪车、雪橇大项和滑雪大项中的高山滑雪比赛场地；河北省张家口市，将承办除雪车、雪橇大项和高山滑雪以外的所有雪上比赛。

2022 年冬奥会计划使用 25 个场馆，包括 12 个竞赛场馆、3 个训练场馆、3 个奥运村、

3 个颁奖广场、3 个媒体中心、1 个开闭幕场馆。根据规划,北京赛区将承担冬奥会所有冰上项目的比赛,共使用 12 个竞赛和非竞赛场馆,11 个为 2008 年奥运会遗产,其中 9 个是直接使用。比赛场馆有 5 个,其中 4 个分别是水立方、国家体育馆、五棵松体育馆和首都体育馆,分别举办冰壶、冰球、短道速滑和花样滑冰的比赛。唯一新建的比赛场馆即为国家速滑馆,也称为大道速滑馆,利用 2008 年奥运会曲棍球和射箭的临时场地进行建设。在规划的沙盘中,这座新馆紧临奥林匹克公园内的"仰山"。比赛之后,这里将成为我国运动员冬奥会冰上项目永久性训练场地,并成为北京四季不间断运营的冰上中心。除比赛场馆外,开幕式和闭幕式都将在鸟巢内举行。奥林匹克公园水立方和鸟巢之间将临时搭建可容纳 1 万人的北京颁奖广场。新建的北京奥运村位于奥体中心南侧,是北京既定的住宅项目,占地 20 公顷,采用中国古典园林设计理念,可容纳运动员及随队官员 2 260 人。国家速滑馆已于 2016 年开始动工。

附件

冬奥会与健康运动认知情况调查问卷

您好:

感谢您在百忙之中填写此问卷。本问卷由北京理工大学设计,为 2016 年暑期社会实践的一个重要专题项目。希望通过向您了解冬奥会与健康运动的相关内容,收集相关数据,掌握现阶段我国居民对冬奥会、健康运动的认识与态度,为推广冬奥会、健康运动提供更好的参考。本问卷不记名填写,所有内容均用于学术调研,请您放心填写。所有题目均为单项选择,请在最符合您意向的选项对应字母上打"√"即可,答案无对错之分;主观题 * 请直接填写答案。

感谢您的支持,祝您生活愉快。

一、基本信息

1. 您的性别〔单选题〕〔必答题〕

○ A. 男　　　　　　○ B. 女

2. 您的年龄〔单选题〕〔必答题〕

○ A. 18 岁及以下　　○ B. 19 ~ 30 岁　　○ C. 31 ~ 40 岁

○ D. 41 ~ 50 岁　　○ E. 51 ~ 60 岁　　○ F. 61 岁及以上

3. 您目前从事的职业〔单选题〕〔必答题〕

○ A. 政府事业单位　○ B. 公司企业　　○ C. 私营业主

○ D. 农业　　　　　○ E. 学生　　　　○ F. 其他 *

4. 您的受教育程度〔单选题〕〔必答题〕

○ A. 小学及以下　　○ B. 初中　　　　○ C. 高中

○ D. 专科　　　　　○ E. 本科　　　　○ F. 研究生及以上

5. 您现居住的地区是 ［单选题］［必答题］

○ A. 城市　　　　　○ B. 乡镇　　　　　○ C. 农村

6. 您所居住的地区属于中国哪个地区 ［单选题］［必答题］

○ A. 北方地区　　　○ B. 南方地区

二、冬奥会认知情况

1. 您曾经观看过冬奥会的比赛吗 ［单选题］［必答题］

○ A. 看过　　　　　○ B. 没看过

2. 您是否知道2022年将于北京—张家口举办冬奥会 ［单选题］［必答题］

○ A. 是　　　　　　○ B. 否

3. 您对北京—张家口冬奥会的看法是 ［单选题］［必答题］

○ A. 非常支持　　　○ B. 支持　　　　　○ C. 一般

○ D. 不支持　　　　○ E. 非常不支持

4. 您对冬奥会历史的了解程度是 ［单选题］［必答题］

○ A. 非常了解　　　○ B. 了解　　　　　○ C. 一般

○ D. 不了解　　　　○ E. 非常不了解

5. 您对冬奥会运动项目内容的了解程度是 ［单选题］［必答题］

○ A. 非常了解　　　○ B. 了解　　　　　○ C. 一般

○ D. 不了解　　　　○ E. 非常不了解

6. 您经常观看的冰雪运动是 ［单选题］［必答题］

○ A. 不观看

○ B. 花样滑冰

○ C. 冰壶

○ D. 冰球

○ E. 自由滑雪

○ G. 冬季两项

○ H. 短道速滑

○ I. 其他

7. 您生活的地区附近有冰雪运动场馆吗 ［单选题］［必答题］

○ A. 有　　　　　　○ B. 无

8. 您在生活中会参加冰雪运动吗 ［单选题］［必答题］

○ A. 会　　　　　　○ B. 不会

9. 您认为冬奥会给您个人带来的心理影响是 ［单选题］［必答题］

○ A. 无影响　　　　○ B. 基本无影响　　○ C. 一般

○ D. 有影响　　　　○ E. 非常有影响

10. 您认为冬奥会的举办能给您的城市带来怎样的经济效益 ［单选题］［必答题］

○ A. 无效益　　　　○ B. 基本无效益　　○ C. 一般

○ D. 有效益　　　　○ E. 非常有效益

11. 您认为冬奥会对我国中外文化的交流作用是［单选题］［必答题］

○ A. 无作用　　　　○ B. 基本无作用　　○ C. 一般

○ D. 有作用　　　　○ E. 非常有作用

12. 您认为冬奥会在当地可能引起的问题是［单选题］［必答题］

○ A. 交通问题　　　　　　　　　　○ B. 人口流动问题

○ C. 经济发展问题　　　　　　　　○ D. 社会治安问题

○ E. 其他 *

13. 您认为我国举办冬奥会的条件是［单选题］［必答题］

○ A. 不成熟　　　　○ B. 基本不成熟　　○ C. 一般

○ D. 成熟　　　　　○ E. 非常成熟

三、健康运动认知情况

1. 您每周参加健身运动的情况是［单选题］［必答题］

○ A. 1 次　　　　　○ B. 2 ~ 3 次　　　○ C. 4 ~ 5 次

○ D. 6 ~ 7 次　　　○ E. 8 次及以上

2. 您开展健身运动的场地是［单选题］［必答题］

○ A. 公园　　　　　○ B. 活动室　　　　○ C. 家里

○ D. 健身房　　　　○ E. 其他 *

3. 您参加健身运动的项目是［单选题］［必答题］

○ A. 健身操类　　　○ B. 田径类　　　　○ C. 球类

○ D. 游泳类　　　　○ E. 其他 *

4. 您获得健康知识的主要途径是［单选题］［必答题］

○ A. 电视、报纸　　○ B. 养生活动　　　○ C. 讲座

○ D. 亲友　　　　　○ E. 网络　　　　　○ F. 其他 *

5. 您认为您最需要的健康知识是［单选题］［必答题］

○ A. 保健类　　　　○ B. 医疗类　　　　○ C. 膳食类　　　　○ D. 其他 *

6. 您所在地区每周组织健康活动的情况是［单选题］［必答题］

○ A. 1 次　　　　　○ B. 2 ~ 3 次　　　○ C. 4 ~ 5 次　　　○ D. 6 次及以上

7. 您认为参加健康类活动的效果是［单选题］［必答题］

○ A. 无效益

○ B. 基本无效益

○ C. 一般

○ D. 有效益

○ E. 很有效益

🍃 实践 · 足迹

一、查阅相关资料

当听到这次暑期社会实践的题目是健康北京冬奥推广行动时，我们查阅了相关资料：奥林匹克运动会简称 "奥运会"，是国际奥林匹克委员会主办的世界规模最大的综合性运动会，每四年一届，会期不超过 16 日，分为夏季奥运会（奥运会）、夏季残奥会、冬季奥运会（冬奥会）、冬季残奥会、夏季青年奥运会（青奥会）、冬季青年奥运会和特殊奥林匹克运动会（特奥会）。

冬季奥林匹克运动会简称为冬季奥运会、冬奥会，是世界规模最大的冬季综合性运动会，每四年举办一届，1994 年起与夏季奥林匹克运动会相间举行。参与国主要分布在世界各地，包括欧洲、非洲、美洲、亚洲、大洋洲。由国际奥林匹克委员会主办。按实际举行次数计算届数。1986 年，国际奥委会全会决定将冬季奥运会和夏季奥运会从 1994 年起分开，每两年间隔举行，1992 年冬季奥运会是最后一届与夏季奥运会同年举行的冬奥会。自 1924 年开始第 1 届，第 23 届冬奥会于 2018 年 2 月 9 日至 2018 年 2 月 25 日在韩国平昌郡举行。第 24 届冬奥会将于 2022 年 2 月 4 日至 2022 年 2 月 20 日在中国北京和张家口举行。

二、冬奥会：美丽而神秘

在讨论如何宣传冬奥时，大家却产生了分歧，因为我们对于夏季奥运会相对熟悉，对冬奥会还很陌生，尤其是对于中国队取得的成绩不甚了解。所以我们查阅了有关中国队在冬奥会上的表现的相关资料：2014 年俄国索契第 22 届冬奥会，中国获 3 金 4 银 2 铜，居第 12 名；2010 年加拿大温哥华第 21 届冬奥会，中国获 5 金 2 银 4 铜，居第 7 名；2006 年意大利都灵第 20 届冬奥会，中国获 2 金 4 银 5 铜，居第 14 名；1998 年日本长野第 18 届冬奥会，中国获 6 银 2 铜，居第 16 名。

我们发现有关中国短道速滑的成绩尤为引人注目。1988 年，李琰在卡尔加里冬奥会上的短道速滑项目中获得女子 1 000 米金牌和 500 米、1 500 米铜牌，并创造了 1 000 米和 1 500 米两项世界新纪录；1992 年在阿尔贝维尔冬奥会获得女子 500 米短道速滑银牌，这是中国短道速滑第一枚奥运奖牌；在 1992 年短道速滑世锦赛中获得 500 米和 1 000 米两枚金牌。杨扬实现了中国冬奥会金牌零的突破。王濛是中国女子短道速滑队领军人物，也是中国第一位蝉联冬奥冠军的运动员，也是我国第一位在一届冬奥会上获得三金的运动员。周洋在 2010 年温哥华冬奥会短道速滑获 1 500 米第一名，为中国队夺得在本届冬奥会的第三枚金牌；2014 年在索契冬奥会短道速滑获 1 500 米第一名。

三、思维：交流与碰撞

在社会实践中，我们来到了奥体中心，参观了鸟巢、水立方和奥林匹克森林公园。在鸟巢，我们与前来参观的其他团队交换有关 2022 年北京—张家口冬奥会的资料。

在这次社会实践中，我们深切地认识到了冬奥会的魅力所在，它不仅仅是一次体育盛会，更是一次国家实力的展现，从运动员的竞技实力，到国家政府的赛事宣传和场馆建设实力，都能够看出，中国的实力在稳步增强。身为当代大学生，我们为之感到骄傲和自豪，也想借此次机会，尽自己所能宣传冬奥会。北京由于成功举办过夏季奥运会，民众对于冬季奥运会的举办认知程度较高，适合普及有关冬奥会的相关知识，并且可以提高北京民众对于冬季体育项目的喜爱程度，对于民众身体素质的提高起到一定的作用。在整个实践过程中，我们也意识到了团队的重要性，很多事情一个人做起来费心费力，而依靠大家的力量就能克服。

实践·品悟

预祝 2022 年冬奥会举办成功

2014 级本科生，材料成型及控制工程专业　回晶

乘着初升的太阳，一支社会实践小分队开启了为时一天的调查。

早上 9 时左右我们抵达 2008 年中国举办奥运会的场所——奥林匹克公园。这是我第二次参观水立方和鸟巢。这一次参观的心情与第一次截然不同。第一次参观更多的是好奇，而这一次却有着深刻的意义。时隔多年中国申办冬奥会成功，而这申办冬奥会成功有着多少人努力的汗水与期待。2015 年 7 月 31 日下午，亿万中国观众屏住呼吸，期待着 2022 冬奥会举办地结果的揭晓。当国际奥委会主席巴赫宣布是"北京"时，全国人民欢呼雀跃，北京赢了！冬奥会来了！

北京，这座有着 3 000 多年历史的古都，将成为全球首个举办过夏季、冬季奥运会的城市。这对于促进冰雪运动开展，培育民众健康的生活方式，普及奥林匹克教育，弘扬奥林匹克精神，以及提升中国软实力，全面展示开放、包容、和谐、共赢的国家形象和民族形象都有着重要的意义。我们预祝 2022 年北京冬奥会举办成功。

冬奥会，续写 2008 年的辉煌

2014 级本科生，通信工程专业　刘铁锌

现代奥运会已有 100 多年的历史，而北京也在 2008 年就举办了夏季奥运会。我当时没有亲临北京感受盛况，深感遗憾。如今，北京—张家口冬季奥运会开办在即，正在北京的大学生怎能错过，于是在这个暑假，我参加了以冬奥会为主题的社会实践活动，希望学到更多的奥运精神。

本次社会实践，我们参观了 2008 年奥运会场地——奥林匹克公园，鸟巢和水立方就坐落在那里。面对这两座建筑，不禁油然而生一股激情：8 年前正是在这里，许多奥运健

儿创造着辉煌，名垂青史，而我，终于来到了这里。尽管时隔 8 年，依旧能感受到当时的盛况，仿佛他们就在我眼前挥洒着汗水，谱写着赞歌。

　　冬奥会，将续写 2008 年的辉煌，也将展示我国的强大。身为大学生，宣传冬奥会是我们义不容辞的责任。我们将以这次实践活动为基础，投身于学习实践中，为祖国的明天奋斗终生。

努力奋斗，创造美好的明天

2014 级本科生，材料科学与工程专业　杨思琪

　　2008 年我国举办了第 29 届夏季奥运会，2022 年我国又将举办冬奥会，我们与奥运会的缘分可谓不浅。2008 奥运会的成功举办，不仅将向世界证明了我国国力的强大，也让国人对奥运会有了更深的了解。

　　本次我们以冬季奥运会为主题进行了社会实践，主要参观了 2008 年奥运会的主会场——奥林匹克公园。由于在北京这两年我一直没有机会去参观鸟巢、水立方，所以心情十分激动，很想看看这个曾经创造奇迹，为我们国家谱写过辉煌篇章的地方。当真正站在这片广阔的广场上，仿佛看到了开幕式那天的辉煌场景，作为一名中国人的自豪感油然而生，为生在这个伟大的国家而感到幸运、幸福。现在，我们国家为我们创造了如此好的环境，我们更要努力奋斗，为我们的祖国创建更美好的未来。

宣传冬奥会，普及冬奥会

2014 级本科生，信息对抗技术专业　仲效仟

　　在这次社会实践中，我深切地认识到了奥运会的魅力所在，它不仅仅是一次体育盛会，更是一次国家实力的展现，从运动员的竞技实力，到国家政府的赛事宣传和场馆建设实力，都能够看出，中国的实力在稳步增强。身为当代大学生，我为之感到骄傲和自豪，也想借此次机会，尽自己所能宣传冬奥会。北京由于成功举办过夏季奥运会，民众对于冬季奥运会的举办认知程度较高，适合普及有关冬奥会的相关知识，并且可以提高北京民众对于冬季体育项目的喜爱程度，对于民众身体素质的提高起到一定的作用。

发扬奥林匹克精神

2014 级本科生，信息对抗技术专业　周念

　　在暑假期间，我们社会实践团队一行人前往北京奥林匹克中心和奥林匹克森林公园参观与调研。冬奥会作为世界规模最大的冬季综合性运动会，受到全世界的瞩目，作为 2022 年冬奥主办城市之一、特别是还举办过 2008 年奥运会的北京自然更是无比耀眼。在 2008 奥运会过后 8 年、2022 冬奥来临之际，鸟巢、水立方、森林公园络绎不绝的游客就是最好的证明，熙熙攘攘，十分热闹，我们感受到了大家对冬奥会的关注与支持，同时还有着众多的人进行着体育运动，锻炼身体。我们在标志性的建筑前拉举横幅宣传 2022 年冬奥会，

并与过路的行人交谈，发现绝大部分人都期待着 2022 年的冬奥会。北京能够在 2008 年奥运会之后再次举办冬奥会，体现着我国对竞技体育的重视以及我国综合国力的提升。这次社会实践让我为自己国家的强大感到自豪。我们希望能够有越来越多人了解关注国际赛事，关注 2022 年的冬奥会，积极宣传并发扬奥林匹克精神。

实践团成员： 杨思琦　回晶　金岩　刘铁锌　吴江玮　肖煜　张云帆　仲效仟　周念

健康北京人，大学生的冬奥观

实践·报告

中国举办冬季奥林匹克运动会，将在世界 1/5 的人口中更好地传播奥林匹克团结、友谊、和平的宗旨和理念，将推动 13 亿中国人以不同方式投身冰雪运动及相关产业，并将为健康中国、国际奥林匹克运动做出新贡献。自从北京—张家口获得举办冬季奥林匹克举办权后，我们团队一直在探讨冬季奥林匹克运动会存在的意义与价值。我们决定在这次暑期社会实践中，将我们自己的看法同北京地区的大学生群体进行交流通过简单的回答问题与交流，汇总后得到实践结果。此次暑期社会实践的方式选择问卷调查，通过 9 道简单易答的选择题来分析与讨论北京地区大学生群体对 2022 年北京—张家口冬季奥林匹克运动会的认知与看法。我们本次社会实践研究的核心问题与目的是探讨出中国当代年轻人现在是以什么样的态度来看待 2022 年北京—张家口冬季奥林匹克运动会。我们从网上共获得 87 份调查问卷，并进行了统计与分析，得到了本调查结果。

实践主题：北京地区大学生对 2022 年北京—张家口冬季奥林匹克运动会的认知与看法。

实践地点：北京各大体育场馆。

实践时间：2016 年 7 月 4 日。

一、调查过程与方法综述

冬季奥林匹克运动会简称为冬季奥运会、冬奥会，是世界规模最大的冬季综合性运动会，自 1924 年开始第 1 届，每四年 1 届，截至 2018 年共举办了 23 届。参与国主要分布在世界各地，包括欧洲、非洲、美洲、亚洲、大洋洲。由国际奥林匹克委员会主办。我们在北京各大体育场馆进行实地参观及上网查阅有关冬季奥林匹克运动会资料以后，5 名成员就开始着手设计有关于北京地区大学生对 2022 年冬季奥林匹克运动会的认知与看法的调查问卷。我们以在北京地区上学的大学生为调查对象，以此调查结果为依据来分析绝大多数中国年轻人对中国举办冬季奥林匹克运动会的认知。我们觉得这是很合理的，因为在北京地区上学的大学生的来源遍布整个中国，我们不需要调查全中国大学生对中国举办冬季奥林匹克运动会的看法，仅仅以北京地区的大学生便可得到结果。我们通过互联网，将我们的调查问卷发送给我们身边的同学，再由他们进行传播，共 87 份调查问卷。

我们设计的这个调查问卷仅有 9 道简单易答的选择题，答题所用时间不超过 1 分钟，因为我们调查的对象为当代大学生群体，所以忽略了有关年龄等群体特性。这9道选择题的调查方向分别是：当代大学生的身体素质水平，对于冬季奥林匹克运动会的了解程度，是否支持中国举办冬季奥林匹克运动会，当代大学生眼里的冬季奥林匹克运动。

二、调查结果

下面我们从这87份调查问卷来看分析本次调查。

（一）当代大学生的身体素质水平

（1）您知道"健康北京人计划"吗？（见图1）

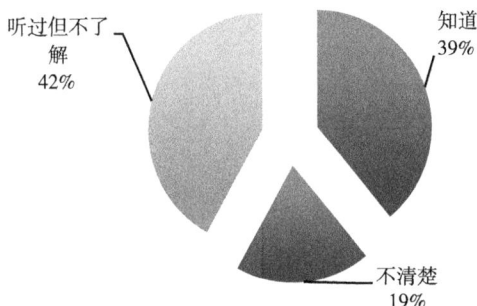

图1　"健康北京人计划"知晓情况分布

（2）在一周内，您运动多少次？（见图2）

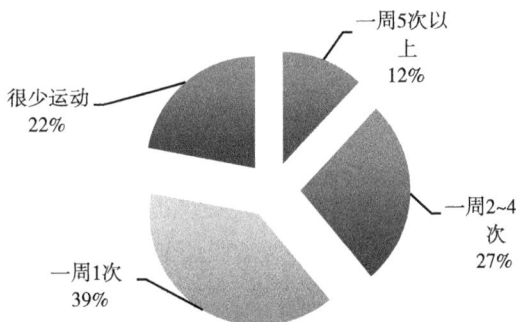

图2　每周运动次数分布

（3）您热爱运动吗？包括打篮球等一些体育运动项目（见图3）。

（4）您参与过冰上或者雪上的运动活动吗？（见图4）

（二）对于冬季奥林匹克运动会的了解程度

（1）您对冬季奥林匹克运动会是否了解？请问您知道北京申办的冬季奥林匹克运动会将是第多少届？（见图5）

（2）您知道第一届冬奥会是在哪里举办吗？（见图6）

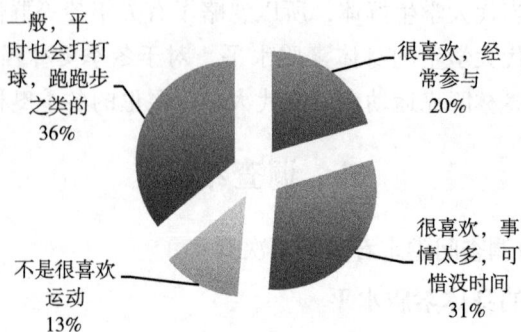

图 3　参加运动情况分布

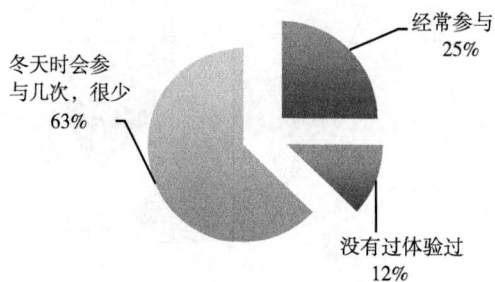

图 4　冰雪运动项目参与情况分布

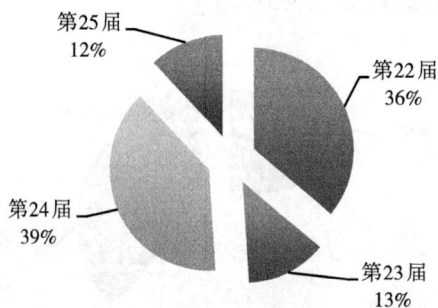

图 5　对冬奥会了解程度分布

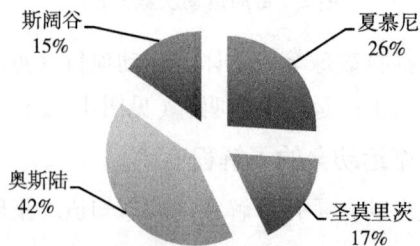

图 6　第一届冬奥会举办地知晓情况分布

（三）是否认同中国举办冬季奥林匹克运动会

（1）奥运会的举办在很多国家遭到反对，那么您对我们国家举办奥运会有何看法？（见图7）

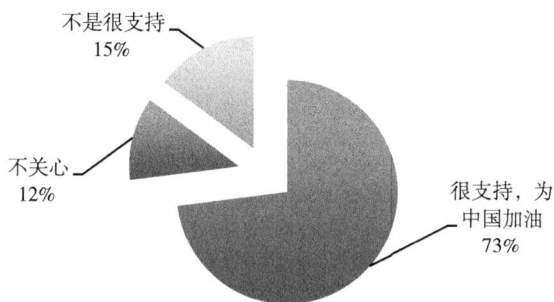

图7　对中国举办冬奥会所持态度的分布

（2）俄罗斯索契冬季奥运会在赛后被爆体育场馆闲置，北京奥运会的鸟巢也频频传出维护费用高、收入不能抵消支出的情况，您怎么看？（见图8）

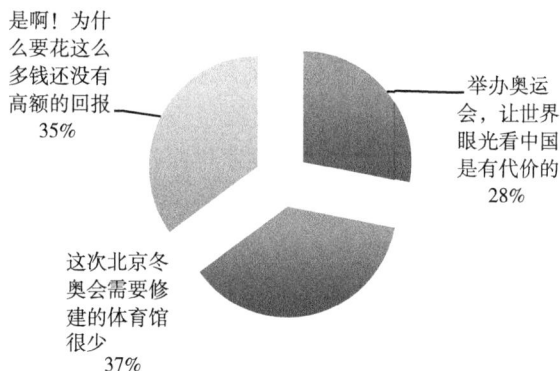

图8　对奥运场地闲置所持态度的分布

（四）当代大学生眼里的冬季奥林匹克运动会

（1）在北京举办的2008年奥运会让世界的目光对准中国，抛开令人激动的比赛，从北京申办冬奥会到成功举办，您一直在关注吗？（见图9）

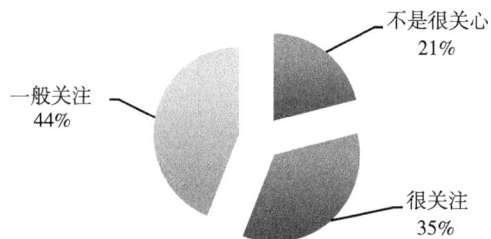

图9　对申办举办冬奥会关注程度分布

（2）您认为举办一届奥运会对您有促进意义吗？（见图10）

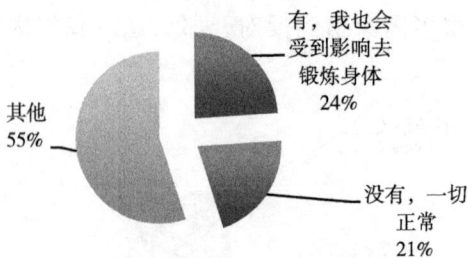

图10 举办冬奥会对自身的促进意义和分布

三、问题与思考

（一）当代大学生的身体素质状况

国家体育总局和北京体育大学联合编撰的《中国青少年体育发展报告（2015）》正式发布。报告称，800米、1 000米耐力测试，大学生整体成绩不如中学生，有大学生跑到一半发生晕厥等状况，这是因为"大学基本是放养教育，很多同学平时不锻炼，体质堪忧"。

随着生活的富足，我们这一代人大部分人都是在爸爸妈妈、爷爷奶奶的呵护下长大，我们带着一丝丝骄傲来到北京，我们在北京不愁吃，不愁穿，做着自己喜欢做的事情。随着时间的推移，我们当中有些人开始没课就在寝室里面打游戏、上网，一整天就赖在那一张床上，甚至每天吃的饭都开始被泡面、外卖食品所占据。长此以往，我们的身体素质就开始一点一点下降。在体育课上，越来越多的人以跑不动、身体受伤、状态不好为由将体育课变成观赏风景的休息课。

一些大学生的生活变得散漫、无规律，部分人的生物钟是完全颠倒的状态，凌晨两三点甚至三四点睡觉，到了第二天中午才起床，常常都是课都不去上。再加上现在同龄人中"宅男宅女"增多，教室、宿舍和网络几乎是这些人生活的全部，缺少了体育运动锻炼，缺少了必要的体力活动，这些都是造成了当代大学生身体素质普遍下降的因素。

我们认为，当代大学生是未来社会的中坚力量，大学生身体素质在一定程度上决定着国民素质，提高大学生的身体素质和身体机能迫在眉睫，学校、家庭和个人都应强化体育锻炼意识，要让大学生动起来，远离久坐不动的不良习惯及无规律的生活状态。大学生应该自己制订一个长期的计划，不能三天打鱼两天晒网，只有有了一个好身体，才能迎接生命中的挑战。

（二）对冬季奥林匹克运动会的了解程度

20世纪初期，冰雪运动就已在欧美一些国家得到广泛开展。1901年斯堪的纳维亚国家举行了北欧运动会，后来这项比赛形成了传统，直至1926年才停办。顾拜旦很早就设想单独举办冬季奥运会，国际奥委会曾就此进行过讨论。但是顾拜旦的建议遭到了斯堪的纳维亚国家的强烈反对。瑞典、挪威等国的代表认为，既然已经有了一个传统的北欧运动会，再搞一个平行的冬季奥运会是没有必要的；再说，古奥运会也没有冬季项目。这些国家扬言，如果国际奥委会强行举行冬季奥运会，它们将不参加。不言而喻，如果当时冬季奥运会没有瑞典、挪威等这类冰雪运动开展较普及、水平较高的国家参加，那就失去了代表性，失去了人们的兴趣。单独举办冬季奥运会的问题搁浅以后，1908 年伦敦奥运会首次列入了花样滑冰比赛，引起了人们极大兴趣。

在 1922 年国际奥委会巴黎会议上，顾拜旦竭尽全力劝说反对者，终于取得了成功，并决定在 1924 年夏季奥运会前举行这类比赛。为了避开了"奥运会"字眼。称为"第八届奥林匹亚德体育周"。很明显，当时并未将它作为传统的正式比赛，而是奥运会前夕的冰雪项目表演。1924 年 1 月 25 日。3 块金牌的得主挪威人陶列夫 - 豪格成为在法国夏慕尼举行的第一届冬季奥运会上的英雄，许多其他项目由斯堪的纳维亚人所垄断。查利 - 杰特劳在 1 500 米速滑比赛中夺魁为美国捧回了一块金牌。现代一些奥林匹克运动会已包括了冬季竞赛项目，但是单独举行冬季奥运会这还是第一次。夏慕尼举行的一年一度的冬季比赛已获准称作冬季奥林匹克运动会。

如果说我们国家没有举办过冬季奥运会，不知道它的历史还情有可原，但现在我们的国家已经拿到了 2022 年冬季奥林匹克运动会的承办权，那么我们就应该去了解这方面的历史。等到被别人问起来的时候，我们可以很流利地为他介绍这段历史。除此之外，不光是要了解冬奥会的过去，还要了解冬奥会的现在。2018 年韩国举办冬奥会后，交接棒就正式传到了我们的手里，我们当代大学生现在就应该清醒头脑，我们应该去想，我们能为北京冬奥会做些什么？

（三）是否认同中国举办冬季奥林匹克运动会

在"奥运会的举办在很多国家遭到反对，那么您对我们国家举办奥运会有何看法"的问题中，我们可以看到，73% 的比例证明了我们国家的青年人对于奥运会的热情还是很高的。当代的大学生都为冬季奥运会能在"自己家门口"举办而高兴。我们也将在"自己家"里与其他国家选手竞争奖牌的中国运动员送去祝福。正如 2008 年北京奥运会成功地举办一样，也许带给我们的不仅仅是世界的目光。在这次调查问卷中，我们还设置了填空的题目，我们提出了举办冬季奥运会你支持或者不支持的原因。很多回答就是想要在北京的冬天能多看看蓝天与白云。因为在 2008 年北京奥运会那一个月里，北京及周遭的空气质量很好，不仅是在北京，当时全国各地的空气质量都有了明显的提高。

但在"俄罗斯索契冬季奥运会在赛后被爆体育场馆闲置，北京奥运会的鸟巢也频频传出维护费用高、收入不能抵消支出的情况，您怎么看"的问题上，我们得到的统计结果发现每个人的看法都有所不同。的确，奥运体育场馆的赛后利用问题是所有奥运会举办城市必须面对的问题。据相关媒体报道，希腊举办 2004 年奥运会共耗资 116 亿美金，之后遇到的金融危机令该国经济至今仍未完全恢复。再看俄罗斯，有关专家认为在赛后三年索契冬奥会体育场馆设施的维护费用将达 70 亿美金，这几乎是加拿大举办 2010 年温哥华冬奥会的所有费用。但是在北京 2008 年奥运会之后，我们所关心的各大体育场馆都是在被利用中，有的继续举办体育赛事，有的给大学生们作为校体育馆，有的在进行着各种的文娱活动。所以我们认为，这次北京举办 2022 年冬季奥运会所付出的成本不会很高，更何况用比较小的代价还可以为中国的旅游业带来新的生机，这么做我们认为是两全其美。

（四）当代大学生眼里的 冬季奥林匹克运动会

在 "在北京举办的 2008 年奥运会让世界的目光对准中国，抛开令人激动的比赛，从北京申办冬奥会到成功举办，您是在一直关注吗的问题中，我们发现，大部分年轻人认为中国举办冬季奥运会是很值得骄傲的，一直关注的占了百 35%；有 44% 的人说只有在报道的时候去了解；21% 的人说不是很关注。然后在这道题的旁边我们也留出了填空，问题是 "为什么不是很关注"。我们发现选择这个选项大部分的回答都是 "自己家在南方，很少下雪，也接触不到雪上或者冰上的项目"。其实我们认为这是很正常的，我们认为国家应该多在南方的一些城市修盖一些室内的滑冰、滑雪场，让更多的人参与进来，更多的人参与进来也就会有更多优秀的选手出现，会为我们国家冬季的赛事争创优异成绩。

在问题 "您认为举办一届奥运会对您有哪些促进意义吗" 中我们可以看到，有 24% 的人会积极投入到体育锻炼中，然后有 55% 选择了其他，选择了其他项的人在填空中说因为时间不够无法来进行体育活动等原因。我们认为身体是革命的本钱，没有了一个好的身体还怎么能做自己想要做的事情。

四、结论与建议

冬季奥运会离我们说远也不远，说近也不近。一方面，我们应该多多了解冬季奥运会的背景，当其他人提出问题时，我们要能够准确回答，解决对方的疑惑，只有这样，才能让更多的中国人参与进来，一同迎来属于我们自己的一届冬奥会。另一方面，我们应该多多锻炼身体，每天少吃一两口，多多迈出腿来运动，只有拥有一个好身体，我们才能有美好的未来。

既然我们在北京，那么如果有可能的话，我们可以带着南方的同学在北京的冬天去滑雪、滑冰，让更多的从小生活在没有雪的世界里的人们体验冰雪运动的乐趣，这样他们也就会跟我们共同携手迎接 2022 年冬季奥林匹克运动会。

参考文献

《中国青少年体育发展报告（2015）》。

实践·足迹

这一次暑假社会实践活动，我们团队经过激烈的讨论，一致决定去学习和调查冬季奥林匹克运动会的历史背景、发展历程以及北京申办冬奥会的原因，因为到 2022 年中国举办冬季奥林匹克运动会，将在全世界更好地传播奥林匹克团结、友谊、和平的宗旨和理念，将推动 13 亿中国人以不同方式投身冰雪运动及相关产业，并将为健康中国、国际奥林匹克运动作出新贡献。自从北京—张家口获得举办冬季奥林匹克举办权后，我们团队一直在探讨冬季奥林匹克运动会存在的意义及价值，我们决定在这次暑期社会实践中，将我们的看法同北京地区的大学生群体进行交流。

一、国家图书馆，探究冬奥会的起源

我们的暑期社会实践随着最后一门考试的结束而开始，就像开头所说的一样，我们并不着急直接去调查我们的课题，我们想要去了解更多的信息，更多的关于冬季奥林匹克运动会的背景。我们团队一行人前往国家图书馆，我们相信在那里，可以找到我们想要的信息。

我们的了解是通过第一届冬季奥运会举办的契机开始的。20 世纪初期，冰雪运动就已在欧美一些国家得到广泛开展。1901 年斯堪的纳维亚国家举行了北欧运动会，后来这项比赛形成了传统，直至 1926 年才停办。顾拜旦很早就想单独举办冬季奥运会，国际奥委会曾就此进行过讨论。但是顾拜旦的建议遭到了斯堪的纳维亚国家的强烈反对。

单独举办冬季奥运会的问题搁浅以后，1908 年伦敦奥运会首次列入了花样滑冰比赛，引起了人们极大兴趣。1920 年安特卫普奥运会，除花样滑冰外，还增加了冰球赛。这届奥运会各项比赛的观众都不多，唯独花样滑冰、冰球赛是例外，吸引了成千上万的冰上运动爱好者。这说明民众对这类项目是极为喜爱的，促使单独举办冬季奥运会的问题再次提上了议程。1921 年国际业余田径联合会布拉格会议期间，挪威、瑞典、瑞士、法国、加拿大等国代表重新讨论了举办冬季奥运会问题，并提出了有关方案。在 1922 年国际奥委会巴黎会议上，顾拜旦竭尽全力劝说反对者，终于取得了成功，并决定在 1924 年巴黎奥运会前举行这类比赛。但避开了"奥运会"字眼，称为"第八届奥林匹亚德体育周"。

第八届奥运会东道主是法国，因此，国际奥委会也将这个体育周委托法国承办，会址定在夏慕尼。夏蒙尼是法国一个不大的城镇，海拔 1 050 米，是著名疗养地和冬季运动中心，也是当时欧洲的滑雪运动点。为了这次比赛，东道主专门修建了一个冰场，供滑冰和冰球项目的比赛用。当时谁也没有想到，这届原称作"第八届奥林匹亚德体育周"的冬季运动项目比赛会成为历史上的第一届冬季奥运会。据说由于这次比赛的成功，1925 年国际奥委会布拉格年会正式承认这次比赛的成绩和纪录，并作为第八届奥运会的一部分。由于秘书人员的疏忽，在会议记录中竟然误写为"第一届冬季奥运会"。后来国际奥委会也由此而予以认可和追认，并决定以后每 4 年可以由夏季奥运会主办国优先承办同年的冬季奥运会。从 1948 年开始，为减轻主办国的负担，同一年内的冬、夏季奥运会被放到了不同国家举办；1994 年，国际奥委会又决定将冬奥会与夏奥会分开在不同年份举行，但届次与夏季奥运会的记法不同，按实际举办的次数计算。

二、探讨体育与政治、经济的关系

看到这里，我们小组进行了一次讨论，讨论的内容就是体育与政治的关系。体育是人类社会的一种特殊的文化现象，体育不仅仅是一种纯粹的体育行为，更是一项内涵广泛包含经济、文化、政治等多种因素的综合性人类行为方式。正因为如此，从体育诞生的那一刻起，它就注定了要与政治结下不解之缘。体育与政治存在着复杂、互动的深刻关系。作为人类的具体行为表现，体育可以说是社会的缩影，体现社会的方方面面，必然与所处时代的社会上层建筑存在着密切的联系。已经举办的23届冬奥会，其中90%的举办城市都位于欧美国家，也就是这个道理。

三、探讨冬奥会的特色

在了解了冬季奥林匹克运动会的起源后，我们又想那么之前的冬季奥运会都办出了什么特色可以让我们2022年的冬季奥运会有所借鉴呢？

首先说一说第18届长野冬奥会，国际奥林匹克委员会会长萨马兰奇曾高度赞扬第18届长野冬奥会的举办取得成功，他在闭幕式上高度称赞主办当局所作出的努力。他说："恭喜长野，恭喜日本。你们向世界呈献了一次历来办得最好的奥运会。"日本报章也大力称赞组织委员会，声称他们的"优秀表现有助于振奋国家的精神，特别是在经济增长放缓和频频发生财务丑闻的时刻"。看到这里，我们应该知道，其实那个时候刚好是日本经济增速的黄金时期，所以，我们应该反观我们自己，我们应该如何借着2022年冬奥会的东风，大力发展自身的旅游业，提升中国在国际上的形象。

举办一届成功的冬季奥运会，资金是必不可少的，那么，以往有哪些国家举办的奥运会曾有过赛后无法完全维护体育场馆或者体育场馆空置率高呢？其实奥运体育场馆的赛后利用问题是所有奥运会举办城市必须面对的问题。据相关媒体报道，俄罗斯在未来三年索契冬奥会体育场馆设施的维护费用将达70亿美金，这几乎是加拿大举办2010年温哥华冬奥会的所有费用。那么，我们举办冬季奥运会的优势在哪里呢？就是我们几乎不用再大量修建体育场馆，我们现有的场馆完全可以达到比赛标准的要求。

我们团队在了解了冬季奥运会的漫漫历史，我们还想要知道我们自身的情况及特点。其实从2008年北京奥运会、残奥会，再到2014年南京青奥会，最后到获得冬奥会举办权，中国与奥林匹克运动相伴而行，推动着不同底色的文明彼此互动、深度交融，散发出熠熠夺目的光彩。冬奥会花落北京，我们感谢国际奥委会的信任与支持，中国政府也再度向世界许下庄严承诺。作为曾经的奥运会举办城市，将充分利用好北京奥运会场馆资源和人文资源，为世界奉献一届不同凡响的冬奥会，为奥林匹克运动探索新的发展模式，为正在推进的京津冀协同发展增添动力。北京冬奥会洋溢着鲜明的时代气息，必将写下自己浓墨重彩的一笔。北京联合张家口举办冬奥会，将推动奥林匹克精神在我国更广泛传播，全面拓展体育的多元社会功能。冰雪运动在我国有着广阔的时空承载，通过举办冬奥会，带动13亿人参与冰雪运动，使广大群众特别是青少年增进健康、振奋精神、愉悦生活，这将是对国际奥林匹克运动发展的巨大贡献，同时也将进一步提升我国冬季运动项目竞技的水平。

现在，我们即将再次迎来一次体坛盛事，我们就要抓住这个契机，我们就要尽情地向全世界展示自己的历史与文化艺术成就，展示涌动的强烈的自豪感和自信心，让世界能真切地感知我们的精神。习近平总书记在索契参加冬奥会开幕式之前表达了一个重要理念，这就是习近平总书记会见中国运动员时所强调的："最重要的不是夺金牌而是体现奥运精神"。中国需要奥运精神。中国应当尽快找到支撑前行的大国精神，尤其是创造精神，能不能激发出这种精神，直接决定着中国梦的实现，因为，没有创造精神就不可能立身于人类文明的制高点起引领作用。

然而，我们又不能不承认，中国曾经创造过思想和文化的辉煌，但因离我们太过于遥远，而失去了应有的质感。我们需要现实的创造成果，以填补长时间以来的空白。我们需要在创造经济奇迹的同时，尽快创造伟大的思想文化和科技成果。需要努力消除目前严重存在的太多的思想禁锢，以及僵化落后的体制制度。唯此才能放飞思想，进而催生科技创造。在当今世界日益激烈的文化冲突中，我们总是被动地仰视西方文化，苏联的解体在某种程度上已成为某种话语立场幻灭的标志，我们如何在世界的交流与发展中建立自身的文化立场，意味着我们在人文冲突中拥有多大的话语权和发言权，也意味着中国将何去何从。承办世界性的体育赛事恰恰是一个窗口，让世界认识我们的文化姿态，认识我们的价值理念，如何去包容世界又如何与西方的话语空间分庭抗礼。我们做什么，怎么做，体育是对话世界并确立自身、扩大影响、增强认知的绝佳手段。

四、问卷调查，现场访问

我们的前期调查资料花费了很长时间，随后我们团队一致决定，这次暑期社会实践将以调查问卷的形式开展。

我们全体团员带着调查问卷前往北京各地的体育馆。我们这次实践以在北京地区大学生为调查对象，获取北京地区的大学生对 2022 年冬季奥林匹克运动会的认知，以此来调查绝大多数中国年轻人对中国举办冬季奥林匹克运动会的认知。我们还在现场访问了不同年龄段的人，发现大家对 2022 年冬季奥林匹克运动会的热情都很高。也许，在选择申办城市的时候，最后的投票结果中，中国获得举办权的最重要的原因就是人民的热情吧！

伴随着炎炎的夏天，为期多天的暑期社会实践在最后的一张照片中结束了。我们很兴奋，我们很激动，不管是为了自己的暑期社会实践圆满结束还是对 2022 年北京冬季奥运会的期待都是一样的。

实践·品悟

学习奥运会不服输的精神

2014 级本科生，新能源材料与器件专业 曾繁博

经过了这次暑期社会实践，我更加认识到了祖国的伟大，尤其是通过参观北京每个别

具匠心的体育场馆。我和团队的 5 名同学一起到国家图书馆学习了有关冬季奥林匹克运动会的知识之后，了解了中国两次申奥所付出的努力。我从心里为我是一个中国人而骄傲。我们阳光有朝气，作为新时代的青年人，我们更应该有理想、有抱负，有对未来的憧憬。我们在大学期间，更应该努力学习，刻苦钻研，努力学习新知识，不要让青春年华白白流去，不要让父母辛苦的付出化为乌有。我们应该学习身边人的优点，摒弃不足，懂得吃苦，学习做一个有用的人，做一个对国家有贡献的当代大学生。我们应该多多锻炼身体，只要有了一个强壮的身体，我们才能去做我们想要做的事情。现在，我国虽然在冬季项目上不是"第一团队"，但作为中国人，我们有的是努力，有的是勇气，我们应该一次一次地去拼搏，那些拿到奥运会奖牌的运动员不都是这么磨炼出来的么？虽然我不是运动员，但我要学习这种不服输的精神。经过暑期实践活动，我学到了很多，也长大了很多，我也坚信我的未来正在向我的理想而靠拢。

迎接精神绝伦的冬奥盛典

2014 级本科生，新能源材料与器件专业　石奇

遥记得 2008 年在北京举办的夏季奥运会，它汇聚了全国人民的磅礴之力，不仅圆了中华民族的百年梦想，而且也极大地振奋了民族精神，体现了中国作为东方大国的东道主精神。在 2015 年 7 月 31 日，北京又成功申办了 2022 年冬奥会，首都北京，这座东方文明古都，将成为全球首个举办夏季、冬季奥运会的城市，这不仅是这座古都，也是整个中华民族的无上荣耀。

冬奥会、冬残奥会是集体育精神、民族精神和国际主义精神于一身的世界级运动盛会，象征着世界的和平、友谊和团结。《奥林匹克宪章》指出，奥林匹克精神就是相互了解、友谊、团结和公平竞争的精神。现代奥林匹克之父顾拜旦早在 1936 年奥运会演讲时就说："奥运会重要的不是胜利，而是参与；生活的本质不是索取，而是奋斗。"奥林匹克精神起源于古老的希腊文明，它与 5 000 年灿烂的中华文明有着割不断的渊源，中华民族向来是向往和平、世界大同的民族。在历史上的 2022 年，灿烂的冬奥圣火又将辉映一个全面建成小康社会的中国，古老而又现代的中华民族。

对我国来说，获得冬奥会举办权是一个新的起点。从现在开始，在筹办冬奥盛会的 6 年中，在党的领导下，在创新、协调、绿色、开放、共享五大发展理念引领下，在实现中华民族伟大复兴中国梦的战略指引下，在古老中国这片充满梦想的大地上，还将不断上演东方奇迹；同时还将引领世界合作共赢、和平发展、永续发展，在送给世界一届精彩、非凡、卓越的冬奥会的同时，也将构建一个环境更舒适、发展更均衡、生活更美好的家园！

6 年之后，奥林匹克圣火将再次在中国点燃。我们有理由相信，在那时，站在全面小康新起点上的中国，勤劳智慧的炎黄子孙将给世界奉献一届精彩绝伦的奥林匹克冬季盛典。

实践团成员： 曾繁博　王磊　石奇　章昶　樊奔

后　　记

回顾 2013 年至 2017 年，越来越多的大学生在"青年服务国家"的号召下开始走出校园，投身社会实践。他们深入社会、服务社会、调研社会、了解社会，在实践中受教育、长才干、做贡献。随着社会实践的参与率、覆盖率的大幅提升，在参与实践的大学生中涌现出大量的先进典型、优秀成果，为我们提供了宝贵的经验。

在本书的汇集整理过程中，针对如何搭建整体架构才能更好地展现当代大学生参与社会实践的所行所思所感所得，几经推敲，终成定稿。最终，本书不拘泥于实践形式，依据实践内容，分为"胸怀壮志""明德精工""创新包容""时代担当"四个版块，每个版块精心挑选优秀的大学生社会实践报告、足迹、品悟，力争这样编排更能原汁原味、便捷地展现社会实践的方方面面，使青年学子从中有所启发。

青年兴则国兴，青年强则国强。青年是国家的未来。本书的出版如若能够助力新时代大学生的茁壮成长，坚定广大青年的理想信念，人人争做时代的弄潮儿，则不胜欣慰。在本书修订编辑过程中，学校校党委、校团委高度重视我们的工作，学院的领导给予了大力支持，在此深表感谢。正是有了多方面的支持和帮助，才有了这本社会实践汇编，才使得这项艰巨而繁杂的工作得以圆满完成。另外，本书的各种素材均来自历年材料学院学生社会实践的优秀作品，在此向所有在社会实践中有所收获的学子们送上寄语与感谢，祝你们志存高远，脚踏实地，勤学苦练，早日成才！

编　者